International Society for Labor Law and Social Security

10th International Congress

Reports and Proceedings · Rapports et Débats
Berichte und Verhandlungen · Informes y Debates

VOLUME II

Employment Terminations

International Society for Labor Law and Social Security
Société Internationale de Droit du Travail et de la Sécurité Sociale
Internationale Gesellschaft für das Recht der Arbeit
und der sozialen Sicherheit
Sociedad Internacional de Derecho del Trabajo y de la Seguridad Social

**10th International Congress · 10ème Congrès International
10. Internationaler Kongreß · 10° Congreso Internacional**

Washington, D.C.
September 7-10, 1982

Edited by
Benjamin Aaron
Donald F. Farwell

The Bureau of National Affairs, Inc.
Washington, D.C

Authorization to photocopy items for internal or personal use, or
the internal use of specific clients, is granted by BNA Books for
libraries and other users registered with the Copyright Clearance
Center (CCC) Transactional Reporting Service, provided that $0.50
per page is paid directly to CCC, 21 Congress St., Salem, MA
01970.
0-87179-428-4/84/$0 + .50

Library of Congress Cataloging in Publication Data

International Society for Labour Law and Social Security.
    International Congress (10th : 1982 : Washington, D.C.)
    Reports and proceedings = Rapports et débats = Informes
y debates = Berichte und Verhandlungen.

    Contents: v. 1. Worker participation in management
decisions—v. 2. Employee terminations—v. 3. Position of
women in labor and social security law.
    1. Labor laws and legislation—Congresses. 2. Social
security—Law and legislation—Congresses. I. Title.
K1704.6 1982   344′.01   83-21028
                        342.41

Printed in the United States of America
International Standard Book Number: 0-87179-428-4 (vol. II)
                                    0-87179-426-8 (set)

TABLE OF CONTENTS—TABLE DES MATIERES— INHALT—INDICE

Theme II—Thema II—Tema II

Termination of Employment on the Initiative of the Employer and Income Security of the Worker Concerned—La Cessation de la Relation du Travail à l'Initiative de l'Employeur et la Sécurité des Revenus des Travailleurs Concernés—Beendigung des Arbeitsverhaltnisses durch den Arbeitgeber und Einkommenssicherung des von einer Kündigung betroffenen Arbeitnehmers—Terminación de la Relación de Trabajo por Iniciativa del Empleador y Seguridad de los Ingresos de los Trabajadores Afectados

Theme II

"Termination of Employment on the Initiative of the Employer and Income Security of the Worker Concerned"—"La Cessation de la Relation du Travail à l'Initiative de l'Employeur et la Sécurité des Revenus des Travailleurs Concernés"—"Beendigung des Arbeitsverhaltnisses durch den Arbeitgeber und Einkommenssicherung des von einer Kündigung betroffenen Arbeitnehmers"—"Terminación de la Relación de Trabajo por Iniciativa del Empleador y Seguridad de los Ingresos de los Trabajadores Afectados"

General Reporter: Dr. Américo Plá Rodríguez, Montivideo, Uruguay

September 8, 1982

Commentators: Prof. Rafael Forero Rodriguez, Colombia
Mr. Edward Yemin, International Labor Organization
Prof. Mario Pinto, Portugal

Prof. Waclaw Szubert (Poland)

The subject matter we are going to discuss is termination of employment on the initiative of the employer and income security of the worker concerned. The general report dealing with this topic will be presented by Professor Americo Plá Rodríguez, Uruguay. And the presentation of the report will be immediately followed by comments made by three distinguished speakers, Professor Forero Rodriguez, Colombia; Mr. Yemin from the ILO; and Professor Pinto, Portugal.

According to the formula adopted yesterday, we will have no discussion, no general discussion at the Plenary Session, but the debates will continue tomorrow in two parallel groups, presided over by Professor Olea and Professor Berenstein.

Now I call on Professor Rodríguez to present his report.

La Terminacion de la Relacion de Trabajo por Iniciativa del Empleador y la Seguridad de los Ingresos de los Trabajadores Afectados[1]

por

DR. AMÉRICO PLÁ RODRÍGUEZ

Montevideo, Uruguay

ADVERTENCIAS PRELIMINARES

1. Iniciaremos nuestro informe con algunas advertencias preliminares.

El punto del orden del día sobre el cual debe versar este informe comprende dos temas relacionados entre sí, pero diferentes. Uno de derecho laboral: la terminación de la relación de trabajo por iniciativa del empleador. Otro perteneciente a la seguridad social: el mantenimiento de los ingresos del trabajador en caso de desocupación.

Los dos son temas claves dentro de cada una de estas dos disciplinas conexas. El primero, al examinar con sentido restrictivo la posibilidad de la terminación de la relación laboral por voluntad exclusiva de una de las partes busca asegurar el auténtico carácter contractual de la relación ya que de poco valdrían las obligaciones derivadas de ese vínculo si el obligado pudiera desligarse libremente de ellas por su sola voluntad. El segundo, al estudiar la forma de obtener la conservación de los ingresos del trabajador que ha quedado sin empleo, enfoca el problema social más angustiante en el mundo actual: el del desempleo.

Esto determina el interés y actualidad de la materia abordada pero conduce inevitablemente a la extensión del desarrollo.

2. Contemporánea y paralelamente con la preparación y estudio de este tema para este Congreso, se ha venido discutiendo el mismo asunto en el seno de la O.I.T. Ocurre, incluso, que cuando este informe llegue a sus destinatarios puede suceder que la Conferencia Internacional del Trabajo haya aprobado nuevos instrumentos internacionales ya que la oficina ha preparado el texto de un proyecto de Convenio y otro proyecto de Recomendación para ser tratados en la 68a. reunión de la Conferencia, en sustitución de la Recomendación No. 119 aprobada 20 años atrás.

Esta circunstancia motiva la existencia de una gran riqueza de información que desborda el marco de nuestra Sociedad porque abarca a todos los países de la O.I.T. aunque enfocado con la óptica de la creación de normas y con la participación preponderante de delegados gubernamentales, patronales y trabajadores. Ello puede hacer innecesaria alguna descripción de datos ya que el material proveniente de la O.I.T. está al alcance de la mano y el encuadramiento del tema se ha hecho en base a un esquema muy similar.

Pero puede acarrear un cierto riesgo de envejecimiento prematuro, por cuanto una vez aprobados esos documentos propuestos se convierten en protagonistas del tema -por los menos, para un examen comparativo en el plano internacional- quedando anticuados los estudios anteriores.

Trataremos de aprovechar, en lo posible, los elementos positivos de esta coincidencia.

3. Hemos trabajado sobre la base de los informes nacionales de 39 países[1], cifra que importa un reflejo del engrandecimiento y universalización de la Sociedad. Esa cantidad representa un crecimiento del 95% sobre el número promedial de informes que llegaron sobre cada tema a los congresos anteriores.

Si bien continúa predominando la información europea (21 países) en relación a 2 países de América anglo sajona, 9 de América Latina, 5 de Asia y 1 de Africa, es evidente que empieza a extenderse el ámbito territorial de la comparación. El cuadro de los países presentes a través de sus informes no alcanza para obtener un panorama universal pero constituye una imagen apropiada de la constitución actual de la Sociedad.

Origina sin duda un enriquecimiento aunque contribuye a acrecentar la dificultad para incorporar en una descripción global, sistemas jurídicos tan numerosos y diferentes.

Aclaremos, de todos modos, que el objetivo del informe no es ni puede ser el de suministrar una descripción completa de las soluciones jurídicas en un determinado número de países sino tratar de exponer los problemas que plantea el tema y las soluciones posibles a través de una visión comparatista. Por vía de ejemplo ilustrativo iremos mencionando las características y particularidades que presentan las soluciones descritas en los informes nacionales.

Asumimos desde ya, toda la responsabilidad -y presentamos nuestras excusas anticipadas- por los errores de interpretación o comprensión de los mismos, en los que hubiéramos podido incurrir.

4. La vastedad y complejidad del tema y la multiplicidad de aspectos, aristas, sistemas y enfoques con los que los diversos países han abordado esta problemática, crea una dificultad para elegir el derrotero que debe seguirse en la exposición del mismo.

Pese a que comparando las respuestas contenidas en los informes nacionales con la lista de puntos originalmente distribuída, uno advierte ciertos defectos de ésta, optamos por seguir el esquema implícito en la misma, lo que va a permitir comparar mejor el presente informe con los nacionales. No obstante ello, a medida que avancemos en el desarrollo, iremos introduciendo alguna pequeña rectificación que, respete sustancialmente el esquema.

I. INTRODUCCION GENERAL

A. *Fuentes*

5. La regla general es que el tema sea regulado legislativamente. Sólo Suiza y Estados Unidos carecen de legislación protectora en esta materia. Puede decirse más: es uno de los tópicos que más fácilmente han motivado la preocupación del legislador. Por otra parte, la inclusión en un texto legal sirve para asegurar su efectivo cumplimiento por el carácter de orden público que suele poseer la norma de origen legislativo en materia laboral. Esto revela que se ha entendido el tema como tan importante desde el punto de vista social como para justificar la regulación obligatoria, por encima de la voluntad de las partes.

Pero dentro de este nivel normativo hay diversas modalidades. Algunos países incluyen esta protección dentro de Código de Trabajo (como Turquía, Colombia, Paraguay y los llamados países socialistas: Rumania, Checoslovaquia, Polonia,

Hungría y la República Democrática de Alemania[2]; otros en leyes generales equivalentes a códigos como puede ser la Consolidación de Leyes de Trabajo brasileña o el Estatuto de los trabajadores, español, o leyes sobre el contrato de trabajo (Argentina); otros en leyes específicas sobre despido o la terminación del contrato de trabajo. Estas pueden ser únicas (Italia, Irlanda) o varias para regular diferencialmente diversos sectores de trabajadores (Uruguay).

Cabe, también, el distingo entre aquellos países que regulan el despido sólo con normas de carácter laboral y aquellos otros países en los que deben integrarse las normas laborales con las comunes contenidas en el Código Civil. Un ejemplo de ello lo brinda la República Federal de Alemania[3] y, en parte, los Países Bajos.

Puede hacerse, asimismo, el distingo entre los países cuyas normas legales reglamentan íntegramente el tema y aquellos otros en los que la legislación sólo aborda algún aspecto parcial.

En los Estados federales se ha planteado el problema de si las normas que regulan esta materia han de ser nacionales o provinciales. Se han seguido las dos soluciones e, incluso, una tercera de carácter ecléctico: en Canadá y en Yugoslavia el tema ha sido tratado tanto a nivel federal como provincial.

6. En algunos países, respaldando y, en algún grado orientando, las soluciones legislativas, existen disposiciones constitucionales que le dan su fundamento normativo. En ese sentido puede citarse el caso de Brasil, Argentina, Perú, Yugoslavia, Checoeslovaquia, R.D.A. e Irlanda. No todos estos casos son similares ya que, en algunos, la norma constitucional se limita a establecer el derecho al trabajo del cual se ha extraído la conclusión de que se justifica la continuidad del contrato y se dificulta su ruptura y en otros, la norma máxima es más explícita y concreta, adelantando algún detalle de la reglamentación del beneficio.

7. En la mayoría de los países, la norma legal se complementa con los convenios colectivos que sirven no para rebajar la protección derivada del texto legal sino para mejorarla. Unicamente en Argentina se excluyen los convenios colectivos sobre este tema. En algunos Estados como Hungría y Chile la circunstancia de que sólo admiten los convenios colectivos de empresa, les resta significación como instrumentos reguladores de este aspecto. En otros países, como Noruega, los convenios colectivos sólo pueden servir para fijar la duración del preaviso.

8. Algunos informes destacan la importancia de los decretos, que desarrollan, especifican y concretan el texto legal (como en Marruecos, Bélgica e Israel) y otros señalan la trascendencia de la jurisprudencia (Suiza, Marruecos). Incluso, algunos aluden a la misión que cumplen en este ámbito los contratos individuales de trabajo (R.F.A., Israel, Austria, Estados Unidos).

9. Debe señalarse también la significación que en ciertos países anglosajones como el Reino Unido, Canadá e Irlanda tiene el ''common law''. No es la oportunidad de describir aquí la naturaleza y el funcionamiento del mismo; pero sí puntualizar que no protege necesariamente por igual a todos los trabajadores. Así, en el caso de Canadá, el ''common law'' ampara sólo a los empleados de alto nivel.

10. Finalmente, recordemos que en la Recomendación No. 119 se dice que ''podía darse efecto a la presente Recomendación mediante la legislación nacional, los contratos colectivos, los reglamentos de empresa, los laudos arbitrales o los fallos de los tribunales, o en cualquier otra forma compatible con la práctica nacional y que parezca apropiada según las condiciones nacionales'' (art. 1). En el proyecto de Convenio[4] se es más explícito, abandonando la postura de equidistancia frente a las diversas fuentes para orientarse decididamente hacia la legislación nacional:

"Deberá darse efecto a las disposiciones de este Convenio por medio de la legislación nacional, excepto en la medida en que esas disposiciones se apliquen por viá de contratos colectivos, laudos arbitrales, sentencias judiciales o de cualquier otra forma conforme a la práctica nacional" (art. 1).

B. *Campo de aplicación*

11. Dentro de una tendencia predominante hacia la generalidad y uniformidad del régimen legal, cabe puntualizar que según sea el sistema que se haya seguido para la regulación legislativa del tema, el ámbito de aplicación del régimen legal es diferente.

En efecto, si la regulación del tema se hace por medio de una serie de leyes parciales destinadas a regir en distintos sectores de actividad, el ámbito funcional abarcado es el resultado de la suma de los diversos sectores alcanzados.

Si, en cambio, la reglamentación se hace por medio de un código o de una ley general, la órbita de aplicación es la de esa norma general, que suele ser más amplia.

Esta cuestión desemboca en el problema de la caracterización de la relación de trabajo con el punto clave de determinar cuál es la nota esencial: la subordinación o la ajenidad. Aún cuando el tema desborda el marco de este informe, cabe señalar que sigue predominando el concepto de subordinación.

12. Sin perjuicio de las excepciones que luego examinaremos, la gran opción que debe decidirse en este caso es si se abarca o no dentro del mismo régimen a los funcionarios públicos, o si el régimen legal se limita a los trabajadores privados.

Si bien la tendencia creciente es a la equiparación entre estos dos grandes tipos de trabajadores, todavía la reglamentación conjunta de ambos sectores es minoritaria. Sólo 7 informes nacionales afirman que en sus países los funcionarios públicos están comprendidos en la misma reglamentación. Incluso varios de ellos sólo parcialmente (Brasil, Finlandia, Checoslovaquia) o en forma meramente supletoria (Chile). Los otros países que los incluyen son Suecia, Noruega e Israel.

13. Una segunda gran opción -que casi se confunde con el régimen de excepciones en razón de la naturaleza de la rama de actividad- es la de decidir si se establece un sistema general único o se distingue entre trabajadores urbanos y trabajadores rurales o marítimos.

Cada vez hay menos países que mantienen las diferencias entre las distintas ramas de actividad, sin perjuicio de reconocer ciertas peculiaridades sectoriales, establecidas dentro del marco de los llamados contratos especiales de trabajo.

Esta tendencia unificadora se expresa claramente en el proyecto de Convenio que dice en su art. 2º: "Este Convenio se aplica a todas las ramas de actividad económica y a todas las personas empleadas".

C. *Exclusiones*

14. El verdadero ámbito de aplicación de la legislación sobre despido resultaría de la comparación entre la norma que fije el alcance general del régimen instituído y las exclusiones que se establezcan.

Las exclusiones no significan siempre privaciones de protección contra los despidos injustificados. Pueden provenir de regímenes distintos de protección, disciplinados por estatutos diferentes que prevén otras formas de amparo. Hasta pueden seguir el mismo esquema de protección pero con algunas diferencias en los remedios jurídicos empleados contra los despidos injustos. En estos casos más apropiado que de exclusión sería hablar de adaptación.

De todos modos, vamos a mantener la palabra "exclusión" que es la más usual y la más expresiva para indicar la idea de apartamiento del régimen general, advirtiendo que esas exclusiones pueden obedecer a diferentes clases de motivaciones y poseer distinta significación.

Dentro de las diversas clases de motivaciones, hemos distinguido los grandes grupos: las relacionadas con la naturaleza de la actividad y las relacionadas con la índole del vínculo contractual. Luego expondremos algunas otras exclusiones de otro origin que poseen menor aplicación pero que en algunos casos se presentan.

(a) *Relacionadas con la naturaleza del trabajo*

15. Los sectores de actividad que han sido exceptuados porque tienen su régimen legal propio en esta materia son muy diversos. Los iremos exponiendo sin que el orden seguido en la exposición tenga una especial significación.

(A) Trabajadores rurales o agrícolas

16. En varias legislaciones se los excluye pero no para privarlos de protección sino por razones de técnica legislativa porque la norma general donde está regulado el régimen normal de protección no se aplica a los trabajadores rurales los cuales, a su vez, tienen un estatuto legal propio. Esto no significa que el contenido de la regulación tenga que ser necesariamente diferente porque puede ser idéntico o similar. Un ejemplo de esta asimilación lo brinda Uruguay, cuyo estatuto del trabajador rural del 19 de mayo de 1978 establece: "El despido de los trabajadores rurales se regirá por las normas generales para los trabajadores de la actividad privada" (art. 10).

La exclusión del trabajador rural está mencionada en los informes de Argentina, Noruega, Suiza, Turquía y Grecia.

17. (B) Trabajadores marítimos

El medio ambiente donde se desarrolla este trabajo así como las características que presenta la labor efectuada, explican que en varios países se haya reglamentado por separado. Podemos citar, en este sentido, los ejemplos de Noruega, Finlandia, Suiza, Turquía, R.F.A., Italia, Grecia y Bélgica. La legislación de esta última advierte que quedan excluídos tanto el trabajo marítimo propiamente dicho como el de la navegación interior, aclaración que no parece ser necesaria ya que este régimen especial suele aplicarse a todos los que trabajen en la navegación. Por su parte, en Italia se especifica que la disciplina limitativa debe establecerse por convenios colectivos.

18. (C) Trabajadores aéreos

Es un caso similar al anterior. Noruega, Turquía, R.F.A. e Italia los excluyen expresamente del régimen general. La legislación italiana incluye la misma precisión que en el caso anterior.

19. (D) Trabajadores domésticos

Diversas legislaciones que regulan el tema del despido en una reglamentación general del trabajo, excluyen de esa reglamentación al servicio doméstico cuyas características especiales justifican que no se le apliquen las mismas normas que a quienes actúan para empresas. Esa excepción determina automáticamente la marginación del trabajo doméstico de la regulación general de este beneficio. Así ocurre en España, Brasil, Argentina, Finlandia, Turquía, Bélgica y R.F.A. Esto no significa necesariamente que se vean privados de protección en la materia porque pueden tener leyes especiales. Así en España, el art. 2 del Estatuto de los Trabajadores prevé que se regule aparte por el gobierno -vale decir, por vía de decreto- según sus peculiaridades.

Otros países tienen reglamentaciones especiales del servicio doméstico que establecen normas peculiares como la que exige un año de antiguedad a los trabajadores domésticos para adquirir derecho a percibir indemnización por despido (Uruguay).

20. Hay también otros sectores excluídos (o especialmente reglamentados) pero su exclusión tiene menos amplitud internacional. Así ocurre con la construcción (que tiene un régimen especial en Argentina y Polonia); el trabajo portuario (Reino Unido y República Dominicana); la pesca (Noruega y Reino Unido); ferroviarios (Polonia); empleados de correo, telégrafos y teléfonos (Polonia); de prensa (Turquía); empleados de escritorios de profesionales liberales (Brasil). Puede incluirse en esta enumeración a los viajantes (Suiza) y a los trabajadores a domicilio (Italia).

Cabe mencionar a esta altura la posición de los empleados de dirección que varias legislaciones excluyen de la protección contra el despido, como España (empleados de dirección), Yugoeslavia (trabajadores con responsabilidades en los órganos individuales de gestión), Suecia (altos empleados), Polonia (jefe de establecimiento que se rige por el sistema de nombramiento y revocación dirigentes de organizaciones sociales y políticas electos por cuerpos colegiados y que terminan al fin del período), Italia (dirigentes técnicos y administrativos) y Brasil (empleados de confianza).

También cabría colocar en esta lista la situación de las pequeñas empresas. Algunos países introducen un criterio cuantitativo. Así en Italia, en las empresas agrícolas de menos de 5 personas o en las empresnas industriales o comerciales de menos de 15, no rige el sistema de protección establecido por la ley 300 de 1970, o sea, el llamado Estatuto de los Trabajadores; en la R.F.A. las empresas con cinco trabajadores, o menos también quedan excluídas salvo que el despido atente contra las buenas costumbres y en Turquía quedan al margen del Código de Trabajo los artesanos y pequeños comerciantes.

(b) *Relacionadas con la índole del contrato*

21. Otro núcleo de exclusiones muy generalizado a nivel internacional es el que tiene que ver con la índole del contrato. No importa la actividad que se desarrolle ni el sector económico en el que se actúe, sino la naturaleza del vínculo jurídico que une al trabajador con su empleador.

El primer y principal ejemplo lo constituyen los contratos de duración determinada, sea porque se haya establecido un plazo, sea porque se haya estipulado un objeto, que una vez alcanzado, determina el fin del contrato.

Esta modalidad contractual presenta, como única peculiaridad, la de tenar una terminación natural en la fecha de vencimiento del plazo o en el hecho del complimiento del objeto que motivó el contrato. Si acaban allí los servicios del trabajador no hay despido sino terminación normal del contrato en la ocasión prevista por las partes. Esto lleva a afirmar que la regulación legal de los despidos se aplica fundamentalmente a los contratos de trabajo por plazo indeterminado.

Los problemas que plantea esta forma de contratación, en relación a su terminación son múltiples. De todos ellos vamos a destacar los ocho siguientes:

22. El primero es *si las partes pueden concertar en cualquier caso un contrato*

de esta índole o si él cabe sólo en ciertas circunstancias. Surge de los informes
que: muy pocos países han restringida normativamente las posibilidades de estos
contratos. Podemos citar las legislaciones sueca y noruega que sólo permiten estos
contratos de duración determinada en los casos de períodos de prueba o de entrenamiento; para cubrir una vacante temporaria mientras dure la ausencia del titular
y en el caso de que lo imponga la naturaleza del trabajo, como puede ser la
colaboración en una cosecha. Y la legislación dominicana que únicamente autoriza
a celebrar esta clase de contratos en los siguientes casos: 1) si es conforme a la
naturaleza del servicio que se va a prestar; 2) si tiene por objeto la sustitución
provisional de un trabajador en caso de licencia, vacaciones o cualquier otro impedimento temporal; 3) si acuerda al trabajador la indemnización legal de auxilio
de cesantía que le corresponde al terminar el contrato; 4) si conviene a los intereses
del trabajador.

Han surgido voces criticas tanto en la jurisprudencia como en la doctrina que
sostienen que debería limitarse esta posibilidad a aquellos casos en los que se
justifique objetivamente la necesidad de una contratación limitada. Esta postura de
desconfianza que mira estos contratos como medios de eludir la legislación sobre
despido, lleva a restringir, en todo lo posible, su aplicación. Una muestra de ello
lo brinda la legislación peruana, para la cual la contratación de trabajos de duración
determinada no depende de la calificación que le dé el empleador sino de la naturaleza accidental o temporal de la prestación.

Esta resistencia a tal clase de contratos se traduce en el texto de la Recomendación No. 119 que al enumerar las posibles exclusiones del régimen general
expresa: "a) a los trabajadores contratados por un período o para una obra previamente especificada, en aquellos casos en que, por la naturaleza del trabajo que
haya de efectuarse, la relación de trabajo no pueda ser de duración indeterminada".

En el Proyecto de Convenio, la redacción de esta cláusula descriptiva de la
posible exclusión es mucho más sobria y no revela ninguna desconfianza: "a) los
trabajadores con un contrato de empleo por un período determinado o para una
tarea concreta". Pero en el Proyecto de Recomendación que se somete simultáneamente a la Conferencia, se introduce un numeral 3 bien explícito: "1) Debería
haber garantías adecuadas contra el recurso a contratos de empleo de duración
determinada cuyo objeto sea eludir la protección que deparan el Convenio sobre
terminación de la relación de trabajo, 1982 y esta Recomendación-2). Con este fin,
se podría por ejemplo, prever una o varias de las siguientes medidas a) limitar la
utilización de los contratos de duración determinada a los casos en que, debido a
la índole del trabajo que se ha de realizar o a las condiciones en que deba realizarse,
la relación de trabajo no pueda ser de duración indeterminada; b) salvo en los casos
mencionados en el apartado precedente, considerar los contratos de duración determinada como contratos de empleo de duración indeterminada; c) considerar que
los contratos de empleo de duración determinada, cuando se renueven una o varias
veces, tendrían los mismos efectos que los contratos de duración indeterminada".

No obstante lo anterior debe puntualizarse que en el informe de Hungría se
recuerda algunos casos excepcionales en los que la ley impone obligatoriamente el
contrato de duración determinada, como ciertas labores de investigación, las tareas
de los profesores universitarios o los artistas. En realidad, no supone una contradicción con lo anterior ya que la propia índole peculiar de estes labores lo explica.

23. El segundo es *qué ocurre si la prestación de servicios continúa después
del vencimiento del plazo.* La tendencia es, en tales casos, a considerar que se ha
convertido la relación de trabajo de duración determinada en relación de duración
indeterminada. Así lo han establecido expresamente la legislación chilena y la

húngara, siempre que se haya trabajado un día entero, 1 más allá del plazo. Esta última legislación exige también, para aplicar esta regla, que el contrato original fuera de más de 30 días porque, de lo contrario, se volvería a prolongar el contrato sólo por el plazo original. Salvo la peculiaridad de esta legislación, la jurisprudencia en general de todos los países, entiende que se produce la transformación del contrato.

24. El tercero es *si puede repetirse varias veces el contrato con plazo*. La respuesta es muy similar a la anterior. En general, se entiende que si se repite varias veces un contrato de duración determinada, se considera configurado un contrato de duración indeterminada. No suele haber referencias expresas en los textos legales. Puede citarse la excepción de Marruecos y Bélgica que lo especifican explícitamente. Por su parte, en Hungría la jurisprudencia sin una norma expresa que lo establezca, considera que se ha operado esa transformación cuando la reiteración del contrato no obedece a una causa objetivamente justificada u origina perjuicios al trabajador. En Austria se ha entendido que la inmediata sucesión de una serie de contratos de corto plazo con el mismo empleado forma una cadena contractual que resulta inadmisible. En cambio, en Colombia se establece en forma expresa que es renovable indefinidamente.

En lo que respecta a los documentos de la O.I.T. acabamos de transcribir et art. 3 del Proyecto de Recomendación en el que se aconseja como una de las medidas a tomar, la de atribuir los efectos de un contrato de duración indeterminada a los contratos de duración determinada renovados una o varias veces.

25. El curato es el de saber *si cabe, en algún caso, la terminación del contrato antes del vencimiento del plazo*. Este problema se subdivide en una serie de cuestiones distintas:

a) ¿Procede el despido por inconducta o incapacidad del trabajador? La respuesta es afirmativa. El contrato de duración determinada es similar al de duración indeterminada durante su transcurso. Sólo se distingue en lo referente a su terminación. Si por razones vinculadas con el trabajador no se puede cumplir el contrato, éste debe cesar. Por lo demás, si hubiera que continuarlo necesariamente hasta el final, cualquiera sea la conducta del trabajador, sería como extenderle a éste una patente de corso para que hiciese lo que se le ocurriera. Si bien los informes mencionados no tratan en general el punto, corresponde anotar que el español y el húngaro adelantan la respuesta afirmativa y el checoeslovaco también, aunque agrega que las rasones para justificar el despido en este caso, deben ser particularmente graves.

b) ¿Cabe el despido por razones technológicas o económicas? Las mismas razones que nos permitieron contestar afirmativamente la cuestión anterior deben llevarnos a la respuesta afirmativa ante esta neuvainterrogante. Sin embargo, cabe plantear la duda de si la empresa al celebrar un contrato por plazo determinado, no está renunciando a recurrir a esta clase de razones mientras dure el plazo. Con todo, España acepta esta posibilidad y Marruecos también, pero condicionado a que exista una decisión judicial.

c) ¿Qué ocurre si el empleador despide de todas maneras durante el plazo? Tanto la doctrina como la jurisprudencia entienden que habiéndose producido la violación de un contrato corresponde abonar los daños y perjuicios derivados de ese incumplimiento, lo que se entiende equivale al monto de los salarios que se hubieren devengado hasta la terminación del plazo contractual. Algunos países como Colombia lo establecen expresamente. Otros como Brasil disponen solo la mitad de los salarios. Otros como Israel prevén la posibilidad de que los daños y perjuicios sean mayores que los salarios faltantes si importa el ejercicio efectivo de la actividad.

Pero lo que normalmente se acepta es el pago de los salarios por el período que resta hasta la terminación normal del contrato. Solo cabría rebajar esa cifra si la parte deudora logra probar que tales perjuicios no se produjeron porque el despedido consiguió otro trabajo. Esto genera, a su vez, otra pregunta: ¿tiene el trabajador el deber de buscar nuevo trabajo para reducir los daños? La jurisprudencia israelí sostiene que sí. En realidad, como toda fijación de daños y perjuicios, constituye, en último término, un problema de hecho que debe ser dilucidado judicialmente en cada caso.

26. El quinto problema es el de saber si, *al término del contrata le puede corresponder algo al trabajador que concluye* la prestación de sus servicious. No procede la indemnización por despido porque se entiende que no se produjo el despido. Pero pueden corresponder aquellos beneficios que se pagan en todo caso de terminación del contrato, aunque no exista responsabilidad patronal. En efecto, el empleador debe pagar los derechos que se generaron durante la prestación y que no se habían hecho efectivos (ej.: salarios impagos) así como los que se hacen exigibles por el hecho de la terminación del contrato (ej.: parte proporcional de los journales de licencia generada y no gozada, aguinaldo o décimo tercer sueldo, etc.). En aquellos países donde existe indemnización por antiguedad o compensación por tiempo de servicio corresponde abonar lo que proceda, como en todo egreso. En la Argentina se dispone expresamente que debe abonarse una indemnización equivalente a la mitad de la indemnización por despido, salvo que el contrato haya sido por un período inferior a un año.

27. El sexto problema es *si se requiere preaviso para proceder a la terminación de los servicios al vencimiento del plazo.* Por lo general se entiende que no ya que las partes, desde el momento de celebrar el contrato, tienen conocimiento de cuándo va a terminar. Algunos países como Noruega, Suiza o Hungría lo aclaran expresamente. Pero otros prefieren soluciones más matizadas. Así la R.D.A. entiende que corresponde el preaviso cuando el contrato no termina en una fecha precisa (es decir, cuando el término es incierto) y Finlandia cuando el cumplimiento del plazo depende de circunstancias que el trabajador no conoce. En cambio, Argentina establece la obligación de dar preaviso con una antelación no menor de un mes ni mayor de dos, salvo que el contrato sea por un período inferior a un mes. En la legislación colombiana se prevé una figura muy original: el preaviso para impedir la prórroga del contrato. En efecto, se dispone que si antes de la fecha del vencimiento dell término estipulado, ninguna de las partes avisare por escrito a la otra su determinación de no prorrogar el contrato, con una antelación no inferior a 30 días, se entenderá renovado por un año, y así sucesivamente. Cabe destacar que el informe suizo presenta como contrato de carácter mixto a aquellos contratos que estipulan que si no se comunica con cierta anticipación al vencimiento del plazo la voluntad de terminar el contrato, él durará por tiempo indefinido. En tal supuesto, la falta de ese preaviso supone convertir el contrato de plazo definido en contrato de duración indefinida.

28. El séptimo problema es *si se exige algún requisito formal para concertar un contrato con plazo.* Dado que el contrato de duración determinada es la excepción, debe procurarse dejar preconstituída la prueba de que el contrato es de ese carácter. Por eso, suele requerirse la forma escrita, salvo que por la propia naturaleza de los servicios contratados, ellos tengan una duración necesariamente limitada. Algunas legislaciones la requieren explícitamente como la de Bélgica, la de Hungría (salvo que el contrato dure menos de 30 días) y la de la R.D.A. (salvo que dure menos de una semana). En Irlanda se requiere no sólo el texto escrito sino que expresamente las partes hayan excluído la aplicación de la legislación ordinaria sobre despido.

29. El octavo problema es *si el plazo del contrato puede tener cualquier dimensión o si existe algún límite máximo*. Las propias consecuencias del plazo llevan a que el mismo no sea muy prolongado porque los riesgos y responsabilidades que engendra desaniman para concertar un lapso demasiado largo. Pero las legislaciones no suelen establecer ese límite máximo. Como excepción pueden citarse los ejemplos de Argentina (que prevé un máximo de 5 años), de Chile (que establece un límite de 2 años) y de la R.F.A. (que tiene un límite de 6 meses, para trabajos transitorios), Colombia posee una solución muy particular porque establece una duración mínima (un año) y una duración máxima (3 años), aunque éste último límite carece de significación práctica por cuanto, como ya vimos, la disposición legal establece que es renovable indefinidamente y que si con 30 días de anticipación al vencimiento del plazo no se manifiesta la voluntad de no prorrogar, se entiende prorrogado por un año. Se admite que el plazo sea menor de un año cuando se trate de labores ocasionales o transitorias, de reemplazar temporalmente el personal en vacaciones o en uso de licencia, de atender al incremento de la producción, al transporte o a las ventas, o de otras actividades análogas.

30. Suelen mencionarse también entre las exclusiones del régimen general varios tipos de trabajadores que reciben denominaciones distintas pero cuyas relaciones jurídicas, muy parecidas entre sí, vienen a ser variedades dentro del género de los contratos de duración determinada.

Algunos de ellos sólo se peculiarizan por la actividad donde se desarrollan que, de cierta manera, impone esta duración limitada. Puede citarse como ejemplo el caso de los contratos deportivos o artísticos que, por la índole de las tareas a que so refieren y por la transitoriedad de las aptitudes para ejercitarlas, deben realizarse por una duración determinada. En Brasil, por ejemplo, se menciona entre los ejemplos de contratos de duración determinada a los contratos de los atletas profesionales.

31. Otros son más genéricos y pueden darse en distintas actividades. Mencionaremos algunos de los más frecuentes, aunque a veces las denominaciones varían de un país a otro.

Transitorios son aquellos que sólo son contratados por un período más o menos corto pero siempre limitado en el tiempo. Algunas veces se utiliza con ese mismo alcance, la denominación de *temporarios,* o sea, por un tiempo.

La exclusión de estos trabajadores puede resultar de los términos mismos del contrato por cuanto éste se presentaría como una modalidad del contrato de trabajo de duración determinada. En Uruguay sin embargo, se los exceptúa expresamente de la indemnización por despido al excluir a los contratados para tareas de carácter transitorio. En rigor, no sería necesaria esa referencia expresa ya que la exclusión resultaría de las soluciones expuestas en relación a los contratos de duración determinada.

Otras veces esa exclusión resulta de la exigencia establecida en diversas legislaciones de tener un mínimo de tiempo o de trabajo realizado. Por ejemplo, en la R.F.A. se requieren 6 meses en los casos de servicios temporarios o que hayan sido contratados con fines transitorios. En Uruguay, los jornaleros y destajistas requieren un mínimo de 100 jornadas trabajadas para adquirir el derecho a la indemnización.

En al Reino Unido no se les priva totalmente de indemnización sino que en el momento de fijar la indemnización, que no es tarifada, el Juez tendrá en cuenta esta circunstancia.

32. Denominaciones muy similares a las anteriores son las de *suplentes o interinos*, cuyo significado de provisoriedad, de duración limitada, surge del propio sentido etimológico de las palabras utilizadas. Estos trabajadores actúan mientras se prolonga la ausencia del titular o la vacante no está provista. Una vez reintegrado el titular o provista regularmente la vacante, el suplente cesa automáticamente. Pese al carácter esencialmente transitorio y limitado de esta categoría que lleva a que se señale como uno de los ejemplos típicos que justifican la duración determinada del contrato y a que se le mencione expresamente en alguna legislación (Irlanda, Uruguay) no deja de provocar algún problema. Por ejemplo, esa suplencia, ¿puede tener cualquier dimensión? ¿Qué ocurre si un trabajador desempeña sucesivamente una serie de suplencias reemplazando alternativamente a diversos titulares en sus licencias anuales o en sus enfermedades hasta el extremo de trabajar continuamente o poco menos? Creemos que pese a la transitoriedad y fugacidad que se desprende de su nombre, en todos estos casos deben analizarse los hechos reales con criterios de razonabilidad para ver si en la realidad no constituyen trabajadores estables a pesar de su denominación.

33. Una modalidad emparentada con las anteriores es la de *eventual*, cuya denominación revela la idea de precariedad, inestabilidad, aparición y duración inciertas e inseguras. Algunas legislaciones como la argentina y la brasileña los excluyen expresamente no solo del régimen de despido sino también del régimen general de regulación del trabajo. En Perú se les reconoce a todo trabajador que presta de uno a tres meses de servicio el mismo beneficio que se les concede a los trabajadores, o sea, un doceavo de la remuneración mensual por cada año de labor. Los trabajadores eventuales disfrutan de esta extensión analógica. En la República Dominicana, los trabajadores ocasionales tienen derecho a auxilio de cesantía si llegan a superar los 6 meses de actividad.

34. Otra denominación próxima pero con un matiz distinto es la de *zafrales o trabajadores de temporada*, para destacar el carácter cíclico de la tarea que determina su ocupación. Generalmente son tareas que están relacionadas con las cosechas de la actividad agrícola o con faenas de la ganadería, cuya necesidad aparece en determinada época del año, y cesa al cabo de un tiempo, repitiéndose todos los años en la misma estación. Pero también pueden entrar en esta denominación quienes ejecutan labores que como las de turismo, hotelería en balnearios, etc. se circunscriben a cierta época del año.

En algunos países, como Brasil, Chile, Uruguay se los excluye expresamente, por cuanto el término del trabajo está impuesto por la propia índole de la actividad. En cambio, en el Perú estos trabajadores cuando son agrícolas, perciben por cada 21 días de labor un doceavo de la remuneración mensual como compensación por tiempo de servicio.

Pero estos trabajadores presentan la peculiaridad de que como se reproduce la necesidad de sus servicios todos los años, pueden volver a ser tomados en más de una temporada. Surge, entonces, la cuestión de si en el caso que se reitere la ocupación durante varias temporadas, el trabajador tiene derecho a que se le siga ocupando en las futuras zafras o no. La solución depende de que se considere a cada contrato de trabajo de zafra, como un contrato independiente o se les mire como partes de un contrato único que sufre una serie de suspensiones. En Japón, la jurisprudencia se inclina a sostener que los trabajadores ocupados durante varias zafras tienen derecho a esperar la renovación del contrato salvo que hayan cambiado las circunstancias. Esto llevaría a tener que examinar cada caso, de acuerdo al principio de buena fe. En la República Dominicana se concede el auxilio de cesantía si los servicios duran más de 6 meses acumulándose para los efectos de este cómputo los períodos de prestación de servicios de varias temporadas, lo que supone la concepción unitaria de la relación laboral.

35. Un segundo ejemplo muy similar al anterior es el de los contratos de prueba. Como indica su nombre, ellos constituyen una oportunidad para que las partes se conozcan y, sobre todo, para que el empleador pueda apreciar si el trabajador tiene las condiciones requeridas para el desempeño del cargo. Se asemeja al ejemplo anterior en cuanto poseen un plazo de duración; pero se distingue en que para desligarse una parte de la otra no es necesario esperar a la terminación del plazo sino que en cualquier momento, cualquiera de las dos partes puede ponerle fin, al darse cuenta que la prueba no ha dado resultado positivo.

Lo peculiar del contrato de trabajo a prueba es que puede dársele fin en cualquier momento sin generar responsabilidad. Se diferencia de los contratos de trabajo corrientes justamente en eso. Y solamente en eso ya que en todo lo demás genera las obligaciones y derechos similares a las que engendra cualquier otro contrato de trabajo.

La falta de responsabilidad por la terminación del contrato está, pues, en la esencia de este tipo de contrato. Pero ella presenta a su vez una serie de problemas que examinaremos sucesivamente.

36. El primero es si cabe esta figura jurídica. En general, se ha admitido la posibilidad de esta modalidad contractual sin necesidad de una admisión expresa por el legislador. Claro que algunos la mencionan (Brasil, Colombia, India, Italia, Polonia, R.F.A.). Otros la condicionan a ciertos sectores (por ejemplo, Chile sólo en el servicio doméstico) o a ciertas circunstancias (en Suecia, si están regulados por convenios colectivos), Checoeslovaquia no lo reconoce como un tipo especial de contrato de trabajo pero lo permite dentro de ciertos límites. De todos modos, como lo dice el informe sueco, se advierte una fuerte tendencia a admitir y propagar el período de prueba como medio de combatir el desempleo. En la medida en que el empresario puede probar a diversos aspirantes hasta encontrar al que realmente le sirve, estará más dispuesto a contratar personal. Mientras que ocurriría lo contrario si no fuera así.

37. El segundo es si puede celebrarse este contrato en cualquier momento. Por su propia razón de ser, el contrato de prueba tiene que realizarse al comienzo de la relación funcional, ya que si el trabajador ha venido actuando no tendría sentido abrir luego un período de prueba. Sólo cabría en el caso de que se le propusiera al trabajador una nueva categoría con una responsabilidad técnica muy especial; pero en tal supuesto el fracaso de la prueba no determinaría la caída del contrato de trabajo si no la falta de acceso al nuevo puesto. Algunas legislaciones establecen expresamente esa ubicación en el momento inicial. Así en Noruega sólo se admite dentro de los 6 primeros meses y en Chile sólo se autoriza durante las dos primeras semanas dentro del único ámbito que se acepta: el servicio doméstico.

Ligado con este aspecto, cabe señalar que no es posible repetir el período de prueba. Una vez cumplido normalmente el contrato a prueba, las partes tienen la posibilidad de pronunciarse. No es lícito volver a intentar otro período similar. Sólo podría intentarse si hubiera habido una circunstancia excepcional (como cierre de la empresa, enfermedad del trabajador, etc.) que hubiese impedido realizar válidamente la prueba necesaria.

38. El tercero es si la celebración de este contrato requiere alguna formalidad. En general se entiende que el contrato de prueba debe efectuarse por escrito. Esta exigencia es la resultante de su carácter excepcional: si se desea crear una situación jurídica distinta de la habitual, debe efectuarse la estipulación en forma que no deje

lugar a dudas que se celebró. Alguna legislación le exige expresamente como Bélgica, Irlanda, Hungría y Noruega. Esta última agrega que debe especificarse la duración del período de prueba. Esto parece obvio por cuanto carecería de significación estipular el contrato de prueba si no se detalla la duración del mismo.

Solamente podría ser concebible prescindir del texto escrito en aquellos países donde se requiere un mínimo de tiempo o de cantidad de trabajo para empezar a generar la indemnización por despido. Mientras no se llegue al límite de ese período de carencia, el empleador puede actuar como si hubiera celebrado un contrato de trabajo a prueba, o sea, dar por terminada la relación cuando entiende que no le conviene mantenerla y sin asumir ninguna responsabilidad. Es posible que muchas veces se concierte verbalmente en forma más o menos clara o explícita, un período de prueba, que luego no hay que utilizar como tal ya que a los efectos prácticos, no es necesario. El período de carencia cubre todas las consecuencias. Pero es notorio que se tratan de institutos diferentes pues en un caso la facultad deriva de un acuerdo de las partes y en el otro se origina en una disposición legal. Por lo demás en un caso se busca intencionalmente realizar una experiencia minetras que en el oltro, la exigencia legal pretende asegurar una vinculación mínima con la empresa.

39. Un cuarto problema versa sobre la duración. En general, se considera que el plazo debe ser razonablemente breve para que no se desnaturalice el instituto. Claro que no tiene por qué ser el mismo ante una tarea simple y fácil de controlar y verificar que frente a una tarea compleja, difícil de realizar y examinar. Puede haber entonces distintos plazos según la entidad y dificultad de la labor que debe cumplir el trabajador a prueba.

Algunas legislaciones establecen expresamente el límite: Turquía y Checoeslovaquia: 1 mes; Finlandia, Hungría, Suiza y Perú: 3 meses; Irlanda: un año. Suecia distingue según sea con obreros (hasta 3 meses) o con empleados (hasta 6 meses). Bélgica también distingue entre obreros (para los cuales el período de prueba debe tenar una duración mínima de 7 días y máxima de 14 días) y empleados (para los cuales los límites son de un mes y tres meses, salvo los que perciben una remuneración anual superior a 300.000 francos, en cuyo caso la duración máxima puede prolongarse hasta 6 meses). Como se ve, este último país introduce el concepto del límite mínimo de plazo con el fin de evitar las decisiones excesivamente apresuradas.

40. El quinto problema es el de saber si para poner fin al contrato, el empleador debe invocar alguna causal o no. En general, se entiende que es una decisión discrecional de la parte que pone fin al contrato. Los motivos por los cuales puede no interesarle continuar la relación son infinitos y no siempre de fácil constatación. El objeto de estos contratos es que cada parte experimente durante un breve tiempo y si no está satisfecha de la prueba, cancele la relación jurídica laboral. La propia pequeñez de los plazos actúa como contrapartida de esa facultad excepcional. Pero se entiende que hay cierto grado inevitable de apreciación, subjetiva en esa decisión, por lo que no debe motivarla ni probarla. Algunos informes como los de España, Hungría y Turquía recalcan expresamente el punto, mientras que el de Noruega aclara que en su país, se requiere la indicación de la causal. En el de E.E.U.U. se explica que la decisión es de resorte exclusivo del interesado, pero no pueden invocarse razones discriminatorias.

41. El sexto problema es el de si se requiere preaviso para poner fin al contrato. Dada la inseguridad del desarrollo ulterior de la relación propia del carácter probatorio de este contrato así como su duración necesariamente breve, se entiende, en general, que no se requiere preaviso para comunicar la decisión de ponerle fin al contrato.

Los informes de Marruecos, Turquía, Austria y Bélgica lo aclaran expresamente en ese sentido. En cambio, el de Noruega indica que en su país, debe darse un preaviso de 14 días y que él debe contener la indicación de los motivos de la decisión.

42. El séptimo problema es el de determinar si al concluirse el período de prueba por la decisión del empleador, el trabajador tiene derecho a percibir algún beneficio, fuera de los que derivan normalmente de los servicios prestados. Dado que la finalidad del período de prueba es experimentar al futuro trabajador, pudiendo desligarse de él sin responsabilidad para el empleador, se impone la respuesta negativa a esta cuestión.

Sin embargo, excepcionalmente algunos países reconocen ciertos derechos al trabajador con el cual se realizó un período de prueba. Así, por ejemplo, en el Reino Unido el trabajador puede reclamar indemnización por despido, pero como ella no es tarifada sino fijada discrecionalmente por el juez, éste tendría en cuenta tal circunstancia. En Perú, los que no quedan trabajando después del período de prueba perciben por compensación por tiempo de servicio, un doceavo de la remuneración mensual por cada año de servicio.

43. En relación a este tema, el art. 18 de la Recomendación No. 119 autoriza la exclusión entre otros de: ''b) los trabajadores que efectúen un período de prueba, cuya duración sea fijada de antemano y sea razonable''. O sea, que centra la única limitación a esta excepción en la determinación de una duración que sea razonable y que esté establecida por anticipado.

La misma idea se conserva en el Proyecto de Convenio, cuyo art. 2 dispone que todo Miembro podrá excluir de la totalidad o de algunas de las disposiciones de este Convenio a las siguientes categorías de personas empleadas: ''b) los trabajadores que efectúen un período de prueba o que no tengan la antiguedad exigida, siempre que en uno u otro caso la duración se haya fijado de antemano y sea razonable''. La única incorporación que apareció en este nuevo documento es esa referencia a la antiguedad mínima exigida que confirma lo ya expresado en el sentido de que, pese a un origen distinto, desemboca en un instituto paralelo que cumple funciones prácticas similares.

44. Otra figura jurídica que, a veces, aparece en la enumeración de las excepciones es el *contrato de aprendizaje*. No vamos a entrar a profundizar en el problema de la naturaleza jurídica del contrato de aprendizaje y si puede existir un verdadero despido respecto del aprendizaje. Ello nos alejaría considerablemente del tema propio de este informe. Nos limitaremos a registrar el hecho de que en algunas legislaciones figura el aprendizaje entre las exclusiones de la legislación sobre despido.

Como dice el informe yogoeslavo, no se trata propiamente de una excepción sino, en realidad, de una adaptación teniendo en cuenta las peculiaridades de este contrato.

Así ocurre en la legislación italiana, peruana, dominicana, yugoeslava e irlandesa. Esta contiene normas especiales ya que sólo autoriza el despido del aprendiz en los 6 primeros meses del aprendizaje y en el mes siguiente a la ter minación del mismo. Cabre agregar también que la Corte Constitucional italiana ha declarado la inconstitucionalidad de la norma legal que excluía tales trabajadores de la disciplina limitativa.

45. Otra modalidad muy similar la constituyen los contratos de entrenamiento para ciertas tareas que requieren una calificación especial. En ese sentido, la le-

gislación irlandesa enumera una serie de profesiones u oficios cuya preparación determina la exclusión de la protección contra el despido (nurse, farmacéutica, inspector sanitario, técnico laboratorista, terapeuta ocupacional, fisioterapeuta, foniatria, radiólogo, trabajador social) agregando que no se aplica esta exclusión a los comprendidos en la ley de protección a la maternidad. En Austria se admite que el contrato de entrenamiento -que cesa automáticamente al final de período previsto- pueda cesar dentro de los primeros tres meses por decisión de cualquiera de las partes, y sin necesidad de preaviso.

46. También se ha mencionado entre las excepciones el trabajo a tiempo parcial. Suele llamarse así el trabajo adicional que cumple un trabajador, además del trabajo principal que le absorbe la jornada. El informe checoeslovaco explica que en su país, este trabajo no está alcanzado por la protección legal en este aspecto, dado su carácter meramente complementario. A su vez, el informe italiano da cuenta de las vacilaciones de la jurisprudencia de su país respecto de si estas relaciones están o no sometidas a la disciplina limitativa.

Realmente no advertimos la justificación de esta excepción ya que si se admite la licitud de este trabajo parcial, él constituye el objeto de un contrato de trabajo digno de la misma protección que cualquier otro.

47. Hay también una serie de exclusiones basadas en las características personales del trabajador.

Una de ellas se vincula con el carácter de pariente del trabajador respecto del empleador. Suecia excluye genéricamente a los miembros de la familia del empleador. Irlanda excluye a las personas empleadas por un pariente próximo en una casa particular o en una chacra donde ambos residen.

Otra es la edad del trabajador. Varios países privan del derecho de percibir indemnización por despido a los trabajadores que han alcanzado los 65 años (Italia) o que han llegado a la edad para obtener la jubilación normal (Irlanda) o cualquiera de las dos hipótesis (Reino Unido). La filosofía de esta excepción es que estando en condiciones de jubilarse, el trabajador debe hacerlo dejando el sitio para otro y liberando en esa forma al empleador de la obligación de indemnizarlo por el despido. De alguna manera se presenta la jubilación como un deber y no como un derecho que cada uno ejerce de acuerdo a su voluntad siempre que esté encuadrado dentro del marco legal.

Otro es determinada enfermedad del trabajador. En Uruguay, se exime de la obligación de acordar compensaciones en caso de despido a los empleadores que den trabajo a cardíacos siempre que la enfermedad esté debidamente comprobada y que la tarea encomendada al enfermo sea compatible con su afección cardíca o vascular.

48. Otra exclusión personal es la operada en Brasil con los trabajadores que optaron por el régimen llamado Fondo de Garantía de Tiempo de Servicios. Este se forma con la cuenta individual de cada trabajador en la que el empleador debe depositar mensualmente el 8% de su remuneración. Estos fondos producen interés anual y son reajustables trimestralmente, en caso de fluctuación monetaria. En caso de despido injustificado, el trabajador tiene derecho a retirar el importe depositado con un acrecentamiento del 10%. En el caso de culpa recíproca o fuerza mayor, el acrecentamiento es del 5%. En caso de vencimiento del contrato a plazo o jubilación o muerte, se puede retirar pero sin ningún acrecentamiento. Puede retirarse, incluso, en ciertos casos para destinarlos al comercio, industria o agropecuaria, adquisición de casa propia, enfermedad personal o de un familiar, desempleo, adquisición de equipo para actividad autónoma.

Se trata de un régimen muy particular al que nos volveremos a referir en otras oportunidades a lo largo de este informe.

D. *Terminología y definiciones*

49. Bajo este rubro expondremos algunas precisiones conceptuales y terminológicas que nos servirán en el resto del informe.

Formularemos nuestra propia exposición aunque vayamos recogiendo en el curso de la misma algunas de las puntualizaciones o aclaraciones contenidas en los informes nacionales. Como es obvio, no todos siguen en esta parte un desarrollo sistemático y similar sino que registran las observaciones o precisiones que cada uno de los autores consideró pertinente dentro de un abanico de temas bastante amplio.

50. La terminación del contrato de trabajo, en el sentido de extinción puede producirse por alguno de estos tres caminos:

a) Por mutuo acuerdo de las partes.

b) Por decisión unilateral de una sola de las partes, lo que lleva a distinguir según cuál sea la parte que decide la terminación: el empleador (en cuyo caso, se llama despido) o el trabajador (en cuyo caso se llama renuncia).

c) Por otros hechos independientes de la voluntad de las partes, como la ejecución del contrato (vencimiento del plazo o terminación de la obra o cumplimiento de la condición, en los contratos de duración determinada o sometidos a condición), la muerte del trabajador, la imposibilidad práctica de cumplirlo, la fuerza mayor, el caso fortuito.

De todas esas distintas formas de terminación, nos ceñiremos exclusivamente a la terminación dispuesta por decisión del empleador, que es lo que suele llamarse despido.

51. El despido ha sido definido justamente como la terminación de la relación de trabajo por iniciativa del empleador[5].

El informe belga destaca que el despido constituye un poder de rescisión unilateral. Basta la empleador manifestar unilateralmente su intención de romper para que la ruptura se cumpla efectivamente. Contrariamente a lo que ocurre en el régimen común del derecho de las obligaciones, toda voluntad de romper, aún ilícita, es eficaz. Esa distinción entre el derecho y el poder de rescindir el contrato es aplicable en la mayoría de los países.

Conviene agregar dos precisiones terminológicas.

Una de ellas versa sobre el alcance de la expresión: "terminación". Tanto en el título del tema como en nuestro desarrollo, la hemos utilizado con el alcance más genérico, comprensivo de toda forma de extinción. El informe peruano precisa que en su país la expresión genérica es "disolución" que se aplica a toda ruptura del contrato de trabajo por cualquier causa que sea. Si es imputable a las partes es denominado rescisión. Si no es imputable a las partes, se llama terminación o extinción. En ese país, por tanto, la expresión terminación o extinción sólo de aplica a la ruptura del contrato de trabajo por causas que no sean imputables a la voluntad de las partes.

La otra se refiere al significado de la palabra "despido". Nosotros la hemos utilizado con el alcance de toda forma de terminación imputable al empleador. Pero algunos países latino-americanos como Chile, República Dominicana, Ecuador le dan un sentido más restringido: sólo la resolución del contrato por voluntad unilateral del empleador debido a la falta grave imputable al trabajador. La terminación unilateral del contrato decidida por el empleador sin obligación de indicar causa pero debiendo dar preaviso, se llama deshaucio. Nosotros le seguiremos dando un alcance general sin perjuicio de registrar ahora ese significado restringido, al cual volveremos a referirnos cuando estudiemos las diversas clases de despido.

52. En efecto, existen varias clases de despido. Como toda clasificación, ella depende del criterio que se tome para distinguir las diversas variedades.

Pueden clasificarse de diversas maneras, según el criterio que se tome como punto de referencia. De las diversas clasificaciones posibles, sólo aludiremos a las tres que consideramos principales, las cuales se basan en el grado de inmediatez en la forma y en su alcance.

La primera -basada en el grado de inmediatez- distingue entre el despido con preaviso y el despido inmediato.

El despido con preaviso suele ser llamado ordinario porque es el normal: cada parte en una relación de trabajo de duración indeterminada puede denunciarla en cualquier momento con tal de respetar un plazo de preaviso a la otra parte. Algunas veces engendra de todos modos, la obligación de indemnizar aunque se haya respetado el plazo de anticipación en la comunicación. El despido inmediato suele ser llamado extraordinario porque se basa en la existencia de razones graves que hagan imposible esperar hasta la terminación del período de preaviso. El informe austríaco utiliza una fórmula sumamente feliz: ''si la continuación de la relación de empleo no puede serle razonablemente impuesta al empleador hasta el final del período''.

Los calificativos de ordinario y extraordinario son utilizados en Suiza, y la R.F.A. En otros países se usan denominaciones diferentes pero con significados similares: despido con preaviso o despido inmediato (Suecia); con preaviso y sin preaviso (Finlandia, Hungría, R.D.A.); con preaviso y con justo motivo (Turquía) o con motivo grave (Bélgica) o con causa (Polonia); sin razón o con razón (Singapur); sin justa causa o con justa causa (Colombia); con preaviso y sumario (Austria); regular y sumario (Noruega).

Incluso, como acabamos de advertir, en algunos países latinoamericanos no sólo se usan calificativos diferentes sino sustantivos distintos: en Chile, República Dominicana, Ecuador se habla de despido (cuando existe causa) y de deshaucio (cuando no se invoca causa pero debe observarse un preaviso).

La existencia de esta distinción no significa que en todos los países que la admiten, la reglamentación sea similar. En algunos países cabe libremente el despido ordinario con tal de que se respete el plazo de preaviso y en otros ese despido es sancionado o dificultado o compensado con indemnizaciones pecuniarias al trabajador. En algunos países aún en el despido ordinario es indispensable expresar las causas y en otros no. En ciertos países, ese despido ordinario requiere autorización administrativa o judicial o sindical previa y en otros no.

Lo que es constante es que en todos los países cabe el despido que el informe español llama disciplinario, o sea, aquel fundado en la conducta insoportable del trabajador que torna imposible continuar la relación de trabajo. Pero surge nuevamente la diferenciación cuando se trata de dilucidar si se admiten sólo causas justificativas relacionadas con la conducta del trabajador o también otras causas de distinto orden como pueden ser las de carácter técnico, económico u organizativo.

Cabe agregar que si bien la primera modalidad -el despido ordinario- es exclusiva de los contratos de duración indeterminada, le segunda -el despido extraordinario- tanto cabe en los contratos de duración determinada como en los de duración indeterminada.

53. En cuanto a la forma de despido, cabe distinguir entre despido directo e indirecto.

El despido directo existe cuando el empleador expresa francamente su voluntad de poner fin al contrato de trabajo.

Como veremos luego, a veces se requieren formalidades especiales para comunicarlo; pero, con ellas o sin ellas, resulta clara la voluntad de la parte empleadora de dar por terminado el contrato.

No siempre es el propio empleador el que lo comunica, puede ser su representante. No siempre se utiliza la palabra despido o terminación del contrato. Es suficiente que la voluntad de acabar el contrato resulte nítida.

El despido indirecto ocurre cuando el empleador ha violado el contrato en grado tal que ha hecho imposible la continuación del contrato por parte del trabajador.

Para que el despido indirecto se configure se requieren estas tres condiciones:

1) Incumplimiento del empleador que puede presentar alguna de estas tres modalidades:

a) violación de cualquier obligación derivada de la condición de tal.
b) alteración de las condiciones contractuales.
c) intento de crearle al trabajador una situación insostenible.

2) Decisión del trabajador de considerarse despedido ya que es él quien decide si el grado de incumplimiento es tan grave como para hacerlo intolerable.

3) Retiro del trabajador de la empresa, se haya exteriorizado o no en una nota de renuncia.

Varios informes aluden a esta forma de despido que se ha ido creando por la jurisprudencia como medio de evitar que el empleador pueda lograr por medios indirectos lo que directamente no se anima a intentar para no enfrentar una prohibición o engendrar una responsabilidad que no quiere asumir.

En el informe uruguayo se prevén dos modalidades: indirecto o disimulado y tácito. Se distinguirían así, según sea intencional o no. Entendemos que no se justifica ese subdistingo dada la dificultad para percibir y demostrar el elemento intencional y la predominancia que en materia laboral tienen los datos de la realidad.

En el informe marroquí se describen entre los ejemplos de extensión jurisprudencial de la acción de cesación de trabajo, la modificación unilateral y sustancial del contrato o la ruptura por culpa del empleador.

En el informe británico se habla de "constructive dismissal" que se configura cuando el trabajador renuncia a causa de la conducta del empleador que violó las bases del contrato, aunque se advierte que no siempre se acepta esta figura a los efectos del seguro de paro.

En el informe irlandés también se menciona el "constructive dismissal" que se produciría cuando la conducta del empleador haga razonable que el trabajador se considere con derecho a dar por terminado el contrato de trabajo sin necesidad de preaviso.

En el informe canadiense se llama la atención sobre el crecimiento del concepto de "constructive dismissal". Esto significa que se considera que un empleador ha despedido a un empleado cuando cambia sustancialmente términos significativos de la relación de trabajo. Por ejemplo, disminuyendo el nivel de las tareas del trabajador o trasladándolo a otra localidad sin que hubiera ningún acuredo o advertencia previa al respecto.

En el informe finlandés se dice que cualquiera de las partes puede rescindir el contrato de trabajo en caso de cualquier negligencia o inconducta de la otra parte o de cambio de las condiciones en grado tal que no es razonable esperar que la parte afectada continúe el contrato.

En el informe belga se expresa que la manifestación de la intención de romper el contrato no es necesariamente formal y explícita; puede expresarse de manera tácita, como ocurre cuando el empleador impone unilateralmente una modificación esencial del contrato.

En el informe mexicano se alude a la justa causa de terminación del contrato por el trabajador basado en la conducta del empleador, enumerando las causas previstas en el art. 51 de la Ley Federal del Trabajo: tergiversación de las condiciones del trabajo contratado por parte del patrón; falta de probidad, insultos, malos tratos, violencia, reducción en la paga y falta de paga de los salarios, daño a utensilios del trabajador; daños a la persona del trabajador debido a negligencia o imprudencia del patrón y aquellas análogas en gravedad y consecuencias. En estos casos el trabajador tiene derecho a indemnización y al pago de salarios atrasados como si hubiera sido despedido, en forma directa e injustificada.

Las diversas referencias a esta figura contienen alguna alusión al grado de gravedad de la conducta del empleador lo que significa que los jueces -dado el caso de que la discusión llegue a sus manos- deben ponderar las circunstancias, según un criterio de razonabilidad.

54. En cuanto al alcance del despido, puede distinguirse entre el individual y el colectivo.

Los términos son lo suficientemente expresivos como para que requieran explicaciones. Pero esta clasificación plantea, de inmediato, el problema del límite a partir del cual los despidos pueden considerarse colectivos.

Ese límite puede ser meramente numérico (una cifra expresada en guarismos absolutos) o porcentual (una proporción determinada dentro del conjunto). A veces se utilizan otros criterios como los mencionados con el informe argentino: que afecten a todo establecimiento o a toda una sección.

Las pautas fijadas, a su vez, deben ser referidas a un período de tiempo. Así por ejemplo, Bélgica considera despido colectivo aquel que afecta dentro de 60 días, al 10% del personal.

En sí mismo, no hay diferencias sustanciales por la circunstancia de que el despido sea individual, plural o masivo. Los derechos del trabajador no deberían diferir porque sea despedido solo o junto con otros. Se explica, entonces, que los informes uruguayo y noruego expresen que no hay diferencias entre el despido individual y colectivo.

El origen y el interés de la distinción no es meramente cuantitativo. Radica en que los despidos colectivos no suelen estar inspirados en razones disciplinarias sino en razones económicas, tecnológicas u organizativas. En consecuencia, entran en las regulaciones relacionadas con la reducción del personal que estudiaremos en el capítulo respectivo.

Como se dice en el informe italiano, no es posible trasladar a los despidos colectivos las medidas limitativas de los despidos individuales.

55. Algunos informes, aluden a dos tipos de despido disciplinario, susceptibles de ser distinguidos por la gravedad de la conducta que lo origina.

Uno de ellos se motiva en la grave inconducta del trabajador, hace imposible continuar el contrato por lo que justifica el despido inmediato del trabajador y produce la pérdida de todos los beneficios establecidos para la terminación del contrato.

El otro se motiva en una inconducta menor del trabajador y provoca sólo la pérdida parcial de los beneficios. Entre los que subsiste puede ser el preaviso.

En lo que difieren los informes es en la denominación. En el informe sueco, al más grave se le llama "discharge" y al menos grave "dismissal". En cambio en el informe hindú se le da el nombre de "dismissal" al más grave y de "discharge" al menos grave.

Más allá del aspecto terminológico -en el que puede estar involucrado algún problema de traducción- interesa destacar esos dos grados de inconducta que seguramente han sido recogidos en la jurisprudencia de otros países. Así la jurisprudencia uruguaya alguna vez distinguió la notoria mala conducta (que justifica el despido sin indemnización) y la simple inconducta (que justifica el despido pero no exonera al empleador del pago de la indemnización).

56. Una distinción de menor difusión en cuanto tal es la que se registra en el informe de la R.F.A. referente a la justificación y alcance de la protección. Aunque los otros informes no la mencionen ella refleja una realidad universal o poco menos.

Hay un nivel de protección general frente a los despidos socialmente injustificados, cualquiera que sea el trabajador afectado o la situación en que él se encuentre.

Y hay niveles especiales de protección a ciertos sectores de trabajadores por la posición que ocupan (puestos de representación en organismos paritarios o tripartitos, cargos directivos en el plano sindical, etc.) o por la situación en que se encuentran (trabajadores enfermos, trabajadoras embarazadas o en servicio militar, en uso de licencia por desempeñar cargos públicos, etc.). Estos niveles especiales constituyen una manera de acentuar o de reforzar la protección.

57. Otra distinción de poca difusión internacional pero que aparece de una manera u otra en varios países, es la que se basa en la antiguedad de cada trabajador, lo que le da una calificación distinta y un elenco diferente de derechos. Así el informe paraguayo distingue entre trabajadores efectivos (que han pasado satisfactoriamente el período de prueba pero que no han llegado a 10 años de servicio) y trabajadores estables (que han llegado a los 10 años de servicios en la misma empresa).

II. PROCEDIMIENTOS PREVIOS A LA TERMINACION

A. *Notificación al trabajador*

58. La voluntad de poner fin al contrato, obviamente debe ser comunicada a la otra parte. Esa necesidad de comunicación deriva de la propia naturaleza del despido. Este es un acto jurídico unilateral recepticio, lo que significa que no alcanza con la sola declaración de voluntad de quien lo decide sino que requiere dirigirse al trabajador afectado para que éste tenga conocimiento de la voluntad del empleador. Una simple resolución patronal no comunicada al trabajador es inoperante e intrascendente. Puede ser revocada en cualquier momento sin haber producido efecto alguno.

59. Surge la cuestión de cómo debe efectuarse la comunicación.

Algunos países no regulan expresamente el tema, quedando este punto al solo arbitrio de les partes. Existe la más amplia libertad en cuanto a las formas. No hay palabras sacramentales. Lo único que se requiere es que se haya trasmitido claramente la voluntad de ponerle fin al contrato. De modo que en caso de controversia sobre la existencia misma del despido o sobre su fecha, el interesado en demostrar el hecho del despido o que él se produjo en tal fecha, deberá aportar la prueba correspondiente.

Pero muchos otros países establecen algunos requisitos formales.

60. El más generalizado es el de que esa comunicación se efectúe *por escrito*. Así lo disponen las legislaciones de España, Brasil, Argentina, Yugoeslavia, Suecia, Noruega, Polonia, Italia, Grecia, Singapur, Hungría y México.

En el Reino Unido esa exigencia rige sólo para los contratos que han tenido más de 26 semanas de duración. En Austria, si así lo estableció el estatuto legal que rige en esa actividad. En Finlandia y Suiza en caso de que se establezca en el convenio colectivo vigente. En Marruecos, si se invoca culpa grave del trabajador. En Francia siempre que se trate de una empresa con 11 o más trabajadores que se proponga despedir a un trabajador con un año de servicio debe convocar al trabajador interesado por medio de carta recomendada a una entrevista en la que se le indiquen los motivos de la convocatoria y se escuchen las explicaciones. El trabajador puede ir acompañado de otra persona perteneciente al personal. Solo después de un día hábil de la entrevista se podrá comunicar el despido por medio de una carta recomendada con aviso de retorno.

El informe israelí expresa que si bien no existe una norma legal que lo imponga, es práctica habitual de las empresas bien organizadas comunicar el despido por escrito. Pensamos que una afirmación similar puede hacerse respecto de todos los países donde no rige una obligación legal expresa. Así lo confirma el informe hindú que especifica que aunque la ley no regula un procedimiento especial, la práctica jurídica lo ha venido imponiendo.

61. La comunicación escrita lleva implícita la especificación *de la fecha* a partir de la cual tendrá efectividad el despido. Algunas legislaciones lo aclaran expresamente como España, Bélgica, Perú y México. Finlandia precisa: siempre que lo establezca un convenio colectivo.

Naturalmente que esa indicación de fecha está condicionada a la existencia de una obligación de preaviso así como a la posibilidad de sustituir el preaviso por el pago del salario correspondiente a ese período de antelación. Pero todo este aspecto lo trataremos bajo el rubro correspondiente dentro de este mismo capítulo.

62. En cambio, un punto muy importante y que depende de la existencia o no existencia de normas aplicables es el de determinar si en esa comunicación deben indicarse *los motivos* del despido.

En el informe argentino se destaca que la obligación de precisar los motivos se basa en la necesidad de asegurar el derecho de defensa y en un deber de lealtad. En la misma idea de asegurar el derecho de defensa insiste el informe húngaro.

La indicación de los motivos ha sido impuesta por las legislaciones de España, Argentina, Rumania, Polonia, Hungría, Chile, R.D.A., Colombia, Perú y México. Para ciertos sectores en Austria y Chechoeslovaquia. Finlandia lo ha establecido por medio de convenios colectivos.

Algunos países lo condicionan a que el trabajador lo solicite (Suecia, Italia, Francia que exige que el pedido sea hecho por carta recomendada dentro de los 10 días de recibido el preaviso) o a que el trabajador tenga cierta antigüedad (como el Reino Unido, que requiere 26 semanas).

Cabe efectuar un distingo dentro de todas estas legislaciones entre aquellas que ponen esta exigencia como requisito de validez del despido (España, Rumania, Italia) y aquellas otras que simplemente establecen que las razones no comunicadas al interesado no podrán ser luego invocadas en la etapa judicial (Argentina, Polonia, México, Colombia, Marruecos).

Es interesante anotar aquí la puntualización formulada por Evaristo de Moraes Filho -y recogida en el informe brasileño- en el sentido de que la comunicación debe efectuarse en términos dignos, respetuosos de la persona afectada sin injurias ni palabras ofensivas.

63. Algunas legislaciones exigen también que se mencionen las *disposiciones legales* que habilitan para proceder al despido (Rumania, Chile) y otras que se especifiquen *los recursos de que dispone el trabajador* para impugnar el despido (Rumania, Reino Unido, Suecia, Noruega y Polonia).

64. Un punto al que varias legislaciones se refieren es a la forma de comunicación, estableciendo, según el medio utilizado (carta, telegrama, intimación o correo recomendado) cuándo se considera conocida la notificación por el trabajador afectado. Es el caso de Checoeslovaquia, Bélgica y Perú.

65. Existen algunas disposiciones especiales, como la que manda poner a disposición del trabajador el monto de la indemnización correspondiente (España en el caso de los despidos objetivos, es decir, los no disciplinarios); que debe redactarse en la lengua propia de la región (Bélgica); que debe registrarse en un libro especial en el que consten fecha y causales de egreso de cada empleado u obrero (Paraguay); que debe indicarse la prioridad que corresponda, en el caso de que se trate de un despido por razones económicas (Suecia); que debe hacerse constar el consentimiento del sindicato (R.D.A.)

B. *Notificación a representantes de los trabajadores*

66. No puede decirse que haya al respecto una tendencia uniforme ni siquiera generalizada.

Existen sí en varios países normas que obligan a comunicar e incluso a consultar, con órganos que, en términos generales, pueden considerarse representativos de los trabajadores.

A los efectos de la exposición de los sistemas resumidos en los informes, los agruparemos en función de los órganos previstos, ordenándolos en función de su vinculación progresivamente escalonada con los sindicatos.

67. Empezaremos con los *delegados del personal*.

En Noruega antes de decretar el despido inmediato (es decir, sin preaviso por existir motivos graves) el empleador debe consultar con el delegado obrero salvo que el trabajador no lo quiera. Esto hace pensar que, aún en ese caso, el trabajador debe tener concimiento previo de la intención que existe de despedirlo. Esa consulta no es un requisito de validez del despido, pero si no se cumple, constituye un factor importante en la apreciación judicial de la justificación del despido.

En Finlandia, según el convenio colectivo general de 1978, debe notificarse a los delegados toda medida de reducción general del personal así como cualquier despido por desobediencia o negligencia. Ingluso las advertencias previas.

68. En segundo término, los *Consejos de Empresa*.

En España debe comunicarse al Consejo de Empresa todo despido tanto el de carácter disciplinario como el derivado de una reestructuración de plantilla.

En Austria debe notificarse al Consejo de Empresa la intención de proceder al despido antes de que sea informado el interesado. De esa manera se le da la oportunidad de participar en la decisión. El Consejo de Empresa tiene 5 días para expresar su parecer (en agricultura 8 días), con la particularidad de que para oponerse le basta simple mayoría mientras que para consentir el despido necesita $\frac{2}{3}$ de votos. En Francia el despido de los delegados del personal, de los miembros del Consejo de Empresa o del Comité de Higiene y Seguridad (en empresas con 300 integrantes) requiere asentimiento del Consejo de Empresa y del Comité del Establecimiento. Después de esuchar al interesado los integrantes deciden por voto secreto. El acta debe de ser enviada dentro de las 48 horas al Inspector de Trabajo, quien decide si el Consejo de Empresa se opone. El despido del médico de trabajo requiere el acuerdo del Consejo de Empresa o del Comité del establecimiento o del comité interempresarial o del comité de control interempresarial.

En Suiza, algunos convenios colectivos establecen la obligación de comunicar al Consejo de Empresa y otros requieren el acuerdo del Consejo de Empresa.

Pero donde está regulado más minuciosamente el tema es en la R.F.A. donde se ha establecido que si existe Consejo de Empresa, éste debe ser escuchado antes de cada despido, tanto que sea ordinario como extraordinario. En la comunicación al Consejo de Empresa -que constituye una condición para la validez del despido- deben darse los motivos por los cuales se toma la medida. Esos motivos deben ser concretos y no acusaciones genéricas. Aunque pudieran existir otros motivos, en la discusión posterior sólo se tendrá en cuenta el que se invoque en esta ocasión.

La decisión del Consejo de Empresa debe tomarse dentro de la semana, en el caso del despido ordinario y dentro de tres días en caso de despido extraordinario. Si el Consejo no se pronuncia dentro de esos plazos, se considera que da la aprobación. El Consejo de Empresa debe decidir si el despido ordinario es antisocial y si el despido extraordinario se justifica por existir un hecho importante que lo origina.

La oposición del Consejo de Empresa no le quita eficacia al despido; pero le quita inmediatividad (el empleador debe conservar al trabajador hasta el final del juicio, salvo que el Tribunal de Trabajo autorice su despido porque la demanda es temeraria, el mantenimiento muy gravoso o la oposición del Consejo de Empresa es infundada) y provoca que el Tribunal de Trabajo deba pronunciarse sobre la antisocialidad del despido.

Puede haber un acuerdo entre la empresa y el Consejo de Empresa en el sentido de que todo despido requiere aprobación del Consejo de Empresa. Si éste no se logra, debe recurrirse a un órgano de conciliación. Aunque haya acuerdo del Consejo de Empresa, el trabajador puede recurrir a la justicia.

La aceptación del Consejo de Empresa es preceptiva en caso de despido extraordinario de miembros del Consejo de Empresa, del órgano electoral o de candidatos para estos puestos. Si falta la aceptación del Consejo de Empresa puede recurrirse al Tribunal de Trabajo.

69. En tercer término tenemos las *Comisiones Paritarias*.

En Finlandia cuando la reducción del trabajo, sea temporal, sea permanente obedece a razones económicas o productivas, debe iniciarse un proceso de cooperación entre las partes que puede consistir en la formación de un consejo paritario con delegados de ambas partes. En tal caso puede dialogarse directamente entre la empresa y los representantes del personal.

70. En cuarto término, los *comités sindicales*.

En Rumania debe consultarse con el comité sindical salvo que se trate de despedir a uno de los miembros de dicho comité, en cuyo caso debe consultarse con el órgano superior.

En Checoeslovaquia se requiere también la autorización previa del Comité Sindical antes de la comunicación al trabajador, lo que supone una discusión previa con el Comité.

En Polonia, el despido con preaviso debe comunicarse al comité sindical local, dando las razones del mismo. Dentro de los 5 días puede formular objeciones lo que determina que se eleve el asunto a un cuerpo sindical de mayor nivel.

El despido por causal sólo debe someterse al comité sindical si afectara un miembro de ese Comité; una trabajadora embarazada o en licencia de maternidad. La falta de repuesta no afecta la validez de la medida; pero la opinión negativa determina la incorrección de la medida y justifica el rechazo.

En la U.R.S.S. requiere el consentimiento del Comité Sindical, el cual, puede opinar tanto sobre el aspecto legal como sobre la conveniencia. El interesado puede participar en la deliberación. Si el Consejo accede, el despido debe hacerse en el mes siguiente. Si se niega, la negativa es definitiva.

71. En quinto término, podemos incluir la comunicación a consulta con *los sindicatos*.

Hemos utilizado las dos palabras porque tanto se ha establecido la mera comunicación como la consulta. Ello se explica porque en varios países (Japón, Singapur, Colombia, Paraguay, República Dominicana y Reino Unido, para los despidos disciplinarios) se ha dispuesto la intervención de los sindicatos en materia de despido por medio de convenios colectivos y éstos tanto pueden establecer una cosa como la otra.

En cambio, se impone legalmente en otros países.

Así, en Suecia, el empleador debe comunicar todo despido al sindicato con suficiente anticipación. En el caso de despido con preaviso, por razones económicas con un mes de antelación y por razones de conducta con 15 días de antelación. En el caso de despido inmediato, lo más pronto posible. Debe notificarse al sindicato con el cual se hayan celebrado convenios colectivos que alcancen al trabajador. Si hay más de un sindicato en esas condiciones, debe notificarse a todos. Dentro de los 8 días el sindicato puede efectuar consultas con el empleador.

En la R.D.A. tanto para el despido con preaviso como sin preaviso, se requiere anuencia del sindicato. Si el despido es con preaviso, debe pedirse previamente. Si es sin preaviso debe pedirse dentro de la semana de haberse producido. La falta de consentimiento del sindicato constituye suficiente razón para pedir la nulidad del despido. Pero esa negativa puede apelarse ante el escalón sindical superior.

En Hungría, sólo se requiere el consentimiento del Secretario del Sindicato en el caso de despido de los integrantes de los órganos que administran justicia, de los dirigentes electos de los sindicatos (protección que se prolonga hasta 2 años después de terminado el mandato respectivo) y de los miembros del comité de arbitraje laboral.

C. *Notificación a autoridades públicas*

72. Cabe empezar por una distinción entre aquellas situaciones en las que se requiere simple comunicación y aquellas en las que se exige autorización de algún órgano público para proceder al despido.

La communicación responde fundamentalmente a razones informativas preferentemente vinculadas con la política del empleo.

Ello se trasluce claramente a través de la índole de las oficinas a las cuales se les debe enviar esa comunicación. Así en Finlandia a la Oficina Local de Empleo (aunque solo para aquellas motivadas por razones económicas y que afecten a 10 personas por lo menos), en Suecia a la Oficina Regional de Mano de Obra y en Grecia, a la Agencia Gubernamental de Empleo.

Excepcionalmente, en dos países deben comunicarse todos los despidos: Chile donde debe avisarse a la Inspección de Trabajo; sin perjuicio de que en caso de delito también se comuniquen a las autoridades respectivas, para adoptar las medidas y efectuar la denuncia y en la República Dominicana donde debe ser comunicado al Depto. de Trabajo dentro de las 48 horas y con indicación de causa.

73. La exigencia de *autorización* responde al deseo de garantizar contra posibles despidos injustificados. Ese deseo de protección está basado en dos preocupaciones: la motivación del despido o la calidad de las personas.

Por la *motivación del despido,* podemos aportar varios ejemplos que denotan una preocupación común. En España, los despidos por fuerza mayor o por causas tecnológicas o económicas sólo pueden ser decididos con la previa autorización de la Administración Laboral. En India para efectuar despidos individuales por razones de economía, debe solicitarse autorización a la oficina gubernamental competente, la cual previa investigación puede concederlo o no. Si demora dos meses sin pronunciarse, se considera concedido. Sin ese trámite, el despido es nulo.

En Perú, para despedir por razones económicas o técnicas, se requiere autorización de la Autoridad Administrativa de Trabajo.

Como se advierte, a través de estos ejemplos, la autorización debe solicitarse cuando el despido obedece a razones técnicas o económicas, que afectan a muchos trabajadores. Pero sobre este aspecto no profundizaremos más por cuanto tendremos que volver a él en el Cap. VI referente a la reducción de personal.

Por *la calidad de las personas* afectadas por el despido, también tenemos varios otros ejemplos. Marruecos, si se va a despedir a un representante del personal. Checoeslovaquia si se intenta despedir a trabajadores incapacitados o participantes de la Resistencia salvo que tengan 65 años, requiere autorización del comité nacional respectivo o a miembros del Consejo de Contralor Popular (requiere autorización del propio Consejo). Bélgica para despedir a representantes del personal en los órganos de la empresa (Consejos de Empresa, Consejos de Seguridad, Higiene y Mejora de los lugares de trabajo) requiere autorización previa de la justicia de trabajo. R.F.A. para despedir inválidos graves o sea, con una disminución permanente de su capacidad de más de un 50% (requiere autorización de la Oficina Tutelar Principal); trabajadoras embarazadas en casos muy excepcionales (requiere autorización de la autoridad pública pertinente); mineros (en varios Estados alemanes sólo pueden ser despedidos con autorización de una autoridad pública). Polonia para despedir a un miembro del Consejo del Pueblo (debe requerirse el consentimiento del propio Consejo) o un inválido militar o de guerra (debe obtenerse del cuerpo administrativo local de asistencia médica). Chile para despedir a personas con goce de fuero, en cuyo caso se requiere la autorización judicial previa. R.D.A., para despedir a personas gravemente inhabilitadas que han sufrido tuberculosis que están dentro de los últimos 5 años previos a jubilarse, jóvenes menores de 18 años y aprendices en el primer año de su aprendizaje (requiere la aceptación del consejo de distrito o del consejo municipal de distrito); luchadores de la resistencia antifascista, víctimas de la persecución fascista; trabajadoras embarazadas, trabajadoras madres con hijos menores de un año o hasta 3 años si son solas o han obtenido licencia especial (también deben requerir del Consejo Municipal); Colombia, para despedir a trabajadores amparados por el fuero sindical o trabajadoras amparadas por el fuero de maternidad (se requiere autorización de las autoridades públicas). Austria, para despedir personas especialmente protegidas contra el despido (require autorización de una oficina gubernamental). Rumania, para despedir a personas que han sido elegidas para integrar el cuerpo directivo de una empresa o de una institución (se requiere la autorización del cuerpo para el que fue electo). Paraguay, para despedir a un trabajador estable debe promoverse un juicio ante un Juez de Primera Instancia del Trabajo en el que deben probarse las causas invocadas. Francia, para despedir a un delegado de personal, miembro de Consejo de Empresa o del Consejo de Higiene y Seguridad o un médico de trabajo, si el Consejo de Empresa no lo ha autorizado, debe decidirlo el Inspector del Trabajo. En el caso del delegado sindical se requiere necesariamente la autorización del Inspector de Trabajo. En caso de que sea un miembro del Consejo de Prud'hommes requiere autorización de la oficina judicial de ese Consejo presidida por el Presidente del Tribunal de gran instancia.

Excepcionalmente se requiere la autorización para el despido disciplinario en el caso de que hechos graves justifiquen el despido inmediato. Es el caso del Japón, donde se requiere autorización de la Oficina de Trabajo para despedir sin preaviso.

En los Países Bajos se requiere en todo caso de despido, ell permiso del Director de la Oficina Regional de Empleo (GAB).

D. *Preaviso*

74. El tema del preaviso ha sido tratado tan extensa y diversificadamente por las legislaciones -y, por consiguiente, por los informes nacionales que las reflejan- que nos vemos obligados a dividir su desarrollo en una serie de puntos.

Pero antes de hacerlo queremos recoger dos observaciones de carácter preliminar.

Una de ellas es de índole terminológica y ha sido planteada por el informe peruano. Allí su autor, el Prof. José Montenegro Baca impugna el término "preaviso" sosteniendo que es un neologismo no recibido por las autoridades académicas de la lengua, y que encierra un pleonasmo porque todo aviso es previo. Prefiere la expresión "aviso de despedida". La brevedad de la expresión y su amplísima aceptación nos llevan a mantener la palabra "preaviso".

La otra es de índole conceptual y se contiene en el informe suizo. Allí se explica que el período de preaviso contiene dos elementos: el plazo y el término. El plazo constituye el lapso de tiempo que debe transcurrir entre el momento de recepción del aviso y aquel en el que el contrato llega efectivamente a su fin. Pero la extinción no podrá tener efecto sino hasta un día determinado que se llama "el término" y que corresponde al fin de semana o de un mes. Esto significa que el plazo se prolonga hasta la llegada del término. Creemos que este distingo parte del supuesto de que un contrato no puede terminar sino al fin de una semana o un mes. No creemos que sea necesariamente así, sin una norma que lo disponga. Esta precisión, de todos modos, sirve para llamar la atención sobre un punto al cual se refieren varios informes: la posible iniciación del cómputo del plazo de preaviso desde una fecha distinta de aquella en la que se hace llegar la comunicación.

75. El primer aspecto es el de determinar cuáles despidos requieren preaviso para poderse llevar a cabo.

Creemos que para la dilucidación de este punto interesan dos ideas que han surgido en los desarrollos anteriores.

Una es que, en muchos países, se distinguen fundamentalmente los despidos con preaviso y los despidos con motivo grave[6]. De allí se desprende que el preaviso se requiere sólo en los casos en que no hay motivo grave. Varias legislaciones lo dicen expresamente como Marruecos, Japón, Checoeslovaquia, R.D.A., Paraguay y Perú.

La otra es que el período de prueba puede interrumpirse en cualquier momento sin necesidad de ningún aviso previo. Pese a que ello resulta de la propia naturaleza del instituto, varias legislaciones lo aclaran expresamente como Marruecos, Países Bajos, Japón.

Aparte de estos dos motivos de exclusión, el preaviso, en aquellos países que lo han instituído, suele regir con carácter general en todos los contratos de trabajo, incluso los de duración determinada. Así lo especifican expresamente las legislaciones de Japón y Argentina (Marruecos, en cambio, lo limita a los contratos de duración indeterminada).

La excepción la constituyen aquellos países que lo restringen a un cierto grupo de despidos como en España (que se aplica sólo a los despidos por razones objetivas), en Rumania (que rige en los despidos motivados por una serie de seis causales preceptivamente establecidas), en India (en los casos de despidos individuales por razones de economía o por cierre de la empresa o establecimiento, autorizado por la oficina competente, para los empleados con un año de antigüedad).

De igual modo constituye una excepción la solución aceptada en la R.D.A. que exige el preaviso no sólo para el cese sino también para la transferencia o la modificación del contrato.

Alguna enumeración de casos en los que no cabe el preaviso, como la contenida en la legislación de la R.D.A. significa simplemente la prohibición de despidos sin justa causa. No se refiere tanto al preaviso como al despido mismo.

76. El segundo aspecto es el referente a la duración del preaviso. Dada la importancia y complejidad de este tema, lo subdividiremos en varios puntos: a) Cómo se fija la duración; b) Criterios a tener en cuenta para esa fijación; c) Extensión; d) Posibilidad de alterar esa extensión; e) Fecha a partir de la cual se empieza a computar el plazo correspondiente; f) Posibilidad de suspender el plazo.

77. La fuente utilizada para determinar la duración del preaviso es muy variada. En la mayoría de los países (España, Suecia, Noruega, Checoeslovaquia, Italia, Argentina, Chile, Rumania, R.D.A., Paraguay, República Dominicana) la duración del preaviso se fija por ley.

En otros países, esa fijación se hace indistintamente por ley y por convenios colectivos (Bélgica) o conjuntamente (Francia: los contratos inferiores a 6 meses de antigüedad requieren preaviso fijado por convenio colectivo mientras que los superiores deben respetar el plazo fijado por ley) o complementariamente en el sentido de que por convenio colectivo pueden elevarse los términos de duración establecidos en la ley (Suecia, Países Bajos, Turquía, R.D.A.). En estos casos, el límite legal opera como solución supletoria para el caso de que las partes no hayan concertado otro plazo.

En general, en todos los países los lapsos así establecidos son límites mínimos que pueden ser ampliados por acuerdo de partes o por decisión unilateral del empleador. Pero hay también ejemplos inversos en los cuales el legislador fija un límite máximo (Finlandia, Hungría).

En algunos países regidos por el common law es el juez el que fija el término en función de las circunstancias de cada caso. (Ej.: Canadá, Reino Unido, etc.).

En Irlanda el common law rige para los contratos inferiores a 13 semanas y las normas legales para los contratos superiores a 13 semanas.

78. Muy pocos países fijarn un plazo único aplicable para todos los casos.

Generalmente se establecen escalas variables, más o menos simples o complejas. En lo que difieren es en los criterios entre los que sobresalen los siguientes: antiguedad (o duración del contrato de trabajo) -que es el más utilizado-; rama de actividad; categoría de trabajadores; edad; clase de contrato (si se está en período de prueba o no); nivel de retribución; periodicidad del pago de los salarios; clase de trabajo; motivación del despido. El número de criterios que se utilizan, la forma con que se les hace jugar y combinar y el alcance numérico de su proyección provocan una cantidad muy elevada de variantes. Por eso, puede decirse que no hay dos países que tengan soluciones idénticas, pese a que casi todos ellos utilizan el mismo elenco de criterios.

79. La descripción de la extensión del preaviso establecida para los distintos tipos de situaciones por los diferentes regímenes jurídicos, exigiría una enumeración casuística de cada uno de los sistemas existentes. Dadas las diferencias de un país a otro; se requeriría exponerlos sucesivamente a cada uno de ellos porque sus propias disimilitudes impiden la sistematización de la descripción. Ello exigiría un espacio desproporcionado para la dimensión de este informe.

Nos limitaremos entonces, a exponer que hay dos grandes sissemas. Por un lado el que establece una duración indeterminada ("término razonbale" fijado por el juez, según las circunstancias del caso) lo que ocurre en los países que aplican el sistema del "common law" (Canadá, Irlanda, Reino Unido) y Bélgica, para un caso muy especial: el de los altos empleados cuando las partes no se ponen de acuerdo y debe decidirlo el juez. Por el otro lado, el que establece una duración determinada, en función de una escala numéricamente regulada.

A su vez, dentro de este último sistema, que es el seguido por el mayor número de países, las extensiones oscilan entre plazos muy breves como el de un día (establecido por algún convenio colectivo en E.E.U.U. y previsto en la ley de Singapur para el empleado que tenga menos de 26 semanas de antiguedad) y plazos considerablemente extensos, como el de un año, previsto en la legislación sueca para los trabajadores de más de 55 años, con 10 años de antiguedad en el empleo, cuando son despedidos por razones económicas.

Quizá la mención de esos dos extremos no sirva, por su propia excepcionalidad, para dar idea de la duración más frecuente y habitual. Dentro de la dificultad para establecer una duración de orden promedial o representativo podemos decir que lo más frecuente es que se sitúe entre uno y tres meses.

80. Cabe preguntar si los períodos de preaviso son rígidos e inmodificables o son susceptibles de alguna alteración por acuerdo de las partes.

Por lo general, ya hemos adelantado que una vez establecida la regla, ella tiene, como es habitual en las normas laborales, el carácter de un nivel mínimo de protección. Las partes pueden mejorar el régimen de preaviso, o sea ampliar el plazo, extenderlo, prolongarlo.

Pero la pregunta formulada está dirigida ahora a saber si puede existir cierta elasticidad en la propia norma. O sea, si existen disposiciones que, en su propio texto, admitan la posibilidad de su alteración.

Siguiendo en cierto modo, la misma tendencia ya expresada, las legislaciones de Hungría e Irlanda establecen expresamente que los plazos establecidos pueden extenderse, no reducirse.

Pero otras legislaciones contienen soluciones más matizadas ya que en algunos casos admiten tanto elevar como reducir el plazo. Así en Noruega se establece que hasta los 5 años de antiguedad en el empleo, el preaviso debe ser de un mes, creciendo a razón de un mes más por cada cinco años de antiguedad. Ahora bien, se establece que el preaviso de un mes puede ser acortado o alargado por convenios colectivos. En cambio, los preavisos de dos meses o más pueden ser aumentados pero nunca disminuídos.

En la R.F.A. se establece que el plazo para los obreros sólo puede ampliarse mientras que el plazo para los empleados tanto puede ampliarse como reducirse.

81. La duración real de este plazo varía también en función de un elemento diferente: la fecha a partir de la cual debe empezarse a contar ese término.

Muchas legislaciones nada dicen al respecto por lo que debe entenderse que el plazo empieza a contarse a partir de la fecha en la que el trabajador afectado recibe la comunicación del preaviso.

La legislación peruana advierte que cuando se requiera autorización administrativa por tratarse de un despido por causas técnicas o económicas, el período se cuenta desde que se obtiene ésta.

Pero algunas legislaciones han establecido soluciones diferentes. Así, Argentina, Noruega, Checoslovaquia y Bélgica (en el caso de los empleados) determinan que debe contarse desde el primer día del mes siguiente. Suiza utiliza otra expresión pero con significado equivalente: a partir del fin del mes. Finlandia también usa otra fórmula similar: se extiende el plazo hasta el último día hábil de período.

En el caso de los obreros, Bélgica fija como fecha de arranque el lunes siguiente.

La solución más original -que puede tener una significación temporal muy importante- es la contenida en la ley austríaca para los empleados, según la cual el preaviso sólo puede dársele al final de cada trimestre civil, lo que equivale a decir que debe empezarse a contar el período a partir del comienzo de un trimestre civil. Esto importa, como es obvio, una prolongación efectiva del plazo que puede llegar casi hasta los tres meses. En la R.F.A., para los empleados, el preaviso debe terminar al fin de un trimestre.

82. En cuanto a la posibilidad de suspender el plazo de preaviso una vez que haya empezado a correr, casi ninguno de los países la prevé. Sin embargo, unos pocos lo hacen, estatuyendo que si se producen determinados acontecimientos, ellos determinan automáticamente la suspensión del plazo que continúa recién después que haya terminado la situación.

La legislación suiza establece que el plazo puede ser suspendido en caso de que sobrevenga un impedimento al despido.

Turquía enumera una serie de situaciones que determinan la suspensión: servicio militar, accidente de trabajo, enfermedad profesional, enfermedad, gravidez, huelga o lock out.

Bélgica también enumera cinco casos: servicio militar, incapacidad del trabajador, licencia de maternidad (embarazo y parto), cierre de la empresa por licencia, vacaciones anuales del trabajador.

En Checoeslovaquia en el caso de los trabajadores que merecen especial protección, si el motivo que la origina aparece durante el período del preaviso, éste se suspende hasta que desaparezca tal motivo.

La R.D.A. enumera algunos casos en los que no puede darse el preaviso (a) luchadores antifascistas; (b) trabajadoras embarazadas o con hijos menores de un año o trabajadores solos con menores de 3 años a su cargo; (c) trabajadores que están haciendo el servicio militar; (d) trabajadores ineptos para el trabajo a causa de enfermedad, accidente de trabajo, enfermedad profesional, trabajadores convalescientes o en vacaciones). Pensamos que si esas situaciones aparecen una vez dado el preaviso determinan la interrupción del mismo dado que no todas ellas son definitivas. Algunas son transitorias por lo que, desaparecidas podría continuar el plazo.

83. El tercer aspecto versa sobre qué ocurre en caso de que el empleador proceda al despido sin respetar el plazo de prea viso correspondiente.

En general, se establece que el preaviso no es requisito de validez del despido. En consecuencia, si no se respeta, debe pagarse el salario por el período con cuya anticipación debió comunicarse el despido.

Así lo establecen diversas legislaciones (España, Marruecos, Brasil, Argentina, Rumania, Suiza, Japón, Turquía, Grecia, Hungría, Paraguay, Perú, República Dominicana, Austria, Francia, Israel).

Esa sustitución tanto puede hacerse en forma total como parcial.

Ello ha ambientado la práctica seguida en los hechos en muchos países, de sustituir normalmente la comunicación anticipada por el pago del salario correspondiente.

Así ocurre, por ejemplo, en la República Dominicana o en el Uruguay (cuando existía la norma sobre preaviso). Esto lleva a hablar de indemnización por falta de preaviso. Cuando en realidad el preaviso es un aviso anticipado y no una indemnización.

El informe francés señala que el empleador puede dispensar de trabajar al trabajador; pero sin que ello adelante la fecha de terminación del contrato ni afecte el derecho del trabajador de cobrar el salario ni por las circunstancias con que se rodea, pueda convertirse en un abuso de derecho. Si esto último ocurriera, podría justificar un reclamo de daños y perjuicios.

De modo que esta sustitución no debe mirarse como una forma de compensar un incumplimiento sino también como una manera que el empleador tiene de eximir de sus tareas a un trabajador que, por saber que va a concluir pronto su contrato ya tiene su centro de interés no en las labores que está cumpliendo sino en la obtención de nuevo trabajo.

De allí que muchas veces se convenga, de común acuerdo, esta sustitución.

Esta fácil y frecuente sustitución plantea el problema de saber si ese período de aviso anticipado debe considerarse de servicio o no.

No cabe duda de que si se cumple normalmente el preaviso en su forma original, debe considerarse tiempo de servicio y su retribución es salario.

El problema se plantea en el caso de que se sutituya. El informe brasileño expresa que tanto se pague el salario por no haber respetado el plazo de preaviso como cuando se dispensa al trabajador de prestar el servicio durante este período, este lapso se considera tiempo de servicio a todos los efectos legales. Y por consiguiente -nosotros agregamos- lo pagado debe ser considerado salario. El informe israelí defiende la tesis opuesta, sosteniendo que si el empleador le dio un auténtico preaviso, lo que pagó durante ese mes es salario mientras que si le efectúa un pago en vez del aviso, el pago es considerado indemnización.

Cabe agregar que Japón es el único país que establece sanciones específicas para el empleador que ni cumple el plazo de preaviso ni paga el salario correspondiente. Esas sanciones consisten en multa o prisión así como en el pago de daños y perjuicios al trabajador perjudicado. Con respecto a esto último, en Canadá, dentro del régimen del "common law"; algunos jueces han admitido una condena adicional por daño moral -que se agrega al salario del período de preaviso- en el caso de altos empleados despedidos repentinamente.

84. El curato aspecto está relacionado con las facilidades concedidas durante el período de preaviso.

El objeto del período de preaviso es permitirle al trabajador que se prepare para la próxima pérdida de su empleo. La mejor preparación es la búsqueda de un nuevo empleo.

Por eso, casi todas las legislaciones prevén la obligación patronal de conceder alguna facilidad que la permita efectuar esa búsqueda ya que, por lo general coinciden los horarios de trabajo y si el trabajador continúa ocupado la jornada íntegra no tiene tiempo ni oportunidad para tomar contacto con otros posibles nuevos empleadores.

Este punto es tan importante que la jurisprudencia peruana, por ejemplo, considera que no se le ha dado el preaviso si no se ha concedido la licencia para que el trabajador busque nuevo empleo.

Si bien el objetivo es claro y uniforme, la forma puede variar.

En primer término, cabe distinguir entre aquellas legislaciones que conceden un tiempo indeterminado y aquellas que otorgan una licencia precisa y preestablecida.

Las primeras son las legislaciones que hablan de tiempo razonable (Reino Unido) o necesario (Turquía, Suiza) o suficiente (Suecia).

Las segundas son aquellas que conceden un tiempo predeterminado de libertad. A su vez, se distinguen aquellas que conceden un período uniforme (dos horas diarias; o media jornada semanal; o una semana al mes) y aquellas que establecen períodos variables en función de la dimensión del término del preaviso.

Generalmente se permite que el trabajador opte por la acumulación de esos lapsos periódicos para poder mejor cumplir sus gestiones.

La dificultad mayor radica en la elección de las horas o del día, es decir la ubicación del período respectivo. En principio, la elección debe corresponder al trabajador, que es el interesado y el que conoce mejor las oportunidades en que necesitará estar libre. Pero el empleador podrá observar esa elección si ella resulta muy perjudicial a sus intereses. La mayoría de las legislaciones ignoran el punto, dejando que las partes lo resuelvan de común acuerdo. Una de las pocas que lo aborda es la argentina que deja la elección al trabajador pero dentro de ciertos límites: puede optar entre las dos primeras o las dos últimas horas de la jornada. La colombiana establece que se fijarán las horas por mutuo acuerdo.

Cabre agregar que entre las legislaciones que regulan el tema, algunas indican otros motivos para justificar las salidas del trabajador. Así, por ejemplo, en el Reino Unido se contempla la posibilidad de prepararse para otro nuevo empleo y en Singapur para consultar con su sindicato acerca de sus derechos.

Debe señalarse también que en Suecia, si el trabajador encuentra otro trabajo debe aceptarlo aunque tenga menor remuneración. En tal caso, el empleador que le dio el preaviso le pagará solo la diferencia. Si no lo acepta, el empleador tiene derecho a reducirle el importe de lo que le paga. Recuérdese, al respecto, que en Suecia se prevén plazos de preaviso muy extensos.

85. Aunque el punto parece exceder los contornos del tema derivados de su propio título, nos referiremos brevemente a la obligación de dar preaviso por parte del trabajador si quiere terminar unilateralmente la relación de trabajo. Lo hacemos porque en algunos países está regulado conjuntamente con el preaviso que debe dar el empleador y de alguna manera influye en su propia reglamentación.

En algunos países se establece que el plazo debe ser igual para ambas partes (R.F.A.). En otros países como Irlanda, Argentina, Austria, se establecen términos distintos que son menores para el preaviso del trabajador que para el del empleador.

En ciertos países donde cabe la regulación convencional se establece que los plazos deben ser iguales para ambas partes y si son desiguales, vale para ambos el más largo (Suiza). En Finlandia puede fijarse un límite már largo para el empleador que para el empleado. Si ocurriera la inversa, regiría para ambos el más corto. En Noruega no es posible establecer un período mayor para el empleado que para el empleador.

No suele especificarse cuál es la sanción para el trabajador que no respeta el preaviso establecido. Pero en Francia si no da el correspondiente preaviso puede ser condenado por daños y perjuicios en una cantidad equivalente al salario del período del preaviso que omitió.

86. Con respecto a la forma del preaviso hay muy pocas normas que se refieran específicamente al tema.

Son aplicables, en general, las prescripciones referentes a la forma de comunicar el despido.

Específicamente podemos citar la legislación argentina (que requiere la forma escrita) y la paraguaya (que también requiere que se haga por escrito y en forma auténtica).

De todas maneras, debe transmitirse el preaviso en forma tal que no haya duda de que llegó a destino y que puede probarse su fecha cuando sea necesario.

87. Nos referiremos ahora a dos normas originales que aparecen excepcionalmente en alguna legislación y no se repiten en otras.

Así en la legislación de Colombia sólo se prevé el preaviso para no prorrogar el contrato de duración determinada. Si no se envía un preaviso con 30 días de anticipación al vencimiento del plazo, se considera renovado por un año.

El otro ejemplo es la norma existente en Israel, según la cual en caso de que se envíe el preaviso, hasta los 14 días no puede coincidir con la licencia anual. Si el preaviso es por un plazo mayor, que exceda de 14 días puede coincidir por el excedente.

88. En la Recomendación No. 119 nos encontramos con el art. 7 referente a este tema:

1) El trabajador cuyo empleo vaya a darse por terminado debería tener derecho a su preaviso razonable o, en su lugar, a una indemnización compensatoria.

2) Durante el plazo de preaviso, el trabajador debería, en la medida de lo posible, tener derecho a un período razonable de tiempo libre sin pérdida de su remunera ción, con objeto de buscar otro empleo.

A su vez, en el Proyecto de Convenio se dedica al tema el art. 11:

1. El trabajador cuya relación de trabajo vaya a darse por terminada tendrá

derecho a un plazo de preaviso razonable o, en su lugar, a una indemnización, *a menos que sea culpable de una falta grave de tal índole que sería irrazonable pedir al empleador que continuara empleándole durante el plazo de preaviso.*

2. Durante el plazo del preaviso, el trabajador tendrá derecho a períodos de tiempo libre razonables, *que tomará en momentos convenientes para ambas partes,* sin pérdida de remuneración, con el fin de buscar otro empleo.

Hemos subrayado los agregados que se incorporan al texto de la Recomendación anterior. Ambos tienden a facilitar la ratificación del Convenio en cuanto tratan de resolver dos problemas concretos a los que hemos hecho referencia, dentro de la amplitud y generalidad propios de los documentos de esta índole.

E. *Formalidades especiales previas a un despido disciplinario*

89. En ciertos países, la legislación establece un procedimiento previo al despido motivado por la conducta del trabajador (Rumania, Yugoeslavia, Singapur, Hungría).

En algún país se establece para ciertos sectores de trabajadores (por ejemplo, en España para el personal con cargo representativo: miembro del Consejo de Empresa o delegado del personal).

En otros países no se establece por ley, sino por convenios colectivos (Israel, República Dominicana). Una solución original la brinda Colombia que establece para las empresas con más de 5 trabajadores en actividades comerciales e industriales (o más de 10 en actividad agrícola, forestal o ganadera) la obligatoriedad de tener un reglamento interno, en el que se regule esta procedimiento previo. En India, entre las exigencias que ha venido imponiendo la práctica jurisprudencial se cuenta la de que la investigación interna se ajuste al procedimiento previsto en el reglamento interno.

Finalmente, en otros países si bien no hay normas que lo establezcan, la práctica ha impuesto este procedimiento previo, especialmente en empresas o instituciones de cierta dimensión (Ejs.: Uruguay, Finlandia).

El Procedimiento previo clave es la realización de un sumario o de una investigación administrativa, en la cual se estudie la prueba existente sobre los hechos y se discuta la responsabilidad del trabajador.

Pero en torno a esta idea central surgen múltiples variantes que versan sobre diversos aspectos.

El primero de ellos es quién realiza la investigación. En esto caben diversas soluciones: que la norma no diga nada (Rumania, Hungría), que permita la realice el propio empleador o una persona delegada por él (Singapur) o imponga una persona neutral, ajena a las partes (India) o una Comisión Especial mixta (Yugoeslavia, Colombia).

El segundo es qué participación tiene en el procedimiento el trabajador involucrado. En España deber ser obligatoriamente oído tanto el trabajador afectado como la representación del personal de la empresa. En Rumania debe ser recibido el empleado, al cual debe dársele vista del expediente. En Yugoeslavia el trabajador debe ser oído y puede tener un defensor que puede ser el propio sindicato. En Hungría debe formarse un expediente en el que conste que el trabajador pueda presentar su defensa, ofrecer la prueba y revisar los documentos y el expediente. La decisión final debe ser por escrito. En la India, el trabajador debe tener oportunidad para exponer su defensa, aportar la prueba, examinar a los testigos de la otra parte, presentar y examinar documentos. Las conclusiones deben ser comunicadas al interesado a la brevedad posible.

El tercero es si existe un plazo para la terminación del sumario. En Rumania el plazo máximo es de 30 días.

El curato -muy ligado con el anterior- es si, la realización del sumario arrastra necesariamente la suspensión del trabajador. En Singapur puede ser suspendido mientras dure el sumario pero sólo por 8 días, con medio sueldo y con la obligación de reintegrarlo si las conclusiones no lo declaran culpable. En Irlanda lo normal es que los sumarios provoquen la suspensión del trabajador. En India, también es normal que se decrete la suspensión mientras dure la investigación.

El quinto aspecto es si el fallo del sumario puede apelarse. En Singapur si el empleado no está conforme con la decisión puede quejarse ante el Ministerio de Trabajo, el cual ordenará una investigación por medio de un Inspector de Trabajo. A su término, puede decidirse reponer al empleado con el pago de los salarios caídos o pagar al empleado la compensación que considere adecuada.

90. Otro procedimiento, emparentado con el anterior pero distinto, es el de la consulta con un organismo permanente. Así, por ejemplo, en Austria debe consultarse con el Consejo de Empresa el cual dispone de 3 días para expresar su opinión. Ya hemos expuesto bajo el rubro de la notificación a representantes de los trabajadores dentro de este mismo capítulo, la serie de órganos a los cuales debe consultarse antes de tomar la decisión. Casi todos ellos, para poder adoptar una posición, deben investigar los hechos.

91. Junto con estas prescripciones sobre aspectos puramente formales aparecen algunas otras disposiciones que envuelven elementos de otro carácter.

Uno de ellos es el plazo dentro del cual puede procederse al despido en relación a los hechos. Ese plazo suele contarse a partir del momento en que los hechos que le dan motivo han llegado a conocimiento del empleador. Así, en Bélgica el plazo es de 3 días, en Polonia es de 1 mes, en Irlanda de 28 días y en Hungría de 3 meses. Es destacable que en este país, rige otro plazo: desde que se produjeron prácticamente los hechos, los cuales no pueden haber ocurrido con más de un año de anticipación. En este país al plazo computable desde el conocimiento, se agrega éste otro desde la verificación efectiva de los hechos.

92. Otro es la exigencia contenida en algunas legislaciones de que deban tomarse previamente otras sanciones menores y crecientes. Varios países contienen escalas de sanciones. En el informe finlandés se alude a la advertencia previa y al traslado a otro trabajo. En el informe israelí se enumeran varias sanciones: suspensiones con pago de medio sueldo; suspensiones sin pago de ninguna remuneración; despido sin preaviso pero con pago parcial de indemnización y despido sin preaviso y sin pago de indemnización. En el informe irlandés se menciona la advertencia verbal, la advertencia escrita, la advertencia formal y definitiva; la suspensión; el despido. En Colombia se alude al llamado de atención verbal y escrito, a la suspensión que puede varirar de un día a sesenta y al despido. En Estados Unidos, una de las conclusiones que puede extraerse de la jurisprudencia es que la corrección debe primar sobre el castigo. Por eso, siempre que sea posible deberá preferirse la sanción preventiva como una suspensión disciplinaria antes que el despido. En la India se enumeras diversas sanciones en escala descendente de gravedad: destitución (dismissal) cuando la inconducta es grave (origina la pérdida de todos los beneficios); despido (discharge) cuando la inconducta es menor (no causa le pérdida de todos los derechos); rebaja de categoría; suspensión o retención de aumentos salariales; multa; suspensión; advertencia. Para decidir rige el criterio básico que la sanción debe ser proporcional a la gravedad de la inconducta; para lo cual se tendrá en cuenta la actuación anterior, la naturaleza de la inconducta

alegada, los fundamentos por los cuales la orden del empleador no fue cumplida, la naturaleza de las obligaciones que debían cumplirse y la índole del establecimiento.

93. Terminamos este capítulo haciendo referencia al art. 6 del Proyecto de Convenio en el que se dice: "No deberá darse por terminado el empleo de un trabajador por motivos relacionados con su conducta o su trabajo antes de que haya tenido la posibilidad de defenderse de los cargos formulados contra él".

III. JUSTIFICACION DEL DESPIDO

A. *Reconocimiento del principio de que el despido deba ser justificado*

94. La norma central de la Recomendación No. 119 es la contenida en el art. 2: "No debería procederse a la terminación de la relación de trabajo a menos que exista una causa justificada relacionada con la capacidad o la conducta del trabajador o basada en las necesidades del funcionamiento de la empresa, del establecimiento o del servicio".

El art. 4 del Proyecto de Convenio recoge sustancialmente esa norma pero en términos mucho más afirmativos y enérgicos: "No se pondrá término a la relación de trabajo de un trabajador a menos que exista para ello una causa justificada relacionada con la capacidad o la conducta del trabajador, o basada en las necesidades de funcionamiento de la empresa, establecimiento o servicio".

Ahora bien ¿en qué medida los países cuyos informes disponemos, han recogido en sus respectivas legislaciones este principio?

Vamos a contestar esta interrogante limitándonos al examen de las respuestas aportadas en cuanto al reconocimiento del principio en su aspecto declarativo o reglamentario. Para tener una respuesta completa debería integrarse este tema con lo referente a las medidas de reparación en caso de despido injustificado, punto que abordaremos al final del Capítulo IV.

Dividiremos los países en varios grupos aún sabiendo la dificultad para agrupar regímenes y realidades diferentes ya que todos tienen su peculiaridad propia.

95. En primer término, los países donde se requiere la aprobación estatal antes de proceder al despido.

El que lo requiere con carácter más general es Holanda donde de acuerdo al Decreto Extraordinario de Relaciones Laborales (BRA), el despido debe ser previamente aprobado por la Oficina Regional de Empleo. Sólo se excluye el despido originado en una razón urgente de la que el empleado es informado de inmediato. En Paraguay el trabajador estable (o sea, con 10 años de servicios) no puede ser despedido sin autorización judicial previa. En Japón, el despido por razones disciplinarias -es decir sin preaviso- requiere la autorización previa de la Oficina de Trabajo.

96. En segundo término, aquellos países donde el empleador, para poder despedir, debe contar con la autorización previa del comité sindical o del comité nacional de distritos y en la U.R.S.S. donde también se necesita, además de la causal, el consentimiento del comité sindical local.

97. En tercer término, aquellos países donde se declara ineficaz todo despido que sea injustificado.

El mejor ejemplo lo brinda Brasil en el caso del trabajador con derecho a la estabilidad por tener 10 años de antigüedad en la empresa y no haber optado por el régimen del Fondo de Garantía de Tiempo de Servicio. Incluso el trabajador no estable (por estar afiliado al referido Fondo de Garantía), tiene derecho a la misma protección cuando es electo para un cargo de administración sindical o de dirección de una cooperativa. Desde que se inscribe como candidato hasta un año después del fin del mandato.

98. En cuarto término aquellos países que reconocen expresamente el principio aunque no se utilice siempre la misma fórmula verbal.

En Rumania el art. 19 del Código de Trabajo establece que el contrato de trabajo sólo puede ser terminado en los casos y bajo las condiciones establecidas en la ley. En Yugoeslavia, el art. 159 de la Constitución de 1974 establece que la relación de trabajo no puede cesar contra la voluntad del trabajador sino en las condiciones y según las modalidades fijadas por la ley. En Suecia el art. 7 de la ley de Protección del Empleo establece que el despido decidido por el empleador debe tener justa causa. En Polonia, el Código del Trabajo estipula que la disolución del contrato de trabajo no puede hacerse sin una razón que la justifique. En Italia la ley 604/66 estableció el principio de que el despido sólo cabe cuando existiere motivo justificado o justa causa. En Perú, el art. 48 de la Constitución de 1979 dispone que el trabajador sólo puede ser despedido por causa justa señalada en la ley y debidamente comprobada. En la República Dominicana, el art. 77 del Código de Trabajo establece que el despido debe ser causado por falta grave e inexcusable que haga imposible la continuación de la relación de trabajo. En México rige el principio de la seguridad del trabajo, según el cual el empleador sólo en algunos casos excepcionales puede dar por terminada la relación de trabajo.

99. En quinto término, aquellos países que en la reglamentación de este tema aplican este principio aunque no haya una proclamación expresa del mismo.

En España se condiciona la decisión extintiva del empresario a la existencia de una causa justificada. En la Argentina, tanto el art. 14 bis de la constitución como la ley de Contrato de Trabajo cuando la culta a la denuncia del contrato de trabajo en caso de inobservancia de obliga ciones consagran el principio de que la disolución del vínculo sólo es procedente cuando medie causa que lo justifique. En Noruega la justificación de las causas del despido tanto se requiere en el despido ordinario como en el extraordinario. En Finlandia, el empleador no tiene derecho a comunicar el despido, salvo que existan causas serias. Estas pueden estar relacionadas con la conducta o la persona del trabajador o con las exigencias de la empresa. En la R.F.A. el despido extraordinario requiere siempre una justificación y el despido ordinario necesita justificación cuando el trabajador lo impugna por considerar que ha sido socialmente injustificado o el Consejo de Empresa lo observa. En Israel, sólo puede rescindirse cuando hay justa causa. En Chile, se desprende del art. 19 inc. 1 del Decreto 2200 que la terminación del contrato debe ser justificada. En India, en el contexto actual de la jurisprudencia laboral, no cabe la libertad del empleador para romper el contrato: debe tener razones económics o disciplinarias.

Una situación similar aunque quizá con una apariencia distinta es la que rige en Colombia y en Uruguay donde todo despido que no esté debidamente motivado genera el pago de una indemnización. Esta opera como una especie de freno económico a la libertad de despedir.

100. En sexto término, aquellos países donde se admite la posibilidad de despedir con preaviso. Si bien el preaviso constituye una protección contra el despido intempestivo, importa una especie de reafirmación de la posibilidad de despedir libremente con tal que se anuncie con la debida antelación. En Marruecos, el empleador tiene la libertad discrecional de proceder al despido con la sola restricción del preaviso. En Bélgica, si el despido está precedido de un preaviso, el empleador

tiene el derecho discrecional de despedir, salvo las situaciones en que está prohibido. En Turquía, el empleador puede terminar cualquier contrato indeterminado de trabajo si respeta el plazo de preaviso. En Singapur, en términos estrictamente legales, basta dar el preaviso y esperar el plazo o pagar el salario equivalente. Aunque debe reconocerse que en la práctica comercial suele exigirse que sea justificada la terminación del contrato de trabajo.

101. En séptimo término, aquellos países donde rige el principio de la libertad de despedir.

Eso ocurre en Suiza donde el empleador no está obligado a justificar el despido, si bien hay momentos en que no puede procederse al despido (el trabajador cumple un servicio militar o de protección civil obligatorio; durante las cuatro primeras semanas de una incapacidad de trabajo resultante de una enfermedad o accidente; ocho semanas anteriores y ocho semanas posteriores al parto; durante las cuatro primeras semanas de un servicio oficial de ayuda al extranjero). En Japón un empleador tiene también la libertad de despedir salvo aquellos casos expresamente mencionados. En Grecia, el contrato de duración indeterminada puede terminarse en cualquier momento. En Estados Unidos (salvo para el personal alcanzado por los convenios colectivos que representa un 30% de la población trabajadora) rige el criterio de que la relación laboral puede terminar por voluntad del empleador.

En estos dos últimos grupos de países e, incluso, en algunos del grupo anterior ha surgido, como un medio de limitar los excesos patronales la teoría del despido abusivo para sancionar y evitar aquellos despidos inspirados en propósitos ajenos a la finalidad del instituto. El pago de una compensación por los daños y prejuicios -que según el caso, se adicionan a la indemnización tarifaria- opera como un factor disuasivo en muchas oportunidades.

Se ha recurrido a ella en Marruecos, Suiza, Japón, Bélgica, Grecia y Hungría.

B. *Motivos justificativos del despido*

102. Por encima de las diversas formas de presentación de los motivos justificativos del despido encontramos tres tipos de razones dentro de las cuales pueden catalogarse todas las causales expuestas por las diversas legislaciones.

1) Las relacionadas con la conducta del trabajador.
2) Las relacionadas con la persona del trabajador.
3) Las relacionadas con la empresa.

Esta triple clasificación coincide con la previsión contenida en la norma básica de la Resolución No. 119: ". . . causa justificada relacionada con la capacidad o la conducta del trabajador o basada en las necesidades del funcionamiento de la empresa . . .".

Esta distinción en tres grandes grupos de razones origina una serie de problemas que expondremos a continuación.

Pero antes de ello, observemos que aunque pueda parecer extraño, este tema se independiza de alguna manera del anterior ya que cualquiera sea el grado de admisión del principio de que el despido sea justificado, lo cierto es que en ningún país es absolutamente libre en el sentido de que puede procederse a él en cualquier caso y circunstancia sin generar en el empleador ninguna repercusión negativa. O dicho de otra manera, en todos los países las consecuencias del despido pueden variar, según las motivaciones reales que lo hayan determinado.

103. El primer problema es si se admiten los tres tipos de razones como justificativos del despido dentro del alcance establecido en la respectiva legislación.

En efecto, hay algunos países que sólo consideran causas justificadas aquellas relacionadas con la conducta del trabajador. Ello ocurre porque la definición de la causa justificada alude a razones de esa especie o porque en la enumeración de causales contenidas en la norma sólo se mencionan ejemplos referidos a la inconducta del trabajador.

Podemos citar en este grupo al Japón, a Israel y a los Países Bajos así como a varios países de América Latina (Uruguay, Chile, Paraguay, Repúblic Dominicana, México).

Cabe señalar que en estos países, el despido que no sea justificado se sanciona simplemente con el pago de una indemnización.

Los restantes países, en cambio, aceptan las tres clases de motivaciones.

104. El segundo problema es si las tres clases de razones son equivalentes o si existen algunas diferencias entre ellas.

En realidad, hay diversos elementos de distinción entre las diversas clases de despido en función de su motivación que se reproducen en varios países.

En primer término, los motivos relacionados con la conducta del trabajador alcanzan exclusivamente a los trabajadores que hayan incurrido en un comportamiento incorrecto. En cambio, los motivos relacionados con las empresas pueden afectar genéricamente a todos -o casi todos- los integrantes del personal.

Por eso, no basta que se produzca la causal sino que también deben respetarse los procedimientos de selección para determinar cuáles deben ser los empleados de los que se prescinde (Ej.: Austria, R.F.A., Grecia).

En segundo término, en aquellos países donde se distingue el despido con preaviso (ordinario) y el despido sin preaviso (extraordinario), sólo cabe el despido sin preaviso cuando se configuran razones vinculadas con la conducta del trabajador que hacen razonablemente imposible la continuación del contrato hasta el fin del término de preaviso (Ejs.: R.F.A., R.D.A.).

En tercer término en aquellos países donde se enumeran una serie de situaciones (gravidez, enfermedad, cuidado de un niño menor, servicio militar, ocupación de un puesto de representación sindical) en la que no es posible dar preaviso, esa prohibición sólo rige para los despidos originados en otras razones distintas de la inconducta del trabajador. Si hay una inconducta grave, puede procederse al despido de inmediato sin tener en cuenta la existencia de esas situaciones obstativas especiales (Ej.: Rumania, Checoeslovaquia).

Además de estas tres diferencias que se presentan en varios países, podemos citar el caso de Argentina donde aparece una diferencia de otro orden: las causas vinculadas con la conducta o la persona del trabajador relevan de la obligación de indemnizar o de dar preaviso, mientras que las causas relacionadas con la empresa mantienen la obligación de pagar la mitad de la indemnización por despido. En la U.R.S.S. pasa otro tanto: las causales relacionadas con la empresa o la persona del trabajador importan razones objetivas por lo que el empleador debe suministrarle otra tares, pagarle indemnización por despido y no se interrumpe el cómputo de la antiguedad, a los efectos del cálculo de los beneficios laborales. En cambio, las causales relacionadas con la conducta del trabajador importan violaciones contractuales por lo que no se les paga indemnización, no se le ofrece otro trabajo y no se mantiene la continuidad del contrato.

105. El tercer problema es si dentro del mismo tipo de razones cabe un distingo según la entidad de lamisma.

Entendemos que esa graduación sólo cabe dentro del despido motivado por la inconducta del trabajador. En efecto, en varios países se distinguen varios escalones o grados en la justificación del despido por el comportamiento del trabajador. Así en Suecia, Noruega, R.F.A., R.D.A., se distingue el despido con preaviso y el despido sin preaviso (o inmediato) según la gravedad de la violación cometida por el interesado. En Suiza cabe distinguir entre los justos motivos para legitimar el despido inmediato y los motivos justificados para que siga valiendo la cláusula de no concurrencia. En Italia se distinguen los hechos que constituyen justa causa y los que configuran motivo justificado.

Pero estos nos lleva a la exposición de la forma en que está regulada cada uno de los tres tipos de causal a los que estamos haciendo referencia.

106. *Las causales relacionadas con las exigencias del funcionamiento de la empresa* suelen expresarse en la idea básica de la necesidad de reducción del personal. Muchos países utilizan directa y concretamente esta expresión o expresiones equivalentes (Ejs.: Rumania, Reino Unido, España, Noruega, R.F.A., Hungría, Irlanda).

Otros países engloban ese concepto dentro de una fórmula más genérica como puede ser la de razones económicas, técnicas o de organización (Ejs.: Suecia, Checoeslovaquia, India, Grecia, y Austria).

Tanto en un caso como en otro -mejor dicho, tanto con una expresión como con la otra- se considera que el empresario es el único que puede apreciar sus planes y necesidades y tomar la decisión. Del mismo modo como el empresario puede clausurar la empresa, puede reducirla, reorganizarla, transformarla para hacer frente a las nuevas circunstancias. Lo único que le puede caber a las autoridades administrativas o al juez, en su caso, es -como lo dice el informe de la R.F.A.- observarla en los casos en que resulta claramente irracional o arbitraria o sea, que aparece muy evidente que el ejercicio de esta facultad empresarial no ha sido razonable.

Algunos países, en lugar de una alusión genérica, incluyen la mención de diversas situaciones que pueden pertenecer a esta causal.

Una de ellas es la fuerza mayor (Turquía, Argentina). Creemos que es inobjetable su referencia; pero aunque no se la hubiera mencionado expresamente igual podría aplicarse en virtud de los principios generales.

Otra mención que se repite en varios países es el cese del empleado que estuvo supliendo a otro que se reintegra (Polonia, Rumania, U.R.S.S.). Es obvio que si se trata de una contratación de una duración determinada -la sustitución de un suplente mientras dure la licencia del titular- el cese al reintegrarse el titular no importa un despido sino la terminación normal del contrato.

Cabe destacar, alguna otra referencia como la muerte del empleador cuando éste por sus calidades personales, su título profesional o alguna circunstancia análoga era condición indispensable para la continuación del contrato de trabajo (Argentina); o la quiebra no imputable al empleador (Argentina); o el cierre del establecimiento o de una sección del mismo o el traslado del establecimiento a otra localidad donde los trabajadores no quieren o no pueden trasladarse (Rumania).

107. *Las razones vinculadas con la persona del trabajador* y no con su conducta son las que se alude en la Convención No. 119 como las relacionadas con la capacidad del trabajador. Debe entenderse esta expresión en un sentido muy amplio. En general no importan ninguna culpa ni responsabilidad por parte del trabajador pero obstan al cumplimiento regular del contrato. Por eso, suele admitirse que el empleador pueda invocarla para ponerle fin al contrato de trabajo.

Algunas legislaciones emplean expresiones muy genéricas como razones relacionadas con la persona del trabajador (Suiza, Finlandia, Austria) pero la mayoría utilizan vocablos de alcance más limitado referido a calidades o circunstancias determinadas.

La razón más frecuentemente mencionada es la de ineptitud o sea, la falta de aptitudes y conocimientos para el desempeño de las tareas que le corresponde efectuar. (España, Yugoeslavia, Hungría, R.D.A., U.R.S.S.). Esa ineptitud puede derivar de una declinación progresiva de las facultades que tenía el trabajador a consecuencia de una enfermedad o de la vejez, o de la aparición de nuevas técnicas que suplen a las anteriores y que el empleado no es capaz de aprender para efectuar las tareas que debe ejecutar. Algunas legislaciones hablan de incapacidad, lo cual constituye un término más severo pero equivalente a estos efectos (Ejs.: Argentina, Rumania, Suecia, Checoeslovaquia, Irlanda).

Otra mención muy similar es la falta de adaptación o la imposibilidad de realizar la tarea que se le ha encomendado (Ej.: Checoeslovaquia). Entendemos que es una expresión similar a la anterior.

Una referencia muy parecida a las precedentes es la "inhabilitación" en caso de que se requiera un permiso, una autorización o una licencia para poder desempeñar la tarea y el trabajador se ve privado de ella. Una modalidad muy semejante es la que se refiere a la ilegalización de la actividad del trabajador si como consecuencia de nuevas normas, la persona queda en imposibilidad legal de prestar el servicio.

Otra alusión, de alguna manera vinculada con la anterior, es la de pérdida o reducción de la eficiencia. Si el trabajador va mermando su eficacia en la labor sea por el transcurso del tiempo sea por el proceso, de una enfermedad que le origine una creciente incapacitación hasta traspasar los límites tolerables.

La enfermedad constituye una mención repetida en diversas legislaciones ya que ella suele determinar una imposibilidad de hecho para la realización de las tareas a las que se ha comprometido. Naturalmente que no puede ser cualquier enfermedad, ya que la mayoría de ellas son de orden transitorio y originan una simple suspensión. En virtud del principio de continuidad del contrato de trabajo se tenderá, siempre que ello sea posible, a conservar el contrato. Pero cuando la enfermedad posea alguna característica que engendre la imposibilidad de mantener el contrato como si fuera especialmente prolongada, contagiosa o repugnante determinando un verdadero obstáculo para la continuación del contrato, se considera justificado poner fin al contrato. La legislación turca enumera esas cualidades que debe revestir la enfermedad. La legislación española, por su parte, incluye entre las causas objetivas que justifican el despido la falta de asistencia, aunque sean justificadas que superen cierto porcentaje, lo que es perfectamente aplicable en el caso de enfermedad.

Una referencia que aparece excepcionalmente es la dificultad del trabajador para entenderse con su principal o con sus compañeros. Cuando ello llega a constituir una verdadera imposibilidad para continuar el contrato, lo que suele ocurrir en las pequeñas empresas, puede ser invocada como razón para terminar el contrato. Así se estableció en la legislación sueca.

Un caso muy especial es el referente al trabajador en condiciones de obtener el retiro con una jubilación normal. En varios países como Argentina, Rumania, Yugoeslavia, se considera esa circunstancia como una causal justificada para dar por terminado el contrato. El punto tiene trascendencia técnica porque cuestiona la naturaleza jurídica de los beneficios del régimen de seguridad social: si ellos son un derecho de uso facultativo por el interesado o establecen una condición legal de carácter obligatorio.

Otro caso más extraño todavía es el contenido en la Sección 58 de la ley británica de protección del empleo de 1978, la cual prevé que la circunstancia de que el trabajador no forme parte de un sindicato puede ser motivo para ponerle fin al contrato siempre que un convenio colectivo haya establecido que los trabajadores deben estar sindicalizados o que los obreros sindicalizados deben formar cierta proporción dentro del conjunto del personal. Pero ese despido no es lícito si: a) el empleado invoca razones de conciencia para no sindicalizarse o para no entrar en un sindicato determinado; b) el trabajador pertencía al sector laboral representado por el sindicato desde antes de que el convenio colectivo hubiese entrado en vigencia y no había formado parte del sindicato en ningún momento; c) el convenio colectivo no fue aprobado de acuerdo con la Sección 58 (A); d) el empleado no ha sido miembro del sindicato desde que el convenio fue aprobado. Se trata, como se ve, de una norma excepcional que versa sobre una situación limítrofe con las incluídas entre las que no pueden constituir cuasales justificativas del despido y que veremos al final del presente capítulo.

108. *Las causales relacionadas con la conducta del trabajador* son las que suelen tener mayor desarrollo tanto en el nivel de las normas como en el terreno de la aplicación.

En este aspecto las legislaciones pueden dividirse en dos grandes grupos: aquellas que establecen un criterio general que luego ha de concretar la jurisprudencia y aquellas que contienen una enumeración más o menos casuística y pormenorizada de las distintas causales.

109. Entre las primeras, citaremos los siguientes ejemplos que muestran que no siempre se utilizan las mismas expresiones verbales aunque, en último término el concepto sea análogo.

En Uruguay se habla de "la notoria mala conducta".

En el Reino Unido se alude a las razones relacionadas con la conducta del trabajador.

En Suecia se usa la expresión "justa causa de despido". Lo que esto significa no está definido en la ley. Debe ser resuelto en cada caso por la jurisprudencia de acuerdo a los criterios prevalecientes en una época determinada y teniendo en cuenta las diversas circunstancias.

En Suiza, el art. 337 del Código de las Obligaciones define los justos motivos para legitimar el despido inmediato como "las circunstancias que, según las reglas de la buena fe, no permiten al empleador la continuación de las relaciones laborales".

En Japón se exige que exista justa causa para despedir. Pero es la jurisprudencia la que fija los criterios predominantes.

En la R.F.A., para poder proceder al despido extraordinario (es decir, sin preaviso) se requiere un motivo importante, o sea, un hecho que teniendo en cuenta las circunstancias, haga imposible la continuación de la relación de trabajo hasta el término del preaviso.

En Polonia, se habla de la grave violación de los deberes del trabajador, entendiendo por tal cualquier conducta inapropiada que tenga cierta entidad.

En Italia, existen motivos justificados para el despido cuando ha habido un notable incumplimiento de las obligaciones contractuales del trabajador. Existe justa causa cuando los hechos revisten mayor entidad y gravedad.

En Grecia, pueden considerarse que se ha configurado "razón seria" para el despido cuando existe cualquier hecho o serie de hechos que, en las circunstancias del caso hacen tan oneroso el contrato que se justifica su liberación.

En los Países Bajos se considera que puede despedirse sin preaviso cuando el trabajador ha cometido hechos o ha observado conductas que el empleador no puede razonablemente permitir que el contrato continúe.

En la R.D.A. se requiere para despedir por causa grave y sin preaviso que el trabajador haya incurrido en una violación grave de la disciplina del trabajo o de sus deberes cívicos que haga imposible la continuación del contrato en la empresa.

En Irlanda, se considera justificado el despido cuando las acciones u omisiones del empleado son incompatibles con la actuación exigida expresa o implícitamente por el contrato.

En Austria genéricamente la justificación del despido puede estar basada en la conducta del empleado.

En Francia el despido debe ser motivado por una causa real y seria. Lo primero quiere decir verdadero, lo segundo suficientemente grave como para justificarlo.

Como se ve, en todas estas enunciaciones, el común denominador es que los actos cometidos por el trabajador hagan razonablemente imposible la continuación del contrato. Ello obliga a un examen particularizad o de cada caso ubicado dentro del contexto de todas sus circunstancias con un criterio de razonabilidad.

109a. Otros países contienen enumeraciones más o menos casuísticas o pormenorizadas en las que se intentan describir como si fuera en un código penal, cuales son los hechos que justifican el despido. Se ha llegado a decir que esa enumeración es la principal garantía contra la arbitrariedad patronal. En el informe checoeslovaco se dice que el centro de la proteción contra el despido está en la determinación de las causales. Pero ocurre que la diversidad de hechos que pueden constituir violaciones contractuales o resultar incompatibles conel mantenimiento del contrato es tan grande y tan difícil prever todas las posibles formas que puede revestir la inconducta del trabajador, que la mayoría de esas enumeraciones son abiertas, en el sentido de admitir situaciones análogas o similares. Adquieren así carácter ejemplificativo. Algunas contienen como una de las hipótesis contenidas dentro de la enumeración frases tan amplias como la que encontramos en la ley yugoeslava: grave violación a sus obligaciones laborales.

C. *Motivos que no pueden justificar el despido*

110. Cabe distinguir dos grandes categorías de razones que obstan a la licitud del despido:

a) las causas que no pueden fundar los despidos.
b) las situaciones en las que no se puede proceder al despido.

Dentro de las primeras, las razones que suelen mencionarse con mayor frecuencia son las que entrañan una discriminación.

Siguiendo a la Recomendación No. 119, muchas legislaciones establecen que el despido no puede estar basado en "la raza, el color, el sexo, el estado matrimonial, la religión, la opinión política, la procedencia nacional o el origen social".

Con ligeras variantes terminológicas intrascendentes en su significado, numerosos países reproducen esa lista.

En esa enumeración de discriminaciones inadmisibles, algunos Estados agregan ciertas referencias propias. Así, España incluye "la lengua dentro del estado español"; Italia, Perú y U.R.S.S. también hablan del idioma; Noruega alude a la edad; Japón al "status" social; Canadá al lugar de origen o a los antepasados.

Cabe reconocer, no obstante que existen ciertas excepciones. Así en la R.F.A. rigen principios diferentes en las llamadas empresas de tendencia, que son aquellas en las que abiertamente una empresa o institución tiene una coloración política e ideológica y en las que se exige una cierta solidaridad a quienes trabajan en ella o que, por lo menos, no asuman actitudes en abierta oposición con esa orientación. En Singapur se entiende que hay trabajos que tienen que ser hechos sólo por hombres o sólo por mujeres; que en virtud de consideraciones religiosas puede prohibirse que personas de ciertas razas manipulen productos de carácter sagrado. En ciertos negocios de origen racial solamente pueden ser empleados las personas de esa raza. Así, por ejemplo en un restaurante hindú es poco probable que haya empleados que no sean hindúes.

Otro aspecto que no puede tenerse en cuenta es la actividad sindical, la pertenencia o no pertenencia a un sindicato o el ser candidato o titular, a haber desempeñado algún cargo de representación sindical. Generalmente este régimen de proteción se prolonga por varios meses después de haber terminado la situación que la determinó.

De los otros motivos que no pueden invocarse constituye una muestra representativa la jurisprudencia griega, la cual ha considerado abusivos los despidos que se basan en la participación en huelgas legales, en motivos políticos, en la reclamación de derechos legítimos o que tengan carácter de represalia.l

En Italia, es nulo el despido por represalia. En Irlanda no puede aducirse la participación en un procedimiento civil o penal contra el empleador.

La participación en una huelga legítima es prohibida como motivo de despido, en Finlandia y en la R.F.A. En Irlanda la intervención en una huelga no puede invocarse si uno o más de los participantes en la misma huelga no fueron despedidos, o si uno o más de los empleados que fueron despedidos fueron retomados.

Italia declara nulo el despido a causa de matrimonio. Lo mismo ocurre en los Países Bajos y Paraguay.

A este respecto debe recordarse que el numeral 3 de la Recomendación No. 119 incluye entre las razones que no deberían constituir una causa justificativa para la terminación de la relación de trabajo, las siguientes:

a) la afiliación a un sindicato o la participación en sus actividades fuera de las horas de trabajo o, con el consentimiento del empleador, durante las horas de trabajo;

b) ser candidato o representante de los trabajadores o actuar o haber actuado en dicha calidad;

c) presentar de buena fe una queja o participar en procedimientos entablados contra un empleador por razón de violaciones alegadas de la legislación;

Los ejemplos que hemos aportado demuestran que estas prohibiciones tanto pueden estar consagradas expresamente en la normal legal como pueden ser resultado de la elaboración jurisprudencial que parte de principios generales o de disposiciones constitucionales.

111. Dentro de las segundas, podemos encontrar una serie de situaciones durante las cuales no puede procederse al despido. No se trata de motivos sino de

períodos en los que no cabe el despido, cualquiera sea el motivo que se invoque salvo la existencia de una grave inconducta.

Los ejemplos se repiten en diversos países:

a) Durante el servicio militar (Argentina, Suiza, Finlandia, R.F.A., Israel, Hungría, Países Bajos, Austria).

b) Durante la licencia por enfermedad (Suiza, Japón, Uruguay, Finlandia).

c) Durante el embarazo y la licencia por maternidad (Reino Unido, Suecia, Japón, Turquía, Israel, Uruguay).

d) Durante el ejercicio de un cargo de representación sindical.

Esto significa que no sólo se prohibe el despido basado en la actividad sindical del trabajador, sino el despido por cualquier otra causa durante el período en el que el trabajador desempeña un cargo de representación sindical.

e) Durante el desempeño de un cargo público de carácter electivo.

f) Durante las cuatro primeras semanas de un servicio oficial de ayuda al extranjero (Suiza).

g) Durante el tiempo en el que un empleado tiene cuatro o más personas dependientes económicamente a su cargo y ningún otro miembro de la familia aporta recursos (Hungría).

h) Durante el tiempo en que un trabajador solo educa a su hijo (Hungría).

i) Durante los últimos 5 años necesarios para jubilarse normalmente (Hungría).

112. Tras la palabra prohibición hay toda una gama de matices que van marcando distintos grados de energía y severidad.

En algún país proceder a despedir por alguna de las causas prohibidas constituye delito (Francia).

En otros países, el despido efectuado por alguna de las razones excluídas puede ser declarado nulo (Ejemplos: R.F.A., Canadá, Hungría, Países Bajos).

En otra serie de países el despido por tales razones puede generar indemnizaciones especiales. Sirva de ejemplo Turquía donde si el motivo del despido es pertenecer a un sindicato debe pagarse una indemnización equivalente al triple del período de preaviso y si es haber participado en la actividad gremial, la indemnización asciende a un año de salario.

En algunos países se enumeran esos motivos para advertir que no pueden ser invocados para justificar el despido. Son inadmisibles para fundar el despido (Ej.: Reino Unido).

En Austria, no están previstas expresamente las razones discrimatorias. Pero se entiende que eichas razones si existen, van contra las buenas costumbres, por lo que serían nulas.

En otro núcleo de países, donde la legislación no trata el punto, la jurisprudencia se limita a establecer que no pueden considerarse como motivos justificativos del despido (Ej.: Finlandia).

113. En cuanto a las situaciones durante las cuales no puede operarse el despido, también hay un abanico de graduaciones en materia de sanciones.

Algunos países declaran nulo el despido producido durante tales situaciones (Ej.: Italia).

Otros países reputan nulo el preaviso producido en tales lapsos (Ej.: Polonia, Hungría).

Otros países establecen indemnizaciones especiales si el despido se produce mientras ellas ocurren; lo que supone un freno de carácter económico.

IV. RECURSOS CONTRA UNA TERMINACION NO CONSIDERADA JUSTIFICADA

A. *Recursos dentro de la empresa*

114. Hay que efectuar una distinción básica:

a) instancia ante la propia empresa. Descartamos en este momento los procedimientos previos anteriores al despido propiamente dicho porque ellos se ubican mejor dentro de lo que ya hemos expuesto bajo el rubro "Procedimientos previos a la terminación en caso de despido disciplinario" (II, E.).

Nos referiremos únicamente a los recursos ante la emprsa después de haberse notificado el despido.

b) recursos ante un órgano creado dentro de la empresa, que generalmente es de carácter mixto o paritario.

115. Con relación a los recursos ejercidos directamente contra la empresa, podemos distinguir según ellos estén previstos en la ley, en convenios colectivos o simplemente en la costumbre.

Gestiones previstas en la ley existen en España, Suecia, Noruega, Finlandia y Polonia.

Las disposiciones legales suelen prever plazos para la interposición del recurso a partir del despido (15 días en Suecia y en Noruega) o para la resolución del recurso (15 días en Noruega, salvo que ambas partes, de común acuerdo, resuelvan prolongar el plazo). A veces establecen un procedimiento (como en Finlandia, que se remite al trámite general de las quejas) o se prevé un recurso de alzada (como en Polonia donde se otorga la apelación ante el cuerpo estatal superior).

Gestiones previstas en convenios colectivos pueden surgir en cualquier país donde existan convenios colectivos, que son casi todos.

Aun sin necesidad de ninguna norma general, la posibilidad de tales recursos puede resultar de los simples contratos individuales de trabajo (lo que lleva a decir al informe irlandés, que en tal caso, el incumplimiento del procedimiento concertado tiene el carácter de una violación contractual) o de la mera costumbre. En el informe uruguayo se anota que pese a que la legislación nada dice sobre el particular, son frecuentes en la práctica las gestiones individuales de los empleados despedidos procurando la revocación de la decisión o la sustitución por otra medida si ella se considera injustificada o excesiva.

Cabe otra distinción, según la gestión la efectúe el propio interesado o quien inviste la representación del personal. Así, el Estatuto de los Trabajadores español prevé actuaciones a cargo de las representaciones del personal: tanto puede ser, el delegado del personal como el Consejo de Empresa quienes soliciten información y eventualmente inicien gestiones ante la empresa.

Puede hacerse, todavía otra distinción, según ante quien deban plantearse estas gestiones. Ello deriva fundamentalmente de la dimensión y organización de la empresa. En una empresa pequeña suele hacerse ante el propio empleador. En una empresa grande ante el capataz, el jefe del personal o la gerencia, según sea el régimen normal de toma de decisiones y de relaciones del personal con la dirección de la empresa. Una curiosidad, a este respecto, la muestra la legislación chilena que incluye entre las disposiciones que puede contener un reglamento interno "la designación de los cargos ejecutivos o dependientes del establecimiento ante quienes se plantearán las peticiones o reclamos". Como es obvio, el sistema no es exclusivo para los recursos referentes al despido sino que se aplica a cualquier problema vinculado con la relación laboral.

116. Con relación a los recursos interpuestos ante órganos paritarios formados dentro de la empresa, cabe señalar que no se trata de órganos especializados para actuar en materia de despido ni mucho menos cuerpos formados ad hoc para resolver un determinado conflicto sino órganos permanentes que cumplen diversas funciones de colaboración entre las partes en el seno de las empresas.

Así, en Brasil la ley establece que los convenios colectivos pueden instituir comisiones mixtas de consulta y de colaboración en la empresa. En la R.F.A. donde haya Consejo de Empresa, el trabajador puede dentro de una semana del despido recurrir a dicho Consejo, el cual buscará una conciliación. En Israel los convenios colectivos suelen prever una comisión paritaria con representantes de las dos partes. Si fracasa se recurre al arbitraje que suele también estar previsto en el convenio. En Hungría, el obrero, puede recurrir al Comité de Arbitraje Laboral que funciona dentro de la empresa y está compuesto por miembros elegidos por los obreros de la misma. Dicho comité resuelve después de celebrar una audiencia en que ambas partes efectúan sus exposiciones y aportan sus pruebas. En Irlanda si hay consejos de empresas y órganos paritarios se puede recurrir a ellos. Generalmente cada empresa tiene organizado su propio sistema interno de recursos. En Perú, en las empresas de propiedad asociativa -como las cooperativas y las empresas de propiedad social- se prevén instancias internas, especialmente la apelación de la resolución del Consejo de Administración ante la asamblea general de delegados.

B. *Recurso al sindicato*

117. El recurso al sindicato puede efectuarse en dos planos:

a) Gremial, para que ejerza la presión sindical de que sea capaz destinada a evitar la consumación del despido o a obtener la revisión del mismo.

b) Jurídica, para que los delegados sindicales representen y defiendan el punto de vista del obrero ante los distintos órganos donde se disputa el problema.

En el primer plano la acción sindical se produce en todos los países donde actúen normalmente los sindicatos desarrollando la actividad habitual de ellos. Sus medios de acción son variadísimos pero lógicamente lo primero que suele hacerse ante un despido es la gestión directa ante la empresa que puede derivar en una negociación más o menos eficaz.

En el segundo plano la posibilidad de intervenir el sindicato depende del régimen legal existente en cada país en lo que se refiere al procedimiento de impugnación del despido y a la facultad de representación del trabajador atribuída al sindicato.

Como hace notar el informe israelí, el sindicato en las gestiones que realice ante un despido tanto puede apoyar el interés individual del afiliado como defender el interés general del gremio por considerar que está involucrado un problema colectivo.

En Suecia, por ejemplo, la impugnación del despido se hace a través del sindicato: primero, a nivel de planta entre sindicato y empleador; segundo, a nivel central. Si no se ha resuelto en quince días, cabe recurrir al Tribunal de Trabajo o a un arbitraje. El sindicato tiene un papel preponderante: representa al trabajador aunque éste no sea miembro del mismo. (Este poder de representación también puede ser ejercido cuando el miembro as demandado). Si el trabajador no está sindicalizado y el reclamo no esfá respaldado por el sindicato, el interesado debe promover la acción directamente ante el tribunal local de distrito.

En Hungría sin perjuicio del recurso ante el órgano correspondiente, quien se considere perjudicado puede recurrir al sindicato. El delegado sindical tiene el derecho de protesta en dos casos: a) si el despido es contrario a las normas vigentes, b) si el despido contraviene las normas de la moralidad socialista. Si la media afecta al grupo, la protesta será considerada por los órganos supervisores de la empresa y el sindicato. Si afecta a un solo trabajador será resuelto por el Tribunal Laboral.

En Irlanda si el trabajador está sindicalizado, probablemente inicie el reclamo ante el sindicato. Si no lo resuelve en esa forma, el sindicato puede ejrcer la representación del obrero ante los tribunales.

C) *Recurso ante un organismo neutral*

118. En casi todos los países, la discusión final sobre la procedencia o justificación del despido debe hacerse ante un órgano neutral, generalmente de carácter judicial.

Hay distintos tipos de órganos judiciales:

a) Los tribunales profesionales de integración tripartita, en los cuales junto con los jueces de carrera integran el cuerpo, representantes de los dos sectores.

b) Los tribunales de justicia especializada, que son aquellos formados exclusivamente por jueces togados pero que están dedicados sólo a los temas laborales.

c) Los tribunals ordinarios que tienen competencia para entender en toda clase de asuntos, incluso los de esta índole.

Casi todos los países han elegido alguno de estos caminos para resolver en general los conflictos individuales de trabajo. No suelen ser opciones limitadas a los diferendos originados en los despidos sino en cualquier otra desinteligencia de carácter laboral. Cabe anotar que Suiza no eligió ninguno de esos caminos ya que la decisión le corresponde a cada uno de los cantones, los que pueden haber decidido en diferente forma.

Debe agregarse, además, que en algunos países la decisión de los problemas del depido ha sido confiada a otra clase de órganos que son neutrales también pero que no son de carácter judicial.

119. Antes de exponer los países que optan por cada uno de estos sistemas, advertimos que muchos de ellos han instaurado un sistema de conciliación en la esfera administrativa, que, por su propia naturaleza, funciona con prelación en el tiempo.

En España para poderse presentar ante los órganos jurisdiccionales competentes en materia laboral debe efectuarse el intento de concilación previo ante el Instituto de Mediación, Arbitraje y Conciliación del Ministerio de Trabajo.

En Uruguay ocurre lo mismo: debe intentarse la conciliación ante el Centro de Asesoramiento y Asistencia Jurídica en Materia Laboral del Ministerio del Trabajo y Seguridad Social.

En la Argentina el trabajador despedido puede recurrir ante la autoridad administrativa de aplicación. Esta convocará a las partes y si ambas concurren intentará una mediación.

En Italia, la ley No. 533 del 11 de agosto de 1973 prevé la conciliación ante una Comisión Intersindical constituída junto a la Oficina de Trabajo. El testimonio del acuerdo logrado en esa ocasión adquiere la eficacia de un título ejecutivo.1

En Grecia el procedimiento ante el Ministerio de Trabajo tiene carácter conciliatorio.

En Singapur el empleado con la ayuda del sindicato concurre al Ministerio de Trabajo para la conciliación.

En Colombia, los Inspectores Nacionales del Trabajo intervienen como hábiles componedores; pero no pueden resolver controversias jurídicas. O sea, que cumplen una función conciliatoria previa.

En la República Dominicana se llena el requisito de la conciliación previa ante la Sección Querellas y Conciliación del Departamento de Trabajo.

En Austria el Ministerio de Administración Social, de carácter federal actúa como órgano de conciliación.

120. En cuanto a los países que han optado por el sistema de resolver los problemas laborales por medio de cuerpos no integrados exclusivamente por jueces de carrera, podemos citar los siguientes ejemplos: Brasil (donde la justicia del trabajo es de carácter tripartito), Suecia (donde el Tribunal de Trabajo tiene siete miembros: tres neutrales y cuatro profesionales a razón de dos por cada parte); Noruega (donde para entender en los problemas de despido los jueces ordinarios se complementan con jueces legos); Hungría (donde las decisiones del Comité de Arbitraje Laboral son apelables ante el Tribunal de Trabajo formado por un juez profesional y dos asesores populares elegidos por el Consejo del Pueblo por 5 años); Irlanda (donde en último término la decisión pertenece a los Tribunales de Apelaciones del Trabajo (EAT) compuesto por 1 presidente, 5 vicepresidentes (neutrales y abogados) y doce a treinta miembros representantes por partes iguales, de trabajadores y de empleadores); México (donde existen las Juntas de Conciliación y Arbitraje) y en Francia (donde existen los Conseils de Prud'hommes).

La mayoría de los países confían la solución a jueces o tribunales imparciales que conforman una justicia especializada. Podemos citar el caso de España, Uruguay, Marruecos (cuando el empleador se niega a dar el preaviso sosteniendo que hay justa causa para ello), Argentina, Rumania, Bélgica, R.F.A., Israel, Italia, India, Colombia (con una importante participación de la justicia ordinaria), Paraguay y Perú.

Hay todavía algunos países que siguen confiando la solución de estos conflictos a los tribunales ordinarios sin crear una justicia especializada. Es el caso de Noruega (donde los tribunales laborales solo son competentes para los conflictos colectivos), Finlandia, Grecia y Japón (salvo que el despido se haya originado en la actividad sindical del despedido).

No es el caso de examinar o discutir las ventajas o beneficios de la justicia especializada ni la conveniencia o inconveniencia de integrar la justicia del trabajo con jueces legos en representación de las partes. La circunstancia de que esta decisión se efectúa con carácter general para todos los conflictos del trabajo y no solo para los derivados del despido le quita toda justificación al tratamiento de esos temas en este informe.

121. Algunos países confían la solución del problema derivado del despido a otros órganos estatales imparciales.

En Yugoeslavia contra las decisiones del Consejo Obrero de la organización de base procede el recurso ante los Tribunales del Trabajo, que son tribunales independientes. Contra la decisión del Tribunal cabe una apelación ante el Tribunal de Apelaciones de Segundo Grado.

En Polonia, los órganos competentes son las comisiones de apelación para asuntos laborales que actúan en el local de la administración estatal. Sus miembros son electos por el Consejo del Pueblo actuando como Presidente un juez profesional. No son cuerpos administrativos ni judiciales. Sus decisiones son apelables ante los tribunales laborales de distrito.

En Estados Unidos los trabajadores abarcados por convenios colectivos que fueran despedidos pueden iniciar el procedimiento de queja ante comisiones paritarias, generalmente dos o tres escalonadas, que si fracasan, abren la oportunidad de un arbitraje. Para la designación de árbitros puede recurrirse a entidades especializadas en arbitrajes, a una lista de árbitros existente en el Departamento de Trabajo o a una lista de árbitros elegidos de común acuerdo por sindicato y empresas.

En Singapur si no se ha logrado la concilación ante el Ministerio de Trabajo, puede recurrirse a la Corte Industrial de Arbitraje para el arbitraje.

En la R.D.A. el trabajador puede impugnar un despido ante las Comisiones de Conflicto, que son cuerpos compuestos por hombres honorables elegidos por sus compañeros en las empresas con más de 50 integrantes del personal.

En Suiza algún convenio colectivo prevé el procedimiento arbitral ante un tribunal profesional.

Como se ve, algunos países prevén el recurso al arbitraje. Tanto los tribunales como los árbitros son los medios que prevé la Recomendación No. 119 para proteger al trabajador que considere que ha sido indebidamente despedido. Es lo que resulta de su numeral 4 que está redactado como sigue: ''El trabajador que considere haber sido objeto de una terminación injustificada de su relación de trabajo, debería, a menos que la cuestión haya sido resuelta de modo satisfactorio mediante los procedimientos que pudieran existir o que puedan establecerse de conformidad con la presente Recomendación en la empresa, establecimiento o servicio, tener derecho, dentro de un plazo razonable, a recurrir contra su terminación asistido si así lo desea, por una persona que lo represente, ante un organismo instituído en virtud de un contrato colectivo o ante un organismo neutral tal como un tribunal, un árbitro, una junta de arbitraje u otro organismo análogo''.

D. *Procedimiento ante ese organismo*

122. El Procedimiento que se sigue es el que rige, en general, en los juicios laborales. No tendría sentido detenernos en la descripción detallada de cada uno de los momentos, caracteres y pecualiaridades de ese trámite.

En general, el procedimiento es mucho más informal, rápido, con intervención más activa e inmediata del juez, con mayor presencia de elementos orales que en el procedimiento ordinario.

Nos vamos a referir exclusivamente a algunos pocos aspectos donde el tema que estamos tratando puede tener cierta repercusión sobre el procedimiento a seguirse.

123. Ante todo, los aspectos probatorios.

El más relevante de ellos es el relativo a la carga de la prueba. El punto es sumamente importante dadas las dificultades para conseguir pruebas sobre los hechos que son la materia de la discusión. Generalmente la notificación del despido se formula a través de un diálogo en el que participan solamente los dos interlocutores sin la presencia de terceros. Incluso los episodios que pueden constituir el fundamento del despido se verifican en el interior de la empresa y los únicos que están enterados son quienes trabajan en la empresa. Es notoria la dificultad que existe para obtener en esas condiciones declaraciones completas y sinceras dado el deseo del testigo de no quedar mal ni con el empleador ni con los compañeros. Quien no tiene la carga de la prueba lleva una gran ventaja sobre el otro litigante ya que el fracaso de la prueba a él lo favorece.

Hay países que no establecen ninguna regla peculiar en materia de carga de la prueba. Es el caso de Francia, de Suiza, de Israel (quien aclara expresamente que es de cargo del empleado), de la República Dominicana (la cual determina que la carga es de quien realiza afirmaciones).

Hay otros países que establecen soluciones matizadas distribuyendo la carga de la prueba entre las partes. Podemos citar el ejemplo de Uruguay donde, según la jurisprudencia, corresponde al trabajador probar el hecho del despido si es controvertido y al empleador los hechos constitutivos de la notoria mala conducta si la invoca. Es una solución en la que se aplican los criterios generales. En Finlandia parecen aplicarse las soluciones opuestas. En los conflictos individuales el empleador debe probar que se produju el despido y el trabajador debe probar que el despido era injustificado. En los conflictos colectivos, en cambio, el empleador debe probar que el despido as fundado. Por su parte, en Bélgica la solución establecida es más compleja, variando en función de la norma aplicable. Si el despido es por causa grave, la carga recae sobre el empleador. Si el trabajador considera que el planteamiento es tardío debe probar él esa demora. Si el despido está prohibido, el empleador debe justificar los motivos excepcionales que permiten superar esa prohibición. En caso des despido abusivo de los obreros, la carga de la prueba de que no lo es, corresponde al empleador. Si fuera de un empleado se aplica la regla de derecho común que lleva a la solución opuesta: quien afirma el carácter abusivo de un despido debe probarlo.

Otros países en cambio, establecen en forma expresa que la carga de la prueba recae sobre el demandado. Así lo disponen las leyes respectivas en España, Suecia, Noruega, Italia (donde se dice que se invierte la carga de la prueba), Estados Unidos, Perú y México.

A su vez, en Japón los jueces pueden trasladar la carga de la prueba.

Un punto de menor notoriedad que el anterior es el relacionado con las facultades inquisitivas del juez para ampliar, completar y profundizar la prueba ofrecida por las partes. En ese sentido, en Uruguay, Italia, Singapur e Irlanda se alude expresamente a esta facultad judicial. En cambio en Noruega y en la India se dispone lo contrario.

Otro punto muy vinculado con el anterior es el de determinar cuáles son los hechos a los cuales puede referirse la prueba. Tanto en Noruega como en Hungría se dice expresamente que la prueba no puede versar sino sobre los hechos invocados inicialmente por las partes en litigio. Pensamos que esa regla debe aplicarse con carácter general en todos los países, aún sin necesidad de una norma expresa.

En cuanto a la valoración de la prueba, en el Reino Unido se establece expresamente que no rigen las reglas comunes, lo que da mayor amplitud al juez para apreciar su valor y significación.

124. Un segundo tema al cual deseamos referirnos es el del plazo en el que deben establecerse las acciones respectivas. Varias legislaciones indican términos dentro de los cuales los trabajadores deben iniciar sus reclamos judiciales.

Uruguay ha establecido un plazo de caducidad de 1 año. Suiza prevé plazos de prescripción diferentes para la acción contractual (5 años) y para la acción delictual (1 año); pero si se trata de la acción de "resiliation" del contrato de trabajo a causa del servicio militar, el plazo es de 30 días. Marruecos fija con carácter general un plazo de 30 días. El mismo lapso lo fija Chile. En la R.F.A. el intento de conciliación debe ser iniciado dentro de las 2 semanas de producido el despido.

125. Un tercer tema es el referente al mantenimiento del contrato durante el transcurso del trámite. Muy pocos informes tratan este punto.

En Suecia durante el trámite en el que se discute la justificación de un despido ordinario (dismissal) el empleado sigue actuando. Para que cese, el empleador debe justificar sumariamente la necesidad de ello. En caso de despido sumario (discharge) se invierte el criterio: cesa el trabajador salvo que justifique la necesidad de su permanencia.

En India el Tribunal Laboral que entiende en el juicio de despido si considera por el conocimiento sumario del asunto, que no se justifica el despido puede ordenar provisoriamente el reintegro sin perjuicio de la decisión definitiva. En el caso de que el empleador entienda impostergable la separación puede solicitar la autorización provisoria del Tribunal que la concederá si se considera que no se ha actuado de mala fe ni con ánimo persecutorio.

E. *Medidas de reparación ante un despido injustificado*

126. A pesar de la diversidad de los regímenes legales las medidas de reparación son muy limitadas en número:

a) la readmisión.
b) el pago de los salarios caídos.
c) la indemnización tarifaria.
d) la reparación de los daños y perjuicios.

Ordenaremos pues, nuestra exposición en torno de cada una de estas medidas que ofrecen, a su vez, variedades, diferencias y matices.

127. La medida más enérgica y eficaz es *la readmisión* del trabajador. Constituye la forma natural de dejar sin efecto un despido, que por considerarlo ilícito se le quiere quitar sus efectos. Si el despido intentó terminar el contrato de trabajo y se le quiere quitar eficacia a ese despido, lo mejor es volver a considerar que el contrato de trabajo continúa como si ese despido no se hubiere producido. Como dice el informe rumano, es la forma de "restitutio in integrum".

Suelen utilizarse diversas palabras que tienen sentido equivalente: readmisión, reintegro, reposición, reinstalación. Todas ellas traducen la misma idea: el despido carece de todo efecto por lo que al contrato de trabajo continúa su curso. En consecuencia, el trabajador vuelve a su trabajo desempeñando la misma tarea, conservando el mismo puesto, la misma antiguedad, las mismas condiciones de labor y la misma remuneración.

Difiere de este concepto la palabra recontratación que supone la celebración de un nuevo contrato. El trabajador es tomado nuevamente quedando el lapso entre los dos contratos como un paréntesis definitivo durante el cual no existió relación de trabajo. Tan son diferentes que en la legislación irlandesa, el Tribunal de Apelaciones de Trabajo (EAT) puede optar por la reinstalación ("reinstatement") o la recontratación ("re-engagement"). Esta última puede ser en el mismo puesto o en otro análogo. La primera necesariamente tiene que ser en el mismo puesto. La legislación británica contiene la misma doble posibilidad.

128. Vinculado con el aspecto conceptual -pero teniendo un gran interés práctico- surge el problema de si el reintegro debe cumplirse efectivamente en los hechos o puede sustituirse por el simple pago de los salarios como si el trabajador estuviere

actuando. El problema tiene particular significación en el caso de que un empleador desea eliminar de su establecimiento a un trabajador por su actividad gremial. Se trata de una de las motivaciones prohibidas que puede llevar a la anulación del despido y la consiguiente orden de reinstalación. Al empleador puede interesarle pagarle el salario al trabajador aún cuando él no trabaje siempre que no esté en contacto con sus compañeros. El informe italiano se plantea el problema que ya ha surgido en la jurisprudencia de su país, advirtiendo que después de varias vacilaciones ella parece inclinarse por la imposibilidad de imponer forzadamente la obligación del reintegro. La tesis de la no coercibilidad de esa obligación se ha visto respaldada por el texto del art. 18 del Estatuto de los Trabajadores que se limita a establecer que por todo día de retardo en la ejecución de la obligación del reintegro deberá pagarse una multa equivalente a la retribución al Fondo de Pensiones constituído dentro del Instituto Nacional de Previsión Social. Si la sanción es una multa se desprende que no hay ejecución forzada de la obligación.

Pero evidentemente lo que se busca es la reintegración efectiva del trabajador y no simplemente el pago de un salario. Por eso, algunas legislaciones han excluído de esta obligación de reinstalar a aquellas empresas lequeñas donde es muy frecuente el contracto entre el empleador y cada uno de sus trabajadores y donde el enfrentamiento personal puede originar dificultades insuperables. Así, en Suecia se excluyen los empleados de las pequeñas firmas y en Polonia a los empleados de personas físcas si bien se les paga una compensación mayor.

129. Este mismo punto conduce a otro problema relacionado con aquella situación en la que no es posible la reinstalación sea por haber cerrado la empresa o haberse eliminado el empleo que ocupaba el trabajador o por cualquier otra circunstancia equivalente. En Rumania si la empresa cerró o suprimió el puesto, la persona debe conservar sus derechos como si hubiera seguido actuando en el mismo. En el Reino Unido si no se cumple el reintegro en los términos establecidos, debe pagársele una indemnización salvo que el empleador demuestre que es imposible la resposición por haber surgido incompatibilidad, el empleador deberá abonar una indemnización por despido doble de la normal y un preaviso de 90 días.

130. No todos los países que prevén este instituto lo establecen como un derecho del trabajador que él puede reclamar directamente.

Algunos sí lo disponen, por los menos, en ciertos casos. En España en los casos de declaración judicial de despido nulo, lo que corresponde en el caso de inobservancia de requisitos formales o cuando la relación laboral se halle suspendida y el despido sea improcedente o cuando el despido esté basado en móviles discriminatorios. En Rumania, la decisión judicial que declara cancelada la terminación del contrato genera automáticamente el derecho del trabajador a ser repuesto en su situación anterior. Tanto en Suecia como en Noruega, si el Tribunal considera injustificado el despido, lo anula. Y si el trabajador dejó de trabajar tiene derecho a ser reintegrado. En Checoeslovaquia se entiende que es inválido cualquier despido que no se haya ajustado a las disposiciones legales. La mejor reparación es la continuación del contrato. Si el trabajador opta por continuar el contrato, la relación de trabajo prosigue en las condiciones preestablecidas, sin tener en cuenta el despido. En la R.F.A. si el Tribunal de Trabajo entiende que no hay motivo grave para el despido extraordinario o el despido ordinario es socialmente injustificado, declara nulo el despido, lo que significa que continúa la relación de trabajo y se debe seguir empleando al trabajador. En Polonia si la Comisión de Apelaciones entiende que es injustificado, el preaviso queda sin efecto. Si ya surtió efecto, debe reintegrarse. En Italia a partir de la aprobación del Estatuto de los Trabajadores en caso de que el despido no esté justificado continúa jurídicamente la relación de trabajo. En

Grecia, un despido que no ha llenado las condiciones o que ha sido considerado abusivo es nulo. Debe considerarse que el trabajador continúa trabajando. En Hungría si el Tribunal de Trabajo llega a la conclusión de que el despido es ilegal, se anula y se considera que el contrato de trabajo no fue terminado. El trabajador debe ser repuesto. En la R.D.A. si los tribunales laborales entienden que no se han cumplido los requistos para el despido o no está socialmente justificada la terminación de la relación, la pueden anular. En tal caso el contrato continúa como si siempre hubiera regido: el trabajador debe reintegrarse en las mismas condiciones anteriores.

131. Otros países lo prevén como una posibilidad judicial. No se la establece preceptivamente sino que su aplicación o no, queda a criterio del juez que resuelve cada caso concreto. En Brasil si el empleador no presenta la prueba de que el despido de un miembro de la Comisión Interna de Prevención de Accidentes está basado en un motivo disciplinario, técnico, económico o financiero, el juez puede ordenar el reintegro. De igual manera, si el empleador despide a un empleado estable (con más de 10 años de permanencia en la empresa) invocando justa causa y el juez considera que ella no está probada, puede imponer la reintegración del trabajador. En el Reino Unido, el Tribunal puede decidir el reintegro o la recontratación, teniendo en cuenta para decidirlo la voluntad del empleado, la factibilidad del reintegro para el empleador, si el despedido contribuyó al despido, si es justo el reintegro y en qué términos. En Japón si se llega a la conclusión de que el despido se origina en la actividad sindical del trabajador, el juez puede ordenar su reinstalación. En Turquía si se ha despedido sin justo motivo al representante sindical, el juez puede decidir la reinstalación. En Estados Unidos si los árbitros entienden que el despido no es justificado pueden ordenar el reintegro. En Singapur la Corte de Arbitraje Industrial puede disponer la anulación del despido y la reinstalación del trabajador. En los Países Bajos el juez decide si impone la restitución del trabajador a su empleo o el pago de una suma de dinero fijada en equidad. En la India en caso de despidos por economía que no se consideren auténticos o por razones disciplinarias que no se reputen justificados, el Tribunal Laboral puede decretar la reinstalación. En Colombia el juez puede resolver el reintegro del trabajador en caso de que lo considere conveniente según las circunstancias. En Israel la jurisprudencia del Tribunal Nacional del Trabajo ha sostenido que tanto en casos individuales como colectivos puede imponerse la reposición del trabajador despedido sin que exista causa justa. En Marruecos, en el caso de que el Tribunal no considere justificadas las razones para proceder al despido puede decidir o el reintegro del trabajador o el pago de una indemnización calculada en función de las circunstancias de la causa y de los perjuicios provocados al trabajador.

132. Otros lo prevén como un deber alternativo de los empleadores; o readmiten al despedido pagan una indemnización en dinero. Así lo establece expresamente la legislación española para el caso del despido improcedente. Otros países no lo expresan tan claramente pero regulan el tema en una forma que conduce a los mismos resultados. Así en el Reino Unido se establece que si no se cumple el reintegro en los términos establecidos debe pagarse una indemnización. En Italia la ley 604/66 creó un sistema de "estabilidad obligatoria" caracterizada por la alternativa entre la reposición y el pago de una cantidad de dinero como pena resarcitoria. La Corte Constitucional aclaró que la opción le correspondía al empleador. En Suecia, si no se hace efectiva la reinstalación, el empleador debe pagar una suma importante. En todos estos casos quien decide la opción es el empleador.

Hay en cambio dos países donde expresamente se aclara que la opción debe ser decidida por el empleado. Ello ocurre en Checoeslovaquia y en México.

133. Finalmente debe hacerse referencia a la voluntad del interesado que

aunque tenga derecho a ser reintegrado puede no tener interés en serlo. Uno de los países donde está regulado más prolijamente este punto es en la R.F.A. Puede ocurrir que las dos partes coincidan en que no es conveniente el reintegro y soliciten la disolución del contrato. En tal caso el Tribunal decreta esa disolución. Pero puede suceder que sea solo una de las partes (el trabajador porque no se le puede razonablemente exigir el reintegro o el empleador porque entiende que es imposible la colaboración) en cuyo caso el Tribunal de Trabajo decide, según las razones que se esgriman. En el informe británico se pone de relieve que la voluntad del trabajador es uno de los factores que ha de tener en cuenta el juez para decidir el reintegro. En el informe checoeslovaco se destaca que la reinstalación del trabajador constituye la mejor reparación de un despido injustificado; pero no puede imponerse si el interesado no la quiere. En el informe italiano también se puntualiza que el trabajador puede negarse al reintegro.

134. *El pago de los salarios caídos* -es decir los salarios perdidos por no haberse trabajado en virtud del despido que, en definitiva, fuera anulado- ha sido establecido en casi todos los países que instituyen la nulidad del despido. Casi podríamos decir que es una constante la conjunción del reintegro del trabajador y el pago de los salarios correspondientes al período que no se trabajó por obra de ese despido. Constituye la manera de borrar todos los efectos de esa terminación que no se considera justificada. Para actuar como si ese despido no hubiera ocurrido, deben pagarse los salarios por todo el tiempo en que los servicios no fueron prestados.

Así se establece en las legislaciones de Brasil, Rumania, Suecia, Suiza, Japón, Turquía, la R.F.A. (debe descontarse lo que haya percibido por otro trabajo o de alguna oficina pública), Polonia (hasta 2 meses de sueldo salvo que sea una persona que no puede ser despedida), Estados Unidos (se descuenta lo que se haya percibido en otro trabajo), Singapur, Hungría, la R.D.A., Irlanda, India, Colombia, Paraguay y México.

Excepcionalmente en el informe noruego se establece que no se contiene ninguna norma expresa imponiendo este pago, pero lo que se haya perdido por falta de trabajo se tiene en cuenta al fijar la compensación.

135. La medida más común y generalizada así como la más fácil de aplicar es la imposición del *pago de una cantidad de dinero* al empleador que ha despedido indebidamente al trabajador.

Suelen mezclarse en las descripciones dos tipos de indemnización: la motivada por la falta de preaviso y la causada por el despido injustificado. Prescindiremos de la primera porque ya hemos expuesto el tema al referirnos al preaviso y a la indemnización que corresponde pagar en caso de que él no se respete (Capítulo II, apartado D). Sólo nos vamos a referir a la segunda, que suele conocerse con el nombre de indemnización por despido.

Debemos empezar por una gran distinción entre las indemnizaciones tarifarias (ajustadas a una tarifa que regula el monto en razón de ciertos criterios cuantitativos) y las indemnizaciones fijadas por el juez (que son establecidas en función de las circunstancias de cada caso).

136. Las indemnizaciones tarifarias tienen carácter ''forfataire'' o sea, que no pretenden compensar los daños reales sino los presumibles de acuerdo a ciertos criterios promediales. Por eso, como dice el informe belga, no interesa la nueva ocupación que pueda lograr el trabajador ni puede ser reducida la cantidad que resulte de la tarifa por ninguna clase de incumplimiento del trabajador. Tampoco puede ser elevada invocando perjuicios reales superiores a los previstos, a los comunes.

Esas tarifas se elaboran en función de algunos datos que se repiten con ligeras variantes en diversos países si bien la distinta forma de medir cada criterio y de combinarlos entre sí conduce a conclusiones diferentes en cada país.

Suelen tener en cuenta como datos fundamentales la remuneración y la antiguedad. Se establece, por lo general, un coeficiente del salario, -un mes (Uruguay, Brasil), medio mes (R.F.A., India, Rca. Dominicana) un décimo de cada mes (Francia)- por año trabajado en la empresa. En Paraguay, quince días por trienio, si es trabajador efectivo y el doble si es trabajador estable. En Colombia, una escala más compleja que varía el coeficiente según la antiguedad. Pero esas tarifas tienen otras variables como ser los límites (tres meses en India, 6 meses en Uruguay, 12 meses en la R.F.A.) los topes en cifras absolutas, las rebajas en función del reducido tamaño de la empresa (en España la empresa con menos de 25 trabajadores paga una indemnización menor en un 20%; en Colombia si la empresa tiene un capital inferior a 1.800.000 pesos colombianos se rebaja a un 50% y de 1.800.000 a 3.500.00 se rebajará en un 25%).-

En algunos países se establecen cantidades fijas (Suecia, Bélgica). En otras, el monto se vincula con la indemnización por falta de preaviso (Turquía). En otros, se lo acrecienta en caso de que la persona despedida sea especialmente protegida como es el caso de las trabajadoras embarazadas, o los enfermos o los que van a adquirir estabilidad, etc.-

En ciertos países se establece un recargo en caso de que las indemnizaciones no se paguen oportunamente. Así en Uruguay se paga el 1% mensual desde la fecha del despido hasta la fecha del pago. En Colombia la indemnización que no se paga en el momento del despido se ve acrecentada con una indemnización adicional equivalente al último salario diario por cada día de retardo. Si el empleador no quiere perjudicarse con este recargo en caso de discisión puede consignar la cantidad.-

En general, las cifras son mayores si la indemnización que debe pagarse se presenta como alternativa del reintegro. Así, en España se fija un monto de 45 días por año; en Brasil dos meses por cada año de antiguedad; en México tres meses de salario más 20 días por cada año de servicio; en Italia la ley 604/66 habla de una pena resarcitoria que oscila entre dos veces y media y catorce veces la última restitución, según la dimensión de la empresa, la antiguedad del servicio y el comportamiento de las partes. Aquí ya se introduce un elemento no tarifario sino discrecional puesto que el juez tiene que fijar la cuantía entre ambos límites.-

Otros países, en este caso, se apartan decididamente del régimen tarifario para pasar a la fijación judicial. En los Países Bajos el juez puede fijar una gruesa suma claculada en equidad, que debe ser superior a la cifra legal. En Irlanda se fija una compensación que debe exceder del salario de 104 semanas.-

137. Las indemnizaciones por despido variables, o sea, fijadas por el juez tienen mucha mayor amplitud en sus límites. Suponen una gran discrecionalidad para el magistrado que debe aplicar criterios razonablemente pero sin ajustarse a patrones cuantitativos.-

No siempre la libertad es absoluta porque algunas veces las normas contienen ciertas indicaciones que le pueden servir de ayuda o de guía para sus decisiones.-

En el Reino Unido las indemnizaciones son dos: básica y complementaria. La primera se calcula en función de la antiguedad, edad y salario semanal del trabajador. Será reducida en lo que haya percibido por subsidio de paro y en el monto que el Tribunal considere justo y equitativo en estas tres situaciones: a) -cuando el despido fue parcialmente causado por el reclamante; b) -se le dio al despedido cualquier cantidad; c) -cuando el reclamante rehusa inmotivadamente una oferta de reinstalación. La segunda se fija por el Tribunal teniendo en cuenta todas las circunstancias para compensar los perjuicios que ha tenido a consecuencia del despido así como las pérdidas que ha sufrido. Se deduce lo que haya percibido por subsidio de desocupación; y alguna cantidad cuando el trabajador contribuyó a su despido o no luchó para disminuir su pérdida. Se fija en cifras el monto de esta compensación, que de alguna manera busca compensar perjuicios más que sancionar el despido.

En Noruega, la compensación es fijada discrecionalmente por los jueces en razón de las pérdidas sufridas, las circunstacias y la conducta de las partes, los otros igresos obtenios y las perspectivas de otros ingresos.

En Finlandia el Tribunal condena a pagar una compensación en función de la edad y las posibilidades de conseguir otro trabajo.

En Japón los jueces normalmente ordenan el pago de una compensación.

138. No en todos los casos se ha establecido una indemnización tarifada o discrecional del juez competente. En varios países se busca la reparación integral de los daños y perjuicios provocados por el despido. Se ha llegado a ese resultado por diversos caminos.

En algunos de ellos en los que se ha establecido un régimen de indemnización tarifaria ha surgido el concepto del despido abusivo para justificar el pago de la totalidad de los perjuicios derivados del despido.

Sin detenernos mayormente en el análisis del concepto de despido abusivo -lo que encierra la polémica cuestión de si la decisión patronal de desprenderse de un trabajador constituye un derecho- recogeremos esa expresión utilizada en diversos países para referirse a los despidos especialmente injustificados.

Esa calificación suele habilitar para justificar la condena judicial a la reparación de todos los daños y perjuicios causados por tal despido. En tal caso la sentencia no se ve restringida por los límites propios de una indemnización tarifaria.

En Marruecos la negativa del empleador a readmitir al trabajador convierte el despido en abusivo. A su vez, el dehir del 26 de septiembre de 1958 introduce la nición de rescisión abusiva, lo que puede originar la condena al pago de los daños y perjuicios. El Tribunal del Trabajo fija el monto de los daños y perjuicios que tienen naturaleza compensatoria.

En Uruguay la jurisprudencia ha admitido en ciertosscasos en que el despido parece particularmente antijurídico la tesis del despido abusivo condenando al pago de los daños y perjuicios. Pero ha sido muy renuente para condenar efectivamente al pago de cantidades que sobrepasen los límites de la indemnización tarifaria.

En Argentina ha surgido una caudalosa corriente jurisprudencial y doctrinaria destinada a justificar la reparación integral de los daños derivados de los despidos, más allá del marco de la indemnización tarifada. Uno de los sustentos de esa corriente es la concepción del despido abusivo.

En Francia si se configura el despido abusivo cuando no se basa en una causa real y seria y el trabajador tiene más de dos años, el juez puede proponer el reintegro o condenar al pago de una cantidad de dinero que no puede ser inferior a 6 meses de salario. Ese límite no existe en el caso de que el trabajador no tenga dos años de antigüedad.

Excepcionalmente podemos citar el caso de Bélgica donde se habla de despido abusivo y se establece para el mismo una indemnización tarifada. En efecto en el caso del despido abusivo de los obreros se fija una indemnización de 6 meses.

En otros países no se habla de despido abusivo pero sí de reparación integral de los perjuicios.

En Rumania corresponde condenar a la reparación de los perjuicios sufridos, calculados sobre la base del promedio del último trimestre. No se habla de despido abusivo; pero sí de reparación integral de los perjuicios.

Acabamos de ver que una de las indemnizaciones que debe fijar el juez en el Reino Unido llamada compensatoria, tiene justamente esa finalidad, compensar los perjuicios realmente sufridos por el trabajador despedido injustificadamente. Pero hay algunos elementos disonantes: puede disminuirse la cifra en función de la conducta del trabajador (cuando el trabajador contribuyó a su despido o cuando no luchó para disminuir su périda) y se establece una cifra tope para la compensación, que no puede pasar de 6.250 libras.

En Suiza en caso de que no haya causa justificada para el despido deben pagarse todos los daños y perjuicios efectivamente sufridos incluso el daño moral. Claro que también deben descontarse los ingresos percibidos a raíz del despido.

En Singapur la Corte de Arbitraje Industrial sin perjuicio de la posibilidad de anular el despido y ordenar la reinstalación debe condenar al pago de todos los daños sufridos como consecuencia del despido. La reparación debe ser completa.

En los Países Bajos también corresponde condenar al pago íntegro de los daños sufridos como consecuencia de la irregular terminación del contrato.

139. En la Recomendación No. 119 el numeral 6 establece: ''Si los organismos mencionados en el párrafo 4 llegasen a la conclusión de que la terminación de la relación fue injustificada deberían estar facultados para ordenar que el trabajador interesado de no ser reintegrado en su empleo, pagándole cuando proceda, el salario no percibido, reciba una indemnización adecuada, o bien una reparación de otro género, que podría ser determinada según los métodos de aplicación previstos en el párrafo I, o bien una combinación de ambas que sería análogamente determinada.''

Los organismos mencionados en el párrafo 4 son un organismo instituído en virtud de un contrato colectivo o un organismo neutral tal como un tribunal, un árbitro, una junta de arbitraje u otro organismo análogo.

Los métodos de aplicación previstos en el párrafo I son la legislación nacional, los contratos colectivos, los reglamentos de empresa, los laudos arbitrales o los fallos de los tribunales o cualquier otra forma compatible con la práctica nacional y que parezca apropiada según las condiciones nacionales.

En el Proyecto de Convenio el art. 10 dispone que si los organismos mencionados en el art. 8 de este Convenio llegan a la conclusión de que la terminación de la relación es injustificada y si en virtud de la legislación y la práctica nacionales no estuvieran facultadas o no les resultara posible anular la terminación y eventualmente ordenar o proponer la readmisión del trabajador, tendrán la facultad de ordenar el pago de una indemnización adecuada u otra reparación que se considere equitativa.

V. TRAMITES POSTERIORES A LA TERMINACION

A. Certificado de trabajo

140. El certificado de trabajo es una constancia expedida por el empleador sobre los servicios prestados por el trabajador.

En la mayoría de los países (España, Marruecos, Brasil, Argentina, Finlandia, Suiza, Japón, Turquía, Bélgica, Polonia, Colombia, Paraguay, Perú, República Dominicana, Austria, Francia) existe la obligación legal del empleador de expedir ese certificado. A veces se establece como un deber de la empresa. Otras veces como un derecho del trabajador a reclamarlo. Ambas formas son equivalentes en virtud de la bilateralidad de la norma jurídica.

En Israel la obligación no surge de la ley sino de muchos convenios colectivos que la imponen.

En Irlanda no hay obligación de expedirlo pero cuando se fije la compensación a pagar por el despido se incluirán entre los perjuicios los que deriven de la falta de entrega del certificado.

141. La misma norma que impone la obligación de expedir el certificado suele especificar qué contenido debe tener.

Hay dos puntos en los que coinciden todas las enumeraciones: el tiempo trabajado (o la fecha de ingreso y egreso, lo que es equivalente) y la categoría desempeñada (o la tarea ejecutada, lo cual también puede considerarse similar).

Ciertos países como España, Bélgica y Austria, establecen que en el certificado deben constar únicamente esos dos datos.

Pero algunos países agregan otras referencias.

Así en la Argentina deben incluirse también los sueldos percibidos y los aportes y contribuciones a los organismos de seguridad social.

En Suecia, la razón de la terminación y la evaluación de la actuación, si bien estos datos pueden omitirse a pedido del interesado o cuando el período es corto.

En Noruega, el empleador puede agregar la constancia de que hubo despido instantáneo, o sea, sin preaviso.

En Finlandia debe agregar las razones del despido y la apreciación de la habilidad, diligencia y conducta del trabajador.

En Suiza cabe añadir la calidad del trabajo y de la conducta observada si bien ello puede ser eliminado a pedido del interesado.

En Japón debe detallarse la relación con la empresa y el nivel salarial.

En Checoeslavaquia deben incorporarse el nivel de idoneidad, la fecha de licencia y los beneficios a que se tiene derecho en caso de enfermedad.

En Polonia debe incluirse: posiciones ocupadas, cantidades y componentes de salario, calificaciones profesionales y métodos de disolución del contrato. El trabajador, además, tiene derecho a pedir una opinión sobre su trabajo.

En Grecia, si el empleado lo pide, el certificado debe agregar referencias a la calidad del trabajo y a la conducta observable.

En Paraguay debe agregarse el salario devengado durante el último período. Si el trabajador lo solicitare, deberá expresar también: la eficacia y comportamiento del trabajador y la causa de la terminación del contrato de trabajo.

En Perú, deben añadirse las referencias a la última remuneración, a la conducta observada y al motivo de despido.

En la República Dominicana debe agregarse el salario que devengaba.

En Francia puede contener otras menciones con tal que no sean desfavorables al trabajador.

142. Algunas legislaciones precisan las constancias que no se pueden incluir en los certificados.

Varios señalan que no puedencolocarse referencias desfavorables. Así lo dice la legislación brasileña y la francesa, como acabamos de ver. La legislación japonesa contiene una norma muy semejante: no se puede incluir nada que el trabajador no lo haya pedido ni ningún signo secreto.

La legislación finlandesa aclara que los empleadores no pueden dar ninguna información adicional fuera de la que figura en el certificado. En la legislación turca se prevé que si el empleador inscribe indicaciones inexactas, el empleado tiene derecho a entablar una acción por daños y perjuicios.

En Japón están prohibidas las listas negras y los informes a terceros sobre nacionalidad, religión, status social y actividad sindical.

143. Además del certificado de trabajo, varios países exigen otros documentos. Pero hay tal variedad a este respecto que no es posible ninguna sistematización.

En Marruecos, el empleador está obligado a entregar documentos justificativos de su remuneración y de su calificación profesional.

En Brasil, debe consignarse el despido en la Libreta de Trabajo y de Previsión Social.

En Checoeslavaquia el empleador debe anotar en el carnet individual del trabajador la fecha de ingreso y terminación del contrato y la evaluación de la actuación del trabajador. Si éste no está de acuerdo con la evaluación hecha, puede reclamar dentro de los 3 meses.

En Italia, el trabajador tiene derecho a obtener una libreta de trabajo para presentarla en la Oficina de Colocaciones, a los efectos de obtener ocupación. Esta contiene todos los datos esenciales para fijar la posición del trabajador y la fase de su carrera en que se encuentra.

En Hungría, el libro de trabajo debe contener los principales datos de la relación laboral como el comienzo y fin de la relación, la calificación, el alcance de su actividad, el salario. Si el despido es anulado, la anotación en el Libro debe ser corregida.

En Colombia debe figurar un certificado médico de egreso.

En la R.F.A. una tarjeta de impuesto al sueldo, los documentos que acrediten la afiliación al seguro social y el certificado para poder solicitar subsidio de desempleo.

144. Algunas de las legislaciones prevén las sanciones aplicables para quienes no cumplen la obligación de expedir el certificado de trabajo.

En la R.F.A., el empleador que no entrega el documento o lo hace tardíamente deberá indemnizar los perjuicios que le cause al trabajador.

En Polonia, la no expedición en tiempo o la expedición en forma indebida da derecho a daños y perjuicios (que no excedan de las seis semanas de salario). La negativa a expedirlo se castiga con multa.

B. *Prioridad para el reintegro*

145. Varios países reconocen a los despedidos por razones económicas prioridad en caso de creación de nuevos cargos.

Ello ocurre en España (durante un año); en Brasil (durante 6 meses); en Rumania (durante 3 meses); en Suecia; en Noruega (debe haber trabajado 12 meses en los últimos dos años y regirá sólo para tareas en las que esté preparado); en Finlandia (durante 6 meses y siempre que se inscriba en la Oficina Local del Empleo); en Turquía (durante 6 meses). En Israel y Singapur también rige pero en virtud de convenios colectivos.

Cabe agregar que en Brasil la prioridad genéricamente concedida beneficia preferentemente al más antiguo.

En Polonia -país donde según el informe nacional, no existen despidos por razones económicas- se establecen preferencias en virtud de otras causales:

a) las personas a quienes la ley concede prioridad en el empleo: soldados que terminen su servicio militar, cónyuges de personas llamadas a prestar servicio militar.

b) las personas a las cuales por razones sociales debe dársele ocupación lo más pronto posible: familiares de personas privadas de libertad, personas que salen de una prisión.

c) el jefe de familia que constituye la única fuente de ingresos en la casa.

d) los jóvenes cuya situación familiar justifica su rápido empleo.

C. *Notificación al seguro de desempleo*

146. Pocos países son los que establecen la obligación de comunicar el despido a los organismos encargados de servir el seguro de desempleo.

En España debe comunicarse el despido disciplinario que se declare improcedente, el despido por causas objetivas tanto que se declare procedente como improcedente y el despido por causas económicas, tenológicas o de fuerza mayor, aunque en estos últimos tres casos se requiere resolución administrativa.

En Uruguay, no hay obligación de informar espontáneamente; pero si el trabajador quiere presentarse en el seguro de desempleo, el empleador debe llenar y firmar el formulario correspondiente.

En Finlandia, de conformidad con el Acuerdo General, el empleador debe informar a la Oficina de Empleo cuando los despidos se originen en causas económicas y afecten a más de 10 personas.

En Bélgica, deben enviarlo las empresas con más de 20 trabajadores.

En Grecia, el empleador debe notificar a las autoridades del Servicio de Desempleo, aunque en caso de que no se cumpla tal obligación, ese incumplimiento no afecta el derecho del empleado.

En Singapur, la comunicación al Ministerio de Trabajo contribuye a verificar la exactitud de los datos de que éste dispone.

En Chile, el empleador debe otorgar certificado de cesación de servicios, que servirá para tramitar en la institución previsional respectiva, el subsidio de cesantía.

VI. PROCEDIMIENTOS ESPECIALES EN CASO DE REDUCCION DEL PERSONAL

A. *Autorización de las autoridades públicas*

147. Debe empezarse por destacar que los casos de reducción del personal equivalen a los despidos por razones económicas, los cuales tienen una serie de peculiaridades que justifican un tratamiento especial.

Siguiendo el informe francés, podemos resumir esas peculiaridades en las siguientes notas:

1) Normalmente se trata de un despido colectivo, aún cuando pueden existir también despidos individuales por causas económicas.

2) Se parte del supuesto que el origen del despido radica en una causa externa a las partes.

3) El empleador sigue siendo responsable; pero de algún modo queda aliviado o liberado de responsabilidad si procede al despido en esas condiciones.

4) La exención de responsabilidad no es total por cuanto en muchos países se requiere verificar la exactitud de las razones económicas invocadas.

Todo ello explica la importancia de la intervención de las autoridades administrativas aún cuando no se presenta en la misma forma en los diferentes países.

148. En algunos simplemente se requiere una comunicación anticipada a las autoridades pertinentes.

En Marruecos debe notificarse a las autoridades públicas. Pero, estas cambian según el alcance de la medida. Si hay cierre total o parcial del establecimiento, debe comunicarse al gobernador de la provincia o a la prefectura. Si hay despido sin llenar la vacante, debe comunicarse al Inspector de Trabajo, el cual lo informa al Gobernador quien puede consultar una comisión especial. Se hace notar que la intervención de autoridades dependientes del Ministerio del Interior demuestra que se toma en cuenta preferentemente la conservación de la seguridad pública y no la seguridad del empleo.

En el Reino Unido, un empleador que se propone despedir a más de 10 empleados pero menos de 100 debe comunicar a la Secretaría de Estado con 30 días de anticipación, indicando el nombre del Sindicato y cuándo empezó la consulta. En caso de que el despido afectase a 100 o más empleados, la comunicación debe hacerse con 90 días de anticipación.

En Suecia, debe notificarse a la autoridad del mercado laboral regional con 2 a 6 meses de anticipación, todo despido que afecte a más de 5 personas. En caso de simple suspensión, el plazo sólo es de un mes. Si las causas han sido absolutamente imprevisibles, el plazo se reduce.

En Noruega, el empleador debe comunicar a la oficina local del empleo cualquier despido o suspensión que afecte a más de 10 personas con 2 meses de anticipación.

En algunos cantones suizos se establece la obligación de anunciar previamente a la administración los despidos proyectados, para poder encarar la adopción de medidas preventivas.

En Irlanda, en caso de disminución colectiva de personal a empresas de más de 20 personas y en número que superen ciertas cifras, debe comunicarse con 30 días de anticipación al Ministerio de Trabajo especificando las razones de los despidos y el plazo dentro del cual se van a efectuar.

La Recomendación No. 119 prevé una simple comunicación a las autoridades públicas. Después de haber establecido en el párrafo 12 que todas las partes interesadas deberían emprender una acción positiva para prevenir o limitar en todo lo posible las reducciones de personal mediante la adopción de disposiciones apropiadas, sin perjuicio para el funcionamiento eficaz de la empresa, establecimiento, o servicio, agrega el párrafo 14 lo siguiente: "Si la proyectada reducción de personal es de tal amplitud que puede tener importantes repercusiones en la situación de la mano de obra de una región o de una rama de actividad económica determinada, el empleador debería notificarlo a las autoridades públicas competentes antes de proceder a tal reducción".

149. En otros países se requiere una autorización pero que versa únicamente sobre la fecha en que se podrá hacer efectivo el despido.

En la R.F.A. cuando el despido afecta a cierto número de trabajadores (6 o más en una empresa que emplea de 21 a 49 trabajadores, 25 o más si la empresa emplea a 50 pero no llega a 500 y 50 o más si alcanza a 500) debe anunciarse el propósito de despedir con 30 días de anticipación a la Oficina de Trabajo la que puede autorizar la fecha, exigir la prórroga por 30 días más o excepcionalmente autorizar que se haga efectivo el despido antes de los 30 días si las circunstancias lo justificasen. La comunicación a la oficina local supone la comunicación y consulta previa con el Consejo de Empresa. Si la empresa piensa efectuar nuevos despidos dentro de los próximos 12 meses debe avisarlo.

En Bélgica se ignora la noción de reducción de personal; pero existen dos nociones próximas: el cierre de empresa (cese definitivso de todo o parte de la empresa con vacancia de ¾ del personal) y el despido colectivo (despidos que en 60 días alcanzan al 10% del personal). En el primero, deben ser informadas las autoridades públicas. En el segundo, debe ser informada la Oficina Nacional de Empleo por medio de la Oficina Regional.

En Italia se debe comunicar el propósito de efectuar despidos por razones económicas a la Oficina Provincial del Trabajo, la cual puede suspender la eficacia del preaviso por un plazo variable: de 30 a 60 días.

150. En otros países -donde la participación oficial es más importante- se requiere una autorización global, por cuanto la autoridad pertinente puede conceder o no el visto bueno para el propio despido y no simplemente para su fecha.

En algunos como España o Francia se ha previsto minuciosamente un procedimiento donde se distinguen claramente dos etapas: una inicial de concertación y diálogo con los representantes del personal y otra posterior de trámite administrativo que termina con la decisión autorizando o denegando el despido. Estas dos etapas se insertan en un trámite más o menos complejo en el que se busca coordinar los diversos intereses y los distintos enfoques, estudiar el problema para buscar soluciones alternativas y tomar la decisión de autorizar el despido cuando quien debe decidir se convence de que no hay otras soluciones posibles.

En otros países no se discriminan tan claramente esas dos etapas; pero, de todos modos, se establece la necesidad de la autorización.

Así sucede en Grecia, donde en el caso de que en un mes calendario se exceda un cierto porcentaje del personal, el despido debe contar con el asentimiento del Ministerio de Trabajo.

En la India para clausurar una empresa o un establecimiento (que no sea de la construcción) debe pedirse autorización con 90 días de anticipación a la Oficina Gubernamental competente, indicando claramente las razones. Si la oficina entiende que la clausura proyectada no es adecuada y suficiente o es perjudicial a los intereses públicos, debe comunicar su no autorización. Si no contesta en dos meses se entiende que autoriza. Si se contraría la resolución o no se la solicita, la clausura es ilegal y se tiene por no hecha. Los obreros conservan el derecho a cobrar el salario.

En Colombia se requiere permiso de autoridades administrativas para liquidaruna empresa, licenciar a un sector del personal o cerrar por más de dos meses.

En Checoeslovaquia en caso de terminación del contrato, el empleador debe discutir la decisión con organismos estatales y sindicales para tratar su eventual ocupación.

En Perú, en el caso de que un empleador pretenda suspender temporalmente las labores en forma total o parcial, reducir personal, rescindir los contratos de trabajo por liquidación de la empresa se debe solicitar autorización del Ministerio de Trabajo.

Se convoca a los representantes del empleador y de los trabajadores para constituir una junta de Conciliación que tiene 8 días para lograr un acuerdo. Si no se encuentra, debe resolver la subdirección correspondiente con apelación ante la Dirección Regional del Trabajo.

En la República Dominicana para disminuir el personal de una empresa, ésta debe presentar una nota al Departamento de Trabajo informando el hecho de la terminación y anexando una nómina. La autoridad administrativa comisiona a un inspector para que realice las investigaciones pertinentes y luego dicta la resolución.

En Austria, el sistema de advertencia previa obliga a los empleadores a informar por escrito a las autoridades laborales las reducciones en el número de sus empleados que excedan cierta escala. La notificación debe hacerse con 4 semanas de anticipación indicando todos los datos de las personas que van a cesar. Le medida debe ser autorizada por la Oficina Laboral Provincial, la cual incluso podrá -previa consulta con el comité administrativo- consentir que el despido se verifique antes de las 4 semanas.

En México se prevén algunos casos de terminación colectiva -casos fortuitos o accidentes inevitables no atribuíbles al patrón, inutilidad, agotamiento de un yacimiento mineral, relaciones previamente establecidas por un término dado, clausura de la empresa en caso de quiebra o insolvencia- que deben someterse a la junta de Conciliación y Arbitraje la que falla en definitiva determinando si el cierre queda autorizado y cuál es la indemnización que debe pagarse al trabajador.

En Japón si bien no hay obligación de obtener autorización previa, los jueces luego aprecian la razonabilidad de la medida, formulándose los siguientes interrogantes: 1) ¿Existía una real necesidad de recucción del personal? 2) ¿Hizo el empleador un verdadero esfuerzo para evitar la reducción? 3) ¿Utilizó el empleador criterios razonables para seleccionar el personal? 4) ¿Aplicó lealmente esos criterios?

B. *Consulta o negociación con representantes del personal*

151. El carácter colectivo de estos despidos, la importancia que ellos pueden tener para la supervivencia de la empresa -o sea, la conservación de la fuente de trabajo de un sector importante del personal-, la selección dentro del mismo de aquellas personas que han de ser despedidas, explican que sea éste un tema singularmente apropiado para la consulta con los representantes del personal.

La empresa muchas veces desea a fin de evitar o disminuir conflictos en momentos difíciles, que la discusión en los órganos paritarios o la deliberación conjunta con los voceros de los trabajadores permita que éstos, participen en el estudio del tema. De esta manera se ilustran sobre los verdaderos términos en que está planteado el problema, pueden aportar ideas de interés e incluso proponer soluciones sobre aspectos que le importan más a los trabajadores que a la propia empresa, como lo son los criterios de selección del personal que va a ser suspendido o despedido.

La Recomendación No. 119 en su parágrafo 13 establece: "Cuando se prevea que va a efectuarse una reducción de personal debería procederse lo antes posible a la consulta previa con los representantes de los trabajadores sobre todas las cuestiones apropiadas".

Ya expusimos en el parágrafo anterior que en varios países previamente a la indiciación del trámite administrativo debe dialogarse con los representantes del personal o tratar el punto en el Consejo de Empresa, si éste existe. Es lo que en España y Francia se le llama la fase de la concertación.

152. En otros países, aun sin necesidad de requerir posteriormente la autorización expresa de una autoridad administrativa, la norma exige un diálogo entre las partes, o, por lo menos, que la empresa informe a los representantes del personal.

En el Reino Unido debe consultarse obligatoriamente al sindicato representativo, lo cual ha de hacerse por escrito y especificando: 1) Razones para su propuesta, 2) Número y descripción de los empleados que se propone hacer cesar, 3) Número total de empleados, 4) Método de selección del personal que cesará, 5) Método para efectuar los despidos con indicación de la fecha en que ocurrirán éstos. El empleador debe considerar las observaciones del sindicato, responder a ellas y si no las acepta, expresar las razones. Si el empleador no cumple lo expuesto, el sindicato puede recurrir al Tribunal.

En Suecia, el empleador debe negociar con los sindicatos. Sin esa negociación previa tiene prohibido el despido por razones económicas, so pena de una gruesa multa. El punto que se considera más importante es la confección de la lista de quiénes se va a despedir.

En Checoeslovaquia, en caso de terminación del contrato por razones económicas, debe discutir la decisión con organismos estatales o sindicales para tratar su eventual ocupación en otro establecimiento.

En Bélgica, en los casos de cierres de empresa, la ley establece la obligación de informar previamente a los trabajadores y a los Consejos de Empresa o a la delegación sindical. En los casos de despidos colectivos, junto con la Oficina Nacional de Empleo debe comunicarse a los trabajadores por medio de los órganos de la empresa. El carácter previo de esas comunicaciones se asegura por la anticipación con que debe ser preavisado el despido.

En Irlanda, debe enviarse copia al sindicato y a los representantes del personal de la comunicación que se remite al Ministerio de Trabajo especificando las razones de los despidos y los plazos dentro de los cuales se van a efectuar, la cual debe hacerse llegar con 30 días de anticipación. Con los representantes del personal debe consultarse específicamente las medidas para evitar o reducir los despidos y los criterios para seleccionar los impleados que se van a despedir.

En Austria existe una red deorganismos que aseguran una contína consulta y negociación entre el gobierno y las organizaciones de empleados y empleadores. En el marco de esas relaciones en que las partes se reúnen periódicamente para el intercambio de informaciones y puntos de vista, se establece que el empleador debe notificar con anterioridad al Consejo de Empresa sus planes de reducción de personal. El Consejo de Empresa puede formular propuestas para prevenir, remover o aliviar los efectos de los cambios proyectados.

153. Pero son más numerosos los países en los cuales esta consulta con los trabajadores ha sido impuesta por medio de convenios colectivos.

Así ha ocurrido en Noruega donde muchos convenios colectivos obligan a informar a los representantes sindicales. Algunos convenios prevén comisiones mixtas de cooperación en las empresas con más de 100 empleados. Se limitan a enterarse y exponer sus puntos de vista porque la decisión queda en manos de los empleadores.

En Suiza en 1975 las organizaciones centrales de empleadores y trabajadores recomendaron celebrar convenios colectivos sobre las medidas a tomar en caso de despido colectivo por razones económicas. Respondiendo a esa exhortación se celebraron varios convenios colectivos que imponen a los empleadores la obligación de dar información previa a los trabajadores, los consejos de empresa y las organizaciones profesionales, con el ánimo de discutir previamente a la adopción de las medidas.

En Turquía, los convenios colectivos pueden prever consultas y negociaciones con sindicatos y representantes de los trabajadores.

En Israel la mayoría de los convenios colectivos establecen la consulta y discusión con los sindicatos. La discusión puede versas sobre la necesidad de la medida y la lista de empleados.1

En Italia el Acuerdo Interconfederal de 1965 prevé una consulta sindical a quienes ocupan más de 100 dependientes. Esta fase conciliatoria debe cumplirse en un plazo corto: 25 días extensivos a 40. Si fracasa la conciliación y debe procederse al despido, se establecen los criterios.

En los Estados Unidos, los convenios colectivos suelen requerir una discusión previa de las suspensiones y despidos con el sindicato.

C. *Medidas para evitar la reducción de personal*

154. La necesidad de la reducción del personal puede tener dos clases de motivaciones:

a) una razón negativa derivada de la situación de rescisión, paralización y crisis que lleva al cierre o a la reducción de la empresa.

b) una razón positiva -aunque provoque, de inmediato, efectos perturbadores- como es la introducción de nuevos métodos técnicos, incorporación de maquinarias o procedimientos más avanzados que hacen innecesario el trabajo humano dentro de ciertos límites.

Solamente la ley del trabajo asociado de Yugoeslavia distingue esas dos situaciones estableciendo que si hay dificultades económicas, solamente pueden despedirse a los causantes de esas dificultades y si se trata de adelantos técnicos que hace progresar a la empresa, la relación no puede cesar. En la planificación de las mejoras tecnológicas, debe preverse la organización de nuevas tareas que permitan ocupar al personal sobrante. Deben crearse fondos de reservas especiales para contemplar estos casos.1

Pero la mayoría de los países no contienen ese distingo pese a que las dos clases de motivaciones pueden exigir caminos diferentes para evitarlas y enfrentarlas. Ahora bien, como algunos de los medios son comunes y habitualmente la reglamentación del tema se hace con la preocupación de cubrir los despidos originados en la primera serie de razones que son las más frecuentes y las que generan el problema en magnitudes mayores, expondremos las medidas sin ligarlas necesariamente con uno de los dos tipos de motivación.1

Cuando expongamos cada una de ellas, haremos referencia, si es pertinente, a su mayor adecuación para el tratamiento de alguno de estos dos tipos de desocupación.

Pero antes de hacerlo queremos recordar el apartado 2 del parágrafo 13 de la Recomendación No. 119: que dice: "Las cuestiones que deberían ser objeto de consulta podrían comprender el modo de prevenir los efectos de una reducción de personal, la disminución de las horas extraordinarias, la formación y la readaptación de los trabajadores, las trasferencias entre servicios, el escalonamiento de las medidas de reducción durante determinado período, la atenuación al mínimo de las consecuencias de esta reducción para los trabajadores interesados y la selección de los trabajadores que hubieran de ser objeto de la reducción".

El criterio central es el de evitar los despidos, o sea, reservar los despidos como la última medida a tomar cuando se haya comprobado que todas las demás no han sido suficientes o eficaces. Así lo dicen los informes finlandés y checoeslovaco pero se percibe que ese mismo criterio está presente y vigente en casi todos los países.

Expondremos entonces, aquellas medidas previas, que tienden a dilatar o demorar el despido.

155. La primera es la necesidad de encarar un plan de reorganización que haga innecesarios los despidos o los difiera considerablemente en el tiempo.

Ya hemos visto como en Yugoeslavia se requiere en la planificación de las mejoras technológicas, que se encare la creación de nuevas plazas de trabajo para ocupar al personal sobrante.

En la R.F.A. se establece que la reducción del personal por paralización o introducción de nuevos métodos más racionales debe encuadrarse en un plan unitario. Ese plan social, en el que debe buscarse un equilibrio de ventajas e inconvenientes, debe ser discutido en el Consejo de Empresa.

En Austria la Oficina de Empleo pretende continuar la política de pleno empleo, cualesquiera sean las circunstancias. Por eso, una de las formas más trascendentes de ayuda a las empresas es colaborar en el estudio de las dificultades a largo plazo mediante la creación de nuevas tareas; el mantenimiento de las anteriores y la disminución al mínimo de la reducción del personal.

156. La segunda es la no provisión de vacantes.

Esta medida que parece tan elemental y que sin necesidad de ningún plan se adopta espontáneamente, no puede ser suficiente por cuanto no reduce el personal sino muy lentamente. Por otra parte, no puede aplicarse ciegamente porque puede haber puestos imprescindibles o muy importantes que es necesario llenar de todas maneras.

De todos modos es la primera recomendación incluída en el Código de Relaciones Industriales de Práctica de 1972 del Reino Unido para concertar con los representantes sindicales a fin de evitar las reducciones de personal. En Noruega es una de las medidas que se aplican en la práctica.

157. La tercera es estimular las jubilaciones para lo cual se puede plantear a los jubilados en condiciones de jubilarse normalmente que lo hagan.

Es otra de las recomendaciones contenidas en el Código de Relaciones Industriales británico de 1972. En el informe polaco se incluye esta medida entre las que el gobierno adopta en los casos en que la empresa por razones tecnológicas debe disminuir el personal. En el informe brasileño se dice que los sindicatos bregan por mayores estímulos a las renuncias voluntarias con preaviso de 90 días. En Suiza a través de los convenios colectivos se prevé, entre lasmedidas posibles, la jubilación anticipada.

158. La cuarta es la supresión de las horas extras.

Fuera de los casos en que las horas extras buscan resolver una situación de emergencia y que por su propia perentoriedad son inevitables, la mayoría de las horas extras son formas disimuladas o encubiertas de ocultar una prolongación de la jornada. Es lógico que si no se puede mantener el trabajo para cubrir los horarios normales del conjunto de los trabajadores, se prescinda de esas prolongaciones que deben ser excepcionales. Ello es tanto más claro cuanto que las horas extras resultan más caras que las normales porque generan un recargo.

En el informe británico se anota que si bien las dos medidas anteriores -no provisión de vacantes y estímulo de las jubilaciones- no suelen generar dificultades por su aplicación, las restantes medidas motivan resistencia. Aquí ocurre que, pese a las reservas que puedan hacerse en el plano jurídico y doctrinario, los trabajadores acostumbrados a ganar el suplemento de ingreso, resisten su eliminación.

En Israel, el Ministerio de Trabajo puede prohibir o restringir el trabajo extraordinario. En el informe brasileño se menciona esa medida entre aquellas que los sindicatos solicitan.

159. Una quinta medida es la prolongación del preaviso, lo que importa obviamente la postergación del despido.

En Suiza es una de las medidas que suelen incluirse en los convenios colectivos. En la provincia de Ontario (Canadá) se establecen períodos de preaviso para despidos masivos más prolongados que en los despidos individuales y que van de 4 a 16 semanas. Ocurre lo mismo en Irlanda donde se establece un sistema de preavisos para los despidos colectivos que pueden correr simultáneamente e independientemente de los plazos de preaviso establecidos para los despidos individuales.

160. La sexta medida es la reducción de la jornada o del número de días trabajados en el mes.

Esta medida supone una merma en los ingresos habituales del trabajador y configura una forma de desocupación parcial. Pese a que por estas circunstancias podría motivar mucha mayor resistencia es uno de los expedientes a los que se recurre más frecuentemente porque constituye una forma segura de reducir el presupuesto de la mano de obra de la empresa.

En Brasil, las medidas susceptibles de reducir la jornada normal o el número de días de trabajo con carácter transitorio deben ser acordadas por la empresa y el sindicato representativo y homologado por la autoridad administrativa. Puede durar tres meses y ser prorrogado por tres meses más; provocar una reducción del salario que no supere el 25%; debe incluir gerentes y directores y requiere que se haya despedido al personal no estable. (Este queda con un derecho a reintegro preferente en los próximos seis meses).

En la Argentina, la ley 13.591 sobre contratación y colocación de trabajadores prevé que la Dirección del Servicio de Empleo debe estudiar y aconsejar la intensificación de las actividades o la modificación de los horarios con el fin de evitar cesantías o de facilitar la reabsorción de desocupados.

En el Reino Unido, dentro de las medidas que el Código de Relaciones Industriales sugiere se tomen está la de instaurar contratos de tiempo parcial.

En Noruega y República Dominicana figura esta medida entre aquellas que se aplican en la práctica.

En Francia se han previsto una serie de asignaciones para ayudar al trabajador que se encuentra en situión de desocupación parcial: una asignación equivalente al 70% del salario mínimo garantizado; indemnización complementaria de la desocupación parcial y sumas complementarias para cubrir la diferencia hasta el mínimo legal. El Estado puede hacerse cargo del pago de las indemnizaciones complementarias.

161. Una séptima medida -progresivamente creciente en el orden del sacrificio exigido al trabajador restante- es la suspensión. Constituye una forma de desocupación total pero transitoria ya que sólo puede extenderse por un cierto período.

En España la autoridad administrativa puede sustituir el despido por una suspensión. En Finlandia, el empleador puede suspender al trabajador hasta por 75 días. En Uruguay lo puede suspender hasta por 6 meses ya que si al cabo de este lapso no lo vuelve a tomar se produce el despido ficto. En la República Dominicana se ha recurrido a la suspensión temporal de los contratos. En Grecia se autoriza la suspensión del contrato siempre que sea notificada por escrito, que no sobrepase el máximo de 3 meses y que se retribuya con medio salario. Aquí, como se ve, se introduce un elemento distinto como es el hecho de que se pague la mitad del salario ya que lo normal en las suspensiones es que no se genere el salario. Se trata, pues, de una suspensión atípica.

Una medida, muy similar a la anterior, es la usada a veces en Israel donde algunos convenios colectivos prevén licencias no pagadas, establecidas con carácter rotativo.

162. Una octava medida es la terminación anticipada del contrato.

En Checoeslovaquia una de las medidas que puede encararse es la terminación del contrato si existe acuerdo del trabajador con su empleador. Este acuerdo para terminar anticipadamente, que parece tan poco verosímil suele presentarse con cierta frecuencia cuando el empleador viene cumpliendo con atraso sus obligaciones y el trabajador prefiere cortar ese contrato e ir a trabajar a otro lado con mejores perspectivas o con mayores garantías en cuanto al cobro puntual y regular de los beneficios que le pertenecen.

163. Una novena medida es la reducción del salario.

En la República Dominicana entre las medidas prácticas a las que se ha recurrido, se encuentra la reducción del salario. Esto significa que no se reduce la jornada ni el número de días trabajados; pero sí el monto de la retribución.

Se trata de una medida excepcional que difícilmente sea admitida en otros países ya que afecta el nivel de los distintos beneficios laborales calculados en función del salario y contraría el principio de irreductibilidad del salario.

164. Una décima medida, que de algún modo, puede relacionarse con la anterior es la del cambio de trabajo.

En el Reino Unido, entre las medidas que el Código de Relaciones Laborales aconseja concertar con representantes sindicales, está la de transferir al obrero o empleado para otro trabajo.

En Noruega figura entre las medidas que se utilizan en la práctica.

En Finlandia, dentro de las medidas que debe adoptar el empleador está la de buscar otro trabajo o transferir al obrero a otro trabajo.

En Checoeslovaquia aparece entre las medidas que pueden tomarse la de transferir a otro trabajo conveniente, aunque necesite una readaptación profesional.

En la provincia de Ontario -que el informe nacional señala como ejemplo representativo de lo que ocurre en Canadá- los empleadores deben integrar y costear comités creados por el Ministerio de Trabajo para ayudar a los trabajadores a encontrar otro trabajo.

En Polonia, en el caso de que por razones tecnológicas una empresa disminuya el personal, el gobierno adopta medidas, entre otras cosas, para cambiar la clase de trabajo.

En Italia, la Caja de Integración de Ganancias emplea como principal instrumento la movilidad de la mano de obra de una empresa a la otra. Se busca sustituir la antigua figura del despido colectivo por la nueva del traslado colectivo de mano de obra.

En la R.D.A., cuando se avecina una reducción de personal, la empresa junto con el sindicato y las autoridades locales debe proponer a los trabajadores el cambio de trabajo o de empresa para mantener su ocupación y sus niveles de ingreso.

165. Una undécima medida -que puede considerarse complementaria de la anterior- es la prevista en los Países Bajos donde los convenios colectivos suelen prever el pago por la empresa de un complemento de salario, para compensar la diferencia entre el salario anterior y el más bajo percibido por otro trabajo peor retribuído.

En Francia se prevén convenios de asignaciones temporarias degresivas en favor de los trabajadores que están desempeñando un puesto con una remuneración inferior en un 10% a la que tenían con anterioridad.

166. Una duodécima medida -que se vincula asimismo con la indicada en décimo término- es la relacionada con la transferencia hacia otras empresas, donde se pueden continuar desempeñando las mismas o similares tareas.

En Checoeslovaquia, entre las medidas que se encaran está la de pasar de un establecimiento a otro, aclarándose que en caso de sucesión de empleadores, el nuevo empleador, debe asumir las responsabilidades laborales derivadas de los servicios anteriores.

En el Reino Unido, se establece indirectamente la obligación de aceptar la transferencia desde el momento que se prevé la pérdida del derecho a percibir el subsidio de desocupación en caso de que el trabajador se niegue a aceptar un trabajo alternativo ofrecido por el empleador o por el adquirente de la empresa.

En Singapur uno de los procedimientos utilizados es transferir las responsabilidades cuando ello es posible.

167. Una décima tercera medida -que también se liga con las anteriores- es la relacionada con la prima de movilidad para facilitar y permitir el desplazamiento de la mano de obra.

En los Países Bajos se prevé la prima por mudanza y traslado cuando el trabajador debe aceptar otra posición.

En Francia se han establecido primas de traslado, transporte, mudanza y reinstalación así como otras ayudas al desplazamiento: bonos de transporte gratuito, subsidios para la búsqueda de empleos, subsidios de doble residencia, reembolso de los gastos de hospedaje.

168. Otras medidas son mucho más expecionales en el sentido que constituyen soluciones originales propias de determinados países.

En Perú, por ejemplo, se exige que el patrón, además del preaviso con 30 días de anticipación, consigne el monto de los beneficios sociales del personal afectado por la reducción, dentro de las 48 horas en el Banco de la Nación.

169. Pero la idea más novedosa es la entrega provisional de empresas a Comunidades Laborales o Comités Provisionales de Trabajadores, también prevista en la legislación peruana.

Pueden solicitar la administración la comunidad laboral, previo acuerdo de la asamblea de la comunidad con el voto favorable de la mayoría absoluta o el comité provisional de los trabajadores de las empresas que no cuenten con comunidad. El comité es elegido por la asamblea general de los trabajadores por el voto de la mayoría absoluta.

No se le entregará la administración provisional cuando la comunidad laboral no tiene derecho a percibir acciones laborales: cuando la quiebra ha sido solicitada por la comunidad laboral o cuando la comunidad laboral o los trabajadores han sido factor determinante de la quiebra.

Puede solicitarse la administración provisional:

a) en caso de quiebra, si el juez de la quiebra lo autoriza. Debe presentarse un programa de operaciones. A los 120 días de administración provisional, se traspasa la propiedad.

b) en caso de paralización, siempre que se hubiere producido el detenimiento injustificado del proceso productivo o sin autorización previa de la autoridad.

c) en caso de abandono, si los propietarios dejan de asumir las obligaciones, atribuciones o funciones que le son propias.

En estos últimos dos casos, el trámite se hace ante el Ministerio pertinente. Autorizada por el Ministerio, se solicitará al Juzgado de Primera Instancia de la Provincia la iniciación del proceso de evaluación de los bienes.

La empresa adjudicada en propiedad a los trabajadores debe ser transformada en Cooperativa de Producción y Trabajo, determinándose la parte de cada trabajador en función del monto de sus derechos.

170. Otra medida que se ha instituído en varios países es la creación de fondos especiales.

Los expondremos brevemente aunque ya hemos hecho referencia inicidentalmente a alguno de ellos.

En el Reino Unido existe el Plan de Compensación por Disminución Temporaria de Tiempo de Trabajo, que busca reembolsar durante 9 meses a los empleadores que implantan alguna disminución del tiempo de trabajo como medio de evitar la reducción del personal. La Secretaría de Estado ha establecido que para beneficiarse del Plan el empleador debe: 1) encarar el cese de 100 o más obreros en cada establecimiento; 2) haber comunicado al Departamento de Empleo y comenzado las consultas con el candidato correspondiente; 3) no ser insolvente. El monto de la asistencia depende del número de trabajadores que, de otro modo, quedaría cesante y de la cantidad de tiempo que trabajaba normalmente cada día.

En Suiza se prevé la constitución de reservas de crisis para las empresas privadas, los cuales reciben el reembolso del impuesto federal directo sobre las sumas vertidas.

En Italia la Caja de Integración de Ganancias creada para asegurar la regularidad de los ingresos en caso de desocupación temporaria o parcial pasó a convertirse en un instrumento de lucha contra la desocupación y de garantía del salario a los obreros afectados por una reducción del personal.

Se prevé también el Fondo para la movilidad de la mano de obra al cual corresponde un importante papel en la recuperación empresarial y la reconversión productiva.

171. Otras medidas se dirigen directamente a ayudar a las empresas y se sitúan en el plano económico.

En el informe colombiano se expresa que para evitar la reducción del personal deben encararse medidas económicas que busquen generar empleos e incrementar el personal.

El informe austríaco también enfoca desde ese ángulo este problema aludiendo a las facilidades concedidas a las empresas para ayudar a la creación de puestos; para instalar establecimientos y ampliar sus instalaciones, para encarar las dificultades de largo plazo y para cualquier otra ayuda que fuera necesaria.

D. *Criterios de selección de los trabajadores afectados por una reducción del personal*

172. En esta materia debemos distinguir los métodos elegidos y los criterios de selección utilizados.

En cuanto a los métodos seguidos, hay varios países que resuelven el problema por la vía legal indicando en la propia ley los criterios que deben utilizarse. Es, por ejemplo, el caso de Argentina o España.

Otros prefieren dejar el punto a regulación de los convenios colectivos. Podemos citar el caso de Turquía y Finlandia.

A veces, se combinan los dos métodos, fijándose por ley ciertos criterios que pueden ser modificados, sustituídos, acrecentados por medio de convenios colectivos. Es el sistema aplicado en Suecia.

Otros como Francia prevén que si el tema no está regulado por convenios colectivos, debe dilucidarse en el reglamento interno de cada empresa. Este reglamento no puede hacerse de cualquier manera, sino que debe confeccionarse en base a criterios que el legislador estableció. Lo que el empleador puede hacer es combinar a su manera los distintos factores atribuyendo a cada uno de ellos el peso y la significación que entienda preferible. Pero una vez fijadas las reglas, ellas son obligatorias y deben cumplirse.

Una manera distinta de resolver este problema metódico -que no es incompatible con la anterior- es la de exigir que el empleador prepare la lista y la someta al Consejo de Empresa. Es lo que ocurre en Bélgica. En Suecia debe prepararse la lista en cada empresa y cada categoría de empleados. En Israel si las partes no llegan a un acuerdo en la lista, se somete a una comisión paritaria y si ésta no logra una solución debe irse a un arbitraje.

Otro modo de resolver el punto es confiar en la regla de la razonabilidad. Así ocurre en Irlanda en los casos en que la reducción de personal no exceda de 20 personas.

173. En cuanto a los criterios aplicables, hay una gran variedad de soluciones. Desde el número de criterios que se utilizan hasta la determinación misma de cuáles deben ser, la forma de combinarlos, el distinto grado de imperatividad que presentan, conducen a una indefinida diferenciación de las soluciones aplicables en los diversos países.

En el parágrafo 15 de la Recomendación N°. 119 se dice:

1) La selección de los trabajadores que vayan a ser objeto de una reducción de personal debería efectuarse según criterios precisos que es de desear se fijen, cuando sea posible, de antemano y que tengan debidamente en cuenta tanto los intereses de la empresa, del establecimiento, o del servicio como los de los trabajadores.

2) Entre tales criterios podrían incluirse:

a) la necesidad de que funcione eficazmente la empresa, el establecimiento o el servicio;

b) la capacidad, la experiencia, las aptitudes y las calificaciones profesionales de cada trabajador;

c) su antiguedad;
d) su edad;
e) su situación familiar; y
f) cualquier otro criterio que pareciese indicado, teniendo en cuenta la situación de cada país.

El orden y la importancia relativa de los criterios citados dependerán de la costumbre y la práctica nacionales.

A pesar de la diversidad existe una neta mayoría de países que aplican el criterio de la antiguedad, expresada en la idea de que el último en llegar debe ser el primero en salir, en el caso de que la empresa debe desprenderse de personal. Así ocurre en España, Argentina, Reino Unido, Suecia, Noruega, (si bien los convenios colectivos pueden especificarse cuando pueden apartarse de este criterio), Finlandia, Canadá, Italia, Israel, Grecia, Estados Unidos, (aunque a través de los convenios colectivos pueden preferirse otros criterios) Singapur, Irlanda, Perú y República Dominicana.

El otro criterio que recibe la adhesión de varios países es el de las cargas de familia. Lo utilizan Argentina, Grecia, Perú, República Dominicana, Italia y Checoeslovaquia. Este último país utiliza una expresión más amplia y comprensiva: serias razones de familia.

Otro criterio que también se repite en varios países es el de la edad. En Suecia, Irlanda, Checoeslovaquia, y Colombia se posterga el despido de aquellas personas que están próximas a jubilarse y cuya cesantía en ese momento puede causar muy serios perjuicios.

También varios países utilizan el criterio de la nacionalidad. Podemos citar el ejemplo de Perú, la República Dominicana y Austria.

Fuera de los anteriores, los demás criterios tienen una aceptación mucho más limitada por cuanto cada uno de ellos ha sido recogido por uno o dos países a lo sumo.

A ese nivel podemos mencionar los contratados para trabajos temporales (Reino Unido), los que se ofrecen voluntariamente (Reino Unido), los trabajadores no sindicalizados (Reino Unido), las personas que tienen mayores posibilidades de conseguir trabajo (Checoeslovaquia, Colombia) los que necesitan prepararse para otras tareas (Checoeslovaquia). En todos estos casos, en los países respectivos, existiría un motivo para incluirlos preferentemente entre los cesantes.

De la misma índole pero en sentido opuesto -o sea, criterios para excluirlos o postergarlos en la lista de posibles cesantes-podemos citar los siguientes: los impedidos o incapacitados (Suecia, Finlandia), los representantes de los trabajadores (España, Estados Unidos), los que cumplen funciones esenciales (Finlandia, Estados Unidos); los mutilados de guerra (Finlandia), los que han tenido una buena actuación, tanto en el plano del rendimiento, como en el aspecto disciplinario (Reino Unido, Irlanda), las personas con experiencia (Irlanda, Colombia), las personas cuya estabilidad está especialmente protegida como las trabajadoras embarazadas, los que tienen hijos pequeños a su cargo, los incapacitados (Checoeslovaquia), los trabajadores con experiencia (Irlanda, Colombia), los que realizan tareas pesadas (Austria), los que tienen calidades profesionales relevantes (Francia); los que se necesitan por razones técnicas (Italia).

E. *Medidas especiales para atenuar los efectos de una reducción del personal*

174. Cierta imprecisión en el título de este apartado y en el señalado con la letra C de este mismo capítulo ha hecho que varios informes nacionales hayan tratado indiferentemente los mismos temas en un sitio o en otro.

Entendemos que la mejor forma de distinguirlos y armonizarlos es dejar en el apartado C todas las medidas previas, o sea, las destinadas a evitar la reducción de personal y reservar para este apartado las medidas dirigidas a atenuar los efectos de una reducción del personal ya producida.

En las propias indicaciones contenidas entre paréntesis, se nos está anticipando el esquema de lo que hemos de exponer:

a) formación profesional
b) prestaciones financieras
c) otras medidas

Seguiremos, pues, esa clasificación fundamental.

175. En materia de formación profesional podemos citar el ejemplo de múltiples países.

En Yugoeslavia se entiende que si el sobrante de mano de obra se origina en adelantos técnicos que hacen progresar a la empresa, debe, entre otras cosas, fomentarse el reciclaje en un nuevo trabajo estimulando la movilidad personal y territorial.

En el Reino Unido entre las medidas que se aconseja incluir en los convenios colectivos está la de entrenar para otros trabajos.

En Noruega se incluye en el elenco de medidas que suelen utilizarse en la práctica, la enseñanza de otro oficio.

En Suiza también los convenios colectivos hablan de reciclaje.

En Italia se encaran cursos de recalificación profesional a cargo del Fondo para la reestructuración y reconversión industrial. Se trata de cursos rápidos -a lo sumo, de tres meses- para trabajadores que aspiran o ocupar puestos ofrecidos. Además, el trabajador tiene derecho a una asignación diaria por la concurrencia a un curso de formación profesional. Si se asiste a un taller escuela, la asignación es mayor.

En Singapur, se busca ir preparando gente para nuevas tareas technológicas más importantes y necesarias. Se ha creado el Fondo de Adiestramiento para el Desarrollo formado con un aporte patronal para estimular la formación necesaria a los efectos de la prestación de nuevas tareas.

En Francia, en virtud del acuerdo nacional que creó la UNEDIC, se instituyó una indemnización de formación que busca mantener el nivel de los ingresos que percibía el trabajador en su período de actividad. Para obtenerlo pueden mejorar su calificación profesional o adquirir una nueva calificación profesional.

En España, entre las medidas adicionales de protección para los expedientes de ''reconversión industrial'' se incluyen los programas y cursos de readaptación profesional de los trabajadores despedidos.

En Rumania la unidad productora que ha reducido el personal tiene la obligación de tomar medidas para que el trabajador adquiera nueva calificación.

En Suecia, una de las obligaciones de empleador es transferir al trabajador a otro tipo de tareas con el deber complementario de que si requiere preparación se le ayude durante el período necesario. A su vez, entre las medidas gubernamentales, se cuenta la de subsidiar nuevo aprendizaje de empleados.

En Checoeslovaquia los trabajadores despedidos tienen derecho al suministro de entrenamiento y recalificación o readaptación profesional.

En Perú se ha formado el SENATI con el objeto de mejorar la formación profesional de los trabajadores e impartir nueva formación profesional para nuevas ocupaciones.

En Israel los organismos gubernamentales encaran una preparación especial para ayudar al despedido a consecuencia de la reducción del personal.

En Austria se busca la preparación del trabajador para nuevos cargos mediante las facilidades para el adiestramiento profesional y la formación y readaptación profesional.

176. En cuanto a las prestaciones financieras, sólo nos referiremos a las establecidas en favor del trabajador ya que las ayudas financieras a la empresa no atenúan los efectos de la reducción del personal.

Primeramente las prestaciones especiales distintas del subsidio de desocupación que expondremos en el próximo capítulo.

En Suiza entre las medidas que suelen encararse a través de los convenios colectivos, se incluyen las prestaciones especiales.

En Italia, la integración salarial servida por la Caja de Integración de Ganancias creada como medio de asegurar la regularidad de las ganancias en caso de desocupación temporaria o parcial. Este integración es concedida por 6 meses por un Comité Interministerial y puede ser prorrogada por 3 meses más por el Ministerio de Trabajo, cuantas veces se considere necesario.

En los Países Bajos entre los beneficios que pueden estipularse está el de los beneficios relacionados con la pensión.

En Brasil, se creó en 1965 el Fondo de Asistencia al Desocupado (FADE). El subsidio que sirve asciende al 80% del salario mínimo legal. Para tener derecho debe haber trabajado, por lo menos, 120 días y haber quedado desocupado por despido sin justa causa, cierre de la empresa, despidos de 50 empleados en 60 días o en caso de urgencia o situación social grave. No debe disponer de otros ingresos y no puede haber rehusado un empleo compatible con sus condiciones personales o la readmisión en la empresa. El empleado perteneciente al Fondo de Garantía de Tiempo de Servicio puede disponer de su cuenta en caso de necesidad grave y urgente personal o familiar en caso de desocupación. Puede hacerla efectiva en 6 oportunidades decrecientes.

En el Reino Unido los pagos por crisis han ido creciendo todos los años a partir de 1978. No solo han aumentado los topes de incompatibilidad para recibirlos sino también el monto del beneficio. Además alrededor de los $2/5$ de las empresas han establecido diversas formas de mejorarlo. Estas son muy variadas. En algunos convenios colectivos quedan a disposición del empleador y en otros se reglamentan minuciosamente; en algunos se concede el beneficio a quien nunca perdió la calificación para obtener el beneficio legal: en otros tienen la forma de un suplemento del subsidio de paro, en otras se mejora la retribución que se toma como base; en otros se crean comités de ayuda a los más necesitados.

En Checoeslovaquia los trabajadores tienen derecho, entre otros beneficios a compensaciones salariales para cubrir la diferencia entre lo que ganaban y lo que están ganando en la nueva ocupación.

En Bélgica, en caso de despido colectivo los trabajadores tienen derecho a una indemnización escalonada durante un período de 4 meses para cubrir parcialmente la diferencia entre la remuneración anterior y las asignaciones de desempleo o el ingreso profesional posterior al despido.

En Perú, algunos convenios colectivos la han establecido.

En Austria, entre las medidas que se prevén en favor de los desocupados es ayudar a pasar los períodos de desocupación.

177. Muy parecidas a las anteriores, pero tratándose de entregas por una sola vez, tenemos las indemnizaciones especiales.

En la R.F.A. se instituyen indemnizaciones especiales para los casos de despidos colectivos, las cuales son independientes de las que corresponden por despidos socialmente injustificados. No se explica por qué el trabajador individualmente considerado no tiene el mismo derecho.

En la provincia de Ontario (Canadá), la legislación más reciente ha establecido el pago de indemnización ("severance pay") en caso de cese definitivo. Para los que tengan más de 5 años de servicio asciende a una semana por año con un máximo de 26 semanas.

En los Países Bajos entre los beneficios que prevén los convenios colectivos figura una compensación extraordinaria que excede notoriamente el monto de la indemnización por falta de preaviso.

En Irlanda el empleador debe pagarle una suma de dinero equivalente a una semana de salario más media semana de salario por cada año (entre los 16 y los 41 años de edad) más una semana por año (a partir de los 41 años). Esa suma puede rebajarse hasta un 60% según las circunstancias. Le rebaja sólo puede ser del 40% si no se dió preaviso en tiempo.

En Checoeslovaquia entre los beneficios a que tiene derecho el trabajador se encuentra una asignación previa a la obtención de un nuevo empleo, si se ha demorado en obtenerlo.

En Bélgica en caso de cierre de empresa los trabajadores despedidos tienen derecho a una indemnización tarifada en función de la antiguedad y la edad. Pese a su carácter forfaitaire, se le niega a quienes han obtenido trabajo. Se ha creado para asegurar su pago y suplir cualquier omisión patronal un Fondo de Indemnizaciones.

En Israel se prevén varios pagos que debe hacer el empleador.

En Estados Unidos alrededor de la tercera parte de los convenios colectivos prevén una indemnización de una semana por cada año de servicio.

178. Las otras medidas son de carácter residual y complementario. Muy pocos países las prevés y presentan tal variedad que no cabe una sistematización de las mismas.

En Rumania la unidad productora debe ofrecerle al trabajador otra tarea.

En Checoeslovaquia entre los beneficios a que tienen derecho los trabajadores se encuentra el pago de prima por colocación, gastos de transferencia etc., y el mantenimiento permanente de la relación de empleo.

En Paraguay el art. 82 del Código Laboral establece que si el empleador que ha cerrado su empresa por sí o por interpósita personal, estableciera otra empresa semejante dentro de un año, está obligado a tomar a los cesantes.

En Austria entre las medidas posibles está la de que se le faciliten los traslados al trabajador despedido, que se le ayude a cambiar de domicilio o a transportarse hasta o del trabajo, a aliviar las dificultades resultantes de instalarse en un nuevo barrio. Incluso se prevé la ayuda para adquirir ropa o equipo.

VII. SEGURIDAD DE INGRESOS DEL TRABAJADOR DESPEDIDO

A. *Prestaciones pagadas por el empleador distintas de la indemnización por despido injustificado*

179. En varios países, además de las indemnizaciones por ruptura brusca o injustificada del contrato de trabajo, existe la obligación patronal de servir una cantidad calculada en función de los años de servicios brindados a la empresa.

Dicha prestación ha recibido varios nombres (indemnización por fin de contrato, indemnización por antiguedad, auxilio de cesantía, compensación de tiempo de servicio, prima de jubileo, etc.) pero sustancialmente consiste en una cantidad de dinero que debe pagar el empleador y que se calcula multiplicando el número de años por el monto del salario mensual. Los matices y particularidades que presenta en cada país no logran borrar esa identidad básica.

Veamos cómo se la ha regulado en los diversos países que la han instituído.

En España el empleador debe pagar una indemnización de 20 días por año, con un máximo de 12 mensualidades.

En Marreucos, la indemnización de fin del contrato se calcula en función del tiempo transcurrido en la empresa. El decreto real del 14 de agosto de 1967 fija el monto y las modalidades de aplicación de esta indemnización.

En Noruega los convenios colectivos prevén un beneficio de separación para los empleados de 50 a 66 años; que hayan trabajado los últimos 10 años y cuyo despido no obedezca a razones vinculadas con el trabajador. Su monto varía en función de la edad del trabajador.

En Suiza se prevé la indemnización de fin de servicio en favor de los trabajadores con más de 50 años de edad y 20 de permanencia en la empresa. Oscila entre 2 y 8 meses de remuneración, según las disposiciones del contrato de trabajo, los convenios colectivos, el contrato tipo o el fallo del juez.

En Turquía debe pagarse la indemnización por antiguedad, equivalente a 30 días de salario por cada año de antiguedad, con límite de 7 meses y medio. Los convenios colectivos pueden mejorar la forma del cálculo pero sin superar el tope.

En Israel, el trabajador tiene derecho a una prestación equivalente a un mes de sueldo por año de permanencia, si es mensual y al salario de 2 semanas por cada año si es jornalero.

En Chile es normal que los convenios colectivos prevean una indemnización por año de servicios en favor del trabajador.

En Colombia rige el beneficio del auxilio de cesantía que asciende a un mes de salario por cada año de servicio y la proporción correspondiente en caso de fracción de año.

En Perú existe la compensación por tiempo de servicio que equivale a un mes por cada año de servicio, en el caso del obrero y un mes -limitado al sueldo máximo asegurable- por cada año de servicio, en el caso del empleado. En caso de renuncia, el empleador que por su situación económica no lo puede pagar de una vez, puede abonarlo en cuotas.

En Austria se ha establecido una indemnización por terminación del contrato. A partir de los 3 años de antiguedad ininterrumpidos tiene derecho a dos meses. Va creciendo con la antiguedad hasta llegar a un año de salario, después de 25 años de servicios.

En Polonia, el trabajador puede tener derecho a la prima de jubileo que equivale a un mes después de 25 años, creciendo esa prima en un mes por cada 5 años de trabajo, con lo que se llega a los 6 meses después de 50 años de servicios.

180. En la mayoría de estos países (Marruecos, Noruega, Suiza, Turquía, Chile, Austria) se pierde este beneficio si el trabajador con su comportamiento ha dado motivo al despido. En Suiza cabe la posibilidad de que sea reducida la indemnización. En Perú no se pierde la indemnización; pero se paga fraccionada en entregas mensuales.

En los demás países nada se dice al respecto por lo que se supone que debe pagarse la indemnización cualquiera sea el motivo y el grado de responsabilidad del trabajador.

181. En algunos países esa indemnización por antiguedad se establece especialmente para ciertos sectores de trabajadores.

Así, en la Argentina, diversos regímenes particulares establecen indemnizaciones similares. El estatuto del viajante prevé la indemnización por clientela equivalente al 25% de lo que correspondería por indemnización por despido a partir del año de la prestación de servicios. En la industria de la construcción se creó un Fondo de Desocupación al cual debe aportarse el 12% de los salarios en el primer año y el 8% en los restantes. La cuenta personal correspondiente al trabajador en ese Fondo -que debe depositarse en una cuenta bancaria- debe ser entregada al interesado cuando cese la relación laboral. El dirigente sindical, a su vez, recibe una indemnización adicional equivalente al salario que hubiera cobrado durante el lapso que faltare hasta la terminación del mandato.

En Uruguay la lay de viajantes y vendedores de plaza establece la indemnización por clientela, en los mismos términos que en la Argentina: el 25% de lo que hubiera correspondido por la indemnización por despido. Pero se paga también en cualquier otro caso de terminación del contrato siempre que hubieren transcurrido 5 años de servicios.

En Polonia, los profesores tienen una indemnización especial de un mes por cada año con un límite de 6 meses.

En la República Dominicana diversos convenios colectivos prevén pago de prestaciones especiales en caso de despido o deshaucio de dirigentes sindicales o del personal calificado.

182. Hay otros beneficios complementarios, menos difundidos, pero que concurren al mismo propósito que la indemnización anterior.

Así tenemos, una indemnización adicional para personas de edad.

En Bélgica se ha instituído una indemnización complementaria para trabajadores de edad, entendiéndose por tales a los que tienen más de 60 años de edad. Debe pagarse en todos los casos salvo el de despido por motivo grave. Consiste en un pago periódico a cargo del último empleador destinado a agregarse al subsidio de paro hasta la edad normal de la jubilación de modo de colmar parcialmente la diferencia entre el salario precedentemente ganado y el monto del subsidio de desocupación. Este beneficio no puede ser acumulado a las otras indemnizaciones de ruptura del contrato.

En la República Dominicana en el caso de terminación por vejez le corresponde un auxilio de cesantía que no puede exceder de los salarios de un año y que se pierde si el trabajador queda protegido por la jubilación, la pensión de vejez o el retiro.

Existe, a su vez, el derecho a la gratificación.

En Suiza, múltiples convenios colectivos han establecido la obligación de conceder este beneficio proporcionalmente al tiempo trabajado.

En cuanto al fondo de retiro, también Suiza establece que si el trabajador es despedido antes de la edad de jubilarse, no se le entrega la cantidad generada por él al Fondo (que va a una institución de previsión), salvo que deje definitivamente el país o que se establezca por cuenta propia o cese de ejercer actividad lucrativa, si es mujer casada o va a casarse.

El fondo de asistencia ha sido instituído por convenios colectivos en Suiza con el objeto de ayudar a los que quedan sin empleo. Pueden preverse participaciones financieras del empleador o el retiro anticipado en caso de cierre de empresas o de reducción del personal.

Los beneficios por retirarse han sido creados por convenios colectivos en Austria. No puede acumularse con la indemnización por antiguedad, pero ésta puede cederse si el beneficio es mayor.

También en Austria so prevén compensaciones por vacaciones no gozadas.

183. Algunos informes aluden a un beneficio de otro orden como puede ser la protección en caso de insolvencia del empleador.

En Canadá en vista de que la ley de quiebras, de naturaleza federal no da protección suficiente porque no coloca en primer término a los créditos salariales comprende sólo a los adeudados por los últimos 3 meses y sólo se extiende hasta un máximo de 500 dólares, la legislación provincial ha tratado de corregir esas insuficiencias estableciendo una preferencia mayor, creando un fondo en poder del empleador e instituyendo una seguridad en la forma de un vínculo o una carga. En Quebec se creó un fondo público salarial de seguridad financiado con un aporte de los empleadores.

En Perú se establece el pago preferencial de los beneficios sociales en caso de quiebra o falencia del empleador.

En los Países Bajos, la Ley de Beneficio de Desempleo (WW) protege también contra los atrasos en el pago de los salarios en caso de quiebra o suspensión de pago. Pueden reclamarse hasta 13 semanas antes del preaviso y 6 semanas posteriores al preaviso.

En España el Fondo de Garantías Salariales asegura el pago a los trabajadores del importe de sus salarios correspondientes a 4 meses, como máximo que estén pendientes de pago en los casos de insolvencia, suspensión de pagos, quiebra y concurso de acreedores.

184. Hay también otros beneficios recogidos más excepcionalmente en alguna legislación como puede ser la compensación por vacaciones no gozadas (Austria), el derecho de los trabajadores transferidos a otras empresas o a otras tareas dentro de la misma empresa de conservar durante algún tiempo la anterior remuneración (Rumania) y la entrega de una cantidad única de dinero al trabajador en el momento del egreso financiada por un seguro concertado entre las dos grandes centrales profesionales (Suecia).

B. *Prestaciones proporcionadas mediante un régmen de desempleo*

185. Dada la amplitud y vastedad de este tema dividiremos nuestra exposición en una serie de puntos para poder abordar sistemáticamente la gran cantidad de aspectos que él involucra.

Empezaremos por la indicación de la norma donde está regulada esta materia.

De todos los países representados por los informes, menos de la mitad, o sea, sólo 18 poseen regímenes de seguro de desempleo.

Casi todos ellos lo tienen instituído por vía legal.

En algunos está estatuído por una ley especial sobre el tema (ej.: España, Uruguay, Chile). En Suiza está regulado por decreto.

En otros está regulado como un régimen de seguro social (Reino Unido, Italia) o dentro de la organización general de la seguridad social (Noruega, Bélgica, Israel).

Otros lo tienen regulado junto con el sistema del seguro de enfermedad (Grecia, Austria).

En algunos países federales, la reglamentación de este tema pertenece al Estado Miembro y no al Estada Federal. Así ocurre en Yugoeslavia donde a partir de 1974 es cada provincia la que lo organiza y en Estados Unidos donde es cada Estado el que lo instituye.

Otros países lo han regulado en forma algo más compleja ya que las organizaciones profesionales representativas de los grandes sectores intervienen de manera decisiva. Parece ser el caso de Suecia.

186. Casi todos los países enfocan este tema unitariamente, aunque además del beneficio principal (subsidio de desempleo) prevén prestaciones adicionales o marginales.

Pero algunos tienen una regulación múltiple tanto en el número de normas que rigen el tema como en el conjunto de beneficios que se instituyen.

Dentro del primer caso podemos citar varios ejemplos:

En los Países Bajos tenemos la ley de Beneficio de Desempleo (WW), la ley de compensación por desempleo (WWV) y la Regulación Colectiva Gubernamental por desempleo (RWW). La primera es implementada y financiada por las grandes asociaciones profesionales; la segunda es una forma de ayuda estatal y la tercera está a cargo de los municipios. No son incompatibles entre sí porque las dos últimas concurren en caso de que termine la primera y pueden beneficiar a quien no tuvo la primera.

En Suecia existe el régimen de seguro de desocupación, muy vinculado con los sindicatos y el KAS (Ayuda financiera al mercado laboral) que es de origen gubernamental y busca complementar el régimen de seguro.

Dentro del segundo caso podemos citar otros ejemplos:

En la R.F.A. además del subsidio por desempleo, tenemos la Ayuda Social al desocupado.

En Irlanda pueden mencionarse: a) El beneficio de desempleo, b) el beneficio complementario, c) la asistencia por desempleo.

En Austria tenemos: a) Subsidio por desempleo; b) adelantos prejubilatorios: c) ayudas de emergencia; d) beneficio por licencia de maternidad impaga; e) asistencia especial para madres solteras.

En Francia existen tres beneficios fundamentales: la asignación especial (para los casos de despido por razones económicas hasta los 60 años); la asignación de base (si el motivo del despido no es económico o la dimisión tiene un motivo legítimo) la garantía de ingresos (para quienes hayan cumplido 60 años); la asignación tarifada (para los solicitantes de empleo); la asignación por fin del derecho (a quienes se les ha acabado el derecho a percibir las asignaciones originales y siguen buscando un nuevo empleo); la asignación de socorro extraordinario (los solicitantes de nuevo empleo que han agotado sus plazos de beneficios).

187. En cuanto al campo de aplicación en general, los distintos regímenes son amplios, por lo menos para la actividad privada.

Así, en Uruguay, la última ley N⁰. 15.180 del 20 de agosto de 1981 abarca expresamente toda la actividad privada, si bien se dispone que los no comprendidos hasta ese momento, se incorporarán cuando lo determine el Poder Ejecutivo. Esta posible extensión por vía de decreto atañe especialmente al trabajo rural y al servicio doméstico.

En Suiza, la expresión es generica: todos los trabajadores.

En Italia, se ha ido extendiendo hasta comprender los trabajadores agrícolas y a domicilio.

En Grecia cubre todas las personas vinculadas por un contrato de trabajo.

En Chile abarca a todo el personal dependiente del sector privado y público.

En Francia el campo de aplicación se describe con la mayor amplitud. En el plano profesional abarca a todos los trabajadores privados, incluso la agricultura. A partir de la ley del 16 de enero de 1979 incluye a los trabajadores domésticos y a los jóvenes, a los detenidos, a los refugiados, a los repatriados, a los artistas, a las mujeres solas que llenen ciertas condiciones.

188. El riesgo que cubre este seguro es, como lo indica su propio nombre, el desempleo involuntario cuando el trabajador tiene capacidad y voluntad de trabajar y no encuentra ocupación.

Muchos regímenes legales lo dan por supuesto sin especificarlo expresamente.

Otros en cambio, lo determinan con mayor o menor precisión y detallismo. Entre éstos, podemos citar los siguientes:

En Uruguay el riesgo asegurable es la desocupación no imputable a la voluntad o a la capacidad del trabajador. Puede configurarse a consecuencia de un despido, de la suspensión del trabajador o de la reducción del trabajo que llegue, como mínimo a un 25%. En este último caso se hable de desocupación parcial.

En Noruega se contempla la pérdida de trabajo, la suspensión o la reducción de horas en el día o de días en la semana.

En Bélgica comprende todo tipo de desocupación, sin importar si es voluntaria o no; pero con la particularidad de que si ella tiene algún ingrediente voluntario el interesado no pierde el derecho definitivamente sino por un tiempo.

Ocurre otro tanto en Estados Unidos. Si la desocupación es voluntaria o culpable, el trabajador no pierde el beneficio pero queda sin él durante varias semanas.

En los Países Bajos se aclara que para obtener el beneficio de desempleo, éste debe ser involuntario, o sea, que el trabajador no sea el causante de la desocupación. Si hay renuncia al trabajo no hay derecho al beneficio. Si hay culpa tampoco. En cambio para la compensación por desempleo -que se paga a quienes no tienen derecho al beneficio anterior- no se exige que la desocupación sea involuntaria, aunque si no lo es, puede negársele el beneficio total o parcialmente.

En Austria se requiere que la persona tenga voluntad y capacidad para trabajar.

189. Las condiciones para adquirir el beneficio son de índole afirmativa y negativa o sea, que hay algunas condiciones que deben llenarse y algunas circuns-

tancias que no deben existir ya que, de producirse, obstan a la obtención del beneficio.

La condición positiva fundamental es tener un cierto período trabajado.

En Uruguay se requiere que en los últimos doce meses anteriores al momento en que se produce la desocupación, el trabajador haya computado 6 meses, si es mensual, o 150 jornales si es jornalero. El Poder Ejecutivo puede extender el período de computación a 24 meses.

En Yugoeslavia se exige también un período previo de cotización que generalmente es de 9 meses y que esté registrado en la comunidad de empleo.

En el Reino Unido se necesita haber contribuído; estar sin trabajo más de dos días (en los últimos 6 días) y estar en condiciones de trabajar.

En Suecia el trabajador debe estar afiliado por lo menos doce meses; haber trabajado cinco de los últimos doce meses y estar dispuesto a trabajar.

En Noruega debe haber contribuído; ser capaz de trabajar y querer hacerlo en un nuevo empleo o someterse a un reentrenamiento.

En Bélgica se requiere que exista desocupación involuntaria que implique privación de trabajo y remuneración. Si existe una cierta dosis de voluntariedad, como ya lo expusimos, se le suspende el beneficio por cierto tiempo.

En la R.F.A. se requiere haber trabajado un año salvo que no hubiera llegado a 20 horas semanales.

En Israel se exigen condiciones de:

a) edad: de 20 a 65 años en el hombre o 60 en la mujer

b) trabajo: debe haber completado el período de calificación, o sea, haber computado de 100 a 180 días de cotización en los 360 días inmediatos anteriores al primero del mes; o 225 a 270 días en los 540 días anteriores al primero del mes.

c) ser considerado desocupado, lo que requiere estar registrado en el Servicio de Empleo; poseer posibilidad y voluntad de trabajar y que el Servicio de Empleo no le haya ofrecido un empleo deseable.

En Italia, el derecho al subsidio nace cuando se reúnen estas tres condiciones: a) estado de desocupación involuntaria, b) antiguedad mínima de dos años en el seguro y un año de contribución en el bienio; c) inscripción en el oficio de colocación.

En Grecia para tener derecho se requiere: a) siendo apto y teniendo voluntad para trabajar, no poder encontrar trabajo; b) haber trabajado cierto número de días en los últimos 14 meses.

En los Estados Unidos se necesita haber trabajado cierto tiempo durante un período base.

En los Países Bajos para poder obtener el beneficio de desempleo, debe haber trabajado 130 días durante los 12 meses previos. Existen condiciones diferentes en los casos de trabajos estacionales o tareas de tiempo parcial.

En Chile se requieren 12 meses de cotizaciones.

En Irlanda para tener derecho al beneficio dedesempleo, se requiere: 1) estar capacitado para trabajar; 2) haber satisfecho las contribuciones obligatorias, 3) no tener ningún motivo de descalificación. Las contribuciones obligatorias son no menos de 26 semanas cuyos asportes se hayan pagado debidamente y no menos de 26 semanas trabajadas en el último año anterior a aquel en el que se pretende el beneficio.

En Austria los prerequisitos para obtener el subsidio de desempleo son: a) capacidad para trabajar; b) voluntad de trabajar; c) suficiente tiempo de contribución al seguro: 52 semanas en los últimos 24 meses; (si tiene otros recursos 20 semanas en los últimos 12 meses).

190. Las condiciones negativas están dirigidas principalmente a asegurar el carácter involuntario de la desocupación, tanto en su origen como en su transcurso y la necesidad del subsidio por carecer de otros recursos el interesado. En algunos países aparecen como causales de incompatibilidad, de exclusión o de pérdida del beneficio; pero cualquiera sea la denominación son condiciones negativas en cuanto obstan al surgimiento o a la conservación del derecho a la percepción del beneficio.

Algunos de ellos tienen que ver con la causa de la pérdida del trabajo.

Así, en el Reino Unido constituyen causas de inhabilitación: el despido por inconducta (significa la privación del beneficio por 6 semanas); el abandono de su último puesto sin justa causa y elestar involucrado en un conflicto laboral.

En Uruguay quedan excluídos: a) los que fuesen despedidos o suspendidos por razones disciplinarias de acuerdo a lo que determine la reglamentación; b) los que se encuentren en estado de huelga y por el período del mismo.

En Noruega se requiere no haber egresado por razones derivadas de su conducta o capacidad. Si así hubiera ocurrido, se posterga el goce del beneficio hasta por 8 semanas.

En Suiza puede suspenderse el beneficio si hubo culpa del asegurado.

En la R.F.A. si el trabajador ha perdido su empleo por su propia culpa, no recibe subsidio por 4 semanas.

En Irlanda son causas de descalificación: a) haber perdido el trabajo por huelga; b) haberlo perdido por inconducta.

191. Otras condiciones tienen que ver con el mantenimiento de la situación de desocupados.

En el Reino Unido figura entre las causas de inhabilitación el rechazo de un puesto conveniente sin justa causa.

En Suecia el beneficiario del seguro no puede rechazar ofertas de trabajo. Si lo hace injustificadamente pierde 4 semanas de subsidio.

En la R.F.A. si rehúsa un trabajo que razonablemente se le puede exigir, pierde el subsidio.

En Irlanda entre las causas de descalificación se incluye: a) haber rehusado una oferta de empleo; b) haber rehusado las oportunidades de prepararse; c) haber desperdiciado oportunidades razonables de obtener ocupación; d) haber cometido una infracción en esta materia.

En Israel el beneficiario no puede rechazar un empleo deseable ofrecido por el Servicio de Empleo. Se considera deseable: a) un trabajo similar a aquél en el que el interesado estuvo ocupado durante los últimos tres años u otro adaptado a su capacitación vocacional, su nivel de educación, su estado de salud o sus aptitudes físicas; b) un tipo de trabajo cuya retribución sea igual, por lo menos al subsidio de desempleo; c) un trabajo que no requiera un cambio de lugar de residencia.

En Grecia se suspende provisoriamente la pensión en caso de que el trabajador encuentre empleo o no esté disponible para trabajar.

En Estados Unidos, el trabajador queda descalificado para percibir el subsidio si rechaza una oferta de trabajo.

192. Otras condiciones tienen que ver con la existencia de ingresos independientes del trabajador.

En España, el goce del subsidio es incompatible con la percepción de cualquier renta de trabajo por cuenta propia o ajena, o con el cobro de cualquier jubilación o pensión por incapacidad absoluta.

En Uruguay entre las causas de exclusión encontramos: a) los que perciben o se acogen a la jubilación; b) los que perciban otros ingresos, en la cuantía y condiciones que establezca el Poder Ejecutivo.

En el Reino Unido figura entre los requisitos no percibir compensación por pérdida de salario en virtud de un fallo que declara injusto el despido ni recibir tampoco ningún pago por pérdida de remuneración o por falta de preaviso. En realidad, la percepción de estas cantidades no inhabilitan para cobrar sino que postergan el cobro.

En Grecia se suspende provisoriamente el pago del subsidio si sufre una incapacidad transitoria (que genera pensión) y se corta definitivamente si queda incapacitado permanente o ha recibido una pensión de una organización del seguro.

En Suiza puede suspenderse el subsidio si el interesado tiene derecho al salario.

193. El monto se fija en casi todos los países donde rige el seguro en un porcentaje del salario percibido en la actividad. Unicamente en Italia se establece un monto fijo de 800 liras por día.

Cabe una gran distinción entre aquellos países que establecen un monto uniforme dentro del sistema de los porcentajes y aquellos que poseen una escala variable de porcentajes en función de la duración del beneficio.

Veamos, primero los países que establecen un porcentaje constante durante el período de prestación.

En Noruega se establece un 2% diario del ingreso anual.

En Suiza el subsidio asciende a un 65% del salario normal de actividad.

En la R.F.A. el subsidio de paro representa un 68% del salario de actividad.

En el Uruguay, el empleado mensual tiene derecho al 50% del promedio mensual del último semestre, no pudiendo ser inferior a la mitad del sueldo mínimo nacional. En el caso de los jornaleros asciende a 12 jornales. En el caso de desocupación parcial, la diferencia que existiera entre el monto del subsidio calculado en la forma que acaba de indicarse y lo efectivamente percibido en el período durante el cual se sirve el subsidio.

En Israel es calculado como un porcentaje del salario diario promedial general combinado con el promedio del jornal del interesado en los últimos tres meses.

En Grecia asciende a un 40% del salario del jornalero y a un 50% del sueldo del mensual.

En los Estados Unidos, el beneficio asciende al 50% de las ganancias semanales.

En los Países Bajos el beneficio del desempleo asciende al 80% del salario promedial y la compensación por desempleo al 75% del jornal promedio.

En Chile asciende al 75% del promedio del último semestre.

Tenemos finalmente dos países que si bien mantienen el mismo porcentaje durante todo el período en que el beneficio se presta, introducen variaciones en la tasa del porcentaje según el nivel de los salarios.

Así, en Austria, se clasifican los trabajadores en 64 grupos en razón del monto de los salarios. En cada grupo corresponde un porcentaje diferente oscilando entre un 42% para los salarios más altos hasta un 58% para los salarios más bajos.

Algo parecido pero más complejo ocurre en Francia donde el sistema de determinación del beneficio comprende una parte fija y uniforme y otra parte proporcional al salario. De esa forma los trabajadores con un salario menor perciben un porcentaje mayor.

En cuanto a los países que establecen salarios variables durante el transcurso de la prestación podemos citar a España y Bélgica.

En España durante los primeros 180 días, el beneficio asciende al 80% del salario; del 6º al 12º mes, el 70% y a partir del 12° mes, el 60%.

En Bélgica el porcentaje inicial es del 60% y salvo para los jefes de hogar y los ancianos, desde el segundo año baja el porcentaje al 40% y sufre otra rebaja más al entrar en el tercer año.

Como se ve, en ambos casos existe una evolución descendente.

194. En varios países, se combina la fijación porcentual del beneficio con la existencia de máximos y mínimos.

Así ocurre en España donde el subsidio no puede ser superior al 22% del salario mínimo interprofesional general ni inferior al propio salario mínimo si el trabajador tiene cargas familiares.

En Uruguay, el límite inferior es la mitad del salario mínimo nacional y el límite superior es una cantidad equivalente a ocho salarios mínimos nacionales.

En Estados Unidos y en Chile también existe un máximo y un mínimo.

195. En otros países se establece un aumento en función de las cargas de familia del beneficiario.

Así, en Noruega al cálculo general, se agregan incrementos si el beneficiario tiene familia a su cargo.

En Uruguay, si el empleado fuere casado o tuviere familiares a su cargo percibirá un suplemento del 20% del subsidio que correspondiere.

En Suiza el beneficiario percibe el 70% del salario normal (en lugar del 65%) si el trabajador tiene familiares a su cargo. Tiene además, derecho a un suplemento adicional de 6 francos por día por la primera persona a su cargo y de 3 francos por cada una de las siguientes. En ningún caso pueden superar el 85% del salario garantido.

En Grecia el procentaje general crece en un 10% por cada miembro de la familia a cargo del desocupado.

En Austria también se prevé un suplemento familiar.

196. El subsidio de desocupación se paga mientras se prolonga la desocupación; pero casi todos los países establecen un límite en esa duración. Razones elementales de financiación explican que este beneficio no puede durar indefinidamente como si fuera una jubilación.

Cabe efectuar aquí también la distinción inicial entre los países que establecen un lapso uniforme de duración y aquellos que establecen períodos variables en función del tiempo en que se efectuó la cotización.

Entre los primeros que son los más numerosos, podemos citar a los siguientes:

En Suecia dura 300 días.

En Suiza la prestación dura 150 días que pueden extenderse a 180 días en el caso de que el beneficiario tenga más de 55 años.

En Italia se establece un máximo de 180 días por año.

En Uruguay también existe un límite de 180 días.

En Estados Unidos el límite máximo es de 26 semanas; que puede extenderse a 39 semanas en períodos de gran desocupación.

En los Países Bajos el beneficio de desempleo tiene una duración máxima de 130 días y la compensación por desempleo tiene una duración máxima de dos años. Si dentro de ese lapso el beneficiario cumple 60 años, se extiende hasta los 65 años.

En Chile el plazo es de un año prorrogable por 6 meses más en caso de catástrofe.

En Irlanda se paga hasta por 390 días.

En Francia los beneficios tienen una duración normal (asignación especial: 6 meses prorrogables una vez; asignación de base: variable según la edad; garantía de recursos: 3 meses; asignación tarifaria: 365 días). Pueden prolongarse por decisión de la Comisión Paritaria de ASSEDIC; pero en ningún caso pueden sobrepasar en total los 1.095 días (o sea 3 años) para los trabajadores de menos de 50 años y de 1.825 (o sea 5 años) para los trabajadores de más de 50 años.

Entre los segundos, o sea, los variables podemos mencionar estos otros países:

España, que establece una escala de correspondencias: por cada 6 meses de cotización, corresponde 3 meses de protección. Así con 6 meses o más de cotización corresponde una prestación durante 3 meses. Y con más de 36 meses de cotización corresponde una prestación durante 18 meses.

En Grecia se extiende de dos a cinco meses según el número de días trabajados en los últimos catorce meses.

197. Muy ligado con el tema anterior está el punto relacionado con el llamado período de espera o período de carencia, o sea, los primeros días en que ya existe desocupación pero durante los cuales no se sirve el subsidio. Se busca con ello asegurar que la desocupación sea real.

Algunos países la recogen en su legislación.

Así, en Suecia nace el derecho al subsidio, al 5º día de desocupación.

En Israel comprende 5 días. Recién se paga el 6º día.

En Italia se comienza a pagar a partir del 8º día. En caso que la renuncia sea voluntaria o el despido sea culpa del trabajador el período de espera se extiende a 30 días.

En Grecia a partir del 7º día.

En Irlanda desde el 4º día. Desde el primer día si se ha producido un reclamo por desempleo o incapacidad para el trabajo en las últimas trece semanas.

Como se ve, aunque recogiéndose el mismo instituto, cada país lo aplica de diferente manera en su aspecto cuantitativo.

198. Otro tema vinculado de alguna manera con el de la duración es el de saber cuánto debe esperarse después de haber terminado el plazo de duración del beneficio hasta que pueda nuevamente tenerse derecho al mismo.

Algunos países prevén el punto.

En Suecia se requieren 5 nuevos meses de trabajo para poder tener derecho a otro período.

En Uruguay se necesita que transcurran al menos 12 meses, seis de ellos de aportación efectiva.

En Chile se establece un lapso de espera de 2 años entre el goce completo de un subsidio y el nuevo período de subsidio.

199. Varios países han creado junto con el subsidio de desocupación otros beneficios complementarios que buscan completar la protección del trabajador que ha quedado sin empleo.

En España, además del subsidio de desempleo, está el subsidio asistencial para el caso que las prestaciones del seguro hayan llegado a su fin, que el beneficiario carezca de cualquier otro ingreso y que, en cambio, posea responsabilidades familiares. Comprende una prestación en dinero equivalente al 75% del salario mínimo; la asistencia sanitaria y las prestaciones familiares. Se sirve durante 6 meses prorrogables por 3 meses más.

En la R.F.A. el trabajador que no llene las condiciones para el subsidio de desempleo puede recibir la ayuda social al desocupado, si tiene trabajados 150 días en los últimos 3 años. También puede recibirla después del año de subsidio.

Esa ayuda anciende al 58% del sueldo neto de actividad.

En Yugoeslavia también el seguro de desocupación suele estar complementado con seguros suplementarios y con contribuciones de ayuda social.

En Suecia, el KAS (Ayuda financiera al mercado laboral) cumple una función análoga: complementar el régimen de seguro. Este plan ayuda a los desocupados que no pertenecen a ningún seguro de desempleo, a los desocupados al pertenecer a un seguro pero que no llenan las exigencias establecidas para obtener el subsidio y a personas mayores a quienes se les venció el período máximo de subsidio de desocupación. Para percibir esta ayuda se requiere que el beneficiario haya trabajado 5 de los últimos 12 meses y que esté dispuesto a trabajar. Se abona desde el 5° día de la desocupación la cantidad de 75 coronas diarias por el término de 150 días. Si tuviera más de 55 años, podría llegar a 300 días. Deben transcurrir 12 meses en los cuales haya trabajado 5 para recibir una nueva ayuda.

En Italia además de la prestación ordinaria de desocupación, se ha creado una indemnización extraordinaria para quienes han trabajado, por lo menos, un trimestre en la misma empresa. Asciende a ⅔ de la retribución ordinaria. Tiene una duración máxima de 180 días, pero puede prorrogarse por 3 meses más. Puede coexistir con la primera pero en tal caso, se deduce.

En los Estados Unidos existe un beneficio suplementario por desocupación que ha sido concertado por convenios colectivos y financiado por los empleadores. Favorece a aquellos cuyos beneficios del seguro de desempleo no llegan a determinada proporción de sus ganancias anteriores y a aquellos trabajadores afectados por los efectos de importaciones.

En Irlanda, además del beneficio de desempleo, existen otras dos prestaciones:

a) El beneficio complementario que se paga a personas que pertenecen a clases aseguradas y cuyos ingresos exceden ciertas sumas de dinero. Se extiende por 381 días. La suma de este beneficio y del beneficio de desempleo no puede sobrepasar un cierto límite de ingresos semanales.

b) La asistencia por desempleo. Tiene derecho aquel desocupado que no tenga derecho al beneficio de desempleo y reúna estas condiciones: entre 18 y 66 años de edad; capaz de trabajar; que busque trabajo; que no dependa económicamente de su marido y que acredite la prueba de ingresos. Varía enormemente su importe según el lugar y las obligaciones de familia. Se sirve hasta los 66 años.

En Finlandia aunque el informe expresa que no hay un régimen general de seguro de desocupación, se han establecido varios beneficios que persiguen objetivos similares:

a) La compensación de desempleo, pagada con fondos estatales.

Se requiere tener más de 16 años; ser capaz de trabajar pero que la Oficina de Empleo no haya conseguido trabajo para él; estar desempleado sin culpa de su parte; tener necesidades económicas y carecer de derecho a beneficios de desempleo servidos por algún fondo de desempleo;

b) Beneficios de desempleo.

Para percibir estos beneficios servidos por fondos de desempleo se necesita tener más de 17 años; ser capaz de trabajar; no haber quedado desempleado por su culpa; haber pertenecido al fondo de desempleo por 6 meses y haber solicitado empleo a lo Oficina de Empleo desde cinco días antes sin conseguir empleo.

c) Pensión de desempleo.

Se exige para tener derecho a la misma más de 55 años de edad; haber recibido compensación o beneficio de desempleo por no menos de 200 días en las últimas 60 semanas o 450 días en los últimos 3 años; no obtener un trabajo adecuado a su capacidad. Se coordina el monto con la pensión de incapacidad.

En Austria también existen varios beneficios adicionales al subsidio por desempleo:

a) Adelanto de la jubilación ya sea ésta normal (por edad) o excepcional (por invalidez).

b) Ayuda de emergencia. Solo corresponde a los nacionales a quienes se les ha agotado el subsidio de desempleo y las vacaciones pendientes. No es discrecional pese a su denominación. Se fija según la situación económica de la familia y según el número y edad de los familiares. Se concede por un período determinado que no puede exceder de 26 semanas. Para una persona sola puede llegar al 92% del subsidio por desempleo. Para una persona con familiares puede llegar al 100% del subsidio.

c) Beneficio por licencia de maternidad impaga. Este puede existir tanto que la madre esté trabajando como que no esté, si ha adquirido el derecho a la licencia antes de egresar. Se fija una cantidad determinada distinta si la madre está sola o si está con el cónyuge.

d) Asistencia especial para madres solteras. La trabajadora debe haber percibido la licencia por maternidad y estar imposibilitara de trabajar por el cuidado del hijo. Puede pagarse hasta los 3 años.

200. En cuanto a la financiación debe partirse de la base que todos aquellos regímenes organizados bajo la forma del seguro social estañ financiados por el triple aporte: estatal, patronal y obrero.

Ello se aclara expresamente en el informe noruego pero debe presumirse que ocurre lo mismo con los demás regímenes de seguro social, salvo que haya una especificación distinta. Eso ocurre en los países que detallaremos a continuación.

En Estados Unidos los empleadores son los que financian el seguro de desempleo en todos los estados menos en tres.

En los Países Bajos, cada sistema tiene alguna peculiaridad.

El Beneficio de Desempleo (WW) está financiado por contribuciones de empleadores y trabajadores.

La Compensación por Desempleo (WWV) se financia con fondos estatales aunque se hace por afuera del presupuesto estatal.

La Regulación Colectiva Gubernamental por Desempleo (RWW) es financiada con fondos municipales.

En Chile el seguro de desempleo se financia con un aporte patronal de un 2%; pero a partir de 1984, quedará a cargo del Presupuesto General de Gastos.

En Francia, existe una contribución tripartita organizada en la siguiente forma. Los empleadores aportan un 2,76% de los salarios; los trabajadores un 0,84% y el Estado aporta una cantidad fija resultante del ajuste monetario de una suma establecida en 1979. En el caso de que cambie el volumen de las obligaciones pero no por razones monetarias, ese incremento se distribuye así: $\frac{2}{3}$ para las partes y $\frac{1}{3}$ para el Estado.

C. *Prestaciones de otros regímenes de seguridad social que afectan a los desocupados*

201. En este apartado se deseaba que los informes reseñaran las prestaciones proporcionadas bajo otro régimen de seguridad social (por ejemplo, pensiones de vejez) en la medida en que se aplica a cierta categoría de trabajadores afectados por una terminación de trabajo por iniciativa del empleador.

Un ejemplo típico de lo que se deseaba conocer es si había en otros países lo que en Uruguay se conocía como jubilación por despido y que había existido hasta el 23 de octubre de 1979 en que se reorganizó todo el sistema de la seguridad social. Desde 1934 hasta 1979 se incluía entre las causales que daban derecho a la pensión de vejez (o jubilación) el despido que no estuviera originado en delito o falta grave. En esa forma quien después de cierto número de años de servicios era despedido tenía derecho a jubilación aunque no completara el número de años de edad y de servicio requeridos para la jubilación normal. De esa forma, la persona despedida sin justa causa quedaba amparada por este beneficio permanente que constituía una forma de protección importante a cierta altura de la vida en que es difícil obtener nuevo trabajo.

De los datos contenidos en los informes presentados, la figura más próxima es la prevista para los funcionarios públicos en la legislación chilena.

El Decreto-ley 2448 de 1979 otorga el derecho de jubilación por acto de servicio a los 20 años a los funcionarios públicos que deban abandonar su empleo por haber terminado el respectivo período legal, por supresión del empleo, por renuncia no voluntaria que no tenga por causa una calificación insuficiente o una medida disciplinaria. El Decreto-ley 2879 del mismo año establece el beneficio de una indemnización durante 6 meses equivalente a la remuneración del último mes para el personal que cesa por supresión de cargos o no redistribución en casos de reestructuración de un servicio público o de una empresa del Estado y siempre que no pueda acogerse a jubilación.

Sin perjuicio de lo anterior, se da cuenta de varios institutos que, de alguna manera, cumplen ese propósito.

Uno muy próximo a lo que acabamos de exponer es el instituto de la jubilación anticipada.

En España, en el caso de los expedientes de reconversión industrial, entre otras medidas, se conceden fondos para jubilaciones anticipadas a los despedidos en edad próxima a la edad de retiro.

En Suecia la pensión de vejez se logra a los 65 años. Desde los 60 años puede lograrse una pensión parcial sobre la base de rebajar el promedio semanal.

En Austria con el nombre de subsidio especial se sirve una mensualidad hasta la llegada de la jubilación, cuyo monto se relaciona con el de la misma. Se concede a quien teniendo capacidad y voluntad de trabajar y ciertos años de servicio, no encuentra en la Oficina de Empleo un trabajo aceptable.

A partir de los 55 años (50 en la mujer), si el trabajo cesó por razones económicas.

A partir de los 59 años (54 en la mujer), si trabajó 15 años en los últimos 25 anõs.

Otro es el retiro anticipado por incapacidad.

También en Suecia está previsto para quien reduce la capacidad en un 50%. Tales pensiones se han venido usando cada vez más como medio de resolver los problemas del desempleo.

En Noruega puede mencionarse la pensión por incapacidad laboral desde los 64 años, en cuyo caso no se requiere someterse a ninguna obligación de reentrenamiento.

Otro -quizá, el más trascendente- es el de la prejubilación instituída en Italia. Se trata de una pensión a la que se tiene derecho cuando quien queda desocupado no alcanza la edad necesaria para aspirar a la pensión de vejez, pero está cerca de la misma. Busca facilitar, los procesos de reestructuración productiva, liberar el mercado de trabajo de una oferta de mano de obra poco motivada para la nueva preparación y tuteler cierta categoría de trabajadores especialmente desamparados. Las condiciones para percibirla son: haber trabajado en la industria; haber alcanzado la edad de 57 en el hombre y 52 en la mujer (que pueden bajarse a 55 y 50 respectivamente) y haber trabajado 15 años por lo menos. El monto es proporcional a la pensión y dura hasta que tenga derecho a la jubilación. Se financia por medio de la Caja de Integración Salarial más una contribución patronal de la industria.

202. Se mencionan también otros beneficios pero que amparan en forma más distante y limitada al trabajador desocupado.

En Noruega se han encarado medidas para facilitar y alentar el empleo de personas de edad avanzada.

En la India, la ley de Fondos de Previsión ha creado fondos formados por las contribuciones de ambas partes. Pueden proteger al trabajador después del contrato.

En Austria, el beneficio especial de retiro se paga a los trabajadores que han prestado servicios nocturnos y pesados. Es un plan temporario porque se estima terminará en 1990. Para poder beneficiarse se requiere llegar a 57 años en 1981, 1982 o 1983; haber cumplido 180 meses de trabajo nocturno o pesado y que después de los 50 años, la mitad de los servicios prestados sean de esta índole. Su monto depende del cálculo de las pensiones de invalidez. Se financia con aportes patronales y del Estado.

Finalmente en varios países (Turquía, Israel, Canadá, Singapur, República Dominicana) se han instituído sistemas de pensiones de vejez que, de algún modo, protegen al despedido, si la terminación del contrato de trabajo por voluntad unilateral del empleador se produce cuando se han llenado las condiciones de edad, años de servicios y de cotizaciones establecidos en cada estatuto legal.

Por lo general, esta protección es muy limitada porque las exigencias de edad son muy altas y suele ocurrir que el trabajador al reunir las condiciones para jubilarse, opta de inmediato por acogerse a los beneficios de la pasividad.

Quizá pueda citarse como excepción la ley de Beneficios Pensionarios de Ontario -que el informe canadiense destaca como representativa de lo que ocurre en todo el país- que establece la regla de 10 y 45, o sea, que se adquiere el derecho a la pensión cuando se llegue a los 10 años de servicios y a los 45 años de edad. En la medida que la exigencia de edad es menor, la posibilidad de que se recurra a ella se acrecienta.

D. *Combinación de varias prestaciones*

203. Muy pocos informes se refieren a este tema relacionado con la forma en que se combinan y armonizan los distintos beneficios cuando coinciden en la misma persona.

Como criterio general rige el expuesto por el informe belga: el seguro de empleo tiene una vocación subsidiaria; solo se cobra si el trabajador no tiene derecho a otro beneficio de la seguridad social, sea por incapacidad del trabajador, sea por pensión de vejez.

Con otras palabras se dice lo mismo en el informe suizo ("Los beneficiarios de una renta de vejez no tienen derecho a subsidio de desocupación") o en el uruguayo ("Si el trabajador desocupado se acoge a la jubilación cesa el subsidio de desempleo").

Algunos informes entran en un mayor detallismo.

En el informe de Rumania se exponene las siguientes conclusiones. El trabajador despedido tiene derecho a los beneficios establecidos por la seguridad social para los incapacitados para el trabajo cuando su incapacidad era anterior a la terminación del contrato y surgió dentro de los 90 días.

Sus herederos tienen derecho al subsidio por muerte cuando ella ocurre, dentro de los 90 días de la terminación del contrato.

Tiene derecho a los beneficios de maternidad, cuando el hijo nace dentro de los 9 meses a partir de la fecha del despido.

En materia de asignaciones familiares se pagan hasta tres meses después del despido y los 6 meses siguientes, media asignación.

En el informe de Uruguay se especifica:

a) Son computables a los efectos jubilatorios el período y los montos cubiertos por el subsidio de desempleo.

b) Los beneficiarios del seguro de desempleo tienen derecho a asignación familiar y a asistencia médica.

c) El subsidio de paro es acumulado a la indemnización por despido. Pero en caso de desocupación total, el trabajador tiene que esperar 6 meses de suspención para cobrar la indemnización por despido. En caso de desocupación parcial tiene que esperar 3 meses. Solo se perciben juntos ambos beneficios en caso de despido directo o indirecto, que no consista en una suspensión.

El informe austríaco revela la preocupación existente en los organismos de previsión social de su país de evitar el doble pago de beneficios equivalentes, para lo cual se utilizan diversidad de recursos y procedimientos. Se mencionan varios de ellos (ordenar suspensión de beneficios, exclusiones del llamado, permitir pago adelantado, regular la transmisión de beneficios de un grupo particular a beneficios generales); pero se termina aclarando que no se ha logrado el objetivo de coordinar y regular en forma clara, inteligible y lógica, los distintos beneficios.

NOTAS

[1]Los informes nacionales que hemos recibido son los siguientes que enumeramos por orden alfabético de países incluyendo a su lado el nombre de los autores: ARGENTINA (José Isidro Somaré y Jorge N. Hiriart), AUSTRIA (Hans Floretta y Oswin Martinek), BELGICA (Micheline Jamoulle), BRASIL (Messías Pereira Donato), CANADA (Bernard Adell), COLOMBIA (Rafael Forero Rodríguez), CHECHOESLOVAQUIA (Jarmila Pavlotova y Jaroslav Filo), CHILE (Ximena Gutiérrez y Rosa María Mengod), ESPAÑA (Manuel Alonso Olea y Alfredo Montoya Melgar), ESTADOS UNIDOS (Jack Stieber), FINLANDIA (Teuvo Kallio), FRANCIA (Michel Rezeau), GRECIA (Zissis Agrafiotis), HUNGRIA (Ida Hagelmayer, Istvan Kertesz y Zoltan Nagy), INDIA (S. L. Agarwal), IRLANDA (Mary Redmond B.C.L.), ISRAEL (Ruth Ben y Menachem Goldberd), ITALIA (Edoardo Ghera), JAPON (Kenichi Hokao), MARRUECOS (Abdella Boudahrain), MEXICO (Enrique Alvarez del Castillo), NORUEGA (Stein Evju), PAISES BAJOS (H.B.M.H.Boitelle), PARAGUAY (Carlos Alberto González), PERU (José Montenegro Baca), POLONIA (Wlodzimierz Piotrowski), REINO UNIDO (David Lewis), REPUBLICA DEMOCRATICA DE ALEMANIA (Frithjof Kunz), REPUBLICA DOMINICANA (Lupo Hernández Rueda), REPUBLICA FEDERAL DE ALEMANIA (Eugen Stahlhacke), RUMANIA (Sanda Ghimpu), SINGAPUR (Tan Boon Chiang), SUECIA (Axel Adlercreutz y Boel Flodgren), SUIZA (Alexandre Berenstein), TURQUIA (Kemal Oguzman), U.R.S.S. (R. Z. Livshytz), URUGUAY (Martha Abella de Artecona y Ruben N. Caggiani) y YUGOESLAVIA (Aleksander Radovan). Existe también un informe de la O.I.T. del que es autor Edward Yemin.

[2]En adelante, R.D.A.

[3]En adelante, R.F.A.

[4]Aludiremos en esta forma al proyecto de convenio preparado por la O.I.T. y sometido a la 68a. reunión de la Conferencia Internacional del Trabajo tal cual aparece en el Informe V (2) para dicha Conferencia titulado "Terminación de la relación de trabajo por iniciativa del empleador". Ginebra 1982 (pág. 67 y sigts.) Es muy probable que cuando se distribuya nuestro informe ese Proyecto de Convenio ya se haya aprobado y convertido en Convenio, pero no lo podemos asegurar en el momento en que redactamos estas líneas. Tampoco podemos descartar la posibilidad de que ese texto propuesto sufra alguna enmienda o modificación.

[5]Así lo define la O.I.T. en el Informe para la 67a. reunión de la Conferencia Internacional del Trabajo destinado al Tema VIII titulado justamente "Terminación de la relación de trabajo por iniciativa del empleador" al decir: "Para evitar confusiones y la inconveniencia de tener que mencionar reiteradamente la "terminación de la relación de trabajo por iniciativa del empleador" en el presente informe se utiliza la palabra "despido" para referirse a ese concepto general (Ginebra, 1980, pág. 8).

Por otra parte, es la definición contenida en el informe uruguayo. En varios otros informes se contienen definiciones similares: "Cualquier extinción decidida unilateralmente por el empresario" (España); "Rescisión de la relación de empleo por iniciativa patronal" (Brasil); "Ruptura de la relación de trabajor por iniciativa del empleador" (Argentina); "Terminación iniciada por el empleador" (Japón); "Modo de ruptura debida a la voluntad unilateral del empleador" (Bèlgica).

[6]La distinción entre deshaucio y despido, aceptada en algunos países de América Latina posee el mismo significado.

Termination of Employment on the Initiative of the Employer and Income Security of the Worker Concerned*

by

DR. AMÉRICO PLÁ RODRÍGUEZ

Montevideo, Uruguay

I. GENERAL INTRODUCTION

A. _Sources_

The law on termination of the employment relationship is found in several sources.

Generally, the subject is regulated by legislation. Only Switzerland and the United States, among the countries for which national reports were submitted,[1] lack protective legislation in this area. Some countries, (Columbia, Paraguay, Turkey, and the Socialist countries, Czechoslovakia, Democratic Republic of Germany, Hungary and Poland) provide protection in their labor codes. Other countries do so by general laws, equivalent to codes, (Argentina, Brazil, Spain). Still others (Uruguay) do so in specific laws governing discharge or the termination of labor contracts. The Federal Republic of Germany covers the subject in its Civil Code. Federal States differ in the national or local scope of their laws; Canada and Yugoslavia treat the matter both nationally and locally.

In some countries, constitutional dispositions give the legislative measures a base or direction. Argentina, Brazil, Czechoslovakia, the Democratic Republic of Germany, Ireland, Peru, and Yugoslavia have such provisions, though they are not entirely similar.

In the majority of countries, the legal standard is complemented by collective bargaining agreements. They serve to promote rather than reduce the protection derived from the statutory text. Argentina bars collective agreements on the subject; and Norway limits such agreements to the duration of the prior notice required. Individual labor contracts achieve the result desired (in Austria, Federal Republic of Germany, Israel, and United States).

Administrative decrees (in Belgium, Israel, and Mexico) discuss, specify and solidify statutes.

The International Labour Organization, in its Recommendation 119, proposes that its suggestions for termination of employment at the initiative of the employer

---

*This is an abridged translation of the General Report presented in Spanish by Prof. Plá Rodríguez.

could be given effect "through national laws or regulations, collective agreements, works rules, arbitration awards or court decisions, or in such other manner consistent with national practice as may be appropriate under national conditions". Art. 1.

B. Coverage

The field of application of termination laws is a matter of national option. There is usually an election to cover one or both of public and private employees, and urban and rural employees. Countries maintain distinctions within different areas of activity. Although some protection against discharge without cause may be preserved for a group of workers, their differentiation from the general order may constitute an exclusion.

(1) Rural and agricultural workers. These have not been encompassed in Argentina, Greece, Norway, and Turkey.

(2) Maritime workers. These are regulated separately in Belgium, Federal Republic of Germany, Finland, Greece, Italy, Norway, Switzerland, and Turkey.

(3) Aeronautic workers. These are excluded from the general scheme in Federal Republic of Germany, Italy, Norway, and Turkey.

(4) Domestic workers. Several countries specifically exclude these, and others (like Uruguay) establish peculiar norms such as the requirement of indemnification only when the domestics work for more than one year.

(5) Temporary workers—vacation relief, special sales, sports, entertainment, etc. These may be given limited duration contracts. In Uruguay, the day laborer and piece-worker, with more than 100 days of work, acquires a right to severance pay. In Great Britain, a judge may grant temporary workers severance pay, taking into consideration their temporary status.

(6) "Eventual" workers—with precarious, unstable, uncertain and insecure employment. These are excluded from protection in Argentina and Brazil. In Peru, all who serve the same employer from one to three months are entitled to one-twelfth of their monthly earnings for each year worked. In the Dominican Republic temporary workers, after six months of service have protection against dismissal.

(7) Harvesters or seasonal workers. These may be excluded from coverage during crop and animal husbandry seasons (Brazil, Chile, Uruguay). In Peru, they receive one-twelfth of their monthly pay for each 21 days worked. A question of a right to continued employment arises when a worker is hired on a regular basis for several seasons.

(8) Probationary employees. There is usually a fixed term of probation; however either party may terminate the relationship upon discovering that it has not achieved the desired results. The laws of some countries expressly permit such contracts (Brazil, Colombia, Federal Republic of Germany, India, Italy, and Poland). Chile permits it only for domestic work. Switzerland allows it to combat unemployment. Czechoslovakia does not recognize it as a special type of labor contract.

Probationary contracts arise at the beginning of the functioning relationship. Norway allows them in the first 6 months and Chile in the first 2 weeks (for domestics only). Probationary contracts are ordinarily not renewable, except on closure of business or illness of the worker that prevents realization of their purpose. In general, the contracts must be in writing (Belgium, Hungary, Ireland, and Norway). There may be different periods of duration depending on the difficulty of the labor involved; some countries establish a time limit; (Finland, Hungary, Peru, and Switzerland—3 months; Ireland—1 year; Sweden—3 months for laborers and 6 months for others; Belgium—7–14 days for laborers and 1–6 months depending upon the salary involved). Generally, no reason need be given for termination of probationary contracts (Hungary, Spain, and Turkey). Norway requires a reason. In the U.S. termination is discretionary but may not be discriminatory. Similarly no notice of termination need be given (Austria, Belgium, Morocco, Turkey) except in Norway which requires 14 days prior notice. Although no severance pay is ordinarily required on termination of probationary periods, in the U.K. a judge may allow some compensation; and in Peru the amount $1/12$ of the monthly wage for each year of service is specified. ILO Recommendation 119 authorizes the exclusion of probationary workers from termination protection when the duration of the probationary period is "fixed beforehand and is reasonable".

(9) Apprentices. They are treated separately (Dominican Republic, Ireland, Peru, Yugoslavia). The Italian Constitutional Court declared the exclusion of apprentices unconstitutional.

(10) Trainees. Ireland excludes certain professions (nurse, pharmacist, sanitary inspector, lab technician, radiologist, social worker) from protection against discharge (other than maternity protection). Austria permits the cancellation of a training contract in the first 3 months without notice.

(11) Part-time workers. Czecholovakia excludes these workers. Italian courts have vacillated on the subject.

(12) Family workers. Sweden excludes members of the employer's family. Ireland extends this to near relatives.

(13) Older workers. Italy excludes workers over 65, Ireland those who have reached retirement age, and United Kingdom, both groups.

(14) Ill workers. Uruguay exempts workers hired with a cardiac ailment from severance pay.

(15) Funded workers. In Brazil, a Fund for the Guaranty of Time for Service is supported by contributions based on payroll, and an employee who opts to be covered by it, may withdraw from his account money for retirement or the purchase of a home, a business or other personal needs.

C. *Contract Differentiations*

More important than the activity carried out or the economic sector in which it is done is the legal, contractual bond which unites a worker with his employer. Various features of that contract may affect termination rights.

The contract may be for a fixed or limited period. Upon reaching the end of the period or its stated objective, the contract is terminated, but there is no discharge.

There may be a question as to whether the parties may enter into such a contract. Few of the countries reported have such legislative restrictions; however Switzerland and Norway permit fixed period contracts only during a probationary or training period. There is a suspicion that such contracts may be a means of circumventing legislation governing discharge. Peru provides that the permissible period depends upon the accidental or temporary nature of the services rendered rather than the classifications given the work. The ILO Recommendation 119 recognizes a possible exclusion from its protective provisions of "workers engaged for a specified period of time or a specific task in cases in which, owing to the nature of the work to be effected, the employment relationship cannot be of indeterminate duration . . . ''. IV, 18(a).

Another problem occurs where the rendering of services continues beyond the stated period. With exceptions, the reported countries consider this a transformation of the contract term. A similar situation exists when a limited term contract is renewed. If renewed several times, laws of Belgium and Morocco consider the contract as one of unlimited duration.

A termination of a fixed term contract before the end of its term may be permitted on the misconduct or incapacity of the worker. If technological or economic reasons are alleged for the termination, reference is made to the purposes assigned to the contract and the employer may not be permitted a license to do as he chooses. On premature termination, there is a breach of contract and the measure of damages is the salary that would have been paid to the end of the contract period.

Generally no notice of termination need be given under limited term contracts.

Such contracts often must be in writing except when the very nature of the services is of limited duration.

Time limitations on contracts are discouraged by certain consequences. Most reported countries do not prescribe a maximum time period; but some laws do—Argentina (5 years), Chile (2 years), Fed. Rep. Germany (6 months for migrants), Colombia (3 years), however Colombia has a one year minimum and permits renewals indefinitely and if no notice to terminate is given, a one year extension is assumed.

D. *Terminology*

Some contractors use common expressions with a particular meaning. In Peru, the term "terminacio" refers only to the termination of the contract, and not to voluntary action by the parties. The expression which comprises all forms of termination is "disolucion." In other Latin American countries (Chile, Dominican Republic, and Ecuador) the expression "despudo" is applied to a termination by an employer for a grave offense by a worker. Termination by an employer without an indication of the cause, but with previous notice, is denominated "deshuacio." You can qualify discharges in different ways. Depending upon whether discharge is with prior notice or not, the former may be called ordinary and the latter extraordinary. The latter denomination, used in Switzerland and FRG receives other names in other countries. Further distinctions may be made between direct and indirect discharges and between individual and collective discharges. As far as disciplinary discharges are concerned, they can be divided according to the seriousness of the misconduct. There is also a hierarchy of protection afforded workers according to the particular sector in which they work or type of work they perform.

II. PROCEEDINGS PRIOR TO TERMINATION

A. *Notice to Workers*

There must be some communication of a dismissal to the employee so he understands the wishes of the employer. If the employer acts unilaterally, without notice, the action would be rescinded and would have no effect. By the very nature of a discharge, some notice must be given to a worker. There are no magic words for the communication. What is required is the transmission from employer to employee of a clear intention to discharge. Some countries, however, have specific requirements or formal prerequisites.

1. *Written notice.* Argentina, Brazil, Greece, Hungary, Italy, Mexico, Norway, Poland, Singapore, Spain, Switzerland, and Yugoslavia require notice in

writing. The U.K. requires it only in employment of more than 26 weeks; Austria only for workers referred to in the statute; Norway not if the employee is in grave default; France if there are 11 or more employees who have worked a year or more. Finland and Switzerland require the notice if called for by a collective agreement, and Israel reports that is the established practice in its country. Other countries have the same custom. India does not require written notice.

2. *Effective date*. Belgium, Mexico, Peru, and Spain specify that the date when a discharge becomes effective is contingent upon its notice. Finland precisely calls for an effective date according to a collective bargaining agreement. Some countries permit payment of salary as a substitute for notice.

3. *Statement of reasons*. Some statutes require notice of discharge to state reasons therefore (Argentina, Chile, Colombia, Dem. Rep. Germany, Hungary, Mexico, Peru, Poland, Romania, and Spain). Austria and Czechoslovakia make it applicable only in certain sectors. Argentina and Hungary provide for reasons needed to assure an employee the basis for his defense. Finland requires what is called for in collective agreements. Some counties require reasons only if the employee requests them (Italy and Switzerland); (France by registered letter and England if seniority is claimed). Other laws provide that if no reasons are stated, they may not be invoked in any later proceeding (Argentina, Colombia, Mexico, Norway, and Poland). Brazil requires that a notice of discharge be respectful in tone, dignified in manner and without abuse.

4. *Reference to law*. The employee must be advised of the provisions of law relied upon so that he may have recourse to an appeal (Chile, England, Norway, Poland, Romania, and Switzerland).

5. *Form of communication*. Some countries provide for notice by letter, telegram, regular or certified mail or by personal service (Belgium, Czechoslovakia, Peru).

6. *Special provisions*. Spain requires payment of total wage due the worker, if the discharge is not disciplinary. Belgium requires notice in the language of the region. Paraguay requires registration in a special book. If dismissal is for economic reasons, Sweden requires an indication of priorities. The Dem. Rep. Germany requires the consent of a union for a dismissal.

B. *Notice to Workers' Representatives*

There is no general, uniform standard for notice to a representative of the worker. Some countries do require employers to communicate with an entity that can be considered a worker's representative. These are designated by several terms.

1. *Personnel delegates or representatives*. In Norway, before proclaiming a discharge, without prior notice, the employer must consult with a labor representative unless the worker forbids it. In Finland, labor representatives must be notified of any reduction in personnel.

2. *Company advisory board*. In Spain, all discharges must be communicated to the company's advisory board. In Austria, the advisory board must be notified before the interested party is told so that it may participate in the decision. In France, discharge of certain employees requires the acquiescence of an advisory board and an establishment committee. In Switzerland, collective agreements require communication to or acquiescense by an advisory board. The F.R.G. regulates notice to an advisory board, the effect of its vote and recourse to a Labour Tribunal in minute detail.

3. *Joint board of employers and employees*. In Finland, when there is a

reduction of force, a joint board with representatives of both parties is formed to initiate a cooperative process.

4. *Union committees*. In Romania, consultation with a union committee is required. In Czechoslovakia, Poland and the USSR, the law requires notice to a union committee and specifies the steps that may be taken.

5. *Unions*. Notice to unions is called for by collective bargaining agreements (in Co., Do., Ja., Si, and U.K.) and by law (in D.R.G., Hu., and Swe.)

C. *Notice to Public Authorities*

Several countries require notification of discharge generally to public. authorities (Ch., Do., Fi., Gr., Swe.). Others detail the character of the workers or the kind of discharge for which notice is required (Au., Be., Ch., Co., Cz., D.R.G., F.R.G., In., Ja., Mo., Ne., Pa., Pe., Ro., Sp.).

D. *Prior Notice*

Two preliminary observations. Prof. Jose Montenegro of Peru maintains that all notices are prior; however the term has broad application. The Swiss report differentiates the period of time for the notice of discharge and the time, at the end of a week or a month, when employment terminates. That precision is observed in the law of several countries.

In some countries, prior notice of discharge is required only when there has been no serious breach by the employee (Cz., F.R.G., Ja., Mo., Pa., Pe.). In the F.R.G., the law simply prohibits discharge without just cause and prior notice is not applicable when there is cause.

The period of the prior notice is important and varied. The duration is fixed by law (Ar., Ch., Cz., D.R.G., Da., It., No., Pa., Ro., Sp., Swe.), or is fixed by collective agreements and law (Be., D.R.G., Fr., Ne., Swi., Tu.). In general, the time limits are minima which may be extended by agreement or by the employer. The law fixes a maximum in Finland and Hungary.

Complicated criteria are used to set the period of notice, including seniority, area of activity, category of workers, age, type of work and motive for discharge. Though countries use the same list of criteria, they have no identical solutions. Common law countries (Ca., Ir., UK) rely primarily on what is reasonable under the circumstances of each case. Though it is difficult to establish an average duration, it is frequently from one to three months. Parties may seek greater protection by agreement.

The period begins commonly when the worker gets the notice. In some countries, it starts when authorization is obtained (Pe.) or from the first day of the following month (Ar., Be., Cz., No.) or from the end of the month (Swi.), or the pay period (Fi.) or the Monday after notice (Be.). In Austria, notice can be given only quarterly and starts at the beginning of the next quarter. In F.R.G., notice terminates at the end of a trimester.

III. JUSTIFICATION OF DISCHARGE

A. *Recognition of the Principle That the Discharge Must Be Justified*

The central norm of the ILO Recommendation 119 is that the work relationship should not be terminated unless there exists a justifiable cause related to the capacity or the conduct of the worker or based on the necessary functioning of the company, establishment or service.

The reported countries may be classified as follows:

1. *Countries that require state approval before proceeding to discharge.* The most general is Holland where discharge must have prior approval from the Regional Office of Employment unless there is urgent reason with immediate notice. In Paraguay, a worker with 10 years of service can't be discharged without prior judicial authorization. In Japan, discharge without prior notice requires prior authorization of the Office of Labor.

2. *Countries where discharge must obtain prior authorization of a union committee* (USSR).

3. *Countries which declare an unjustified discharge ineffective* (Brazil).

4. *Countries which expressly recognize the principle under various formulas.* Some require that discharge be "according to law" (Romania, Yugoslavia). Others require "just cause" for discharge (Italy, Peru, with proper proof, Poland, Sweden). The Dominican Republic requires grave and inexcusable fault that makes continuation of the work relation impossible. In Mexico, the principle of job security governs and the employer can discharge only in exceptional cases.

5. *Countries that apply the just cause principle even though there is no express proclamation of the same* (Argentina, Chile, Finland, Fed. Republic of Germany, India, Israel, Norway, Spain).

6. *Countries which permit discharge with prior notice* (Belgium, Morocco, Singapore, Turkey).

7. *Countries allowing freedom to discharge* (with exceptions) (Japan, Switzerland, United States).

In these last 2 groups of countries, and some in the prior group, there has come about, as a measure for limiting company abuses, the theory of the abusive discharge. This seeks to prevent discharges inspired by improper motives. Payment of compensation for damages and injuries depending on the case, are added to the indemnification and operate as a disincentive in many situations. Abusive discharge has been resorted to in Morocco, Belgium, Greece, Hungary, Japan, and Switzerland.

B. *Motives Which Justify Discharge*

Three types of reasons for discharge are found in various laws.

1. Those related to the company;

2. Those related to the person of the worker;

3. Those related to the conduct of the worker.

In no country is the employer absolutely free to discharge regardless of circumstances without generating negative repercussions.

There is first a problem of whether the respective legislation recognizes the three types of reasons as justifying discharge. Some countries consider just only causes related to the conduct of the worker (Chile, Dominican Republic, Israel, Japan, Mexico, Netherlands, Paraguay, Uruguay). In those countries an unjustified discharge is sanctioned simply by an indemnity payment. The rest of the reported countries accept the three classes of motivations.

A second problem is whether the three classes of reasons are the same or if differences exist among them. In reality, there are diverse elements of distinction in the three classes of discharge. In the first place, reasons related to the conduct of the worker exclusively reach only those workers that have conducted themselves improperly; whereas those reasons related to the company may affect many if not all the personnel. That is why it is not enough that a cause is produced; the selection procedures to determine which employees should be set aside must be also considered (Austria, F.R.G., Greece). Second, in those countries that distinguish between discharge with prior notice (ordinary) and discharge without prior notice (extraordinary), discharge without prior notice is proper only when the reasons for discharge are found in the conduct of the worker which make it reasonably impossible to continue the work contract until the end of its term (F.R.G., D.R.G.). Third, in those countries where the law enumerates a series of situations in which it is not possible to give prior notice, discharges must originate in other reasons distinct from the improper conduct of the worker. If there is a grave misconduct, the discharge can proceed immediately without regard to the special situation (Romania, Czechoslovakia). Argentina has a difference of another order; causes based on the conduct or person of the worker give relief from the obligation to indemnify or give prior notice; whereas causes related to the company maintain the obligation to pay ½ of the severance pay. In USSR, when the cause is related to the company or person of the worker, the employer must offer another job, pay severance pay and the computation of seniority is not interrupted. On the other hand, causes related to the conduct of worker import contract violation and no severance pay is paid, no other job is offered and the continuity of seniority is not maintained.

A third problem is whether within the same type of reason for discharge distinctions can be made. Various countries distinguish different grades of misconduct as justification for discharge (D.R.G., F.R.G., Italy, Norway, Sweden, Switzerland). Some differentiate between discharge with prior notice and discharge without prior notice, depending on the seriousness or the gravity of the violation committed by the worker.

1. *Reasons related to the company.* Causes related to the demands of the functioning company are sometimes expressed in the basic idea of the necessity to reduce personnel. Many countries use this or an equivalent expression (F.R.G., Hungary, Ireland, Norway, Romania, Spain, United Kingdom). Other countries encircle that concept within a more generic formula that can be called economic, technical or organizational reasons (Czechoslovakia, Austria, Greece, India and Sweden). It is considered that the manager is the only one who can appreciate the plans and needs of the company and make a termination decision. In the same way that the manager can close the company, he can reduce the work force, reorganize it or transform it to meet new circumstances. The only thing which can impede the manager and cause review by the authorities or a judge (as noted by F.R.G.), is an irrational or arbitrary decision.

Some countries mention situations that fall within this analysis.

a) One of these is force majeure or Act of God (Argentina, Turkey).

b) Another mentioned in various countries is the return to work of the employee for whom another was substituting (Poland, Romania, USSR). This, however, is not a true case of discharge, rather an end to the work contract.

c) Another reference is to the death of the employer which because of his personal qualities, professional title or other circumstance, makes it possible to continue the work contract (Argentina); or bankruptcy not imputable to the employer (Argentina);

d) The closing of the company or of a section of the same or moving the company to another locality where the workers do not want or cannot go is also mentioned (Romania).

2. *Reasons tied to the person of the worker.* In general, fault or responsibility on the part of the worker is not important.

Some statutes use generic expressions as reasons related to the person of the worker (Austria, Finland, Switzerland) but the majority utilize more limited expressions referring to qualities or determined circumstances.

The most frequent reason cited is the ineptitude or lack of ability of the worker to perform the task for which he was hired (Dem. Rep. Ger., Hungary, Spain, USSR, Yugoslavia). The ineptitude can come about in various ways—progressive decline of the worker's faculties because of illness, old age, inability to learn new techniques, etc. Some statutes speak of incapacity, which is a more severe term but is of equivalent effect (Argentina, Czechoslovakia, Ireland, Romania, Sweden).

Another condition mentioned is the inability to adopt or the impossibility to perform a task given to the worker (Czechoslovakia).

A reference similar to the preceding ones is "not qualified" in cases that require a permit, authorization or a license in order to perform the task and the worker does not have the license or permit. Another modality very similar is the one that refers to the illegality of an activity of the worker as a consequence of new norms, and the person is left with the legal impossibility of performing the now illegal service.

Another allusion is to a loss or reduction in efficiency. The worker reduces his efficiency because of the passage of time, or because of the process, or an illness that creates an incapacity so as to cross over tolerable limits.

Illness is repeatedly mentioned in the different statutes because it usually determines the inability to perform the task contracted for. Naturally, it can not be any illness because most are only transitory and originate a simple suspension. As much as is possible there is, by virtue of the principle of continuity of contract, an attempt to conserve the contract. However, when the illness is of a nature that does not lend itself to continuation of the work contract, then it is considered justified to put an end to the contract. Turkish legislation enumerates those qualities with which the illness must be vested. Spanish legislation includes among objective causes that justify discharge the lack of attendance.

A reference that makes an exceptional appearance is the inability of the worker to get along with his principal or his fellow workers. When this reaches a point that makes it impossible to continue with the contract, as sometimes happens in small companies, this can be invoked as a reason to terminate the contact (Sweden).

A special case is the reference to the worker capable of retirement. In various countries (Argentina, Romania, Yugoslavia), that circumstance is considered a justifiable cause for terminating the contract.

A stronger case is found in Britain where the contract can be terminated if the worker is not part of a union, and union membership is a prerequisite for a job or union members must amount to a certain percentage of the personnel. But that discharge is not legal if: (a) the worker invokes reasons of conscience as to why he does not want to unionize or join a particular union; (b) the worker belonged to the labor section represented by the union prior to the collective agreement coming into force and was at no time part of the union (never a member); (c) the collective agreement was not approved; (d) the employee has not been a member of the union since the agreement was approved.

3. *Causes related to the conduct of the worker* are usually the ones most stressed in legal norms as well as in their application. The laws can be divided into

two groups: Those that establish criteria to be made concrete by jurisprudence, and those that more or less prioritize the distinct causes. Among the first group we cite examples of different terms which are more or less analogous.

Uruguay—"notorious bad conduct"

United Kingdom—"reasons related to the conduct of the worker"

Switzerland—"just cause for discharge"

Switzerland—"circumstances that, following the rule of good faith, do not permit the employer to continue labor relations"

Japan—"just cause for discharge"

Fed. Republic of Germany—"make continuation of the work relationship impossible"

Poland—"grave violation of the duties of the worker"

Italy—"a notable failure of performance of the contractual obligations"

Greece—"serious reason" exists when there has been an act or acts which make the contract too onerous and justify its liberation.

Netherlands—the worker has committed acts or conducted himself in such a way that the employer can not reasonably permit that the contract continue.

Democratic Republic of Germany—grave disciplinary violation at work or of his civic duties which make continuation of the contract impossible.

Ireland—action or omission of the employee incompatible with the action demanded by the company whether it is expressed or implied by the contract.

Austria—generically justification for discharge can be based on the conduct of the employee.

France—"a real and serious cause."

As we see from these enunciations the common denominator is that the acts committed by the worker make it reasonably impossible to continue the contract. That calls for a review on a case by case basis with reasonableness as one criterion.

Other countries contain terms which read like a penal code. It has been said that that enumeration is the principal guaranty against arbitrariness on the part of the employer. The Czechoslovakian report states that the center of protection against discharge is the determination of the reasons (causes). But there can be so many diverse acts that these enunciations take on the character of examples.

C. *Motives Which Cannot Justify Discharge*

Two large categories of reasons that hinder the legality of the discharge are a) Causes upon which discharges can not be based; and b) Situations where an employer can not proceed to discharge.

Within the first are the discriminatory reasons. Following Recommendation No. 119, many statutes establish that discharge can not be based on "race, color, sex, matrimonial status, religion, political opinion, national origin or social origin". Spain includes "language within the Spanish state"; Italy, Peru, and USSR also speak of language; Norway alludes to age; Japan to "social status"; Canada to place of origin or of ancestors. There exist exceptions. In Singapore there are jobs that have to be performed by men or by women only.

Other motives which may not be invoked for discharges are political action, claims for legitimate rights (Greece); participation in a legitimate strike, union activity or belonging to a union (Finland, Fed. Rep. Ger., Ireland); matrimony (Italy, Netherlands, Paraguay).

ILO Recommendation No. 119 includes the following as not constituting a just cause for discharge:

a) Union membership or participation in union activities after work hours or during work hours without the employer's consent;

b) Being a representative or candidate for the workers or acting in such a capacity;

c) Presenting complaints in good faith against the employer for reasons alleging legislative violations.

We find a series of situations during which it is not possible to proceed to discharge. These do not deal with motives but rather with periods during which discharge does not lie, no matter what the motive invoked (except if there exists grave misconduct). The examples repeat themselves in different countries:

a) During military service (Argentina, Switzerland, Finland, Federal Republic of Germany, Israel, Hungary, Netherlands, Austria).

b) During leave of absence for illness (Switzerland, Japan, Uruguay, Finland).

c) During pregnancy and maternity leave (United Kingdom, Sweden, Japan, Turkey, Israel, Uruguay).

d) During the exercise of a union representative position.

e) During the discharge of a public charge of an elective office.

f) During the first 4 weeks of an official aid service giving foreign aid (Switzerland).

g) During the time that the employee has 4 or more dependents and no other family member contributes resources (Hungary).

h) During the time when a worker educates his only son (Hungary).

i) During the last 5 years necessary for normal retirement (Hungary).

Behind the word prohibition there is a range of meaning marking different grades of severity. In France, using one of the prohibited reasons to discharge is a crime. In other countries using the prohibited reasons can be cause to have the discharge declared null and void (Fed. Rep. of Germany, Canada, Hungary, Netherlands). In other countries discharge for prohibited reasons can generate special indemnities. Some countries enumerate these motives so as to advise that they may not be used to justify a discharge (United Kingdom). In Austria, discriminatory reasons are not expressly stated but it is understood that if they exist, they are against good custom and will be void. In other countries where the legislation does not treat the point, jurisprudence establishes that they can't be considered as motives to justify discharge (Finland).

As to the situation during which discharge can not operate, there are also degrees of sanctions. Some countries declare the discharge void (Italy). Other countries declare the prior notice as void (Hungary, Poland). Other countries establish special indemnities.

IV. RECOURSE AVAILABLE WHEN EMPLOYEE CONSIDERS DISCHARGE UNJUSTIFIED

The employee deeming the discharge unjustified may resort to the company, a union, a neutral organization or a judicial body.

A. *Resort to a Company*

With respect to resort to the employing company the recourse may be defined in law (Finland, Norway, Poland, Spain, and Sweden), or provided by collective bargaining agreements (most countries) or practiced by custom. Time periods may be set in law (15 days in Norway and Sweden), unless extended by the parties. Poland provides an appeal from the enterprise to governmental agencies.

The employee may act himself or through a representative. The company official or organization to be contacted varies, but is set forth in some laws (Brazil, Chile, Fed. Rep. Germany, Hungary, and Ireland).

B. *Resort to a Union*

The employee may bring his grievance to a union for its negotiation with the employer (in most countries) or the employee may be defended by a union before a court or other tribunal when the matter is being heard. The latter depends upon the legal norms in the countries. The union may act to establish a precedent for workers generally (Israel), even for non-union workers (Sweden), or to enforce social and moral as well as legal norms (Hungary).

C. *Resort to a Neutral Organization*

Disputes may be submitted to a neutral organization, generally of a judicial nature. Some are professional tribunals, tri-partite, with career judges and representatives of labor and management. Some tribunals deal with labor disputes exclusively. Other tribunals act on ordinary matters, including discharge disputes. Many countries have instituted conciliation discharge disputes. Many countries have instituted conciliation which by its very nature obviates higher litigation (Argentina, Austria, Colombia, Greece, Italy, and Singapore).

Some countries utilize bodies not composed exclusively of career judges (Brazil, France, Hungary, Ireland, Mexico, Norway, and Sweden). Most countries place the responsibility of resolving labor problems upon judges limited to that legal specialty (Argentina, Belgium, Colombia, Fed. Rep. Germany, India, Italy, Morocco, Paraguay, Peru, Romania, Spain, and Uruguay). Others use ordinary tribunals (Finland, Greece, and Japan, except when discharge stems from the employee's union activity, and Norway, where labor courts review only group conflicts).

Some countries entrust other impartial organizations to resolve discharge problems (Fed. Rep. Germany, Poland, Singapore, Sweden, U.S., and Yugoslavia). ILO Recommendation 119 cites both tribunals and arbitrators as the instruments best suited to protect the worker who believes he has been unjustly discharged.

D. *Proceedings Before the Neutral Organization*

In general, the proceedings are informal and expeditious, with the judge playing an active role, and where oral argument is facilitated.

Burden of proof. This point is very important given the difficulty in obtaining proof regarding the acts in question. It is very difficult to obtain from witnesses sincere and complete declarations regarding the notice of discharge. This difficulty exists principally because a witness does not wish to alienate the employer or his fellow workers.

There are countries that do not establish a special rule with regard to the burden of proof (Dominican Rep., France, Israel, and Sweden). Other countries distribute the burden of proof among the parties (Uruguay, where the worker must prove the act of discharge, if the issue is controverted; and the employer must prove misconduct, if that is asserted as justification for the discharge). In Finland, the employee must prove that the discharge was unjustified; however, in group or collective conflicts, the employer must prove that the discharge was justified. In Belgium, if the discharge is for a serious offense, the burden is on the employer, if the employee asserts that the notice of discharge was tardy, he must prove the delay, if discharge is prohibited, the employer must prove the exceptional reasons that supersede that prohibition; and if a group of employees are charging the employer with abuse, the burden falls to the employer to prove that the discharge was justified. In Japan, the judge may shift the burden of proof.

In Uruguay, Italy, Singapore and Ireland, the judge is accorded a much more active role in fact-finding during the proceedings. Norway and India offer a more restrictive role. As to the relative weight given evidence, the United Kingdom expressly establishes that common law rules are inapplicable. This allows a judge considerable flexibility in weight and admissibility of the evidence.

Various statutes indicate the time periods during which workers must initiate their claims (Uruguay, 1 year; Sweden, 5 yrs. under contract, otherwise 1 yr.; Morocco, and Chile, 30 days; Fed. Rep. Germany, conciliation must be attempted within 2 weeks after discharge).

Very few reports deal with the maintenance of the labor contract during the period of litigation. In Sweden, a distinction is made between dismissal and discharge. In the former case, the employee remains on the job unless the employer can justify otherwise; in the latter, the reverse holds true. In India, when the labor tribunal determines from its initial impression of the case that the discharge was not justified, it may order the worker reinstated pending a final decision. If the employer believes that the separation cannot be postponed, it may petition the tribunal for relief, which the tribunal may grant if it determines the employer is not being in bad faith.

E. *Remedies for an Unjustified Discharge*

The remedies available are very limited in number: 1) reinstatement, (2) payment of salary in arrears, (3) fixed indemnification, (4) damages.

1. *Reinstatement*

Most effective is the reinstatement of the employee. There may be various terms used to identify this remedy. However, they all translate into the same idea; the discharge lacks all effect because the labor contract continues its course.

We must differentiate between reinstatement and re-engagement. The latter connotes the celebration of a new contract, with the effect that there exists a lapse between the original and subsequent contracts. British legislation affords both reinstatement and re-engagement as remedies.

There is an issue as to whether "restitution" may be equally accomplished by reinstatement or simply by payment of the employee's salary notwithstanding his absence. This problem has particular significance where an employer wishes to discharge an employee for union activity. The employer may wish to continue payment of the employee's salary so long as that employee does not contact his fellow workers. After vacillation somewhat, Italian law looks with disfavor upon the attempt to force reinstatement. Obviously, what is sought is the effective reinstatement of the worker and not simply the payment of a salary.

Small firms. Some laws have set forth that reinstatement is not available against small firms (Peru and Sweden).

Eliminated jobs. Reinstatement may not be possible because the company has ceased to exist, or the position has been eliminated. In Romania, the employee maintains his rights as if he had continued on the job. In Great Britain, the employee must be indemnified for his losses. Moreover, where the employer cites incompatibility as an obstacle to reinstatement, the employer must pay twice the normal indemnification and give a 90 day prior notice to the worker.

Exercise of the right. In some countries, the employee may proceed to seek reinstatement once there has been a decision that the discharge was unjustified (Fed. Rep. Germany, Italy, Norway, Paraguay, Romania, Spain, and Sweden). Other countries provide reinstatement as a judicially-imposed remedy, left to the discretion of the judge, to be decided on a case-by-case basis (Brazil, Colombia, Gr. Brit., India, Israel, Japan, Morocco, Norway, Turkey, and U.S.).

Option. There are countries that provide employers with the option of indemnification as an alternative to reinstatement (Gr. Brit., Italy, Sweden, Spain). Although a discharged employee may have the right to be reinstated, he may elect otherwise (Brazil, Czechoslovakia, Fed. Rep. Germany, and Italy).

2. Payment of Salary in Arrears

Payment of lost wages to improperly discharged employees has been established in virtually all statutes that have instituted procedures for nullifying an improper discharge (Brazil, Colombia, Dem. Rep. Germany, Fed. Rep. Germany, Hungary, India, Ireland, Japan, Mexico, Norway, Poland, Romania, Spain, Sweden, and U.S.).

3. Indemnification for Discharge

The most common, general and easily applied remedy is the imposition of payment by the employer to the improperly discharged employee; but there are fixed indemnifications (those established according to set criteria) and indemnifications that are calculated by the judge based on the merits of the individual case.

Fixed indemnification does not pretend to compensate for actual damages incurred. The measure of damages is arrived at by statistical averages. The new position obtained by the worker or the breach he may have caused is taken into account in arriving at the amount of indemnification to be received. The salary and the seniority of the worker is often taken into account in figuring the amount of indemnification. Generally, the amount of indemnification may reflect a fraction of an individual's salary (Uruguay and Brazil—1 month, Fed. Rep. Germany, India, and Dominican Rep.—½ month, France—1/10 of monthly salary for every year worked). Other countries (Paraguay, Colombia, Fed. Rep. Germany, India, and Uruguay) have varied methods of establishing the measure of indemnification to be received. Generally, the amount of indemnification will be greater when indemnification is an alternative to reinstatement (Brazil, Italy, and Mexico). There are other countries, however, that depart from the fixed rates of indemnification and allow a judge to award an amount in excess of those rates (Ireland and Norway).

Indemnification for variant discharges may differ considerably. The judge often has broad discretion without being restricted by quantitative models. Not all countries allow a judge to calculate the measure of the award.

4. Damages

Various countries seek to compensate the employee for all damages suffered as a consequence of the discharge. In countries where a system of fixed indemnification exists, there has evolved the concept of abusive discharge—a concept that serves to justify complete compensation for damages suffered (Argentina, Belgium, France, Morocco, Norway, Romania, Singapore, and Sweden).

V. PROCEDURES FOLLOWING TERMINATION

A. *Certificate of Employment*

The certificate of employment is a document issued by the employer concerning the services rendered by the employee. In the majority of countries (Argentina, Austria, Belgium, Brazil, Colombia, Dominican Rep., Finland, France, Morocco, Paraguay, Peru, Poland, Spain, Sweden, and Turkey), there is a legal obligation on the part of the employer to issue that certificate. In some instances, the issuance of the certificate is the responsibility of the company; in other instances, the worker must exercise the right to ask for the certificate. In Israel, the obligation does not arise by measure of law, but rather by the many collective bargaining agreements that require such certificates. In Ireland, there is no obligation to issue the certificate; however, when the measure of damages is being considered, the failure to issue the certificate is taken into account. The same norm that imposes the obligation to issue the certificate often specifies what it must contain. There are two points on which all agree: the period worked, and the position held by the worker. Other countries add the following: (a) Nothing else (Austria, Belgium, and Spain); (b) information regarding salary received (Argentina, Dominican Rep., Japan, Paraguay, and Poland); (c) the reason for termination (Finland, Norway, Peru, and Sweden); (d) an evaluation of ability, diligence and conduct of the worker (Finland, Czechoslovakia, Greece, Peru, and Sweden, these facts may be omitted at the request of the worker); (e) finally, in France, the certificate may contain other information so long as that information is not unfavorable to the employee.

Some countries specify what facts may not be included in labor certificates: (a) no unfavorable references may be made (Brazil, France, and Japan); (b) no information beyond that contained in the certificate (Finland); (c) if the employer includes incorrect information, the employee may have the right to bring suit for damages (Turkey); (d) blacklisting is prohibited as well as information disclosed relative to nationality, religion, social status and union activity (Japan).

In addition to the labor certificate, various countries require additional documents: (a) documents justifying the remuneration and his professional qualifications (Morocco); (b) social security notebook (Brazil); (c) the employee's personnel file (Czechoslovakia); (d) credential with essential facts detailing the employee's position and career phase (Italy); (e) if the employee's discharge is subsequently nullified, that fact must be so indicated in the labor credential (Hungary); (f) a record of health examinations upon leaving employment (Colombia); (g) documentation regarding payment of taxes, affiliation with social security and a certificate enabling the employee to collect some form of subsistence or subsidy (Fed. Rep. Germany).

Some countries provide for sanctions against employers who fail to issue the labor certificate (Fed. Rep. Germany and Poland).

B. *Priority in Reinstatement*

Various countries recognize that workers terminated for economic reasons have priority should the company begin to rehire (Finland, Norway, Spain, Sweden, and Turkey). Brazil, Israel and Singapore have similar conditions by collective bargaining agreement.

Poland has a system of priority on the basis of the following grounds: (a) military service, (b) relationship to prisoners, (c) sole source of income, and (d) family situation.

C. Notification to the Unemployment Office

Some countries establish the obligation to communicate notice of termination to those organizations charged with administering unemployment benefits (Belgium, Chile, Finland, Greece, Italy, Singapore, Spain, and Uruguay).

VI. SPECIAL PROCEDURES IN CASE OF A REDUCTION IN PERSONNEL

A. Authorization From the Public Authorities

In the case of a reduction in personnel for economic reasons, there are certain peculiarities that call for special consideration. Normally they involve employees collectively, but individuals also may be discharged for various economic reasons. The economic reasons are external to the parties. Though the employer is considered responsible, he may be relieved of responsibility if he follows prescribed steps. Verification of the exact reasons invoked for the discharge may be required.

Only notification to public authorities is required in some countries (Gr. Brit., Ireland, Morocco, Norway, and Sweden). Elsewhere government agencies verify the dates of termination (Belgium, Fed. Rep. Germany, and Italy); hold conferences or administrative proceedings (Colombia, Czechoslovakia, Denmark, Greece, India, and Peru); or grant and deny the discharge (France and Spain).

B. Consultation or Negotiation With Personnel Representatives

It is important to discuss a proposed collective discharge to avoid or diminish conflict. Criteria for selection of those to be terminated may be considered. Such dialogue with personnel representatives or a works council may be required (Austria, Belgium, Czechoslovakia, France, Gr. Brit., Ireland, Spain, and Sweden). In other countries, though consultation is not required it is normal to inform worker representatives and to have dialogue with them. In some countries, consultation on discharge flows from collective bargaining (Israel, Italy, Norway, Sweden, Turkey, and U.S.).

C. Measures to Avoid Reduction in Personnel

A reduction in personnel can result from (1) negative reasons—recession, crises, or bankruptcy, or (2) positive reasons—labor displacing machinery and new technical methods. Only in Yugoslavia does the law on discharge make a difference between these. If the reduction is due to economic difficulties, only persons who caused the difficulties may be discharged. If due to technological advances that allow an enterprise to progress, the employment relationship may not be broken. In planning for better technology, an organization must plan for the use of the personnel and must create a reserve fund to take care of such situations. The majority of countries do not make such a distinction because there can exist many actions to avoid or confront a discharge.

The central criteria are to keep workers as long as possible and to discharge them only as a last resort after everything else has been tried and found ineffective. This is stated in a few laws (Cz., Fi.); but it is perceived in all countries.

Measures to delay discharge are the following:

1. Reorganization making discharge unnecessary or delaying it. FRG requires that a unitary plan, seeking an equilibrium between advantages and disadvantages, be discussed in an advisory council. Yugoslavia requires planning for new jobs. In Austria, the Office of Employment collaborates with companies in attempting to

create new jobs, maintain old, and diminish discharges under a public policy of full employment.

2. Providing services performed in the vacancies (United Kingdom). Some positions are so important, they must be filled.

3. Stimulation of retirement (Brazil and Sweden, by collective bargaining, Poland, and United Kingdom).

4. Suppression of overtime work (Brazil, Israel, and Gr. Brit.).

5. Prolongation of prior notice (Ireland, Norway, and Sweden).

6. Reduction of work hours or days (Argentina, Brazil, Dominican Rep., France, Norway, and United Kingdom).

7. Suspension in lieu of discharge. Transitory or temporary unemployment for a restricted period (Dominican Rep., France, Greece, Spain, and Uruguay).

8. Anticipatory termination of employment contract (Czechoslovakia, by agreement only).

9. Reduction in salary (Dominican Rep.).

10. Change of work (Czechoslovakia, Dem. Rep. Germany, Finland, Italy, Norway, Poland, and United Kingdom).

11. Recompense for loss of earnings in new employment (France and Norway).

12. Transfer to other companies (Czechoslovakia, Singapore, and United Kingdom).

13. Payment of moving expenses (France and Norway).

14. Individual solutions. In Peru, the employer must transfer to the National Bank the total amount due for social benefits of the discharged employee. The most novel idea is the transfer of a company to the labor community. In cases of bankruptcy, industrial paralysis or abandonment, if the labor community votes for it, a provisional committee may take over and transform the company into a cooperative.

15. Creation of special funds for assistance (Italy, Sweden, and United Kingdom).

16. Assistance to the employing company (Austria and Colombia).

D. *Criteria for Selection of Workers to Be Discharged*

Some countries provide statutory criteria (Argentina and Spain). Others rely on collective bargaining agreements (Finland and Turkey). Others combine the two (Belgium, Ireland, Israel, France, and Sweden).

ILO Recommendation 119 proposes that the selection be made according to precise criteria, established in advance and which give weight to the interests of the undertaking and the workers. It suggests (1) need for efficient operation of the undertaking, (2) qualifications of individual workers, (3) length of service, (4) age, (5) family situation, (6) criteria appropriate under national conditions.

Laws have applied a large variety of these criteria.

1. Seniority (Argentina, Canada, Dominican Rep., Finland, Greece, Ireland, Israel, Norway, Peru, Spain, Sweden, and U.S.) collective agreements.

2. Family dependents (Argentina, Czechoslovakia, Dominican Rep., Greece, Italy, and Peru).

3. Age or nearness to retirement (Colombia, Czechoslovakia, Ireland, and Sweden).

4. Nationality (Austria, Dominican Rep., Paraguay).

Other countries look to more limited groups for delaying discharge. Temporary workers, volunteers, unorganized workers (United Kingdom). Workers with greater possibility of reemployment (Colombia and Czechoslovakia). Workers who need to prepare themselves for other work (Czechoslovakia).

Some countries list workers to be excluded from discharge. Handicapped workers (Finland and Sweden); labor representatives (Spain and U.S.); performers of essential services (Finland and U.S.); war disabled (Finland); workers who have acted well in quantity of work and in discipline (Ireland and United Kingdom); experienced workers (Colombia and Ireland); pregnant women and workers with young children (Czechoslovakia); heavy laborers (Czechoslovakia); heavy laborers (Austria); relevant professions (France); workers needed for technical reasons (Italy).

E. *Special Measures to Lessen Effects of a Reduction in Personnel*

These have been reported imprecisely; but consist generally of (a) occupational rehabilitation measures, (b) financial benefits, and (c) other measures.

(a) Rehabilitation or job training (Czechoslovakia, France, Israel, Norway, Peru, Romania, Singapore, Sweden, United Kingdom, and Yugoslavia).

(b) Financial benefits other than unemployment compensation (Austria, Belgium, Brazil, Czechoslovakia, Italy, Norway, Peru, Sweden and United Kingdom). One time payment or special indemnities (Belgium, Czechoslovakia, Fed. Rep. Germany, Ireland, Israel, Norway, and U.S.).

(c) Other residual or complementary measures. Help in relocation, transportation (Austria and Czechoslovakia); offer of new job (Romania). If an enterprise reopens within a year, it must offer reemployment (Peru).

VII. SECURITY OF INCOME OF THE DISCHARGED WORKER

A. *Benefits Paid by the Employer for Unjustified Dismissal*

In some countries, distinct from indemnity for an unjustified discharge, there exists the obligation of paying an amount that is a function of the years of service that the worker has given to the company (Austria, Chile, Colombia, Israel, Morocco, Peru, Poland, Norway, Spain, Sweden, and Turkey). In a majority of these countries (Austria, Chile, Morocco, Norway, Sweden, and Turkey), this benefit is lost if the worker's behavior has given motive for the discharge. In Switzerland there is a possibility that the amount of indemnity may be reduced. In Peru the indemnity is not lost; but it is paid in monthly installments.

In some countries indemnity for wrongful discharge is especially established for certain employees: traveling salesmen (Argentina and Uruguay); construction and bank employees (Argentina); union directors (Argentina and Dominican Rep.); professors (Poland); elderly (Belgium and Dominican Rep.).

Some reports allude to a benefit of another order like one for wage payment in the case of an employer's insolvency (Canada, Norway, and Spain).

Other recognized benefits: Compensation for vacation time not used (Austria); right of workers transferred from another company or to another job within the same company to maintain the same salary for a certain period of time (Romania);

and the one-time payment of money financed by an insurance fund funded by old and new employers (Sweden).

B. *Benefits Given During a Period of Unemployment*

Of all the countries represented by the reports less than half, 18, have a system of unemployment insurance. Almost all countries cover this subject as a unit, although in addition to the principal benefit they provide additional or marginal benefits. But some have multiple regulations not only in the norms that govern unemployment compensation but also the group of benefits that they institute (Austria, France, Ireland, Norway, and Sweden).

Common attributes of unemployment insurance are the following.

Coverage. All private activity (France, Italy, and Uruguay); all workers (Greece, Italy, and Switzerland); public and private (Chile).

Risk. The risk covered is involuntary unemployment, when the worker has the capacity and desire to work but can't find a job (Austria, Belgium, Norway, Uruguay, and U.S.).

Conditions. There are certain conditions which must be met and certain conditions which must not exist in order to obtain the benefits. The positive fundamental condition is to have worked for a certain period (Ecuador, Chile, Fed. Rep. Germany, Greece, Ireland, Israel, Italy, Mexico, Norway, Sweden, Uruguay, and U.S.). Negative conditions are directed toward assuring the involuntary character of the unemployment and the need for aid because no other resources are available to the worker. In some countries they appear as reasons of incompatibility, of exclusion or of loss of the benefit; but, by whatever name, they are negative conditions in that they hinder the right to receive the benefits. Generally, the reasons revolve around discipline or misconduct on the part of the worker (Fed. Rep. Germany, Ireland, Norway, Sweden, United Kingdom, and Uruguay). Other conditions have to do with the maintenance of the unemployed situation. If the worker turns down a job offer without good cause, he is disqualified from receiving unemployment benefits (Fed. Rep. Germany, Greece, Ireland, Israel, Sweden, United Kingdom, and U.S.). Some countries deny the benefits for only a certain period of time. If the worker receives other income—pension or disability—that may be incompatible with additional unemployment compensation (Greece, Spain, Sweden, United Kingdom, and Uruguay). Benefits may be delayed, not lost.

Amount of benefit. The amount, in almost all of the countries that have insurance, is a percentage of the salary received by the worker prior to unemployment. Only in Italy is there a fixed amount of 800 lira per day.

There is a great distinction between those countries which establish a uniform amount within the system of percentages (Austria, Chile, Fed. Rep. Germany, Mexico, Norway, Switzerland, and U.S.), and those which have a variable scale of percentages as a function of the duration of the benefit (Belgium and Spain). In some countries, the fixed percentage of the benefit is combined with the existence of a maximum and minimum (Chile, Spain, Uruguay, and U.S.). In other countries an increase is established as a function of the number of dependents in a beneficiary's family (Austria, Greece, Norway, Switzerland, and Uruguay).

Duration of benefits. Almost all of the countries establish a limit to that duration. Some establish a uniform period of duration (Chile, Ireland, France, Mexico, Italy, Sweden, Switzerland, Uruguay, and U.S.). Some establish variable periods as a function of the time or amount of contribution by the worker (Greece and Spain).

Waiting period. The first days of unemployment are used to assure that the unemployment is real and the right to benefits begins thereafter, (Greece, Ireland, Israel, Italy, and Sweden).

New benefit period. Some countries state the time when a beneficiary may claim a right to renewed unemployment benefits (Chile, Sweden, and Uruguay).

Complementary benefits. Various countries have created additional complementary benefits that look to complete the protection of the unemployed worker (Austria, Finland, Fed. Rep. Germany, Ireland, Italy, Spain, Sweden, Turkey, and U.S.).

Financing. Social security is financed by contributions from the state, employer and worker (Mexico, Norway, and France) or by the employer (Chile and U.S.).

C. *Other Benefits That Affect the Unemployed*

Anticipated retirement (Spain) or early retirement options (Canada, Dominican Rep., Austria, Chile, Italy, Israel, Norway, Spain, Sweden, and Turkey), and disability retirement (Norway and Sweden) are made available to the unemployed.

Dr. Rafael Forero Rodriguez (Colombia)

Si bien el tema indica "La Terminación de la Relación de Trabajo por Iniciativa del Empleador y la Seguridad de los Ingresos de los trabajadores afectados". Es de uso frecuente en la mayoría de neustras legislaciones el término DESPIDO.

El comentario general es el de calificar como óptimo el trabajo realizado por el Profesor Americo Plá Rodríguez de Uruguay en éste Segundo Tema del Congreso. Los participantes a éste evento internacional se sorprenderán de su Extensión, pero en tratándose de un tema tan discimil en todas las legislaciones, no en otra forma podía realizarse una síntesis tan detallada, comprensible y jurídica.

A todo lo largo de las legislaciones consultadas se encuentran temas como "La Relación de Trabajo" o "Contrato de Trabajo definido o indefinido"; y su formalidad en los países Europeos, Americanos, Asiáticos y Africanos en cuanto a su ritualidad de—contrato escrito a término fijo o término indefinido.—De igual manera, se trata lo atiente al período de prueba y al período de aprendizaje.

Pero se de relievante importancia el DESPIDO o DESHAUCIO como se denomina en algunos países y las causas que motivan ésta terminación unilateral por justa causa o sin justa causa. Siendo entendido desde luego que existe una extinción de trabajo por el plazo pactado entre las partes previamente, o como se denomina en otros países por la labor contratada.

Al hablar de terminación, debe desde leugo tenerse muy en cuenta que élla conlleva una indemnización salarial en caso de que su extinción se hubiere realizado sin justa causa, y varios países la denominan indemnización por despido que, puede figurar en un número de SALARIOS, o colectivamente en sumas mayores que se habían pactado a lo largo de las Convenciones Colectivas de Trabajo. Es de tener en centa como siempre lo he afirmado que en la mayoría de los países de América Latina no existe estabilidad, y ésta es sustituída por tablas indemnizato rias según la antiguedad de los trabajadores.

Cuando se trata de despidos por justa causa, existen formalidades especiales previas en un despido disciplinario, como por ejemplo en Rumania, Yugoeslavia,

Singapur, Hungria, en donde la legislación establece un procedimiento previo al despido motivado por la conducta del trabajador.

En otros países no se establece por Ley sino por Convención Colectiva tal es el caso de Israel y Republica Dominicana.

Una solución original como la indica el Reporte General lo presenta Colombia, que exige que Empresas con más de cinco (5) trabajadores en actividades comerciales o industriales o más de diez (10) en actividades agrícolas, ganaderas o forestales deberán tener un Reglamento Interno de Trabajo o de Taller, en cual establece la escala de faltas y sanciones disciplinarias e incluso las que motivan o justifican la terminación de la relación de trabajo.

La norma Central de la Recomendación No. 119 es la contenída en el artículo 2o. ''No debería procederse a la terminación de la relación de trabajo a menos que exista una causa justificada o la conducta del trabajador''.

Algunos países requieren la aprobación estatal antes de proceder al despido.

Holanda exige que el despido debe ser aprobado de manera previa por la Oficina General de Empleo.

Otros países como U.R.S.S. donde además de la causal, se necesita el consentimiento del Comité Sindical Local.

El mejor ejemplo lo brida Brasil, en el caso del trabajador con derecho a la estabilidad, por tiempo superior a diez (10) años en la Empresa y no haber optado por el fondo de garantía en la Empresa, y Colombia donde es optativo después de DIEZ (10) AÑOS de servicio, reciben la indemnización de antiguedad o requieren judicialmente el reintegro. Para decidir entre el reintegro o la indemnización, el Juez deberá estimar y tomar en cuenta las circunstancias que aparezcan en el juicio o proceso, y si de ésta apreciación resulta que el reintegro no fuere aconsejable en razón de las INCOMPATIBILIDADES CREADAS POR EL DESPIDO, podrá ordenar, en su lugar, el pago de la indemnización.

En Rumania, en Yugoslavia, en Polonia e Italia y en Suecia se establecen modalidades especiales para la terminación contractual.

Es importante tener en cuenta que en la mayoría de los países investigados, las causales de despido en caso de demanda del trabajador, son estudiadas y definidas por un Juez del Trabajo.

Es en todo caso a la Justicia Laboral a la que corresponde dirimir las diferencias existentes entre trabajadores y patronos respecto a las causales que motivaron la terminación unilateral de la relación de trabajo. Siendo entendido que ésta es una justicia especializada.

En presencia de un despido injusto lo solicitado en la mayoría de los casos son los salarios insolutos o los salarios caídos; el pago de aquellas indemnizaciones económicas por su naturaleza que haya sido pactadas con anticipación al despido, ya sea en forma personal o mediante Convención Colectiva de Trabajo.

El Reintegro

Existen opciones para reintegrar un trabajador según la causal que se hubiera aducido para el despido.

El término para solicitar éste, en la mayoría de las legislaciones es muy corto. De no hacer casa oportuno de éste beneficio, precluye en muy poco tiempo.

En materia colectiva en tratándose de trabajadores amparados con el Fuero

Sindical, o aforo, éstos tienen un tiempo especial, muy corto a veces para solicitar el reintegro o reinstalación en el cargo que ocupaban antes del despido.

Si éste derecho no es ejercido en ése tiempo, precluye y el trabajador no puede pedir su reinstalación en el cargo, aún demostrándo que se encuentra aforado o con fuero Sindical.

El Seguro de Desempleo

Hemos llegado a la seguridad Social. Aquella materia que por algunos años formó parte del Derecho del Trabajo, siendo por su naturaleza un Derecho Propio, el denominado Derecho de la Seguridad Social y modernamente otro—El Derecho de la Previsión Social.

En Francia se han previsto asignaciones que ayudan al trabajador mientras está sin empleo. Un setenta (70%) por ciento del salario mínimo garantizado, indemnización complementaria de la desocupación parcial.

El final del informe comprende la SEGURIDAD DE INGRESO del trabajador despedido.

Distintas denominaciones recibe ésta prestación. Se puede llamar Auxilio de Cesantía, Indemnización por Despido; Prima de Jubileo, Indemnización por Antiguedad, etc.

Es digno de tenerse en cuenta el cuidado asumido por el Ponente Magistral Profesor Plá Rodríguez en cuanto a la selección de los informes por él recibidos, para poderlos acondicionar a un corto escrito de resumen en el final de su trabajo. El tema en sí no es uno. Son dos temas que se encuentran íntimamente ligados por la naturaleza de los mismos y la forma como los distintos países aquí representados los han tratado.

Estimo finalmente que este escrito servirá como órgano de consulta a los estudiosos de nuestra disciplina, el Derecho del Trabajo y el de la Seguridad Social.

Mr. Edward Yemin (International Labor Organization)

I think we must all be grateful to Professor Plá Rodríguez for his masterly synthesis of national law and practice in this complex area. There are so many issues and problems that arise in the field of termination of employment at the initiative of the employer that I will have to limit myself to a very few general points.

I would like to address myself to seeking to define certain of the main trends that can be discerned in national law and practice on this subject and also to evoke the problem of effectiveness of the principal elements of protection now widely offered in this matter. With regard to the main trends I would like to divide the subject into the field of individual dismissal and the field of work force reductions.

Regarding individual dismissal, the principal trend that can be discerned is quite clearly a trend towards widespread institution of protection of the worker against the unjustified termination of his employment by the employer. Following the provision on this in the Mexican Constitution in 1917, there was some legislative work in the 1920s, '30s, and '40s in a few countries, and collectively bargained protection began in certain countries such as United States and Canada, I believe, in the 1940s and '50s. But it is really since the early 1960s that one has seen literally an explosion of legislative activity on the subject, and I think one can say that most of the legislation that one finds around the world today has been adopted in the last 20 or 25 years or consists of revisions adopted in these last 20 or 25 years of previous legislation.

Professor Plá Rodríguez has pointed out very correctly that by far the major instrument that has been used to protect workers' job security is legislation. Today one can find legislation instituting protection against unjustified dismissal in almost all European countries, East and West, and in many Asian, African, and Latin American countries.

Now why the recourse to the legislative technique? I think the answer is obvious. Today, or perhaps one can say during the past 20 years, the idea has come to be very widely accepted that employment is of such fundamental importance to the well-being of the worker and his family that he should not be deprived of it without a valid reason, and that it is the responsibility of the state to ensure implementation of this principle.

Protection against unjustified termination generally includes at least three elements. The first, as has been pointed out, is a conception of the reasons considered to justify termination by the employer. This conception may be defined in very general terms in the legislation or in a collective agreement, its specification being left to the bodies who are required to apply it or implement it. Or it may be spelled out in much greater detail.

The second element consists of a conception of certain reasons that are never to be deemed to justify terminations, such as trade union activity, race, color, political opinion, etc.

The third principal element consists of a procedure whereby a worker who considers that his job has been unjustifiably terminated can appeal to somebody in order to seek redress.

Often there is a fourth element which can be considered essential in this area, whether it is adopted through legislation, as in a number of countries, or collective bargaining, as in many. That element consists of certain procedures to be followed before the dismissal or before the termination with a view to seeking to ensure that an unfair dismissal does not take place in the first place.

The second major trend can be discerned with regard to special rules and procedures on work force reductions, a concept which is of course defined differently in different countries. These special rules and procedures on work force reductions seek to ensure, first, that workers' representatives are consulted before the planned reductions are carried out, with the objective usually of permitting workers or their representatives to have some say on the questions of whether those reductions can possibly be averted or minimized and methods whereby that might take place and of whether the negative effects of any terminations of the employees concerned can in some measure be mitigated or attenuated. Secondly, these procedures seek to ensure that public authorities are informed prior to work force reductions, or in those countries where prior authorization is required that such authorization is obtained.

These major trends—and I present this in a very summary fashion—have been reflected on the international level in the new convention and recommendation adopted by the ILO in June of this past year—Convention No. 158, Recommendation No. 166 on termination of employment at the initiative of the employer, which replaces the previous recommendation adopted in 1963, Recommendation 119. The fact that it was possible in June of this year for employers and workers represented at the conference to reach a compromise which permitted employers to support a convention containing the basic principles of protection, supplemented by a recommendation with more detailed provisions, is testimony to the fact that these general trends that I have referred to are very widely recognized. I should say that a limited number of copies of the new instruments are available at the documentation desk, and if there are not enough, interested poeple can always write to the ILO and we would be glad to send you copies.

I would like now to turn to the fundamental question of effectiveness. How effective are the several elements of protection in obtaining their objectives?

With regard, first, to the systems of protection against unjustified termination of employment by the employer, the initial problem, of course, is to define what the objectives of these systems really are. Briefly stated, it might seem that their essential objective is to conserve the worker in his job where there is no valid reason for him to lose it. However, a look at the remedies available in case of unjustified termination in some countries raises the question whether the objective might not rather be to ensure compensation for loss suffered as a result of loss of the job. I think, however, that we may be justified in assuming that in most of these countries both objectives are present, and maintenance in employment must be considered the higher objective.

If maintenance of the employment relationship is the principal objective in most of these systems, how effective are they in attaining it? This is an extremely difficult question to answer, and it needs to be asked and answered for each country separately. While, obviously, many factors are involved, including attitudes of the parties, traditions, and so forth, from the point of view of institutions and procedures it is clear that there are two factors that are crucial to the attainment of this objective. One concerns the existence and effectiveness of prior procedures, procedures applicable before a dismissal, and the other concerns remedies.

With regard to prior procedures, certainly at least in disciplinary cases, the avoidance of unfair terminations through the drawing up, perhaps with workers' participation, of appropriate disciplinary procedures in the undertaking and the faithful application of those procedures is certainly one of the most effective ways of ensuring maintenance of the worker in the job where there is not a just cause for his dismissal.

As far as remedies are conerned, the essential problems are, first, the effectiveness of the reinstatement remedy, where that exists, as it does in many countries, often as an alternative remedy with compensation; and, secondly, the extent to which financial compensation, where that is provided for, can be considered sufficient to act as a deterrent to unfair termination. This issue was referred to by Professor Rodríguez.

I would like to say a word simply about reinstatement. As I said, this remedy is available in a large number of countries. However, in practice it appears that in many of the countries in which it is provided by legislation, few workers found to have been unfairly dismissed by the competent bodies are in fact eventually reinstated in their jobs, either because the tribunal or the competent body has found it not appropriate to order or propose such reinstatement or because the employer has refused to follow suit, and compensation has replaced reinstatement. This contrasts with the record for certain countries, such as the United States and Canada, in which protection is provided through collective bargaining and collective agreements, where the experience with reinstatement has been much more positive. Clearly, then, the issue of reinstatement, its failure or success as a remedy, and the reasons therefor are crucial to any consideration of the effectiveness of these systems of protection against unfair dismissal and certainly need discussion.

With regard to work force reductions, the effectiveness of the special rules and procedures also needs consideration. The question of the effectiveness of the obligation to consult workers' representatives was raised by a speaker yesterday in one of the working groups on participation. In many countries, the rules on this are rather clear. The workers' representatives need to be informed, consulted a significant period before a work force reduction is carried out, and provided with adequate information in order for that consultation to be effective. However, the question does arise: How effective are these principles in practice, and do workers' representatives in practice have an adequate opportunity really to influence management decisions with a view perhaps to averting or minimizing the impending terminations or mitigating their consequences? If their powers are not effective in this regard, how can they be made more effective?

With regard to the requirement of prior notification to public authorities, various questions arise, such as what use public authorities actually make of the information received and how effective public services are in assisting the parties where the parties need assistance.

To sum up, I would like to say that we have seen over approximately the last quarter of a century in a large number of countries a very profound transformation of this part of labor law fundamentally affecting, at least potentially, the traditional rules regarding discretionary termination of the employment relationship by the employer. While for certain countries such a development still lies ahead and for many others the time must certainly come, after some experience with the operation of the system that they have adopted, for employers and workers and scholars to address themselves to a consideration of the effectiveness of the system and how that effectiveness can be improved, if it can, taking account of the legitimate interests and the needs both of workers and of employers.

Prof. Mario Pinto (Portugal)

1.—Je tiens, avant tout, à adresser au Prof. Plá Rodríguez mes félicitations pour le scrupuleux rapport général qu'il nous a offert. Voilà un exemple de synthèse qui (à part le défaut, qui est aussi une vertue, d'être très longue: 222 pages!) peut vraiment nous permettre, à tous, de discuter sur une instutition juridique vraiment importante: *le licenciement* (pour être plus simple, j'utiliserai ce terme, qui me semble, d'ailleurs, scientifiquement correct).

Je crois que ce rapport général nous dispense de perdre notre temps, ici, à faire l'exercice inutile de répéter ce qui a déjà été dit dans les rapports nationaux et dans le rapport général. C'est pour celà que, dans mon commentaire, je ne ferai pas d'appréciations descriptives des solutions juridiques rapportées; ce que je pense devoir faire, maintenant, après avoir lu le texte de Monsieur Plá Rodríguez, c'est de proposer quelques réflexions sur des questions plus conceptuelles et théoriques. Ce serait vraiment dommage, à mon avis, qu'une Société scientifique comme la nôtre ne profite pas de cette occasion pour faire au moins état de quelques préoccupations plus théoriques.

2.—En partant de la richesse d'information formé par les divers rapports nationaux, il faut bien, à mon avis, essayer d'esquisser *deux essais* à vocations un peu différents, quoique complémentaires. D'une part, obtenir une *ordination synthétique des solutions juridiques* (ce qui n'est pas facile, si on veut le faire par des méthodes scientifiques comparatives) et, par conséquent, découvrir *la richesse des réponses du droit* aux situations sociales et *les tendances de la politique du droit du travail* dans le monde.

Mais, d'autre part, il ne faut pas se limiter à cette opération, qui peut rester au niveau de la *législation comparée*; il faut faire avancer la *science du droit du travail* et *la science du droit du travail comparé*. Étant donné que la science juridique se développe par des opérations *d'intérpretation*, de *construction* et de *systémati-sation* du matériel juridique, il faut bien que, profitant de cette magnifique con-vergence internationale d'apports sur les régimes nationaux du licenciement, nous fassions quelques *réflexions conceptuelles et comparatives* sur les données dont nous disposons, à fin d'essayer de trouver les bases d'une recherche scientifique valable internationalement. Et si cette tâche ne peut être considérée comme sus-ceptible de s'accomplir dans un cadre si large, on ne doit pas, pour autant, perdre l'occasion d'avancer, au moins, quelques hypothèses ou suggestions pour notre travail futur.

3.—C'est dans ce sens-là que je dirais qu'une question qui mérite, sans doute, tout notre intérêt est *celle de la caractérisation théorique du licenciement et des divers aspects dogmatiques* d'une institution du droit du travail aussi importante, dans la pratique, que complexe, du point de vue de la science de ce droit.

Je félicite le Prof. Plá Rodríguez pour ne pas avoir manqué de nous proposer une réfléxion sur ce qu'il a titré de *"terminología y definiciones."* Il nous présente quelques distinctions qui, à mon avis, méritent d'être discutées au sein des groupes de travail; mais au sujet desquelles le Prof. Plá Rodríguez, qui a si minutieusement lu tous les rapports nationaux, pourrait peut-être nous donner tout de suite quelques opinions ou suggestions complémentaires.

Par exemple:

4.—Une question que le Prof. Plá Rodríguez nous propose est celle de la précision des termes. Dans les différents pays la terminologie est parfois elle aussi différente. *Cessation, résiliation, licenciement,* parfois des termes moins traduisi-bles tel que le *"deshancio"* de quelques pays latino-américains, ne sont pas seu-lement des termes équivalents dépourvus de valeur théorique. Ce serait une magnifique contribution si nous réussissions à avancer un peu plus dans la *discussion comparée de la terminologie,* étant donné que derrière les termes on trouve souvent des figures juridiques différentes ou bien des distinctions typologiques qui peuvent avoir une signification théorique intéressante.

Voilà un autre exemple:

5.—Le Prof. Plá Rodríguez fait une référence à *la distinction entre le pouvoir et le droit de résiliation du contrat de travail*: "contrairement à ce qui se passe dans le droit commun des obligations, toute volonté, même illicite, de rompre le contrat de travail est efficace" (v. rapport général, p. 38).

Voilà un thème passionant pour une discussion. Est-ce que la doctrine dans nos pays, pose le problème dans ces termes-là? Il s'agit de la nature même de droit de licenciement.

6.—Une autre distinction encore nous est proposée par le Prof. Plá Rodríguez, basée sur des critères que notre estimé collègue considère comme pouvant être différents: la distinction fondée tout d'abord, sur l'effet plus ou moins immédiat du licenciement; en second lieu, sur la forme, et, finalement, sur son ampleur (licenciement individuel ou collectif).

A mon avis, une distinction très importante, et qui pourrait être l'objet de travaux supplémentaires, est la *distinction qui se fonde sur les motivations ou justifications du licenciement.* Cette distinction ne devrait pas être traitée en ayant pour critère l'effet plus moins immédiat du licenciement.

Je pense que c'est surtout ici que se trouve l'aspect substantiel de la question: c'est-à-dire, *la synthèse des intérêts sauvegardés par la loi ou par les conventions collectives.*

Il faudrait articuler avec cette typologie quelques aspects du régime du licenciement, surtout, et en premier lieu, *la forme et le processus du licenciement* (déclaration, préavis, intervention des représentants des travailleurs ou de l'autorité administrative ou judiciaire, etc.), ensuite, *les indemnisations et d'autres prestations* et, finalement, le régime de la *protection au travailleur licencié*. Ce serait sur la base de cette typologie du licenciement qu'il me semble qu'on devrait théoriser les distinctions que M. Plá Rodríguez nous présente (bien qu'il soit évident que la question de la protection sociale des travailleurs licenciés est en grande mesure (mais pas entièrement) une variable indépendente du type de licenciement).

Voilà une autre ordination de la question que je veudrais ajouter à celle de M. Plá Rodríguez, et sur laquelle j'aimerais bien entendre son opinion.

7.—M. Plá Rodríguez nous présente la séparation entre contrat de travail à terme et contrat de travail à temps indéterminé comme une distinction en un certain sens préalable, puisque on la trouve déjà dans l'introduction générale de son rapport.

Et pourtant je pense que c'est là un point sur lequel on pourrait se pencher un peu plus longuement, surtout en ce qui concerne la récente évolution, un peu partout dans le monde, qui conduit au rapprochement entre les régimes de licenciement du contrat de travail à terme et du contrat de travail à temps indéterminé.

8.—Je voudrais laisser encore une interrogation, que je pose à tous mes estimés collègues:

—étant donné les difficultés économiques et sociales qui se vérifient partout, sans distinction de régimes politiques;

—étant donné, aussi, le besoin d'une plus grande mobilité professionnelle, en raison du chômage et des changements technologiques;

—en somme, étant donné, d'une part, la question soulevée par la soi-disant crise de l'État social ou de l'État providence et, d'autre part, par la reconnaissance toujours plus effective du droit au travail;

—quelles sont actuellement, dans nos pays, les difficultés qui on des répercussions sur la question qui nous occupe, c'est-à-dire, sur le licenciement, du point de vue du droit du travail et des relations industrielles?

Voilà une discussion qui pourrait enrichir la magnifique vue d'ensemble institutionelle que ce Congrès nous à déjà offert avec les rapports nationaux et le rapport général sur le thème du licenciement.

9.—J'ajouterai deux remarques finales, et, quant à moi, très importantes:

Premièrement: quand on veut *apprécier un régime national, comparer les* régimes de différents pays ou *essayer de dégager les tendances d'une evolution*, il ne faut pas oublier que la seule signification qui peut être concluante est la signification systémtique, globale. Cela veut dire que, dans un modèle donné, un certain élément, une solution relative à un aspect partiel, enfin, une règle isolée, peuvent avoir une *signification*, un *rôle*, une *fonction* qui ne sont susceptibles d'être pleinement compris et co-evalué que dans le contexte global.

10.—Deuxièmement, il ne faut pas oublier la vie réelle du droit, cela veut dire, les pratiques, les réalités socio-juridiques. Il y a des lois qui sont revoquées par l'oubli; il y a des lois que tout le monde viole.

En somme: regardons l'ensemble juridique où se place l'object de notre étude; et regardons la vie réelle du droit. Pas seulement pour des raisons de justice, mais, *in limine*, pour des raisons scientifiques.

11.—En espérant que ces commentaires puissent contribuer à enrichir nos débats, je remercie à l'avance M. Plá Rodríguez de l'attention que mes suggestions pourront lui mériter.

Et je termine en saluant tous mes collègues et en les remerciant de l'attention qu'ils m'ont accordée.

GROUP DISCUSSION A

September 9, 1982

CHAIRMAN: PROF. DR. MANUEL ALONSO OLEA, Spain

Prof. Dr. Manuel Alonso Olea (España)

La ponencia nacional española sobre el tema II ha sido redactada conjuntamente por mi colega Prof. Dr. Alfredo Montoya Melgar, de la Universidad de Murcia, y yo mismo.

Hemos procurado atenernos estrictamente al esquema general que para la preparación del informe redactó el ponente, Prof. Américo Plá, a quien desde este momento felicito muy cordialmente por el Informe general que ha preparado, por la extensión y pulcritud con que en él es tratado un tema tan complejo como el que nos ocupa, por la corrección y concisión con que ha recogido los distintos informes nacionales y, si ustedes me lo permiten, por la atención que ha dedicado al Informe español, de cuyo Derecho es profundo conocedor.

En muchos Congresos he mantenido que intervenciones como ésta mía no deben consistir en una reiteración de lo dicho y en las ponencias presentadas.

Por eso me limito a subrayar un punto concreto que puede ser de especial interés, a saber, como en el Derecho español, para el denominado despido disciplinario, se conjuga la necesidad de que exista un acto formal de despido (la "carta de despido") y lo que las decisiones judiciales denominan el "despido efectivo", esto es, la cesación real de las prestaciones del contrato de trabajo.

Al propio tiempo es particularidad también del Derecho español, respecto del despido disciplinario, la coexistencia de una fórmula general que ampara el despido ("un incumplimiento grave y culpable del trabajador", dice la Ley), con una especificación de las causas de incumplimiento graves y culpables, en las que la Ley recoge las mas frecuentes de éstas. Pero determinadas de estas especificaciones en realidad vienen a repetir la fórmula general; por ejemplo, "la trasgresión de la buena fé contractual", que alude a un deber de conducta tan amplio que su infracción podría amparar virtualmente cualquier otra causa de despido.

Por otro lado me creo en el caso de manifestar que al tener que ostentar la presidencia de uno de los grupos de discusión del tema I, y al habérseme encomendado por el Comité Ejecutivo, junto con otros colegas, una tarea de mediación respecto a determinada delegación, no va a poder ser mi asistencia a las reuniones de esta comisión tan asidua como quisiera.

Prof. Jean-Claude Javillier (France)

Le Rapporteur Général, notre éminent Collègue et très cher Ami, Monsieur le Professeur Americo Plá Rodríguez a remarquablement mis en relief les multiples et complexes facettes, ainsi que l'importance des différentes questions posées par la rupture du contrat de travail. Il nous faudra longuement analyser le rapport présenté, qui sera une source importante pour les réflexions de droit comparé du travail sur ce thème.

Qu'il soit cependant permis de relever les difficultés de travail pour les participants de langue française dans le présent groupe de discussion. Il est en effet difficilement admissible que les interventions ne fassent point l'objet soit d'une traduction simultanée intégrale, soit d'un résumé en langue française. Toute langue de travail retenue pour le présent Congrès, comme pour nos prochains Congrès, doit, pour le moins, donner lieu à une traduction minimum permettant à tous participants de suivre les travaux et de se faire comprendre de chaque Collègue.

Trois observations peuvent être faites, suggérées par notre Rapporteur Général, qui ont trait à l'interprétation, à l'effectivité, enfin à l'efficacité du droit de la rupture du contrat de travail.

Le problème de *l'interprétation* du droit de la rupture du contrat de travail est essentiel. Les normes ne sont rien sans leur mise en oeuvre par les intéressés, par l'Administration ou les juges du Travail. Les règles ne peuvent être envisagées sans examiner leur relation ou leur coupure avec ce qui peut être appelé le droit "commun" (préexistant). Convient-il d'appliquer ce dernier, de le cumuler avec les règles "spéciales", autrement dit propres à la rupture du contrat de travail? Comment faut-il combler les lacunes du droit du travail? Faut-il, en certains pays, chercher du côté du droit des obligations, des contrats, ou plutôt du côté de celui des personnes? Le choix est important, car il conditionne bon nombre d'interprétations qui peuvent être faites en des termes radicalement différents tant pour l'employeur que pour le salarié. En France, un débat important et une évolution jurisprudentielle notoire s'est produite en ce qui concerne les représentants des salariés et des syndicats dans l'entreprise: du contrat de travail (du droit des obligations) au statut protecteur (des libertés publiques).

Une autre question importante concerne aussi les sources auxquelles les diverses autorités compétentes vont puiser leur raisonnement pour interpréter le droit de la rupture du contrat de travail. Ainsi en est-il des théories juridiques de l'entreprise qui conditionnent la possibilité et l'étendue du contrôle exercé sur les pouvoirs du chef d'entreprise par l'Administration du Travail ou les juges. Une analyse "institutionnelle" de l'entreprise n'a-t-elle pas pour conséquence de limiter singulièrement les possibilités de contrôle? C'est le débat qui existe en France à propos de la théorie retenue par la Chambre sociale de la Cour de cassation: la théorie de l'employeur "seul juge" (ou "juge").

Un deuxième problème est essentiel, qui concerne *l'effectivité* du droit de la rupture du contrat de travail. Il s'agit d'examiner les conditions de réalisation pratique de ce droit. L'analyse est fort délicate. En effet, en de nombreux pays, il existe non pas un droit du licenciement, mais *des* droits de la rupture du contrat de travail. Plusieurs corps de règles sont relatives à cette question. Les normes varient selon qu'il s'git, par exemple, d'une rupture fondée ou non sur une cause économique, sur un faute du salarié, sur un activité des représentants des salariés et des syndicats dans l'entreprise. Une telle multiplicité de règlementation ne manque pas, en général, de donner des opportunités de fraudes à ceux qui ne souhaitent pas appliquer les normes qu'il considèrent comme trop contraignantes. En outre, une articulation doit souvent être opérée entre législations différentes, entraînant la compétence de juridictions d'ordres différents (en France, entre juridictions administratives et judiciaires).

Un dernier problème retient l'attention: celui de *l'efficacité* du droit de la rupture du contrat de travail. Quels sont donc les objectifs de ce droit: limiter les possibilités de licencier ou rendre moins nocive pour les salariés une telle mesure en l'accompagnant de diverses mesures (indemnisations, formation professionnelle pour un reclassement, etc.)? De même, lorsque l'employeur décide de procéder à une fermeture partielle ou totale d'un établissement ou de son entreprise, convient-il d'écarter de ces mesures tous les salariés qui se trouveraient investis d'un fonction de représentation de ses camarades ou du syndicat? Dans ce dernier cas, le pouvoir de gestion de l'employeur doit-il être concilié avec, ou céder le pas devant, les libertés publiques, singulièrement la liberté syndicale?

En toutes hypothèses, nul ne peut ignorer les conséquences psychologiques et politiques du droit de la rupture du contrat de travail. En de nombreux pays, les employeurs se plaignent d'un trop grande "rigité" du droit du licenciement. Ce dernier se retournerait en quelque sorte contre l'intérêt du salarié. L'effet "anti-économique" d'une législation devrait la condamner. L'argument est fréquemment invoqué: faute de licenciements opérés à temps, c'est toute l'entreprise qui périt. C'est sans doute l'une des questions essentielles en cette fin du XXème siècle que doivent se poser tous les juristes du travail. Singulièrement en période de "crise" économique, il n'est pas permis d'ignorer les effets économiques, ou prétendus tels, de telle ou telle législation du travail. L'analyse ne doit d'ailleurs pas concerner le seul droit de la rupture du contrat de travail. Comment faut-il concilier efficacité économique (cette dernière restant à définir) et protection des salariés? Il n'existe pas, en 1982, de pays qui échappent à cette fondamentale interrogation.

Prof. Dr. Franz Gamillscheg (Federal Republic of Germany)

Please let me give a brief resume of what I tried to explain. I first thank Professor Plá Rodríguez for his very excellent report, who gives us the basis for all our discussion. I took from his report the idea that the protection against unjustice, is reinstatement. The real protection, in truth, is indemnification. Yes. Indemnification and not reinstatement, at least in Germany, but in many other countries, too.

Indemnification is not damages, because there need not be fault on the part of the employer to pay indemnification, and the amount of the indemnification is not dependent on the amount of the loss. In most cases the damage caused by the loss of the job is greater than the indemnification. Sometimes there is no damage because the worker gets another position at once. If it is not damages, perhaps it is delayed wages. There are several cases where no indemnification is due. For instance, if the employee is given notice, he usually gets no money as indemnification, except perhaps in Italy. Or when he dies, his widow doesn't get indemnification for the loss. If indemnification were delayed wages, there would be no reason not to give the money to the widow or to him when he leaves at age 65.

Perhaps it is just a sum to bridge the gap between two jobs. But arguing against this explanation is the fact that there may be no gap—the worker may get another job at once. So we must conclude that this is an institution of labor law which does not fit into any of the explanations of civil law.

To sum up and to make a final remark in this context, if the question of the legal nature is left open, I should like to raise this question: Is it really just and equitable that we calculate the amount of indemnification according to the number of years spent with the company, as is the case in Germany, the United States, and most other countries? This would be a just solution if it were dependent only on the will of the employee whether he quits or stays. But very often he is being dismissed, and then he begins elsewhere at a much lower level. And if he is again dismissed he may get nothing, though he might have been a worker with 40 years of service.

Dr. José Isidro Somaré (Argentina)

De acuerdo a lo que hemos escuchado del relator general, la legislación estadual contiene diversidad de causales que de momento no permiten su unificación.

Sin embargo, pienso que esisten pautas generales que pueden ser adoptadas como una especie de comun denominador. Me refiero concretamente a los deberes de lealtad y de buena fe que estan insitos en el contrato detrabajo y cuya observancia es obligatoria tanto al celebrar, al ejecutar o al extinguir el contrato. Esta cuestión que es tipica del derecho de fondo, está imbricada, estrechamente, con un problema de derecho de forma que hace al ejercicio del derecho de defensa en juicio. Las causates de despido comunicadas al trabajador con motivo de su licenciamientu, no pueden luego ser cambiadas frente a la acción judicial, pues ella afianza la posibilidad de lograr un efectivo "debido proceso adjetivo," garantía, a su vez, del pleno ejercicio del derecho de defensa. El fundamento juridico de esta solución está dado en el hecho de que el derecho procesal o de forma notiene vida propia, como dijera *Bartoloni Ferro*, sino que nace y vive por y para el derecho de fondo al cual sigue como la sombra al cuerpo. Siendo las propuestas pautas de carácter general creo queden ser propiciadas por un congreso de carácter internacional coma este.

Otro tema al que quiero aludir, es el que se refiere a la seguridad de la percepción de los ingresos de los trabajadores en caso de cesantía y respecto al cual el relato tan minucioso que nos ha presentado el profesor Plá Rodríguez no nos ha proporcionado un detalle de la legislación vigente. Creo que sobre el particular debe aludirse concretamente a la inembargabilidad y los privilegios, tanto de carácter general, como del carácter especial.

Por último en lo fue a la obligación de preavisar se refiere y especial—a lo fue se paga en caso de incomplimiento. Para mi se trata de una indemnización y no de una prestación salarial como aquise ha dicho. Este problema también está estrechamente vinculado al anterior.

Prof. Dr. Franz Gamillscheg (Bundesrepublik Deutschland)

Zur Rechtsnatur der Abfindung fragt sich, wo diese Einrichtung des Arbeitsrechts unterzubringen ist. Sie ist weder Schadensersatz (es kommt weder auf das Verschulden des Arbeitgebers noch auf die Höhe des Schadens an) noch vorenthaltener Lohn (sie wird bei Kündigung durch den Arbeitnehmer oder Eintritt in den Ruhestand oder Tod nicht gezahlt) noch Überbrückungshilfe (sie ist meist vom Einsetzen der Leistungen der Arbeitslosenversicherung unabhängig), also wohl ein eigenständiges Institut des Kündigungsrechts, das sich in keine der vorhandenen juristischen Kategorien fugenlos einpassen läßt. Insoweit die Abfindung nach der Länge der Betriebszugehörigkeit bemessen wird, ist die Gerechtigkeit dieser Regelung zu bezweifeln; denn ob ein Arbeitnehmer im Betrieb verbleibt oder gehen muß, hängt sehr oft nicht von seinem freien Entschluß ab.

Sr. Alfredo Valdez (Chile)

1.—Me parece que el tema de esta mañana es uno de los más importantes del Congreso y del derecho del trabajo. La experiencia en los países subdesarrollados es algo diferente a los otros. Lo mas importante es el dilema que se plantea entre: a) Protección a los trabajadores empleados, y b) Posibilidad de a-ceso al trabajo de los desempleados y los subempleados.

Este es un problema muy serio, ya que un exceso de protección en favor de los trabajadores empleados, inmediatamente trae como resultado un aumento de la cesantia, por lo que la legislación debe ser muy cuidadosa a fin de no dejar sin protección al trabajador empleado y al mismo tiempo no sobre protejerlo, ya que de esa forma aumenta el desempleo.

2.—Otro punto importante es el de las indemnizaciones por despido injusto. Nos parece que entre algunas de las opcoones, las más conocidas son: a) Avaluacion anticipada de perjuicios por la ley, que tiene la ventaja de ser conocida, pero la desventaja de no indemnizar los perjuicios efectivos, pudiendo ser excesiva o demasiado pequeña en relacion al daño.

b) Indemnizacion convencional, que es la que en estos momentos exista en mi país, y que deja a las partes el fijarla anticipadamente, al momento de celebrarse el contrato; y

c) Indemnizacion de los reales perjuicios, que es fijada por el Tribunal, y que nos parece debe ser la que se imponga en definitiva, ya que tiene la ventaja de indemnizar efectivamente los perjuicios ocasionados al trabajador con el despido injusto.

3.—Finalmente quiero referirme al peso de la prueba en los juicios por despido y fijacion de indemnizaciones. Creo que ella debe corresponder al Empleador, y el trabajador debe estar amparado por una presunción a su favor. En todo caso esto debe complementarse con el fallo o sentencia en conciencia que debe ser la norma general en el procedimiento laboral.

Prof. Benjamin Aaron (United States)

Mr. Chairman and ladies and gentlemen, I should start out by confessing that through an unfortunate error the American national report on this issue was never printed. I thought it might be advisable and permissible, therefore, to depart from the general purpose of this session, which is to discuss the General Report, by making just a few points about the American system which you would have learned had we had a national report.

As some of you may know, the problem of dismissal from employment is handled in the organized sector—that is, the sector of employment that is organized by unions—largely by collective bargaining agreements which provide for the filing of grievances and their ultimate determination by arbitration. The justification made by the employer must satisfy the arbitrator. We use the term "just cause," which has been given meaning through thousands of arbitration decisions by a great many arbitrators under a great many different collective bargaining agreements through a system of common law, if you will, which gradually develops the law that shall apply to the particular contract.

The courts do not participate in this system other than to enforce agreements to arbitrate and to enforce the decision of the arbitrator after it has been rendered. But refusals to arbitrate and challenges to the decisions of arbitrators are statistically insignificant, and in most cases the parties abide by the system.

The difficulty is that, as you all know, no more than a quarter of American workers, probably less than that now, are covered by collective bargaining agreements. And for generations, until only very recently, the rule has been that an employer who has no contract with his employees, no collective agreement, may dismiss employees who do not have fixed-term contracts—and there are very few of those—for any reason or no reason at any time. The contract is regarded as a contract of will, and the employee may leave at any time without notice and the employer may discharge at any time without notice.

That system, which has seemed so inequitable to so many of us, has now begun to run into difficulty in the courts. The courts are now beginning to take the position in a few jurisdictions—it is by no means the general rule, but it is the beginning of what I think may be a trend—that even those employees who have no individual contracts of employment and who are not represented by unions or covered by collective agreements may not be dismissed unless the employer demonstrates just cause. In this case he must do so before a court rather than before an arbitrator because, with few exceptions, there is no arbitration system if there is no collective bargaining agreement.

One other point—and here I think we really share the problems of the rest of the world—concerns the question of changes in the employment relation brought about by new technology. The question in our country, as in many others, is to what extent must the employer give notice of technological change, and to what extent he is obligated in some way to take care of employees who lose their jobs as a result of the change. We know from our experience that technological change usually results in a net gain of jobs in the economy, but that does not help those persons whose jobs necessarily are sacrificed.

In this country employers have strongly resisted efforts to require them to give notice. They have strongly resisted any effort to limit their discretion when it comes to eliminating certain functions in the plant or eliminating the operations entirely at the plant. The general rule is that the employer is obligated to bargain with his employees if they are represented by a union over the decision to abandon an enterprise. But with certain restrictions, the employer's decision will prevail. On the other hand, he must also bargain over the results of that decision in respect of the individual employees who will lose jobs as a consequence, and then it is simply a matter of the bargaining strength of the union as to whether it can work out some kind of arrangement.

Given the chronic state of unemployment in this country and the serious unemployment that now exists, these problems are coming very much to the fore, and efforts are being made to deal with them through legislation—so far unsuccessfully. I think that in many ways this represents one of the crucial difficulties affecting the American economy and the American society.

M. Michel Rezeau (France)

Je tiens tout d'abord, Monsieur le Président, à m'associer aux observations et remarques de M. le Professeur Javillier en ce qui concerne les conditions de travail et les conditions d'expression dans les travaux de ce Congrès où la langue française ne fait pas l'objet de traduction. Je remercie M. le Professeur Ghera qui vient de faire une intervention en langue française. Je m'étonne de ce que—contrairement à d'autres interventions—l'intervention de M. le Professeur Javillier n'ait pas fait l'objet d'un résumé traduit.

Le remarquable rapport général qu'a présenté M. le professeur Plá Rodríguez contient une telle richesse d'informations qu'il ne peut manquer de stimuler la réflexion. Le domaine couvert en droit du travail est si large qu'il ne permet pas en quelques minutes d'indiquer toutes les pistes de réflexion.

Je veux m'en tenir à trois aspects qui relèvent plus spécifiquement de la politique de l'emploi liée aux problèmes de gestion de la main-d'oeuvre et de l'ajustement aux capacités de production.

Le premier point de mon intervention portera sur les procédures de licenciement.

Le deuxième point portera sur les liaisons emploi-activité-revenus.

Le troisième point portera sur les relations entre les licenciements et la politique de l'emploi.

1. *Procédures de licenciement*

M. Pinto indiquait hier qu'il serait intéressant de prendre comme point de repère pour des analyses fructueuses du licenciement, les causes de licenciement et d'envisager d'en dresser une typologie.

Une distinction essentielle est faite dans le rapport de M. Plá Rodríguez lorsq'il note les procédures spéciales en cas de réduction du personnel.

La législation française a établi des procédures spécifiques en cas de licenciement pour motif économique.

L'examen de la procédure dite de "droit commun", c'est-à-dire, celle qui concerne le licenciement individuel pour cause personnelle montre qu'il s'agit d'une cessation des rapports de travail individuelle, de la rupture d'un contrat de travail qui respectent le caractère d'un rapport individualisé entre l'employeur et le travailleur et la liberté contractuelle. La procédure tend à assurer la protection du salarié contre tout acte arbitraire et à garantir un certain nombre de droits.

La procédure établie en matière de licenciement pour motif économique implique non plus une discussion individuelle entre employeur et salarié, mais une phase de concertation au sein de l'entreprise et une phase administrative qui assure le contrôle de l'Administration par l'autorisation d'opérer des licenciements que celle-ci délivre.

Si la procédure est différente, c'est que les conditions de rupture de la relation de travail sont différentes:

—Il s'agit souvent d'un licenciement collectif, même s'il existe des licenciements individuels pour cause économique;

—tout se passe comme si une responsabilité extérieure à l'employeur, comme d'ailleurs au travailleur intervenait: situation économique, crise, nécessité de compétitivité, etc. . . qui aurait pour effet:

- d'exercer une "distanciation" dans les rapports contractuels entre l'employeur et le travailleur,
- d'introduire en quelque sorte une "fatalité",
- d'authentifier une situation par une autorité extérieure, en l'occurence l'autorité administrative à qui est demandée l'autorisation de licenciements.

Dans l'étude du licenciement, l'analyse des procédures de licenciement et les raisons d'être de ces procédures tiennent donc une place centrale et peuvent nourrir des réflexions fécondes.

2. *Liaison licenciements-revenus*

Aussi bien les employeurs que les pouvoirs publics se sentent une responsabilité accrue envers les salariés pour cause économique pour plusieurs raisons qui expliquent les types de revenus de remplacement mis en place.

—le licenciement opéré est indépendant de la personnalité et du comportement du salarié qui apparaît ainsi comme une "victime" des difficultés de l'entreprise ou de la situation économique. Une solidarité accrue entoure la "victime";

—le licenciement opéré dans une entreprise est difficilement "compensable" par une embauche dans une autre entreprise, de la même branche, lorsque toute la branche d'activité est atteinte par des difficultés économiques structurelles ou conjoncturelles (crise, débouchés, compétitivité). Il faut donc prendre en compte ces difficultés dans les niveaux et durées d'indemnisation;

—lorsque le licenciement atteint des personnes ayant des qualifications abandonnées dans les secteurs économiques, des actions privilégiées de formation et de conversion sont engagées;

—lorsque le licenciement concerne des personnes ayant atteint un certain âge, les possibilités de réinsertion professionnelle sont fortement diminuées; il faut en tenir compte en ménageant des revenus de remplacement jusqu'à la prise de la retraite (systèmes de pré-retraite).

La liaison emploi-revenu en activité ou hors de l'activité prend des significations différentes, de la relation emploi-revenu, on passe insensiblement à la substitution revenus-emploi, revenu-inactivité, réaménagement-vie de travail et revenu (temps partiel) etc. . .

3. *Licenciements et politique de l'emploi*

Trois aspects me paraissent devoir être souligné:

—l'approche collective des problèmes d'emploi,

—l'émergence ou l'affirmation d'une solidarité vis-à-vis de l'emploi,

—la nécessité de dégager de nouveaux modes de gestion de la main-d'oeuvre.

—L'approche collective des problèmes d'emploi.

A travers les procédures en matière de licenciement, les systèmes d'aide à l'emploi et au chômage, on distingue bien l'intervention des négociations individuelles ou collectives au sein ou hors de l'entreprise et l'intervention des pouvoirs publics.

La gamme des moyens mis en oeuvre va dans le sens d'un traitement plus collectif des problèmes d'emploi.

Les mesures prises pour des raisons conjoncturelles ou structurelles imposent un dialogue plus important plus permanent au sein des entreprises, l'intervention directe des services publics (administrations et moyens de financement publics). Contrôle de l'emploi, politique de formation professionnelle, octroi d'aides et de subventions, maniement du crédit, politique budgétaire, incitations de toutes sortes sont autant de moyens et de signes de cet interventionnisme croissant.

—L'émergence ou l'affirmation d'une solidarité vis-à-vis de l'emploi.

Elle s'exprime:

● à travers les "prélèvements" par l'impôt ou les cotisations sociales sur d'autres catégories socio-professionnelles qui sont davantage assurées de la sécurité de l'emploi (fonctionnaires, professions libérales);
● à travers le partage du travail et la solidarité entre générations.

En France, des contrats de solidarité sont passés entre l'Etat et les entreprises afin de favoriser l'embauche prioritaire des jeunes et des chômeurs. Ces contrats portent:

● sur la réduction de la durée du travail
● aide à la pré-retraite progressive
● départ en pré-retraite avec embauche équivalente.
● A travers la solidarité inter-entreprises pour résoudre certains problèmes d'emploi.

—Vers de nouveaux modes de gestion de la main-d'oeuvre.

S'il existera toujours des ruptures de contrat telles que celles qui font l'objet de la procédure de licenciement de droit commun, il n'est pas sûr que l'on ne puisse pas contenir les ruptures dues à des évènements économiques; si les entreprises mettent en place une gestion prévisionnelle de l'emploi qui prenne mieux en compte les ajustements de l'emploi à la production et les potentialités de leur main-d'oeuvre.

Au-delà de leurs aspects purement juridiques et économiques, les procédures de licenciement et les systèmes d'incitation financière et d'aide mise en place par les pouvoirs publics doivent conserver leur aspect pédagogique et favoriser les modes de consultation et de concertation au sein des entreprises et hors des entreprises.

C'est á ce prix que peut se préserver la paix sociale et que peut être assuré le progrès social au sein de nos sociétés complexes et solidaires.

Mr. Johan Lind (Sweden)

Several of the previous speakers have touched upon the most serious problem we have now in the labor market with the high unemployment rate, and I would also like to make some observations on this problem and from a legal point of view. And my question is whether it is really possible to do anything important in this field by the way of legislation.

You can, of course, have different legal solutions in order to alleviate the situation for the trade unions and the workers. You can have, for instance, as they have in West Germany, a sort of an early warning system. You can also have rules concerning negotiations or information to the trade unions. You can have rules that lay down the principle that you have to notify the government agencies before you decide on layoffs.

All these measures are of great importance, but are they really a solution of the problem? I do not think so. I think we have to rely also to a great extent on government. The government can, for instance, have solutions on the problem that they can subsidize enterprises; they can have sort of training systems of the work force; they can have subsidies for stockpiling, tax relief, and what have you.

And if you go too far along in this field, you will have problems concerning your trade agreements with other countries. You will have disputes with other countries which think it is unfair trade practices, and so on. So that is not a solution.

One solution which was suggested in my country some years ago was that it should be treated about the same way as an individual dismissal without just cause; that is, that the court, the Labor Court, should decide is it really necessary to have layoff in this enterprise? Are the economic reasons laid down by the employer sufficient? And, consequently, the trade union that proposed that solution said that we must provide economic expertise to the Labor Court.

Now, I am President of Labor Court in Sweden, and of course it would give a lot of power to the Swedish Labor Court because in practice it would mean that how to introduce new technology, the reallocation of the resources within Swedish industry would be ultimately decided by the Labor Court.

If I may quote, I think it was late Queen Victoria who said, "There are limits, and I have to set them."

But I must say that I think it was a very wise decision by my government and my parliament not to take this path. It is in the present situation not possible for the Labor Court in Sweden to make decisions of this kind, and I think it is a very wise arrangement.

But what shall you do? I submit to you that the only way is to have a sound and good economic policy from the government. You must make the enterprises profitable. You must cope with a person's difficult economic situation. And for me it is rather sad that I find some countries now who do not seem to attach paramount importance to the problem of full employment in their economic policy. And I think that the result of this economic policy might be in the most serious consequences of a social nature concerning the different societies. When I was born in the '30s, we had the Great Depression, with social unrest, and we shouldn't return to that situation.

Now, I will touch upon another subject. It was said the first day of our session by a learned American judge that he was very dubious whether the present form of litigation was really a good one, because it takes a very long time, and I think he also said that it costs lots of money.

I think he touched upon a most important question. Whatever legislation you have, it must be quick and effective and relatively cheap. It must not be a system such as was described by a British judge, who once said that British justice is open to everybody just like the grill room at the Savoy. It is a very, very dangerous situation if the courts and the law are in practice not open to everybody. You must have a system where you can help the poor worker to get his rights, to provide him with a lawyer, and you must have a very quick legal system. In my country we have basically one court system. You start at the Labor Court and you end at the Labor Court. It is not possible to have an appeal. And being, as I said before, President of Labor Court, I am rather happy with this situation.

Sr. Emilio Morgado (Oficina Regional de la OIT para las Américas)

Habida cuenta de los caracteres altamente negativos que ha alcanzado la situación del empleo en América Latina, en algunos círculos se ha planteado la conveniencia de precisar en forma clara cual debe ser el sentido que oriente la legislación sobre terminación de la relación de trabajo.

De una parte hay quienes opinan que la legislación debe estar preferentemente orientada a la promoción del empleo. En consecuencia debe tener la mayor flexibilidad posible, permitir el libre despido, o en el caso de ser necesario, la legislación debe establecer un sistema de estabilidad relativa pero en su modalidad menos amplia. De otra parte hay quienes sostienen que el desempleo y el subempleo obedecen a causas distintas y que la legislación protectora encaminada a la conservación del empleo es absolutamente imprescindible en situaciones críticas, especialmente si se tiene presente que la experiencia en América Latina demuestra que la "flexibilización" de la legislación y el abandono de su carácter protector no han resultado en un mejoramiento de la situación del emplo, no han promovido neuvas oportunidades de trabajo y, en definitiva, los niveles de desempleo y subempleo han continuado creciendo.

El debate adquiere contornos especiales cuando se refiere a los despidos colectivos por causas económicas o tecnológicas. Junto al problema de precisar los procedimientos y mecanismos aplicables y el grado de intervención de la autoridad pública y de las organizaciones sindicales, surge actualmente el problema de la insuficienca de los medios previstos para hacer frente a las consecuencias económicas de los despidos colectivos: no siempre los sistemas de seguridad social cuentan con los recursos apropiados y las posibilidades de readaptación profesional no resultan suficientes, por ejemplo. De otra parte los subsidios y apoyos financieros fueron establecidos para atender vireles de desempleo y subempleo "normales" y no del carácter intico que han asumido. Es por ello que hoy si advierte la existencia de ciertas modalidades encaminadas a apoyar determinadas formas de "autoempleo" y de formas impresariales no tradicionales, generalmente comprendidas en lo que si denomina "sector informal de la economio", respecto del cual el Derecho del Trabajo debe considenar formas apropiadas de regulación.

Mr. Toivo Ohman (Sweden)

Mr. Chairman, two very short questions concerning countries with a system of free approval of dismissals.

As we haven't got the general report printed in English, perhaps I misunderstood Professor Rodríguez, but if I understood him correctly, there are countries where dismissal due to misconduct has to be approved by the trade union before the employee is dismissed. My question is, what happens if the trade union approves and the employee does not approve? Does he in those countries get any help from his trade union, or does the union, in fact, function as some kind of labor court? Does he need a trade union to protect him against his trade union?

My second question concerns those countries where a dismissal must be approved by some kind of authority before the employee is dismissed. And as I understood Professor Rodríguez, he meant both work force reductions and individual dismissals. What happens in those countries if the authority approves and the employee does not approve? Has he got any real chance to go to court and get a change or is the decision of the authority more or less binding on the court, and in the latter case are both parties allowed to present their case before it makes its decision? I don't know if there are any representatives present of the countries concerned, but I hope someone can answer my questions.

Dr. José Serrano Carvajal (España)

Al tener los señores congresistas la suerte de contar no solo con el informe general del Dr. Plá Rodríguez, sino también con el inmejorable informe nacional de los profesores Alonso Olea y Montoya, puedo pasar a ocuparme del tema concreto de los despidos por fuerza mayor impropia o indirecta.

En ellos unos factores de naturaleza económica o tecnológica, imposibilitan la prestación de trabajo, porque ponen en cuestión la existencia misma de la empresa.

En el Ordenamiento Jurídico Español, estos despidos necesitan autorización administrativa. En esta se tiene en cuenta, entre otros factores, la repercusión social de la crisis, que de alguna forma influye en la denominada discrecionalidad administrativa. Este aspecto de la relevancia al llamado período de consultas de 30 días. Las partes intentan acordar la resolución de los contratos de trabajo y sus condiciones. O la sustitutiva solución mixta de modificaciones sustanciales de las condiciones de los contratos que pueden evitar la crisis total. Estos acuerdos pueden tener una forma parecida a los convenios colectivos, están sujetos a un control administrativo y por tanto, más rígido que los convenios que no necesitan dicha autorización. Comprobada la crisis, los representantes legales de los trabajadores, (Comite de Empresa, o Delegados del Personal) intentan conseguir mayores indemnizaciones que las fijadas por las normas y evitan los procedimientos consursales.

De las magníficas intervenciones de esta mañana, parece que puede desprenderse, que existe una completa diferenciación o más bien división, entre la implantación de un sistema de participación de los trabajadores en las decisiones de la empresa, por normas estatales o por convenios colectivos.

Prof. Masahiro ken Kuwahara (Japan)

In comparing various legislation of many countries, employment practices or customs in their own countries should be taken into consideration.

One of the Japanese features is lifetime employment, which may guarantee workers' employment until their retirement age. This custom will give workers a feeling of attachment to their company, or loyalty to it, and will give an employer the feeling of protecting his workers whom he has trained.

This custom is, as among other persons, well taken into consideration by the legislature and the Supreme Court. Therefore there is no statutory standardization except for provisions for the income security of workers at the time of a company's bankruptcy in the Labor Standards Act and the Trade Union Act.

However, lifetime employment does not exist for workers employed on a temporary or part-time basis. These workers are mostly women and subcontracting workers. Most of them are not organized by trade unions.

Therefore in the future, statutory standardization of dismissal causes will be necessary for them.

Prof. Boel Flodgren (Sweden)

Mr. Chairman, ladies and gentlemen, I would like to introduce myself. My name is Boel Flodgren, and I am from Sweden, and I am at Lund University. And Professor Adlercreutz over there and I prepared the Swedish report on today's theme, and therefore I would first like to make a point of clarification.

We prepared this report at the end of last year, and since then our legislation has been changed. We have not had any chance to give any written report on that, but I can just mention it here and say in a few words what it has all been about.

Most people, I would say, would not consider the changes very important. It has been at the request of employers mainly that employment protection in the employment protection statute has been loosened up a little. So now, for instance, it is permissible to employ for trial purposes, which was not in the statute before— it could be agreed upon in contracts before, but now it is permitted by the legislation to employ a person for a trial period. Also, the possibilities to employ for temporary periods or for short periods have been enlarged.

All these changes have come about, as I said, at the request of employers. On the whole, one could say that the Swedish legislation has been the target of much strife between employers and unions, which is not true for the rest of the Swedish legislation that we have had lately.

The Employment Protection Act actually gives some substantial rights to individual employees, and the unions get some power there to defend them, more substantially than, for instance, does the Codetermination Act or the Joint Regulation Act that we have been talking about before. So this is a more important issue, I would say, and the legislation on these matters is much more discussed and much more argued about than many other rules and regulations that we have in Swedish labor law.

One thing that has struck me very much here is that we all agree—or seem to agree mostly—that there should be no dismissal except when there is just cause. But we have not discussed very much what that means. And as far as I can see, we probably mean very different things.

Just cause is a matter of what is considered just according to social standards in each individual country, and probably it is a way of legitimizing the excuses that employers may have to discharge people. We call it a moral right or a legal right or whatever, but basically it boils down to the attitudes we have toward what should be the protection for the individual worker.

I think that in Sweden we look at it in the sense that the employer has a strong social obligation to keep the employee in employment. Just let me give you some examples, and then you can judge in your countries how the same cases would be treated—things like sickness and age.

We have had some much-discussed cases about alcoholism, for instance. Should alcoholism be a just cause? Well, the Swedish Labor Court says alcoholism could sometimes be described as a disease. If it is considered by doctors to be a disease, the individual employee is sick and should not be laid off or dismissed because of this disease. He should be treated through the social security system, and basically have the right to stay in employment until he gets a pension or something.

How about violence in the workplace? Well, violence in the workplace has to be of a certain degree, or rather you have to be rather violent to lose your job. The question is whether the employee is fit for further employment.

The Labor Court is being rather severe about these things in its writings when it says that we cannot accept violence in the workplaces. But when it comes down to the final decision on whether the employee has to leave or not, many of them have had the right to be reinstated.

Refusal to obey orders. How about that? Well, there has to be a rather stubborn refusal, and it must happen several times before the employee can be laid off.

I could give you more examples. But time is running short, and I just want to say that the important thing, I think, is to try to figure out just what "just cause" really is.

In Sweden it is very much of a social obligation for the employer to keep the employee in employment. That includes persons who do not fit into the ideal picture of the employee seeking employment, which in Sweden at present is the 20-24-year-old male skilled worker who has done his military service and has a family and has settled down. That is the one everybody is looking for in the workplace, and I am afraid not very many of us would fit into that picture.

Prof. Jean-Maurice Verdier (France)

Je voudrais simplement attirer l'attention sur un aspect du problème du licenciement pour cause économique qui commence à prendre de plus en plus d'importance dans la réflexion des juristes et dans les constatation des praticiens dans certains pays, en particulier en France et en Allemagne Fédérale, comme j'ai pu le constater moi-même.

Il s'agit du cas où le licenciement collectif est envisagé par une entreprise en difficulté. Le plus souvent les procédures de "faillite" du droit commercial, telles qu'elles sont conçues et appliquées, ne permettent pas la prise en considération des problèmes d'emploi. Elles visent essentiellement à protéger les gréanciers, parmi lesquels figurent certes les salariés, mais en tant que créanciers de salaires et non en tant que titulaires d'un emploi qu'ils risquent de perdre.

Le problème est alors de trouver le moyen de faire intervenir les représentants des travailleurs dans la procédure (de réglement judiciare ou de liquidation des biens de l'entreprise), afin que les solutions recherchées soient fondées non seulement sur des considérations financières, mais aussi et *en même temps* sur des considérations relatives au maintien des emplois qui pourraient être maintenus.

C'est dire que le problème ne relève ni du seul droit commercial ni du seul droit du travail (régime du licenciement). La réflexion doit être menée de concert par les juristes commercialistes et les juristes "travaillistes". Il intéresse les deux branches du droit à un titre égal et le droit du travail ne paraît pas être en mesure de le résoudre à lui seul.

Tant que le problème ne sera pas posé en ces termes et sur le double terrain du droit commercial et du droit du travail, il est fort à craindre qu'aucune solution efficace pour la protection de l'emploi ne puisse être menée à bien sur ce point.

Dr. José Serrano Carvajal (España)

La intervención de mi compatriota el Sr. Estevez, ha sido brillante, pero ha dejado flotando una pregunta sobre la titularidad de los derechos de representación, si esta titularidad se refiere a la empresa o a uno de sus centros de trabajo. Mi opinión que creo es la mayoritaria de la doctrina española (por todos Alonso Olea) y es la recogida en la ponencia aportada al tema por el profesor Fermin Rodriguez-Sañudo, no tiene duda en cuanto a que estos poderes son del Comite de Empresa, en virtud de lo dispuesto por el art. 63 de la Ley del Estatuto de los trabajadores, que lo define como ''el Órgano representativo colegiado del conjunto de los trabajadores en la empresa o centro de trabajo para la defensa de sus intereses''. La Ley por otra parte no se plantea el tema de la sindicación de estos representantes y sí una capacidad para ejercer acciones administrativas o judiciales para la defensa de los intereses de sus representados, que ya se habían reconocido a los órganos de representación que los precedieron en el tiempo por las Sentencias del Tribunal Supremo, Sala IV de 8 de Junio de 1973 y 13 de Diciembre de 1976. Igualmente el art. 87 de la Ley del Estatuto de los Trabajadores los legítimos para la más importante actuación de representación de los trabajadores, la de negociar los convenios colectivos de empresa o ámbito inferior.

GROUP DISCUSSION B

September 9, 1982

CHAIRMAN: PROF. WACLAW SZUBERT, Poland

Prof. Waclaw Szubert (Poland)

Professor Rodriguez was right in pointing out a general tendency throughout the world towards ensuring the job security and effective protection of the workers against unfair dismissal resulting in a substantial restriction of the managerial power to terminate the employment relationship. Particular provisions, procedures and safeguards serving this purpose are very similar in countries representing various legal systems. It is for instance, noteworthy that the general clause included in the Polish Labour Code of 1974 requiring a justification of every dismissal is not far from the West-German formula (stipulating also for each dismissal to be justified: sozial gerechtfertigt), which does not necessarily mean an identical interpretation of these clauses by the courts. And again, the consultative role only of the trade union works council in the process of making decisions to dismiss according to the Polish Code resembles very much the British solution which does not provide either for the co-decision of the trade union organisation in this respect.

It would be however wrong to draw too far-going conclusions from such similarities. Particular protective provisions are not necessarily connected with the countries' social and political system and may be largely transplantable. Nevertheless, taken as a whole, the solutions adopted in the socialist countries have some peculiar features that mark a distinct approach to protective policies and their different function. It seems very much worth while to realize what are these particularities in order to enlarge the understanding of the foundations of dismissal laws and to stimulate the exchange of experience in this domain.

As far as the justification of the termination of employment is concerned socialist countries rely rather on statutory comprehensive lists of objectively valid reasons of dismissal, specified in Labour Codes, than on general clauses leaving to the discretion of the courts the assessment of what may be considered justified reasons for dismissal in concrete situations. This method of regulation does not imply any substantial difference in the character of protection afforded to the workers but has the undeniable merit of indicating more concretely the permissible reasons for dismissal and thus facilitating the task of the courts.

On the other hand it is argued, however, that it is rather difficult to specify all the valid reasons for terminating the contracts by the employers in concrete terms without leaving some ambiguity and room for various interpretations. It is also impossible to avoid the necessity of assessing personal circumstances (such as family status of the worker, his health, etc.) in order to ascertain whether a dismissal objectively justified (i.e. having a real cause) may be considered "socially adequate" and not prejudicial to the worker, which is an important issue to be taken into account in final judgment. For these reasons the method of establishing comprehensive lists specifying admissible grounds for dismissal is subject to criticism and has not been adopted in all socialist countries.

As far as dismissal procedures are concerned, it is typical for most socialist countries to provide for the co-determination of trade union works councils, which makes them coresponsible for dismissal decisions. The individual worker is not involved in this procedure; he may, however, challenge these decisions before specialized bodies (committees) or tribunals.

The most important feature of socialist dismissal laws lies in the field of remedies for an unlawful (unfair) dismissal. Unlike in capitalist countries, the normal remedy is reinstatement on previous conditions whereas monetary compensation is admitted as an auxiliary sanction only, limited in value and subject to the resuming of former employment by the worker concerned. This solution rests on the assumption that a particular job may have for the worker an irreplaceable value for the loss of which no monetary compensation can be a suitable substitute. It is assumed also that such a compensation should not exceed the pay for the normal time of being in search of a new job (which is not very long considering the existing full employment situation) and should not bring to the dismissed worker any unjustified profit (in the form of double pay for the same time).

It is true that such a limitation of compensation may discourage workers not willing to resume their former employment from making any claims, even fully justified by the unlawful character of their dismissal. On the other hand, however, the remedy of reinstatement is a powerful deterrent from undertaking hasty dismissal decisions by the employers.

Justified though this line of policy may be in principle, its effectiveness has some limits. Judging by the experience of my own country I can say that the reinstatement encounters psychological barriers, especially in the face of acute conflicts and in smaller establishments where the worker unfairly dismissed is to resume his job under the same supervision. In such situations it often occurs that the workers concerned do not really return, after the reinstatement order, to their former employers or quit them soon afterwards for various reasons. It is true that even in such situations the reinstatement order reversing the dismissal decision may have for the worker concerned some psychological value and for this reason may be much desired despite the lack of any financial incentive. Nevertheless, it seems to be a case for ensuring the workers in such situations a suitable compensation irrespective of the actual resuming of former employment.

Monetary compensation may be still more important in case of dismissals justified by operational requirements of the enterprise (connected with re-organisation, technological changes, etc.) and concerning some groups of the workers because in such situations it may be difficult for them to be transferred without delay to other jobs, which may require special arrangements in the way of training, retraining, promoting geographical mobility, etc. In practice such arrangements are virtually made in periods marked by the necessity of undertaking some re-allocation of manpower and are financed from the resources of the enterprises concerned or out of public funds. All these circumstances must be taken into consideration in order rightly to evaluate the experience of socialist countries in using reinstatement as the main remedy for unfair dismissal.

In capitalist countries the traditional doctrine according to which a contract of employment cannot be specifically enforced stands still in the way of adopting the remedy of reinstatement, at any rate on a larger scale. The idea is, however, gaining ground that the exclusion of any such enforcement against the employee does not necessarily involve its suppression against the employer, esp. in case of victimisation of trade unionists or ''unfair labour practices'', which is reflected in the legislation and jurisdiction of some countries (West Germany, Sweden, United States). There seems therefore to be no obstacle of principle why the remedy of reinstatement could not be adopted in the capitalist countries on a larger scale. One should also not overestimate the psychological barrier which can possibly be overcome especially in greater enterprises where human relations are to a large extent depersonalized and the workers can easily be re-absorbed under different supervision. If this tendency really prevails and if the resistance of employers willing to preserve their liberty of getting rid of the workers they would like to dismiss at the expense of monetary compensation only is mitigated, there will be much room for mutual exchange of experience and for the assimilation of remedies of unfair dismissal adopted in capitalist and in socialist countries.

In this connexion due attention must be paid also to the legal character of the reinstatement order, which is important not only from the point of view of a purely juridical analysis but also for the practice. From both standpoints it is not indifferent whether the unlawful dismissal is considered as null and void or as bringing about a wrongful but effective termination of employment relationship because in the first case the reinstatement order will amount to a revival of relationship that did not cease to exist although it was not actually executed, whereas in the second case this order will mean a restitution of the relationship that was already for some time nonexistent.

Moreover, in the latter case the question would necessarily arise at what time the reinstatement order should come into effect (whether it should be attributed any retroactive effect) and what would be for the worker concerned the consequences of his being for a certain time out of employment. It must also be made clear whether the reinstatement means the restoration of the same or of identical or even of a similar employment relationship which may differ in some respects from the former one unless it does not involve a deterioration of the conditions of employment. All these questions are relevant for the proper assessment of the remedy of reinstatement and its practical significance and they have been given hitherto little attention in comparative studies.

A few words must be said in this connexion about the modification of the terms of employment going beyond technical changes in methods and organization of work, which may be made by the employer at any time unilaterally. I mean a modification of the conditions of employment by means of notice connected with a proposal of new terms, leading to dismissal only if this proposal is not accepted by the worker. Such a notice known in West Germany as "Änderungskündigung" and in France as "congé conditionnel" (which must not be confused with the English "constructive dismissal" meaning employee resignation on ground of the employer's conduct) is distinct from proper dismissal but it puts the worker concerned in a similar position. There is therefore a case for subjecting it to the same protective procedures and providing the same remedies, and such a regulation has been adopted in my country. There is, however, a need for extensive comparative research pertaining to the methods of modification as compared with the termination of the contract by the employer and to the safeguards against its prejudicial consequences for the worker.

The most important features of dismissal laws in socialist countries concern, however, not so much their wording and contents of protective provisions as their functioning in existing social and economic surroundings. An essential factor in this respect is the full employment situation which strengthens the position of workers and deters the employers from dismissing them even in justified cases, for fear of not being able to get the necessary workforce in case of increased requirements. This labour shortage (still intensified by the overmanning of many enterprises due to errors in planning the allocation of manpower) is reflected in the labour market statistics which show that the workers are much more frequently terminating the contracts than the employers and even are often leaving voluntarily their employment without notice, which results in an excessive labour turnover causing much trouble to the national economy.

Under these circumstances the economic factors contribute more effectively than labour law to the reduced incidence of dismissal decisions which does not lessen but rather increases the importance of weighing carefully their grounds and consequences in each particular case. Dismissal laws afford still general protection against arbitrary and prejudicial dismissal as well as specific protection of some categories of workers (e.g. pregnant women) and in this sense they constitute an important safeguard of the right to work.

It seems, however, necessary to complement them by more effective measures stimulating rational and economical use of the labour force and desirable transfers of manpower which supposes better forecasting of labour demand, promoting of geographical mobility, as well as training and retraining facilities, etc. What is really needed in this domain, is a better equilibrium between policies securing to the worker the right to remain in the same job or occupation (and locality) and organizing his chances of getting a new job in case he cannot (or should not) for economic or other reasons retain his former employment. Such a line of policy does not diminish the importance of protective dismissal laws although it may necessitate their amendment, especially as far as dismissal for economic reasons is concerned.

Mr. Victor M. Alvarez (Venezuela)

There are two different systems of payment concerning the termination of labor contract in Brazil. The first one I will call the classic system. The worker receives an indemnity corresponding to a month of salary for a year of service. After 10 years of service, the worker obtains stability. He can't be dismissed, except for a fault. The other one is what we call the guarantee fund. There is not stability in this system. The fund is deposited in a bank corresponding to 8 percent of the remuneration of the worker in a month. When the worker leaves the job, he receives the fund in the bank, but the worker can be dismissed.

Nowadays, 95 percent of workers in Brazil are in the fund system, so stability in Brazil does not exist. There is great turnover in labor and social relations now. The problem is serious.

We are convinced, after the report of Professor Plá Rodríguez and the considerations today, that the stability is the more important institute to guarantee the workers. And I consider that it is not necessary to eliminate in Brazil the guarantee fund in the bank, but it is necessary to equilibrate the labor relations and the guarantee fund with instability. I propose—and this is important for Brazil—that we maintain the guarantee fund, but with stability to guarantee the workers in their employment.

Prof. Ruth Ben Israel (Israel)

It seems to be that now it can be posited with considerable certainty that public consensus exists as to the need to implement the principle of job security. There is no better proof than the concept received in recent years as we learned from Plá Rodríguez's excellent report. So that the question today is no longer whether employees ought to be protected against unfair dismissal but what is the best way to attain job security. But one could also easily infer from what was heard this last day and especially from the national reports which were issued that the consensus pertains to the broad principle only and that varieties of opinion constantly arise wherever the principle is implemented. The extent of job security and especially the kinds of remedies that should be provided under such circumstances are still subject to serious debate especially concerning the subject of reinstatement.

I would like to comment on one aspect of the principle of job security. I would like to express my view concerning the question of the appropriate way to be used if and when the principle is translated into legislation.

It seems to me that for the next years to come, it is not enough to insert in a proposed bill only the general requirement of justification of the termination of the employment contract. The very need to provide valid cause for termination of the employment contract is, in itself, an innovation in more than one legal system. Therefore, it seems that the law must express not only the broad principle, but provide also detailed guidelines as to its implementation.

The criteria thus acquired must deal with the following two aspects: They must provide, on the one hand, detailed guidelines as to the kinds of reasons which can constitute valid cause for dismissals. On the other hand, the law must indicate the kinds of reasons which, although frequently used nowadays in cases of dismissals, cannot under any circumstances constitute valid cause for termination of the employment contract.

It seems to me that such detailed guidelines can be learned, as we heard yesterday from Mr. Yemin from the ILO, from the international convention concerning the termination of employment at the initiative of the employer, which serves as an excellent example to be followed.

Article IV of the convention deals with the justification of the termination of the employment. According to this article, valid reasons are only those reasons which are connected with the conduct of the employee or the capacity of the employee, or based on operational requirements of the undertaking, the establishment, or the service.

Furthermore, according to Article V of the convention, we have indications of the kind of reasons which cannot constitute valid reasons for termination. I think that this is the important thing to remember, that the reasons connected with trade union activities and the reasons inferred from the principle of equality cannot constitute valid cause for the termination of the employment contract.

I would like to conclude by expressing the wish that national legislators will follow the excellent example set forth in the international convention and thus contribute to the implementation of the principle of job security.

Dr. Sadek El-Said (Iraq)

Dear friends, you know that the percentage of economically active population in all the world now is about 25 to 30 percent. That means 25 or 30 percent working and 70 or 75 percent consuming, but without working. Therefore, one third of the population of all the world produces and 100 percent consumes. From this point of view, should we discuss the problem of the termination of employment or the security of employment? This is one point.

Security of employment or termination of employment. I know that the employers are free in the capitalist countries, but in reality they are not free, because I know that there is natural responsibility, if not social responsibility. Everyone capable of working should work. This is not forced work; it is a natural obligation, a social obligation, to work. Therefore, workers and employers are responsible to continue the employment, but not to terminate the employment.

The government should accept and exercise this responsibility. I know that in underdeveloped countries, and you know more than I, the productivity of the workers is very low. For that reason, the underdeveloped countries should discuss the problem of the security of employment, but not security of the termination.

Sometimes I have read that the termination of employment is a kind of security of employment. Really, I cannot understand that. I know if we are agreed that we should have social security, we should have also employment security. Without employment security, how can we successfully exercise or apply the system of social security?

For that reason, I want to declare that we should find a reasonable way to guarantee and to secure the employment but not to terminate the employment.

Mr. Federico Frediani (Italy)

I am from a country whose laws call for a reinstatement in one's job.

My country has a law which provides that workers terminated unjustly should be reinstated not only for wages, but also in the right to work. It is only from the actual possibility of exercising the right to work, that the worker can be restored completely in his right and his potential to use his skill at work.

But the principle is more honored in form than in reality. Workers' protection doesn't apply in small business, for instance, in factories where they have fewer than 15 employees, nor is this principle applied by some courts. In large cases, it is often the worker himself who chooses not to ask for reinstatement, as he realizes how difficult it is to be reinstated.

Despite applicable legal provisions, it is extremely difficult to force an employer to rehire a worker who has been fired. No court case, no matter whether the employer may be required to pay damage, will force the employer to rehire a worker he has fired. Even a system that protects the members of unions by providing for the payment of double damages does not affect the possibility of actual and effective reinstatement, because the employer often is allowed to pay.

It is particularly an Italian problem derived from the Roman law, the principle which says that nobody can be directly forced to do something. But it is particularly an Italian principle not to be able to force the employer to hire a worker without just cause, despite the law which provides just to the contrary. So in point of fact, we have a principle which derives from the Roman law which is exactly the contrary of what the law says, and we base our experience on this Roman principle.

I'm convinced that unless we change a charge of firing a worker without just cause from a civil to a criminal charge, the system of worker integration will not function, at least not in Italy, where the concept of industrial relations has deep ideological roots and where the majority of employers want as much flexibility in their organization as possible. But we must consider also a problem of who has to be considered the author of a crime. Often the decision is taken by a firm, but in reality it is imposed by the management. It would be, of course, absurd to charge management, per se, inasmuch as it is difficult to establish responsibility.

Therefore, we ought to think of penalties collateral to criminal penalties to protect the worker. On one hand, they should have a real effect on the firm, and on the other hand, they should be directed to the firm itself, not to the particular persons involved. One could consider such sanctions as a cutoff of bank credits or the end of certain tax benefits or other state or local tax advantages. Only in this way can one conceive an effective way to guarantee reinstatement of a worker in his position.

Prof. Dr. Roger Blanpain (Belgium)

First, my congratulations for Professor Plá Rodríguez for his excellent work.

Our subject of job security is from a certain point of view dominated by two conflicting demands—for economic flexibility on the one hand and for social stability on the other hand.

Employers need flexibility in order to respond to the changing economic conditions for seasonal, climatological, technological reasons, or fewer orders due to an economic crisis. Employers want to be able to adapt the labor force to the needs of their business. They want economic flexibility. Workers want to secure their jobs, to secure their income. They want social stability. And the question is, then, how to strike a fair balance between flexibility and stability. And the reality is that, in a system where certain workers have acquired substantial job security, others pay the price of that security by insecure jobs.

For example, in Japan, where there is a lifetime employment system for some 45 percent of the workers, this is paid by a dual labor market. You have also temporary workers who do not enjoy stability, who are less well-paid and less well-protected. In Europe and the United States, we have imported foreign laborers who are sent back when they are no longer needed, and they pay the price for the security of others.

We see an explosion of temporary work firms. We see an explosion of contracts for definite periods. These are all buffers which take care of the economic flexibility and pay the price for the security of others. So we end up with a dual labor market: those who enjoy job security with contracts for an indefinite period, and, on the other hand, temporary workers who do not enjoy such job security and are not equally protected.

We see in times of crisis an abuse of temporary work. Temporary work should be limited to really temporary jobs and not endanger permanent jobs. One should see to it also that these exceptional workers enjoy adequate protection. You cannot outlaw temporary work. Italy has outlawed temporary work, and the result has been to create a black market. And in Italy you have some four million black-market workers due to the prohibition of temporary work. The rules should be, in general, contracts for an indefinite period. The exception should be temporary work.

Mr. Chairman, I am particularly happy to see that the ILO may adopt a convention in that area, that at the European Community there is a proposed directive on the table on temporary work and that this problem will be studied in Caracas at our next meeting.

Dr. Gonzalo Vidal Caruana (España)*

EL DESPIDO DISCIPLINARIO EN ESPAÑA

1. *Situación Actual*

Vamos a referirnos al despido fundado en la conducta del trabajador, es decir en razones subjetivas.

El Artículo 102 del texto modificado de la Ley de Procedimiento Laboral, modificado por Decreto de 16 de Julio de 1.976, prevé que el despido se calificará

---

*This paper was not presented at the Congress but was submitted by Dr. Caruana for inclusion in these proceedings.

de procedente "cuando hay sido debidamente alegada y probada alguna de las causas legalmente establecidas". Y el artículo 36 del Real Decreto Ley 17/77 de 4 de Marzo, sobre relaciones de trabajo se limitaba, aún más, a afirmar que "el despido disciplinario será procedente cuando quedase acreditada la concurrencia de la causa justa alegada por el empresario". Y las causas justas vienen expresadas en el Artículo 33 del Real Decreto Ley citado y son:

a) Las faltas repetidas é injustificadas de puntualidad o de asistencia al trabajo.

b) La disciplina o desobediencia a los Reglamentos de trabajo dictados con arreglo a las Leyes.

c) Los malos tratamientos de palabra u obra o falta grave de respeto y consideración al empresario, a las personas de su familia que vivan con él, a sus representantes o a los jefes o compañeros de trabajo.

d) El fraude, la deslealtad o el abuso de confianza en las gestiones confiadas.

e) La disminución voluntaria y continuada del rendimiento normal de trabajo.

f) Hacer negociaciones de comercio o de industria por cuenta propia o de otra persona sin autorización del empresario.

g) La embriaguez, cuando séa habitual.

h) La falta de aseo, siempre que sobre ello se hubiese llamado repetidamente la atención al trabajador y séa de tal índole que produzca queja justificada.

i) Cuando el trabajador origine frecuentemente riñas o pendencias injustificadas con sus compañeros de trabajo.

j) La participación activa en huelga ilegal o en cualquier otra forma de alteración colectiva en el régimen normal de trabajo.

k) La negativa, durante una huelga a la prestación de los servicios necesarios para la seguridad de las personas y de las cosas, mantenimiento de los locales, maquinaria, instalaciones, materias primas y cualquier otra atención que fuera precisa para la ulterior reanudación de las tareas de la empresa.

En cuanto al procedimiento actual para el despido disciplinario estaba regulado en el resto de los artículos del capítulo II del título V del Real Decreto Ley 17/77 de 4 de Marzo.

2. La nueva situación respecto de los despidos disciplinarios, a partír del Estatuto de los Trabajadores

2.1. Con el Estatuto de los Trabajadores, la empresa puede extinguir el contrato de trabajo, mediante el despido basado en el incumplimiento grave y culpable del trabajador.

2.2. *Los supuestos*

Se consideran en el Artículo 54-2 incumplimientos contractuales imputables al trabajador:

— Las faltas repetidas e injustificadas de asistencia o puntualidad al trabajo.

— La indisciplina o desobediencia en el trabajo.

— Las ofensas verbales o físicas al empresario o a las personas que trabajan en la empresa o a los familiares que convivan con ellos.

— La transgresión de la buena fé contractual, así como el abuso de confianza en el desempeño del trabajo.

— La disminución continuada y voluntaria en el rendimiento normal del trabajo.

— La embriaguez habitual o toxicomanía si repercute negativamente en el trabajo.

2.3. Pueden considerarse los supuestos de despido disciplinario en el Estatuto similares a los del Real Decreto Ley 17/77, anteriores con la salvedad, de que junto a la embriaguez se ha introducio la toxicomanía, y que han desaparecido como causas la falta de aseo y las riñas o pendencias, aunque podría ocurrir que la jurisprudencia ampliara el tradicional concepto de indisciplina para que también comprenda las riñas o las pendencias.

Por último, debemos destacar que las causas j) y k) del artículo 33 del Real Decreto Ley de 4 de Marzo, no se citen en el Artículo 54 del Estatuto. Es importante tomar buena nota de que la participación activa en huelga ilegal o en otra forma de alteración colectiva del régimen normal de trabajo y la negativa, en huelga, a prestar los servicios necesarios para la seguridad de personas, cosas, locales, maquinaria, instalaciones, materias primas, etc., en definitiva lo que permita reanudar las tareas de la empresa, finalizada la huelga, no se citan como causas del despido disciplinario.

2.4. Forma del despido disciplinario

El despido disciplinario debe ser notificado por escrito, citando los hechos motivadores y la fecha en que se hará efectivo.

2.5. Calificación

Cuando se acredite el incumplimiento que el empresario alegó en su escrito de comunicación podrá el despido calificarse de procedente. Si no se acredita, será improcedente y si el empresario no notifica por escrito el despido, ó en éste no constan las causas y la fecha de su efecto, será nulo.

2.6. El despido disciplinario nulo es insubsanable

Nunca significará subsanación del primitivo acto de extinción del contrato, que el Empresario cumpla posteriormente los requisitos omitidos que ocasionaron la nulidad del despido.

Habrä que despedir de nuevo, y los efectos surgen desde la fecha del nuevo despido en forma correcta.

2.7. Los efectos del despido nulo

Si se despide al trabajador con nulidad del acto, se produce el efecto de la inmediata readmisión del trabajador y habrá que abonar los salarios dejados de percibir.

Observación.—Es contradictorio en el texto del artículo 55-4 (último punto) del Estatuto y el último punto del Artículo 55-3.

En uno se dice que aunque el empresario cumpla posteriormente los requisitos omitidos, el despido nulo sigue siendolo porque "no constituirá nunca subsanación del primitivo acto extintivo" y en el otro se dice "la subsanación podrá efectuarse en el plazo de 7 días siguientes a la declaración extintiva del contrato".

Parece como si se hubiera admitido una enmienda o una cláusula negociada quizás con algún grupo de presión de que pueda subsanarse en los 7 días inmediatos a la notificación del despido disciplinario, pero que se hubieran olvidado de quitar la prohibición tajante de subsanación del despido nulo. Podría interpretarse como que no se puede subsanar salvo en los 7 días siguientes a la notificación. Pero ello requeriría una corrección de estilo para hacer congruente el 55-3 y el 55-4.

2.8. Efectos del despido procedente

Cuando un despido es procedente, se produce la extinción del contrato sin derecho a indemnización alguna del trabajador y tampoco habrá que compensar los salarios de tramitación.

2.9. El despido improcedente. (Artículo 56)

El despido disciplinario puede ser calificado como improcedente,

3. Una Nueva Causa de Despido Disciplinario. La Toxicomanía

3.1. Antecedentes

Se incluía la embriaguez habitual en el Art. 77 de la Ley de 1.944 de Contrato de Trabajo. Esta causa procedía como otras del Art. 89 de la Ley de 1.931 y modificada por la de 6 de Noviembre de 1.941. Ya lo comentaristas de la Ley de Contrato de Trabajo, como José María Loperena, creían que la embriaguez no tenía por que ser consecuencia necesaria de una intoxicación por consumo de bebidas alcoholicas.

La única característica o nota tipificadora de aquella causa legal de despido, es la habitualidad. Las sentencias del Tribunal Central de Trabajo de 23-10-64, y del Tribunal Supremo de 22-1-44 y de 2-9-60, entre otras muchas, fijaron que la embriaguez fuera "frecuente" y que estuviera bien apreciada "la circunstancia de habitualidad".

Pero insistimos en que la Ley de Contrato de Trabajo se refería en abstracto a la "embriaguez" sin que ésta necesariamente tuviera que ser producida forzosamente por el consumo de bebidas alcohólicas, pudiendo ser su causa las drogas tóxicas no autorizadas.

El Art. 33 del Real Decreto Ley 17/77, de 3 de Marzo, sobre Relaciones de Trabajo, en su Apartado g), determinaba causa justa de despido disciplinario "la embriaguez, cuando séa habitual".

3.2. Regulación Actual

Ahora bien, en el Estatuto de los Trabajadores en vez de considerar por analogía la toxicomanía una causa de embriaguez, como el alcoholísmo, se distinguen tajantemente la embriaguez de la toxicomanía, como dos causas específicas y distintas.

El Art. 5 h-dos del citado Estatuto en su Apartado f) cita las dos causas, con alguna novedad restrictiva.

Dice así: "la embriaguez habitual o toxicomanía si repercuten negativamente en el trabajo".

Está claro, que la toxicomanía es ya una causa neuva, totalmente tipificada, como distinta de la embriaguez, y ya no habrá más ebrio que el del alcoholísmo.

Se puede, pues, con mayor claridad, y sin necesidad de acudir a tratamientos analógicos, despedir al drogadicto, siempre que la droga séa tóxica.

Ahora bien, a las dos causas incluídas en el mísmo apartado, se les exige una condición, la de que repercutan negativamente en el trabajo. Pueden repercutir aumentando el absentismo, y se reducirían entonces a la causa A) del Art. 54-2 del Estatuto, "las faltas repetidas e injustificadas de asistencia o puntualidad al trabajo".

En ocasiones, pueden estas causas transformarse en causa de ineptitud o en disminución continuada en el rendimiento, aunque so séa voluntaria. Si fuera continuada y voluntaria la disminución en el rendimiento normal del trabajo estaremos ante la causa recogida en al Art. 54-2 e).

En conclusión, la toxicomanía es a partír del Estatuto, diferente de la embriaguez.

Puede transformarse, como la embriaguez, en otras causas menos hirientes: la del 54-2 a) absentismo repetido e injustificado o la e) disminución continuada y voluntaria en el rendimiento normal del trabajo. Pero si no es causa identificable con esas otras, puede citarse como causa suficiente y propia del despido disciplinario. Pero no es bastante la toxicomanía, como no lo es la embriaguez, *sino repercute negativamente en el trabajo*. Si un borracho o un drogado, no lo está en el trabajo o no influye negativamente en éste, por guardar u compostura y eficacia, será más difícil que antes del Estatuto despedirlo, precisamente como consecuencia de la limitación expresada en el Apartado f) del 54-2 ya mencionado y analizado.

Una nueva consecuencia se deduce de la lectura del texto del Estatuto. Mientras que la habitualidad adjetiva a embriaguez no adjetiva a toxicomanía. Habrá quién diga que el drogadicto puede despedirse aunque no séa habitual, siempre que en la ocasión concreta haya repercutido su estado negativamente en el trabajo.

Otros opinan que el drogado no siempre es adicto ni toxicómano. Que la toxicomanía implica ya una dependencia y por tanto también habitualidad. Pero como un trabajador puede tener la manía de los tóxicos aunque varie de ellos, si toma o se afficiona a varios, bastará la toxicomanía genérica aunque no depende ni ansíe una droga tóxica determinada.

Terminación de la relación de trabajo por iniciativa del empleador y seguridad de los ingresos de los trabajadores afectados

por

DR. JOSÉ ISIDRO SOMARÉ

Cordoba

y

DR. JORGE N. HIRIART

Cordoba

I. INTRODUCCIÓN GENERAL

A. *Fuentes del régimen nacional*

En la República Argentina a partir del año 1974 en que se dicta el régimen general de contrato de trabajo, actualmente vigente con los caracteres que le imprime su reforma del año 1976, por conducto de la ley 21.297, es el plexo normativo que contempla lo referente a la terminación del vínculo trabajador empresario con mayor ámbito personal de aplicación.

Existen además los llamados estatutos particulares, o regimenes especiales, tales como el estatuto del viajante, del trabajador de casas de renta y propiedad horizontal, del trabajador agrario, a domiciio, del marítimo, del periodista professional, etc, etc.

La fuente de todas estas regulaciones legislativas es la constitución Nacional del Estado, que en su art.14 bis 1° parte establece: el trabajo en sus diversas formas gozará de la protección de las leyes, las que asergurarán al trabajador: condiciones dignas y equitativas de labor; jornada limitada; descanso y vacaciones pagadas; retribución justa; salario mínimo vital móvil; igual remuneración por igual tarea; participación en las ganancias de las empresas, con control de la producción y colaboración en la dirección; *protección contra el despido arbirratio;* estabilidad del empleado público; organización sindical libre y democrática, reconocida por la simple inscripción en un registro especial.

Tiene asimismo regulación constitucional, cuya vertiente es el mismo art.14 bis, la cesantía del dirigente gremial, cuya norma general está concebida así (art.14 bis 2°parte). Los representantes gremiales gozaran de las garantías necesarias para el cumplimiento de su gestión sindical y las relacionadas con la estabilidad de su empleo.

Hasta la sanción de la ley 21.476 (16.12.76) existían otras fuentes paraestatales que regulaban con modalidades especiales esta cuestión, tales como las convenciones colectivas del condiciones de trabajo, pero a partir de la fecha indicada, tales cláusulas convencionales se han considerado excesivas por cuya razón han quedado en desuso, sino derogadas. Esto pone de manifiesto la intención de unificar, en lo posible, todo lo referente a esta cuestión.

Por otra parte debemos consignar que ex profeso no hemos seguido sobre este tópico el cánon que contiene el art. 1° de la citada ley de contrato de trabajo, en adelante L.C.T., por cuanto reputamos errado su criterio, ya que omite toda referencia a la Constitución, como así también a "los tratados con potencias extranjeras", toda vez que ambos, juntamente a las "leyes que en su consecuencia se dicten por el Congreso", constituyen ley suprema de la Nación, según reza el art.31 de la Carta, que establece, como es obvio, la supremacía de la Constitución.

Según el art.1° de la L.C.T., son fuentes de regulación del contrato y de la relación de trabajo y ambos se regirán: por esta ley; por las leyes y estatutos profesionales; por las convenciones colectivas o laudos con fuerza de tales; por la voluntad de las partes; por los usos y costumbres.

A pesar de tal enumeración y de haberse mantenido el texto originario de la ley en esta cuesti'aaon, despues de la reforma introducida por ley 21.297, debe tenerse presente la observación formulada supra sobre la ley 21.476.

B. *Campo de aplicación general del régimen nacional*

El art.2° de la L.C.T., constituye, seguramente, la pauta dirimente de esta cuestión que, luego de la reforma de 1976, tiene un sentido distinto.

El texto legal ahora dice: La vigencia de esta ley quedará condicionada a que la aplicación de sus disposiciones resulte compatible con la naturaleza y modalidades de la actividad de que se trate y con el específico regimen jurídico a que se halle sujeta.

Omitimos en este capítulo transcribir la segunda parte de este artículo, puesto que su contenido pertenece al temario previsto en la letra C.

Puede afirmarse que las condiciones generales de aplicación de este régimen nacional son las siguientes: 1°) que exista un vínculo jurídico subordinado entre el prestador y el tomador de trabajo; ello surge de los arts. 21 y 22 de la L.C.T. que caracterizan respectivamente al contrato y a la relación de trabajo e igualmente del art.1° ya transcripto, como asimismo del 25 y 26 que perfilan los conceptos de trabajador y empleador; 2°) que el objeto del contrato no sea ilícito ni prohibido, con las salvedades de los arts 39 y 40 (cuando el objeto es ilícito produce efectos si las leyes, reglamentos u ordenanzas lo toleran, consienten o regulan y cuando es prohibido, la prohibición está dirigida solo al empleador); 3°) que la prestación sea personal, in tuite personae (art.37); 4°) que exista compatibilidad entre las características de este regimen, con el específico y además, con las modalidades y naturaleza de la actividad de que se trate.

El caso ocurrente con más frecuencia en la práctica, estuvo dado hasta la sanción de la ley N°22.248, conocida como el estatuto del trabajador agrario, por la pretensión de aplicar al trabajador rural el instituto del preaviso.

Tanto la doctrina como la jurisprudencia tuvieron vacilaciones al respecto y las dudas fueron despejadas por el último ordenamiento citado (ley 22.248) que vino a dar razón a quienes sosteníamos la inaplicabilidad del preaviso a los rurales.

C. *Exclusiones*

1. Según ya lo adelantáramos, la segunda parte de este art.2° de la L.C.T. alude a las exclusiones, en los siguientes términos: Las disposiciones de esta ley no serán aplicables:

a) A los dependientes de la administración pública nacional, provincial o municipal, excepto que por acto expreso se los incluya en la misma o en el regimen de las convenciones colectivas de trabajo;

b) A los trabajadores del servicio doméstico,

Este artículo segundo de la L.C.T., ha sido substituído, luego de dictada la ley 21.297, en forma directa, por la 22.248, que lo reforma en estos términos, art.3°: substitúyese el texto del art.2° del regimen de contrato de trabajo, aprobado por ley 20.744 y modificado por ley 21.297, por el siguiente:

art.2°. . . . .

Las disposiciones de esta no serán aplicables:

A) A los dependientes. . . . . . .
b) A los trabajadores. . . . . . .
c) A los trabajadores agrarios. . . . .

Es decir entonces lo que hace la ley 22.248 es agregor al texto del art.2° - 2°parte de la L.C.T., una nueva categoría de prestadores de trabajo excluídos, los trabajadores agrarios.

Pero existe también una reforma que podemos llamar indirecta o virtual, que emana del art.35 de la ley 22.250, conocida como el estatuto de la construcción, según el cual: "Las disposiciones de esta ley son de orden público y excluyen las contenidas en la ley de contrato de trabajo en cuanto se refieran a aspectos de la relación laboral contempladas en la presente ley. En lo demás, aquélla será de aplicación en todo lo que resulte compatible y no se oponga a la naturaleza y modalidades de este regimen jurídico específico".

Todos los casos excluídos tienen sus regimenes particulares, los cuales a veces en algunos aspectos, son más beneficiosos.

2. La L.C.T. no preve, como otros ordenamientos, un período de prueba o cadencia.

Sus disposiciones, en tanto se refieran a las consecuencias de la disolución del vínculo, no serán aplicables a los contratos celebrados a plazo fijo art.94, en cuanto el plazo no exceda de un mes y a los contratos de trabajo eventuales, entendiéndose por tal el celebrado para la satisfacción de un resultado concreto, en relación a servicios extraordinarios determinados de antemano o exigencias extraordinarias y transitorias de la empresa, o bien cuando el vínculo comienza y termina con la ejecución del acto, la realización de la obra o la prestación del servicio presvisto (art.99).

D. *Terminología y definiciones*

La ruptura de la relación de trabajo por iniciativa del empleador es conocida tradicionalmente en argentina como despido. También suele denominarse cesantía.

El despido, como acto volitivo unilateral del empleador, puede ser aplicado con causa o sin ella; en el primer caso sin indemnización, en el segundo con el pago de la misma.

Generalmente el despido se decide en forma individual, es decir, respecto a un trabajador.

Excepcionalmente puede afectar a toda la categoría y más raramente aun, a toda una sección o a un establecimiento (caso de cierre o despido por paro, huelga, etc, es decir, todo acto que tienda disminuir la producción y provocar un conflicto colectivo (ley 21.400).

II. PROCEDIMIENTOS PREVIOS A LA TERMINACIÓN

A. Notificación al trabajador

La L.C.T. exige, para que resulte atendible la justa causa que se alegue para el despido, que la misma se comunique al trabajador por escrito, con expresión suficientemente clara de los o el motivo en que se funda (art.243).

Esta obligación es bipolar, se exige tanto al trabajador que denuncia el contrato, como al empleador que despide (art.243).

Tiene un fundamento constitucional, pues se orienta o dirige para hacer efectivo el ejercicio del derecho de defensa que consagra el art.18 de la Carta.

Está basado, igualmente, en el deber de lealtad y buena fe que se exige tanto al celebrar, como al ejecutar o extinguir el contrato de trabajo (art.63 de la L.C.T.).

La ley prohíbe, al mediar contienda judicial, se pretenda hacer valer otra causal o causales diferentes a las esgrimidas en el momento de comunicar la disolución del vínculo (art.243 in fine).

B. Notificación a los representantes de los trabajadores

En nuestra legislación no se ha previsto la obligación de notificar el despido ni al sindicato, ni al consejo de empresa, ni a la comisión paritaria, ni a la comisión de reclamos, etc.

En algunos convenios colectivos, como en el metalúrgico, por ej., estaba prevista una obligación de este tipo, de manera tal que si no se la cumplía, la falta de ese requisito formal tornaba injusta la cesantia con obligación de indemnizar, por más que la justa causa alegada existiera.

Esa cláusula ha desaparecido por virtud de la ley 21.476.

C. Notificación a las autoridades públicas

Tampoco exige la L.C.T. que la decisión con referencia al despido deba ser comunicada a las autoridades públicas, como ocurre con otras circunstancias tales como la denuncia de los accidentes del trabajo (art.25 ley 9688 y decreto 1005/ 49), la adopción de sistemas de control (art.71 L.C.T.) etc.

D. Plazo del preaviso o compensación en lugar de este plazo.

La L.C.T. por virtud de su reforma con motivo de la ley 21.297, tiene dos plazos de preaviso referidos al empleador y uno al trabajador.

La obligación de preavisar o bien de pagar la indemnización sustitutiva opera únicamente en caso de cesantía injustificada.

Cuando el empleador decide el despido y no media causa que lo justifique, debe preavisar con una antelación de un mes, cuando la antigüedad del trabajador es inferior a cinco años y de dos meses cuando tiene más de cinco años de servicios L.C.T. art.231. Si la denuncia del contrato la hace el trabajador, sin causa, debe preavisar a su empleador con una antelación de un mes, cualesquiera fuese su antigüedad (art.231).

El plazo dél preaviso comienza a correr desde el primer día del mes siguiente a su comunicación, que debe probarse por escrito (art.233).

Durante el plazo del preaviso el trabajador goza de una reducción de dos horas diarias en su jornada sin redución salarial, que a su elección, puede operar en las dos primeras o dos últimas horas de labor, o bien acumular todas las horas que le correspondan, en cuantos días ellas equivalgan (art.237)

Puede también el empleador relevar al trabajador de su obligación de prestar servicios durante el plazo del preaviso (art.236 infine).

La parte que denuncia el contrato sin causa y omite preavisar o lo hace en forma insuficiente, deberá pagar a la otra una indemnización equivalente a la retribuci'aaon que el trabajador debió percibir durante el respectivo plazo (art.232).

E. *Formalidades previas especiales en caso de despido por causas relacionades con la conducta del trabajador.*

El regimen general de contrato de trabajo (L.C.T.) no contiene disposición alguna que obligue a observar determinadas formas antes de proceder al despido con causa fundada en la conducta del trabajador.

Antesde la sanción de la ley 22.425, que deroga la 12.637 y el decreto 20.256/46, sobre el regimen especial de los empleados bancarios, para proceder al despido sin pagar indemnización a estos trabajadores, se exigía constatar la causal mediante un sumario administrativo previo que pusiera de manifiesto la conducta atribuída al trabajador.

En la actualidad esta modalidad se exige en el caso del empleado administrativo del Estado nacional (ley 22.140) pero estos, según vimos, están excluídos de la L.C.T. (art.2°).

III. JUSTIFICACIÓN DE LA TERMINACIÓN

A. *Reconocimiento del principio de que la terminación debe sor justificada*

Tanto la fuente constitucional, el art.14 bis de la Carta, en cuanto ordena que las leyes asegurarán al trabajador contra el despido arbitraro, tanto la L.C.T. cuando facultas la denuncia del contrato en caso de inobservancia de las obligaciones de una de las partes, que constituya injuria, que por su gravedad no consienta la prosecución de la relación, están consagrando el principio general, según el cual la disolución del vínculo es procedente cuando media causa que la justifique.

Cabe destacar sobre el particular que en la actividad privada, en Argentina, es este momento no existe disposición legal alguna que consagre la estabilidad en sentido propio, por cuya razón es lícito sostener hoy que solamente opera la estabilidad impropia, que importa, en los hechos, obonar una indemnización cuando falta la justa causa, pero es imposible peticionar la nulidad de la cesantía y la correspondiente reinstalación.

B. *Causas que pueden justificar la terminación*

Existen en la L.C.T. dos tipos de causas justificantes de la cesantía, que producen, igualmente, dos clases diferentes de consecuencias.

La justificación total que releva de la obligación de indemnizar, occurre cuando media injuria. Se trata de un acto o un hecho cometido por el trabajador que lesiona la moral, los intereses o la persona física del empleador (art.242)

En tales casos debe mediar entre el hecho o bien el acto cometido y el despido, causalidad (relación directa de causa a efecto), proporcionalidad (relación culitative o cuantitativa) y contemporaneidad (relación de tiempo).

Ocurriendo así las cosas el empleador se exime de preavisar y de indemnizar por antigüedad.

Otro tanto acontece cuando el trabajador reune los requistos para obtener la jubilación ordinaria, en cuyo caso el empleador debe intimarlo para que inicie los trámites jubilatorios, poniendo a disposición del empleado certificados y demás documentación necesaria (art.252). A partir del momento de la intimación, en las condiciones señaladas, la relación se mantiene por el plazo maximo de un añō, al cabo del cual el contrato se extingue sin obligación de preavisar, ni de indemnizar, se haya concedido no el beneficio.

Por último si el trabajador es cesanteado por incapacidad no es acreedor a indemnización alguna, salvo que ella fuere sobreviniente a la iniciación del vínculo (art.254).

Y la última hipótesis de cesantía sin indemnización opera cuando para el desempeño de la tarea es necesario contar con una habilitación oficial (carnet de conductor en el chofer de taxi, por ej.) y fuese inhabilitado por dolo o culpa grave inexcusable de su parte (art.254 in fine).

Pero la extinción del contrato puede obedecer al hecho de que haya mediado fuerza mayor o falta de trabajo no imputable al empleador art.247, entonces si el despido comienza por afectar al personal menos antiguo o si respecto del ingresado en el mismo semestre se despide a quienes tienen menos cargas de familia, el empleador está relevado de la obligación de preavisar y abonará solamente el 50% de la indemnización que se calcula en base a la antigüedad.

Otro tanto ocurre cuando el contrato se éxtingue por muerte del empleador y las causas determinantes de la relación han sido sus condiciones personales, o legales, o su actividad profesional u otras circunstancias similares (art.249). En tal caso no existe la obligación de preavisar y se paga el 50% del importe de la indemnización calculada en base a la antigüedad.

Por último si la extinción del contrato ocurre por quiebra del empleador y no resultare ésta a él imputable, ocurre lo mismo que en el caso anterior.

C. *Causas que no pueden justificar la terminación*

La L.C.T. no admite el despido cuando opera como causa la incapacidad sobreviniente del trabajador. En tal hipótesis si la incapacidad es parcial debe reintegrarlo a la empresa y asignarle tareas acordes con su estado y si no le fuese posible, debe indemnizarlo con el 50% de la reparación que se calcula según la antigüedad (art.212), pero si la incapacidad es total, debe pagar el 100% dé esa indemnización. Cuadra aclarar que tales incapacidades deben tener su origen en una enfermedad o accidente inculpable, es decir, aquellos que además de no estar provocados o acontecer sin que medie intención del trabajador, no deben tener vinculación causal o concausal con el trabajo.

Tampoco puede justificarse la cesantía en la circunstancia de ser incorporado el trabajador al servico militar, ni por el hecho de ejercer algún cargo electivo o representación sindical (arts.214,215 y 216).

En tales hipótesis el empleador debe conservar el empleo y reincorporar al trabajador que así lo solicite dentro de los 30 días despues de haber cumplido el término de cada eventualidad. Esos 30 días funcionan como plazo de caducidad.

No se alude aquí a las hipótesis que prevé la ley en los casos de estado de excedencia pues ese tema corresponde al relator del tema III).

A su turno el art.17 de la L.C.T. prohibe hacor discriminaciones e implicitamente el despido, fundado en motivos relacionados con el sexo, raza, nacionalidad, religión, edad, política o sindicatos.

IV. RECURSOS CONTRA UNA TERMINACIÓN QUE NO SE CONSIDERA JUSTIFICADA

A. *Instancias previas en la empresa*

Según hemos advertido retro, el único regimen legal que exigía procedimientos previos a nivel empresa, era el hoy derogado referido a los bancarios.

Por vía convencional, asimismo existía el caso rederido a los metalúrgicos al que también aludimos y que ha quedado sin vigencia merced a la ley 21.476.

B. *Recurso al sindicato*

Tampoco impone la ley vigente instancia o recurso alguno ante la organización sindical.

En anteriores leyes sindicales, para proceder válidamente al despido del dirigente sindical, era menester someter previamente la cuestión a un organismo administrativo, requisito que no contiene la ley vigente de la materia N°22.105.

C. *Recurso ante un organismo neutral*

El trabajador despedido que no está de acuerdo con la o las causales invocadas para su cesantía puede ocurrir ante la autoridad administrativa de aplicación, el Ministerio de Trabajo y reclamar por lo que él entiende es un despido injustificado.

El órgano administrativo fijará audiencia y cita a las partes, cuyo comparendo es obligatorio, no así someterse a la jurisdicción administrativa, la cual, por ende, puede ser declinada.

Si la parte reclamada acepta la intervención de la autoridad administrativa, ésta actúa como mediadora y si media acuerdo, éste, una vez homologado pone finiquito a la cuestión.

Puede el trabajador iniciar demanda directamente ante la justicia del trabajo. No existe ya, en ningún caso, la instancia administrativa previa como ocurría por aplicación delanterior estatute del peon rural y respecte del servicio doméstico.

En Argentina existe tan solo uniformidad en lo referente a la legislación de fondo, por eso hay en todo el país un solo código civil, uno panal, ets y en su hora, cuando se dicte, existiré un cédigo del trabajo y otro de la seguridad social.

En cambio la legislación processal, los códigos de procedimiento son ostaduales, osda previncin tiene el suyo y falta una Corte de Casación de carácter nacional que unifique la interpretación de los c'aaodigos de derocho común, no federal, cuestiones que, en principio, escapan a la jurisdicción de la Corte Suprema de Justicia, por la vía del recurse extraordinarie de inconstitucionslidad.

Tanto en el procedimiento administrativo como en el judicial se consagra la gratuidad a favor del trabajador.

E. *Medidas de reparación en caso de despido injustificado.*

Ya hicimos noter supra que en Argentina, no existe hoy la estabilidad en sentido propio respecto a los empleados privados, por cuya razén no cabe habler ni de anulación del despido, ni de reinstalación.

El despido injustificado a intempentive se sanciona con el pago de la indemnización calculada segun la antigüedad en el empleo y la que corresponde a la falta de preaviso.

V. TRÁMITES POSTERIORES A LA TERMINACIÓN

A. *Certificado de Trabajo*

La L.C.T. contiene una disposición (art.80) que obliga al empleador a entragar, cuando el contrato se extinguiere por cualquier causa, al trabajador, un certificado de trabajo en el cual debe constar el tiempo de prestación de los servicios, su naturaleza, sueldoe percibidos y aportes y contribuciones efectuadas a los organismos de aeguridad social.

Además, vigento el contrato, cuando medien causes razonables, el trabajador tiene derecho a solicitar y el empleador obligación de otorgar, constancia documentada de los fondos ingresados a la organización sindical correspondiente.

B. *Prioridad de readminión cuando la empresa vuelve a contratar trabajadores*

La L.C.T., no contiene disposición alguna que se refiera al tema. Algunos convenios colectivos habían previsto la cuestión, pero tales claúsulas quedaron prácticamente derogadas por la sanción de la ley 21.476.

C. *Notificación a los organismos encargados de servir las prestaciones de desempleo*

La ley nacional N°13.591 conocida como ley nacional de contratación y colocación de trabajadores, establece en su art.14 que los empleadores, cualquiera sea su naturaleza, están obligados a comunicar a la Dirección Nacional del Servicio de empleo toda vacante producida o a producirse, especificando las carácterísticas profesionales de la misma, con expresa mención de la causa que la originó.

En el caso de infracción a tales disposiciones el respectivo empleador puede ser sancionado.

Con posterioridad el dec.499/62, transfiere el cometido de la D.N. del Servicio de empleo a la Dirección Nacional de Estudios e Investigaciones.

VI. TRÁMITES ESPECIALES EN EL CASO DE REDUCCIÓN DEL PERSONAL

A. *Autorización de las autoridades públicas*

Ni la L.C.T., ni los estatutos particulares consagran la necesidad de obtener autorización de ente alguno para proceder a la reducción del personal.

La anterior ley de asociaciones profesionales, como ya se dijo, contenía una disposición, hoy derogada, segun la cual para proceder a la cesantía de un dirigente gremial era menester obtener, previamente, el desafuero del mismo, sin cuyo requisito se consideraba nula la medida.

Hoy nada de eso subsiste.

B. *Consulta o negociación con los sindicatos u otros representantes de los trabajadores*

La ley no impone como obligación empresaria formalizar negociaciones con los sindicatos en casos tales.

Sin embargo la costumbre, cuyo antecedente lo han sido cláusulas convencionales, en determinados gremios, ha impuesto una tal operatorio. Debe hacerse la salvedad que al no existir la obligación, la inobservancia de la costumbre no produce consecuencias.

C. *Medidas para evitar la reducción de personal*

Ni la ley general de contrato de trabajo, ni los estatutos profesionales tienen previstos mecanismos para evitar la reducción del personal.

En épocas de evidente depresión económica, se han usado el expediente de la concertación (compramiso, pacto social acuerdo social, etc) mediante el cual entre el Estado, el grupo empresarial y el más representativo de los trabajadores,se conviene por un lapso determinado no producir cesantías que no obedezcan a justa causa y por parte de los trabajadores prestar la mayor colaboración posible con el objeto de mantener el ritmo de producción.

Tan solo la ley 13.591 sobre contratación y colocación de trabajadores en su art.4° inc.c) prevé que la Dirección del Servicio de empleo, debe estudiar y aconsejar la intensificación de las actividades, la modificación de los horarios etc., con el fin de evitar las cesantías y facilitar la reabsorción de los desocupados.

D. *Criterios de selección de los trabajadores afectados por una reducción del personal*

Lo referente a este tópico ha sido valorado con motivo del tratamiento del tema "causas que pueden justificar la terminación", especialmente en lo que se refiere al despido motivado por fuerza mayor o falta o disminución del trabajo no imputable al empleador.

E. *Medidas especiales para atenuar los efectos de una reducción del personal (formación especial, prestaciones financieras, otras medidas)*

La ya mencionada ley nacional 13.591 de contratación y colocación de trabajadores, establece que la Dirección Nacional del Servicio de empleo, cuya constitución prevé, debe proyectar un régimen legal y económico que permita proporcionar a los trabajadores los medios de subsistencia necesarios en caso de cesación o interrupción de su actividad profesional motivada por un paro forzoso y la financiación del mismo.

Por conducto del dec.499/62, como ya se hizo notar, el cometido a cumplir por la D.N. del Servicio de Empleo debe ser llenado, a partir de su vigencia, por la Dirección Nacional de Estudios e Investigaciones.

SEGUNDA PARTE

II. SEGURIDAD DE LOS INGRESOS DEL TRABAJADOR AFECTADO POR UNA TERMINACIÓN DE TRABAJO

La L.C.T., contiene todo un título, el XIV, que trata de los privilegios, esto es, de la preferencia de los créditos laborales, frente a los demás acreedores del empleador.

Los privilegios son de distinta clase: Así tenemos privilegios especiales que amparan el crédito por remuneraciones por seis meses y los que emergen de un accidente de trabajo, indemnizaciones por despido (antigüedad y falta de preaviso) y el fondo de desempleo, que as una prestáción especial instituída, para los trabajadores de la construcción (ley 22450), gozan de privilegio especial sobre las mercaderías, meterias primas y maquinarias del establecimiento en que ha prestado servicios. El mismo privilegio recae sobre el precio del fondo de comercio, dinero, títulos de créditos, depósitos en bancos que sean el resultado directo de la explotación.

Todos los créditos aludidos gozan de preferencia sobre cualquier otro que recaiga sobre los mismos bienes, excepto el caso del acreedor prendario sobre el saldo de precio y el del retenedor por razón de las mismas cosas, si es que fueren retenidas, derecho este último más teórico que real frente a disposición específica de la ley de concursos.

Los trabajadores de la construcción gozan de privilegio especial sobre el edificio, obras o construcciones, cuando fueren contratados directamente por el propietario y cuando su empleador es un contratista o un sub-contratista, cuando la obra se hace con fines de lucro o bien para ultizarla en actividad a ese fin, en cuyo caso el privilegio pueda limitado a las remuneraciones y fondo de desempleo.

Por último la L.C.T., ha consagrado, también privilegios generales (art.273) que amparan los créditos por remuneraciones y subsidios familiares por un máximo de seis meses y los provenientes de indemnizaciones por accidente de trabajo, por despido (antigüedad y falta de preaviso) vacaciones, sobresueldo anual complementario y fondo de desempleo.

Gozan de igual privilegio las costas judiciales correspondientes y los interses, con un límite máximo para estos, de dos anos.

Quedan excluídos del privilegio los gastos judiciales de donde la referencia a costas se limita a los honorarios, devengados.

Cabe apuntar, por último que la L.C.T., consagra igualmente como principio general, la inembargabilidad del salario mínimo vital, en la proporción que establezca la reglamentación, criterio que no rige en el caso de una demanda por alimentos (art.120).

Ese criterio es reiterado luego con referencia a todo tipo de retribución, aclarando que la excepción referida a los alimentos se extiende a las litis espensas, con un límite no predeterminado, esto es que figará el juez, a fin de que permita la subsistencia del alimentante.

Consagra igualmente que no podrán ser cedidos, ni afectados a terceros los créditos emergentes de la relación y que todos los privilegios de este capítulo (IV del título IV) regirán en cuanto resulten aplicables, respecto de las indemnizaciones debidas al trabajador a sus derechohabientes.

A. *Prestaciones del empleador distintas de la indemnización por despido injustificado*

La L.C.T. no ha previsto otro tipo de indemnización que no sea el emergente del despido injustificado.

Tales prestaciones están previstas en algunos regimenes particulares. Nos referinos tan solo a tres de ellos.

El primero es el estatuto del viajante, ley 14.546, que en su art.14 consagra el derecho a percibir la indemnización por clientela, estableciendo para "el caso de disolución del contrato individual de trabajo, una vez transcurrido un año de vigencia del mismo, todo viajante tendrá derecho a una indemnización por clientela, cuyo monto estará representado por el 25% de lo que le hubiere correspondido en caso de despido intempestivo e injustificado.''

Esta indemnización se percibe cualquiera sea el motivo de la rupture, por cierto, entonces aun cuando es despedido con justa causa.

A su vez la ley 22.450, conocida como el estatuto de la construcción y que por ende ampara tan solo a ese sector laboral, establece en su art.15 la constitución del llamado fondo de desempleo, que se forma con el aporte obligatorio que el empleador debe hacer, mes a mes, de un doce por ciento de la retribución en dinero que el trabajador perciba en concepto de salario básico y adicionales de convenio, más los eventuales aumentos que se operen sea por resolución del empleador o del Poder Ejecutive, todo ello durante el primer año de vigencia del contrato.

A partir del segundo año de vigencia, el importe a depositar será del 8% y tales depósitos deben ser hechos en una entidad bancaria en libreta a nombre del trabajador, de manera tal que rediteen beneficios acordes con las variaciones del poder adquisitivo de la moneda.

Los importes respectivos que así resulten, le serán entregados al trabajador una vez que haya cesado la relación laboral, cualquiera fueran sus causas.

Por último la ley de asociaciones de trabajadores N°22.105 ha previsto, para la hipótesis'del despido sin causa de un dirigente sindical, una prestación especial para percibir, además de las indemnizaciones comunes, los haberes que hubiere cobrado durante todo el lapso que faltare para cumplir su mandato, computado desde la feche de su despido (art.54).

Respecto de los puntos B y C, en Argentina no está legislado el seguro de desempleo, puesto que el llamado Fondo de desempleo de la construcción es otra cosa y cumple otra misión según ya se vió y tampoco existen prestaciones de la seguridad social, otorgadas frente a trabajadores afectados a una terminación del contrato dispuesta por el empleador, pues la hipótesis ya analizada de la cesantía del trabajador en condiciones de jubilarse, la prestación no se otorga en función de la cesantía, sino que esta se produce por que el trabajador estén condiciones de jubilarse, todo lo cual es solo una posibilidad, ya que el organismo administrative pertinente puede o no otorgar el beneficio.

Por último las posibles combinaciones estarían dadas por las hipótesis que se dan fuera del ámbito de la L.C.T., como sería el caso de un viajante al cual se despide sin causa, siendo delegado miembro de comisión directiva del gremio, en cuyo caso le correspondería percibir el importe de la también llamada cartera de clientes y los haberas hasta la finalización de su mandato, por todo el tiempo que restare.

Otro tanto podría ocurrir respecto al trabajador de la construcción que se desempeñe como dirigente gremial, quien percibiría el fondo de desempleo y los haberes por el período faltante hasta la terminación del mandato.

The Termination of an Employment Relationship by the Employer. Safeguarding the Earnings of an Employee Affected by Notice of Dismissal*

by

PROF. DR. HANS FLORETTA

Salzburg University

and

PROF. DR. OSWIN MARTINEK

Linz University

ABBREVIATIONS FOR TERMS WHICH ARE MENTIONED FREQUENTLY

ABGB	=	Allgemeines bürgerliches Gesetzbuch, Justizgesetzsammlung 946 (General Civil Code)
AG	=	Arbeitsgericht (Labour Court)
AlVG	=	Arbeitslosenversicherungsgesetz (Wiederverlautbarung) BGBl 1977/ 609 (Unemployment Insurance Act)
AMFG	=	Arbeitsmarktföderungsgesetz BGBl 1969/31 (Labour Market Programme Act)
ArbSlg	=	The collection of decisions pertinent to labour law made by courts and conciliation authorities
ArbVG	=	Arbeitsverfassungsgesetz BGBl 1974/22 (Labour Representation Act)
ASVG	=	Allgemeines Sozialversicherungsgesetz BGBl 1955/189 (General Social Insurance Act)
BGBl	=	Bundesgesetzblatt (Federal Law Gazette)
DRdA	=	"Das Recht der Arbeit" (The periodical "The Law of Labour")
EA	=	Einigungsamt (Conciliation Authority)

---

*Translated from the German by Adrian B. Weisweiller B.A. (Oxford).

LandarbG   =   Landarbeitsgesetz
                 BGBl 1948/140
                 (Agricultural Labour Act)

OGH   =   Oberster Gerichtshof
                 (Supreme Civil and Criminal Court)

RGBl   =   Reichsgesetzblatt
                 (Reich Law Gazette)

SozMitt   =   Sozialrechtliche Mitteilungen der Arbeiterkammer Wien
                 (Notices on social welfare law published by the Chamber of Labour,
                 Vienna)

VfGH   =   Verfassungsgerichtshof
                 (Supreme Constitutional Court)

VwGH   =   Verwaltungsgerichtshof
                 (Supreme Administrative Court)

ZAS   =   Zeitschrift für Arbeitsrecht und Sozialrecht
                 (Journal of Employment and Social Welfare Law)

I. GENERAL INTRODUCTION[1]

A. *Sources of the Austrian System* (statutes and ministerial orders; agreements; arbitration awards; etc.)

The employment relationship is special compared to other relationships in obligations law. It is therefore necessary to legally standardize special forms of termination for it, so that when the relationship is terminated the differing interests of the parties to the contract are taken into account. The legal standardization has mainly taken place within *labour contract law*. Here, the legislature has already taken into account the fact that there is a special need to protect the employee and his interests in being employed as an employee. Therefore notice of dismissal, the unilateral intervention of the employer in the legal position of an employee (by termination of the contractual relationship), is at the centre of attention. Because Austrian labour contract law has never been uniformly regulated by statute, the rules about giving notice (in particular the rules about periods of notice and deadlines for giving notice) are correspondingly diverse. This dissipation of regulations is further increased by the individual collective agreements and works agreements (the latter can be concluded between an employer and a works council). The resulting differentiations are often not sensible from the point of view of social policy. Historically, the dissipation of regulations covering notice has been due to the creation of special statutes regulating employment contracts for different occupational groups. The provisions about notice which they contain are as a rule one-sidedly binding to the advantage of employees, also with respect to collective agreements. Subsequently, legislation has created *general protection against unjustified dismissal with notice* which is supplementary to them. This restricts the right of employers to give notice by requiring its social justification. Legislation has also created *special protection against dismissal with notice* for particular groups of employees. This especially restricts the right of employers to give notice and excludes it completely for a limited period.

Therefore, giving notice in Austria is regulated above all by statutes, in addition by collective agreements (§ 2 Abs 2 Ziff 2 ArbVG), and also (but in practice less significantly) by works agreements (§ 97 Abs 1 Ziff 22 ArbVG). This statute law has been influenced by a large number of decisions made by the judicial authorities and the conciliation authorities as well as by the Supreme Administrative Court.

At the moment, the legal policy in the field of labour law is to realize equal treatment, the equality of opportunity and the security of jobs, as well as to unify the many legal regulations about the termination of employment relationships, subject them to general revision, and thereby remove the shortcomings which have become apparent in them. A draft act has been prepared by the Federal Ministry of Social Administration on the basis of study carried out by the Austrian Commission for the Preparation of the Codification of Employment Law. At the moment it is being referred back to the Commission for examination and study.

B. *The General Sphere of Operation of the System*

As has already been pointed out in Section A., Austria has at the moment no statutory provisions with extensive spheres of operation regulating the termination of employment relationships. Only general protection against dismissal with notice has an extensive (general) sphere of operation. This is standardized in the works representation law laid down in the ArbVG. It applies fundamentally to all employment relationships in establishments which come under the works council system (with the exception of agriculture and forestry, which are however subject to similar regulations about protection against dismissal with notice laid down in the LAG).

Purely theoretically, the termination standards for employment contracts which are laid down in the ABGB apply quite generally to employees in Austria. However, most employment relationships are covered by special employment acts (see below, Section C.) which displace the ABGB. Therefore the termination standards laid down in the ABGB only apply to employees who are left over: that is, for whom there is no special statute. Furthermore, the ABGB finds only subsidiary application, namely insofar as a detail connected with the termination of an employment relationship is not regulated in the relevant special statute (§ 153 Abs 2 of the 3rd. partial amendment to the ABGB).

Nevertheless, a short sketch of the general principles of the law of notice can be made as follows:

Neither the period of notice nor the deadlines connected with it are of themselves essential. However, it is in fact true that periods of notice or both these are laid down in a statute or a collective agreement for almost all employment relationships. One can therefore state that as a rule notice of termination of an employment relationship does not end the relationship at once but only after a specific period and possibly also at a specific date. One common tendency in this field lies in the fact that many statutes specify periods of notice according to the seniority principle. This means that the period of notice in the event of dismissal increases with the employee's length of service.

The *rules concerning periods of notice in the ABGB* are as follows: whoever does *lower* work can always be given notice for the next day if paid by the hour, by the day, according to piece production or according to other single output accomplishments; if such an employment relationship lasts three months and is the employee's main employment, the period of notice is *one week* with the first day of the week as the commencing date; the same applies to employees who are paid by the week. *Higher* work has a *four week* period of notice after three months of service. In all other cases, the ABGB specifies a *fourteen day* period of notice.

According to the ABGB, the principle also applies that periods of notice must always be the same for both parties.

C. *Exceptions*

a) *On the grounds of the type of work done (economic sectors which are excepted from the general sphere of operation)*

As will already be apparent from Sections A. and B., special statutory regulations exist for a series of occupational groups. These also contain substantial differences in the field of the law of notice, some of which are felt no longer always to be justifiable.

There are special regulations for the *following occupational groups*: white collar workers, estate employees, journalists, actors, workers in trade and industry, miners, agricultural and forestry workers, janitors, domestic servants and domestic employees, private vehicle drivers, employees in inland navigation and rafting, and contractual public servants (the relevant statute for this last group is called the Vertragsbedienstetengesetz = Contractual Public Servants Act; it covers the contractual employees of the Federal Government and most other public authorities— the provinces and local authorities). Special rules for *protection against dismissal with notice* also apply to groups of employees who have a *special need for protection*, namely pregnant women and mothers, invalids, political victims, draftees as well as members of a works council, representatives of young employees and other staff functionaries.

The Angestelltengesetz (White Collar Workers Act) and the Gutsangestelltengesetz (White Collar Estate Workers Act) specify markedly different rules for *white collar workers*: their employers can give notice at the end of every calendar quarter. The basic period of notice is six weeks, but this increases to two months after two years' service, to three months after five years, to four months after fifteen years and to five months after twenty-five years. On the other hand, a white collar employee can give notice to run to the last day of a month with a one month period of notice. Therefore the principle of equality between the employer and the employee does not apply here. The agreement of a longer period of notice binding on the employer is undoubtedly more advantageous to the employee and therefore valid.

According to the Schauspielergesetz (Theatrical Artists Act), notice must to be given to artistic employees by February 15 of the year in which the performance run is due to end.

According to the Journalistengesetz (Journalists Act), the three month period of notice to which journalists are entitled increases after five years by one month per year of service up to a maximum of one year's notice.

The periods of notice for *contractual public servants* are graduated between one week and five months. Journalists and contractual public servants are subject to the same periods of notice as their employers.

According to the Gewerbeordnung 1859 (Industrial Code), both *unskilled industrial workers* and their employers are bound by a fourteen day period of notice. This provision is non-mandatory. Therefore—as distinct from the other statutory regulations—the period of notice which binds the employer can be shortened or removed completely by a collective, works or individual agreement. According to the Agricultural Employment Act, *agricultural workers* have a basic fourteen day period of notice which increases to two months after five years and three months after fifteen years. The Hausbesorgergesetz (Janitors Act) imposes a six week period of notice on the employers of janitors. This increases to three months after ten years of employment. Janitors can themselves terminate the employment relationship at the end of each month, and agricultural workers are subject to a fourteen day period of notice.

b) *On the grounds of the type of employment relationship (specified duration employment contracts; employees who are hired casually for short periods; employees hired on trial; etc.)*

Fundamentally excepted from these provisions about notice in employment contract law and from protection against unjustified notice are: *specified duration* employment relationships (particularly relationships for training purposes); trial period employment relationships; employment relationships to cover temporary needs.

The (customary) unspecified duration employment relationship (employment relationship for an unspecified term) is the counterpart of the specified duration (fixed term) employment relationship. This distinction is not only significant from the point of view of the form of termination. It is also important because of the incomparably lower level of social protection which is particularly a feature of short-term employment relationships of specified duration compared to employment relationships of unspecified duration. Neither statutory law nor legal decisions have stated the requirement of a social justification for a single limit of time. However, in principle legal decisions and literature see the immediate succession of a series of short-term employment relationships with the same employee as a *chain contract* and therefore inadmissible.

The typical form of termination of employment relationships of specified duration is by the (automatic) ending of the term of the contract. Otherwise, employment relationships of specified duration may essentially be ended by mutual agreement between the parties or by premature termination for substantial reasons. Notice may not however be given.

Alongside employment relationships of specified and unspecified durations; there are relationships of special types with special termination rules. These include *lifetime* relationships, which are in themselves rare. More important are employment relationships for a trial period, which serve to test whether the relationship which has been entered should be continued. As a rule, the period of trial is one month. In this period, the relationship can be terminated unilaterally by both parties without notice and without adherence to a deadline. Employment relationships which have been agreed for a short-term period of necessity can also be terminated more easily during the first month. However, this is of little practical significance.

The *training relationship* is also especially important. It ends automatically at the end of the training period. However, it can be ended at any time during the first three months, without a period of notice or deadlines, by either of the contractual parties.

D. *Terms and Definitions (various forms of dismissal with notice and summary dismissal; individual or mass dismissals; other problems raised by the legal conceptions or the terminology)*

Employment relationships of *unspecified duration* are ended above all by the giving of "notice". This is the orderly form of termination of an employment relationship (in the future) by a unilateral legal declaration of intent made by one of the parties to the employment contract. The premature ending of an employment relationship (without notice or with a shortened period of notice) by a legal declaration of intent by one contractual party is only permissible on *substantial grounds*, in other words, if the continuation of the employment relationship cannot reasonably be imposed on the employer (or employee) up to the end of the period of notice. Premature termination of an employment relationship by an employee is called "premature resignation". Premature termination by an employer is called "premature (or summary) dismissal". These employment relationships only end automatically with the employee's death. In principle they can be terminated at any time by "mutual termination" (contractual termination).

Austrian labour law does not use the term "mass dismissal". However, there is a certain level of protection against dismissals in the event of reductions of employment levels which exceed a particular extent—such reductions in the number of employees in a business must be reported to the competent labour authority (the so-called "early warning system"). Failure to conform to the early warning system results in the legal nullity of any notice given as a part of personnel cutbacks (see below, VI., A. and C.).

II. PRE-NOTICE PROCEDURES

A. *Notifying the Employee of the Intention to Terminate (form and contents of the notification)*

   1. Notice enters the sphere of the employee

Notice given by an employer encroaches on the legal sphere of the affected employee as a contractual party. Therefore it must not only be declared by the employer. It must also be *made known to the employee*. When this is regarded to be the case depends on the rules of civil law in general (§§ 862 f ABGB). These state that it does not depend on whether the employee has actually acquired knowledge of the notice of dismissal. It is sufficient for notice to have entered his sphere of influence. Therefore the notice counts as having been made known to the employee when it can be expected that he could under normal circumstances have acquired knowledge of the declaration of notice. Therefore *verbal* notice in the presence of the employee or given to the employee over the telephone takes immediate effect. *Written* dismissals which are delivered by post are, in contrast, regarded as having been made known at the time when the employee could be expected to empty his mailbox:[2] that is, normally on the same day as delivery. *Registered* deliveries which cannot be delivered at once because the receiver is not at home do not count as notified dismissals at the time when the registered mail notification arrives. Notice then only counts as having been made known from the time of the (at least possible) collection of the letter on the next day.[3]

Once notice has been made known to the employee, it cannot be withdrawn unilaterally by the employer.[4]

   2. The form of notice

Notice is basically *free of form*. It can therefore be declared merely expressly (in writing or verbally) or also by conclusive behaviour (§ 863 ABGB). However, in a few special statutes a particular form is required for notice given by the employer: §§ 32 Abs 1 Vertragsbedienstetengesetz (Contractual Public Servants Act), 30 Abs 1 Schauspielergesetz and 19 Gutangestelltengesetz lay down *written* form for notice without which notice is null and void.

It is also unnecessary for the words "dismissal" or "give notice" to be used. It is sufficient that the declaration can objectively be deemed to make it clear and beyond doubt to the employee as recipient of the declaration that the intent is to terminate the employment relationship at a particular time.[5] Moreover, the freedom of form extends so far that a period of notice or deadline need not be stated.[6]

3. *Contents of notice*

As has already been said, notice is a unilateral declaration of intent, which has to be received to be valid, which effects the ending of the employment relationship at a future date. In their content, dismissals with notice *need not be accompanied by the giving of reasons.* Therefore they generally have legal effect,[7] even when they are unfounded and socially unjustified.[8] Nevertheless, according to § 32 Vertragsbedienstetengesetz (namely after one year of employment) and according to § 18 Abs 6 Hausbesorgergesetz (at once), an employer can *only* validly give the employee notice if reasons are given. The grounds which justify notice are outlined in both statutes. If notice is not in writing or the reason for notice is not given, the notice is null and void. The subsequent submission of grounds for notice is also inadmissible in both cases. Moreover, the dismissal of a janitor can only legally take place per curiam because of janitors' special interest in their official accomodation.[9]

B. *Notifying Employee Representatives of the Intention to Terminate (trade union; works council; other institutions)*

Employers' duty to inform employee representatives of a concrete *intention* to give notice (and not just of notice which has already been given !) is regulated by the works representation law in the ArbVG (§ 105) and in the Landarbeitgesetz (§ 180). In Austrian labor law the staff have a right to participate in the decision to dismiss an employee. As a result of this power in works representation law and within the framework of the general protection against unjustified notice, a *preliminary procedure in works representation law must precede every* dismissal with notice in establishments which come under the works council system where a council has actually been elected. Works representation law lays down no general protection against unjustified notice in *small establishments*, so this procedure does not cover them—only when at least five people apart from members of the family of the owner of the business are permanently employed in the establishment is it subject to works representation law and covered by the works council system (§§ 40 ArbVG and 115 Landarbeitsgesetz). As has been mentioned above, the preliminary procedure under works representation law must be set under way by the employer notifying the works council of *intended* notice (§§ 105 Abs 1 ArbVG, 180 Abs 1 LandarbG). The preliminary procedure is omitted where no works council has been elected in the establishment or, where there should be separate works councils, for the group to which the employee who is to be dismissed belongs.

As you can see from the outline above, the intention to give notice must be communicated to the staff body provided for by statute, the works council, *but not* to a trade union or other institution.[10]

C. *Notifying Official Government Agencies of the Intention to Terminate*

Nor in general must an official government agency be informed of the dismissal of an employee. Only in exceptional cases (in the event of mass dismissals) must such a notification take place (see above, I.C. and below, VI.). As a rule, official (governmental) permission (consent) is necessary in each individual case for dismissal with notice to be valid if it affects employees who are especially protected against dismissal.[11]

D. *Periods of Notice or Financial Compensation in the Place of the Period of Notice (free time during the period of notice to look for work)*

1. *Periods of notice or financial compensation in the place of the period of notice*

In their purpose, periods of notice are minimum periods. Notice with a *period longer* than that laid down in a statute, collective agreement or individual contract first terminates the employment relationship at the desired time. Problems arise if notice is given with *too short a period* of notice. According to the latest OGH decisions,[12] when given by the employee it ends the employment relationship at the *earlier time* like an unjustified summary dismissal. Therefore such notice is treated like an unfounded premature dismissal[13] as in §§ 1162 b ABGB and 29 Angestelltengesetz. The result is that in the event of notice given by an employer in breach of periods of notice, the employee is entitled to pay for the time which would have had to pass until the orderly termination of the employment relationship in accordance with the required period of notice. Thus the employer can in principle be freed of observance of the period of notice by paying an employee compensation for the period for loss of employment (financial compensation).

2. *Free time during the period of notice to look for other work*

During the period of notice, an employer must give the employee who is under notice a reasonable amount of free time *without a loss of earnings.*[14] The "reasonable free time", which is formulated in general clause form in § 1160 ABGB, is defined more precisely in the special labour law statutes. White collar workers and contractual public servants are entitled to at least eight free hours weekly (§§ 22 Angestelltengesetz, 33 Abs 2 Vertragsbedienstetengesetz); estate employees must be given at least two workdays free per week, although not more than a total of twenty-one workdays—they can choose whether to have these free days individually or up to six days in immediate succession every six weeks (§ Gutsangestelltengesetz); domestic servants who are a part of their employer's household receive at least eight hours per week, and other domestic servants receive one-sixth of their weekly working time but at least four hours (§16 Hausgehilfen- und Hausangestelltengesetz = Domestic Servants and Household Employees Act). Actors with a contractual term of at least five months can claim at least eight days, either individually or together, after notice has been given or at the end of the run before the contract runs out (§ 36 Schauspielergesetz). After notice has been given or in the last four weeks of the contract, agricultural workers can claim three days if the period of notice is one month, four days with a two month period of notice, and for longer periods of notice five days. These may be used in succession (§ 31 LandarbG).

The actual timing of this free time must be decided by agreement between the parties to the employment contract in accordance with the interests of both parties.

E. *Special Procedures and Formalities Which Must Be Observed Before a Summary Dismissal Connected With the Behaviour of the Employee*

The works representation law in the ArbVG and LandarbG also specifies a special procedure which must be observed in the event of the summary dismissal of an employee. The employer must inform the works council of the establishment or (in the case of separate councils for white collar and manual workers) that of the employee group to which the employee belongs *without delay* of every summary dismissal (§§ 106 Abs 1 ArbVG, 181 Abs 1 LandarbG). Because the duty of immediate notification qualifies as an administrative rule, the summary dismissal, unlike notice,[15] is still legally effective when notification is carried out improperly or not at all.[16]

Within *three workdays* reckoned from the time of notification of the works council, the council has the right to consult with the employer about the premature dismissal and state its reaction, either by lodging a protest or by consenting to it.

While in the last analysis a breach of the duty to notify the works council without delay has no effect on the legal effectiveness of the summary dismissal, the *content of the works council's statement of its position* determines the existence of protection against summary dismissal (and as a result the validity of the summary dismissal). It is decisive whether the works council agrees to the dismissal, protests or states no reaction at all.[17]

III. JUSTIFICATION OF NOTICE

A. *Recognition of the Principle That Notice Must be Justified*

As we have already indicated in II.B., the staff have the right of codetermination in the decision to give notice to an employee. In other words, the staff have the right in law (although it is not always they who actually exercise it) to general protection against dismissal with notice. This is therefore regulated as a part of the powers of staff under works representation law (§§ 105 ArbVG and 180 LandarbG).

The individual employee is indeed beneficiary of the protection against dismissal with notice, but he has no right of his own to it. This is instead accorded to the staff.

The interests of individuals should only be upheld in accordance with the collective interests of all the other employees in the establishment. Therefore in Austrian law protection against dismissal with notice is conceived as being a part of *collective law*.[18] In general protection against dismissal with notice, the principle applies that notice must be socially justified.[19]

B. *Grounds Which Can Justify Notice (the ability or behavior of the employee; necessities of establishment activity; other grounds)*

Notice given to an employee can be justified equally by grounds connected with the running of the establishment (business-related ones) and by circumstances to do with "the person of the employee". Grounds which have to do with the "person of the employee" also include breaches of duty which are a part of the "behavior of the employee".

Business-related grounds can be technical, organizational or otherwise economic.[20] Therefore notice can be occasioned by a lack of orders, a fall in sales, competitive pressures, low profits, or old equipment in the establishment (either as a direct cause or as a part of the modification of the establishment by rationalization or upgrading technology). Further relevant factors are delivery of raw materials and supplies, liquidity problems and failures in machinery and the supply of gas and power.[21] As a rule grounds which have to do with the running of the establishment arise because of business pressures. However, it is also possible that the owner of an establishment may *freely elect* to reduce or shut down the establishment. In this context it must be said that the owner of the establishment is basically *free to decide* whether to reduce the establishment, rationalize it or even shut it down.[22]

Grounds to do with the "person of the employee" can consist in particular of a lack of physical or spiritual aptitude for the work which does not necessarily make him unable to work but causes substantially low performance.[23] Here, older employees and employees who have worked in the establishment for a long time have a right to forbearance. An employer must therefore try to employ these employees in jobs which are suited to their reduced powers. Thus grounds to do with the person of an employee will *only justify notice if the employer has taken sufficient account of social considerations*.

In contrast, grounds to do with the "behavior" of the employee are breaches of duty by him. These include in particular absence from work, failure to work, substantially low output, slow working, bad work, repeated unpunctuality, insufficient diligence over a period and conspicuous carelessness. Moreover, they also include breach of the duty of obedience in connection with order in the establishment, breach of the duty to behave respectfully with regard to the employer and other superiors, breach of good behavior with respect to other employees[24] and breach of the duty of loyalty.[25] When the interests of the two parties are weighed up, the breach by the employee must be so severe that the employer cannot reasonably be expected to continue to employ the employee beyond the end of the period of notice.[26]

If business considerations make it necessary to give notice to an employee, the employer must *choose the employee according to social considerations* (a "social comparison") (§§ 105 Abs 3 z 2 ArbVG and 180 Abs 3 z 2 LandarbG). If the employer does not act on the basis of a social comparison, the socially harder dismissal is not justifiable by circumstances in the establishment. The selection must have been made between employees in the *same establishment job grouping*— eg. from the unskilled workers or the skilled workers—as that in which the employee who is given notice is willing and able to work.

If the works council does not state its reaction to the dismissal and the employee is therefore immediately entitled to appeal,[27] he *cannot lay claim to the social comparison*. The works council which is exclusively competent to assert this claim has then by implication failed to exploit its opportunity to object to the selection of the employee concerned on social grounds and in this way any further claim to a social comparison is excluded.

Even if notice is not given on grounds to do with the business situation of the establishment, the person or the behavior of the employee, protection against dismissal with notice only applies *if the notice constitutes a substantial impairment of the interests of the employee concerned*.

A substantial impairment of the interests of the employee can already exist if notice adversely affects even his financial situation. Therefore even the loss of a substantial advantage derived from the job justifies the operation of protection against notice because of impairment of the employee's interests. For this reason, persons who have been employed for many years in the establishment or older employees are particularly protected. Similarly, the expectation of unemployment, even for a short time, constitutes a substantial impairment of an employee's interests.[28]

C. *Motives Which Make Notice Contestable (employee's membership of a trade union, or employee's union activities; race; sex; religious beliefs; political opinions; other motives)*

Within the scope of the general protection against notice in works representation law (§§ 105 Abs 3 z 1 ArbVG and 180 Abs 3 z 1 LandarbG) it is also stated that an appeal against notice is justified if the employer's *motive for giving notice* is: the employee's membership or joining of a union (lit a); the employee's activities in unions (lit b); the employee's calling a works assembly (lit c); the employee's activities as a member of the election committee, an election commission or as an electoral witness in a works council election (lit d); the employee's standing for membership of the works council or his previous activities as a member (lit e); the employee's activities as a member of the conciliation board (lit f); the employee's activities as the safety representative (lit g, not listed in agricultural employment law); and the employee's impending drafting for military service (lit h; lit g in the

LandarbG). In addition, an appeal is also justified if the motives for notice given to the employee lie in his earlier activities as a member of the young employees' council (§ 130 Abs 4 z 1 ArbVG), his candidacy for membership of the young employees' council (Abs 4 z 2), his activities as a member of the election committee in a young employees' council election (Abs 4 z 3), as well as in his activities as a member of the editorial committee or council of the Austrian Broadcasting Authority (ORF), in his attempting to gain such a position or in his earlier activities in such a position (§ 18 Abs 11 ORF -Gesetz 1974). Such notice is a penalization of the employee who is affected, which is legally subject to contestability in the interests of the effectiveness of works representation law.

Notice given for *other* illegal reasons or motives, such as membership of a political party, religion, race or sex or because of political or religious activities is not covered by §§ 105 Abs 3 z 1 ArbVG and 180 Abs 3 z 1 LandarbG or other more specialized statutory definitions of grounds for appeal. It is therefore not contestable according to these provisions. The current view is that such notice is contra bonos mores and therefore null and void according to § 879 ABGB. Meanwhile, dismissals with notice which are censured for the above motives are only contestable.[29]

IV. APPEAL AGAINST NOTICE WHICH IS THOUGHT TO BE UNJUSTIFIED

A. *Authorities Within the Establishment (grievance procedures; works council; various management levels)*

As has been said in II.B., all notice in establishments where a competent works council has been elected must be preceded by a *preliminary procedure in works representation law*. This must be set in motion by the employer notifying the works council of his intention to give notice.

After notification has been carried out, the works council has the right to consult with the employer within five workdays about his intention to give notice (in agricultural labour law, within eight calendar days) and state its position by objecting or assenting to it (§§ 105 Abs 2 ArbVG, 180 Abs 2 LandarbG). With these rights to advise and to lodge a protest against intended notice, the preliminary procedure in works representation law thus also incorporates a grievance procedure between the authorities within the establishment: employer and works council.

The works council must vote the content of its reaction in an official meeting within the period allowed. For a *protest* to be lodged, the council's decision can be reached by a simple majority of the votes cast. In the event of a tie, the chairman has the casting vote. On the other hand, a special majority of two thirds of the votes cast is necessary for the works council to *agree* to the employer giving notice (§§ 68 Abs 2 ArbVG, 143 Abs 2 LandarbG).[30]

The right to state a position is an (autonomous) *discretionary right* of the staff, a right the exercise of which is the sole responsibility of the works council. Only if the employee who is affected pleads *deliberate* injury by the council in its exercise of the right to agree is there a claim to damages for the purposes of § 1295 Abs 2 Case II ABGB. Apart from this, agreement *cannot* constitute a breach of an individualized legal obligation in the civil law sense. However, if the works council is in breach of its duty to represent the employee's interests, it is subject to sanction in works representation law, in particular by being dismissed by the works assembly or works group assembly (as appropriate).[31]

The works council's statement of its reaction must be given to the owner of the establishment by the chairman of the council. It must clearly and explicitly express whether the council is agreeing to or lodging a protest against the planned dismissal with notice. Declarations which do not contain a clear protest or a clear agreement in the sense used in this outline are treated as being equivalent to the works council's *failure to react*.

The declaration of the council's reaction must basically reach the owner of the establishment within the appropriate allowed period of five workdays or eight calendar days.

The preliminary procedure in works representation law is seen as having been observed at the *end of the period allowed to the council to state a reaction*. However, if the council's reaction has already reached the owner of the establishment earlier, the procedure is regarded as completed at the time the *reaction is made known*.

After the preliminary procedure in works representation law has been observed, the employer can *effectively* give the employee notice. A declaration of notice made before this time is null and void.

However, the observance of the preliminary procedure in works representation law *does not* give the employer permanent licence to give the notice. It is the purpose of this preliminary procedure that in each case it only permits notice which is directly temporally and materially related to it.

Only when the notice has validly been given does it become significant for its contestability whether the works council in stating its reaction had accepted it, lodged a protest against it or not reacted at all.[32]

B. *Involvement of the Trade Union*

The trade union is *not brought into* the preliminary procedure in works representation law outlined above on the basis of statutory law. However, representation in front of the competent neutral authority (arbitration authority or labour court) can indeed be taken over by a trade union official or employee in any subsequent appeal against notice.

C. *Appeal Against Notice to a Neutral Authority (labour authorities; courts, arbitration and conciliation authorities; other agencies)*

Appeal against notice which has been validly given but is held to be unjustified can, according to the general works representation law contained in the ArbVG, be made to the Einigungsamt (= EA) or in cases covered by agricultural labour law to the labour court, the Arbeitsgericht (= AG). The EA are organs of the direct Federal administration functioning within the areas of competence of the Federal Ministry for Social Administration. The EA and AG's consist of a chairman and equal numbers of employee and employer members. In theory, the members of the EA are bound by the instructions of the Ministry of Social Services, but in practice this has never been applied in connection with the decision powers they exercise. In contrast, the AG's are special courts, and are not bound by any instructions in reaching their decision.

The contestability of notice which is held to be unjustified depends, as stated above in II.B., on the behavior of the works council in the preliminary procedure: if the works council has expressly agreed to the notice, neither the works council nor the employee can then appeal against it under works representation law; if the works council has lodged a protest against the intention to give notice (either expressly or just tacitly), the notice is contestable before the EA (or AG in agricultural labour law); if the works council has officially (expressly) lodged a protest, the right of appeal belongs primarily to the works council. However, if the works council does not carry out an appeal or only partially carries it out or otherwise has only lodged a simple protest (without stating its reaction officially), the employee can contest notice himself.

Alongside the official (express) protest, an additional pre-requisite for an appeal by the works council is that *the employee concerned requests an appeal*.[33]

If the works council contests the notice, it must, as is the case in its statement of its reaction to the employer's intention to give notice, take the *interests of all the staff into account*. This is because it was as a consequence of this collective interest that the staff was given the right of appeal in the first place. Therefore, in the procedure the works council does not appear as the authorized representative of the employee's interests. For this reason it can also withdraw the appeal if it is made aware during the procedure that the notice was rightfully declared by the employer. However, if this happens without the employee's permission, the employee can himself continue the appeal procedure within fourteen days of being informed of the withdrawal.

If a works council should be elected for an establishment or, as appropriate, for a group of employees in the establishment (§ 40 ArbVG) *but does not exist*, the right to appeal in law (= the right to take legal action) belongs from the start to the employee concerned (§§ 107 ArbVG and 182 Abs 1 LandarbG).

D. *Procedures of these Appeal Authorities (formalities; burden of proof; examination of the circumstances of notice; etc.)*

The appeal procedure is set in motion by an appeal petition to the EA or by a lawsuit in the AG (in agricultural labour law). This is therefore within the control of the person who is entitled to appeal. The appeal petition to the EA and the claim to the AG must be made in writing or put on the record verbally. The EA procedures are laid down in the regulations in the General Administrative Procedures Act.[34] The procedures of the AG are covered by the regulations in the Arbeitsgerichtsgesetz.[35] Insofar as these lay down nothing of a special nature, the Civil Procedure Code[36] applies.

In the EA, the existence of the formal and material pre-requisites must be checked *ex officio*. Its competence is therefore not only to be judged according to the statements made by the petitioner. But otherwise statements by the parties which are missing in principle not to be supplied by the EA—therefore the investigatory procedure must fundamentally not be extended to matters which are not cited by the petitioner.[37] The parties must in their own interests elaborate their submissions in detail and present assessible proofs by which their submissions can be judged.[38] In contrast to the protection against notice procedures before the EA, in the AG procedure the parties are exclusively obliged to submit to the court the factual bases for its decision (principle of party presentation). The court is bound by the facts, proofs and admissions provided by the parties.[39]

However, according to § 105 Abs 3 z 2 ArbVG, the employer himself must also prove in the EA procedure the existence of the establishment necessities claimed as grounds for notice (economic grounds, grounds to do with the person of the employee, grounds to do with the behavior of the employee). On the other hand, in order to support the contention that notice would have hit other employees less hard, the contester must list the other employees who come into question by name.[40]

In the case of appeal based on the claimed existence of motives which are censured by the legal sustem (illegal), it is part of their nature that the deciding authority usually has to depend on presumptions and inferences.[41] For this reason, § 105 Abs 5 ArbVG and § 180 Abs 5 LandarbG respectively state that the existence of such grounds for appeal must only be made *credible* by the person who is entitled to lodge an appeal. It is therefore not necessary to prove with certainty or near certainty that motives which are legally reprehensible actually exist. Only the probability of the existence of illegal motives must exist. The appeal must be rejected if the examination of all the circumstances leads to the conclusion that it is more probable that a motive which is not censured by the legal system led to the dismissal of the employee with notice (§§ 105 Abs 5 ArbVG or 180 Abs 5 LandarbG). If the deciding authority deems the formal and material conditions are satisfied, the appeal (appeal petition, lawsuit) must be allowed. The *notice is thereby null and void* (§§ 105 Abs 6 ArbVG or 180 Abs 6 LandarbG). If on the other hand the deciding authority denies the existence of one of the formal or material prerequisites, the petition cannot be granted.

The EA's decision about the protection against notice procedure is final. A plea to the Obereinigungsamt (Higher Conciliation Authority) is inadmissible (§ 105 Abs 6 ArbVG). However, the extraordinary resort to an upper court in the form of a complaint to the VwGH is permissible. In contrast, the AG's decision about a dispute concerning protection against dismissal with notice is subject to the appellate procedure in the Code of Civil Procedure (§ 23 Arbeitsgerichtsgesetz). The most important characteristic feature of the jurisdiction of the Labour Court is that the prohibition on introducing new facts does not apply in the appellate instance—a comprehensive plea is permissible (§ 25 Arbeitsgerichtsgesetz).

E. *Sanctions or Redress against Unjustified Notice (invalidation of notice or re-employment of the employee; compensation; retrospective payment of wages lost; other forms of redress)*

  1. The significance of contestability

If notice is socially unjustified and therefore contestable, it is still not null and void for that reason. It is only nullified by a decision by the EA or AG as appropriate.

Moreover, before such a decision is made, the employee has nothing like a material right vis-a-vis the employer to the *continuation* of the employment relationship. If the works council or employee do not exercise the formal right to appeal, the employer is also bound by the notice. The employer can only voluntarily withdraw his declaration of termination after an appeal containing the declaration that the employee desires the notice to be withdrawn has been filed.

  2. The legal effects of a successful appeal

Notice becomes null and void on the grounds of a decision by the EA allowing the appeal or a judgement by the AG granting it. The old employment relationship is then continued. Accordingly, the employee is also obliged once again to do the agreed work. If the employee has *meanwhile entered a new employment relationship*, which is often the case because of the employee's need for an income and the length of the procedure, he must terminate forthwith. It is however not expected of the employee that he terminate the interim employment relationship by breaching the contract or failing to observe a period of notice.

As a result of the retrospective continuation of the employment relationship, the employer is obliged by § 1155 ABGB *to pay the employee the wage* which had been agreed or is laid down in a collective agreement for the *interim period* (from the ending of the employment relationship to employee's reinstatement). This is not paid to the employee as compensation for damages: it is the fulfillment of a right to performance.[42]

3. *Freedom from termination*

For some groups of employee, the legislature has established special protection against dismissal with notice. This has the effect that they are protected for a limited period by a *prohibition* of notice, namely for as long as their special need for protection exists. Exceptions to this only exist for quite specific reasons. As a rule, an official authority decides whether any of these exceptional grounds exist and therefore whether the otherwise prohibited notice is permissible. Going beyond the protection which is afforded for a limited period, the legislature has, as outlined in II.A.3., created special protection for the contractual employees of public authorities and janitors according to which they can only effectively be given notice on substantial grounds.

The legislature has standardized a limited period prohibition on notice protecting the following groups of employees:

a. members of works councils (up to three months after the end of membership) and other staff officials (such as substitutes who have taken the place of council members who are unable to attend for at least two weeks as well as members of the electoral committee and candidates in a works council election) (§§ 120 f ArbVG and 193 f LandarbG);

b. pregnant employees up to four months after delivery or, as appropriate, for 4 weeks after the end of their unpaid mothers' vacation (§§ 10 15 Mutterschutz-gesetz = Protection of Working Mothers Act and 75 e and h LandarbG);

c. invalids whose ability to work is reduced by at least 50% and holders of an official certification or political victims card who fought for an independent and democratic Austria in the period 6/3/1933 to 9/5/1945 and were consequently under arrest for at least a period (§§ 8 Invalideneinstellungsgesetz and 6 Opferfürsorge-gesetz);

d. finally persons who are liable to perform military service from the arrival of a draft notice to the end of the month of their discharge (§ 6 Arbeitsplatz-Sicherungsgesetz).

But a prohibition of notice can also be accorded by a collective agreement, a works agreement or an employment contract. If this completely excludes the employer's right to give notice or ties it to specific grouds, an inadmissible declaration of termination made by an employer does not end the employment relationship. A contractual restriction of notice therefore works like the special statutory protection against notice outlined above.[43]

The phrase "freedom from termination" is often used in practice to refer this special protection of an employee against notice.[44]

V. PROCEDURES AFTER NOTICE HAS BEEN GIVEN

A. *Provision of a Certificate When the Employee Leaves Employment*

At the request of the employee, an employer must provide him with a written certificate of employment at any time and not only at the end of the employment relationship. This must state the period of employment and the type of work done.

The obligation of the employer to provide a certificate of employment is differentiated according to when the certificate is provided, during the employment relationship (interim certificate) or at the end of the employment relationship. The type of termination of the employment relationship does not affect this obligation. It is also immaterial whether the termination is brought about by the employee or the employer. Nor in this context is it significant who is at fault for the termination. Fundamentally, the employee is only entitled to the provision of a simple service certificate certifying the period and type of work, and not one which gives further details about them (§§ 1163 ABGB, 39 Angestelltengesetz, 38 LandarbG). The costs of providing a certificate at the end of the employment relationship must be borne by the employer. The employee must bear the costs of an interim certificate.[45]

B. *Preferential Treatment for the Employee If the Establishment Subsequently Hires New Workers Again*

1. There are no general statutory regulations in Austria which afford employees who are given notice because of establishment shut-downs or reductions a preferential right to re-employment in the establishment, in any or in a particular job, when it resumes the activity which employed him previously and again employs new workers.[46] However, as a supplementary part of the protection against notice which is afforded special groups of employees (within the scope of protection for working mothers and for draftees), some individual statutes lay down special duties of employers under special circumstances (§§ 6 Abs 5 Arbeitsplatz-Sicherungsgesetz,[47] 10 Abs 4 Mutterschutzgesetz[48]). In these cases, the notice which has previously been declared becomes null and void if the establishment takes up the activity again, by an application by the female employee or ex lege in the case of the draftee. After any hindrances have been removed, the job can then be taken up again.

2. Lately, *collective agreements* have also been concerning themselves with the problem of preferential re-employment. It seems obvious to connect this with the discussion of social schemes.

Thus the collective agreement covering the introduction of integrated text systems in daily and weekly newspapers[49] contains a series of provisions which are intended to promote the re-employment of employees or compel employers to re-employ them. It aims to encourage invitations for applications for jobs from employees whose jobs are removed by rationalization measures as well as preferential treatment for them when workers are once again employed. An obligation to re-employ an employee binds the employer if, after the end of the employment relationship, the legal consequences which were originally expected to be connected with the termination in the view of the parties to the contract do not actually follow because of changes in the employee's circumstances (eg. if an invalidity pension is withdrawn because the employee concerned ceases to be an invalid or because the reasons which led to the relevant section of the establishment being closed down no longer exist). In such cases, the employee who was previously employed must be re-employed.

However, re-employment clauses in Austrian collective law are problematic insofar as conclusion standards (that is, regulations about the creation of employment relationships and therefore about rights to re-employment) which depart from other legal systems are not allowed for.[50] If they are nevertheless made, they do not create legal standards. But only these could give the employee an absolute right to be re-employed by his previous employer by the conclusion of an employment contract (obligation to contract). At most, such agreements are fully exhausted in the mutual obligations of the parties to collective agreements.[51] Social schemes are one exception. These are groups of measures for hindering, removing or reducing the consequences of changes in an establishment insofar as they bring with them substantial (material or immaterial) disadvantages for all or considerable part of the staff (§§ 2 Abs 2 z 4, 97 Abs 1 z 4, 109 Abs 1 z 1 to 6 ArbVG). Here, the regulatory powers of the parties to collective agreements go notably beyond those which are otherwise accorded to a collective agreement. In order to implement the social schemes, the staff of an establishment can be given additional participation rights by the collective agreement alongside their statutory rights. (§ 2 Abs 2 z 5 ArbVG). The object of these social schemes is to counter using the possible and appropriate means the adverse effects which follow for at least substantial parts of the staff from changes in the establishment. They can cover both existing and terminated employment relationships.[52] This enables the parties to collective agreements also to lay down social schemes which provide for the re-employment rights of ex-employees either with or without conditions if employees are once again being hired in the establishment.

3. works agreements can also create social schemes with normative effects to the same extent as collective agreements (§ 97 Abs 1 z 4 ArbVG). However, § 109 Abs 3 ArbVG restricts the regulation of social schemes by works agreements to establishments in which at least twenty employees are continually employed.[53] Where no agreement is reached between the parties, such works agreements can be imposed by the mediation board, but only if there is no relevant regulation in a collective agreement or charter (general declaration of commitment). Regulation of the social scheme by a works agreement can also refer to both existing employment relationships and ones which have already been terminated, as well as according normative rights of re-employment to the employees who lie within its scope. Certainly, the parties to the works agreement could be content with a purely common law obligation.

C. Notification of the Authorities Who Are Responsible for Paying Unemployment Relief

Employers are not subject to a general duty to notify the agencies of the Job Market Administration of planned terminations of employment relationships or of terminations which have already taken place. But there is in fact very close liaison on job movements between the agents of the employee and employer representatives in individual branches of the economy and the Job Market Administration. Some collective agreements also contain binding agreements to this effect. The statutory "early warning system" (§ 45 a AMFG) contains an obligation on employers to inform the competent Labour Authority in writing of reductions in the number of their employees which exceed a certain scale. The details of this obligation for specific areas and sectors of the economy and its duration are specified by the Federal Minister of Social Administration by ministerial order after consultation with the Advisory Committee on Job Market Policy.[54] According to the Act there is a duty to notify of the intention to reduce the level of employment within four weeks by at least 5% in establishments with at least 100 employees and by 50 employees in establishments with at least 1000 employees.

The reduction of the level of employment must be reported at least four weeks before the first intended declaration of notice. Notification must contain all the details of the employees who are to be given notice, such as their ages, sex and occupational activities. The legal consequence of the non-observance of the regulations of the early warning system is the legal invalidity of the notice.

The duty to notify is not affected by the start of insolvency proceedings.

§ 8 Abs 2 Ausländerbeschäftigungsgesetz (Foreign Workers Act) of 20/3/1975, BGBl Nr 218 also imposes an obligation on employers to inform the Labour Authority if a reduction of the number of jobs in their establishment is substantial in relation to the total number of employees employed in the establishment.[55]

VI. SPECIAL PROCEDURES FOR STAFF REDUCTIONS

A. *Authorization by Government Agencies*

Alongside the regulations for special groups of employees contained in the law of protection against unjustified notice which make notice only permissible after the prior agreement of an administrative authority (see the end of IV.E), Austrian labour law contains an authorization requirement for notice which is a part of staff reductions. This is a part of the early warning system outlined above (§ 45 a AMFG). According to § 45 a Abs 2 AMFG, notice leading to personnel reductions which are relevant in the sense used in V.C. can only be declared within the *four week period specified* after the Labour Authority has been notified with the agreement of the Provincial Labour Authority (§ 45 a Abs 2 AMFG). After consulting with the Administrative Committee (Verwaltungsausschuss), the Provincial Labour Authority can consent to declarations of notice before the end of the four week period if the employer has important business reasons for them (§ 45 a Abs 5 AMFG).

B. *Consultation or Negotiation With the Trade Unions or Other Employee Representatives*

1. In themselves, the state structure of agencies, the statute-based organization and work of occupational self-administration (the chambers) and a non-party trade union organization with very high membership guarantee continual consultation and negotiation between the government and the employee and employer organizations. The bi-party Preis-Lohn-Kommission (Wages and Prices Commission) also plays a significant part in attempting to solve economic and social problems and in promoting the continued development of the system by the state. This is not a legally structured organization. It is based on voluntary cooperation between the government and the federal employee and employer organizations, in the interests of compromise and conciliation even in difficult economic situations.

2. The agencies of the Job Market Administration (§ 1 Abs 1 AMFG) and their collaboration with the employer and employee organizations play a major part in the solution of problems connected with staff reductions. Many provisions in the AMFG give these organizations the right to a say. For instance, during sensitive economic crises, employers can under certain circumstances be given grants to cover compensation which is paid to employees as shortened work-week allowances. One of the preconditions for this is the conclusion of an agreement between the bodies which are entitled to conclude collective agreements representing the employees and the employers. These have a right to take part in all other official consultations (§ 29 Abs 1 AMFG)

3. § 45 a Abs 3 AMFG must also be stressed. This provision lays down consultation as necessary in the case of intended reductions of employment levels in establishments. Such consultations must involve in particular the employer, the works council, and the employer and employee representative bodies which are entitled to conclude collective agreements and are appropriate to the economic sector concerned. Moreover, the collegial organs (Administrative and Mediation Committees) in the agencies of the Job Market Administration must be informed of these consultations.

4. Works representation law provides for exchanges of information and regular

exchanges of views between employers and councils within the framework of the monthly or quarterly conferences about current establishment management affairs, personnel questions (changes from the personnel point of view, personnel schemes— § 98 ArbVG) and the establishment's commercial position.

5. The employer must notify the works council as soon as possible of planned changes in the establishment's activities and discuss them with it. The relevant changes are given in the act by way of examples. The works council is entitled to submit proposals for preventing, removing or alleviating the effects of changes which are disadvantageous to the employees as well as to intercede (§ 109 Abs 1 and 2 ArbVG) for them.

C. *Measures to Prevent Staff Reductions*

The AMFG assigned to the Job Market Administration responsibility for the functioning of the job market in addition to its original tasks (careers advice, job provision, unemployment insurance). A novel and broad system of measures developed. This has since experienced a series of extensions because of the economic instability and recessions which have meanwhile arisen. It is thus intended successfully to be able to continue the policy of full employment under the changed conditions.

The AMFG provides for a series of job market policy measures. These aim in part at the encouragement of jobs and training posts and to a greater part at the prevention of falls in the level of employment.[56]

The measures are:

a) grants to aid in creation of jobs and training posts or to safeguard an occupation (§§ 19, 20, 22 to 26a);

b) grants for establishments and other installations (§ 21);

c) grants for evening out short-term movements in employment levels. These are provided for particular forms of support as loans with or without interest, subsidies to pay interest, as other subsidies, payments to reimburse (additional) costs and expenses or in the form of indemnities (§§ 27 to 34);

d) grants to deal with long-term employment difficulties (§§ 35 to 39). They help prevent or reduce unemployment by creating new jobs and protecting existing ones, through the reorganization of establishments and the movement of key workers and their establishment to a new neighborhood within the same enterprise (§ 35 Abs 1). Under specific circumstances, the grants can be provided as loans with or without interest, as subsidies to pay interest, as other subsidies or in the form of indemnities (§§ 36 Abs 1, 37 Abs 1).[57]

e) application of all the possible measures as an element of the early warning system (§ 45 a Abs 4).

In connection with protection against unjustified notice as a measure to counter personnel reductions, see III.B.

D. *Criteria for the Selection of Employees Affected by Staff Reductions*

1. According to § 8 Abs 2 of the Ausländerbeschäftigungsgesetz[58] a work permit must contain the condition that in the event of reductions in an establishment or in order to avoid short-time working, the employment relationships of foreign employees must be terminated before those of Austrian employees. This results in an authentic interpretation of the principle of social selection according to § 105 Abs 3 z 2 ArbVG, whereby in such cases notice hits foreign employees less hard

than Austrians who are more dependent on their domestic place of work. The maintenance of full employment in Austria is a material justification of the precedence of dismissing foreign employees in relation to the constitutional principle of equality before the law and the right acknowledged for foreigners in international documents to freedom of employment.[59]

2. Under certain circumstances, general protection against socially unjustified dismissal provides for the selection of the employees who are to be given notice according to social considerations by carrying out a social comparison (see above, III.B.). In this context, the fact that employees with a long period of employment in heavy nightshift work are worthy of protection in particular is to be taken into account (Art VI Nachtschicht-Schwerarbeitsgesetz).

E. *Special Measures for Alleviating the Effects of Staff Reductions (special training or retraining; financial benefits; other measures)*

Given the situation of Austrian establishments at the moment and the position in the job market, measures for encouraging the creation of jobs and training posts are called for. The aim here is above all to secure jobs while taking the current economic situation and necessities into account and avoiding unnecessary changes. These objectives are served by grants for facilitating occupational training, grants for training, retraining and further training, educational grants, grants for facilitating travel and removals, grants to help employees run a divided household, grants for facilitating travel to and from work, grants for acquiring equipment and clothing, grants for bridging periods of unemployment, grants for alleviating the difficulties of getting settled in a new neighbourhood, grants for ensuring the employee somewhere to live, grants for occupational changes and grants to help in looking after children (§§ 19, 20, 22 to 26a AMFG).[60]

In addition, one must include the Job Market Administration's measures for achieving the necessary matching of people seeking work to the requirements of job openings. In order to achieve this objective, facilities which carry out training measures can receive subsidies up to the amount of their expenses (§ 19 Abs 1 AMFG). Grants can also be provided to cover the costs of passing on the exercise of training measures to outsiders, of creating housing and of providing kindergarten places (§§ 26 to 26 b AMFG).

VII. SAFEGUARDING THE EARNINGS OF AN EMPLOYEE WHO IS GIVEN NOTICE

A. *Payments Made by the Employer Which are Not Compensation for Unjustified Dismissal With Notice (settlements or severance payments; payments for long service; special funds; other similar financial benefits)*

Austrian employment contract law knows the following special payments (remunerations) to which an employee is only entitled after the ending of the employment relationship: severance payments, redundancy payments and retirement benefits. In the broadest sense, these also include settlements and/or compensation for unused vacation rights.

1. *Statutory rights to severance pay*

The extraordinary payment which is associated with the ending of the employment relationship counts as such a right accruing to employees.[61] The sociopolitical development of this goes back to the 20's.[62] The right which was already provided for in a series of statutes (§§ 23 Angestelltengesetz, 22 Gutsangestelltengesetz, 30 LandarbG, 17 Hausgehilfen- und Hausangestelltengesetz, 35 Vertrags-bediensteten-Gesetz) was extended by the Arbeiter-Abfertigungs Gesetz (Workers Severance Pay Act) of 23/2/1979, BGBl Nr 107 to cover all employees whose employment contract is based on a contract in private law. This was introduced in a stage-by-stage plan to be completed by December 31, 1983. From January 1, 1984, manual workers will also have the full statutory entitlement to severance pay at the end of the employment relationship. The statutory entitlements are absolute.[63]

The entitlement exists after three unbroken years of employment. After three years of service, it is basically two months' wages. Its amount after that depends on the period of service, reaching one year's wages after 25 years of employment. Domestic servants, however, only receive this extraordinary payment after ten years of employment.

The entitlement is lost if an employee gives notice, resigns prematurely without substantial grounds or is at fault for his premature dismissal. It lapses altogether or in part if the employer is in a bad financial position after the winding-up of the enterprise.

In the event of an employee drawing an old-age pension[64] (women at 60, men at 65), drawing a premature old-age pension on the grounds of a long period of insurance (women 55, men at 60—Early Pension),[65] and in the event of the employee's motherhood,[66] the employee has the entitlement despite giving notice but under modified conditions (of its amount and the minimum required period of employment).

Undoubtedly the right to severance payments has some of the characteristics of a loyalty bonus entitlement. The existence and amount of the entitlement depend on the period of employment. In that the entitlement is lost if the employee terminates the employment relationship (by giving notice or unfounded premature resignation) or is at fault for his dismissal, it demonstrates a penal effect in relation to such behaviour. But severance pay also serves to maintain the employee and bridge periods of unemployment.

The maintenance element is particularly evidenced by the entitlement of the relatives of a deceased employee in their own right to one half of the employee's severance payment (§§ 23 Abs 6 Angestelltengesetz, 22 Abs 6 Gutsangestellten-gesetz; according to § 30 Abs 6 LandarbG, the relatives receive the full right).

The severance payment is also to be seen as compensation for the loss of the job.

2. Rights to severance pay accorded by collective agreements, works agreements or individual contracts of employment

Collective agreements, works agreements and individual agreements have for a long time built on and improved on the statutory provisions in the Angestellten-gesetz and the Gutsangestelltengesetz more favourably shaping the legal positions of white collar workers and estate employees. Manual worker collective agreements have also provided rights to severance payments for many years. Works agreements are a normative basis for severance pay for the purposes of § 29 ArbVG if its regulation in this way is authorized by a collective agreement or if the regulation of severance pay takes place as a part of a social scheme (§ 97 Abs 1 z 4, § 109 Abs 3 ArbVG). More favourable regulations in collective agreements, works agreements and individual agreements cover among other things the calculation of periods of employment, the payability of severance payments and higher entitlements for short periods of employment and for surviving dependents.

3. Redundancy payments

This term applies to rights which are intended primarily to make up for the loss of a job because of changes in establishment activities. This is a matter of both compensation for transfers which are necessary and are connected with the worsening of employment conditions as well as compensation for the possibility which arises with the ending of an employment relationship that the employee concerned will not be able to find an equivalent job in the near future. These settlements differ from the traditional severance payments and take various legal forms. Shaping these rights appropriately is a part of the regulatory possibilities afforded to social schemes (see above, V.B.b. and c).

4. Retirement benefits

Retirement benefits are payments made in retrospect for work done which are intended to serve the (better) maintenance of an employee and the employee's relatives. Rights to receive retirement benefits from an employer are *not laid down by statute*. They are based on collective arrangements or individual agreements. These also lay down the details of the existence, amount and accrual of these rights. The relationship between severance payments and retirement benefits is determined by the absolute character of rights to severance payments. The statutory right can only be superceded by arrangements about the drawing of retirement benefits which are more favourable as a whole to the employee. Taking individual retirement benefits into account in the calculation of severance payment rights is contractually just as possible as the abandonment of severance payments and the inclusion of the appropriate amount in retirement benefits.[67] At the moment, doing the same with benefits from public insurance is not possible.

5. Compensation and settlements for unused vacation entitlements

If an employment relationship is terminated after vacation rights have come into existence but before vacation has been taken, either where the employer is at fault or where the employer gives notice, the employee is entitled to compensation for the unused vacation entitlement. If the employment relationship ends before the vacation has been taken but there is no right to this compensation, the employee is entitled to a partial settlement for unused vacation entitlements, unless having resigned prematurely without substantial grounds. The fact that the heirs of the deceased employee are also entitled to compensation and settlements in lieu of unused vacation entitlements underlines the maintenance character of these benefits provided by the employer.[68]

B. Benefits Provided Under a System of Unemployment Relief (Social Insurance or comparable systems)

Unemployment Insurance

In relation to the other branches of social insurance, unemployment insurance occupies a special place. It is regulated in an especially created Arbeitslosenversicherungsgesetz (AlVG 1977) and is fully integrated both organizationally and financially into the governmental Job Market Administration. Although this branch is also extensively dominated by the insurance principle, the benefits laid down by the AlVG contain in part the typical elements of maintenance benefits (emergency assistance and benefits during unpaid mothers' vacation). Both these types of benefit are partially financed from other public institutions (funds). The insurance principle is expressed by statutory compulsory insurance, which is to a large extent directly associated with compulsory health insurance. The maximum contribution base is also the same as that of the health insurance system. It is therefore understandable what the statutory health insurers are also responsible for settling questions to do with the obligation to insure and the administration of the insurance relationship, in particular the collection of contributions for unemployment insurance. Through the collaboration of the unemployment insurance system and the Job Market Program, the instruments of job market policy can be preventatively applied against unemployment.[69]

The Austrian Unemployment Insurance System protects employees:[70] a) from the financial consequences of unemployment and, if it lasts for a long time, from urgent need; and b) maintains female employees in the event of motherhood.

In order to achieve this, the following benefits are provided:

1. *Unemployment relief money, a pure insurance benefit (§§ 7 to 21 AlVG)*

The prerequisites for receiving this benefit are ability to work, willingness to work and enough waiting time for insurance purposes. The latter requirement is satisfied if the employee has been compulsorily insured against unemployment in Austria for a total of 52 weeks in the 24 months prior to claiming this right. If the employee has further recourse to unemployment relief, 20 weeks of compulsory insurance in the previous 12 months are sufficient under the same conditions. Employment relief money is made up of the basic benefit and the family supplement. The basic benefit for low insured incomes is relatively higher than that for higher incomes. The relationship is at the moment about 58% to 42% of the corresponding incomes. So the basic benefit is based on the amount of the employees earnings from work, and is graded for 64 income groups. For the *lowest* income group (up to a monthly wage of AS 1690.—) it comes to AS 987.— per month, and for the *highest* income groups (for monthly wages over AS 7,910.—) it comes to AS 7232.— per month.

2. *Advances of benefits payable from pension insurance (§§ 22, 23 a AlVG)*

These serve the financial security of persons who are expecting to be granted a pension because of the occurence of an event against which they are insured, ie. invalidity or inability to work (§§ 255, 273 or 280 ASVG) or who have applied for an old-age pension. The advance benefit for invalidity pensions is maximum AS 4,170.—; for old-age pensions it is maximum AS 5,850.—.

3. *Emergency assistance, an insurance benefit with a maintenance element (§§ 33 to 38 AlVG)*

This is basically only paid to Austrian citizens whose right to unemployment relief money or unpaid vacation has been exhausted. Emergency assistance is not a discretionary benefit. The need will be assessed according to the economic and family situation of the employee and the employee's relatives who are obliged by statute to support him or her. They are always provided for a specific period but not for more than 26 weeks. The period of payment can be extended. For a single unemployed person, emergency assistance amounts to 92% of the unemployment relief money paid, and for unemployed persons with dependents it comes to 100% thereof.

4. *Benefits provided during mothers' unpaid vacation following delivery, insurance benefits with a maintenance element (§ 26 AlVG)*

This benefit, which is paid from the resources of unemployment insurance, is due to mothers who make use of it during motherhood while continuing employment according, as appropriate, to § 15 Mutterschutsgesetz or to the relevant provisions of the Agricultural Employment Code. Unemployed mothers are also entitled to unpaid mothers' vacation benefits if they had already acquired a right to maternity allowance at the time of delivery on the grounds of an employment relationship. Married mothers receive monthly unpaid mothers' vacation benefits of AS 3,525.—, and the sum for single mothers is AS 5,272.—.

5. *Special emergency assistance for single mothers (§ 39 AlVG)*

This benefit which is paid out of the resources of unemployment insurance can particularly be characterized as a maintenance benefit. Its payment may immediately follow drawing of unpaid mothers' vacation benefits, or it may also only be utilized later. The single mother must be unable to obtain a job because of looking after the child on the grounds that the child cannot be placed elsewhere. When the conditions for entitlement are satisfied (Austrian citizenship, ability to work, special need but not willingness to work), this emergency assistance can be paid up to the third birthday of the child for which unpaid mothers' vacation was taken. Otherwise, the regulations about emergency assistance apply analogously (see above, c)).

C. *Benefits Provided Under Other Systems of Social Security (eg. old-age pensions), Insofar as They Apply to Particular Categories of Employees Who Are Affected by the Termination of Their Employment Relationships by Their Employers*

Under this form of benefit, we subsume those which, regardless of their formal and material nature and theoretical attribution, serve the purpose of giving older unemployed persons a fitting transition into retirement. To this end, Austria has created *special relief* and *special retirement benefits*.

1. *Special relief for economic reasons and for people who are about to receive a retirement pension (§ Sonderunterstützungsgesetz)*

These benefits are not paid from the resources of social insurance. They are new socio-political facilities from unemployment insurance which are regulated by a special statute.[71] Two forms have developed, which in part have the same preconditions for coverage. Firstly the Job Market Administration must be unable to find the employees concerned acceptable work, even given the most extensive possible use of support measures.[72] Secondly such employees must be able to work, willing to work, unemployed and able to prove a certain amount of insured time within a specific period. If these conditions are satisfied, employees are entitled to these benefits who, at the time of the ending of their employment relationships, are:

   a) over 55 years of age (women 50), and who before unemployment were in an employment relationship that ended because of the reduction or closing-down of the establishment or because of commercial problems of particular sorts;

   b) over 59 years of age (women 54), and alongside fulfilling the requirements for entitlement to unemployment relief money have also been employed for 15 years in the last 25 and compulsorily insured against unemployment.

The amount of special relief which is due for economic reasons depends on the imputed benefits which are due for the appropriate old-age pension group. Basically, special relief is due until the pension becomes due.

2. *Special retirement benefits (Article X, Nachtschicht-Schwerarbeitsgesetz)[73]*

Special retirement benefits are special payments made to nightshift heavy manual workers. With a special benefit, which is only planned to last until 1990, it is intended to compensate employees for a long period of being burdened by heavy night work in the past. For this reason, workers who have done heavy night work for many years can under certain circumstances retire early. Preventative measures will make the drawing of special retirement benefits superfluous by 1990. The entitlement to these benefits requires the employee to be at least 57 years of age (women 52 years)[74] by the time of stopping work in 1981, 1982, or 1983 and to have done at least 180 months of heavy night work during the last 20 years. Moreover, the period between the ages of 50 years (women 45 years) to the time of stopping work must consist at least 50% of such specified periods of work. Months can be taken into account in which the employee has worked at least 6 times on the night-shift, doing heavy manual work in a night working establishment. The amount of special retirement benefits depends on the regulations about the calculation of invalidity pensions. In order to save delay and procedural difficulties, it is assumed that at the time of drawing special retirement benefits the employee in fact fulfils the requirements for being entitled to draw such a pension. The costs of these benefits are covered by contributions from the employer and from compensation paid by the state to the insurers.

D. *The Combination of Various Benefits and the Inter-relationships Between Them*

In order to avoid double payments, the legislature endeavours to delimit benefits provided by employers, benefits from unemployment insurance, benefits from other facilities and the health and pension insurers' benefits which are intended to protect the income of employees after the termination of their employment relationships by their employers.

It uses a variety of methods to fit the different systems together: ordering the suspension of benefits, excluding the drawing of benefits, permitting advance payments of pensions, regulating the transition from special benefits for particular groups of employee to pension payments of a general sort. But the legislature has not attained the desired objective of clear, understandable and logical regulation of benefits in all fields by use of these instruments. There is no homogeneous regulatory principle governing the legal consequences of coincidence of the various rights to benefits which are derived from numerous legal sources and based on very different legislative motives.[75]

E. *Safeguarding the Claims of Employees in the Event of Their Employer's Insolvency*

Such safeguards are provided by the Job Market Administration. This intervenes in the legal relationship between employees and employers and satisfies the claims of employees in the event of their employers' insolvency. Subsequently, this authority takes the place of the employees in insolvency proceedings and also takes on the risks associated with such proceedings.

The statutory regulation of this important socio-political facility is contained in the Insolvenz-Entgeltsicherungsgesetz of June 2, 1977, BGBl Nr 324. The means for covering the costs involved, which include above all a surcharge paid by employers, are paid into the Insolvency Shortfall Fund (§§ 12 and 13). This attends to the payment of the employees concerned on the basis of a procedure which is carried out by the Labour Authorities. It then asserts the claims which are passed on to it by the act (§ 11) in the insolvency proceedings.[76]

The Insolvenz-Entgeltsicherungsgesetz safeguards for employees all claims deriving from the current employment relationship and from its termination (in particular claims to severance payments), claims to survivors' pensions, claims to compensation for work inventions and the reimbursement of costs involved in asserting these claims.

FOOTNOTES

[1]For more on this section *Floretta* see: Floretta—Spielbüchler—Strasser, Arbeitsrecht 1, p. 160 et seq; *Martinek—Schwarz*, Abfertigung—Auflösung des Arbeitsverhältnisses, Vienna 1980; *Steininger*, Die Auflösung des Arbeitsverhältnisses, Vienna—New York 1969.
[2]OGH v 27/10/1959, ArbSlg 7132.
[3]OGH of 12/1/1971, ArbSlg 8835.
[4]See on this Section: *Mayer—Maly*, Österreichisches Arbeitsrecht, Vienna—New York 1970, p. 115 et seq.; *Martinek—Schwarz*, Angestelltengesetz, 3rd. ed., p. 338 et seq; *Floretta* in Floretta—Spielbüchler—Strasser, Arbeitsrecht I, Vienna 1976, p. 170 et seq; *Binder*, Eine fehlershafte Kündigung, DRdA 1980, p. 234 et seq.
[5]OGH of 29/3/1955, ArbSlg 6264; of 25/9/1963, ArbSlg 9142; of 25/11/1980, ArbSlg 9919.
[6]OGH of 23/12/1932, ArbSlg 4239; see also of 17/3/1981, 4 Ob 21/81.
[7]But see also below under B. concerning the observance of the preliminary procedure under establishment representation law prior to the declaration of notice.
[8]See below under III. and IV.
[9]On this Section, see *Floretta* in: Floretta—Speilbüchler—Strasser, Arbeitsrecht I, p. 190 et seq, especially p. 201 f.
[10]On this Section in detail, see *Floretta* in: Floretta—Spielbüchler—Strasser, Commentary on the ArbVG (Handkommentar zum ArbVG), p. 655 et seq; *Weissenberg—Cerny*, ArbVG², p. 358 et seq; *Martinek—Schwarz*, Angestelltengesetz³, p. 339 et seq.
[11]See below, IV. E. 3.
[12]For details see: OGH of 21/10/1969, ArbSlg 8669; of 15/10/1974, ArbSlg 9259; of 24/1/1978, ArbSlg 9663; of 25/3/1980, ArbSlg 9866; also for another view *Mayer—Maly*, Österreichisches Arbeitsrecht, p. 120; *likewise*, ZAS 1975, p. 223 et seq; *Marhold*, Die Wirkung ungerechtfertigter Entlassungen, ZAS 1978, p. 5 et seq; *Binder*, Eine fehlerhafte Kündigung, DRdA 1980, p. 273 et seq.
[13]See *Floretta* in: Floretta—Spielbüchler—Strasser, Arbeitsrecht I, P. 175 f and 209 f; *Martinek—Schwarz*, Angestelltengesetz, p. 351 et seq; *likewise*, Abfertigung—Auflösung des Arbeitsverhältnisses, p. 102 et seq.
[14]See *Spielbüchler* in: Floretta—Spielbüchler—Strasser, Arbeitsrecht I, P. 149 f; *Martinek—Schwarz*, Angestelltengesetz, p. 363 et seq.
[15]See below, IV.A
[16]OGH of 13/12/1955, ArbSlg 6357; OGH of 25/1/1966, ArbSlg 8187.
[17]As in notice: see below, IV.C.
[18]See *Tomandl*, Die Ambivalenz des kollektiven Arbeitsrechts, in: Rüthers—Tomandl, Aktuelle Fragen des Arbeitsrechts, Paderborn 1972, p. 42; *Cerny* at the Sixteenth Conference of the Österreichische Gesellschaft für Arbeitsrecht und Sozialrecht in Zell am See; Report from Dr. Kopf in: DRdA 1981, p. 264; *Floretta*, Rechtsdogmatisches und Rechtspolitisches zur Konstruktion und zum Inhalt des allgemeinen Kündigungs- und Entlassungsschutzes im Arbeitsrecht, Vienna 1971, p. 24 f; *likewise* in his Commentary to the ArbVG, p. 620 f; *likewise*, Strukturen und Entwicklungstendenzen des allgemeinen Kündigungsschutzes im Arbeitsrecht, DRdA 1982, p. 1 et seq.
[19]See *Martinek—Schwarz*, Angestelltengesetz, p. 335 f; *Weissenberg—Cerny*, ArbVG, p. 377 et seq; *Mayr* in: Adametz—Basalka—Heinrich—Kinzel—Mayr—Meches, Kommentar zum ArbVG, p. 250 et seq; *Mayer—Maly*, Österreichisches Arbeitsrecht, p. 128 et seq; *Floretta*, in the Handkommentar zum ArbVG, p. 636 et seq.
[20]VwGH of 26/2/1953, ArbSlg 5637; VwGH of 16/2/1961, ArbSlg 7330.
[21]VwGH of 26/2/1953, ArbSlg 5637.
[22]VwGH of 26/2/1953, ArbSlg 5637; VwGH of 16/12/1966, ArbSlg 8331; EA Graz of 25/9/1980, ArbSlg 9901.
[23]EA St. Pölten of 20/9/1958, SozMitt II B 529; EA Wien of 24/9/1970, Soz Mitt II B 999; VwGH of 10/2/1976, ArbSlg 9453; EA Innsbruck of 25/2/1977, ArbSlg 9561.
[24]VwGH of 29/11/1960, ArbSlg 7394.

[25]VwGH of 28/9/1961, ArbSlg 7431.

[26]See VwGH of 25/6/1963, ArbSlg 7787; of 28/3/1980, ArbSlg 9867.

[27]See below, IV.C.

[28]On this Section see: *Weissenberg—Cerny*, ArbVG, p. 377 et seq; *Mayr* in the Kommentar zum ArbVG, p. 252 et seq; *Martinek—Schwarz*, Abfertigung—Ablösung des Arbeitsverhältnisses, p. 110 f; *Floretta* in the Handkommentar zum ArbVG, p. 637 et seq.

[29]On this Section see: *Floretta* in the Handkommentar zum ArbVG, p. 631 et seq and the legal decisions and literature named in it; *Firlei*, Motivküdigungen von Arbeitnehmern und kollektivrechtliche Konstruktion des allgemeinen Kündigungsschutzes, Festschrift für Rabofsky, 1976, p. 139 et seq.

[30]See *Floretta* in: Floretta—Spielb; auuchler—Strasser, Arbeitsrecht I, p. 181 f; *Weissenberg—Cerny*, ArbVG p. 361 et seq; *Mayr* in the Kommentar des österreichischen Wirtschaftsverlages zum ArbVG, p. 245 f; *Martinek—Schwarz*, Abfertigung—Auflösung des Arbeitsverhältnisses, p. 267 f.

[31]According to the predominent view: *Strasser* in the Handkommentar zum ArbVG, p. 240 et seq; *Floretta* in the Handkommentar zum ArbVG, p. 664.

[32]See below, IV.C.

[33]See VfGH of 13/10/1959, SozMitt II B 455; EA Amstetten of 12/6/1975, ArbSlg 9389.

[34]Federal Act of 23/5/1950, BGBl Nr 172, in the current version.

[35]Arbeitsgerichtsgesetz of 24/7/1946, BGBl Nr 170, in the current version.

[36]Act of 1/8/1895, RGBl Nr 113, in the current version.

[37]VwGH of 21/5/1959, ArbSlg 7271; EA Leoben of 21/6/1978, ArbSlg 9698.

[38]For details, see *Floretta* in the Handkommentar zum ArbVG, p. 690 et seq.

[39]See *Holzhammer*, Österreichisches Zivilprozessrecht, 2nd. ed., p. 124 et seq.

[40]VwGH of 11/6/1963, ArbSlg 7781; VwGH of 21/1/1964, ArbSlg 7994; EA Leoben of 21/6/1978, ArbSlg 9698.

[41]VwGH of 25/2/1969, ArbSlg 8599; VwGH of 26/5/1970, ArbSlg 8767.

[42]On Points 1. and 2., see *Floretta* in the Handkommentar zum ArbVG, p. 686 et seq and 695 et seq.

[43]Again in this sense OGH of 5/9/1978, ArbSlg 9715.

[44]On this Section see *Floretta* in: Floretta—Speilbüchler—Strasser, Arbeitsrecht 1, p. 168 f, 176 f and 190 et seq; *Martinek—Schwarz*, Abfertigung—Auflösung des Arbeitsverhältnisses, p. 99 f and 268 et seq.

[45]*Martinek—Schwarz*, Angestelltengesetz, p. 555 et seq; *Mayer—Maly*, Österreichisches Arbeitsrecht, p. 97 f.

[46]From recently, see Landesgericht Wien of 20/3/1980, ArbSlg 9948.

[47]BGBl Nr 154/1956 in the current version.

[48]BGBl Nr 221/1979 in the current version.

[49]Collective Agreement of May 11, 1981, Ke 184/81.

[50]Nor did § 2 Abs 2 ArbVG change this in any way. That also applies to questions in establishment representation law (excepting the implementation of social schemes and measures to achieve the humanity of working conditions /§ 2 Abs 2 z 5 ArbVG/).

[51]See also on the Collective Agreements Act 1947: *Mayer—Maly*, Österreichisches Arbeitsrecht, p. 176, 193 et seq; on the ArbVG 1973, see *Strasser* in: Floretta—Spielbüchler—Strasser, Arbeitsrecht II, p. 76.

[52]See *Strasser* in the ArbVG Handkommentar, p. 28 et seq; *Kinzel* in the Kommentar zum ArbVG, p. 87 f; *Weissenberg—Cerny*, ArbVG p. 32 et seq.

[53]See *Strasser* in the ArbVG Handkommentar, p. 554 et seq, 708 et seq; *Basalka* and *Heinrich* in the Kommentar zum ArbVG, p. 215 et seq and 267 et seq; *Weissenberg—Cerny*, p. 323, 409 et seq.

[54]See the ministerial orders of 19/1/1979, BGBl Nr 39, and 5/12/1980, BGBl Nr. 568.

[55]See *Schnorr*, Ausländerbeschäftigungsgesetz, p. 74.

[56]See *Frank*, Träger and Instrumente der Arbeitsmarktpolitik in: Die ökonomischen Aspekte der Arbeitsmarktpolitik, 1975, p. 150 et seq.

[57]*Danimann-Steinbach*, Kommentar zum AMFG, 1972, p. 144 et seq.

[58]See the Ausländerbescgäftigungsgesetz.

[59]*Schnorr*, Ausländerbeschäftigungsgesetz, p. 71 et seq.

[60]*Frank* in: Die ökonomischen Aspekte der Arbeitsmarktpolitik, p. 162 et seq.

[61]See *Hämmerle*, Arbeitsvertrag, p. 216 et seq; *Martinek—Schwarz*, Angestelltengesetz, p. 368 et seq; *likewise*, Abfertigung—Auflösung des Arbeitsverhältnisses, p. 312 et seq; *Mayer—Maly*, Österreichisches Arbeitsrecht, p. 81 et seq; *Migsch*, Zur Reform des Abfertigungsrechtes, DRdA 1978, p. 177 et seq; *Speilbüchler* in: Floretta—Spielbüchler—Strasser, Arbeitsrecht I, p. 116 et seq.

[62]The Angestelltengesetz was passed on May 11, 1921 (BGBl Nr 292).

[63]§ 3 Arbeiter-Abfertigungsgesetz; for details see *Martinek—Schwarz*, Abfertigung—Auflösung des Arbeitsverhältnisses, p. 299 et seq.

[64]Amendment of June 30, 1971 BGBl Nr 292 to the Angestelltengesetz; see *Binder*, Zusammenspiel arbeitsund sozialrechtlicher Leistungsansprüche, 1980, p. 340 et seq.

[65]See *Martinek—Schwarz*, Abfertigung—Auflösung des Arbeitsverhältnisses, p. 16 et seq, 380 et seq.

[66]§ 23 a Abs 3 Angestelltengesetz; § 22 a Abs 3 Gutsangestelltengesetz.

[67]See *Hämmerle*, Arbeitsvertrag, p. 219; *Martinek—Schwarz*, Abfertigung—Auflösung des Arbeitsverhältnisses,, p. 296 et seq, p. 353 et seq; *Mayer—Maly*, Österreichisches Arbeitsrecht, p. 82 f; *Speilbüchler* in: Floretta—Speilbüchler—Strasser, Arbeitsrecht I, p. 118.

[68]*Mayr* in : Adametz—Basalka—Mayr—Stummvoll, Kommentar zum Urlaubsrecht, p. 91 et seq; *Cerny*, Urlaubsrecht, p. 95 et seq; *Klein—Martinek*, Urlaubsrecht, p. 106 et seq.

[69]See *Dirschmied*, Arbeitslosenversicherungsrecht, 1980, p. 15 f; *Tomandl*, Grundriss des österreichischen Sozialrechts, 2nd ed., p. 188 et seq.

[70]See *Dirschmied*, Arbeitslosenversicherungsrecht, 1980; *Tomandl*, Grundriss des österreichischen Sozialrechts, p. 188 et seq.

[71]Sonderunterstützungsgesetz of November 30, 1973, BGBl Nr 642, in the Federal Act version, BGBl Nr 109/1979 (Art III); See *Dirschmied*, Arbeitslosenversicherungsrecht, p. 219 et seq.

[72]§ 19 Abs 1 AMFG.

[73]Act of July 2, 1981, BGBl Nr 354; see *Stummvoll* in: Adametz—Basalka—Dollinger—Mayr—Stummvoll, Kommentur zum Nachtschicht-Schwerarbeitsgesetz, 1981, p. 117 et seq.; *Bernhard Schwarz*, Nachtschicht-Schwerarbeitsgesetz, 1981, p. 176 et seq.

[74]From 1984, the age of accural of the right will be raised to 58 (women 53). From 1987 it will be raised to 59 (54). From 1980 it will be raised to 60 (55).

[75]See *Binder*, Das Zusammenspiel arbeits- und sozialrechtlicher Leistungsansprüche, p. 407 et seq.

[76]For details, see *Walter Schwarz—Holzer—Holler*, Das Arbeitsverhältnis bei Konkurs und bei Ausgleich, 1978.

La cessation de la relation de travail à l'initiative de l'employeur et la sécurité des revenus des travailleurs concernés

par

PROF. MICHELINE JAMOULLE

Université de Liège

I. INTRODUCTION GENERALE

A. Le cadre et les normes de base régissant la situation des travailleurs licenciés sont l'oeuvre, en droit belge, du législateur. Mais en de nombreux points (et pour le droit de la sécurité sociale, de façon tout à fait systématique), le législateur fait référence, par des délégations diverses, à d'autres sources de droit subordonnées. Ainsi, l'agencement complet de l'indemnisation du chômage relève d'arrêtés d'exécution; les délais de préavis auxquels ont droit les ouvriers peuvent être fixés, en dérogation aux principes légaux, par certaines conventions collectives du travail; quant aux préavis des employés dits supérieurs (dont la rémunération annuelle dépasse un certain montant), seul leur minimum est fixé légalement; au-delà cette protection minimale, l'autonomie des volontés individuelles reprend, pour l'essentiel, son empire. On constatera également que certains éléments récents et complémentaires du droit du licenciement sont établis par l'effet de conventions collectives du travail négociées au niveau national et dans un cadre institutionnel, le Conseil National du Travail.

B. Dans la sphère du droit du travail, la notion traditionnelle de contrat de travail détermine en principe la sphère d'application du système national, tandis que le droit de la sécurité sociale appréhende, au-delà de ce classique contrat, d'autres situations apparentées. Parfois même d'ailleurs il se déclare partiellement applicable dans certaines hypothèses étrangères à toute relation de travail; ainsi les étudiants arrivant après leurs études sur le marché de l'emploi ont-ils droit, mais dans de strictes conditions, aux allocations de chômage. Comme d'autres ordres juridiques, le droit belge de la sécurité sociale présentant une vocation extensive ne calque plus entièrement sa sphère d'application sur celle du droit du travail. Mais, quel que puisse être, sur le plan des principes, l'intérêt de ce phénomène législatif, il n'est pas de nature à nous retenir longtemps, dans le cadre de ce rapport consacré aux seuls travailleurs subordonnés. A cet égard, l'on doit considérer que le droit belge continue à construire, dans le secteur privé[1], la relation individuelle de travail sur base d'un contrat et que celui-ci enclenche en principe l'application des normes qui composent le droit du travail et de la sécurité sociale.

Ce système implique que le travailleur congédié réclamant la reconnaissance de ses droits est appelé à établir la réalité juridique du contrat qui vient de prendre fin, en faisant apparaître les éléments distinctifs de celui-ci et en particulier l'état de subordination. Ce principe implicite est toutefois assorti de certains correctifs destinés à assurer l'effectivité du droit social.

Tantôt, le législateur s'attaque au jeu "normal" de la sanction de nullité, dont l'application pure et simple serait susceptible, en provoquant l'anéatissement du contrat, de déboucher sur une situation non protégée légalement et en particulier sur un licenciement non reconnu en tant que tel. A cet égard, une distinction s'impose: le droit de la sécurité sociale s'oppose de facon systématique au jeu de toute nullité[2] et se contente donc, pour son application, d'une "apparence" de contrat; le droit du travail, quant à lui, demeurant plus proche d'une optique contractuelle, se borne à tenir en échec le mécanisme de la nullité dans deux cas déterminés.[3]

Tantôt, la reconnaissance du contrat de travail se trouve facilitée ou même imposée par l'effet de présomptions légales. Le législateur recourt à procédé dans des hypothèses ponctuelles qui se caractérisent par des "volontés de fuite", c'est-à-dire par l'intention, de l'une ou des deux parties contractantes, de se situer en dehors de la sphère du droit social, soit qu'elles aient tenté de construire leurs relations en faisant appel à une autre structure contractuelle (comme le contrat d'enterprise),[4] soit que plus fondamentalement elles aient voulu se placer dans un ordre juridique (comme le monde du sport) distinct de l'ordre étatique.[5]

Mais, on va le constater, l'application d'un grand nombre de ces présomptions débouche sur la mise en oeuvre d'un régime légal différent du système général et moins protecteur que ce dernier.

C. a) En effet, malgré le phénomène d'extension du salariat qui caractérise globalement l'évolution du droit social, plusieurs catégories de contrats de travail sont exclues de ce qui, en droit belge, constitue le régime général.[6] Ces différentes exclusions (contrat de travail domestique, contrat de travail intérimaire, contrat d'occupation des étudiants, contrat d'engagement pour la navigation intérieure, contrat d'engagement maritime) ne constituent pas cependant un angle mort dans l'actuel droit social, dans la mesure où ces contrats sont saisis et agencés par des normes spécifiques; mais il reste que celles-ci débouchent sur un statut particulier, dérogatoire au "droit social commun" et en règle générale moins protecteur que ce dernier.

b) D'autre part, dans le cadre du régime général, les règles qui, relatives au licenciement, sont destinées à limiter (dans des mesures variables, on le verra) la précarité de l'emploi sont réservées aux seuls contrats conclus pour une durée indéterminée. Il demeure possible aux contractants, dans certaines limites, d'échapper à ces règles en affectant leur convention d'une clause d'essai ou de terme.[7] De telles stipulations débouchent, pour le salarié, sur une situation précaire : la clause de terme implique qu'à l'échéance le contrat se dissolve automatiquement, sans préavis; la clause d'essai permet, pendant la période probatoire d'opérer un licenciement soit sans préavis (pour les ouvriers), soit moyennant un préavis très bref (pour les employés).

Ces brèches apportées dans le système légal concernant le licenciement s'accompagnent d'une réglementation précise, établie dans le souci évident de les maintenir dans certaines limites. Cette réglementation se déploie dans deux directions.

On soulignera en premier lieu le retour au formalisme : la clause d'essai, la clause de terme (tout comme d'ailleurs le contrat de travail temporaire) doivent être constatées par un écrit destiné à protéger le consentement du salarié, en attirant son attention sur la consistance de son engagement et à éviter les fraudes patronales (insertion rétroactive d'une clause d'essai ou de terme dans le contrat) Une régle-mentation "de fond" complète cette exigence de forme : la période probatoire ne peut dépasser une certaine durée, au demeurant fixée de façon différente pour les ouvriers et les employés,[8] tandis que la succession de contrats à terme est en principe interdite.[9]

D. Avant d'examiner le régime général du licenciement, il convient d'apporter certaines précisions sur l'appareil conceptuel auquel recourt le droit belge.

Le présent rapport se limite à l'examen du *licenciement,* mode de rupture dû à la volonté unilatérale de l'employeur. Ainsi se trouvent en principe écartés les autres modes de dissolution (mutuus dissensus, condition résolutoire, résolution judiciaire, force majeure. . .). Toutefois les limitations apportées dans certaines hypothèses au droit de licenciement montretont que cette première catégorisation demeure sur quelques points approximative; certains modes particuliers de licen-ciement se revèlent par leur procédure très proches de la résolution judiciare, tandis que dans d'autres cas, le contrôle—préalable au licenciement—qui doit être opéré par un organe paritaire limite, pour une grande partie, l'importance de la volonté de l'employeur quant à la décision de rupture.

Organisant le régime du licenciement, le droit belge repose, de façon aussi implicite que fondamentale, sur l'existence juridique d'un *pouvoir* de résiliation unilatérale. On entend par là qu'il suffit à l'employeur (comme d'ailleurs au salarié) de manifester unilatéralement son intention de rompre, pour que la rupture s'ac-complisse effectivement; contrairement au régime du droit des obligations, toute volonté de rompre, *même illicite,* est efficace. Ainsi apparaît une distinction entre *pouvoir* et *droit* de résiliation unilatérale, distinction trouvant son critère dans la licéité de la rupture.[10]

La manifestation de l'intention de rompre qu'implique l'exercice de ce pouvoir de résiliation unilatérale n'est pas nécessairement formelle et explicite; elle peut in-tervenir de façon tacite. Ainsi se trouve-t-on en présence d'un licenciement (exercise du pouvoir et non droit), lorsque l'employeur impose unilatéralement une modi-fication essentielle du contrat;[11] dans cette hypothèse, le licenciement—irrégulier, puisque non précédé d'un préavis—pourra être constaté[12] sur base de l'intention patronale implicite de ne jamais plus exécuter la convention initiale, intention assimilée à une volonté de rompre; cette solution repose tout entière, non pas sur une quelconque violation patronale d'obligations contractuelles, violation, le cas échéant, inexistante, mais bien sur une interprétation de la volonté de l'employeur, volonté impliquant la décision de rupture.

C'est à la lumiére de l'existence juridique de ce pouvoir de résiliation unilatérale qu'il faut concevoir les "interdictions" de licenciement que comporte le droit social belge, dans certaines hypothèses que le législateur a jugées dignes d'intérêt. En réalité, ces interdictions ne s'attaquent pas au *pouvoir* de résiliation unilatérale; tout licenciement opéré dans ces circonstances demeure efficace et effectif, mais il sera mis à un prix plus élevé, par le jeu de sanctions civiles prenant la forme d'indemnités forfaitaires particulières, qui se révèlent parfois d'un montant singulièrement élevé.

Quant au *droit* de licenciement lui-même, il comporte deux branches : le licenciement précédé d'un préavis, destiné à constituer la règle en la matière et réservé aux seuls contrats conclus pour une durée indéterminée et le licenciement pour motif grave, procédé exceptionnel.

Enfin, le législateur soumet à un régime particulier sur certains points le congé avec préavis, lorsqu'il intervient dans le contexte d'une *fermeture d'enterprise* ou lorsqu'il présente la forme d'un *licenciement collectif.*

La *fermeture d'enterprise*[13] implique qu'en cas de cessation définitive de l'activité principale de l'entreprise ou d'une division de celle-ci, le nombre de travailleurs est réduit des trois quarts du nombre des travailleurs précédemment occupés; d'autres circonstances peuvent être assimilées par autorisation administrative à cette notion, telles le déplacement du siège d'exploitation, la fusion ou la vente de l'entreprise, certaines restructurations même lorsqu'elles ne comportent pas la diminution de personnel en principe requise.

Le *licenciement collectif*[14] se définit comme suit : tout licenciement pour des raisons écnomiques ou techniques qui affecte au cours d'une période continue de soixante jours un nombre de travailleurs représentant au moins 10% du nombre de travailleurs occupés; pour les entreprises de 20 à 59 travailleurs, il y a licenciement collectif, lorsque celui-ci concerne au moins 6 travailleurs.

II. PROCEDURE A SUIVRE AVANT LE LICENCIEMENT

A. Dans le cadre des contrats conclus pour une durée indéterminée (contrats destinés à constituer la règle, selon le voeu implicite du législateur, tout au moins dans une interprétation optimiste du système légal), le licenciement doit passer par le mécanisme du préavis.[15, 16]

Celui-ci constitue un acte juridique unilatéral réceptice que la Cour de Cassation définit comme l'acte réalisant "l'information préalable de la date à laquelle le contrat doit expirer".[17]

Sa validité est subordonnée au respect de régles assez contraignantes de formalisme. Non seulement, il doit se présenter sous une des trois formes prévues légalement : écrit signé par l'autre partie, lettre recommandée, exploit d'huissier, mais de plus il doit comporter l'indication du début et de la durée du délai-congé.[18] Cette double indication constitue uniquement une exigence de forme : le préavis produit ses effets en tant que tel, indépendamment du contenu même et de l'exactitude des mentions prescrites, en raison de leur présence dans l'acte; le caractère irrégulier de ces mentions trouve en effet son unique sanction dans une indemnité pour préavis insuffisant et non pas dans une indemnité pour défaut de préavis.

Cette exigence légale de formalisme portant sur la durée du préavis n'est pas tenue en échec dans l'hypothèse des contrats d'emploi "supérieur" où pourtant la durée du préavis n'est pas établie par une norme jouant de façon automatique (voy. infra); à défaut de convention relative au préavis, il appartient à l'auteur du congé de fixer unilatéralement cette durée et de la mentionner dans l'acte de préavis, sous peine d'encourir la nullité de celui-ci et de s'exposer, dans ce cas où la décision de rompre demeure néanmoins effective et efficace juridiquement, au paiement des indemnités pour défaut de préavis.[19]

A ce formalisme établi par la loi organique du contrat de travail, le décret du 19 juillet 1973 (du Conseil culturel de la Communauté culturelle néerlandaise) réglant l'emploi des langues en matière de relations sociales entre employeur et travailleur ajoute indirectement un élément supplémentaire : le préavis doit, sous peine d'une nullité qui sera constatée d'office par le juge,[20] être rédigé dans la langue de la région.

Acte juridique unilatéral, le préavis, s'il produit ses effets indépendamment de tout accord donné par la partie qui le recoit, doit cependant être notifié à celle-ci puis-qu'il va modifier sa situation contractuelle. Le recours légal au formalisme trouve même son origine dans la nécessité de notification. Le législateur, déterminant les formes du congé précédé d'un préavis, a établi de façon également limitative et formelle (en recourant le cas échéant à un système de fictions) les procédés par lesquels ce congé est porté à la connaissance de son destinataire. L'exploit d'huissier, en raison des garanties qu'il comporte, s'accompagne d'une présomption tacite et irréfragable de notification. Quant à la lettre recommandée, la loi précise qu'elle produit ses effets le troisième jour ouvrable suivant la date de son expédition; si une telle disposition rend les effets de cette lettre indépendants du moment auquel son destinataire en a pris effectivement connaissance,[21] encore faut-il souligner qu'elle trouve son fondement dans une présomption irréfragable. L'écrit, troisième forme dans laquel peut être signifié le préavis, doit comporter, à peine de nullité selon la Cour de Cassation,[22] la signature du destinataire sur le double de l'acte; participant du principe du formalisme, cette signature constitue ainsi le seul procédé permettant d'établir la réalité de la notification. La loi dispose que la signature apposée par (cette) partie sur le double de l'écrit ne vaut que comme accusé de réception de la notification;[23] dés lors, ce texte, si l'on suit l'interprétation de la Cour Suprême, a une double fonction—il établit l'impossibilité juridique d'admettre cette signature à titre d'accord sur la durée conventionnelle de préavis ou à titre de renonciation au délai légal et il détermine, dans l'un des trois actes constitutifs de préavis, un élément du formalisme légal.

B et C. Dans une optique toute traditionaliste, la loi organique du contrat de travail continue à envisager le licenciement comme l'exercice d'un droit, lequel s'inscrit dans un mécanisme contractuel, de caractère individualiste et strictement bilatéral. Hormis dans les hypothèses de licenciement collectif et de fermeture d'entreprise dont il sera question plus loin, aucune notification à des tiers n'est prévue, qu'il s'agisse de la délégation syndicale, du conseil d'enterprise ou des autorités publiques.

Examen du système légal

D. Etablissant la durée du préavis, le législateur distingue nettement le régime des ouvriers et celui des employés. Certes quelques principes communs sont établis: le préavis varie en fonction de l'ancienneté du travailleur dans l'entreprise; le délai de préavis est suspendu pendant certaines périodes où le contrat lui-même pour une raison légitime (service militaire et événements assimilés, incapacité de travail du salarié, repos de grossesse et d'accouchement, fermeture de l'enterprise pendant les vacances annuelles et vacances annuelles du salarié) ne peut être exécuté.[24] Mais pour le reste, la démarche législative se révèle bien distincte.

Le préavis des *ouvriers*[25] débute le lundi suivant la semaine au cours de laquelle il a été notifié. Sa durée est fixée en principe à 28 jours, délai doublé si l'ouvrier atteint une ancienneté de 20 ans dans l'entreprise. Ca principe subit certaines exceptions permettant de descendre en dessous de ce délai. Les ouvriers intégrés depuis peu (moins de 6 mois dans l'entreprise) peuvent être licenciés si leur contrat le permet, moyennant un préavis réduit (ne pouvant être inférieur à 7 jours[26]) tandis que des arrêtés royaux intervennant sur proposition d'un organe paritaire peuvent modifier les délais légaux "dans l'intérêt de certaines catégories de travailleurs ou en ce qui concerne les préavis donnés pour des motifs économiques ou sociaux". Malgré la rédaction quelque peu sibylline de cette dernière exception, ce texte est effectivement utilisé de manière à établir, dans certains secteurs économiques, des préavis très courts.[27]

Les travailleurs *intellectuels* bénéficient d'une moins grande précarité d'emploi.[28] Leur préavis commence à courir au début du mois suivant celui au cours duquel il a été notifié. La longueur du délai-congé auquel ils ont droit dépend de deux variables principales : hauteur de leur rémunération et ancienneté dans l'entreprise. Pour les employés dits "inférieurs" (c'est-à-dire dont la rémunération ne dépasse pas un certain montant, fixé d'ailleurs assez bas) la loi fixe elle-même ce délai; il est égal à trois mois et augmente de trois mois dès le commencement de chaque période de 5 ans de service chez le même employeur. Au-delà du salaire fixé légalement, la loi restaure l'autonomie des volontés : le délai sera fixé par convention ou, à défaut, par le juge. Encore faut-il souligner que cette autonomie n'est restaurée que dans certaines limites.

La loi sociale dispose que cette convention relative au préavis peut être conclue au plus tôt au moment du congé. Ainsi l'autonomie des volontés ne réapparaît qu'au moment où le travailleur, assuré de ce que son contrat va prendre fin, n'est plus censé subir la force économique de son contractant, donneur d'emploi. Par ailleurs, les parties ne disposent pas de toute latitude quant au contenu de l'accord; toute convention prévoyant des délais n'atteignant pas les minima légaux (égaux aux préavis qui doivent être respectés pour les employés dits inférieurs) est nulle.[29] La Cour de Cassation limite cependant la portée de cette dernière exigence légale en considérant que seules les conventions conclues avant la notification du congé doivent respecter ces minima; dès ce moment, selon l'interprétation très restrictive de la Juridiction Suprême, interpretation peu compatible avec le caractère impératif de la norme légale, le travailleur peut conclure toute convention et notamment renoncer à son droit au préavis légal.[30, 31]

Lorsque les parties ne réussissent pas à se mettre d'accord sur la durée du préavis, celui-ci est appelé, selon le voeu formel du législateur, à être fixé par le juge.[32] Si celui-ci est tenu de respecter les délais minima indiqués légalement, il demeure libre pour le reste. Dans sa démarche ainsi que le révèle l'analyse de la jurisprudence très abondante en la matière, il recourt à des critères faisant essentiellement appel à la personne du travailleur et à sa situation économique. Le critère de base réside dans la difficulté de retrouver un emploi équivalent; critère lui-même explicité par les données que fournissent l'ancienneté, l'âge, l'importance des fonctions. Ce système, cautionné par l'autorité de la Cour Suprême,[33] se révèle particulièrement souple, quand on constate qu'après avoir mentionné le critère principal (la difficulté de retrouver un emploi équivalent) et ses données d'application (ancienneté, âge, fonctions exercées), la Cour ajoute, sans doute dans un surcroît de précaution et afin de ne s'enfermer dans aucun carcan que cette appréciation se fait "selon les éléments propres à chaque cause". Pratiquement, cette souplesse se traduit par une fourchette extrêmement large : les préavis des employés varient effectivement de 3 mois à 4 ans de rémunération. Par ailleurs, le pouvoir quasi-discrétionnaire dont jouit la jurisprudence en cette matière au-delà du minimum légal lui pepet de se prononcer effectivement en fonction de circonstances distinctes de celles auxquelles se réfèrent les critères traditionnels; ainsi il n'est nullement exclu que la crise économique, facteur important dans une évolution à rebours du droit social, n'exerce une influence en ce domaine et ne se solde, via l'interprétation judiciaire, par une certaine diminution des délais de préavis.

Les options du législateur

L'ensemble du système légal et jurisprudentiel qui concerne la durée des préavis fait apparaître les options de base du législateur. Si, dans l'ensemble du droit social, la distinction entre ouvriers et employés a cessé d'être la *summa divisio*, elle produit encore ses effets dans un domaine parmi les plus importants, celui du licenciement; et, on vient de le constater, l'écart entre le régime des ouvriers et des employés est de taille.[34] Par ailleurs, dans la sphère du régime des travailleurs intellectuels, d'autres divisions et hiérarchies se reproduisent. Si la protection accrue dont bénéficient les "cadres" ou employés supérieurs s'explique au premier degré par une difficulté plus grande de retrouver un emploi équivalent, elle témoigne surtout, de façon plus fondamentale, d'un phénomène de récupération : se préoccupant à l'origine des plus démunis, secrété par la prolétarisation de la classe ouvrière, le droit du travail dans la suite a accueilli d'autres situations contractuelles qui ne sont pas marquées de la même manière du sceau de la faiblesse économique, et en définitive reconduit, pour une grande partie, une hiérarchie sociale traditionnelle, en favorisant les travailleurs intellectuels et particulièrement ceux d'entre eux qui, exerçant les fonctions directes du capital, occupent dans les entreprises les postes les plus élevés et les mieux rétribués.

Le régime de la période de préavis

La dissolution du contrat, conséquence du préavis, ne doit se réaliser qu'après le délai qu'implique précisément cette notion de préavis. Ainsi, en même temps qu'il comporte l'intention ferme de mettre fin au contrat, le préavis implique la survie temporaire de ce dernier. Juridiquement, le contrat est censé poursuivre une existence et une exécution non perturbées. Ce principe subit toutefois certaines exceptions liées elles-mêmes aux objectifs du préavis. Ainsi le travailleur a-t-il le droit de s'absenter (sa rémunération étant maintenue) pendant un certain nombre de demi-journées afin de retrouver un emploi,[35, 36] L'étendue de ce temps libre est fonction de la durée du préavis : en principe, le salarié a droit à une journée de congé par semaine mais tantôt pour les ouvriers, ce droit est réduit, lorsque le préavis est inférieur à une semaine, tantôt, pour les employés dits supérieurs, ce droit, reconnu normalement pendant les six derniers mois de préavis, est réduit à concurrence d'une demi-journée pendant la période antérieure.

Le régime général

E. Le licenciement précédé d'un préavis constitue la règle à laquelle il n'est fait exception qu'en cas de "motif grave", commis par le salarié. Ce motif se définit légalement comme une faute si importante qu'elle rend immédiatement et définitivement impossible toute collaboration professionnelle entre les contractants.[37] Cette définition même explique qu'un tel licenciement doive nécessairement se produire dans un délai très bref (trois jours ouvrables) commençant à courir à partir du moment où l'employeur a eu connaissance de la faute commise par le salarié;[38] passé un tel délai, la loi sociale présume de façon irréfragable que les relations contractuelles n'étaient pas devenues impossibles. On remarquera par ailleurs que si aucune régle de formalisme ne s'impose au stade de la rupture elle-même[39] (elle peut même intervenir de vive voix), il est requis que dans un deuxième délai (de même durée que le premier et prenant cours dès la rupture), l'employeur notifie les motifs de son congé dans une forme indiquée légalement (lettre recommandée à la poste) ou dans une pièce équivalente. Cette notification doit permettre au salarié d'apprécier lui-même la réalité et la gravité des motifs invoqués par l'employeur; il pourra ainsi, en pleine connaissance de cause, décider de recourir au contrôle judiciaire (voy. infra). Au demeurant, indentifiant ces motifs, déterminant la cause juridique du congé, la notification facilite l'exercice de ce contrôle judiciaire dont elle délimite l'étendue : elle permet d'écarter toutes fautes et raisons différentes de celles qui figurent dans la lettre recommandée. A partir de ce fondement la Cour de Cassation exige que les motifs doivent être indiqués avec une précision permettant au juge d'apprécier leur gravité et de vérifier si les motifs invoqués devant lui s'identifient avec ceux qui ont été notifiés.[40]

Le régime particulier des salariés "protégés"

Les salariés, représentants du personnel dans les organes d'entreprise (conseil d'entreprise et comité de sécurité, d'hygiène et d'embellissement des lieux du travail), font l'objet d'un régime particulier quant à leur licenciement. Si ce dernier est fondé sur un motif grave, l'employeur ne peut procéder lui-même à la rupture, il est tenu de s'en référer préalablement à la Juridiction du Travail selon une procédure accélérée.[41]

Ce système confère à la justice un pouvoir de contrôle plus étendu que dans le régime général, pouvoir s'étendant à la décision même de la rupture; en même temps, il instaure un contrôle systématique et automatique de cette rupture dont le mécanisme, contrairement au régime général, ne s'accompagne plus d'une présomption de licéité. L'ensemble de cette procédure particulière rapproche singulièrement le licenciement pour motif grave de ces salariés protégés de la technique civiliste de la résolution judiciare qu'organise l'article 1184 du Code civil. Et la Cour de Cassation ne s'y est pas trompée, lorsqu'elle a considéré que dans l'hypothèse d'une demande en résolution judiciare du contrat d'un de ses salariés "protégés", employeur devait respecter la procédure accélérée et le juge, prononçant la résolution, devait constater un motif grave.[42]

L'objectif avoué de ce système dérogatoire au droit commun[43] réside dans le souci d'assurer le fonctionnement normal des organes d'entreprise dont ces salariés font partie; et il est vrai qu'un tel mécanisme empêche l'employeur de procéder unilatéralement à un brusque congé qui ne serait pas justifié et d'entraver par ce fait l'organisation des institutions d'entreprises. Mais on remarquera qu'en même temps, l'employeur, devant recourir à justice pour faire reconnaître le motif grave, ne doit plus, contrairement au régime général, agir à ses risques et périls; il ne doit plus procéder à une préqualification unilatérale de la conduite fautive du salarié; il ne s'expose plus, par sa décision de rupture, aux sanctions qui frappent les licenciements illicites.

III. JUSTIFICATION DU LICENCIEMENT

Les grands traits du système

Lorsque le licenciement est précédé d'un préavis, aucune exigence de motivation n'apparaît en principe. Le droit belge maintient le droit discrétionnaire de l'employeur et le préavis, acte formel, est valable sans qu'il doive comporter la justification du congé. Ce principe subit toutefois plusieurs exceptions qu'il est possible de regrouper en trois catégories.

La première est fournie par le licenciement pour motif grave; le caractère brusque de ce congé explique bien évidemment qu'il doive être motivé et que sa justification doive être fournie en respectant un certain formalisme; je ne reviendrai pas sur ce point.

Les "interdictions" de licenciement

Une deuxième catégorie d'exceptions résulte des "interdictions" de licenciement que la loi sociale organise dans certaines hypothèses jugées dignes d'intérêt et pendant une période déterminée légalement. Les salariés miliciens ou appelés sous les armes,[44] les femmes enceintes,[45] les salariés représentants du personnel dans les organes d'entreprise,[46] les délégués syndicaux,[47] les salariés qui réclamant l'application du principe d'égalité de traitement entre sexes,[48] les salariés dont le contrat est suspendu pour l'exercice d'un mandat politique,[49] les médecins du travail benéficient d'un tel régime. Diversément agencées, ces interdictions de licenciement ont cependant des traits fondamentaux communs; en particulier, elles ne sont pas absolues et comportent certaines exceptions au régime dérogatoire qu'elles établissent le licenciement (précédé d'un préavis) reste permis pour certains motifs.

Pour décrire ceux-ci, le législateur ne procède pas de manière uniforme. Tantôt, il exige qu'il s'agisse de raisons économiques ou techniques,[50] tantôt de façon moin contraignante pour l'employeur, il se borne à exiger des motifs étrangers à la circonstance qui justifie l'interdiction de licenciement.[51] Mais de l'une ou de l'autre façon, le système légal aboutit nécessairement à un certain contrôle des motifs du licenciement.

Pour réaliser ce contrôle, le législateur ne procède pas non plus de façon uniforme. Dans certaines hypothèses, celles qui demeurent étrangères aux organes d'entreprise et à la délégation syndicale, la loi recourt à un système traditionnel, calqué, *mutatis mutandis,* sur le régime général du motif grave : l'employeur procède unilatéralement et de sa seule initiative au licenciement; il appartient au salarié congédié de provoquer le contrôle judiciaire en saisissant le tribunal du travail; celui-ci appréciera la validité de la motivation du licenciement que l'employeur devra dès lors présenter.

La procédure établie pour les salariés délégués aux organes d'entreprise se révèle beaucoup plus exceptionnelle : non seulement, le contrôle de la motivation est en principe préalable au licenciement, mais en outre il ne relève plus de la compétence juridictionnelle abandonnée au profit de celle des commissions paritaires; appelées à se prononcer dans un certain délai sur l'existence des "raisons économiques ou techniques" autorisant le licenciement, ces organes paritaires disposent d'un pouvoir souverain et prennent des décisions qui ne sont pas susceptibles d'être remises en cause par l'intervention des juridictions du travail; celles-ci ne disposent en effet que d'une compétence subsidiare dans les seules hypothèses où la commission paritaire n'a pas pu se prononcer.[52]

Quant au licenciement des dlégués syndicaux, il fait également l'objet d'une procédure comportant le contrôle préalable de la motivation patronale; à défaut d'accord du syndicat qui a présenté la candidature du délégué, le projet de licenciement est soumis au bureau de conciliation de la commission paritaire. En l'absence de décision dans un certain délai, la juridiction du travail est chargée d'apprécier la validité des motifs patronaux qui justifient le licenciement.

Le licenciement abusif

L'application de la théorie de l'abus de droit fournit la troisième exception au caractère discrétionnaire du licenciement. Cette application se présente de façon différente dans le contrat de travail des ouvriers et des employés.

De manière toute pragmatique, le législateur soucieux de compenser l'écart entre les préavis dus à ces deux catégories de travailleurs, sans toutefois vouloir aligner le régime des ouvriers sur celui des employés, a précisé pour les seuls travailleurs manuels la notion et le régime du licenciement abusif.[53] Dans cet agencement normatif, la charge de la preuve incombe légalement à l'employeur qui sera appelé à établir, en cas de contestation, les motifs du licenciement. Un tel procédé se rapproche d'un système où le droit de licenciement cesse d'être discrétionnaire et doit être motivé. Seul un écart assez minime existe encore entre les deux techniques : le licenciement non motivé demeure licite et si l'ouvrier congédié porte l'affaire en justice, l'employeur jouit encore de la possibilité de motiver *a posteriori* son congé.

De la norme particulière applicable aux seuls ouvriers, il serait léger de tirer un argument *a contrario* et de conclure, pour les employés, à l'inapplication de la théorie générale de l'abus de droit. Mais il reste que les travailleurs intellectuels demeurent soumis sur ce point au droit commun : ils devront dès lors établir que l'employeur a usé anormalement de son droit et faire la preuve du préjudice qui en est résulté, afin d'obtenir des dommages et intérêts.

Quant à la notion même de licenciement abusif consacrée légalament,[54] elle
semble de prime abord de nature à transformer le droit discrétionnaire de licenciement en droit-fonction qui serait destiné à rendre compte d'un intérêt de l'entreprise
distinct de l'intérêt patronal. Mais encore faut-il s'entendre sur la consistance de
cet intérêt et sur la mesure dans laquelle il peut prendre en compte celui des salariés.
Constatons dès l'abord que certains travailleurs peuvent être sacrifiés au nom des
nécessités économiques de l'entreprise parce que leur présence constitue un handicap
pour la productivité ou même simplement pour la survie de l'unité de production;
ce critère peut donc être de nature à légitimer les licenciements dus à l'inaptitude
professionnelle du salarié, au caractère insuffisant de son redement, voire à son
état de santé maladif ou même à son incapacité de travail due au risque professionnel.
D'autre part l'employeur, selon une jurisprudence nettement majoritaire, demeure
seul juge de ces nécessités économiques, de même que de la valeur professionnelle
de ses salariés : il n'appartient pas au tribunal, par un contrôle des motifs économiques qui ont provoqué les licenciements, de se substituer au pouvoir patronal de
décision et d'appréciation. En définitive, l'intérêt de l'entreprise, tel que le conçoit
cette jurisprudence, ne se distingue en aucune façon de l'intérêt professionnel de
l'employeur, lequel commande le départ de tout salarié constituant une charge
évitable. Si d'ailleurs les tribunaux se refusent en règle générale au contrôle des
nécessités économiques qu'a pu invoquer l'employeur, c'est bien raison de cette
circonstance fondamentale : la finalité de l'entreprise réside dans l'intérêt de l'entrepreneur considéré en sa qualité de propriétaire de l'exploitation; aussi celui-ci
demeure-t-il juge unique et maître incontesté des destinées économiques de son
bien. Un contrôle jurisprudentiel n'aurait eu de sens que si la fonction attribuée au
droit de licenciement eût été distincte de l'intérêt de son titulaire; mais à partir du
moment où s'opérait cette confusion, il était logique de s'abstenir de toute vérification.

On le voit, le domaine du licenciement abusif tel qu'il est circonscrit par la
jurisprudence majoritaire se révèle assez étroit et, en définitive, conforme pour
l'essentiel aux solutions traditionnelles fondées sur la notion générale d'abus de
droit. Outre les hypothèses où celui-ci résulte des circonstances fautives et dom-
mageables qui ont accompagné la rupture, il est acquis que les congés notifiés par
représailles sont abusifs dans les cas où le salarié n'a commis aucune faute contractuelle. Quant aux licenciements que seules expliqueraient convenances ou antipa-
thies personnelles de l'employeur, ils doivent également, selon le prescrit légal,
être déclarés abusifs; mais un employeur doué d'un minimum d'astuce et d'habileté
disposera des facilités les plus grandes pour masquer sous le couvert des nécessités
économiques ses décisions de rupture dont le motif réel résiderait dans des considérations personnelles.

IV. RECOURS CONTRE UN LICENCIEMENT QUI N'EST PAS CONSIDERE COMME JUSTIFIE

Organisant les recours contre les licenciements injustifiés, le législateur social
est demeuré globalement fidèle à une conception classique de caractère contractuel,
dans laquelle n'interviennent pas en principe les syndicats ni les organes d'entreprise. Le salarié congédié de façon irrégulière peut saisir le tribunal compétent, en
l'occurrence le tribunal du travail (juridiction de l'ordre judiciaire) pour faire reconnaître ses droits.

Afin de maintenir cette compétence, la loi sociale dispose que les travailleurs
ne peuvent s'engager d'avance à soumettre à des arbitres les contestations à naître
du contrat;[55] une telle clause d'arbitrage ne demeure valable que pour certains
cadres supérieurs chargés de la gestion journalière d'une unité d'exploitation.[56] Si

cette interdiction de principe rend illicites les clauses comprimissoires insérées dans les contrats de travail, elle laisse toute liberté aux parties de conclure un compromis lorsqu'est né le litige; le droit de compromettre que la doctrine et la jurisprudence belges s'accordent à reconnaître aux parties à un contrat de travail reste donc intact dans mesure où le compromis intervient après que la contestation a surgi.

Quant à la procédure devant la juridiction du travail, elle est dominée par la règle d'unité applicable à l'ensemble de la procédure civile en Belgique. On remarquera une seule particularité : la tentative de conciliation prescrite à peine de nullité. Mais encore faut-il souligner que cette obligation est pratiquement dépourvue de toute portée et que son respect est obtenu par l'insertion, dans les jugments, d'une clause de style préimprimée.

La charge de la preuve devant la juridiction du travail varie en fonction des normes applicables. On soulignera que les diverses règles de formalisme facilitent en de nonbreux points l'administration de la preuve.

Dans l'hypothèse du licenciement pour motif grave, il incombe à l'employeur-auteur du congé (et partie défenderesse dans l'instance) de prouver la cause de la rupture.[57] En revanche, selon la Cour de Cassation,[58] il appartient au salarié congédié d'établir, le cas échéant, que cette rupture a été tardive (non respect du délai séparant la connaissance des motifs de la rupture). Dans les diverses hypothèses où a eté prévue une ''interdiction'' de congédiement et où le droit de licencier n'est reconnu qu'à titre d'exception, il appartient à l'employeur d'établir la réalité des motifs qu'il allègue pour justifier la rupture. Cette distribution de la charge de la preuve est indiquée légalement dans certains cas;[59] elle s'impose dans toutes les autres hypothèses sous peine d'entraver la mise en oeuvre de l'interdiction de licenciement.

Dans le domaine du licenciement abusif des ouvriers, la charge de la preuve, selon le prescrit légal, incombe également à l'employeur. En revanche, pour les employés, l'application du droit commun impose la solution contraire.

F. Si le législateur social réglemente et soumet à des modalités restrictives le droit de licenciement, il n'entame jamais le pouvoir de résiliation unilatérale. Tout licenciement, même illicite, demeure effectif.[60] Le droit belge ne comporte aucune procédure permettant d'annuler, contre la volonté de l'employeur, le licenciement effectué, de même qu'il ne connaît aucun système de réintégration forcée.

Ce principe est maintenu à l'égard des salariés delégués aux organes d'entreprise, bien que la loi prévoie dans ce cas une procédure de réintégration.[61][62] En réalité, celle-ci ne comporte aucun élément coercitif à l'égard de l'employeur, lequel conserve la possibilité juridique de refuser cette réintégration; cette procédure n'est en définitive qu'une condition d'octroi de l'indemnité extraordinaire sanctionnant l'illicéité du licenciement[63] et permet, le cas échéant, à l'employeur de revenir sur sa décision de rupture, s'il le souhaite. Si le technicien du droit peut ainsi considérer que cette procédure constitue un élément du système jouant en faveur de l'employeur, le sociologue, quant à lui, avancera sans doute l'hypothèse que ce mécanisme légal permet de donner l'illusion d'une véritable réintégration qui consacrerait la reconnaissance ultime du fait syndical.

S'inclinant devant toute volonté patronale de licenciement, la loi sociale se borne à établir des sanctions civiles fixées de facon forfaitaire. Le montant du forfait sanctionnateur varie selon les normes dont il est chargé d'assurer le respect.

Un licenciement irrégulier pour défaut de préavis donne lieu à une indemnité égale à la rémunération qui eût été gagnée pendant la période légale de préavis. Un licenciement irrégulier pour insuffisance de préavis donne lieu à une indemnité égale à la partie du préavis qui n'a pas été respectée; bien qu'irrégulier par sa durée insuffisante, le préavis, dans ce cas, produit quand même ses effets en tant que tel et dispense l'employeur du paiement d'une indemnité complète pour défaut total de préavis.

Le licenciement abusif des ouvriers débouche sur une indemnité égale en principe à six mois de rémunération, indemnité cumulable, le cas échéant, avec l'indemnisation sanctionnant le défaut ou l'insuffisance de préavis.

Dans les différentes hypothèses où le législateur a prévu une "interdiction" de licenciement, il assure également le respect de son système par une indemnité forfaitair fixée en fonction de la rémunération précédemment gagnée, du moment effectif où l'employeur a procédé à la rupture et par fois de l'ancienneté. On remarquera que pour les salariés delégués aux organes d'entreprise, le montant de l'indemnité peut être si élevé (elle peut atteindre jusqu'à huit ans de salaire) qu'elle crée un véritable effet dissuasif sur tout employeur quelque peu soucieux des finances de son entreprise et qu'elle est de nature à entamer son pouvoir effectif de résiliation unilatérale. Cette situation juridique, née du souci d'assurer le fonctionnement normal des organes d'entreprise (pourtant dépourvus de tout pouvoir juridique de gestion), n'est pas sans déboucher sur une profonde inéglité entre les travailleurs d'une même entreprise, occupés, le cas échéant, aux mêmes fonctions et s'analyse en définitive comme un privilège accordé aux mandataires syndicaux.[64] De tous les salariés d'une même entreprise, ce sont eux qui, avec les cadres supérieurs, bénéficient de la plus grande stabilité de l'emploi.

Le caractère forfaitaire de ces diverses indemnités et spécialement de l'indemnité pour défaut ou insuffisance de préavis présente plusieurs implications.

En principe, l'indemnité est due, que le salarié ait ou n'ait pas retrouvé d'emploi (équivalent ou non) et quelles que soient les difficultés éprouvées dans cette recherche. L'application de ce principe se révèle malaisée dans le cadre des contrats d'emploi "supérieur", dans la mesure où le préavis n'est pas fixé en tous ses éléments par loi et où le pouvoir judiciaire, appelé à établir sa durée recourt précisément au critère résidant dans le délai nécessaire pour retrouver un emploi équivalent. Le respect de la régle forfaitaire exige que dans cette hypothèse l'évaluation des difficultés de reclassement se fasse en quelque sorte abstraitement, sur base du clichage de la situation lors de la rupture; le juge doit donc (tout au moins dans les termes de sa décision) faire abstraction des événements postérieurs au licenciement, événements révélant les difficultés réelles de reclassement et, par là même, l'étendue du préjudice. Il est censé ignorer cette réalité au profit de ce que constituait, lors de la rupture, l'avenir probable.[65]

Le caractère forfaitaire de l'indemnité implique par ailleurs qu'elle ne puisse être réduite en raison des manquements contractuels (non constitutifs de motif grave) commis par le salarié congédié.[66]

Ce dernier principe demeure-t-il valable à l'égard des contrats d'emploi "supérieur"? En d'autres termes, le juge ne pourrait-il pas prendre en considération les fautes contractuelles et plus généralement la qualité des services rendus par le salarié? Une réponse négative, qui serait fondée sur le caractère forfaitaire de l'indemnité, s'impose moins nettement qu'à propos de l'emploi équivalent retrouvé immédiatement après la rupture; les deux problèmes ne sont pas identiques. D'une part, il est certain que le caractère forfaitaire de l'indemnité interdit de tenir compte du préjudice réellement subi et dès lors de la circonstance que la perte d'emploi a été toute passagère. Mais il est moins certain que ce même caractère forfaitaire s'oppose à ce que la durée du préavis, au-delà du minimum légal, soit fonction, entre autres éléments, de la qualité des services—et en particulier des fautes contractuelles—dans la mesure où ce critère demeure étranger à l'étendue et à l'existence du préjudice subi. Cette question a été tranchée par la Cour de Cassation dans un arrêt du 22 juin 1977.[67] Il y est établi que l'indemnité de congé, fixée de façon forfaitaire par référence au délai de préavis ne peut être réduite en raison des manquements systèmatiques du travailleur.

V. PROCEDURES SUIVANT LE LICENCIEMENT

Le droit social belge se montre particulièrement laconique sur ce point. En réalité, le système comporte implicitement une présomption de licéité du licenciement, présomption qu'il appartient le cas échéant au salarié congédié de tenter de renverser en intentant une action en justice. Dans un tel cadre, les obligations patronales postérieures au licenciement demeurent rares.

On constatera en particulier que le droit belge ignore toute priorité de réembauchage pour les salariés congédiés; il demeure ainsi fidèle à une technique contractuelle où la liberté de choisir son contractant demeure intacte et se garde de reconnaître, même par un principe aussi limité qu'une priorité d'embauchage, un véritable "lien d'entreprise". On notera toutefois que le Conseil d'entreprise est appelé à déterminer les critères généraux en cas de réembauchage suite à des licenciements pour causes économiques ou techniques.[68]

Par ailleurs, deux obligations ponctuelles sont établies, à charge de l'employeur qui a procédé à un licenciement. En vertu de l'article 21 de la loi organique de 1978, cet employeur a l'obligation (de résultat) de délivrer au travailleur qui en fait la demande un certificat constatant uniquement la date du début et de la fin du contrat, ainsi que la nature du travail effectué. Dans le cadre du droit du chômage,[69] l'employeur est appelé, sous peine de sanctions pénales, à délivrer au travailleur un certificat de chômage complet, document devant servir de demande d'allocations. Ce certificat mentionne la cause du licenciement; mais acte unilatéral émanant de l'employeur, il pourra être contesté par le salarié congédié.

Enfin, il faut souligner qu'un arrêté royal du 5 décembre 1969 prévoit la notification des emplois vacants à l'Office National de l'Emploi pour les entreprises occupant plus de vingt travailleurs. Cette obligation doit permettre à l'Administration de mieux exercer sa fonction de placement des travailleurs, en mettant immédiatement en contact les offres et les demandes d'emploi et en réalisant, par des réadaptations professionnelles, une meilleure adéquation entre ces offres et ces demandes. Cette obligation se révèle conforme à un des objectifs d'un système néo-libéral : réaliser le plein emploi via la mobilité professionnelle. On remarquera—et c'est une constante du droit social belge que l'on rencontrera dans la suite—que cette obligation s'adresse uniquement aux entreprises d'une certaine taille. De façon assex générale, le droit social belge présente une tendance à diversifier ses normes selon l'importance de l'entreprise; les petites et moyennes entreprises devant bénéficier d'un statut à la fois plus souple et préférentiel par rapport aux autres.

VI. PROCEDURES SPECIALES EN CAS DE REDUCTION DU PERSONNEL

Si le droit social belge ignore une notion de "réduction de personnel", il recourt à deux catégories voisines: la fermeture d'entreprise et le licenciement collectif dont la définition a été donnée plus haut. Le régime applicable dans chacune de ces deux circonstances demeure formellement et techniquement distinct, si ce n'est sur le point (critère de choix des travailleurs, dont il sera question en dernier lieu); chronologiquement, la réglementation concernant la fermeture d'entreprise a précédé la prise en considération des licenciements collectifs, laquelle, prolongement et extension indirecte de la première réglementation, s'explique en raison des effets de la crise économique et des directives européennes. On notera aussi que pour l'essentiel, le régime des fermetures d'entreprise a été fixé par le législateur lui-même et les pouvoirs subordonnés (arrêtés royaux et arrêtés ministériels), tandis que les normes applicables en cas de licenciement collectif résultent de la volonté directe des partenaires sociaux, s'exprimant par des conventions collectives du travail conclues à l'échelon national; ce glissement de compétence allant du législateur vers le Conseil National du Travail, organe institutionnel de concertation collective, constitue un phénomène général qu'on peut constater à travers tout le droit social belge des années 1970 et trouve au premier degré son explication dans la possibilité, établie légalement par une loi de décembre 1968 de conclure dans un tel cadre institutionnel de telles conventions collectives ayant pour ainsi dire valeur de loi.

Les deux régimes applicables, l'un aux fermetures d'entreprises, l'autre aux licenciements collectifs, révèlent certaines constantes et même une conception analogue. Ils s'appliquent tous deux aux entreprises d'une certaine taille (occupant plus de 20 travailleurs). En outre, ils demeurent fidèles au principe libéral selon lequel le licenciement constitue un droit patronal, s'insérant dans une structure contractuelle; on entend par là que n'est instauré aucun système qui impliquerait une quelconque autorisation des autorités publiques[70] ou des organisations syndicales. Les seuls correctifs (c'est sans doute la distance qui sépare un régime libéral d'un régime néo-libéral) apportés à ce systèm résultent d'une part d'un droit à l'information du personnel (ou plus exactement de ses représentants) et des autorités publiques et d'autre part d'un réglement financier (prenant les formes variées d'indemnités diverses) jouant en faveur des travailleurs licenciés.

Pour les fermetures d'entreprises, une loi du 28 juin 1966 prévoit l'information préalable des travailleurs, du Conseil d'entreprise ou de la délégation syndicale, des autorités publiques; cette obligation légale mise à charge des employeurs est appelée à être précisée par les commissions paritaires; à défaut, elle est explicitée par un arrêté royal du 20 septembre 1967.

Pour les licenciements collectifs, une convention collective du travail n° 24 du 2 octobre 1975 (A.R. du 21 janvier 1976) et un arrêté royal du 24 mai 1976 organisent parallèlement une procédure préalable d'information de l'Office National de l'Emploi (par le canal du Bureau régional compétent) et des travailleurs (par le canal des organes d'entreprise, là où ils existent) : tous les éléments du projet de licenciement collectif doivent être à la disposition de ces personnes. On soulignera qu'afin d'assurer le caractère préalable de l'information à l'Office National de l'Emploi, il est prévu que l'employeur ne peut procéder aux licenciements qu'à l'expiration d'un certain délai. Quant au droit à l'information des travailleurs, il se prolonge dans une procédure de consultation devant porter ''sur les possibilités d'éviter ou de réduire les licenciements collectifs ainsi que d'en atténuer les conséquences''.

Quant à l'indemnisation des travailleurs licenciés, elle est établie de façon très précise dans des dispositions se déployant dans plusieurs directions.[71] En cas de fermeture d'entreprise, les travilleurs licenciés[72] ont droit à charge de leur employeur à une indemnité forfaitaire,[73] variant en fonction de l'ancienneté et de l'âge; contrairement au système retenu pour le calcul des indemnités de préavis, cette indemnité n'est pas fonction de l'appartenance aux catégories ouvriers-employés ni de la rémunération précédemment gagnée; elle est par ailleurs refusée, malgré son caractère forfaitaire, aux salariés qui ont pu bénéficier d'un reclassement équivalent à l'initiation à leur employeur. La loi assure le paiement effectif de cette indemnité par un système de caution solidaire : un Fonds d'indemnisation, organisme public financé par des cotisations patronales, est chargé, entre autres missions,[74] d'intervenir dans le paiement de cette indemnité, si l'employeur reste défaillant.

En cas de licenciement collectif,[75] les travailleurs licenciés[76] ont droit à charge de leur employeur à une indemnité s'échelonnant dans le temps (pendant une période en principe de 4 mois), destinée à combler *partiellement* la différence entre la rémunération précédemment gagnée (mais plafonnée) et les allocations de chômage ou le revenu professionnel postérieur au licenciement.

Le droit à l'information qu'organisent ces deux catégories de normes se révèle conforme aux pouvoirs des organes d'entreprise (Conseil d'entreprise) tels qu'ils sont agencés globalement; en effet, si ces Conseils d'entreprises n'ont aucune voix au chapitre quant à la gestion économique et même sociale de l'unité de production, ils doivent disposer des renseignements les plus complets sur la situation économique, financière et sociale de l'entreprise. Quant au règlement financier qui accompagne les licenciements intervenant en cas de fermeture d'entreprise ou de licenciement collectif, il témoigne aussi d'une conception précise : l'on préfère maintenir la liberté d'entreprendre et son corollaire, le droit de licenciement, quitte à le placer à un certain prix et à mettre à charge de la collectivité l'indemnisation du chômage, plutôt que de tenter une organisation de l'entreprise dans laquelle les travailleurs, partie prenante, seraient réellement intégrés. Semblable conception apparaît nettement à la lecture des dispositions concernant le reclassement des travailleurs. En cas de fermeture d'entreprise, ce problème est simplement renvoyé à la compétence des commissions paritaires, chargées de déterminer les méthodes selon lesquelles est organisé le placement des travailleurs; à défaut d'intervention des organes paritaires, on en revient au système général de placement, tel qu'il est organisé au niveau des bureaux publics de placement relevant de l'Administration publique. En cas de licenciement collectif, la convention collective du travail n° 24 prévoit, dans une disposition susceptible dans la plupart des cas de ne déboucher sur aucune réalisation effective, que la consultation des travailleurs est destinée à éviter ou du moins à réduire les licenciements collectifs, tandis qu'une convention collective du 8 mai 1973[77] se borne à formuler, dans cette même optique, un voeu pieux prenant la forme d'une recommandation;[78] de façon assez explicite et significative, cette convention collective précise d'ailleurs que cette politique visant à atténuer les effets des réductions de personnel doit se concrétiser "dans l'octroi d'une indemnité spéciale à charge de l'employeur".

Quant au choix des travailleurs atteints par une réduction du personnel, il doit s'opérer selon les modalités suivantes; le Conseil d'entreprise est appelé à déterminer les critères *généraux* pour les licenciements résultant de circonstances économiques ou techniques,[79] tandis que l'employeur demeur seul maître pour appliquer à des cas individuels ces directives générales dégagées par le Conseil d'entreprise.

VII. SECURITE DES REVENUS DU TRAVAILLEUR LICENCIE

Les développements qui précèdent ont mis l'accent sur les diverses indemnités auxquelles le licenciement, selon les circonstances, donne lieu à charge de l'employeur. Il faut ajouter une indemnité complémentaire due à certains travailleurs âgés, dont l'octroi et les modalités sont prévus par une convention collective du travail du 19 décembre 1974, rendue obligatoire par un arrêté royal du 16 janvier 1975.

Cette indemnité n'est pas destinée à sanctionner une quelconque illicéité commise par l'employeur lors de la rupture. Due en cas de licenciement, qu'il soit ou non accompagné d'un préavis, si du moins il ne s'agit pas d'un congé pour motif grave, cette indemnité, parfois qualifiée improprement de "prépension", vise essentiellement à libérer le marché de l'emploi, en écartant les travailleurs âgés,[80] ouvriers et employés. Etablie en principe à charge du dernier employeur,[81] elle est destinée à s'ajouter périodiquement[82] aux allocations de chômage jusqu'à l'âge normal de la pension (65 ans pour les hommes, 60 ans pour les femmes) de manière à combler *partiellement* la différence entre le salaire précédemment gagné (mais plafonné) et le montant de l'allocation de chômage. Cette intervention financière de l'employeur ne peut être cumulée avec les autres indemnités de rupture que connaît le droit du travail belge, si ce n'est l'indemnité prévue en cas de fermeture d'entreprise; licencié, un travailleur âgé devra donc faire valoir tous ses autres droits indemnitaires, avant de prétendre à cette indemnité complémentaire.

Les licenciements appelés à intervenir dans ces circonstances sont soumis à un régime partiellement dérogatoire. D'une part, ils s'inscrivent dans le cadre d'une procédure de concertation entre l'employeur et les représentants du personnel; cette concertation a pour but d'établir s'il est opportun de recourir *par priorité* à de tels licenciements. D'autre part, si ceux-ci sont en principe falicités par des préavis réduits,[83] ils doivent cependant s'opérer à la suite d'un entretien entre l'employeur et les travailleurs concernés.

L'indemnisation du chômage[84] est intégrée en Belgique dans la sécurité sociale des travailleurs salariés dont elle constitue un secteur agencé en principe (mais ce principe subit des exceptions de plus en plus nombreuses) selon les règles de sécurité sociale de type bismarckien.

Le droit aux allocations de chômage est reconnu en principe sans limitation de durée, sans référence à l'état de besoin, en cas de chômage involontaire impliquant privation de travail et de rémunération. Cette exigence relative au caractère involontaire du chômage se traduit juridiquement par le jeu de plusieurs techniques, mettant en oeuvre des concepts formellement différents (chômage anormalement long, indisponibilité sur le marché de l'emploi, chômage dû au fait du travailleur). Etant ou devenant chômeur par son propre fait,[85] l'intéressé ne perd pas définitivement ses droits à l'indemnisation du chômage; il est uniquement sanctionné par une exclusion limitée dans le temps et fixée, dans une fourchette légale (en principe de 4 à 26 semaines, augmentation en cas de récidive) par un fonctionnaire de l'Administration compétente (inspecteur du Bureau régional de l'Office National de l'Emploi). En revanche, l'indisponibilité sur le marché de l'emploi et le chômage anormalement long sont susceptibles de déboucher sur une exclusion illimitée

Conformément aux principes d'une sécurité sociale de type bismarckien, le montant des allocations de chômage constitue en principe un pourcentage de la rémunération antérieurement gagnée par le salarié, prise en considération jusqu'à un certain montant (système des plafonds). Sauf pour les chômeurs chefs de ménage et les travailleurs âgés bénéficiant de l'indemnité complémentaire (voy. supra), ce pourcentage tombe de 60 à 40% dès la deuxième année de chômage; la prolongation du chômage au-delà de ces deux ans implique pour ces mêmes chômeurs (cohabitants et isolés) une nouvelle réduction du taux des allocations, lesquelles cessent d'être rattachées au salaire précédemment gagné pour être fixées par référence à un salaire minimum garanti établi au niveau national.

L'ensemble de cet agencement normatif révèle plus d'une entorse aux règles pourtant retenues à titre de principes; la crise économique a d'ailleurs multiplié les dérogations restrictives. L'exclusion pour chômage anormalement long introduit une véritable exception à la règle de l'indemnisation illimitée dans le temps; concernant les seuls travailleurs non chefs de ménage, la diminution du montant des allocations en fonction de la durée du chômage traduit par ailleurs un certain retour à l'idée de besoin.

Parmi tous les secteurs de sécurité sociale, le droit du chômage a vocation subsidiaire; si le chômeur est en état d'incapacité de travail, il relève de l'assurance-maladie-invalidité, tandis qu'arrivé à l'âge de la pension, ou dès qu'il peut faire valoir ses droits à une pension complète, il cesse d'être bénéficiaire des allocations de chômage pour relever du régime vieillesse.

NOTES

[1]Dans le secteur public, la plupart des travailleurs se trouvent placés dans une situation statutaire, relevant du droit administratif et échappant en principe au droit social; à ce titre, ils sont exclus de l'objet du présent rapport. Je me bornerai à constater, quant à eux, que leur situation se caractérise par une ''vocation'' à la stabilité de l'emploi qu'ignorent, pour l'essentiel, les normes applicables dans le secteur privé.

[2]Art. 4 de la loi du 27 juin 1969 et art. 2, § 5 de la loi du 29 juin 1981 relatives à la sécurité sociale; art. 6 de la loi du 10 avril 1971 relative aux accident du travail.

[3]Lorsque les prestations de travail sont effectuées dans les salles de jeu et lorsque l'employeur est en infraction à la réglementation du travail.

[4]Tel fut le cas pour les représentants de commerce, les travailleurs intérimaires, les gérants de pharmacies.

[5]La loi du 24 février 1978 dispose que le contrat conclu entre un employeur et un sportif rémunéré est réputé un contrat de travail d'employé; cette présomption est établie de façon irréfragable.

[6]Ce régime général résulte d'une loi du 3 juillet 1978.

[7]En outre, tout employeur, dans les circonstances décrits légalement, a la possibilité de se situer en dehors du régime général en choisissant la structure contractuelle du travail temporaire. Cette structure a été créée par une loi de juin 1976 (valable pour une période déterminée, mais, ayant fait, jusqu'au 30 novembre 1981, l'objet de prorogations). Il s'agissait, dans ce cadre légal, de légitimer le travail intérimaire, de le favoriser en permettant les contrats à terme successifs, mais aussi de le maintenir dans certaines limites; il fut prévu que les entreprises utilisatrices ne pourraient recourir à des travailleurs interimaires que dans certains hypothèses, d'ailleurs limitées dans le temps (remplacement d'un travailleur permanent, surcroît extraordinaire de travail . . .) regroupée sous une notion légale de travail temporaire. Par ailleurs, une concession fut faite à ceux qui prônaient, pour des raisons de moralité sociale, la disparition—progressive—des entreprises de travail intérimaire : on décida que, par le canal des bureaux publics de placment, les employeurs pouvaient eux-mêmes (sans plus donc passer par les services des entreprises de travail intérimaire) engager des travailleurs temporaires soumis, pour l'essentiel, au même régime dérogatoire que les travailleurs intérimaires. Ainsi fut apportée une brèche importante dans le droit social commun.

[8]Art. 48 et 67 de la loi organique de 1978.

[9]Art. 10 de la loi organique de 1978.

[10]La jurisprudence met ce principe en oeuvre en distinguant, dans la sphère des contrats sans terme, les notions de *congé* et de *préavis*. Si la licéité de la rupture d'un contrat conclu pour une durée indéterminée est subordonnée au respect des exigences légales entourant le préavis, le caractère effectif de la rupture résulte du congé, acte par lequel une partie manifeste à l'autre sa volonté de mettre fin au contrat, acte pour la validité duquel aucune disposition légale ne prévoit de règles de forme (voy. Cass., 11 mai 1981, *J.T.T.*, 1981, p. 356; Cass., 23 mars 1981, *J.T.T.*, 1981, p. 240).

[11]Telle est la position de la Cour de Cassation (voy. Cass., 13 septembre 1972, *Pas.*, 1973, I, p. 51; Cass., 27 avril 1977, *Pas.*, 1977, I. p. 874; Cass., 4 août 1978, *Pas.*, 1979, I. p. 1; Cass., 1er decembre 1980, *J.T.T.*, 1981, p. 204.

[12]Cette constatation impliquant une interprétation de la volonté de l'employeur à partir de son comportement devrait être faite par le salarié, destinataire du congé; dans son initiative, la prise de connaissance de ce congé dépend de celui à qui il s'adresse et non pas de son auteur.

[13]Art. 2 et 2 bis de la loi du 28 juin 1966.

[14]Convention collective du travail n°24 du 2 octobre 1975, rendue obligatoire par arrêté royal du 21 janvier 1976 concernant la procédure d'information et de consultation des représentants du travailleur en matière de licenciement collectif; arrêté royal du 24 mai 1976 sur les licenciements collectifs; convention collective du travail n°10 du 8 mai 1973 rendue obligatoire par arrêté royal du 6 août 1973 relative aux licenciements collectifs.

[15]On remarquera toutefois que les seules sanctions établies en cette matière sont de nature civile; elles consistent en l'octroi d'indemnités fixées en principe de façon forfaitaire. Dès lors, une double interprétation du système légal est possible. Ou bien l'on continue à considérer, de façon toute tradi-

tionnelle, que le respect du préavis est exigé à titre de principe sous peine de l'application de ces sanctions, ou bien l'on admet que l'employeur se trouve placé devant une obligation alternative : soit respecter le préavis, soit procéder au congé sans aucune formalité ni délai, mais en payant l'indemnité de rupture.

[16]Art. 37 de la loi organique de 1978.

[17]Cass., 23 mars 1981, *J.T.T.*, 1981, p. 240.

[18]La Cour de Cassation interprète avec une certaine souplesse cette exigence légale. L'indication du début du préavis peut implicitement résulter de l'indication précise de sa durée, jointe à celle de la date de son expiration (Cass., 12 février 1970, *Pas.*, I., p. 504; Cass., 17 septembre 1975, *Pas.*, 1976, I, p. 73). En substance, la Cour se borne à vérifier si le but poursuivi par la règle de formalisme a été atteint : l'indication implicite du début du préavis est juridiquement suffisante, parce que et lorsque le destinataire du congé peut apprécier "s'il convient de saisir la justice afin de faire respecter ses droits".

[19]Voy. Cass., 11 mai 1981, *J.T.T.*, 1981, p. 356.

[20]Voy. Cass., 31 janvier 1978, *Pas.*, I, p. 630.

[21]Voy. Cass., 10 juin 1966, *Pas.*, I, p. 1294.

[22]Voy. Cass., 4 mars 1973, *Pas.*, I, p. 758.

[23]Art. 37, al. 3 de la loi organique de 1978.

[24]Art. 38 de la loi organique de 1978. Selon la Cour de Cassation (Cass. 9 octobre 1970, *Pas.*, 1971, I, p. 114), la suspension de l'exécution du contrat de travail emporte, sauf disposition contraire de la loi, suspension du délai de préavis.

[25]Art. 59 et suiv. de la loi organique de 1978.

[26]Cette dérogation peut concerner non seulement la durée du préavis, mais aussi la prise de cours du délai (Cass., 19 octobre 1962, *Pas.*, 1963, I, p. 232).

[27]Voy. par exemple les préavis applicables dans l'industrie de la construction (arrêté royal du 4 janvier 1974) 3 jours ouvrables pour les ouvriers ayant moins de 6 mois d'ancienneté, 14 jours pour les autres ouvriers.

[28]Art. 82 de la loi organique de 1978.

[29]Voy. Cass., 5 février 1975, *Pas.*, I, p. 577.

[30]Cass., 11 février 1980, *J.T.T.*, 1981, p. 34.

[31]Cette interprétation restrictive et minimale des textes légaux, la Cour la pursuit sur un autre point dans ce même arrêt. La loi sociale, on l'a déjà souligné, precise que la signature apposée par le destinataire du congé sur le double de l'écrit constitutif du préavis, ne vaut que comme accusé de réception. Limitant la portée de cette norme, la Cour de Cassation considère en outre que la signature apposée sur le double de l'écrit constituant le préavis, lorsqu'elle est précédée de la mention "lu et approuvé" est de nature à constituer la convention relative au préavis (Cass., 11 février 1980, *J.T.T.*, 1981, p. 34).

[32]C'est *brevitatis causa* que l'on peut s'exprimer de cette manière. En réalité, la juridiction du travail se bornera à déterminer le droit du salarié à une indemnité de rupture et à fixer le montant de celle-ci; ce montant dépendant de la durée du préavis qui aurait dû être respecté, le juge devra passer par la recherche et la fixation de cette durée, démarche nécessaire et obligatoire.

[33]Cass., 17 septembre 1975, *Pas.*, 1976, I, p. 76.

[34]Mais, retour de la manivelle, le législateur introduit en faveur de l'employeur plus de souplesse dans ce système réservé aux employés; dans une norme dérogatoire (art. 83 de la loi organique de 1978), des préavis réduits (de 3 à 6 mois) sont prévus, lorsque l'employé atteint l'âge normal de la pension.

[35]Art. 41, 64, 85 et 115 de la loi organique de 1978.

[36]La Cour de Cassation considère que le droit du salarié à ces deux demi-journées de congé disparaît s'il a trouvé effectivement un emploi (Cass., 9 avril 1965, *Pas.*, I, p. 851).

[37]Art. 35 de la loi organique de 1978.

[38]Cette norme donne lieu à une interprétation très souple: le fait qui justifie le congé sans préavis est le fait accompagné de toutes les circonstances qui peuvent lui attribuer le caractère d'un motif grave; seule l'une de ces circonstances doit avoir été connue de l'employeyr moins de 3 jours avant le licenciement (Cass., 16 décembre 1979, *J.T.T.*, 1981, p. 35; voy. aussi Cass., 24 novembre 1979, *J.T.T.*, 1980, p. 98).

[39]Voy. Cass., 15 juin 1981, *J.T.T.*, 1981, p. 294.

[40]Cass., 8 juin 1977, *Pas.*, I, p. 1032; Cass., 2 juin 1976, *Pas.*, I, p. 1054; Cass., 11 décembre 1970, *Pas.*, 1971, p. 369.

[41]Arrêté Royal n° 4 du 11 octobre 1978 modifiant l'article 21, § 2 de la loi du 20 septembre 1948 (Conseils d'entreprise) et l'article 1 bis, § 2 de la loi du 10 juin 1952 (Comité de sécurité et d'hygiène).

[42]Cass., 26 octobre 1981, *J.T.T.*, 1981, p. 314.

[43]Sauf en ce qui concerne la notion même de motif grave (Cass., 1er juin 1981, *J.T.T.*, 1981, p. 295).

[44]Art. 38, § 3 de la loi organique de 1978.

[45]Art. 40 de la loi du 16 mars 1971 sur le travail.

[46]Art. 21 de la loi du 20 septembre 1948 (conseil d'entreprise); art. 1 bis de la loi du 10 juin 1952 (Comité de sécurité et d'hygiène).

[47]Convention collective du travail n° 5 du 24 mai 1971.

[48]Art. 7 de la convention collective du travail n° 25 du 15 octobre 1975 relative à l'égalité de rémunération; art. 136 de la loi du 4 août 1978 dite de réorientation économique.

[49]Art. 5 de la loi du 19 juillet 1976.

[50]Tel est le cas pour les salariés représentants du personnel dans les organes d'entreprise.

[51]Il en est ainsi pour les femmes enceintes ou ayant accouché qui peuvent être licenciées "pour des motifs étrangers à l'état physique résultant de la grossesse ou de l'accouchement". Un système analogue est retenu pour les salariés miliciens, les travailleurs appelés à exercer un mandat politique, pour les travailleurs réclamant l'application du principe d'égalité de traitement entre sexes. De même, les délégués syndicaux ne peuvent être licenciés pour des motifs inhérents à l'exercice de leur mandat.

[52]Cass., 21 janvier 1976, *Pas.*, I, p. 574; cons. aussi à ce sujet Cass., 1er octobre 1975, *Pas.*, 1976, I, p. 131.

[53]Art. 63 de la loi organique de 1978.

[54]"Est considéré comme licenciement abusif . . . le licenciement d'un ouvrier engagé pour une durée indéterminée effectué pour des motifs qui n'ont aucun lien avec l'attitude ou la conduite de l'ouvrier ou qui ne sont pas fondés sur les nécessités du fonctionnement de l'entreprise, de l'établissement ou du service" (art. 63, al. 1 de la loi organique de 1978).

[55]Art. 13 de la loi organique de 1978.

[56]Art. 69 de la loi organique de 1978.

[57]Cette preuve peut être faite par toutes voies de droit et notamment, selon la Cour de Cassation, par des faits dont l'auteur du congé a eu connaissance ultérieurement (Cass., 24 septembre 1979, *J.T.T.*, 1980, p. 98).

[58]Cass., 8 juin 1977, *Pas.*, I, p. 1032. Cette distribution de la charge de la preuve avait déjà été annoncée par deux arrêts antérieurs (Cass., 1er avril 1965, *Pas.*, I, p. 819; Cass., 5 mai 1976, *J.T.T.*, 1976, p. 350).

[59]Voy. par exemple l'article 40, al. 2 de la loi du 16 mars 1971 et l'article 136, § 2 de la loi du 4 août 1978.

[60]La Cour de Cassation a eu l'occasion de se prononcer en ce sens, en précisant le sort d'un contrat auquel une des parties avait mis fin par un préavis nul : la nullité du préavis comme tel n'affecte pas le congé (Cass., 23 mars 1981, *J.T.T.*, 1981, p. 240). Toutefois, à propos d'un préavis dont la nullité résultait de la violation des normes relatives à l'emploi des langues, la Cour de Cassation s'est prononcée dans un sens opposé : la nullité de ce préavis entraîne, à ses yeux, la nullité du congé; le licenciement est donc censé ne pas avoir été opéré (Cass., 31 janvier 1978, *Pas.*, I, p. 630).

[61]Art. 21, § 5 et suiv. de la loi du 20 septembre 1948 (conseil d'entreprise); art. 1 bis, § 5 et suiv. de la loi du 10 juin 1952 (Comité de sécurité et d'hygiène).

[62]Une procédure analogue est prévue pour les salariés licenciés à l'occasion d'une réclamation concernant l'égalité de traitement entre sexes.

[63]Il est en effet prévu que l'employeur, *qui ne réintègre pas dans l'entreprise le travailleur licencié* dans les 30 jours de la demande de réintégration, est tenu de payer une indemnité . . . (voy. Cass., 7 octobre 1965, *Pas.*, 1966, I, p. 178; Cass., 3 mars 1967, *Pas.*, I, p. 813).

[64]Seuls peuvent être élus au sein des organes d'entreprise les salariés présentés par les organisations syndicales représentatives.

[65]Cons. à ce sujet Cass., 17 septembre 1975, *Pas.*, 1976, I, p. 76; Cass., 16 décembre 1966, *Pas.*, 1967, I, p. 491.

[66]Cass., 14 février 1973, *Pas.*, I, p. 566.

[67]Cass., 22 juin 1977, *Pas.*, I, p. 1078.

[68]Convention collective du travail n° 9 du 9 mars 1972, arrêté royal du 13 novembre 1972.

[69]Art. 189 de l'arrêté royal organique du chômage du 20 décembre 1963 et art. 84 de l'arrêté ministériel du 4 juin 1964.

[70]On remarquera pourtant que cette possibilité est prévue par une loi du 14 février 1961 dite d'expansion économique, de progrès social et de redressement financier : "Dans la mesure où les conditions du marché de l'emploi le justifient, le Roi peut, par arrêté motivé et délibéré en Conseil des Ministres, soumettre à autorisation ou à déclaration préalable l'embauchage, le licenciement et la mise en chômage pendant une période limitée, de travailleurs ou de certaines catégories de travailleurs . . ." (Art. 18, al. 1er). Mais jusqu'à présent, cette disposition nécessitant pour sa mise en oeuvre un arrêté royal est demeurée lettre morte.

[71]Outre le régime général dont il est principalement question dans le présent rapport, il faut ajouter d'autres systèmes indemnitaires constituant le plus souvent des retombées du droit social européen. Un arrêté royal du 22 juillet 1964 accorde une prime de reclassement aux travailleurs licenciés à la suite de la fermeture, totale ou partielle, ou de la réduction d'activité des entreprises charbonnières. Une loi du 20 juillet 1968 prévoit, à charge de l'Office National de l'Emploi, l'octroi d'une indemnité d'attente aux travailleurs en faveur des travailleurs victimes de fermeture d'entreprise et qui sont chômeurs, reçoivent une formation professionnelle ou occupent un nouvel emploi.

[72]Sont exclus de cette indemnisation les travailleurs licenciés pour motif grave, ceux qui n'ont pas un an d'ancienneté dans l'entreprise et qui n'ont pas été engagés dans les liens d'un contrat conclu pour une durée indéterminée.

[73]Art. 4 et suiv. de la loi du 28 juin 1966.

[74]La loi du 30 juin 1967 portant extension des missions du Fonds étend sa compétence à toutes les entreprises, même celles qui occupent moins de 20 travailleurs et élargit sa mission de caution solidaire : en cas de fermeture d'entreprise, si l'employeur ne s'acquitte pas de ses obligations pécuniaires, le Fonds est chargé d'acquitter une partie des dettes qu'il a contractées à l'égard des travailleurs (salaires, indemnités légales et conventionnelles) et de l'Office National de Sécurité Sociale (cotisations patronales).

[75]Convention collective du travail n° 10 du 8 mai 1973, arrêté royal du 6 août 1973, modifié par convention collective du 2 octobre 1975, arrêté royal du 1er décembre 1975.

[76]La convention collective du travail concerne les chômeurs indemnisés, ceux qui sont exclus de l'indemnisation du chômage en raison d'une circonstance indépendante de leur volonté, les travailleurs reclassés de façon inférieure par rapport à leur ancien emploi, les travailleurs en formation professionnelle.

[77]Arrêté royal du 6 août 1973.

[78](La présente convention collective de travail) "recommande que des mesures soient prises pour atténuer les conséquences des licenciements collectifs; elle estime en effet qu'une politique sociale adaptée aux circonstances actuelles devrait viser à éviter, dans toute la mesure du possible, que le travailleur pour qui le maintien de la relation de travail constitue une question vitale, ne soit victime du progrès technique et économique".

[79]Loi du 20 septembre 1948 et convention collective du travail n° 9 du 9 mars 1972, arrêté royal du 12 septembre 1972.

[80]60 ans et plus. La convention collective prévoit en outre la possibilité d'étendre son champ d'application, par l'effet de conventions collectives sectorielles, aux travailleurs âgés de 55 ans et plus.

[81]Le Fonds d'indemnisation établi en cas de fermeture d'entreprise est appelé à intervenir le cas échéant (loi du 12 mai 1975).

[82]Elle est payable mensuellement en principe.

[83]A.R. du 10 août 1978.

[84]Arrêté royal organique du 20 décembre 1963.

[85]Le chômage est déclaré dû au fait du travailleur en raison de circonstances liées à la perte de son ancien emploi (abandon de travail sans motif légitime, congédiement pour des motifs équitables ou égard à son attitude) ou lorsqu'il a refusé un emploi que la loi déclare convenable en fonction de divers critères. A travers ceux-ci, il apparaît que le droit belge favorise la mobilité professionnelle; passé un certain délai (différent selon le degré de qualification professionnelle du chômeur), l'emploi denent convenable même s'il concerne une autre profession que celle précédemment exercée.

La cessation de la relation de travail à l'initiative de l'employeur et la sécurité des revenus des travailleurs concernés

par

PROF. DR. MESSIAS PEREIRA DONATO

Faculté du Droit, Université Federale

I. INTRODUCTION GENERALE

1. *Sources*

Cette matière est régie, en substance, dans l'ordre juridique brésilien par des normes juridiques d'origine étatique. Les normes juridiques autonomes qui proviennent des conventions collectives du travail ou d'accords collectifs du travail sont subsidiaires et de portée limitée.

La ligne directrice est contenue dans la Constitution Fédérale en vigueur, du 24 janvier 1967, amendée en 1969. L'article 160 assure aux travailleurs, ''parmi d'autres droits et dans les termes de la loi'':

''stabilité, avec indemnisation au travailleur licencié ou fonds de garantie équivalent.''

Sur le plan de la loi ordinaire, cette *alternative* de régime de temps de service est réglementée , en son essence, par deux documents légaux. Le premier est la Codification de la législation du travail (C.L.T.), approuvée par le decret de loi no. 5452, du 1er. mai 1943; le second de ces documents légaux est la loi no. 5107, du 13 septembre 1966 qui intitue le Fonds de Garantie pour l'Ancienneté de Service (F.G.T.S.), en vigueur à partir du 1er. janvier 1967. De nombreux textes légaux complémentaires ou les réglementant, précisent et détaillent les dispositions concernant les deux régimes.

2. *Champ d'application*

2.1 La garantie pour ancienneté de service régie par la C.L.T. concerne tout employé de milieu urbain ou rural. On doit éclairer le fait que la législation brésilienne appelle employé tout et n'importe quel travailleur juridiquement subordonné à un employeur en activité dans un service privé ou public, lui prêtant des services non-éventuels, moyennant salaire.

Dans le domaine de l'activité publique sont inclus dans ce type de garantie pour ancienneté de service les employés de l'administration directe ou indirecte de l'Union, des États, des Municipes, Territoires, District Fédéral, des fondations et des entreprises publiques et des entreprises d'économie mixte.

3. *Exclusion*

Ne sont pas bénéficiaires du droit à la stabilité de l'emploi, quoiqu'ils bénéficient de *réparations légales*, en cas de cessation du contrat de travail, à l'initiative de l'employeur:

a. les employés des bureaux et des cabinets relevant des professions libérales;

b. les employés exerçant des charges de confiance, embauchés en tant que tels;

c. les employés régis par contrats de durée déterminée, à savoir: contrat à délai, incluant le contrat d'essai; contrat pour travail ou service déterminé; contrats de travail temporaire; contrats de récolte; contrats d'athlètes professionnels;

d. les employés ayant opté pour le régime du Fonds de Garantie pour Ancienneté de Service (F.G.T.S.).

Les domestiques non seulement ne sont pas bénéficiaires de ce régime, mais en cas de renvoi par l'employeur, aucune réparation ne leur est due.

Hormis ces exceptions, la *présomption légale* c'est que, en l'absence d'option expresse de la part de l'employé en faveur du régime du F.G.T.S., il sera subordonné au régime de stabilité, avec droit à l'indemnisation , si le contrat vient à être resilié à l'initiative de l'employeur.

4.

Le régime F.G.T.S. est passible d'être appliqué non seulement aux nouveaux contrats, mais aussi aux bénéficiaires ou détenteurs de la stabilité avec indemnisation. Dans ce dernier cas, ils passeront d'un régime à l'autre, perdant la stabilité, quoique les effets pécuniaires subsistent, en cas de licenciement exécuté sans juste motif. Est applicable également aux travailleurs "avulsos," * catégorie sans lien d'emploi. La loi offre également la possibilité, aux employeurs qui ont formé des sociétés, d'affilier au régime de F.G.T.S. ses directeurs qui n'y sont pas soumis par le lien d'emploi.

La préférence pour le régime de F.G.T.S. dépend de l'*option*, moyennant un document écruit de la part de l'employé. Dès lors, il devient titulaire d'un compte bancaire ouvert par son employeur sur lequel celui-ci dépose, chaque mois, 8% de la valeur de sa rémunération. Ces versements donnent des intérêts annuels et sont rajustés trimestriellement, en cas de fluctuation monétaire.

4.1. *Exclusions*

Eu égard au travail subordonné, le F.G.T.S. ne s'applique pas:

a. à l'agriculteur, encore que son application soit prévue par une loi spéciale;

b. au domestique;

c. au technicien étranger.

Le F.G.T.S. ne concerne pas non plus:

a. le travailleur autonome;

b. les travailleurs éventuels;

c. les étudiants stagiaires dans des entreprises privées, des organismes publics,

---

*"avulsos" (autonomes): ce sont des travailleurs qui prêtent service par l'intermédiaire d'un syndicat

des instituts d'enseignement et les avocats stagiaires, dont les services ne traduisent pas une relation d'emploi.

5. *Incidence des normes des deux régimes*

Sont partiellement concernés par les normes des deux régimes les employés qui, admis dans un emploi avec le premier régime, optent pour le F.G.T.S.. L'option est la ligne de démarcation des deux régimes, mais les travailleurs gardent les garanties d'*aspect financier* du régime originaire.

6. *Terminologie*

La résiliation de la relation d'emploi à l'initiative de l'employeur consiste, sur le plan juridique, à exercer le droit de résiliation unilatérale. Dans le droit positif brésilien on l'appelle *licenciement* ou *renvoi*. Le licenciement constitue une des modalités d'annulation ou dissolution du contrat de travail, formes utilisés dans le sens générique.

Le licenciement a trait au contrat de durée déterminée et au contrat de durée indéterminée. Cela peut arriver:

a. par l'exercice du droit potestatif de dénoncer la relation d'emploi—résiliation *ad nutum;*

b. en raison d'un juste motif donné par l'employé;

c. en vertu de dénonciation par voie indirecte, quand l'employeur requiert auprès de la Prévoyance Sociale la retraite obligatoire de son employé, en raison de son âge;

d. en cas de dissolution de l'entreprise ou de suppression nécessaire de l'activité sans qu'il y eu cas de force majeur;

e. en cas de force majeur, inclusivement quand elle est provoquée , à l'initiative des pouvoirs publics—*factum principis;*

f. en vertu de causes de nature conjoncturelle.

II. PROCEDURES A SUIVRE AVANT LE LICENCIEMENT

1. En cas de dénonciation sans juste motif de la relation d'emploi, il incombe à l'employeur d'accorder un préavis à l'employé, quand il s'agit de contrat de durée indéterminée. Également, en cas de contrat de délai, régi par la clause d'annulation anticipée—*ante tempus.*

Il n'y a pas de document formel ni spécial pour la notification. Il suffit qu'elle soit expresse—verbale, écrite ou par tout autre moyen—à condition que la manifestation de la volonté du dénonciateur soit sans équivoque pour la personne concernée.

Sur le plan des accords collectifs et des conventions collectives, on commence à généraliser l'adoption de la clause qui oblige l'employeur à communiquer par écrit à l'employé les motifs de l'annulation contractuelle, si par hasard elle est fondée sur l'invocation d'une faute grave, supprimant le préavis, sous peine, dans le cas contraire, d'être considéré comme licencié sans juste motif.

La dénonciation du contrat doit être faite en "termes dignes," souligne EVARISTO DE MORAES FILHO, "respecteux de la personne concernée , sans injures ni paroles offensives." L'inobservance de cette prescription pourra "donner lieu à une compensation de dommages, que notre loi du travail appelle culpabilité réciproque.'' (A justa causa na rescisão do contrato de trabalho, Rio, Forense, 1968,2a.ed,:45/55)

2.   Le préavis que l'employeur doit accorder à l'employé qui doit être renvoyé sans juste motif, est sujet à une durée minimum qui varie en fonction de deux données:

a. du temps du paiement du salaire: si le paiement est effectué à l'heure, à la journée, à la semaine, le préavis sera de huit jours; s'il est effectué par quinzaine ou par mois, trente jours;

b. du temps de service égal ou supérieur à une année dans l'entreprise: il sera de trente jours indépendamment du temps de paiement du salaire.

Comme il est légalement interdit, en principe, à l'employeur de dénoncer le contrat de travail de l'employé stable, le préavis qui pourrait lui être accordé, sera sans nulle valeur.

L'employeur qui ne donnera pas de préavis, ce à quoi il est tenu, devient responsable du paiement du salaire correspondant à la période de la durée du préavis. Dans ce cas, tout comme quand il accorde un préavis et dispense le travailleur de service pendant ce temps-là, la période est considérée comme temps de service avec tous les effets légaux.

2.1. Le préavis donné, il est assuré au travailleur la réduction quotidienne de deux heures sur l'horaire de service, sans préjudice de salaire, pour qu'il puisse chercher un autre emploi. S'il l'obtient tout de suite, ce fait ne supprime pas l'avantage acquis, qui continuera jusqu'à la fin du préavis. Dans le cas d'un employé rural, ce temps libre rémunéré est d'un jour par semaine. Quelquefois, par le biais de conventions et accords collectifs du travail, on accorde au travailleur urbain le droit de choisir le moment où il utilisera ce temps disponible.

III. JUSTIFICATION DE LICENCIEMENT

1. La justification de la cessation de la relation d'emploi implique une limitation du droit potestatif de l'employeur quant à la pratique du licenciement. A ce propos, nous croyons que plus les mesures de garantie du travailleur seront étendues et consolidées, plus la garantie d'emploi sera renforcée. Sans notre droit positif, elles s'appuient sur les critères suivants:

a. dépersonnalisation de l'employeur, le contrat étant lié à l'entreprise;

b. intangibilité du contrat de travail, indépendamment des mutations qui pourraient s'effectuer dans les structures juridiques de l'entreprise;

c. subsistance du contrat de travail nonobstant les perturbations temporaires représentées par des suspensions totales ou partielles;

d. intégralité du temps de service du travailleur pour éviter les tentatives de fraude relative à sa formation et sa continuité.

2. Le degré le plus élevé de la limitation au licenciement du travailleur serait fondé sur le principe de la causalité *lato sensu:* la nécessité d'invoquer un motif valable conformément à la Recommandation no. 119/63 de la OIT, c'est-à-dire, une cause liée à la situation personnelle ou à la conduite du travailleur, ou le fonctionnement de l'entreprise, comme motif fondamental du licenciement. Parallèlement au licenciement dit ordinaire, subsistera le licenciement extraordinaire,

dépendant de la vérification du juste motif qui annule le contrat de travail, imputable au travailleur.

Notre droit positif adopte ce principe au sens strict, à savoir, à travers la garantie du droit à la stabilité de l'emploi, bien que ce ne soit qu'après dix ans de service dans la même entreprise. Du fait de ce long laps de temps, ce principe souffre des derogations profondes. Le fait est que, avant d'atteindre le délai de dix ans, l'invocation de juste motif pour le licenciement ne fonctionne que comme moyen de libération, totale ou partielle, des responsabilités financières de l'employeur: paiement du préavis, l'indemnisation pour temps de service. Sinon, jusqu'à la limite de dix années de maison, l'exercice du droit de dénonciation reste libre. Et même après les dix ans, le droit de résiliation unilatérale demeure intact, vis à vis des travailleurs régis par le Fonds de Garantie pour ancienneté de service, et qui constituent la majorité écrasante en milieu urbain.

3. Les limitations au libre exercice du licenciement augmentent de plus en plus à travers les conventions collectives et les accords collectifs du travail. Quoique limité à un an, leur temps de vigueur est invariablement reconduit, grâce à l'interprétation des tribunaux selon laquelle les avantages acquis ne sont pas passibles de suppression.

Ont fait l'objet de conventions: la concession de garantie d'emploi de 60 à 120 jours à l'employée enceinte, après le congé de 12 semaines qui lui est assuré par la loi; garantie de l'emploi limité à 90 jours en faveur du travailleur qui rentre du service militaire; garantie de l'emploi limitée à trois ou quatre mois, à compter de la signature de la convention collective ou de l'accord collectif du travail; garantie de l'emploi au travailleur accidenté; stabilité provisoire aux représentants des employés dans les Commissions Internes de Prévention d'Accidents.

D'autre part, relativement à l'employé non-stable, affilié à l'un des deux régimes—qu'il s'agisse de celui de la "stabilité, avec indemnisation," en cas de licenciement, ou de celui du F.G.T.S.—la loi lui garantit la *stabilité provisoire*, quand:

a. il est élu à une charge d'administration syndicale ou de représentation professionnelle (par exemple: directeur d'une entité syndicale, juge représentant de l'émployé ou de l'employeur auprès de la Justice du Travail);

b. il est élu à une charge de direction de coopérative instituée dans l'entreprise par les employés.

La stabilité provisoire de l'employé va du moment de l'enregistrement de sa candidature pour la charge à laquelle il s'est porté candidat jusqu'à un an après la fin de son mandat. Son licenciement est lié à la même procédure établie pour le licenciement de l'employé stable, sujet qui sera développé ensuite.

4. En ce qui concerne l'employé stable, son licenciement ne peut se produire qu'exceptionnellement, par acte unilatéral de l'employeur: en cas de situation personnelle du travailleur ou de situation de fonctionnement de l'entreprise.

Dans le premier cas, le licenciement peut être effectué dans deux situations données:

A. quand, en congé pour une période supérieure à cinq ans de service, bénéficiant de la prévoyance sociale, il récupère la capacité de travail, il voit en conséquence annuler sa mise en retraite pour invalidité. Bien qu'il ait le droit de reprendre son emploi, l'employeur a la possibilité de le licencier, moyennant paiement d'indemnisation sur la base de deux fois la plus forte rémunération qui lui a été effectuée dans l'entreprise, pour chaque année de service, respectant inclusivement la rémunération qui lui serait due s'il avait repris son emploi.

B. quand l'employé ou l'employée atteint respectivement 70 ou 65 ans, son employeur a le droit de requérir leur mise à la retraite.

Le licenciement lié au fonctionnement de l'entreprise découle de la fermeture de l'établissement, filiale ou agence, ou suppression nécessaire de l'activité sans qu'il ait cas de force majeur.

En dehors de ces circonstances exceptionnelles, la règle est l'interdiction du licenciement de l'employé stable par acte unilatéral de l'employeur même dans le cas d'actes considérés, selon la loi, relevant de fautes graves susceptibles de dénoncer le contrat de travail.

IV. RECOURS CONTRE LE LICENCIEMENT QUI N'EST PAS CONSIDERE COMME JUSTIFIE

1. Sur le plan du droit positif, la Constitution Fédérale assure aux travailleurs l'intégration dans la vie et le développement de l'entreprise, et, exceptionnellement, dans la gestion, selon ce qui est établi dans la loi ordinaire.

Jusqu'à maintenant, pourtant, la loi ordinaire s'est limitée à poser que les conventions collectives et les accords collectifs du travail pourront instituer des commissions mixtes de consultation et de collaboration sur le plan de l'entreprise, déterminant la forme des constitutions, le mode de fonctionnement et leurs attributions.

De telles commissions, mixtes ou non, ne sont pas encore répandues.

La représentation du personnel se développe sur le plan des entreprises, par négociations directes. Il semble y avoir actuellement des perspectives de leur toute proche création dans le cadre de la négociation collective. Aucune des représentations existantes, d'après ce que nous constatons, n'a son mot à dire en ce qui concerne les renvois d'emploi.

2. Est interdit le licenciement dit arbitraire des représentants des employés à la Commission Interne de la Prévention des Accidents, organe paritaire institué dans les établissements qui ont un minimum de cinquante employés.

Est considéré comme telle licenciement qui n'a pas pour base un motif disciplinaire, technique, économique ou financier. Si le cas se produit et que le travailleur argue auprès du juge de son caractère arbitraire, il appartient à l'employeur de fournir la preuve que le licenciement est effectivement fondé sur une exigence légale, sous peine d'être condamné à le réintégrer. La réintégration implique le paiement du salaire et des avantages pour la période d'exclusion, en tenant compte du terme du mandat.

3. La limitation la plus forte contre le licenciement sans juste motif, dans notre ordre juridique, est fondée sur la stabilité. Elle consiste, selon CESARINO JÚNIOR:

"en la garantie légale ou contractuelle, en vertu de laquelle l'employé . . . qui comptabilise un nombre déterminé d'années de service effectives, ne pourra être renvoyé que moyennant l'existence d'un juste motif, judiciairement vérifié." (Droit Social, São Paulo, LTr.Editora, 1980,p.326,no. 162)

Sur le plan légal, sa concrétisation est soumise à la condition de dix ans de service dans la même entreprise. La vérification de ce temps inclut les périodes discontinues, sauf si au cours d'une ou des périodes, l'employé avait été renvoyé pour faute grave, avait reçu l'indemnisation légale ou s'était mis à la retraite de sa propre initiative.

La cessation du contrat de travail de l'employé stable doit avoir lieu à la Justice du Travail, à travers l'acte appelé requête juridique, sollicitée par l'employeur. Il arguera contre son employé le fait que celui-ci a commis une faite grave, dont le catalogue est prévue par la loi et laquelle faute, par sa répétition ou sa nature, représente une violation sérieuse de ses devoirs et obligations.

L'employeur a la possibilité de le suspendre préventivement du service pour une durée maximum de trente jours, temps pendant lequel l'action entrera en justice, sous peine de perdre son droit de le faire.

Si la requête est rejetée, trois situations peuvent être envisagées:

a. réintégration de l'employé dans son emploi avec droit au salaire, avantages et ancienneté de service pour toute la période d'exclusion.

b. réadmission dans l'emploi. Il s'agit d'une norme créée par la jurisprudence. Malgré la faute reconnue effective de la part de l'employeur, on considère l'enquête rejetée, en hommage à son passé professionnel sans tache. En compensation, il n'a aucun droit pour la période d'exclusion. Restent maintenues l'ancienneté de service antérieure et la charge avec les avantages acquis pendant la durée de la requête.

c. transformation de la réintégration dans l'emploi, mentionnée à l'alinéa *a*, en indemnisation de valeur double (deux mois pour chaque année d'ancienneté de service, sur la base de la rémunération la plus élevée obtenue dans l'entreprise). Cette solution dépendra de l'interprétation du juge, considérant comme déconseillée la reintégration, en vertu de l'incompatibilité entre les co-contractants, particulièrement quand l'employeur est une personne physique.

La résistance de l'employeur à la réintégration ou à la réadmission de l'employé dans l'emploi, déterminée par une sentence irrévocable, le rend responsable des obligations contractuelles et il sera soumis à une amende journalière de 1/50 à 1/10 de la valeur de référence, ce jusqu'à l'accomplissement de la décision.

Si cette situation gênante ne convient pas à l'employé, il peut plaider en justice avec droit aux réparations légales.

Si la requête est accueillie, ses effets sont exécutés rétroactivement à partir de la date de l'exclusion du travailleur.

La stabilité est en voie de disparition dans les relations de travail en milieu urbain, en vertu de l'institution du régime de F.G.T.S., dont l'objectif majeur consiste à garantir au travailleur réparation pécuniaire, en cas de perte d'emploi. Le F.G.T.S. ne représente pas un poids très lourd pour l'employeur, du fait qu'il est versé mensuellement. En versant au Fonds sa contribution mensuelle, en rapport avec la rémunération de l'employé, il est dégagé de toute garantie d'emploi . En même temps, il est un régime séduisant pour l'employé qui, contraint par la nécessité, oblige le patron à le renvoyer, afin de pouvoir retirer la somme déposée sur son compte dans le Fonds.

L'absence de garantie d'emploi, jointe à la tentation de pouvoir utiliser le compte du Fonds qui donne des intérêts annuels , et bénéficie de l'indexation monetaire trimestrielle, provoque une rotation importante de la main d'oeuvre, aggravée depuis longtemps par une pression inflationniste implacable.

Rendre compatible la notion de stabilité, selon une vision dynamique et actuelle, avec le régime du F.G.T.S. constitue la préoccupation permanente des principaux intéressés et des juristes. Des dizaines de projets de loi sont déposés au

Congrès National, dans ce but. Puisse cette recherche trouver, en termes de stabilité et de licenciement, une solution capable d'aboutir, selon la synthèse heureuse de MÁRIO L.DEVEALI, "à la nécessité de responsabilité sociale" (In Derecho a la stabilidad y derecho al empleo, in Estudios sobre Derecho Laboral, hommage a RAFAEL CALDERA, Caracas, Editorial Sucre, 1977,T. I, p. 863).

Pour cela, on doit réformer le principe constitutionnel sur la matière afin de pouvoir adapter la stabilité à la garantie d'emploi et de l'ajuster au F.G.T.S.

Sur ce point, il est bon de rappeler que la Constitution Fédérale assure aux Brésiliens et aux étrangers résidants dans le pays, l'égalité devant la loi, "sans distinction de sexe, race, travail, confession, convictions politiques." En plus, est interdite la distinction entre travail manuel, technique ou intellectuel ou entre professions respectives.

4.1. A l'employé soumis au contrat de durée indéterminée, renvoyé sans juste motif, est garantie une indemnisation, fondée sur la plus forte rémunération obtenue dans l'entreprise, et à raison "d'un mois par année de service effectif ou par an et fraction égale ou supérieure à six mois." Cette indemnisation sera doublée, en cas de licenciement de l'employé sur le point d'atteindre le régime de stabilité, ou, selon les tribunaux, en cas de licenciement de l'employé à la "veille" de la stabilité. On considère comme abusif, parce qu'il fait obstacle à la stabilité, selon l'interprétation de la jurisprudence uniforme du Tribunal Supérieur du Travail, "le licenciement, sans juste motif, de l'employé qui a atteint neuf ans d'ancienneté dans l'entreprise."

4.2 Dans le cas de licenciement sans juste motif de l'employé régi par un contrat de durée déterminée, il a droit à la moitié de la rémunération à laquelle il aurait droit, jusqu'au terme du contrat.

En cas de force majeure, ou de culpabilité réciproque, dans la rupture du contrat de durée déterminée ou du contrat de durée indéterminée, l'indemnisation est réduite à la moitié de celle à laquelle il pouvait prétendre, en cas de rupture sans juste motif.

Si le licenciement de l'employé survient dans les trente jours qui précèdent la date d'entrée en vigueur du rajustement semestriel des salaires de la catégorie professionnelle à laquelle il appartient, tout indique que l'employeur a eu l'intention délibérée de lui refuser le bénéfice d'une amélioration salariale. L'employeur se voit obligée de lui payer en plus de la valeur du préavis, dans le cas du contrat de durée indéterminée, en plus de la valeur de l'indemnisation (items 4 et 4.1.), quant elle lui est due, l'équivalent d'un mois de salaire supplémentaire, imposé comme pénalisation pour licenciement abusif.

4.3. Selon le régime de Fonds de Garantie pour Ancienneté de service (F.G.T.S.), l'employé a droit aux sommes déposées sur son compte bancaire, quelle que soit la cause de la rupture de la relation d'emploi, même au terme du contrat de durée déterminée.

S'il est renvoyé sans juste motif, dans le cas du contrat de durée indéterminée, il incombe à l'employer de mettre à la disposition de l'employé la somme déposée sur son compte, augmentée de 10% de sa valeur totale. En cas de licenciement, pour motif de force majeure, ou de culpabilité réciproque, le pourcentage est réduit à 5. Si le licenciement a lieu dans le cas d'un contrat de durée déterminée, la valeur du compte ci-dessus mentionnée ne pourra pas être inférieure à ce qui lui aurait été dû dans le cas d'un employé assujetti au régime de la CLT (Codification de la législation du travail), renvoyé sans juste motif . En cas de nécessite, l'employeur doit compléter la somme.

A l'employé admis dans l'emploi sous le régime de stabilité, avec indemnisation (a) et qui opte ensuite pour le régime de FGTS (b) est garanti, en cas de licenciement, le droit de négocier avec son employeur, l'ancienneté de service du régime (a).

S'il ne le fait pas et qu'il soit renvoyé, sans juste motif, ses réparations seront régies par les deux régimes (*a* et *b*) considérant l'ancienneté de service dans chacun d'eux.

V. PROCEDURES SUIVANT LE LICENCIEMENT

1. La suppression de la relation d'emploi doit être consignée dans le livret de travail et de prévoyance sociale (C.T.P.S.) par l'inscription de la date à laquelle elle aura eu lieu. Document obligatoire, lors de l'admission dans l'emploi, la C.T.P.S. que l'employé doit toujours avoir en sa possession, renseigne sur sa vie professionnelle dans chaque emploi. Il est interdit d'y enregistrer une quelconque observation qui puisse lui nuire, quel qu'ait été le motif de son licenciement.

2. Dans l'hypothèse où l'entreprise décide d'embaucher de nouveaux employés, il n'existe qu'un seul cas où il lui incombe de donner la priorité aux employés anciens, licenciés: quand le renvoi aura eu lieu en raison de la "conjoncture économique." La priorité est garantie pour une période de six mois, à compter de la date où sera reconnue la cessation des conditions imposées par la conjoncture, à condition, cependant, qu'il ne s'agisse pas de charges de nature technique.

3. En vue de l'enregistrement permanent effectué par les organismes publics intéressés, les entreprises doivent communiquer à l'autorité compétente le relevé mensuel, par établissement, des recrutements et des congédiements réalisés au cours de cetter période.

4. Le reçu de quittance que l'employé signe en faveur de l'entreprise est sujet à des normes concernant le fond et la forme. La cause de la résiliation du contrat n'est pas significative. Doit y être spécifiée la nature de chaque versement acquité, avec mention de sa valeur.

Par force de jurisprudence, codifiée dans la Jurisprudence Uniforme du Tribunal Supérieur du Travail, le reçu de quittance équivaut "exclusivement aux valeurs mentionnées dans les documents respectifs." De plus, quand le reçu de quittance est signé par un employé dont l'ancienneté de service est égale ou supérieure à un an, il ne sera valable qu'effectué avec l'assistance du Syndicat respectif ou devant l'autorité du Ministère du Travail, ou dans l'ordre, en cas d'absence ou d'empêchement, du Ministère Public et du Juge de Paix. Le paiement à l'employé sera effectué en argent liquide, ou par chéque visé, ou nécessairement en argent liquide, si l'employé est analphabète. L'acquittement de l'obligation vis-à-vis d'un travailleur de moins de 18 ans requiert, pour être valable, l'assistance de ses représentants légaux. Et l'acquittement de l'obligation vis-à-vis de l'employé stable, dans les cas exceptionnels où son renvoi est possible, ou en cas de démission spontanée, n'est complet qu'avec l'assistance du syndicat de sa catégorie. En l'absence du syndicat, cette assistance sera prêtée par l'autorité administrative du Ministère du Travail ou de la Justice du travail.

VI. REDUCTION DU PERSONNEL

1. Actuellement le sujet fait l'objet d'études officielles, en vue du contrôle des renvois "en masse," en vue de l'actualisation et de l'amplification des mesures en vigueur datant de 1965.

Les préceptes de loi en vigueur tiennent compte des mesures susceptibles de conduire à la "réduction de la journée normale ou du nombre de jour de travail," à caractère transitoire, en invoquant la "conjoncture économique." Un accord devient nécessaire entre l'entreprise et le syndicat représentatif des employés, lequel accord sera sujet à l'homologation de l'autorité administrative. Si l'accord n'est pas accepté, l'entreprise a le droit de soumettre le sujet à l'appréciation et au jugement de la Justice du Travail. La mesure adoptée en cas d'accord ou de jugement, durera un délai maximum de trois mois; il peut être prorogé, dans les mêmes conditions.

En cas de réduction de salaire, elle ne doit pas dépasser 25% de ce qu'impliquait le contrat, respectant la valeur du salaire minimum, selon la loi. La réduction concernera également la remunération des gérants et des directeurs.

Si, en raison des mêmes motifs, générateurs de réduction de temps de travail, les entreprises en viennent à licencier des employés, on l'a déjà vu auparavant, on leur donne la préférence, en cas de nouvelles embauches, dans le délai de six mois.

Il n'existe pas d'interdiction ni de limitation à de tels licenciements, sauf quand il s'agit d'employé stable.

Des négociations intenses sont actuellement provoquées par les syndicats professionnels en vue de:

a. réduction du nombre d'heures supplémentaires. Dans ce sens, on doit mettre l'accent sur l'interprétation des Tribunaux, selon laquelle la valeur de l'heure supplémentaire doit être augmentée de 100% par rapport à l'heure normale de travail, puisque le texte légal se limite à fixer l'augmentation à 20% "au moins";

b. obtention de meilleures stimulations à la démission volontaire avec préavis de quatre-vingt-dix jours;

c. garantie de salaire dans un délai raisonnable;

d. Fixation des critères de sélection concernant les licenciements, à savoir, la qualification, l'ancienneté, les charges familiales, l'âge.

2. L'allocation-chômage ne constitue pas encore une réalité dans le droit positif national. La Codification de la Législation de la Prévoyance Sociale prévoit la possibilité de son institution, à la charge de l'Union et des employeurs, en raison de la situation exceptionnelle découlant de crise ou de calamité publique qui entraîne le chômage en masse.

En 1965, fut créé le Fonds d'Assistance au chômage, auquel il incombe d'offrir aide financière aux travailleurs qui perdent leur emploi dans des situations spéciales. Sont considérés comme y ayant droit ceux dont l'emploi a eu une durée minimum de 120 jours et qui se trouvent en chômage ou qui peuvent l'être dans l'avenir:

a. pour licenciement sans juste motif ou

b. en cas de fermeture totale ou partielle de l'entreprise;

c. pour licenciement de plus de cinquante employés dans l'intervalle de soixante jours, en raison de modifications structurales de l'entreprise;

d. en cas d'urgence ou de situation sociale grave .

Les employés contractés pour un court laps de temps ne bénéficient pas de l'allocation-chômage; parmi eux, ceux qui sont sous contrat d'essai, contrat dont la durée maximum est de quatre-vingt-dix jours.

Pour y avoir droit les conditions sont les suivantes:

a. inscription au chômage dans l'organisme fédéral compétant;

b. que le travailleur ne dispose pas d'autres revenus susceptibles de garantir sa subsistance, même temporaire;

c. ne pas avoir refusé d'emploi compatible avec ses conditions personnelles ou la réadmission dans l'entreprise qui l'a licencié.

La valeur de la-dite allocation peut atteindre jusqu'à 80% du salaire minimum légal. Il est dû pour un maximum de six mois.

Si à l'occasion du licenciement, le travailleur a reçu l'indemnisation pour ancienneté de service, il faut vérifier à combien de mois correspond l'indemnisation, afin de lui accorder l'allocation. Ces mois décomptés, l'allocation lui sera due à partir du mois suivant celui qui correspond au nombre de mois décomptés. S'il n'y a pas eu d'indemnisation, l'allocation lui sera payée à partir du mois qui suivra le mois de licenciement. Cette allocation une fois concédée, si le chômeur vient à réclamer à la Justice du Travail l'indemnisation refusée par l'employeur et qu'il obtienne gain de cause, ou s'il réussit à l'obtenir par accord avec son ex-patron, l'allocation sera suspendue, si la somme à recevoir est supérieure à celle qu'il aurait obtenue durant le reste du temps, à travers l'allocation de chômage.

Le paiement de l'allocation de chômage est fait par le Fonds d'Assistance au Chômeur (FADE) dont les disponibilités proviennent pour le 2/3 d'un compte appelé Emploi et Salaire, constitué, à son tour, par 20% de la recette de la *contribution syndicale*. La contribution syndicale est due, une fois par an, par tous ceux qui appartiennent à une catégorie économique ou professionnelle déterminée ou à une profession libérale, au syndicat représentatif de la même catégorie ou profession. Pour les employés, elle correspond à la rémunération d'une journée de travail; pour les travailleurs autonomes et les professions libérales, elle équivaut à 15% de la plus forte valeur de référence, fixée par le Pouvoir Exécutif; pour les employeurs, sa valeur est proportionnelle au capital social de la firme ou de l'entreprise, moyennant une aliquote fixée par une grille progressive.

3. Quant à l'employé régi par le F.G.T.S., il peut disposer de son compte spécial , en cas de nécessité ''grave, urgente, personnelle ou familiale,'' en cas de chômage provoqué par la résiliation du contrat de travail, à sa propre initiative, sans juste motif, ou à l'initiative de l'entreprise, avec juste motif. Il lui incombe de prouver devant l'autorité administrative compétente, par la présentation de son Livret de Travail et de Prévoyance Sociale, que la rupture des liens avec l'entreprise date de plus de trente jours et qu'il est en chômage, en fournissant une attestation délivrée par le syndicat de sa catégorie professionnelle.

Considérant le montant existant sur le compte spécial, il pourra y effectuer jusqu'à six retraits, sur la base des pourcentages en rapport avec la dernière rémunération perçue dans l'entreprise: 60%, au cours des deux premiers mois; 40%, au cours des deux mois suivants; 20%, au cours des 5e. et 6e. mois de chômage.

D'après ce qu'on a déjà vu, on peut conclure que, tant en ce qui concerne ce sujet, que par rapport à l'allocation chômage, développée auparavant, l'État n'apporte aucune contribution. Dans le premier cas, l'employé a recours à une espèce de réserve constituée lors des situations où, dans des conditions normales, il ne lui est pas permis de disposer de son compte spécial: quand il quitte son emploi, ou quand il est renvoyé pour faute grave. Dans le deuxième cas—allocation-chômage— le paiement provient des contributions des employeurs et des employés.

Il faut encore ajouter que, quand l'employeur requiert la retraite de l'employé ou employée, en raison de son âge—la femme, 65 ans, l'homme, 70 ans—il est obligé de lui payer l'indemnisation pour ancienneté de service ou, selon le cas, de mettre à sa disposition son compte lié au F.G.T.S.. Dans ce cas, au droit au salaire, succède, sans discontinuité, le droit au paiement de la retraite, à la charge de la Prévoyance Sociale.

Termination of Employment on the Initiative of the Employer, and Income Security of the Worker Concerned*

by

PROF. BERNARD ADELL

Queen's University, Kingston

I. INTRODUCTION

The Canadian law on termination of employment has three major branches, corresponding roughly to three chronological stages of development. The first branch is the common law of the employment relationship, which was developed by English and Canadian courts over hundreds of years and which remained preeminent until well on into this century. The second branch is collective bargaining legislation, which spread quickly across the country's eleven legislative jurisdictions during and shortly after the Second World War and which until recently provided the major cutting edge of reform in employment law. The third branch consists of other recent legislation, principally of the employment standards variety, which has followed upon the realization that collective bargaining cannot be relied upon to protect all types of employees or to deal adequately with all kinds of employment insecurity.

In general, the common law has made the giving of notice the sole prerequisite to a valid termination, and has thus provided a reasonable level of protection only for those higher-level employees who have enjoyed the right to a lengthy period of notice. As for collective bargaining legislation, it has been of direct help only to that portion (now slightly over half) of the Canadian work force which falls within the scope of collective agreements negotiated by trade unions. Even to those employees, collective bargaining has given relatively little protection against termination occasioned by the economic circumstances of the enterprise. Other recent legislation has begun to provide a modicum of protection against economically motivated termination, and to offer more effective recourse against arbitrary discharge for the large portion of the work force which enjoys neither the right to substantial notice at common law nor the realistic possibility of collective bargaining.

Legislative jurisdiction over employment relations in Canada is not concentrated at the national level but is divided between the federal government and the ten provinces, nine of which have common law systems and one—Quebec—a civil

*Warm thanks are due to Donald Carter for his extensive help in preparing this report, and to Innis Christie, Jean-Denis Gagnon, Urszula Kaczmarczyk, Raymond Koskie, Harold Rolph, Stuart Saxe, Gordon Simmons and Kenneth Swan for their contributions on various aspects of the topic at a Symposium on Labour Law held at Queen's University on October 3 and 4, 1981.

law system. The locus of legislative jurisdiction over employment relations in a particular industry depends wholly on which level of government has jurisdiction over that industry. It is becoming more difficult to speak in terms of national principles of employment law as the eleven legislatures develop ever more distinctive statutory schemes. The largest common law jurisdiction, the Province of Ontario, used to set the pattern for the rest of the country in employment relations law. That is no longer the case, but for the sake of brevity the law of Ontario will generally be used as an example throughout this report.

II. INDIVIDUAL TERMINATION WITH NOTICE

A. *At Common Law*

Except where he is dismissed for "cause"—*i.e.*, for misconduct or poor performance—a person employed for an indefinite term has long been entitled at common law to a period of "reasonable" notice prior to termination, or to the amount of pay that he would have received if he had worked for that period.[1] the length of notice required is determined by the courts on the facts of each case, and depends principally on an assessment of how long an employee in the plaintiff's line of work and with the plaintiff's attributes would need in order to find another suitable job. Employees doing work requiring little skill or responsibility have usually been considered to be entitled only to short notice, while professional and managerial employees have been accorded much longer periods, not uncommonly on the order of twelve months and recently ranging as high as 21 months.[2]

Complying with the notice requirement gives the employer the legal right, at common law, to terminate the employee for any reason or for no reason. In other words, for the price of the required notice or the equivalent amount of pay, the employer acquires the right to act as arbitrarily as he wishes in dispensing with the employee's services. That price is modest in the case of lower-level employees, but for professional and managerial employees it is high enough to have led to more and more frequent use of the common law right to sue for damages for wrongful dismissal in cases where such employees are terminated with what they believe to be less than reasonable notice. Recently, as well as increasing the length of the notice entitlements in wrongful dismissal cases, the courts have been open to considering new heads of damages. In particular, the Ontario courts have made an award of additional damages for "vexation, frustration, distress and anxiety" to a managerial employee who was summarily discharged.[3] Most employees who suddenly lose what they had thought were secure jobs will undoubtedly suffer some psychic injury, and it remains to be seen whether the right to such damages will become firmly established.[4]

The length of the notice requirement at common law is not affected by the number of employees terminated at any one time. An employer undertaking a large-scale reduction of his work force, whether that reduction is temporary or permanent, is required at common law to give each affected employee no more and no less notice than would be required for an individual termination.

B. *Under Collective Bargaining Legislation*

Although collective bargaining statutes themselves say nothing about the employer's right to terminate with notice, that right is in effect abolished by most of the collective agreements negotiated under those statutes. Such agreements envisage that the employment relationship may be ended only for cause or for legitimate economic reasons.

With respect to discharge for purported cause, most collective agreements allow the employer to act only on the basis of "just cause" or some other heightened standard of cause—a great improvement, as we shall see, in employee job security. On the other hand, most agreements also make it clear that the employer may terminate or lay off for economic reasons, as long as he respects the order of seniority—that is, as long as the most junior employees are the first to go. This has often entitled employers to dispense with the services of junior and sometimes even senior employees without having to meet the common law notice requirements.

Although they have on the whole brought about a considerable improvement in substantive employee job rights, collective agreements have probably made even a greater contribution on the procedural side. Most Canadian labour relations statutes provide that every collective agreement must contain an arbitration procedure for the settlement of all disputes over the interpretation of application of the agreement.[5] This process of collective agreement enforcement by an independent arbitrator is often called rights arbitration or grievance arbitration, to distinguish it from the fundamentally different sort of arbitration—interest arbitration—which is sometimes used to settle collective bargaining disputes, especially in the public sector and in essential services.

The advent of grievance arbitration, and the less formal grievance settlement process which nearly all collective agreements require as a prelude to arbitration, has provided Canadian unions and their members with a specialized and quite readily accessible forum for the enforcement of such important job rights as the right to be discharged only for just cause and the right to seniority protection in the event of termination or layoff for economic reasons.[6] The procedural and remedial authority of grievance arbitrators has been reinforced by specific statutory provisions[7] in a legislative attempt to overcome what used to be quite a restrictive attitude on the part of the ordinary courts.

C. *Under Other Recent Legislation*

The ineffectiveness of the common law notice requirement for lower-level employees, and the fact that most collective agreements do not provide much protection against economic terminations, have led Canadian legislatures to specify a minimum period of written notice for individual terminations, whether or not a collective agreement applies.[8] The amount of notice required by these statutory provisions is quite modest. In Ontario, it is one week for employees with three months' to two years' service, and it gradually rises to eight weeks for employees with ten or more years' service.[9] As we will see, these requirements are generally increased in the case of large-scale work force reductions.

III. TERMINATION FOR ECONOMIC REASONS

A. *At Common Law*

The common law rules on termination with notice, as discussed above, apply fully to any attempt by an employer to terminate for purely economic reasons an employee who is not covered by a collective agreement.

"The employer may have any number of very good reasons why he cannot continue to employ the employee but he is still required to give due notice. Unless the contract of employment expressly or impliedly allows for summary termination or layoff due to lack of work, the employer is not relieved by business exigencies of his obligation to give due notice."[10]

B. *Under Collective Bargaining Legislation*

Canadian collective bargaining statutes themselves provide little or no protection against termination for economic reasons. Indeed, such statutes expressly disclaim any intention restrain an employer from either temporarily or permanently shutting down all or part of an enterprise, as long as the shutdown is motivated wholly by economic reasons[11] and not by a desire to discourage union activity, in which case it would be an unfair labour practice,[12] or by a desire to strengthen the employer's collective bargaining position, in which case it would be a lockout.[13]

However, collective agreements negotiated under collective bargaining legislation do commonly place some limitations on the employer's right to dispense with the services of an employee for economic reasons. By far the most common of those restrictions are found in seniority and layoff provisions, which usually require that in the event of a temporary or permanent work force reduction, the most junior employees will be the first to go, and that if and when the work force is brought back up to strength, the most senior of the laid off employees will be the first to be recalled. The concept of the layoff—a temporary or indefinite suspension, on the employer's initiative, of the employee's obligation to work and of the employer's obligation to pay him, with the employee retaining a right to be recalled to work if and when the operations resume—is probably unknown to the common law,[14] and is a creation of collective bargaining. When linked with the concept of seniority, as it almost invariably is in Canadian collective agreements, it can provide a reasonable degree of protection to senior employees, at least in situations where only a small proportion of the employer's work force is affected by a shutdown. However, such provisions by their very nature offer little protection to more junior employees.

Although, as will be seen below, Canadian arbitrators have interpreted the provisions of collective agreements on discharge for cause in such a way as to enhance the protection of employee job rights, the same cannot generally be said of their decisions in cases of termination or layoff for economic reasons. The "management rights" view, which is still prevalent in Canadian arbitral jurisprudence, holds that unless the collective agreement quite clearly prohibits it (and relatively few do), the employer is entitled to contract out part or all of the work of the enterprise and to lay off the employees who were doing that work.[15] In a few jurisdictions, the prospect of the layoff of a substantial number of employees because of technological change or other changes in the employer's method of operation will give the union an explicit statutory right to invoke collective bargaining or arbitration procedures.[16] Elsewhere, however, employers are generally free, unless quite clearly prohibited from doing so by the particular collective agreement, to dispense with employees whose jobs have been made redundant by such changes, subject only to the statutory requirement of extended notice discussed immediately below.

C. *Under Other Recent Legislation*

What has just been said should make it clear that collective bargaining and collective agreements have not provided employees with adequate protection against job loss for economic reasons, whether those reasons are related to changes in the operation of the enterprise or to the overall economic climate. Most Canadian jurisdictions have therefore enacted legislation which, as well as requiring a specific period of written notice for individual terminations, also requires additional notice (or wages in lieu of such notice) in cases of large-scale terminations. Typical of this legislation is the Ontario Employment Standards Act,[17] which provides for extended notice of mass terminations and for the maintenance of regular earnings during the period of notice, and which also requires the employer to take part in manpower adjustment measures. In addition, the Act now creates a severance pay entitlement for long service employees.

1. Notice of mass terminations

The Ontario "mass notice" requirements apply where fifty or more employees are terminated in an establishment within a four-week period.[18] The length of notice does not vary with the employee's length of service, but applies to anyone who has been on the job for three months or more. However, it varies with the number of employees laid off. Where fifty to 200 employees are affected, eight weeks are required, gradually increasing to a maximum of sixteen weeks where 500 or more employees are involved. The requirement of longer notice for larger-scale layoffs is based on the assumption that the greater the number of employees who are thrown onto a local labour market at once, the longer they will probably need to find other employment, and the longer the Ministry of Labour will need to set up effective procedures to help in their search.

The statutory notice periods are minimum requirements only, since the legislation explicitly preserves any civil right of action which an employee may have apart from the statute.[19] Courts in other provinces, in dealing with similar legislation, have held that the existence of statutory notice provisions does not preclude a civil action for wrongful dismissal where such an action may bring greater benefits to the terminated employee.

2. Maintenance of regular earnings

The Ontario legislation also protects employees against a reduction in regular earnings or a loss of fringe benefits during the period of notice.[20] The employer must maintain the existing terms and conditions of employment during the period, or must pay them what they would have received for their regular non-overtime hours had they been permitted to work out their periods of notice. This provision for pay in lieu of notice, called "termination pay" by the statute, parallels the common law rule that a wrongfully dismissed employee is entitled to all wages and benefits that he would have received under the contract of employment if he had been kept on for the full period of required notice. Recent amendments also require the employer to maintain all fringe benefits during the period of notice, whether or not the employees continue to work.[21]

3. Manpower adjustment committees

The legislation also requires employers to participate in, and contribute to the cost of, manpower adjustment committees established by the Ministry of Labour to help terminated employees find other work.[22] In addition, the employer may now be required to participate in measures to assist the terminated employees.

Manpower adjustment committees are generally tripartite, with a neutral chairperson and representatives of management and labour. Their functions include gathering information on employment prospects, providing help in applying for employment, and providing information on government training and placement programs.

4. Severance pay

In addition to requiring notice or pay in lieu of notice, some Canadian jurisdictions now provide for severance pay under employment standards legislation.

The Ontario statute requires such pay for regular employees with at least five years' service who lose their jobs as a result of "the permanent discontinuance of all or part of the business of the employer," but only if fifty or more employees are terminated within a six-month period.[23] The amount required is one week's pay for each year of service, to a maximum of 26 weeks.

The limitation of the severance pay obligation to cases of permanent discontinuance of all or part of a business was intended to preserve managerial flexibility and to limit the cost to industry, to avoid causing the loss of even more jobs. Similarly, the limitation to terminations of fifty or more employees was designed to restrict the costs imposed on smaller employers.

IV. TERMINATION FOR CAUSE

A. At Common Law

An employer has the right at common law to dismiss an employee without notice if his conduct or job performance has provided "cause" for discharge. It is difficult to specify the exact degree of ineptness or misconduct which constitutes such cause at common law. The shortcoming must be quite substantial—"something which a reasonable man could not be expected to overlook"[24]—but it is usually thought to be much less than is now required by arbitrators to constitute "just cause" under collective agreements.

Even if the employee's action for wrongful dismissal succeeds, his remedies are limited to damages in an amount sufficient to compensate him for the lost period of notice. The common law courts refuse to grant specific performance of a contract of service, and accordingly will not order an employer to reinstate a wrongfully dismissed employee. Common law actions for wrongful dismissal have generally been brought only by higher-level employees, who can afford the financial risks of court action and who can expect enough damages to make the action worthwhile.

An important recent development in the common law of dismissal has been the growth of the concept of constructive dismissal. This means that an employer is held to dismiss an employee by substantially changing a significant term or condition of employment—for example, by downgrading the level of the employee's duties or by moving him to a new location without any prior understanding that such a move might be required.[25]

B. Under Collective Bargaining Legislation

As was mentioned earlier, Canadian collective agreements almost always raise the standard of cause required for discharge, usually by specifying that the employer must have "just cause" or "proper cause." For that portion of the work force covered by collective agreements, the substantive and procedural development of this protection against unjust discharge has offered a significant advance in job security.

The administration of the just cause provisions of collective agreements has been a major part of the mandate of Canadian grievance arbitration. Most of the jurisprudence on just cause is not statutory, but has been created by arbitrators on a case-by-case basis.

In addition to placing upon the employer the burden of proving just cause, arbitral case law has developed many important refinements on the substantive meaning of such cause. For example, an employer may not enforce unilaterally promulgated work rules unless they are reasonable and have been effectively communicated to the employees.[26] Nor, except for instances of very severe misconduct, may an employer discharge an employee without first giving him appropriate warnings and an opportunity to improve his performance.[27] Seniority rights are relevant to the context of discharge as well as in the context of economically motivated terminations; the longer an employee's period of satisfactory service, the more substantial will be the cause required for discharge. The extensive arbitral jurisprudence on such other important matters as insubordination, the distinction between quitting and discharge, and the rights of probationary employees cannot even be outlined in this report.[28] All that can be said is that the substantive and procedural limitations developed through grievance arbitration have made the justification of discharge under a collective agreement a much more exacting task for the employer than it has ever been at common law.

As for the remedial authority of arbitrators, it is far broader than that of the courts in common law wrongful dismissal cases.[29] The courts will give no remedy other than damages. Arbitrators, now supported in this respect by explicit statutory authority, will order reinstatement either in lieu of or in addition to damages where they consider it appropriate to give the employee his job back, but will often temper the reinstatement with a period of suspension if the employee is shown to have been guilty of misconduct serious enough to justify a substantial penalty but not serious enough to justify discharge. In general, arbitrators will try to shape a remedy to fit the circumstances of the particular case. For example, the reinstatement of an employee with an alcohol problem may be made conditional upon his pursuit of a program of treatment.[30]

C. Under Other Modern Legislation

Two Canadian jurisdictions—the federal jurisdiction and Quebec—have quite recently enacted legislation giving unorganized employees substantive and procedural protection against unjust discharge modelled upon the protection enjoyed by employees who are covered by collective agreements. The Canada Labour Code entitles anyone within the federal jurisdiction "who has completed twelve months of continuous employment by an employer," and who is not covered by a collective agreement, to file a complaint "if he has been dismissed and if he considers his dismissal to be unjust."[31] After a labour inspector has attempted to bring about a settlement and has failed, the Minister of Labour is empowered to appoint an arbitrator (called an adjudicator) to hear and determine the complaint.[32] The adjudicator is given the same broad remedial powers as are exercised by arbitrators in unjust discharge cases under collective agreements.[33] The Quebec provisions are basically similar, except that the right is given only to employees who have "five years of uninterrupted service with one employer,"[34] In contrast to the one-year and five-year service requirements in the federal and Quebec statutes, collective agreements commonly require that an employee serve a probationary period of no more than one to three months before being covered by the just cause provisions.

The new just cause procedures in both the federal and Quebec statutes are now being used quite frequently, and there is no doubt that they are meeting an important need in reinforcing the often precarious job security of unorganized employees.

Human rights statutes across Canada have for some years made it unlawful to terminate or take other discriminatory action against an employee on any of a number of grounds. In Ontario, those grounds are now "race, creed, colour, age, sex, marital status, nationality, ancestry or place of origin."[35] The enforcement procedures provided by human rights legislation tend to be quite complex, with a heavy emphasis on attempts at settlement and a considerable amount of ministerial discretion as to whether a complaint will be submitted to adjudication.[36]

V. UNFAIR LABOUR PRACTICE TERMINATIONS

It is a breach of labour relations legislation (an "unfair labour practice") everywhere in Canada for an employer to discharge or otherwise discriminate against an employee because of his union activities.[37] Such protection does not depend on the existence of a collective agreement or even on the existence of a collective agreement or even on the existence of statutory bargaining rights. Indeed, it is most important in the early stages of an organizing campaign, before a union has acquired the status of certified bargaining agent, as that is when pro-union employees are most vulnerable to employer pressure.

Whether the discharge or other disciplinary action taken by the employer is just or unjust is not legally relevant in unfair labour practice cases. What matters is whether or not the employer was motivated in any degree whatsoever by the employee's union activities. Even if there was ample legitimate cause for discipline, such as poor work performance or misconduct, what is sometimes called the "taint theory" holds that the presence of even a very secondary degree of anti-union motivation on the employer's part is enough to taint his action against the employee and render it illegal.[38] In recent cases, labour relations boards have closely scrutinized even such evidence as internal management memoranda in order to ferret out anti-union motivation for layoffs or discharges.[39]

Because it is notoriously easy for employers to hide anti-union motivation behind a facade of ostensible cause for discharge or other disciplinary action, some Canadian labour relations statutes have shifted the legal burden of proof in such cases to the shoulders of the employer.[40] In other jurisdictions, the legal burden remains on the employee, as it does in other types of unfair labour practice cases, but the labour relations boards have held that proof of disciplinary action coupled with evidence of the employer's awareness of the affected employee's union activity is enough to shift a strong evidentiary burden to the employer to show that he had nothing but legitimate motives for the disciplinary action.

Equally important has been the great expansion in recent years in the remedies used by labour relations boards in unfair labour practices cases. Reinstatement of a discharged employee is explicitly envisaged by statute and has been used for many years, as has the awarding of cease and desist orders and damages to cover lost wages. The same statutory provisions give the boards a very broad power to grant whatever other remedies they deem appropriate in such cases.[41] Remedies recently awarded in the exercise of that power have included orders to the employer to allow union representatives to hold organizing meetings on the employer's premises, to provide the union with lists of employees for organizing purposes, and to post conspicuously or even read aloud to employees notices written by the board describing the employer's unfair labour practices and prohibiting their recurrence.[42] Perhaps the most effective of the arsenal of remedies is the power to order certification of the applicant union as bargaining agent without the usual requirement of proof of majority support if the employer's unfair labour practices are likely to have prevented the union from acquiring such support.[43]

The basic limitation on the board's remedial powers—and it is an important one—is that the remedies must not be penal in nature but only compensatory.[44] The unacceptability of penal remedies in labour relations board proceedings is undoubtedly related to the relaxed evidentiary rules and reversed burdens of proof which prevail before those boards, as well as to the fact that most boards try to induce settlement of unfair labour practice complaints before proceeding to adjudicate them. However, it is still very doubtful whether the current substantive and remedial law on unfair labour practices is effective to prevent a determined and sophisticated employer from weeding union activists out of his work force.

VI. PROTECTION OF THE WAGE AND PENSION RIGHTS OF TERMINATED EMPLOYEES

A. Wage Protection in the Event of Employer Insolvency

1. Federal protection

In Canada, "bankruptcy and insolvency" are within federal jurisdiction. The federal Bankruptcy Act provides the basic scheme of priorities in the event of bankruptcy.[45] Under that Act, wages owing are not a secured claim. Although they have priority over most types of unsecured claims, they rank behind such secured interests as registered mortgages, liens, debentures and bank securities. In addition, the priority is limited to wages for services performed in the three months before bankruptcy, and to a maximum of only $500. Termination pay required by minimum standards legislation does not appear to fall within the preference for wages established by the Bankruptcy Act.[46]

2. Provincial protection

Provincial legislation has to some extent counterbalanced the weakness of the federal Act with respect to the protection of wages. One provincial approach has been to create a statutory preference for wages over claims of other creditors in situations short of bankruptcy.[47] Another approach has been to impose a deemed trust on property in the hands of the employer, effectively removing that property from a distribution under the Bankruptcy Act.[48] A third approach has been to create a security interest in the form of a lien or charge, thus indirectly elavating the status of the wage claim in the event of bankruptcy.[49]

A quite different approach, taken only in Quebec, has been to create a public wage insurance fund, financed by a levy on employers, to compensate employees for wages that cannot be recovered from the employer.[50] This approach places most of the cost of wage protection on the contributors to the fund, rather than on the bankrupt employer's other creditors.

B. Pensions

The numerous private pension systems in Canada are regulated by pension benefits statutes, such as the Ontario Pension Benefits Act, which are intended only to establish minimum qualifications for pensions.[51]

Of central importance is the "10 and 45" rule, which grants an employee a vested pension when he reaches the age of 45 and has put in ten years' service under a pension plan or with an employer. The legislation also imposes registration and filing requirements for pension plans, and sets up regulatory commissions to administer those requirements. In addition, Quebec has imposed certain requirements for the disclosure of information on the operation of pension funds.[52]

It is widely recognized that the standards set by Canadian pension benefits legislation are no longer adequate. Too few employees remain for ten years with the same employer or under the same pension plan. Employers winding up or liquidating businesses often wind up the company pension plan in the process, endangering even the vested pensions of long-term employees.

In response, amendments were made to the Ontario Pension Benefits Act in 1980[53] to protect vested pensions when a pension plan is wound up. An affected employee will now have three options: taking the benefits available under the plan at his retirement date, transferring his pension benefit credit to his new employer's plan (if the transfer is accepted by the latter plan), or transferring the credit to a Registered Retirement Savings Plan. Previously, the employee had only the first of these options.

The second thrust of the 1980 amendments was the creation of a Pension Benefits Guarantee Fund, administered by the Ontario Pension Commission. The Guarantee Fund protects the vested rights of employees who have met the requirements of the "10 and 45" rule, as well as the rights of persons already receiving pensions under a pension plan. It is important to note that the protections enacted in 1980, including the Pension Benefits Guarantee Fund, apply only to employees with fully vested pensions and that other employees have no such protection on the winding up of a pension plan.

VII. CONCLUSION

Because the common law rules on termination of employment have provided substantial protection only to higher-level employees, and because collective bargaining has turned out to be neither as comprehensive in its coverage of the work force nor as effective in protecting employees against economically motivated job loss as had once been hoped, the creation of an extensive network of specific statutory protections has been underway in the various Canadian jurisdictions for a number of years. The principal objectives of this growing body of legislation are to provide better basic job security for the less advantaged members of the work force and to provide all employees with more protection against the incidence and effects of economically motivated job loss.

FOOTNOTES

[1]A leading case is *Bardal v. Globe and Mail Ltd.*, (1960) 24 Dominion Law Reports (2d) 140 (Ont. High Court).

[2]Although lower-level employees in Canada are not entitled to very much notice at common law, they have never been treated as being employed "at will," as has been the case in the U.S.A. Notice periods for higher-level employees in Canada have also been longer than for similar employees in the U.S.A.

[3]*Pilon v. Peugeot Canada Ltd.* [1981] 114 Dominion Law Reports (3d) 378 (Ont. High Court).

[4]The Supreme Court of British Columbia was reluctant to grant such damages in *Cringle v. Northern Union Insurance Co.*, May 1981, as yet unreported.

[5]Ontario Labour Relations Act, Revised Statutes of Ontario 1980, c.228, ss.44 (1)–(3).

[6]Collective agreements generally give to the union alone, and not to the employee himself, the right to decide whether to carry a grievance to arbitration. This gives a union very considerable power over the job rights of employees, and has led to the imposition on unions of a statutory duty of fair representation, which prohibits them from acting in a way which is "arbitrary, discriminatory or in bad faith" in the representation of employees. See Ontario Labour Relations Act, s.68. The duty of fair representation has given employees some protection against hostile union actions in grievance processing, but it has not generally been extended to negligent union conduct, except of a particularly gross kind. *Haley v. Canadian Airline Employees' Association* (1981) 81 Canadian Labour Law Cases para. 16,906 (Canada Lab. Rel. Bd.).

[7]Ontario Labour Relations Act, ss.44(8) and (9).

[8]As at common law, this statutory notice requirement does not apply to employment for a definite term or task. Ontario Employment Standards Act, Revised Statutes of Ontario 1980, c.137, s.40(3)(a).

[9]Ontario Employment Standards Act, Revised Statutes of Ontario 1980, c.137, s.40(1).

[10]Innis Christie, *Employment Law in Canada*, 1980, p.362.

[11]Ontario Labour Relations Act, s.77.

[12]*Ibid.*, ss. 64, 66.

[13]*Ibid.*, s. 1(k), ss. 72(1)–(3).

[14]Christie, *supra*, n.10, at p.270.

[15]The leading arbitral decision to this affect is *Russelsteel Ltd.*, (1966) 17 Labour Arbitration Cases 253 (Arthurs).

[16]An example of legislative provisions envisaging the resumption of collective bargaining in the event of technological change which threatens substantial job loss during the lifetime of the collective agreement is found in the Canada Labour Code, Revised Statutes of Canada 1970, c.L-1, as amended by Statutes of Canada 1973, c.18, ss.149–53. The British Columbia provisions combine an arbitral solution with a possible requirement of collective bargaining. British Columbia 1979, c.212, ss.16, 17, 74–77.

[17]*Supra*, n.9.

[18]Employment Standards Act, s.40(2) and Termination of Employment Regulation, Revised Regulations of Ontario 1970, Reg. 251, as amended.

[19]*Ibid.*, s.6.

[20]*Ibid.*, s.40(6).

[21]*Ibid.*, s.40(7)(c).

[22]*Ibid.*, s.40(5).

[23]*Ibid.*, s.40a.

[24]*McIntyre v. Hockin* (1889) 16 Ontario Annual Reports 498, at p.501, quoted in Christie, *supra*, n.10, at p.271.

[25]Christie, *supra*, n.10, at pp.331–37.

[26]*KVP Co. Ltd.*, (1965) 16 Labour Arbitration Cases 73 (Robinson).

[27]For example, *North York General Hospital*, (1974) 6 Labour Arbitration Cases (2d) 45 (Shime).

[28]See D.J.M. Brown and D.M. Beatty, *Canadian Labour Arbitration*, 1957, ss.7:3600, 7:7100, 7:5000.

[29]*Ibid.*, s.7:4000.

[30]On the development of arbitral jurisprudence on discharge for alcoholism, see Labour Arbitration News, Vol.15, no.7, July 1979.

[31]Revised Statutes of Canada 1970, c.L-1, as amended by Statutes of Canada 1977–78, c.27, s.21 and 1980–81, c.47, s.273, s.61.5(1).

[32]*Ibid.*, ss.61.5(5) and (6).

[33]*Ibid.*, s.61.5(9).

[34]Quebec Labour Standards Act, Statutes of Quebec 1979, c.45, s.124.

[35]*Ontario Human Rights Code*, Revised Statutes of Ontario 1980, c.340, s.4. It is not yet clear whether the prohibition of discrimination on the ground of age will affect the employer's right to retire employees against their will. See, for example, *Borough of Etobicoke and Ontario Human Rights Commission* (1979) 26 Ontario Reports (2d) 308 (Ont. Div. Court) *Re McIntire and University of Manitoba* (1981) 119 Dominion Law Reports (3d) 352 (Man. Court of Appeal).

[36]Ontario Human Rights Code, Part III.

[37]Ontario Labour Relations Act, s.66. Discharge for union membership is also a breach of s.382 of the Criminal Code of Canada, Revised Statutes of Canada 1970, c.C-34. However, the inadequacy of purely penal remedies and the difficulty of meeting the criminal standard of proof have made that provision largely a dead letter.

[38]*Barrier Examiner*, (1976) 1 Canadian Lab. Rel. Bds. Rep. 291 (Ont. Lab. Rel. Bd.).

[39]*Westinghouse Canada Inc.*, (1980) 80 Canadian Lab. Law Cases para. 16, 053 (Ont. Lab. Rel. Bd.), upheld (1980) 80 Canadian Lab. Law Cases para. 14,062 (Ont. Div. Court).

[40]Ontario Labour Relations Act, s.89(5).

[41]Ontario Labour Relations Act, s.89(4).

[42]*K Mart Canada Limited*, (1981) 2 Can. Lab. Rel. Bds. Rep. 1 and 5 (Ont. Lab. Rel. Bd.).

[43]Ontario Labour Relations Act, s.8.

[44]*Radio Shack* (1980) 80 Can. Lab. Law Cases para. 14,017 (Ont. Div. Ct.).

[45]Bankruptcy Act, 1970, c.B-3.

[46]*Re Lewis' Department Store Ltd.*, (1972) 17 Canadian Bankruptcy Reports (N.S.) 113.

[47]Ontario Employment Standards Act, s.14.

[48]*Ibid.*, s.15.

[49]British Columbia Employment Standards Act, Statutes of British Columbia 1980, c.10, s.15.

[50]An Act Respecting Labour Standards, Statutes of Quebec 1979, c.45, ss.29, 39, 111, 112, 136, 137, 138.

[51]Ontario Pensions Benefits Act, Revised Statutes of Ontario 1980, c.373.

[52]An Act Respecting Supplemental Pension Plans, Revised Statutes of Quebec 1977, c.r-17, s.25.1.

[53]An Act to Amend the Pension Benefits Act, Statutes of Ontario 1980, c.80.

Terminación de la relación de trabajo por iniciativa del empleador y seguridad de los ingresos de los trabajadores afectados

por

PROF. XIMENA GUTIERREZ

Universidad de Chile

y

PROF. ROSA MARÍA MENGOD

Universidad de Chile

I.—INTRODUCCIÓN GENERAL

A. *Fuentes del régimen nacional (legislación y reglamentos, convenios colectivos, laudos arbitrales, etc)*

a) En Chile la fuente fundamental en materia de terminación de contrato de trabajo por iniciativa del empleador, se encuentra en el Decreto Ley N° 2.200, publicado en el Diario Oficial con fecha 15 de Junio de 1978, texto modificado por la Ley N° 18.018 de fecha 14 de Agosto de 1981.

El referido cuerpo legal en sus artículos del 13 al 22, contiene la regulación de las normas sobre terminación del contrato individual de trabajo.

El texto de los referidos artículos se acompaña en Anexo.

b) También constituyen fuente en materia de terminación de contrato de trabajo, los convenios colectivos y los laudos arbitrales, aunque ellos tienen un valor restringido, ya que en Chile la negociación colectiva se centra exclusivamente dentro de la empresa, quedando excluída en consecuencia, la negociación colectiva por rama de actividad económica.

B. *Campo de aplicación general del régimen nacional*

Las normas sobre terminación de contrato de trabajo se aplican a todos los empleadores y trabajadores del sector privado.

Sin perjuicio de lo anteriormente señalado, las normas referidas se aplican en forma supletoria y automática a todos los trabajadores del Fisco, de las municipalidades, de las empresas estatales de administración autónoma o independiente, de las entidades o instituciones cuyos funcionarios y trabajadores se encuentren sometidos por ley a un estatuto especial, y a las personas cuyas actividades estén regidas por leyes especiales, en los aspectos o materias que no estén regulados en las leyes de las respectivas empresas o actividades.

C. *Exclusiones*

a) *Por la naturaleza del trabajo (ramas de actividad que se excluyen)*

Se excluyen de la aplicación de las normas generales sobre terminación de contrato de trabajo establecidas en el D.L. 2.200 a los sectores señalados en el inciso 2° del artículo 1° del referido texto legal:

1. Al Fisco;

2. Municipalidades;

3. Empresas estatales de administración autónoma o independiente

4. Entidades o instituciones cuyos funcionarios y trabajadores se encuentren sometidos por ley a un estatuto especial (vgr Fuerzas Armadas y de Orden)

b) *Por la naturaleza de la relación contractual*

1. Trabajadores con contrato a plaza fijo. De acuerdo al artículo 13 letra b) del D.L. 2.200, el contrato a plazo fijo no puede exceder de dos años. El hecho de continuar el trabajador prestando servicios con conocimiento del empleador después de expirado el plazo, lo transforma en un contrato de duración indefinida.

2. Trabajadores ocasionales, transitorios o de temporada.

3. Trabajadores con contrato a prueba. En la legislación laboral chilena existe un solo contrato a prueba regulado en el artículo 128 del Decreto Ley N°2.200, referente a los trabajadores de casa particular (domésticos). En este contrato las dos primeras semanas de trabajo, se estiman como período de prueba, pudiendo resolverse el contrato a voluntad de cualquiera de las partes siempre que se de un aviso con tres días de anticipación, a lo menos, y se pague el tiempo servido.

4. Trabajadores que gozan de fuero.

D. *Terminología y definiciones*

Dentro de la legislación nacional no existe norma alguna que defina o conceptualice los distintos tipos de despido que pueden afectar a los trabajadores.

No obstante lo señalado, del contexto del Decreto Ley N° 2.200 se podría clasificar el despido de la siguiente manera:

1) Despido sin exigencia de causa justificada pero con preaviso y con indemnización compensatoria posterior; arts. 13 letra f) y 16 y 17.

2) Despido con exigencia de causa justificada y sin indemnización compensatoria posterior;

a) Despido fundado en una causa dependiente de la voluntad del trabajador (incumplimiento de éste) arts. 14 y 15.

b) Despido fundado en causa independiente de la voluntad del trabajador pero cuya existencia determina la imposibilidad del cumplimiento de la prestación, arts. 13 letra b), c) y e) y art. 14 inciso final.

3) Despido con autorización judicial previa, artículo 22.

II. PROCEDIMIENTOS PREVIOS A LA TERMINACIÓN

A. *Notificación al trabajador*

1. Desahucio dado al trabajador. El art. 13 letra f) señala que el aviso deberá darse al trabajador por escrito con 30 días de anticipación a lo menos;

2. Invocación de causales de terminación. La Ley en esta situación no exige formalidad alguna. En consecuencia el aviso que debe darse al trabajador podrá efectuarse verbalmente o por escrito.

En cuanto al contenido de la notificación dada al trabajador ella deberá contener los fundamentos de hecho y de derecho que justifican la causal invocada.

B. *Notificación a los representantes de los trabajadores*

No hay.

C. *Notificación a las Autoridades Públicas*

1. Desahucio dado al trabajador. El artículo 13 letra f) señala que deberá notificarse a la Inspección del Trabajo respectiva, con 30 días de anticipación, a lo menos.

2. Invocación de causales de terminación.

a) Si se invocan las causales del artículo 14, el empleado deberá dar aviso por escrito a la Inspección del Trabajo respectiva, dentro de tercero día hábil contado desde la separación del trabajador.

b) Si se invocan las causales del artículo 15 el empleador deberá, dentro de tercero día hábil, dar cuenta por escrito de los hechos a la Inspección del Trabajo y además a la Autoridad respectiva para que ésta adopte las medidas y efectúe la denuncia que fuere procedente.

D. *Plazo de preaviso o compensación en lugar de este plazo*

En los casos de despido sin exigencia de causa justificada opera el desahucio y hay un plazo de preaviso de 30 días de anticipación o bien el empleador podrá pagar al trabajador una indemnizacion en dinero efectivo equivalente a la última remuneración mensual devengada. (artículos 13 letra f) y 16).

E. *Formalidades previas especiales en caso de despido por causas relacionadas con la conducta del trabajador*

En general la legislación chilena no establece formalida des previas especiales en caso de despido por causas relacionadas con la conducta del trabajador, salvo en el caso de que se invoque una causal de terminación de contrato a un trabajador que goce de fuero, pues en tal circunstancia procede la autorización judicial previa al despido, por parte del empleador.

III. JUSTIFICACIÓN DE LA TERMINACIÓN

A. *Reconocimiento del principio de que la terminación debe ser justificada*

Del artículo 19 del Decreto Ley 2.200, inciso primero, se desprende que la terminación del contrato debe ser justificada ya que si ésta ha sido injustificado el trabajador tendrá una acción de reclamo ante los Tribunales de Justicia para que se ordene al empleador el pago de las indemnizaciones correspondientes cuyo monto será de un mes por cada año de servicio y fracción superior a seis meses. Estas indemnizaciones si no se pagan oportunamente devengarán intereses y deberán ser reajustadas con el cien por ciento de índice de precios al consumidor (alza del costo de la vida). Estas indemnizaciones se encuentran reguladas en los artículos 16, 20 y 21 del D.L. 2.200.

Además si el empleador invoca maliciosamente la causal N°1 del artículo 14, o alguna de las causales a que se refiere el artículo 15, deberá indemnizar los perjuicios que ello irrogue.

B. *Causas que pueden justificar la terminación*

Son las señaladas en los artículos 14 y 15 del D.L. 2.200 que se acompañan en Anexo.

C. *Causas que no pueden justificar la terminación*

1. Constitución Política de la República de Chile, establece en su art. 19 N° 16 inciso 3°: "Se prohibe cualquiera discriminación que no se base en la capacidad o idoneidad personal, sin perjuicio de que la ley pueda exigir la nacionalida chilena o límites de edad para determinados casos."

"Ninguna ley o disposición de autoridad pública podrá exigir la afiliación a organización o entidad alguna como requisito para desarrollar una determinada actividad o trabajo.

2. Decreto Ley 2.200 de 1978, artículo 2° inciso 2°: "Son contrarias a los principios de las leyes laborales las discriminaciones, exclusiones o preferencias basadas en motivos de raza, color, sexo, religión, opinión política, nacionalidad u origen social. En consecuencia ningún empleador podrá condicionar la contratación de trabajadores a esa circunstancia."

3. Decreto Ley N° 2756, sobre Organizaciones Sindicales, de 1979, establece en su artículo 4°: "No se podrá condicionar el empleo de un trabajador a la afiliación o desafiliación a una organización sindical. Del mismo modo se prohibe impedir o dificultar su afiliación, despedirlo o perjudicar o en cualquier forma por causa de su afiliación sindical o de su participación en actividades sindicales."

IV. RECURSOS CONTRA UNA TERMINACIÓN QUE NO SE CONSIDERA JUSTIFICADA

A. *Instancia previas en la empresa (procedimiento de quejas)*

Aún cuando el D.L. 2.200 no establece en forma orgánica un sistema de instancias previas en la empresa, en relación a la terminación del contrato de trabajo, este sistema existe en nuestra legislación positiva ya que el artículo 83 del N° 6 del referido cuerpo legal, señala que el reglamento interno de empresa debe contener a lo menos las siguientes disposiciones: "La designación de los cargos ejecutivos o dependientes del establecimiento ante quienes se plantearán las peticiones o reclamos."

B. *Recurso al sindicato*

No existe una instancia específica ante el sindicato en materia de terminación de contrato de trabajo. No obstante ello el artículo 6° del D.L. N°2756, de 1979, sobre Organizaciones Sindicales, al referirse a las finalidades de los sindicatos indica en su N°3: "Velar por el cumplimiento de las leyes sobre seguridad social o del trabajo, denunciar sus infracciones ante las autoridades administrativas o judiciales, que corresponda, actuar como parte en los juicios y reclamaciones que den lugar a la aplicación de multas u otras sanciones";

C. *Recurso ante un organismo neutral (administración del trabajo, tribunal, ...")*

a) Recurso ante la Administración del Trabajo: Inspecciones del Trabajo, reguladas por el Decreto con Fuerza de Ley N° 2, de 30 de Mayo de 1967.

b) Recurso ante los Tribunales de Justicia. Decreto Ley N° 3648, de 10 de Marzo de 1981, y la Ley 17.992, de 30 de Abril de 1981.

D. *Trámites y procedimientos ante los organismos señalados*

a) *Ante las Inspecciones del Trabajo*

Formalidades: No existen formalidades, sin embargo, los Inspectores del trabajo deben llemar a las partes en conflicto, a avenimiento.

Carga de la prueba: rige la norma general que "incumbe probar las obligaciones o su extinción a quien alega aquélla éstas." Sin embargo el Decreto con Fuerza de Ley N°2, en su artículo 23 indica que los hechos constatados por los Inspectores del Trabajo, constituyen una presunción legal de veracidad para todos los efectos legales, incluso para los efectos de la prueba judicial.

Investigación de las circunstancias de terminación: Los Inspectores del Trabajo tienen las siguientes facultades: visitar los lugares de trabajo a cualquier hora del día y en la noche; acceso a los libros de contabilidad; y demás documentación; requerimiento de fuerza pública para el desempeño de sus funciones; multas a beneficio fiscal y clausuras de los establecimientos industriales o comerciales en caso de reincidencia en las infracciones legales. En el caso de la clausura, los trabajadores seguirán percibiendo sus remuneraciones y demás beneficios, considerandose tales períodos de suspensión como efectivamente trabajados para todos los efectos legales.

Poder coercitivo de los Inspectores del Trabajo: Los resoluciones de los Inspectores del Trabajo carecen de imperio, no obstante el incumplimiento se sanciona con multa.

Los avenimientos firmados ante un Inspector del Trabajo tiene mérito ejecutivo.

b) *Ante los Tribunales de Justicia*

Plazo para reclamar: Frente a un despido los trabajadores tendrán el plazo de 30 días hábiles contados desde la separación;

Formalidades: Las partes tienen derecho a comparecer personalmente y no se exige el patrocinio ni la representación de abogados, sin embargo, podrán solicitar el Juez la designación de un abogado de turno.

Procedimiento: Demanda que podrá interponerse verbalmente o por escrito; deducida la demanda el Tribunal cita a las partes a una audiencia de contestación avenimiento y prueba; si no hay avenimiento el Tribunal recibe la causa a prueba en audiencia en la que se podrá hacer uso de todos los medios de prueba; el Tribunal de oficio y en cualquier estado del juicio podrá decretar medidas para mejor resolver (inspecciones, informes periciales, etc); sentencia la cual deberá ser dictada dentro del plazo de décimo quinto día de terminada la audiencia de prueba. El juez puede apreciar la prueba en conciencia, debiendo fundamentar sus conclusiones; recursos: proceden todos los recursos judiciales, salvo casación y revisión.

E. *Medidas de reparación en caso de despido injustificado*

Dentro del sistema jurídico chileno no existe el sistema de estabilidad absoluta. En cuanto a la estabilidad relativa, concebida como la doble opción que tiene el empleador de reincorporar al trabajador cuando la causal de despido ha sido estimada como injustificada, o pagar las indemnizaciones legales, se ha estimado, tal como señala Alfredo Ruprecht, que ella no es en el fondo estabilidad, sino más bien una indemnización sancionatoria por el despido injustificado.

Por la razón anotada la legislación laboral chilena ha optado por establecer como sistema general, cuando se invocó una causal injustificada de terminación de contrato, el pago de las indemnizaciones legales, entendiéndose que el término del contrato se ha producido por desahucio del empleador en la fecha en que se invocó la causal. El sistema aludido es el que consagra el art. 19, inciso 1° del D.L. 2.200.

Sobre este punto hay que señalar que con anterioridad a las modificaciones introducidas al D.L. 2.200 por la ley 18.018 de 1981, los contratos de trabajo celebrados con anterioridad al 15 de Junio de 1978, permitían a los trabajadores gozar de la mencionada estabilidad relativa, ya que la ley señalaba, que decretado por el juez un despido injustificado el empleador podía optar entre reincorporar a los trabajadores y pagarles el periodo de suspensión, o bien pagarles las indemnizaciones le gales. La realidad demostró que los empleadores siempre optaron por pagar las indemnizaciones legales y de allí que el actual art. 19 inciso 1° del D.L. 2.200 haya consagrado directamente el pago de las indemnizaciones.

Pago de indemnizaciones

Para analizar el tema de las indemnizaciones es necesario señalar que el texto del D.L. 2.200 de 1978, fue modificado por la Ley 18.018 de 14 de Agosto de 1981, ley que en su artículo primero transitorio estableció: "Los trabajadores contratados en cualquier fecha anterior a la vigencia de esta ley quedarán sujetos al regimen de terminación individual del contrato de trabajo establecido en las disposiciones permanentes del texto primitivo del decreto ley 2.200, de 1978."

Como consecuencia de la disposición señalada, en materia de pago de indemnizaciones por término de contrato hay que hacer distinción a objeto de saber cuales son las disposiciones aplicables:

1. Contratos celebrados antes del 14 de Agosto de 1981, se rigen por las disposiciones permanentes del texto primitivo del D.L. 2.200, y comprender las siguientes situaciones:

a) Desahucio de contratos que hayan estado vigente menos de 1 año: artículo 13 letra f): el empleador deberá dar aviso por escrito al trabajador con 30 días de anticipación a lo menos o en su defecto pagar al trabajador una indemnización equivalente a la última remuneración mensual devengada.

b) Desahucio de contratos que hayan estado vigentes más de 1 año artículo 16: el empleador deberá dar aviso al trabajador con treinta días de anticipación a lo menos o en su defecto pagar al trabajador una indemnización equivalente a la última remuneración mensual devengada, y además deberá pagar una indemnización equivalente a la última remuneración mensual devengada, por cada año de servicios y fracción superior a seis meses pretados continuamente al mismo empleador.

c) Desahucio especial que opera con respecto a los trabajadores que tengan poder para representar al empleador, los trabajadores que tengan cargos o empleos de la exclusiva confianza del empleador, cuya caracter de tal emane de la naturaleza de los trabajadores de casa particular (domésticos). El art. 17 del D.L. 2.200 señala que, tratándose de estas categorías de trabajadores, cualquiera que sea su antigüedad, el contrato podrá terminar, por el desahucio dado por el empleador con treinta días de anticipación, o en su defecto el pago de la última remuneración devengada.

Ahora bien, en el caso de los trabajadores que tengan poder para representar al empleador y aquellos que tengan cargos de la exclusiva confianza del empleador, y que inmediatamente antes de ocupar los cargos señalados hubieren prestado servicios al mismo empleador en otros cargos, tendrán derecho a que se les pague una indemnización equivalente a un mes por cada año de servicios y fracción superior a seis meses en relación al tiempo servido en el último de los cargos anteriores.

Esta indemnización se pagará conjuntamente con el desahucio y será reajustable si no se paga oportunamente.

d) Invocación de causal de terminación de contrato. Si el trabajador incurriere en una causal de terminación de contrato de aquéllas enumeradas en los artículos 13, 14 y 15 del D.L. 2.200, el empleador podrá poner término al contrato sin pagar indemnización alguna.

No obstante ello, los trabajadores que estimen que su despido ha sido injustificado o indebido podrán reclamar al respectivo juzgado, a fin de que éste así lo declare y ordene pagar las indemnizaciones legales. Si así se estableciere, se entenderá que el término del contrato se ha producido por desahucio del empleador en la fecha en que se invocó la causal. (art. 19, inciso 1° del D.L. 2.200)

2. Contratos celebrados a partir del 14 de Agosto de 1981, se rigen por el D.L. 2.200 modificado por la Ley 18.018, de 1981.

a) Desahucio de contratos que hayan estado vigentes menos de 1 año se aplica el artículo 13 letra f):

b) Desahucio de contratos que hayan estado vigentes un año o más. El empleador deberá pagar al trabajador las indemnizaciones que con éste haya convenido individual o colectivamante, cualquiera que sea su monto. Sólo a falta de estipulación, el empleador deberá pagar al trabajador una indemnización equivalente a 30 días de la última remuneración mensual devengada por cada año de servicios y fracción superior a seis meses, prestados continuamente a dicho empleado. Esta indemnización tendrá un límite máximo de ciento cincuenta días de remuneración. Esta indemnización será compatible con la que corresponda al trabajador según lo establecido en la letra f) del artículo 13 (artículo 16 del D.L. 2.200).

c) Invocación de causal de terminación de contrato. Si el trabajador incurriere en una causal de terminación de contrato de aquéllas enumeradas en los artículos 13, 14, y 15 del D.L. 2.200, el empleador podrá poner término al contrato sin pagar indemnización alguna.

No obstante ello los trabajadores que estimen que su despido ha sido injustificado o indebido, podrán reclamar al respectivo juzgado a fin de que éste así lo declare y ordene pagar las indemnizaciones legales. Si así se estableciere se entenderá que el término del contrato se ha producido por desahucio del empleador en la fecha que se invocó la causal (art. 19 inciso 1° del D.L. 2.200).

V. TRÁMITES POSTERIORES A LA TERMINACIÓN

A. *Certificado de trabajo*

La legislación laboral chilena no contempla los certificados de trabajo. Solamente regula las formalidades que deben cumplir los finiquitos para que ellos puedan ser invocados por el empleador.

En este sentido el artículo 13 establece que el finiquito debe ser firmado por el interesado y por el presidente del sindicato o el delegado del personal respectivo, o debe ser ratificado por el trabajador ante el inspector del trabajo.

B. *Prioridad de readmisión cuando la empresa vuelva a contratar trabajadores*

No existe regulación legal.

C. *Notificación a los organismos encargados de servir las prestaciones de desempleo*

No existe norma legal especial. El empleador sólo debe otorgar certificado de cesación de servicios, el cual servirá para tramitar, en la institución previsional respectiva, el subsidio de cesantía.

VI. TRÁMITES ESPECIALES EN EL CASO DE REDUCCIÓN DE PERSONAL

A. *Autorización de las autoridades públicas*

No existe norma legal.

B. *Consulta o negociación con los sindicatos u otros representantes de los trabajadores*

No existe norma legal.

C. *Medidas para evitar la reducción de personal*

No existe norma legal.

D. *Criterios de selección de los trabajadores afectados por una reducción de personal*

No existe norma legal.

E. *Medidas especiales para atenuar los efectos de una reducción de personal*

La legislación chilena en el Decreto Ley N°1.446, de 8 de Mayo de 1976 que contiene el Estatuto de Capacitación y empleo contiene normas específicas que tienen por objeto procurar un adecuado nivel de empleo, con el fin de hacer posible tanto el progreso de los trabajadores como la mejor organización y productividad de las empresas.

El artículo 10 del mancionado cuerpo legal establece que las actividades de capacitación ocupacional serán de responsabilidad de las Empresas o en subsidio del Servicio Nacional de Capacitación ocupacional.

VII. SEGURIDAD DE LOS INGRESOS DEL TRABAJADOR AFECTADO POR UNA TERMINACIÓN DE TRABAJO

A. *Prestaciones del empleador distintos de la indemnización por despido injustificado*

Es usual que en los contratos colectivos se pacte la indemnización por años de servicios en favor del trabajador, pagadera en los casos en que el término del contrato no sea imputable al trabajador. Se pacta igualmente, la posibilidad de recate anticipado de años de servicios.

B. *Prestaciones proporcionadas bajo régimen de seguro de desempleo*

El régimen de seguro de desempleo vigente está contenido en el D.L. N° 603, de 1974, que rige para todos los trabajadores dependientes del sector privado y público.

Se establece requisitos uniformes para el otorgamiento de un subsidio mensual, por un perído máximo de un año, prorrogable por 6 meses más, sólo en caso de catástrofes que hagan más difícil la captación de mano de obra, previo decreto del Ministerio del Trabajo.

Se exige un período común de calificación de 12 meses de cotizaciones y un lapso de espera de 2 años entre un goce de subsidio completo respecto de un nuevo período de subsidio.

El monto del subsidio es del 75% del promedio de los último 6 meses de remuneración, con un tope mínimo y otro máximo.

El financiamiento, es con cargo a un impuesto o tributo que grava unicamente al empleador, del orden del 2% de las remuneraciones, tributo que a contar de 1984 desaparece y el beneficio se financia con cargo al Presupuesto General de la Nación, integramente.

C. *Prestaciones proporcionadas bajo otro régimen de seguridad social*

La legislación nacional contempla otras prestaciones por término de servicios, aplicable únicamente a los funcionarios públicos, distinta de la indemnización por años de servicios.

En efecto, el artículo 12° del Decreto Ley 2.448, de 9 de Febrero, 1979, sobre modificaciones al Régimen de Pensiones, establece el derecho a obtener pensión de jubilación por años de servicios, con un mínimo rebajado de 20 años de imposiciones o de tiempo computable, para trabajadores de la Administración del Estado, centralizada o descentralizada, que deba abandonar su empleo, por término del respectivo período legal, por supresión del empleo dispuesta por la autoridad competente o por renuncia no voluntaria, que no tenga por causa una calificación insuficiente o una medida disciplinaria.

Por otra parte, el Decreto Ley N°2.879, de 1979, letra el en relación con el Decreto Ley N° 3.551, sobre cotizaciones previsionales, de 1981, artículo N°35, establece el beneficio de una indemnización, durante 6 meses, equivalente al total de las remuneraciones devengadas en el último mes de servicio, para el personal que cese en funciones por supresión de cargos dispuesta mediante facultad legal delegada en el Presidente de la República, o por no reencasillamiento, en caso de reestructuración de un Servicio Público o empresa del Estado, y siempre que no pueda acogerse a jubilación.

Dicha indemnización no es imponible ni constituye renta para ningún efecto legal.

ANEXO

Normas Sobre Terminación de Contrato de Trabajo

Decreto Ley N° 2.200, de 15 de Junio de 1978

Artículo 13. El contrato de trabajo terminará en los siguientes casos:

a) Mutua acuerdo de las partes;

b) Vencimiento del plazo convenido; pero, la duración del contrato de plazo fijo no podrá exceder de dos años. El hecho de continuar el trabajador prestando servicios con conocimiento del empleador después de expirado el plazo, lo transforma en contrato de duración indefinida. Igual efecto producirá la segunda renovación de un contrato de plazo fijo;

c) Conclusión del trabajo servicio que dio origen al contrato;

d) Muerte del trabajador;

e) Caso fortuito o fuerza mayor;

f) Desahucio escrito de una de las partes, que deberá darse a la otra con treinta días de anticipación, a lo menos, con copia a la inspección del trabajo respectiva. Sin embargo, no se requerirá esa anticipación cuando el empleador pagare al trabajador una indemnización en dinero efectivo equivalente a la última remuneración mensual devengada, y

g) Caducidad, en los casos de los artículos 14 y 15.

El desahucio dado por el trabajador que no fuere firmado por el interesado y por el presidente del sindicato o el delegado del personal respectivo, o que no fuere ratificado por el trabajador ante el inspector del trabajo, no podrá ser invocado por el empleador. Esta norma se aplicará también en el caso en que el contrato termine por la causal indicada en la letra a) de este artículo.

La formalidad establecida en el inciso anterior se aplicará a los finiquitos.

En el caso de finiquitos ratificados por el trabajador ante el inspector del trabajo, dicho funcionario se limitará a dejar constancia de que el trabajador ha ratificado, firmado o puesto su impresión digital ante él y la fecha de esta actuación.

No tendrá lugar lo dispuesto en los tres incisos precedentes en el caso de contratos de duración no superior a treinta días, salvo que se prorrogare por más de sesenta días o que, vencido este plazo máximo, el trabajador continuare prestando servicios al empleador con conocimiento de éste.

Para los efectos de lo dispuesto en los incisos segundo, tercero y cuarto del presente artículo podrán actuar también como ministros de fe, un Notario Público de la localidad, el Oficial del Registro Civil de la respectiva comuna o sección de comuna o el Secretario Municipal correspondiente.

Artículo 14. El contrato de trabajo expira, de inmediato y sin derecho a indemnización alguna, cuando el empleador le ponga término fundado en que el trabajador ha incurrido en alguna de las siguientes causales, caso en el cual deberá dar aviso por escrito a la inspección del trabajo, dentro de tercero día hábil contado desde la separación del trabajador.

1a. Falta de probidad, vía de hecho, injurias o conducta inmoral grave debidamente comprobada;

2a. Negociaciones que ejecute el trabajador dentro del giro del negocio y que hubieran sido prohibidas por escrito en el respectivo contracto por el empleador;

3a. No concurrencia del trabajador a sus labores sin causa justificada durante dos días seguidos, dos lunes en el mes o un total de tres días durante igual período de tiempo; asimismo, la falta injustificada o sin aviso previo de parte del trabajador que tuviera a su cargo una actividad, faena o máquina cuyo abandono o paralización signifique una perturbación grave en la marcha de la obra;

4a. Abandono del trabajo por parte del trabajador, entendiéndose por tal: a) la salida intempestiva e injustificada del trabajador del sitio de la faena y durante las horas de trabajo, sin permiso del empleador o de quien lo represente, y b) la negativa a trabajar sin causa justificada en las faenas convenidas en el contrato, y

5a. Incumplimiento grave de las obligaciones que impone el contrato.

Lo dispuesto en el inciso primero se aplicará también a los casos en que el empleador ponga término al contrato, fundado en razones determinadas por las necesidades del funcionamiento de la empresa, establecimiento o servicio.

Artículo 15. Asimismo, el contrato expira, de inmediato y sin derecho a indemnización alguna, cuando el empleador le ponga término fundado en que el trabajador ha incurrido en alguna de las causales que a continuación se enumeran; en cuyo caso aquél deberá dentro de tercero día hábil, dar cuenta por escrito de los hechos a la inspección del trabajo y, además, a la autoridad respectiva para que éste adopte las medidas y efectúe la denuncia que fueren procedente:

1a. comisión de actos ilícitos que impidan al trabajador concurrir a su trabajo o cumplir con sus obligaciones laborales;

2a. atentado contra los bienes situados en las empresas;

3a. comisión de actos que produzcan la destrucción de materiales, instrumentos o productos de trabajo o mercaderías, o disminuyan su valor o causen su deterioro;

4a. dirección o participación activa en la interrupción o paralización ilegales de actividades, totales o parciales, en las empresas o en los lugares de trabajo, o en la retención indebida de personas o bienes;

5a. incitación o destruir, inutilizar o interrumpir instalaciones públicas o privadas, o la participación en hechos que las dañen, y

6a. comisión de un delito establecido en la ley número 12.927, sobre seguridad del Estado, o en la Ley número 17.798, sobre control de armas, y sus modificaciones.

Artículo 16. Si el contrato de trabajo hubiere estado vigente un año o más y el empleador le pusiere término en conformidad a la letra f) del artículo 13, deberá pagar al trabajador la indemnización que las partes hayan convenido individual o colectivamente, cualquiera que sea su monto.

Sólo a falta de esta estipulación, el empleador deberá pagar al trabajador una indemnización equivalente a treinta días de la última remuneración mensual devengada por cada año de servicios y fracción superior a seis meses, prestados continuamente a dicho empleador. Esta indemnización tendrá un límite máximo de ciento cincuenta días de remuneración.

La indemnización a que se refiere este artícula será compatible con la que corresponda al trabajador según lo establecido en la letra f) del artículo 13.

En caso de término de los servicios de un trabajador de casa particular, no procederá la indemnización supletoria de la voluntad de las partes establecidas en el inciso segundo.

Artículo 17.

Artículo 18. La indemnización que deba pagarse conforme al artículo 16 es incompatible con toda otra indemnización que por razón del término del contrato pudiera corresponder al trabajador, cualquiera sea su origen, y a cuyo pago concurra el empleador, total o parcialmente, salvo con las indemnizaciones legales que paguen los respectivos organismos previsionales.

En caso de incompatibilidad, deberá pagarse al trabajador la indemnización por la que opte.

Artículo 19. El trabajador cuyo contrato termine por aplicación de una o más de las causales referidas en los artículos 13, 14 y 15 de esta ley y que considere que tal aplicación ha sido injustificada o indebida, podrá recurrir al respectivo juzgado, a fin de que éste así lo declare y ordene pagar las indemnizaciones a que se refieren los artículos 13, letra f) y 16. Si así se estableciere, se entenderá que el término del contrato se ha producido por desahucio del empleador en la fecha en que se invocó la causal.

En el caso de que el contrato de trabajo terminare por aplicación del inciso final del artículo 14, el tribunal resolverá siempre la reclamación oyendo previamente informe de peritos, cuyos honorarios serán de cargo de quien invoque la causal.

Si el contrato de trabajo terminare por aplicación de los dispuesto en la letra f) del artículo 13 y no se pagaren al trabajador las indemnizaciones correspondientes, éste podrá recurrir al mismo tribunal para que ordene y se cumpla dicho pago por la vía judicial.

Si quien incurrieren en alguna de las causales enumeradas en los artículos 14 y 15 de este ley, en lo que le sean aplicables, fuera el empleador, el trabajador podrá poner término al contrato, y aquél deberá pagarle la indemnización del artículo 16. Para este efecto, el trabajador comunicará la terminación a la respectiva inspección del trabajo, por escrito o verbalmente, dentro de quinto día hábil, dejándose constancia escrita de la causal invocada y de los hechos que la constituyen. El inspector del trabajo competente notificará de inmediato estas actuaciones al empleador o a quien le represente, diligencia que practicará personalmente, debiendo señalar en forma íntegra el apercibimiento del inciso quinto del presente artículo.

En el caso del inciso anterior, el empleador dispondrá del plazo fatal de quince días hábiles, contados desde la notificación personal, para reclamar de la terminación del contrato ante el respectivo tribunal del trabajo.

Rechazado por sentencia ejecutoriada el reclamo del empleador, o transcurrido el plazo del inciso anterior sin que se presentare reclamo, el trabajador podrá cobrar la indemnización que le corresponde por la vía ejecutiva, sirviendo de suficiente título la referida sentencia, el aviso del trabajador a la inspección del trabajo, el cual deberá consignar timbre y feche de recepción, o la copia autorizada del acta suscrita ante esa misma inspección.

Si el tribunal acogiere el reclamo del empleador, se entenderá que el contrato ha terminado por desahucio del trabajador.

Si el empleador invocara maliciosamente la causal establecida en el número 1 del artículo 14 o alguna de las causales a que se refiere el artículo 15, deberá indemnizar los perjuicios que ello irrogue.

Artículo 20. Para los efectos del pago de las indemnizaciones a que se refieren los artículos 13, letra f) y 16, la última remuneración mensual comprenderá toda cantidad que estuviere percibiendo el trabajador por la prestación de sus servicios al momento de terminar el contrato, incluyendo las regalías o especies avaluadas en dinero; con exclusión de la asignación familiar legal, de movilización, pagos por sobretiempo y beneficios o asignaciones que se otorguen en forma esporádica o por una sola vez al año, tales como gratificaciones y aguinaldo de navidad.

Si se tratare de remuneraciones variables, la indemnización se calculará sobre la base del promedio mensual percibido por el trabajador en los últimos tres meses.

Artículo 21. Las indemnizaciones se reajustarán conforme a la variación que experimente el índice de precios al consumidor determinado por el Instituto Nacional de Estadísticas, o por el organismo que lo reemplace, entre el mes anterior a aquel en que se puso término al contrato y el mes que antecede a aquel en que se efectúe el pago. Desde el término del contrato la indemnización así reajustada devengará también intereses corrientes.

Si la indemnización fuere declarada por sentencia firme, el empleador deberá pagar, además, una multa a beneficio fiscal equivalente al 20% del total que arroje la indemnización previamente reajustada y aumentada con sus intereses, en el caso de que en la misma sentencia se declare que el despido fue arbitrario, entendiéndose por tal aquel que el tribunal estime que careció de motivo plausible respecto de la aplicación de la causal invocada o cuando se retardare sin justo motivo el pago de lo debido. El pago de la multa deberá acreditarse ante el tribunal dentro del quinto día hábil.

Con todo, deducida la demanda y antes de la contestación a ella, el empleador podrá enervar la acción consignando a la orden del tribunal respectivo el monto total de la indemnización reclamada más un recargo del 5% a título de intereses, todo ello reajustado en la forma señalada en la primera parte del inciso primero de este artículo, para cuyo efecto la fecha del pago será la de la consignación.

Artículo 22. En el caso de los trabajadores sujetos a fuero laboral, el empleador no podrá poner término al contrato de trabajo sino con previa autorización del juzgado, la que éste podrá conceder en los casos señalados en el artículo 13, letra b) y c), y 14, con excepción de su inciso final.

El juez como medida prejudicial y en cualquier estado del juicio, podrá decretar en forma excepcional y fundamentadamente la separación provisional del trabajador de sus labores, con o sin derecho a remuneración.

Sin embargo, tratándose de las causales enumeradas en el artículo 15 de la presente ley, no operarán los fueros que establezcan las leyes y, consecuencialmente, no regirá lo dispuesto en el inciso anterior.

Con todo, si por sentencia firme se determinare que el trabajador sujeto a fuero no ha incurrido en causal de caducidad, la medida que se hubiera adoptado no producirá efecto alguno.

Ley 18.018, de 14 de Agosto de 1981

La ley 18.018 de 1981, que modificó el texto del Decreto Ley N° 2.200, estableció en el Inciso 1° del Artículo 1° transitorio que:

"Los Trabajadores contratados en cualquier fecha anterior a la vigencia de esta ley quedarán sujetos al régimen de terminación individual del contrato de trabajo establecido en las disposiciones permanentes del texto primitivo del decreto ley N°2.200, de 1978."

De la disposición precitada se colige que los contratos de trabajo celebrados antes del 14 de Agosto de 1981, se rigen por las siguientes disposiciones permanentes del texto primitivo del D.L. N°2.200 de 1978:

Artículo 13. El contrato de trabajo terminará en los siguientes casos:

a) mutuo acuerdo de las partes:

b) vencimiento del plazo convenido; pero la duración del contrato de plazo fijo no podrá exceder de dos años. El hecho de continuar el trabajador prestando servicios con conocimiento del empleador después de expirado el plazo, lo transforma en contrato de duración indefinida;

c) conclusión del trabajo o servicio que dio origen al contrato;

d) muerte del trabajador;

e) caso fortuito o fuerza mayor;

f) desahucio escrito de una de las partes, que deberá darse a la otra con treinta días de anticipación, a lo menos, con copia a la inspección del trabajo respectiva. Sin embargo, no se requerirá esa anticipación cuando el empleador pagare al trabajador una indemnización en dinero efectivo equivalente a la última remuneración mensual devengada, y

g) caducidad en los casos de los artículos 14 y 15.

El desahucio dado por el trabajador que no fuere firmado por el interesado y por el presidente del sindicato o el delegado del personal o que no fuere ratificado por el trabajador ante el inspector del trabajo respectivo, no podrá ser invocado por el empleador.

Esta norma se aplicará a los finiquitos.

Artículo 16. Cuando, de conformidad con la letra f) del artículo 13, el empleador desahuciare el contrato que hubiere estado vigente un año o más, deberá pagar al trabajador una indemnización equivalente a la última remuneración mensual devengada, por cada año de servicios y fracción superior a seis meses prestados continuamente al mismo empleador. Esta indemnización es compatible con la que corresponda al trabajador según lo establecido en la letra f) citada.

Artículo 17. El desahucio dado por el empleador se sujetará a las siguientes reglas en los casos especiales a que se refiere este artículo:

Tratándose de los trabajadores que tengan poder para representar al empleador, tales como gerentes, agentes y apoderados y en el caso de los trabajadores de casa particular, el empleador podrá poner término al contrato cuando lo estime conveniente, dando a la otra un aviso con treinta días de anticipación o indemnizándola en una cantidad equivalente a la última remuneración mensual devengada.

También se podrá poner término al contrato del trabajador cuya antigüedad en la empresa, establecimiento, faena o servicio sea inferior a un año, en cuyo caso el aviso o la indemnización se ajustarán a lo establecido en el inciso precedente.

Igualmente, regirá la norma del inciso segundo de este artículo tratándose de cargo o empleo de la exclusiva del empleador, cuyo carácter de tal emane de la natureza de los mismo.

La indemnización a que se refiere este artículo es incompatible con las establecidas en los artículos anteriores.

Sin embargo, en el caso de los trabajadores referidos en los incisos segundo y cuarto, con exclusión de los trabajadores de casa particular, que inmediatamente antes de ocupar los cargos o responsabilidades allí indicados hubieran prestado servicios al mismo empleador en otros cargos, deberá pagárseles una indemnización igual a la establecida en el artículo precedente, equivalente a la ultima remuneración mensual devengada en el último de los cargos anteriores y en relación al tiempo servido en ellos. Esta indemnización se pagará conjuntamente con la que, en su caso, corresponda por la aplicación del presente artículo o dentro del plazo indicado en el inciso segundo; y se reajustará conforme al inciso primero del artículo 21, pero no devengará intereses si se pagare en la oportunidad antes señalada.

Artículo 19. El trabajador cuyo contrato termine por aplicación de una o más causales referidas en los artículos 14 y 15 de esta ley, y que considere que tal aplicación ha sido injustificada, podrá recurrir al respectivo juzgado del trabajo a fin de que éste así lo declare y ordene pagar las indemnizaciones de los artículos 13, letra f), y 16 o la indemnización del artículo 17, según corresponda. Si así se estableciera, se entenderá que el término del contrato se ha producido por desahucio del empleador en la fecha en que se invocó la causal.

Si el contrato terminare por desahucio del empleador, dado de conformidad con el artículo 13, letra f), y no se pagare al trabajador las indemnizaciones correspondientes, éste podrá recurrir al mismo tribunal para que ordene y se cumpla dicho pago por la vía judicial.

Si quien incurriere en alguna de las causales enumeradas en los artículos 14 y 15 de esta ley, en lo que le sean aplicables, fuera el empleador, el trabajador podrá poner término al contrato, y aquél deberá pagarle la indemnización del artículo 16 y 17, según corresponda. Para este efecto, el trabajador comunicará la terminación a la respectiva inspección del trabajo, por escrito o verbalmente, dentro de quinto día hábil, dejándose constancia escrita de la causal invocada y de los hechos que la constituyen. El inspector del trabajo competente notificará de inmediato estas actuaciones al empleador o a quien le represente, diligencia que practicará personalmente, debiendo señalar en forma íntegra el apercibimiento del inciso quinto del presente artículo.

En el caso del inciso anterior, el empleador dispondrá del plazo fatal de quince días hábiles, contado desde la notificación personal, para reclamar de la terminación del contrato ante el respectivo tribunal del trabajo.

Rechazado por sentencia ejecutoriada el reclamo del empleador, o transcurrido el plazo del inciso anterior sin que se presentare reclamo, el trabajador podrá cobrar la indemnización que le corresponde por la vía ejecutiva, sirviendo de suficiente título la referida sentencia, el aviso del trabajador a la inspección del trabajo, el cual deberá consignar timbre y fecha de recepción, o la copia autorizada del acta suscrita ante esa misma inspección.

Si el tribunal acogiere el reclamo del empleador, se entenderá que el contrato ha terminado por desahucio del trabajador.

Artículo 22. En el caso de los trabajadores sujetos a fuero laboral, el empleador no podrá poner término al contrato de trabajo, sino con previa autorización del juzgado, la que éste podrá conceder en los casos señalados en el artículo 13, letras b) y c), y 14, con excepción de su inciso final.

Sin embargo, tratándose de las causales enumeradas en el artículo 15 de la presente ley, no operarán los fueros que establezcan las leyes y, consecuencialmente, no regirá lo dispuesto en el inciso anterior.

Con todo, si por sentencia firme se determinare que el trabajador sujeto a fuero no ha incurrido en causal de caducidad, la medida que se hubiera adoptado no producirá efecto alguno.

Terminación de la relación de trabajo por iniciativa del empleador y seguridad de los ingresos de los trabajadores afectados

por

DR. RAFAEL FORERO RODRIGUEZ

Bogota

I. INTRODUCCIÓN GENERAL

Para tratar el tema atinente a la terminación de la relación de trabajo por iniciativa del empleador y seguridad de los ingresos de los trabajadores afectados, debe hacerse el estudio partiendo del origen de la relación de trabajo.

El contrato de trabajo en el ordenamiento colombiano tiene sus bases en el Código Sustantivo del trabajo (decretos-2663 y 3743 de 1.950) y en el decreto 2351 de 1.965 el cual modifica, complementa y adiciona al dicho código.

El contrato de trabajo es definido como "aquel por el cual una persona natural se obliga a prestar un servicio personal a otra persona natural o jurídica, bajo la continuada dependencia o subordinación de la segunda y mediante remuneración.

Quien preste el servicio se denomia el trabajador, quien lo recibe y lo remunera, patrono, y la remuneración, cualquiera que sea su forma, salario."

Mediante esta definición se tipifica el origen de la relación laboral, la cual fue reiterada en jurisprudencia de la Honorable Corte Suprema de Justicia en sentencia de Enero 24 de 1.977 "El contrato individual de trabajo, como lo establece y desarollo la legislación nacional, es un acto jurídico celebrado entre una persona natural, el trabajador, y una natural o jurídica, el patrono, para que el primero preste determinados servicios personales bajo la continuada subordinación del segundo, y recibe de él, a cambio una remuneración que genéricamente se llama salario. La puesta en práctica de este convenio se conoce con el nombre de relación de trabajo. Se trata de una relación sui géneris claramente intervenida por el Estado a través de la legislación para proteger, tanto en su celebración, como en su ejecución y terminación los intereses del trabajador, como medio de mantener un equilibrio necesario entre las fuerzas del capital y del trabajo e impedir por este medio la explotación del asalariado. Es también, como es obvio, un contrato o relación que supone obligaciones mutuas que se encuentran casi en su totalidad señaladas en la ley, y cuyo cumplimiento recíproco es elemento fundamental para su mantenimiento".

Son elementos escenciales del contrato de trabajo los siguientes:

a) La actividad personal del trabajador, es decir, realizada por si mismo.

b) La continuada subordinación o dependencia del trabajador respecto del patrono, que faculta a éste para exigirle el cumplimiento de órdenes, en cualquier momento, en cuanto al modo, tiempo o cantidad de trabajo, e imponarle reglamentos, la cual debe mantenerse por todo el término de duración del contrato, y

c) Un salario como retribución del servicio.

En miras a la protección del asalariado, no exige la legislación ninguna clase de formalismos en la constitución de dicho contrato.

En cuanto a las modalidades o aspecto formal "El contrato de trabajo puede ser verbal o escrito; para su validez no requiere forma especial alguna, salvo disposiciones expresa en contrario" artículo 37 del Código Sustantivo del Trabajo.

Cabe anotar que siempre deberán estipularse por escrito:

—El periodo de prueba
—El contrato de aprendizaje
—El contrato a termino fijo
—El contrato que se celebre con extranjeros no residentes en el país, y
—Los enganches de trabajadores para el exterior.

Estas son la pautas para la celebración del contrato indefinido de trabajo.

En cuanto al contrato a término definido "Este siempre deberá constar por escrito y su duración no podrá ser inferior a un año ni superior a tres pero es renovable indefinidamente".

Más adelante se estudiarán ciertos casos especiales en los cuales podrá pactarse un plazo inferior.

Este es el sistema básico imperante para el trabajador privado pero, como veremos, se presentan mejoras provenientes de Pactos y Convenciones Colectivas, así como de Laudos Arbitrales.

Así lo reiteró la Honorable Corte Suprema de Justicia en casación de Marzo 9 de 1.978 cuando dijo "Es sabido que las leyes del trabajo contienen el mínimo de derechos y garantías que merecen los asalariados (CST. art. 13), los cuales pueden ampliarse a virtud de convenciones colectivas, acuerdos individuales entre empleado y empleador, conciliaciones ante autoridad laboral y aún por voluntad unilateral del patrono expresada en el reglamente de trabajo o en acto de simple liberalidad".

Mediante la negociación colectiva, los trabajadores buscan el mejoramiento de la situación de sus afiliados con pedimentos que superan lo que la ley les otorga. Esto se requiere mediante pliegos de peticiones tramitidos de acuerdo con e una reglamentación especial que tiene tres etapas: Arreglo directo, Conciliación, Huelga o arbitramento.

La primera etapa, dura quince días y es prorrogable por diez días más a solicitud de cualquiera de las partes.

Vencido este periodo, lo que no fue arreglado pasa a la etapa de Conciliación y si quedan puntos por definir estos van el Arbitramento voluntario si se trata de Empresas o Entida dos que no son de servicio público. Pasan el arbitraje obligatorio las peticiones que corresponden a Entidades o Empresas de servicio Público, ya que por mandamiento constitucional la huelga es permitida excepto en los servicios públicos.

Los resultados de la tramitación dentro de las etapas respectivas se convierten en la denominada Convención Colectiva de Trabajo que proviene de los arreglos directos, de las conciliaciones o de los laudos arbitrales. Estos últimos son el producto del sometimiento del conflicto a un Tribunal de Arbitramento cuando no medió el acuerdo de las partes. Es entendido que la huelga es limitada y el final de la negociación en caso, de conflicto se logra mediante el laudo arbitral, fallo este que por mandamiento legal tiene un recurso denominado homologación, el cual se surte ante la Sala Laboral de la Corte Suprema de Justicia si tiene el carácter de obligatorio; o entre los Tribunales Superiores de Distrito Judicial cuando el arbitramento tiene el carácter de voluntario.

ALGUNOS CONTRATOS ESPECIALES: Dentro de la reglamentación del contrato individual y dada la naturaleza del trabajo, la relación puede verse constreñida a un plazo inferior al mínimo legal ya visto, como sigue:

"Cuando se trate de labores ocasionales o transitorias, de reemplazar temporalmente el personal en vacaciones o en uso de licencia, de atender al incremento de la producción, al transporta o a las ventas, o de otras actividades análogas circunstancia que se hará constar siempre en el contrato, el término fujo podrá ser inferior a un año (1).

"Si antes de la fecha de vencimiento del término estipulado, ninguna de las partes avisare por escrito a la otra su determinación de no prorrogar el contrato, con una antelación no inferior a treinta (30) días se entenderá renovado por un año (1) y así sucesivamente.

En el contrato que se celebre con empleados altamente técnicos o especialmente calificados, las partes podran acordar prórrogas inferiores a un año (1).

OTROS CONTRATOS ESPECIALES: Consagra también la legislacion colombiana otras modalidades dentro del contrato individual de trabajo. Esto en virtud de circunstancias, requisitos o condiciones que los convierten en sui generis.

Entre allos encontramos:

—Contratos a domicilio
—Choferes de servicio familiar
—Agentes colocadores de pólizas de seguro
—Representantes, agentes viajeros y agentes vendedores.

OTRAS EXCLUSIONES: Existen contratos especiales por la naturaleza del trabajo o de la obra a desarrollar. Como ejemplo se encuentra el de los trabajadores del campo que se desempeñan en actividades agrícolas, ganaderas y forestales, mientras subsista la época de la siembra o la épocade la recolección de los cultivos.

De idéntica manera hay contratos de corto plazo para la ejecución de obras o laboras determinadas, mientras éstas se lleven a cabo.

También se presenta otro grupo de actividades, como la de artistas, pintores, escultores y talladores de piedra o mármol como un régimen especial.

Para los trabajadores colombianos que viven en las regiones ganaderas, forestales, los dedicados el cultivo del café o del algodón, se entra a diferenciar entre los trabajadores ocasionales (siembra - recolección) y aquellos que permanecen dentro de las haciendas, que gozan de un salario en dinero y a la vez de un salario en especie, materializado en alimentación, y alojamiento.

Según el nucleo de producción es obligatorio tener en la región: escuelas, centros de atención médica y social así como centros recreativos.

Los trabajadores que acuden a éstos sitios por breves espacios, son trabajadores transitorios, es dicir no permanentes y que sólo viajan a las regiones en épocas de cosechas, no pudiendo utilizar los servicios antes descritos sino por el lapso que duren en sus labores.

TERMINOLOGIA Y DEFINICIONES/

En Colombia predomina el CONTRATO INDIVIDUAL DE TRABAJO, el cual se extingue bajo la denominación de TERMINACION,

El despido opera ya sea por JUSTA CAUSA, mediante el pago del denominado AUXILIO DE CESANTIA, y algunas prestaciones adicionales pero peridiendo el derecho a indemnización, o bien TERMINACION SIN JUSTA CAUSA, caso en el cual se aplica la table indemnizatoria Vigente que se trancribe posteriormente.

No existen en Colombia los despidos colectivos de trabajo ya que se encuentran prohibidos por la ley. Cuando acontece un despido colectivo, éste se castiga administrativamente mediante multas impuestas por el Ministerio del Trabajo y de la Seguridad Social.

Para despedir colectivemente se dabe probar ante el Ministerio que la empresa entró en periodo de liquidación o quiebra por causas o razonas ajenas al patrono.

II. PROCEDIMIENTOS PREVIOS A LA TERMINACIÓN

A. *Notificación al Trabajador*

Puede presentarse uno de éstos dos fanómenos:

Primero: El trabajador despedido verbalmente, sin causa enunciativa, Caso frecuente en las labores del campo, en industrias pequeñas, en el ramo de los transportes etc.

Segundo: El trabajador despedido por escrito, con una carta en la cual indica y notifica, que dá por terminado el contrato individual de trabajo y entra a aplicar la tabla indemnizatoria.

B. *Notificación a los representantes de los trabajadores*

Unicamente cuando a través de la Convención Colectiva de Trabajo se pactan cupos de despido, mediando un porcentaje preestablecido, se notifica a los directivos Sindicales.

Otra modalidad meramente convencional es aquella en la cual se pacta que toda terminación unilateral debe ser notificada al sindicato.

Manifestando las causes del despido.

C. *Notificación a las autoridades Públicas*

En cases excepcionales, la empresa notifica a las autoridades administrativas, especialmente cuando los contratos que se rescinden se han ejecutado fuera de los grandes centros industriales.

Existe una modalidad particular, que consista en la solicitud de un permiso a las autoridades judiciales para despedir a los trabajadores amparados por fuero sindical, según lo indica del artículo 405 del C.S.T. que dice:

"Se denomina "FUERO SINDICAL"—la ganancía de la que gozan algunos trabajadores de no ser despedidos, ni desmejorados en sus condiciones de trabajo, ni trasladados a otras establecimientos de la misma empresa o a un municipio distinto, sin justa causa, previamente calificada por el Juez de Trabajo".

Esta es una cobertura de que gozan los directivos sindicales para evitar ser despedidos por causa y con ocasión del cargo que desempeñan.

También se extiende la protección a la mujer en estado de gravidez, bajo la denominación de FUERO DE MATERNIDAD que cobija, a la trabajadora durante la gestación y se extiende por tres meses más, luego del alumbramiento este es el PERIODO DE LACTANCIA.

D. Sistema de Preavisos

De acuerdo con el decreto 2351 de 1.965, el empleador siempre tiena que pagar indemnización a la terminación del contrato indefinido. Unicamente en los contratos a término fijo, puede notificar en tiempo, con treinta (30), días de anticipación el deseo de no prorrogar el contrato.

Los tribunales han interpretado que el preaviso en tiempo es de 30 días hábiles, y no de treinta días de calendario.

De igual manera se permite alñ trabajador preavisado que puede salir por dos (2) horas diarias en consecución de un nuevo empleo.

El horario de dicho permiso es fijado por mutuo acuerdo.

E. Formalidades previas especiales

En caso de despido por causas relacionadas con la conducta del trabajador:

Cuando la razón que motiva la terminación unilateral no tiene que ver con las autoridades penales, el patromo se limita a formular la causal que figure bien en el reglamento interno de trabajo, en el mismo contrato o en el Código Sustantivo del Trabajo.

Como también cualquier otro motivo que por analogía pueda calificarse como tal para ser invocado en la Justa causa de terminación unilateral por cuenta del empleador; ya que de dentro de los procesos laborales, posteriormente no se pueden invocar motivos, razones o causales distintas a aquellas que motivó dicha terminación.

El decreto 2351 / 65 que modifica al Código Sustantivo de Trabajo presenta las siguientes causales para la terminación del contrato de trabajo:

a) Por muerte del trabajador
b) Por mutuo consentimiento
c) Por expiración del plazo fijo pactado
d) Por terminación de la obra o labor contratada
e) Por liquidación o cláusula definitiva de la empresa o establecimiento.
f) Por suspensión de actividadas por parte del patrono durante más de ciento veinte días.
g) Por sentencia ejecutoriada
h) Por decisión unilateral en los casos de los artículos 7 y 8 de éste decreto, (terminación por justa causa - terminación sin justa causa)
i) Por no regresar el trabajador a su empleo, al desaparecer la causa de la suspensión del contrato.

De acuerdo con la anterior enumeración la terminación del contrato de trabajo genera la cesación definitiva de sus efectos.

Con ello entendemos que ya no se generan hacia el futuro pero que sí perduran los que le antecedieron, casación del 26 de Julio de 1.958:

"La terminación del contrato de trabajo produce la disolución de los vínculos jurídicos y en consecuencia, desaparecen para el futuro los derechos y obligaciones de trabajadores y patronos, inherentes a su ejecución, subsistiendo, tan solo los impuestos pór la naturaleza de ciertas prestaciones como sucede, por ejemplo, con las pensiones jubilatorias y de invalidez y el seguro de vida''.

Las causales de terminación del contrato individual de trabajo en Colombia puede ser independiente de la voluntad de las partes (literales A-D-E-G) o depender ya sea de la voluntad conjunta (literales B-C) o de una sola de las partes contratantes (literales F-H-I).

Nos inclinamos por dejar de lado el analisis de las causales en vista de que el interés se centra en esta caso en el despido.

De acuerdo con una jurisprudencia de la Cortre Suprema de Justicia, en casación del 21 de Abril de 1.972, ''La Corte entiende que los modos de terminación del contrato laboral sólo constituye despido el de su literal''. (terminación unilateral del contrato por justa causa y sin justa causa).

''Todos son modos de terminación legal del contrato y como tales en principio no causan reparación de perjuicios, más respecto a la decisión unilateral y seguramente en razón de la voluntad que la determina y la necesidad de reglarla, el legislador distinguió entre las que tuvieran justa causa, concretámdolas en el artículo 7m de dicho decreto, y toda otra no señalada por él.

Para crear derecho a indemnización por esta, como lo hizo en sus regulaciones del artículo 8 ibidem. Significa lo anterior que el despido tiene configuración propia, y únicamente se le sanciona cuando se produce por justa causa, por lo que las indemnizaciones del precepto octavo menciona sólo se causan cuando al modo de terminación del contrato es esa decisión unilateral injusta.

Sistema legal que difiere del establecido anteriormente por el Código de Trabajo, cuyo artículo 64 reparaba la ruptura unilateral e ilegal del contrato, al paso que el vigente lo que indemniza es la terminación unilateral sin justa causa''.

III. JUSTIFICACIÓN DE LA TERMINACIÓN

A. *Reconocimiento del Principio de que la terminación debe ser justificada*

La terminación unilateral del contrato de trabajo por parte del patrono debe especificar, como ya se dijo, la causal que motiva el despido. Esta es la que debe prevalecer a los largo del proceso.

B. *Terminación por justa causa*

Para dar cumplimiento a este enunciado, se transcribe a continuación el artículo 7 del decreto 2351-65, que dice textualmente:

''Son justas causas para la terminación unilateral del contrato de trabajo:

A) Por parte del patrono

1. El haber sufrido engaño por parte del trabajador, mediante la presencia de certificados falsos para admisión o tendientes á obtener un provecho indebido.

2. Todo acto de violencia, injuria, malos tratamientos o grave indisciplina en que incurra el trabajador en sus labores, contra el patrono, los miembros de su familia, el personal directivo o los compañeros de trabajo.

3. Todo acto grave de violencia, injuria o malos tratamientos en que incurra el trabajador fuera del servicio, en contra del patrono, de los miembros de su familia o de sus representantes o socios, jefes de taller, vigilantes o celadores.

4. Todo daño material causado intencionalmente a los edificios, obras maquinaria y materias primas, instrumentos y demás objetos relacionados con el trabajo, y toda grave negligencia que ponga en peligro la seguridad de las personas o de las cosas.

5. Todo acto inmoral o delictoso que el trabajador cometa en el taller establecimiento o lugar de trabajo, o en el desempeño de sus labores.

6. Cualquiera violación grave de las obligaciones o prohibiciones especiales que incumben al trabajador, de acuerdo con los artículos 58 y 60 del Código Sustantivo del Trabajo, o cualquier falta grave calificada como tal en pactos o convenciones colectivas, fallos arbitrales, contratos individuales o reglamentos.

7. La detención preventica del trabajador por más de treinta días, a menos que posteriormente sea absuelto; o el arresto correccional que exceda de acho o aún por un tiempo menor, cuando la causa de la sanción sea suficiente por si misma para justificar la extinción del contrato.

8. El que el trabajador revele los secretos técnicos o comerciales o dé a conocer asuntos de caracter deservado con perjuicio de la empresa.

9. El deficiente rendimiento en el trabajo, en relación con la capacidad del trabajador y con el rendimiento promedio en labores análogas, cuando no se corrija en un plano razonable a pesar del requerimiento del patrono.

10. La sistemática inejecutoria, sin razones válidas, por parte del trabajador, de las obligaciones convencionales o legales.

11. Todo vicio del trabajador que pertube la disciplina del establecimiento.

12. La rencencia sistemática del trabajador a aceptar las medidas preventivas, profilácticas o curativas, prescritas por el médico del patrono o por las autoridades para evitar emfermedades o accidentes.

13. La ineptitud del trabajador para realizar la labor encomendada.

14. El reconomiento al trabajador de la pensión de jubilación o de invalidez estando al servicio de la empresa.

15. La emfermedad contangiosa o crónica del trabajador, que no tenga caracter de profesional, así como cualquiera otra emfermedad o lesión que lo incapacite para el trabajo, cuya curación no haya sido posible durante ciento ochenta días.

El despido por esta causa no podrá efectuarse sino al vencimiento de dicho lapso y no exime al patrono de las prestaciones e indemnizaciones legales o convencionales derivadas de la emfermedad.

En los casos de los numerales 9 a 15 de este artículo, para la terminación del contrato, al patrono deberá dar aviso al trabajador con anticipación no menor de quince días.

B) Por parte del trabajador:

1. El haber sufrido engaño por parte del patrono respecto de las condiciones del trabajo.

2. Todo acto de violencia, malos tratamientos e amenazas graves inferidas por el patrono contra el trabajador o los miembros de su familia dentro o fuera del servicio o inferidas dentro del servicio por los parientes, representantes del patrono con el consentimiento o tolerancia de este.

3. Cualquier acto del patrono o de sus representantes que induzcan al trabajador o cometer un acto ilícito o contrario a sus convicciones políticas o religiosas.

4. Todas las circunstancias que el trabajador no pueda prever al celebrar el contrato, y que ponga en peligro su seguridad o su salud, y que el patrono no se allane a modificar.

5. Todo perjuicio causado maliciosamente por el patrono al trabajador en la prestación del servicio.

6. El incumplimiento sistemático sin razones válidas de la prestación de un servicio distinto, o en lugares diversos de aquel para el cual se le contrató y,

7. Cualquier violación grave, de las obligaciones o prohibiciones que incumben al patrono, de acuerdo con los artículos 57 y 59 del Código Sustantivo del Trabajo, o cualquier falta grave calificada como tal en pactos o convenciones colectivas, fallos arbitrales, contratos individuales o reglamentos.

PARAGRAFO: La parte que termina unilateralmente el contrato de trabajo debe manifestar a la otra, en el momento de la extinción la causal o motivo de esta determinación.

Posteriormente no pueden alegarse válidamente causales o motivos distintos''

El artículo 8 del decreto 2351 /65 que se viene tratando presenta las causales de terminación unilateral del contrato individual de trabajo sin justa causa. Textualmente dice:

1. En todo contrato detrabajo va envuelta la condición resolutoria por incumplimiento de lo pactado, con indemnización de perjuicios a cargo de la parte responsable. Esta indemnización comprende el lucre cesante y el daño emergente.

2. En caso de terminación unilateral del contrato de trabajo sin justa causa comprobada, por parte del patrono, o si este de lugar a la terminación unilateral por parte del trabajador por alguna de las justas causas contempladas en la Ley el primero deberá el segundo por concepto de indemnizaciones:

Se ha seccionado el artículo para tratar lo atinente al régimen indemnizatorio separadamente.

Como explicación complementaria en los casos de bajmo rendimiento o notoria incapacidad, se debe surtir un procedimiento previo al despido según el cual se logre establecer una comparación de cantidad o calidad de trabajo entre el trabajador afectado y aquel desarrollado en la misma labor o actividad por otro operario en igualdad de condiciones.

Otro punto de enálisis es la INASISTENCIA, de acuardo con los periodos de trabajo fijados, o el retardo al iniciar la jornada matinal, vespertina, nocturna o en el turno correspondiente.

El fenómeno del ABANDONO DEL CARGO sa ha tenido en cuenta en los contratos individuales de trabajo, llegando a considerar se que, para ciertas actividades, la falta de asistencia a una sesión de trabajo, puede dar lugar al abandono no obstante, se estima genéricamente que la inasistencia por tres (3) días en forma consecutiva y sin haberse reportado causa justificativa, como sería el estado de emfermedad, ocasionan el abandono del cargo.

C. *Causas que no pueden justificar la Terminación*

Además de lo enunciado en el art. 8 del decreto 2351/65,

Por ninguna razón puede justificarse el despido por la afiliación a un sindicato.

En ese sentido existen normas drásticas que protegen a los trabajadores desde el momento en que constituyen un sindicato, es decir, desde el instante de la firman el acta de constitución.

Este FUERO DE CONSTITUCION ampara a los creadores del sindicato, hasta 60 días despues de la publicación de la personería, jurídica en el diario Oficial.

Colombia proscribe cualquier despido basado en raza, sexo, religión o opinión política.

IV. RECURSOS CONTRA UNA TERMINACIÓN QUE NO SE CONSIDERA JUSTIFICADA

A. *Instancias previas en la empresa*

Toda empresa que tengan más de cinco trabajadores a su servicio, las actividades comerciales o industriales y más de diez en actividades agrícolas forestales o ganaderas, está obligada a tener un reglamento de trabajo, que debe ser aprobado por el Ministerio de Trabajo y de la Seguridad Social.

En este reglamento se indican las obligaciones de empleados y empleadores.

En caso de que el trabajador infrinja éstas disposiciones se produde el LLAMADO DE ATENCION, este puede ser en forma verbal o por escrito, caso este que faculta al patrono para imponer sanciones disciplinarias que van desde un día de suspensión al trabajo, privándolo del pago de la renumeración hasta un máximo de sesente días. Tres anotaciones disciplinarias dejan al patrono en libertad de dar por terminado en forma unilateral y por justa causa el contrato de trabajo.

B. *Recurso al sindicato*

La organización sindical debe estar presente en la imposición de sanciones disciplinarias, por medio de la denominada COMISION DE RECLAMOS, constituída por dos miembros de la entidad.

Estos asistena a la sesión o acto de descargos del trabajador afectado ante el jefe de personal o jefe de carpo con el fin de asesorarlo y colaborar en su defensa.

C. *Recurso ante organismo neutral*

Cone al caracter de clausula convencional, puede presentar se la figura de los TRIBUNALES DISCIPLINARIOS INTERNOS, para calificar las faltas cometidas y tasar las sanciones, evitando que las partes acudan ante el ministerio de trabajo.

D. *Trámites ante este organismo*

En Colombia existe al jurisdicción Especial de trabajo encargada de dirimir estos conflictos, por tanto no imperan las comisiones obligatorias de conciliación, y arbitraja.

Lo que se presentan son etapas administrativas de naturaleza voluntaria, no cohensitivas y posteriomente etapas judicialeszo jurisdiccionales.

He aquí una síntesis procedimental:

ETAPA ADMINISTRATIVA:

El Ministerio de Trabajo y de la Seguridad Social tiene como una de sus funciones la vigilancia y control administrativo de la ley laboral. Para ello faculta a los Inspectores Nacionales del Trabajor para que actúen como hábiles componadores, teniendo a la vez el caracter de funcionarios administrativos de polícia para hacer cumplir la ley. Por ello dice el Código Sustantivo del Trabajo:

Art. 485 "La vigilancia y el control del cumplimiento de las normas de este Código demás disposiciones sociales se ejarcerán por el Ministerio de Trabajo en la forma como el Gobierno, o el mismo Ministerio lo determine.

Atribuciones y Sanciones.

1. Las funcionarios del Ministerio de Trabajo, podrán hacer comparacer a sus pespectivos despachos a los patronos, trabajadores y directivos o efiliados a las organizaciones sindicales para exigirlas las informaciones pertinentes a sumisión, la exhibición de libros, registros, planillas y demás documentos, la obtención de copias o extractos de los mismos, entran sin previl aviso, y en cualquier momento mediante identificación como tales, en toda empresa y en toda oficina o reunión sindical con el mismo fin y ordenar las medidas preventivas que consideren necesarias, asesorándose de peritos como lo crean convenientes, para impedir que violen las disposiciones relativas a las condiciones de trabajo y a la protección de los trabajadores en el ejercicio de su profesión y el derecho de libre asociación sindical. Tales medidas tendran aplicación immediata sin perjuicios de los recursos y acciones legales consigandas en ellos. Dichos funcionarios no quedan facultados, sin embargo, para declarar derechos individuales ni definir controversias cuya decisión este atribuida a los jueces aunque si para actuar en esos casos como consiliadores.

2. Los funcionarios de trabajo, que indica el gobierno, tendrán el caracter de autoridades de policía en todo lo relacionado con la vigilancia y control de que trata al numeral anterior, y estan facultados para imponer multas sucesivas de doscientos pesos ($200) hasta de diez mil pesos ($10.000.000) según la gravedad de la infracción y mientras estas subsista, con destino al Instituto Colombiano de Seguros Sociales.

3. La resolución de multas que impongan los funcionarios del Ministerio de Trabajo prestarán merito ejecutivo. De estas ejecuciones conocerán los jueces de Trabajo, conforme al procedimiento especial de que trata el capitulo 16 del Código del Procedimiento del Trabajo.

Es entendido que no tiene ninguna automonía jurisdiccional, sin poder o faculter para ordenar reintegros, ni para interpretar la ley, como sí la tienen los jueces del Trabajo.

Así fue entendido en sentencia del Honorable Consejo de Estado que en Septiembre 12 de 1.980 dijo:

"El poder de policia no faculta para definir controversias jurídicas.

Es nítida y tajante la linea que separa las competencias de la jurisdicción ordinaria del trabajo y de los funcionarios administrativos. La primera tiene a su cargo el juagamiento y decisión de los conflictos jurídicos mediante juicios de valor que califican el derecho de las partes; los segundos ejercen funciones de policia administrativa para la vigilancia y el control del cumplimiento de las normas sociales; control que se refiere a situaciones subjetivas y que no implica en ningua circunstancia funcion jurisdiccional.

Para la efectividad de sus labores estos funcionarios estan autorizados para imponer multas, pero todo dentro de la orbita de su competencia."

Una vez concluida esta etapa administrativa o gubernamental sin el reconocimiento de obligaciones salariales o prestacionales por parte del empleador, queda a juicio del trabajador el incohar demanda ordinaria laboral por aquellos conceptos que no le fueron satisfechos. Es así como se pasa a la etapa de juzgamiento.

ETAPA JURISDICCIONAL:

La legislación colombiana establece que el artículo 20. del Código Procesal del Trabajo los asuntos de que conoce esta jurisdicción- "La jurisdicción del trabajo está constituida para decidir. Los conflictos jurídicos que se originen directa o indirectamente del contrato de trabajo.

Tambien conocerá de la ejecución de obligaciones emanadas de la relación de trabajo; de los asuntos sobre fuero sindical, de los permisos a menores para ejercitar acciones; de la calificación de la huelga; de la cancelación de personería, disoluciones y liquidaciones de asociaciones profesionales, de las controversias, ejecuciones y recursos que le atribuye la legislación sobre seguro social y de la homologación de Laudos arbitrales''.

Es por ello que el trabajador puede entrar a demandar:

—El reintegro
—Los salarios dejados de percibir
—Las sanciones moratorias

Este procedimiento se surte en dos instancias, la primera ante los Jueces de Circuito del Trabajo y en los lugares en donde no se encontrare Juez Laboral, se hará ante juzgados civiles (o promiscuos) de circuito o municipales.

Conocen los Jueces en única instancia de los negocios laborales cuya cuantía no sobre pase los $ 15.000.00 quince mil pesos moneda colombiana, y en primera instancia de todos los demás aún de aquellos cuya cuantía no tenga estimación peculiaria. La segunda instancia se surte ante los Tribunales Superiores de Distrito Judicial en su sala Laboral.

Existe en la legislación colombiana un recurso excepcional, que no debe confurdirse con una tercer a instancia. Este es el recurso extraordinario de Casación para ante la Honorable Corte Suprema de Justicia, cuyo interes pecuniario deberá ser superior a los $ 150.000.00.

ESTABILIDAD ABSOLUTA:

No existe realmente en Colombia. Las medidas que se han dictado en tal sentido conllevan inexorablemente a una estabilidad relativa. Si se observa la tabla indemnizatoria que establece la legislación para poder despedir con o sin justa causa (la tabla en cuestión se transcribe en el capitulo destinado a las indemnizaciones).

ESTABILIDAD RELATIVA:

Se refleja en lo atinente a fuero sindical, fuero de maternidad, guarda del trabajo durante la prestacion del servicio militar, obligatorio, y a través de la disposicion que faculta al juez para el pago de indemnizaciones por más de diez años de servicio, o para ordenar el reintegro o reinstalación en el cargo que desempeñaba en la empresa.

V. TRÁMITES POSTERIORES A LA TERMINACIÓN

A. *Certificado de Trabajo*

Terminado o extinguido el contrato individual de trabajo por cualesquiera causa, el trabajador tiene derecho a que se expida un certificado de trabajo a su favor en el cual deben constar el tiempo laborado, el salario devengado, la índole de la labor desempeñada y aquellos datos adicionales que sean necesarios para conseguir un nuevo empleo.

B. *Prioridad de Readmisión*

En caso de que la terminación haya acurrido sin justa causa y se presente un reenganche de personal, el trabajador puede regresar a la empresa. En este caso el ordenamiento positivo establece que no puede haber sino un periodo de prueba por lo tanto su reenganche no requiere nuevamente de esta solemnidad.

Cabe anotar que para la posterior jubilación, se tiene encuenta el tiempo servido en forma continua y discontinua para cubrir los veinte años de labores que la ley exige.

Obliga además el Código Sustantivo del Trabajo a la entrega de un CERTIFICA MEDICO DE EGRESO y a que la artículo 65 del mencionado estatuto castiga con SALARIOS CAIDOS el no pago oportuno de salarios, prestaciones sociales y ". . . En la misma sanción incurre el patrono cuando no haga prácticar al trabajador el examen médico y no le expido el correspondiante certificado de salud."

C. *Notificación a los Organismos encargados de servir las prestaciones de desempleo*

En Colombia NO EXISTE EL SEGURO DE DESEMPLEO.

VI. TRÁMITES ESPECIALES EN EL CASO DE REDUCCIÓN DEL PERSONAL

A. *Autorización de las autoridades Públicas*

Cuando se trate de reducir el personal, se requiere de un permiso proveniente de las autoridades administrativas para liquidar o para licenciar a en grupo de personal.

La ley prohibe además el cierre por un lapso superior a dos mese que se ejectue sin autorización administrativa.

B. *Consulta o negociación con los sindicatos*

En los pliegos de peticiones se solicita por la entidad sindical o por la agrupación de trabajadores la ESTABILIDAD. Los patronos acceden parcialmente mediante el establecimiento de porcentajes de reducción de trabajadores. En estos casos los despidos pueden ser sin justa causa o justificando las circunstancias de orden económico, caida de ventas, incremento de mecanicación o cualesquier otro factor sobre viniente.

C. *Medidas para evitar la reducción de Personal*

Estas fórmulas quedán, como en la mayoría de los países del Tercer Mundo, supeditadas a las leyes de la oferta y de la demanda, porque en determinado momento puede llegar a peligrar la situación de todo el grupo de colaboradores cuando sobreviene la cancelación de una fuente de empleo.

En este momento Colombia atravieza por ese problema, con unidades de explotación de artículos funjibles de decorativos como son las flores, donde trabajan actualmente más de 150.000.00 mujeres.

Otro fenómeno es el de la competencia entre la industria nacional y los productos terminados que llegan a bajos precios espedialmente de Oriente, ya sea por importación lícita o bien de contrabando.

Tales es el caso de la industria textilera actualmente en crisis o del renglón de ensamblaje automotriz donde los salarios y los precios no guardan las escalas de competencia con el exterior.

Básicamente la solución para evitar licenciar personal consiste en la necesidad de generar empleo incrementando el mercado. Esto se logra insentivando la producción y el consumo internos. De esta manera se crean excedentes exportables y se evita el deterioro industrial.

D. *Criterios de selección de los trabajadores afectados por una reducción del personal*

Cuando no queda otra solución, y la reducción de personal se impone en el seno de la empresa, esta a través de su departamento de relaciones industriales y el abogado laboral de la empresa estudian varios factores a saber:

—Que el personal no este próximo a jubilado por cuanto resulta para los afectados muy dificil ser recibidos en otro lugar a causa de su edad.

—Que no se trate del personal de mayor experiencia y práctica en las labores, por cuanto la regla generalizada es la de que al trabajador calificado no se le despide.

—Que tenga menos probabilidades de exito en la compañia en cuestión y que se presuman mayores probabilidades en otras actividades o empresas habida cuenta de que se trata de personal joven y con poca o niniguna experiencia.

VII. SEGURIDAD DE LOS INGRESOS DEL TRABAJADOR AFECTADO POR UNA TERMINACIÓN DE TRABAJO

En Colombia en lo que hace relación al despido, el decreto 2351/65 establece la tabla de indemnizaciones que deben ser cubiertas a todos los trabajadores cuando se termine de manera unilateral y sin justa causa su contrato de trabajo. Para ello se tiene en cuenta de una parte el tiempo de servicio y de otra el capital de la empresa o patrono.

El artículo 80. del decreto en cuestión dice:

''En todo contrato de trabajo va anvuelta la condición resolutoria por imcumplimiento de lo pactado, con indemnización de perjuicios a cargo de la parte desponsable. Esta indemnización comprende el lucro sesante y el daño emergente.

2. En caso de terminación unilateral del contrato de trabajo sin justa causa comprobada, por parte del patrono, o si éste da lugar a la terminación unilateral por parte del trabajador por alguna de las justas causas contempladas en la ley, el primero deberá al segundo por concepto de indemnización.

3. En los contratos se terminao fijo, el salor de los salarios correspondientea al tiempo que faltare para cumplir el plazo estipulado del contrato; o el del lapso determinado por la duración de la obra o la labor contratada, caso en el cual la indemnización no será inferior a quince (15) días.

4. En los contraros a término indefinido, la indemnización se pagará así:

a) Cuarenta y cinco (45) días de salario cuando el trabajador tuviere un tiempo no mayor de un año, cualquiera que sea el capital de la empresa.

b) Si el trabajador tuviere más de un año (1) de servicio continuo y menos de cinco (5) se le pagaran quince (15) días de salario sobre los cuarenta y cinco básicos del literal A) por cada una de los años subsiguientes, proporcionalmente por fracción.

c) Si el trabajador tuviere cinco años o más de servicio continuo y menos de diez, se le pagarán veinte días adicionales de salario sobre, los cuarenta y cinco básicos del literal a), por cada uno de los años de servicio subsiguientes al primero proporcionalmente por fracción.

d) Si el trabajador tuviere diez años, o más de servicio continuo, se le pagarán treinta días adicionales de salario sobre los cuarenta y cinco básicos del literal a), por cada uno de los años de servicio subsiguientes al primero, y proporcionalmente por fracción.

5. Con todo, cuando el trabajador hubiere cumplido diez años continuos de servicio y fuere despedido sin justa causa, el Juez de Trabajo podrá mediante demanda del trabajador, ordenar el reintegro de éste en las mismas condiciones de empleo de que antes gozaba y el pago de los salarios dejados de percibir, o la indemnización en dinero prevista en el numeral 40. literal d) de este articulo. Para decidir entre el reintegro y la indemnización, el Juez deberá estimar y tomar en cuenta las circunstancias que aparezcan en el juicio y si de esa apreciación resulta que el reintegro no fuere aconsejable en razón de las incompatibilidades creadas por el despido podrá ordenar, en su lugar el pago de la indemnización.

6. En las empresas de capital inferior a un millon ochocientos mil pesos ($1.800.000.00) las indemnizaciones adicionales establecidas en los literales b), c) y d) serán de un cincuenta por ciento (50%), y en las de capital de un millon ochocientos mil ($1.8000.000.000) hasta tres millones quinientos mil pesos ($3.500.000.00) dichas indemnizaciones serán de un setenta y cinco por ciento (75%).

7. Si es el trabajador quien da por terminado intespastivamente el contrato, sin justa causa comprobada, deberá pagar al patrono una indemnización equivalente a treinta días de salario. El patrono depositará ante el Juez el monto de esta indemnización, descóntandolo de lo que se le adeude al trabajador por prestaciones sociales mientras la justicia decida.

8. No habrá lugar a las indemnizaciones previstas en este artículo si las partes acuerdan establecer el contrato de trabajo en los mismos terminos y condiciones que lo regian en la fecha de la ruptura.

INDEMNIZACION MORATORIA:

1. Uno de los artículos del C.S.T. más criticados es aquel por medio del cual se conmina al patrono al pago de salarios diarios consecutivos desde el momento de la terminación del contrato con o sino justa causa. Sí para dicha época no se han satisfacho totalmente el pago de salarios y de prestaciones sociales e indemnizaciones que por la ley pueden corresponder el trabajo. Esta sanción se ha denominado "CONDENA EN SALARIOS CAIDOS", el texto del artículo 65SC.S.T. dice:

"Sí a la terminación del contrato el patrono no pago al trabajador los salarios y prestaciones debidas, salvo los casos de retención autorizados por la ley o convenidos por las partes, debe pagar al asalariado, como indemnización, una suma igual el último salario diario por cada día de retardo.

2. Si no hay acuerdo respecto del monto de la deuda, o si el trabajador se miega a recibir, el patrono cumple con sus obligaciones consignando ante el Juez de trabajo, y en su, de efecto ante la primera autoridad política del lugar, la suma que confiesa deber, mientras la justicia del trabajo decide la controversia.

3. En la misma sanción incurre el patrono cuando no haga práctical al trabajador el examen médico y no le expida el correspondiente certificado de salud de que trata el artículo 57.

En cuanto al auxilio de cesantía el art. pertinente dice: Art. 249 C.S.T. "Todo patrono esté obligado a pagar a sus trabajadores, y a las demás personas que se indican en este capitulo, al terminar el contrato de trabajo, como auxilio de cesantía un mes de salario por cada año de servicios y proporcionalmente por fracciones de año.

A más de la cesantía el trabajador tiene derecho a que anualmente se le liquide sun ínteres sobre la cesantía del 12% anual.

Termination of Employment on the Initiative of the Employer and Income Security of the Worker Concerned

by

DR. JARMILA PAVLÁTOVÁ

School of Economics, Prague

and

PROF. JAROSLAV FILO, CSc.

University of Comenius, Bratislava

I. GENERAL INTRODUCTION

1. *Basic Principles of Legal Regulation*

The legal regulation of the termination of employment holds a prominent position in the overall system of the Czechoslovak labour law. Its provisions are closely related to vital interests of both parties to the employment contract and reflect the mutual relationship between the legal protection of socioeconomic situation of workers and other participants of work process and economic interests of enterprises which are subordinated to global needs of social development.

Major attention is devoted in this field of the Czechoslovak labour law to the legal regulation governing the termination of employment on the basis of unilateral decision of employing organization, i.e., to such termination of employment which takes place without the agreement of this worker and, consequently, involves a greater need for legal protection of employment security than other cases of termination of employment.

In regulating the above problems, the Czechoslovak labour law proceeds on the basis of constitutional status of citizens in the social work process. The Czechoslovak Constitution states in its Preamble that human work became the fundamental factor in the society and in its individual articles lays down the principles which serve as the basis for the development of labour relations and for their respective legal regulations as contained in the Labour Code. With respect to the legal regulation of the protection of workers in the termination of employment, the labour law relied particularly on the following constitutional items:

a. the development of labour relations is based on the socialist economic system, the economic foundations of which are constituted by the socialist social ownership of the means of production and the planned system of the management of national economy, as laid down in the Czechoslovak Constitution which further rules out any form of the exploitation of man by man and recognizes the work of citizens as the basis for prosperity of the society and individuals.[1]

b. The Constitution of the CSSR recognizes explicitly—with respect to the basic rights and duties of the citizens—that a citizen can fully develop his capabilities and assert his justified interests only through his active participation in the development of the society as a whole, namely, through his appropriate share in the social work. In this connection, it explicitly lays down the right to work as a primordial right of the citizens and other related socioeconomic rights, especially right to remuneration for work, right to rest after work, right to the protection of health and medical care, right to income security at the old age and during incapacity for work and right to education and others.[2]

c. The Constitution of the CSSR guarantees the citizens the right to association in carrying out joint activities, to many-sided and active participation in the life of the society and state and to implementation of their rights in voluntary social organizations among which a prominent role is played by the trade union movement.[3]

The above constitutional principles are projected by the Labour Code also into the legal regulation of the termination of employment on the initiative of the employing organization and protect the worker from unjustified and unstatutory interventions into the duration of his employment relation. The legal regulation of the termination of employment in such cases is based on the following considerations:[4]

a. the worker cannot be dismissed without a justified reason, stated by the law, and the employing organization is authorized to refer to such reasons only provided it has no possibility of transferring the worker to a different job

b. the law provides a special protection to those workers in which the termination of employment would appear as unfair or socially burdensome; in such cases the termination of employment is subject to the agreement of state authorities or is entirely ruled out

c. the law provides great authority to trade union bodies the authorization of which is, as a rule, necessary for the dismissal of the worker

d. the law charges employing organizations and state bodies with the duty of securing a new employment and guarantees the workers respective rights in connection with income security and acquisition of skills

e. the law guarantees the workers also process rights and enables them to go to law demanding the continuation of employment contract.

2. Modifications of Legal Regulation

The legal regulation concerning the termination of employment is entirely based on the legislation. It is laid down in the laws and related legal prescriptions and particularly in the Labour Code.

Collective agreements do not regulate the termination of employment, although in connection with some wage questions they might constitute a source of labour law.

According to the Czechoslovak legal order, the rulings of the court do not constitute a source of the law and cannot consequently lay down a general legal regulation not even in questions related to the termination of employment. They are, however, binding for individual labour disputes under their jurisdiction and therefore of considerable significance for the interpretation of Labour Code provisions concerning the termination of employment and affect thus their utilization.

The basic source of legal regulation governing the termination of employment is the *Labour Code* issued as the Act No. 65/1965 Coll. and subsequently revised or amended by the Act No. 88/1968 Coll., Act No. 153/1969 Coll., Act No. 100/1970 Coll. and Act No. 20/1975 Coll.[5]

The Labour Code embodies also a complete set of legal standards comprehensively regulating the termination of employment.

The legal regulation of the termination of employment, as contained in the Labour Code, is complemented with *several legal prescriptions* laying down partial regulations such as:

a. Ordinance No. 54/1975 Coll. of the Czechoslovak Government concerning the implementation of the Labour Code; in its Articles 1 and 6 it regulates exclusively the details concerning the record on the origin or termination of employment in the identity card and certificate of employment. It makes no other provisions for the regulation of the termination of employment.

b. Decree No. 74/1970 Coll. which regulates the dismissal, placement and income security of workers in connection with carrying out rationalization and organizational measures under the terms of the Decree No. 4/1979 Coll.

c. Individual provisions concerning only special groups of workers that amend the general legal regulation.

3. *Scope of the Legal Regulation Governing the Termination of Employment*

The scope of the legal regulation governing the termination of employment can be assessed from the aspect of sectorial division of work activities on the one hand and from the aspect of individual types of employment contracts and relations on the other hand:

a. With respect to the first aspect it may be said that the Labour Code lays down the general regulation of the termination of employment which is applicable to practically all the workers—in addition to all the workers active in the economic sphere of industry, commerce, services and transportation also to the majority of workers employed in the state administration.

The general regulation of the termination of employment, as contained in the Code of Labour, does not apply to:

— some workers of state administration whose employment is regulated by a special regulation (armed forces, magistrates, state attorneys)

   — members of Unified Agricultural Cooperatives the activity of whom is carried out on the basis of the cooperative membership rather than on the basis of the employment contract. If, however, the Unified Agricultural Cooperative employs its members on the basis of employment contracts, their relations are subject to the labour Code regulation. In the sphere of agriculture, the Labour Code governs also employment contracts of employees of state agricultural enterprises.

b. The legal regulation of the termination of employment, as contained in the Labour Code, is differentiated in accordance with individual types of employment contract and employment relation as follows:

   — the basic type of employment relationship is that without limit of time and its legal regulation (including that of the termination of employment) is the basic regulation on the basis of which we shall proceed in the following text;

— fixed-term employment contract can be concluded for a period delimited by calendar dates, eventually corresponding to the duration of certain activities. In this case, employment contract terminates usually at the end of the specified period. The possibility of a unilateral termination of employment for a given period of time before the end of a predetermined period is possible only on the basis of statutory reasons the scope of which is restricted when compared to the employment contract without limit of time;

— part-time employment is such employment relation which the worker maintains with a different employer while being employed full time by his main employer. The part-time employment thus plays a complementary role and in view of this fact its termination does not involve the legal protection of the worker to the extent corresponding to the termination of full-time employment;[6]

— the Czechoslovak Labour Code does not recognize the employment for a probation period as a special type of employment relationship. The probationary period may be laid down in any employment contract, i.e., not only in employment without limit of time, but also in employment of determinate duration and in part-time employment with the maximum of one month. During this time, any of the parties to the contract can terminate the employment and the employer is not required to give reasons justifying the dismissal.

4. *The Definition and Terminology*

Under the Czechoslovak labour law, the termination of employment can have any of the following forms:

a. Any type of employment relationship can be terminated on the basis of an *agreement between the employer and the worker* to the mutually agreed date. As this termination requires agreement of the two parties, the law does not enforce any limitations: the termination of employment does not involve the specification of grounds for dismissal, does not require compliance with the given period of notice, is not subject to the authorization of trade union or state bodies or restricted by reasons preventing the dismissal. The essential form of employment termination in such case is the elapse of a period of notice. In this form can terminate not only employment without limit of time, but also employment of determinate duration when the termination is considered before the predetermined date.

The agreement concerning the termination of employment thus provides ample opportunities for the termination of employment according to individual situations and needs of both parties, but only on the condition of strict compliance with the prerequisites for the expression of the will which is necessary for reaching a valid agreement, i.e., on the assumption of liberty, seriousness, specificity and intelligibility of the will expression of both parties; shortcomings in this sense would entitle the worker to claim the invalidity of the termination of employment at the court and to demand its continuation.

b. The termination of employment on the unilateral initiative of the enterprise or the worker involves more complicated legal regulations in view of its special character. The law makes a distinction here not only between various forms of the unilateral termination of employment, depending on its attending circumstances, but also between the prerequisities necessary for a valid termination of employment depending on the fact whether it was undertaken on the initiative of the employer or that of the worker.

The unilateral termination of employment—considering its content conception and terminology—can take the following forms under the Czechoslovak labour law:

— *termination of employment during the period or probation* as the termination of employment by a unilateral expression of the will of either the worker or the employer during the probationary period if it has been negotiated in the employment contract,

    — *notice* is a unilateral termination of employment which takes place on the basis of an expression of the will of the employer or the worker and the employment relationship ends only after the termination of the period of notice.

The legal regulation of the notice is, however, markedly differentiated. While the law accords the worker the opportunity of terminating employment in any case and the only responsibility of the worker is to keep to the given period of notice, the right of employing organization to terminate employment is restricted in order to protect vital interests of the worker. The dismissal is possible only provided all the statutory conditions have been fulfilled; if not, the worker can go to law and demand the continuation of employment,

    — *immediate termination of employment* is such form of the termination of employment which implies an immediate termination of employment on the basis of the unilateral expression of the will of either employer or the worker without observing a period of notice. As this type of termination constitutes, no doubt, a significant intervention into the employment relation, legal standards accept it only under exceptional circumstances and exclusively on the grounds explicitly stated in the Labour Code. Also in this case the worker is protected by special legal standards.

c. The employment may terminate also on the basis of *other legal facts* (such as the lapse of time, death of the worker, etc.); as these forms of termination go beyond the scope of our topics, we shall not deal with them in this paper.

II. PROCEDURES PRIOR TO TERMINATION

1. *Notification of the Worker*

The unilateral termination of employment on the initiative of the employer is considered to constitute a significant intervention into vital interests of the worker. The law therefore lays down certain prerequisites for such expression of the will related to its content and form and the fulfillment of which should strengthen the legal security of individual workers.

The expression of the will of employing organization aiming at the termination of employment either through setting a period of notice or immediate termination of employment without keeping to the period of notice, must comply, *inter alia*, with the following prerequisites:

a. expression of the will of employing organization must have a written form. The written form is obligatory; otherwise the dismissal or immediate termination of employment are not valid. The written form is a rule also when the employing organization terminates the worker's employment in the course of probationary period.

b. expression of the will of employing organization to terminate worker's employment either in the form of dismissal or immediate termination of employment must be either handed to the worker in the written form or mailed by registered mail to his hands.

c. the written expression of the will to terminate employment must contain the reasons given by the employing organization for the termination of employment. This obligation applies to all the cases of immediate termination on the initiative of the employer. The reasons for the termination, however, must be stated also if the worker is given the notice regardless of the nature of the contract—whether it is without limit of time or a fixes-term contract; the only exception is represented by the dismissal from a part-time employment or termination of employment during probationary period.

The obligation of the employing organization to state the grounds for the termination of employment in the written notification constitutes one of the guarantees of legal security of the worker and is of importance also in judging the appropriateness of the dismissal both during the discussions with trade union bodies and in eventual court proceedings in claiming the invalidity of the termination of employment. In view of the above facts, the employer is bound by the reasons he had stated and cannot subsequently change them.

2. Notification of Worker's Representatives

Extensive authority in the protection of workers' interests is granted by the Czechoslovak labour law to trade union bodies. In terminating the employment on the initiative of the employer, the preliminary authorization of the works committee of trade union organization is a necessary prerequisite for a valid expression of the will and the courts, in handling the complaints of unfair dismissal, explicitly investigate whether this lawful requirement has been fulfilled.

Trade union bodies are thus endowed with extensive rights in connection with the termination of employment on the initiative of the employer:[7]

— the employer has the obligation to discuss in advance any intended dismissal of a worker with the works committee and can express the will to terminate the employment only provided he obtained the authorization of the works committee. Period of notice and immediate termination of employment made on the initative of the employer will thus be void not only in those cases where they had not been previously discussed with the works trade union committee or where the latter did not give its authorization, but also in cases when the authorization of the works committee was secured only after the organization had notified the worker about the termination of employment.

3. Notification of public authorities

In solving the questions related to the termination of employment, the employing organizing must cooperate with respective state bodies, primarily the respective national committees. The national committees fulfill important tasks in providing for the implementation of economic and social policy in the sphere of care for manpower and are granted also a number of authorities connected with the termination of employment in individual enterprises:

a. the employer must, first of all, inform the national committees of all the cases of intended dismissals of disabled workers and workers who are active participants of the resistance in World War II. These workers can be dismissed— naturally under the assumption that all other statutory prerequisites for a valid termination of employment have been fulfilled—only with a prior authorization of the district national committee. This protection does not apply to the above workers if they reached the age of 65 years.

The prior authorization of the district national committee for the dismissal of the above workers must be obtained by the employer in any case, regardless of the reasons he gives for the dismissal. If the employer dismisses the worker without asking for authorization by the district national committee or if this approval has not been granted or is asked only additionally, the dismissal is void and the worker is entitled to go law and claim the invalidity of the dismissal and demand the continuation of employment,

b. the Labour Code entrusts the employing organizations with the task of collaborating with national committees in those cases when these organizations are obliged to provide the workers an efficient assistance in finding a new adequate employment; this obligation applies to cases when the dismissal is made on the grounds of economic and organizational changes on the part of employing organization or on the grounds of permanent working incapacity of the worker and his inability to fulfill the tasks resulting from his job content. Employing organizations will collaborate with the national committees also in the placement of workers in which the period of notice is extended up to the moment of finding an adequate employment and in the solution of other significant questions connected with the dismissal of workers,

c. employing organizations have special responsibilities towards state bodies in those cases when they use the dismissal to terminate employment of a worker who is member of the body of people's control. While his membership is lasting and up to two years since its termination, a dismissal in order to be valid requires a prior authorization by the respective body of people's control.

4. Period of Notice

The unilateral termination of employment on the initiative of the employer— if it is possible at all under the Czechoslovak labour law—usually takes place in the form of a notice. In this case the employment is typically not terminated immediately, but after a period of notice. Legal effects of the expression of the will of employing organization to terminate employment take place only after such period of notice during which it is usually possible to solve the basic problem arisen in connection with the termination of employment.

The obligation of employing organization to observe the period of notice applies only to the notice which is not connected with the termination of employment during the probationary period or in the form of a moment's notice. Both latter cases constitute exceptional situations in which the application of the period of notice would pose certain problems. If a probationary period has been agreed on, the two parties to employment contract are aware of a certain conditionality of this arrangement and, in addition, the duration of period of notice determined by the law normally exceeds the maximum allowable duration of probationary period. As for the moment's termination of employment, the Czechoslovak labour law considers it so exceptional and extraordinary form of the termination of employment that it is possible only in case of serious misconduct on the part of the employee which makes further employment, as a rule, undesirable.

The duration of period of notice and its calculation is determined directly in the law and cannot be negotiated in the form of an agreement. The Labour Code lays down the following principles:

a. the duration of regular period of notice is determined for one, two or three calendar months, depending on the age of the worker. The termination of a part-time employment involves a unified duration of the period of notice of one month

b. the period of notice starts running out at the beginning of the month following the acknowledgement of the notice

c. in some cases requiring special consideration the normal period of notice is extended, namely:

— normal period of notice is extended for those workers for whom the employing organizations have the obligation of finding a new convenient employment. Such obligation emerges as a result of giving notice from economic and organizational reasons to pregnant woman workers, woman workers on maternity leave, sole mothers or sole fathers taking care of a child younger than 15 years of age or to disabled workers who do not receive invalidity pensions. However, if the employing organization offered the worker, prior to giving him notice, another adequate job and the worker refused to take it, then the employer needs not to assume the responsibility for finding a new convenient employment for the dismissed worker and no extension of the period of notice takes place.

If the organization has the obligation of finding a new adequate employment for the worker, the period of notice is extended to correspond to the entire period of the duration of this responsibility. The above obligation expires and the employment is terminated at the moment when the organization finds a new employment or if such new employment is refused by the worker without giving sound reasons for the refusal, eventually if the employing organization and the worker come to another agreement,

— the extension of the period of notice and thus also of the duration of employment takes place under certain circumstances also in the case of those workers whom the law grants a special protection either in view of their temporary personal or socially burdensome situation or in view of the public interest while such situation lasts (§ 48 of Labour Code) in the form of prohibiting the employing organizations to terminate employment of such workers during the protective period. A notice given at variance with this protection under the law is void.

— If, however, a valid notice was given and the entitlement to a special protection of the worker arises only within the period of notice and provided the period of notice would run out in the course of the protective period, the period of notice stops running out for the time corresponding to the duration of the protective period. The remainder of the period of notice therefore continues to run out only after such special protection of the worker ends.

5. *Granting of Time Off to Seek Other Employment*

To a certain extent, the problems related to period of notice are connected also with the entitlement of the worker to have time off to seek other employment. Significant in this context is especially the determination of the extent of such time off. It needs to be emphasized that the entitlement of a worker to take a time off for seeking other employment is an independent right which does not replace the period of notice nor is it conditioned by the fact that the employment is terminated by a notice.

If the conditions determined by the law are complied with, the worker acquires such entitlement regardless of the form of the termination of employment, i.e., regardless of the fact whether the employment is terminated by a notice or by an agreement between the two parties or whether the notice was given on the initiative of the employing organization or that of the employee. Entitlement to time off to seek other employment arises also in an employment of determinate duration which ends at a specified date. At the same time, understandably, such entitlement does not arise if the employment is terminated by a moment's notice as in such case the contractual relationship is terminated immediately upon the expression of the will of one of the parties.

As for the extent of such entitlement of the worker, the employer has the obligation of granting him time off of a necessary duration for maximum, however, of one half-day per week during the entire period corresponding to the period of notice. It is possible to combine and accumulate individuals half-days granted as the time off provided the above arrangement would not be efficient.

The entitlement of a worker to time off to seek other employment is usually connected also with the entitlement to wage compensation for the given period. Wage compensation may be granted provided the employment prior to granting time off lasted at least three consecutive immediately preceding months if the case does not constitute an exemption under the law.

III. JUSTIFICATION OF TERMINATION

1. *Recognition of the Principle That Termination Must Be Justified in the Czechoslovak Labour Law*

The question of whether the unilateral termination of employment on the initiative of the employer is basically possible merely as a result of the consideration of the employing organization or whether it is possible only in cases where it is justified by valid reasons, is undoubtedly one of the fundamental questions of the labour law and basic principles of the legal regulation of the termination of employment.

The Czechoslovak labour law, in accordance with the Constitution of the CSSR, proceeds quite unequivocally on the basis of the principle that *a worker may be dismissed only if the employing organization can justify the dismissal by one of the serious reasons explicitly determined in the Code of Labour and if no other obstacles stated by the law stand in the way of the recourse to such reasons.*[8] This fact constitutes a basic conceptual difference in the legal regulation governing the termination of employment on the initiative of the employing organization and that of the worker: while the worker is fully entitled to terminate his employment contract concluded without limit of time on the basis of any reason—although the prescribed conditions must be observed—the employing organization can do so only in cases when such termination of employment is justified under the existing legal regulation and judiciary.

Such conception of the unilateral termination of employment on the initiative of the employer is based on the constitutional right of the citizens to work and its projection into respective provisions of the Labour Code constitutes an important component of legal guarantees of the implementation of right to work.

2. *Reasons Justifying a Unilateral Termination of Employment*

The legal regulation of the unilateral termination of employment on the initiative of the employing organization has at its core the determination of reasons that justify the recourse of the organization to such action. These reasons normally justify the organization to such action. These reasons normally justify the organization only to the dismissal with a period of notice; only in quite exceptional cases involving the misconduct of the worker do they justify the employer to give a moment's notice.

The reasons justifying the employing organization to terminate employment of a worker are projected into the question of the validity of the dismissal or immediate termination of employment in the following ways:

a. employment may be terminated on the initiative of the employer only on the basis of reasons explicitly stated in the Labour Code. The enumeration of the reasons is definite and it is therefore not possible to submit similar reasons for the termination by way of analogy even though the employing organization might consider them to be significant in the specific cases. The termination of employment by the employer on other grounds than those stated in the Labour Code is null and void,

b. reasons justifying the termination of employment on the initiative of the employing organization must really exist in the specific case and the organization must be able to give evidence of their existence in an eventual court action. Thus, even such termination of employment that was justified under the law, but in the given case the actual existence of the submitted reasons was not proved, will be invalid,

c. the reason given by the employing organization as the justification for the termination of employment must be stated in the written notification of the employee on the termination of his employment in adequately specific terms. The notice and the moment's notice will be invalid if the written notification of the worker does not contain the reason for the termination of his employment.

As for the reasons given for the termination of employment on the initiative of the employer, the worker has the right to contest the validity of the notice in several ways: *thus, the period of notice and the moment's notice are void if the written notification on the termination of employment does not give its reason, or if the given reason is unstatutory or, finally, if the reason given to justify the dismissal is proved to be nonexisting.*

The reasons that authorize the employing organization to unilaterally terminate the employment by giving the worker a period of notice or a moment's notice are enumerated explicitly in Articles 46 and 53 of the Labour Code. In the following text we give a brief review of these reasons, all of them justifying the organization to dismiss the respective worker with a period of notice. If there are exceptional reasons that justify also a moment's notice, the text makes a special mention of this fact.

The reasons given by the labour Code as the justification of a unilateral termination of employment on the initiative of the employer are the following:

a. reasons of economic and organizational character:

— abolition or transfer of the organization or of its part (Art. 46, Par. 1), Let. a) of the Labour Code)

— restructuralization of the organization due to a merger or a division, or transfer of an autonomous organizational unit into another organization provided the receiving organization has no possibility of employing the worker under his original employment contract (Art. 46, Par. 1), Letter b) of the Labour Code)

— redundancy of the worker due to modifications in organizational objectives, changes in technological layout or other organizational changes (Art. 46, Par. 1, Letter c) of the Labour Code)

b. reasons connected with the worker's personality, not related to his conduct:

— permanent incapacity of the worker to fulfull tasks resulting from his employment contract due to an impaired health condition (Art. 46, Par. 1, Letter d) of the Labour Code)

    — failure on the part of the worker to comply with legal prescriptions concerning the performance of his job or his failure to meet the requirements underlying a correct performance of his work without organization's fault. In the case of unsatisfactory work performance the worker may be given notice only in the case he did not improve his performance within the prescribed period even though over the last 12 months he has been reminded by his employer to do so in the form of a written notification. (Art. 46, Par. 1, Letter e) of a Labour Code.)

c. reasons on the part of the worker connected with his conduct:

— repeated breach of the work discipline, if the worker has been previously sanctioned or has been warned about the impending dismissal in connection with his previous infringement of the work discipline (Art. 46, Par. 1, Letter f) of the Labour Code)

    — gross infringement of the work discipline (Art. 46, Par. 1, Letter f) of the Labour Code)

    — exceptional reasons that authorize the organization not only to the dismissal with a period of notice but also to an eventual moment's notice (Art. 46, Par. 1, Letter f) of the Labour Code and Art. 53 of the Labour Code) among which the law includes sentencing the worker to imprisonment longer than one year for a premeditated criminal offence; serious infringement of the work discipline which would make the continuation of employment of the offender imcompatible with the interest of the employer and prevent his employment during the period of notice; or undermining of the state security by the worker who cannot take advantage of the period of notice without endangering the normal functioning of the organization.

3. *Possibility of Application of the Above Reasons on the Part of the Employer and Its Statutory Limitations*

Reasons that according to the Labour Code justify the employing organization to give a period of notice or a moment's notice do not, however, guarantee by their own virtue that the termination of employment will be just and appropriate and will not disturb the rights of individual workers. The above reasons only delimit the range within the employer can operate in deciding about the termination of employment and any termination of employment made without the worker's consent and going beyond that range will be considered void as unstatutory.

The existence of the statutory reasons authorizing the employing organization to terminate the employment does not mean, however, that the termination of employment constitutes necessarily an optimum solution of the situation taking into account specific conditions in the individual enterprise, social and personal situation of the worker, his skill, age, years of service, family situation and interpersonal relationships at the workplace and other important facts. It would be extremely difficult to account for all the above circumstances directly in the legal regulation in the form of specific statutory rights of the workers. The Czechoslovak labour law therefore provides a number of legal instruments that may affect the decision to terminate the employment taken by the employer accounting for the above stated aspects.

The employing organization cannot terminate employment on the above grounds particularly in the following cases:

a. the organization cannot dismiss the worker if the situation can be solved by his *transferring to another job*. Provision of Art. 46, Par. 2 of the Labour Code, enables the organization to justify the lay-offs on statutory grounds only provided it has no possibility of changing the worker's workload and continuing his employment in the place of his residence; in such cases the organization can lay-off also workers who have previously undergone professional upgrading course and those who are not willing to accept the offered alternative job. This restriction does not apply to those reasons justifying the termination of employment which are connected with the worker's misconduct.

b. the application of some statutory reasons for the termination of employment on the initiative of the employer is restricted also in connection with the prohibition of giving notice (Art. 48 of the Labour Code) during certain social and personal situations of the worker. This prohibition thus applies, for the entire period of protection, to workers who are temporarily uncapable of work because of illness or injury, who undergo a hospital treatment or spa treatment, to pregnant women workers. It also applies to women workers or sole fathers who take a permanent care of at least one child younger than three years of age. It finally applies to workers called for the military service in armed forces and to workers released for a longer period from employment on account of performing a public function.

The prohibition of giving notice to employees restricts the application of reasons for termination except for those connected with the conduct of the worker and the application of the worker redundancy reasons. An increased protection is enjoyed by pregnant women workers and women workers and sole fathers taking care of a child younger than three years of age in which the prohibition of dismissal applies also to some cases of the infringement of work discipline and in women workers on maternity leave prevents also to use reasons justifying a moment's notice.

c. the possibility of employing organization to give the above reasons for the dismissal is also significantly restricted by provisions requiring a *prior authorization of the works committee of trade union or a prior authorization of the district national committee for the termination of employment on its initiative*. These organs have the right to judge all the aspects of the intended termination of employment taking into consideration all the attending circumstances and refuse to give their authorization to the employing organization. In deciding about giving their authorization they are not bound by the statutory formulation of reasons justifying the dismissal: they may refuse to give it not only if they do not consider the reasons given by the employer as valid but also if they believe that the reason for the dismissal would run counter to society's interests or that the dismissal is unfair, or that in the given case the termination of employment is not inevitable.

4. *Reasons Which May Not Justify Termination of Employment on the Initiative of the Employing Organization*

The Czechoslovak Labour Code does not contain provisions that would explicitly prohibit the termination of employment on the initiative of the employer on the grounds of trade union membership or activity, race, sex and other similar grounds. There is no doubt that the termination of employment on the above grounds would be unstatutory. In the first place, the dismissal with a period of notice and the moment's notice on the above grounds and other similar grounds would be in direct contradiction with the Constitution of the CSSR. It would also run counter to the overall legal regulation of relations at the workplace, basic principles of labour law as expressed in the introductory articles of the Labour Code and last, but not least, also to the specific provisions of the Labour Code stating that the organization may terminate employment on its initiative only on the grounds explicitly stated in the Labour Code. For the above reasons and because the reasons justifying the dismissal are explicitly formulated in the law and because the application of any other reason would be unstatutory and as such null in accordance with the Art. 242, Par. 1 of the Labour Code, the Labour Code does not contain an explicit prohibition of the application of certain grounds for the dismissal.

IV. APPEAL PROCEDURE AGAINST A TERMINATION WHICH IS NOT CONSIDERED JUSTIFIED

1. *Unfair Dismissal on the Initiative of the Employing Organization, Basic Characteristic of Labour Disputes and Their Types*

If the employing organization in giving notice to an employee breaches the right of the worker, a question arises of in what way and with the help of what bodies can the worker concerned seek its cancellation and what rights he can claim in an eventual labour dispute.

It may be said, essentially, that the redress and the recourse to law in the case of an infringement of statutory provisions concerning the termination of employment on the initiative of the employer depend on the nature of such infringement, purpose of the respective legal standard and the objective that is pursued by the worker through the labour dispute case. The Czechoslovak labour law *considers as the basic and most important form of redress the continuation of employment;* it needs to be recognized, however, that the above objective need not be pursued by the worker in all the cases. We have to admit also the fact that any infringement of statutory provisions on the part of the employing organization need not result in declaring the dismissal void.

In view of the above facts the labour disputes arising as a result of the infringement of the law in terminating the employment on the initiative of the employer may be classified—according to their basic characteristic—as follows:

a. labour disputes concerning the content of the work evaluation record or the content of the certificate of employment

b. labour disputes concerning individual partial rights associated with the termination of employment in which, however, the infringement is not directly connected with the validity of termination of employment. Typical disputes of this kind usually involve

— determination of the duration of the period of notice (e.g., the organization can give the worker notice with a shorter periods of notice or does not comply with the rules governing the extension of the period of notice made possible by the law, etc.)

— wage or other monetary claims connected with the termination of employment

c. labour disputes claiming the invalidity of the termination of employment made on the initiative of the employer constitute the most important category of disputes in which the basic claim of the worker is that for the continuation of employment. The law leaves it on to the decision of the worker whether he intends to assert this basic right or not and, depending on his respective decision, other rights of the worker are differentiated.

2. Bodies Endowed with the Authority for Handling Disputes Involving the Termination of Employment

Disputes between the employing organization and the worker involving the termination of employment are handled by the courts according to respective provisions of the civil court proceedings.

Disputes involving the content of work evaluation record and content of employment certificate are handled by disputes committees set up at individual workplaces as special bodies in trade union organizations of undertaking level. If no such committee has been established in the undertaking or if it does not come up with an appropriate solution, the next decision-making instance is the court.

3. Rights of Worker in the Case of a Void Termination of Employment on the Initiative of the Employing Organization

Invalidity of the dismissal with a period of notice or of a moment's notice is declared as a legal consequence of the most serious infringement of the law by the employer in terminating the employment. Thus, invalid are all those dismissals that, in one way or another, infringe the statutory provisions and it logically follows that in all such cases the result is a continuation of employment and the statutory rights of the worker as well as the assertion of these rights at the court consequently enforce the continuation of employment.

On the other hand, the law takes also account of the fact that the unfair dismissal and unfair action taken on the part of the employer might have undermined the necessary trust of the employee and that he does not necessarily take interest in the continuation of employment. The lack of interest on the part of the worker to continue his employment does not, however, imply that he agrees with the way in which the organization terminated his employment particularly if the termination involved endangering of his rightful interests.

If, then, the employing organization subjected the worker to an unfair dismissal that was subsequently declared void, the law leaves it on to the decision of the worker whether he will continue his employment or not and depending on this decision it settles also other claims of the worker.

If the dismissal of the worker was found to be invalid and the *worker informs his employing organization of his intention to continue the employment*, the worker's rights are settled as follows:

a. the employment relation continues in such case without regard to the void legal action of the employer; the latter is thus bound to fulfill all his obligations towards the worker resulting from the employment relation, in particular give him the job as determined in the employment contract and enable him to perform the given job at the place determined by the contract; if an interruption of the job performance occurred, he is bound to enable the worker to continue his performance under the previously determined conditions.

b. another right of the worker is that for wage compensation. If the organization does not enable the worker to continue to perform his job under previously determined conditions, the worker is entitled to a wage compensation amounting to the average earnings from the date on which he informed the employer of his decision to continue his employment up to date on which the employer resumes his services;

for the period preceding the assertion of the right to claim the invalidity of the dismissal at the court the worker is, however, entitled to wage compensation for maximum one month.

The right of the worker to wage compensation for the period of his being out of work as a result of unfair dismissal is not restricted in any way by his eventual earnings elsewhere or by the savings resulting from the non-performance of the job, if this period does not exceed 6 months.

If the entire period for which the worker should receive the wage compensation exceeds 6 months, the court can upon the formal charge by the employing organization proportionately reduce or eventually abolish the compensation for the damage paid by the employer.

c. If the worker suffers damage as a result of an unfair dismissal, the employer has the obligation of giving him a full compensation for the damage in the extent and under the conditions specified in the Labour Code.

The case of unfair dismissal can be brought to court also if the *worker does not insist on the continuation of employment.* There might occur a situation that the worker does not demand the continuation of employment after an unfair dismissal (either because he found other convenient employment or because he fears a difficult personal situation that might eventually arise after his coming back to the original employment or from other reasons), yet he will claim the termination of employment to be nullified. His action might be motivated by his seeking a moral satisfaction which would be provided by a decision that the employer had no valid reason for dismissing him, e.g., in those cases when the employing organization justified the worker's dismissal by his unsatisfactory work discipline, lack of professional competence, etc.

If the worker does not insist on the continuation of employment in cases when its termination was found void, the Labour Code in its Art. 61, Par. 3, states that the employment relation has been terminated through an agreement between the employer and the employee; the exact time of the termination of employment on the basis of such agreement and eventual other claims of the employee depend, however, on the way in which the employer terminated unjustly his employment, namely:

a. In case of an unjustified dismissal the employment is terminated with an agreement to the date which was set in the period of notice in the original notice. As a rule, in such case the worker has no financial claims if the period of notice has not been shorter than that to which the worker is entitled.

b. If the employer gives the worker a moment's notice, employment is terminated by an agreement starting with the day on which the termination took place. The worker is in such case entitled to the compensation of the damage amounting to the average monthly earnings for the entire period of notice to which the worker would be entitled if his dismissal took place in the form of a period of notice. The wage compensation amount cannot be reduced by the eventual earnings of the worker during the above period or by eventual savings resulting from the non-performance of the job.

The worker can thus bring his demand for declaring the moment's notice to be invalid *to the court within three months* following the date on which his employment should have terminated on the basis of such notice.

V. PROCEDURES FOLLOWING TERMINATION

1. *Record in the Identity Card.*

The termination of employment (as the beginning of an employment relation) must be recorded by the employing organization into the worker's identity card. If it failed to do so and the worker would, as a result, suffer a damage, it has the obligation of compensating the damage.

2. *Certificate of Employment*

When employment is terminated, the employment organization has the obligation of issuing a certificate of employment to the worker, containing decisive fact such as the duration of employment relation, skill level of the worker, data that determine the worker's holiday and sickness benefit rights or some other relevant facts if it is in agreement with the law.

3. *Work Performance Evaluation*

When the employment is terminated, the employing organization must issue a work performance evaluation to the leaving worker. If the worker does not agree with its content, he has the right of asking—within three months since the day he was familiarized with its content—the competent bodies (disputes committees, eventually courts) to order the employer to modify it.

VI. SPECIAL PROCEDURES IN CASE OF WORKFORCE REDUCTION AND INCOME SECURITY OF THE WORKERS CONCERNED

1. *Economic and Organizational Measures and Workforce Reduction*

A special attention must be paid to the solution of those cases of employment termination that apply to a larger number of employees of the given employing organization and that are motivated by economic and organizational reasons arisen on the part of the employer. Economic implications of the scientific and technological revolution, structural changes in the national economy, elimination of unefficient operations, reduction of administrative and managerial staff and other rationalization and organizational measures can be, understandably, reflected also in changes in the manpower requirements of individual enterprises and in their skill structure. The relevant legal regulations include among such changes also measures resulting from the prohibition of certain jobs or workplaces for women.

The solution of these economic and organizational problems by the collective dismissal is but one of the possible alternatives and it needs to be emphasized that it is the last alternative to be used. As seen from the previous argumentation, reasons of economic and organizational character can be used as dismissal grounds by the employing organization only if there is no possibility of transferring the workers to other jobs and only if the workers do not enjoy a special protection against dismissal and if the employer obtains an authorization for dismissal by a trade union body or by a state body.

The solution of legal implications of economic and organizational changes on the part of the employing organization, as provided for under the existing labour legislation, may assume several forms, namely:

a. changing the existing working hours and transfer to another convenient job involving, if necessary, also training or professional requalification: the employing organization has the obligation, in the first place, to transfer the workers to its other units or to the units of the same trust of enterprises,

b. continuation of the original employment relation with the transfer of rights and responsibilities to the receiving organization in the case of abolition or division of the previous employing organization, the new employing organization being bound by the terms of the original employment contract if not agreed otherwise with the worker,

c. termination of employment on the basis of an agreement between the employing organization and the employer, e.g., on the basis of a notice if it is in conformity with the existing Czechoslovak labour legislation.

The termination of employment in the above cases is thus but one of the possible solutions of the situation brought about by economic and organizational changes, while the following facts must be taken into special consideration:

a. in laying-off and placing workers in connection with carrying out economic and organizational measures, the situation of each individual worker must be solved in accordance with relevant provisions of the Labour Code concerning the termination of employment and other related legal prescriptions

b. the employing organization solves questions connected with the dismissal and placement of workers as a result of economic and organizational measures in cooperation with trade union and state bodies and must observe all the provisions calling for their authorization

c. the employing organization in dismissing and placing workers must proceed so as to ensure a smooth transition to the new workplace. With the workers who are considered for dismissal, the employing organization has the obligation of discussing in advance (usually at least 4 weeks before the intended dismissal) the grounds for dismissal and its assistance in finding another employment.

2. *Criteria for the Selection of the Workers Affected by a Reduction of the Workforce and Protection of Disabled Workers*

The legal requirement asking the organization engaged in selecting and dismissing workers in connection with restructuralization to enable a smooth transition of the workers to other adequate assignments, involves also stringent criteria for the selection of the workers who are to be dismissed. *The basic criterion is that the organization should dismiss primarily those workers in which there is a greater probability of finding another job and faster training for new jobs.*

In selecting the workers considered for the dismissal, the existing legal regulation gives priority especially to the following criteria:

a. legal provisions that do not permit the termination of employment under certain circumstances without the consent of the worker concerned or that grant him a special protection of other type (pregnant women workers, mothers taking care of small children, disabled workers, etc.)

b. qualification of the worker or the possibility and appropriateness of his requalification for a different job or occupation

c. age of the worker; special consideration must be taken of aged workers approaching the age of entitlement to old-age pension

d. serious family reasons such as the employment of the spouse, school attendance or apprenticeship of the children, etc.

Disabled workers are thus also included into the category of workers enjoying special protection if, as a result of economic and organizational measures, the workforce in the employing organization is reduced. The protection of disabled workers is laid down in the Labour Code on the one hand and in the social security prescriptions on the other hand.

The law grants the status of disabled persons to those citizens who, because of a longterm impaired health condition, have a considerably restricted possibility of work assertion, eventually of training for work. Responsibility for their placement is assumed by respective state bodies (district national committees) which are authorized to recommend these citizens for employment in various organizations. Without the authorization of such bodies the disabled workers cannot be given notice; in deciding about granting an authorization for the dismissal, the district national committee assesses primarily the possibility of the reinstatement of a disabled worker.

3. *Special Measures in Terminating Employment and Income Security of Dismissed Workers*

In addition to common rights of the workers during the period of notice, the legal prescriptions assign some other responsibilities to organizations that should facilitate the arrival of workers to a new workplace or a new organization. They include particularly the following rights of the workers:

a. right of the worker to *wage compensation* amounting to the difference between the original earnings and earnings at the new place of employment for the period of 3 months, eventually of 6 months or 12 months, depending on the strenuousness of training in the new place of employment

b. right of the worker to a *recruitment allowance, compensation of transfer expenditures and other similar benefits,* if he accepted a job in another organization within the framework of organized recruitment or if the worker was transferred in connection with serious restructuralization changes or rationalization measures, eventually possibility of the organization of granting the worker an *increased recruitment allowance*

c. the organization has the obligation of ensuring *the training or requalification* of the worker

d. maintenance of a *permanent duration of employment relation,* if this duration gives rise to certain rights of the worker

e. in case that for exceptional reasons the worker cannot, after the termination of previous employment, find immediately a new employment corresponding to his state of health, abilities and, if possible, qualifications, he acquires the right for the *allowance prior to accepting* a new employment which is paid by district national committees.

FOOTNOTES

[1]See *The Constitution of the CSSR,* Art. 7 and cont.
[2]See *The Constitution of the CSSR,* Art. 19, 20, 21, 22, 23, 24, 27 and others.
See J. Filo, *La législation Tchécoslovaque, les droits et suretés du travail et sociaux des citoyens en Evolution de l' ordre juridique socialiste Tchécoslovaque.* Published by the Union of Jurists of The CSSR, Prague 1980.
[3]See *The Constitution of the CSSR,* Art. 5.
[4]See Bernard F., Pavlátová J.: *Vznik, změny a skončení pracovního poměru* (Conclusion, changes in and termination of employment contract). Prague, Práce 1979.
[5]See Pavlátová J.: *The Second Amendment of the Labour Code and Further Improvement of the Czechoslovak Law,* Bulletin of Czechoslovak Law, 3–4/1978, p. 156.
[6]See Bernard F.: *Part-time employment* (Vedlejší zaměstnání). Prague, Práce 1972.
[7]See Mařík V.: *Pojetí a základní zásady Zákoníku práce a vztahy odborových orgánů* (Conception and basic principles of Labour Code and trade union relationships). Práce a mzda, No. 7–8/1965.

Mařík V.: *Postavení odborů v pracovněprávních vztazích* (Status of the trade unions in industrial relations). Odbory a společnost, No. 5/1975.

Bernard F.: *Účast odborových orgánů na řešení pracovněprávních otázek a právní účinky s tím spojené* (Participation of trade union bodies in the solution of labour law questions and related legal effects). Socialistická zákonnost, No. 9–10/1968 and others.

[8]As stated above, one exception from such principle is the termination of part-time employment and termination of employment during the probationary period.

La Cesación de la Relación de Trabajo por la Iniciativa del Empleador y la Seguridad de las Indemnizaciones de los Trabajadores Correspondientes

por

PROF. LUPO HERNANDEZ RUEDA

Santo Domingo

I. INTRODUCCION GENERAL

A. *Fuentes*

Las relaciones de trabajo, como todas las cosas e instituciones, sufren alteraciones y cambios en el curso de su existencia. No se trata de una relación estática; ella tiene vida, movilidad. Nace, se desarolla, se transforma y termina. Una de las formas de terminación proviene de la iniciativa del empleador. La ley o el contrato preven y regulan esta forma de terminación.

En la República Dominicana, las principales fuentes del sistema nacional de cesación de la relación de trabajo por iniciativa del empleador son: 1) *las leyes y reglamentos* (Arts. 62, 68, 77, 211, 307 y otros del Código de Trabajo); el Reglamento 7676, de 1951 para la aplicación de dicho Código; 2) *las convenciones colectivas,* que generalmente restringen la facultad unilateral del empleador de poner término al contrato; 3) *las sentencias arbitrales,* en las escasas ocasiones en que han tenido lugar, o se han producido en el país; y 4) *los acuerdos tripartitos que,* en ocasión de una crisis o conflicto dado, generalmente económica, pactan empleadores, sindicatos y el estado, y donde se convienen a veces formas de resolución del contrato por la decisión unilateral del empleador, bajo determinadas condiciones.

B. *Campo de Aplicación General del Sistema*

Conforme a la legislación nacional, las normas de trabajo se concretan al trabajo humano subordinado, pero no se aplican de igual modo a todo el trabajo humano dependiente. Su aplicación varía: a) con la persona a la cual se le presta el servicio; b) por las formas y condiciones bajo las cuales el trabajo es efectuado; y c) por la naturaleza del servicio prestado. La ley tiene carácter territorial y se aplica sin distinción igual mente, a nacionales y extranjeros. El principio de la teerritorialidad de la ley de trabajo implica que la ley nacional rige a todos los trabajadores que laboren en el territorio de la Republica, aunque hayan sido contratados en el extranjero, pero admite la aplicación de la ley extranjera cuando ésta es más favorable al trabajador.

C. *Excepciones*

Como se ha dicho, están excluídos del campo de aplicación general del sistema nacional: a) el trabajo humano independiente, o por cuenta propia.

b) La ley también excluye las relaciones de trabajo de los funcionarios y empleados públicos con el Estado, el Distrito Nacional, los Municipios y los organísmos oficiales autónomos. Estas relaciones de trabajo están sujetas al estatuto particular del empleado publico o a la ley especial que crea la institución autónoma del estado. Sin embargo, cuando en el servicio prestado predomina el esfuerzo muscular, la ley 2059, de 1951, y sus modificaciones, y a veces, la Ley Orgánica de la institución autónoma, hacen aplicables o suelen hacer aplicables a estos trabajadores las normas previstas en el Código de Trabajo, o cuando menos, les reconocen ciertos beneficios de carácter social en caso de terminación de contrato por la voluntad unilateral del empleador.

c) Se excluye, asímismo, del campo de aplicación del sistema nacional el trabajo penitenciario.

d) El Código de Trabajo sujeta a un régimen especial el trabajo doméstico; el trabajo de campo, cuando en la empresa laboran menos de diez trabajadores con carácter permanente; el trabajo a domicilio; el trabajo de las mujeres y de los menores; el trabajo de los aprendices y el de las personas ocupadas en los transportes terrestres y marítimos. Las relaciones de trabajo en estos casos revisten modalidades especiales que, a juicio del legislador, justifican un tratamiento distinto a la generalidad de los trabajadores, sin que por ello pierdan su condición de trabajadores, pues en estos casos existe una evidente relación de dependencia; el legislador, en razón de la naturaleza de esas actividades, o por la forma, lugar y condiciones en que se presta el servicio, entiende que ameritan normas jurídicas especiales.

e) La naturaleza de la relación contractual determina a veces la cesión de la relación de trabajo, sea por la llegada del término convenido, por la ejecución del trabajo o al cesar la necesidad del servicio pactado; me refiero a la relación de trabajo de duración limitada en el tiempo, que origina contratos por cierto tiempo, para obra o servicios determinados, ocasionales o para intensificar temporalmente la producción incluyendo los trabajos de temporada. La ley dominicana regula cada una de estas relaciones contractuales. El Art. 14 del Código de Trabajo determina cuando se puede celebrar un trabajo por cierto tiempo, lo cual sólo tiene lugar en los siguientes casos: 1) Si es conforme a la naturaleza del servicio que se va a prestar; 2) Si tiene por objeto la sustitución provisional de un trabajador en caso de licencia, vacaciones o cualquier otro impedimento temporal; 3) Si acuerda al trabajador la indemnización legal de auxilio de cesantía que le corresponde al terminar el contrato; 4) Si conviene a los intereses del trabajador.

Los contratos para obra o servicios determinados se originan con más frecuencia en los trabajos de la industria de la construcción, cuya ejecución se realiza por diversos trabajos especializados, conforme a la naturaleza de la labor confiada al trabajador y por el tiempo necesario para concluir dicha labor. La Ley 80, de 1979, agregó un párrafo al Art. 12 del Código de Trabajo, según la cual cuando un trabajador labore sucesivamente con un mismo patrono en más de una obra determinada, se reputa que existe entre ellos un contrato por tiempo indefinido.

La misma Ley 80, de 1979, acuerda el pago del auxilio de cesantía a los trabajadores ligados por contratos de duración limitada cuando su relación contractual tiene una duración de seis o más meses de trabajo y termina por la voluntad del empleador o por una causa que no sea falta grave imputable a éste.

Un gran número de trabajadores es utilizado en *los trabajos estacionales,* los cuales tienen lugar principalmente en la industria azucarera y en las siembras y recolección de frutos y productos agrícolas; la relación contractual termina en estos casos al finalizar la temporada, sin responsabilidad para las partes, pero la Ley 80 de 1979 ha establecido el pago del auxilio de cesantía si la relación de trabajo dura más de seis meses, y *asimila* a estos trabajadores a los ligados por contratos de trabajo por tiempo indefinido, acumulando los períodos de prestación de servicios correspondientes a varias temporadas sucesivas para la determinación de los derechos del trabajador.

El Art. 11 del Código de Trabajo trata sobre los trabajadores ocasionales o utilizados cuando el trabajo tiene por objeto intensificar temporalmente la producción o responde a circunstancias accidentales de la empresa o su necesidad cesa en cierto tiempo. En estas situaciones el contrato se rige legalmente conforme a las reglas referentes al trabajo por temporada. La relación contractual de estos trabajadores ocasionales termina automáticamente al cesar la necesidad de sus servicios reconociéndole la citada Ley 80 de 1979 el derecho al auxilio de cesantía si han trabajado por seis o más meses.

Aunque la Ley 80 de 1979 no se refiere a ello, el Art. 11 del Código de Trabajo hace aplicable a estos trabajadores el derecho al preaviso cuando la cesación de la relación de trabajo por iniciativa del empleador se origina antes de cesar la necesidad del servicio prestado. El citado Art. 11, antes de su modificación por la Ley 80, de 1979, establecía espresamente esta obligación.

f) El contrato de trabajo de los *trabajadores portuarios* ha sido considerado por la jurisprudencia como de duración limitada (B. J. 812, pág. 1407), aunque algunas decisiones de nuestra Corte de Casación han establecido la existencia en determinados casos de contratos por tiempo indefinido debido a que, aunque la prestación material del servicio ha sufrido interrupciones materiales, el vínculo jurídico se ha mantenido indefinidamente por estar el trabajador ''en todo momento a disposición del patrono''. (B. J. 822, pág. 812; B.J. 730, pág, 2531, B.J. 743, pág. 2556).

D. *Terminología y Definiciones*

El Código de Trabajo dominicano clasifica la terminación del contrato o relación de trabajo en términos de la responsabilidad para las partes. De este modo, establece que el contrato termina sin responsabilidad: a) por mutuo consentimiento (la ley 80 de 1979 impone el pago del auxilio de cesantía en estos casos si la relación de trabajo tiene una duración de seis meses o más); b) por la ejecución del contrato; c) por imposibilidad de ejecución; d) por las demás razones previstas al respecto en el contrato. La misma ley establece las formas de terminación del contrato con responsabilidad para las partes, a saber: el despido y la dimisión. Los artículos 131 y 132 del Código de Trabajo regulan la reducción de personal ''en los casos en que haya necesidad de disminuir el personal de una empresa por causas autorizadas por la ley''.

El despido es la resolución del contrato por la voluntad unilateral del empleador, debido a falta grave imputable al trabajador; la ley determina las causales justificativas del despido. Pero el *desahucio,* o preaviso, es la terminación unilateral del contrato sin obligación de alegar causa. La parte que ejerza este derecho debe dar preaviso a su contraparte; si es el empleador quien lo ejerce, deberá indemnizar al trabajador pagandole a vencimiento del plazo de desahucio o preaviso, el auxilio de cesantía y los demás derechos que le acuerda la ley, el contrato individual o el convenio colectivo, pudiendo omitir el preaviso pagando los salarios correspondientes a este plazo.

Entre el desahucio y el despido existen diferencias importantes. A saber:

a) El despido es un acto de voluntad unilateral del patrono exclusivamente, en tanto que el desahucio es una manifestación de voluntad unilateral del patrono y del trabajador. Es un derecho que pertenece y puede ser ejercido por ambas partes.

b) El despido pone término inmediatamente a la relación contractual. El desahucio, en cambio, informa a la otra parte la decisión de su contraparte de ponerle fin al contrato. El despido produce *ipso facto* la terminación del vínculo de derecho que unía a las partes. El desahucio genera un plazo llamado *preaviso*, o plazo de desahucio dentro del cual subsiste el contrato y a cuyo vencimiento se producirá su rompimiento.

c) El despido es una forma de terminación común a todos los contratos de trabajo. El desahucio, a juicio de nuestra Corte de Casación, es privativo del contrato de trabajo por tiempo indefinido. (Arts. 68, 69 y 84 del Código de Trabajo; Cas. del 30 de mayo de 1952, B. J. 502, págs. 977–984).

d) El despido responde u obedece a causas (faltas graves) que lo justifican. El desahucio es ejercido, sin alegar causa alguna, por el simple hecho de que así lo ha decidido el patrono o el trabajador.

e) El despido justificado exime al empleador de toda responsabilidad (Art. 79, Código de Trabajo); lo libera del pago de las indemnizaciones legales por despido y del pago de las vacaciones no disfrutadas (Art. 175 del Código de Trabajo). En cambio, el ejercicio del desahucio por el patrono le obliga al pago del auxilio de cesantía (Art. 72) y de los salarios del preaviso (Art. 71) si omitiere el plazo del desahucio, y al pago de sus demás derechos exigibles.

La ley no se refiere a los despidos masivos ni al desahucio de un número determinado de trabajadores, pero ambas formas de terminación del contrato *no tienen carácter colectivo,* pues ello encubriría una reducción de personal; por consiguiente, todo despido o desahucio masivo de trabajadores es ilegítimo, debiéndose en estos casos, recurrirse al orden que establecen los Arts. 131 y 132 del Código de Trabajo y a los procedimientos de control administrativos que establece la ley para los casos de reducción de personal (Arts, 28 y 17 del Reglamento 7676 de 1951). Sin embargo, en la práctica, las normas relativas a la reducción de personal son generalmente desconocidas por no decir letra muerta, recurriéndose a despidos o desahucios masivos e indiscriminados de trabajadores cuando hay necesidad de disminuir el personal por razones económicas, cambios tecnológicos u otras causas. Estas normas no se aplican ni siquiera en la industria de la construcción con motivo de la ejecución parcial o total de una obra, y hay necesidad justificada por la naturaleza del trabajo de reducir el número de trabajadores al cesar la necesidad de sus servicios.

Un proyecto de ley sobre Tribunales de Trabajo, elaborado por la Secretaría de Estado de Trabajo, atribuye, entre otras cosas, a las Cortes de Trabajo, competencia para "después de agotado el preliminar de la conciliación, revisar y decidir, en única instancia y en un plazo no mayor de 15 días, la reducción de personal, el desahucio o despido masivo de trabajadores, o el desahucio o despido de dirigentes sindicales, dictando las medidas pertinentes. Se entiende por desahucio o despido masivos la separación del empleo de más de 10 trabajadores permanentes al mes''.

II. PROCEDIMIENTO A SEGUIR ANTE EL DESPIDO

Todo despido debe ser comunicado a la autoridad de trabajo, la que a su vez lo denunciará al trabajador. La ley establece un plazo de cuarenta y ocho horas dentro del cual el empleador debe participar, *con indicación de la causa,* al Departamento de Trabajo o a la autoridad local que ejerza sus funciones, el hecho del despido, la que a su vez lo denunciará al trabajador. El incumplimiento de esta formalidad está sancionada con multa de cinco a doscientos pesos. Además, a juicio de nuestra Corte de Casación, el despido que no haya sido comunicado a la autoridad de trabajo competente, en el citado término de las cuarentiocho horas, se reputa que carece de justa causa; esta presunción es irrefragable y no admite la prueba en contrario.

No existe ninguna regla en cuanto a la forma de redacción de esta comunicación, pero es indispensable indicar la falta imputable al trabajador no bastando la simple mención del texto legal.

En la práctica, el empleador acostumbra a notificar al trabajador su decisión unilateral de poner término a la relación de trabajo al mismo tiempo que lo participa a la autoridad de trabajo competente. Si la participación al trabajador se hace por escrito, se acostumbra a remitir copia de esta comunicación al Departamento de Trabajo. La ley no establece obligación de que la notificación al trabajador sea por escrito, ni prevé formalidad alguna al respecto. Tampoco establece obligación de notificar al sindicato ni a los representantes del trabajador el hecho del despido, aunque en algunas convenciones colectivas se prevé tal obligación, la cual tiene lugar siempre *a posteriori*.

Es práctica constante en la negociación colectiva convenir un procedimiento de quejas y soluciones de conflictos individuales mediante el cual se preven los pasos a seguir, los que van desde una reunión con el jefe directo del trabajador hasta una decisión final a cargo de la empresa o de un comité integrado por el delegado obrero u otros representantes del trabajador y los representantes del empleador. Otras veces, se establece el arbitraje como medio de solución.

Como se ha dicho precedentemente, cuando el empleador ejerce el derecho de desahucio debe preavisar al trabajador y pagar al vencimiento del plazo del desahucio el auxilio de cesantía correspondiente. El preaviso es de lugar después de un trabajo contínuo no menor de tres meses ni mayor de seis, en cuyo caso tendrá un mínimo de duración de 6 días; pero después de un trabajo contínuo que exceda de 6 meses y que no sea mayor de un año, el preaviso no puede ser menor de 12 días. El plazo máximo de duración del preaviso es de 24 días, el cual corresponde después de un año de trabajo contínuo. Contractual o voluntariamente se acostumbra a otorgar un preaviso mayor.

La ley no establece que durante el preaviso el empleador debe otorgar tiempo libre al trabajador para buscar nuevo empleo. En la práctica tampoco esto tiene lugar ni se acostumbra. En la inmensa generalidad de las veces el empleador omite el preaviso pagando al trabajador los salarios correspondientes a este período con la indemnización del auxilio de cesantía y los demás derechos legales o contractuales, exigibles o no. Con este proceder, todo vínculo entre las partes y la relación de trabajo terminan de inmediato, percibiendo el trabajador la totalidad de sus derechos e indemnizaciones legales o contractuales.

III. JUSTIFICACION DEL DESPIDO

A. *Todo Despido debe ser Justificado*

La ley (Art. 77 del Código de Trabajo) y la jurisprudencia establecen que el despido debe ser causado por *falta grave e inexcusable,* que haga imposible la continuación de la relación de trabajo. Nuestra Corte de Casación ha juzgado que "es propósito manifiesto del Código de Trabajo asegurar hasta donde más sea posible, la estabilidad de la relación de trabajo; que, por tanto, *los hechos susceptibles de justificar la ruptura de esa relación deben ser siempre de carácter grave* . . . capaces de hacer imposible la continuación de la convivencia en el trabajo del patrono y del obrero" (Cas. del 27 de julio de 1960, B.J. 600, pags. 1482–1489; Cas. del 17 de mayo de 1969, B. J. 678, págs. 840–846).

El despido tiene lugar cuando llega a conocimiento del trabajador la decisión del patrono de rescindir el contrato; cuando el se entera del ejercicio patronal del derecho el despido, en este preciso instante, se genera la presunción legal, hasta prueba en contrario, de que dicho despido es injustificado. Corresponde pues, al empleador aportar la prueba de la causa justificativa de su decisión unilateral. Si no aporta esta prueba, se considera que ha incurrido en un abuso de derecho, lo que compromete su responsabilidad. El tribunal apoderado declarará injustificado el despido y resuelto el contrato por culpa del empleador y lo condenará al pago de las indemnizaciones legales o convencionales pertinentes.

El despido es una cuestión de hecho que escapa al control de la Corte de Casación. La prueba del hecho del despido está a cargo del trabajador. En cambio, la calificación de la falta justificativa del despido es una cuestión de derecho cuya apreciación está siempre sujeta al control de la Suprema Corte de Justicia, en funciones de Corte de Casación. (Sect. del 17 de abril de 1958; B.J. 573, págs. 745–751).

La prueba del despido entraña, necesariamente, la prueba del momento de su ocurrencia. Esto es importante, porque de él depende el cumplimiento de obligaciones patronales de orden público (la denuncia del despido y su causa al Departamento de Trabajo), y, consecuentemente, la responsabilidad empresarial.

El despido debe ser un hecho claro, preciso, no una circunstancia vaga, general, imprecisa. Pone fin al contrato tan pronto como se produce. Genera la obligación de cumplir ciertas formalidades de orden público, y puede entrañar la responsabilidad del patrono, quien, al ejercer este derecho invoca implícitamente, una falta del trabajador, o causa eximente de responsabilidad (Arts. 78 y 79 del Código de Trabajo). Estos y otros rasgos cárácterísticos lo diferencian de otras formas de alteración o terminación del contrato, y, en partícular, del desahucio, de la dimisión, de la reducción de personal y de la suspensión del contrato de trabajo.

A diferencia de otras legislaciones, nuestra ley no establece formalidades previas ni exige autorización alguna, de autoridad competente, para el ejercicio del derecho al despido.

El patrono ejerce este derecho por su cuenta y riesgo. La decisión final de los jueces determinará, posteriormente, si actuó correctamente o en violación a la ley. Esta no reconoce en el estado actual de nuestra legislación, facultad al trabajador para optar por su reintegro al trabajo o recibir el pago de las indemnizaciones por despido injusto, ni faculta al juez para disponer su reinstalo o reintegro a la empresa.

Las indemnizaciones están fijadas por la ley (arts. 69, 72 y 84 del Código del Trabajo). El pacto colectivo o el contrato individual pueden prever y frecuentemente establecer otras indemnizaciones adicionales o complementarias. Los Arts. 117, 118, 670 y 671 se refieren a la responsabilidad civil en casos de violación de un pacto colectivo de condiciones de trabajo o cuando se incurra en la comisión de los actos señalados en dichos textos legales.

Al tenor del Art. 76 del Código de Trabajo y del párrafo del Art. 1 del Reglamento 6127, de 1960, para el cálculo del importe de las prestaciones laborales, *"sólo se tendrán en cuenta los salarios correspondientes a horas ordinarias"* trabajadas.

Nuestra Corte de Casación ha juzgado (Sent. del 7 de agosto de 1956, B. J. 553, págs. 1607–1612), que el salario es la retribución que el patrono debe pagar al trabajador, como compensación del trabajo realizado; que el salario lo integran no tan solo el dinero efectivo que debe ser pagado semanal o mensualmente al trabajador, sino también la participación en los beneficios de la empresa o cualesquiera otros beneficios que él obtenga por su trabajo. Pero en esa misma sentencia decidió que el régimen instituído por el Art. 76 del Código de Trabajo y el Reglamento 8015 (sustituído por el Reglamento 6127, de 1960), es el único aplicable para la determinación del salario del trabajador para fines de pago de sus prestaciones laborales.

Este último criterio fue reiterado nuevamente mediante su sentencia del 16 de mayo de 1975 (B. J. 774, págs. 857–863), donde nuestro más alto tribunal de justicia ha juzgado que "al tenor del Art. 76 del Código de Trabajo, lo que es ratificado por el Reglamento No. 6127, de 1960, para el cálculo de las indemnizaciones a pagar por preaviso y auxilio de cesantía, en caso de desahucio, sólo se toman en cuenta los salarios correspondientes a horas ordinarias de trabajo; que al limitar así a las horas de la jornada laboral el cálculo, el legislador ha actuado, obviamente, *inspirado por un criterio restrictivo* que impide comprender como base para el correspondiente cálculo de las prestaciones de lugar, cualquier otro salario que no sea *el normal u ordinario de los trabajadores* o empleados; criterio éste que el legislador se ha cuidado de reiterar todas las veces que ha tenido la ocasión de hacerlo, como ocurre con el pago de la regalía pascual, con el propósito de no desalentar la disposición de los patronos a otorgar a sus trabajadores todos aquellos beneficios susceptibles de mejorar su condición y compatibles con las expectativas de sus empresas o negocios".

Conforme a este criterio, las comisiones son salario como lo es cualquier otro beneficio que el trabajador obtenga por el servicio prestado. Pero todas las partidas con carácter de salario que el trabajador recibe de parte del empleador *no son salarios computables* para fines de determinar el promedio diario del trabajador para fines de liquidación y pago de sus derechos y prestaciones laborales.

Nuestra Corte de Casación ha reiterado este criterio cada vez que ha tenido ocasión de hacerlo. Así, en su sentencia del 26 de septiembre de 1979 (B. J. 826, pág. 1730), dice: "Considerando, que por último, que al tenor del artículo 76 del Código de Trabajo, lo que es ratificado por el Reglamento No. 6127, de 1960, para el cálculo de las indemnizaciones a pagar tales como preaviso, auxilio de cesantía, *sólo procede tomar en cuenta el salario correspondiente a horas ordinarias de trabajo;* y como en el caso ocurrente la sentencia impugnada pone de manifiesto que para hacer dicho cálculo, se agregó al salario ordinario, lo devengado por concepto de comisiones, es obvio que en cuanto al medio que se examina, se incurrió en la violación señalada, por lo que procede la casación en este punto".

En este último caso, el trabajador devengaba un salario mensual fijo, más el 5% de comisiones por las ventas y cobros que hiciera.

En el caso juzgado por la sentencia del 16 de mayo de 1975, precedentemente citada, los vendedores percibían una retribución mensual fija, más una comisión anual, de monto variable, dependiendo del volúmen de ventas, derecho que se generaba después de cubrir determinada cuota anual.

En ambos casos el criterio de nuestra Corte de Casación descansa principalmente en el carácter complementario del salario por comisión, donde "lo devengado no se causa muchas veces en un día de labor, sino en varios".

Debo afirmar sobre el particular, que el salario ordinario del trabajador es el que éste percibe regularmente por su jornada normal de trabajo, cada semana, quincena o mensualmente, esté integrado por sueldo fijo y comisión o por comisión o sueldo fijo únicamente.; que el salario computable para fines de determinación de los derechos y prestaciones laborales correspondientes al trabajador despedido injustificadamente, es la suma que éste recibe, en forma constante y periódica, sea semanal, quincenal o mensualmente, por lo que las comisiones que se pagan junto con la retribución fija, semanal, quincenal o mensualmente, son susceptibles de ser consideradas como parte del salario ordinario del trabajador, y, por tanto, computables para los fines de pago de las indemnizaciones laborales.

No obstante, éste cómputo o criterio está sujeto, dado el texto de la ley vigente y el citado criterio jurisprudencial, a una cuestión de hecho: la determinación del horario de trabajo del vendedor, ya que si éste no trabaja horas extraordinarias, las comisiones que integran su salario mixto son parte de su retribución ordinaria. Esto no sería así cuando el vendedor, para la ejecución de su labor, no esté sujeto, como normalmente ocurre, a la jornada normal de trabajo de ocho horas diarias.

Por otra parte: en este orden de ideas, nuestra Corte de Casación ha juzgado, que las bonificaciones acordadas, cual que fuese su naturaleza, al no formar parte del pago de las horas ordinarias del trabajo, no deben ser tomadas en cuenta para el cálculo del importe del auxilio de cesantía, etc., en caso de desahucio (Sent. del 3 de diciembre de 1976, B. J. 793, pág. 2057). Igual criterio sostuvo nuestro más alto tribunal de justicia en su sentencia del 6 de diciembre de 1976 (B. J. 793, págs. 2074 y siguientes).

La tendencia de los jueces de los hechos (la Corte de Casación sólo juzga el derecho), es incluir siempre las comisiones dentro del salario computable. Sin embargo, el Juzgado de Primera Instancia del Distrito Judicial de San Pedro de Macorís, en sus atribuciones de tribunal de envío en materia de trabajo, en su sentencia del 3 de abril de 1979, compartió el criterio de nuestra Corte de Casación precedentemente indicado.

B. *Motivos que Pouedan Justificar un Despido*

Como se ha dicho, el despido requiere legalmente, de la existencia de una falta grave e inexcusable del trabajador. Así lo ha reconocido también la jurisprudencia de la Corte de Casación, que ha juzgado que la falta debe ser grave e inexcusable, que haga imposible la continuación del contrato, quedando siempre a control de la Suprema Corte de Justicia, la apreciación de la gravedad de la falta. Las causas legales de despido son las siguientes:

"1) Por haber el trabajador inducido a error al patrono pretendiendo tener condiciones o conocimientos indispensables que no posee, o presentándole referencias o certificados personales cuya falsedad se compruebe luego; 2) Por ejecutar el trabajo en forma que demuestre su incapacidad, ineficiencia o falta de dedicación a las labores para las cuales ha sido contratado; 3) Por incurrir el trabajador durante sus labores en faltas de probidad o de honradez, en actos o intentos de violencia, injurias o malos tratamientos contra el patrono o sus parientes, el capataz o los jefes de la oficina, taller u otro centro de la empresa; 4) por cometer el trabajador, contra alguno de sus compañeros, cualquiera de los actos enumerados en el apartado anterior, si con ello altera el orden del lugar en que trabaja; 5) Por cometer el trabajador, fuera del servicio, contra el patrono o sus parientes o contra los jefes de la empresa, algunos de los actos a que se refiere el ordinal 3° del presente artículo; 6) Por ocasionar el trabajador, intencionalmente, perjuicios materiales, durante el desempeño de las labores o con motivo de éstas, en los edificios, obras, maquinarias, herramientas, materias primas, productos y demás objetos relacionados con el trabajo; 7) Por ocasionar el trabajador los perjuicios graves, mencionados en el ordinal anterior, sin intención, pero con negligencia o imprudencia de tal naturaleza que sean la causa del perjuicio; 8) Por cometer el trabajador actos deshonestos en el taller, establecimiento o lugar del trabajo; 9) Por revelar el trabajador los secretos de fabricación o dar a conocer asuntos de carácter reservado en perjuicio de la empresa; 10) Por comprometer el trabajador, por su imprudencia o descuido inexcusables, la seguridad del taller, oficina u otro centro de la empresa o de personas que allí se encuentren; 11) Por inasistencia del trabajador a sus labores durante dos días consecutivos o dos días en un mismo mes sin permiso del patrono o de quien lo represente, o sin notificar la causa justa que tuvo para ello en el plazo prescrito por el artículo 49; 12) Por ausencia, sin notificación de causa justificada, del trabajador que tenga a su cargo alguna faena o máquina cuya inactividad o paralización implique necesariamente una perturbación para la empresa; 13) Por salir el trabajador durante las horas de trabajo sin permiso del patrono o de quien lo represente y sin haberle manifestado a dicho patrono o a su representante, con anterioridad, la causa justificada que tuviere para abandonar el trabajo; 14) Por desobedecer el trabajador al patrono o a sus representantes, siempre que se trate del servicio contratado; 15) Por negarse el trabajador a adoptar las medidas preventivas o a seguir los procedimientos indicados por la ley, las autoridades competentes o los patronos, para evitar accidentes o enfermedades; 16) Por violar el trabajador cualesquiera de las prohibiciones previates en los ordinales 1ro., 2do., 5to. y 6to. del artículo 41; 17) Por violar el trabajador cualesquiera de las prohibiciones previstas en los ordinales 3° y 4° del artículo 41, después que el Depto. de Trabajo o la autoridad local que ejerza sus funciones lo haya amonestado por la misma falta a requerimiento del patrono; 18) Por haber sido condenado el trabajador a una pena privativa de libertad por sentencia irrevocable; 19) Por cualquier causa prevista en el contrato, siempre que entrañe una falta del trabajador sancionada por leyes represivas o que sea de importancia para la adecuada ejecución del contrato de trabajo; 20) Por enfermedad contagiosa del trabajador o cualquiera otra que lo imposibilite para el desempeño de sus labores, contraída por causa vergonzosa o por falta imputable al trabajador; 21) Por cualquiera otra falta grave a las obligaciones que el contrato imponga al trabajador'' (Art. 78, Código de Trabajo).

El derecho al despido caduca a los 15 días. Este plazo se cuenta a partir de la fecha en que se ha generado tal derecho, es decir, a partir del momento en que el empleador tiene conocimiento de la falta cometida por el trabajador. Durante las vacaciones anuales, el empleador no puede despedir a un trabajador. (Art. 181 del Código de Trabajo).

C. *Motivos que no Pueden Justificar un Despido*

La falta leve ni la levísima pueden justificar legalmente un despido. Tampoco el hecho del estado de embarazo de la trabajadora (Art. 211, modificado, del Código de Trabajo), ni la formación de sindicatos ni la negociación colectiva ni ninguna otra forma de actividad sindical. La Constitución y las leyes consagran el derecho de asociación y la libertad sindical. El Art. 307 del Código de Trabajo, modificado por la Ley 4958, de 1958, prohíbe a los empleadores realizar tácticas desleales o contrarias a la ética profesional del trabajo, reputándose, entre otras, como prácticas desleales, el hecho de ejercer represalias contra los trabajadores en razón de sus actividades sindicales; o despedir, suspender o desahuciar un trabajador por pertenecer a un sindicato. Del mismo modo, el VI Principio Fundamental del Código de Trabajo prohíbe la desigualdad de tratamiento respecto a los trabajadores de una misma empresa, por lo que es ilícito el despido en razón de nacionalidad, raza, sexo, religión, opinión política o actividad sindical. La Constitución de la República

(Art. 8, párrafo 11, letra d) consagra el derecho de huelga de los trabajadores, el cual le es reconocido también en el Código de Trabajo. Por consiguiente, el ejercicio de este derecho no puede justificar un despido. Sin embargo, la suspensión colectiva de labores en violación a la ley puede justificar el despido. Así lo reconoció nuestra Corte de Casación en su sentencia del 20 de noviembre de 1968 cuando juzgó:

> "Considerando: que, en la especie, los trabajadores recurridos suspendieron prematuramente sus trabajos en la fábrica recurrente, sin llenar ninguna de las formalidades requeridas por el artículo 374; que, en esas circunstancias . . . ésta (la empresa) podía, como lo hizo, ejercer el despido conforme al artículo 78 en sus ordinales 11, 12, 13, 19 y 21, sin tener que esperar la decisión de la Corte de Apelación de su caso, puesto que los trabajadores estaban, según consta en la sentencia de la Corte de Apelación que calificó de ilegal la presunta huelga, precisamente por ese motivo, obligados a dar cumplimiento al contrato de trabajo que los ligaba a su patrono; que, además, en este caso, la empresa recurrente, antes de despedirlos, otuvo una certificación de la Secretaría de Estado de Trabajo que declara que los trabajadores recurridos abandonaron su trabajo el 17 de enero de 1967, sin haber antes hecho ante ella la declaración de huelga exigida por la ley, y la empresa les requirío se reintegraran a sus labores, dándoles un plazo al efecto, sin que ellos dieran acatamiento a esa invitación" (Cas. del 20 de noviembre de 1968, B. J. 696, págs. 2590–2591).

IV. RECURSOS CONTRA UN DESPIDO QUE NO ES CONSIDERADO JUSTO

A. *Procedimientos. Recursos. Conciliación y Arbitraje*

Todo despido genera una reacción del trabajador y del sindicato. Aunque la ley no se refiere a los recursos del trabajador dentro de la empresa, los pactos colectivos de condiciones de trabajo preven a veces procedimientos de reclamaciones. En la República Dominicana no existen consejos de empresas ni comisiones paritarias. El sindicato, a través del delegado sindical o del Secretario de Quejas y Reclamos o de Conflictos, o del Secretario General, interviene frente al empleador o sus representantes y, a veces, logra el reintegro del trabajador. Otras veces se dirige a las autoridades de trabajo, las que en ocasiones han logrado que el despido sea dejado sin efecto, pero estas son gestiones sobre las cuales no existe reglamentación alguna de tipo legal ni contractual, y la mayoría de las veces el empleador es renuente a aceptar la intervención del sindicato o de la autoridad de trabajo, considerandose el despido como un hecho cumplido. También el sindicato recurre a la huelga y a otros medios de acción directa. Esto ocurre generalmente cuando el despido afecta un dirigente sindical, la comisión gestora de un sindicato, o algun miembro de la comisión negociadora de un pacto colectivo de condiciones de trabajo.

En la práctica, tan pronto ocurre el despido, o unos días después, el trabajador se encamina al Departamento de Trabajo o ante la autoridad local que ejerza sus funciones, presentado allí una querella por despido injustificado reclamando el pago de los derechos e indemnizaciones que le otorga la ley o la convención colectiva. El Departamento de Trabajo tiene para tales fines la Sección de Querellas y Conciliación, con asiento en la ciudad de Santo Domingo; en el interior del país ésta función se encuentra a cargo del Representante Local de Trabajo.

La conciliación es un preliminar obligatorio de la acción en justicia.

Recibida la querella, el conciliador cita a las partes por ante él a fecha fija, teniendo lugar la audiencia de conciliación. Esta, como se ha visto, tiene carácter administrativo; es obligatoria y previa a todo conflicto, con muy pocas excepciones. Si existe avenimiento entre las partes, la controversia queda dirimida; en caso de desacuerdo, el trabajador puede recurrir a los tribunales de trabajo. En ambos casos se levanta el acta correspondiente. El acuerdo suscrito en conciliación tiene autoridad de cosa juzgada, hace innecesaria la acción en justicia y el trabajador, en caso de incumplimiento, puede recurrir a las vías de ejecución. El conciliador debe limitarse a tratar de acercar a las partes y procurar su entendimiento; está desprovisto de facultad legal para proponer fórmulas de solución, pero esto no se cumple en la práctica.

Un aspecto importante es el valor de las transacciones acordadas en conciliación. Conforme a la Exposición de Motivos del Código de Trabajo vigente, la transacción es pertinente "fuera del vínculo contractual", esto es, después de la terminación del contrato, cuando ha cesado la relación de dependencia; pero prevalece el criterio de que la renuncia, aún en conciliación, a derechos legalmente irrenunciables, carece de validez. Todavía nuestra Suprema Corte de Justicia no ha sentado un criterio firme al respecto, demostrando cierta vacilación, aunque en reciente decisión ha juzgado que el recibo de descargo firmado por el trabajador, donde conste que ha recibido la totalidad de sus derechos, no le impide recurrir a los tribunales cuando no le han sido pagados derechos legalmente irrenunciables.

La conciliación judicial no tiene lugar debido a que los tribunales de trabajo que establece el Código de 1951 todavía no existe, y la administración de justicia está a cargo de los tribunales ordinarios. Solo en los distritos judiciales de Santo Domingo y Santiago, se han establecido, dentro de los tribunales ordinarios, Juzgados de Paz y una Cámara especializados para el conocimiento exclusivo de los conflictos de trabajo.

No existen juntas o tribunales arbitrales de carácter permanente, sino que las partes pueden, en ocasión de un conflicto dado, someter voluntariamente la controversia a la decisión de árbitros elegidos por ellas al efecto. "En todos los casos de conflictos de trabajo—dispone el Art. 386 del Código de Trabajo—*sea cual sea su naturaleza,* los patronos y trabajadores o las asociaciones que les representen, pueden acordar su sumisión al juicio de árbitros libremente escogidos por ellos".

El arbitraje obligatorio tiene lugar únicamente en los conflictos de intereses no resueltos por avenimiento directo ni por medio de la conciliación o mediación administrativa; en casos de huelga.

B. *El Fardo de la Prueba*

En la conciliación administrativa como en juicio, prevalece el principio *actor incumbit probatio,* por lo que quien alega un hecho a su favor, debe probarlo. Al trabajador corresponde probar pues, el hecho del despido. Sin embargo, predomina el principio de la libertad de pruebas, las que no están tarifadas ni se imponen al juez, quien está en libertad de apreciar soberanamente el valor de las mismas y de ordemar todas las medidas de instrucción que estime pertinentes para el esclarecimiento del caso. Existe el doble grado de jurisdicción; no es obligatorio el ministerio de abogado; la justicia es gratuita; no hay nulidades de procedimiento y prevalece la tendencia de fallar los casos con criterio de equidad, al margen de todo riguroso legalismo.

C. *Medidas de Reparación en Caso de Despido Injustificado*

La ley dominicana sólo prevé el pago de indemnizaciones en caso de despido injustificado; esta reparación económica es igual al salario del preaviso y a 15 días de salarios por cada año de servicio prestado, a título de auxilio de cesantía, estas prestaciones son igules a las percibidas por el trabajador cuyo contrato termina por desahucio, aunque si existe litigio, el trabajador tiene derecho a los salarios caídos, cuyo monto, según el Art. 84 del Código de Trabajo, no puede exceder de tres meses de salarios. No se preve la anulación del despido ni el reintegro del trabajador, ni el pago de los salarios correspondientes; pero la acción en nulidad o inexistencia del despido, aunque no prevista por la ley de trabajo, no está prohibida por aplicación de las normas de derecho común.

La legislación dominicana no establece un régimen de establidad aceptable. No existe la estabilidad propia o absoluta, sino la relativa o impropia, por ejemplo, las previsiones del Art. 211, reformado, del Código de Trabajo, sobre el despido de la mujer embarazada y las previsiones en los convenios colectivos de condiciones de trabajo que disponen el pago de salarios indemnizatorios por encima de las indemnizaciones legales por despido o desahucio. El citado artículo 211 acuerda el pago adicional de cuatro meses de salarios a la mujer despedida en estado de embarazo; en los pactos colectivos, cuando el patrono no renuncia al derecho de desahucio, se acuerda que puede recurrir a este derecho, en cuyo caso se conviene el pago de determinada suma. Otras veces se pacta que, cuando el desahucio obedece a causa de la automación o a razones técnicas o económicas graves o a un accidente, el empleador debe procurar dentro de la empresa, un nuevo trabajo, si es posible, al trabajador. Son cada vez más frecuentes las cláusulas donde el empleador renuncia al desahucio de los dirigentes sindicales y se conviene el pago de una indemnización cuando se ejerce el desahucio hasta un año después o más del trabajador haber cesado en sus funciones como dirigente sindical. El laudo arbitral del 12 de mayo de 1980, dictado por la Corte de Apelación de San Francisco de Macorís en ocasión del conflicto de intereses surgido entre la Compañía Dominicana de Alimentos Lácteos (CODAL), y el Sindicato de Trabajadores de dicha empresa, en su cláusula No. 3 sobre "Inamovilidad sindical", dispone la renuncia de la empresa del derecho de desahucio de los miembros de la directiva del sindicato señalados en la citada cláusula, durante "el lapso" de "hasta ocho (8) meses después de haber cesado en sus respectivos cargos". Pero el criterio de nuestra Corte de Casación es que el desahucio es un derecho irrenunciable. (Sents. del 27 de agosto de 1971, B. J. 729, págs. 2470, 2478 y 2486; B. J. 780, noviembre de 1975, pág. 2300. Véase además, Manuel Bergés Chupani, Jurisprudencia de Trabajo, 1967–1972, tomo I, UNPHU, 1975, pág. 191, Núm. 533.

La Ley 80, de 1979, constituye una forma de estabilidad impropia o relativa, pues tiende a preservar el empleo imponiendo al patrono el pago del auxilio de cesantía a la terminación de ciertos contratos de trabajo de duración limitada.

Actualmente cursan en el Congreso Nacional diversos proyectos de leyes sobre estabilidad laboral, algunos de los cuales establecen la estabilidad absoluta de los dirigentes sindicales y de los trabajadores fundadores de un sindicato o miembros de la comisión negociadora de un pacto colectivo de condiciones de trabajo. Pero estos proyectos han encontrado fuerte oposición del sector empresarial, la indecisión o vaciliación de los legisladores y la apatía del gobierno.

V. PROCEDIMIENTOS QUE SIGUEN EL DESPIDO

A. Certificado de Trabajo

A la terminación de todo contrato de trabajo, sea por despido o por cualquier otra causa, el empleador debe dar un certificado al trabajador, a petición de éste, que exprese: a) la fecha de su entrada; b) la fecha de su salida; c) la clase de trabajo ejecutado; y d) el salario que devengaba. Esta obligación está prevista en el Art. 63 del Código de Trabajo. En la práctica tiene escaso cumplimiento.

B. *Prioridad de Recontratación*

La ley dominicana no dispone el reinstalo o reintegro del trabajador después de la terminación de su contrato por despido ni establece una prioridad de recontratación a su favor. Tampoco prevé una opción que permita al trabajador escoger entre reintegrarse al trabajo o recibir el pago de indemnizaciones. A la terminación de su contrato, el trabajador sólo tiene derecho a las indemnizaciones legales o contractuales correspondientes. Nuestra Corte de Casación en 1967, revocó una decisión de la Cámara de Trabajo del Distrito Nacional que había ordenado que los directivos de un sindicato de trabajadores protegidos por una cláusula de inamovilidad sindical de un laudo arbitral, despedidos por su "participación en una huelga política e ilegal", fuesen reintegrados a sus respectivos cargos. Al adoptar esta decisión, nuestro más alto tribunal de justicia afirmó que "la obligación que de esa cláusula resultaba para la empleadora era una obligación de *no hacer,* cuyo incumplimiento mediante desahucio o despido injustificado, no podía entrañar jurídicamente, a cargo de la empleadora, la obligación de reintegrar los trabajadores despedidos por virtud de una orden judicial de ejecución forzosa, sino el derecho, en provecho de los trabajadores, de reclamar daños y perjuicios, siempre que la decisión de la empleadora les ocasionara un perjuicio individual; que la solución indicada para tales casos resulta del Art. 118 del Código de Trabajo, aplicable, según el Art. 656 de dicho Código, al laudo arbitral; que "el texto de esa disposición legal muestra obviamente, en el se ha tenido en cuenta la diferencia de las situaciones que surgen, entre los patronos y los trabajadores cuando cualesquiera de las partes incumple una obligación, a fin de que el incumplimiento de las obligaciones de dar se resuelvan por ejecución forzosa, pero, en cambio, las de hacer o no hacer, en daños y perjuicios; que la solución del Art. 188 está evidentemente establecido tanto en protección de la libertad personal de los patronos como de los trabajadores, ya que resultaría tan intolerable para el orden social obligar a un patrono a tener en su inmediata cercanía a un trabajador que no le acomode, como obligar a un trabajador a laborar junto a un patrono o a conformarse forzosamente a un trabajo o empleo que no le convenga, todo lo que sería volver a los tiempos de las servidumbres personales hace siglos suprimidas; que, por otra parte, la solución que resulta del citado artícula 18 para el caso de las obligaciones de hacer o no hacer entre empleadores y trabajadores, no es más que una aplicación partícular del principio de nuestro sistema jurídico consagrado en el Art. 1142 del Código Civil, según el cual, toda obligación de hacer o de no hacer se resuelve en daños y perjuicios; que, en la especie, la sentencia impugnada al confirmar la de primer grado que condenó a la empresa ahora recurrente a recibir por vía de reintegración a los cuatro trabajadores que había despedido, violó como lo alega la recurrente en el medio que se examina, el Art. 1142 del Código Civil, y debe ser casado en cuanto a ese punto". (Sent. del 24 de mayo de 1967, B. J. 678, págs. 874–883).

Al tenor del Art. 379 del Código de Trabajo, la huelga ilegal termina sin responsabilidad para el empleador los contratos de trabajo de los trabajadores que han participado en ella, pero "en caso de que intervengan nuevos contratos con los mismos trabajadores o con una parte de estos, las condiciones de trabajo serán las que regían antes de iniciarse la huelga, a menos que el patrono acepte u ofrezca otras mejores para los trabajadores". En nuestro derecho no existe otro texto legal que se refiera de modo directo o indirecto a la recontratación de trabajadores después de la terminación del contrato, aunque el Art. 2 de la Ley 80, de 1979, al agregar un párrafo al Art. 12 del Código de Trabajo, trata sobre la contratación sucesiva de trabajadores por un mismo empleador en más de una obra determinada y dispone que en estas situaciones existe una presunción de contrato de trabajo por tiempo indefinido; pero según el citado párrafo de la referida ley, "las condiciones para la aplicación de esta regla serán determinadas por reglamento del Poder Ejecutivo'', reglamento que todavía no ha sido elaborado.

Algunas convenciones colectivas se refieren, como se ha dicho, a los trabajadores despedidos por razones técnicas, económicas, de fuerza mayor o automación, disponiendo la obligación de reubicar dichos trabajadores dentro de la empresa, en otra ocupación, si ello fuere posible.

C. *Notificación de Prestaciones por Paro Forzoso*

La legislación dominicana sobre trabajo y seguridad social no estipula el pago de prestaciones por paro forzoso, dependiendo el asunto del libre juego de la libertad contractual de las partes.

En algunas convenciones colectivas se consagra la obligación del empleador de ''pagar el salario a los trabajadores que se vieren imposibilitados de recurrir al centro de trabajo o de prestar sus servicios por causa de huelga o interrupción de actividades por perturbación grave del orden público, ciclones o mateoros, guerras, motín o cualquier otro hecho o situación de violencia que no fueren causados o provocados por ellos o por el sindicato y en la que no tuvieren participación y que puedan poner en peligro la integridad física de los trabajadores, así como en los casos en que el empleador se viere obligado a mantener cerrados los locales de trabajo por los mismos motivos'', situaciones en las que ''no se hará ninguna deducción del salario a los trabajadores''. Una cláusula en este sentido puede leerse en el pacto colectivo suscrito entre la Compañía Dominicana de Teléfonos, C. por A. y el Sindicato Nacional de Trabajadores Telefónicos (SNTT).

El caso fortuito o de fuerza mayor, el cierre de la empresa o la reducción definitiva del trabajo resultantes de la falta de elementos para continuar la explotación, la incosteabilidad de la misma u otra causa análoga, al tenor del Art. 67 del Código de Trabajo, modificado por la Ley 80 de 1979, son causas de terminación del contrato sin responsabilidad para las partes. Pero, ''si el patrono está asegurado en el momento en que se produce un siniestro, deberá, al recibir la indemnización por concepto del seguro, reconstruir la empresa en proporción del valor recibido o de lo contrario indemnizar equitativamente a los trabajadores. En este último caso se presumirá que el trabajador tiene derecho a un valor igual al del auxilio de cesantía determinado de acuerdo con la escala del Art. 72'' del Código de Trabajo, que fija el monto de esta indemnización legal.

Sobre este partícular, el artículo 17 del Reglamento 7676, de 1951, para la aplicación del Código de Trabajo, dispone lo siguiente:

''Si a la terminación del contrato de trabajo por caso fortuito, o fuerza mayor, el patrono tiene los bienes de la empresa asegurados contra riesgos, deberá al recibir los valores del seguro reconstituir la empresa en la proporción del valor recibido, o de lo contrario indemnizar equitativamente a los trabajadores. En este última caso, el Departamento de Trabajo o la autoridad local que lo represente, debe ser advertida por el patrono o por los trabajadores, para que realice todas las investigaciones que sean necesarias, para determinar la suma que corresponde a cada trabajador por concepto de indemnización, o el estado en que se encuentre el asunto en caso de controversia entre la empresa y su asegurador''.

VI. PROCEDIMIENTOS ESPECIALES EN CASO DE REDUCCION DE PERSONAL

A. *Autorización de las Autoridades Públicas*

La ley dominicana es parca en cuanto a la reducción de personal. Ella solo consagra cuatro breves artículos a la materia. Uno de ellos, el Art. 28 del citado

Reglamento 7676, de 1951, dispone que:

"En los casos que haya necesidad de disminuir el personal de una empresa, el patrono, antes de realizar dicha disminución, debe comunicarlo al Departamento de Trabajo o a la autoridad local que ejerza sus funciones, a fin de que se pueda comprobar el cumplimiento de los artículos 131 y 132 del Código. PARRAFO I. Las disposiciones del artículo 133 del Código de Trabajo, son aplicables a los casos indicados en los Arts. 131 y 132 de dicho Código".

En la práctica, el Departamento de Trabajo participa en forma activa en estos casos, sobre todo cuando se trata de reducción de personal en la industria de la construcción, por terminación total o parcial de la obra, aplicando el Art. 12 del Código de Trabajo conforme al cual, "si en el curso de la ejecución de la obra o de parte de ella hay necesidad justificada por la naturaleza del trabajo de reducir el número de trabajadores, se seguirán las reglas establecidas en el Art. 132 del Código de Trabajo. Esta reducción se operará de acuerdo con las necesidades del trabajo".

Sin embargo, como se ha dicho precedentemente, en otra parte de este informe, dichas reglas no se cumplen; son letra muerta. Los empleadores y las autoridades rehuyen su aplicación y los sindicatos las ignoran perdiéndose en alegaciones políticas.

El empleador acostumbra a dirigir una carta al Departamento de Trabajo o al Representante Local de Trabajo informando el hecho de la terminación total o parcial de la obra, anexándole una nómina o relación de los trabajadores afectados. La autoridad de trabajo comisiona uno o varios inspectores para realizar las investigaciones pertinentes y, posteriormente, dicta una resolución al respecto, la cual puede ser impugnada por ante el Secretario de Estado de Trabajo. Este fallo puede a su vez ser recurrido por ante la Cámara de Cuentas, en funciones del Tribunal Superior Administrativo. La parte interesada tiene derecho, si lo cree conveniente, de apoderar, en vez de la jurisdicción contencioso administrativa, a los tribunales de trabajo. Nuestra Corte de Casación ha juzgado que:

"Si bien las resoluciones del Departamento de Trabajo pueden ser impugnadas ante el Secretario de Estado de Trabajo, nada se opone a que los hechos que sirvieron de base a las mismas sean impugnados ante el tribunal de trabajo, prescindiendo de ese recurso administrativo. B.J. 777, pág. 1492" (William C. Headrick, Compendio de Legislación y Jurisprudencia Dominicanas, pág. 311).

Headrick cita otra decisión de nuestra Corte de Casación, según la cual "Los jueces pueden apreciar libremente una resolución del Secretario de Estado de Trabajo, sin necesidad de que la parte que la impugna recurra primero ante la Cámara de Cuentas en funciones de Tribunal Superior Administrativo. B.J. 779, pág. 1866".

El criterio de dicha Corte de Casación es que "las decisiones de la Secretaría de Estado de Trabajo, en las materias en que su actuación o mediación está prevista por la ley, cuando de ellas resulte un perjuicio o un agravio particular, sea a los trabajadores o a los patronos, no pueden ser últimas y definitivas, ya que de serlo, estarían actuando como jueces; que, por tanto, esas decisiones, cuando se refieren a casos en controversia, deben ser susceptibles de una depuración contradictoria que asegure el imperio de la justicia en las relaciones obrero-patronales; que siendo en tales casos las partes en conflicto personas que defienden intereses privados, como lo son los trabajadores y los patronos, es incuestionable que esa depuración contradictoria debe estar a cargo de los tribunales laborales . . ." (B. J. 724, Cas. del 3 de marzo de 1971, pág. 605).

B. *Consulta o Negociación con los Sindicatos u Otros Representantes de los Trabajadores*

El movimiento sindical dominicano es relativamente jóven y se encuentra profundamente dividido. La mayoría de los trabajadores no están agrupados en sindicatos; tampoco existen Comités de Empresas ni Consejos Paritarios ni delegados obreros en las mayorías de las empresas nacionales.

Los empleadores son reacios a admitir la formación de sindicatos y a reconocer los delegados obreros en la empresa. La ley es muda al respecto. Los sindicatos son más fuertes en las grandes empresas comerciales e industriales y en algunas empresas, entidades o servicios del Estado. Ni la Constitución ni las leyes de trabajo permiten sindicatos en la administración pública, aunque estos existen de hecho, y, en ocasiones, hasta han llegado a ser reconocidos como tales por la Secretaría de Estado de Trabajo, llegando incluso a negociar pactos colectivos de condiciones de trabajo.

En las ocasiones en que hay o ha habido necesidad de reducir el personal por terminación total o parcial de la obra, por razones técnicas o derivadas del mercado nacional o internacional del producto elaborado por la empresa u otras causas, el sindicato ha sido consultado y la reducción de personal se ha hecho con la anuencia del sindicato y de las autoridades de trabajo. El caso más reciente es el de la Falconbridge Dominicana, C. por A., donde el sindicato de la empresa y la Secretaría de Estado de Trabajo han concertado la reducción de personal de esa empresa, aunque no se ha seguido al efecto las reglas y condiciones que para la reducción de personal establecen los Arts. 131 y 132 del Código de Trabajo, ni este funcionario ha hecho uso ni se ha referido al Art. 133 de dicho Código, sino que se ha recurrido al desahucio masivo de trabajadores, o terminación unilateral del contrato por la voluntad del empleador, pagando a los trabajadores las indemnizaciones legales pertinentes, más una suma adicional.

C. *Medidas de Prevención de la Reducción de Personal*

La ley dominicana no se refiere expresamente a las medidas que permitan prevenir una reducción de personal; tampoco existen organismos estatales que por sí o con la colaboración de empleadores y trabajadores tengan a su cargo la elaboración y la aplicación de una política nacional de relaciones laborales que incluya, entre otras cosas, naturalmente, la prevención y solución de los conflictos de trabajo y las medidas que permitan prevenir una reducción de personal.

En ocasiones se ha recurrido a la congelación de los salarios, pero con mayor frecuencia se hace uso de la suspensión temporal de los contratos, la reducción de la jornada normal y al trabajo interdiario. La reducción de salario, con la aceptación de los trabajadores, o a través de la Secretaría de Estado de Trabajo, ha sido también empleada como un medio de evitar la reducción de personal.

D. *Criterio de la Selección de los Trabajadores Afectados*

Los Arts. 131 y 132 del Código de Trabajo fijan los criterios de selección de los trabajadores afectados o por una reducción de personal. El primero de estos textos dispone:

"En caso de que haya necesidad de disminuir el personal de una empresa, por causas autorizadas por la ley, las reducciones deben ser hechas en el siguiente orden:

1. Trabajadores extranjeros solteros;

2. Trabajadores extranjeros casados;

3. Trabajadores extranjeros casados con personas dominicanas;

4. Trabajadores extranjeros que hayan procreado hijos dominicanos;

5. Trabajadores dominicanos solteros;

6. Trabajadores dominicanos casados".

El segundo artículo consagra:

"En igualdad de condiciones se declararán cesantes los que hayan trabajado menos tiempo y si todos tienen el mismo tiempo de servicio el patrono tendrá derecho a elegir, salvo convención contraria".

Y el Art. 28 del Reglamento 7676 de 1951, supracitado, trata sobre la denuncia de la reducción de personal al Departamento de Trabajo y la actuación al respecto de las autoridades administrativas de trabajo.

E. *Medidas Especiales*

La ley no se refiere a las medidas que permitan atenuar los efectos de una reducción de personal. En la práctica, los trabajadores calificados son preferiblemente retenidos por las empresas o consiguen fácilmente trabajo con otro empleador. El Banco de los Trabajadores facilita normalmente préstamos a los trabajadores, aunque no en ocasión de la reducción de personal, pero estos préstamos, unidos a otros provenientes del propio patrono, así como el pago de indemnizaciones adicionales en caso de despidos o desahucios masivos contribuyen a atenuar los efectos de la reducción de personal, los cuales en países como la República Dominicana, son particularmente graves, debido entre otras cosas, a la alta tasa de desempleo y a la permanente inestabilidad económica y política, a lo que se une actualmente la grave crisis que afecta la economía mundial con depresión económica, inflación y desempleo. Los sindicatos de trabajadores son pobres, careciendo de orientación, asesoramiento y recursos para hacer frente a semejantes situaciones, no existiendo una legislación ni institución especial alguna destinada o que permita atenuar los efectos de una reducción de personal. El régimen nacional de seguridad social no cubre el seguro de desempleo ni dispone el pago de subsidios temporales o especiales en estos casos.

VII. SEGURIDAD EN LAS INDEMNIZACIONES DEL TRABAJADOR DESPEDIDO

A. *Prestaciones Pagadas por el Empleador*

El Art. 84 del Código de Trabajo establece las prestaciones que debe pagar el empleador en caso de despido injustificado, las cuales son: el salario correspondiente al preaviso, el auxilio de cesantía, cuyo monto fija el Art. 72 de dicho Código (15 días de salarios por cada año de servicio prestado), y en caso de litigio, los salarios "que habría recibido el trabajador desde el día de su demanda hasta la fecha de la sentencia definitiva dictada en última instancia, pero esta suma no puede exceder de los salarios correspondientes a tres meses". La ley no prevé el pago de indemnización por antiguedad ni dispone la obligación de pagar otras prestaciones adicionales; los trabajadores altamente calificados y algunos sindicatos, a través de la negociación colectiva, han logrado el pago de prestaciones especiales en caso de despido o desahucio. Las cláusulas de inamovilidad sindical acostumbran a disponer el pago de una indemnización especial en caso de desahucio o despido injustificado de los dirigentes o delegados del sindicato; otras veces, como aparece en el pacto colectivo suscrito entre la Compañía Dominicana de Teléfonos, C. por A. y el Sindicato Nacional de Trabajadores Telefónicos, el empleador se obliga a pagar al trabajador desahuciado, además de las prestaciones que le acuerda la ley, una suma proporcional a los años de servicios prestados, que van desde quince días de salario adicional para los trabajadores de hasta un año de servicios hasta cinco meses de salario adicional para los trabajadores de más de quince años de servicios. El cálculo de estas prestaciones "se hará en base al salario que devengue el trabajador al momento de producirse el desahucio".

A la terminación del contrato de trabajo por vejez, o ancianidad, el trabajador sólo tiene derecho al pago del auxilio de cesantía, cuyo monto no puede exceder de los salarios de un año, suma que el trabajador pierde "si queda protegido por una jubilación, pensión de vejez o de retiro" (Art. 74, Cód. de Trab.). Pero los tribunales han limitado la aplicación de este texto legal a las pensiones no contributivas.

B. *Prestaciones Pagadas Bajo un Régimen de Seguro por Paro Forzoso*

En la República Dominicana no existe un régimen de seguro por paro forzoso. La ley no se refiere a ello y el Instituto Dominicano de Seguros Sociales (IDSS) no cubre esta cobertura.

C. *Prestaciones Pagadas Bajo Otro Régimen de Seguridad Social*

La ley 80 de 1979 dispone, al modificar el Art. 66 del Código de Trabajo que el trabajador o sus causahabientes tendrán derecho al pago del auxilio de cesantía cuando el contrato de trabajo termine por la muerte o incapacidad física del trabajador, por la enfermedad de éste o su ausencia o incumplimiento de sus obligaciones por causa justificada que le haya impedido concurrir a sus labores por un período total de más de un año, contado desde el día de su primera inasistencia, igual derecho le corresponderá si el contrato de trabajo termina por agotamiento de la materia objeto de una industria extractiva.

La Ley 1896 de 1948, sobre Seguro Social Obligatorio, modificada por las Leyes 906 de 1978 y 36 de 1979, extiende el campo de aplicación del Seguro Social Obligatorio hasta los trabajadores permanentes que devenguen salarios con límite de $70.00 semanales ó $303.00 mensuales, los que además de las prestaciones médicas y económicas por efecto de las citadas leyes 906 y 36, han resultado favorecidos con:

a) La reducción a tres (3) días del período no subsidiado por incapacidades para el trabajo (Art. 46, reformado, Ley No. 1896).

b) Aumento del tope de la escala de valores asignados para gastos de sepelio, según categoría de salarios (entre $100.00 y $200.00, en vez de $60.00 a $120.00, Art. 49, reformado, Ley 1896).

c) Aumento del 10% al 15% del subsidio de lactancia durante 12 meses en vez de 8 meses (Apartado C, Art. 50 Ley 1896).

d) Extensión de ocho a doce meses del período a cubrir por el subsidio de lactancia y aumento del subsidio del 10% al 15% del salario (Art. 50, apartado d), Ley 1896).

e) Extensión delperíodo de asistencia pediátrica de los recién nacidos hijos de asegurados, de ocho a doce meses (Art. 50, Apartado d) Ley 1896).

f) Aumento del 33% al 60% sobre salarios promedio del importe de los capitales de defunción, acordados a los derechohabientes de los asegurados fallecidos (Art. 67 Ley 1896).

g) Libre elección de servicios médicos-hospitalarios en centros médicos privados, según reglamentos, convenios y tarifas establecidos por el IDSS (Art. 76, Ley 1896).

Asímismo, la Ley 907 de la misma fecha, que modifica la Ley 385 sobre Accidentes del Trabajo, aumenta sustancialmente los beneficios por concepto de indemnizaciones y compensaciones dentro de ese sistema, ascendente que algunus casos a más del 200%, sin aumentar las primas de las pólizas expedidas a los patronos. Estos aumentos consisten:

1) Aumento de $10.00 a $30.00 semanales para el tope de compensaciones por incapacidad temporal, extendiéndose a $2,400.00 el valor total de pagos por ese concepto en vez de $800.00 (Art. 2, inciso 2, Ley 385, sobre Accidentes del Trabajo).

2) Aumento de $2,000.00 a $5,000.00 del valor máximo a pagar a los derechohabientes, en caso de muerte por accidente del trabajo (Art. 3, párrafo único, Ley 385, sobre Accidentes del Trabajo).

3) Reducción de seis días a tres días del período no comprendido por incapacidad temporal, según la disposición legal vigente (Párrafo II del Art. 7, Ley 385 citada).

4) Aumento de cuatro a veinticinco horas, del plazo para avisar al patrono de la ocurrencia del accidente (Art. 4, ordinal 4, párrafo 1. Ley 385 sobre Accidentes del Trabajo).

5) Aumento de $40.00 a $150.00 de la contribución para gastos de sepelio, que debe hacer el asegurador (IDSS) (Art. 3, Ley 385, citada).

6) Aumento de 100 a 160 semanas del período de indemnizaciones por incapacidad total y permanente, extendiéndose el valor total de pagos por este concepto a $4,800.00 en vez de $1,600.00 (Art. 2, inciso 3, Ley 385, sobre Accidentes del Trabajo).

7) Aumento integral de la escala de indemnizaciones por incapacidad temporal, extendiéndose al valor total de pagos por este concepto a $3,600.00 en vez de $1,200.00 (Art. 2, ordinal 4, parte in fine, Ley 385 sobre Accidentes del Trabajo).

La referida Ley 1896 de 1948, al consagrar el seguro de vejez, otorga pensiones vitalicias a los trabajadores o les devuelve sus cuotas personales cuando no cumplen los requisitos exigidos por dicha ley para disfrutar de la pensión de vejez. La edad de retiro, sin distinción de sexo, es de 60 años. Pero, a solicitud de los asegurados que se inscriban después de haber cumplido los 45 años, la edad de retiro se prolonga hasta los 65 años. Para el disfrute de la pensión básica en la proporción que señala la ley, el asegurado debe asegurar el pago de 800 cotizaciones semanales. Este es el período de calificación.

La pensión de vez se compone de una cuantía igual al 40% del salario promedio y de un suplemento del 2% por cada 100 cotizaciones o su proporción de las que excedan de 800 cotizaciones, así como de las asignaciones por carga de familia.

La pensión y los suplementos se calculan sobre el salario promedio recibido por el trabajador asegurado en los últimos 4 años de trabajo. La pensión de vejez se mejora hasta un 5% si el asegurado tiene cónyuge, hijos menores de 14 años o ascendiente a su cargo, siempre que sea mayor de 60 años o inválido y no reciba otra pensión. El monto máximo de la pensión de vejez no puede exceder del 70% del salario promedio, incluyendo los suplementos y la asignación precedentemente mendionados.

Si el asegurado ha pagado menos de 400 cotizaciones no tiene derecho a pensión de vejez, pero se le devuelven sus ahorros personales con intereses acumulados al 5% anual. El pago de la pensión de vejez se suspende si el asegurado se ocupa de una labor asalariada comprendida en el seguro social obligatorio o si está domiciliado en el extranjero.

Las prestaciones y subsidios que ofrece el Instituto Dominicano de Seguros Sociales (IDSS) no gozan del beneplácito ni de la aceptación de los patronos ni de los trabajadores. Los sindicatos exigen y generalmente obtienen en la negociación colectiva, la obligación del empleador de establecer seguros privados que garanticen a los trabajadores prestaciones médicas y de hospitalización y el pago de subsidios paralelos superiores a los otorgados por el IDSS, lo que ha convertido al seguro social obligatorio en un mero impuesto, limitandole a los trabajadores de menor ingreso en la escala social, los cuales en su gran mayoría tienen al menos recurrir al IDSS, y cuando lo hacen, son obligados por circunstancias extremas o agobiante necesidad.

El Art. 74 del Código de Trabajo, al cual hemos hecho referencia anteriormente, dispone que "No tiene derecho a auxilio de cesantía el trabajador que al terminar su contrato queda protegido por una jubilación, pensión de vejez o retiro". Este texto legal ha sido modificado implícitamente por la Ley 80 de 1979, que otorga tal beneficio al trabajador cuyo contrato de trabajo termina, como se ha dicho precedentemente, por enfermedad del trabajador, su incapacidad física o mental, u otra causa justificada que le haga imposible asistir a su trabajo por determinado tiempo, o le imposibilite para cumplir con sus obligaciones o trabajo habitual.

Abundando en esto último, cabe señalar que la jubilación implica la declaratoria de *incapacidad o inutilidad* para el trabajo convenido, por enfermedad, vejez u otra causa que impida al trabajador de largos años de servicios desempeñar normalmente sus actividades habituales, sin que ello implique en modo alguno la comisión de una falta imputable al trabajador como causa de la terminación del contrato; que la jubilación, generalmente, sobre todo en nuestro país, es un acto unilateral del patrono, pues la mayoría de las veces los trabajadores no están de acuerdo con su jubilación; que, en este orden de ideas, la Ley 80, de 1979, posterior al Art. 74 del Código de Trabajo, en los casos de terminación del contrato por enfermedad o incapacidad del trabajador, consagra expresamente a éste el beneficio del auxilio de cesantía, lo que implica la derogación implícita, en el caso de referencia, del Art. 74 del Código de Trabajo.

La referida ley 80 además, trasmite el beneficio del auxilio de cesantía *a los causahabientes del trabajador* en caso de fallecimiento de éste, lo que ha hecho pensar que convierte este beneficio en un derecho adquirido que sólo se pierde por la comisión de una falta grave prevista por la ley.

La Suprema Corte de Justicia no ha fijado aún su criterio sobre estos puntos, pero el Juzgado de Paz de Trabajo del Distrito Nacional, mediante sentencia de fecha 7 de agosto de 1980, juzgó que "las previsiones del Art. 74 del Código de Trabajo *no se refieren a la pensión contributiva que el trabajador recibe con la aportación de parte de su salario mensualmente*, sino que dicho texto se refiere a la pensión "que se constituye *por la aportación única y exclusiva de la empresa*, pues sería ilógico pensar que en el caso de la especie, que la trabajadora admita que parte de su salario se le redujera mensualmente para luego entregarsele en calidad de pensión y al mismo tiempo renunciar a las prestaciones del Código de Trabajo, cláusula ésta que de incluirse en una convención sería nula en virtud del Principio IV del citado Código", según el cual "Los derechos reconocidos por la ley a los trabajadores, no pueden ser objeto de renuncia o limitación convencional. Es nulo todo pacto en contrario''. Este criterio fue ratificado por la Cámara de Trabajo del Distrito Nacional en su sentencia del 30 de enero de 1981, juzgando que:

> Considerando: que sostiene igualmente el Banco de Reservas que al quedar protegida la señora Gladys Cossio de Montalvo al terminar su contrato de trabajo con éste, con una jubilación de RD$773.00 mensuales durante el primer año, y de RD$549.00 mensuales, en forma vitalicia, no tiene derecho al auxilio de cesantía al tenor del Art. 74 del Código de Trabajo, pero como ha juzgado el tribunal *a-quo*, la suma otorgada por pensión a la demandante, tiene su causa en una obligación proveniente de los aportes mensuales que de su retribución o salario hizo la señora Cossio de Montalvo; que *este hecho da a esa pensión una cáracterística distinta a la pensión de que trata el referido Art. 74 del Código de Trabajo*, pues resultaría ilógico y hasta contraproducente, que un trabajador contribuya regularmente con parte de su salario ordinario durante su vida útil y de trabajo para merecer una pensión vitalica, si con ella pierde los beneficios del auxilio de cesantía instituído con carácter irrenunciable por el IV Principio Fundamental del Código de Trabajo; que además, en la especie, la pensión otorgada a la demandante le fue impuesta por la voluntad unilateral del Banco quien la separó también por su sola voluntad de su cargo, sin que mediara el consentimiento de la demandante; que en tales circunstancias, no puede considerara e que esa pensión prevista en el Art. 74 del Código de Trabajo; que tampoco esta pensión puede privar a la demandante de los beneficios de la compensación que prevé el Art. 38 de la Ley Orgánica del Banco, porque como se ha establecido precedentemente, esta no es una prestación de carácter laboral, sino un beneficio de carácter social, instituído en provecho de funcionarios y empleados públicos'' (pág. 11 in fine y 12, sentencia del 30 de enero de 1981, dictada por la Cámara de Trabajo del Distrito Nacional).

Los empleadores acostumbran a jubilar voluntariamente a sus trabajadores de largos años de servicios, otorgándoles el disfrute de una pensión vitalicia y pagándoles al mismo tiempo la totalidad de sus derechos y prestaciones laborales. La ocasión es arpovechada generalmente para condonar las deudas del trabajador por concepto de anticipos de salario o cualquier otra causa, o hacerle alguna gratificación especial. Par ello recurren a la forma de terminación de la relación de trabajo por mutuo consentimiento, efectuada sea por ante el Departamento de Trabajo o por ante un Notario Público. Basta citar a título de ejemplos, la terminación del contrato operada entre la Compañía Dominicana de Alimentos Lácteos, C. por A. (CODAL) y el señor José Salvador Tavares Luna, en fecha 6 de octubre de 1981, por ante el Director General de Trabajo, y la terminación por mutuo consentimiento del contrato de trabajo del señor Andrés Corcino Fanduiz González con la Freites Hermanos, C. por A. en fecha 19 de noviembre de 1981.

En este orden de ideas, vale citar también la Resolución No. 2/78, del 11 de enero de 1978, del Banco Nacional de la Vivienda, conforme a la cual, *"ponderando la práctica empresarial* de retribuir adecuadamente al personal que ha demostrado lealtad a la institución mediante la prestación de largos años de servicios'', se otorga ''al personal que no sea separado de sus funciones por causas graves, el importe de un mes de sueldo por cada año cumplido o porcentaje de fracción, sin que este beneficio esté limitado a la cantidad equivalente al sueldo o salario de un año''.

D. *Combinación de Diferentes Prestaciones*

Como se ha señalado precedentemente, se acostumbra en la República Dominicana al terminar la relación de trabajo de ciertos trabajadores, pagarles sus derechos y prestaciones laborales acompañadas de sumas adicionales o condonación de deudas por anticipos de salarios u otros conceptos, sin que este pago excluya aquellas prestaciones y derechos de carácter contractual derivadas del contrato individual de trabajo o del pacto colectivo de condiciones de trabajo. La práctica revela una riqueza y una gran variedad de formas que mezclan y combinan el pago de diversas prestaciones.

El desahucio y la terminación por mutuo consentimiento no son los únicos medios utilizados. También se recurre al recibo de descargo, la transacción, el desistimiento y a otros medios y procedimientos.

Cabe advertir que todo recibo de descargo, terminación del contrato, sea cual sea su forma, desistimiento o transacción que implique renuncia de parte del trabajador de derechos legalmente irrenunciables es nula, pudiendo el trabajador, consecuentemente, ejercer las acciones en justicia que fueren pertinentes. Del mismo modo, la ley establece que a la terminación del contrato el empleador debe pagar el auxilio de cesantía y los derechos correspondientes al trabajador aún cuando éste pase a prestar servicios a otro empleador.

Otra disposición legal establece que el cambio, cesión o transferimiento de un trabajador a otra empresa, o de una empresa a otra, esto es, que la sustitución de patrono no extingue ni lesiona ni altera los derechos del trabajador, siendo solidariamente responsables tanto el patrono sustituto como el patrono sustituído.

Termination of Employment on the Initiative of the Employer and Income Security of the Worker Concerned

by

TEUVO KALLIO

National Conciliation Officer

I. GENERAL INTRODUCTION

A. *Sources of the National System (laws and regulations, collective agreements, arbitration awards etc.)*

In Finland the national system is based on laws, lower level regulations and stipulations of agreements. There are stipulations in both individual and collective agreements.

With regard to our theme the most important laws are the following: the Employment Contracts Act, the Collective Agreements Act, the State and Local Authority Collective Agreements Acts, the Act on Collective Agreements System for Personnel in State Subsidized Private Institutions, the Seamen's Act, the Act on the Employment Relationship of Household Employees, the Apprenticeships Act, the Labour Court Act, the Act on Co-operation within Enterprises, the Act on National Unemployment Funds, the Redundancy Payment Act, the Employee's Pension Act, the Unemployment Benefits Act, the Act on the Continuance of a Serviceman's Employment Relationship or Office Holder's Relationship, and the Arbitration Act.

Respectively, the most important agreement is the General Agreement on Termination of Employment and Lay-Offs (1978), which is widely in force as a collective agreement.

B. *General Scope of the National System*

The national system can be examined separately from the point of view of employment relationships and from the point of view of public service.

1. Workers' termination security based on the law is general and covers all but those employment relationships, on which there are special regulations. (See I.C.a-b). In addition the legal provisions on job security are mandatory: Exceptions may be made only in accordance with the particular norm.

On the other hand, termination security agreed upon in the collective agreement covers only the employers and employees bound by the agreement. The Collective Agreements Act prohibits, however, an employer bound by a collective agreement from concluding a contract of employment containing clauses, which are at variance with the collective agreement, with an employee who, though not bound by the said agreement, performs work covered by the collective agreement.

In this connection we also have to mention the so-called provision on general applicability. According to the Employment Contracts Act, this provision puts the employer under the obligation to comply, in the contract of employment or otherwise in the employment relationship, with at least such wage and other conditions as are prescribed for the work concerned or for the activity most closely comparable thereto in the national collective agreement which may be deemed to be generally applied in the branch concerned.

In Finland only the minimum terms are agreed upon by the collective agreements. Consequently the employer and the employee may agree between themselves on better termination security than stipulated by the collective agreement.

2. The grounds for terminating the employment contracts of civil servants and employees of State subsidized institutions may not be fixed by agreements. The civil servant's right to retain his office has been provided by law. The various groups of civil servants have different rights to hold an office: Forfeiture of office can be based on the loss of working capacity, on general interest, on objective grounds or on disciplinary or criminal punishment.

C. *Exclusions*

  a) related to the nature of the work (branches of activity to which the general system does not apply)

Outside of the general scope of the Employment Contracts Act are the seafarers, household employees and apprentices. Workers under public service contracts or contracts relating to the performance of official duties are also outside the scope of the Employment Contracts Act.

  b) related to the nature of the contractual relationship (contracts of determinate duration, casual workers, workers serving a period of probation, others)

Termination security provided in the Employment Contracts Act is not applied to an employment contract concluded for a specified or trial period.

A contract shall also be deemed to be for a specified period if it relates to the performance of a given job or if the duration of the employment relationship is otherwise evident from the purpose of the contract. A contract of employment made for a specified period or otherwise deemed to be of limited duration shall, unless otherwise agreed, expire without notice when the stipulated work period comes to an end. When the work period is not fixed by the calendar, the employer shall notify the employee in good time when the employment relationship is about to come to an end, if its termination depends on circumstances known to the employer but not to the employee.

Provision may be made for not more than three months of an employment contract's period of validity to be a special trial period, during which the contract may be terminated without notice by either party.

D. *Terminology and Definitions (various types of dismissal, individual or collective termination of employment, other problems of concept and terminology)*

A contract of employment made for a period of unlimited duration is normally ceased by notice of termination. Employment relationship comes then to an end after the expiry of a term of notice or, if so agreed, without notice. With regard to the grounds of termination we speak about individual or collective termination of employment contracts. When the termination of employment on the initiative of the employer is based upon the employee personally or his behavior the termination is individual. Collective termination of employment means that the employer cannot offer the employee such work as he was engaged for.

A contract of employment may be rescinded in the case of any negligence of behavior by one of the parties or a change in the conditions (belonging to the risks of this party) which is of such a nature that the other party cannot reasonably be expected to continue the employment relationship. Contracts of employment made for a specified period of time as well as contracts made for unspecified periods may be rescinded. Then the contracts of employment normally come to an end at once.

II. PROCEDURES PRIOR TO TERMINATION

A. *Notification of the Worker (form and contents of such notification)*

In the law there are no special provisions for the form or the contents of the notice concerning the termination of employment. Consequently the notice can be either oral or written. On the other hand the agreements concerning the employment relationship include regulations, which stipulate that the notice must be given in writing.

In practise the notice is given to the employee in writing or in other ways which can be proven. The contents of the notice follow as a rule mutatis mutandis the legal provision concerning the contents of the notice of lay-off. Regarding the last mentioned notice it is provided in the Employment Contracts Act that primarily the notice shall be given to the employee personally and that it must include among others the reason for and the beginning time of the measure.

B. *Notification of Workers' Representatives (trade union, works council, etc.)*

According to the Act on Co-operation within Enterprises, before notices of termination of employment contracts may be given they shall be subjected to the co-operation procedure when these measures stem from temporary or permanent reduction of work for economic or productional reasons. Co-operation shall be carried out between the workers and salaried employees concerned and their supervisors as well as between the employer and the employees' representatives. The employer and the employees' representatives may agree, however, that co-operation at an enterprise or part of it shall take place within a joint council consisting of representatives of the employer and the employees. Council members shall be elected from among the representatives of each employee group active in the field of the council according to the size of the employee groups. The number of employer representatives on the council shall be no more than half the total number of employee representatives.

According to the General Agreement on Termination of Employment and Lay-Offs (1978) a notice has to be given to the appropriate shop steward when workforce is reduced for economic and productional reasons. In some collective agreements consideration has been given to informing the shop steward also about the so called individual reasons for termination by providing, that the shop steward be notified of the warning given to an employee on grounds of disobedience or negligence.

C. *Notification of Public Authorities*

The Employment Contracts Act does not put the employer under the obligation to inform public authorities about the intended dismissal.

According to the General Agreement on Termination of Employment and Lay-Offs (1978), however, the local Manpower Office shall be notified of the dismissal, if the workforce reduction is based on economic or productional reasons and concerns at least ten employees.

D. *Period of Notice or Compensation in Lieu of Such Period (granting of time off to seek other employment during notice period)*

According to the Employment Contracts Act the term of notice may be fixed by agreement to comprise any length of time up to six months. The provision is mandatory and means that even where a longer period has been stipulated, the six months' term of notice shall apply instead.

The contract may provide for a longer term of notice to be observed by the employer than by an employee who wished to terminate his contract. Where a term of notice stipulated for an employee is longer than for the employer, the latter period shall apply for both. Where no term of notice has been expressly stipulated, notice may be given to terminate the contract of employment at the earliest after one month by the employer and fourteen days by the employee. Even where the parties have agreed that the contract may be terminated irrespective of a term of notice the employment relationship, shall, unless otherwise agreed, not be terminated before the end of the working day or shift period, during which the notice was given.

With regard to the employment contracts of household employees the term of notice of fourteen days shall be mutually observed; in some cases, however, the employer shall observe a term of notice of one month. These terms may be extended but not shortened by agreement. According to the Seamen's Act, seamen's terms of notice vary in length because of the special nature of the employment relationship.

According to the General Agreement on Termination of Employment and Lay-Offs (1978), within the scope of the agreement the term of notice to be observed by the employer is 1, 2, 3 or 4 months in the case of uninterrupted service of at most 5, more than 5, 10 or 15 years, respectively.

There are no provisions in the law or the collective agreements on the basis of which the employee may have time off from work in order to seek other employment during the notice period. He is not either entitled to compensation on this ground.

The State and Local Authority Collective Agreements include provisions concerning the term of notice for some groups of civil servants.

E. *Special Procedures Prior to Termination in the Case of Dismissal for Reasons Related to the Conduct of the Worker*

With regard to the seriousness of the reason concerning the employee's conduct, the employer may either terminate the contract of employment on particularly serious ground or, in the case of a more serious violation, rescind the contract of employment on sufficiently serious grounds. In neither case does the law provide any additional conditions concerning the procedure for the termination of the employment relationship. On the contrary, the employer has a right to rescind a contract of employment at once, when the grounds for a rescission have materialized, that is to say irrespective of the agreed work period or term of notice.

For details on informing the shop steward see section II.B.

In court praxis it is usually required that the employer warns the employee, transfers him to another workplace etc., before terminating the employment relationship.

III. JUSTIFICATION OF TERMINATION

A. *Recognition of the Principle That Termination must be Justified*

The termination of the employment relationship presumes a justified reason: The employer does not have a free right to give notice. Employees' job security has been regulated by law and agreed in collective agreements. Legal provisions contain a mandatory job security of the employee. Consequently legal job security constitutes also the minimum security from which it is not possible to deviate by an agreement to the disadvantage of the employee. The employer's right to give notice can, however, be restricted by a contract to the grounds specified therein.

As a principal rule the employer has no right to give notice of termination of a contract of unlimited duration except for particularly serious grounds. The right to rescind the employment relationship requires even more serious grounds implying that the employer cannot reasonably be expected to continue the employment relationship. The grounds justifying the termination of employment relationship are not explicitly explained in the law or collective agreements; they only give examples which may guide the decision.

The termination of employment relationship can on the one hand be based on the reasons concerning either the employee personally or his conduct, or on the other hand the operational requirements of the employer's enterprise. The former ones are usually called individual grounds and the latter ones collective grounds. See section I.D.

Individual grounds imply that the employee cannot fulfill the obligations of his employment contract for the sake of his working capacity or that his conduct has broken the confidence between him and his employer.

When the employer cannot offer any more work because of an operational requirement of the enterprise, the grounds for terminating the employment contract are called collective. The requirement of particularly serious grounds does not become effective, if the hindrance of employment is temporary.

One of the principal objects is to ascertain that the shop steward is able to perform his duties. Therefore the job stability of the shop steward is usually more secure than the other employees.

For principles concerning the dismissal of civil servants see above section I.B.2.

B. *Reasons Which May Justify Termination (capacity or conduct of the worker, operational requirements of the enterprise, other reasons)*

The particularly serious grounds for notice required by the termination security provided in the law shall in no event be deemed to include:

1) an employee's illness, in as far as it has not caused a substantial and permanent reduction of working capacity;

2) an employee's participation in a strike or other labour dispute;

3) an employee's political, religious or other views or his participation in public activities or the activities of any association or union;

4) a temporary reduction in the workload during which the employer shall try to arrange for alternative work. If this proves impossible, the employee may be laid off for not more than seventy-five days.

According to the law, the contract of employment of a shop steward and a labour protection delegate shall not be subject to notice except with the consent of the majority of the employees represented by him or when his job ceases to exist and no alternative work can be found for him that would correspond to his qualifications. Of the personnel groups, which are specially protected by law, we furthermore have to mention pregnant employees. There are also special acts with provisions on seamen's and household employees' protection against dismissal.

According to the General Agreement on Termination of Employment and Lay-Offs (1978), such economic and productional reasons, which cause a non-temporary reduction in workload, are considered particularly serious grounds provided in the law. As grounds, which may justify termination, are also considered such reasons which justify a rescission of the contract of employment, and in addition reasons depending on the employee himself, such as negligence in work, disregard for orders given by the employer within the limits of his direction, violation of disciplinary rules, absence without leave and obvious carelessness in work.

According to protection against dismissal provided both by law and by agreements, the employee can be freely dismissed when there is a change in ownership in the employer enterprise or it is leased.

C. *Reasons Which May Not Justify Termination (union membership or activity, race, sex, religion, political opinion, other reasons)*

In addition to what was said in section III.B, Finnish legislation includes the so-called prohibition of discrimination, which has to be applied also when terminating a contract of employment. According to the prohibition of discrimination, the employer shall treat his employees impartially without making any unwarranted discrimination on the basis of origin, religion, sex, age, political or trade union activity or any other comparable circumstance.

The Employment Contracts Act prohibits the employer from giving notice to a pregnant employee on grounds of pregnancy. It is also forbidden to give notice on any other grounds during the maternity leave or similar circumstances. After having learned of the employee's pregnancy, the employer has no right to give notice to the employee concerned in such a manner that her contract of employment will terminate at the beginning of or during the maternity leave.

The employment relationship of a Finnish citizen summoned to military service shall not be terminated on grounds of the service.

IV. RECOURSE OR APPEAL PROCEDURE AGAINST A TERMINATION
WHICH IS NOT CONSIDERED JUSTIFIED

A. *Instances Within the Enterprise (grievance procedure, works council, various levels of management)*

Co-operation procedure provided for in the Act on Co-operation within Enterprises has been explained in section II.B. It shall be carried out before the termination of employment. The procedure is, however, available also after the termination of employment as far as the parties have agreed on it: the Act does not imply any inside procedures for the enterprises in Finland. In this respect there is no difference as to whether the contract of employment has been terminated on individual or collective grounds.

The General Agreement on Termination of Employment and Lay-Offs (1978) provides that also a dispute of this type shall be discussed in accordance with the usual grievance procedure for collective agreements disputes. If the employers' and employees' organizations do not reach an agreement, the dispute may be submitted to the Labour Court for settlement.

B. Recourse to the Trade Union

See above, section IV.A.

C. Appeal to a Neutral Body (labour administration, court or tribunal, conciliation or arbitration body, other bodies)

As disagreements concerning dismissals imply disputes over rights, they remain outside the competence of a counciliator. According to the Employment Contracts Act, matters relating to job security belong to the supervision of the labour inspection authorities. They are, however, not competent to settle these disputes.

In labour law disputes of dismissal belong in the jurisdiction of either general courts or the Labour Court. The latter is a special court which deals with collective agreements. Consequently, mostly the disputes between an employee and an unorganized employer belong in the jurisdiction of general courts. With certain reservations the parties can, however, agree that a dispute otherwise belonging in the jurisdiction of the Labour Court or a general court be submitted for arbitration.

It is possible to appeal the dismissal of a civil servant according to the Act on Administrative Appeal.

D. Procedures before Such Bodies (formalities, burden of proof, examination of the circumstances of the termination etc.)

On the termination of the contract of employment the employer shall issue a certificate to the worker on his request. See details in section V.A.

The employer has an obligation to produce evidence, that the dismissal has taken place. There are, however, no absolute provisions concerning the form of this evidence. Because in the court the plaintiff is either an employee or his organization, it is their duty to prove that the dismissal was unjustified. In court practise it is regarded, however, that when the case concerns a dispute of so-called collective termination, the employer is obliged to prove that the termination of employment has taken place for particularly serious grounds.

The parties expound the conditions of dismissal in the grievance procedure for the settlement of disagreements. During court procedure the parties have, however, a possibility to produce additional evidence.

There is a so-called legal presumption concerning employees' job security during pregnancy. This means, that the dismissal of a pregnant employee is supposed to be based on pregnancy, unless the employer gives proof of other grounds.

E. Remedies in Case of Unjustified Dismissal (annulment of the dismissal or reinstatement of the worker, compensation, payment of wages for the period during which no work was performed, other measures). In this context the concept of "stability in the job" could be discussed in those countries in which this concept exists.

If the termination of employment, initiated by the employer, has been correct formally, the employment relationship comes to an end, even if there are no sufficient grounds for the termination. This means that dismissal without particularly serious grounds is not without effect and for this reason the dismissal cannot be annulled. In the case of civil servants the situation may be interpreted differently, if the employment relationship has been terminated without grounds provided in the law and the decision of dismissal has been appealed.

The principle of job stability, according to which an unjustified dismissal could be corrected by a court degree so that the employee would be reinstated, is not observed in Finland. In such case the employer is obliged to compensate for the damage to the employee instead. According to the General Agreement on Termination of Employment and Lay-Offs (1978), when establishing the amount of compensation, the Labour Court can take into consideration, for instance, the employee's age and his possibilities to get another job. If the employer has rescinded the employee's contract of employment without acceptable grounds, the employee shall be entitled to continue to draw his wages for a term not exceeding the term of notice to be observed in the contract of employment.

V. PROCEDURES FOLLOWING TERMINATION

A. *Certificate of Employment*

On the termination of the contract of employment the employer shall issue to the employee on his request a certificate stating the time during which he was employed in his service and the nature of his work. If so requested, the certificate shall also state the reason for the termination of the employment relationship and include a testimonial to the employee's ability, diligence and conduct.

If a certificate is sought more than ten years after the termination of the contract of employment has come to an end, the employer shall not be bound to issue such certificate unless he can do so without undue inconvenience. The same shall apply to the employer's obligation to issue on request a new certificate if the original has been lost or destroyed.

The next-of-kin of a deceased employee shall be entitled to obtain a certificate.

The employer shall not place any marks on a certificate nor draw it up in any way designed to give information respecting the employee other than the information obtainable on an ordinary perusal of the certificate.

B. *Priority of Re-hiring when the Enterprise Again Recruits Workers*

If the employer has terminated a contract of employment for reasons not connected with the employee's person or conduct, and if the employer within the next six months needs manpower for same or similar work, he shall inquire at the local Manpower Office whether any such former employees of his are seeking work through the office. In the affirmative case he shall offer work in the first place to these applicants.

C. *Notification of the Bodies in Charge of Unemployment Benefits*

According to the General Agreement on Termination of Employment and Lay-Offs (1978), the employer has an obligation to inform the Manpower Office about such reductions in the workforce that involve at least ten employees and are based on economic and productional reasons.

In order to benefit from unemployment assistance, it is in accordance with the unemployed employee's own interest to register as an applicant at the Manpower Office of his domicile or residence.

VI. SPECIAL PROCEDURES IN CASE OF WORKFORCE REDUCTION

A. *Authorization of Public Authorities*

Collective termination of employment does not require the authorization of public authorities.

B. *Consultation or Negotiation with Trade Unions or Other Workers' Representatives*

See above sections II.A, IV.A and B.

C. *Measures to Avoid Workforce Reduction*

The employer shall seek to arrange alternative work for the employee, when there is a temporary reduction in the workload. If alternative work cannot be arranged, the employer has a right to lay off the employee for not more than 75 days. In court practise it is understood that the provision concerning particularly serious grounds for termination presumes that the employer primarily resorts to all available measures milder than dismissal. Accordingly the employer has to offer the employee, for instance, a transfer into other work, when this is possible.

See also sections III.A and B.

D. *Criteria for the Selection of the Workers Affected by a Reduction of the Workforce*

As principles of this type we can mention the claim of impartiality and the presumption concerning the special status of the shop steward and some other personnel groups. In addition, see sections III.B and C.

According to the General Agreement on Termination of Employment and Lay-Offs (1978), it shall be observed in addition that employees essential for the functioning of the enterprise, employees disabled in war, and employees who have lost part of their working capacity while employed by the same employer, shall be given notice of termination and lay-off last. In addition, the duration of the employment relationship and the number of the employee's dependents have to be taken into consideration.

E. *Special Measures to Mitigate the Effects of a Workforce Reduction (special training, financial benefits, other measures)*

The employer has no obligation based on the law to give special training or retraining to the employee in order to mitigate the disadvantages he has suffered because of the termination of employment.

VII. INCOME SECURITY OF THE WORKER AFFECTED BY A TERMINATION OF HIS EMPLOYMENT

A. *Benefits Paid by the Employer Other Than Compensation for Unjustified Dismissal (severance or separation benefits or allowances, seniority benefits, special funds, other similar benefits)*

If the employer has rescinded the contract of employment without just cause, the employee shall be entitled to continue, for a term not exceeding the term of notice, to draw his wages calculated on the same grounds as if he were under the contract period prevented from working by circumstances for which the employer is responsible. In the case of a contract of employment for a specified period, this can mean the right to draw wages for as long as the rest of the period of the employment contract would last.

What has been said above is based upon the law. In practise there are also voluntary arrangements concerning e.g. employees' pension benefits.

B. *Benefits Paid Under a Scheme of Unemployment Insurance (please explain briefly the characteristic features of such scheme)*

In Finland there is no general unemployment insurance.

C. *Benefits Paid Under Another Social Security Scheme (e.g., old age) to the extent to which they apply to certain categories of workers affected by a termination of employment at the initiative of the employer*

On the basis of our system of unemployment security it is possible to get unemployment compensation, unemployment benefits, unemployment pension and redundancy payment.

a) Unemployment compensation is paid from state funds. General requirements for the compensation are the following:

— the applicant is at least 16 years of age,

— the applicant is able to work, but the Manpower Office has not succeeded in assigning him work corresponding to his qualifications and working capacity,

— the applicant is unemployed through no fault of his own, and

— the applicant needs financial support and is not entitled to unemployment benefits from an unemployment fund.

b) It is possible to get unemployment benefits from the unemployment fund of the applicant's own organization, if the applicant

— is at least 17 years of age and able to work,

— has not terminated his employment contract without compelling reason and also otherwise has become unemployed through no fault of his own,

— has been a working member of the unemployment fund for at least 6 months and

— has been as an unemployed applicant in the Manpower Office for at least 5 days and the office has not been able to assign him work corresponding to his qualifications and working capacity.

c) Unemployment pension can be granted to a person who is 55 years of age or older, if he has received unemployment compensation or unemployment benefits for no less than 200 days during the past 60 weeks or for 450 days within the last 3 calendar years (during years 1980–81, for 500 days). Furthermore it is required that it has not been possible to place the applicant into such work which corresponded to his working capacity and which he could not refuse without loosing his entitlement to the benefits prescribed in the Unemployment Act. The amount of unemployment pension has been co-ordinated with disability pension.

d) An applicant is entitled to a redundancy payment, if

— he has lost his job because the employer reduced the labour force or completely closed down the enterprise,

— he is 50 years of age (40 years of age is sufficient in certain cases) and

— he has been permanently employed by his last employer for at least 5 years or temporarily employed for 8 years immediately before un-employment.

D. *Combination of Various Benefits*

See above, sections VII.A and C.

La Cessation de la Relation du Travail à l'Initiative de l'Employeur et la Sécurité des Revenus des Travailleurs Concernés

par

M. Michel Rezeau

Chef de Service Adjoint au Délégué à l'Emploi

INTRODUCTION GENERALE

Toute relation de travail avec lien de subordination se rattache dans le droit du travail français à l'un des deux types de contrat suivants:

—contrat de travail à durée indéterminée,
—contrat de travail à durée déterminée ou pour une tâche déterminée.

Vient s'ajouter à ces deux types de contrat de travail, le contrat du travail temporaire, qui en raison de son caractère très spécifique n'est mentionné ici qu'à titre de simple information.

La cessation de la relation du travail à l'initiative de l'employeur que ce soit dans le cadre d'un contrat à durée déterminée ou d'un contrat à durée indéterminée est régie, en droit français, par des dispositions légales et réglementaires. Ces dispositions ne font pas obstacle à ce que les partenaires sociaux adoptent, dans ce domaine, des mesures plus favorables. Il existe, en effet, de nombreux textes conventionnels qui prévoient des dispositions plus favorables que celles issues des lois et règlements.

Pour tenir compte de l'objectif du contrat à durée déterminée, le législateur français n'a aménagé aucune procédure de rupture anticipée de ce type de contrat.

Il a seulement précisé que ''sauf commun accord des parties ou résolution judiciaire, le contrat de travail à durée déterminée ne peut être résilié qu'en cas de faute grave ou de force majeure''. Il a indiqué, par ailleurs, que la rupture anticipée de ce type de contrat ouvre droit, sauf en cas de force majeure ou de faute grave, à des dommages et intérêts correspondant au préjudice subi.

Ainsi en droit français seule la rupture par l'employeur du contrat de travail à durée indéterminée a donné lieu à l'établissement par le législateur de procédures de licenciement. Il existe deux procédures de licenciement distinctes:

—une procédure applicable dans le cas où le motif du licenciement n'est pas économique (procédure de droit commun);
—une procédure applicable aux licenciements pour motif économique.

Le licenciement de salariés exerçant certaines fonctions sociales à l'intérieur ou à l'extérieur de l'entreprise qui les emploie est soumis à des mesures particulières qui viennent s'ajouter, selon le motif du licenciement, à l'une ou l'autre des procédures de licenciement précitées.

Avant d'aborder l'étude de chacune de ces procédures, il convient d'indiquer qu'elles ne s'appliquent pas, sauf dispositions conventionelles plus favorables, aux ruptures du contrat de travail intervenant pendant la période d'essai ou à celles dues à la force majeure.

I. LE LICENCIEMENT DE DROIT COMMUN

La procédure de licenciement de droit commun actuellement en vigueur est issue de la loi n° 73–680 du 13 juillet 1973 qui a réformé la procédure antérieurement applicable (articles L. 122-4 à L. 122-14-11).

1. *Le champ d'application de la procédure de licenciement de droit commun*

11. *Le champ d'application général*

111. *Les employeurs assujettis*

Sont assujettis aux dispositions légales relatives au licenciement de droit commun les employeurs du secteur purement privé.

Sont, en principe, exclus tous les employeurs du secteur public ou semi-public:

—Etat, collectivités locales, établissements publics administratifs,
—entreprises nationales,
—sociétés nationales,
—sociétés d'économie mixte d'intérêt national,
—établissements publics industriels et commerciaux des collectivités locales,
—sociétés d'économie mixte dans lesquelles les collectivités locales sont majoritaires,
—services à caractère industriel et commercial gérés par les chambres de commerce et d'industrie,
—chambres d'agriculture et établissements et services d'utilité agricole de ces chambres.

Le législateur a, cependant, assujetti ces employeurs à certaines mesures de la procédure de licenciement à l'égard, selon le cas, des agents civils non fonctionnaires ou des salariés non statuaires.

112. *Catégories de salariés exclues du champ d'application de la procédure de licenciement*

En raison de leurs conditions de travail spécifiques, le législateur français a exclu les marins du champ d'application de la procédure de licenciement de droit commun. Le contrat d'engagement de ces salariés ainsi que les conditions de travail à bord sont régis par des lois particulières.

12. *Le champ d'application propre à chaque mesure composant la procédure de licenciement*

Les différentes mesures qui composent la procédure de licenciement n'ont pas le même champ d'application. Ce dernier est déterminé en fonction du nombre de salariés employés dans l'entreprise considérée et l'ancienneté dans cette entreprise du salarié licencié.

Ces conditions d'application seront précisées lors de l'étude de chacune des mesures composant la procédure de licenciement.

2. La procédure de licenciement

21. La résiliation à l'initiative de l'employeur—le licenciement—est soumise par la loi du 13 juillet 1973 a trois formalités:

—entretien préalable,
—une lettre recommandée avec avis de réception,
—l'énonciation des motifs de licenciement à la demande du salarié,

et entraîne le droit pour les salariés licenciés au délai congé et selon l'usage et les conventions collectives à des heures pour recherches d'emploi.

211. L'entretien préalable

Dans les entreprises employant au moins onze salariés, l'employeur, qui désire licencier un salarié qui compte au moins un an d'ancienneté au service de l'entreprise, doit, avant toute décision, convoquer celui-ci par lettre recommandée en lui indiquant l'objet de la convocation.

Au cours de cet entretien l'employeur doit fournir au salarié le ou les motifs du licenciement envisagé et reccueillir ses explications.

Le salarié peut se faire assister, lors de cet entretien, par une personne de son choix appartenant au personnel de l'entreprise.

212. La notification du licenciement au travailleur

Tout licenciement doit être notifié par l'employeur au salarié concerné par lettre recommandée avec demande d'avis de réception.

Lorsque l'employeur est tenu de convoquer le salarié à l'entretien précité, il ne peut expédier la lettre de notification du licenciement moins d'un jour franc après la date pour laquelle le salarié a été convoqué à l'entretien. Le délai exprimé en jours francs est calculé sans tenir compte des jours termes. Dans cette lettre, l'employeur n'est pas tenu d'indiquer au salarié le ou les motifs du licenciement:

213. Le délai-congé ou préavis

Les salariés licenciés ont droit, sauf en cas de faute grave, à un délai de préavis.

Le délai de préavis varie en fonction de l'ancienneté de services continus du salarié dans l'entreprise:

—lorsque l'ancienneté du salarié est inférieure à 6 mois, l'existence et la durée du préavis sont déterminées par le contrat de travail, par les conventions collectives, les règlements du travail ou encore par les usages pratiqués dans la localité ou la profession;
—lorsque l'ancienneté du salarié est comprise entre 6 mois et moins de 2 ans, la durée du préavis est d'un mois;
—lorsque l'ancienneté du salarié est d'au moins deux ans, la durée du préavis est deux mois.

Lorsqu'il l'estime nécessaire, l'employeur a la faculté de dispenser le salarié d'effectuer tout ou partie du préavis (par exemple, en cas de suppression de poste due à des difficultés économiques ou pour permettre au remplaçant de prendre immédiatement ses fonctions.)

Les circonstances de la dispense de préavis peuvent être constitutives d'un abus de droit de la part de l'employeur et donner lieu à dommages intérêts au profit du salarié.

L'inobservation du préavis, sauf lorsque l'inobservation résulte de la faute grave du salarié, n'a pas pour effet d'avancer la date à laquelle le contrat de travail prend fin.

La dispense par l'employeur de l'exécution du travail pendant le préavis ne doit entraîner, jusqu'à l'expiration de celui-ci, aucune diminution des salaires et avantages que le salarié aurait reçus s'il avait accompli son travail.

En principe, le salarié doit rester à la disposition de l'employeur pendant le préavis. Toutefois, lorsque l'employeur le dispense d'effectuer le préavis, il doit lui verser l'indemnité compensatrice de préavis jusqu'à la fin de ce dernier, même si entre temps il a trouvé un autre emploi.

L'employeur et le salarié peuvent d'un commun accord renoncer à l'exécution du préavis. Dans ce cas, aucune indemnité n'est due et le contrat de travail est immédiatement rompu.

Il faut cependant, noter que les parties ne peuvent renoncer, par avance, au droit de s'en prévaloir.

Les salariés qui, en raison par exemple de la maladie, d'un accident du travail ou d'inaptitude physique, ne sont pas en mesure d'exécuter le préavis ne peuvent prétendre à l'indemnité compensatrice de préavis. Il existe, cependant, des conventions collectives qui prévoient le versement de l'indemnité compensatrice à ces salariés. Ces conventions prévoient cependant des limitations au cumul de l'indemnité compensatrice et des indemnités éventuellement versées à ces salariés en application de la législation sur la sécurité sociale afin que la rémunération globale touchée par ces derniers ne soit pas supérieure à celle qu'ils auraient perçue s'ils avaient travaillé.

Le préavis ayant été institué dans l'intérêt des deux parties, le salarié est également tenu de le respecter. S'il refuse d'exécuter le préavis, l'employeur est en droit d'obtenir réparation du préjudice qu'il subit. La jurisprudence dans ce cas estime que le préjudice de l'employeur est égal au montant des salaires que le salarié aurait reçus s'il avait travaillé pendant le préavis.

214. *Les heures pour recherche d'emploi*

Un usage largement répandu accorde au salarié licencié deux heures par jour pendant le préavis pour rechercher un nouvel emploi.

Cet usage a été repris et son application détaillée par de nombreuses conventions collectives.

Les heures ainsi accordées au salarié pour rechercher un nouvel emploi n'entraînent, en principe, aucune diminution de salaire.

Dès que salarié a trouvé un nouvel emploi, il ne peut plus bénéficier de ces deux heures d'absence pendant son temps de travail.

215. *L'énonciation des motifs de licenciement à la demande du salarié*

En droit français, le licenciement doit être justifié par une cause réelle et sérieuse.

Dans les entreprises employant au moins onze salariés, le salarié licencié qui compte une ancienneté au moins égale à un an a la faculté d'exiger de l'employeur qu'il énonce par écrit la ou les causes réelles et sérieuses de son licenciement.

La demande du salarié doit être faite par lettre recommandée avec demande d'avis de réception avant l'expiration d'un délai de dix jours à compter de la date à laquelle il quitte effectivement son emploi. Ainsi, lorsque le salarié est dispensé d'effectuer le préavis, le délai court à compter de son départ de l'entreprise et non à compter de la rupture du contrat de travail.

Lorsque le salarié effectue le préavis, il peut, bien entendu, faire cette demande pendant cette période sans attendre la rupture effective de son contrat de travail.

L'employeur doit faire connaître les causes réelles et sérieuses du licenciement dans les mêmes formes que la demande, au plus tard, dix jours après la demande du salarié. L'employeur qui ne répond pas au salarié est considéré par la jurisprudence avoir licencié sans motif réel et sérieux. Toutefois, s'il apparaît que le salarié licencié ne pouvait ignorer le ou les motifs de son licenciement, la non réponse de l'employeur s'oppose seulement à l'énoncé de nouveaux griefs. La cause réelle et sérieuse s'apprécie, alors, par rapport aux motifs connus de façon certaine et précise par le salarié.

Le législateur a laissé au juge le soin d'apprécier pour chaque litige, si le licenciement contesté est ou non justifié par une ou plusieurs causes réelles et sérieuses.

Non seulement le motif allégué par l'employeur doit être réel mais il faut que ce motif soit suffisamment grave pour justifier le licenciement.

Si le contrôle de la réalité du motif ne pose pas de difficulté particulière, le sérieux du motif s'apprécie en fonction des circonstances propres à chaque litige. A titre d'exemples on peut citer comme causes réelles et sérieuses de licenciement l'insubordination, l'ivresse et les rixes sur les lieux de travail, les absences ou les retards fréquents, l'insuffisance professionnelle, l'inaptitude physique à l'emploi occupé, l'antagonisme ou l'animosité avec les supérieurs hiérarchiques ou les collègues de travail . . . .

Certains motifs ne peuvent, par contre, justifier un licenciement.

Ainsi, l'employeur ne peut fonder le licenciement d'un salarié en raison de l'exercice de ses fonctions de délégué ou de représentant syndical, de représentant du personnel, de conseiller prud'homme ou de médecin du travail. Le législateur a élaboré au profit de ces salariés une protection spécifique supplémentaire en matière de licenciement. Dans les établissements employant plus de 300 salariés, les salariés qui représentent le personnel au comité d'hygiène et de sécurité bénéficient également d'une protection spécifique supplémentaire en matière de licenciement.

Par ailleurs, constitue un délit, le licenciement d'un salarié fondé, sans motif légitime, sur son origine, son sexe, sa situation de famille, son appartenance ou sa non appartenance à une ethnie, une nation, une race ou une religion déterminée.

Le juge judiciaire gardien des libertés individuelles sanctionne également en l'absence de motif légitime, les licenciements fondés sur des motifs qui constituent des atteintes aux libertés publiques ou privées des salariés.

22. *Les contestations relatives au licenciement doivent être portées devant le Conseil des Prud'hommes du lieu où est situé l'établissement dans lequel est employé le salarié concerné*

Les conseils de prud'hommes sont des tribunaux composés paritairement de conseillers élus, les uns par les employeurs, les autres par les salariés.

La procédure devant les Conseils des Prud'hommes est très peu formaliste. Le salarié contestant son licenciement peut saisir le Conseil des Prud'hommes soit en formant sa demande directement en se rendant sur place au secrétariat du Conseil, soit en adressant à ce même secrétariat une lettre recommandée.

La demande ne doit revêtir aucune forme particulière. Elle doit uniquement indiquer les noms, profession, et adresse des parties ainsi que ses différents chefs.

Si salariés et employeurs sont d'accord pour soumettre leur différend au Conseil, ils peuvent se présenter volontairement devant le bureau de conciliation.

Si le salarié n'a pas de moyens financiers suffisants pour faire face aux frais de la procédure, il peut obtenir l'aide judiciaire. Les frais de procédure seront alors pris en charge par l'Etat.

Le litige relatif au licenciement devra, comme tous les différends soumis au Conseil des Prud'hommes, être porté devant le bureau de conciliation. Le bureau de conciliation composé d'un prud'homme salarié et d'un prud'homme employeur, entendra les parties et s'efforcera de les concilier. En principe, ses séances ne sont pas publiques.

En cas de non conciliation ou de conciliation partielle, le bureau de conciliation renverra les points restant en litige au bureau de jugement.

Le bureau de jugement est formé d'un nombre égal d'employeurs et de salariés. Ce nombre est au moins de deux employeurs et de deux salariés. Le bureau de jugement prend ses décisions à la majorité absolue des voix. Si cette majorité ne peut se former, le bureau doit se réunir à nouveau sous la présidence d'un juge professionnel dénommé juge départiteur.

La procédure devant le Conseil des Prud'hommes est orale. Les parties sont tenues de comparaître en personne, sauf à se faire représenter en cas de motif légitime. Elles peuvent, toutefois, se faire assister. Les personnes habilitées à assister ou à représenter les parties en matière prud'hommale sont:

—les salariés ou les employeurs appartenant à la même branche d'activité,
—les délégués permanents ou non permanents des organisations syndicales ouvrières ou patronales,
—le conjoint,
—les avocats.

L'employeur peut également se faire assister ou représenter par un membre de l'entreprise ou de l'établissement.

Pour les litiges relatifs à la procédure ou à la cause réelle et sérieuse d'un licenciement, la charge de la preuve n'incombe à aucune des parties particulièrement. Le juge forme sa conviction au vu des éléments fournis par les parties et au besoin après toutes mesures d'instruction qu'il estime utiles.

Le Conseil des Prud'hommes statue en dernier ressort lorsque le chiffre de la demande n'excède pas 7 000 francs. Lorsque ce chiffre est supérieur à 7 000 francs, la décision du Conseil des Prud'hommes est susceptible de recours devant la cour d'appel, second degré de la juridiction civile.

Le licenciement abusif donne lieu à réparation au profit du salarié.

Lorsque l'ancienneté dans l'entreprise du salarié abusivement licencié est inférieure à deux ans, le juge apprécie librement la réparation du préjudice subi par le salarié. Il alloue à ce dernier une indemnité calculée en fonction du préjudice subi.

Lorsque l'ancienneté dudit salarié est égale ou supérieure à deux ans, le salarié a droit, en cas de non respect de la procédure, à une indemnité qui ne peut être supérieure à un mois de salaire. Si le licenciement est reconnu sans cause réelle et sérieuse, le juge peut proposer la réintégration du salarié dans l'entreprise. Lorsque le juge ne propose pas la réintégration du salarié ou lorsque cette réintégration est refusée par l'une des parties, le salarié a droit à une indemnité qui ne peut être inférieure à six mois de salaire.

En outre, lorsque le licenciement est sans cause réelle et sérieuse, le juge condamne l'employeur à rembourser aux organismes concernés, les indemnités de chômage versées au travailleur licencié, du jour de son licenciement au jour du jugement prononcé par le tribunal.

23. *Obligation de l'employeur envers le salarié licencié*

A l'expiration du contrat de travail, l'employeur est tenu d'un certain nombre d'obligations envers le salarié licencié.

231. *La loi prévoit que la salarié licencié alors qu'il compte deux ans d'ancienneté ininterrompue au service du même employeur a droit, sauf en cas de faute grave, à une indemnité de licenciement*

Le montant minimal légal est calculé de la façon suivante:

—pour les salariés rémunérés à l'heure, l'indemnité est égale à 20 heures de salaire par année d'ancienneté,
—pour les salariés rémunérés au mois, cette indemnité est égale à un dixième de mois de salaire par année d'ancienneté.

Toutefois, l'accord national interprofessionnel du 10 décembre 1977 sur la mensualisation dont l'application a été étendue, par une loi du 19 janvier 1978, à l'ensemble des professions, à l'exclusion des professions agricoles et aux entreprises publiques, contient des dispositions relatives à l'indemnité de licenciement plus favorables que celles rapportées ci-dessus.

Le salarié qui compte une ancienneté supérieure à deux ans et inférieure à dix ans a droit à une indemnité égale à un dixième de mois de salaire par année d'ancienneté.

Le salarié qui compte une ancienneté supérieure à dix ans bénéficie d'une indemnité supplémentaire d'un quinzième de mois de salaire par année d'ancienneté au-delà de dix ans.

Le salaire servant de base au calcul de l'indemnité est, selon la formule la plus avantageuse pour le salarié, soit la rémunération moyenne des douze derniers mois, soit la rémunération moyenne des trois derniers mois précédant le licenciement.

De nombreuses conventions collectives prévoient des indemnités de licenciement plus élevées.

232. *L'employeur verse également au salarié licencié toutes les autres sommes qui peuvent lui être dues à des titres divers, en particulier, s'il y a lieu, l'indemnité compensatrice de congés payés*

A cet égard, il convient d'indiquer qu'une jurisprudence constante de la Cour de Cassation retire au salarié qui a commis une faute lourde, c'est-à-dire une faute d'une gravité exceptionnelle, le bénéfice non seulement du préavis et de l'indemnité de licenciement mais également de l'indemnité compensatrice de congés payés.

En remettant au salarié l'ensemble des sommes qui lui sont dues, l'employeur lui demande, en principe, un reçu pour solde de tout compte.

Afin d'assurer au salarié une meilleure protection, la loi a soumis ce reçu à certaines conditions de forme.

La loi prévoit, en effet, que ce reçu pour solde de tout compte peut être dénoncé dans les deux mois de sa signature.

La dénonciation doit être écrite et dûment motivée. Cette forclusion ne peut être opposée au salarié:

—si la mention ''pour solde de tout compte'' n'est entièrement écrite de sa main et suivie de sa signature,

—si le reçu ne porte pas mention, en caractères très apparents, du délai de forclusion.

Le reçu pour solde de tout compte régulièrement dénoncé ou à l'égard duquel la forclusion ne peut jouer, n'a que la valeur d'un simple reçu des sommes qui y figurent. Les dispositions relatives au reçu pour solde de tout compte ne sont pas liées spécifiquement à la rupture du contrat de travail à l'initiative de l'employeur: elles sont applicables dans tous les cas de rupture du contrat de travail.

La jurisprudence de la Cour de Cassation a fermement établi que l'introduction de ces dispositions dans le code du travail n'a pas exclu la possibilité entre employeur et employé d'une transaction régie par les dispositions du code civil.

233. *Enfin, l'employeur doit remettre au salarié un certificat de travail*

Ce certificat doit permettre l'identification de l'employeur et du salarié.

Il doit, en outre, comporter certaines mentions obligatoires, à savoir:

—la date d'entrée du salarié dans l'entreprise et celle de sa sortie,

—la nature de l'emploi occupé ou, le cas échéant, des emplois successivement occupés ainsi que les périodes pendant lesquelles ces emplois ont été tenus.

Le certificat peut, également, comporter d'autres mentions notamment des mentions relatives aux qualités professionnelles ou aux services rendus par le salarié, dans la mesure où ces mentions ne sont pas préjudiciables au salarié.

II. LE LICENCIEMENT POUR MOTIF ECONOMIQUE

Le licenciement pour motif économique ne peut pas être étudié sans se référer au contexte dans lequel intervient la cessation de la relation de travail.

En effet, le licenciement de droit commun qui a été étudié précédemment et qui ne constitue que l'un des modes de rupture du contrat de travail à durée indéterminée, crée une situation relativement claire au regard des obligations contractuelles et de la responsabilité: l'employeur qui a pris l'initiative de la rupture en assumer également la responsabilité. Sauf en ce qui concerne les salariés ''protégés'' dont la situation sera examinée ultérieurement, il n'ya pas d'intervention de la part de l'administration; les litiges éventuels relèvent des juridictions judiciaires (Conseil des Prud'hommes, tribunal d'instance) . . . .

Le licenciement pour motif économique introduit des contraintes extérieures au strict rapport contractuel entre un employeur et son salarié. Si le licenciement peut être individuel, il est très souvent collectif. Il intervient dans des cas où l'entreprise est le plus souvent en difficulté ou risque de l'être si des mesures drastiques n'interviennent pas dans les différents domaines de gestion dont la gestion du personnel.

Ces problèmes touchant à la vie économique de la nation ne peuvent pas laisser indifférents—outre les partenaires sociaux—les pouvoirs publics. C'est pour ces raisons que le licenciement pour motif économique doit être situé dans l'ensemble du dispositif propre à l'emploi, notamment des dispositions tendant à éviter les compressions à effectuer ou à en atténuer les effets.

Trois idées forces permettent d'encadrer le licenciement pour motif économique:

—la volonté de limiter au strict nécessaire les licenciements:

> —par l'organisation légale et contractuelle de modalités spécifiques de consultation des représentants du personnel ou des partenaires sociaux.
> —par le recours à toutes mesures propres à maintenir une relation de travail même si cette relation subit quelques modifications acceptées: mutations internes, chômage partiel, stages de formation pour des conversions ou des adaptations professionnelles.

—l'établissement d'un contrôle administratif sur l'emploi et les licenciements:

> —le contrôle de l'emploi subordonne toute conclusion ou résiliation du contrat de travail à une déclaration ou plus fréquemment à une autorisation des services de l'emploi, afin de permettre à l'administration d'acquérir une bonne connaissance des mouvements de main-d'oeuvre.

La loi du 3 janvier 1975 soumet tout licenciement pour motif économique à une autorisation administrative préalable.

—l'atténuation des effets du licenciement
Deux mesures spécifiques ont été prises pour assurer aux travailleurs licenciés un revenu de remplacement dans le cadre du règlement du régime de l'assurance-chômage géré par l'UNEDIC, à la suite de la loi du 16 janvier 1979.

> —Une allocation spéciale servie pendant un an au salarié licencié pour motif économique (à laquelle succède les allocations de droit commun du régime).
> —une garantie de ressources accordée aux salariés âgés de 56 ans 2 mois, victimes d'un licenciement pour motif économique, égale à 70% de leur salaire brut jusqu'à l'âge de 60 ans.

Pour la commodité de l'exposé et parce que certaines dispositions relatives aux salariés "protégés" ou à l'indemnisation du chômage sont communes aux deux types de licenciement étudiés, seront traités:

—dans la partie II—le licenciement pour motif économique (charge et procédure)
—une partie III—le licenciement des salariés "protégés"
—une partie IV—les aides à l'emploi dont peuvent bénéficier les salariés licenciés
—une partie V—l'indemnité du chômage.

Le procédure de licenciement pour motif économique actuellement en vigueur a été établie par la loi n° 75.5 du 3 janvier 1975.

Cette loi est venue compléter et améliorer la procédure antérieure issue de dispositions législatives et règlementaires adoptées en 1945.

1. *Le champ d'application de la procédure de licenciement pour motif économique*

  11. *Le champ d'application général*

    111. *Les employeurs assujettis*

Sont seuls exclus du champ d'application général de la procédure de licenciement pour motif économique, l'Etat, les collectivités locales, les établissements public administratifs et les particuliers utilisant les services d'employés de maison.

    112. *Les catégories de salariés exclues du champ d'application de la procédure de licenciement pour motif économique*

Le licenciement pour motif économique des marins est régi par des dispositions légales spécifiques. Ces dispositions renvoient, toutefois, aux dispositions générales établissant la procédure de licenciement pour motif économique.

  12. *Le champ d'application propre à chaque mesure composant la procédure de licenciement*

Le champ d'application de certaines mesures est déterminé en fonction du nombre de salariés employés dans l'entreprise concernée et par le nombre de salariés visés par le projet de licenciement.

2. *La procédure de licenciement pour motif économique*

Cette procédure est, le cas échéant, complétée par des dispositions conventionnelles notamment celles de l'accord national interprofessionnel du 10 février 1969 sur la sécurité de l'emploi étendu par un arrêté ministériel du 11 avril 1972.

La procédure légale de licenciement pour motif économique a essentiellement deux buts:

—établir une concertation interne à l'entreprise entre l'employeur et les salariés par l'intermédiaire de leurs représentants qui puisse leur permettre de rechercher conjointement les solutions les plus appropriées aux problèmes posés;
—assurer un contrôle administratif efficace.

Ces deux buts constituent également les deux phases de la procédure de licenciement pour cause économique.

  21. *La phase de concertation au sein de l'entreprise*

Le principe posé est celui de la réunion et de la consultation des représentants du personnel par l'employeur sur le projet de licenciement envisagé.

Ce principe a été aménagé en fonction du nombre de licenciements projetés.

    211. *Projet de licenciement d'au moins 10 salariés pendant une même période de 30 jours*

Lorsque dans une entreprise ou un établissement est envisagé le licenciement d'au moins 10 salariés pendant une même période de 30 jours, l'employeur doit réunir et consulter les délégués du personnel ou le comité d'entreprise selon le cas.

Avec la convocation à la réunion où sera étudié le projet de licenciement, l'employeur doit adresser à ces derniers, tous renseignements utiles sur le dit projet, et obligatoirement:

—''la ou les raisons économiques, financières ou techniques du projet de licenciement;

—le nombre de travailleurs dont le licenciement est envisagé;
—les catégories professionnelles concernées;
—le nombre de travailleurs, permanents ou non, employé dans l'établissement;
—le calendrier prévisionnel des licenciements.''

Il doit également les informer des mesures qu'il envisage de prendre d'une part, pour éviter les licenciements ou en limiter le nombre et d'autre part, pour faciliter le reclassement du personnel qui sera licencié.

Toutes ces informations doivent être envoyées simultanément au Directeur Départemental du Travail et de l'Emploi, de même que doit lui être addressé le procès-verbal de la réunion précitée contenant les avis, suggestions et propositions des représentants du personnel.

Dans les entreprises de plus de 50 salariés, un délai de réflexion doit s'écouler entre la consultation des représentants du personnel et la demande d'autorisation de licenciement au D.D.T.E. Ce délai ne peut être inférieur à 15 jours, sans préjudice des dispositions plus favorables prévues par accords contractuels.

L'accord interprofessionnel précité règlemente de façon détaillée la consultation des représentants du personnel et précise les documents et renseignements qui doivent leur être remis. Il faut noter qu'il ne fait pas de distinction selon le nombre de licenciements envisagés: il vise tous les licenciements collectifs pour mofif économique quel qu'en soit le nombre, c'est-à-dire, tout licenciement de plus de 2 salariés.

Il prévoit en outre la possibilité d'un recours à la commission paritaire de l'emploi ou aux organisations syndicales d'employeurs et de salariés, facultativement lorsque le projet de licenciement soulève des difficultés particulières et obligatoirement lorsque l'employeur n'a pas établi de plan social. En pratique ce recours est rare.

Alors que la loi ne fait pas de distinction entre la nature structurelle ou conjoncturelle du projet de licenciement à l'égard du délai de réflexion, l'accord interprofessionnel a instauré un système très structuré de délais de réflexions variant selon la nature et le nombre des licenciements envisagés. Ces délais peuvent atteindre un mois lorsque la nature du licenciement est conjoncturelle, trois mois lorsqu'elle est structurelle. Ils sont étendus de quinze jours en cas de saisine de la commission paritaire de l'emploi ou des organisations syndicales.

Les accords sectoriels sur la sécurité de l'emploi ont prévu des délais nettement supérieurs. En application de l'accord conclu dans le cadre des Industries Chimiques, le délai de réflexion peut atteindre six mois, même en cas de licenciement économique d'ordre conjoncturel.

Comme le délai légal, ces délais sont applicables aux projets de licenciements d'au moins 10 salariés dans une même période de 30 jours intervenant dans une entreprise employant au moins 50 salariés.

212. *Projet de licenciement de moins de 10 salariés pendant une même période de 30 jours*

Lorsqu'il envisage un licenciement visant de 2 à 9 salariés, l'employeur doit réunir et consulter les délégués du personnel ou le comité d'entreprise selon le cas. Cette consultation donne lieu à un procès-verbal et à un avis des représentants du personnel. Ces deux documents doivent être transmis aux services du Travail et de l'Emploi.

Dans ce cas, la loi ne prévoit pas les documents et renseignements à fournir aux représentants du personnel. Il y a lieu de se reporter, le cas échéant, aux accords conventionnels. Par ailleurs, aucun délai de réflexion n'est imposé entre la consultation des représentants du personnel et la demande d'autorisation de licenciement.

Lorsqu'il s'agit d'un licenciement individuel pour cause économique, la procédure de consultation des représentants du personnel n'est pas applicable, l'employeur devant mettre en oeuvre la procédure prévue pour le licenciement non économique (loi du 13 juillet 1973).

213. L'ordre des licenciements

La loi prévoit que dans les établissements soumis au contrôle de l'emploi, l'employeur doit établir, après avis du comité d'entreprise ou des délégués du personnel, un règlement intérieur.

A défaut de convention collective applicable à l'établissement le règlement intérieur doit déterminer les règles générales relatives à l'ordre des licenciements en cas de licenciement collectif compte tenu des charges de famille, de l'ancienneté de service dans l'établissement et des qualités professionnelles.

Selon la jurisprudence de la Cour de Cassation, cette liste de critères fournie par la loi "ne saurait être ni limitative, ni obligatoirement observée, mais seulement indicative".

L'employeur peut, en conséquence, modifier le nombre, la hiérarchie de ces critères, attribuer à chacun un coefficient de pondération, faire prévaloir les qualités professionnelles sur l'ancienneté, l'ancienneté sur les charges de famille . . .

Si l'employeur dispose d'une grande liberté pour fixer les règles générales relatives à l'ordre des licenciements, une fois ces règles adoptées et incorporées au règlement intérieur, il doit les respecter et les mettre en oeuvre de manière objective.

Le non respect de l'ordre des licenciements engage la responsabilité de l'employeur et ouvre droit à des dommages et intérêts au profit des salariés victimes de cette irrégularité.

L'efficacité de la phase de concertation dépend largement des relations existant entre l'employeur et les représentants du personnel. L'intervention d'éléments extérieurs à l'entreprise: la Commission paritaire de l'emploi ou des organismes publics comme le CIASI (Comité Interministériel pour l'Aménagement des Structures Industrielles) ou les CODEFI (Comités Départementaux d'examen des Problèmes de Financement des Entreprises) permet d'apporter, au moins en partie, des solutions aux difficultés posées par la mise en oeuvre de moyens visant à faciliter le reclassement des salariés licenciés: stages de formation professionnelle, aides du Fonds National de l'Emploi, aides à la mobilité . . ..

Cette phase prend fin avec l'envoi, par l'employeur, de la demande d'autorisation de licenciement au Directeur Départemental du Travail et de l'Emploi.

22. La phase administrative

Cette seconde phase permet à l'administration d'assurer un contrôle efficace des licenciements pour motif économique.

Le contrôle des licenciements pour motif économique a été confié aux D.D.T.E. qui peuvent, cependant, déléguer leur signature aux fonctionnaires placés sous leur autorité. En pratique, nombreux sont les D.D.T.E. qui délèguent leur signature dans ce domaine.

221. *L'employeur ne peut addresser au D.D.T.E. sa demande d'autorisation de licenciement qu'au terme de la phase de concertation décrite ci-dessus*

L'employeur est tenu de préciser dans sa demande:

1. son nom et son adresse;
2. la nature de l'activité de son entreprise;
3. les nom, prénoms, nationalité, date de naissance, sexe, adresse, emploi, qualification du ou des salariés dont le licenciement est demandé;
4. La date à laquelle le ou les salariés concernés ont été embauchés par l'entreprise;
5. La nature de la ou des raisons économiques, financières ou techniques invoquées;
6. Les mesures prises, éventuellement, pour réduire le nombre des licenciements et faciliter le reclassement du personnel faisant l'objet de la demande d'autorisation de licenciement;
7. Le calendrier prévisionnel des licenciements.

L'ampleur du contrôle exercé par le D.D.T.E. varie en fonction du nombre de licenciements visés par la demande d'autorisation.

Lorsque la demande d'autorisation de licenciement porte sur moins de dix salariés, le D.D.T.E. doit vérifier uniquement la réalité du motif économique invoqué pour justifier le licenciement.

Lorsque la demande vise au moins dix salariés, le D.D.T.E. doit vérifier, outre la réalité du motif économique invoqué, les conditions d'application de la procédure de concertation ainsi que la portée des mesures de reclassement et d'indemnisation envisagées.

Pour effectuer son contrôle, le D.D.T.E. dispose non seulement des renseignements contenus dans la demande d'autorisation mais aussi, le cas échéant, des documents qui lui ont été envoyés lors de la consultation des représentants du personnel sur le projet de licenciement. Il a, en outre, tout pouvoir pour enquêter et recueillir les informations qu'il estime indispensables pour exercer valablement la mission qui lui a été confiée.

222. *Le délai de réponse du D.D.T.E. varie en fonction du nombre de licenciements visés par la demande*

Lorsqu'il s'agit d'une demande visant le licenciement de plus de 10 salariés, le D.D.T.E. dispose d'un délai d'un mois pour faire connaître sa réponse. Lorsqu'il s'agit d'un licenciement de moins de 10 salariés, il dispose d'un délai de 7 jours renouvelable une fois.

Le délai court à compter de la date d'envoi de la demande d'autorisation.

A défaut de réponse du D.D.T.E. dans le délai qui lui est imparti son autorisation est réputée acquise.

La décision du D.D.T.E. peut faire l'objet des recours administratifs et contentieux de droit commun.

23. *Cas particulier des entreprises en règlement judiciaire ou en liquidation des biens*

Pour tenir compte de la situation particulièrement précaire de l'entreprise en règlement judiciaire ou en liquidation des biens pour laquelle les mesures de redressement doivent être prises très rapidement sous peine d'être totalement inefficaces et de la vouer à une disparition certaine, la loi a prévu une procédure allégée de licenciement. L'employeur ou le syndic est seulement tenu, d'une part, de réunir le comité d'entreprise ou à défaut les délégués du personnel et de l'informer du calendrier prévisionnel des licenciements collectifs éventuels, et d'autre part, d'informer le D.D.T.E. des licenciements envisagés.

24. *Les sanctions*

241. *Le non respect des dispositions essentielles de la procédure de licenciement pour motif économique expressément déterminés par la loi est sanctionné par une amende de 1 000 à 8 000 F prononcée autant de fois qu'il y a salariés concernés par l'infraction commise*

242. *En outre, la loi a prévu que lorsque l'employeur prononce un ou plusieurs licenciements pour motif économique sans qu'ait été présentée une demande d'autorisation à l'autorité administrative ou adresse les lettres de licenciement avant d'avoir obtenu l'autorisation sollicitée, le salarié a droit indépendamment des indemnités prévues par les lois, règlements et conventions en vigueur, à dommages et intérêts pour rupture abusive du contrat de travail*

25. *Le contentieux relatif aux licenciements pour motif économique*

Le contrôle de l'Administration sur les licenciements pour motif économique entraîne au niveau du contentieux de ces licenciements une certaine complexité. En vertu du principe de la séparation des pouvoirs, les litiges relatifs aux licenciements pour motif économique nécessitent, le plus souvent, la saisine de deux ordres de juridiction judiciaire et administratif.

Les principales difficultés soulevées par l'intervention des deux ordres de juridiction précités sont la détermination de la compétence de chacune d'elles et la longueur des instances.

Pour remédier à la longueur des instances, le législateur a institué en faveur des salariés licenciés dans le cadre d'un licenciement visant moins de dix salariés un système dérogatoire en matière de renvoi de questions préjudicielles.

Il a en effet prévu que dans le cas où l'issue d'un litige relatif à un licenciement visant moins de dix salariés dépend de l'appréciation de la légalité de la décision administrative, le Conseil des Prud'hommes sursoit à statuer et saisit, lui-même, le tribunal administratif qui doit statuer dans le délai d'un mois. Si le tribunal administratif n'a pas pu se prononcer dans ce délai, il doit transmettre l'affaire au Conseil d'Etat qui statue alors selon la procédure d'urgence.

Quant à la répartition des compétences entre les deux ordres de juridiction précitées en matière de licenciement pour motif économique, elle se précise au fur et à mesure des litiges qui sont soumis aux tribunaux.

Ceci explique les difficultés rencontrées dans certains cas par les salariés pour obtenir réparation d'un licenciement pour motif économique qu'ils estiment abusifs.

Ainsi qu'il a été indiqué plus haut, le législateur a, expressément, prévu deux cas où le salarié licencié peut obtenir des dommages et intérêts pour rupture abusive de son contrat de travail.

Il est, pourtant, un cas plus délicat au sujet duquel il est intéressant de rapporter la solution retenue par la Cour de Cassation.

Il s'agit du cas où une autorisation administrative, qui a donné lieu à un licenciement, est annulée par un tribunal administratif. Le salarié licencié peut-il obtenir réparation du préjudice éventuel résultant de son licenciement et dans quelles conditions?

Il faut tout d'abord préciser que ce salarié pas plus que le salarié licencié sans que son employeur ait présenté une demande d'autorisation à l'Administration, ne peut exiger sa réintégration dans l'entreprise puisque le législateur n'a pas considéré que l'absence d'autorisation administrative entraîne la nullité du licenciement. Il a décidé que, dans un tel cas, le salarié a seulement droit à des dommages et intérêts pour rupture abusive de son contrat de travail.

Dans le cas où l'autorisation administrative est annulée par un tribunal administratif postérieurement au licenciement du salarié, la Cour de Cassation, constatant que le législateur n'a prévu la condamnation de l'employeur à des dommages et intérêts pour rupture abusive du contrat de travail que dans les cas précités, estime que l'employeur qui, au moment des faits, a procédé à un licenciement pour motif économique dûment autorisé ne peut, sauf en cas de fraude, être considéré avoir commis une faute grave susceptible d'engager sa responsabilité à l'égard du salarié licencié.

Il reste donc au salarié qui se trouve dans cette situation à se pouvoir devant la juridiction administrative pour mettre en cause la responsabilité de l'Administration et obtenir réparation de son préjudice.

26. *Les mesures relative au préavis, à la forme de la notification du licenciement à l'indemnité de licenciement, aux heures pour recherche d'emploi, au reçu pour solde de tout compte et au certificat de travail décrite dans le cadre de la procédure de licenciement de droit commun sont également applicables en cas de licenciement pour motif économique*

27. *Pour clore cette étude sur la procédure de licenciement pour motif économique, il paraît intéressant d'indiquer brièvement les privilèges attachés aux créances salariales et le régime de garantie de ces créances en cas de faillite de l'employeur*

271. *Pour tenir compte du caractère alimentaire des créances salariales le législateur a assorti certaines de ces créances d'un superprivilège*

En cas de règlement judiciaire ou de liquidation des biens, les rémunérations de toute nature dues aux salariés et apprentis pour les soixante derniers jours de travail ou d'apprentissage doivent, déduction faite des acomptes déjà perçus, être payées, nonobstant l'existence de toute autre créance privilégiée, jusqu'à concurrence d'un plafond mensuel identique pour toutes les catégories de bénéficiaires (en 1981, le plafond mensuel est de 11 460 F.).

Bénéficient du même superprivilège et dans la même limite les indemnités de congés payés.

En ce qui concerne les marins, le superprivilège couvre les rémunérations de toute nature dues au titre des quatre vingt dix derniers jours de travail ou de la période de paiement si celle-ci est plus longue.

De même les voyageurs, représentants et placiers bénéficient du superprivilège pour les rémunérations qui leur sont dues du titre de 90 derniers jours de travail.

Par ailleurs, sont privilégiées, nonobstant l'application des dispositions relatives au superprivilège, la quasi-totalité des créances salariales notamment:

—les rémunérations pour les six derniers mois des salariés et des apprentis;
—les indemnités de préavis;
—les dommages et intérêts pour rupture abusive du contrat de travail;
—les indemnités de congés payés;
—les indemnités de licenciement légales ou conventionnelles pour la totalité de la portion inférieure ou égale au plafond prévu pour le superprivilège et pour le quart de la portion supérieure audit plafond.

272. *Afin de permettre aux salariés de percevoir rapidement le montant de leurs créances salariales, un régime de garantie des créances salariales a été institué par la loi n° 73-1194 du 27 décembre 1973*

Tout employeur ayant la qualité de commerçant ou de personne morale de droit privé même non commerçante et occupant un ou plusieurs salariés dont l'engagement résulte d'un contrat de travail doit s'assurer contre le risque de non paiement des sommes qui leur sont dues en exécution du contrat de travail à la date de la décision prononçant le règlement judiciaire ou la liquidation des biens.

Le droit du salarié au bénéfice du régime de garantie des créances salariales est indépendant de l'observation par l'employeur de ses obligations en matière d'affiliation audit régime ou en matière de paiement de ses cotisations.

Lorsque le syndic ne peut, faute de disponibilité payer, en tout ou en partie les créances salariales superprivilégiées dans le délai de 10 jours à compter du jugement prononçant le règlement judiciaire ou la liquidation des biens, il adresse aux institutions chargées de gérer le régime précité, un relevé de ces créances salariales précisant la qualité de salarié des créanciers concernés et le montant des sommes éventuellement versées. Les institutions saisies doivent, dans les cinq jours, verser au syndic les sommes restées impayées figurant sur le relevé, à charge pour ce dernier de les reverser à chaque salarié concerné.

Lorsque le syndic ne peut, faute de disponibilité, payer dans le délai de 3 mois à compter du jugement prononçant le règlement judiciaire ou la liquidation des biens, tout ou partie des autres créances résultant du contrat de travail, les sommes dues en application d'un contrat d'intéressement, d'association ou de participation régi par certaines dispositions du code du travail, dès lors qu'elles sont exigibles, ainsi que les arrérages de pré-retraite ou de complément de retraite, échus ou à échoir, dus en application d'une convention collective, il doit remettre aux institutions précitées le relevé de ces créances salariales. Les institutions saisies doivent verser les sommes restées impayées, même en cas de contestation de leur admission par un tiers, dans un délai de huit jours.

La garantie des créances salariales est limitée à toutes créances du salarié confondues à un plafond fixé pour 1981 à 297 960 F lorsque les créances résultent de dispositions législatives ou règlementaires ou des stipulations d'une convention collective et sont nées d'un contrat de travail dont la date de conclusion est antérieure de plus de 6 mois au jugement de faillite.

Dans les autres cas, le plafond de la garantie est limité à 91 680 F pour 1981.

Les institutions qui gèrent le régime de garantie des créances salariales sont subrogées dans les droits des personnes auxquelles elles ont payé leurs créances dans le cadre du dit régime.

III. LE LICENCIEMENT DES SALARIES PROTEGES

Certains salariés, en raison de fonctions sociales exercées dans l'entreprise ou à l'extérieur de celle-ci, bénéficient d'une protection spéciale contre le licenciement.

Cette protection spéciale est constituée par une procédure particulière de licenciement qui s'ajoute, selon le cas, à la procédure de licenciement de droit commun ou à la procédure de licenciement pour motif économique.

Bénéficient d'une protection spéciale contre le licenciement les délégués du personnel, les membres du comité d'entreprise y compris les représentants syndicaux à ce comité, les membres du comité d'hygiène et de sécurité dans les entreprises employant plus de 300 salariés, les délégués syndicaux, les médecins du travail et les salariés exerçant les fonctions de conseillers prud'hommes.

1. *Le licenciement des délégués du personnel, des membres du comité d'entreprises y compris les représentants syndicaux à ce comité et dans les entreprises employant au moins 300 salariés les membres du comité d'hygiène et de sécurité, est soumis à une procédure quasi identique*

Le licenciement d'un salarié exerçant une des fonctions précitées doit être soumis à l'assentiment du comité d'entreprise ou du comité d'établissement.

Les membres du comité d'entreprise prennent leur décision, après audition de l'intéressé, par un vote à bulletins secrets à la majorité simple. Aucun quorum n'est requis.

Le procès-verbal de la réunion du comité d'entreprise, au cours de laquelle il s'est prononcé sur une demande de licenciement, doit être transmis dans les quarante huit heures à l'inspecteur du travail.

Lorsque le comité d'entreprise a refusé de donner son accord au licenciement envisagé, celui-ci ne peut intervenir que sur autorisation de l'inspecteur du travail.

L'inspecteur du travail dispose d'un délai de quinze jours pour se prononcer. Ce délai peut être prolongé si les nécessités de l'enquête le justifie. Il doit en effet procéder à une enquête contradictoire au cours de laquelle l'intéressé peut se faire assister d'un représentant de son syndicat. Il examine, notamment, si le licenciement demandé n'est pas en rapport avec le mandat détenu ou brigué par l'intéressé.

La procédure précitée est applicable non seulement pendant l'exercice du mandat des intéressés mais aussi pendant les six mois qui suivent l'expiration du mandat pour les délégués du personnel et pendant cette même période pour les membres du comité d'entreprise y compris les représentants syndicaux et pour les membres du comité d'hygiène et de sécurité à condition qu'ils aient été désignés depuis deux ans au moins.

Les candidats aux fonctions précitées prsentés au premier tour bénéficient également de cette protection pendant une durée de trois mois à compter de la publication des candidatures.

Il faut noter qu'en cas de faute grave du salarié, l'employeur peut prononcer sa mise à pied immédiate jusqu'à la décision du comité d'entreprise ou de l'inspecteur du travail.

L'inspecteur du travail saisi d'une demande d'autorisation de licenciement d'un salarié mis à pied doit se prononcer dans un délai de huit jours. Ce délai peut être prolongé si nécessaire.

La mise à pied est privée de tout effet si le licenciement est refusé par l'inspecteur du travail ou par le ministre.

2. *Le licenciement d'un délégué syndical ne peut intervenir qu'après autorisation de l'inspecteur du travail*

Les délégués syndicaux ont pour fonction de représenter leur syndicat auprès du chef d'entreprise. Ils sont habilités à discuter, mais non à signer, sauf s'ils détiennent un mandat spécial de leur syndicat, toutes sortes d'accord notamment les accords d'entreprise ou d'établissement, les accords de salaires, les accords d'intéressement et de participation . . . . La jurisprudence leur reconnaît le pouvoir d'exercer toute action se rattachant à la représentation de leur syndicat.

En cas de faute grave, l'employeur peut prononcer la mise à pied immédiate de l'intéressé.

La décision de mise à pied doit être, à peine de nullité, motivée et notifiée à l'inspecteur du travail dans les quarante huit heures à compter de sa prise d'effet.

Comme dans le cadre de la procédure précédente, le refus d'autorisation du licenciement entraîne l'annulation de la mise à pied et la prive de ses effets.

Cette procédure de licenciement doit être également appliquée aux anciens délégués syndicaux pendant six mois après la cessation de leur fonction.

3. *La majorité des employeurs sont tenus la loi d'organiser un service médical du travail. Suivant l'importance de l'entreprise, les services médicaux du travail peuvent être propres à une seule entreprise ou communs à plusieurs*

Les services médicaux du travail sont assurés par un ou plusieurs médecins dénommés "médecins du travail". Leur rôle exclusivement préventif consiste à éviter toute altération de la santé des travailleurs notamment, en surveillant les conditions d'hygiène, les risques de contagion et l'état de santé des travailleurs.

Le médecin du travail ne peut être licencié qu'avec l'accord soit du comité d'entreprise ou du comité d'établissement, soit du comité interentreprise ou de la commission de contrôle des services interentreprises.

Dans les services interentreprises administrés paritairement, le médecin du travail ne peut être licencié qu'avec l'accord du conseil d'administration.

Le comité ou la commission de contrôle se prononce après audition de l'intéressé à la majorité de ses membres, présents ou non, par un vote à bulletins secrets.

En cas de refus du comité ou de la commission de contrôle, le licenciement ne peut être prononcé que sur autorisation de l'inspecteur du travail prise après avis du médecin inspecteur régional du travail et de la main-d'oeuvre.

4. *Le licenciement d'un conseiller prud'homme en fonction ou ayant cessé l'exercice de ses fonctions depuis moins de six mois ne peut intervenir que sur décision du bureau de jugement du Conseil des Prud'hommes présidé par le président du tribunal de grande instance dans le ressort duquel est situé le siège du Conseil des Prud'hommes.*

IV. LES AIDES A L'EMPLOI

Ne seront mentionnées dans cette étude sur les aides à l'emploi uniquement les principales aides dont peuvent bénéficier les salariés licenciés. Ces aides peuvent être réparties en deux groupes:

—les aides ayant pour objet d'éviter des licenciements pour motif économique;
—les aides visant à atténuer les conséquences des licenciements.

1. *Les aides ayant pour object d'éviter des licenciements pour motif économique*

11. *La plus utilisée de ces mesures est la mise au chômage partiel indemnisé de tout ou partie des salariés de l'entreprise*

L'indemnisation du chômage partiel est assurée dans le cadre d'un régime légal, éventuellement, complété par des régimes conventionnels.

111. *Dans le cadre du régime légal, il est prévu qu'en cas de réduction d'activité au dessous de la durée légale de travail ou de suspension d'activité imputable à la conjoncture économique, à des difficultés d'approvisionnement en matières premières ou en énergie, à un sinistre, à des intempéries de caractère exceptionnel, à une transformation, restructuration ou modernisation de l'entreprise ou à toute autre circonstance de caractère exceptionnel, les salariés concernés bénéficient des allocations de chômage partiel financées par le Fonds National de l'Emploi. Ces allocations prennent la forme d'une indemnité horaire égale à 70% du minimum garanti qui est en 1982 de 10,52 F*

Certaines personnes ne peuvent toutefois bénéficier des allocations de chômage partiel:
—celles ayant un salaire hebdomadaire habituel inférieur à vingt fois le salaire minimum horaire de croissance;
—celles dont le chômage est provoqué par un différend collectif (mais possibilité de prise en charge en cas de lockout dans certaines conditions);
—celles dont le chômage est saisonnier sauf si leur état de chômage est exceptionnel au moment où il se produit.

Enfin, au-delà de quatre semaines de suspension d'activité, les salariés concernés sont indemnisés au titre du chômage total bien qu'ils n'aient pas été licenciés.

Les allocations publiques de chômage partiel sont attribuées dans la limite de contingents annuels d'heures indemnisables fixés pour les différentes branches professionnelles par arrêté du Ministre du Travail. Cette limite peut être dépassée dans des cas exceptionnels par décision conjointe du Ministre du Travail et du Ministre de l'Economie et des Finances. En 1982, ce contingent annuel est de 600 heures par salarié pour l'ensemble des branches professionnelles.

Ces allocations sont versées aux salariés par l'employeur qui est remboursé par l'Etat.

112. *Il existe des conventions collectives prévoyant une indemnisation complémentaire du chômage partiel dont la plus importante est l'accord national interprofessionnel du 21 février 1968 modifié depuis à plusieurs reprises*

Cet accord indemnise les salariés victimes d'une réduction d'horaire due à la conjoncture économique, à des difficultés d'approvisionnement en énergie ou en matières premières (sauf si ces difficultés résultent d'un conflit collectif du travail) ou à un sinistre dans la limite d'un contingent annuel d'heures indemnisables qui est celui retenu pour le versement des allocations publiques de chômage partiel.

S'il y a un dépassement du crédit légal d'heures indemnisables, le crédit d'indemnisation conventionnel de chômage partiel est dépassé dans la même mesure.

En cas de suspension d'activité due à un sinistre, les salariés concernés bénéficieront des allocations conventionnelles de chômage partiel prévues par cet accord pendant la première quatorzaine de la suspension d'activité.

Les salariés indemnisés reçoivent une indemnité horaire égale à 50% de leur rémunération horaire brute, diminuée, le cas échéant, de l'allocation publique de chômage partiel.

L'indemnité conventionnelle ne peut pas être inférieure à un minimum dont le taux est fixé périodiquement.

A partir du 1er avril 1982, ce taux est de 17,70 F.

Le montant cumulé de l'indemnité conventionnelle et de l'allocation légale de chômage partiel ne doit pas dépasser le salaire horaire moyen net de l'intéressé calculé sur les deux dernières périodes normales de paye.

Les régimes conventionnels de chômage partiel ne sont pas des régimes d'assurances; aussi les indemnités de chômage partiel sont à la charge des employeurs concernés.

Dans le cas où un salarié en chômage partiel a perçu au cours d'un mois, à titre de salaire et d'allocations légales ou conventionnelles de chômage partiel une somme totale inférieure à la rémunération mensuelle minimale légale, la loi prévoit qu'une allocation complémentaire égale à la différence entre la rémunération mensuelle minimale légale et la somme effectivement perçue doit lui être allouée.

Cette allocation complémentaire est à la charge de l'employeur. L'Etat lui rembourse, en principe, 50% du montant de cette allocation.

113. *Par ailleurs, la loi prévoit qu'en vue d'éviter des licenciements pour motif économique touchant certaines professions dans certaines régions atteintes ou menacées d'un grave déséquilibre de l'emploi, l'Etat peut prendre partiellement en charge, par voie de conventions conclues avec les organismes professionnels ou interprofessionnels ou avec les entreprises, les indemnités complémentaires de chômage partiel versées aux salariés victimes d'une réduction d'activité au dessous de la durée légale du travail*

Les régions atteintes ou menacées d'un grave déséquilibre de l'emploi sont déterminées par un arrêté conjoint du Ministre de l'Economie et des Finances et du Ministre du Travail. Pour 1982, les actions de prévention peuvent être engagées sur l'ensemble du territoire.

A l'intérieur des régions, les professions touchées par ce déséquilibre sont déterminées par le Préfet de région après consultation du comité régional de la formation professionnelle, de la promotion sociale et de l'emploi.

Pour obtenir l'aide de l'Etat, l'employeur doit adresser aux services départementaux du travail et de l'emploi, toutes les justifications utiles sur les raisons économiques financières ou techniques du ou des licenciements auxquels il envisage de procéder. L'employeur est tenu de consulter le comité d'entreprise ou d'établissement ou à défaut les délégués du personnel sur la demande de convention présentée.

Si ces motifs sont reconnus fondés par l'Administration, une convention est conclue entre l'Administration et l'employeur.

Par cette convention l'employeur s'engage à maintenir pendant une certaine durée l'emploi des salariés visés par le projet de licenciement: en countrepartie, l'Etat prend en charge pendant une durée équivalente une partie des indemnités complémentaires de chômage partiel versées par l'employeur en application d'un accord dûment agréé par l'Administration.

La durée maximale de la prise en charge par l'Etat des indemnités complémentaires de chômage partiel est de 6 mois renouvelable une fois.

Le taux de prise en charge par l'Etat des indemnités précitées varie selon la situation de chaque entreprise concernée. Cependant, elle ne peut être supérieure à un maximum fixé annuellement. Pour 1982, le taux maximum de la prise en charge est de 80%.

Il convient de signaler que le législateur a institué des régimes d'indemnisation du chômage partiel particuliers à certains travailleurs.

Ainsi, les travailleurs du Bâtiment et des Travaux Publics bénéficient d'un régime de protection spécifique en cas d'arrêt de travail occasionné par les intempéries.

Par ailleurs, les ouvriers dockers professionnels bénéficient d'un régime de garantie de salaire qui leur assure, dans certaines conditions, une indemnité de garantie pour chaque vacation chômée.

12. *Dans les régions et les professions atteintes ou menacées d'un grave déséquilibre de l'emploi, les employeurs peuvent, en outre, conclure avec l'Etat des conventions de formation du Fonds National de l'Emploi pour assurer la reconversion interne ou l'adaptation à un nouveau poste de travail de salariés qui, sans cette formation, seraient licenciés pour motif économique*

Le comité d'entreprise ou d'établissement ou, à défaut, les délégués du personnel doivent être consultés sur le projet de convention de formation.

Les conventions de formation assure aux employeurs une aide technique et financière de l'Etat.

L'aide technique est apportée par l'Association pour la Formation Professionnelle des Adultes qui élabore le programme de formation et fournit, le plus souvent, les équipements et les moniteurs.

L'aide financière est constituée par une prise en charge partielle ou intégrale des frais de fonctionnement du programme de formation, notamment dépenses de matériel, de matières premières, salaires et charges sociales des moniteurs et par le remboursement à l'employeur des rémunérations versées aux stagiaires et des cotisations de sécurité sociale y afférentes.

2. *Les aides visant à atténuer les conséquences des licenciements*

Il existe de nombreuses mesures qui permettent d'atténuer les effets des licenciements et plus particulièrement des licenciements pour motif économique.

Ces mesures peuvent être réparties en deux groupes, d'une part les mesures qui visent à faciliter le reclassement du salarié licencié et d'autre part, les mesures qui assurent au salarié âgé, qui ne peut ou ne désire pas reprendre une activité professionnelle, une garantie de ses revenus jusqu'à la liquidation de sa retraite (au plus tard, jusqu'à l'âge de 65 ans et 3 mois).

21. *Le salarié licencié peut recourir à un certain nombre de mesures pour faciliter son reclassement*

Il peut d'abord améliorer sa formation ou rechercher une formation nouvelle afin de se reconvertir.

Il bénéficie en matière de formation d'avantages particuliers.

211. *Dans le cadre de la convention nationale du 31 décembre 1958 créant le régime national interprofessionnel d'indemnisation du chômage et l'organisme chargé de le gérer—l'union interprofessionnelle pour l'emploi dans l'industrie et le commerce (UNEDIC), les partenaires sociaux ont institué en faveur des salariés licenciés pour motif économique qui suivent une formation et sous réserve qu'il remplissent certaines conditions, une indemnité de formation*

Cette indemnité doit, ajoutée aux autres aides éventuellement perçues par les bénéficiaires, porter, pendant la durée de la formation, leurs ressources au niveau de la rémunération qu'ils percevaient dans leur dernier emploi.

Pour bénéficier de cette indemnité les salariés doivent:

—avoir été licenciés pour motif économique;
—avoir demandé, au cours de la période de préavis, de suivre une formation dispensée par des organismes conventionnés ou agréés par l'Etat ou, à défaut, agréés par une commission paritaire professionnelle;
—suivre effectivement la formation choisie ou une formation substituée sur recommandation des organismes ou services chargés de l'orientation des candidats à la formation;
—justifier avoir fait valoir leurs droits aux aides de l'Etat en leur qualité de stagiaires de la formation professionnelle.

212. *Par ailleurs, les conventions de formation précitées du Fonds National de l'Emploi peuvent être conclues pour permettre à des salariés licenciés pour motif économique d'améliorer leur qualification professionnelle ou d'acquérir une nouvelle qualification professionnelle afin de faciliter leur reclassement en dehors de l'entreprise d'où ils ont été licenciés*

213. *Dans les régions atteintes ou menacées d'un grave déséquilibre de l'emploi, l'employeur qui relève d'une branche professionnelle, elle-même, atteinte ou menacée d'un tel déséquilibre, peut conclure avec l'Etat une convention d'allocations temporaires dégressives en faveur des salariés qu'il est contraint de licencier pour motif économique*

L'allocation temporaire dégressive est accordée au salarié qui, pour des motifs indépendants de sa volonté, ne peut être admis à suivre un stage de formation professionnelle et est conduit à être reclassé dans un emploi comportant un niveau de rémunération inférieur de plus de 10% à son salaire antérieur.

Cette allocation garantit au bénéficiaire compte tenu de son nouveau salaire, des ressources égales à 90% de son salaire antérieur pendant les six premiers mois à dater de son reclassement et à 75% dudit salaire pendant les six mois suivants.

Le salaire de référence est calculé sur la base de la rémunération horaire moyenne perçue par l'intéressé au cours des trois mois de travail à l'exclusion des majorations pour heures supplémentaires et des primes et indemnités n'ayant pas le caractère de complément de salaire.

> 214. *Enfin, il existe d'autres aides auxquelles les salariés licenciés pour motif économique peuvent prétendre au même titre que tous les demandeurs d'emploi inscrits auprès des services publics de main-d'oeuvre*

>> 2141. *Ainsi, les salariés licenciés pour motif économique peuvent bénéficier des primes de transfert et des indemnités de transport, de déménagement et de réinstallation attribuées aux demandeurs d'emploi inscrits auprès des services publics de l'emploi qui, après avoir suivi un stage de formation professionnelle ou en avoir été dispensés après examen de leurs références professionnelles, quittent une région de sous-emploi constaté ou prévu afin d'occuper un emploi correspondant à leur qualification dans une région où existent des besoins de main-d'oeuvre*

Peuvent également bénéficier de ces primes et indemnités les salariés compris dans une mesure de licenciement collectif non encore effectuée mais portée à la connaissance des services extérieurs du Ministre chargé du travail.

Les salariés qui remplissent les conditions précisées ci-dessus bénéficient:

—d'une indemnité pour frais de déplacement pour eux-mêmes, leur conjoint et les personnes à leur charge;
—d'une indemnité forfaitaire pour frais de transport de leur mobilier lorsque le transfert aura été effectué dans les six mois de l'arrivée des intéressés dans la commune où ils doivent fixer leur nouveau domicile. Le délai de six mois peut être exceptionnellement prorogé.
—d'une prime de transfert et d'une indemnité de réinstallation variables en fonction de la composition de la famille.

Le montant cumulé de ces primes et indemnités ne peut être inférieur à 800 fois ni supérieur à 2 000 fois le minimum garanti (pour 1982—8 416 F et 23 040 F), sous réserve que les ressources mensuelles du foyer de l'intéressé, déduction faite des prestations familiales, n'excèdent pas, au moment de la demande d'attribution, 1 000 fois le minimum garanti, (pour 1982—10 520 F). Lorsque ces ressources dépassent 1 000 fois le minim garanti, le montant cumulé des primes et indemnités est réduit de moitié.

Les travailleurs privés d'emploi embauchés par une entreprise française ou par la filiale d'une entreprise française pour occuper un emploi salarié comportant résidence à l'étranger, à l'exception de ceux d'entre eux tenus de posséder un titre les autorisant à exercer une activité salariée en France, peuvent prétendre aux primes et indemnités indiquées ci-dessus dans la limite des mêmes plafond et plancher sans que leur soit opposable la réserve relative aux ressources mensuelles. Le calcul de ces primes et indemnités est effectué sur des bases différentes de celles appliquées aux travailleurs qui restent sur le territoire national.

2142. *Il faut enfin mentionner plus brièvement les autres aides à la mobilité qui peuvent être allouées aux demandeurs d'emploi inscrits dans les services publics de l'emploi:*

—des bons de transport gratuit pour répondre aux convocations des services publics de l'emploi adressées aux demandeurs d'emploi en vue de leur placement ou de leur reclassement;
—des indemnités pour recherche d'emploi permettant aux demandeurs d'emploi d'aller s'informer sur place des conditions de travail et de logement au lieu de l'emploi offert. L'indemnité de recherche d'emploi comprend le remboursement des frais de transport et une allocation forfaitaire calculée pour une période maxima de deux jours;
—des indemnités de double résidence versées aux demandeurs d'emploi qui se trouvent dans l'impossibilité de réinstaller à bref délai leur foyer au lieu du nouvel emploi lorsque l'occupation de ce dernier implique le déplacement du foyer. L'indemnité de double résidence est versée pendant six mois au maximum. Son taux journalier est égal à trois fois le minimum garanti (en 1982—34, 56 F);
—le remboursement des frais d'hébergement supportés par les demandeurs d'emploi admis à suivre un stage de formation agréé par l'Etat et dispensé dans un centre de formation qui n'assure pas l'hébergement à titre gratuit des stagiaires lorsque l'éloignement du centre interdit aux intéressés de regagner chaque soir leur résidence habituelle. Le remboursement a lieu sur justification et dans la limite de trois fois le minimum garanti (en 1982—34, 56 F).

22. *Les salariés licenciés âgés qui ne peuvent ou ne désirent pas reprendre une activité professionnelle, peuvent bénéficier, s'ils remplissent les conditions requises, d'un régime de pré-retraite*

221. *Le salarié âgé d'au moins soixante ans, victime d'un licenciement quel que soit le motif de ce dernier, peut demander le bénéfice de la garantie de ressources UNEDIC*

La garantie de ressources a été instituée par les partenaires sociaux en 1972 dans le cadre de la convention du 31 décembre 1958 précitée. Son existence a été légalisée lors de la réforme de l'indemnisation du chômage en 1979.

Pour bénéficier de la garantie de ressources le salarié licencié doit, outre la condition d'âge, remplir les conditions suivantes:

—avoir appartenu au moins dix ans à un ou plusieurs régimes de la sécurité sociale au titre d'emplois salariés occupés dans des activités économiques relevant du champ d'application du régime d'assurance-chômage;
—justifier soit d'une année continue d'appartenance, soit de deux années discontinues d'appartenance dans une ou plusieurs entreprises au cours des cinq années précédant la rupture du contrat de travail;
—ne pas avoir demandé la liquidation d'une pension de retraite de la sécurité sociale postérieurement à la rupture du contrat de travail;
—remplir les autres conditions requises pour pouvoir prétendre au versement de l'allocation de base d'indemnisation du chômage.

La garantie de ressources peut être également accordée sur décision de la commission paritaire d'ASSEDIC à des salariés licenciés entre l'âge de 55 ans et 60 ans qui remplissent certaines conditions supplémentaires.

Les salariés licenciés pour motif économique qui ne remplissent pas les conditions fixées pour bénéficier de la garantie de ressources peuvent, néanmoins, prétendre au bénéfice de celle-ci:

—pendant un an, si le licenciement est prononcé à 60 ans ou postérieurement et s'ils justifient de 182 jours d'appartenance au régime d'assurance-chômage ou de 1 040 heures de travail;
—à partir de leur soixantième anniversaire pour le temps correspondant à la différence entre 365 jours et le nombre d'allocations spéciales déjà servies.

Le régime de la garantie de ressources assure au bénéficiaire une allocation journalière égale à 70% du salaire journalier de référence.

Le salaire de référence est établi sur la base des rémunérations ayant servi au calcul des contributions d'assurance-chômage au titre des trois mois civils précédant le dernier jour de travail payé à l'intéressé.

L'allocation de garantie de ressources cesse d'être versée à partir du jour où le bénéficiaire:

—atteint l'âge de 65 ans et 3 mois;
—fait procéder à la liquidation d'une pension de retraite d'un régime de sécurité sociale;
—reprend une activité professionnelle salariée ou non salariée.

222. *Dans le cadre des mesures qui peuvent être prises dans les régions ou à l'égard des professions atteintes ou menacées par un grave déséquilibre de l'emploi, un régime de pré-retraite a été institué en faveur de travailleurs âgés qui ne peuvent prétendre à la garantie de ressources UNEDIC soit qu'ils aient atteint ou dépassé cet âge mais ne remplissent pas les conditions requises pour en bénéficier*

Ce régime de pré-retraite est mis en oeuvre par des conventions d'allocations spéciales du Fonds National de l'Emploi conclues sur une base volontaire par les employeurs et l'Etat.

Pour bénéficier du régime de pré-retraite les salariés intéressés doivent adhérer à la convention d'allocations spéciales conclue par leur employeur.

Pour pouvoir adhérer à la convention précitée, les salariés doivent remplir les conditions suivantes:

—être licenciés pour motif économique ou menacés d'un tel licenciement;
—avoir été déclarés non susceptibles d'un reclassement effectif;
—remplir la condition d'âge fixée par la convention (actuellement l'âge minimum est fixé à 56 ans et deux mois dans la majorité des conventions; toutefois dans des cas exceptionnels la limite est repoussée jusqu'à 55 ans);
—s'engager à fournir la participation financière mise à sa charge par le régime;
—ne pas avoir demandé la liquidation d'une pension de retraite de la sécurité sociale.

Le régime de pré-retraite du Fonds National de l'Emploi prévoit une participation financière d'une part des salariés bénéficiaires, d'autre part, de l'employeur.

Le salarié bénéficiaire ou l'employeur pour le compte de celui-ci doit verser à l'Etat une participation financière égale à la différence entre son indemnité conventionnelle de licenciement et une indemnité de départ calculée comme l'indemnité de départ en retraite. Le montant de cette dernière indemnité ne peut être inférieur à l'indemnité légale de licenciement.

La participation du salarié est plafonnée à une somme égale à 12% du salaire trimestriel de référence multipliée par le nombre de trimestres pendant lesquels l'allocation spéciale du Fonds National de l'Emploi sera servie.

L'employeur verse à l'Etat une contribution égale à 12% du salaire trimestriel de référence multipliée par le nombre de trimestre pendant lesquels l'allocation spéciale sera servie, diminuée de la participation du salarié.

L'employeur peut être dispensé du versement de cette contribution lorsque son entreprise fait l'object d'une procédure collective (suspension provisoire des pour- suites, règlement judiciaire ou liquidation des biens) ou lorsque la situation de son entreprise est portée à l'examen du comité interministériel pour l'aménagement des structures industrielles. Il en est également dispensé dans les autres cas où il prouve son incapacité à assumer cette charge financière.

Le régime assure aux salariés bénéficiaires une garantie de ressources égale à 70% de leur salaire journalier de référence.

Le salaire de référence est le même que celui retenu par le régime de la garantie de ressources UNEDIC, c'est-à-dire, la rémunération ayant servi de base au calcul des contributions d'assurance-chômage au titre des trois mois civils précédant le dernier jour de travail payé à l'intéressé.

Le contenu de la garantie de ressources ainsi assurée au bénéficiaire varie en fonction de l'âge de celui-ci. Au bénéficiaire âgé de moins de 60 ans, l'allocation spéciale du Fonds National de l'Emploi versée est égale à 12% de son salaire de référence.

Le complément de 58% est pris en charge, sous forme d'une allocation conven- tionnelle, par les organismes assurant l'indemnisation du chômage en vertu d'un accord conclu par les partenaires sociaux dans le cadre de la convention du 31 décembre 1958 précitée.

Cet accord adopté sous forme d'avenant complétant le règlement du régime d'allocations aux travailleurs sans emploi prévoit que pour bénéficier de l'allocation conventionnelle, les intéressés doivent remplir en plus des conditions précitées, les conditions suivantes:

— avoir manifesté leur volonté d'adhérer à la convention d'allocations spéciales du Fonds National de l'Emploi;
— remplir la condition d'âge pour pouvoir bénéficier à 60 ans de la garantie de ressources;
— justifier, au cours des 12 mois précédant la rupture du contrat de travail avoir appartenu pendant 91 jours à une ou plusieurs entreprises entrant dans le champ d'application du régime d'assurance-chômage ou avoir effectué 520 heures de travail dans de telles entreprises;
— ne pas être chômeurs saisonniers;
— être enregistrés auprès de l'agence locale pour l'emploi.

Le salaire de référence servant de base au calcul de l'allocation spéciale du Fonds National de l'Emploi et de l'allocation conventionnelle est revalorisé deux fois par an.

L'allocation spéciale et l'allocation conventionnelle cessent d'être versées si le bénéficiaire reprend une activité professionnelle salariée ou non salariée ou s'il fait procéder à la liquidation d'une pension de retraite de la sécurité sociale.

Le versement de l'allocation conventionnelle cesse au moment où le bénéficiaire atteint l'âge de 60 ans.

L'allocation spéciale cesse d'être versée au bénéficiaire qui atteint l'âge de 60 ans et qui remplit les conditions pour obtenir le bénéfice de la garantie de ressources UNEDIC.

Lorsque le bénéficiaire ne peut prétendre à la garantie de ressources UNEDIC, l'allocation spéciale continue à lui être versée dans les conditions fixées pour les salariés âgés de 60 ans au moins au moment de leur adhésion à la convention d'allocation spéciale du Fonds National de l'Emploi.

Le montant de l'allocation spéciale versée aux bénéficiaires âgés d'au moins 60 ans est égal à 70% de leur salaire journalier de référence.

L'allocation spéciale cesse d'être versée lorsque le bénéficiaire atteint l'âge de 65 ans et 3 mois. Le reprise d'une activité professionnelle et la liquidation d'une pension de retraite de la sécurité sociale entraîne également, comme le cas précédent, la cessation du versement de l'allocation spéciale.

V. L'INDEMNISATION DU CHOMAGE

Le régime actuel d'assurance-chômage en France résulte d'une réforme intervenue en 1979.

Avant cette date, le régime d'assurance-chômage se caractérisait par la coexistence de deux régimes: un régime d'aide publique financé par l'Etat et un régime d'assurance privé créé par les partenaires sociaux, géré paritairement et financé par les cotisations des employeurs et des salariés.

La loi du 16 janvier 1979 a fixé le cadre légal de la réforme. La convention du 27 mars 1979 signée par les partenaires sociaux en a fixé les modalités d'application notamment dans le règlement annexé à ladite convention.

La réforme ainsi réalisée a institué un régime unique où domine l'assurance mais qui remplit en même temps certaines fonctions de solidarité nationale.

Les partenaires sociaux gèrent le régime. Pour ce faire, ils ont créé des organismes de gestion qui sont: l'Union Nationale Interprofessionnelle pour l'Emploi dans l'Industrie et le Commerce (UNEDIC) et les Associations pour l'Emploi dans l'Industrie et le Commerce (ASSEDIC).

L'Etat pour sa part, contribue à l'aide apportée aux travilleurs privés d'emploi, en versant une subvention annuelle à l'UNEDIC.

1. *Le financement du nouveau régime*

Les ressources du régime proviennent des contributions des employeurs et des salariés et d'une participation de l'Etat.

11. *Contribution des employeurs et des salariés*

Leur taux est fixé par les gestionnaires du régime. Il est, depuis le 1er avril 1979, de 3, 60% des salaires (2, 76% à la charge des employeurs, 0, 84% à la charge des salariés).

12. *Participation de l'Etat*

Conformément à la loi du 16 janvier 1979, cette participation résulte de l'application à une base forfaitaire initiale d'une indexation en valeur et d'une indexation en volume.

121. *Base forfaitaire initiale*

La participation aux dépenses techniques a été fixée initialement pour 1979 par accord entre l'Etat et les partenaires sociaux à un niveau tel qu'elle entraîne pour l'Etat, en année pleine, une dépense de 7 milliards au titre de l'aide aux travailleurs privés d'emploi (aide publique comprise).

122. *Indexation en valeur*

La loi du 16 janvier 1979 dispose qu'à régime constant la subvention de l'Etat suit la même évolution que le produit de la contribution versée par les employeurs et les salariés.

123. *Indexation en volume*

La loi prévoit que si le nombre des journées indemnisées augmente, les dépenses nouvelles résultant de cette augmentation sont financées pour les deux tiers par un relèvement de la contribution des employeurs et des salariés, et pour un tiers par un accroissement de la subvention de l'Etat. En cas de diminution du nombre des allocataires, les contributions et subventions sont réduites dans les mêmes proportions.

Une convention conclue le 26 juin 1979 entre L'Etat et l'UNEDIC a fixé les modalités de calcul et de versement de la participation de l'Etat.

2. *Champ d'application*

21. *Champ d'application professionnel*

Le nouveau régime est applicable aux ex-salariés du secteur privé y compris l'agriculture. Avant la loi du 16 janvier 1979 les gens de maison étaient exclus. Désormais, ils sont inclus dans le champ d'application du régime d'assurance-chômage.

Par ailleurs, la loi du 16 janvier 1979 a mis à la charge du nouveau régime, certaines catégories qui ne percevaient que l'aide publique (des jeunes, détenus, rapatriés, réfugiés, artistes non salariés, . . .) et une catégorie nouvelle (femmes seules répondant à certaines conditions).

22. *Champ d'application territorial*

Le nouveau régime s'applique aux ex-salariés résidant en métropole et depuis le décret du 27 février 1980 et les accords du 22 août 1980, à ceux qui résident dans un département d'outre-mer (Réunion, Martinique, Guadeloupe, Guyane, Saint-Pierre-et-Miquelon).

3. *Les prestations*

Les allocations versées au titre du chômage varient selon les catégories de bénéficiaires en durée et en taux.

31. *Catégories de bénéficiaires*

Il convient de distinguer ceux qui perçoivent les allocations à la suite d'une rupture du contrat de travail et ceux qui en bénéficient parce qu'ils appartiennent à certaines catégories particulières de demandeurs d'emploi.

311. *Les travailleurs ayant été licenciés ou ayant volontairement rompu leur contrat de travail peuvent bénéficier, selon le cas et s'ils remplissent les conditions d'attribution, de l'allocation spéciale, de l'allocation de base ou de la garantie de ressources*

3111. *L'allocation spéciale est attribuée en cas de licenciement pour motif économique aux salariés licenciés avant 60 ans*

3112. *L'allocation de base est versée aux salariés licenciés pour un motif autre qu'économique et aux salariés démissionnaires si leur démission a un motif reconnu légitime (par exemple, le départ volontaire consécutif à un changement de résidence du conjoint ou celui d'un travailleur âgé de moins de 21 ans dont les parents ont changé de résidence)*

3113. *La garantie de ressources: cette allocation est attribuée aux salariés licenciés ou démissionnaires âgés de 60 ans et plus. Elle a d'abord été réservée aux seuls licenciés et démissionnaires pour motif légitime. Puis, elle a été étendue provisoirement par un accord du 13 juin 1977 aux salariés qui démissionnent à 60 ans quel que soit le motif de la démission. Cette possibilité n'est cependant ouverte que jusqu'au 31 mars 1983*

312. *Catégories particulières de demandeurs d'emploi*

En principe, l'indemnisation du chômage est liée à la perte d'un emploi salarié. Toutefois, dans le cadre de la généralisation de l'aide aux travailleurs privés d'emploi, les ASSEDIC se sont vues confier l'indemnisation d'un certain nombre de catégories particulières de demandeurs d'emploi par les pouvoirs publics. Il s'agit le plus souvent de catégories qui n'ont pas de salaire de référence. C'est pourquoi l'allocation versée est forfaitaire.

Sont concernés:

3121. *Les jeunes à la recherche d'un premier emploi qui sont:*

—soit apprentis et titulaires d'un contrat emploi-formation,
—soit âgés de 16 ans au moins et titulaires d'un diplôme de l'enseignement général ou technologique,
—soit considérés comme apportant une aide indispensable au soutien de leur famille,
—soit inscrits comme demandeurs d'emploi après l'accomplissement de leurs obligations militaires.

3122. *Les femmes:*

—veuves, divorcées, séparées judiciairement, célibataires assumant la charge d'un enfant au moins,
—ou ayant effectué un stage de formation professionnelle.

3123. *Les détenus libérés*

3124. *Certains demandeurs d'emploi bénéficiant avant la loi du 16 janvier 1979 de la seule allocation d'aide publique*

32. *Durée des allocations*

321. *La durée normale*

- L'allocation spéciale: 6 mois renouvelable une fois,
- L'allocation de base a une durée variable selon l'âge de l'intéressé au moment de la rupture du contrat de travail: 365 jours avant 50 ans, 791 jours entre 50 et 55 ans, 912 jours après 55 ans.
- La garantie de ressources: 60 ans à 65 ans et 3 mois.
- L'allocation forfaitaire: 365 jours.

322. *Les prolongations*

3221. *Le demandeur d'emploi qui n'a pas réussi à retrouver un emploi pendant les périodes normales d'indemnisation énumérées ci-dessus peut bénéficier*

—soit d'une prolongation du versement de l'allocation de base (pour le bénéficiaire de l'allocation de base, c'est celle-ci qui est prolongée; par contre pour le bénéficiaire de l'allocation spéciale, c'est l'allocation de base qui lui est versée en prolongation),
—soit d'une prolongation du versement de l'allocation forfaitaire s'il était bénéficiaire de cette prestation.

3222. *Les prolongations d'allocations ne sont pas automatiques, elles sont accordées, après examen du dossier de l'intéressé, par décision individuelle prise par la commission paritaire de l'ASSEDIC concernée*

323. *L'allocation de fin de droits*

3231. *Cette allocation est servie lorsque le chômeur indemnisé:*

—ne reçoit plus l'allocation de base (ou l'allocation spéciale s'il été licencié pour cause économique),
—n'a pas reçu (ou ne reçoit plus) de prolongation de l'allocation de base,
—et continue de se comporter comme un demandeur d'emploi.

3232. *L'allocation de fin de droits ne peut intervenir après le versement de l'allocation forfaitaire*

3233. *Sa durée varie en fonction de l'âge du bénéficiaire au moment de la rupture du contrat de travail:*

—274 jours (9 mois) si le contrat est rompu avant l'âge de 50 ans;
—365 jours (12 mois) s'il est rompu entre 50 et 55 ans;
—456 jours (15 mois) s'il est rompu à l'âge de 55 ans et plus.

324. *Les durées maximales*

La durée maximale d'indemnisation au titre d'une rupture du contrat de travail ne peut excéder, *toutes prestations confondues:*

—1 095 jours (soit 3 ans) pour les salariés âgés de moins de 50 ans à la date de la rupture du contrat de travail;
—1 825 jours (soit 5 ans) pour les salariés âgés de 50 ans et plus à la date de la rupture du contrat de travail.

Ces durées sont d'application stricte. Toutefois, elles ne sont pas opposables à certaines catégories de demandeurs d'emploi âgés, définis par le règlement.

325. *Allocation de secours exceptionnel*

Les demandeurs d'emploi qui ont épuisé leur durée maximum d'indemnisation avant d'avoir trouvé un emploi, peuvent bénéficier depuis le 1er février 1981, sous réserve de remplir les conditions de ressources, d'âge et de pratique professionnelle, d'une aide de l'Etat servie par les ASSEDIC: l'allocation de secours exceptionnel.

Cette mesure prise par l'Etat en accord avec les partenaires sociaux est applicable jusqu'au 30 juin 1982.

33. *Montant des allocations*

331. *Pour les bénéficiaires qui perçoivent les allocations à la suite d'une rupture du contrat de travail, le montant des trois prestations qui les concernent (allocation de base, allocation spéciale, et garantie de ressources) est en partie ou en totalité lié au salarie que percevait le demandeur d'emploi*

Un salaire de référence a été défini, il est constitué par le salaire perçu au cours des trois derniers mois civils précédant le dernier jour de travail payé.

3311. *Afin de favoriser les allocataires dont les salaires étaient les moins élevés, il a été institué pour les deux principales allocations (allocation de base et allocation spéciale), un système de calcul comprenant à côté d'une partie proportionnelle au salaire de référence, une partie fixe d'indemnité journalière. Ces éléments sont revalorisés deux fois par an*

Ainsi le montant de l'allocation de base est de: 42% du salaire de référence + une partie fixe de 32, 46 F par jour (chiffre au 1er avril 1982).

Celui de l'allocation spéciale est constitué par une partie proportionnelle au salaire de référence affectée d'une dégressivité trimestrielle (65, 60, 55 et 50%) + une partie fixe de 32, 46 F par jour (chiffre au 1er avril 1982).

3312. *Le montant de la garantie de ressources est en totalité lié au salaire de référence et s'élève à 70% de ce dernier*

332. *Le montant des autres allocations est constitué par des taux fixes journaliers revalorisés deux fois par an en même temps que la partie fixe de l'allocation de base et de l'allocation spéciale*

3321. *L'allocation forfaitaire: trois taux sont possibles selon les catégories: 64, 92F, 48, 69F et 32, 46F par jour chiffres au 1er avril 1982)*

3322. *Le montant de l'allocation de fin de droits et de l'aide de secours exceptionnel est de 32, 46F par jour (chiffre au 1er avril 1982)*

CONCLUSION

L'examen des deux procédures qui mettent fin à la relation de travail selon que l'on est ou non en présence d'une cessation de cette relation pour un motif économique, ainsi que de la sécurité des revenus des travailleurs concernés appelle un certain nombre de réflexions:

—sur le caractère de la relation contractuelle du travail;
—sur la notion d'activité liée à un revenu;
—sur une approche collective des problèmes d'emploi;
—sur l'émergence d'une solidarité vis à vis de l'emploi;
—sur de nouveaux modes de gestion de la main-d'oeuvre.

1. *Caractère de la relation contractuelle du travail*

L'examen de la procédure du licenciement de droit commun montre bien qu'il s'agit:

—d'une cessation de rapport de travail individuel;
—de la rupture d'un contrat de travail;

qui respectent le caractère d'un rapport personnalisé entre l'employeur et le travailleur et la liberté contractuelle.

La procédure établie tend seulement à assurer une protection du salarié contre tout acte arbitraire et à garantir un certain nombre de ses droits.

Si la procédure établie en matière de licenciement pour motif économique est comme on l'a vu précédemment différente, c'est que les conditions de rupture de la relation du travail sont très différentes:

1. Il s'agit souvent d'un licenciement collectif, même s'il existe des licenciements individuels pour cause économique.

2. Tout se passe comme si une responsabilité extérieure à l'employeur comme d'ailleurs au travailleur intervenait: situation économique, crise, nécessité de compétitivité qui aurait pour effet:

—d'exercer une "distanciation" dans les rapports contractuels entre l'employeur et le travailleur;
—de subir en quelque sorte un "factum";
—de faire constater cette situation par une autorité extérieure en l'occurence l'autorité administrative à laquelle est demandée l'autorisation de licenciement.

3. La responsabilité propre de l'employeur reste puisqu'en définitive c'est lui qui prend la décision de licenciement en cas d'autorisation—puisqu'aussi bien il ne résulte de l'autorisation administrative aucune obligation d'exécution—mais au regard des salariés licenciés et de l'opinion, il est en quelque sorte "justifié" s'il procède au licenciement dans ces conditions.

4. Cependant même dans ce cas, la garantie de tout acte arbitraire et le maintien d'une responsabilisation ou de l'existence d'une contrainte sont préservées de deux manières:

—en cas de licenciement individuel pour cause économique, l'employeur reste tenu de suivre la procédure applicable à tous les autres types de licenciement individuel. Il en est ainsi notamment en ce qui concerne l'entretien préliminaire dont le contexte est évidemment différent que lorsqu'il s'agit d'un licenciement pour faute, la personnalité et le comportement du salarié n'étant pas en cause.

—en cas de licenciements collectifs pour cause économique dans les entreprises de plus de 10 salariés, l'employeur est tenu de fournir les informations et mesures envisagées relatées à la page 16 du rapport.

Pour toutes les entreprises adhérentes au CNPF, en vertu de l'accord du 9 février 1969 un projet de plan social doit être soumis aux représentants du personnel portant notamment sur:

—un recours à une politique de mutation,
—un aménagement des horaires de travail supérieur à la durée légale,
—un étalement dans le temps des licenciements éventuels,
—une recherche des possibilités de reclassement,
—un inventaire des moyens de formation pouvant faciliter ces mutations et ces reclassements,
—la cessation anticipée d'activité pour les salariés de plus de 60 ans,
—les possibilités de convention avec le Fonds National de l'Emploi.

Il faut voir dans toutes les précautions prises, la volonté de faire apparaître le caractère inéluctable des licenciements à opérer.

Il faut en outre signaler que dans des cas de plus en plus nombreux la distinction entre démission (volontaire ou incitée) et licenciement devient de plus en plus floue, dans la pratique, même si juridiquement le cadre reste respecté (cf. point 4. sur la solidarité).

2. *Notion d'activité liée à un revenu*

L'activité professionnelle assure un revenu. La cessation de cette activité est compensée par l'octroi d'un revenu de remplacement qui permet au travailleur de subsister en attendant de retrouver un emploi. Ce revenu de remplacement constitue un droit pour les travailleurs qui cotisent au régime d'assurance-chômage. Il s'établit à des niveaux qui permettent aux travailleurs de maintenir leur niveau de vie et leur situation sociale pendant une période courte de chômage dans la philosophie originelle du régime.

Aussi bien les employeurs que les pouvoirs publics se sont sentis une responsabilité accrue en ce qui concerne les salariés licenciés pour cause économique, pour plusieurs raisons qui expliquent les types de revenus de remplacement mis en place:

—le licenciement opéré est indépendant de la personnalité et du comportement du salarié qui apparaît ainsi comme une "victime" des difficultés de l'entreprise, ou de la situation économique: une solidarité accrue entoure la "victime".
—le licenciement opéré dans une entreprise est difficilement "compensable" par une embauche dans une autre entreprise, de la même branche, lorsque toute la branche d'activité est atteinte par des difficultés économiques structurelles ou conjoncturelles (débouchés, compétitivité), ou lorsque l'ensemble de l'économie se trouve atteinte: il est donc impossible de ne pas prendre en compte ces difficultés dans les niveaux et durées d'indemnisation.
—lorsque le licenciement atteint des personnes ayant des qualifications qui sont abandonnées dans les secteurs économiques, des actions privilégiées de formation et de conversion sont engagées.

—lorsque le licenciement atteint des personnes ayant atteint un certain âge, les possibilités de réinsertion professionnelle sont fortement diminuées: il faut en tenir compte en ménageant des revenus de remplacement qui permettent d'atteindre le temps de la retraite (allocations spéciales du Fonds National de l'Emploi dites "pré-retraite").

A partir de ces divers cas, et de ces situations, la liaison emploi revenue en activité ou hors de l'activité prend des significations différentes: de la relation emploi-revenu, on passe insensiblement à la substitution revenue-emploi, revenu-inactivité, réaménagement vie de travail et revenue (temps partiel) etc. . . .

3. *Approche collective des problèmes d'emploi*

A travers les procédures en matière de licenciement, les systèmes d'aide à l'emploi et au chômage, on distingue bien l'intervention des négociations individuelles ou collectives au sein ou hors de l'entreprise et l'intervention des pouvoirs publics.

De la simple intervention de ceux-ci pour instaurer un certain nombre de règles légales, à une intervention plus poussée, plus approfondie et plus ponctuelle, sur le mode de traitement par les entreprises de leur gestion du personnel, il y a toute une gamme de moyens mis en oeuvre, qui vont cependant tous dans le sens d'un traitement plus collectif des problèmes d'emploi.

Les mesures qui sont prises pour des raisons conjoncturelles ou structurelles imposent un dialogue plus important, plus permanent au sein des entreprises, en utilisant la représentation du personnel, soit délégués élus soit des organisations syndicales; elles imposent également l'intervention directe des services publics, tant en ce qui concerne les administrations que les moyens de financement publics. Contrôle de l'emploi, politique de formation professionnelle, octroi d'aides et de subventions, maniement du crédit, politique budgétaire, modalités des marchés publics, incitations de toute sorte sont autant de moyens et de signes de cet interventionnisme croissant.

4. *L'émergence d'une solidarité vis à vis de l'emploi*

Cet interventionnisme n'est acceptable que si la situation au sein des entreprises et dans l'ensemble de la nation est perçue comme imposant une responsabilité collective et solidaire.

41. *C'est en ce sens que la solidarité envers les travailleurs privés d'emploi tend à dépasser les acteurs du monde du travail (employeurs et travailleurs). La nécessité pour l'Etat de combler les déficits des régimes d'assurance-chômage déplace la responsabilité contractuelle et met en jeu l'ensemble de la solidarité nationale en incitant à opérer des "prélèvements" par l'impôt ou les cotisations sociales sur d'autres catégories socio-professionnelles qui sont davantage assurées de la sécurité de l'emploi (fonctionnaires, professions libérales)*

42. *C'est en ce sens également que la solidarité entre travailleurs s'exerce, à travers le partage du travail ou la solidarité entre générations*

C'est pour mettre en oeuvre cette politique qu'ont été institué des contrats de solidarité qui sont des contrats passés entre l'Etat et des entreprises, afin de favoriser l'embauche prioritaire des jeunes et des chômeurs.

Leur régime résulte de l'Ordonnance n° 82–40 du 16 janvier 1982 (relative à la prise en charge de certaines cotisations de sécurité sociale au bénéfice d'entreprises opérant une forte réduction de la durée du travail et modifiant le Code du Travail en vue de faciliter la cessation anticipée d'activité) du décret n° 81–1177 du 30 décembre 1981 et des arrêtés des 30 décembre 1981 et 12 janvier 1982 portant agrément des avenants des 2 et 9 décembre 1981 complétant le règlement du régime d'UNEDIC annexé à la convention du 27 mars 1979.

Ces contrats de solidarité peuvent prendre différentes formes: réduction de la durée du travail entraînant une augmentation des effectifs, aide à la pré-retraite progressive, départ en pré-retraite avec embauche équivalente.

421. *Les contrats de solidarité "durée du travail" (décret n° 82–264 du 24 mai 1982) prévoient une exonération dégressive des cotisations patronales de sécurité sociale pour chaque emploi supplémentaire résultant de la réduction du temps de travail programmé depuis le 25 septembre 1981. Pour une réduction d'au moins deux heures de la durée hebdomadaire effective moyenne du travail atteinte au 1er janvier 1983, l'exonération sera de 75% pendant la première année, puis de 50%. Si la baisse est supérieure à deux heures, l'exonération atteindra respectivement 100% puis 75%*

422. *Les contrats de pré-retraite progressive permettent à l'entreprise d'embaucher des demandeurs d'emploi en contrepartie de la transformation, avant le 31 décembre 1983, en emplois mi-temps, d'emplois à plein temps par des salariés volontaires âgés de moins de 60 ans (cet âge pouvant être abaissé exceptionnellement à 55 ans). L'employeur s'engage à maintenir le niveau global de ses effectifs en équivalent temps plein pour une durée d'un maximum de deux ans, en principe. Elle peut ainsi utiliser cette possibilité pour permettre une adaptation progressive du nouvel embauché qui pourra être formé par le travailleur plus ancien qui choisira de travailler à mi-temps. Ce dernier percevra un revenu équivalent à 80% de son ancien revenu, dont 50% au titre de son activité à mi-temps et 30% au titre de l'allocation de remplacement*

423. *Les contrats de pré-retraite démission sont des contrats par lesquels l'entreprise s'engage à embaucher un demandeur d'emploi en contrepartie du départ volontaire d'un salarié démissionnaire, avant le 31 décembre 1983, âgé de moins de 60 ans, (cet âge pouvant être abaissé à 55 ans dans certains cas)*

Ce dernier se voit garantir jusqu'à 60 ans un revenu de remplacement égal à 70% de son salaire brut de référence. L'entreprise peut ainsi rajeunir ses effectifs dans des conditions plus favorables que dans le régime des allocations spéciales du Fonds National de l'Emploi (elle n'a pas à recourir à la procédure de licenciement pour cause économique et ne participe pas financièrement au versement du revenu de remplacement de ses travailleurs âgés).

Pour tous les contrats de solidarité qui prennent la forme de conventions du Fonds National de l'Emploi et qui ne comportent aucun caractère obligatoire ni automatique, les embauches qui doivent être effectuées sous contrat à durée indéterminée, doivent porter de manière prioritaire sur les catégories suivantes: jeunes âgés de moins de 26 ans, femmes seules, chômeurs indemnisés, chômeurs ayant épuisé leurs droits.

43. *De plus se développe une solidarité interentreprise pour résoudre certains problèmes d'emploi*

> 431. *C'est ainsi que de grandes entreprises ont entrepris des actions systématiques de conversion, de formation du personnel et de reclassement du personnel dans d'autres entreprises d'un même site ou en favorisant l'implantation sur le site perturbé de nouvelles activités et de nouvelles entreprises*

> 432. *Cette solidarité consiste pour une grande entreprise qui modifie son activité à utiliser les sommes d'argent destinées à indemniser le personnel devenu excédentaire pour aider une entreprise en croissance à se développer en embauchant ce personnel, afin de réduire ainsi le nombre de chômeurs potentiels*

> 433. *En cas d'entreprises en difficulté, plutôt que de recourir à la mise en chômage de personnel excédentaire, il est possible de rechercher au sein d'autres entreprises saines du même bassin d'emploi, les travailleurs âgés de 60 ans ou de plus de 55 ans qui seraient désireux de partir en pré-retraite, afin de conclure entre l'Etat et les entreprises un contrat de solidarité qui permettra d'embaucher dans ces entreprises en remplacement les travailleurs sur le point d'être licenciés par l'entreprise en difficulté*

5. *Vers de nouveaux modes de gestion de la main-d'oeuvre*

S'il existera toujours des ruptures de contrat telles que celles qui font l'objet de la procédure de licenciement de droit commun, il n'est pas sûr que les ruptures de contrat à la suite d'évènements économiques ne pourraient pas être limitées si les entreprises mettaient en place une gestion prévisionnelle de l'emploi qui prenne mieux en compte les ajustements de l'emploi à la production et les potentialités de leur main-d'oeuvre.

C'est probablement dans cette voie qu'il faut rechercher si l'on veut un moindre engagement des pouvoirs publics dans la gestion de la main-d'oeuvre.

Au-delà de leurs aspects proprement juridiques et économiques les procédures de licenciement et les systèmes d'incitation financière et d'aide mis en place par les pouvoirs publics doivent conserver leur aspect pédagogique et favoriser les modes de consultation et de concertation au sein des entreprises et hors des entreprises. C'est à ce prix que peut se préserver la paix sociale et que peut être assuré le progrès social au sein de notre société complexe et solidaire.

Beendigung des Arbeitsverhältnisses durch den Arbeitgeber und Einkommenssicherung des von einer Kündigung betroffenen Arbeitnehmers

von

Dr. Eugen Stahlhacke

Präsident des Landesarbeitsgerichts Köln

I. ALLGEMEINE EINFÜHRUNG

Das Recht der Kündigung und des Kündigungsschutzes sowie deren Folgen für den Arbeitnehmer ist in der deutschen Rechtsordnung ausserordentlich unübersichtlich geregelt. Sie kennt leider kein alle Fragen ordnendes Kündigungsgesetz. Die gesetzlichen Normen findet man in zahlreichen Einzelgesetzen. Zu nennen sind u.a. das Bürgerliche Gesetzbuch (BGB), das Angestelltenkündigungsschutzgesetz (AngKSchG), das Kündigungsschutzgesetz (KSchG), das Betriebsverfassungsgesetz (BetrVG) und das Bundespersonalvertretungssgesetz (BPersVG), das Mutterschutzgesetz (MuSchG), das Schwerbehindertengesetz (Schwbg), das Berufsbildungsgesetz (BBiG) und das Arbeitsplatzschutzgesetz (ArbPlSchG) sowie das Arbeitsförderungsgesetz (AFG).

Neben diesen gesetzlichen Normen sind für das Recht der Kündigung im weitesten Sinne ferner Tarifverträge, Betriebsvereinbarungen und die Einzelarbeitsverträge von Bedeutung. In ihnen können z.B. Kündigungsfristen vereinbart oder der allgemeine Kündigungsschutz zugunsten des Arbeitnehmers verbessert werden; auch kann eine sog. *Unkündbarkeit,* d.h. der Ausschluss der ordentlichen Kündigung, eingeführt werden. Das ist für ältere Arbeitnehmer mit langen Betriebszugehörigkeits-zeiten in Einzelfällen erfolgt (z.B. in Bereich der Arbeitnehmer des öffentlichen Dienstes).

1. System des Kündigungsschutzes

Nach der liberalistischen Wirtschaftsverfassung entsprach dem Grundsatz der Vertragsfreiheit der der Lösungsfreiheit, d.h. Arbeitgeber und Arbeitnehmer konnten das Arbeitsverhältnis jederzeit frei kündigen.

Mit dem Wandel der sozialpolitischen Grundauffassungen und den Wertscheidungen des Grundgesetzes (GG) wäre das unvereinbar, denn das Sozialstaatsprinzip des GG fordert einen Bestandsschutz für das Arbeitsverhältnis, der allerdings nicht so weit gehen darf, dass eine auf wirtschaftliche Rentabilität ausgerichtete Unternehmensführung unmöglich gemacht wird (vgl. Wolf, Kündigungsrecht, Grundsätze Anm. 625). Der in der Bundesrepublik Deutschland geltende Bestandsschutz vollzieht sich auf mehreren Ebenen:

a) *Kündigungsfristen*

Kündigungsfristen, die im deutschen Recht schon vor Jahrzehnten eingeführt worden sind, haben bestandsrechtliche Funktionen, denn sie ermöglichen dem Arbeitnehmer, sich auf die Beendigung seines Arbeitsverhältnisses einzustellen. Die Kündigungsfristen sind weitgehend in § 622 BGB geregelt. Sie betragen für Angestellte im allgemeinen *sechs Wochen* zum Schluss des Quartals, für Arbeiter *zwei Wochen*. Durch Einzelarbeitsvertrag kann die Kündigungsfrist eines Angestellten abgekürzt werden. Sie darf allerdings die Frist von einem Monat nicht unterschreiten und ist auch dann nur zum Monatsschluss zugelassen. *(Mindestkündigungsfrist)*. Die Kündigungsfrist von zwei Wochen für Arbeiter kann durch Einzelarbeitsvertrag *nicht* abgeändert werden. Sie ist also eine zwingende Mindestkündigungsfrist. In *Tarifverträgen* können allerdings die genannten Mindestkündigungsfristen unterschritten werden. Davon machen die Tarifvertragsparteien vielfach Gebrauch. Diese Fristen gelten zwischen nicht tarifgebundenen Arbeitgebern und Arbeitnehmern dann, wenn die Anwendung zwischen ihnen vereinbart worden ist (§ 622 Abs. 3 Satz 2 BGB).

Schwerbehinderte Arbeitnehmer haben eine *gesetzliche Mindestkündigungsfrist* von vier Wochen.

Längere Kündigungsfristen als im Gesetz vorgesehen können im Arbeitsvertrag vereinbart werden. Die für den Arbeitnehmer geltende Kündigungsfrist darf nach § 622 Abs. 5 BGB aber nicht länger sein als die für den Arbeitgeber geltende Frist. Arbeitnehmer mit längerer Betriebszugehörigkeit haben kraft Gesetzes längere Kündigungsfristen. Für *Angestellte* gilt das AngKSchG von 1926, für Arbeiter § 622 Abs. 2 BGB. Die Regelungen sind unterschiedlich. Hat das Arbeitsverhältnis eines *Arbeiters* in demselben Betrieb z.B. 20 Jahre bestanden, so beträgt die Kündigungsfrist drei Monate zum Ende des Quartals. Bei einer Beschäftigungsdauer eines Angestellten von nur 12 Jahren beträgt die Kündigungsfrist dagegen bereits sechs Monate zum Quartalsschluss. In beiden Fällen gelten die zwingenden längeren Kündigungsfristen nur für den *Arbeitgeber*. Der Arbeitnehmer kann stets mit der gesetzlichen oder der vereinbarten Frist kündigen.

b) *Ausserordentliche Kündigung*

Ohne Einhaltung der oben dargestellten Kündigungsfristen kann das Arbeitsverhältnis *nur aus wichtigem Grund* gekündigt werden, wenn Tatsachen vorliegen, aufgrund derer dem Arbeitgeber die Fortsetzung des Arbeitsverhältnisses bis zum Ablauf der Kündigungsfrist oder bis zu der vereinbarten Beendigung des Dienstverhältnisses nicht zugemutet werden kann. Einzelheiten unten III 1.

c) *Allgemeiner Kündigungsschutz*

Der Bestandsschutz im Arbeitsverhältnis wird im Kern garantiert durch den Schutz des Arbeitnehmers vor einer ungerechtfertigten ordentlichen Kündigung. Die ordentliche Kündigung des Arbeitsverhältnisses ist nämlich im Geltungsbereich des Kündigungsschutzgesetzes i.d.Fass. vom 25.8. 1969 (BGBl. I S. 1317) nur wirksam, wenn sie durch *bestimmte* in § 1 Abs. 2 KSchG im einzelnen aufgezählte Gründe gerechtfertigt ist. In Betracht kommen Gründe in der Person und im Verhalten des Arbeitnehmers sowie dringende betriebliche Erfordernisse (Einzelheiten unten III 2.). Liegen diese Gründe nicht vor, ist die Kündigung unwirksam und das Arbeitsverhältnis ist im Grundsatz fortzusetzen. Der Arbeitnehmer muss die Sozialwidrigkeit der Kündigung allerdings nach § 4 KSchG innerhalb einer Frist von drei Wochen durch Klageerhebung vor dem Arbeitsgericht geltend machen (Einzelheiten unten IV 2 a).

d) *Besonderer Kündigungsschutz*

Der allgemeine Kündigungsschutz wird für bestimmte Personengruppen verstärkt. Dies geschieht in verschiedener Weise. Für die Kündigung eines schwerbehinderten Arbeitnehmers ist die *vorherige Zustimmung einer Behörde* erforderlich (§ 12 SchwbG). Darüber hinaus kennen wir das *Kündigungsverbot*, das in veerschiedenen Einzelgesetzen für bestimmte Arbeitnehmergruppen zeitlich begrenzt normiert ist. Es kann sich beschränken auf die ordentliche Kündigung, z.B. § 15 BBiG oder § 2 ArbPlSchG, kann jedoch auch die ausserordentliche Kündigung einschliessen, z.b. § 9 Abs. 1 und § 9 a MuSchG, hier allerdings verbunden mit der Möglichkeit, eine Kündigung in besonderen Fällen ausnahmsweise für zulässig erklären zu lassen (§ 9 Abs. 3 MuSchG).

Schliesslich ist auf den besonderen Kündigungsschutz der Organe der *Betriebs- und Personalvertretungen* hinzuweisen. Der Arbeitgeber kann diesem Personenkreis gegenüber eine ausserordentliche Kündigung nicht *ohne Zustimmung der Mitarbeitervertretung* aussprechen, die jedoch im Falle der Verweigerung durch das Arbeitsgericht ersetzt werden kann. Ordentliche Kündigungen sind diesem Personenkreis gegenüber nur bei Betriebsstillegungen zulässig.

e) *Sonstige Kündigungsbeschränkungen*

Die Kündigung muβ als Rechtsgeschäft auch nach allgemeinen Grundsätzen wirksam sein. Sie darf weder gegen ein gesetzliches Verbot noch gegen die guten Sitten verstoβen. Ist das der Fall, so ist sie nichtig (§§ 134, 138 BGB), und das Arbeitsverhältnis ist fortzusetzen. Auf Antrag des Klägers stellt das Gericht diese Rechtsfolge fest. In Betracht kommen z.B. Verstösse gegen grundgesetzliche Kündigungsbeschränkungen, gegen den Gleichheitssatz oder vertragliche Kündigungsbeschränkungen oder gegen zwingendes Tarifrecht, z.B. Ausschluss der ordentlichen Kündigung (Einzelheiten unten III 3.).

2. *Geltungsbereich*

Alle Bestimmungen über die Kündigung und den Kündigungsschutz gelten im Grundsatz für *Arbeitnehmer*, d.h. diejenigen Personen, die ihre Arbeit in *persönlicher Abhängigkeit* verrichten. Personen, die persönlich unabhängig, wirtschaftlich aber abhängig sind wie Arbeitnehmer (sog. arbeitnehmerähnliche Personen) sind vom allgemeinen und besonderen Kündigungsschutz ausgenommen, soweit nicht besondere gesetzliche Verweisungsregelungen bestehen, wie z.B. in den §§ 29 und 29 a Heimarbeitsgesetz.

Der allgemeine Kündigungsschutz gegenüber fristgerechten Kündigungen durch den Arbeitgeber gilt nur für die Beschäftigung in *Betrieben und Verwaltungen*. Der Betriebsbegriff wird weit interpretiert, auch die Praxis eines Rechtsanwalts oder Arztes ist ein Betrieb, nicht aber der Haushalt. Für Betriebe der Schiffahrt und des Luftverkehrs gelten Sonderregeln. Der allgemeine Kündigungsschutz gilt *nicht* für Betriebe und Verwaltungen, in denen in der Regel fünf oder weniger Arbeitnehmer ausschliesslich der Lehrlinge beschäftigt werden. In diesen Kleinbetrieben ist der Arbeitnehmer gegenüber einer ordentlichen Kündigung, soweit sie nicht gesetzwidrig oder sittenwidrig ist, nicht geschützt. Der allgemeine Kündigungsschutz greift schlieβlich auch dann nicht ein, wenn der Arbeitnehmer die gesetzliche *Wartezeit von sechs Monaten* im Betrieb oder in der Verwaltung nicht erfüllt.

Vom besonderen Kündigungsschutz der Schwerbehinderten sind diejenigen Arbeitnehmer ausgenommen, die nur zur vorübergehenden Aushilfe, auf Probe oder für einen vorübergehenden Zweck eingestellt worden sind, es sei denn, dass das Arbeitsverhältnis über sechs Monate hinaus fortbesteht. Das gilt auch bei Entlassungen aus Witterungsgründen (z.B. in der Bauwirtschaft oder Landwirtschaft), wenn die Wiedereinstellung bei Wiederaufnahme der Arbeit gewährleistet ist.

3. Terminologie

Zu unterscheiden sind:

Ordentliche Kündigung:	Kündigung mit der gesetzlichen, tariflichen oder im Arbeitsvertrag vereinbarten Frist
Ausserordentliche Kündigung:	Kündigung ohne Einhaltung einer Frist, wenn ein wichtiger Grund vorliegt
Anzeigepflichtige Entlassungen:	Entlassungen von Arbeitnehmern, sofern bestimmte Mindestzahlen überschritten werden (sog. Massenentlassungen).
Allgemeiner Kündigungsschutz:	Schutz des Arbeitnehmers vor ordentlichen Kündigungen, die sozialwidrig sind
Besonderer Kündigungsschutz:	Verstärkter Schutz besonderer Arbeitnehmergruppen vor ordentlichen und ggf. auch ausserordentlichen Kündigungen.

II. VERFAHREN VOR DER KÜNDIGUNG

1. Mitteilung der Kündigung an den Arbeitnehmer

Ein Anhörungsrecht *des Arbeitnehmers vor Ausspruch der Kündigung* besteht grundsätzlich nicht. Die Rechtsprechung hat es selbst bei der ausserordentlichen Kündigung abgelehnt, ein Anhörungsrecht zu postulieren (BAG AP Nr. 63 zu § 626 BGB). Die Nichtanhörung kann in besonders gelagerten Ausnahmefällen, z.B. bei einer Verdachtskündigung, eine Fürsorgepflichtverletzung darstellen, die zum Schadensersatz verpflichtet. Die Unwirksamkeit der Kündigung kann aber daraus nicht abgeleitet werden.

2. Anhörung des Betriebsrates vor der Kündigung

Besteht in einem Betrieb ein Betriebsrat, so ist dieser *vor jeder Kündigung,* der orden lichen wie der ausserordentlichen Kündigung, zu hören. Der Arbeitgeber hat ihm *die Gründe* für die Kündigung mitzuteilen. Die Anhörung des Betriebsrates vor der Kündigung ist *Wirksamkeitsvoraussetzung.* Das Gesetz bestimmt nämlich ausdrücklich: "Eine ohne Anhörung des Betriebsrates ausgesprochene Kündigung ist unwirksam." (§ 102 Abs. 1 Staz 3 BetrVG). Angesichts dieser einschneidenden Folgen war die Frage der Ordnungsmässigkeit der Anhörung des Betriebsrates Gegenstand einer ungewöhnlich hohen Zahl von höchstrichterlichen Entscheidungen (vgl. die zu AP § 102 BetrVG 1972 abgedruckten Urteile des BAG).

Die Anhörungspflicht besteht auch während der Wartezeit—sechs Monate—des allgemeinen Kündigungsschutzes, während einer vereinbarten Probezeit oder für die sog. Änderungskündigung. Eine *Ausnahme* kennt das Gesetz nur für Kündigungen *leitender Angestellter* i.S. des § 5 BetrVG 1972, eine Vorschrift, die die Rechtsprechung vor grosse Abgrenzungs-und Subsumtionsschwierigkeiten gestellt hat (vgl. z.B. BAG AP NR. 1 bis 21 zu § 5 BetrVG 1972). Die Pflicht zur Begründung erstreckt sich auf diejenigen Gründe, die "nach Ansicht des Arbeitgebers" die Kündigung rechtfertigen. Hat der Arbeitgeber mehrere Gründe, so kann er sich darauf beschränken, dem Betriebsrat nur einen mitzuteilen, sofern dieser seinen Kündigungsentschluss bestimmt hat BAG v. 13.7.1978 EzA § 102 BetrVG 1972 Nr. 36). Schlagwortartige Begründungen oder pauschale Vorwürfe reichen nicht aus. Die Gründe müssen so dargelegt werden, dass der Betriebsrat in der Lage ist, ohne eigene Nachforschungen die Stichhaltigkeit der Kündigungsgründe zu überprüfen. Von ausserordentlicher Bedeutung ist hier die Frage, ob der Arbeitgeber in einem späteren Kündigungsschutzverfahren Kündigungsgründe, die er dem Betriebsrat nicht mitgeteilt hat, *nachschieben kann* oder ob das Gericht die Rechtfertigung der Kündigung nur aufgrund des Sachverhalts zu prüfen hat, der dem Betriebsrat unterbreitet worden ist. Das BAG hat im Grundsatz so für die *ordentliche Kündigung* entschieden (BAG v. 18.12.1980 und 1.4.1981 EzA § 102 BetrVG 1972 Nr. 44 und 45 mit krit. Anm. v. Löwisch), sofern dem Arbeitgeber die Kündigungsgründe *bekannt waren* und es sich nicht nur um Substantiierung und Konkretisierung der mitgeteilten Gründe handelt. Die Kündigung ist zwar nicht unwirksam, jedoch führt diese Rechtsprechung dennoch zum Prozessverlust für den Arbeitgeber, wenn die dem Betriebsrat mitgeteilten Gründe die Kündigung nicht rechtfertigen. Diese Rechtsprechung des BAG wird wohl zwangsläufig zu erneuten *vorsorglichen* Kündigungen führen und damit zu unnötiger zeitlich längerer Rechtsunsicherheit. Bei fristlosen Kündigungen ist ihre Anwendung kaum durchzuhalten (vgl. Stahlhacke, Kündigung und Kündigungsschutz, 4.Aufl. Rdnr.240 ff.und Löwisch, Anm. EzA § 102 BetrVG 1972 Nr. 45).

Der Betriebsrat kann gegenüber einer ordentlichen Kündigung binnen einer Woche Stellung nehmen, gegenüber der ausserordentlichen Kündigung muss er diese Erklärung unverzüglich, spätestens innerhalb von drei Tagen abgeben, andernfalls gilt seine Zustimmung als erteilt. Die vorher erklärte Kündigung ist unwirksam, weil das Anhörungsverfahren verletzt worden ist.

Erhebt der Betriebsrat Bedenken gegen die beabsichtigte Kündigung, so hat dies keine rechtlichen Konsequenzen. Die Wirksamkeit der Kündigung wird auch in diesem Falle allein vom Gericht überprüft, z.B. darauf, ob ein wichtiger Grund vorliegt oder die ordentliche Kündigung sozialwidrig ist. Der Betriebsrat kann (nur) gegen die beabsichtigte *ordentliche* Kündigung *Widerspruch* erheben. Der Widerspruch kann nur auf bestimmte, im § 102 Abs. 3 BetrVG abschliessend auffgezählte Gründe gestützt werden. Auch dann kann der Arbeitgeber kündigen. Der Widerspruch hat jedoch zwei wichtige Konsequenzen:

(1) Auf Verlangen des Arbeitnehmers, der gegen die ordentliche Kündigung Kündigungsschutzklage erhoben hat, muss der Arbeitgeber ihn bis zum Abschluss des Kündigungsschutzprozesses weiterbeschäftigen (§ 102 Abs. 5 BetrVG), sofern er nicht vom Arbeitsgericht im Wege einer einstweiligen Verfügung davon entbunden wird.

(2) Stellt das Gericht in einem späteren Kündigungsschutzprozess fest, dass der vom Betriebsrat geltend gemachte Grund vorliegt, so hat es auf Sozialwidrigkeit der Kündigung zu erkennen (absolute Kündigungsgründe).

Im Geltungsbereich des Bundespersonalvertretungsgesetzes (Bereich des öffentlichen Dienstes) ist der Personalrat bei ausserordentlichen Kündigungen *anzuhören*, im übrigen wirkt er mit, d.h. ihm steht ein *Beratungsrecht* zu. Einzelheiten des Verfahrens regelt § 72 BPersVG.

3. *Zustimmung des Betriebsrates zur Kündigung*

Betriebsrat und Arbeitgeber können in einer *freiwilligen Betriebsvereinbarung* vereinbaren, daß jede Kündigung, ordentliche und ausserordentliche, der Zustimmung des Betriebsrates bedarf (§ 102 Abs. 6 BetrVG 1972). Einigen sich Arbeitgeber und Betriebsrat nicht, so entscheidet eine Einigungsstelle, deren Beschluß der Überprüfung durch die Arbeitsgerichte unterliegt.

Der einzelne Arbeitnehmer kann trotz Zustimmung des Betriebsrates Kündigungsschutzklage erheben.

4. Zustimmung des Betriebsrates zur Kündigung in besonderen Fällen

Jede *ausserordentliche Kündigung* von Mitgliedern des Betriebsrates, des Wahlvorstandes und eines Wahlbewerbers bedarf der *Zustimmung* des Betriebsrates (§ 103 Abs. 1 BetrVG). Dadurch sollen die Organe der Betriebsverfassung in besonderer Weise vor willkürlichen Kündigungen geschützt werden, damit sie ohne Furcht vor arbeitsrechtlichen Sanktionen ihr Mandat ausüben können. Das gilt nach § 47 BPersVG auch für Mitglieder der Personalvertretungen im öffentlichen Dienst. Verweigert der Betriebsrat seine Zustimmung, so kann das Arbeitsgericht sie auf Antrag des Arbeitgebers ersetzen, wenn die ausserordentliche Kündigung unter Berücksichtigung aller Umstände gerechtfertigt ist. Das Arbeitsgericht entscheidet über diesen Streit zwischen Arbeitgeber und Betriebsrat, in dem das betroffene Betriebsratsmitglied Beteiligter ist, im Beschlussverfahren, das der Offizialmaxime unterliegt. Kündigt der Arbeitgeber ohne Zustimmung des Betriebsrates oder vor der Rechtskraft des Beschlusses des Arbeitsgerichts, durch den die Zustimmung ersetzt wird, so ist die Kündigung nichtig, d.h. das Arbeitsverhältnis besteht fort.

5. Zustimmung einer Behörde vor der Kündigung

a) Schwerbehinderte Arbeitnehmer

Die Kündigung des Arbeitsverhältnisses eines Schwerbehinderten—das sind Arbeitnehmer, die in ihrer Erwerbsfähigkeit nicht nur vorübergehend um wenigstens 50% gemindert sind—bedarf der *vorherigen Zustimmung* der Hauptfürsorgestelle. Diese entscheidet bei der ordentlichen Kündigung nach Aufklärung des Sachverhalts nach freiem, pflichtgemässen Ermessen. Wird die Zustimmung erteilt, so kann der Arbeitgeber die Kündigung nur innerhalb eines Monats nach Zustellung der Entscheidung erklären (§ 15 SchwbG). Gegen diese Entscheidung der Hauptfürsorgestelle kann Widerspruch eingelegt werden, gegen die Entscheidung des sog. Widerspruchsausschusses ist der Rechtsweg vor den Verwaltungsgerichten gegeben. Da gegen die mit Zustimmung der Hauptfürsorgestelle erklärte Kündigung die Arbeitsgerichte angerufen werden können, ergeben sich durch die Zweigleisigkeit des Rechtsschutzes oft jahrelange gerichtliche Auseinandersetzungen, ein wenig befriedigender Zustand.

Die Zustimmung der Hauptfürsorgestelle ist nicht erforderlich, wenn der Schwerbehinderte nur zur vorübergehenden Aushilfe oder auf Probe eingestellt worden ist, sofern das Arbeitsverhältnis nicht über sechs Monate hinaus fortbesteht (§ 17 Abs. 3 SchwbG).

Die Zustimmung der Hauptfürsorgestelle ist grundsätzlich auch bei der *ausserordentlichen Kündigung* vorher erforderlich. Die Hauptfürsorgestelle muss binnen 10 Tagen nach Eingang des Antrages entscheiden, andernfalls gilt die Genehmigung als erteilt. Stehen die Kündigungsgründe nicht im Zusammenhang mit der Behinderung des Arbeitnehmers, so *soll* die Hauptfürsorgestelle die Zustimmung erteilen (§ 18 Abs. 4 SchwbG). Die Prüfung der Berechtigung der Kündigung erfolgt dann auf Antrag des Arbeitnehmers durch das Arbeitsgericht, das zu entscheiden hat, ob ein wichtiger Grund i.S. des § 626 Abs. 1 BGB vorlag oder nicht.

b) Besonderer Kündigungsschutz der werdenden Mutter

Allegemeines Kündigungsverbot

Nach § 9 Abs. 1 Satz 1 MuSchG ist die Kündigung gegenüber einer Frau während der Schwangerschaft und bis zum Ablauf von vier Monaten nach der

Entbindung *unzulässig*, wenn dem Arbeitgeber zur Zeit der Kündigung die Schwangerschaft oder die Entbindung bekannt war oder innerhalb zweier Wochen nach dem Zugang der Kündigung mitgeteilt wird. Dieses absolute Kündigungsverbot bezieht sich auf die ordentliche Kündigung einschliesslich der Kündigung innerhalb einer vereinbarten Probezeit, aber auch auf die ausserordentliche Kündigung aus wichtigem Grund. Ausgenommen, d.h. zulässig bleiben die Anfechtung des Arbeitsvertrages und die Aufhebung des Arbeitsverhältnisses durch Vereinbarung sowie die Befristung des Arbeitsvertrages, sofern für die Befristung ein sachlicher Grund vorliegt (BAG GrS v. 12.10. 1960 AP Nr. 16 zu § 620 BGB Befristeter Arbeitsvertrag; ständ.Rspr.). Für Arbeitnehmerinnen, die in einem Familienhaushalt beschäftigt werden, gilt das Kündigungsverbot nach Ablauf des fünften Schwangerschaftsmonats nicht mehr (§ 9 Abs. 1 Satz 2 MuSchG). Dieses sehr weitgehende Kündigungsverbot ist der *Kern des Mutterschutzes.* Die werdende Mutter kann sich also ohne Furcht vor einer Entlassung auf den Mutterschutz berufen und die Vergünstigungen des Gesetzes (Schutz vor einer gesundheitsgefährdenden Tätigkeit und Entgeltschutz) in Anspruch nehmen. Der besondere Kündigungsschutz bleibt der werdenden Mutter selbst dann erhalten, wenn sie den Arbeitgeber nicht innerhalb der Zweiwochenfrist des § 9 MuSchG über ihre Schwangerschaft unterrichtet, sofern dies unverschuldet erfolgt und die Mitteilung unverzüglich nachgeholt wird (BVerfG v. 13.11.1979 NJW 1980, 824). Kündigt der Arbeitgeber einer schwangeren Arbeitnehmerin unter Verstoss gegen § 9 Abs. 1 MuSchG, so ist die Kündigung nichtig. Das Arbeitsverhältnis ist fortzusetzen. Beschäftigt der Arbeitgeber die werdende Mutter während eines evtl. Rechtsstreits nicht, ist der Lohn nach § 615 BGB nachzuzahlen.

Das MuSchG macht von dem Kündigungsverbot *nur dann* eine Ausnahme, wenn die *zuständige Behörde* die Kündigung vorher für zulässig erklärt hat. Diese Zulässigkeitserklärung kann nach § 9 Abs. 3 MuSchG nur in *besonderen* Fällen ausnahmsweise erteilt werden. Dazu müssen aussergewöhnliche Umstände vorliegen, die es gerechtfertigt erscheinen lassen, die vorrangigen Interessen der Schwangeren hinter die des Arbeitgebers zurücktreten zu lassen. Es handelt sich stets um seltene Ausnahmefälle (OVG Lüneburg GewA 1980, 208).

Kündigungsverbot während des Mutterschaftsurlaubs

Jede Mutter hat nach § 8 a MuSchG Anspruch auf Mutterschaftsurlaub im Anschluss an die Schutzfristen nach der Entbindung bis zu dem Tage, an dem das Kind *sechs Monate* alt wird. Während dieser Zeit und bis zum Ablauf von zwei Monaten nach Beendigung des Mutterschaftsurlaubs besteht nach § 9 a MuSchG ein *absolutes Kündigungsverbot.* Nach der Gesetzeslage ist selbst die Zulässigkeitserklärung durch die zuständige Behörde nicht möglich. Ob ein so weitgehendes Kündigungsverbot in einem Dauerschuldverhältnis selbst vom Gesetzgeber angeordnet werden kann, muss bezweifelt werden. Das BVerwG hat durch Beschluss vom 2.7.1981 EzA § 9a MuSchG Nr. 1 das BVerfG angerufen, ob § 9 a MuSchG mit dem Grundgesetz vereinbar ist.

c) *Besonderer Kündigungsschutz für Bergleute*

In einigen Ländern der Bundesrepublik Deutschland besteht für Inhaber von sog. Bergmannsversorgungsscheinen ein besonderer Kündigungsschutz (in Nordrhein-Westfalen, Niedersachsen und im Saarland). Diesem Personenkreis gegenüber kann nur mit Zustimmung einer Behörde gekündigt werden. Teilweise bleiben die Vorschriften über die ausserordentliche Kündigung unberührt (dazu unten III 1.).

III. RECHTFERTIGUNG VON KÜNDIGUNGEN

Die ausserordentliche Kündigung bedarf stets einer Rechtfertigung. Für sie muss ein *wichtiger Grund* vorliegen (vgl. unten 1.).

Die *ordentliche Kündigung* dagegen bedarf *nur dann* einer Rechtfertigung, wenn die Voraussetzungen des Kündigungsschutzgesetzes vorliegen.

1. Die ausserordentliche Kündigung aus wichtigem Grund

Die Beendigung des Arbeitsverhältnisses ohne Einhaltung der gesetzlichen oder vereinbarten Kündigungsfrist oder die Auflösung eines wirksam befristeten Arbeitsverhältnisses, das vor Fristablauf grundsätzlich nicht beendet werden kann, setzt nach § 626 Abs. 1 BGB *einen wichtigen Grund voraus.* Er ist gegeben, wenn Tatsachen vorliegen, aufgrund derer dem Kündigenden unter Berücksichtigung aller Umstände des Einzelfalles und unter Abwägung der Interessen beider Vertragsteile die Fortsetzung des Arbeitsverhältnisses bis zum Ablauf der Kündigungsfrist oder bis zur vereinbarten Beendigung des Arbeitsverhältnisses nicht zugemutet werden kann. Bei kurzen Kündigungsfristen wird die Weiterbeschäftigung eher zuzumuten sein als bei langen Kündigungsfristen. Ist das Arbeitsverhältnis mit ordentlicher Frist nicht mehr kündbar, der Arbeitnehmer also im Grundsatz *unkündbar,* so wird die Prüfung der Zumutbarkeit möglicherweise eher zugunsten des Kündigenden ausfallen.

Entscheidend für die Frage, ob ein wichtiger Grund vorliegt, ist allein der *objektiv vorliegende Sachverhalt* im Zeitpunkt der Kündigungserklärung. Ob der Kündigende bereits alle Kündigungsgründe kannte, ist ebensowenig von Bedeutung wie die Mitteilung der Kündigungsgründe an den Arbeitnehmer. Dazu ist der Arbeitgeber zwar "auf Verlangen" verpflichtet, eine Sanktion sieht das Gesetz jedoch nicht vor. Der Arabeitgeber kann im Kündigungsschutzprozess, in dem die Parteien über die Vorlage eines wichtigen Grundes streiten, grundsätzlich alle Gründe nachschieben, die vor Ausübung des Kündigungsrechts entstanden sind (BAG v. 18.1.1980 EzA § 626 n.F. Nr. 71).

Zur Frage, wann im Einzelfall ein wichtiger Grund vorliegt, besteht eine kaum noch zu überblickende Rechtsprechung der Instanzgerichte. Das BAG hat den wichtigen Grund unter Beachtung des Grundsatzes der Verhältnismässigkeit nur als letztes Mittel anerkannt, wenn alle anderen dem Kündigenden zumutbaren Mittel, z.B. eine Versetzung, die ordentliche Kündigung oder eine Abmahnung nicht ausreichen (BAG v. 30.5.1978 NJW 1979, 332).

a) Abmahnung

Von besonderer Bedeutung ist bei der ausserordentlichpen Kündigung die sog. Abmahnung. Stützt sich die ausserordentliche Kündigung auf Vertragsverletzungen im sog. Leistungsbereich, z.B. auf eine Arbeitsverweigerung oder auf Verstösse gegen die betriebliche Ordnung, so bedarf es einer vorherigen vergeblichen Abmahnung (BAG v. 18.1.1980 EzA § 1 KSchG Verhaltensbedingte Kündigung Nr. 7). Die Abmahnung setzt voraus, dass mit für den Arbeitnehmer hinreichender Deutlichkeit die Leistungsmängel beanstandet werden verbunden mit dem Hinweis, dass im Wiederholungsfalle der Bestand des Arbeitsverhältnisses gefährdet ist. Bei Kündigungen, die ihren Grund im Vertrauensbereich haben, z.B. bei einer Kündigung wegen eines Betruges, bedarf es der Abmahnung im allgemeinen nicht.

b) Die Ausschlussfrist nach § 626 Abs. 2 BGB

Die ausserordentliche Kündigung kann *nur* innerhalb einer Frist von zwei Wochen erfolgen. Die Frist beginnt mit dem Zeitpunkt, in dem der Kündigungs-berechtigte von den für Kündigung maßgebenden Tatsachen Kenntnis erlangt. Bei der Frist handelt es sich um eine materiell-rechtliche Ausschlussfrist, d.h. nach ihrem Ablauf gilt die unwiderlegbare Vermutung, dass die Fortsetzung des Arbeitsverhältnisses für den Kündigenden nicht mehr unzumutbar ist. Die Frist hat wegen ihrer weitreichenden Folgen in der Praxis eine besondere Bedeutung. Die Kündigung muss dem Arbeitnehmer innerhalb der Frist zugehen. Beweispflichtig für alle mit der Frist zusammenhängenden relevanten Umstände ist der Arbeitgeber (BAG v. 17.8.1972 AP Nr. 4 zu § 626 BGB ständ.Rspr.).

2. *Die Rechtfertigung der ordentlichen Kündigung*

Im Geltungsbereich des KSchG (dazu oben I 2) ist die ordentliche Kündigung eines Arbeitnehmers sozial ungerechtfertigt und deshalb rechtsunwirksam, wenn sie nicht durch Gründe, die *in der Person* oder *in dem Verhalten des Arbeitnehmers* liegen oder durch *dringende betriebliche Erfordernisse,* die einer Weiterbeschäftigung des Arbeitnehmers in diesem Betrieb entgegenstehen, bedingt ist. Ausserdem ist eine ordentliche Kündigung auch dann sozialwidrig, wenn der Betriebs- oder Personalrat aus einem der Gründe *widerspricht,* die in § 1 Abs. 2 Satz 2 KSchG abschliessend aufgezählt worden sind. Dabei handelt es sich um Verstösse gegen sog. Auswahlrichtlinien in Kündigungsfällen, die zwischen Betriebsrat und Arbeitgeber nach § 95 BetrVG vereinbart worden sind oder der Widerspruch darauf gestützt wird, der Arbeitnehmer könne auf einen *anderen* (freien) Arbeitsplatz in demselben Betrieb oder in einem anderen Betrieb des Unternehmens weiterbeschäftigt werden.

Der Begriff der sozial ungerechtfertigten Kündigung ist, von den genannten Fällen des Widerspruchs des Betriebsrats abgesehen, ein sog. unbestimmter Rechtsbegriff. Die Kündigung ist nur dann wirksam, wenn Umstände vorliegen, die sie bei verständiger Würdigung in Abwägung der Interessen der Vertragsparteien und des Betriebes als billigenswert und angemessen erscheinen lassen (BAG v. 23.1.1958 AP Nr. 50 zu § 1 KSchG ständ.Rspr.). Die Beweislast für die Kündigungsgründe trägt der Arbeitgeber.

a) *Gründe in der Person des Arbeitnehmers*

Hier kommen in Betracht mangelnde körperliche oder geistige Eignung für die vertragliche Tätigkeit. Breiten Raum in der Rechtsprechung nehmen Kündigungen wegen häufiger Krankheit ein. Sie rechtfertigen die Kündigung, wenn auch in Zukunft mit weiteren Ausfällen zu rechnen ist und dadurch im betrieblichen Bereich für den Arbeitgeber Unzumutbare Belastungen entstehen, d.h. ein billigenswertes Interesse des Arbeitgebers anzuerkennen ist, den Arbeitsplatz verläßlich mit einem anderen Arbeitnehmer zu besetzen. Es ist eine umfassende Interessenabwägung vorzunehmen (vgl. BAG v. 10.3.1977 NJW 1977, 2132, ständ.Rspr.)

Die Langzeiterkrankung des Arbeitnehmers als solche rechtfertigt eine Kündigung nicht. Hier ist die Feststellung notwendig, dass die Ungewissheit der Rückkehr des Arbeitnehmers unzumutbare betriebliche Auswirkungen hat (vgl. BAG v. 22.2.1980 AP Nr. 6 zu § 1 KSchG Krankheit).

b) *Gründe im Verhalten des Arbeitnehmers*

In Betracht kommen hier in erster Linie Vertragsverletzungen des Arbeitnehmers, die im allgemeinen schuldhaft sein müssen. In aller Regel ist eine vorherige *Abmahnung* des Arbeitnehmers erforderlich (vgl. oben III 1 a). Im Einzelfall kommt als Kündigungsgrund z.B. in Betracht: Wiederholtes Zuspätkommen, Arbeitsverweigerung, d.h. Nichterfüllung vertraglicher Haupt- oder Nebenpflichten. Ausserdienstliches Verhalten scheidet als Kündigungsgrund in aller Regel aus. Bei sog. Tendenzträgern in Tendenzbetrieben kann allerdings erwartet werden, dass sie sich auch in ihrem ausserdienstlichen Verhalten den Grundsätzen der Tendenz ihres Arbeitgebers entsprechend verhalten, jedenfalls ihr nicht grob zuwiderhandeln (vgl. BAG v. 14.10.1980 EzA § 1 KSchG Tendenzbetrieb Nr. 10 mit Anm. von Herschel).

c) Dringende betriebliche Erfordernisse

Die Sozialwidrigkeit einer ordentlichen Kündigung ist ausgeschlossen, wenn dringende betriebliche Erfordernisse die Kündigung bedingen. Kann der Unternehmer den Arbeitnehmer im Rahmen der von ihm verfolgten marktwirtschaftlichen Ziele nicht mehr sinnvoll einsetzen, bedingen vorhandene externe oder interne Faktoren den Abbau von Personal, so verliert der einzelne Arbeitnehmer seinen Arbeitsplatz, ohne dafür eine Entschädigung zu erhalten. Insoweit besteht eine ganz erhebliche Diskrepanz zwischen den Folgen einer Betriebsänderung im Sinne der §§ 111 ff. BetrVG 1972 und der Kündigung aus dringenden betrieblichen Erfordernissen. Während dort die Folgen der Betriebsänderung in einem Sozialplan auszugleichen sind, trägt der Arbeitnehmer hier die Folgen allein (vgl. auch unten VII 2.).

Dringende betriebliche Erfordernisse können auf innerbetrieblichen oder außerbetrieblichen Gründen beruhen (z.B. Organisationsänderungen im Betrieb; Auftragsrückgang, Umsatzeinbußen). Führen sie zum Wegfall von Arbeitsplätzen, so ist die Kündigung sozial gerechtfertigt, wenn die Weiterbeschäftigung des Arbeitnehmers auf einem anderen *freien* Arbeitsplatz im Betrieb nicht möglich oder nicht zumutbar ist. Während insoweit ein volles Prüfungsrecht der Gerichte für Arbeitssachen anerkannt ist, besteht Einigkeit darüber, daß von den Gerichten z.B. *nicht überprüft* werden kann, ob es gerechtfertigt ist, wegen eines Umsatzrückganges die Produktion einzuschränken oder organisatorische Maßnahmen durchzuführen, die zum Wegfall von Arbeitsplätzen führen. Nur wenn die Maßnahmen *offenbar unsachlich,* unvernünftig oder willkürlich sind, kann das Gericht der unternehmerischen Gestaltungsfreiheit die Anerkennung versagen (vgl. BAG vom 12.10.1979 AP Nr. 7 zu § 1 KSchG Betriebsbedingte Kündigung; ständ.Rspr.).

Trotz Vorliegens dringender betrieblicher Erfordernisse ist die Kündigung sozialwidrig, wenn der Arbeitgeber bei der Auswahl des Arbeitnehmers *soziale Gesichtspunkte nicht oder nicht ausreichend berücksichtigt hat* (§ 1 Abs. 3 KSchG). Die Auswahl ist betriebsbezogen vorzunehmen. Alle vergleichbaren—austauschbaren—Arbeitnehmer sind einzubeziehen. Bei der Abwägung der Sozialdaten hat die Dauer der Betriebszugehörigkeit ein besonders starkes Gewicht. Die Notwendigkeit der Auswahl nach sozialen Gesichtspunkten entfällt *nur dann,* wenn betriebstechnische, wirtschaftliche oder sonstige berechtigte betriebliche Bedürfnisse die Weiterbeschäftigung des Arbeitnehmers bedingen. Die Bewältigung auftretender Abgrenzungsschwierigkeiten stellt der Rechtsprechung im Einzelfall schwierige Aufgaben. Zudem wird vom Arbeitnehmer verlangt, daß er Namen von Arbeitnehmern angibt, die durch eine Kündigung weniger hart betroffen werden.

3. Weitere Gründe für die Unwirksamkeit einer Kündigung

Die Kündigung ist unwirksam, wenn sie gegen *ein gesetzliches Verbot* verstößt (§ 134 BGB). In Betracht kommen hier Verletzungen von Grundrechten, denn eine verbreitete Rechtsansicht geht davon aus, daß bestimmte Grundrechte unmittelbar auf das Privatrecht einwirken (BAG vom 28.9.1972 AP Nr. 2 zu § 134 BGB). Kündigt ein Arbeitgeber, weil der Arbeitnehmer Mitglied einer Gewerkschaft ist oder sich weigert, einer Gewerkschaft beizutreten (sog. negative Koalitionsfreiheit), so ist die Kündigung nichtig. Das gilt auch für den Fall einer Kündigung wegen Teilnahme an einem rechtmäßigen Streik (BAG vom 17.12.1976 AP Nr. 51 zu Art. 9 GG Arbeitskampf mit Anm. von Rüthers). Kündigungen, die wegen der Abstammung, der Rasse oder des Glaubens bzw. der politischen Überzeugung erfolgen, sind unwirksam. Politische Betätigung, auch in einer verfassungsfeindlichen Organisation, ist im Bereich der privaten Wirtschaft kein Kündigungsgrund, es sei denn, es liegt ein konkreter Bezug auf das Arbeitsverhältnis vor (BAG vom 28.9.1972 AP Nr.2 zu § 134 BGB). Andere Grundsätze gelten nur in sog. Tendenzbetrieben und im öffentlichen Dienst (vgl. BAG vom 6.12.1979 EzA § 1 KSchG Tendenzbetrieb Nr. 5 mit Anm. von Rüthers; vom 6.2.1980 und vom 5.3.1980 EzA Art.33 GG Nr. 8 und 9).

Die Unwirksamkeit einer Kündigung kann sich auch aus einer Verletzung der Meinungsfreiheit ergeben (vgl. dazu BAG vom 13.10,1977 EzA § 74 BetrVG 1972 Nr. 3 mit Anm. von Löwisch). Das gilt auch für Kündigungen, die wegen der Tätigkeit als Betriebsratsmitglied erfolgen oder ausgesprochen werden um die Wahl eines Betriebsrates im Betrieb zu verhindern (§§ 20 und 78 Satz 2 BetrVG 1972).

Der Arbeitgeber darf schliesslich das Arbeitsverhältnis nicht von der Zustellung des Einberufungsbescheides bis zur Beendigung des Grundwehrdienstes sowie nicht während einer Wehrübung kündigen. Darüber hinaus darf das Arbeitsverhältnis nicht *aus Anlaβ* des Wehrdienstes gekündigt werden. Die Vorschriften über die ausserordentliche Kündigung bleiben unberührt, jedoch ist die Einberufung zum Wehrdienst nach dem Gesetz kein wichtiger Grund zur Kündigung.

Das Berufsausbildungsverhältnis kann nach Ablauf der Probezeit (Höchstfrist drei Monate) nur noch aus *wichtigem Grund* gekündigt werden. Die ordentliche Kündigung ist unzulässig. Das gilt auch im befristet abgeschlossenen Arbeitsverhältnis.

Die vorstehend erwähnten Mängel einer Kündigung werden vom allegemeinen Kündigungsschutz nicht erfaßt. Der Arbeitnehmer kann die Unwirksamkeit der Kündigung auch noch *nach Ablauf der Klagefrist* des § 4 KSchG (drei Wochen) geltend machen.

IV. ANFECHTUNG EINER FÜR UNGERECHTFERTIGT GEHALTENEN KÜNDIGUNG

1. *Einspruch beim Betriebsrat*

Im Geltungsbereich des allgemeinen Kündigungsschutzes nach dem KSchG kann der Arbeitnehmer binnen einer Woche nach der Kündigung Einspruch beim Betriebsrat einlegen, sofern im Betrieb ein Betriebsrat gewählt worden ist (§ 3 KSchG). Erachtet der Betriebsrat den Einspruch für begründet, so hat er zu versuchen, eine Verständigung mit dem Arbeitgeber herbeizuführen. Praktische Bedeütung hat das Verfahren nicht, da das Anhörungsrecht des Betriebsrates vor jeder Kündigung nach § 102 Abs. 1 BetrVG ohnehin besteht (dazu oben II 2.) und seine Verletzung einschneidende Wirkung, die Unwirksamkeit der Kündigung, zur Folge hat.

Auf leitende Angestellte findet das Einspruchsverfahren keine Anwendung (§ 14 Abs. 2 KSchG).

2. *Klage vor dem Arbeitsgericht*

a) *Allgemeiner Kündigungsschutz*

Will der Arbeitnehmer im Geltungsbereich des KSchG geltend machen, die Kündigung sei sozial ungerechtfertigt, so muß er innerhalb *von drei Wochen* nach

Zugang der Kündigung Klage beim Arbeitsgericht auf Feststellung erheben, daß das Arbeitsverhältnis durch die Kündigung nicht aufgelöst worden ist. Nach Ablauf der Klagefrist gilt die Kündigung, sofern sie nicht aus anderen Gründen rechtsunwirksam ist (dazu oben III 3.) als von Anfang an wirksam. War der Arbeitnehmer trotz Anwendung aller ihm nach Lage der Umstände zuzumutenden Sorgfalt verhindert, die Klage innerhalb von drei Wochen zu erheben, so ist auf seinen Antrag die Klage vom Arbeitsgericht nachträglich zuzulassen. Mit dem Antrag ist die Klageerhebung zu verbinden (§ 5 KSchG). Der Antrag auf nachträgliche Zulassung der Klage ist nach § 5 Abs. 3 KSchG nur innerhalb von zwei Wochen nach Behebung des Hindernisses zulässig.

Streitgegenstand der Kündigungsschutzklage ist nach der Rechtsprechung des BAG, ob das Arbeitsverhältnis durch eine *bestimmte Kündigung* beendet worden ist. Kündigt ein Arbeitgeber wiederholt, so muß der Arbeitnehmer auch gegen die spätere Kündigung innerhalb der Dreiwochenfrist Klage erheben. Andernfalls treten die Wirkungen des § 7 KSchG ein, d.h. die Kündigung gilt, sofern sie nicht aus einem anderen Grund rechtsunwirksam ist, als von Anfang an rechtswirksam.

Obsiegt der Arbeitnehmer im Kündigungsschutzprozeß, so besteht das Arbeitsverhältnis fort und der Arbeitnehmer ist weitzubeschäftigen. Ist er Zwischenzeitlich ein neues Arbeitsverhältnis eingegangen, so gewährt ihm § 12 KSchG ein Sonderkündigungsrecht. Der entgangene Verdienst wird dann allerdings nur für die Zeit zwischen der Entlassung und dem Tage des Eintritts in das neue Arbeitsverhältnis fortgezahlt.

Auflösung des Arbeitsverhältnisses

Stellt das Gericht fest, daß das Arbeitsverhältnis durch die Kündigung nicht aufgelöst worden ist, so hat es auf Antrag des Arbeitnehmers oder des Arbeitgebers oder auf Antrag beider Parteien das Arbeitsverhältnis aufzulösen, wenn die dafür im Gesetz bestimmten Voraussetzungen vorliegen. Der Antrag des Arbeitnehmers erfordert die *Unzumutbarkeit* der Fortsetzung des Arbeitsverhältnisses, der des Arbeitgebers Gründe, die eine den *Betriebszwecken dienliche weitere Zusammenarbeit* nicht mehr erwarten lassen (§ 9 KSchG). Stellen beide Parteien den Auflösungsantrag, so hat das Gericht das Arbeitsverhältnis stets durch Urteil aufzulösen. Bei leitenden Angestellten i.S. des § 14 Abs. 2 KSchG braucht der Arbeitgeber den Auflösungsantrag nicht zu begründen. Ihm hat das Gericht immer stattzugeben. Mit der Rechtskraft des Urteils endet das Arbeitsverhältnis.

Zahlung einer Abfindung

Löst das Gericht das Arbeitsverhältnis auf, so ist der Arbeitgeber gleichzeitig zur Zahlung einer angemessenen Abfindung zu verurteilen. Die Höhe der Abfindung bestimmt sich nach § 10 KSchG. Sie beträgt bis zu 12 Monatsverdiensten. Bei älteren und langjährig beschäftigten Arbeitnehmern kann ein Betrag bis zu 18 Monatsverdiensten festgesetzt werden. Die Abfindungen bleiben innerhalb bestimmter Höchstgrenzen (§ 3 Nr. 9 EStG) steuerfrei und unterliegen auch nicht der Sozialversicherungspflicht.

b) Ausserordenliche Kündigung

Will der Arbeitnehmer geltend machen, daß für die ausserordentliche Kündigung *kein wichtiger Grund* vorliegt, so muß er, sofern die Voraussetzungen des KSchG vorliegen (dazu oben I 2.) die Kündigungsschutzklage *innerhalb von drei Wochen* beim Arbeitsgericht erheben. Findet das KSchG *keine Anwendung,* so kann der Arbeitnehmer die Klage auch noch nach drei Wochen erheben oder sofort eine Lohnklage anhängig machen, innerhalb der dann incidenter festzustellen ist, ob das Arbeitsverhältnis wirksam beendet worden ist oder nicht.

Liegen die Voraussetzungen des KSchG vor, so kann auf Antrag des *Arbeitnehmers* das Arbeitsverhältnis bei Vorlage der Voraussetzungen des § 9 KSchG gegen Zahlung einer Abfindung aufgelöst werden. Der Arbeitgeber kann den Antrag nicht stellen, d.h. das Arbeitsverhältnis ist dann fortzusetzen, falls das Gericht festgestellt hat, daß ein wichtiger Grund nicht vorlag.

c) *Sonstige Unwirksamkeitsgründe*

Die Geltendmachung sonstiger Unwirksamkeitsgründe ist an keine besondere Frist gebunden. Das gilt z.B. für den Fall, daß der Arbeitnehmer die Unwirksamkeit wegen nicht ordnungsmäßiger Anhörung des Betriebsrates rügt (dazu oben II 2) oder einen der unter III 3 aufgeführten Nichtigkeitsgründe geltend macht. In all diesen Fällen kann sich der Arbeitnehmer allerdings auch gleichzeitig auf die Sozialwidrigkeit der ordentlichen Kündigung berufen. Das setzt aber voraus, daß der Arbeitnehmer die entsprechende Klage innerhalb der Dreiwochenfrist des § 4 KSchG erhoben hat. In diesen Fällen gelten für die Auflösung des Arbeitsverhältnisses die oben dargestellten allgemeinen Regeln (oben IV 2a).

d) *Folgen der unwirksamen Kündigung*

Stellt das Gericht fest, daß für eine ausserordentliche Kündigung kein wichtiger Grund vorlag oder die ordenliche Kündigung im Bereich des KSchG sozialwidrig oder die Kündigung aus einem anderen Grunde rechtsunwirksam war, so besteht das Arbeitsverhältnis mit der Rechtskraft des Urteils fort, sofern von den Parteien keine Auflösungsanträge gestellt und positiv beschieden wurden. Der Arbeitnehmer ist wieder einzustellen. Der entgangene Verdienst für die Zwischenzeit ist gemäß § 615 BGB nachzuzahlen. Hat der Arbeitnehmer Arbeitslosengeld erhalten (dazu unten VI), so geht der Lohnanspruch insoweit kraft Gesetzes auf das Arbeitsamt über. Der Arbeitgeber hat also nur die Differenz auszuzahlen.

Für die Dauer des Kündigungsschutzprozesses wird das Arbeitsverhältnis zunächst faktisch beendet. Hat aber der Betriebsrat der Kündigung form- und fristgerecht widersprochen, so ist der Arbeitnehmer auf Verlangen weiterzubeschäftigen bis zum rechtskräftigen Abschluß des Kündigungsschutzprozesses (§ 102 Abs. 5 BetrVG 1972). Auf diese Weise soll vermieden werden, daß sich der Arbeitnehmer dem Betrieb entfremdet und schließlich selbst dann nicht in den Betrieb zurückkehrt, wenn er im Prozeß obsiegt, sondern stattdessen eine Abfindung annimmt, die ihm häufig vergleichsweise angeboten wird.

Besteht im Betrieb kein Betriebsrat oder widerspricht dieser der Kündigung nicht, so ist sehr umstritten, ob der Arbeitnehmer einen vorläufigen Weiterbeschäftigungsanspruch für die Dauer des Kündigungsschutzprozesses hat. Das BAG hat dies in der Entscheidung vom 26.5. 1977 EzA § 611 BGB Beschäftigungspflicht Nr. 2 mit krit. Anm. von Dütz verneint, es sei denn, die Kündigung sei offensichtlich rechtsunwirksam oder willkürlich. Die überwiegende Praxis der Instanzgerichte und die wohl h.L. ist dem nicht gefolgt. Der 2.Senat des BAG hat die Frage dem Großen Senat zur Entscheidung vorgelegt (vgl. BAG vom 18.1.1979 EzA § 611 BGB Beschäftigungspflicht Nr. 3 mit Anm. von Gamillscheg). Zu einer Entscheidung des Großen Senats kam es nicht, weil die Klage im Ausgangsverfahren zurückgenommen wurde.

3. *Das Verfahren vor den Gerichten für Arbeitssachen*

Kündigungsschutzklagen sind nach Maßgabe des § 61 a ArbGG 1979 von den Arbeitsgerichten vorrangig zu erledigen. Die Güteverhandlung soll innerhalb von zwei Wochen nach Klageerhebung stattfinden. In ihr hat der Vorsitzende zu versuchen, eine gütliche Einigung der Parteien herbeizuführen. Gelingt das nicht, so wird das Verfahren unter Beachtung kurzer Fristen (§ 61 a ArbGG) durch Urteil entschieden, das nach dem Beschwerdewert in aller Regel der Berufung unterliegt (§ 64 Abs. 2 ArbGG 1979). Auch die Berufungen in Kündigungsschutzverfahren sind nach § 64 Abs. 8 ArbGG vorrangig zu erledigen. Da jedoch die allgemeinen Fristen für die Einlegung und Begründung sowie die Frist für die Berufungsbeantwortung gelten, kommt dem § 64 Abs. 8 ArbGG in der Praxis keine allzugroße Bedeutung zu.

Kündigungsschutzklagen werden durch die Landesarbeitsgerichte in aller Regel rechtskräftig entschieden, seitdem das ArbGG 1979 die Streitwertrevision abgeschafft hat und an ihre Stelle die Zulassung der Revision getreten ist (vgl. § 72 ArbGG 1979).

V. DAS VERFAHREN NACH DER KÜNDIGUNG

Nach der Kündigung hat der Arbeitgeber dem Arbeitnehmer die Arbeitspapiere herauszugeben. Dazu gehören die Lohnsteuerkarte und der Versicherungsnachweis der Sozialversicherung, das Zeugnis und die Bescheinigung nach § 133 AFG, die alle Angaben für das Arbeitsamt enthält, damit der Arbeitnehmer seinen Anspruch auf Arbeitslosengeld geltend machen kann. Dem Arbeitgeber steht an den Papieren kein Zurückbehaltungsrecht zu. Gibt er sie dennoch schuldhaft nicht oder verspätet heraus, so haftet er dem Arbeitnehmer auf Schadensersatz. Kann der Arbeitnehmer z.B. eine neue Stelle nicht antreten, weil er die Arbeitspapiere nicht besitzt, so hat der Arbeitgeber den entgangenen Verdienst als Schadensersatz zu leisten.

VI. EINKOMMENSSICHERUNG DES VON DER KÜNDIGUNG BETROFFENEN ARBEITNEHMERS

Endet das Arbeitsverhältnis aufgrund einer (wirksamen) Kündigung, so erhält der Arbeitnehmer vom Arbeitgeber keine Lohnzahlungen mehr (zur Abfindung bei betriebsbedingten Kündigungen vgl. oben IV 2). Findet der Arbeitnehmer keine neue Arbeitsstelle, so erhält er auf Antrag vom Arbeitsamt Arbeitslosengeld, sofern er vorher mindestens ein Jahr beschäftigt war. Das Arbeitslosengeld wird im Höchstfall für die Dauer eines Jahres gezahlt. Es beträgt 68% des ausfallenden Nettoarbeitsentgelts. Arbeitnehmer, deren Arbeitszeit wöchentlich unter 20 Stunden liegt, erhalten kein Arbeitslosengeld (§§ 100 bis 103 AFG). Arbeitnehmer, die ihre Arbeitslosigkeit vorsätzlich oder grob fahrlässig herbeigeführt haben, erhalten für die Dauer von vier Wochen kein Arbeitslosengeld (§ 119 AFG). Lehnt der Arbeitnehmer eine *zumutbare Arbeit,* die ihm vom Arbeitsamt angeboten worden ist, ab, so erlischt der Anspruch auf Zahlung von Arbeitslosengeld. Der Begriff der zumutbaren Arbeit (§ 103 AFG) ist im politischen Raum stark umstritten und wird vom Gesetzgeber in Zeiten wirtschaftlicher Rezession schärfer gefasst.

Erfüllt ein Arbeitnehmer die Voraussetzungen für die Zahlung des Arbeitslosengeldes nicht, so erhält er *Arbeitslosenhilfe* falls er beschäftigt war und in den 3 Jahren vor der Antragstellung mindestens 150 Tage gearbeitet hat. *Nach Ablauf der* Jahresfrist, in der dem Arbeitslosen Arbeitslosengeld gezahlt wird, erhält der Arbeitnehmer ebenfalls Arbeitslosenhilfe. Sie beträgt ca. 58% des Nettoarbeitsentgelts. Arbeitslosengeld erhält auf Antrag auch derjenige Arbeitnehmer, dessen Kündigung unwirksam ist. Obsiegt er im Kündigungsschutzprozeß und wird der Arbeitgeber zur Nachzahlung des Lohnes verurteilt, so geht in Höhe des gezahlten Arbeitslosengeldes der Anspruch auf das Arbeitsamt über.

VII. VERFAHREN BEI PERSONALVERMINDERUNGEN

1. *Massenentlassungen*

Entläßt der Arbeitgeber innerhalb von dreißig Tagen eine bestimmte Anzahl von Arbeitnehmern (vgl. die Einzelheiten in § 17 Abs. 1 KSchG), so muß er dem Arbeitsamt *Anzeige erstatten*. Der Arbeitgeber hat dabei ein im Gesetz im einzelnen geregeltes Verfahren einzuhalten, das namentlich die Einschaltung des Betriebsrates vorsieht. Der Zweck des Gesetzes ist in erster Linie ein arbeitsmarktpolitischer. Es soll so vermieden werden, daß eine größere Zahl von Arbeitnehmern auf dem Arbeitsmarkt als Arbeitssuchende auftreten. Entlassungen, die dem Arbeitsamt anzuzeigen sind, werden vor Ablauf eines Monats nach Eingang der Anzeige nur mit Zustimmung des Landesarbeitsamtes wirksam. Diese Sperrfrist kann auf zwei Monate verlängert werden.

Hat der Arbeitgeber keine Anzeige erstattet, so sind *anzeigepflichtige* Entlassungen unwirksam. Der Arbeitnehmer *kann* dann die Fortsetzung des Arbeitsverhältnisses verlangen. Er ist dazu aber nicht verpflichtet, so daß es sich also um einen Fall der relativ unwirksamen Entlassung handelt.

Der Schutz vor Massenentlassungen tritt neben alle übrigen Kündigungs beschränkungen. Es gilt also z.B. der genannte allgemeine und besondere Kündigungsschutz. Auch ist der Betriebsrat vor den Kündigungen zu hören. Andernfalls sind die Kündigungen bereits wegen Verstoßes gegen § 102 Abs. 1 BetrVG 1972 unwirksam.

Der Arbeitzgeber hat schließlich nach § 8 AFG eine Meldepflicht gegenüber dem Arbeitsamt, wenn erkennbar wird, daß innerhalb der nächsten 12 Monate eine anzeigepflichtige Zahl von Entlassungen nach § 17 KSchG vorgenommen werden könnte.

2. *Betriebsänderungen*

Personalverminderung ist in der Praxis häufig eine Folge von Betriebsänderungen i.S. der §§ 111 ff BetrVG, d.h. von Stillegungen oder Einführung neuer rationeller Arbeitsmethoden usw. Nach neuerer Rechtsprechung des BAG (BAG vom 22.5.1979, 15.10.1979 und 4.12.1979 AP Nr. 3-6 zu § 611 BetrVG 1972) kann auch ein bloßer Personalabbau unter Beibehaltung der sächlichen Betriebsmittel eine Betriebseinschränkung sein, und zwar dann, wenn die Größenordnungen des § 17 Abs. 1 KSchG in Betracht kommen. Voraussetzung ist nur, daß dieser Abbau auf einem einheitlichen Plan beruht.

Der unternehmer hat dann nach § 112 Abs. 1 BetrVG 1972 einen *Interessenausgleich* über die geplante Betriebsänderung durchzuführen. Dafür sieht das Gesetz ein bestimmtes Verfahren vor. Die wirtschaftlichen Nachteile der betroffenen Arbeitnehmer sind in einem *Sozialplan* auszugleichen. Kommt über den Sozialplan eine Einigung zwischen Betriebsrat und Unternehmer nicht zustande, so entscheidet die Einigungsstelle *verbindlich*. Bestehen die Folgen der Betriebsänderung in Entlassungen, so erhalten die betroffenen Arbeitnehmer Abfindungen für den Verlust der Arbeitsplätze. Verliert also ein *einzelner Arbeitnehmer* aus betrieblichen Gründen seinen Arbeitsplatz, so kann ihm nach geltendem Recht keine Abfindung zugesprochen werden. Handelt es sich dagegen um eine Betriebsänderung, von der eine *Mehrheit von Arbeitnehmern* betroffen wird, so sieht das Gesetz einen Sozialplan vor, der auch gegen den Willen des Unternehmers von der Einigungsstelle im Verfahren nach § 112 Abs. 4 BetrVG 1972 bindend festgesetzt werden kann. Rechtspolitisch ist dieser Unterschied schwer einsehbar.

NATIONAL REPORT GERMAN DEMOCRATIC REPUBLIC

Termination of the Employment Relationship by the Enterprise and Income Guarantees for the Workers Concerned

by

PROF. DR. FRITHJOF KUNZ

Academy of State and Law, Potsdam-Babelsberg

I. GENERAL INTRODUCTION

The right to work and the termination of employment relationships. In the German Democratic Republic (in the following briefly: GDR), the termination of employment relationships, just as their establishment and modification, is characterized by the fully guaranteed right of the citizens to work and the constantly high demand of the enterprises for manpower, a demand that still exceeds the available manpower. The right to work, in the GDR, is secured by the socialist ownership of the means of production, state management and planning of the entire social process of reproduction, by the systematic growth of the productive forces implying the high measure of industrialization, the consistent mastering of the scientific-technological revolution, the continuous training and further training of the citizens, and, last but not least, by uniform socialist labour law.

The citizens' right to work is fixed in the GDR Constitution of 6 April 1968, as modified by the Law amending the Constitution of the GDR of 7 October 1974 (GDR Law Gazette—abbr. GBl.—I Nr. 47 S. 432; subsequently in short: Constitution). Article 24 of the Constitution assures every citizen of the right to work (para 1), and gives the decisive political and social guarantees (para 2). Every citizen of the GDR, accordingly, has the right to employment and its free selection in accordance with social requirements and personal qualifications. These guarantees make the right to work not existing merely on paper but ensure that each citizen actually be given a work corresponding to his abilities. The citizens implement their right to work within the framework of employment relations which are characterized by the conscious, friendly working-together of the working people and their workteams. The fundamental and growing conformity of personal, enterprise and social interests under socialism puts the individual in the position to employ his abilities in the process of labour. At the same time, it creates the basis for the fulfillment of the social requirements of supplying the enterprises of the respective regions with manpower, by unanimity of intention on the part of the enterprise and the worker, i.e. by labour law contracts. Thus, labour law contracts play the prominent part in establishing employment relationships. The same applies to the modification of employment relationships. Labour law contracts gained in significance, too, as far as the termination of employment relationships as well as the planned transition of workers from one enterprise to another are concerned.

In the GDR, manpower resources have been completely exhausted. What matters today and in the years to come is to save workplaces in the enterprises themselves while intensifying the national economy, so as to meet the manpower demands of the national economy, especially with respect to highly productive plants. The Five-Year Plan for the GDR's National Economic Development from 1981 to 1985, therefore, provides that more workplaces shall be saved rather than new ones established. This aim is to be achieved on the basis of the comprehensive reconstruction and rationalization of existing enterprises or production processes. Here, particular importance attaches to industrial robots. For the present five-year plan period it is envisaged to employ about 45,000 industrial robots in the national economy. On an average, 2.5 labour forces per robot can be released to perform other jobs. These numbers show that in the GDR there are workplaces for all capable to work, in correspondence with their abilities. On the other hand, however, great efforts have to be made to supply the steadily enlarging production of the national economy with manpower. On the other hand, however, this stability of employment of all working people conditions, in the face of the systematic growth of the national economy, a dynamic character of the individual employment relationships. This dynamics ensue, on the one hand, from the rising educational standards of the working people and, on the other, from the changing production tasks and other tasks to be accomplished in the enterprises.

Major Sources of law

Article 24 of the GDR Constitution lays down that the uniform socialist labour law serves the implementation of the right to work. This, futhermore, is expressed by Articles 1 et seq. of the GDR Labour Code of 16 June 1977 (GBl. I Nr. 18 S. 185; in the following referred to by its German abbreviation: AGB). The AGB forms the fundamental, systematic and integrated regulation of the GDR's socialist labour law. The AGB contains all provisions that are uniformly binding on or relevant to, the entirety of working people, enterprises and trade unions as regards the regulation of the subject of labour law, in particular the employment relations and conditions. Article 1 AGB stipulates in a detailed way how the AGB helps to implement the basic right to work as well as the other constitutional rights in the sphere of labour. Subsequently, Article 2 more precisely fixes the way how labour law regulates the individual basic rights as guaranteed in the Constitution. According to Article 2 para 1 AGB, labour law guarantees that "the working people can voluntarily and consciously participate in the social labour process, in accordance with the requirements of the society and personal qualifications . . ." The GDR Labour Code consists of 17 chapters, Chapter 3 (articles 38–70) headed "Conclusion, Modification and Dissolution of Employment Contracts", comprises all important provisions referring to the termination of employment relationships. The AGB, therefore, forms the decisive source of law for the dissolution of the employment contract with the worker on the part of the enterprise. It regulates all institutions of labour law pertaining to this subject. Further sources of law are essential only insofar as Article 55 para 2 AGB provides for the fixing in special statutory provisions periods and dates of notice to apply to specified categories of persons. All the other problems arising under labour law are regulated in Chapter 3.

Exceptions

Beside the employment contract, GDR labour law knows further forms to establish employment relationships, i.e. *election and appointment of workers*. Being acts of state law or administrative law, election and appointment are special forms to establish employment relationships, by means of which citizens capable of fulfilling responsible functions are appointed to leading posts, on which they work directly on behalf of the state. Election and appointment, too, are regulated in Chapter 3 of the GDR Labour Code (Articles 61 et seq.). The procedure of election and appointment corresponds to the special responsibility of these workers. The same holds good of the termination of their employment relationships. The employment relationship established by election ends, on principle, on expiry of the appointed time (Article 66 AGB). An employment relationship established on the basis of appointment is terminated by recalling the worker from office (Art. 62 para 1 AGB). Recall from office, analogously, underlies the same protective provisions as dismissal of a worker. So recall from office shall be given in writing with indicating the reasons (Art. 64 para 2 AGB). Here, it forms a principle to stick to a prescribed period of notice (Art. 62 para 2 AGB). Recall from office without notice is only admissible if the reasons for a dismissal without notice are given.

In the GDR, employment contracts, on principle, shall be concluded for an unlimited period of time. Exceptionally, however, *employment contracts limited in time* are admissible. According to Art. 47 para 1 AGB, the employment contract may be concluded for a period of up to six months, if there is a temporary need for more workers in the enterprise; it may be concluded for a limited period of the necessary duration, if relief workers are recruited to replace workers who have been given leave from their jobs, for instance in the case leave is given to a woman after her maternity leave until her child's ending the first year of age, in accordance with Art. 246 AGB. In such cases, on conclusion of the employment contract for a limited period, the duration of the employment relationship shall be fixed exactly by giving the date. If this is not possible, in view of the conditions, the duration may be fixed by the purpose of the agreed work. According to Art. 48 AGB, the enterprise shall in such case give the worker a week's notice in writing of the end of the work. If a worker, after the dissolution of an employment contract concluded for a limited period, according to Art. 47 para 1 letter b), i.e. if he worked as a relief worker to replace a worker who has been given leave from work, should be prepared to continue his job, so further employment shall be agreed with him in an employment contract concluded for an unlimited period. Should further employment not be possible, the enterprise is obliged to support this worker in taking up another reasonable job in an other enterprise. The employment contract concluded for a limited period, as any other employment contract, shall be drafted in writing, in accordance with Art. 42. Article 47 para 3 AGB stipulates that an employment contract concluded for a limited period of up to two weeks need not be made in writing.

Major Forms in Labour Law of Ending Employment Contracts

The right to work which is secured in the GDR means that there is a workplace for every worker corresponding to his abilities. This stability of employment, however, on the other hand, conditions a certain variability and dynamics of the individual employment relationships within the framework of the intensification of the national economy and the structural policy ensuing therefrom. In carrying through scientific-technological progress, this variability and dynamics are conditioned by the changing tasks in the sphere of production and other spheres of labour in the enterprises of the national economy at large, and by the rising educational standards of the workers.

The new relation existing in socialism between structural policy and the implemented right to work allows to secure the necessary dynamics of the employment relationships in a completely new way also by means of labour law, thus making largely unnecessary the termination of employment relationships by the enterprise through unilateral declarations of intention. Here, also the way of the termination of the employment relationships is governed by a principle inherent in the right to work and in socialism, i.e. the principle of the free choice of one's workplace, and by the principle of contract on the worker's transition from one employment relationship to another within one and the same enterprise, and also on his transition from one enterprise to another. GDR labour law has followed completely new ways to solution here, which are also reflected by the legal insititutions of the termination of employment relationships and the transition of the worker to another enterprise on mutual consent. These new institutions of labour law were able to be introduced and implemented thanks to the principle of farsighted planning accepted in the GDR. The whole legal system serves this principle. In bringing about the motion of manpower necessary for the accomplishment of the tasks pertaining to the society as a whole, and for meeting social interests, the planning authorities, the local government authorities, first of all their labour boards, and the enterprises shall closely cooperate. In all these cases the trade unions' right to participation is broadly guaranteed. In this way it was and will be possible to solve the difficult task to control the motion of manpower which in many a respect is a social consequence of scientific-technological progress, so as to harmonize the interests of the society, the enterprises concerned, and those of the workers.

If large-scale manpower fluctuation can be expected, the competent state and economic authorities shall work out in time suggestions concerning the detailed procedure of the transition of workers from one enterprise to another, the consequences which may arise under labour law and the social consequences for the workers, so for instance in respect of a necessary further training of the worker for the new job, payment, etc. These suggestions are discussed then with the respective enterprises, workers and their trade unions. As a result of these thorough preparatory work, the necessary steps under labour law are taken in due course, before the worker leaves one enterprise and takes up work in the other. These steps include the creation of the legal foundations for the termination of the existing employment relationship and the establishment of the new one. Thus, these labour law institutions are imbedded in a whole comprehensive set of directing and planning measures.

If the necessity arises to change the employment contract once concluded between the worker and the enterprise to such a degree that the worker is to perform a different task within the same enterprise for an unlimited period, then according to Art. 49, the stipulations made in the employment contract may be modified only on a contractual basis. The labour law instrument required in this case is the so-called contract for the modification of a worker's employment contract provided for in Art. 49. The *contract for modification* forms an agreement which rests on the Labour Code and is made between the worker and the enterprise during the existence of the employment relationship established by the employment contract, and modifies, on the basis of mutual consent, the stipulations made in this contract, especially regarding the work to be performed. A contract for modification, for instance, shall be concluded if the worker is permanently to perform any other work as following successful further training, i.e. if he on account of the acquired qualification is to perform a substantially other, as a rule, a qualitatively higher work. The enterprise has the obligation to inform the competent trade union committee in the enterprise of the intention to conclude a contract for modification. Also the contract for modification has to be drawn up in writing by the enterprise. Where it becomes necessary to draw up a contract providing for the modification of a worker's contract of employment in connection with rationalization measures or structural changes, the enterprise, according to Art. 49 para 2 AGB, shall conclude such contract with the worker in good time and in any event at least three months before the modifications take effect. Thus, the contract providing for the modification forms an important instrument of GDR labour law securing the continuation of the employment relationship between the parties to the contract and adapting it to the changed personal or enterprise conditions.

What are the principles underlying the regulation of the worker's transition from one enterprise to the other on grounds caused by the enterprise, i.e. on the initiative of the enterprise? (The dissolution of the employment contract on the worker's initiative, on principle, is not subject to any restrictions and may be brought about, according to Articles 55 et seq. AGB, at any time by a dissolution contract, by an agreement to transfer the worker to another enterprise (contract on transfer) or also by giving due notice of the termination of his employment contract. The topic of this paper does not require going into the details of this matter because the dissolution of the employment contract on the initiative of the enterprise is of relevance here.) Principles of the regulation of the worker's transfer from one enterprise to another on grounds caused by the enterprise, in accordance with Articles 51 et seq., are in particular the following:

1. The dissolution of an employment contract on the enterprise's initiative is governed by the principle of contract that is in keeping with the fundamental conformity of the interests of the individual worker the interests of the enterprise and those of the society. As the employment contract is established by unanimous declaration of intention on part of the worker and the enterprise (Articles 38 et seq., particularly 41 AGB), it shall, in accordance with the legislator's desire, on principle be ended by unanimous declaration of intention of both the parties to the employment contract.

2. As in the socialist society of the GDR the dissolution of the employment contract on the initiative of the enterprise by no means entails unemployment, but rather the transition of the worker to a new enterprise by establishing a new employment relationship (when leaving out of account the ending of one's vocational life on reaching old age, on occurance of disablement, and similar exceptions) the dissolution of the employment contract on the initiative of the enterprise, on principle, is effected by concluding a special contract between three parties. This special type of contract which is regulated by the new Labour Code, is the *contract on transfer* (Articles 51 to 53 ABG). This contract comes into being by unanimity of intention of all three parties involved, i.e. the worker, the previous and the future enterprise, concerning the termination of the existing employment contract and the conclusion of a new one stipulating the concrete job to be done and, simultaneously, by unanimity of intention on the part of these three parties concerning the most essential social conditions implied. Thus, the contract on transfer is a multilateral agreement, concluded on the basis of Art. 53 AGB between the previous enterprise, the future enterprise and the worker. It is aimed at disssolving the hitherto existing employment relationship and at establishing, at the same time, a new one, in order to secure a smooth transition of the worker from one enterprise to another without delay and unnecessary inconvenience for the worker. The contract on transfer stipulates all rights and duties of the three parties which are connected with the change of the workplace and not directly result from labour law provisions. In the contract on transfer, according to Art. 53 para 1 AGB, the following has to be agreed upon:

a) the date on which the employment contract between the previous enterprise and the worker has to be dissolved;

b) the date on which the worker is to start working in the new enterprise.

Further stipulations, such as those relating to the obligations of the enterprise to prepare the worker for his new job, including any necessary training, and those relating to the assistance to be provided for the worker in the event of his having to move house, may be agreed upon in accordance with the provisions of labour law. Where it becomes necessary to conclude a contract on transfer in connection with rationalization measures or structural changes, the previous enterprise shall secure, according to Art. 53 para 2 AGB, that this contract be concluded in due course, and in any event at least three months before the worker takes up his new job. Moreover, the previous enterprise, according to Art. 53 para 3 AGB, is obliged to prepare the conclusion of the contract on transfer, particularly by arranging for a consultation between the parties concerned. The enterprises involved shall inform the appropriate trade union committees of the intention to conclude a contract on transfer, so that they are able to implement their right to participation in support of the worker. The contract shall be drawn up in writing indicating the reasons.

3. As in the cases dealt with the initiative to dissolve the employment contract, originates with the previous enterprise, the latter shall even if more than one worker is affected—look for a new partner for the worker, and to offer to him the contract on transfer to some other reasonable work. (Art. 51 para 2 AGB). In doing so, the enterprise may rely on the support rendered by the competent local government authorities, particularly their labour boards or, where appropriate, boards for labour and wages.

4. In certain cases the worker might not be interested in the conclusion of a trilateral contract on transfer, even if the initiative to dissolve the hitherto existing employment contract comes from the enterprise. This for instance applies to cases, when the worker himself has already found a suitable job in another enterprise. In such cases the possibility to conclude a contract on the dissolution of the worker's employment contract is provided for. For the protection of the worker, however, the legislator stipulates in Art. 51 para 2 AGB, that the conclusion of a dissolution contract on the enterprise's initiative conditions that the enterprise must have been offered to the worker the conclusion of a contract modifying his employment contract or, insofar as this is not possible, has offered to him a contract on transfer which the worker has refused. The *dissolution contract* forms another institution of labour law for dissolving the employment contract and thus for terminating the employment relationship, an institution also being based on the principle of unanimity of intention of the parties involved. It is effected by unanimity of intention of the parties to the employment contract, i.e. enterprise and worker. Thus, the dissolution contract constitutes an agreement, based on the Labour Code, to terminate the employment relationship established by the employment contract, on a fixed date through unanimity of intention of the worker and the enterprise as the parties to the employment contract. In the majority of cases the employment contract is dissolved by means of the dissolution contract on the worker's initiative. But the enterprise, likewise, may take the initiative to dissolve the employment contract by means of the dissolution contract as far as the just explained conditions contained in Art. 51 para 2 AGB are met. In both cases, the enterprise shall inform the competent trade union committee in the enterprise of the intention to conclude the dissolution contract. The dissolution contract shall be drawn up in writing with indicating the reasons (Art. 52 para 2 AGB). This is evidence of the legislator's applying stringent standards to the admissibility of the dissolution contract as the second contractual form of the termination of the employment contract, this being due to the enterprise's responsibility for the continuity of the employment relationship once established with the worker. That is why the contract on transfer has priority over the dissolution contract. These two contractual forms, on the other hand, have priority over the dissolution of the employment relationship by unilateral declaration of inten-

tion, requiring acceptance, on the part of the enterprise, such as due notice of termination (Art. 54 para 2 AGB) and dismissal without notice (Art. 56 AGB).

5. In exceptional cases, the enterprise may dissolve the employment contract also by giving due notice. This *termination* of the employment contract *by the enterprise by giving due notice* represents a unilateral declaration of intention, requiring acceptance, to end the employment relationship based on the employment contract after expiry of the period specified in the contract. Giving due notice of the termination of an employment contract concluded for an unlimited period is admissible only on the grounds mentioned in the AGB, i.e. if,

a) it is necessary to do so if on account of a change in production, a structural change or an alteration in its staffing or manpower plan,

b) the worker is not suitable for the agreed job,

c) defects in the employment contract cannot be remedied by the parties (Art. 54 para 2 sentence 1 AGB).

Giving due notice of termination by the enterprise as a unilateral, requiring acceptance, declaration of intention by the enterprise furthermore conditions, according to Art. 54 para 2 sentence 2 AGB, that agreement cannot be reached with the worker concerning his taking up a new job in the enterprise or, as far as this is not possible, that the enterprise has offered to the worker a contract on transfer which conclusion has been refused by the worker.

In addition, giving due notice of termination by the enterprise shall meet the following requirements serving the protection of the worker: It must be drawn up in writing with giving the reasons; the period of notice is at least two weeks, as far as periods of notice amounting to up to three months, or the notice to take effect at the end of a month have not been provided for in the employment contract (Art. 54 para 4 and Art. 55 AGB). Every due notice of termination given by the enterprise requires prior consent by the competent trade union committee in the enterprise. If it refuses consent, so on request of the enterprise the superior trade union committee takes a decision on this matter. The enterprise is obliged to inform the worker of the consent (Art. 57 AGB).

6. Very special demands are made by the legislator on *dismissal without notice*. Like due notice of termination, dismissal without notice is a unilateral, requiring acceptance, declaration of intention by the enterprise on which receipt the termination of the employment relationship takes immediate effect. Unlike due notice of termination, it is directed towards protecting the enterprise and, at the same time, constitutes the most severe disciplinary measure. Dismissal without notice thus represents a unilateral, requiring acceptance, declaration of intention by the enterprise vis-a-vis the worker. It immediately ends the employment relationship established by the employment contract in cases when serious breaches of socialist labour discipline or civic duties render continued employment of the respective worker in the enterprise impossible (Art. 56 para 1 AGB). Dismissal without notice, as a rule, may be only pronounced if educative or disciplinary measures have been without result. Dismissal without notice, according to Art. 56 para 2 AGB, shall be ordered in writing with simultaneous indication of the reasons. Furthermore, it requires, as due notice of termination does, prior consent by the competent trade union committee in the enterprise. As, however, dismissal without notice shall be pronounced immediately after having been informed of the serious breach of duties, the legislator exceptionally allows this consent being obtained one week after the dismissal, in accordance with Art. 57 para 2 AGB. Also, in this case, the enterprise shall, according to Art. 57 para 4, inform the worker of the trade union consent.

II. PROCEDURE BEFORE THE DISSOLUTION OF EMPLOYMENT CONTRACTS

A. *Information of the Worker of the Dissolution of his Employment Contract*

The procedure of the conclusion of contracts terminating an employment relationship, or on the worker's transfer from one enterprise to another, has already become clear from their characterization in part I above. It corresponds to the procedure generally applied in concluding contracts under labour law between the worker and the enterprise. Corresponding details are regulated by Art. 41 AGB, taking the coming into existence of the employment contract as an example. This Article stipulates that an employment contract is concluded by unanimous declarations of intention on the part of the worker and the enterprise as to the necessary essence of the contract. When further stipulations are to be included in the contract, they must also be unanimously agreed upon. There is unanimity of intention if the declarations made by the worker and the enterprise are accepted by the other parts either immediately or within the fixed time-limit without any reservations or additions. If the offer to conclude a contract is accepted with reservations or additions after the fixed time-limit, there is unanimity of intention if the other party expresses its agreement (Art. 41 para 2 AGB). Employment contracts with young persons under 18 years of age require prior consent of the person responsible for his education (Art. 41 para 3).

In accordance with the general principles underlying the statutory provisions on employment contracts as laid down in Article 41 et seq. AGB, dissolution contracts and contracts on transfer shall be prepared in personal discussions whose subject are details concerning dates and periods, holidays, bonuses and wages, the job assignment, but also the concrete reasons for the termination of the employment relationship and, in general, all questions of labour law and social questions pertaining to termination. Special significance attaches to the enterprise's discharging of its duties fixed in Art. 51 para 2, according to which it shall on dissolving the employment contract on the initiative of the enterprise, offer the worker at first a contract providing for modification of his employment contract so as to charge the worker with an other reasonable job in the enterprise or, as far as this is not possible, to offer him a contract on transfer. The conclusion of a dissolution contract will be possible only if the worker has refused this offer. These stringent demands make plain how the legislator safeguards the stability of the worker's employment relationship and holds the enterprise responsible for the rational employment of the respective worker within its collective, as well as for his smooth transition to another enterprise. Special attention also is paid to the observance of the obligation to inform the competent trade union committee in the enterprise of the intention to conclude a dissolution contract, according to Art. 53 para 3 AGB. In this matter, the Secretariat of the Federal Executive of the Confederation of Free German Trade Unions (FDGB) issued Rules Concerning the Implementation of the Rights of Trade Unions in the Conclusion, Modification and Dissolution of Employment Contracts, dating from 21 June 1978 (Beschlüsse und Informationen des Bundesvorstandes des FDGB—Informationsblatt 1978 Nr. 6; Arbeit und Arbeitsrecht 1978 Heft 8 S. 359). These intra-union rules regulate details of the implementation of these trade union rights. Accordingly, the representative of the competent trade union committee in the enterprise or the shop steward, where appropriate, takes part in the preparatory discussion upon the conclusion of a contract terminating the employment contract with a responsible leading staff-worker. He advises the worker and, moreover, exercises an influence that the reasons leading to the conclusion of the dissolution contract be properly set out, that the possibilities be fully exhausted for agreeing with the worker, on the basis of a modification contract, continued employment in the enterprise with a job corresponding to his abilities; that the worker be informed of the legal consequences of the termination of his employment relationship, e.g. as regards the granting of the proportional annual bonus; that the worker not be forced to the conclusion of the dissolution contract by inadmissible influence, etc.

If it is planned to conclude a contract on transfer, the competent trade union committees of the two enterprises involved are informed of this intention and take part, through representatives, in the preparatory consultation on the conclusion of the contract on transfer. They see to the same matters as in the case of the dissolution contract. In addition, they shall first of all exercise an influence that: the concrete obligations undertaken by the enterprise to prepare the worker for his new job, including necessary training, or to assist him in the event of his having to move house, be included in the contract on transfer; that contracts on transfer in connection with rationalization measures or structural changes be concluded in good time, at least three months before taking up work in the other enterprise.

Due notice of termination by the enterprise conditions that the latter beforehand has offered to the worker a modification contract on the taking up of a reasonable new job or, as far as this is not possible, a contract on transfer, and that the worker has refused this offer. Thus, before terminating an employment relationship by giving due notice, corresponding consultation must have taken place between the enterprise and the worker in the course of which such offers have been made. Each termination of an employment relationship on the part of the enterprise by giving due notice, according to Art. 57 para 1 AGB, requires prior consent by the competent trade union committee in the enterprise. Therefore, the trade union committee in any case is informed about due notice of termination. Normally, however, it already deals with the matter when the enterprise offers the worker a modification contract or a contract on transfer. The aforementioned trade union Rules, inter alia, provide for the following: If the enterprise manager applies to the competent trade union committee in the enterprise for consent to the dissolution of a worker's employment contract, a meeting of the enterprise trade union committee shall be convened which the worker concerned, the shop steward and the responsible manager shall be invited to take part in. At the meeting the worker must be given the opportunity to express his opinion on the intended dissolution of his employment contract. Here, it must be reviewed, inter alia, whether the worker has been offered by the enterprise a modification contract or a contract on transfer, whether ground for termination really exists, etc. For these reasons, normally, the enterprise manager entitled to pronounce due notice of termination will discuss all these questions with the trade union committee in good time, yet before he gives due notice of termination, i.e. in general on offering a modification contract or a contract on transfer, so as to enable the trade union committee of the enterprise to make sure that legality is observed in the interest of the protection of the worker and his employment relationship.

B. *Information of the Competent Trade Union Committee in the Enterprise of the Intended Termination of a Worker's Employment Relationship*

According to Art. 57 para 1, AGB, each due notice of termination and dismissal without notice require prior consent by the competent trade union committee in the enterprise. Exceptionally, in the case of dismissal without notice this consent may be given within one week after the dismissal has taken effect. If the competent trade union committee in the enterprise refuses its consent, the matter shall be finally decided, in accordance with Art. 57 para 3 AGB, if the enterprise so requests, by the next higher trade union committee or executive committee. According to

Art. 22 AGB, the enterprise trade union organizations and their organs represent the workers' interests in the enterprise. Article 24 para 5 stipulates that for the purpose of the Labour Code "competent trade union committee in the enterprise" shall mean the works trade union committee or, in enterprises with departmental trade union organizations, the departmental trade union committee or, in the enterprises without a works trade union committee, the local trade union committee. If later on a worker lodges an objection with the disputes commission or the labour law chamber of the district court against a termination of his employment contract (Art. 60 para 1), so the fact that the competent trade union committee in the enterprise has not given its consent is sufficient reason for the social or state court to establish the invalidity of the contract providing for termination or, where appropriate, dismissal without notice (Art. 24 para 3 in connection with Art. 60 AGB). Every worker has the right to lodge an objection with the disputes commission or the district court against a contract providing for the modification or termination of his employment contract, against an agreement on the dissolution of his employment contract by a contract providing for his transfer, against due notice of termination or dismissal without notice (Art. 60 para 1 AGB). He must in any event lodge an objection if he wishes to bring about invalidity.

C. *Information of Government Authorities of the Termination of Employment Contracts*

Beside comprehensive general protection against notice of termination, the legislator protects defined categories of workers in a special way by demanding, in addition to trade union consent, a second consent to be obtained from the district council or the municipal district council (Art. 58 et seq. AGB). According to Art. 59 AGB, the enterprise must apply to these government authorities for prior notice in writing before deciding on a due notice of termination of a dismissal without notice in the case of:

a) severely disabled persons, persons suffering or recovering from tuberculosis and rehabilitees,

b) workers who are within five years of reaching pensionable age,

c) young persons up to 18 years of age and skilled workers until the end of the first year following apprenticeship.

Besides, there is in these cases also a prolonged period of notice. Due notice of termination by the enterprise must be given at least one month before. The enterprise shall inform the worker of the consent.

An enterprise shall also require the consent of the competent district or municipal district council for the dismissal without notice of antifascist resistance fighters, victims of fascist persecution, expectant and nursing mothers, mothers with children up to one year old, mothers who have been granted leave after their maternity leave under Art. 246 AGB, and single workers with children up to 3 years old. Also in such cases the enterprise shall inform the worker of the consent. The labour boards of the district councils, moreover, may by themselves oblige enterprises to convey information before the employment relationships of defined categories of persons are dissolved or dismissal without notice is to be pronounced, so as to enable the labour board to exercise an influence on legality being fully respected and the workers concerned possibly being smoothly transferred to other employment relationships.

D. *Periods of Notice*

The comprehensive provisions of the Labour Code set out above guarantee that the workers whose employment relationships are ended on the initiative of the enterprises may, on principle, smoothly change over to other employment relationships. So it forms a prerequisite for giving due notice of termination that the conclusion of a contract providing for modification of the employment contract or for the worker's transfer to another enterprise is offered beforehand. As an exception, dismissal without notice, however, entails that because of reasons for which the worker must be held responsible on account of his having seriously violated his duties, a period of notice can not be granted. Periods and dates of notice are fixed in Art. 55 AGB. Accordingly, the period of notice is at least two weeks. However, an employment contract may provide for a period of notice of up to three months and for the notice to take effect at the end of a month. As to defined categories of persons special periods and dates of notice may be described in statutory provisions (Art. 55 para 2 AGB). This for instance applies to teachers in order to secure the continuous course of the school year.

E. *Prohibition of Notice of Termination*

According to Art. 58 AGB, the enterprise shall not give due notice of termination to the following categories of workers:

a) antifascist fighters and victims of fascist persecution;

b) expectant and nursing mothers, mothers with children up to one year of age, mothers who are granted leave after their maternity leave for the time until the end of the child's first year of age (Art. 246), and single workers with children up to three years old;

c) workers who are doing their basic military service, serving as soldiers, non-commissioned officers or officers for a limited time or performing their military service in the reserve.

d) workers who are unfit for work on account of sickness, an accident at work or an occupational disease, or who are in quarantine or on holidays.

These categories of persons are placed under the particular protection of the legislator in maintaining their employment relationship once established. They may forfeit this protection only if they themselves give reason for a dismissal without notice. Here, it must be added that cases of dismissal without notice are very seldom.

III. REASONS OF TERMINATION

According to GDR labour law, each termination of a worker's employment relationship by the enterprise must be substantiated. As to due notice of termination and dismissal without notice giving the reasons means a prerequisite to this unilateral ending of a worker's employment relationship taking effect. In accordance with Art. 54 para 2 AGB, the enterprise may dissolve an employment contract concluded for an unlimited period by giving due notice only if)

a) this turns to be necessary on account of a change in production, a structural change, or an alteration of the enterprise's staffing or manpower plan;

b) the worker is not suitable for the agreed job;

c) defects in the employment contract cannot be remedied by the parties (Art. 45 AGB).

Dismissal without notice is only admissible, according to Art. 56 para 1 AGB, in case of a severe breach of socialist labour dicipline or civic duties by a worker that renders his continued employment in the enterprise impossible. Dismissal without notice, as a rule, shall only be pronounced if educational and disciplinary measures have been without any result. Due notice of termination requires, according to Art. 54 para 4 AGB, to be given in writing with a simultaneous indication of the reasons. The same applies, according to Art. 56 para 2 AGB, to dismissal without notice.

In accordance with Article 20 of the GDR Constitution, every citizen of the GDR has the same rights and duties, irrespective of nationality, race, philosophy or religious confession, social origin or position. Freedom of conscience and freedom of belief are guaranteed. All citizens are equal before the law. This implies that ending an employment relationship with a worker must never be based on such reasons.

IV. OBJECTION AGAINST THE TERMINATION OF A WORKER'S EMPLOYMENT RELATIONSHIP BY THE ENTERPRISE

A and B. *General Possibilities for Objection*

As in respect of all the other managerial acts of the enterprise pertaining to the worker's employment relationship, the worker disposes of a greater number of possibilities to take action against a termination of his employment relationship when it is intended or already pronounced by the enterprise. These comprise resort to the competent trade union committee or, where appropriate, the shop steward for enforcing his interests in conformity with legality, complaint with the superior manager, up to objection lodged with the competent social or state courts against the termination of the worker's employment relationship on the initiative of the enterprise.

In the following we will deal only with the latter possibility since the other ones mostly are exhausted during the consultations preceeding termination. Also in the case objections against the termination of a worker's employment relationship by the enterprise are disapproved, workers in the GDR need not be afraid of getting unemployed. What matters here is the continuation of the worker's employment in the job environment he is accustomed to and on the conditions entailed.

C. *Objection With a Court*

According to Art. 60 para 1 AGB, a worker has the right to lodge an objection against a contract providing for the modification or termination of his employment contract, against an agreement whereby his employment contract is terminated by a contract providing for his transfer to another enterprise, against due notice of termination or dismissal without notice, with the disputes commissions being the social courts in most enterprises (cf. R. Heuse/R. Kranke, Schiedsverfahren und Gerichtsbarkeit: die Durchsetzung arbeitsrechtlicher Ansprüche, Nationaler Bericht des Landesverbandes der DDR, in: International Society for Labour Law and Social Security, 9th International Congress, Reports and Proceedings, vol. II/1, Heidelberg 1978, p. 91 et seq.), or with the labour law chamber of the district court being the state court.

The above presented comprehensive system of legal safeguards for securing the continuity of each worker's right to work which is amply proven by the principle fo contract dominating the termination of employment relationships on the enterprise's initiative, as well as the guarantees for the protection of existing employment relationships account for the relatively small number of labour disputes in connection with the termination of employment relationships which are settled by social courts whose acting forms the prerequisite to the possibly later submission of the matter to a state court for decision. During the last few years this number only amounted to 2 to 3 per cent of all settled labour disputes.

In this connection—as already pointed out in the National Report delivered at the 9th International Congress—mention shall be made of the fact that labour disputes in the GDR are settled by law courts. This is in keeping with the Constitution (Art. 92) and the Law on the Constitution of Courts (Art. 1). Administration of justice in the GDR, accordingly, is in the hands of the Supreme Court, the county and district courts, and the social courts (disputes commissions). Disputes commissions are courts being composed of honorarily working people exclusively. Such commissions are set up in all enterprises which employ more than 50 people. The members of disputes commissions are elected in the enterprises from among the workers by secret ballot by all workers and employees coming within their jurisdiction. These commissions in the GDR look back to almost 30 years of successful work and are highly esteemed. More than 90 per cent of the decisions passed by them are not objected against with state courts (cf. on this also: Die Gewährleistung der Grundrechte der Werktätigen durch die Arbeitsrechtsprechung/Protokoll des Internationalen Symposiums des Lehrstuhls Arbeitsrecht der Akademie für Staats- und Rechtswissenschaft der DDR vom 18. bis 20. September 1979, Aktuelle Beiträge der Staats- und Rechtswissenschaft, Heft 218, Potsdam-Babelsberg, 1980).

D. *Procedure of Settling Disputes in Connection With the Termination of Employment Relationships*

As the disputes commissions operate in enterprises, their deliberations are governed by the principle of relative freedom of form. Proceedings before disputes commissions follow the provisions of the Law of 18 June 1968, on the Social Courts of the GDR (GBl. I Nr. ll S. 229), and the Decision of the GDR State Council of 4 October 1969, on the Election and Work of Disputes Commissions—Rules on Disputes Commissions—(GBl. I Nr. 16 S. 287). (These provisions of law, presently, are being revised, so as to increase the competences of the social courts further, and it can be expected that the Law on the Social Courts of the GDR and the Rules on Disputes Commissions will have been passed by the legislator by the time of the holding of the 10th International Congress.)

According to Art. 305 para 1 AGB, no fees shall be levied in connection with proceedings before the organs responsible for settling labour disputes. Proceedings before state courts follow the Law of 19 June 1975, Concerning Court Proceedings in Civil, Family and Labour Matters—Code of Civil Procedure—(GBl, I Nr. 29 S. 533).

E. *Remedies in the Case of Unjustified Termination of Employment Relationships*

In accordance with Art. 60 para 3 AGB, the social courts and the state courts are authorized to cancel a contract providing for the modification or termination of a worker's employment contract, an agreement whereby his employment contract is terminated by a contract on transfer, or a termination by due notice, or dismissal without notice. Here, it forms the prerequisite that there was no social necessity, according to the Labour Code, to end the employment relationship, this means, for instance, that none of the reasons for due notice of termination mentioned in Art. 54 AGB existed. Further, there may be the prerequisite that a condition for efficiency as mentioned in the Labour Code was missing. This implies, as far as due notice of termination and dismissal without notice are concerned, the requirement of the written form, the indication of the reasons, the consent given by the competent trade union committee and, in cases as mentioned by Art. 59 AGB, also the consent

of the district council or municipal district council. Finally, violations of the prohibition of due notice of termination of the employment contracts of the categories
of persons listed in Art. 58 AGB who are under the special protection of the law,
cause the termination to be considered unjustified.

Where a disputes commission or a state court take a final decision on the
cancellation of a contract providing for the modification or termination of a worker's
employment contract, an agreement whereby his employment contract is ended by
a contract on transfer, due notice of termination or dismissal without notice, so the
worker shall continue to be employed on the same conditions as before (Art. 60
para 3 AGB). Any loss of earnings shall be reimbursed to him at his average wage
rate. The rate shall be reduced by the amount otherwise earned by the worker.

V. PROCEDURE AFTER THE TERMINATION OF EMPLOYMENT RELATIONSHIPS

A. *References*

According to Art. 67 para 1 AGB, the enterprise is obliged to set up a reference
for a worker, inter alia, if his employment relationship or apprenticeship is terminated. The reference shall be handed to the worker immediately, in any event
within two weeks after the worker has announced to the enterprise that he needs
the reference. The reference shall be an overall assessment of the worker's activity,
performances and progress over the entire period for which he has worked in the
enterprise (Art. 68 AGB). The reference must contain true statements, concerning
the worker's essential, characteristic and regular pattern of behavior. The reference
shall be discussed in the workteam, in the presence of the worker. Representatives
of the appropriate trade union committee in the enterprise are entitled to take part
in the discussion and to present their views on the matter. If the worker does not
agree to the content of the reference he has the right to lodge an objection with the
disputes commission or the labour law chamber of the district court within three
months after the reference has been handed to him.

B. *Assistance in Finding a Reasonable Job*

As presented in the beginning, the enterprise shall, before giving due notice
of termination, offer to the worker another reasonable job either in the enterprise
or in another enterprise, by means of concluding a contract providing for modification of the worker's employment contract or a contract on transfer. This obligation
to render assistance is imposed on the enterprise by the legislator even in cases of
dismissal without notice. According to Art 56 para 3 AGB, the enterprise shall
assist the worker in finding another job. In implementing this obligation the enterprise, as a rule, cooperates closely with the labour boards.

VI. SPECIAL PROCEDURE IN CASES OF MANPOWER REDUCTION

The general stipulations of the Labour Code form such a close social network
so as to ensure the protection of the employment relationships of all working people
as well as, where the social necessity arises, the smooth transition from one enterprise to another by unanimous intention of all involved. Insofar there is no need
of special provisions for manpower reductions. Moreover, there is the practice in
the GDR that the labour forces released in an enterprise owing to scientific-technological progress or rationalization measures, normally take up another reasonable
work in the same enterprise on the basis of a contract providing for the modification
of the worker's previous employment contract. There were, however, different

examples here and there, e.g. when hard coal mining had to be stopped on account of exhausted deposits. At that time more than 15,000 miners had to be transferred to other enterprises important to the national economy.

Where manpower fluctuations to such an extent as in the above-mentioned example have to be expected, the competent government authorities together with the enterprises work out, in good time and in a far-sighted manner, conceptions as to the details of this manpower fluctuation, the social and legal consequences which may arise for the working people, enterprise and the local government authorities (e.g. housing, training and further training, wage conditions, labour conditions and future pension conditions). These conceptions are discussed with the enterprises, workers and trade union organs involved. As a result of the thorough preparatory work the necessary measures in the field of labour law are taken in good time before the workers stop working in one enterprise and take up a new job in the other. These measures include the termination of the existing employment relationship and the simultaneous establishment of a new one by means of a contract on transfer which proves to be the best instrument here. Thus, these measures under labour law are integrated into a whole complex of directing and planning measures of the state. In this context the trade union right to co-determination is implemented to the full. So also the earned income of the workers is secured in the most favourable way, and the interests of the enterprise and the working people are met in conformity with the interests of the society as a whole.

The GDR Labour Code protects in a comprehensive way the working people from the unjustified dissolution of their employment contracts by the enterprises. It regulates the termination of the workers' employment relationships with one enterprise and the establishment of new ones with another enterprise in the interest of friendly cooperation between these enterprises. Thus, the working people are assured full social security even and just under the conditions of rationalization measures, the employment of industrial robots, the formation of combines and, generally, the requirements arising from the structural development of the national economy. In line with the right to work and the right to the free choice of one's workplace, with the latter being inherent in the first, labour law provides for the principle of the contract as governing the worker's transfer from one enterprise to another one. Analytic investigations carried out by the labour boards prove that enterprises hardly resort to giving due notice of termination or dismissal without notice, i.e. unilateral declarations of intention, as in the majority of cases where workers change over to other enterprises this is seldom initiated by the enterprises but rather by the workers. Forming an expression of the new friendly relations prevailing on changes of enterprise on the initiative of the enterprise is, in particular, the new legal form of the contract on transfer. It effects the smooth transition of the worker from one enterprise to the other, and secures him a reasonable new work by freeing him at the same time from the inconveniences connected with the search for a new job.

Termination of the Employment Contract by the Employer and Protection of the Income of the Employees and Workers Whose Contract Has Been Terminated

by

ZISSIS AGRAFIOTIS

Athens

I

As also is the case in many other countries, Greek theory and Law recognize the vital interest of the Worker to secure his job, through which he acquires the means to live and to expand his personality; job security and permanency in fact constitute only another aspect of the "right to work" that the Greek Constitution (Article 22 para 1) has put under the protection of the State.

Under these conditions, it is not strange that Greek Theory and Precedents tend to recognize a very definite right of the worker to his job and/or position, and that the prevailing legislation regulating the termination of the Employment Contract is largely oriented to the protection, either of the worker's employment, or, in case the termination of the Employment Contract becomes inevitable, of the worker himself, and to the minimisation of the consequences deriving therefrom.

II

Individual Employment Contracts in Greece are divided in two quite distinct categories, i.e., Contracts of a Definite and Contracts of an Indefinite Period, the second category being the most important, and covering the greater part of the number of Employment Contracts.

The termination of each of the above two kinds of Employment Contracts is subject to a completely different set of rules and conditions, usually imposed within a separate lawframe; there are very few occasions where one can find the same Laws regulating the termination of both above kinds of Contracts; on the other hand, to counter the possibility that the form of the Definite Period Contract be used in some cases by the Employers instead of the Indefinite Period one, in order to circumvent their obligations as regards the termination of the latter, and especially those concerning notification, it has been provided by the Law (Law 2112/20, article 8, which is the basic law regulating the termination of the Indefinite Period Employment Contracts) that its dispositions also apply to Definite Period Contracts, if the specific duration of the Contract was not justified, but was intended to circumvent the notification obligations which the Employer has in cases of Indefinite Period Contracts.

The main regulative source as regards the termination of both, definite and indefinite period Employment Contracts, is the Law; even though the provisions of the Law constitute only the minimum protection of the worker in this aspect and therefore deviations in the latter's favour are lawful (as expressly stated in Law 2112/20, article 8, Law 547/37, Article 11), the other sources of the Labour Law, from Collective Agreements to the Individual Contract, very seldom refer to this matter, and when they do it is to repeat or refer to the provisions of the Law.

Labour Law in general and therefore also the relevant provisions regulating the termination of the Employment Contract, cover the private sector, i.e., the individual work relationships of the private sector; the public sector, i.e. the relationship of the Greek State Employees, as well as of the Employees of the Municipalities and other Law Entities of the Public Sector, are regulated by Public Law.

Also, the Agricultural Sector (Agricultural Employment Contracts) are not governed by the above general Legislation, while Maritime work is traditionally governed by a special separate set of Regulations.

III

Work relations under a Definite Period Work Contract cannot in principle be terminated prior to the lapse of their agreed period of duration, at which point they are automatically dissolved without need of notice, termination or any legal action from the parties thereto. By exception to the above, the Greek Civil Code (Article 672) provides the possibility for their unilateral termination by either of the Parties prior to that date, but only in case of "serious reason," in which case their termination can be made at any time during their duration, by either of the Parties, and without need of any previous notice to this effect. Moreover, it is generally accepted that this above right cannot be excluded by agreement between the parties, which would be null and void.

The law does not elaborate as regards the meaning of the term. But, according to an almost universally accepted explanation, the notion of "serious reason" covers any facts or series of facts which, under the circumstances prevailing in each specific case, render the continuation of the Contract so overburdening to the one of the Parties, that he be justified in seeking his liberation from his contractual obligations.

Therefore, the "serious reason" is not necessarily connected to the fault of the opposite party, or breach of its contractual obligations (though these constitute in practice the most common cases). It may give the right to terminate either to the Employer or to the worker, and in each of the above cases, it may refer either to facts or circumstances related to the terminating party itself, or to the opposite party.

Greek precedents have very much elaborated on this notion, which is considered to constitute a legal notion, which entails that its interpretation, i.e., whether certain facts constitute or not a "serious reason" for the termination of the Contract, is an interpretation not of a question of fact, but of a question of Law, and, therefore, subject to examination by the Supreme Court.

It is worth noticing here that while the parties have always the possibility to agree that certain facts shall in any case constitute a "serious reason" (that is, even if, objectively judged, they would not), they are not granted the opposite option, i.e., to exclude from this legal context facts or circumstances which objectively do constitute a "serious reason" for terminating the Contract.

On the other hand, there usually is no indemnity of any kind in case of termination of a Definite Period Contract for "serious reason," and this regardless of who is the terminating party (Employer or Worker).

The Law (article 673, Greek Civil Code) provides for an indemnity to be paid in such cases only on two occasions:

a) When the "serious reason" consists of a breach of contractual obligations then the party which has committed the breach must indemnify the other party.

b) If the termination was made by the Employer, and the "serious reason" permitting it was related to his personal or monetary relations, the Court may administer to the worker, who was so fired a "just and fair" compensation (as distinguished from a complete indemnity, covering all the latter's eventual damages, deriving therefrom).

IV

The Greek Civil Code (Article 669) also deals with the termination of the indefinite period Employment Contracts. But this matter is mainly governed by special Legislation, composed by a set of relevant laws, main among which is Law 2112/20, dealing with the termination of the Indefinite Period Employment Contracts of the Employees, Decree 16/18 July 1920, for the Termination of the Worker's Contracts, Law 3198/55, and many others.

A common and important feature of both Law 2112/20 and the Decree of 16/18 July 1920, is that they impose to the terminating party (be it the Employer or the Worker) the obligation to give prior notice about the termination; this notice is not obligatory when at the time of termination the Contract has lasted less than two months.

The period of notice is not uniform, but depends on the time of service of the worker and is different for the Employees and the workers. Thus Employees, depending on the duration of their employment, are entitled to a notice beginning from one month (for up to a year of service) and going up to 24 months.

The periods of notice to which workers are entitled are much shorter, beginning from 5 days for up to a year of service, and going to 60 days at most.

Employees and workers must also give notice when they terminate the (Indefinite Period) Employment Contract; the notice period in those cases is shorter.

The termination of the Contract which is effected after due notice, according to the Law, is called "regular." "Irregular" terminations, i.e., those made immediately without any notice at all, are also recognized as valid by the Law and their only consequence is the obligation of the terminating party to pay a special compensation to the other party.

If the termination was made by the Employer, the compensation due is equal to the salaries or wages of so many months (in case of Employees) or days (in case of workers) as would cover the period of notice; the calculation of the compensation is always made according to the salary or wage of the period immediately prior to the termination. Payment of the compensation is obligatory, in case the contract is terminated by the Employer; any agreement that directly or indirectly tends to invalidate this obligation is considered null and void.

Payment of the above compensation and the obligation to effect the termination in a written form, are the two necessary typical prerequisites for its validity; lack of any one of them makes it automatically null and void.

The termination constitutes a unilateral declaration from one of the parties to the other expressing his will to end the Contract; except from the fact that it must be in written form, the Law does not impose any other special content or conditions; except in special cases, the termination must only be notified to the opposite contracting party, and not to any third party (Union, etc.). However, an announcement of the termination to the relevant Government Employment Agency is imposed by the Law.

V

Further to the compensation for Irregular (i.e., without notice) termination of the Contract by the Employer, the Employees or Workers are in some cases entitled to other compensations based on their time of Employment. Thus, even if the Employer has terminated the Contract keeping the notice obligation, as above, he is however obliged to pay to the Employee (but not to Workers) one-half of the compensation he would pay in case of "irregular" termination (i.e., without notice).

Furthermore, according to Laws 3198/55, 3789/1957 and 435/76, both Employees and Workers having the requirements for retirement pension, have the possibility to terminate their Contract with the Employer, and yet be entitled to one-half of the above compensation.

The above compensations have no relation with the compensation due for lack of notification, as above, (IV) explained, but are a form of the so called "seniority compensations" (indemnités d'anciennetè).

VI

According to Greek Law, the termination of the Employment Contract (except in cases of Definite Period Contracts and some other exceptions) is in principle free at any time and not subject to the existence of any special reasons, for which only it would be considered justified and permitted. Nevertheless, the exercise of this above right is subject to a tight control according to Greek Law. The above control presents a special importance, because it must take into account, on one hand, the need of the Employer to be able to adjust his manpower to the economic, technical and organizational needs of his operation, and, on the other hand, the Worker's need for continuity and security of his employment.

The control of the right to terminate is mainly realized through Article 281 of the Greek Civil Code, which forbids the exercise of any individual right (and therefore the right to terminate an Employment Contract) in case said exercise goes beyond the limits imposed by good faith, morals, and the social or economic scope of the right in question, i.e., forbids the abusive exercise of any right. The criteria employed in this respect are objective and due to the fact that the right to terminate finds its justification in the fulfillment of the technical and economic needs of the enterprise, Greek Court Precedents have tried to define the limits of the employer's right of termination in this respect.

It is generally accepted, that for a termination to be lawful, it is only necessary that the technical and economic measures, of which it is the result, be taken to the interest and improvement of the enterprise, without need that they are the result of an inescapable need of same.

The validity of the termination does not depend on whether the above technico-economic measures were right, proper, and able to achieve the desired results; Judicial Control of the validity of the termination does not enter into this kind of question; on the other hand, the Court, exercising the termination control according to Article 281 of the Civil Code, must ascertain whether the termination really was the result of technical and economic measures, and furthermore, whether these made the termination necessary.

Furthermore, the fact that the termination was indeed proved to be the consequence of a technical or economic circumstance does not suffice to make it valid from the point of view of Article 281 of the Greek Civil Code; because the search goes further into the examination of whether the selection of the worker(s) who have been fired as a result of such consequences was just and fair; in this respect, it is generally accepted that, first ought to be fired those with less service and family burdens. Any termination by the Employer which does not comply with the above conditions is abusive, and therefore according to Greek Law, null and void.

Thus, Greek Courts have found as valid and lawful a termination by the Employer made for breach of Contract, or neglect of duties by the worker, unjustified absence from the work, taking part in an illicit strike, etc., while, on the other hand, terminations due to lawful Union strikes, political motives, reclamation of a lawful right, revenge, etc., have been consistently declared abusive, and therefore null and void.

VII

As above explained in case the employer terminating the Contract does not comply with the conditions necessary for the validity of the termination according to the Law (payment of compensation, written form of the termination), or in case the termination is declared "abusive" (para VI above), then it is "ipso facto" null and void. Therefore the contract continues to exist, as well as the mutual obligations and rights therefrom arising, i.e., the Employer must accept the duly offered work of the Employer, and pay the relevant wages or salaries. If he does not accept such work, he is nevertheless obliged to pay same until lawful termination of the Contract. The validitation of the Employee's or Worker's rights deriving from a faulty termination of the Contract by the Employer is made by the competent Civil Courts, following the filing of a Law suit by the Employee or Worker, which must be deposited within 3 months as from the date of the termination, otherwise any rights of the Employee arising therefrom are cancelled.

The above is the method provided by Greek Law for sanctioning an abusive or otherwise faulty termination by the Employer. On the contrary, no special compensation is provided for in case of "abusive" termination.

Except in special cases, where some sort of "permanency" is recognized to the personnel of specific Institutions (i.e., Banks) through Collective Agreements or Special Legislation, in the sense that above personnel cannot be fired except for specific reasons, and after a certain procedure has been followed, the only recourse the Employer or Worker has against a faulty termination is the one above described before the competent Civil Courts. Certain Administrative appeals to the Ministry of Labour, which the Law also provides, have a largely mediative character.

VIII

At the end of the Employment Contract in any whatever way (and not only by termination) the Employee or Worker is entitled (article 678 of the Greek Civil Code) to a "Work Certificate" stating the duration and the kind of work he has provided.

In case only the Employee so requires, the Certificate must also refer to the quality of his work, and to his good behaviour.

Furthermore, in case of termination of the Contract by the Employer, the latter has the obligation to notify same to the competent Unemployment Authorities; but his failure to do so does not affect the right of the Employee to the Unemployment Benefits he is eventually entitled to.

IX

When reducing his personnel the Employer must conform, as regards the choice of the specific persons that shall be fired, to the criteria hereinabove explained (para VI), otherwise the relevant termination could be declared abusive.

Further restrictions as regards the firing by the Employer have been imposed by Laws 99/67 and 173/67. According to the above laws, termination by the Employer during a given calendar month, that exceed a certain percentage of the personnel (between 2% and 10%, as specified by Ministerial Decisions at the beginning of each semester) are only valid, if approved by the Ministry of Labour.

In an effort to prevent the firing of an Employee or Worker in cases of reduction of the activity of the Company, the Law (L. 3198/55) provides that in such cases the Employer may, by written notification to the Worker, suspend the Contract for no more than 3 months per year, during which time the Worker or Employee is entitled to one-half of his usual salary or wages, without being obliged to work.

The above time is considered as time of real service of the worker, as regards all his rights depending therefrom.

X

Unemployment Insurance is regulated in Greece by Law Decree 2961/54, as subsequently modified. The insurance covers all persons offering work under an Employment Contract, and insured for sickness by a Social Insurance Organisation.

Unemployment benefits include an unemployment subsidy, and sickness Insurance.

To be eligible for unemployment benefits, the insured employee or worker must fulfill certain conditions, i.e.:

a) Being fit to, and willing to work, cannot find same.

b) Has been on the job for a certain number of days (varying from case to case), within the last 14 months prior to losing his job.

Unemployment benefits start six days after the firing of the worker or employee and extend from 2 to 5 months, depending on the days of work performed by the worker or employee during the above 14 months period prior to losing his job.

The unemployment subsidy amounts generally to 40% of the daily wage of the worker or 50% of the Employee's salary. A 10% increase on this account is provided for each family member.

Unemployment subsidy is provisorily suspended in case the worker finds employment, or is not available for work or becomes provisorily unfit for same, and it is cut-off in case he has become permanently unfit, or he has received a retirement pension from any Insurance Organization.

Termination of Employment
on the Initiative of the Employer
and Income Security of the Worker Concerned

by

DR. IDA HÁGELMAYER

University of Budapest

DR. ISTVÁN KERTÉSZ

Deputy Chairman, Labour College of the Supreme Court

and

DR. ZOLTÁN NAGY

Vice Chairman of the Supreme Court

I. GENERAL INTRODUCTION

A. The termination of labour relations is regulated in the Hungarian legal system uniformly, i.e., comprising all labour relations, by the Labour Code (Act II of 1967). Apart from this, in a few questions of detail, some orders and enterprisal collective agreements contain some provisions. Thus, e.g., the provisions prohibiting and restricting the termination of employment on the initiative of the employer are contained in the Cabinet-order No.48/1979./XII.1./MT on the implementation of the Labour Code; and the notice period, as well as the time off, granted in order to seek another employment during the notice period, are regulated—within the scope of the Act—in the enterprisal collective agreements. The questions of legal interpretation, arisen in the course of applying the law, are decided by the Labour College of the Supreme Court. the College ensures the uniform and right practice of judicature by issuing some aspects and publishing casual decisions.

B. The theory of the Hungarian labour law deduces the basis of terminating labour relations from the destination of labour relations. It departs from that, among socialist social relations, one of the most important social basic principles is the right of work, formulated by Art. 55 of the Constitution and supported by several guarantees. The most important ones of these guarantees take place within the compass of labour relations, protecting its existence, continuance. The destination of labour relations is that the employer can engage an employee suitable for performing the actually needed scope of duties and that the employee can evolve his faculty, erudition or skill in the scope of activity adequate to him, for a wage equal to his work; the labour-law guarantees align therefore themselves with this purpose. In accordance with this, the termination of labour relations can take place if it has lost its destination. The whole system and detailed regulation of the termination of labour relations is adjusted to this.

The case, when the labour relation has lost its purpose both on the side of the employer and of the employee, does not mean any problem from the point of view of legal regulation. In this case, the labour relation may be terminated at any time by common consent of the parties. This possibility takes for its basis the harmony of the interest of parties and it is in accordance with the contractual character of labour relations, as well. Our Labour Code is, therefore, considering the termination of labour relations by consensus as a main rule—though in a high number of cases, labour relations terminate not by common consent but in the way of a notice.

A special case of terminating a labour relation by consent is transfer. In case of transfer, the labour relation terminates as a result of a trilateral agreement between the employer, employee and the new employer. And this agreement with the new employer creates the new labour relation, too. This way of termination is favourable for the interests of society because the work of the employee is not interrupted for a single working day, either; it is favourable for the two employers as they can determine the date of terminating the legal relation of work jointly, taking into consideration their interests. Finally, the change of the working place by transfer (the termination and beginning of labour relations) is favourable for the employee, as well. The Act provides, namely, that the labour relations of the employee prior to his transfer should be considered as if he has passed it in the service of the new employer.

In a considerable number of cases, however, the interests of the employer and the employee collide in the question of terminating the labour relations because the existing labour relation had only lost its purpose on the one side. In this case, therefore, the claim to a unilateral notice arises, the rules of which are determined by the Act on the bases of the principles outlined in the introduction. Accordingly, the employer can terminate labour relations if they cannot fulfill the enterprisal aim in the interest of which they were created. The right of work cannot create such a claim in favour of the employee, namely, that his employment should be continued even in a case if his work is no more needed or is not satisfactory. And it follows from the destination of the socialist labour relations, as well, that the employer can terminate the labour relations of the employee unilaterally only from an enterprisal interest, justified as mentioned above, and therefore *he has to justify the notice* and the circumstances, brought up in the justification, should correspond to the facts. The manager of a socialist enterprise, having an employer's competence, can namely not obtain any authorization, to exercise the right of notice exclusively on the basis of subjective consideration. Our Labour Code has therefore, formed a notice system, binding the notice of the employer to being justified. But it does not determine the reasons which may justify termination and entrusts the establishment of the reason to the employer. In addition to this, it restricts the possibility of a termination by the employer in cases justified from socio-political point of view. And in the cases when the notice by the employer was qualified as illegal by the organ deciding the labour dispute, it obliges the employer to re-establish the labour relations and pay a compensation for the time left off.

On the other side, the destination of labour relations is determined by the needs of the employee concerning the work. The employee can, therefore, be led at terminating the labour relations, apart from the objective causes influencing him, by subjective moments, as well. At arranging the notice of the employee, our legal regulation departs from the humanization process which takes place in our society, and as a result of which the work more and more regains its original destination: the fullness of human personality, being converted into the most important necessity of life. From this even today follows the employee's freedom to decide to change his work. The enforced work cannot be successful. The working-site changes, aiming the satisfaction of human ambitions, personal purposes, cannot and should not be prevented by means of legal regulations. *Thus, the notice of the employee cannot be connected to justification.* Our Act enables, therefore, the notice of the worker (employee) without any restriction by justification and written form and the employee is only obliged to notify the termination and work out the term of notice. The breach of these obligations—though it is connected with disadvantageous consequences—cannot induce the invalidation of leaving the service, like in case of the employer's notice.

Beyond the main provisions expounded, it is a considerable principle of our system of the termination of labour relations that—without interprosing a notice period—the labour relation can only exceptionally be terminated by the unilateral declaration of one of the parties. These cases are determined by the taxative enumeration of the Act and most of these cases designate a severe breach of duty resp. the invalidity of the labour contract as a condition of the termination of labour relations with immediate effect.

C. a) The general rules of the Labour Code, outlined above, keep in view the safeguarding of workers' interests opposite to the unjustified notice of the employer. The interests of a determined scope of employees are, however, protected by an exceptional rule of law more strongly than the general protection is. The increased protection manifests itself therein that the employer is only authorized to the notice of the labour relations of employees in case of the existence of certain *causes determined in the rule of law.* The employees enjoying this protection are the heads of the organs of public service, as well as the managers having worked in the scope of state administration or judicature at least for fifteen years. The notice opposite to these employees may be justified by the termination of the organ employing them, the workforce reduction prescribed by the Cabinet, the termination of the scope of activity of the employing organ, the incompatibility and incapability of the employee, as well as pensionability. Even in case of these justifications, the employer cannot terminate the labour relations if there is another scope of activity within the organ, into which the employee can be transferred and he accepts this (Cabinet order No.38/1973/XII.27/MT.,Art. 11).

The different regulation serves for guaranteeing the stability and unimpressionability of the employees of public service.

b) The typical form of creating labour relations is the labour contract concluded for an indefinite time. This serves best both the interests of the enterprise and those of the employee. According to the Labour Code, every labour contract is, therefore, concluded for an indefinite time, unless the parties expressly agreed in a definite time.

The labour contracts concluded for a definite time play only a complementary resp. auxiliary part in the network of labour relations. Their necessity is, however, indisputable because in certain industrial branches the labour relations like these have a peculiar importance, e.g., in case of the works of seasonal character. There may occur, further on, in every employing organization certain circumstances (accumulation of work, diseases of long duration) which justify the employment of one or more employees for the time being.

Sometimes, exceptionally—taking into consideration the particular character of the work—the creation of labour relations for a definite time is made obligatory by rules of law (e.g., in case of determined scopes of activity of research workers, University teachers or artists).

During the duration of a labour relation created for a definite time, the same rights are due to the employee and the same obligations fall on him as in case of the labour relations concluded for an indefinite time. But the rules of terminating labour relations show a considerable difference concerning the two kinds of labour relations. The labour relations created for a definite time are more fixed, in which the notice has hardly any practical importance. The labour relations of definite time mostly terminate after expiration of the term determined in the contract. In exceptional cases, however, the notice is enabled by the Act, even prior to the term allowed in the contract. The labour relations of definite time can be repudiated by the employer if the employee does not perform the work satisfactorily or if he is unfit to do it. And the employee may use the right of notice if the employer does not fulfill his duty undertaken in the labour contract.

Apart from the discussed rules of labour relations created for a definite time, there are also remarkable certain provisions of rules of law, which—for safeguarding the workers interests—prescribe the transformation of the definite duration into indefinite one, in definite cases.

The stipulation of a definite term may mean a disadvantage to the employee concerning the duration of the labour relations; therefore, in case of agreements concerning labour relations like these, the consent of parties, resp. the elimination of mistakes has a particularly considerable part. The law therefore prescribes the obligation of putting the labour contract in writing for the case if it was concluded for a definite term more than thirty days. The omission of this does, however, not call forth the invalidity of the contract but only that of stipulating the definite term. As a result of this, the labour relations are created for an indefinite time.

The Act provides further security for the *bona fide* employee if the circumstances prove the intention of the employee for maintaining the labour relations for the time after the expiration of the definite term, as well, provided that such an intention seems to exist from the side of the employer, too. The labour relations established for a definite term longer than thirty days—owing to the provision of law—are transformed to that established for an indefinite time if the employee— after the expiration of the term determined in the labour contract—with the knowledge of the employee, in charge of directing his work, continues working in his working place longer than one working day. The labour relations, established for thirty days or for a shorter time, are in this case only lengthened to as long time as originally created.

According to the valid rules of law, the labour relations created for a definite term have no upper limit, and there is no provision, either, in how many cases the time limit of a labour contract, concluded for a definite term, can be extended. Thus, it is not excluded in principle that a labour contract, concluded for a term of more years, as well as another contract, concluded always only for one month, can be prolonged for several years. This possibility contains, however, the facilitation of abuses. It became therefore necessary that the Labour College of the Supreme Court can lead the legal practice, in safeguarding the employees' interests, in the right direction. Position No. "MK 6," taken up by the College, establishes that "at terminating labour relations created for a definite term, the parties may agree in establishing newer labour relations of similar character. But the agreement in a newer definite term is invalid if its aim is to impair any right of the employee.

In a case like this, the newer labour relations concluded for a definite term should be considered as created for an indefinite term." According to the standpoint of the Labour College, in cases like this, the Court of Labour should first of all examine whether in the second labour contract between the parties—resp. in labour contracts following this—the enterprise stipulated the definite term on the basis of a due interest, or not. It can namely be established that the mentioned stipulation of the contract took place without any due interest and, owing to this, the employee lost some of his rights (e.g., notice period or a pregnant woman the protection due to her), then the use of right by the enterprise cannot be qualified as a proper use (i.e., it is an abuse).

D. In connection with the termination of labour relations, there are some legal institutions in the Hungarian labour law, which are near to one another, showing related traits but their separation is nevertheless justified for the sake of revealing their characteristic traits and a proper legal practice.

a) A legal institution related to the labour relations created for a definite term is the term of probation. This term is—as shown by its name, too—such a connection between the contracting parties, which enables to form an opinion of whether the concrete legal relations—together with their conditions and circumstances—are suitable for the aims set by the parties. In so far as the concrete legal relations are not suitable in any element of them to one of the parties, this may terminate these labour relatons, free from any restriction, with an immediate effect. The term of probation—in the same way as the definite term—should be fixed expressly; the stipulation of it is only valid if given in writing. A common trait of the two legal institutions is, as well, that both exist for a definite time.

The different aims of the investigated legal institutions have, however, resulted in essential differences between them: 1. The stipulation of a term of probation is only possible at concluding the contract, while in the definite term the parties can agree at any time. 2. Within the duration of the term of duration the parties may at any time terminate the labour relations with a unilateral legal declaration, without any justification. In the time of labour relations, created for a definite term, this right is not due to the parties. 3. While the term of the labour relations created for a definite time is not restricted by the law and the labour relations can be prolonged even more than once, the term of probation cannot be stipulated for a longer time than three months and it is not enabled to be prolonged by any circumstance.

Owing to the different destinations of legal institutions, the Labour College of the Supreme Court qualified as illegal the practice of the enterprise in which— on the instructions of the manager—the applicants for substantial scopes of activity in the staff group of technicians were employed for a definite term of six months and this procedure was justified by that the work of an employee cannot be known during a shorter time. This enterprisal practice is—according to the standpoint of the Labour College—contrary to the provisions concerning the term of probation and, therefore, the conclusion of labour contracts for a definite time means the exercise of the right of employer in opposite to its social destination.

b) From among the ways of terminating labour relations, ensured by the Labour Code to the employer, the "notification" and "dismissal" should be elucidated from the point of view of terminology. It is characteristic of both measures of the employer that they fall in the group of legal declarations and that their legal effect is to terminate the labour relations. And formally their common trait is the obligatory use of written records. In spite of this similarity, the two measures of the employer differ from each other essentially.

1. The notice of the employer is a unilateral legal declaration, made to the employee, which terminates the labour relations after the expiration of the notice period. Its aim is to provide an opportunity for the employer to terminate the labour relations that have lost their destination. The basis of notice may be an objective or subjective fact in connection with the person of the employee and the notification can also be established by any objective circumstance, connected with the activity of the employer. Beyond the termination of labour relations, the notification has no disadvantageous legal consequence; notice is a general means of terminating labour relations and not a sanction. As a result of this, notice is not preceded by any procedure. 2. On the other hand, the expression ''dismissal'' is preserved by the Hungarian labour-law terminology as a special way for terminating labour relations. Dismissal is a sanction, the most severe disciplinary punishment, applied by the employer only in case of severe disciplinary offence committed by the employee. Its aim is to retain the employees and their co-workers from committing disciplinary offences. Dismissal is based on the principle of guilt; it can only be imposed, therefore, in case of a culpable infringement of a duty. The employee dismissed from service is observed with a censuring moral disapproval and is afflicted, apart from the termination of labour relations, by other disadvantageous consequences, as well (e.g., the terms of his earlier labour relations should not be taken into consideration for three years and, owing to this, he is deprived of certain determined advantages). Dismissal differs from notice therein, as well, that it terminates labour relations without inserting) any notice period in the day when the measure became legally valid (final).

As dismissal means no little disadvantage for the employee, the Labour Code contains important guarantees, enabling the dismissal to be applied only in cases if the employee really committed the culpable breach of duty. Thus, e.g., it connects the calling to account with a time-limit. Dismissal should be preceded by a disciplinary procedure, with the aim to clear the facts of the case reassuringly, enabling the protection of the employee. Dismissal can only be pronounced validly in a written and justified decision against which the law ensures the possibility of remedy to the employee. The remedy has delaying effect on the implementation of the decision. As a consequence of an illegal dismissal, the organ deciding the labour dispute quashes the decision pronouncing dismissal and obliges the employer to re-establish the labour relations and pay compensation.

Despite the outlined differences, these two different ways of terminating the labour relations can alternatively applied to a certain scope of cases. It falls within the scope of discretion of the employer whether in case of a culpable break of duty by the employee he takes a disciplinary action against him or he terminates labour relations by notice. It is, therefore, not excluded in principle to apply notice as a sanction. The possibility of a redress, protecting the employee against an illegal termination of his labour relations, is open, in this case, as well.

The Act does not determine the facts making lawful the dismissal. But the decisions of the Labour College of the Supreme Court exert a strong influence on the judicial practice. The Labour College qualified the dismissal as lawful in case of a musician, having appeared in his place of work 25 minutes late, in a drunken state; after beginning his work too, he continued drinking and could not perform his duties; and he was, therefore, ordered out of work.

It was also lawful to dismiss a bus-driver who, under alcoholic influence, did not present himself before the traffic manager at beginning his work, though this would have been his duty, and began the work without doing this. The employee admitted in the course of supervision the consumption of alcohol. Before this offence, during a month, he already had committed culpable breaks of duty already in two cases and was submitted to disciplinary punishments. He was censured because of trying to appropriate bus-tickets unlawfully and then severely censured because of speeding.

c) The rule of law contains a few different provisions on the termination of labour relations, depending upon whether the termination is of individual or collective character. The essence of difference is that the employer is burdened by the law with an additional duty requiring an increased carefulness in the case if the termination affects ten or more employees. These provisions do not justify, however,—and have so far not resulted in—the use of a different terminology in the Hungarian labour law.

II. PROCEDURES PRIOR TO TERMINATING LABOUR RELATIONS

A. It is formal prerequisite of the notification by the enterprise that the notice is to be communicated to the employee in writing and from it the cause of notification should turn out clearly. The aim of the Act is with these formalities that the employee can recognize and control, immediately after that the notice was communicated to him, the causes on which the enterprise the notice based and that consequently he can challenge resp. refute, too, the justification of the notice. Without the formal requirements, outlined above, the employee could not do all these. Therefore, at the request of the employer, for lack of any of these requirements, the termination should be quashed because it has not taken place in the prescribed way.

B. The notification of the representative organ of employees, the Trade Union, prior to the termination, is generally no condition of the validity of the termination.

In certain cases, however, prior to the notice of the employer, the opinion of the secretary of Trade Union should be asked for. Thus, e.g., in case of the termination of labour relations of the employees in the organs administering justice. And to the notice of labour relations of an elected functionary of Trade Union, the consent of the organ of the immediate upper trade-union organ is needed, during the term of his commission and for two years following the expiration of this. The same protection is due to the president, vice-presidents and members of the labour arbitration committee, proceeding in labour relations.

C. The duty of notifying public authorities exists in case of terminating labour relations in groups, in order to promote finding jobs for the employees becoming free, by means of labour exchange. According to the provision of the rule of law, if the number of the released workforce exceeds ten persons, the employer is obliged to notify the competent employment agency of the data of employees three months prior to the termination of labour relations. In addition to this, the employer is obliged to send reports every half-year to the organs of labour administration of the formation of the workforce claims to be expected and, within this, of the planned reduction in the working force (departmental order of the Ministry of Labour No.29/ 1980./XII.20/MüM).

D. The term of notice serves the aim of preparation for the termination of labour relations. The term of notice does not differ depending upon whether the labour relations were noticed by the employer or the employee. But there may be a considerable difference in the term of notice depending on, in what kind of scope of activity the employee works and for how long time he was in labour relations. The term of notice of those having worked for a long time and of those having a higher position, is longer.

The term of notice is 15 days but this term after 10 years spent in labour relations increases to 4 weeks, after 20 years to 5 weeks and after 30 years to 6 weeks. In addition, the term of notice grows longer in case of employees in a higher responsible position by 6 weeks, of those holding a leading post by 4 weeks, and of those, having a considerable influence on the formation of profit, by 2 weeks. The collective agreement or the parties may prescribe a longer term than that determined by the rule of law but the 6 months cannot be exceeded.

Are the labour relations noticed by the employer, then he is obliged to release the employee from doing his work in a part of the notice term, in order to enable him to look for a new working place. The obligatory duration of release may extend from 15 till 30 days and it increases proportionately with the term of notice. The employer can, at any rate, release the employee from doing his work for a longer time than this, as well, and even for the whole duration of the notice period. In case of a notice by the employer, no obligatory release from work is prescribed by the rule of law but the employer can, even then, use his right of release. The time of release is determined in the collective agreement. The notice period is determined in the collective agreement and for this time average earnings are due to the employee.

E. At analysing the terminological differences, we refer to that the employer's notice is not preceded by a formal procedure even if the basis of notice is connected with the conduct of the employee. If, however, the employer wants to terminate the labour relations as a punishment, i.e., by "dismissing" the employee because of his culpable break of duty, then the termination of labour relations should be preceded by a disciplinary procedure.

In the course of the disciplinary procedure, it should be ensured that the employee can present his defence. The evidences serving to the advantage or disadvantage of the employee should also be cleared up. The employee should be informed of the statements connected with the committal of the break of duty and of the proofs of these. He should be enabled to make remarks on these and to propose further evidence. He should be enabled to look into the documents. Of the defence of the employee and of the proceedings of evidence taken a record should be made. It is a condition of the validity of "dismissal" that it was imposed with a justified decision in writing.

No disciplinary procedure should be initiated if since the discovery of the break of duty three months, resp. since the committal of the break of duty one year, have already passed.

III. THE LEGALITY OF NOTICE

A. The basis of notice in principle is that the employer can notice the labour relations on the basis of any real or acceptable economic or other cause, inherent in the employee. He should justify the termination in the way that "the reason of notice should clearly be shown" by the justification of termination (Labour Code, Art.26, Sec.2). The termination is quashed by the organ deciding in the labour dispute if "the reason indicated in the notice is false" (Labour Code, Art.29). The two quoted provisions of the Act are not in a perfect harmony with each other. It may namely follow from the latter article, as well, that there is no room for quashing the notice if the justification corresponds to the reality but has some other deficiency, e.g., it is based on a reason of undue weight (for instance coming but a few minutes late) or it refers to an entirely improper cause, devoid of substance. That is to say if the real cause of notice is unfounded.

The ministerial motivation to the bill, interpreting the quoted provisions, assumes the indicated restrictive standpoint. It considers as excluded that the organ deciding the labour dispute could investigate into questions, as well, beyond the reality of the cause of notice. According to the motivation to the bill, the organ deciding the labour dispute should not investigate if the reason brought forward by the employer is grave enough as compared with the notice. The labour arbitration committees and courts have followed this interpretation through more than one year.

The Labour College of the Supreme Court, having observed the problems connected with the justification of the employer's notices, created its standpoint No. 95 MK, for the sake of ensuring the correctness of judicature.

The standpoint gives direction in the question, to what requirements the justification of the notice, communicated to the employee by the employer, should correspond. Item I/a of the standpoint declares that the notice, issued by the employer upon the request of the employee should be quashed if though/the justification of the notice of a labour relation for an undefinite term corresponds to reality but it can obviously not serve as a basis for terminating the labour relations, i.e., if it is not grounded. This standpoint has today already become a general practice.

According to one of the decisions of the Court, e.g., it cannot be a cause to notice, evaluable on the burden of the employee, that this was more than once ill and could therefore not perform his work for a long time. On the other hand, it is a culpable break of duty and imputable to the employee and, in a particular case, it is a cause to notice if the employee was unjustifiably slow to inform the employer that, owing to his disease or to another acceptable cause, he cannot be present at the site of his work or how long his absence will be, as far as this can be foreseen. It is to be expected of the employee, as well, to give the reason of his absences immediately after entering service again. If the employee does not satisfy these obligations and, in this way, hinders or renders more difficult the planned administration of labour force at the enterprise, then this—if it is true—may also be evaluated, at the same time, as a well-grounded cause of notice, too.

The well-grounded character of the cause of notice is considered by the practice as an objective circumstance, being generally independent of the guilt of the employee. This can be observed not only in case of deciding the causes of notice showing themselves in the sphere of interests of the employer (e.g., reduction in the working force, reorganization, qualitative exchange)—what is natural—but, in a given case, also in connection with the justification, connected also with the person of the employee. According to the standpoint of the Labour College of the Supreme Court, the culpableness of the conduct of the employee, brought forward as a cause of notice, is only to be investigated in the case if, without this, the cause of notice had not been grounded.

In addition to these, it is also an important condition of the legality of notice that the notice is applied corresponding to its destination by the employer, without abusing this right. Item IV of standpoint No. 95 MK also expounds that the exercise of the otherwise existing enterprisal right of notice becomes illegal in the case if it was demonstrably exercised for a purpose incompatible with its social destination, possibly with the intention of malefice, revenge or harassing, resp. if it obviously leads to a result like this, the notice of the employer is quashed by the Court of Law.

The abuse of the right of the employer to terminate labour relations can particularly be established when the employee made criticizing observations in connection with the activity or management of the organization and the circumstances show that the otherwise regular notice, sent by the enterprise to him, is in connection with his criticism. If, therefore, the organ, deciding in the labour dispute,has in a case like this got the grounded conviction of that the employer notified the termination after the justified criticism of the employee, quasi as a consequence of that, it will quash the notice. The employer has namely got the right of terminating labour relations not in order to suppress the expression of the employees views to remove those who want to participate in the improvement of the enterprisal activity and the exposure of mistakes, abuses, with their criticism, comments of public interest and their own activity.

B. According to the practice of the Supreme Court, the cause of the employer's notice was legal in the following concrete cases:

a) The cause of terminating labour relations in connection with the person of the employee may be:

— the employee is unfit, disabled owing to hygienic causes,

— the employee cannot perform the duties of his work owing to the lack of professional skill or to another cause,

— the employee is unfit for performing his work—as manifested in concrete cases. In the question of fitness, the decision should not take place in general but always in the concrete case, taking into consideration the given employer and the given scope of work. The content elements of fitness cannot be determined for everybody with equal validity. The scope of fitness contains—among others—the effort to fit oneself into the community of employees, the relation to fellow-workers, in case of an employee in a leading post, the endeavour to create the right atmosphere of the working site, as well. It may be, therefore, a cause of notice the incompatible behaviour, too,

— the infringement of the duty in the scope of work, thus particularly:

— running up of prices,

— mixing the wares if connected with damaging,

— the beginning of criminal procedure against the employee,

— conviction of the employee in the course of a criminal procedure,

— alcoholism,

— delayed performance of the work,

— inventory deficit in the espresso (coffee-bar) managed by the employee, supposedly that he, is liable for this deficit,

— repudiation of work,

— lateness from work,

— unjustified absenteesim from work, the absence for one day is enough, too,

— an action realizing contravention, committed in connection with the labour relations,

— infringement of the social property with dilatory work or otherwise,

— omission of a directive,

— other circumstances, particularly obtaining the right to have old-age pension.

b) The causes of terminating labour relations in connection with the activity of the employer are particularly:

— liquidation of the employer,

— reorganization at the employer, in the scope of this:

— reduction in the working force,

— termination of the scope of work,

— contraction of the scopes of activity,

— such a replacement of staff (qualitative change) which serves the raising of the level of work, provided that in the course of the ordinary management of the enterprise it was really needed to employ a qualitatively better employee.

C. a) In the practice, we have not met such a notice by an employer, in which the belonging of the employee to a race, sex or religion, resp. his political activity would have been indicated as a cause of termination. If such a notice had yet occurred, it would have been quashed by the organs deciding labour disputes, as being contrary to the provisions of the Constitution.

The function or activity in the Trade Union cannot be a legal cause of notice, either, just on the contrary, the labour relations of the elected functionaries of the Trade Union cannot be terminated on the basis of an—otherwise legal—cause, either, without the consent of the immediate upper trade-union organ. This rule wants to prevent that the employer, using his right of terminating the labour relations of an employee, can remove from the enterprise the trade-union leaders protecting the interests of employees.

b) The Labour Code prohibits the employer from terminating the labour relations of certain employees in certain cases where it is justified from social point of view. Such an interdiction protects, for instance, the pregnant and parturient woman, the mother having little children in certain cases, the sick employee incapable of earning his (her) living, the employee doing his military service, etc. The prohibition of notice exists during the period of the state giving cause to protection and, in addition, for further 15 days (Labour Code, Art. 26. sec.4).

c) In some other cases, notice is not forbidden by the Act, but it is restricted. The limitation of notice is manifested in that the labour relations of employees can only be terminated rightfully under certain conditions only on the basis of severer reasons than on the average. Two groups of employees fall within this protection category:

1. Those who have been at work in the service of the employer for a long period and during this time they have excelled in the work by their better work and conduct than the average is.

2. Those who need a careful treatment from social point of view namely:

— they who have four or more dependents, and in the family nobody else has any independent earnings:

— they who do not lack more than 5 years till acquiring the right to receive old-age pension on the basis of 25 years time of service,

— they who educate their children alone (till the child reaches the age of 18).

If the employer has such a scope of work for the performance of which the above-mentioned employees are fit, their labour relations should not be terminated by notice, as long as the employee can be transferred in to such a scope of activity, supposedly that he accepts this.

IV. RECOURSE OR APPEAL PROCEDURE AGAINST A TERMINATION WHICH IS NOT CONSIDERED JUSTIFIED

A-C. Against the measures of the employer, terminating labour relations, the employee may submit a petition to the labour arbitration committee. The labour arbitration committee is an organ within the enterprise. Its chairman, deputy-chairmen and members are elected by the employees themselves. Within the same enterprise, one or more labour arbitration committees may be active, as depending upon the number of employees and the structural construction of the enterprise. The task of the labour arbitration committee is to decide the disputes emerging between an employee and the employer, in connection with the rights and duties originating from the labour relations.

The labour arbitration committee proceeds in a three-member senate and is obliged to decide the case getting before it in a conference. The conference is open. In the conference, the parties should have a possibility to present their standpoints, to have recourse to a legal representative and to introduce their evidence. The labour arbitration committee decides the case with a decision.

Against the decision of the labour arbitration committee, a plea may be presented to the Court of Labour. In the processes before the Court of Labour, the rules of civil procedure before the first instance should be applied, with certain differences.

The Court of Labour decides in a senate consisting of one professional judge—presiding—and two people's assessor. The people's assessors are elected by the council of the Capital and by those of counties for five years, from among the citizens living or working on their territories.

In the case of terminating the labour relations illegally, the decision of the Court of Labour is legally binding (res iudicata). There is no appeal against it.

A Court of Labour functions in the Capital and in county seats. The supervision over the general activity of the Court of Labour is exercised by the president of the capital (resp.county) court. And the direction of judicature in principle is the task of the Supreme Court which satisfies this by the functioning of its Labour College.

B. If the employee considers the termination of his labour relations as unjust, he may turn not only to the organs deciding the labour dispute, but he can also ask for the protection of the labour-place organ of Trade Union. The labour-place organ of Trade Union has, namely, a very effective legal means, the right of the so-called protest. The labour-place organ of Trade Union can raise objections against the measures of the employer if these measures 1) are contrary to a regulation concerning the labour relations, or 2) they contravene the norms of the socialist morality. The contested measures should not be implemented till the decision of the competent organ. The contested measures affect the whole collective of the employer respl. the group of employees. They are supervised by the supervisory organ of the employer and the superior organ of the Trade Union. If the contested measures relate to an individual case, this is decided by the Court of Labour, in a procedure prescribed for the decision of Labour disputes.

D. The unilateral termination of labour relations by the employer is connected with the written form and the dismissal is even valid only in the form of a decision.

The termination of labour relations—both in the way of notice and in that of dismissal—is to be justified. In labour disputes, the relevance of the cause of notice is to be proved by the employer. If the existence resp. relevance of reasons could not be proved by the employer in the procedure, then the organ proceeding in the labour dispute quashes the notice and provides for the restoration of the labour relations.

In the course of the labour dispute, not only the proof of the facts, expressly referred to in the justification, but also that of the facts and circumstances can take place which—remaining within the frames of justification—complement and support those. The evidence, however, cannot exceed the dimension of the justification, notified in the notice, because the opposite standpoint would enable the employer to base the legality of his notice on such a cause of notice which was not notified in his written notice—as is established in standpoint No. MK 95 of the Labour College of the Supreme Court. It follows from the above-mentioned facts that, apart from the cause resp. causes of notice should not be proved any more in the course of the labour dispute. This can only take place on the basis of a newer notice, in the course of a newer labour dispute.

The investigation into the causes of notice does not authorize the organs deciding the labour dispute to intervene into deciding the questions, falling within the scope of managing the employing organization, which fall out of the framework of the labour dispute. In case of a notice, e.g., the justification of which refers to that owing to the reorganisation at the employer, the scope of activity of the employee was terminated, it is not permitted to investigate into the labour dispute whether the reorganization was practicable or why the employer the labour relations of the affected employee terminated and why not the labour relations of a co-worker of this, fulfilling an identical scope of activity.

It is similarly not possible that the organ, deciding the labour dispute, quash the legal notice of the employer referring to equity alone. The Labour Code determines namely—taking equity farreachingly into consideration—the prohibitive and restrictive provisions about the notice by the employer, according to the standpoint referred to.

The employer organ of Trade Union is, however, entitled, in cases, like these, as well, to raise an objection against the notice, particularly if it finds the notice offending the norms of the socialist morality owing to the inequity originating from the case.

E. According to the provision of the Labour Code, if the employer terminates the labour relations of the employee illegally, the employee should be put in such a position as if the labour relations had not been terminated. This means that the termination of the labour relations will be quashed, the employee's employment should be continued, the arrears of his wage and other emoluments should be recompensed, as well as the part of the damage which has been recovered from another source or which would have recovered with due care.

It occurs sometimes that the employee has got into new labour relations with another employer in the meantime and, therefore, does not ask for the continuation of his employment in his original scope of work. In a case, like this, the employee—at his request—should be transferred to the new employer if this contributes to this. And if the employee does not ask either for the restoration of his original labour relations or his transfer, this should be considered according to the law, as if his labour relations had been terminated by mutual consent.

V. PROCEDURES FOLLOWING THE TERMINATION OF LABOUR RELATIONS

A. The labour-book serves for certifying the time spent in labour relations. Into this the most important data of the labour relations should be introduced. Thus, e.g., beginning and end of labour relations, the qualification and other personal data of the employee, the scope of his activity and his wage. In addition to the labour-book, the time spent in the labour relations can also be verified with the certification of the employer and that issued by organs of Trade Union, as well.

If the termination of labour relations by the employer is quashed, the noting in the labour-book should be corrected in conformity with the new legal situation. If, therefore, the labour relations are reconstructed, the note concerning the termination of labour relations should be cancelled. If the employee found employment with a new employer and did not ask for restoring his former labour relations, in his labour-book the fact of his transfer should be noted with the day when he entered the new labour relations. And the date of the termination of the former labour relations will be the day prior to the date of his entering the new labour relations.

If the employee does not ask for the restoration of the former labour relations, or his transfer, then the termination of his labour relations should be noted with the day, on which the decision quashing the termination of the labour relations comes into force.

The result of the discussed provisions of the rule of law is, therefore, that the period during which the employee did no work owing to the illegal measure of the employer, is to be considered as a time spent in labour relations.

B. From the point of view of the answer to be given to further questions, the fact that in Hungary there is no unemployment is of decisive importance. If, therefore, the employer terminates the labour relations of one or more employees, the overwhelming majority of employees can find a due employment within a comparatively short time. The mass termination of labour relations occurred only exceptionally so far, mainly in cases of terminating uneconomic activities, resp. of greater reorganisations. Consequently, the social reality has so far not required the introduction of any legal institutions, like the unemployment benefit or giving preference at re-employment.

At any rate, it is nevertheless prescribed by the Labour Code that the employer should re-employ the employee, if namely this had earlier become disabled in his workshop owing to an industrial accident or occupational disease and later became capable of work again.

Termination of Employment

by

DR. S. L. AGARWAL

Indian Law Institute, New Delhi

Termination of Employment in India takes place because of varied reasons. The employment may on probation, on regular basis likely to be renewed every year, it may be casual or temporary and it may also be permanent. Each such category of employment is regulated, unless otherwise provided under a contract, by the standing orders of the company framed under the Industrial Employment (Standing Orders) Act of 1946. Service termination is generally in the form of termination simpliciter when the employer does not need the services of the worker after the expiry of the contract period, it takes place when a probationer during his probation or training period does not prove satisfactory to the employer and it happens when a person is specifically appointed for a temporary period either to fill up a leave vacancy or otherwise and his period ends. It is also seen when a worker works on a regular basis with all benefits given to permanent employees but after sometime his services are no more required by the employer for one reason or the other. In case of permanent employees the termination of employment takes place because of grave misconduct against the interests of the company detrimental to the whole employment system or when the company refuses or shows its inability to keep some workmen in its employment because of shortage of raw-materials or accumulation of stocks or the breakdown of machinery, etc.

It is the prerogative of the management, no doubt, to keep its workforce most disciplined and regulated in order to get the option production and not to keep off any of his employees from employment without genuine cause being proved but in actual practice. Indian traditions, in spite of many legal checks on the employers action, make the employer more rampant, irrational, outrageous, selfish and the worst victimiser. How does he play his role in having his will prevailed at the cost of the service of a worker and even sometimes at the cost of the company is a matter gaining utmost importance today in the Indian Industrial relations context. The Supreme Court of India through its pragmatic and progressive judgement approach to such problems and the Government of India through legislative amendments time to time are both trying to find out a solution to the evils of the unwanted termination of employment in a country when problems of unemployment are becoming more and more grave and serious every day destructive to the nations economy. The tripartite committees and conferences also play a substantial role in weeding out this evil. The trade unions consciousness and solidarity to tackle. This problem is coming to limelight prominently in the wake of recent terminations in public and private sectors of industry. Of course, the employer in all cases gives justification and his reasons for the action.

The first category of cases where there is a termination of employment relate to temporary hands either under a contract or probation or leave vacancy, whatever it is, and here the employer is not much supposed to follow any prescribed procedure applicable to permanent employees or to assure them for rehiring or to look after their income security aspect because he may do so in the interest of his business operational purposes. But what has happened in the recent past is that most of the employers have grafted temporary hands in their organizations to get their work done without the least concern of the workers income security after termination of their employment and without giving them any benefits normally available to the permanent hands. The result is that our courts have ruled that the termination of service for whatsoever reasons it might happen leads to retrenchment for which a reasonable compensation becomes due on the employer and normally each such termination also should be the result of the findings of a departmental enquiry as to whether in fact the employer does not need their services. The constitution of India vide article 226 and 136 provide for a writ and an appeal against the justifiability of the employers action.

The second category of cases relate to more serious action on the part of the employer in the form of retrenchment, dismissal and discharge. The retrenchment under the Indian Industrial Disputes Act of 1947 may be resorted to by the employer when he finds his labour force surplus.

Retrenchment is a termination of service of an employee by the employer for any reason whatsoever but does not include (a) punishment inflicted by way of disciplinary action, (b) voluntary retirement, (c) retirement on reaching the age of superannuation, (d) termination on grounds of continued ill health. The purpose of retrenchment compensation is to give to the workman some relief to soften the rigour of hardship which the retrenchment brings in its wake without any fault of the workman who is suddenly thrown on the street to face the grim problem of unemployment. Some protection is provided to him till he is absorbed somewhere else. In case the employer resorts to retrenchment he has to give, under the provisions of the Industrial Disputes Act, one month notice to the workman explaining the reasons of his retrenchment or pay him wages in lieu of the such notice. Retrenchment compensation is paid equal to 15 days average pay for every completed year of service. Where the management or the ownership of an establishment is transferred from one employer to another, all the above conditions laid down under section 25F of the Act will have to be complied with and the employee will be entitled to compensation accordingly. But the compensation will not be paid in transfer situations if the service of the workman is not interrupted by such transfer, if the terms and conditions of his service remain unchanged and the new employer, whenever he decides to retrench him, is legally liable to pay retrenchment compensation on the basis that his service had been continuous and not interrupted by transfer.

Whenever any establishment is closed down for any reason whatsoever, the workman is entitled to compensation as provided under Section 25F, i.e., 15 days average pay for every completed year of service, but in case the undertaking is closed down on account of unavoidable circumstances beyond the control of the employer, then compensation shall not exceed his average pay for three months. If, anyhow, the establishment is closed down by the employer merely because of financial difficulties or loss or because of accumulation of stocks or exhaustion of minerals, it will not be considered to have been closed down on account of unavoidable circumstances beyond the control of the employer.

The right of the management to run its own business as it pleases without any interference by the courts has been fully recognised in judicial decisions. The

Supreme Court has held that no Industrial Tribunal can interfere with the discretion exercised in such a matter, and this applies even in closure situations. Once it is found that the closure was bona fide the motive behind it is immaterial.

Even the reorganisation of business and to get rid of surplus labour in such a process was safeguarded by the courts if that is done on grounds of rationalisation and for bona fide economic reasons unless such retrenchment is motivated by victimisation or unfair labour practice. It is for the employer to decide whether a particular policy in running his business is profitable or convenient, though of course, it would not oust the jurisdiction of the Tribunal to examine the employer's action whether it really amounted to closure or was a cloak for lock-out.

It is well settled that in situations where retrenchment has been found to be illegal, the Labour Court has the discretion either to order reinstatement or to allow compensation as it thinks proper. It has the power to go into the merits of the case.

25N.(1) No workman employed in any industrial establishment to which this Chapter applies, who has been in continuous service for not less than one year under an employer, shall be retrenched by that employer until,

(a) the workman has been given three months' notice in writing indicating the reasons for retrenchment and the period of notice has expired, or the workman has been paid in lieu of such notice, wages for the period of the notice;

Provided that no such notice shall be necessary if the retrenchment is under an agreement which specifies a date for termination of service;

(b) the workman has been paid, at the time of retrenchment compensation which shall be equivalent to fifteen days' average pay for every completed year of continuous service or any part thereof in excess of six months; and

(c) notice in the prescribed manner is served on the appropriate government or such authority as may be specified by the appropriate government by notification in the Official Gazette, and the permission of such government or authority is obtained under subsection (2).

(2) On receipt of a notice under clause (c) of sub-section (1) the appropriate government or authority may, after making such inquiry as such government or authority thinks fit, grant or refuse, for reasons to be recorded in writing, the permission for the retrenchment to which the notice relates.

(3) Where the government or authority does not communicate the permission or the refusal to grant the permission to the employer within three months of the date of service of the notice under clause (c) of sub-section (1), the government or authority shall be deemed to have granted permission for such retrenchment on the expiration of the said period of three months.

(4) Where at the commencement of the Industrial Disputes (Amendment) Act, 1976, the period of notice given under clause (a) of Section 25F for the retrenchment of any workman has not expired, the employer shall not retrench the workman but shall, within a period of fifteen days from such commencement, apply to the appropriate government or to the authority specified in sub-section (2) for permission for retrenchment.

(5) Where an application for permission has been made under sub-section (4) and the appropriate government or the authority, as the case may be, does not communicate the permission or the refusal to grant the permission to the employer within a period of two months from the date on which the application

is made, the permission applied for shall be deemed to have been granted on the expiration of the said period of two months.

(6) Where no application for permission under clause (c) of sub-section (1) is made, or where no application for permission under sub-section (4) is made within the period specified therein or where the permission for the retrenchment has been refused, such retrenchment shall be deemed to be illegal from the date on which the notice of retrenchment was given to the workman and the workman shall be entitled to all benefits under any law for the time being in force as if no notice had been given to him.

(7) Where at the commencement of the Industrial Disputes (Amendment) Act, 1976, a dispute relating, either solely or in addition to other matters, to the retrenchment of any workman or workmen of an industrial establishment to which this Chapter applies is pending before a Conciliation Officer or the Central Government or the State Government, as the case may be, and

(a) there is an allegation that such retrenchment is by way of victimisation; or

(b) the appropriate government is of the opinion that such retrenchment is not in the interests of the maintenance of industrial peace.

The appropriate government, if satisfied that it is necessary so to do, may, by order, withdraw such dispute or, as the case may be, such dispute in so far as it relates to such retrenchment and transfer the same to an authority (being an authority specified by the appropriate government by notification in the Official Gazette) for consideration whether such retrenchment is justified and any order passed by such authority shall be final and binding on the employer and the workman or workmen.

25-O(1) An employer who intends to close down an undertaking or an industrial establishment to which this Chapter applies shall serve, for previous approval at least ninety days before the date on which the intended closure is to become effective, a notice, in the prescribed manner, on the appropriate government stating clearly the reasons for the intended closure of the under-taking;

Provided that nothing in this section shall apply to an undertaking set up for the construction of buildings, bridges, roads, canals, dams or for other construction work.

(2) On receipt of a notice under sub-section (1) the appropriate govern-ment may, if it is satisfied that the reasons for the intended closure of the undertaking are not adequate and sufficient or such closure is prejudicial to the public interest, by order, direct the employer not to close down such undertaking.

(3) Where a notice has been served on the appropriate government by an employer under sub-section (1) of Section 25FFA and the period of notice has not expired at the commencement of the Industrial Disputes (Amendment) Act, 1976, such employer shall not close down the undertaking but shall, within a period of fifteen days from such commencement, apply to the appropriate government for permission to close down the undertaking.

(4) Where an application for permission has been made under sub-section (3) and the appropriate government does not communicate the permission or the refusal to grant the permission to the employer within a period of two months from the date on which the application is made, the permission applied

for shall be deemed to have been granted on the expiration of the said period of two months.

(5) Where no application for permission under sub-section (1) is made, or where no application for permission under sub-section (3) is made within the period specified therein or where the permission for closure has been refused, the closure of the undertaking shall be deemed to be illegal from the date of closure and the workman shall be entitled to all the benefits under any law for the time being in force as if no notice has been given to him.

(6) Notwithstanding anything contained in sub-section (1) and sub-section (3), the appropriate government may, if it is satisfied that owing to such exceptional circumstances as accident in the undertaking or death of the employer or the like it is necessary so to do, by order direct that the provisions of sub-section (1) or sub-section (3) shall not apply in relation to such undertaking for such period as may be specified in the order.

(7) Where an undertaking is approved or permitted to be closed down under sub-section (1) or sub-section (4), every workman in the said undertaking who has been in continuous service for not less than one year in that undertaking immediately before the date of application for permission under this section shall be entitled to notice and compensation as specified in Section 25N as if the said workman had been retrenched under that section.

In matters of dismissal and discharge problems of indiscipline and misconduct on the part of the employees are viewed seriously. Dismissal is the result of grave misconduct and the employees by way of termination of his service loses all the benefits whereas discharge is a lesser offence which might entitle to the worker certain benefits though the procedure of taking such actions is the same for both the categories.

Several years ago, the relations of employer and employee were mainly governed by the implied terms of contract and customs and usages of the trade. The service of a workman could be terminated at will, not necessarily whether he was guilty of indiscipline. The old concept of master-servant relationship regarding the selection of his servant, his wages or other remunerations, control of the method of doing the work and the right of dismissal are fast fading because of tremendous changes in our society.

Discipline carries with it orderliness, obedience and maintenance of proper subordination among employees and a sort of check or restraint on the liberty of individual. It is a training that corrects, moulds, strengthens or perfects the individual behaviour and is the force which prompts an individual or group to observe certain rules, regulations and procedures that are deemed to be necessary to the attainment of an objective. In the case of self-imposed discipline the employees regulate their own activities for the common good of the organisation and enforce or command discipline as a result of imposition from the top. Self-imposed discipline is by and large more desirable than enforced discipline. All the employees have to perform such duties and carry out such functions as assigned to them by their employer and have to maintain peace in their area of work. The employee needs to serve the organisation faithfully and follow certain principles, e.g., he is not to give out secret and confidential information through unauthorized persons, to cooperate with the superiors and co-workmen, not to accept bribes, gifts, etc., from any source, not to participate in private trade or employment, not to absent himself from the work without obtaining the permission in advance, not to damage or cause loss of goods or property of the employer, etc. So also, from the management side, it is necessary that all rules and regulations should be realistic and reasonable and must be communicated to the workmen in the industry, and there should not be different standards of punishment for different people for different acts of insubordination.

In terms of basic concept, there are two types of discipline, one is positive and the other is negative discipline. Positive discipline is immeasurably more effective and plays a larger role in the business management. Negative discipline includes both the application of penalties for violation and the fear of penalties that serve as a deterrent to the violation. Positive discipline employs constructive force to secure compliance while the negative discipline uses deterrent forces to secure the desired action. It is that state of mind which prompts the individual or a group to do proper things with or without specific or general instructions. The factors responsible for good morale and discipline in an industry generally include good health, recognition of work, fair treatment of individual, a reasonable sense of security among the group, free circulation of information, the avoidance of errors, etc. The whole objective is to maintain business efficiency which in turn results in increased sales, low costs and better production. Perfect discipline requires understanding and cooperation of workers and it creates a favourable environment and permits human beings to make their maximum contribution, establishes the code of conduct which facilitates coordination, individual job satisfaction, and morale building.

Many persons cannot withstand disobedience on the part of their subordinates. Even the slightest indication of not carrying out their orders is taken as a challenge to authority. Indiscipline generally stems when something is missing in the authority's power of influencing, controlling or eliminating attitudes.

Employee grievances cannot be postponed or neglected, rather they have to be enquired into and settled by the managerial power within a reasonable time. Neglect of grievances of these people results in bad performance. Further misjudgment in personnel matters of promotions, placements or remuneration also sometimes contribute to the growth of indiscipline.

Labour legislation is one of the most dynamic and vital institutions in a modern society and has a large scope and deeper significance in national life than any other thing. But it would serve its purpose only if there is close solidarity among workers, where they have power of collective bargaining, there is growth of enlightened self-interest among the employers with proper discipline and the realisation by the public of the significance of moral and material amelioration of workers for the welfare of the society as a whole.

Employee discipline is the real backbone of labour relations in the panorama of industrial conflicts. A worker fired for an industrial misdeed sustains a loss that affects his working life for a long time. His interest in having that decision reversed or mitigated is real and serious. A supervisor confronting an insubordinate employee does not feel lightly upon such a threat to his status. An employer who discharges someone for incompetence sees himself as a rightful protector of the enterprise. The function of management is to keep an enterprise going on smoothly, efficiently and on a profitable basis. To do so, it needs a work force that has to accept certain reasonable standards of in-plant behavior. Generally speaking, a disciplinary action or a lay-off or dismissal or discharge are prerogatives of the management to control and to keep up the discipline. But this right of the employer, under the present democratic set-up of society, to discharge or suspend employees for no cause or without cause does not stand in the light of the awakening social consciousness.

In any industry, discipline is a useful tool for developing, improving and stabilising the personality of workers. It is also essential for creating a healthy industrial atmosphere and is instrumental in furthering the cause of industrial peace.

The two important ingredients in discipline are: motivation and willing cooperation, and willing observance of the rules. Motivation cannot mean an acceptance to everything one is asked to do. It merely means a willingness to observe in a way that will enhance one's personality and thereby further the cause of the organisation. Grievances and complaints are not the signs of indiscipline or dissatisfaction. We cannot expect employees always to be so disciplined as not to revolt or not to express their dissatisfaction whatever that be. Even measures relating to security of service, principles of social justice, economic reward and labour welfare legislations have all brought dissatisfaction and revolt at one stage or another.

The indiscipline may be due to individual rivalry or bad management or errors of judgment either on the part of the union leaders or management or it may also be due to lack of understanding of the management's policy in its correct perspective.

FORMS OF INDISCIPLINE

Generally speaking, absenteeism, insubordination, dishonesty and disloyalty, violation of plant rules, gambling, incompetence, damage to machine and property, strikes, etc., all lead to industrial indiscipline. Misconduct is a serious form of indiscipline against the management. If an act or conduct of an employee is prejudicial or likely to be prejudicial to the interest of the employer or to his reputation, it is a misconduct. The scope of misconduct can extend to the following cases:

1. Where the act of a workman is inconsistent with the peaceful discharge of his duty towards his employer.

2. Where the act of the employee makes it unsafe for the employer to retain him in service.

3. Where the act of the employee is so grossly immoral that all reasonable men would not trust that employee.

4. Where the conduct of the employee is such that the employer cannot rely on his faithfulness.

5. Where the conduct of the employee is such as to open before him ways for not discharging his duties properly.

6. Where the employee is insulting and insubordinate to such a degree as to be uncomfortable with the continuance of the relation of master and servant.

7. Where the workman is abusive or he disturbs the peace at the place of his employment.

8. Where the employee is habitually negligent in respect of the duties for which he is engaged.

It is very difficult to lay down exhaustively as to what would constitute misconduct and indiscipline. It would depend upon the examination of facts. Some of the misconducts are mentioned in the Model Standing Orders as a part of the rules made under the Industrial Employment (Standing Orders) Act of 1946. Non-performance of duty is a great misconduct, because it is basically inconsistent with the obligations of employment. Under act of negligence, an employee does the work or omits to give full care and attention on account of which the work becomes defective. Even where the strike is legal, it is a misconduct to cause disorder on the premises, intimidate, threaten or assault workers and use abusive language. Preventing the entry and exit of willing workers and movement of goods to and from the factory, obstructing the work being carried on by the employer, damaging the property of the employer, indulging in mischief or other objectionable activities, occupying the employer's premises or property, go-slow, etc., are all forms of misconduct in one way or the other. Insubordination, assault or a threat to superior officers, defamation, making a false complaint, are all acts subversive of discipline. Non-performance of work during office hours, tampering with records, or misappropriation of accounts are the acts generally considered to be of serious nature.

DISCIPLINARY ACTION

For every misconduct, a disciplinary action has to be taken by the employer against the concerned workman. A written complaint is necessary to initiate departmental proceedings. The action taken may be dismissal, discharge, demotion, withholding of increment, fine, suspension and warning. Normally, the punishment given is proportionate to the guilt of the offence. The severest action is dismissal when the conduct of the employee is incompatible with the faithful discharge of his duties or it is so immoral that it may defame the employer or bring the employer in disrepute like wilful insubordination, riotous and disorderly behavior, dishonesty, habitual absence without leave or notice, wilful neglect of work, slowdown of production, etc. Discharge relates to the termination of a contract by paying the agreed amount of money. The reciprocal promises and obligations are said to be discharged. In industrial law, discharge and dismissal carry almost the same meaning as termination of service though, of course, discharge is considered a punishment less severe than dismissal. In discharge, a workman is entitled to provident fund, gratuity and other company benefits but not in cases of dismissal. The acts and omissions for which the punishment of discharge may be inflicted are generally the same for which dismissal may be warranted but on considerations of justice, the employer may decide to discharge than to dismiss the employee. Demotion and withholding of increments take place where the employer does not want to adopt an extreme attitude against the employee. Fine, suspension and warning are minor punishments to cure the evils time to time so as to make the workmen committed to their jobs.

DISCIPLINARY PROCEDURE

There is no statutory regulation of disciplinary actions or procedure but, according to judicial policy, most of the employers conduct preliminary enquiry to decide whether the charges are so negligible that the workman may be exonerated. If the charge is serious and action is called for, then a charge-sheet is issued to the guilty workman specifying the charges levelled against him and asking for his explanation. If his explanation is unsatisfactory, an enquiry is set up against him for investigation. Enquiry can be dispensed with if the facts show that no prejudice was caused to the workman and the case was simple. Suspension order is generally issued when the disciplinary proceedings against an employee are contemplated.

DOMESTIC ENQUIRY

For holding the enquiry, sufficient notice is given to the workman so that he may prepare his defence and make ready all documentary evidence that he may like to tender. Normally, the Standing Orders of a company provide for the details of holding a domestic enquiry but in case they are silent, it is conducted by a senior office of the company. Even a lawyer or an outsider my hold the enquiry if the management so decides. A person who has some bias in the matter is not a fit person to conduct the enquiry. It has to be held in the presence of the accused.

The law does not permit a non-employee at the enquiry and outside interference is not called for. Examination and cross examination are free and proper and all documents are open to be seen by the parties. In case the accused does not turn up before the enquiry officer without any notice or reasonable cause or refuses to participate in the enquiry, then it could be conducted ex parte. The findings of the enquiry office then go to the management for proper action in the matter and the decision is normally taken keeping in view the gravity of misconduct and aggravating or other extenuating reasons. The order of punishment has to be conveyed to the workman as expeditiously as possible.

The question which generally arises in cases of misconduct where the employer orders for dismissal of the concerned workmen is, whether the domestic enquiry in such cases had been proper. To this, the courts have consistently held, that the rules of natural justice require that the party should have the opportunity of adducting all relevant evidence on which he relies, that the evidence of the opponent should be taken in his presence and that he should be given the opportunity of cross-examining the witnesses examined by that party and that no materials should be relied on against him without giving him an opportunity to explain.

The question whether on setting aside the wrongful dismissal of a workman he should be reinstated or directed to be paid compensation is a matter within the judicial discretion of the Labour Court or the Tribunal dealing with the industrial dispute, the general rule in the absence of any special circumstances being of reinstatement. In exercising this discretion fair play towards the employee on the one hand and interest of the employer including considerations of discipline in the establishment on the other require to be duly safeguarded. This is necessary in the interest of both security of tenure of the employee and of smooth and harmonious working of the establishment. Legitimate interests of both of them have to be kept in view if the order is expected to promote the desired objective of industrial peace and maximum possible production. The past record of the employee, the nature of the alleged misconduct for which action was taken against him, the grounds on which the order of the employer is set aside, the nature of the duties performed by the employee concerned and the nature of the industrial establishment are some of the broad relevant factors which require to be taken into consideration.

This does not necessarily lead to the conclusion that in all cases of wrongful dismissal, reinstatement would be allowed. It is well established that the propriety of reinstatement in case of wrongful or illegal dismissal is normally a question of fact and where the Industrial Tribunal, on a proper consideration of relevant factors, refuses to pass such an order, the Court would be reluctant, to interfere. Exception may be made in cases where there is a question of trust and responsiblity and the employee has lost confidence of the employer, or in cases where the larger interest of industrial peace and harmony demands that reinstatement should not be made. In such cases the payment of compensation has been held to meet the ends of justice.

Though the normal rule in cases where dismissal or removal from service was found to be unjustified, was reinstatement, Industrial Tribunals had the discretion to award compensation in unusual or exceptional circumstances on consideration of the conflicting claims of the employer on the one hand and of the workmen on the other and where they thought that reinstatement was inexpedient or not desirable. No hard and fast rule as to what circumstances would constitute an exception to the general rule could be laid down.

WHETHER ENQUIRY OBLIGATORY

In cases of strikes, legal or illegal, a question is generally raised whether a domestic enquiry is obligatory before a workman is dismissed because of his participation in a strike. The answer given is, that even where the strike is illegal a domestic enquiry must be held unless the circumstances permit otherwise. In a situation where the employees absent themselves from work because they have gone on strike with the object of enforcing the acceptance of their demands, the view is that there could be no question of abandonment by them. It may well be that under the Standing Orders the management could, if the strike was in fact illegal, take disciplinary action against the strikers and even dismiss them.

This is the position in respect of strikes. In cases of general misconduct, if the management does not hold an enquiry because of some or the other reason it can pass an order of discharge, termination or dismissal but only on producing a satisfactory evidence of misconduct, and the evidence should be such as would justify the Tribunal that the order of termination was proper.

The whole concept of domestic enquiry and the extent of jurisdiction of the Industrial Tribunal in disciplinary situations has changed since 15 December 1971 when Section 11A was added to the Industrial Disputes Act. It provided that where an industrial dispute relating to the discharge or dismissal of a workman is referred to a Labour Court or Tribunal for adjudication and in the course of adjudication proceedings this Court or Tribunal is satisfied that the order of discharge or dismissal was not justified it may, by its award, set aside the order and direct reinstatement of the workman on such other terms and conditions as it thinks fit or give such other relief to the workman including the award of any lesser punishment in lieu of discharge or dismissal as the circumstances of the case may require. The Tribunal shall rely only on the material on record and shall not take any fresh evidence in relation to the matter.

The power of statutory bodies to dismiss their workmen has also been dealt with in many cases and the view was that the dismissal by such authorities was invalid if rules of natural justice had not been observed and if the statutory provisions had not been complied with. The principle of pure master and servant contractual relationship has no application.

It has been well established that before any action of discharge or dismissal by way of punishment for a misconduct can be taken against a workman, the employer is bound to draw up regular proceedings against him on the principles of natural justice apart from what the standing orders say. In the context of industrial adjudication the theory of the employer's freedom of contract as such cannot have any application. The power to terminate one's service on one month's notice or a month's salary in lieu of notice cannot be used as a termination of service for alleged misconduct. To accept the claim of the employer to terminate the service of his workmen under the contract of employment or under the standing orders without scrutinising the underlying motive behind such termination would be to set at naught the right to security of service which the industrial employees have got through industrial adjudication. Therefore, the exercise of such power to be valid must always be bona fide.

In cases of dismissals or termination of service during the pendency of proceedings before the Tribunal, the employer has to seek prior permission from the Tribunal to do so as required under Section 33(2)(b) of the Industrial Disputes Act. If the Tribunal is satisfied that the management has not acted mala fide and that there has been proper enquiry without resort to any unfair practice or victimisation, it has to accord the permission to the employer. But the approval granted in such cases does not debar an industrial dispute being raised by the petitioner. This has been the position for several years and it still gets emphasis in the judicial policy today.

It is open to the Tribunal to pierce the veil of the employer's order of termination of service and have a close look at all the circumstances and come to a decision whether the order was passed on account of certain misconduct. It is, however, unquestionable that if an employer passed such an order in exercise of his right under a contract or in accordance with standing orders and the Tribunal found that the order was not on account of any misconduct, the question of violation of Section 33 would not arise.

There is no law in India which provides for income security after the termination of employment except the Provident Funds Act under which a fund is created from the joint contribution of the employer and the employee is entitled after service. The Social Security Law in India does not provide for unemployment insurance. Since there is nothing on which the employee could fall back for his bread after the termination of his service this problem has taken a dimensional term especially in the wake of rising prices and inflation. The judiciary as well as the government is seriously seized with the matter and lot of restrictions are being put on the employer's action when he terminates employment of a workman.

Termination of Employment at the Initiative of the Employer

by

EDWARD YEMIN

Head, Labour Legislation Section, Labour Law and Labour Relations Branch, International Labour Office

I

A comparative review of the development of labour law world-wide over the past quarter of a century reveals that of the many changes that have occurred one of the most remarkable has been the transformation in many countries of the rules governing termination of employment by the employer, with a view to instituting some protection of security of employment. While previously the law on termination of employment focussed on the right to a period of notice and perhaps to severance allowance, and on the conditions under which these entitlements might be forgone, today it tends in many countries to center, on the one hand, on the requirement that the employer have justification for termination and, on the other, on special requirements in the event of workforce reductions, designed to ensure that workers' interests, and not only business interests, are taken into account.

The ILO has been closely connected with these developments. Its action in the field of security of employment in the late 1950's and early 1960's—through dissemination of information on measures adopted in a number of countries, international discussions and promulgation of international standards on the matter[1]— appears to have contributed to the growing interest in the subject and to the gathering impetus towards legislative or other action in member countries. Moreover, it can be shown that ILO standards directly influenced national measures in a certain number of member States.[2]

ILO activities in this field during the above-mentioned period culminated in the adoption by the International Labour Conference, in 1963, of the Termination of Employment Recommendation (No. 119). As a recommendation, the standards adopted constituted guidelines for governments, employers' and workers' organisations in the development of social policy; they could not become obligatory on member States, as could standards included in a Convention, which is subject to ratification by member countries.

Recommendation No. 119 concerned termination of employment by the employer only; it did not deal with termination of employment by the worker. The Recommendation contained standards of general application relating to justification for termination; the right to appeal against a termination deemed to have been unjustified; the right to a reasonable period of notice of termination; the right to a certificate of employment at the time of the termination; and entitlement to income protection in the event of termination. It also included certain supplementary provisions concerning workforce reductions in undertakings.

The cornerstone of the Recommendation, and the provision that had the greatest influence on national law, was the principle that "termination of employment should not take place unless there is a valid reason for such termination connected with the capacity or conduct of the worker or based on the operational requirements of the undertaking, establishment or service." This basic principle requiring justification for termination by the employer was supplemented by an enumeration of reasons explicitly recognised as not constituting valid reasons for termination, namely, (a) union membership or participation in union activities; (b) seeking office as or acting or having acted in the capacity of a workers' representative; (c) filing a complaint or participating in a proceeding against an employer involving an alleged violation of law; (d) race, colour, sex, marital status, religion, political opinion, national extraction or social origin.

The instrument recognised that a worker who believes that his or her employment was unjustifiably terminated should be entitled to appeal against that termination to a neutral body or to a body established under a collective agreement. That body should be empowered to examine the reasons given for the termination and other relevant circumstances and to render a decision on the justification of the termination; if it finds that the termination was unjustified, it should be able to order that the worker concerned, unless reinstated (where appropriate with payment of unpaid wages), should be paid adequate compensation or afforded other relief. The instrument indicated, however, that these provisions were not to be read as implying that the appeal body should be empowered to intervene in the determination of the size of the workforce of the undertaking.

Provision was also made in the Recommendation for a reasonable period of notice of termination or compensation in lieu therof and, during the notice period, for a reasonable amount of time off without loss of pay to seek other employment. It was also stipulated that some form of income protection should be provided to workers losing their employment, whether by unemployment insurance or other forms of social security or by severance allowance or other types of separation benefits paid for by the employer, or by a combination of such benefits. However, the instrument recognised that if the termination of employment was for reason of serious misconduct, entitlement to a period of notice and to severance allowance might be relinquished.

The supplementary provisions concerning workforce reductions included, first, the principle that all parties concerned should take positive steps to avert or minimise as far as possible workforce reductions, without prejudice to the efficient operation of the undertaking.

When a reduction of the workforce is comtemplated, the workers' representatives should be consulted, as early as possible, on all appropriate questions, including measures to avoid the reduction, restriction of overtime, training and retraining, transfers within the undertaking, spreading the terminations over a certain period, measures for minimising the effects of the reduction on the workers concerned, and the selection of the workers to be affected. Moreover, if the proposed workforce reduction is on such a scale as to have a significant bearing on the manpower situation of a given area or branch of economic activity, the employer should notify the competent public authorities in advance of such reduction.

Provision was made for selecting the workers to be affected by a workforce reduction in accordance with precise criteria established wherever possible in advance, giving due weight both to the interests of the undertaking and the interests of the workers. Workers whose employment has been terminated in connection with a workforce reduction should have priority of re-engagement, to the extent possible, when the employer again engages workers.

Lastly, the Recommendation provided for the full utilisation of national employment agencies or other appropriate agences to ensure, to the extent possible, that workers whose employment was terminated as a result of a workforce reduction are placed in alternative employment without delay.

II

In the nearly two decades since the adoption of Recommendation No. 119 in 1963 measures to protect workers' security of employment, particularly through protection against unjustified termination of employment by the employer and special rules on workforce reductions, have been taken in a great many countries throughout the world. Most often these measures have been in the form of legislative enactment, as governments have come to the conclusion that the interests involved are in need of the protection of the law, although collective bargaining has accounted for a number of important measures in some countries, particularly in respect of workforce reductions. Sometimes these developments have gone beyond certain of the standards laid down in Recommendation No. 119 or have entailed a working out of those standards in greater detail.

A review of national developments since the adoption of Recommendation No. 119 was undertaken in 1974 by the ILO Committee of Experts on the Application of Conventions and Recommendations. The report of that Committee[3] was discussed the same year by the ILO Conference, which concluded that developments on the national level had been so significant that the question of termination of employment should again come before the Conference with a view to the adoption of new standards that would take into account these developments.

Subsequently, the ILO Governing Body, responsible for determining the agenda of ILO Conferences, placed the question of "termination of employment at the initiative of the employer" on the agenda of the 67th (1981) Session of the Conference with a view to a discussion at two successive sessions of possible adoption of new standards.

In preparation for the first discussion of the question in 1981, the International Labour Office, in accordance with its constitutional mandate, prepared two reports for submission to member countries and the Conference.[4] The first contained a survey of law and practice of member countries on the question, as well as a questionnaire based on that survey regarding possible new standards that governments would like to see adopted. The second summarised government replies to the questionnaire and presented, on the basis of these replies, proposed standards, in the form of a possible Convention and supplementary Recommendation, as requested by a majority of government responding.

These proposals were discussed at the 67th (1981) Session of the Conference in a tripartite Committee on Termination of Employment composed of representatives of governments, employers and workers. This Committee, and the Conference, approved, by a majority, amended proposals with a view to a Convention and a supplementary Recommendation. These proposals, however, were opposed by the employer's group and some government delegates who considered that they went too far. The proposals, with some minor drafting changes, were then transmitted by the Office to governments in a new report, to give them an opportunity, after consultation with employers' and workers' organisations in their countries, to forward further comments or amendments. Revised texts of a Convention and a Recommendation taking into account government comments, were then drawn up by the Office in a final report submitted to governments and the Conference at its 68th Session in 1982.[5]

The draft Convention to be considered by the 68th Session of the Conference would, if adopted, reproduce the provision in Recommendation No. 119 requiring a valid reason for termination of employment by the employer, supplemented by a list of invalid reasons which would, in addition to those already set out in the former instrument, include pregnancy, family responsibilities and absence from work during maternity leave.

The draft Convention would require that a worker be given an opportunity to defend himself or herself against allegations relating to his or her conduct or performance, where these reasons were invoked for termination. The worker would also be entitled to receive, on request, a written statement from the employer of the reason or reasons for the termination.

Provision would be made, as in the earlier instrument, for appeal against a termination considered by the worker to have been unjustified, to an impartial body which would be empowered to examine the reasons given and other circumstances and to render a decision on the justification of the termination. However, the instrument would include a new provision on the burden of proving in such proceedings the existence of a valid reason for the termination, which would fall upon the employer. Where a business reason was invoked for termination, the extent to which the appeal body was competent to decide on the sufficiency of these reasons for termination would be left to be determined by national law or other methods of implementation of the instrument. If the competent body determined that a termination was unjustified, and if it were not empowered or did not find it practicable, in accordance with national law and practice, to declare the termination invalid or order reinstatement, it would have to be empowered to order the payment of adequate compensation or other appropriate relief.

As in Recommendation No. 119, the new Convention would make provision for a right to a period of notice or compensation in lieu thereof, unless the worker is guilty of serious misconduct of such a nature that it would be unreasonable to require the employer to continue employing the worker during the notice period, as well as for income protection on termination (which may be severance allowance or social security benefit or a combination of the two kinds of benefits).

The Convention would also contain three articles regarding termination of employment for economic, technological, structural or similar reasons. These would, first, require an employer contemplating terminations for such reasons to consult the workers' representatives concerned, as early as possible, on all appropriate questions, including measures to avert or minimise the terminations and measures to mitigate the adverse effects of any terminations; the employer would have to provide the workers' representatives with all relevant information regarding the terminations, including the reasons for the terminations, the number and categories of workers likely to be affected and the period over which the terminations are intended to be carried out. Another article would require the employer to notify the competent public authority of such terminations, giving similar information; the public authority would assist the parties in seeking solutions to the problems raised by the terminations, where appropriate. Ratifying states would be authorised to limit the obligations of consultation and notification to cases in which the number of workers whose employment is expected to be terminated is at least a specified number or percentage of the workforce. A further article would require ratifying countries to promote, by means suitable to national circumstances, the placement of workers affected by such terminations in suitable alternative employment as soon as possible, with training or retraining where appropriate.

The draft Recommendation includes a number of provisions supplementary to those in the draft Convention. Among these, one provision would stipulate several further grounds which should not be valid reasons for termination: age (but subject to national law and practice regarding retirement at or after the age normally qualifying for an old-age benefit), absence from work due to compulsory military service or other civic obligations and temporary absence from work because of illness or injury (but subject to certain conditions intended to balance the worker's interest with that of the employer in the efficient operation of the undertaking).

Certain guarantees in case of disciplinary dismissal would also be included, such as provision for appropriate written warning prior to termination for kinds of misconduct that would justify termination of employment only if repeated on one or more occasions and provision for appropriate instruction and warning prior to termination for unsatisfactory performance. It would also be recommended that the employer consult worker's representatives before a final decision is taken on individual cases of termination of employment and that a decision to terminate the employment of a worker should be notified to the worker in writing.

With regard to the right of appeal against a termination of employment, the draft Recommendation would envisage a procedure of conciliation before or during the appeal proceedings and would suggest that efforts be made by public authorities, workers' representatives and organisations of workers and employers to ensure that workers are fully informed of the possibilities of appeal at their disposal. In addition, national law may empower the competent body, when an appeal is filed, to suspend a termination pending final decision on the appeal, a power that may be limited to particular types of cases or circumstances.

The instrument would recommend the payment of a severance allowance or other separation benefits irrespective of the availability of social security benefits, although it would be recognised that provision could be made for withholding such payments in the event of termination for serious misconduct or for their payment only in case of termination for reasons of an economic or similar nature.

The draft Recommendation also contains a number of supplementary provisions on termination of employment for economic, technological, structural or similar reasons. First, it would be recommended that all parties concerned should seek, with the assistance of the competent authorities where appropriate, to avert or minimise as far as possible termination of employment for these reasons, without prejudice to the efficient operation of the undertaking, and to mitigate the adverse effects of any termination for these reasons on the workers concerned.

Secondly, a provision would be introduced recommending that an employer contemplating the introduction of major changes in production, programme, organisation, structure or technology that are likely to entail terminations, should consult the workers' representatives concerned as early as possible, *inter alia,* on the introduction of such changes, the effects they are likely to have and the measures for averting or mitigating the adverse effects of such changes; all relevant information on the changes contemplated and their likely effects should be provided.

Thirdly, the instrument would refer to certain of the measures that might be considered with a view to averting or minimising such terminations, including restriction of hiring, spreading the workforce reduction over a period of time to permit natural reduction of the workforce, internal transfers, training and retraining, voluntary early retirement with appropriate income protection, restriction of over-time and reduction of normal hours of work; it would suggest that consideration be given to partial compensation for loss of wages where recourse is had to reduction of normal hours of work, paid from public funds such as unemployment insurance funds or by the employer.

Provision would also be made for criteria of selection in case of termination of employment for economic or similar reasons, and for priority of rehiring when the employer again hires workers with comparable qualifications.

Lastly, the instrument would recommend assistance to the workers affected by a workforce reduction in the search for suitable alternative employment and where appropriate in obtaining training or retraining to this end; such assistance should be given as early as possible by the competent authority, where possible with the collaboration of the employer and workers' representatives concerned. It is also suggested that the employer, where possible, assist workers affected by job loss in the search for suitable alternative employment, for example, through direct contacts with other employers. Appropriate additional income protection should be considered, such as income protection during a course of training and reimbursement of all or part of training and job-finding expenses.

The results of the discussion by the 68th Session of the International Labour Conference of these proposals will be available at the time of the meeting of the Tenth World Congress on labour law and social security.

FOOTNOTES

[1] For ILO activities leading up to the adoption of international labour standards on termination of employment by the employer, see ILO, Committee of Experts on the Application of Conventions and Recommendations, General Survey of reports relating to the Termination of Employment Recommen-dation, 1963 (No. 119), Report III (Part 4B), International Labour Conference, 59th Session, 1974, pp. 1–2.

[2] See E. Yemin, "Job Security: Influence of ILO Standards and Recent Trends", *International Labour Review* (Geneva), Jan-Feb. 1976, pp. 17–33.

[3] See the report of the Committee of Experts cited in footnote 1.

[4] ILO: *Termination of Employment at the Initiative of the Employer*, Reports VIII(1) and (2), International Labour Conference, 67th Session, 1981.

[5] ILO: *Termination of Employment at the Initiative of the Employer*, Reports V(1) and (2), Inter-national Labour Conference, 67th Session, 1982.

Termination of Employment at the Initiative of the Employer and Income Security of the Worker Concerned

by

MARY REDMOND

Trinity College, Dublin

The law on termination of employment at the initiative of the employer is one of the most vibrant and most interesting areas of Irish labour law. Since the Unfair Dismissals Act, 1977, came into force in Ireland, hundreds of employers have been called upon to appear and to defend their decisions to dismiss before the Rights Commissioners or the Employment Appeals Tribunal. The Act provides a charter of rights for over one million employees. Alongside the rapid development of the Act's jurisdiction, the Constitution and the common law provide further sources of redress.

Following the guidelines for national reporters, I propose to discuss termination under the following headings:

    I. Sources and scope of the law

    II. Procedures prior to termination

    III. Justification of termination

    IV. Recourse or appeal procedure

    V. Procedure following termination

    VI. Special procedures in case of workforce reduction

    VII. Income security of dismissed employees

I should emphasise at the outset that I will be concentrating on termination of employment for reasons other than redundancy, although I will say something about Irish law in this respect when I examine the question of workforce reduction in section VI.

I. GENERAL INTRODUCTION

Sources of the Law

Throughout Ireland in ancient times the Breh on laws prevailed. At a Council of Parliament convened by Henry II in 1172, the Common Law of England was received, adopted and confirmed as Irish law. In 1800 the Act of Union of Great Britain and Ireland was passed, to endure for the next century and longer, until

1922. The common law was fully embedded in Ireland and, subject to exclusions and modifications that might be specified, legislation enacted by a British Parliament applied also to Ireland. Since independence in 1922, Irish courts have not been bound by English decisions but, in fact, these have always exercised a highly persuasive influence on Irish judicial thinking, with the result that a great measure of harmony is found between the two common law systems. The greatest divergence from British law came about following the enactment in 1922 of the Irish Free State Constitution and in 1937 of *Bunreacht na hÉireann* (The Constitution of Ireland).

This brief sketch of the special relationship between Ireland and Britain for 800 years is essential in order to understand the area of law under discussion. The common law on termination of employment is based all too often on so-called 'master and servant' decisions dating from the 19th century and earlier. However inadequate or obsolete, the principles involved endure today. Their importance has been increased by the enactment of regulatory legislation which operates as a gloss upon common law principles. In the absence of an indication to the contrary, employment protection statutes are interpreted in the light of the common law.

In Ireland the common law of master and servant held sway until well into the twentieth century. In the absence of records it is not possible to gauge either the practical necessity or the effectiveness in Ireland of the various master and servants Acts passed at Westminster. Nevertheless, some degree of practical need may be inferred from the fact that the first book on the topic in the English speaking common law world, *the Laws of Master and Servants,* by Matthew Dutton, was published in Dublin in 1723.

I should like to say something about each of the three sources of Irish law on termination of employment, namely, the Constitution, common and statute law.

(a) *The Constitution*

The Constitution of Ireland, enacted following a plebiscite in 1937, introduced a fundamentally different dimension into Irish law. It is not only a written document, it is also a basic code delimiting the area of legislative competence. It provides for judicial review of legislation and lays down a list of human rights which are protected by the courts. Article 45 embodies Directive Principles of Social Policy which are intended for the guidance of the Oireachtas (Parliament). These include an under-taking that, e.g., the State will direct its policy towards securing that citizens (all of whom, men and women, equally have the right to an adequate means of live-lihood) may through their occupations find the means of making reasonable pro-visions for their domestic needs. The Principles express not only legal norms (they have since the 1970's been invoked in the enumeration of personal rights in non-legislative situations, see *Murtagh Properties Ltd* v *Cleary* [1972] IR 330)—they also express basic doctrines of political and social theory. Such doctrines lie at the very core of unfair dismissal law.

The most important fundamental rights are set out in Art. 40. For instance,

"All citizens shall, as human persons, be held equal before the law."—Art. 40, S.1.

"The State guarantees in its laws to respect, and, as far as practicable, by its laws to defend and vindicate the personal rights of the citizen."—Art. 40, S.3.

"The State guarantees liberty for the exercise of the following rights, subject to public order and morality:

"The right of the citizens to form associations and unions."—Art. 40, S.6, sub-s. 1, (iii).

Here, as in general, the Constitution has been neither an unqualified triumph nor merely an obeisance towards conventional constitutional formularies. But a constitutional philosophy in relation to dismissal has slowly unfolded over the last decade against a background of judicial interpretation which lays (perhaps undue) stress on the rights of the individual. The supreme position of the Constitution in the hierarchy of legal values in Ireland is a highly significant feature of the law in relation to termination of employment. The Constitution is brought to bear on every aspect of the law.

In *Meskell* v *CIE* [1973] IR 121 the plaintiff was dismissed for refusing to join a particular trade union. This was held to violate Art. 40, S.6, sub-s. 1 (iii) above. Mr. Justice Walsh (Supreme Court) was categorical that, if an employer threatens an employer with dismissal should he join a trade union, the employer is putting pressure on the employee to abandon the exercise of a constitutional right and is interfering with the employee's constitutional rights.

"If the employer dismisses the worker because of the latter's insistence upon exercising his constitutional right, the fact that the form or notice of dismissal is good at common law does not in any way lessen the infringement of the right involved or mitigate the damage which the worker may suffer by reason of his insistence upon exercising his constitutional rights."

(b) *Common Law*

Gradually, toward the nineteenth century, the common law moved away from a status based, criminally enforced master and servant relationship to one where contract doctrine was applied. But contract doctrine was never applied in its pure form. The employment contract was infused with the traditional law of master and servant. This meant incorporating the centuries old subordination of the workman as a result of which the contract of employment acquired the dual feature of equality and domination. This dual feature still characterises the employment contract.

The common law action of wrongful dismissal was specifically recognised by the courts in *Robinson* v *Hindman* (1800) 3 Esp. 235. If due or reasonable notice is given, termination is lawful at common law—provided there is no unconstitutionality involved. The right to terminate the contract with proper notice is quite separate from the right to terminate the contract summarily, i.e., without notice in the case of breach by the other side where the grounds for dismissal must amount to a repudiation of the contract on the part of the employee. Equally it is quite separate from the situation where by agreement between the parties procedural or substantive limitations have been incorporated in the contract and dismissal takes place in contravention of these.

(c) *Statute*

Following independence and until the time of World War II the small scale of Irish society meant the importance of personal relationships and the frequency of face-to-face situations. Ireland was a predominately agricultural country. The degree of industrialization was slight. A political dimension of working class culture was almost wholly lacking. The worker was left to fall back on trade unions. Because of what was economically a stagnant society in Ireland at the time, and because of the lack of any larger vision, the functions of trade unions for the majority of groups, except the most unskilled, was to preserve differentials against all comers. Where collective bargaining existed, it was very often defective in procedural and substantive terms. Only comparatively recently in Ireland did legislation begin to confer on workers contractual rights which could not be abrogated to their detriment. The most significant development has been the enactment of protective statutes which provide individual workers with a statutory floor of rights. In part these remedy the deficiencies of collective bargaining. The floor may be improved upon by collective bargaining but it cannot be taken away or diminished.

A system of rights commissioners was established under the Industrial Relations Act, 1969. It embodied a form of voluntary arbitration to deal with individual grievances in employment. Roughly half the cases dealt with each year by the commissioners concerned dismissal. An act to protect workers dismissed for reasons of redundancy was passed in 1967. Later landmarks which concern termination of employment in a major or minor way are the Minimum Notice and Terms of Employment Act, 1973, the Anti-discrimination (Pay) Act, 1974, the Unfair Dismissals Act, 1977, the Employment Equality Act, 1977, and the Maternity Protection of Employees Act, 1981.

At this juncture I want to summarise the guiding principles of the most important statute among those I have just mentioned, namely, the Unfair Dismissals Act, 1977 (hereafter referred to as the UDA).

The Act provides for the bringing of claims for redress for unfair dismissal before a rights commissioner or the Employment Appeals Tribunal (EAT) within 6 months of the date of dismissal. The draftsmen were committed to the necessity of devising a criterion of lawfulness of dismissal which would be at once more exacting and yet more flexible than the implied terms offered by the law of the contract of employment. They achieved this by the combination of requiring an employer to show good cause for dismissal and of an overriding test of reasonableness of an employer's decision to dismiss. The Act is cast in a pluralist framework. Companies cannot be run solely in the interests of management, workers' rights must be consulted as well. Section 6(1) deems the dismissal of an employee to be an unfair dismissal for the purposes of the Act

"unless, having regard to all the circumstances, there were substantial grounds justifying the dismissal."

The UDA regulates alternative remedies. Where, under s.8 of the Act, an employee gives notice to a rights commissioner or to the EAT that he intends to proceed before them, he is not entitled to recover damages for wrongful dismissal at common law. Likewise, where an employee has initiated proceedings at common law, he cannot seek redress under the Act.

By no means every worker is covered by the Act. There are technical qualifications to be satisfied. An employee must come within the appropriate definitions and he must present his claim in time. At this stage he bears the burden of proving he has been 'dismissed' within the statute and he must also establish the date of dismissal (defined in s.1 of the Act). Because all dismissals are deemed unfair for purposes of the Act the onus is on an employer to adduce substantial grounds justifying dismissal. His role and the criterion of reasonableness are the focal points of the legislation. The main gateways through which an employee must pass to qualify for the Act's protection are discussed later in this paper.

Scope of the Law

First of all it may be of interest to give some idea of the size and nature of the labour force in Ireland. The country has a total population of about 3¼ million. The Table below shows the estimated total labour force and number of persons at work in the main branches of economic activity at mid-April, 1974 to 1980 (thousands).

Branch of Economic Activity	1974	1975	1976	1977	1978	1979	1980
Mining, quarrying and turf production	10	10	10	10	10	11	12
Manufacturing Industries	224	224	207	226	219	239	243
Building and construction	85	89	76	87	82	101	103
Electricity, gas and water	14	14	14	13	13	14	14
Commerce, insurance and finance	175	181	174	188	178	197	201
Transport, communication and storage	63	69	63	67	63	68	68
Public administration and defence	58	60	64	65	67	70	72
Other non-agricultural economic activity	186	183	187	199	190	222	230
Non-agricultural economic activity	815	830	795	855	822	922	943
Agriculture, forestry and fishing	254	238	242	228	229	223	222
Total at work	1,069	1,068	1,037	1,083	1,051	1,145	1,163
Out of work	64	73	108	89	100	74	74
Total Labour Force	1,133	1,141	1,145	1,172	1,151	1,219	1,237

Source: *Economic Review and Outlook* Summer 1980 (Stationery Office, Dublin) and recent revised estimate of the workforce published in December, 1980, by the Central Statistics Office, Dublin.

To how many of these workers do the three jurisdictions just outlined apply?

(a) *The Constitution*

It is open to any worker, irrespective of the length of his service or of the nature of his employment, to challenge the termination of his employment on constitutional grounds. Although the Constitution refers to "citizens" in almost every rights provision, the test of citizenship is not applied in individual cases: *Nicolaou* v *An Bord Uchtála* [1966] IR 667. If a worker wishes to seek relief under the Constitution or if either of the social partners wishes to challenge the validity of legislation dealing with termination of employment the position as to *locus standi* is quite clear. The Supreme Court recently declared that an action may be brought when there is an apprehended or threatened violation of a right. It is not necessary that a violation should actually have taken place. In other words, a person need not yet have been dismissed, or he need not yet have been affected adversely by the legislation he wishes to challenge. In *Cahill* v *Sutton* (Supreme Court unreported, 9 July, 1980), the Supreme Court unanimously held that a plaintiff must show he has been personally affected injuriously by the impugned statute (or, we may add, action) in question or that he is in imminent danger of being the victim of it. The Court reserved the right to waive or relax this rule if there are "weighty countervailing considerations justifying a departure from the rule."

(b) *Common Law*

The right to challenge termination is open to all workers although the remedies available will vary depending on the nature of the aggrieved person's employment. Office-holders and persons whose employment is regulated by statute have greater protection than ordinary employees. The distinction between these categories of worker is explored later. As a general rule, an ordinary employee cannot challenge his dismissal unless it has taken place in breach of contract.

(c) *The Unfair Dismissals Act*

The right not to be unfairly dismissed applied to every employee except in so far as its application is qualified or excluded by or under the UDA. To be a qualified employee, an individual must

(i) be an employee as defined by s.1 ; and

(ii) have the requisite continuous service of not less than one year with the employer except where dismissal is related to pregnancy, maternity or is connected with trade union membership or activities.

There is no provision excluding a foreigner nor is the dismissal in Ireland excluded of a foreigner by a foreign employer.

The term "employee" is so defined as to remove any doubt that in the case of death of an employee at any time following dismissal the term applies to his personal representatives. The definition of employer is not so explicit but by interpretation it follows common law principles, i.e., contract claims enforceable against a person in his lifetime are enforceable against his personal representative after his death.

Even if an employee is qualified in terms of his period of continuous service he may be excluded if he falls into any one of the categories set out in s. 2(1):

employees who have reached the normal retiring age in their firm or who, due to age, would be excluded from the operation of the Redundancy Payments Acts, 1967 to 1979,

persons employed by a close relative in a private house or on a farm where both reside

members of the Defence Forces and of the Garda Síochána

AnCO trainees and apprentices

persons employed by or under The State other than persons designated for the time being under s.17 of the Industrial Relations Act, 1969

officers of local authorities, health boards, vocational education committees and committees of agriculture.

In so far as fixed term contracts or contracts for a specified purpose are concerned, a dismissal consisting only of the expiry of the fixed term (without renewal) or the completion of the specified purpose shall not be covered by the Act if (i) the contract is in writing (ii) it was signed by both parties and (iii) it contains a statement that the Act shall not apply to the dismissal: section 2(2).

Workers serving a period of probation are dealt with in section 3. The Act does not apply to the dismissal of an employee during a period at the commencement of employment when he is on probation or undergoing training if the contract is in writing and the duration of probation or training is one year or less and is specified in the contract. The Act also excludes dismissal during training for qualification or registration as a nurse, pharmacist, health inspector, medical laboratory technician, occupational therapist, physiotherapist, speech therapist, radiographer or social worker. Persons engaged under a statutory apprenticeship in an industrial activity designed by AnCO, the Industrial Training Authority, are covered except during

(i) the six months after commencement of the apprenticeship and (ii) the period of one month following completion of the apprenticeship.

Something like one-fifth of the total working population in Ireland lies outside the scope of the UDA.

The restrictions just mentioned concerning probationary workers and apprentices, and the requirement of one year's continuous service, do not apply to workers claiming under the Maternity Protection of Employees Act, 1981. A further exclusion is provided under s.24 of that Act. It excludes the UDA where an employer, at the commencement of employment, informs an employee in writing that his employment will terminate on the return to work of another employee who is absent from work on maternity leave or additional maternity leave or time off as defined by the Act of 1981 and the dismissal of the first-mentioned employee occurs for the purpose of facilitating the return to work of that other employee.

Terminology

The meaning of "dismissal" is fundamental in this area of law. Equally deserving of consideration is the distinction between "employees" and "office-holders." The latter distinction is crucial for purposes of both statute and common law.

No special terminology attaches to termination in contravention of the Consitution. "Dismissal" which is contrary to common law is known as wrongful dismissal. Essentially this connotes dismissal contrary to contract. Unfair dismissal, quite simply, means dismissal contrary to the UDA. The teerm bears no relation whatsoever to the meaning that would be ascribed to it by the man in the street. It is defined in s.1 of the Act of 1977 as follows:

(a) The termination by his employer of the employee's contract of employment with the employer, whether prior notice of the termination was or was not given to the employee;

(b) the termination by the employee of his contract of employment with his employer, whether prior notice of the termination was or was not given to the employer, in circumstances in which, because of the conduct of the employer, the employee was or would have been entitled, or it was or would have been reasonable for the employee, to terminate the contract of employment without giving prior notice of the termination to the employer, [this is known as contructive dismissal]; or

(c) the expiration of a contract of employment for a fixed term without its being renewed under the same contract or, in the case of a contract for a specified purpose (being a purpose of such a kind that the duration of the contract was limited but was, at the time of its making, incapable of precise ascertainment), the cesser of the purpose.

The same section defines "an employee" as one who works under a contract of employment and such a contract is defined as

a contract of service or of apprenticeship, whether it is express or implied, and (if it is express) whether it is oral or in writing.

Office-holders are not covered by the Act. The distinction between employees and office-holders relates not only to the rights of these workers but also and most importantly to their remedies.

In Ireland the criterion applied by the civil courts to determine the relationship of employee is that of control whereby the subordinate nature of the relationship is regarded as central to the contract of employment: *Roche* v *Kelly & Co Ltd* [1969] IR 100. Whether or not the courts would apply that test today is open to doubt. Its many defects are self-evident. The EAT recently invoked a different test when interpreting the UDA: *Kirwan* v *Dart Industries Ltd & Leahy* UD 1/1980. It followed what is known in Britain as the mixed test. This test is applied in two stages. The first question to ask is whether there is control. This is a necessary but not a sufficient test. It must then be determined whether the provisions of the contract are consistent with its being a contract of service. There may be indications, e.g., that a worker is an entrepreneur rather than an employee. Classification is an issue of law not fact.

The term office-holder is sometimes used to describe those in positions of authority in a variety of public or private institutions. In *Glover* v *BLN Ltd* [1973] IR 338 Judge Kenny described the characteristic features of an office

"it is created by Act of the National Parliament, charter, statutory regulation, articles of association of a company or of a body corporate formed under the authority of a statute, deed of trust, grant or by prescription, and . . . the holder of it may be removed if the instrument creating the office authorises this."

The presence or absence of a contract is not the feature which distinguishes an office from ordinary employment. In Ireland the predominant view is that civil servants are office-holders (see Civil Service Regulation Act, 1956, s.5). In general, case-law is unhelpful as to what constitutes an office-holder. The classification of occupations is a task matched in difficulty only by that of formulating principles to justify their special treatment. Judge Kenny's description above is unhelpful as it includes references to persons whose employment is regulated by statute. When it comes to this category there are two types of employment to consider. First, the *vires* of a particular body in regard to termination of employment may be defined by statute. Secondly, dismissal may be in breach of a prohibition upon termination of employment imposed by statute or by statutory regulation. Garda (Police) and Army officers are relatively straightforward examples of workers whose employment is regulated by statute.

II. PROCEDURES PRIOR TO TERMINATION

Statutory Notice as to Procedures

The statutory requirement that an employer should furnish a written statement of terms of employment to an employee on request when first enacted did not require the statement to contain any reference to disciplinary or dismissal procedures (Minimum Notice and Terms of Employment Act, 1973, s. 9). But this omission has been remedied and the law now states (UDA, s. 14(1)) that an employer whether requested to or not must give an employee, not later than 28 days after he enters into a contract of employment, a notice in writing setting out the procedure he will observe before and for the purpose of dismissing the employee. This statutory requirement has had considerable impact and many employees have incorporated dismissal procedures into the written terms required under s.9 of the Act of 1973. Where a procedure exists concerning dismissal, the Irish courts have held that the procedure must be observed in accordance with constitutional fairness: *Glover* v *BLN Ltd* [1973] IR 338.

Common Law-Notice

In order to terminate the contract of employment the worker himself must be notified but there are no specific requirements as to the form and contents of this notification. Nor does a worker's trade union, if he has one, have to be informed although it is good industrial relations practice for an employer to contact a worker's union representative. Equally, there is no requirement that any public authorities should be notified.

At common law the most frequent form of dismissal arises where a contract is terminated with due or with reasonable notice. The contract of employment is subject to an implied term allowing it to be terminated by the unilateral act of giving notice. If an employer gives notice of the length which the contract requires, or the minimum statutory notice which the law requires, if that is greater, the contract is lawfully terminated. Generally in the absence of an express term in the contract or of a statutory provision concerning dismissal, or where there is no contract, the law requires that reasonable notice be given.

"The question, what is reasonable notice, depends upon the capacity in which the employee is engaged, the general standing in the community of the class of persons, having regard to the profession to which the employee belongs, the probable facility or difficulty the employee would have in procuring other employment in the case of dismissal, having regard to the demand for persons of that profession, and the general character of the services which the engagement contemplates."—*Warren* v *Super Drug markets Ltd* [1965] 54 DLR (2d) 183

Today the matter depends upon status more than anything else. For instance, a year's notice has been held appropriate for the managing director of a company.

Parties may conclude a "permanent" contract, i.e., one which is apparently incapable of termination by notice. In *Walsh* v *The Dublin Health Board* [1964] 98 ILTR 82, Mr. Justice Budd discussed the meaning of "permanence." In the case of a contract of service, a person may be said to be 'permanently' employed when he is employed for an indefinite period on the regular staff of a particular employer, as distinct from persons taken on casually for a temporary or defined period. That did not necessarily mean that such a person has a contract of employment for life. On the other hand, a person may be given "permanent" and pensionable employment where, under his contract, he holds employment for life or for life subject to the right of an employer to dismiss him for misconduct, neglect of duty or unfitness. This may mean employment is to last until the employee reaches full pensionable age, subject to the rights of the employer just mentioned.

"As to what is meant, and should be implied as being in the contemplation of the parties, depends upon the true construction of the whole contract viewed in the light of the surrounding circumstances and all relevant matters".

Budd J. expressly followed the reasoning of the House of Lords in *McClelland* v *NI General Health Services Board* [1957] I WLR 594 that an offer of permanent and pensionable employment without more would be properly construed as a hiring for an indefinite period terminable on reasonable notice.

Statutory Notice

In manual and blue-collar employment, the implied period of notice was scarcely reasonable by any social or economic standard (it was frequently one week). Inadequate periods of notice of dismissal could no longer be overlooked when they occurred in situations of mass redundancy and often, too, in areas of high unemployment. In 1973 the Oireachtas attempted to remedy the deficiency by enacting the Minimum Notice and Terms of Employment Act. The Act lays down minimum periods of notice for every employee as defined therein. The definition excludes self-employed persons and ex-employees.

Section 4 provides that where the employee has been employed for at least 13 weeks, the employer is required to give him notice of dismissal which satisfies certain minimum requirements:

Period of continuous service	Notice required
13 weeks to 2 years	Not less than 1 week
2 years to 5 years	2 weeks
5 years to 10 years	4 weeks
10 years to 15 years	6 weeks
15 years and over	8 weeks

According to section 4 of the Act, the minimum period of notice required of an employee to terminate his contract of employment is, in all cases, not less than one week, provided the employee has been in continuous service for not less than 13 weeks. This represents a welcome attack on the old contractual principle of mutuality, hallowed by the common law, under which an employer and employee respectively are required to give identical periods of notice to terminate the contract of employment.

The statutory periods replace any shorter ones specified in the contract but may be displaced by an express contractual requirement of a longer period of notice. Equally, custom and practice, or any other method of implying better terms may suffice. Common law implications apply during the first 13 weeks of employment. They also apply to office-holders such as established civil servants, members of the Garda Síochána and of the Defence Forces, and to certain other groups (e.g., sailors, fishermen) expressly excepted under the Act.

As far as ordinary as well as statutory dismissal is concerned, there is no question of a worker being given time off to seek other employment during the notice period.

The Unfair Dismissals Act—Procedural Due Process

One indirect consequence of the UDA is that employers today place far greater emphasis on procedural fairness. The need for an employer to establish the reasonableness of dismissal has already been mentioned. Determinations of the EAT have made a considerable impact on the procedures adopted by management, in particular with regard to warnings of dismissal and adequate hearings.

With the exception of cases of gross misconduct, serious ill health or other circumstances entitling an employer to dismiss without notice an employer is normally expected to give a final formal warning before dismissing an employee although as a matter of law the omission of a warning will not render a dismissal unfair. A typical example of an agreed procedure for dismissal might be—

(a) a verbal warning to be given to the employee by his supervisor

(b) a formal warning in writing to be given and where appropriate a copy to his shop steward

(c) a final warning in writing to be given and where appropriate a copy to his shop steward

(d) suspension

(e) dismissal in the absence of a settlement.

Ideally an employer should have a disciplinary procedure providing the right for an individual to be informed of complaints against him and to be given an opportunity of stating his case before any decisions are reached. A denial of trade union representation may amount to a breach of natural justice. In cases involving misconduct the correct procedure will generally be to suspend an employee pending a full and proper enquiry into his conduct.

III. JUSTIFICATION OF TERMINATION

Justification of termination is dealt with differently in each of the three jurisdictions mentioned.

The Constitution

Here, an employer may try to justify dismissal on the basis that he is exercising a common law right which he is perfectly entitled to do. The point was considered in *Meskell's* case, above, p.4. Judge Walsh was unequivocal that

"To exercise what may be loosely called a common-law right of dismissal as a method of compelling a person to abandon a constitutional right, or as a penalty for his not doing so, must necessarily be regarded as an abuse of the common-law right because it is an infringement, and an abuse, of the Constitution which is superior to the common law and which must prevail if there is a conflict between the two."

Alternatively an employer may seek to justify his action by calling in aid a constitutional right of his own which he regards as meriting protection. Constitutional rights—and this applies to employers and employees alike—must be exercised having regard to the rights of others. Once it is sought to exercise these rights without regard to the rights of others, or without regard to the harm that may be done to others, what is taking place is an abuse and not the exercise of a right given by the Constitution. Such abuse ranks equally with infringement of the rights of others and is condemned by the Courts. In such circumstances the courts are involved in a balancing act.

Common Law

At common law the matter is entirely governed by contract. Although a strain of language, perhaps, one might say a particular dismissal was "justified" where due or reasonable notice had been given. More to the point, one might say termination was "justified" because the employee had himself repudiated the contract of employment. Termination of employment without notice constitutes a lawful dismissal only where there are grounds which the law regards as sufficient to justify the dismissal. If these grounds do not exist an employer will be held to be in breach of contract and liable to pay damages for wrongful dismissal.

In *Carvill* v *Irish Industrial Bank Ltd.* [1968] IR 325 Kenny J. attempted an exposition of the law. The grounds relied on, to justify a dismissal without notice of an employee, must be actions or omissions by the employee which are inconsistent with the performance of the express or implied terms of his contract of service.

"One of these implied terms is that the employee will have that degree of competence which he has represented himself as having at the time when he was originally employed; another term is that the employee will conduct his employer's business with reasonable competence. The incompetence relied on to justify summary dismissal must, however, be judged by reasonable standards, and the employer must establish that an error was caused by incompetence and not by mistaken judgement or human error. An error relied on to justify summary dismissal must be consistent only with a high degree of incompetence and this must be judged by the standards which prevail among people in Ireland who are engaged in business.''

Those who are in business have sometimes to take risks, but in judging the behavior of commercial men, the judge had to bear in mind that they often take calculated risks.

"Another implied term of the contract of service between an employer and an employee is that the employee will act honestly towards his employer and that the employee will not take or misuse the employer's property or divert to himself profits or property which belong to the employer.''

The Unfair Dismissals Act

It is precisely because the common law is based on contract and hence leaves managerial prerogative virtually unchallenged that the statutory jurisdiction assumes a vital role. Under the Act an attempt is made to reconcile fairness in the interests of both parties. First of all, the employer's reasons for dismissal must be identified. Secondly, whether the reason was one which is deemed fair or unfair, or whether there were other substantial grounds for dismissal, an employer must be able to justify his decision to dismiss. The test of reasonableness is applied to determine the fairness or unfairness of his action.

The burden of proof lies with an employer to establish the reason or reasons for dismissal. To avoid a preliminary finding of unfairness he must establish not only what his reasons was but also that the reason fits within one of the general categories to be regarded as "fair" by the Act, namely, that it concerns

    (a) the capability, competence or qualifications of the employee for performing work of the kind he was employed to do,

    (b) the conduct of the employee

    (c) the redundancy of the employee, or

    (d) that the employee was prohibited by statute from continuing to employ the individual in his job,—s. 6(4) UDA, 1977.

If dismissal did not result wholly or mainly from one or more of these matters there must have been "other substantial grounds" which justified dismissal: s. 6(6). To meet the burden of proof at this stage an employer must show that this reason was one that *can* justify the dismissal not one that necessarily *does* justify it.

Certain reasons for dismissal are deemed unfair under ss. 5 and 6 of the UDA. Section 5 concerns dismissals for participating in strike or other industrial action. Dismissal of an employee in such circumstances is deemed unfair if

    (a) one or more employees of the same employer who took part in the strike or other industrial action were not dismissed for so taking part, or

    (b) one or more of such employees who were dismissed for so taking part are subsequently offered reinstatement or re-engagement and the employee is not.

This obscure section has only been invoked once or twice. Subss. 2 and 3 of s. 6 deem the following grounds unfair, namely,

    (a) trade union membership or activities

    (b) religious or political opinions

    (c) involvement by an employee in civil or criminal proceedings against or involving an employer

(d) race or colour

(e) pregnancy

(f) maternity

(g) unfair selection for redundancy.

These reasons do not constitute automatically unfair grounds for dismissal because subss. 2 and 3 of s. 6 begin

"without prejudice to the generality of ss. (1) of this section . . ."

and subs. (1) deems every dismissal unfair for purposes of the Act unless, having regard to all the circumstances, there are substantial grounds justifying the dismissal. Reasonableness enters the Act, therefore, at every point.

In contrast, where constructive dismissal is alleged, "justification" is, so to speak, the employee's prerogative. The emphasis or process of investigating claims is quite different here. Constructive dismissal is defined in s. 1(b) of the UDA (p. 13 above). The first stage of the EAT's enquiry focuses on the employer's behaviour. so closely related that it would be difficult to call it a second stage is the employee's response to that behaviour. Either of two interrogatories will then be raised. Was the employee entitled in a contractual sense to resign or otherwise to terminate his contract of employment, or, was it reasonable for him to do so? An examination of one or more of the reasons deemed fair or unfair within the Act may be relevant. As a final step it will be necessary to enquire whether dismissal was reasonable in the light of all the circumstances.

IV. RECOURSE OR APPEAL PROCEDURE

General

Where there has been a termination which is not considered justified recourse may take various forms. First of all, there may be a grievance procedure dealing with discipline or dismissal. If so, this is likely to be referred to and if the procedure has been incorporated into the individual worker's contract of employment, the employer without more may be guilty of a breach of contract. A company or firm may provide its own internal system of appeal against dismissal. Formal joint consultation has been developed in a number of private sector enterprises in Ireland and a considerable amount of informal consultation takes place within the enterprise through the trade union representative structure. Consultation reflects the individual company's situation more than anything else. It may take the form of works councils or other such joint bodies. Their brief may or may not concern dismissal. Works Councils normally do not deal with matters covered directly by collective bargaining such as wages and other major terms and conditions of employment. Much therefore will depend on the strength and scope of collective bargaining already in existence.

If a worker is dismissed and he is a member of a trade union, first and foremost he is likely to take his grievance there. If his trade union representative is unable to reverse the tide of termination an employee will hope to rely on his trade union to act on his behalf before the EAT in proceedings under the UDA.

When it comes to legal action, an aggrieved employee is faced with a choice of forum. He may proceed before the civil courts and claim that his dismissal was wrongful. Alternatively, or in addition, he may rely on the Constitution to protect his rights. Or he may initiate a claim under the UDA. This choice is in many ways an artificial one. The common law action is cumbersome, slow, inadequate, and very often expensive. Depending on the sums involved or the nature of the action an employee would claim before either the Circuit or the High Court. Constitutional issues are initiated in the High Court. Again such redress is surrounded by legal paraphernalia and likely to be very costly. It is also, of course, unpredictable. Such actions exist for an elite of workers, mostly office-holders.

By way of contrast the UDA provides relief which is speedy, cheap and informal. I will concentrate on redress under the Act but before doing so I will describe the other avenues very briefly.

To date there is only one example of dismissal recorded in the *Irish Reports* where an employer's decision to dismiss has been held to be in breach of an employee's constitutional rights (*Meskell*, p. 4 above). The plaintiff in a constitutional case will be looking for a declaration as to his rights and if he is successful his dismissal may be declared void and of no effect. Alternatively he may seek to quash the decision purporting to dismiss him on the basis of constitutional principles.

At common law where the action is essentially for breach of constract by far the most important remedy for ordinary employees is damages. Unlike compensation under the UDA there is no upper limit on damages at common law. A claim for damages for wrongful dismissal must be brought within 6 years. In practice it is the only remedy for ordinary employees because specific performance, injunctions or declarations of invalidity of dismissal will not normally be allowed. The contractual nature of the employment relationship precludes equitable remedies. To award, e.g., specific performance would be a contradiction in terms, it is argued, because dismissal legally terminates both the contract and the relationship of employment. To force one person to work for another, it is said, would be to turn contracts of service into contracts of slavery. The general principle underlying the assessment of damages is the contractural principle of *restitutio in integrum*. The courts have applied this restrictively both as to the heads of damages which may be considered and as to the assessment of damages under those heads. Where an employee is wrongfully dismissed he is entitled, subject to the rules on mitigation, to damages equivalent to the wages he would have earned under the contract from the date of dismissal to the end of the contract less anything he has or ought to have earned in alternative employment. He does not get damages for the loss of expected benefits (e.g., bonus payments, overtime, incentive payments or commission) to which he had no contractual right.

For special category workers such as office-holders, the most frequently sought remedies for termination in Ireland are a declaration that dismissal is null and void or an order of *certiorari* quashing an attempted decision to dismiss. More infrequently an injunction may be sought to restrain dismissal. Officer-holders and persons whose employment is regulated by statute constitute the main exceptions to the general rule that equitable remedies will not be granted in the face of wrongful dismissal.

There are on average 1-2 reported cases per year concerning wrongful dismissal. Most concern special category workers and natural justice tends to be their dominant theme.

The most vibrant source of litigation in Irish individual employment law is the UDA. The literal explosion in the number of claims before the EAT proves dramatically how vital is the Act's protection. From the first half year of its existence in 1977 to the last full year for which an annual report is available, 1980, the grand total of cases decided by the EAT under the UDA was 16, 151, 331, and 754 respectively.

The application and interpretation of the Act is entrusted to the rights commissioners and to the EAT. A party concerned may appeal to the Circuit Court from any determination of the EAT (s. 10(4)). Equally, the Minister for Labour may institute and carry on proceedings in the Circuit Court in his name on behalf of an employee against the employer "for redress under this Act" (s. 10(1)). Procedure before the commissioners and the Tribunal differs. Rights commissioners adopt an informal inquisitorial approach and enjoy a wide discretion concerning procedures. Proceedings are held "otherwise than in public," lawyers are excluded except by permission and the commissioners' recommendations are not available to members of the public. There is a right of appeal to the EAT which is more formal and legalistic and where the procedure tends to be adversarial. Likewise where a commissioner's recommendation is not carried out by an employer an employee may bring the claim before the EAT. In certain circumstances an employee may initiate his claim straight away before the EAT.

The EAT was set up in 1967 under the Redundancy Payments Act. It consists of a chairman who is a practising barrister or solicitor of not less than 7 years standing; and since the Redundancy Payments Act, 1979, not more than 5 vice-chairmen and not less than 12 or more than 30 ordinary members who are representative, in equal numbers, of workers and employers. A person may represent himself before the EAT or be represented by, e.g., a lawyer or a trade union official. The annual reports of the EAT refer to the increasing complexity of appeals occasioned by the increased legal representation of parties under the Act of 1977.

A witness before the Tribunal is entitled to the same immunities and privileges as if he were a witness before the High Court. (UDA, 1977 s.8(9)). The Tribunal may take evidence on oath and impose penalties for wilful and corrupt perjury, false evidence and swearing (UDA, 1977, s.8(9)). It may require persons to attend when specified in a notice to that effect or to produce documents in their possession, custody or control which relate to any matter. If a person receives a notice about attendance or the production of documents and refuses or wilfully neglects to observe its terms, he is guilty of an offence and liable on summary conviction to a fine not exceeding £150. The Tribunal has no power to punish for contempt; it is unable to restore the *status quo ante* of the parties pending a hearing of the claim.

What remedies are available to an unfairly dismissed employee? It is sometimes suggested that the UDA impliedly recognises the concept of job ownership. First, the chief remedy is reinstatement not re-engagement or re-employment. *Prima facie*, this recognises that where a job has been wrongly expropriated, the person divested of his "property" is entitled to recover what he has lost or had taken from him: herein is the difference between having a right to a job and simply having a job. Secondly, damages awarded under the Act are not strictly consequential. The Act has been broadly interpreted in this respect. On two occasions, the EAT has declared that

> "The Unfair Dismissals Act, 1977, establishes for an employee a proprietory right to his employment, which, if taken away without there being substantial grounds justifying his dismissal, entitles him to redress for unfair dismissal."

It remains to be seen how true this is in the light of experience. Under section 7 of the Unfair Dismissals Act, 1977, an employee who is unfairly dismissed under the Act is entitled to redress consisting of whichever of the following primary remedies the Rights Commissioner, the EAT, or the Circuit Court, as the case may be, considers appropriate having regard to all the circumstances:

(a) reinstatement by the employer of the employee in the position which he held immediately before his dismissal on the terms and conditions on which he was employed immediately before his dismissal together with a term that the reinstatement shall be deemed to have commenced on the day of the dismissal, or

(b) re-engagement by the employer of the employee either in the position which he held immediately before his dismissal or in a different position which would be reasonably suitable for him on such terms and conditions as are reasonable having regard to all the circumstances.

(c) payment by the employer to the employee of such compensation (not exceeding 104 weeks remuneration in respect of the employment from which he was dismissed calculated in accordance with regulations under s.17 of this Act in respect of any financial loss incurred by him and attributable to the dismissal as is just and equitable having regard to all the circumstances.

Reinstatement requires an employer to treat an employee in all respects as if he had not been dismissed. Where reinstatement is recommended, an unfairly dismissed employee is entitled to any arrears of salary from the date of dismissal to the date of implementation of the order less any Social Welfare benefits received by him. The Tribunal has spelled it out on a number of occasions that the term "salary" includes any benefits, including any salary increases which the claimant might reasonably be expected to have had but for the dismissal. Furthermore, the claimant will have restored to him all rights and privileges (including seniority and pension rights, if applicable) which he might reasonably be expected to have had but for the dismissal.

An employee may be re-engaged in a different job provided it is comparable to the old one or is otherwise suitable. The terms and conditions of the new job may differ from the old. A person may be re-engaged only by his former employer.

The EAT must determine whether reinstatement or re-engagement is appropriate, and if re-engagement is appropriate, on what terms. The Tribunal is likely to take three main factors into account:

(i) the wishes of an employee;

(ii) the practicability of compliance by an employee or employer; and

(iii) whether an employee caused or contributed to some extent to the dismissal.

The fact that the primary remedies will be awarded only where it is practicable represents a serious qualification to the view that the UDA protects a worker's *proprietas* in employment, thereby achieving a supposed new balance in the employment relationship. The vast majority of claimants before the EAT who are declared to have been unfairly dismissed do not receive their job back. In 1978 out of a total of 65 successful claims the EAT made 10 awards of reinstatement and 4 of re-engagement. In 1979 out of a total of 130 successful claims reinstatement was ordered in 12 cases and re-engagement in one. In 1980 there were 115 successful claims. Reinstatement was awarded in 21 cases and re-engagement in one.

Compensation awards in Ireland are relatively high, thus lending support to the theory that such awards are more than merely consequential remedies, that they attempt to compensate for loss of the job *per se*. "Financial loss" in subs.3 includes

(i) any actual loss and

(ii) any estimated prospective loss of income attributable to the dismissal and

(iii) the value of any loss or diminution, attributable to the dismissal, of the rights of the employee under the Redundancy Payments Acts, 1967 to 1979, or the value of any loss or diminution in relation to superannuation.

Where the Act imposes a limit of 104 weeks' remuneration on awards of compensation, "remuneration" includes "allowances in the nature of pay and benefits in lieu of or in addition to pay": s.7(3).

From the start the EAT has preferred a broad approach in awarding compensation. There is no doubt that the deterrent effect of this upon employers give an employee greater job security. The average award in 1980 was IR£1,732.

Sub-section 2, without prejudice to the generality of the foregoing subsection, say that for the purposes of determining compensation, regard shall be had to

(a) the extent (if any) to which the financial loss referred to in that subsection was attributable to an act, omission or conduct by or on behalf of the employer,

(b) the extent (if any) to which the said financial loss was attributable to an action, omission or conduct by or on the behalf of the employee,

(c) the measures (if any) adopted by the employee or, as the case may be, his failure to adopt measures, to mitigate the loss aforesaid, and,

(d) the extent (if any) of the compliance or failure to comply by the employer or employee with any procedure of the kind referred to in s.14(3) of this Act or with the provisions of any code of practice relating to procedures regarding dismissal approved of by the Minister.

The EAT computes an employee's net loss from dismissal to the date of the hearing, taking into account his basic pay, average bonuses and average overtime pay. Social welfare benefits are deducted. An employee's prospective loss of income also has to be estimated: this involves computing any reduction he is likely to suffer in future net earnings and fringe benefits. Loss of protection in respect of statutory rights under Unfair Dismissals, Redundancy and Minimum Notice Acts will also be computed and an assessment made as to any expenses, perquisites or pension rights lost by an employee as a result of his dismissal.

V. PROCEDURES FOLLOWING TERMINATION

There is no legal requirement that an unfairly dismissed employee be given a certificate of employment nor a character reference of any sort. In this respect Ireland falls below ILO Recommendation No 119 on Termination of Employment (para. 8). If, however, the fact comes to light in proceedings that an employer has refused consistently to provide an employee with a reference, the EAT may take this into account when assessing compensation.

There is no question of priority being given to unfairly dismissed workers when the enterprise again recruits workers.

VI. SPECIAL PROCEDURES IN THE CASE OF WORKFORCE REDUCTION

A worker may lose his job at the initiative of his employer for reasons of workforce reduction or alteration. The Redundancy Payments Acts, 1967–1979, deal with termination in these circumstances.

"Dismissal" for reasons of redundancy is defined in the Act of 1967, s. 9, which enacts that an employee shall be taken to be dismissed if but only if—

(a) the contract under which he is employed by the employer is terminated by the employer whether by or without notice, or

(b) where under the contract under which he is employed by the employer he is employed for a fixed term, that term expires without being renewed under the same or a similar contract, or

(c) the employee terminates the contract under which he is employed by the employer in circumstances such that he is entitled so to terminate it by reason of the employer's conduct.

Redundancy arises in the event of termination of employment where an employer needs fewer employees or fewer employees of a particular kind. This can be for several reasons, such as re-organisation, a trade recession or closure or partial closure of the business. Redundancy may also arise where the employee voluntarily leaves his employment because of the conduct of the employer or in certain circumstances during lay-off or short-time.

The Acts of 1967–1979 apply to employees who

are ages between 16 and old-age pension age at the time of redundancy (i.e., 66 years as and from 6 April, 1980);

have 104 weeks' continuous service and are normally expected to work 20 hours weekly;

are in employment which is insurable for all benefits under the Social Welfare (Consolidation) Act, 1981, as well as to employees who are so employed in the period of 4 years ending on the date of termination of employment.

An employee who has been dismissed by his employer, unless the contrary is proved, is presumed to have been so dismissed by reason of redundancy. An employer intending to make an employee redundant must give an employee written notice (with copy to the Local Employment Office) at least 2 weeks before the date on which the dismissal is due to take effect. However, a longer period of notice may be required by the Minimum Notice and Terms of Employment Act, 1973, and/or the Protection of Employment Act, 1977 (post).

The employer must give the employee the lump sum to which he is entitled under the Acts and completed reply not later than the date when the redundancy takes effect (special provisions exist concerning a redundancy arising from lay-off or short-time). The lump sum required to be paid is calculated as follows:

— one week's pay plus

— a half week's pay for each year of continuous employment between the ages of 16 and 41 years plus

— one week's pay for each year of continuous employment over the age of 41 years.

For the purpose of these calculations, any earnings in excess of £5,000 per annum must be disregarded.

An employer will ordinarily qualify for a rebate of 60 per cent of the lump sum payment. This may be reduced to 40 per cent for failure to comply with the notice requirement.

Disputes under the Acts are referable to the EAT no later than 52 weeks after the date of dismissal. In certain circumstances, the EAT may extend this time limit. In 1979 most of the 504 cases referred to the EAT under redundancy legislation were claims by employees for redundancy payment on the grounds that they were dismissed by reason of redundancy *(Twelfth Annual Report of the EAT, 1979)*.

Unfair selection for redundancy

The UDA concerns redundancy in two ways. First, it will be recalled that a dismissal is deemed fair if the reason therefor was redundancy. Secondly, notwithstanding the fact that a dismissal is for reason of redundancy an employee may try to show he has been unfairly selected for dismissal and hence unfairly dismissed contrary to s.6(3) of the UDA. To substantiate his claim he will have to prove either that his selection resulted wholly or mainly from an inadmissible reason in s.6(2) of the Act or that there was an agreed procedure, that his selection for redundancy contravened this, and that there were no special reasons justifying a departure from the procedure. An agreed procedure (s.6(3)) is one that has been agreed by or on behalf of the employer and by the employee or a trade union or an excepted body under the Trade Union Acts, 1941 and 1971, or which has been established by the custom and practice of the employment concerned. In practice the most important procedures will be those agreed between employers and trade unions. Custom and practice must in any event refer to terms which are well known, certain and clear. It will vary between industries not to say parts of industries. When the EAT assesses the reasonableness overall of dismissal for redundancy it will consider, *inter alia*, the reasonableness of selection. Employers will be required to have thought about the problem of redundancy in good time so as to have formulated a policy. They will be required to have identified factors crucial to selection in their particular circumstances, such as length of service, experience, age, ability, attendance or disciplinary records. Factors such as better management potential, administrative ability, stronger personality, more drive and greater cost consciousness may all outweigh length of service.

Collective Redundancies

The law concerning collective redundancies is found in the Protection of Employment Act, 1977, which implements an EC Directive on the Approximation of the Laws of the Member States Relating to Collective Redundancies (No. 75/129 of 1975). The Act requires exchanges of information and consultation between an employer, the Minister for Labour and employee representatives a full 30 days before the dismissal of certain numbers of workers by reason of redundancy.

"Collective dismissals" or "collective redundancies" mean dismissal on grounds of redundancy during any period of 30 consecutive days of:

at least 5 employees in an establishment normally employing 21-49 employees;

at least 10 in an establishment normally employing 50–59 employees;

at least 10% of employees in an establishment normally employing 100–299 employees;

at least 30 in an establishment normally employing 300 or more employees.

"Establishment means any place where people are employed. "Employees" include every employee—managerial, probationary, manual and so on.

The Act applies to all employers and to employees in any place where a firm employs more than 20 persons, including employees who are not entitled to redundancy benefits. The Act does not cover employees under a contract for a specified period or task (unless the dismissals take place before the end of the period or task); civil servants and certain other State employees; seamen signing on under the Merchant Shipping Act, 1894; other employees exempted by the Minister for Labour; and employees in a firm whose business is being terminated following bankruptcy or winding-up proceedings, or due to a Court's decision.

An employer proposing to create collective dismissals, 30 days before the dismissals are due to take effect, must notify the Minister for Labour. Certain particulars must be specified in the notice (s.12), e.g., the period during which the collective redundancies are proposed to be effected and the reasons for the proposed collective redundancies. The employer must send a copy of the notification to employee representatives (trade union or staff association officials, including shop stewards). He must consult the employees' representative on matters including how to reduce or avoid redundancies and the basis for selecting the particular employees to be made redundant.

The 30 day notice period does not affect the individual period of notice due to each employee under the Minimum Notice and Terms of Employment Act, 1973, so that the two periods can run at the same time provided that proper notice under each Act is given. No contracting-out or waiver of the provisions of the Protection of Employment Act, 1977, is permitted.

The Minister for Labour may bring proceedings for offences under the Act within 1 year of the offence. An individual employee or employees may bring an action outside this period. The Act provides heavy penalties for failure to comply with its requirements. An employer who fails to hold consultations or who begins the redundancies before the 30 day notice expires may plead that substantial business reasons made it impractical for him to comply with the Act. If successful, this plea may serve to reduce or remove any fine.

VII. INCOME SECURITY OF THE WORKER AFFECTED BY A TERMINATION OF HIS EMPLOYMENT

If a person is unemployed he may come under the State Social Welfare scheme. He may be entitled to unemployment benefit and pay-related benefit if he is an insured person. If he is not entitled to unemployment benefit, he may be entitled to unemployment assistance.

Unemployment benefit is payable to insured persons during periods of unemployment. To be entitled to this benefit the claimant must:

  (i) be capable of work and available for work

  (ii) satisfy the contribution conditions and

  (iii) be free from the disqualifications below.

A person is disqualified from unemployment benefit:

(1) if he has lost his employment by reason of a stoppage of work due to a trade dispute at his place of work (except in certain circumstances);

(2) if he has lost his employment through his own misconduct or has left his employment without just cause;

(3) if he has refused an offer of suitable employment;

(4) if he has without good cause refused or failed to avail himself of any reasonable opportunity of receiving training provided or approved by An Chomhairle Oiliúna (the Industrial Training Authority);

(5) if he has not taken advantage of any reasonable opportunity of obtaining suitable employment;

(6) if he is convicted of an offence in relation to Unemployment Benefit.

Payment of unemployment benefit is normally made from the fourth day of unemployment. However, where there is a claim in respect of unemployment or incapacity for work in the preceding 13 weeks, payment may be made from the first day of unemployment. For persons aged under 65, unemployment benefit may be paid for up to 390 days, with certain exceptions. A person who has been entitled to unemployment benefit for, normally, four weeks and who wishes to go to another EC country to look for work may have his Irish benefit paid in that country for up to 3 months.

To qualify for unemployment benefit the claimant must have had not less than 26 contribution weeks of insurable employment for which the appropriate contributions have been paid and not less than 26 contribution weeks registered (paid or credited) in respect of the last complete contribution year before the beginning of the benefit year in which the claim to unemployment benefit is made; for benefit at full rate, 48 such weeks in that contribution year are required.

Contributions are calculated as a percentage of each employee's earnings from insurable employment. The cost of the contribution is shared between the employer and employee. Contributions are charged on the earnings which are used for income tax purposes and for the majority of employees the contributions are collected by the Revenue Commissioners with PAYE income tax. A person may claim in respect of qualified dependents as described in the relevant legislation.

Pay-related benefit is payable with unemployment benefit to persons in particular insurable classes and whose reckonable earnings are in excess of a certain sum per week. Payments may continue for up to 381 days provided unemployment benefit is also payable. There is a benefit limit, depending on the circumstances of the individual recipient. In principle the combined total of pay-related benefit and unemployment benefit may not exceed a person's reckonable weekly earnings, i.e., the earnings on which pay-related benefit was based.

An unemployed person who is not entitled to unemployment benefit may qualify for unemployment assistance provided:

(i) he/she is between ages 18 and 66

(ii) he/she is capable of work, available for and genuinely seeking work

(iii) in the case of a married woman applicant, the applicant must not be dependent on her husband and must have at least one dependent

(iv) he/she satisfies a means test

The rates of assistance vary as between persons living in an urban area and those living elsewhere and according to the means of the applicant and the size of his family. Unemployment assistance may be paid right up to age 66 years provided the prescribed conditions remain satisfied.

VIII. ACQUIRED RIGHTS

Finally I should mention a recent arrival on the statutory scene, of interest to every aspect of termination of employment. Regulations were made in 1980 under the European Communities Act, 1972, for the purpose of safeguarding employees' rights on the transfer of undertakings. These regulation, in operation since November, 1980, implement European Council Directive 77/187/EEC which safeguards the rights of employees in the event of the transfer of ownership of undertakings, businesses or parts of businesses, which entails a change of employer. Where, as a result of such a transfer, a change of employer occurs, the regulations provide *inter alia* for the following:

(1) The rights and obligations arising from an employment contract or relationship are transferred from the original owner to the new owner;

(2) The new owner must continue to observe the terms and conditions of any collective agreement until it expires or is superseded;

(3) An employee may not be dismissed solely on the grounds of a change in ownership of a business; however, dismissals may take place for economic, technical or organisational reasons entailing changes in the work-force;

(4) The original owner (transferor) and the new owner (transferee) must consult the representatives of their respective employees in good time concerning

   (a) the reasons for the transfer;

   (b) the legal, economic and social implications for the employees;

   (c) measures envisaged which may affect the employees.

If the employees have no representatives, the transferor and the transferee must give to their respective employees, in good time, a statement containing the particulars described in (a)(b) and (c) above, and display notices, containing these particulars, in the workplace.

Termination of Employment on the Initiative of the Employer and Income Security of the Worker Concerned

by

PROF. RUTH BEN ISRAEL

Tel-Aviv University

and

MENACHEM GOLDBERG

Attorney at Law

I. GENERAL INTRODUCTION

A. *Sources of the National System*

Labour Law in Israel is composed of rules drawn from a wide spectrum of legal sources, including legislation, collective agreements, individual contracts, custom, case-law and international Labour Conventions.

Since Israel does not have a constitution, Knesset (Israeli Parliament) legislation fulfils a primary function of establishing rules of Labour Law. The Knesset has exercised its power extensively, enacting a long line of labour statutes which regulate the area of industrial labour relations almost entirely, and the field of collective relations to a somewhat lesser extent. Civil legislation in the realm of Contract Law applies to labour contracts as long as no labour statute deals specifically with the question. Thus, since Israel still has no employment contract law, the importance of statutes dealing with general contracts has increased.

In the main, labour legislation is compulsory. This character of labour legislation is one-sided, in that it establishes only a minimum right which may not be diminished but which may be enlarged upon. Enactments by the Knesset are supplemented by auxiliary legislation, the ostensible purpose of which is to provide for implementation of the substantive rights set out in the primary legislation.

The bulk of the rights and obligations of the working population in Israel is established by collective agreements, which are a constant source of normative rights in the sense that their provisions become part of the individual employment contract. In this context, it is also worth mentioning the Extension Orders which the Minister of Labour is authorized to issue, making the terms of general collective agreements applicable to employers and employees who would not otherwise be subject to them.

The individual employment contract serves as a source of labour rights and duties well. However, since more than the ninety per cent of Israeli workers are employed in places of work regulated by collective agreements, the significance of this source is very limited.

In general, the Israeli system of law recognizes custom as a legal source. In many labour statutes, certain rights which were originally recognized by force of custom and practice have crystallized into legislative provisions.

Finally, labour court decisions construe and supplement statutory provisions and collective agreements, thereby establishing rules of Labour Law. The function of judicial legislation is fulfilled not only by judgments of the Labour Court and of the High Court, but also by arbitration awards and the decisions of parity committees.

B. *General Scope of the National System*

Generally speaking, the system of labour relations in Israel relates to all workers equally, notwithstanding the fact that collective agreements and labour statutes are sometimes replete with reference to employees according to various classifications, e.g. employees receiving monthly, in contract to daily, payment, tenured as opposed to temporary workers, the public sector as opposed to the private sector and so forth. In practice, however, the relevance of the various categories is limited to special contexts specified in statutes and collective agreements only.

An example of the distinction according to the wage base is the Severance Pay Law 1963. Under this Law, a monthly employee who is dismissed receives almost twice the amount of severance pay as does a daily employee. Differences among employees according to the wage base classification are also found in collective agreements. Today, most monthly employees are covered by comprehensive pension plans, whereas daily employees still receive basic pensions only. Another example is that while monthly employees must receive at least one month's notice prior to dismissal, two weeks' notice suffices for daily employees.

The distinction between civil servants on the one hand and employees on the other has almost no relevance in Israeli labour legislation. Although a series of laws applying exclusively to civil servants (called the Civil Service Laws) has been passed, the courts have held that the general rules regarding the substance of the employee-employer relationship apply to civil servants as well, notwithstanding that the State is the employer. The various Civil Service Laws do not affect the fact that the relations between the civil servant, as an employee and the State, as the employer, are contractual.

Although Israeli legislation does not provide general definitions of the terms "tenures", "trial-period", "temporary and casual employees", there are various labour statutes which do include rights applying only to specific workers. Usually, an employee must undergo a trial period prior to receiving tenure. The arrangement regulating the trial period may be specified in the employment contract, the collective agreement or in legislation. Consequently, in order to determine the nature of the arrangement and the rights and obligations of the parties concerned, recourse must first be had to the source of that arrangement.

An employee who successfully completes the trial period and continues to work usually receives tenure. Tenured employees enjoy the maximum rights granted by the relevant collective agreements, the individual employment contract and labour legislation.

C. *Concept and Terminology*

The civil aspect of Labour Law is commonly sub-divided into two separate categories: individual Labour Law and collective Labour Law.

Individual Labour Law is a branch of private law, analyzed in accordance with its rules. In Israel, this area is regulated primarily by statute. Collective Labour Law falls within the realm of Public Law, and consequently, the rules of Administrative Law may, in certain circumstances, be applied to this branch of law.

II. PROCEDURES PRIOR TO TERMINATION

A. *Notification on the Individual, Collective and Public Planes*

There are no statutory rules regulating dismissal procedures, and therefore there is no legal requirement of notification on any of the different planes. Nevertheless, some references to the means of notification in cases of dismissal can be found in collective agreements or individual contracts.

In organized enterprises governed by collective agreements, it is common practice that dismissal be effected in writing.

B. *Notice*

Provision for notice of dismissal is implied by force of custom in every employment contract. The employee is not required to work continuously during the period of notice: the employer may relieve him of his obligation to work if he should require time to seek new employment. The first 14 days of the period of notice may not coincide with days of annual leave. If the employee is entitled to notice in excess of 14 days, that additional period may run concurrently with this other period. An employee who is paid monthly is generally entitled to one month's notice; other employees are entitled to two weeks. Since the length of notice is not prescribed by statute, there are sectors in which these periods vary. When an employer has given notice, monies paid to the employee during this period are regarded as wages for all purposes. The employer may, however, choose to make a payment in lieu of notice, in which case the payment is considered as compensation, not as wages. Under such circumstances, the period of notice will not be regarded as days worked for purposes of computing the employee's seniority. The employment relationship is severed prior to that time.

C. *Special Procedures Prior to Termination in the Case of Dismissal for Reasons Related to the Conduct of the Worker*

Collective agreements may include provisions concerning disciplinary matters. One such agreement, signed by the Histadrut (the largest trade union) on the one part and the Industrialists Association on the other part is known as the Code of Discipline. This Code lays down a special procedure for disciplinary hearings, and it sanctions even the denial or limiting of certain rights of an employee when it is proved that he has been guilty of one of the following:

(a) A grievance breach of discipline;

(b) Fighting within the plant, causing serious bodily harm;

(c) Stealing, embezzlement, or sabotage of the work process;

(d) Intentional damaging of materials, tools or machinery;

(e) Intentional wastage of materials;

(f) Transmission of plant secrets;

(g) Flagrantly smoking in an area of the plant where smoking is dangerous;

(h) Working in another place of employment without permission from the management, where such other work is detrimental to the enterprise.

(i) Working in another place of employment during a period of absence due to illness or accident;

(j) Committing a serious felony.

An employee guilty of one of these offences is liable to one of the following punishments:

(a) Temporary discontinuance of work for a given period without pay;

(b) Dismissal without notice and/or partial denial of severance pay;

(c) Dismissal without notice and/or denial of severance pay.

Certain collective agreements provide for the suspension of the employee from his task pending hearings relating to a serious disciplinary offence. Since there is no general statutory provision in this matter, we must rely exclusively upon the terms of the collective agreement. The agreements generally provide for payment of half wages to the employee during the period of suspension. If he is acquitted at the end of the proceedings, he receives his entire salary retroactively.

III. JUSTIFICATION OF TERMINATION

A. *Recognition of the Principle That Termination Must be Justified*

The employment contract, like any other contract, is terminated when the conduct of the parties accords with the conditions for termination. Thus, a contract will be terminated upon dismissal for which it has provided. In such a case, we refer to the dismissal as lawful. Employment contracts which include limitations may be lawfully terminated only as provided for. Let us now consider the various cases of lawful termination.

1. *Termination of an Employment Contract Without Restriction*

When the employment contract makes no provision for the duration of the agreement or for dismissal, it may be terminated at any time, for any reasons and in any manner: an implied term to that effect is contained in the contract. The employer and employee are free and equal parties to the employment contract, the right to terminate having been agreed upon between them. Thus, the employer may dismiss the employee at will, without the employee even being aware of the cause. Indeed, it would not matter if he knew the cause, for he could not alter the effect of the dismissal.

2. *Termination of an Employment Contract in the Light of the Contracts Law (General Part)*

Subsequent to the enactment in 1973 of the Contracts Law (General Part), it may well be that every employment contract contains an implied provision dealing with the right to dismiss. The Law requires the parties to an agreement to act in good faith and in the customary manner in performing their obligations arising from the contract. Hence, the act of dismissal, as the fulfilment of a term of the employment contract, must be performed in good faith and in the accepted manner.

This would constitute a change of the implied term allowing the employer to dismiss his employee at will, at any time and for any reason to an implied term granting the employer the right to dismiss whenever there is just cause. As such, the only form of lawful dismissal would be dismissal for just cause.

B. Reasons Justifying Termination

The employer's right to dismiss may be restricted by statute or by agreement. Only those dismissals which comply with the restrictions are lawful; other dismissals constitute a breach of contract. Limitations on dismissal fall into three categories:

(a) Limitation of the duration of the contractual relationship;

(b) Limitation of the causes for dismissal;

(c) Limitation on procedures for dismissal

There is legislation limiting the right of dismissal, such as s.9 of the Discharged Soldiers (Reinstatement in Employment) Law, which prohibits the dismissal of a discharged soldier for a given period, s.9 of the Employment of Women Law concerning dismissal of a pregnent employee, and ss. 17 and 24 of the Labour Inspection (Organization) Law, dealing with dismissal of safety delegates.

Moreover, not every agreed limitation of the cause for dismissal will be valid: the limitation must be lawful and not in violation of public policy, as required by s. 30 of the Contracts Law. For example, a sexually-discriminatory provision included in a collective agreement was found to be contrary to the international standards stemming from the International Conventions, and therefore, to be against public policy as well.

IV. RECOURSE OR APPEAL PROCEDURE AGAINST A TERMINATION WHICH IS NOT CONSIDERED JUSTIFIED

A. Instances Within the Enterprise

Parity and arbitration committees are the two instruments for resolving labour conflicts within the enterprise, and most labour relations in Israel are regulated by collective agreements which contain provisions prescribing these procedures for resolving disputes. Such procedures include various forums for clarifying disputed matters, beginning with discussions within the enterprise between the employees' representatives, the employees' council or trade union on the one hand, and the management on the other. The first stage of clarification usually takes place within a parity committee comprising representatives of the two parties to labour relations. In legal disputes, the committee takes the form of an internal tribunal with the authority to decide on rights and obligations. Parity committees operate in accordance with the practices developed over the years. Should the parity committee reach a dead end, the dispute is usually brought to arbitration, as many collective agreements contain arbitration clauses. The arbitration clause, like the parity committee clause, must first be examined in order to determine to whom it applies and upon whom it is binding. The question is whether the clause is limited to disputes between the parties to the collective agreement, or whether it also covers employee grievances related to the individual contract.

B. Recourse to the Trade Union

The question of recourse to the trade union arises on two different levels. On the first, recourse to the trade union is had in pursuit of ex-legal assistance. In this framework, the trade union is asked to use all the pressure possible in order to prevent the unfair dismissal. On the second level, however, the trade union is asked to initiate legal proceedings, be it within the jurisdiction of a parity committee, arbitration or the labour court.

Apart from the different possible institutions, there are also differences in the cause of action. The trade union may represent the worker, carrying further the individual dispute based on the infringement of the individual contract; it can also act on the collective plane, if and when a procedure for solving disputes is included in the collective agreement, or if the unfair dismissal constitutes an infringement of the collective agreement as well. In acting thus, the trade union is performing its duty of fair representation.

C. *Recourse to the Labour Court*

The Labour Court is the main mechanism provided by the Israeli legislature for resolving legal disputes between the parties acting within the labour relations system. The Labour Court has exclusive jurisdiction over actions deriving from the employer-employee relationship, and therefore, unjust dismissal litigation is within its jurisdiction. Even if the trade union adopts the dispute and sues on the collective plane, it comes under the jurisdiction of the Labour Court.

D. *Procedure*

The Labour Court Law expressly exempts the court, in all civil matters, from the obligation to follow the rules of procedure and evidence used in the general court system. Only a certain number of procedural issues are regulated by Special Regulations to the Labour Court Law. The Law allows litigants to be represented, should they so choose, by a representative of their organization instead of a lawyer. Also, it is common practice for the parties to represent themselves.

In unfair dismissal litigation, the burden of proof of the dismissal and of its unfairness rests upon the dismissed employee.

F. *Remedies*

When an employment contract is terminated, various forms of relief are available to the employee. Whether all the remedies are available to a given employee, however, depends on the specific circumstances. The employee may not be limited to only one form of relief, or he may not be entitled to any remedy, even though he remains without work. The remedies available to workers are primarily the ordinary, recognized forms of relief such as reinstatement or damages. There are, however, other specific remedies which accompany termination of an employment contract, such as severance pay under the Severance Pay Law, or pension.

1. *Reinstatement: The Principle of Job Security*

The organized industrial relations system in Israel has operated under a policy of job security. It was accepted by the employer and employee organizations that a worker who had successfully completed his trial period would become tenured. The significance of tenure was that an employer was unable to dismiss an employee except for cause as set forth in, and in accordance with the procedure provided in, the collective agreement. Parties to collective agreements were careful to enumerate the causes and procedure for dismissal in the agreement. Thus, the concept of job security was applicable only to the organized workers, and its limits, as determined by the parties, were specified in the collective agreement.

That the labour system functioned as dictated by the concept of job security was not the result of any recognition of the principle in law. It was purely the result of the union's ability to impose its will. Nevertheless, a number of statutes were legislated expressing the idea of the worker's relationship to the plant rather than to his employer. For example, the rate of severance pay is determined on the basis of the time that the employee has worked at the same place, not necessarily with the same employer.

These sporadic efforts notwithstanding, there has been no general legislative endorsement of the principle of job security. Since unions managed their affairs outside the realm of the law, they required no statutory backing, and in some cases, even opposed it. Their total disregard of the legal system was such that they were unaware of certain legal developments which related indirectly to the question of the existence of the principle. These developments originated in the judgments of the Supreme Court and were ultimately expressed in legislation, albeit general civil legislation and not legislation in the realm of Labour Law. In 1970, the Contract (Remedies for Breach of Contract) Law was enacted. In s.3(2) of the Law, there is a symmetrical limitation on the right of specific performance of an employment contract, i.e. the enforcement of a right to give or receive personal labour is prohibited. This provision, as subsequently contrued by the Supreme Court, essentially prevents the implementation of the principle of job security.

The situation changed in 1973, when the National Labour Court (established in 1969) clearly established that the principle of job security applies in the framework of organized collective labour relations insofar as a case of unlawful dismissal is involved. In a subsequent decision, however, the Court did make clear that it might not always, under all circumstances, enforce the actual right of the worker to his place of employment: instead, it might simply award damages. This, the significance of the principle of job security to the Labour Court is that in a case of unlawful dismissal the employment contract is not terminated, and the employee is entitled to an order for implementation of his contract which will require the employer to continue paying wages to that employee.

Decisions of the Labour Court in this area were harshly criticized by the Supreme Court, sitting as the High Court of Justice. The Justices of the Court adhered to their position that no condition in an employment contract that has been breached may be enforced, even if there has been an unlawful dismissal. In their opinion, the same rule applies to both an individual employment relationship or an employment relationship derived from and governed by a collective agreement. In other words, just as the principle of job security has no application in an individual employment relationship, it is likewise of no relevance where the relationship is regulated collectively. The single concession which the High Court was willing to make was to recognize that the principle might have some limited, operative significance on the collective level. Despite such criticism from the Supreme Court the Labour Court did not alter its position.

2. Damages for Breach of Contract

A wrongfully dismissed employee who has consented to view his dismissal, unlawful though it may be, as rescinding the employment contract, is entitled to compensation for the damage resulting from the breach of contract. These damages vary in accordance with the kind of agreement breached, and in accordance with the category of limitations on the right to dismiss, if any, contained in the contract.

When the employment contract is of indefinite duration and contains no restrictions as to termination other than the term implied by force of custom concerning notice, and when the employee is dismissed without such notice having been given, he is entitled to damages.

A tenured employee is considered to be employed under a contract of indefinite duration. Under these circumstances, the terms of his contract are determined by collective agreement inasmuch as the concept of tenure has no validity other than in the framework of organized labour relations. When an employer wrongfully dismisses a tenured employee, the latter is entitled to damages which include not only payment *in lieu* of notice, but also compensation for damage likely to be sustained by the employee as a result of his not being employed in the future by this employer. In many cases the employee is entitled to extended damages which include compensation for loss of future wages, although the Labour Court has not yet established clear guidelines as to the manner in which such damages are to be determined. The cases tell us only that one must take into account the fact that the particular employee might have ceased working in the future for a variety of reasons, the chances that the employee will secure employment elsewhere and the fact that he will be receiving a sum in hand as against loss of future income. Similarly, the age, background and profession of the employee, his chances of being absorbed into a new enterprise and his status in such new place of employment are all relevant factors in computing damages.

An employee contracted for a limited period who is wrongfully dismissed is entitled to damages equal to the value of the entire remaining wage that he would have received if the employment contract were fulfilled in entirety. On rare occasions an employee contracted for a limited period or for a limited objective who has been wrongfully dismissed may be awarded damages exceeding the wages lost. This occurs when the employee is entitled not only to receive wages but also to perform the work itself. In other words, where the remuneration to which the employee is entitled by virtue of the contract is not only a wage, but also the acquisition of a reputation, damages may be increased accordingly.

The question of whether the employee has a duty to mitigate damages by seeking other employment has been raised on several occasions. The Court holds that the employee must make an effort to reduce damages, and it is prepared to require him to do so even under circumstances in which the Court recognizes the wages as being an amount designed to realize the employer's responsibility for damages.

V. PROCEDURES FOLLOWING TERMINATION

A. *Certificate of Employment*

According to several Collective Agreements, an employee who was dismissed or has resigned is entitled to a Certificate of Employment. There is, however, no law compelling the employer to supply such a Certificate. Under the Contract of Employment Bill (yet to be passed as law), in the case of termination an employee is entitled to a certificate from his employer which must include details of the duration and type of employment.

B. *Priority of Re-hiring*

According to most collective agreements, any employee who has been dismissed due to redundancy has priority of re-hiring when the enterprise recruits new employees again. Under the Rules of the Service, promulgated by virtue of the Employment Service Law, 1959, where a collective agreement gives priority to re-hiring a formerly redundant employee, he will be sent to work, as first priority, to the enterprise in which he was formerly employed.

C. *Notification—Bodies in Charge of Unemployment Benefits*

In any case of termination of employment, it is not necessary to notify the National Insurance Institute, the body in charge of unemployment benefits.

VI. SPECIAL PROCEDURES IN CASE OF WORKFORCE REDUCTION

A. *Authorisation of Public Authorities*

Authorisation of the public authorities for a reduction in workforce is necessary only in the following cases:

1. According to the Employment of Women Law, 1964, a tenured employed woman may not be dismissed during the period of her pregnancy or during her maternity leave (i.e. twelve weeks, up to six weeks of which may be taken before the estimated day of delivery).

2. The Minister of Labour is entitled by law to permit the dismissal of a pregnant employee, except if the dismissal is, in his opinion, connected with the pregnancy.

3. Under the Regulations to the Discharged Soldiers (Reinstatement in Employment) Law, 1949, no war invalid or close relative of a person who died during military service, who is employed by force of an order issued under the Regulations may be dismissed, nor his resignation accepted, without the approval of a special committee established under the Regulations.

4. According to the Apprenticeship Law, 1953, the relationship between employer and apprentice may be severed by both parties up to the first six weeks of employment.

An employer is entitled to sever this relationship if the apprentice has interrupted his work without a reason approved as sufficient by the Inspector of Apprenticeship, and does not return to work within fourteen days.

B. *Consultation and Negotiation With Worker's Representatives*

Consultation and negotiations with the trade unions prior to dismissals must take place according to most, if not all, collective agreements.

Under some of the agreements, the parties are obliged to consult and negotiate about whether the dismissal is indeed necessary, and if it is, agreement must be reached as to the list of the dismissed employees.

In most of the collective agreements, it is the employer who decides upon the necessity for dismissing employees, and the parties (employer and union) must agree on the list of employees to be dismissed.

C. *Measures to Avoid Workforce Reduction*

The only legal measure to avoid workforce reductions by law is mentioned in the Hours of Work and Rest Law, 1951. The Minister of Labour may, if he considers it necessary for the purpose of increasing employment, prohibit or restrict the employment of employees during overtime hours, even if such "overtime" is generally allowed by the Law or licensed by virtue of the Law.

In several cases, agreement has been reached between an employer and the union that all the employees will take unpaid leave in rotation for an agreed period, to avoid dismissals in the enterprise.

D. *Criteria for the Selection of the Workers*

In most collective agreements, there are two criteria for the selection of the workers to be affected by a reduction of the workforce:

1. The needs of the enterprise.

2. The seniority of the worker and his social condition.

In those cases in which the parties (management and unions) do not agree upon the list of redundant workers, the matter is referred to a parity committee, and should the committee not reach a decision, the matter is transferred to arbitration.

E. *Mitigation of the Effects of Workforce Reduction*

Measures designed to mitigate the effects of a workforce reduction include special training arranged by the government, unemployment benefits paid by the National Insurance, and severance pay paid by the employer.

VII. INCOME SECURITY OF THE DISMISSED WORKERS

A. *Benefits Paid by the Employer*

According to both the Severance Pay Law, 1963, and collective agreements, a worker who is dismissed is entitled to severance pay.

The rate of severance pay for salaried employees is one month's wages per year of employment, and for wage earners, two weeks' wages per year of employment. In many collective agreements, wage-earners are entitled to a higher rate of severance pay, e.g. three weeks' wages per year, and in cases of long seniority, even a month's wages.

In many public services (e.g. government, municipalities etc.), redundant employees over the age of forty are entitled, after ten years of work, to monthly pensions from the employer instead of severance pay. The rate of the pension is usually two percent of the salary per year of employment. In many cases, the rate of severance pay or pension is higher than that mentioned above, by virtue of ad hoc agreements between management and unions.

Severance pay must be paid not later than sixty days after the termination of work, and the pension must be paid monthly. Up to a certain, quite substantial amount, severance pay is not liable to income tax.

B. *Benefits Paid by the Unemployment Insurance*

Unemployment insurance is a branch of the National Insurance system, and both employers and employees contribute to it monthly.

The unemployment allowance is paid to an unemployed person who has completed the qualifying period and has reached the age of twenty (and in certain cases, the age of eighteen years, if, for example, he is the sole supporter of his family) and is not over the age of sixty-five in the case of a male and sixty in the case of a female.

The qualifying period is one of the following:

(a) 100–180 days (depending on the particular circumstances) for which unemployment insurance contributions were paid in the 360 days immediately preceding the first of the month in which the period of unemployment began;

(b) 225–270 days (depending on the particular circumstances) for which unemployment insurance contributions were paid in the 540 days preceding the first of the month in which the period of unemployment began.

A person is considered to be unemployed for the purposes of the unemployment allowance when—

(1) he is registered with the Labour Exchange as out of work;

(2) he is willing and able to work in his trade, or to do any other work suited to him; and

(3) the Labour Exchange has not offered him work as aforesaid.

"Suitable work" is defined as—

(a) a type of work with which the worker was mainly occupied during the last three years, or other work adapted to his vocational training, level of education, state of health and physical fitness;

(b) a type of work, the remuneration for which is at least equal to the unemployment allowance;

(c) work which will not require a change of place of residence.

The daily unemployment allowance is calculated as a percentage of the average daily wage, combined with the average wage of the unemployed worker in the last three months of employment.

An unemployed worker is not entitled to unemployment allowance for each first five days of unemployment; the maximum payment to which he is entitled is 138–175 days per year, depending on the particular circumstances.

A minor who has completed his fifteenth year is entitled, under certain conditions, to an unemployment grant.

C. *Other Benefits*

According to the National Insurance Law, an old age pension is paid to a male of 65 years or a female of 60 years, if the income of the insured person falls below a certain amount; at the age of 70 for a male and 65 for a female, the old age pension is paid to every insured person, whether or not he is working.

Workers insured in pension funds are entitled to old age pensions at the age of 65 for a male and 60 for a female, without any prior conditions.

Il licenziamento e le garanzie del reddito del lavoratore in caso di disoccupazione

del

PROF. EDOARDO GHERA

Ordinario di Diritto del Lavoro
Università di Roma

CAPITOLO I. CENNI PRELIMINARI

1. *Le Fonti*

L'evoluzione della disciplina del licenziamento nel diritto italiano, é caratterizzata dalla progressiva introduzione di una normativa limitativa del potere dell'imprenditore di disporre la cessazione del rapporto di lavoro. Questa evoluzione può essere considerata come la manifestazioni di una linea di tendenze storicamente affermatasi a partire dagli anni successivi alla crisi del dopo-guerra (1945–1947) e all'entrata in vigore della Costituzione del 1948.

In precedenza il Codice Civile del 1942, all'art. 2118, sanciva il principio del recesso libero c.d. *ad nutum* dal contratto di lavoro: tale impostazione si ispirava ad una visione liberale del diritto, secondo cui le parti, nel rapporto di lavoro, sono da considerare come poste su di un piano di eguaglianza *formale*.

L'unico limite, previsto in questo contesto, era dato dall'obbligo reciproco di dare un preavviso o, in mancanza, dal versamento di una indennità sostitutiva.

Solo in vie eccezionale, e precisamente in presenza di una, si ammetteva il recesso immediato e cioé senza preavviso.

Al modello del codice civile si ispira il codice della navigazione in relazione ai contratti di arruolamento marittimo ed aereo (v. artt. 240 ss.; 913 ss. cod.nav.).

Particolari limitazioni, consistenti nella sospensione temporanea degli effetti del licenziamento, sono poi previste in presenza di situazioni di particolare debolezza del lavoratore: infortunio, malattia, gravidanza, puerperio (art. 2110 cod.civ.); chiamata alle armi (D.L.C.P.S. 13 settembre 1946, n. 303); chiamate alle pubbliche funzioni (art. 51 Cost.), ed altre che saranno di seguito esaminate.

Come si vede, il sistema del Codice civile non prevedeva limiti *al potere* ma soltanto agli effetti del licenziamento. L'esigenza di garantire la stabilità dell'occupazione si é venuta gradualmente affermando sul terreno della contrattazione collettiva dell'industria: in tale settore si é venuta formando una disciplina limitativa della cessazione del rapporto le cui fonti sono rappresentate dagli accordi intercondeferali successivamente intervenuti nel 1947, nel 1950 e nel 1965, sui licenziamenti individuali e collettivi per riduzione del personale.

Questa disciplina contrattuale é stata successivamente perfezionata e conso-lidata con la legge 15 luglio 1966 n.604 (sui licenziamenti individuali), con la quale si é disposto che la legittima risoluzione del rapporto, da parte del datore di lavoro, dev'essere subordinata all'esistenza di una *"giusta causa"* o un *"giustificato motivo"*. Tale disciplina legislativa, poi, é stata profondamente modificata, per il settore delle imprese di una certa dimensione (almeno 16 dipendenti), dall'art. 18 della legge 20 maggio 1970, n. 300 (Statuto dei Lavoratori), che ha introdotto la sanzione della reintegrazione o reinserazione nell'azienda (c.d. *stabilità reale*) in caso di licenziamento illegittimo.

Diversa é stata la evoluzione della disciplina dei licenziamenti collettivi: in questa materia, infatti, sono tuttora vigenti le norme dell'Accordo del 1965, mentre le maggiori innovazioni si sono avute in seguito all'estensione, ai lavoratori minacciati da licenziamento per riduzione di personale, delle misure di sicurezza sociale del sistema dell'integrazione salariale agli operaie agli impiegati temporaneamente disoccupati (si v. le leggi n. 1115 del 1968, n. 464 del 1972; n. 164 del 1975; n. 675 del 1977 e successive modificazioni). La ragione di tale estensione può essere ricondotta alla volontà politica di proteggere il rischio della disoccupazione attraverso l'impiego di strumenti di tipo *preventivo,* rivolti cioé non ad alleviare lo stato di disoccupazione ma ad evitarlo salvaguardando il più possibile l'occupazione la cui garanzia é sancita dall'art.4 della Costituzione (diritto al lavoro).

2. *I Soggetti*

Il sistema normativo italiano, in materia di licenziamenti individuali, presenta un triplice ordine di esclusioni: uno di carattere quantitativo attinente alle dimensioni dell'azienda in rapporto; uno di carattere "qualitativo" (attinente alla natura dell'attività o settore produttivo); uno, infine, qualitativo attinente al tipo della prestazione lavorativa.

Le norme restrittive del potere di licenziamento (L. n.604 del 1966, art. 11) si applicano a tutti i datori di lavoro, imprenditori e non che occupino più di 35 dipendenti;[1] sono soggette, invece, al particolare obbligo di reintegrazione del licenziamento illegittimo di cui all'art. 18 Statuto lavoratori, soltanto le imprese ed esclusivamente per le unità produttive aventi più di 15 dipendenti, se si tratta di imprese industriali o commerciali, e più di 5, in caso di imprese argricole (art. 35).[2]

Nel caso in cui, poi, nessuno delle due ipotesi surricordate trovi luogo, il lavoratore avrà diritto soltanto alla corresponsione della indennità di anzianità prevista dall'art. 9 L. 15 luglio 1966 n.604 per tutti i casi di risoluzione del rapporto. Queste conclusioni hanno avuto il consenso della Suprema Corte.

Il secondo ordine di esclusioni dall'applicazione della disciplina limitativa del licenziamento va ricollegato alla particolare natura dell'attività svolta dall'imprenditore.

1) *Le imprese di navigazione marittima ed aerea:* si tratta di rapporti speciali in cui non vi é corrispondenza fra le "qualifiche" specifiche di lavoratori addetti e le categorie di lavoratori subordinati ex art. 2095 cod.civ., a cui si applica la legge n. 604. La Corte Costituzionale ha confermato[3] la legittimità di tale esclusione, precisando, però, che la disciplina limitativa ordinaria é applicabile anche a tale rapporto nel caso in cui essa sia richiamata dai contratti collettivi: é da notare, a tale proposito, come la contrattazione é andata estendendo la disciplina in questione anche al rapporto di lavoro nel settore della navigazione aerea e marittima.

Il terzo gruppo di esclusioni riguarda determinati tipi di prestazioni lavorative.

1) *Dirigenti tecnici ed amministrativi:* l'esclusione é prevista dall'art. 10 della L. n. 604 che, richiamando le categorie di prestatiori d'opera di cui all'art. 2095 cod.civ., volutamente tralascia la categoria dei dirigenti. La validità di tale esclusione, fondata sul particolare carattere fiduciario del rapporto, é stata riconfermata dalla Corte Costituzionale.[4]

Lavoratori a domicilio, a causa della mancanza di una vera subordinazione tecnica, e non semplicemente guiridica, nel rapporto.[5]

2) *Datori di lavoro non imprenditori,* che non abbiano alle proprie dipendenze il numero minimo (36) di lavoratori necessario per far scattare l'applicazione della disciplina restrittiva.

3) *Contratti di lavoro a tempo determinato:* tali contratti si estinguono naturalmente alla scadenza del termine previsto. Un qualche successo in giurisprudenza[6] ha conseguito la tesi secondo cui la disciplina limitativa dei licenziamenti sia invocabile in caso di accertata risoluzione discriminatoria *ante tempus.*

4) *Apprendisti:* la Corte Costituzionale ha dichiarato l'incostituzionalità delle norme che escludevano tali lavoratori dalla disciplina limitativa (art. 10 L. n. 604).[7]

5) *Lavoratori anziani:* sono esclusi dalla disciplina limitativa quei lavoratori già in possesso della pensione di vecchiaia o, che pur non avendola, abbiano compiuto il 65° anno di età e siano in possesso di requisiti per ottenere la succitata pensione (art. 11, co.1°, L. n.604).

6) *Lavoratori in prova:* art. 10 della legge n. 604.[8]

7) *Lavoro a tempo parziale:* (part-time): a parte qualche isolata voce, in senso contrario, la giurisprudenza e la dottrina ritengono ricomprendibile tale rapporto fra quelli sottoposti alla disciplina limitativa.

3. *La Tipologia del Licenziamento*

Prima di passare ad esaminare la fattispecie e gli effetti del licenziamento, é necessario soffermarsi brevemente sulla nozione di recesso individuale e sulla tipologia dei vari casi di licenziamento.

L'ordinamento italiano conosce due tipi di recesso individuale dal rapporto di lavoro: le dimissioni, o recesso volontario del lavoratore che esulano dalla materia in esame, ed il licenziamento o recesso volontario del datore. In proposito va osservato come nessuna differenza di carattere strutturale sussista fra le due figure di licenziamento (individuale e collettivo) conosciute dall'ordinamento; la differenziazione deriva dall'applicabilità al licenziamento individuale, della disciplina limitativa e, al contrario, dalla sostanziale inapplicabilità di essa alle misure di riduzione del personale. Di recente, la Corte di Cassazione ha accolto tale impostazione, sottolineando come il licenziamento collettivo non costituisce "fattispecie autonoma" di recesso rispetto a quello individuale.[9]

Tralasciando, per ora, l'approfondimento della definizione del licenziamento individuale (che verrà operato nella parte III—B), é necessario occuparsi della figura del licenziamento collettivo per riduzione di personale.

Si ha questo tipo di licenziamento allorché l'imprenditore adotti licenziamenti multipli e simultanei tendenti ad una riduzione di attività o ad una trasformazione di un settore, di una branca dell'impresa. Questa definizione già deducibile dalla premessa e dall'art. 5 dell'Accordo del 1965, ha trovato la sua conferma definitava nel testo dell'art. 11 della L. n. 604, da cui traspare chiaramente il collegamento fra i licenziamenti per riduzione di personale e l'interesse dell'impresa.[10]

Per chiudere sull'argomento, va sottolineato come il problema della formulazione di una definizone di licenziamento collettivo risulti circoscritto al solo settore industriale: ciò in virtù dell'art. 6 dell'Accordo interconfederale del 1950. Isolati tentativi giurisprudenziali[11] sono stati compiuti nel senso di configurare una nozione *ontologica* di licenziamento collettivo, in quanto tale applicabile a tutti i settori.

CAPITOLO II. LA STRUTTURA E LA FORMA DEL LICENZIAMENTO

1. *La Forma del Licenziamento*

In seguito all'entrata in vigore della disciplina limitative, e nei limiti di questa, si é verificato un sostanziale mutamento del regime dei requisiti formali richiesti per l'attuazione del provvedimento (negotium) di licenziamento.

Secondo l'art. 2 della legge n. 604 il licenziamento deve essere intimato per iscritto e ne deve esser data, poi, la motivazione, anch'essa in forma scritta, qualora il lavoratore ne faccia richiesta entro i successivi otto giorni. Tali formalità—che costituiscono, già di per sé stesse, una remora al licenziamento—sono evidentemente preordinate al controllo dei motivi di recesso (e in particolare, alla precostituzione dei mezzi di prova della loro fondatezza). Inoltre la motivazione formale serve al lavoratore per valutare l'opportunità di una eventuale impugnazione: da ciò il corollario della sostanziale *immodificabilità* della motivazione stessa.[12]

Il problema della forma del licenziamento induce, *per relationem*, quello della sanzione contro lairritualità della comunicazione:secondo l'art. 2 della legge n. 604 siamo di fronte alla inefficacia del provvedimento.

Nell'ordinamento italiano, almeno conariguardo al settore dei licenziamenti individuali, non esiste alcuna norma che istituzionalizzi notificazioni preventive del provvedimento tanto alle rappresentanze dei lavoratori quanto alla pubblica Autorità.

Ricordiamo, poi, come solitamente il periodo intercorrente fra la comunicazione del provvedimento di recesso e la sua attivazione abbia una durata di otto giorni (diversa misura può essere stabilita dai contratti collettivi o individuali di lavoro), salvo il pagamento dell'indennità di mancato preavviso.

2. *Il Licenziamento Disciplinare*

Con l'entrata in vigore dello Statuto dei Lavoratori e, in particolare, della norma dell'art. 7, che regola minuziosamente la procedura da seguire per l'irrogazione della sanzione disciplinare (contestazione, normalmente per iscritto, dell'addebito; audizione, a richiesta, del lavoratore, con eventuale partecipazione di un sindacalista; non irrogabilità della sanzione prima che siano trascorsi cinque giorni dalla contestazione; eventuale impugnazione sospensiva del provvedimento), si é posto in dottrina ed in giurisprudenza il problema della ammissibilità o meno del licenziamento disciplinare. Fra le varie tesi sostenute, la più convincente appare quella che afferma la inapplicabilità, *in toto*, della normativa dell'art.7 al licenziamento: questa ha un senso, infatti, solo per le sanzioni di tipo reattivo derivanti dal potere disciplinare il cui esercizio presuppone la continuazione del rapporto; mentre il licenziamento, in quanto misura espulsiva o risolutiva, non ha tale carattere.[13] La Corte di Cassazione che ha accolto tale tesi ha, però, sostenuto[14] che la normativa posta dal citato art. 7 può trovare applicazione nel caso in cui i contratti collettivi richiamino il procedimento ivi previsto o ne prevedano una analoga per il recesso.

In relazione, poi, alle conseguenze del licenziamento illegittimo per violazionedi tale normativa procedurale, si é sostenuto[15] che essa comporta la nullità del negozio risolutivo con obbligo del versamento di tutte le retribuzioni non percepite e del risarcimento dei danni.

CAPITOLO III. IL LICENZIAMENTO ED I SUOI LILITI

1. *Il Licenziamento come atto Giustificato*

Orginariamente l'ordinamento giuridico italiano (art. 2118 cod.civ. 1942) riconosceva il principio generale della recedibilità *ad nutum* dal contratto di lavoro. Tuttavia con l'entrata in vigore della Costituzione repubblicana del 1948, si é andata facendo sempre più strada la convinzione che il licenziamento dovesse essere giustificato, in quanto esso, se rappresenta per il datore di lavoro al massimo un disagio di natura patrimoniale, per il lavoratore la perdita dell'occupazione può mettere in giuoco il diritto—garantito dall'art. 36 co. 1° Cost.—a condurre una vita libera e dignitosa per sé e per la propria famiglia.

Su questo terreno si é innestata la legge n. 604 del 1966, che—limitatamente alle imprese e alle altre organizzazioni con più di 35 dipendenti—ha introdotto il principio secondo cui il licenziamento deve essere assistito da un ''giustificato motivo'' o da una ''giusta causa''.

2. *Giusta Causa e Giustificato Motivo*

Ai sensi dell'art. 2119 c.c. il contratto di lavoro può essere risolto e, il lavoratore può essere licenziato *in tronco* (e cioé senza alcun preavviso), quando ricorre una causa che non consente la prosecuzione, nemmeno provvisoria, del rapporto. Sulla nozione di ''giusta causa'' la giurisprudenza é divisa: secondo una prima nozione, c.d. *contrattuale*,[16] si ritiene che giusta causa si possa ritrovare solo in relazione ad elementi strettamente connessi con la prestazione lavorativa e l'ambito del contratto. La seconda, c.d. *oggettiva*,[17] ritiene al contrario che nella definizione rientrino anche elementi per così dire estranei al rapporto ma che siano in grado di incidere comunque sulla prosecuzione dello stesso.

A titolo esemplificativo si ricorda che la giurisprudenza considera come giusta causa di licenziamento: i) qualsiasi fatto che concreti una ipotesi di reato; ii) la simulazione della malattia; iii) la violazione dell'obbligo della non concorrenza; iiii) l'alterazione di schede.

In base all'art. 3 della legge n. 604 il lavoratore può essere licenziato, con preavviso, soltanto per *giustificato motivo* che può essere di due tipi: in proposito si distingue tra un *''giustificato motivo c.d. soggettivo''* ed un *''giustificato motivo c.d. oggettivo''*.

In relazione al primo che lo stesso legislatore definisce come notevole inadempimento degli obblighi contrattuali del lavoratore, va notato come tale *colpa* sia sostanzialmente avvicinabile alla giusta causa. Un differenza però esiste, rispetto alla giusta causa, nella misura in cui la seconda presenta una maggiore entità e gravità rispetto alla prima in modo da determinare la improseguibilità, anche temporanea del rapporto. In tutte e due i casi, infatti, il licenziamento é giustificato da un comportamento soggettivo del lavoratore.

Importante, poi, é che sussista una necessaria contiguità temporale fra il momento in cui tale comportamento si é verificato, ed il momento in cui il licenziamento viene dichiarato.[18] Inoltre la volutazione del fatto giustificativo del licenziamento, non và compiuta in astratto, bensì in concreto, accertando (in relazione alla natura e alla qualità del singolo rapporto, all posizione che in esso abbia avuto il lavoratore e, quindi, alla qualità e al grado del particolare vincolo di fiducia che quel rapporto

comportava) la specifica mancanza commessa, considerata non solo nel suo contenuto oggettivo, ma anche nella sua portata soggettiva, specie in relazione alle
particolari circostanze e condizioni in cui venne posta in essere, ai suoi motivi e
ai suoi effetti e all'intensità dell'elemento intenzionale o colposo.[19] Costituiscono,
per es., giustificati motivi soggettivi di licenziamento: i) scarso rendimento del
lavoratore; ii) negligenza nell'esecuzione della prestazione; iii) fatti o comporta-
menti che ingenerino nell'imprenditore il dubbio sulle attitudini del lavoratore
all'espletamento delle sue mansioni.

La seconda ipotesi di giustificato motivo é quella *"obiettiva"*, ai sensi dell'art.
3 L. n. 604 che autorizza il licenziamento anche per "ragioni inerenti all'attività
produttiva, all'organizzazione del lavoro e al regolare funzionamento di essa".

Nell'ambito di questo licenziamento ingiustificato nell'*interesse dell'impresa*
sono da ricomprendere tutti i diversi casi di soppressione di un singolo posto di
lavoro o, alternativamente di sopravvenuta inidoneità del lavoratore in relazione
alle esigenze organizzative (per esempio innovazioni tecnologiche oppure ristrutturazione del lavoro) e produttive (per esempio, modificazione del prodotto o crisi
commerciale) dell'impresa.

Un cenno particolare merita il problema della *malattia* del lavoratore. Al
riguardo vige l'art. 2110 c.c; secondo cui "in caso di infortunio, di malattia, di
gravidanza o di puerperio", il lavoratore ha diritto di assentarsi dal posto di lavoro
e l'imprenditore potrà licenziarlo soltanto una volta trascorso il periodo di tempo
stabilito dalla legge, oppure dai contratti collettivi.

Con riguardo a questa norma si é ritenuto che tra le cause oggettive di licenziamento giustificato si possono ricomprendere: i) il mancato rientro in azienda a
seguito del superamento del periodo c.d. di comporto (durante il quale il lavoratore
ammalato, ai sensi dell'art. 2110 c.c., non può essere licenziato): il problema é
stato risolto in vario senso dalla giurisprudenza:[20] ii) assenze per malattie ripetute
e frammentarie (eccessiva morbilità) che, tuttavia, non superino il periodo di comporto durante il quale il lavoratore ha diritto alla conservazione del posto: sul
problema sono, di recente, intervenute le Sezioni Unite della Corte di Cassazione,[21]
secondo cui—in assenza di una espressa disciplina dettata dalla contrattazione collettiva—il giudice é chiamato a fissare, secondo equità, il periodo massimo di
tempo, oltre il quale il lavoratore potrà essere licenziato a seguito di ripetute o
frequenti assenze per malattia.

3. *Licenziamento per Rappresaglia*

Uno speciale sistema di limiti al potere di disporre il licenziamento deriva dalle
norme dell'art. 4 della legge n. 604 del 1966 e dall'art. 15 della legge n. 300 del
1970 (entrambi modificati dall'art. 13 della legge 9 dicembre 1977, n.903), che
dichiarano *nullo* il licenziamento disposto "per rappresaglia" e cioé per ragioni
ideologiche nonché per motivi sindacali, politici, religiosi, razziali, di lingua e di
sesso, per tutte quelle ragioni, cioé, che costituiscono una chiara violazione del
principio costituzionale di eguaglianza (art. 3). Tale divieto si estende anche alle
imprese che, per le loro dimensioni, non sarebbero sottoposte alla disciplina limitativa dei licenziamenti.[22]

Ulteriori limitazioni al potere di licenziamento sono, infine, previste in favore
delle donne lavoratrici che fruiscono, in determinate situazioni, di un regime preferenziale: per l'art.2 della legge 30 dicembre 1971, n. 1204, le lavoratrici madri
possono essere licenziate, nel periodo di protezione, solo "per colpa grave costi-
tuente giusta causa";[23] nullo é, infine, il licenziamento che sia intimato ad una
donna a causa di matrimonio (l'art. 1 della legge 9 gennaio 1963, n.7).

CAPITOLO IV. LA TUTELA DI LICENZIAMENTO ILLEGITTIMI

1. Rimedi Contro i Licenziamenti Illegittimi

Il campo dei rimedi e delle procedure contro il provvedimento di licenziamento illegittimo é quanto mai ampio e presenta aspetti di particolare interesse.

Le istanze che possono essere attivate dal lavoratore sono numerose, ma mai interne all'impresa.

La legge fondamentale in materia é la L. 11 agosto 1973 n.533 che ha innovato profondamente il sistema della giustizia del lavoro privilegiando fortemente il ruolo del giudice statuendo a danno delle forme di giustizia privata (e, in particolare, dell'arbitrato). In primo luogo, l'arbitrato é ammesso soltanto se previsto dai contratti collettivi di lavoro (c.d. arbitrato sindacale): alle parti é dunque precluso (art. 4) il ricorso all'arbitrato nui contratti individuali. Inoltre l'arbitrato sindacale é sotto-posto inderogabilmente al controllo del giudice:e ciò in quanto i contratti collettivi possono prevedere la composizione arbitrale della lite (c.d. clausola compromissoria) soltanto se ''non si abbia pregiudizio alla facoltà delle parti di ricorrere all'Autorità giudiziaria''.

La clausola compromissoria é nulla, poi, ove la decisione degli arbitri debba essere emanata secondo equità. Tale clausola, infine, é relativa all'arbitrato rituale, cioé all'arbitrato che trova fondamentalmente la sua regolamentazione nel codice di Procedura Civile (art. 805 e ss.) e che é destinato a concludersi con un lodo che, una volta omologato dal Pretore, si pone nell'ordinamento statale come una sentenza.

La legge (art. 5) ammette anche l'*arbitrato irrituale o libero,* cioé l'arbitrato che ormai, essendo esplicitamente previsto dalla legge (v. in precedenza già l'art. 7 ultimo co. L. 5 luglio 1966 n. 604) non può certo definirsi come l'esclusivo prodotto dell'autonomia privata ma si configura piuttosto come uno strumento alternativo alla giurisdizione delle liti: la decisione ha il valore di un *dictum* riferibile in definitiva alla volontà contrattuale delle parti (si tratta cioé di un vero e proprio negozio dispositivo analogo a quello di rinunzia o transazione ed impugnabile, al pari di quest'ultimo, ad iniziativa del solo lavoratore entro il termine di sei mesi ed in forma anche stragiudiziale ai sensi dell'art. 2113 c.c.).

Questo regime di impugnabilità dell'arbitrato sia rituale che irrituale spiega perché le procedure arbitrali trovino assai scarsa applicazione, con l'eccezione dei settori (operai agricoli delle minime unità produttive; dirigenti) in cui—per l'assenza di una disciplina legislativa—la disciplina contrattuale si presenta come migliorativa.[24]

Oltre l'arbitrato sindacale, la legge n.533 prevede le conciliazione della controversia tanto sindacale quanto innanzi ad una commissione intersindacale costituita presso l'Ufficio del Lavoro: in entrambi i casi con salvezza esplicita degli eventuali accordi transattivi raggiunti in tal senso (art. 2113 cod.civ.). Il processo verbale di conciliazione (o mancata conciliazione) stragiudiziale (sia amministrativa che sindacale) acquisisce l'efficacia di titolo esecutivo, e dunque la funzione di vero e proprio *equivalente giurisdizionale,* mediante apposito decreto emesso dal Pretore del lavoro su istanza di parte (e previo deposito presso l'Ufficio del Lavoro se la conciliazione é avvenuta in sede sindacale), il quale ne accerta esclusivamente la *regolarità formale* (art. 411, co. 2° e 3°, cod.proc.civ.).

Passando ad esaminare le istanze giurisdizionali di cui il lavoratore può servirsi per far dichiarare l'illegittimità del proprio licenziamento, ricordiamo come, secondo l'art. 6 della legge n. 604 "il licenziamento deve essere impugnato a pena di decadenza entro 60 giorni dalla ricezione della sua comunicazione, con qualsiasi atto anche stragiudiziale, idoneo a render nota la volontà del lavoratore anche attraverso l'intervento dell'organizzazione sindacale, diretto ad impugnare il licenziamento stesso".

La competenza a conoscere dell'impugnazione é demandata, dall'ultimo comma dell'art. 6 della legge n. 604, al Pretore; tale scelta, riconfermata dallo statuto dei lavoratori e dalla legge n. 533 del 1973, trova la sua giustificazione nella natura monocratica dell'organo giudicante, che offre quindi la posibilità di realizzare un processo che effettivamente abbia i requisiti dell'oralità, dell'immediatezza, della concentrazione.

2. Caratteri del Rito del Lavoro

Poche note si rendono necessarie per illustrare le caratteristiche del procedimento dinanzi al giudice del lavoro.

Le controversie relative ai licenziamenti sono trattate secondo il rito previsto dalla L. n. 533 del 1973, tendente a realizzare un processo orale immediato concentrato.

Il processo si introduce con ricorso nel quale l'attore deve indicare integralmente la domanda, nonché specificare i mezzi di prova di cui dispone. Il ricorso é presentato al giudice che fissa l'udienza. Il convenuto, che deve costituirsi almeno dieci giorni prima dell'udienza, deve, nel suo atto difensivo, "prendere posizione" totale a sua difesa, in fatto ed in diritto.

Di fondamentale importanza é, poi, la norma che stabilisce l'inversione dell'onere della prova in materia di licenziamento: a differenza di quanto previsto in via generale (art. 2697 cod.civ.), in tale tipo di controversia non é l'attore (ovvero il lavoratore) a dover provare che il licenziamento é ingiustificato, bensì il convenuto (datore di lavoro) a dover fornire la prova della causa giustificatrice del licenziamento (art. 5 L. n. 604 del 1966).

Il processo del lavoro dovrebbe avere il suo fulcro in un'unica udienza di discussione , nella quale il Pretore procede all'interrogatorio libero delle parti sui fatti, disponendo, eventualmente, d'ufficio l'assunzione di ogni mezzo di prova ritenuto utile (art. 420 c.p.c.).

Le associazioni sindacali, indicate dalle parti, possono su istanza di parte o per disposto del giudice, rendere informazioni ed osservazioni in giudizio (art. 425 c.p.c.). Le stesse associazioni, inoltre, possono agire in giudizio in qualità di parte per far valere il proprio diritto alla libertà sindacale nei luoghi di lavoro (cfr. art. 28 statuto lav.).

Le sentenze che chiudono il procedimento di primo grado sono dichiarate, *ope legis,* provvisoriamente esecutive (art. 431 c.p.c., nonché art. 18, co. 3° Statuto). Tale esecutorietà, con particolare riguardo all'ordine di reintegra, rimane ferma anche in seguito all'eventuale appello (anche per i crediti essa rimane ferma nei limiti di L. 500.000).

Ricordiamo, brevemente, come di frequente nella pratica giudiziaria si faccia ricorso, per garantire una adeguata protezione al lavoratore, a due importanti norme: l'art. 700 c.p.c. e l'art.28 Statuto.

Con la prima i giudici pongono in essere i c.d. "provvedimenti di urgenza" con cui si tende a tutelare situazioni che sarebbero irrimediabilmente compromesse da una tutela giurisdizionale tardiva (diritto al lavoro, all libertà individuale; necessità di mezzi di sostentamento).

La seconda norma é stata utilizzata più volte per ottenere l'effetto della reintegrazione del lavoratore, adducendo la natura di attività antisindacale del provvedimento di licenziamento. Tale norma é diretta a garantire la tutela di un interesse collettivo del sindacato che, pertanto, é l'unico soggetto legittimato ad agire in base alla disposizione in questione.

Da ultimo ricordiamo come non sia indifferente per il datore di lavoro essere condannato alla reintegrazione ex art. 28 statuto o ex art. 18 statuto: nel primo caso l'inadempimento della sentenza comporterà l'applicazione delle sanzioni penali di cui all'art. 650 c.p. (arresto sino a tre mesi, o multa sino a L 800.000); nel secondo sarà costretto solamente a corrispondere la retribuzione al lavoratore, senza però riceverne la controprestazione lavorativa.

3. Il Sistema delle Sanzioni

Il sistema delle sanzioni previsto dall'ordinamento giuridico italiano per reagire al licenziamento illegittimo, può dirsi caratterizzato dalla esistenza di un duplice regime applicabile ai diversi rapporti di lavoro.

Con la legge n. 604 del 1966 é stato introdotto un regime di "stabilità obbligatoria", caratterizzato dall'alternativa fra la riassunzione del lavoratore (da operarsi entro tre giorni dalla decisione giudiziaria) e la corresponsione al modesimo di una speciale penale risarcitoria (variante da un minimo di 2,5 ad un massimo di 14 mensilità dell'ultima retribuzione, in ragione delle dimensioni dell'impresa, dell'anzianità di servizio, del comportamento delle parti). Con tale regime la legge si adeguò, con mere varianti non decisive, alla soluzione accolta dagli Accordi interconfederali per i licenziamenti individuali nell'industria, del 1950 e 1965.

La Corte Costituzionale é intervenuta nella materia statuendo quanto segue: i) che il datore di lavoro ha piena facoltà di scelta tra riassunzione e pagamento della penale, senza che il lavoratore possa influire su tale scelta; ii) la penale é dovuta in ogni caso e perciò anche quando il rapporto non viene ripristinato per volontà del lavoratore; iii) che non vi é spazio per danni ulteriori oltre la penale.[25]

Questo sistema é stato profondamente modificato—limitatamente alle imprese le cui unità produttive hanno più di 15 addettia seguito dell'entrata in vigore dello Statuto dei lavoratori, il cui art. 18 prevede che l'accertamento della non giustificazione del licenziamento comporta la continuità giuridica del rapporto di lavoro e, quindi, l'ordine del giudice di reintegrare in servizio il lavoratore. Inoltre deve essere risarcito il danno derivato al lavoratore dal licenziamento: esso sarà calcolato dal giudice secondo le regole di diritto comune (art. 1223 ss. cod.civ.), ma non potrà essere inferiore all'importo di cinque mensilità di retribuzione.[26] Il datore di lavoro, poi, a seguito della pronuncia di condanna, pur essendo "libero" di non dar corso alla reintegra, resta pur sempre obbligato alla corresponsione della retribuzione con un incentivo, così, non trascurabile a piegarsi al rispetto della pronuncia. E' prevista infine la facoltà del lavoratore di recedere dal rapporto mediante la mancata ripresentazione, sul posto di lavoro, entro 30 giorni dall'invito rivoltogli dall'imprenditore.

Si é così passati da un tipo di limitazioni aventi efficacia meramente obbligatoria ad un regime di stabilità "c.d. *reale*" caratterizzato dalla esistenza di un vero e proprio diritto del lavoratore alla conservazione del posto di lavoro (c.d. *reintegrazione* o riassunzione in azienda).

Resta controverso, tuttavia, il problema della configurabilità dell'esecuzione forzata dell'obbligo di reintegrazione.[27] Preferibile appare la tesi della non coercibilità dell'obbligo stesso, confermata testualmente dall'art. 18 Statuto che a tutela dei lavoratori c.d. "sindacalisti interni", si limita a disporre per ogni giorno di ritardo nell'esecuzione dell'obbligo primario di reintegrazione una semplice sanzione non coercitiva ma compulsiva di (esecuzione per coazione), consistente nell'obbligo di versare una somma equivalente alla retribuzione al Fondo pensioni costituito presso l'I.N.P.S. (Istituto Nazionale Previdenza Sociale). Tutto questo conferma che non vi é spazio per l'esecuzione forzata degli obblighi di fare o mon fare ex art. 612 c.p.c.

A questo punto, per concludere, ci si può chiedere se nell'ordinamento italiano si possa considerare vigente il principio della *"stabilità nel posto di lavoro"*, almeno limitatamente a quelle categorie di lavoratori nei cui confronti trova applicazione la norma dell'art. 18 Statuto lav. sulla reintegrazione nel posto di lavoro.

Una risposta é stata data dalla Corte Costituzionale, con una serie di sentenze susseguitesi dal 1966 in poi.[28]

Con la prima di tali sentenze la Corte Costituzionale ha riferito il concetto di "stabilità" al rapporto di pubblico impiego. Il concetto di stabilità é stato meglio delineato nelle successive sentenze del 1969 e del 1972. Con esse la Corte ha ritenuto di poter ravvisare una situazione di stabilità "tutte le volte che il rapporto di lavoro subordinato sia caratterizzato da una particolare forza di resistenza, quale deriva da una disciplina che assicuri normalmente la stabilità del rapporto e fornisca le garanzie di appositi rimedi giurisdizionali contro ogni illegittima risoluzione . . . tali da garantire la completa reintegrazione nella posizione giuridica preesistente fatta illegittimamente cessare". Con le successive sentenze del 1979, però, la Corte ha compiuto un vero e proprio salto qualitativo, lasciando aperto il problema se possa considerarsi autentica reintegrazione (e perciò tale da realizzare un vero sistema di stabilità) quella prevista dall'art. 18 che può comportare, al massimo, l'obbligo retributivo, dovendosi escludere la possibilità di esecuzione forzata della pronuncia giudiziale (vedi anche nota). La giurisprudenza di merito, in tema, non ha avuto ancora occasione di manifestare compiutamente la propria posizione.

CAPITOLO V

1. *L'Indennità di Anzianità*

Al termine del rapporto di lavoro deve essere corrisposta al lavoratore, in caso di mancato preavviso, l'indennità sostitutiva del preavviso, pari alla retribuzione che per tale periodo si sarebbe dovuta corrispondere al lavoratore in caso di prestazione lavorativa (art. 2118 c.c.). Inoltre il lavoratore, inderogabilmente, compete l'indennità di anzianità o risoluzione del rapporto (art.2120 c.c.). Tale istituto é stato oggetto di una interessante evoluzione che ne ha modificato la natura da premio di fedeltà a retribuzione differita.

Le tappe principali a tale evoluzione sono da ravvisare nella legge n. 604 il cui art. 9 ha esteso l'indennità ad ogni ipotesi di risoluzione del rapporto e in una importante sentenza della Corte Costituzionale del 1968[29] che ha dichiarato illegittima la norma.

Per la determinazione della misura dell'indennità di anzianita, il codice (art.2120, co. 3°) fa ancora riferimento, in ordine gradato, alle norme corporative (oggi contratti collettivi), agli usi o all'equità, stabilendo che l'indennità va calcolata in base all'ultima retribuzione, considerando come tale ogni compenso che abbia carattere continuativo, esclusi i rimborsi spese (art.2121 cod.civ.): in sostanza la misura dell'indennità é stabilita in un *quid* della retribuzione per ogni anno di servizio o frazione di esso.

Infine é da ricordare come la giurisprudena della Corte di Cassazione, dopo un primo periodo in cui ha affermato che l'anzianità di servizio deve essere calcolata secondo il criterio dell'*anzianità generica* (indennità determinata sull'ultima retribuzione percepita nella categoria o qualifica superiore, per l'intero periodo di lavoro prestato),[32] é giunta nel 1972,[33] con due sentenze delle Sezioni Unite, a rivalutare il principio dell'*anzianità specifica,* secondo cui l'indennità in esame dovrà essere computata per i singoli periodi e tipi di prestazioni effettuate, con i criteri propri delle singole ipotesi (agli anni trascorsi con la qualifica di operaio si applicheranno i criteri in vigore per la determinazione dell'indennità degli operai, ecc.).

Su tale assetto normativo ha inciso sostanzialmente il d.l. 1° febbraio 1977, n. 12, convertito nella legge 31 marzo 1977,n.91, che ha operato la recezione di legge dell'Accordo interconfederale 26 gennaio 1977, relativo al contenimento del costo del lavoro. Si é, infatti, modificato l'art. 2121 cod.civ. nel senso che non deve tenersi conto, ai fini della liquidazione dell'indennità, ''a partire dal 1° febbraio 1977, di quanto dovuto come ulteriori aumenti di indennità di contingenza o di emolumenti di analoga natura scattati posteriormente al 31 gennaio 1977''.

2. *Il Libretto di Lavoro*

Ricordiamo, inoltre, come al momento della cessazione del rapporto di lavoro il lavoratore ha diritto a ritirare il proprio libretto di lavoro dal datore (o un'equivalente certificato, nel caso di non obbligatorietà del primo : art. 2124 cod.civ.) per depositarlo presso gli Uffici di collocamento, onde ottenere l'iscrizione nelle liste di disoccupazione.

Tale libretto, che viene rilasciato dal Sindaco (art. 5 L. 10 gennaio 1935, n.112), contiene tutti i dati essenziali per fissare la posizione del lavoratore e le fasi della sua ''carriera''.

Il possesso del libretto di lavoro o dell'equivalente certificato costituisce presupposto essenziale per l'iscrizione nelle liste di collocamento.

CAPITOLO VI. I LICENZIAMENTI COLLETTIVI

1. *Il Ruolo della Pubblica Amministrazione nel Sistema Dei Licenziamenti Collettivi*

Nel sistema italiano la P.A. non ha un ruolo istituzionalmente rilevante in materia di licenziamenti collettivi : anche se di fatto, la adozione di provvedimenti di riduzione di personale é stata sempre preceduta da una attività di *mediazione* dei pubblici poteri,l'unico limite formalmente imposto al potere di disporre i licenziamenti collettivi é stato quello della consultazione sindacale, prevista dall'art. 2 dell'accordo interconfederale 5 maggio 1965, sui licenziamenti per riduzione di personale.

La situazione ora descritta ha subito una parziale modificazione con l'art. 25 della L. n. 675 del 1977, che ha riconosciuto un *''indiretto potere autorizzativo''* all'Ufficio Provinciale del Lavoro, esercitabile in tutti i settori, in tutti i gruppi, in tutte le aree di imprese per le quali non siano operanti procedure sindacali.

Un cenno, inoltre, deve esser fatto alla direttiva CEE n, 129 del 17 febbraio 1975, relativa ai licenziamenti collettivi. Tale normativa comunitaria, al suo art.

4, prevede un potere dell'Autorità pubblica di sospendere, per un periodo variabile (fra i 30 ed i 60 giorni), l'efficacia del provvedimento di licenziamento, al fine di operare la ricerca di soluzioni alternative o riduttive dei licenziamenti programmati. Tale disciplina, in linea di massima, in virtù del suo caratteere *"dettagliato"* é da ritenersi direttamente applicabile nel sistema normativo nazionale.

2. Procedure Sindacali di Consultazione

L'Accordo del 1965, già citato, predispone un articolato schema di consultazione sindacale da svolgersi anteriormente all'attivazione del provvedimento di licenziamento. Tale procedura trova applicazione solo per le aziende che occupino più di 100 dipendenti. Essa é, inoltre, caratterizzata da una fase "conciliativa" che deve concludersi entro un certo lasso di tempo (25 giorni, aumentabili sino a 40). Durante tale periodo l'efficacia del provvedimento di riduzione rimane sospesa.

Nel caso, poi, di esito negativo della consultazione, il datore sarà tenuto al rispetto di una serie di criteri per la scelta dei lavoratori da licenziare; l'art. 2 dell'Accordo Interconfederale del 1965 li elenca: esigenze tecniche, produttive, anzianità, carichi di famiglia.

La giurisprudenza maggioritaria ha ritenuto che tali criteri siano assolutamente vincolanti in sede di scelta.[30]

Una procedura analoga é pure prevista dall'art. 25, ult, co.,L. n.675 del 1977.

La più recente giurisprudenza in materia ha riconosciuto l'obbligatorietà *erga omnes* di tale procedura conciliative.[31]

3. Priorità in Sede di Riassunzione

Sempre in materia di licenziamenti collettivi, é da ricordare l'esistenza di un certo numero di norme (in parte di origine legale, in parte contrattuale) destinate a sancire una priorità di certi lavoratori nel caso in cui l'azienda licenziante proceda a nuove assunzioni: tali sono quelle dell'art. 5 dell'Accordo interconfederale del 5 maggio 1965, sui licenziamenti collettivi, e dell'art. 15, co. 6°, della L. 29 aprile 1949, n.264. Entrambe le norme in questione prevedono un diritto di priorità alla riassunzione della durata di un anno: diverso é, però, il valore che alle due disposizioni può essere attribuito. Se, infatti, nel primo case si può configurare un vero e proprio diritto alla riassunzione, tale configurazione deve escludersi sul piano della Legge, qui valendo le disposizioni, in definitiva, come una direttiva per l'ufficio di collocamento.

4. La Cassa Integrazione Guadagni

Nel contesto della disciplina di licenziamenti collettivi in Italia e, in particolare, sulle misure atte ad evitare la riduzione della manodopera, un ruolo di preminente interesse é assunto dalla Cassa Integrazione Guadagni. Tale istituto nato come strumento per assicurare la continutà del reddito ai lavoratori in stato di disoccupazione parziale o temporanea a seguito di eventi bellici o, comunque di carattere transitorio (interruzione di energia, mancata fornitura di materie prime o semilavorati), si é progressivamente trasformato in un vero e proprio strumento permanente di tutela contro la disoccupazione e, in particolare, di garanzia del salario agli operai colpiti da licenziamento collettivo per riduzione di personale, nei cui confronti l'intergrazione salariale (pari, al massimo, all'80% della retribuzione con un limite di 40 ore settimanali) funge ormai da indennità di disoccupazione.

La L. 5 novembre 1968 n. 1115 ha esteso l'intervento della Cassa Integrazione Guadagni alle situazioni di crisi economica settoriale e/o locale nonché ai casi di trasformazione produttiva e riorganizzazione aziendale. Successivamente la L. 8

agosto 1972 n. 464 ha previsto l'ulteriore caso della riconversione produttiva e la L. 20 maggio 1975 n. 164 ha incluso le ipotesi delle crisi transitorie produttive e di mercato. Infine la L. 12 agosto 1977 n. 675 ha aggiunto il caso dello crisi economica della singola impresa, che abbia particolare rilievo sociale (c.d.crisi aziendale).

In questo modo la Cassa integrazione é divenuta uno strumento per conservare l'occupazione dei lavoratori delle imprese in crisi sul presupposto di un reimpiego attraverso il processo di mobilità da una azienda all'altra. Dal punto di vista procedurale l'intervento della Cassa avviene su richiesta proveniente dall'impresa seguita dalla consultazione con le rappresentanze sindacali: tale consultazione é in ogni caso necessaria ai fini della concessione della integrazione salariale che é deliberata per il primo periodo di sei mesi da un apposito comitato governativo interministeriale e che, per i periodi successivi di tre mesi ciascuno, può essere prorogata con semplice decreto del Ministro del Lavoro.

La legge non prevede un limite temporale massimo al godimento della integrazione salariale di modo che, pur essento previsto come temporaneo, l'intervento della Cassa, può durare—attraverso il meccanismo delle proroghe successive—per un tempo potenzialmente indefinito ed anche molto lungo.

Qualora alla fine del periodo di integrazione salariale la situazione di crisi si presenti irreversibile é prevista la attuazione della procedura di licenziamento collettivo per riduzione di personale. Un arricchimento della tematica sulla CIG si é avuto con la già citata legge n. 675 del 1977. Questa attribuisce un più ampio potere al governo, in sede di indirizzo della politica economica: in questo contesto si inserisce la creazione, all'interno del CIPE (Com. Intermin. per la Pol.Econom.); del CIPI (Com.Intermin.per la Pol.Ind.) e delle sue funzioni di indirizzo.

In particolare per il finanziamento dei piani di ristrutturazione aziendale e riconversione produttiva approvati dal CIPI é previsto l'intervento della Cassa integrazione e dell'apposito Fondo per la mobilità della manodopera esuberante (con un allegerimento degli oneri sopportati dall'imprenditore).

A tal fine la dichiarazione di *crisi occupazionale* fa entrare in azione il meccanismo della integrazione salariale e, nello stesso tempo, il processo di mobilità dei lavoratori esuberanti che vengono collocati in apposite liste aziendali di mobilità. L'art. 25 della L. n. 675 dispone la sospensione della facoltà di procedere ai licenziamenti collettivi, per le imprese impegnate nella procedura di mobilità dei lavoratori in Cassa integrazione. Qualora, poi, questi si rendano inevitabili al termine dei processi di ristrutturazione, l'imprenditore dovrà comunicare alla Commissione regionale della manodopera l'eccedenza dei lavoratori da licenziare; quest'ultima, poi, provvederà, se possibile, a spostare, nell'ambito regionale, i lavoratori in eccedenza presso quello imprese che abbisognino, eventualmente, di manodopera.

Come si vede il processo di mobilità al quale é finalizzato l'intervento della Cassa integrazione, si attua attraverso un circuito preferenziale di collocamento della manodopera eccedente basato sul principio dello compensazione tra aziende in crisi occupazionale ed aziende in espansione occupazionale; il legislatore, allo scopo di rafforzare tale sistema ha imposto il divieto di assunzione mediante il passaggio diretto della manodopera da una impresa all'altra (secondo la normale procedura di collocamento (art.25,co.2°, 1.n.675 del 1977).

Nel caso in cui, poi, tali misure non risultino sufficienti e si renda necessario far ricorso ai licenziamenti, troverà applicazione la procedura di cui all'art. 25,ult.co., L. n.675 del 1977.

Dal quadro globale sin qui delineato, si possono ricavare due distinti aspetti dell'integrazione salariale:

i) da un lato i lavoratori devono considerarsi disoccupati (e ciò avviene dal momento in cui la dichiarazione di esuberanza di un certo numero di lavoratori é emessa dall'imprenditore) e, per—tanto, l'integrazione salariale funge da equivalente del trattamento di disoccupazione involontaria;

ii) dall'altro la CIG può essere considerata come un surrogato del licenziamento collettivo per riduzione di personale.

In definitiva siamo di fronte ad un tentativo da parte del legislatore, di superare alla vecchia figura del licenziamento collettivo, per sostituirla con la figura nuova del *"trasferimento collettivio di manodopera"*, in attuazione del principio della mobilità interaziendale c.d. guidata. Bisogna dire, però, che il sistema escogitato dal legislatore si é dimostrato, alla prova dei fatti, eccessivamente vincolistico e, pertanto, scarsamente potenziale: da qui l'esigenza, largamente sentita dai sindacati e dalle forze politiche, di una riforma legislativa della materia.

5. *Corsi di Formazione Professionale ed Altre Misure*

Modesti, infine, sogno gli interventi che lo Stato pone in essere in caso di licenziamento collettivo per riduzione di personale, al fine di attenuare gli effetti della riduzione stessa: i principali sono previsti nella già menzionata legge n.675.

L'art. 4 prevede la possibilità di organizzare corsi di riqualificazione professionale, in relazione alle iniziative di ristrutturazione o riconversione, i cui costi sono posti a carico del "Fondo per la ristrutturazione e riconversione industriale".

Corsi analoghi sono previsti (art. 25, 5° co.) per quei lavoratori che aspirino ad occupare i posti di lavoro offerti, nel contesto delle procedure di mobilità interaziendale, e siano in possesso di qualifica professionale diversa da quella richiesta: tali corsi non possono avere durata superiore ai tre mesi.

Ulteriori benefici sono previsti dall'art.21, che dispone il pagamento, da parte del Fondo per la mobilità della manodopera, delle quote previdenziali di anzianità per quei lavoratori che non possano essere riassunti al termine dei processi di ristrutturazione. LO stesso articolo stabilisce, poi, che il periodo di integrazione goduto dai lavoratori poi licenziati é computato come periodo di anzianità di iscrizione nelle liste di collocamento.

CAPITOLO VII. IL SISTEMA DELLA SICUREZZA SOCIALE

1. *Indennita Ordinaria e Straondinaria di Disoccupazione*

Insieme al sussidio straordinario, l'indennità ordinaria di disoccupazione costituisce il contenuto fondamentale della prestazione dovuta dall'ente pubblico nell'assicurazione generale obbligatoria contro la disoccupazione involuntaria.

Il diritto alla prestazione sorge *ope legis* al momento stesso in cui coesistano i fatti costitutivi previsti dalla legge:

i) *lo stato di disoccupazione involontaria,* che si ha quando tale stato derivi non da una causa di impossibilità fisica del lavoratore, ma dalla mancanza di un'occasione di lavoro;

ii) *anzianità assicurativa minima e attualità contributiva:* l'art. 19 R.D.L 14 aprile 1939, n.636 richiede per il riconoscimento del diritto alle prestazioni dell'assicurazione contro la disoccupazione che l'assicurato possa "far valere almeno 2 anni di assicurazione e almeno un anno di contribuzione nel biennio precedente l'inizio del periodo di disoccupazione'';

iii) *iscrizione all'Uffico di collocamento:* essa sanziona l'accertamento della sussistenza della disponibilità al lavoro.

Ai sensi dell'art. 13, d.l. 2 marzo 1974, n.30 (convertito nella legge 16 aprile 1974, n.114) a decorrere dal 1° gennaio 1974,l'ammontare dell'indennità giornaliera di disoccupazione é pari a L. 800. In ogni caso, affinché l'assicurato possa vantare il diritto alla prestazione é necessario che decorrra il periodo di c.d. *carenza,* pari a sette giorni (tale periodo serve a far presumere che il lavoratore disoccupato, pur volendolo, non sia riuscito a reperire una nuova occupazione); tale termine viene aumentato di trenta giorni nell'ipotesi in cui la cessazione del rapporto sia imputabile al lavoratore (dimissioni volontarie; licenziamento in tronco per colpa del lavoratore).

La durata del diritto all'indennità giornaliera é pari alla durata del periodo di disoccupazione (con il limite massimo di 180 giorni nell'arco dell'anno).

Alla corresponsione dell'indennità dovrebbe provvedere direttamente l'I.N.P.S., a mezzo dei propri uffici, ma di fatto tale compito é assolto dagli Uffici provinciali del lavoro, dai collocatori e dai corrispondenti comunali.

L'assicurazione contro la disoccupazione involontaria é stata oggetto di una progressiva estensione a favore di particolari categorie di lavoratori, sia pure con alcuni aggiustamenti dovuti alla peculiarità dei vari rapporti: al lavoratori agricoli (L.29 aprile 1949, n.264; L. 24 marzo 1956, n.265); ai lavoratori a domicilio, purché svolgano un'attività che abbia i requisiti della professionalità, dell'abitualità e della continuatività (L. 13 marzo 1968, n.264 ecc.).

Un particolare trattamento di disoccupazione é previsto a favore dei lavoratori dell'industria (diversi da quelli dell'edilizia) licenziati por cessazione d'attività industriale o per riduzione di personale (artt. 8, 9, 10 legge 5 novembre 1968, n.1115).

Detto trattamento si applica a tutti gli impiegati ed operai dell'industria (eccettuate le imprese edilizie per cui vale la diversa disciplina dettata nella legge 6 agosto 1975, n.427)—con esclusione, però, delle lavorazioni stagionali, di breve durata e relative a contratti a termine. In presenza della riduzione del personale o della cessazione dell'attività il lavoratore ha diritto all'indennità straordinaria, sempreché il rapporto di lavoro interrotto si sia protratto per almeno un trimestre (o tredici settimane) e si sia svolto continuativamente alle dipendenze della medesima impresa che porcede al licenziamento.

Il trattamento speciale consiste in una prestazione pecuniaria, d'importo pari a due terzi della retribuzione ordinaria percepita nell'ultimo mese di lavoro. Tale prestazione, non essendo incompatibile con l'indennità giornaliera di disoccupazione, può con questa coesistere (e con le sue prestazioni accessorie), pur dovendosi dedurre dalla prima, per evitare indebite duplicazioni, un importo pari a quest'ultima.

La durata massima dell'erogazione delle prestazioni giornaliere del trattamento speciale é pari a 180 giorni: l'art. 4 della legge 8 agosto 1972, n.464, ha, però, previsto che nei casi di crisi economiche, settoriali o locali, il trattamento può essere corrisposto per successivi periodi trimestrali, mediante provvedimenti da adottarsi con decreto del Ministro del Lavoro e della Previdenza Sociale.

Regimi analoghi sono stati introdotti anche per altre categorie di lavoratori: per quelli edili (L. 6 agosto 1975, n.427); per gli operai agricoli a tempo determinato (art. 25 L. 8 agosto 1972, n. 457).

Da tale quadro d'insieme risulta evidente come l'intero sistema della tutela economica dei lavoratori disoccupati ha subito (o é destinato a subire) uno spostamento definitivo dal suo perno tradizionale, costituito dall'assicurazione generale obbligatoria (caratterizzata da elementi di uniformità, generalità, rigidità) verso un sistema più articolato e flessibile, rispetto al quale, anzi, l'indennità giornaliera ordinaria finisce con l'assumere, il ruolo di forma di tutela economica "individualizzata", residuale e minimale.

2. Altre Misure di Sicurezza Sociale

Anche l'*assegno giornaliero* per la frequenza ai corsi di formazione professionale é una prestazione di disoccupazione di natura assistenziale.

Il diritto all'assegno nasce con l'ammissione al corso e permane per tutto il periodo di frequenza a questo. Esso compete ai soggetti privi di occupazione che frequentano i corsi per l'addestramento, la qualificazione, il perfezionamento o la rieducazione dei disoccupati (titolo IV, capo II della legge 29 aprile 1949, n.264), indipendentemente dal fatto che siano iscritti all'assicurazione obbligatoria contro la disoccupazione involontaria.

L'assegno é di importo pari a L. 600; esso spetta anche a coloro i quali percepiscono l'indennità di disoccupazione o il trattamento speciale di disoccupazione per i lavoratori dell'industria.

L'assegno giornaliero per la partecipazione ai cantieri scuola, invece, é d'importo maggiore (L. 1400: art. 59 della L. n.264 del 1949), ma non é cumulabile con l'indennità giornaliera di disoccupazione, né con il sussidio straordinario (art. 6, dco.2°, L.2 aprile 1968, n. 424). Entrambi gli assegni suddetti sono corrisposti dal Fondo per l'addestramento professionale dei lavoratori, costituito come gestione speciale autonoma, amministrata dal Ministero del Lavoro e della Previdenza Sociale.

3. Il Pre-pensionamento

Il *pre-pensionamento* é un altro istituto che si può far rientrare negli schemi della sicurezza sociale.

Con tale espressione si suole indicare il particolare assegno periodico corrisposto in presenza di speciali condizioni socio-economiche e ambientali, in un momento anteriore a quello del compimento dell'età stabilita per la pensione di vecchiaia, in favore dei lavoratori licenziati dipendenti dall'industria, ai sensi dell'art.11 della legge 5 novembre 1968, n.1115).

Esso si colloca nel quadro delle misure rivolte da un lato, a favorire i processi di ristrutturazione produttiva ed organizzativa delle aziende, dall'altro, ad apprestare uno strumento di tutela in favore di talune categorie di lavoratori, in presenza di situazioni congiunturali che rendano precaria la garanzia del posto di lavoro.

In questa prospettiva le corresponsioni, in una età anteriore al compimento dell'età prevista per la pensione di vecchiaia in alternativa con l'indennità speciale di disoccupazione a favore dei lavoratori dell'industria licenziati per cessazione o riduzione (art. 11 L. n. 1115 del 1968), rispondeva all'obiettivo non solo di sottrarre alla concorrenza del mercato del lavoro una parte delle energie lavorative rese risponibili dalla congiuntura, allettate da un trattamento assai vicino a quello pensionistico e quindi non più stimolate alla ricerca di una nuova occupazione, ma anche di garantire ai lavoratori più anziani, indubbiamente più svantaggiati in tale ricerca, un flusso di reddito più stabile e più duraturo di quello assicurato con l'indennità di disoccupazione.

In tal modo, l'assegno c.d. di prepensionamento viene ad assumere la funzione di ponte tra la retribuzione percepita in dipendenza del rapporto di lavoro e la tutela pensionistica, assicurando quella continuità del reddito che é uno degli obiettivi fondamentali della mostra Costituzione.

La disciplina normativa dell'assegno si rinviene, oggi, nell'art. 47 della L. 30 aprile 1968, n.153, che ha sostituito l'art.11 della L. n.115 del 1968, e nel recente art. 16 della L. 23 aprile 1981, n. 155.

L'applicazione di tale disciplina era prevista originariamente fino al 31 dicembre del 1973; successive proroghe sono intervenute (L. n. 464 dell'8 agosto 1972; d.l. n. 689 del 1975, convertito nella legge 5 febbraio 1976, n. 22), fino all'ultima attuata con la succitata legge n. 155, che ha prolungato il trattamento sino al 31 dicembre 1981.

Soggetti del diritto all'assegno di pre-pensionamento non sono tutti i lavoratori dipendenti, bensì soltanto gli operai e gli impiegati dipendenti da aziende industriali con eccezione di quelle operanti nel settore dell'edilizia.

Presupposto per il riconoscimento del diritto all'assegno é la circostanza che il lavoratore sia stato privato del posto di lavoro in dipendenza di crisi economica settoriale e locale a seguito di ristrutturazione o riorganizzazione accertata con decreto interministeriale.

Ulteriore elemento per l'attribuzione dell'assegno é il raggiungimento di una certa età: 57 anni per gli uomini, 52 per le donne (tale limite é stato abbassato a 55 per gli uomini, e 50 per le donne: art. 16 legge 23 aprile 1981, n.155.)

Altro requisito soggettivo richiesto é, poi, l'espletamento di una attività lavorativa protratta per almeno 15 anni, equivalente alla possibilità di far valere, nella posizione assicurativa individuale, almeno 180 contributi mensili ovvero 780 contributi settimanali.

L'ammontare dell'assegno viene ragguagliato alla misura della pensione di anzianità (art. 6 del d.p.r. 27 aprile 1968, n. 488), a cui vanno aggiunti gli assegni familiari spettanti al titolare del trattamento in questione.

Il finanziamento della prestazione, poi, avviene grazie all'intervento della Cassa Integrazione Guadagni, al contributo addizionale dello 0.15% a carico dei datori di lavoro delle imprese industriali, diverse da quelle edili, con il concorso dello Stato.

Infine, la durata dell'erogazione é pari al periodo intercorrente fra il momento di attivazione dell'assegno di pre-pensionamento e quello del raggiungimento dell'età per l'acquisizione della pensione di vecchiaia.

FOOTNOTES

[1]v. Corte Cost., 6 marzo 1974, n.55, in Foro it., 1974,I, 959; 19 giugno 1975, n.152, in Mass.giur.lav. 1975, 299; 8 luglio 1975, n.189, in Mass.giur.lav., 1975, 295.
[2]v. Cass., 28 giugno 1976, n.2478, in Mass.giur.lav., 1976, 381; Cass. 4 giugno 1977, n.2308,ivi, 1977, 397,; 16 novembre 1978, n.5320, inedita. *Contra:* Cass. 30 maggio 1979, n.2199,in Mass.giur.lav., 1979, 569. Il contrasto é stato risolto, nel primo senso, da SS.UU. Cass., 5 maggio 1979, n.2578.
[3]v. Corte Cost., 26 maggio 1976, 129.
[4]Corte Cost., 26 luglio 1972, n.121, in Foro it. II, 1972,, 1,730.
[5]v., *contra,* Trib.Milano, 26 giugno 1976, in Orient.giur.lav., 1976, 737.
[6]v.Cass., 4 aprile 1978, n.1546, in Mass.giur.lav., 1978, 472.
[7]Corte Cost., 4 febbraio 1970, n.14; 28 novembre 1973, n.169, in Foro it. 1974, I, 16.

[8]v. Cass., 8 agosto 1977, n.3633, in Foro it., 1977, 1, 1940.

[9]v. Cass. 27 febbraio 1979, n.1270, in Foro it. 1979, I. 606.

[10]v. BRANCA, La nozione di lic.coll. per rid. di pers., in Icenziamenti collettivi per riduzione di personale, Milano, 1973; GHERA-GUIGNI, Le licenciements collectifs dans le droit italiens, in Rapport nationaux au me congrès de Droit comparè, Budapest, 1978 Milano, 1978. Cass. SS.UU. 27 febbraio 1979, n.1270, in Mass. Foro it. 1979, I, 605; Cass. 10 febbraio 1979, n.1518, in Giur.it., 1979, I, 1, 1089, 15 settembre 1979, n.4775, in Mass. Gius.it., 1979.

[11]v. Cass. 30 marzo 1974, n.907.

[12]v., ad es., Pret. Latina, 16 gennaio 1976, in Temi Rom 1976, 254; Cass. 14 giugno 1976, n.2190,, in Giust.civ. 1976, 1, 1437.

[13]v. Trib. Roma, 20 settembre 1977, in Foro it. 1977, 1, 2775; Cass. 8 maggio 1976, n. 1682 in Foro it., 1976, II, 1176.

[14]v. Cass., 25 luglio 1978,, n.3736, in Foro it. 1979, I, 2872; Cass. 21 novembre 1978, n.5433, in Mass.giur.lav. 1979, 206.

[15]v.Cass., 9 aprile 1977, n 1364, in Giur.it. 1978, 1,1, 542; Cass., 6 giugno 1977, n. 1752, in Mass.giur.lav. 1978, 65.

[16]v.Trib. Firenze, 24 agosto 1967, in Orient.giur.lav. 1968,684; Cass. 17 febbraio 1978, n. 783, in Giust.civ.Mass., 1978, 322.

[17]v. Cass., 19 novembre 1975, n.3102, in Giur.it., 1975, 1,1, 129@ss. 27 ottobre 1973, n.2800, in Foro it. 1974, 1, 88.

[18]v.Cass., 17 ottobre, n.4649, in Giust,civ.Mass. 1978, 1936.

[19]v. Cass., 24 giugno 1977, n.2689, in Mass.giur.lav., 1978,322; 23 gennaio 1979, n. 509, inedita.

[20]v., nel senso della necessario sussistenza di una causa giustificativa,, Pret. Milano, 8 aprile 1976, in Foro it. 1976,, I, 1732; in senso contrario, favorevole all'automatica giustificazione del recesso,, v. Cass., 2 marzo 1977, n.869, in Mass.giur.lav. 1978, 56; 22 gennaio 1980, n.1227, inedita.

[21]v.Cass. SS.UU., 29 marzo 1980, n.2074, in Mass.giur.lav. 1980, 211; v. anche le coeve sentenze nn. 2072–2073.

[22]v. Cass. 6, novembre 1976, n.4061, in Giust.civ. 1977, I,35.

[23]v. in generale, COTTRAU, La tutela della donna lavoratrice, Torino, 1971.

[24]v. ARANGUEN: Autonómia e legge nella disciplina dei licenziamenti, Milano, 1971.

[25]v. Corte Cost., 28 dicembre 1970, n.194, in Foro it. 1971,1,3. In senso conforme: Cass., 28 ottobre 1974, n.3236, in Riv.giur.lav., 1974 2, 899.

[26]La Suprema Corte ha ritenuto, nella sentenza n.2604 del 24 maggio 1978,, che il risarcimento in questione é da considerare come una conseguenza accessoria della sentenza dichiarativa dell'illegittimita del licenziamento. In senso contrario Cass., 7 gennaio 1981, n. 99; 25 maggio 1978, n.2571.

[27]In senso negativo: Cass. 20 gennaio 1978, n.262, in Foro it., 1978, 1, 1486; in senso positivo, con varie sfumature:Pret. Roma, 18 dicembre 1979, 30 dicembre 1977, 25 gennaio 1978, 18 ottobre 1977, in Riv.giur.lav. 1979,, II. 1048; Pret. Milano, 31 gennaio 1975, in foro it., 1975, 1, 736.

[28]v. Corte Cost., 10 giugno 1966, n.63, in Foro it. 1966, I, 985; n. 143 del 1969, in Foro it. 1969, I, 3071; 12 dicembre 1972, n. 174,, in Foro it. 1973, I, 22; 1 giugno 1979, nn. 40 e 41, in Giur.Cost. 1979, 339 ss.; 18 giugno 1979, nn. 42,43,44,45, ivi.

[29]v. Cass. SS.UU., 27 febbraio 1979, n.1270, in Giust, it. 1979, I, 1088, anche in Foro it. 1979, 1, 605; Cass., 10 marzo 1979,n.1518, in giur.it. 1979, I, 1089.

[30]v. Cass.,22 febbraio 1979, n. 1270, in Foro it. 1979, 605; 28 novembre 1978, n. 5579 e 25 settembre 1978, n.4307, in Riv. giur.lav. 1979, I, 29.

[31]Corte Cost., 27 luglio 1968, n.75, in Foro it. 1968, I, 2054.

[32]v. Cass., 28 luglio 1969, n.2860, in Foro it. 1969,I,n.2716; gennaio 1969, n. 227, in Foro it. 1969, I, 884, con nota di G. Galligani, in Riv.dir. lav. 1969, 2, 113.

[33]Cass. SS.UU., 24 giugno 1972, n.2130; 8 luglio 1972, n.2290, in Foro it. 1972, I 1927.

Employer Initiative in Employment Termination and the Income Security of the Worker Concerned

by

PROF. KENICHI HOKAO

Tohoku University, Sendai

I. GENERAL INTRODUCTION

A. Various grounds for the termination of an employment contract:

1. When employer and employee make a contract for a fixed period (providing it does not contravene the prohibition on concluding a contract for a fixed period of longer than one year) the contract will automatically expire at the end of the contract period.

2. If a work rule or collective agreement stipulates a retirement age, the contract will automatically end when the retirement age is reached.

3. Likewise, the parties may come to an agreement at any time to end the agreement.

4. Even when a contract is made for a fixed period, either party may terminate the contract without notice whenever there is a justifiable reason (Art. 628 of the Civil Code).

5. In the case of a contract for an indefinite period of time, either party may terminate the contract at any time by giving at least two weeks notice (Art. 627 of the Civil Code). The termination of an employment contract initiated by an employee is usually called retirement, whereas the termination of employment initiated by an employer is termed discharge or dismissal.

B. This rule pertaining to the termination of an employment contract in civil law has served to favor employers by giving them the legal right to dismiss workers for any reason. If the employer gives the employee proper notice, there cannot be a wrongful dismissal. On the other hand, the freedom of the employee to give notice and terminate his contract amounts to little more than a self-willed expulsion from the work force—his freedom to starve. It is especially true in Japan that the worker surrenders much personal freedom when securing employment. The practice of lifetime employment and the seniority wage system dictates that the worker who is out of work due to dismissal is at a serious disadvantage, especially if this should occur in mid-career. This has been the cause of many labour disputes. These disputes have led to the present stage of legal development, where the state has come to provide basic guidelines to protect the worker.

C. Article 27, sect. 1 of the Constitution defines the right to work as a fundamental right of the people. Laws, such as the Labor Standard Law of 1947,

Employment Security Law of 1947, Employment Measures Law of 1966, Unemployment Countermeasures Law of 1949, Occupational Training Law of 1969, Employment Insurance Law of 1974, and other special laws have been enacted to give form to the constitutional right to work.

Article 27 of the Constitution is also interpreted as a mandate for the protection of job security. Thus, the courts have developed a strict attitude towards dismissal, proclaiming that the employer must respect this mandate and not abuse his right of dismissal.

Collective agreements often regulate an employer's dismissal rights. They stipulate the just cause and procedure which must be observed by an employer when dismissing a union member.

II. PROCEDURES PRIOR TO TERMINATION

A.1. According to Art. 627 of the Civil Code, the party initiating termination should give at least two weeks advance notice. But an employer's right to terminate a contract is more strictly limited by the Labor Standards Law (LSL). Art. 20, sect. 1 of the LSL provides that when an employer wants to dismiss an employee he must give at least 30 days advance notice or pay him the equivalent of 30 days regular wages. Exceptions occur when the continuance of the enterprise is made impossible by reason of some natural calamity or other uncontrollable cause, or when the employee is dismissed for something for which he personally is responsible.

2. Because this extension of the period of advance notice to 30 days is made to give the employee an opportunity to seek another job, this law applies not only to the termination of an indefinite period contract, but also to the termination of a contract for a fixed period.

3. The rule of 30 days advance notice does not apply to those casual workers who are employed on a daily basis, employed for a period not longer than two months, employed in seasonal work for a period not longer than four months, and workers on probation. However, a day laborer also is entitled to 30 days advance notice if he has been employed more than one consecutive month. When a temporary or seasonal worker is employed for more than a period fixed by his contract or a probationary worker is employed more than 14 consecutive days they are also entitled to 30 days advance notice. In these cases, their employment is no longer considered casual (Art. 21 of LSL).

4. No specific form of notice is required. Even oral notification is sufficient. But usually it is a written notice sent by registered mail or hand delivered to avoid trouble.

B. The LSL does not require that the worker's representative (trade union, works council, etc.) be notified. However, collective agreements often oblige the employer to notify or negotiate with the trade union.

C. An employer must obtain the approval of the Labor Standards Office when dismissing an employee without notice. This is in accordance with a provision in Art. 20, sect. 1 of the LSL (Art. 20, sect. 3). He must do the same when terminating an employee injured, taken ill, or on maternity leave when their continued working is made impossible by some natural calamity or other unavoidable cause. This is in accordance with the proviso in Art. 19, sect. 1 (Art. 19, sect. 2).

D. As mentioned above, when an employer dismisses an employee, 30 days advance notice is required. This time period is the same for all employees, regardless of salary, seniority, etc. Although the notice period can be shortened by paying an equivalent amount in compensation, the LSL does not require that an employee grant a worker time off after he has been given notice to seek other employment. Such matters depend upon the contract. It seems that few, if any, agreements mention this subject.

E. When an employer dismisses an employee for something which the employee is liable, he may do so without notice. In such a case, he must get the approval of the administrative office.

F. When an employer dismisses an employee without giving notice or paying the equivalent of 30 days work, several penalties are provided for: (1) Criminal punishment not exceeding 5000 yen or imprisonment not exceeding six months may be inflicted. (2) Upon application from the worker, the court may order the employer to pay him for the 30 days plus up to an equivalent amount in additional payments. However, reinstatement would not be ordered, since the employment contract is considered to be terminated 30 days after the actual termination day.

III. JUSTIFICATION OF TERMINATION

A. The Civil Code requires a justifiable reason to terminate a fixed period employment contract. Art. 20 of the LSL requires there to be an unavoidable cause to terminate an employee without notice. Art. 19 of the LSL also provides that a worker may not be dismissed during a period of medical treatment for sickness or injury incurred while on the job, nor for a 30 day period thereafter; an employer may not dismiss a woman during the 6 weeks before childbirth or the 6 weeks that follow. In addition, in accordance with Art. 3 of the LSL, the discharge of a person for reason of his or her nationality, religious creed or social status is prohibited; nor can an employer dismiss an employee because of his union activities. If any of these be shown to be grounds for dismissal, it will be considered illegal and null and void.

Theoretically, an employer has the legal right to dismiss any employee as long as it is not in violation of these principles. However, further restrictions are placed on the employer. The courts have consistently ruled, under the doctrine of the abuse of the right to discharge, that an employer may not discharge an employee without just cause.

B. An employer must show just cause when dismissing an employee. If he cannot give a reason, or gives one which the court does not consider reasonable, he will lose the case. The courts often consider the relative difference between the employer's interest in dismissing an employee and the damage incurred by the employee. It is therefore difficult to delineate specific criteria for just cause. For example, the falsification of one's personal history or qualifications, unsatisfactory work performance, laziness or chronic lateness, the absence from work without just reason, refusal to obey an employer's orders, embezzlement or theft, violence or threats against other workers, intentionally causing damage to company property, gross negligence, and so forth, have been approved as just cause.

C. An employer may not discharge an employee for being a member of a trade union, for joining or organizing a union, or for his union activities (Art. 7 of the Trade Union Law). An employer may also not discharge an employee because of his nationality, political or religious beliefs, or social status (Art. 3 of the LSL). It may be appropriate to make some remarks concerning this. In simple and straightforward language, Art. 3 of the LSL prohibits discriminatory treatment due to nationality, creed, or social status. Art. 4 of the LSL guarantees equal pay for equal work regardless of sex. We come now to the question of whether sex discrimination, not related to wages, is permissible. Some companies have established employment rules which require a woman to retire when she marries, bears a child, or reaches a fixed retirement age below that of male employees. However, the courts have taken a hard position against these tactics, saying that they constitute illegal sex discrimination under Article 14 of the Constitution.

D. With the lifetime employment practice in Japan, it has become necessary for an employer to keep a certain number of temporary workers in order to cope with fluctuations in the business cycle. These workers function as the safety valves or shock absorbers which sustain the lifetime employment system for regular employees. In actuality, however, the employer does not have the freedom to arbitrarily cut his work force. To avoid the severe restrictions on the dismissal of regular employees, an employer often hires temporary workers for a fixed period of time. The employer keeps renewing the temporary worker's fixed period contract, then when business is bad, he simply refuses to renew the contract. This refusal to renew has been challenged in court by temporary workers. In many courts, it has been judged unfair that a temporary worker who works at the same job as a permanent employee should be treated less favorably when it comes to the termination of employment, even though the nature of his contract differs from that of a regular employee. It has been widely acknowledged by the courts that a temporary worker whose contract has been renewed automatically can enjoy a degree of employment security. Some courts, applying the principle of the chain contract, have interpreted contracts as extending indefinitely from their inception. Other judgements have determined that a fixed period contract which has been repeatedly renewed has become, in effect, an indefinite period contract. However, the majority of the courts have held that no matter how often it has been renewed, a contract for a fixed period cannot be changed into one for an indefinite period; but, they have also concluded that the fact that it has been repeatedly renewed gives rise to a certain mutual trust relationship under which an employer is expected to not refuse renewal of the contract without a fair and just reason. In other words, as the result of repeated renewals and other factors, an employee has become entitled to expect the renewal of his contract, and therefore the employer's right to refuse renewal has become subject to the principle of good faith which prevents him from abusing his rights.

IV. RECOURSE OR APPEAL PROCEDURE AGAINST A TERMINATION WHICH IS NOT CONSIDERED JUSTIFIED

A. When a collective agreement provides for a grievance procedure, an employee who is dismissed may file a claim.

B. The dismissed employee might ask his trade union to negotiate with the employer.

C. However, in Japan, the employee is most likely to bring a suit before a civil court. When he is discharged because of his union membership or because of his union activities, he may file his claim with the Labor Relations Committee (an administrative agency). In such a case, he may choose to file with one or the other or both.

1. In unfair labor practice proceedings, the plaintiff must expose and prove the employer's motive, an almost impossible task. As a result, in almost all cases, the plaintiff charges that the dismissal was because of his union activities. In such cases, the employer must demonstrate the contrary. The boards have the power to

order reinstatement and back pay for employees who are victims of an employer's unfair labor practices.

2. If an employee thinks he has been dismissed unfairly, he may bring a suit before the court, claiming that the dismissal infringes upon his or her fundamental rights, being the victim of religious, sexual, racial, or social status discrimination, dismissed for union activities, or the object of an employer's abuse of his right of dismissal. In either case, in order to refute the worker's argument, the employer must show just reasons for dismissal.

Theoretically, according to the rules of civil procedure, the burden of proof is on the worker. But, in practice, the court often switches it to the employer by following the legal presumption that unless the employer can show reasonable cause, a dismissal is unfair.

In a case of possible abuse, the courts also evaluate the claims made by both sides, and take the circumstances of the termination under consideration.

When an employee's claim of unfair dismissal is successful, the court may order reinstatement and payment of back wages.

V. PROCEDURES FOLLOWING TERMINATION

A. The employer has to present a certificate upon the request of a worker dismissed at the end of a contract, stating the employee's term of employment, his occupation, his position with the enterprise, and his wage level. He may not include anything in the certificate which the worker does not request. Furthermore, back-listing is prohibited, meaning the employer, in conspiracy with a third party, may not send any information concerning the nationality, religion, social status, or union activities of a worker with the intention of impeding his future employment; nor may he include any secret sign on the certificate (Art. 22 of the LSL).

At the end of the worker's tenure of employment, the employer must make full payment of wages and return any reserves, bonds, savings, or other funds and valuables belonging to the worker, within 7 days of the claimants request (Art. 23 of the LSL).

B. No written law requires that the employer give priority to the dismissed worker when the enterprise again recruits workers. There is apparently no collective agreement concerning this.

VI. SPECIAL PROCEDURES IN CASE OF WORK FORCE REDUCTION

During an economic recession, an employer is forced to cut expenses in order to insure the survival of his business. Due to this, the dismissal of workers and closing of plants may become an economic necessity. But, dismissal obviously has a profound effect on a worker's life. In a sense, neither party is responsible when a worker's dismissal is caused by the deteriorating economic situation of the industry in which he is engaged. Although the government has introduced a number of laws and orders to assist those workers made redundant because the industry in which they work is in decline, there are no special regulations governing termination caused by plant closings, mergers, cutbacks in production, etc.

However, the courts have developed extensive case-law in this field. In order to be allowed to effect a collective dismissal, the employer's situation must meet the following criteria: (1) Is there a real necessity for a work force reduction? In this connection, the courts have the difficult task of evaluating business conditions.

(2) Did the employer make an effort to avoid collective dismissal? Transfer is one good management tactic used when cutting back the work force. (3) Did the employer follow reasonable standards when selecting those workers to be affected by a reduction in the work force? (4) Did the employer apply these standards fairly?

Thus, an employer is able to legally dismiss workers only as a last resort.

La Cessation de la Relation de Travail à l'Initiative de l'Employeur et la Sécurité des Revenus des Travailleurs Concernés

par

DR. ABDELLAH BOUDAHRAIN

Conseiller juridique Adjoint
Organisation Arabe du Travail

Problématique Générale

La relation de travail cesse pour diverss motifs imputables soit à l'employeur soit au travailleur, soit enfin à des motifs étrangers à la volonté des parties. Mais dans la pratique, la rupture vient souvent de l'employeur.

Le problème de la cessation du travail est ainsi lié à celui de la sécurité de l'emploi qui est, depuis longtemps, l'une des revendications des travailleurs. Mais une sécurité complète de l'emploi est difficile à assurer pour des motifs d'ordre technique, économique et juridique.

Approche marocaine de la cessation du travail

Le régime juridique du licenciement au Maroc s'inspire encore largement des règles traditionnelles régissant le contrat de travail. Ce sont notamment les articles 745, 753, 754 à 758 C.O.C. qui sont applicables. L'actual projet du Code du travail ne change nullement de cap. (art. 44 à 72).

La symétrie traditionnelle entre les droits et obligations du travailleur et ceux de l'employeur en matière de résiliation du contrat de travail trouve sa justification dans les concepts de liberté du travail et de la mobilité croissante de la main-d'oeuvre dans la société marocaine comme celle de la plupart des pays en voie de développement qui passaient de l'ère agricole à l'ère industrielle.

Le droit discrétionnaire à mettre fin au contrat de travail d'un salarie sous la seule condition d'un préavis obligatoire permet aux employeurs de gérer leur effectif de personnel en fonction des nécessités de l'entreprise tels qu'ils le perçoivent, le personnel étant considéré comme une variable de production.

On abordera, en définitive, la notion de la cessation de la relation de travail (section I) puis la cessation du travail à l'initiative de l'employeur (section II), le licenciement collectif (section III) et enfin la protection spéciale des délégués du personnel (section IV).

SECTION PREMIÈRE : LA NOTION DE CESSATION DE LA RELATION DE TRAVAIL

On essayera, d'une part, de déterminer la notion de cessation de la relation de travail de l'extérieur, en abordant les différentes formes de la cessation et en y incluant la rupture d'un contrat à durée déterminée (paragraphe premier). Puis on cherchera, d'autre part, à l'intérieur du concept, les éléments notables du dynamisme protecteur, rélevant en l'occurrence les progrès réalisés par la jurisprudence et l'évolution qui devrait suivre le législateur pour une extension de cette notion. (paragraphe 2ème).

Paragraphe premier : Les formes de la cessation

On distingue généralement la suspension de la relation de travail (I) de la démission du travailleur (II) et la résiliation d'un contrat à durée déterminée (III).

1. Suspension de la relation de travail

En attendant l'adoption du principe de la justification obligatoire du licenciement, on distinguera les causes de suspension exclusive (A) des causes pouvant soit entraîner la suspension, soit la rupture du contrat de travail (B).

A. Les causes de suspension exclusive

La suspension s'impose dans certains cas légalement prévus:

— Les femmes en couche—(art 18 à 21 dh du 2 juillet 1947).[1]
— Les délégués du personnel (art. 12 dh du 29 oct. 1962).[2]
— en cas d'incapacité temporaire résultant d'un accident du travail ou d'une maladie professionnelle (art. 6, alinéa 4 dh du 24 janvier 1953 relatif au calcul et au paiement des salaires).
— en cas d'instruction militaire durant les dix huit mois du service actif (art 6, alinéa 5 dh 1953).
— en cas d'événements familiaux (naissance, mariage ou décès) ou pour d'autres convenances personnelles, mais l'autorisation de l'employeur est nécessaire dans ce dernier cas.

B. Les causes de suspension ou de rupture

Parmi les cas dans l'esquels le contrat peut être soit suspendu, soit résilié, on relève notammant la maladie, la mise à pied et la force majeure.

1. La maladie

La relation de travail est seulement suspendue lorsque la maladie est de courte durée. D'après l'article 11, alinéa 1, ce n'est que lorsque l'absence pour maladie est supérieure à 90 jours au cours de 365 jours consécutifs que le salarié peut être considéré par l'employeur comme "démissionnaire de son emploi".

2. La mise à pied

La mise à pied est la suspension temporaire du travail soit pour manque de travail, soit à titre disciplinaire. Dans le premier cas, le salarié peut opter pour le renvoi définitif avec paiement des indémnités qu'une telle mesure comporte. Si la mise à pied est acceptée, elle n'implique pas pour l'employeur l'obligation de payer le salaire pendant la période de suspension.

Quant à la mise à pied disciplinaire, elle ne peut être utilisée que dans les conditionse où elle a été prévue par le réglement intérieur ou, à défaut, par le statut-type (art 6)

3. La force majeure

En l'absence de dispositions expresses du code du travail, il échet de se reporter aux régles de droit civil et leur transposition par la jurisprudence en la matière.

C'est en interprétant les dispositions de l'article 269 C.O.C. (Code des Obligations et Contrats) que les tribunaux ont tendance à admettre la force majeure, lorsqu'elle est temporaire, comme motif de suspension et non de rupture. Mais cette attitude n'est pas constante.

Qu'en est-il en cas de démission du travailleur?

II. *La démission du travailleur*

La rupture du travail à l'initiative du travailleur est rare en raison des problèmes de l'emploi sauf pour certaines catégories qualifiées de salariés.

Elle entraîne les mêmes effets que si elle est le fait de l'employeur. D'après l'article 754, alinéa 4 C.O.C., le salarié peut être condamné à des dommages-intérêts en cas d'abus de droit ou de faute grave[3] dument justifiée par l'employeur.

La situation diffère lorsqu'il est mis fin au travail par accord mutuel.

III. *Cessation du travail par accord mutuel*

La distinction entre un contrat de travail à durée déterminée et un contrat à durée indéterminée réside surtout dans leurs mode de dissolution et leurs effets.

Ainsi le contrat à durée déterminée prend fin normalement par l'arrivée du terme. Avant l'arrivée du terme, le contrat ne peut prendre fin que par l'accord des parties ou par décision de justice. L'article 745 -3 C.O.C. ajoute qu'il est mis fin au contrat à durée déterminée par l'impossibilité d'exécution résultant soit d'un cas fortuit ou de force majeure survenu avant ou pendant l'accomplissement du contrat, soit du décès de l'employeur (art 754, alinéa 7 C.O.C). De toute façon, le non renouvellement du contrat à l'arrivée du terme ne peut donner lieu ni à l'allocation de dommages-intérêts ni à préavis. Toutefois, l'employeur peut être en droit d'agir en résolution pour inexécution, après avoir mis en demeure le travailleur (art. 259 C.O.C);

En définitive, la notion de cessation du travail doit être étendue pour une meilleure protection des salaires.

Paragraphe deuxieme : Extension de la notion de cessation de travail

La conception contractuelle restant encore prédominante au Maroc, la jurisprudence devra, en attendant une prochaine réforme du droit du licenciement, étendre la garantie de la sécurité de l'emploi.

L'attitude jurisprudentielle trouve d'ailleurs quelques fondements légaux dans trois situations où se pose cependant un problème de ''qualification''.

Non-renouvellement d'un contrat à durée déterminée

Il s'agit d'abord pour le juge de rechercher si l'employeur a joué un rôle actif dans le non-renouvellement d'un contrat du travail à durée déterminée. Mais il faudrait que le contrat soit renouvelable ou ait au moins été renouvelé une fois. L'article 753, alinéa 2 C.O.C. modifié par le dahir du 6 juillet 1954, prévoit notamment la possibilité de renouveler un contrat à durée déterminée. Dans ce cas, la volonté des parties introduit un facteur d'indétermination en opérant une ''ré-qualifification'' de la relation de travail.

Le contrat à durée déterminée peut donc se prolonger par tacite reconduction au delà da son échéance normale, et, partant comportera les mêmes effets qu'un contrat à durée indéterminée. Le non-renouvellement de ce dernier équivaut à un licenciement du fait de l'employeur.

Modification unilatérale et substantielle d'un contrat à durée indéterminée

La juridiction compétente recherchera, d'autre part, s'il y a modification d'un "élément essentiel" du contrat à durée indéterminée.

L'employeur a certes le pouvoir d'adapter le contrat de travail le liant au salarié, s'il voit là l'intérêt de l'entreprise. Ce n'est pas là une "révision" de l'ensemble des éléments du contrat.

Mais un problème de "qualification" juridique se pose ici aussi au juge qui part à la recherche d'un critère déterminant au regard de la volonté des parties. Il appréciera si l'employeur apporte une modification unilatérale et substantielle à la relation de travail, auquel cas le salarié est en droit d'être indemnisé s'il refuse les conditions proposées ou imposés.[4]

Toutefois, si l'intérêt de l'entreprise exige la modification refusée, alors que l'intention de nuire de l'employeur n'est pas prouvée, le préjudice n'a pas à être réparé.

Rupture par la faute de l'employeur

Les juges chercheront enfin, au delà des apparences, dans chaque cas d'espèce si l'auteur véritable de la rupture est l'employeur en appréciant son comportement et les circonstances de la cause.

Cette situation sa présente, par exemple, lorsque le salarié conteste sa "démission" en arguant qu'elle lui a été extorquée sous la pression de l'employeur. La responsabilité de l'employeur pourra être également établie à partir de manoeuvres visant à faire accepter par le salarié un contrat moins avantageux.

La mise à pied économique sans offre de reprise de travail et les sanctions injustifiées constituent d'autres voies illicites et détournées de licenciement, entraînant l'indemnisation quasi-complète du travailleur.

Par cette attitude, la jurisprudence jouera un rôle non négligeable pour protéger le salarié contre la "perte de l'emploi" par le fait de l'employeur.

SECTION DEUXIEME : LA CESSATION DU TRAVAIL A L'INITIATIVE DE L'EMPLOYEUR

Il s'agit notamment du licenciement individuel d'un salarié à contrat de durée indéterminée. La sécurité de l'emploi de ce travailleur commandé à l'employeur de respecter certaines conditions (paragraphe premier), d'indemniser le salarié et de lui délivrer certains documents (paragraphe deuxième).

Paragraphe premier : Les conditions de la cessation du travail

On observera d'abord l'absence de garanties de procédure (I) et que l'employeur doit non seulement respecter un délai congé (ou préavis) (II), mais ne peut abuser de son droit au licenciement (C).

I. *Absence de garantie de procédure*

Le licenciement s'opère normalement par un acte juridique unilatéral : le congé ou préavis. Or le congé est signifié au travailleur sans obligation pour l'employeur de l'entendre au préalable ou de suivre une procédure particulière et sans obligation de justifier le licenciement.

Forme et notification du licenciement

La loi n'a prévu aucune forme spéciale pour le congé, mais le mode de congé le plus courant consiste dans l'envoi d'une lettre recommandés avec accusé de réception, ou d'une notification par voie extra-judiciaire (par l'intermédiaire du secretariat greffe du tribunal de première instance).

La notification du licenciement est donc nécessaire pour que celui-ci prenne effet immédiat ou qu'un délai de préavis commence à courir.

Procédure

Aucune procédure n'est légalement établie, ni observée par l'employeur avant ou au moment du licenciement, si on exclut celle prévue en matière de licenciement disciplinaire. Dans ce dernier cas, l'article 6, alinéa 4 du statut-type prévoit que le salarié peut faire l'objet de sanctions disciplinaires suivant un certain ordre à respecter (réprimande par écrit, changement de service ou d'átelier, renvoi temporaire ou renvoi définitif). Aussi le nombre d'avertissements (ou autres sanctions n'allant pas jusqu'au licenciement) nécessaire pour que le licenciement soit justifié dépend-t-il de la nature et de la gravité du manquement à la discipline.

De toute façon, l'employeur n'est pas tenu de suivre une procédure déterminée en ce domaine, et à fortiori, d'entendre le salarié dans tous les cas de licenciement individuel.

Aucune disposition légale ne l'oblige à aviser et consulter les délégués du personnel avant de licencier le travailleur ou d'informer l'inspecteur du travail de sa décision, sauf lorsqu'il s'agit d'un représentant du personnel.

Absence d'obligation de justification

En dehors du licenciement pour faute grave, l'employeur n'est nullement tenu de motiver sa décision devant le salarié. A la rigueur, lorsque la victime recourt à la justice, il sera amené à se défendre en présentant des moyens le dégageant en totalité ou en partie de sa responsabilité.

C'est donc au juge seul d'apprécier le véracité des allégations de l'employeur ainsi que les prétentiòns du travailleur, et enfin statuer. Le tribunal est tenu de ce fait de préciser sa conviction au regard du licenciement en motivant son jugement.

C'est dire la nécessité d'obliger l'employeur à justifier le licenciement par des "motifs réels et sérieux ou valables et suffisants", et de les notifier au salarié.

Les contrats de travail à durée indéterminée ne peuvent en général être rompus que sur préavis.

II. *Le délai congé (ou préavis)*

A. *Fondement et Sources*

L'obligation du délai congé et, partant, de notifier à l'avance à l'autre partie (le salarié ici) son intention de mettre fin aux rapports de travail est imposée par l'article 754, alinéa ler C.O.C.[5]

Cette obligation est d'ordre public, nonobstant toute convention ou clause contraire de renonciation à ce droit. Mais il peut néanmoins être dérogé par des conventions collectives aux délais fixés par les usages en disposant de périodes supérieures.

Toutefois, les dispositions précitées sont d'une application limités, à savoir aux contrats à durée indéterminée.

C'est pourquoi le législateur a manifesté son "souci d'introduire une plus grande stabilité dans les rapports de travail en favorisant la formation ou la consécration des usages",[6] mais sans se départir de l'analyse civiliste au préavis qui ne fait pas cas de la sécurité de l'emploi.

Seule est exclue la période d'essai pendant laquelle les parties peuvent se séparer à la fin de ladite période.

B. *Le régime juridique*

Les dispositions afférentes au préavis prévoient des périodes de préavis (1) et certaines causes d'exonération (2), ainsi que certaines mesures protectrices (3).

1) *La durée du préavis*

Les délais de préavis sont généralement établis par l'usage du lieu ou par les conventions collectives ou enfin, par le contrat individuel du travail.

Tout en respectant ce principe et en vue d'éviter les variations de ce délai dans certaines branches d'activité, l'article du 13 août 1951[7] établit une liste des délais dans la plupart des professions et activités pratiquement exercées au Maroc.

L'exposé des motifs du dahir du 30 juillet 1951 indique notamment qu'une telle liste n'a qu'une valeur indicative et n'interdit pas, le cas échéant, de rapporter devant le juge la preuve de délais différents conformes à l'usage du lieu. Certaines conventions collectives établissent des délais plus longs.[8]

En définitive, le législateur reste attaché à la notion contractuelle du préavis. Il lui faudra s'engager vers celle d'une mesure imposée lés qualité au chef d'entreprise dans le cadre d'une politique systématique de l'emploi".[9]

2) *Exonération de l'obligation de préavis*

L'obligation du préavis n'est pas cependant absolue. Il peut y être dérogé dans certains cas, notamment en cas de faute grave ou de force majeure. Mais dans cette dernière situation, il semble que le contrat de travail prend fin "ipso jure", et non à la suite d'un licenciement. La rupture n'est pas le fait de l'une des deux parties contractantes.

— Résiliation en cas de faute grave

Quant au cas de faute grave, l'employeur doit, en principe, informer le salarié dans les 48 heures de la constatation de celle-ci par lettre recommandée, et lui remettre en outre personnellement copie de cette lettre.[10] Il est, d'autre part, tenu de mentionner de façon précise le motif, la date du licenciement et se référér expressément à l'article 754 C.O.C.

Une copie de cette lettre est obligatoirement adressée à l'inspection du travail dans un délai de huit jours à compter de la constatation de la faute.

Le salarié peut, un délai d'un mois à compter de la date de la réception de la lettre, ou de la remise de la copie, saisir le tribunal du travail, en produisant à l'appui de sa requête se lettre de congédiement.

Le tribunal apprecie le litige en fonction des seuls motifs invoqués dans cette lettre. S'il estime le licenciement justifié, le contrat est résilié et le travailleur n'a droit à aucune indemnité.

Dans le cas contraire, le tribunal peut soit prononcer la réintégration du salarié dans son emploi—ce qui est assez rare—qui produit ses effets à compter de la date du licenciement, soit condemner l'employeur au versement d'une indemnité calculée en fonction des circonstances de la cause et notamment du préjudice causé au travailleur par le licenciement.

Le refus de l'employeur à réintégrer le travailleur place le litige dans le cadre du licenciement abusif.

C. *Quelques règles protectrices*

Certaines mesures protectrices découlent cependant des effets du préavis, les parties conservant les mêmes droits et les mêmes obligations pendant la durée du délai congé.

La règle des deux heures

Durant le préavis, et afin de permettre au salarié stable qui fait l'objet d'une mesure de licenciement de trouver un autre emploi, le salarié est autorisé à s'absenter à raison de deux heures par jour, sans que ces absences puissent excéder huit heures dans une même semaine ou trente heures dans une même période de trente jours consécutifs.

Mais si le travailleur ne consacre pas la durée de ses absences à la recherche d'un emploi ou s'il continue à s'absenter alors qu'il a trouvé un nouvel emploi, il peut être licencié sans préavis et sans indemnité (art. 5, alinéa 7 du statut-type)

— *Brusque rupture par l'employeur*

Dans le cas d'inobservation du délai congé par l'employeur, ce dernier est tenu de verser au salarié congédié une indemnité égale au montant de sa rémunération qu'aurait dû percevoir ce travailleur s'il était demeuré en fonction jusqu'à l'expiration de la période de préavis.

Cette indemnité compensatrice "tenant lieu de préavis est un véritable substitut du salarié qu'une simple indemnité. De ce fait, elle bénéficie des mêmes règles protectrices de la rémunération.

Mais elle n'est pas dû en cas de faute grave du travailleur ou de force majeure dûment établis. De plus, elle ne se confond pas avec l'indemnité de départ ou d'ancienneté, ni avec l'indemnité pour licenciement injustifié ou abusif.

III. *La rupture abusive*

L'article 754 C.O.C. ne soumettait la résiliation du contrat de travail qu'à l'obligation du préavis, ce qui constituait une protection insuffisante pour le travailleur, qui pouvait perdre son emploi après avoir reçu un préavis de courte durée.

Le travailleur ne pouvait prétendre à aucune indemnité si le préavis était respecté.

Fondement et notion d'abus de droit

Il fallut attendre un dahir du 26 septembre 1958 qui ajouta de nouvelles dispositions à l'article précité pour voir introduire la notion de "résiliation abusive" du contrat en le sanctionnant par des dommages-intérêts. Mais les tribunaux n'ont généralement à connaître que des cas où cette disposition est invoquée par le salarié à l'encontre de l'employeur.

Le législateur n'a donc cherché qu'à limiter le pouvoir discrétionnaire que détient l'employeur de licencier le salarié à son service en appliquant au droit du travail la notion d'abus de droit civil. Reste à prévoir une obligation expresse de justifier le licenciement afin de dépasser la protection minimale ainsi instituée, d'autant plus que dans ce système il appartient au travailleur de prouver que son congédiement a été exercé abusivement à son égard.

Preuve de l'abus de droit

Le tribunal pour apprécier s'il y a abus pourra toutefois faire une enquête sur les circonstances de la rupture et, par suite, sur l'abus de droit.

Le jugement devra, en tout cas, mentionner expressément le motif allégué par la partie qui aura rompu le contrat.[11]

Ainsi, dans la pratique, la charge de la preuve est généralement renversée de façon que l'employeur se trouve dans l'obligation de prouver que le licenciement n'était pas abusif.

Sanction de l'abus de droit

La sanction du congédiement abusif est rarement la réintégration, mais souvent l'indemnisation du salarié. L'indemnité est appréciée souverainement par le juge, elle n'est pas alors un substitut du salaire è l'instar de l'indemnité compensatrice du délai-congé avec laquelle elle se cumule.

Elle échappe donc au régime juridique du salaire et, partant, l'action en indemnité est soumise à la prescription quinquennale.[12]

D'autre part, le travailleur a une indemnité de départ en cas de cessation normale de la relation de travail.

Paragraphe deuxieme : L'indemnite de depart

L'indemnité de départ est une somme d'argent qui est habituellement versée par l'employeur au salarié en cas de licenciement non abusif parfois en cas de démission, et dans tous les cas où la rupture n'est pas dûe è une faute grave du travailleur.

Ce sont d'abord les usages, le contrat de travail et surtout la convention collective qui instituent une indemnité de licenciement dite ''indemnité'' spéciale, calculée principalement en fonction du temps passé au service de l'entreprise.

Le législateur est venu pour consacrer les sources conventionnelles en la matière. C'est en effet, le décret royal n° 316 66 du 14 août 1967 qui rendit l'indemnité de départ obligatoire dans les principales activités soumises à la législation du travail.[13] Un autre décret royal de même date fixe le montant et les modalités d'attribution de cette indemnité.[14]

Le principe est repris par l'article 60 du projet du code de travail qui ne devrait s'appliquer qu'aux travailleurs permanents qui auraient une ancienneté d'au moins une année. Les travailleurs occasionnels et temporaires en sont donc exclus, ce qui justifie l'appelation de cette indemnité ''indemnité d'ancienneté''.

Il s'agit, en définitive, d'une indemnité légale minimale qui peut être relevée aux terme plus favorables de dispositions conventionnelles (convention collective, contrat de travail) ou de statuts particuliers.[15] Mais le travailleur ne reçoit aucune autre forme d'indemnité de départ telles les prestations rélevant de la sécurité sociale en cas de chômage.

Délivrance de documents

L'employeur est, d'autre part, tenu de délivrer au travailleur des documents justificatifs de sa qualification professionnelle et de sa rémunération (reçu pour solde de tout compte[16] et certificat de travail).[17]

Ces documents sont également délivrés en cas de licenciement pour cause économique.

SECTION TROISIEME : LE LICENCIEMENT COLLECTIF

Le sécurité de l'emploi ne peut être seulement garantie par un dispositif protecteur en cas de licenciement individuel à l'initiative de l'employeur. Ce système reste au Maroc largement insuffisant, la protection du salarié étant faiblement assurée en la matière.

Il n'en va pas autrement en cas de licenciement collectif des travailleurs , si on exclut certaines prescriptions procédurales. (paragraphe 2). Auparavant, il convient de s'interroger sur le fondement et les finalités du dispositif de protection (paragraphe 1).

Paragraphe premier : Fondement et finalités du dispositif de protection

L'étude du fondement (I) et des finalités (II) du dispositif de protection permettra d'appréhender cette forme particulière de cessation du travail.

1. *Fondement*

On retient tout d'abord que la raison principale qui semble expliquer un traitement spécial en cette matière est d'ordre économique. Le travailleur ne supporte aucune responsabilité du fait de circonstances indépendantes de sa volonté. En outre, il est à la merci de l'employeur. Le droit discrétionnaire de résiliation unilatérale de ce dernier paraît d'autant plus maintenu que toute réduction du personnel peut sembler comme la somme de licenciements individuals pour quelque motif que ce soit, en l'occurrence économique.

Toutefois, étant donné que la réduction du personnel touche souvent des effectifs importants, et non un travailleur individuel, le licenciement est nécessairement collectif. D'où la nécessité de règles spéciales de protection en la matière.

Mais le régime institué ne répond que très partiellement aux finalités d'une telle protection étroitement liée à la sécurité de l'emploi.

II. *Finalités*

Les règles spéciales relatives au licenciement collectif devraient essentiellement tenir compte des intérêts des travailleurs et du pays, parallélement à ceux de l'entreprise. Mais l'employeur avance notamment des arguments déduits de ses pouvoirs économiques et de direction pour justifier la réduction de son personnel.

Aussi devrait-on envisager diverses mesures tendant non seulement à atténuer les conséquences de le perte de l'emploi pour les travailleurs concernés, mais aussi à réduire sinon à éviter les licenciements pour cause économique.

Ce sont là les objectifs à viser dans le caractère de la procédure du licenciement collectif. Pratiquement, tout reste à faire dans ce domaine pour asseoir une sécurité véritable de l'emploi.

Paragraphe deuxieme : Procedure et effet du licenciement collectif

I. *Procédure*

Le régime marocain en vigueur[18] prévoit deux procédures selon qu'il s'agisse de la fermeture totale ou partielle. d'établissement industriel ou commercial, ou du licenciement sans remplacement de tout ou partie du personnel.

A. *Notification obligatoire aux autorités publiques*

Dans les deux cas on retient que l'unique obligation de l'employeur réside dans la notification de sa décision, motivée certes, aux autorités publiques. Les critères de choix de travailleurs doivent cependent être observés en cas de reduction du personnel.

En revanche, l'information et la consultation des délégués du personnel et des délégués syndicaux ne sont pas prévues pour le réglement d'éventuels conflits qui surgissent souvent à l'occasion d'un licenciement collectif

B. *Formalités et Procédure*

— *Fermeture de l'établissement*

En cas de fermeture de tout ou partie de l'établissement industriel ou commercial, la demande de l'employeur doit être adressée par lettre recommandée au gouverneur de la préfecture ou de la province où est situé l'établissement, accompagnée de toutes justifications relatives à la situation de l'entreprise.

Le gouverneur statue sur la demande dans un délai maximum de trois mois, après avis d'une commission consultative. A défaut de réponse dans le délai imparti, la fermeture sera considérée comme autorisée.

— *Licenciement sans remplacement*

Quant à la demande de licenciement sans remplacement de tout ou partie du personnel, elle doit être adressée, également par lettre recommandée, accompagnée de toutes justifications utiles, à l'agent chargé de l'inspection du travail pui la transmettra, en indiquant son avis, au gouverneur.

En cas de licenciement massif, et s'il le juge utile ou si l'agent chargé de l'inspection du travail le lui demande, le gouverneur consulte la commission prévue à cet effet.[19]

— *Appréciations*

En définitive, le licenciement collectif se trouve entre les mains d'autorités administratives dépendant non du ministère du travail mais de celui de l'intérieur. Ces autorités accordent la réduction du personnel en considération de sécurité publique et non de sécurité de l'emploi. De plus, l'employeur peut agir en annulation de leur décision devant la chambre administrative de la cour suprême. Enfin, rien n'oblige ce dernier à suivre des critères objectifs pour le choix des travailleurs devant être atteints par licenciement collectif . De même, seule la juridiction du travail le condamne à verser au salarié des dommages-intérêts pour rupture abusive du contrat en cas de licenciement sans autorisation.[20]

NOTES

[1]En vertu des articles 18 à 21 dh du 2 juillet 1947, la suspension est de droit pendant douze semaines consécutives dans la période qui précède et suit l'accouchement.

[2]Le licenciement définitif d'un délégué du personnel ne peut intervenir avant que l'inspecteur du travail obligatoirement consulté, n'est fait connaitre son avis, sauf en cas de faute grave.

[3]CF art 6, alinéa 7, statut-type de 1948.

[4]Aussi le chef d'entreprise est-il tenu pour responsable de la rupture si la salarié refuse sa mutation dans un lieu éloigné: cass. soc. n° 90 du 22-1-1969; J.C.S. n° 8 mai 1970, pp. 4 et ss. Cass. Soc. n° 67 du 12-3-1973 DOS 21 526 (Changement de poste préjudiciable au travailleur) inédit.

[5]C.F. art. 50 projet du code de travail.

[6]Exposé des motifs du dahir du 30 juillet 1951 sur le préavis (BO N° 2028 du 7 septembre 1951, p. 1393).

[7]BO N° 2028 du 7 septembre 1951 p. 1394.

[8]Telle la convention collective des industries cinématographiques conclue le ler octobre 1949.

A titre indicatif, d'après l'arrété du 13 août 1951 on peut citer les préavis suivants:

—un directeur ou chef de service: 3 à 12 mois suivant l'ancienneté

—un employeur un mois; -un chauffeur: une semaine;

—un ouvrier: une semaine.

[9]S.M. CAMERLYNCK at LYON-CAEN op cit p. 196 n° 180

[10]cass. soc. n° 170 du 17-7-1972. DOs 37 025 (inédit)

[11]Cass. soc n°1 du 8-11-1971 DOS 26 399 (inédit) Cass. civ. N° 53 du 23-6 1979, RACS, tome 2, p. 98.

[12]Cass. Soc n° 148 du 25-3-1974, DOS 40 677 (inédit) cass. Soc n° 184 du 17-4-1978 DOS 64 069 (inédit)

[13]BO n° 2860 du 23-8-1967 p. 990.

[14]Décret royal n° 317-66 du 14 août 1967 (B0 N° 2860 du 23-8-1967 p. 990)

[15]CF art 4 décret royal n° 316-66 du 14-8-1967.

[16]CF art 745 ter. C.O.C.

[17]CF art 745 bis COC. Le certificat de travail est cependant quérable st non portable. C'est au travailleur de le demander à l'employeur qui ne peut alors s'y refuser.

[18]CF décret royal n° 314-66 du 14 août 1967 portant loi relatif au maintien de l'activité des entremises industrielles et commerciales et au licenciement de leur personnel (BO n° 2860 du 23-8-1967 p. 988).

[19]CF art. 2 et 3 décret royal n° 314 - 66 du 14-8-1967.

[20]Case civ n° 201 du 16-6-1971 J.C.S. n° 25 mai 1980 pp. 170-173.

Termination of Employment on the Initiative of the Employer and Income Security of the Worker Concerned

by

H.B.M.H. BOITELLE

President, GAK

TERMINATION OF EMPLOYMENT AT THE INITIATIVE OF THE EMPLOYER

The rights in relation with the termination of the employment are covered by two statutory systems; on the one side the system of the Civil Code (BW) which is based on the principle that nobody can be forced against his will to allow an employment to be continued and on the other hand the system of the Extraordinary Decree Labour Relations (BBA) which is based on the principle that the employer is not allowed to terminate an employment without permission of the director of the Regional Employment Bureau (GAB).

I. *The BBA*

In general the BBA discharge regulation precedes chronologically the implementation of the BW. This means that, when a permission is required for the termination of an employment, this permission also has to be granted before the employment can be correctly terminated in accordance with the BW. However, not every termination requires a permission. For instance, no permission is required:

a. if termination occurs by mutual consent

b. if termination is originated by an urgent reason of which the employee is informed immediately

c. if employment is ended during the stipulated probationary period, which in the Dutch legislation is not to exceed two months.

In case the permission required is not granted and the employer nevertheless ends the employment, he acts in violation of the BBA. the employee may then call for annulment of the dismissal within a period of six months. The result of this invocation is that the employment continues and the employer is obliged to continue paying the corresponding salary. If, however, the employer disputes the procedure, e.g. that there existed an urgent reason, then the employee will have to bring an action with the cantonal court, claiming that the dismissal is void and the employer has neglected to meet his obligations.

II. *The BW*

a. *Notice*

If the permission was granted, the employment can be terminated by notice on the strength of the BW rules. Notice means the communication that one is going to terminate the employment. The day on which the employment is going to be terminated may be any day, unless a particular day had been specified in the agreement, regulations or by custom. In practice such a day is usually the last day of the week or the month, depending whether wages were paid weekly or monthly. For the legally valid termination of an employment it is moreover required to observe a term of notice.

The principal rule here is that the term covers the time which usually lapses between two salary payments, with a maximum of 6 weeks.

Next to the principal rule the BW provides for two special rules, which can extend the term of notice.

These are:

a. the minimum term of notice, for the employer, of one week for each full year the employment of the adult employee has lasted, up to a maximum of 13 weeks.

b. on top of that extension of the term of notice, for the employer, with one week for each year of employment in this employer's service after the employee has reached the age of 45, with a maximum of another 13 weeks.

Next to this the older employee is specially protected by the rule that the term of notice, for the employer, with regard to those employees which have reached the age of 50 and have been with this employer for at least one year, amounts to at least 3 weeks.

Furthermore it should be noted that in case of difference in a term of notice determined by salary payment and the term of notice established by number of years of service and/or age, the longest term will be operative. Aside from the above extensions of the principal rule the law provides for a few restrictions of the term of notice to be observed. The most important restrictions occur in the case of bankruptcy, in which case the employment may be terminated by the trustee, with observance of the agreed and statutory term, but to a maximum of six weeks.

Needless to say that many collective agreements provide for a regulation with regard to the term of notice which goes way beyond the statutory terms.

b. *Termination of an employment for which no term of notice has to be observed*

The provisions to be applied for notice do not have to be observed if the employee agrees with the termination, i.e. termination by mutual agreement, if the dismissal takes place during the probationary period and if the employment is ended summarily on account of an urgent reason that is communicated to the employee at once.

An urgent reason for the employer is when the employee has been guilty of actions or behaviour or possesses qualities, on account of which the employer cannot be reasonably required to let the employment continue.

The law gives an illustrative but not exhaustive enumeration of qualities and kinds of behaviour, which may constitute an urgent reason, like considerable ineptness, maltreatment of employer or fellow employees, refusal to obey a reasonable order, etc.

These examples do not automatically provide an urgent reason, but only apply in concrete cases of such serious nature, that continuation of the employment cannot reasonably be required of the employer any more.

c. *Termination of the employment by intervention of the judge*

Aside from termination by notice the employer has the possibility to terminate the employment by intervention of the judge, the socalled resolution on account of an important reason. Important reasons are:

— circumstances which would have resulted in an important reason if the employment would have been terminated summarily for that reason,

— changes in the circumstances which justify a short-term termination of the employment.

A resolution claim in this sense could be in particular meaningful, when the employer does not deem dismissal for an urgent reason defensible and in the case the director of the GAB is not willing or able to give a permission for dismissal. In general the judge will consider a condition for resolution to be present, when the employment cannot be terminated in any other regular way.

d. *Void termination*

The employment cannot be ended by the employer:

— on account of the employee's marriage,

— on account of the female employee's confinement,

— during the period from the first week up to and including the twelfth week after delivery,

— during the employee's incapacity for work, unless the incapacity has lasted for at least two years,

— during the employee's military service.

Termination contrary to any of these conditions is void, which has to be called by the employee through communication to the employer within two months after notice or termination (if no notice has taken place).

e. *Financial sanctions as to the irregular termination of an employment*

If the employer has severed the employment unjustly without notice or without observance of the provisions to be applied for notice, he is liable for injury to the employee.

In that case the employee can choose from three claims: indemnification, compensation and restitution of the employment.

The indemnification equals the amount of cash wages for the time the employment should have lasted in case of regular termination.

If the employee feels that the damage due to irregular termination amounts to more than the amount of statutory indemnification, he may claim full compensation. This will only rarely occur, e.g. in case the wages were not paid in money but otherwise or if, upon termination of employment other sources of income e.g. tips, disappear.

Only such damage is considered for compensation, which is demonstrably the result of the irregular termination of the employment. All damage which would also have been suffered in case of regular termination is left out of account. Next to the claims mentioned the employee also has the possibility to have the employer condemmed to restitution of the employment. In case the judge proceeds to such a sentence, he may also dispose that the employer can free himself of this obligation through payment of a lump sum.

With observance of the circumstances of the case the judge will assess this lump sum in fairness.

As a rule the lump sum will amount to more than the statutory indemnification, because the judge will only condemn to restitution of employment when he does not consider a sentence to indemnification to be sufficient.

The judge may also assess a lump sum if he feels that the employer, even though he dismissed the employee in a regular way, has terminated the employment "obviously unreasonably".

In such a case the judge also may grant the employee a compensation in fairness.

B. REGULATIONS WITH REGARD TO LOSS OF IMCOME DUE TO UNEMPLOYMENT

As a consequence of his redundancy a worker will no longer receive salary after expiry of his service term.

In order to lift, partially, the financial consequences of unemployment regulations have been made in the frame of Social Legislation. Before going deeper into these, the regulations made by industry and trade individually will be discussed first.

I. *Regulations made by industry and trade*

First of all it is essential to observe that employers are not compelled by law to making such regulations and that the contents of same are not determined by law either.

Such regulations, mostly by way of a redundancy arrangement, are mainly the result of agreements between employers' organisations and trade unions. Redundancy arrangements may already have been included in the collective labour agreement, which will be applicable to a collectivity of workers in most cases where an employer himself is a subject of an event, such as reorganisation or merger. A redundancy arrangement may also be made, if it becomes known, that such an event is going to occur.

A further possibility is that a worker, before proceeding to cease his service term, arrives at an arrangement of redundancy with his employer, whether or not their service agreement provides for such arrangement.

On account of a redundancy arrangement the employer may be held to pay the redundant worker a compensation which exceeds the amount of wages due over the term of notice.

Undermentioned cases may occur:

1. a complementary payment on the social benefit which the worker receives by virtue of social legislation, sometimes as much as 100% of the last earned salary; the duration of such complementary payment usually depends on the worker's age and service record;

2. a complement on the worker's salary in a new but lower paid job;

3. an allowance for removal or travel expenses which the worker is forced to make in order to accept a new position.

4. provisions with regard to pension

5. a one-off compensation (the so-called "golden handshake").

Once again, an employer is never compelled to make a redundancy arrangement. In most cases a redundant worker can appeal to social legislation only.

II. *Social legislation with regard to Unemployment*

Dutch legislation includes three regulations with regard to loss of income due to unemployment, i.e.:

a) the Unemployment Benefit Act (WW)

b) the Unemployment Relief Act (WWV)

c) the Government Collective Regulation for Unemployed (RWW)

These regulations join up with each other in such a way, that a worker who has received a WW-benefit for the duration of the maximum period set, will be, in the case of continuing unemployment, entitled to a WWV-benefit and on completion of the max. term set for this benefit he can finally claim a RWW-benefit. The two latter regulations also serve as an immediate possibility to take care of redundant workers who never had any social benefit before.

Hereafter, the regulations will be discussed:

a. *Unemployment Benefit Act (WW)*

This scheme, financed by contributions from employers and workers jointly, insures workers against financial consequences of involuntary unemployment. Besides it includes a provision which entitles a worker to receive arrears of wages in cases of bankruptcy or suspension of payment of his employer. The implementation of the WW scheme is in the hands of the legally acknowledged Professional Associations, in which employers and workers are both represented.

1. *the financial consequences of involuntary unemployment*

Involuntary unemployment means to say that the worker is not to blame for his being out of work. So in case of a worker resigning, it will generally be accepted that he is not unemployed involuntarily.

In case of a worker being dismissed, it should be investigated whether he was dismissed because of an act or neglect, of which he could reasonably expect that it would lead to his dismissal. In the affirmative, e.g. in cases of dismissal for urgent reasons, it is accepted to be a case of involuntary unemployment and there will be no right to social benefit by virtue of the WW.

No right to benefit would exist either, if the last employer is under the obligation of continuing payment of the full wages.

In order to qualify for a benefit the WW act rules that a redundant worker must have worked at least for 130 days during the 12 months' period prior to his redundancy. For part-time and seasonal workers a different condition applies.

The WW benefit amounts to 80% of the average daily wages that the worker could have earned in his usual profession, if he had not become unemployed. The maximum duration of the benefit will be 130 days per "benefit year", which starts on the first day for which benefit has been granted.

2. *Rights with regard to bankruptcy a.o.*

In cases of bankruptcy or suspended payment, a worker who does not receive in time or at all his wages, vacation-allowance or bonus can claim, through the professional association, payment of arrears over a maximum of 13 weeks prior to the day of notice, together with wages over the term of notice up to a maximum of 6 weeks. A worker may qualify for these payments also, if his employer should be in a position of insolvency, but bankruptcy or suspended payment not yet arising.

b. *Unemployment Relief Act (WWV)*

The WWV scheme is financed out of the general treasury of the State and is meant to grant a government benefit to unemployed workers who are not entitled to WW-benefit or have completed its maximum term. Contrary to WW regulations, WWV does not have the condition that the unemployment must be of involuntary nature, but it provides for the possibility to deny a worker for a certain period the right to benefit or to cut it.

In order to qualify for this benefit the same condition as to the number of days worked applies here. The WWV-benefit amounts to 75% of the average daily wages and the maximum term of the benefit 2 years.

Workers who, on completion of this maximum term have reached the age of 60 or more, may qualify for continued payment of the benefit until their 65th birthday.

c. *The Government Collective Regulation for Unemployed (RWW)*

The RWW is derived from the General Welfare Act (ABW) which lays an obligation on Municipal Authorities to grant assistance to the citizen who finds or will find himself in such critical circumstances that he does not possess the means to meet the normal cost for daily life. The General Welfare Act (ABW) may introduce Government Collective Regulations. Such regulations secure the grant of assistance to groups of persons, for whom the financial difficulties emerge from the same cause and for whom—for that matteer—a nation-wide norm and nation-wide conditions can be made. RWW is such a collective regulation. RWW grants rights to benefits in cases of unemployment, when rights to benefits according to WW or WWV no longer exist. Only those who depend on employment for their living are entitled to benefit. Previous employment before unemployment commencing is not a condition here.

The benefits are mainly based upon amounts derived from the legal minimum wages. Some other income, e.g. part of income earned by the worker's wife, if any, will be deducted from the benefit.

Termination of Employment on the Initiative of the Employer and Income Security of the Worker Concerned

by

ASST. PROF. STEIN EVJU

University of Oslo

I—GENERAL INTRODUCTION

A. Employment protection is an important part of Norwegian labor protection legislation. Its origin dates back to the 1892 Factories Act, primarily concerned with health and safety protection, but also introducing some rudimentary provisions on the period of notice and protection against summary dismissals. More substantial provisions, recognising the principle of justification, were embodied in the 1936 Labor Protection Act, by which the scope of the elder labour protection legislation was significantly expanded, to cover most sectors of working life. These regulations were replaced, basically in the same form, by a new act of 1956, which in turn was relieved by the 1977 Workers' Protection Act (WPA)[1]; the wish to further develop and strengthen employment security was *one* major part of the background for this comprehensive act.

Thus, legislation is the general and basic source of the Norwegian employment security system. Except for some cases regarding the period of notice, the provisions of the WPA may not be dispensed with by agreement, whether individual or collective; in certain areas they are however supplemented by regulation thru collective agreements. Furthermore, court decisions have played a major role in defining the content of the many general terms of the statutory provisions. Previous court decisions are to some extent still relevant, as some of the basic concepts, especially relating to the justification requirement, at the outset are similar to those of the foregoing acts. Under the WPA, ca. 300 cases have been decided upon by the courts, but so far no major decisions have been passed by the higher courts.

B. The WPA encompasses, at the outset, all undertakings in which employees are engaged, in the private as well as the public sector.

C.a. Exceptions, from the scope of the act in general, are made for seafaring and fishing, airborne personnel in aviation, and agricultural and similar undertakings (Sec. 2 No. 2).[2] Specifically regarding termination of employment, state civil servants are excluded from the act (cfr. Sec. 56); civil servants in local and regional municipal administration are covered by the WPA employment security provisions.

The fields of activity and categories of employees not covered by the WPA are, in general,[3] covered by labor protection legislation specific to them.[4] The relevant acts all contain provisions relating to termination of employment. The general system and the basic justification requirements are in general terms similar to the WPA, even if a number of differences will be found on specific points; the most important difference concerns remedies in case of unjustified dismissal. The regulations relating to state civil servants are closely linked to the provisions of the WPA, but as regards the other areas, the relevant acts do not entitle the courts to annul dismissals, the compensation provisions are less favourable to the worker, and the procedural safeguards not quite as well developed as in the WPA.[5]

In order not to unduly complicate the presentation, and to keep within the foreseen limits, this report will, in the ensuing, mainly concern itself with the termination of employment regulation based on the WPA.

C.b. Within its scope, the WPA applies to all undertakings in which one or more "workers" are employed. No distinctions are made relating to the size of undertakings, nor to different categories of personnel, such as e.g. between "workers" and "employees". Under Sec. 3, any person performing work in the service of an employer is considered an employee and covered by the provisions of the act relating to termination; a formal contract of employment is not a necessary prerequisite for being covered.

The protection against unjustified dismissals does not apply to contracts of employment concluded for a specific period of time or a specified piece of work; in such cases the employment contract is considered to expire at the relevant point in time without notice of termination being necessary. WPA Sec. 58 No. 7 however limits the validity of contracts of this kind; they may be concluded only if warranted by the nature of the work in question, or for purposes of practical training or the replacement of an absent worker. The aim of this provision is to counteract evasion of the law by way of contractual arrangements. If a contract of determinate duration is considered not warranted, the employee will have the benefit of the regular employment protection provisions. Sec. 58 No. 7 is a new creation of the WPA, and still entails some uncertainty as to its scope and implications. It has however been applied by the lower courts in a number of cases, and represents a significant strengthening in practice of the employment protection offered by the law.

Contracts whereby the worker is hired for a trial period (period of probation) fall within the scope of the WPA, but the act contains some specific provisions relating to such contracts. Provided the contract is in writing and a specified trial period is stipulated, the normal period of notice is 14 days (Sec. 58 No. 6) and certain specific provisions relating to the justification requirement are laid down in Sec. 63, the essence being that a dismissal on the grounds of capacity or conduct of the worker (suitability for the job) will be considered given during trial period only if the employment relationship is terminated within six months of hiring, and the employer has an obligation (burden of proof) to establish the factual basis for dismissal so that the court may control his assessment.

D. The WPA distinguishes between "notice of termination", denoting a dismissal by the employer taking effect after a period of notice, and "instant dismissal". The justification requirement and some procedural and other provisions differ between the two forms. In this report, the term "(ordinary, regular) dismissal" will be used to denote the former, the term "instant (or summary) dismissal" is used to denote the latter. The concept "notice period" ("period of notice") thus relates to regular dismissals, denoting the time period following a notice of dismissal before termination of the employment relationship ordinarily takes place.

Legislation does not, in principle, distinguish between individual and collective dismissals; certain substantial provisions of the WPA do however relate primarily to "collective" dismissals in case of workforce reductions, as do some procedural provisions in a number of collective agreements.[6] (See under III and VI below.)

II—PROCEDURES PRIOR TO TERMINATION

A,B,E. Both for regular and instant dismissals, the employer is required to notify the employee in writing; the notification must be served on the employee in person or by registered letter, and it must contain information on the right to request negotiations with the employer and to institute court proceedings (cfr. under IV below) and the time limits for such action. (WPA Sec. 57 and 66 No. 2). These provisions are of significant importance as regards regular dismissals; if the employer fails to comply with them, there is no time limit for institution of court proceedings, *and,* if such proceedings are instituted within four months, the dismissal shall ordinarily be declared invalid by the court without any assessment of the material basis of the dismissal. In this case, invalidity implies that the employee will have a right to reinstatement and full wages for the time (s)he may have been out of the job. The court may only refrain from declaring the dismissal invalid if special circumstances make it clearly unreasonable to do so. This provision is intended for exceptional cases only; it has however so far been applied somewhat liberally by the lower courts.—The invalidity provision does not apply in case of an instant dismissal; failure to comply with the formal requirements is however considered a relevant factor by the courts when assessing the justification of a summary dismissal.

These provisions on form and contents of notification apply to all dismissals, individual as well as collective in case of workforce reductions.

Legislation does not provide for prior consultation with the employee.[7] But before ordering instant dismissal, the employer shall consult with the workers' elected representatives unless the worker himself does not wish this to be done (WPA Sec. 66 No. 1); thus in practical terms the employer should confer beforehand with the worker in question. Such prior consultation is not a prerequisite for validity, but again, failure to comply is considered a relevant factor when assessing the justification of an instant dismissal.—Prior consultation with the employee in case of instant dismissals and regular individual dismissals is provided for in some major collective agreements, if practically possible.[8]

Neither legislation nor collective agreements lay down previous warning as a formal requirement for dismissal in case of disciplinary breaches. But the courts do very often place a lot of weight on whether a previous warning has been given, and the unsatisfactory conduct of the worker has been discussed with him by the employer, when assessing the justification of a dismissal, regular or instant, even if this factor is not necessarily considered decisive. In general, the same is valid for regular dismissal on the grounds of unsatisfactory performance by the worker.

When giving notification of dismissal, the employer is not under an obligation to include in it the reasons for dismissal—nor is this done very often in practice. But if so requested by the employee, the employer must inform him of the reasons, and in writing, if this is specifically requested (WPA Sec. 57 No. 3). The purpose of this provision is to better enable the employee to consider whether to request negotiations or institute court proceedings. In the very few cases where the point has been raised, the lower courts have however allowed the employer to supplement or alter the reasons given to the employee as regards the factual basis of the court's justification assessment. If the employer refuses to give his reasons in compliance with Sec. 57, this does not directly affect the validity of the dismissal, but it has been considered by the courts, consonant with the express intentions of the preparatory works of the WPA, as a factor to some extent indicating that the dismissal is not justified.

C. As regards individual dismissals, of any form, notification of public authorities is not required. The relevant provisions relating to workforce reductions will be dealt with under VI, below.

D. The provisions on the period of notice in case of regular dismissals are contained in WPA Sec. 58. As opposed to previous acts, the period of notice does not vary according to the duration of the contract or category of worker (except for the specific provision mentioned under I above on trial period contracts), nor with the length of the pay period.

As a general and basic rule, the period of notice is one month, understood as one full calendar month starting from the first day of the month following the day on which notice was given (Sec. 58 Nos. 1 and 4).[9]

The minimum period of notice applicable does however increase with age and length of service. After five years of continous employment, the minimum period is two months, after ten years three months, but four, five or six months respectively if the employee has reached the age of 50, 55 or 60 years. (Sec. 58 Nos. 2 and 3). Sec. 58 No. 5 contains some specific provisions on the concept "continuous employment", relating to change of ownership of the enterprise and temporary cessation of employment due to legal industrial conflict, in order to safeguard the position of the employee.

The one month period of notice may be deviated from by written contract or collective agreement; a shorter as well as a longer period of notice may be stipulated. Generally, shorter periods of notice are not often seen to be agreed upon, while longer periods, e.g. three months, are provided for in a number of collective agreements, e.g. in the municipal sector.

The extended notice period laid down in Sec. 58 Nos. 2 and 3 may not be shortened, neither by contract nor by collective agreement; longer periods of notice may on the other hand be provided for.

In all cases, it is not lawful for the parties to stipulate, either by contract or by collective agreement, that the period of notice to be observed by an employee is to be longer than that to be observed by the employer. On the other hand, when notice of dismissal has been given, the parties are allowed to agree upon a date of actual termination previous to the expiry of the otherwise applicable period of notice (cfr. Sec. 58 No. 8); the purpose of this is primarily to facilitate the position of the employee as regards seeking and entering new employment, particularly in cases of workforce reductions where long periods of notice may be a hindrance in this respect.

The WPA does not contain provisions on compensation in lieu of notice. In principle, the employer may not terminate the worker's employment before the expiry of the notice period. If this in fact is done, e.g. by refusing the employee to perform work or wrongfully giving instant dismissal where only a regular dismissal would be justified, the employee will be entitled to ordinary wages for the full notice period (in the latter case as part of the compensation for wrongful instant dismissal). This should, in addition, be seen in context with the provisions on the right of the worker to remain in employment after the expiry of the notice period, cfr. under IV below.

Legislation does not provide a right to time off to seek new employment. It is not known to what extent arrangements to this effect are agreed upon in practice, individually or in local collective agreements relating to short welfare leaves.

III—JUSTIFICATION OF TERMINATION

A. Prior to 1936, the only generally operative justification requirement was that relating to instant dismissals. Based on the general law of contract, an employment relationship could only be terminated by the employer with immediate effect if the worker had committed a serious breach of obligations or any other major breach of contract. This rule was explicitly laid down in the 1892 Factories Act, and the same principle was applied by the courts to other workers not within the scope of this act. Today, the justification requirement is formulated in quite the same way in WPA Sec. 66 No. 1; its application by the courts has however become gradually stricter, more favourable to the workers, over the years, in the light of the development of the justification requirement relating to regular dismissals and the general social and economic development in society.

As regards regular dismissal, a justification requirement delimiting the freedom of the employer to dismiss was introduced in the 1936 Labor Protection Act[10]; subsequent legislation has been built on this basis, however significantly expanding and strengthening the protection of employees, partly in interaction between the courts, developing their application of the statutory provisions, and the legislator.

The following presentation will primarily deal with the justification requirements relating to regular dismissals; that relating to instant dismissals will be briefly commented on at the end of this chapter.

B. The fundamental and general justification requirement is laid down in WPA Sec. 60 No. 1: For an ordinary dismissal to be lawful, it must be "warranted by circumstances connected with the undertaking, the employer or the worker". The concept "warranted" here denotes a requirement that a dismissal must have just, or reasonable, cause ("*saklig grunn*", an expression not easily translated in precise terms). Basically, the reasons for dismissal must relate to the interest of the undertaking in the employment relationship—its need for manpower or the performance of the worker.[11] The generally put criterion of Sec. 60 No. 1 is in a number of respects supplemented by more precise provisions in the act; furthermore, the reasons which may warrant dismissal have been more precisely defined in practice thru court decisions.

The alternative "circumstances connected with the undertaking" is primarily aimed at the general interest of the undertaking in upholding or reducing employment for economic reasons.

As a point of departure, dismissals will normally be considered warranted if based on such grounds, i.e. if they are due to rationalisation, reduction or closing down of operations, of the whole or a branch of the undertaking.

But in addition to its general basis, a dismissal must in such cases be "warranted" in relation to the individual worker concerned. This principle was established by the Supreme Court in a series of decisions in the 1960's and is now implied in WPA Sec. 60 No. 2. It is primarily important where a more limited cutdown of manpower is carried out. Firstly, a dismissal is not to be considered warranted if the employer has some other suitable work to offer the worker; this does not have to be the same kind of work or position, in the same geographical location, or with equivalent pay. Secondly, the economic requirements of the undertaking shall be weighed against the inconveniences that termination would entail for the worker—which implies that not any economic gain on the part of the undertaking should be considered sufficient to warrant a dismissal. This has in a few cases so far led to the annulment of dismissals, mostly where older workers with a long time of service were concerned, when the courts have held that the costs inflicted by upholding employment would not markedly influence the situation of the enterprise. And these provisions generally underline the duty of the employer to carefully consider, and possibly choose, other solutions than dismissals.

In case of change of ownership, it is specifically stated in Sec. 60 No. 3 that the transfer of the undertaking is not in itself sufficient to warrant dismissals, implying that the employer selling may not terminate the contracts of employment as "part of the bargain", and that the employment relationship as a whole should be taken into consideration when assessing possible dismissals by the new ownership.

The alternative "circumstances connected with . . . the worker" in WPA Sec. 60 No. 1 primarily relates to the conduct and performance, in a broad sense, of the employee. An individual dismissal may be warranted on such grounds, but not at all without reservations. Several provisions, chiefly of the WPA, specifically delimits the right of the employer to dismiss on the basis of certain circumstances. As regards the potentially relevant circumstances, further delimitations have been laid down by the courts in practice in their application of the generally formed norm in Sec. 60 No. 1. It would be impossible within the scope of this report to render a broad, in-depth analysis of the reasons that may or may not warrant an individual dismissal; the following presentation will be confined to a somewhat summary discussion of different types of circumstances.

B.C. Under WPA Sec. 31, male as well as female workers have a right to leave of up to one year (to be shared between parents) during pregnancy and after confinement. During absence on account of such leave, a worker may not be dismissed for any reason whatsoever (Sec. 65 No. 2); i.e. if notice is given, the notice period is prolonged with the period of time in which the worker is absent. And the absence itself would not be sufficient to warrant dismissal.

Furthermore, a female worker may not be dismissed on the grounds of pregnancy when she is not on leave (Sec. 65 No. 1). Similarily, under an act of 1940,[12] male workers may not be dismissed on the grounds that they are called up for military service, or are performing some similar forms of service. In the case of absence from work due to accident or sickness, a worker may not be dismissed on the grounds of such absence during the first six months of absence, or one year if the worker has been continously employed in the undertaking for at least five years or the injury or illness has been sustained or contracted in the employer's service (Sec. 64 No. 1).—In all these cases, the protection of the worker is strengthened by specific "burden of proof" provisions: If a notice of dismissal is given during the relevant time period, it shall be considered given due to the unlawful circumstances unless the employer is able to persuade the court that there is a substantially more likely explanation.

Workers are normally pensioned off when reaching 70 years of age. A person is however, if not working, entitled to old age pension from the age of 67 years. In the three year "interim period", a worker may not be dismissed on the grounds of age alone—but here no "burden of proof" provision is applicable as in the cases of absence mentioned above. (WPA Sec. 60 No. 4).

Under the general provision of WPA Sec. 60 No. 1, a dismissal on the grounds of sex or marital status would be clearly unwarranted. As for sex, this is substantiated by a provision in the Equal Status Act, 1978, prohibiting differential treatment of men and women.[13] And the Supreme Court ruled that marital status cannot warrant dismissal in its first decision relating to the justification requirement of the 1936 act.[14]

Likewise, union membership or non-membership,[15] normal and legal union activity, religious or political opinion is clearly not sufficient to make a dismissal warranted. This is now underlined by the fact that the WPA does not uphold a provision of the previous act, by which the employer might dismiss, with no remedies available to the worker, on the basis of pressure from a trade union.[16]— On the other hand, this does not exclude the possibility that the political activity of a worker might be considered to interfere with his/her performance on the job, or that of other employees, to an extent that might warrant dismissal, as illustrated by a 1978 decision of the Labor Court.[17] The Court held that the political opinion of a worker, or normal discussions with other employees on political questions or working conditions, could not warrant dismissal. But in this case, the worker had criticised working conditions and agitated politically on the job to an extent where her fellow workers had felt pestered and requested her to stop; the worker kept up her activity in spite of a warning by the employer, and the dismissal was held to be warranted.

More generally as well, "lack of co-operative ability" on the part of the worker may warrant dismissal. If an employee is unable to adapt to the social environment of the work-place, gets on antagonistic terms with, or is not able to co-operate in a reasonable manner with superiors or fellow workers, the courts have often held that a dismissal is warranted. In such cases, the size of the undertaking, the nature of the problem and its influence on job performance, and what efforts have been made by the employer to counteract the problem and find other solutions before turning to dismissal, are factors normally attributed a lot of weight by the courts when assessing the lawfulness of the dismissal. In addition, the position of the employee is an important factor. From the decisions of the lower courts, it seems that they are quicker to accept dismissal on such grounds where upper management employees are involved, as opposed to more subordinate staff.

Failure to comply with directives or instructions on how to carry out work will more easily warrant dismissal. This is particularly true if non-compliance may involve danger, to the worker himself, to other employees or to equipment or products, or if it could be considered as breach of trust or loyalty. The form and contents of instructions, and their significance to actual job performance, are factors attributed weight in such cases.

Absenteeism is another general category of reasons that may warrant dismissal; this includes turning up late for work, taking time off without consent, and non-appearance, as well as combinations. Non-appearance for a longer period of time will normally be considered sufficient in itself; if the employee is legitimately prevented from turning up, (s)he must in such cases notify the employer if in any way possible. But otherwise, the courts have generally accepted absenteeism as warranting dismissal only if this has had certain dimensions, over a period of time, and taking into consideration whether the employer has given the worker previous warning(s).

Unsatisfactory performance of the job as such, or lack of capacity or skill on the part of the worker, may also warrant dismissal. But again, reservations have to be made. A worker considered to be qualified for the job in question may not be dismissed in order to facilitate the hiring of an even better qualified worker. Likewise, an employer has not been considered to be free to fix, at his discretion, the standard against which the capacity or qualifications of the worker is to be measured. Not just any deficiency on the part of the worker is considered sufficient grounds for a dismissal. In general terms one could say that to warrant dismissal, the performance of the worker must be held by the court to be below what could reasonably be expected. The position of the worker and the kind of work in question are factors of importance in such an assessment. Furthermore, the courts are generally seen to attribute a lot of weight to the extent of training and guidance given and whether the employer has consulted with the employee and in other ways tried to correct and improve on his/her faulty performance.

Generally, it should be underlined that the justification requirement in WPA Sec. 60 No. 1 is formulated in a general and vague manner. The decision on whether a dismissal is "warranted" must be based on a concrete and comprehensive assessment. Simple answers as to what grounds are sufficient are thus not easily given. Quite often, the employer quotes a number of circumstances, and types of such, as the basis for the dismissal, and the decision of the court is based on an overall assessment without giving too solid a fundament for conclusions as to the "necessary minimum" in more abstract terms of each of the circumstances considered relevant. But speaking generally, it could be stated that the courts focus not only on the employee, but also on the role of the employer, considering whether he has done what could reasonably be expected to counteract and correct the problems in question and to seek other solutions than dismissal. In doing so, the courts have gradually strengthened the actual protection of the workers.

As regards instant dismissals, the justification requirement of WPA Sec. 66 No. 1 was indicated in the introduction to this chapter (see p. 9). It is based on previous legislation and court decisions.

The "typical" reasons justifying instant dismissal are the more serious breaches of loyalty or obedience by the worker. An outright refusal to obey an order on how, where or when to perform work will easily be considered sufficient, as long as it is compatible with the employment contract and thus lies within the scope of the employer's power of direction. The seriousness of a refusal is nonetheless important in such cases, and some weight is normally attributed to whether the employer has made the possible consequences of a refusal clear to the employee, and to whether the employer's decision was carefully considered and not a rash, instantaneous reaction to a singular occurrence. And under such conditions, even repeated, but less serious offences by the worker, e.g. turning up late or short-term non-appearance, may be deemed to justify instant dismissal; major importance is then attached to whether the worker has been given previous warnings. The element of time is however also important the other way around. Normally, it is not considered justified to order instant dismissal if not done within a reasonably short time after the occurrence of the relevant incident.

A serious breach of trust may also justify instant dismissal. An outright theft or embezzlement on the job will generally do so, even if the amount involved is quite small, as long as the facts and dishonest intent are considered proven.

Participation in illegal industrial action, e.g. an unlawful strike, has been held to justify instant dismissal in a number of cases where such action has been resorted to in disputes of rights. The Supreme Court has however indicated, but without being more specific on this point, that such unlawful action might not necessarily be considered sufficient in all cases.[18]

IV—RECOURSE OR APPEAL PROCEDURE AGAINST A TERMINATION WHICH IS NOT CONSIDERED JUSTIFIED

A,B. When notification of dismissal has been given, the action open to the worker is to file suit with the ordinary courts. This right of appeal belongs solely to the individual worker. He may obtain legal aid and assistance from his trade union, but the union as such has no legal standing in dismissal-cases under the existing legislation. But some major collective agreements contain special provisions on regular, individual dismissals of workers' elected representatives. Here, the central trade union has a right to file suit with the Labor Court, i.e. in the form of a collective agreement dispute; and if this is done, the dismissal may not be effectuated until the dispute has been resolved by the court.[19]

Before turning to the courts, the worker has a right to request individual negotiations with the employer. This must be done in writing and within two weeks of receiving notice of dismissal, either regular or instant, cfr. WPA Sec. 61 No. 1 and 66 No. 3. The employer shall then arrange a negotiation meeting within two weeks, and the negotiations should normally be concluded within another two weeks—they are however often found to be lasting longer. During negotiations, the worker is free to be assisted by a workers' representative or another adviser, possibly legal counsel, as is the employer.—The purpose of such negotiations is to resolve the dispute without going to the courts, if possible, and if not, to clarify the factual circumstances and the viewpoints of the parties in order to simplify proceedings in court. It is however no necessary prerequisite for instituting legal proceedings that negotiations were requested or carried out.

In case of a regular dismissal, the worker has an absolute right to remain on the job, i.e. the effects of dismissal are suspended, until negotiations are concluded, even if this takes longer than the stipulated period of notice. Following conclusion of negotiations, the worker still has a right to remain on the job provided (s)he has informed the employer in writing, before the expiry of the notice period, that suit for annulment will be filed within the relevant time limit. The employment relationship is thus continued pending a final decision by the courts. But here the employer is entitled to request the court to release him from this obligation, by way of an interim decision; this should only be done if the court considers it unreasonable for the employment relationship to remain in force during that time. Cfr. WPA Sec. 61 No. 4. Such suspension otherwise depends solely on the position of the individual worker concerned. The purpose of the system is to relieve the worker of the burden of a break in the employment relationship and to counteract unwillingness by the courts to order annulment of an unjustified dismissal. The relatively few interim decisions reported so far are somewhat variable; in some cases the courts seemingly have adopted a rather liberal attitude towards the wording of the act.

As regards instant dismissals, no such right to remain on the job is in effect, neither during negotiations nor following their conclusion. But here the worker is entitled to request the court to order reinstatement and continuation of the employment relationship pending a final court decision, cfr. WPA Sec. 66 No. 3. This option is primarily intended to counteract evasion of the law, for cases where it is considered unwarranted by the employer to have given instant, not regular, dismissal.[20]

C. Legal proceedings must be instituted before the ordinary courts (which handle civil law as well as administrative and criminal law matters; the Labor Court is competent in collective agreement disputes only[21]). Any form of preliminary conciliation, in addition to or instead of negotiations, is not required. Proceedings must start in a court of first instance; a limited number of such courts (24 in all, thruout the country) are nominated to handle dismissal litigation. The decision of a court of first instance may be appealed to a Court of Appeals, and its decision may in turn be appealed to the Supreme Court. Basically, the normal rules of civil procedure apply to dismissal disputes; the court of first instance, ordinarily with one judge, shall however be supplemented by two, the Court of Appeals (three judges) with four, or in some cases two, lay judges, appointed specifically for dismissal disputes (cfr. WPA Sec. 61 C).

D. The time limits for instituting legal proceedings vary according to the remedy sought by the worker concerned. The time limit for annulment suits is eight weeks from the day notification of dismissal, either regular or instant, reached the worker or, in case negotiations have been carried out, from the day negotiations were concluded. If the worker wished to file for compensation only, the time limit is 6 months from the day notification reached him. Cfr. WPA Sec. 61 No. 3.[22]

The courts have no independent powers of inquiry or investigation. As in most other civil law cases, they must reach their decision on the factual basis presented to them by the parties to the dispute.

Apart from WPA Sec. 63 on dismissals during a trial period (see in Chapter I, above), the legislation does not contain specific provisions on the question of burden of proof. But modifying the usual rule of adversary proceedings, by which this burden is placed on the complainant, the courts have in practice, even prior to the WPA, placed the burden of proof on the employer. Generally speaking, the employer must establish proof of the circumstances on which his decision to dismiss is based; a burden of proof rests with the worker only as far as (s)he is asserting the existence of circumstances contrary to those made likely by the employer.

On the basis of the facts thus deemed by the court to be established, the court must determine whether there are sufficient reasons to justify dismissal. It is a point of discussion, on which the courts have taken no definite stand, to what extent the courts may censor the discretion of the employer in evaluating the sufficiency of reasons. That the courts have power to do so, and should do so, is implicitly implied in WPA Sec. 60 No. 2 and in the preparatory works of Sec. 63, however without specifying to what degree. Speaking generally, it could be said that the courts have tended to leave a greater amount of discretion to the employer where reasons related to operational requirements are concerned than in respect of reasons related to the worker. In cases of the latter kind, the existing court decisions could possibly be summarised as showing little inclination to accept the point of view that the evaluation of the employer should be considered decisive. And on the basis of Sec. 60 No. 2, a development towards a less cautious attitude by the courts in cases involving reasons relating to operational requirements could be foreseen; some singular decisions by lower courts give an indication of this.

E. As regards remedies in case of unjustified dismissal, it has already been indicated that the worker may sue for annulment (including annulment *and* compensation), or for compensation only. The choice rests with the worker concerned; the courts may not award a remedy not sued for.

If a dismissal, either regular or instant, is found to be unjustified, the court shall normally (if so requested by the worker) declare the dismissal invalid; cfr. WPA Sec. 62 and 66 No. 4. Here, the concept "invalid" implies that the dismissal is annulled and the employment relationship is continued. If the effects of the dismissal were not suspended pending the court decision, according to the provisions mentioned above, the worker has a right to reinstatement. But if the worker has been out of the job in an interim period, (s)he does not have an independent right to full wages for this period of time[23]; the loss of wages is considered as part of the basis for compensation.

If an instant dismissal is found unjustified, but the court finds that the conditions for a warranted regular dismissal were present, it may upon the request of the employer declare the employment relationship to be terminated, cfr. Sec. 66 No. 4.

In addition, and both for regular and instant dismissals, the court may order termination upon the request of the employer even if a regular dismissal is considered unjustified, cfr. Sec. 62 and 66 No. 4. This should only be done if the court, considering the interests of both parties, finds it "clearly unreasonable" for the employment relationship to continue. This solution is intended by the legislator to be used sparingly, in exceptional cases only, and it is specifically stated in the preparatory works that the antagonism normally resulting from the disagreement and dispute over a dismissal should not be considered sufficient to invoke it. These provisions have been applied in a number of cases, and the practice of the lower courts is so far somewhat variable. Generally, the courts attribute weight to the size of the undertaking and possible "cooperation problems" between the parties, being more liberal in ordering termination where upper management employees are involved.

Compensation may be awarded if the dismissal, in the form actually given, is found unjustified, whether it is declared invalid or not, cfr. Sec. 62 and 66 No. 5. The size of such compensation is to be stipulated by the court, in principle at its discretion. Some factors to be taken into consideration are specified in the relevant provisions of the act, however vaguely formulated. As a main rule, underlined in the preparatory works, the compensation should cover the economic loss suffered by the worker, but it may also exceed this. The circumstances and conduct of the parties is generally taken into consideration, reproachable conduct by either party, particularly by the employer relating to the form and manner in which dismissal was given, will regularily affect stipulation. If the worker has been out of the job, other income in the form of wages or unemployment benefits is considered, but not on the basis of outright deducting from the otherwise suffered economic loss. If termination is ordered, the court will furthermore consider the possibility of finding other employment, career prospects and the potential future economic loss of the worker concerned.[24]

V—PROCEDURES FOLLOWING TERMINATION

A. A dismissed worker is in all cases entitled to a certificate of employment from the employer, cfr. WPA Sec. 68. The certificate shall include information on the duration of service and the kind of work that has been performed. An evaluation of the worker's performance is not required, but in the case of an instant dismissal, the employer may include in the certificate that instant dismissal was given, without giving particulars as to the reason.

B. An innovation in legislation, but modeled on provisions of some major collective agreements, WPA Sec. 67 gives a priority right of re-hiring to workers following regular dismissal on account of shortage of work.[25] This right applies also to workers having had temporary employment, but in all cases the worker must have been employed in the undertaking for at least 12 months during the last two years preceding dismissal.

The priority right is applicable only if the dismissal was due to "shortage of work"; this does not cover dismissals on grounds of circumstances relating to the worker. On the other hand, the right is not delimited to cases of dismissals of a larger number of workers, due to workforce reductions in a strict sense. Cases of bankruptcy are specifically covered by Sec. 67 No. 2.

The right of re-hiring is limited to jobs for which the individual worker is found qualified, thus leaving the employer a certain amount of discretion.

C. Notification of public authorities is in no case required following dismissal(s); this is not necessary with regard to the position of the worker(s) under the unemployment security system.

VI—SPECIAL PROCEDURES IN CASE OF WORKFORCE REDUCTIONS

A. Under the 1947 Employment Promotion Act,[26] an employer is required, as soon as possible, to inform the local, governmental employment office of decisions which will imply dismissal or temporary lay-off of at least 10 workers. As far as possible, such notification should be given at least two months prior to implementing measures that will have such consequences. The purpose of these provisions is to facilitate the tasks of the employment office, particularly in finding new employment possibilities for those dismissed. Authorisation by the employment office, or any other public authority, is not required to implement dismissals, and it does in no way influence the legal position of the workers whether prior notification according to the Employment Promotion Act has been given or not.

B. Neither the WPA nor other legislation requires prior consultation or negotiations with workers' representatives or trade unions as regards the implementation of workforce reductions. But these are matters dealt with in all major collective agreements, their provisions are however varying in scope and content.

Generally, the employer is required to inform, as soon as possible, the elected workers' representatives (shop stewards) on any plans on alterations of the operations of the undertaking of importance to workers and working conditions. In cases affecting employment prospects, the workers' representatives shall be given the opportunity to present their viewpoints to management before a decision is taken on the matters at issue; this implies a form of consultations, not formal bargaining or negotiations, and the actual decision rests with the employer, with no recourse to the trade union or an independent body.—Some collective agreements in addition contain provisions to the effect that if an employer has not fulfilled his obligations relating to prior information and consultations, those workers that are dismissed are entitled to full wages for a minimum period of time which may be longer than the applicable period of notice.[27]

In addition to this, the major collective agreements in private industry and commercial trade provide for bi-partite cooperation bodies in undertakings with 100 or more employees, with the works council as the most important body. All matters regarding the operations of the undertaking, in a broad sense, and being of major significance to workers and working conditions, must be presented to the works council for discussion before a decision is taken. Matters shall be presented and discussions shall take place as soon as possible, in order to allow the statement of the works council to influence decisions that are taken, and the statement of the council shall, if in any way possible, be included in the documents presented to those bodies of the undertaking preparing and making final decisions.[28]—In other areas where such provisions do not apply, similar procedures are to a great extent followed, at least as far as undertakings with well-organised local unions are concerned. But in all cases, the formal prerogatives of the workers' representatives etc. are limited to receiving information and expressing their views; the power of decision rests with the employer.

As stated in Chapter III, regular dismissals on the grounds of operational requirements of the undertaking are generally considered to be warranted, with those reservations contained in WPA Sec. 60 No. 2. The legislation does not contain further reservations or specific provisions relating to alternative measures to meet problems possibly involving workforce reductions. But in practice, different types of alternative measures, and combinations of such, are being used quite frequently; the selection and implementation of such measures is normally a matter for consultations of the kind discussed in the preceding paragraphs.

As a matter of personnel management, problems of excess staff will frequently, if possible, be met with a freeze on, or restriction of, new hiring, often combined with internal transfer and training of employees, thus allowing natural departures to reduce the staff to the level desired.

Another measure of significant practical importance, being used to a great extent, is temporary lay-offs. Quite a number of the major collective agreements contain clauses empowering the employer to order temporary lay-offs if warranted by the operational requirements of the undertaking; and the lower courts have considered the employer to be entitled to do so even if no such provisions are included in contract or collective agreement.—A lay-off of this kind is a form of suspension of contract. Following a notice period, most commonly 14 days, the workers are, in practical terms, put out of work without being dismissed, while the employer is relieved of the obligation to pay wages. The use of this measure permits the undertaking to counter problems of economy or excess production without reducing or losing (parts of) its workforce; the employment relationships are formally upheld, and the workers concerned are under obligation to reassume their positions when the lay-off period expires. Both the worker and the employer do however have a right to terminate the employment relationship during a lay-off; if done so by the employer, wages must be paid during the applicable period of notice.[29]

Most frequently, lay-offs of this kind are put into effect for a limited period of time, from a couple of weeks up to some months; longer term lay-offs, even for an indefinite period of time, are however seen to occur at times, in effect leaving it to the worker(s) concerned to terminate the employment relationship without the otherwise applicable right to pay during the period of notice.

Another measure resorted to to a lesser extent, but increasingly during the later years, is reduction of the hours of work, implying an equivalent reduction of wages paid. The hours of work may be reduced by a number of hours per day, or by cutting the regular working week from five days to four or three; the duration of such arrangements may vary, as for full scale temporary lay-offs.—The question of whether the employer has a unilateral right to take such measures, implying a change in terms and conditions of employment, is not seen to have been presented to the courts. Most frequently, work-sharing arrangements of this kind appear to have been negotiated on an ad hoc basis within the undertaking, possibly based on the notion that this is a measure the employer is entitled to resort to as an alternative to regular temporary lay-offs.

Legislation does not lay down specific criteria for the selection of workers affected by workforce reductions. Basically, the employer has a right to make selections on the basis of occupational qualifications and ability and the kind of manpower still needed by the undertaking; this principle has been laid down by the courts, in practical terms leaving the employer a fairly great amount of discretion as to the selection. The prerequisite that a dismissal must be warranted in relation to the individual worker (WPA Sec. 60 No. 2, se in Chapter III, p. 11) will however apply in such cases. On the other hand, the courts have accepted that the employer may make his selection on the basis of seniority, particularly if this is done according to collective agreement or consultations with workers' representatives; and WPA Sec. 60 No. 2 is not intended to be applicable in such cases.

Collective agreements definitely imposing a seniority principle for dismissals in case of workforce reductions are rarely seen. More commonly, collective agreements presuppose seniority as the "normal" criterion to be used, but permit the employer to deviate from this, without providing substantive delimitations in this respect. Normally, the selection of workers to be affected by a workforce reduction will be discussed, and possibly agreed to, in consultations between the employer and workers' representatives. The major collective agreements in private industry and commercial trade specifically provide for such consultations in cases where the employer wishes to deviate from seniority; if the workers' representatives hold that such deviation is not warranted, the matter may be referred to negotiation on organisational level, and dismissals may not be effectuated until such negotiations have been concluded. There is however no recourse to arbitration or the courts in such cases; if an agreement is not reached in negotiations, dismissals may be effected and the workers concerned are referred to filing suit for unwarranted dismissal under the WPA.

To uphold full employment in society has been a major consideration of Norwegian economic policy in the post-war period. The officially registered unemployment rate is currently less than two per cent. Under the 1947 Employment Promotion Act, the employment authorities, headed by the Directorate of Labor, are vested with the task of following developments in the labor market and to promote and implement measures to counteract unemployment. The employment authorities have at their disposal a wide variety of measures to mitigate the effects of dismissals, in cases of workforce reductions and otherwise, e.g. retraining and educational programs, grants and loans for relocation of workers to places where employment may be found, etc.; this is far too an extensive subject to be covered within the framework of this report. Mention should only be made of the fact that the employment authorities will provide assistance to workers dismissed, as to others seeking employment; in general, it is required that all employment opportunities in private as well as public undertakings are reported to the employment authorities, in order to render the best possible basis for such assistance. Cfr., in addition, the introductory paragraph to this chapter.

VII—INCOME SECURITY OF THE WORKER AFFECTED BY A TERMINATION OF HIS EMPLOYMENT

A. Once a dismissal, in any form, is justified, there are no provisions in legislation imposing on the employer to pay benefits in any form to the worker(s) concerned; no severance allowance, redundancy payment or similar schemes are embodied in legislation.[30] The income security of the worker is primarily expected to be taken care of by the employment promotion, unemployment benefit and social security system.

The greater number of the major collective agreements in the private sector do however include a limited form of severance allowance scheme: A "termination allowance" is payable to employees of 50 to 66 years of age at the time of termination of employment, when having been employed continuously in the undertaking for at least ten years preceding termination, or for a total of at least 20 years with three years immediately preceding termination. The allowance is payable only if the employment relationship is terminated by the employer for reasons not relating to the worker, or by either party for reasons of the worker's health. The allowance is a fixed amount, varying with the age of the worker—from a minimum of N.kr. 5 000 at the age of 50 or 66 years, to a maximum of N.kr. 12 000 at the age of

62 or 63 years. (Roughly speaking, this is equal to 35–65 and 80–150 percent of gross monthly wages.)

B. The unemployment benefit system is administered by the employment authorities and is a part of the general social security system embodied in the 1966 Social Security Act.[31] All payable benefits are financed thru a highly complex system, including public funding, where employers as well as employees contribute by paying a fixed percentage of gross salary, 16.8% on salaries paid and (for 1982) 5.7% on actual wages received (deducted in connection with taxes) respectively.

To be entitled to unemployment benefits, an applicant must have had previous income (in 1981 not less than N.kr. 14 330 during the calendar year preceding the application, or as an average for the three preceding calendar years). An applicant who is unemployed "by own fault", e.g. having been dismissed for reasons relating to conduct or capacity, is not entitled to benefits for a certain period of time, normally eight weeks, from the time the employment relationship was terminated. Furthermore, an applicant must be able to work and willing to accept such employment, or undergo occupational (re-)training, as the employment office considers suitable, even if this implies resettlement or extensive travel to and from work. In principle, the country as a whole is considered as one labor market, for which an applicant must place himself at disposal. If (s)he refuses to accept work, etc., the applicant will lose entitlement to benefits for a period of time similar to that just mentioned.

The primary unemployment benefit is the daily cash benefit, payable for a maximum of 40 weeks per calendar year. The benefit is calculated on the basis of the applicant's previous income and amounts to 2 per mille daily (six days per week) of gross yearly income, with some supplements in case of dependents. Based on the approximate average income of a full time worker in industry, the benefits during one month will total ca. 60% of wages if the worker is single, ca. 65% if (s)he has two children under 18 years of age to provide for. Benefits are subject to taxation; in no case may benefits paid exceed 90% of the previous income being the basis of calculation.

In case of a temporary lay-off, workers being laid off are entitled to unemployment benefits under chiefly the same conditions as those just described. Exceptions are however made, i.e. benefits are not payable, if the lay-off is due to other reasons than shortage of work or other circumstances on which the employer cannot influence, and for lay-offs during Christmas and Easter unless the total duration exceeds six weeks or the lay-off is due to *force majeure*. On the other hand, the obligation to accept new employment has been enforced somewhat more liberally where the lay-off is limited in duration.

Under similar conditions as those relating to lay-offs, workers affected by reduction of hours of work are entitled to unemployment benefits provided the reduction totals at least 20 per cent of regular working hours, normally based on 40 hours per week. I.e., a reduction from five to four working days per week, or slightly less than two hours per day in a five day week, entitles to benefits; benefits are in such cases paid with an amount corresponding to the loss of wages due to the reduction relative to the benefits payable in case of full time unemployment.

Apart from the unemployment benefit scheme, Norwegian legislation does in general not provide benefit schemes specifically applying to workers affected by termination of employment at the initiative of the employer. Disability pension may however be awarded to workers of 64 to 67 years of age on the basis of reduced capacity to work due to age, without having undergone previous vocational rehabilitation, as opposed to the criteria otherwise applicable with respect to such pensions. In addition, some measures to promote the employment of older workers, but not only those affected by termination, are administered by the employment authorities.

FOOTNOTES

[1]Act. No. 4 of 4 February 1977 on Workers' Protection and Working Environment (ILO *Legislative Series (LS)* 1977—Nor. 1) as subsequently amended, last by Act No. 46 of 5 June 1981.

[2]In addition, domestic servants—a practically extinct category in present-day Norway—fall outside the scope of the WPA, being covered by a specific Domestic Servants Act, 1963 (*LS* 1963—Nor. 1).

[3]The exception being aviation, for which no specific labor protection legislation is in existence.

[4]I.e., respectively, the Seamen's Act, 1975 (*LS* 1975—Nor. 1), the act of 19 December 1958 on Agricultural Workers' Protection, and the act of 10 June 1977 on State Civil Servants.

[5]It is intended to harmonise the differing provisions with those of the WPA, or to expand the scope of the latter to include the presently excluded areas.

[6]Collective dismissals and notice of termination by the workers in order to legally undertake industrial action (lock-out, strike) do not in practice fall within the scope of the WPA. As a matter of form, it is considered necessary, under Sec. 28 of the Conciliation and Arbitration Act, 1927 (*LS* 1927—Nor. 1), that the individual employment contracts are terminated in case of a strike or lock-out, but according to a specific provision in WPA Sec. 56, the WPA provisions on period of notice are not applicable in such cases.

[7]Persons employed in administrative bodies will however, by virtue of provisions in administrative law, have a right to a hearing before any dismissal is decided upon; a breach of these provisions may lead to annulment.

[8]E.g. the "Basic Agreement" (1978–81) between the Norwegian Federation of Trade Unions (LO) and the Norwegian Employers' Confederation (N.A.F.), Sec. 13 A No. 1.—This agreement covers only a smaller portion of all employees in the private sector. But similar provisions, modelled on this agreement, are found in a number of the major collective agreements in other fields. It should however be taken into account that not all collective agreements contain such safeguards and procedural provisions as those of the "Basic Agreement", nor are all employees in the private or public sector covered by collective agreements. The position of the workers concerned may thus vary significantly.

[9]Cases of *force majeure* on the part of the employer are dealt with in Sec. 59 of the act, the period of notice being 14 days. It should be noted that subsection 2 of Sec. 59 delimits the types of instances which may be considered as *force majeure*.

[10]The position of ordinary state civil servants was regulated by a special act already in 1918; senior civil servants appointed by the Crown are covered by specific provisions of the 1814 Constitution of Norway.

[11]Thus, the alternative "circumstances connected with . . . the employer" does not relate to the employer as a person. This alternative was, historically, aimed at personally owned undertakings; it has played no independent role in practice and will not be further discussed here.

[12]Act of 29 March 1940 on the prohibiting of dismissals of workers drafted for military service, etc.

[13]Act No. 45 of 9 June 1978 on Equal Status of the Sexes; for some further details, see the National Report of Norway on Item III, "The Position of Women in Labor Law and Social Security".

[14]See *Norsk Retstidende* (Decisions of the Supreme Court) 1939, p. 53.

[15]This would probably be true even if a "union shop"-clause is involved; such clauses are however extremely rare in Norway, and the question has not been brought before the ordinary courts.

[16]That provision of the 1956 act was involved in the case reported in *Norsk Retstidende* 1979, p. 770; the Supreme Court upheld the dismissals, resulting from pressure of the trade unions within the undertaking, of two neo-nazis who were considered to have shown such improper conduct in public appearances that other workers could lawfully refuse to work alongside them.

[17]*Dommer og kjennelser av Arbeidsretten* (Decisions of the Labor Court) 1978, p. 65; reference was made to Sec. 55 A of the WPA prohibiting the employer to question an applicant on his/her political or religious opinion or trade union membership.

[18]See e.g. *Norsk Retstidende* 1977, p. 902.

[19]See e.g., and for further details, the LO-N.A.F. "Basic Agreement" Sec. 11.

[20]Provisions similar to those of WPA Sec. 61 No. 4 and 66 No. 3 are not contained in the acts covering workers falling outside the scope of the WPA; there, dismissals are thus effective at the expiry of the applicable period of notice (or instantly).

[21]Under the WPA, the Labor Court from 1977 was the sole instance of appeal in dismissal disputes. This system encountered constitutional problems, pointed out by the Supreme Court in *Norsk Retstidende* 1980, p. 52; in addition, it implied a workload the Labor Court was not quite able to cope with. By

the amendment act of 5 June 1981 (see Note 1), dismissal disputes were placed with the ordinary courts—as was the case prior to the WPA.

[22]If the formal requirements of Sec. 57 are not complied with by the employer, no time limits are applicable—see in Chapter II above.

[23]As opposed to invalidity due to breach of form under Sec. 57, see in Chapter II above.

[24]The provisions of the 1977 State Civil Servants Act are similar to the WPA as regards invalidity and compensation; outside the scope of these acts, the relevant legislation does not empower the courts to annul an unjustified dismissal, only compensation may be awarded.

[25]Somewhat similar provisions have been issued in regulations under the State Civil Servants Act, but are not included in the other relevant acts.

[26]Act No. 9 of 27 June 1947 (*LS* 1968—Nor. 2) as subsequently amended; see Sec. 14.

[27]E.g. the LO-N.A.F. "Basic Agreement", Sec. 9 No. 2.

[28]See e.g. the LO-N.A.F. "Basic Agreement" Sec. 32 litra b.—In joint stock companies, final decisions should be made by the board or, in cases having greater effect on the workforce, by the corporate assembly (in companies with more than 200 employees); one third of the members of both bodies are elected by and among the employees.

[29]For further details, see e.g. the LO-N.A.F. "Basic Agreement", Sec. 14.

[30]A reservation must be made for the State Civil Servants Act, 1977, according to which an employee having been dismissed on the grounds of redundancy is entitled to a redundancy compensation, in the form of two thirds of regular wages running for a period of up to three years (with a possibility for prolongation). Employees in this position also have a priority right to be re-hired.

[31]Act. No. 12 of 17 June 1966 (*LS* 1970—Nor. 1); the provisions on unemployment benefits are contained in Chapter 4 of the act.

La terminación de la relación laboral por iniciativa del empleador y la seguridad de los ingresos de los trabajadores

por

PROF. DR. CARLOS ALBERTO GONZALEZ

Fuentes del Régimen Nacional

La normativa vinculada con la terminación del contrato de trabajo la encontramos en el Código del Trabajo, sancionado el 31 de agosto de 1961 y en las leyes modificatorias, debiendo mencionar además a la Constitución Nacional de 1967, que en el Capítulo referente a los "Derechos de los Trabajadores", expresa que "la estabilidad del trabajador en mérito a su antiguedad en el servicio y el amparo en caso de cesantía o paro forzoso, serán previsiones fundamentales de la ley . . ." (Art. 105)

Los contratos colectivos de condiciones de trabajo constituyen también una fuente sobre la materia.

Campo de Aplicación de la Legislación Nacional

El Código del Trabajo regula la terminación de los constratos de trabajo en general. También contiene ciertas disposiciones específicas para algunos contratos especiales.

Terminología

La legislación paraguaya utiliza la expresión "terminación de los contratos de trabajo", en forma genérica.

Soslayamos el problema terminológico que se plantea en la doctrina y en la legislación comparada para indicar la extinción de la relación laboral y que ha dado orígen a la utilización no siempre con un significado inequívoco de términos tales como: extinción, resolución, rescición, cesación, ruptura, revocación y desahucio.

Nuestra legislación laboral ha escogido la palabra "terminación", aplicada al contrato de trabajo para indicar la extinción del vínculo que une a las parte y la consiguiente cesación de los derechos y obligaciones recíprocos que emergen de dicho contrato sea cual fuere la causal de ésta situación.

La normativa del Código bastante extensa, vinculada con el tema, abarca los distintos aspectos de la terminación de las relaciones de trabajo.

Siguiendo la terminología del Código paraguayo habremos de utilizar la palabra "terminación", para todos los supuestos en que se produce la disolución del vínculo laboral, sea cual fuere la causa que la origine, y "despido" en los casos que se explican.

CAUSAS DE TERMINACION DE LOS CONTRATOS DE TRABAJO

Por razones metodológicas y para una cabal comprensión del tema que nos ocupa, creemos necesario hacer un breve estudio en general de las causas de terminación de los contratos de trabajo en la legislación paraguaya.

El estudio y ordenamiento de las normas del Código sobre la materia nos ha permitido elaborar una clasificación de las distintas causas:

1°) *El Mútuo Consentimiento.* (Art. 80°, inc. b);

2°) *Causas Intrínsecas al Propio Contrato.* Son ellas:

a) Las estipuladas expresamente en el contrato si no fueren contrarias a la ley, y

b) El vencimiento del plazo o la terminación de la obra. (Art. 80° inc. a y b);

3°) *Causas Sobrevinientes, Independientes de la Voluntad de las Partes.* Son ellas:

a) La muerte del trabajador, o su incapacidad física o mental que imposibilite el cumplimiento del contrato;

b) El caso fortuito o de fuerza mayor;

c) La muerte o incapacidad del empleador, siempre que tenga como consecuencia ineludible y forzosa la terminación de los trabajos;

d) La quiebra del empleador o la liquidación judicial de la empresa;

e) El cierre total de la empresa industrial o comercial o la reducción definitiva de las faenas;

f) El agotamiento de la materia objeto de una industria extractiva; y

g) La resolución del contrato decretada por autoridad competente (Art. 80° inc. c, d, f, g, h, i, y l).

Si el contrato de trabajo termina por los motivos señalados en los apartados c, d, y f, el empleador deberá abonar una indemnización equivalente a un mes de salarios para los trabajadores que tuvieran de uno a cinco años de antiguedad, de dos meses a los que tuvieran de cinco a diez años de antiguedad y de tres meses a los que tuvieran más de diez años de antiguedad. En los casos de los apartados b y e, la obligación del empleador de pagar esta indemnización está supeditada a la existencia de determinadas condiciones previstas en el propio Código del Trabajo. (Art. 80°, 81° y 82° del Código Laboral).

4°) *La Voluntad Unilateral del Empleador.* Sobre el particular habremos de explayarnos más adelante por ser el tema específico a desarrollar.

5°) *La Voluntad Unilateral del Trabajador.* En este caso debemos distinguir dos situaciones diferentes:

a) La terminación del contrato de trabajo, por decisión del trabajador y originada en una justa causa. La responsabilidad es del empleador que no cumple con sus obligaciones fundamentales o comete una acción lesiva para el trabajador o se encuentra en una situación que puede perjudicar a éste (es el caso de una enfermedad infecto contagiosa del empleador, que ponga en peligro la salud del trabajador) (Art. 85° del C.L.) En tales hipótesis la ley autoriza al trabajador a rescindir el contrato de trabajo y a reclamar una indemnización que se regula según la norma del Art. 81° del C.L.

b) La terminación del contrato de trabajo por parte del trabajador sin que exista una causa justificada. El trabajador está entonces obligado a otorgar el preaviso legal al empleador con los mismos plazos en que éste debe otorgarlo a aquél. (Arts. 88° y 91° del Código del Trabajo). En el caso de no hacerlo así, deberá abonar al empleador el importe correspondiente a la mitad de los salarios que hubiera percibido durante el tiempo de preaviso. Sin embargo si se tratara de un trabajador estable, deberá abonar un importe equivalente a la totalidad del tiempo de preaviso.

6°) *Las demás Causas de Extinción de los Constratos, conforme con las Disposiciones del Derecho Común.* (Art. 80°, inc. 11).

LA TERMINACION DEL CONTRATO DE TRABAJO POR INICIATIVA DEL EMPLEADOR (*EL DESPIDO*)

La legislación paraguaya prevé dos hipótesis en las cuales el empleador puede decidir por su propia iniciativa, es decir por su voluntad unilateral, la terminación del contrato de trabajo.

La primera se refiere a los casos en que el trabajador incumple con sus obligaciones o comete algún acto lesivo a la buena marcha de la relación de trabajo, autorizando con tal conducta al empleador a disponer su despido con causa justificada.

La segunda se refiere a la decisión del empleador de dar por terminado el contrato de trabajo del trabajador efectivo, es decir del que tiene menos de diez años de antiguedad, sin que exista una causa legal que así lo autorice, pero otorgando el preaviso y pagando la indemnización por despido injustificado.

A. *El despido con causa justificada*

En este caso y siguiendo la terminología de la legislación mexicana y de otra parte de la legislación comparada y de la doctrina se opera la "rescición", es decir "la disolución de las relaciones de trabajo, decretada por uno de sus sujetos, cuando el otro incumple gravemente sus obligaciones" (Mario de la Cueva. "El nuevo Derecho Mexicano del Trabajo"—Editorial Porrua, año 1974—pág. 238).

El Art. 83° del Código del Trabajo enuncia en veinticinco incisos las causas justificadas de terminación de contrato de trabajo por voluntad unilateral del empleador.

El análisis de estas disposiciones nos demuestra que el derecho que la ley acuerda al empleador se funda en la conducta impropia del trabajador en el desempeño de sus obligaciones o directamente en la comisión de un acto cuya gravedad tornaría imposible o difícil la prosecución de la relación de trabajo por los perjuicios que estaría originando a la buena marcha de la empresa.

En tales supuestos el empleador tiene derecho a proceder al despido del trabajador, entendiendo por tal al acto jurídico en virtud del cual el empleador decide por su voluntad unilateral poner término a la relación de trabajo.

1. *Las causas justificadas*

Las causas previstas en el Código son las siguientes:

a) El engaño por parte del trabajador o en su caso del sindicato que lo hubiera propuesto o recomendado, mediante certificados o referencias personales falsas sobre la capacidad, conducta moral o aptitudes profesionales del trabajador;

b) Hurto, robo u otro delito contra el patrimonio de las personas, cometido por el trabajador en el lugar del trabajo, cualesquiera que sean las circunstancias de su comisión.

En este caso la justificación del despido se funda en la comisión de un delito contra el patrimonio por parte del trabajador que debe estar contemplado por la ley penal. De allí que la jurisprudencia haya establecido que en el caso en que la decisión del empleador origine un juicio ante la jurisdicción laboral, la sentencia que considere justificado el despido, no puede dictarse en tanto no exista una sentencia condenatoria contra el trabajador en la jurisdicción criminal. Se trata de un caso de prejudicialidad.

c) Los actos de violencia, amenazas, injurias o malos tratamientos para con el empleador, sus representantes, familiares o jefes de la empresa, oficina o taller, cometidos durante las labores;

d) La comisión de alguno de los mismos actos contra los compañeros de labor, si con ellos se alterase el orden en el lugar del trabajo;

e) La perpetración fuera del servicio, contra el empleador, sus representantes, familiares o jefes de oficina y talleres, o contra los compañeros de trabajo de algunos de los actos enunciados en el inciso c), si fuesen de tal gravedad que hicieran imposible el cumplimiento del contrato;

f) Los perjuicios materiales que ocasione el trabajador intencionalmente, por negligencia, imprudencia o falta grave, en los edificios, obras, maquinarias, herramientas, materias primas, productos y demás objetos relacionados con el trabajo;

g) La comisión por el trabajador de actos inmorales en el lugar del trabajo;

h) La revelación por el trabajador de secretos industriales o de fábrica o asuntos de carácter reservado que conociere en razón de sus funciones, en perjuicio de la empresa;

i) El hecho de comprometer el trabajador con su imprudencia o descuido inexcusables, la seguridad de la empresa, fábrica, taller u oficina, así como la de las personas que allí se encontraren;

j) La concurrencia del trabajador a sus tareas en estado de embriaguez, o bajo la ingluencia de alguna droga o narcótico, o portando armas peligrosas, salvo aquellas que, por la naturaleza de su trabajo le fueren permitidas.

Debe entenderse que la embriaguéz u otro estado del trabajador motivado en la influencia de una droga o narcótico o aún la portación de un arma no puede ser un hecho ocasional, aislado, sino una situaciónque por su reiteración o en todo caso por su gravedad origine una situación intolerable en la relación laboral o perjudique efectivamente la buena marcha de la empresa.

k) La condena del trabajador a una pena privativa de libertad;

l) La negativa manifiesta del trabajador para adoptar las medidas preventivas o someterse a los procedimientos indicados por las leyes, los reglamentos, las autoridades competentes o el empleador, que tiendan a evitar accidentes del trabajo y enfermedades profesionales;

ll) La falta de acatamiento del trabajador, en forma manifiesta y reiterada y con perjuicio del empleador de las normas que éste o sus delegados le indiquen claramente para la mayor eficiencia y rendimiento en las labores;

m) La inhabilidad o incompetencia manifiesta del trabajador que haga imposible el cumplimiento del contrato.

Esta ausencia de aptitudes del trabajador para el desempeño de las tareas que le han sido encomendadas debe ser de tal naturaleza que realmente torne injustificable la relación laboral. Pero la ineptitud debe vincularse con el objeto mismo del contrato y no con tareas ajenas a las obligaciones impuestas al trabajador en el momento de su contratación. Por otra parte en la apreciación de esta causal el juzgador deberá tener suma prudencia, en razón de que existe un período de prueba que justamente tiene por propósito apreciar la capacidad del trabajador. El hecho de que el empleador no haya dado por terminado el contrato de trabajo durante este lapso, hace presumir, la aptitud de aquél para el desempeño de sus labores. No obstante posteriormente podrían surgir evidencias que demuestren su falta de aptitud, especialmente cuando de ella deriven daños de cualquier naturaleza para el regular funcionamiento de la empresa.

n) El trabajo a desgano o disminución intencional en el rendimiento del trabajo y la incitación a otros trabajadores para el mismo fin;

ñ) La pérdida de la confianza del empleador en el trabajador que ejerza un puesto de dirección, fiscalización o vigilancia. Si dicho trabajador hubiese sido promovido de un empleo de escalafón, podrá volver éste, salvo cuando medie otra causa justificada de despido.

Esta pérdida de confianza debe surgir de hechos objetivos vinculados con la conducta del trabajador y no de una actitud subjetiva del empleador. Además esta norma debe ser interpretada, al igual que muchas otras vinculadas con las causales que estamos analizando, en forma restrictiva.

o) La negociación del trabajador por cuenta propia o ajena, sin permiso expreso del empleador, cuando constituya un acto de competencia a la empresa donde trabaja;

p) La huelga ilegal por autoridad competente;

q) La insistencia del trabajador a las tareas contratadas durante tres días consecutivos o cuatro veces en el mes, siempre que se produjera sin permiso o sin causa justificada;

r) El abandono del trabajo de parte del trabajador. Se entiende por abandono del trabajo; 1) la dejación o interrupción intempestiva e injustificada de las tareas; 2) la negativa de trabajar en las labores a que ha sido destinado; 3) la falta injustificada o sin aviso previo, de asistencia del trabajador que tenga a su cargo una faena o máquina, cuya paralización implique perturbación en el resto de la obra o industria;

s) La falta reiterada de puntualidad del trabajador en el cumplimiento del horario de trabajo, después de haber sido apercibido por el empleador o sus delegados;

t) La interrupción de las tareas por el trabajador, sin causa justificada, aunque permanezca en su puesto. En caso de huelga, deberá abandonar el lugar de trabajo;

u) La desobediencia del trabajador al empleador o sus representantes, siempre que se trate del servicio contratado. Habrá desobediencia justificada, cuando la orden del empleador o sus representantes, ponga en peligro la vida, integridad orgánica o la salud del trabajador o vaya en desmedro de su decoro o personalidad;

v) Comprobación en el trabajador de enfermedad infecto-contagiosa o mental o de otras dolencias o perturbación orgániza, siempre que le incapaciten permanentemente para el cumplimiento de las tareas contratadas o constituyan un peligro para terceros; y

w) Las violaciones graves por el trabajador de las cláusulas del contrato de trabajo o disposiciones del reglamento interno de taller, aprobado por la autoridad competente.

Las disposiciones contenidas en el artículo 83° del Código del Trabajo constituyen una enumeración taxativa de las causas en virtud de las cuales el empleador puede despedir al trabajador. Consecuentemente todo despido justificado deberá fundarse en algunos de los motivos que han sido estudiados. El despido que fuera motivado en otra razón se apartaría de la normativa del Código y tendría que se considerado como un despido sin causa justificada.

2. *Procedimiento para el despido con causa justificada*

El despido del trabajador con causa justificada tiene un procedimiento cuando se trata de un trabajador efectivo y otro cuando se refiere a un trabajador estable.

Resulta por tanto indispensable precisar la diferencia, dentro de la legislación paraguaya de una y otra categoría de trabajador.

Trabajador Efectivo. Trabajador efectivo es aquel que ha cumplido el periodo de prueba y su efectividad se extiende hasta los diez años, que deben ser calculados desde el momento en que se inicia la relación laboral. La diferencia entre el trabajador que se encuentra durante el periodo de prueba y el efectivo es que para el primero el contrato de trabajo puede terminar en cualquier momento por decisión del empleador (o en su caso del trabajador), sin responsabilidad alguna para las partes. Adquirida la efectividad el empleador está obligado a otorgar el preaviso y a abonar la indemnización por despido injustificado, cuando se trata de una resición del contrato de trabajo sin causa legal y si se tratare de un despido con causa justificada mediante una simple notificación, como lo veremos en detalle más adelante.

Trabajador Estable. Trabajador estable es el que tuviere más de diez años con el mismo empleador y no puede ser despedido, salvo el caso de que ''se comprobase fehacientemente la existencia de causas legales de despido justificado o estuviere en condiciones de acogerse a la jubilación en virtud de leyes especiales'' (Art. 95). La última parte de este artículo del Código del Trabajo ha sido modificado por la ley 430 de 1973, que estableció el beneficio de jubilaciones y pensiones complementarias para los trabajadores asegurados al Instituto de Previsión Social. De acuerdo con las disposiciones de esta ley el empleador podrá dar por terminado el contrato de trabajo del trabajador que hubiere recibido los beneficios de la jubilación. Es decir, que no basta conque el interesado esté en condiciones de acogerse al beneficio de la jubilación, sino que se le hubiera ya otorgado dicho beneficio.

La distinción entre trabajador estable y trabajador efectivo resulta de suma importancia para determinar el procedimiento a través del cual el empleador podrá despedir al trabajador que hubiere incurrido en alguna de las causales del Art. 83° del Código del Trabajo. (Despido con causa justificada).

Procedimiento para el despido del trabajador efectivo. Para el primer caso basta conque el empleador notifique su decisión de despedirlo invocando la causal correspondiente. En tal supuesto y salvo que el trabajador no esté de acuerdo y promueva un juicio en el cual el empleador no pruebe la existencia de la causal invocada, el contrato de trabajo termina sin responsabilidad para el empleador.

En la hipótesis de que en el juicio, la causal no fuere probada, el trabajador tendrá derecho a las indemnizaciones por falta de preaviso y despido injustificado y al pago de los salarios de la época de diración del juicio. (Art. 84° C.L.).

El tema del despido con causa justificada del trabajador no estable ha dado lugar a una discusión en doctrina. El profesor Luis P. Frescura y Candia, autor del anteproyecto del Código Laboral, sostiene que "el sistema del Código Laboral paraguayo, . . . exige la previa declaración judicial de la legitimidad del despido para que opere la virtualidad extintiva del Contrato de Trabajo por voluntad unilateral decisoria del empleador" (Derecho paraguayo del Trabajo y del la Seguridad Social"—Editorial Heliasta—año 1975—pág. 303).

Esta opinión se funda en la segunda parte del Art. 84° del Código Laboral que expresa: "si no se comprobare la justificación del despido, el trabajador tendrá derecho a las indemnizaciones previstas en los Arts. 91° y 92°, así como a que se le pague los salarios que habrían de devengarse desde que presentó su reclamación formal hasta la decisión por autoridad competente . . .".

No obstante, la interpretación que se ha dado en la práctica y la acogida constante de la jurisprudencia es que la previa justificación corresponde en el caso del trabajador estable en tanto que para el trabajador efectivo sólo cabe la justificación posterior al despido y cuando éste, no conforme con tal medida promoviera un juicio reclamando las indemnizaciones pertinentes.

De cualquier modo, el despido queda firme desde el mismo momento en que se lo notifica al trabajador, a quién le asiste el derecho de reclamar las indemnizaciones de que habla el Art. 84° del Código Laboral, entre las que figura el pago de los salarios de la época de duración del juicio, pero de cualquier manera no se preve la reincorporación al puesto de trabajo para el caso de no comprobarse la causal invocada por el empleador.

En cuanto a la forma de notificación del despido con causa justificada, para el trabajador efectivo, no existe ninguna formalidad especial prevista en la ley ni exigida por la jurisprudencia. Se entiende por supuesto que debe tratarse de una notificación fehaciente de la cual pueda surgir que el trabajador toma pleno conocimiento de la decisión del empleador. Por otra parte el Decreto N° 5440, dictado por el Poder Ejecutivo en 1964, que reglamenta disposiciones del Código del Trabajo, obliga a los empleadores a llevar diversos libros de registro, entre ellos el de "Empleados y Obreros", en el cual deben constar los datos personales de los trabajadores y la fecha de su ingreso y egreso, además de las observaciones que se estime necesario establecer.

En dicho libro se debiera consignar la causal invocada por el empleador para rescindir el contrato de trabajo, cosa que no siempre se cumple en la práctica.

No existe ninguna obligación legal de notificar al sindicato de trabajadores la decisión del empleador, salvo por supuesto que tal obligación se encuentre estipulada en el convenio colectivo de trabajo.

En el caso que nos ocupa tampoco existe la obligación de dar un preaviso al trabajador. El contrato de trabajo termina como dijimos desde el momento en que el empleador notifique su decisión al trabajador.

Recursos contra la decisión del empleador de despedir con causa justificada al trabajador efectivo. De acuerdo con lo que ya habíamos señalado si el trabajador no estuviere conforme con el despido deberá promover una demanda ante un juzgado de Primera Instancia del Trabajo reclamando el pago de las indemnizaciones correspondientes a falta de preaviso, despido injustificado y salarios caidos durante la época de duración del juicio. La forma de calcular las indemnizaciones la veremos más adelante.

No existe otro recurso establecido en la legislación. Los contratos colectivos o individuales sí pueden establecer cualquier otro tipo de recurso que proteja al trabajador contra el despido.

Procedimiento para el despido del trabajador estable. El procedimiento para concretarlo difiere del que se utiliza en el caso del trabajador efectivo. El empleador que quisiera despedir a un trabajador con más de diez años de antiguedad por una causa justificada (Art. 83° del C.L.), deberá cumplir con los siguientes requisitos:

a) Suspender al trabajador, para cuyo efecto deberá cursarle una notificación consignando la causal invocada;

b) Promover un juicio ante un Juez de Primera Instancia del Trabajo, solicitando el reconocimiento de la causal de despido, juicio en el cual deberá probar los extremos alegados, a fin de que se considere que ha existido un despido justificado. En este caso el contrato de trabajo termina sin responsabilidad para el empleador. Los efectos del despido se retrotraen al momento en que el empleador suspendió al trabajador. Este procedimiento surge del Art. 96° del Código Laboral.

Si el empleador no probare la causal invocada queda obligado a reintegrar al trabajador a su empleo y a pagarle el salario y las damás remuneraciones correspondientes al periodo de suspensión en el trabajo (Art. 97° del C.L.).

Cuando la reposición del trabajador no fuera factible por haber sobrevenido incompatibilidades de índole personal, el empleador deberá abonar al mismo una indemnización equivalente al doble de lo que le correspondería en caso de despido injustificado y de acuerdo con su antiguedad. (Art. 98°).

La existencia de un juicio y las causales que lo han originado, crean generalmente una situación de incompatibilidad que torna difícil la prosecución de la relación laboral. El propio trabajador es con frecuencia quién no desea retornar al trabajo por motivos expresados, sin perjuicio de que esta actitud la asuma el empleador en la mayoría de los juicios.

En este caso de acuerdo conla interpretación jurisprudencial de la norma del Art. 98° el empleador está obligado a abonar al trabajador el importe de los salarios correspondientes al preaviso que para el trabajador estable es de 90 días y la indemnización por despido (15 días de salarios por cada 3 años o fracción de antiguedad), rubro éste que se duplica, alcanzando por tanto a 30 días de salarios para cada 3 años o fracción de antiguedad.

Si se sustituyera la obligación de reincorporar al trabajo por la de abonar las indemnizaciones de las que hemos hablado, el empleador deberá también pagar los salarios y las demás remuneraciones que corresponderían al tiempo de la suspensión que en este caso deberá computarse desde el momento en que el empleador suspende el contrato de trabajo hasta la sentencia definitiva que disponga el pago de las indemnizaciones sustitutivas de la obligación del empleador de reintegrar al trabajador a su puesto.

Recursos contra el despido del trabajador estable. Resulta indispensable que el empleador promueva una demanda para lograr el despido del trabajador estable. Es por tanto, la autoridad judicial la que en definitiva habrá de adoptar la decisión que corresponda. Contra la sentencia dictada por el Juez de Primera Instancia, ya sea que ella favorezca al empleador, ya sea que favorezca al trabajador. La parte perdidosa tendrá derecho a interponer el recurso de apelación que será tramitado ante el Tribunal de Apelación del Trabajo, cuya resolución será definitiva, pués ella una vez consentida y ejecutoriada, hace cosa juzgada.

B. *El despido sin causa justificada del trabajador efectivo*

El empleador podrá dar por terminado el contrato de trabajo por tiempo indefinido, en el caso del trabajador efectivo, sin que exista causa justificada, estando obligado a otorgar el preaviso y a abonar la indemnización por despido.

1. *Preaviso*

El término de preaviso se calcula de acuerdo con la antigüedad del trabajador:

a) Cumplido el periodo de prueba y hasta un año de antigüedad, 30 días de preaviso;

b) De uno a cinco años de antigüedad, cuarenta y cinco días;

c) De cinco a diez años de antigüedad, sesenta días;

d) De diez años de antigüedad en adelante, noventa días.

El Código Laboral autoriza que el preaviso sea hecho en cualquier forma pero dispone que la correspondiente notificación se probará por escrito o "en forma auténtica". La utilización de la palabra "auténtica", no es correcta y pensamos que el legislador quiso decir en forma "fehaciente". El preaviso se puede cursar también por intermedio de la Autoridad Administrativa del Trabajo. (Art. 89° del C.L.).

Si el empleador no otorgare el preaviso o lo diese sin ajustarse a los requisitos legales queda obligado a pagar al trabajador una cantidad equivalente al salario que hubiera devengado durante el término del preaviso. En esto defiere la obligación del empleador a la del trabajador cuando es éste el que debe preavisar, pués en tal caso su omisión le obliga a abonar al empleador sólo la mitad de los salarios correspondientes al término del preaviso. (Art. 91° del C.L.).

Como el preaviso otorgado por el empleador tiene por finalidad posibilitarle la búsqueda de un nuevo empleo, el Código establece que durante su vigencia el trabajador gozará de dos horas diarias de licencia dentro de la jornada legal o de un día a la semana para que busque un nuevo trabajo. A opción del trabajador éste podrá hacer uso en forma continuada de todo el tiempo de licencia que le corresponda. (Art. 90° del C.L.).

2. *La indemnización por despido*

La indemnización que el empleador debe pagar al trabajador que despide sin causa justificada, en los contratos de trabajo por tiempo indefinido es de quince días de salarios por cada tres años o fracción que hubiese prestado a su servicio.

El monto de esta indemnización resulta extremadamente bajo teniendo en cuenta que se trata de una situación en la cual el empleador dá por terminado el contrato de trabajo unilateralmente y sin que exista un motivo legal que justifique su decisión. En general las legislaciones latinoamericanas que admiten ésta forma de terminación del contrato de trabajo prevén una indemnización mucho más alta.

3. *Procedimiento para el despido sin causa justificada del trabajador efectivo*

No existe ninguna formalidad expresa para el despido sin causa justificada del trabajador efectivo. Si el empleador otorga el preaviso deberá cumplir con lo dispuesto conel Art. 89° del Código Laboral, situación que hemos analizado anteriormente.

Si no otorga el preaviso, deberá notificarle de igual manera su decisión de dar por terminado el contrato de trabajo, pero en este caso deberá abonar al trabajador además de la indemnización por despido, los salarios correspondiente al término del preaviso. El contrato de trabajo termina desde el momento en que se notifica el despido al trabajador.

4. *Recursos contra el despido sin causa justificada del trabajador efectivo*

En tanto el empleador cumpla con las disposiciones vinculadas con el preaviso y abone la indemnización por despido se estaría ajustando a las disposiciones legales y por tanto el trabajador no tiene recurso alguno, salvo las excepciones que analizaremos más adelante, para reclamar contra su decisión. Por supuesto que la falta de cumplimiento de la obligación del empleador sobre la materia le autoriza a promover un juicio ante la jurisdicción del trabajo formulando los reclamos correspondientes.

Como en el caso del despido con causa justificada, los contratos colectivos o individuales podrán establecer recursos especiales en favor del trabajador contra el despido sin causa justificada.

5. *Excepciones al derecho del empleador de dar por terminado el contrato de trabajo del trabajador efectivo, sin causa justificada*

El derecho del empleador de dar por terminado el contrato de trabajo del trabajador efectivo, en las condiciones que hemos analizado precedentemente, reconoce algunas excepciones. Son ellas:

a) *Caso de la mujer embarazada*

El Código Laboral prohibe el despido de la mujer embarazada desde el momento que ésta haya notificado su embarazo al empleador mediante presentación de certificado médico y mientras ésta disfrute de los descansos de maternidad previstos en la ley. El Código considera ilegal que el empleador comunique su despido a la trabajadora embarazada durante los descansos de maternidad o de suerte que el plazo estipulado en el aviso de despido expire durante dichos periodos de descanso. (Art. 131° del C.L.).

La prohibición de despedir a la mujer embarazada dentro de las limitaciones establecidas por el Código Laboral se repite en el Código del Menor, sancionado en 1981 y que entró en vigencia a partir de 1982, insistiendo en que la prohibición del despido se produce desde el momento en que la interesada notifique al empleador su estado de embarazo y mientras disfruta de los descansos de maternidad.

b) *Caso del matrimonio*

El Código prohibe también el despido motivado por matrimonio. Como tal prohibición se encuentra establecida en el ya comentado Art. 131°, que agrega al final: "Queda asimismo prohibido su despido, motivado por matrimonio". Se entiende que la prohibición se refiere a la mujer trabajadora. La ley no establece el plazo dentro del cual a partir del matrimonio no podrá ser despedida, por lo cual la cuestión ha quedado librada al arbitrio de la jurisprudencia.

De cualquier manera ni los contratos colectivos, ni los contratos individuales, ni los reglamentos internos, ni cualquier otra norma que regule las relaciones laborales podrán contradecir esta disposición.

c) *Caso del personal de las empresas de transporte*

Las partes no pueden rescindir el contrato de trabajo del personal ocupado en los servicios de transportes durante el curso del viaje. Tampoco podrán rescindirlos en puertos o estaciones dentro de las 24 horas anteriores a la salida, salvo que en éste último caso se cambie de itinerario. (Art. 181° del C.L.)

La prohibición de dar por terminado el contrato de trabajo en estos casos rige tanto para el empleador cuanto para el trabajador y su justificación se vincula fundamentalmente en la defensa de los derechos de los usuarios de los servicios de transporte más que en la defensa del trabajador.

d) *Caso de los dirigentes sindicales*

No existe ninguna disposición legal que difienda la estabilidad de los dirigentes sindicales. Sin embargo, recogiendo principios universalmente aceptados relacionados con la necesidad de protegerlos contra despidos arbitrarios, muchos convenios colectivos de condiciones de trabajo celebrados en el Paraguay, consagran la prohibición de despedir al dirigente sindical mientras el se encuentre en el ejercicio de su cargo y aún durante un tiempo razonable posterior a la terminación de las funciones sindicales.

EL CERTIFICADO DE TRABAJO

A la terminación de todo contrato de trabajo, cualquiera que sea la causa que lo haya motivado el empleador debe dar gratuitamente al trabajador una constancia que exprese unicamente: a) la fecha de iniciación y conclusión de las labores; b) la clase de trabajo desempeñado; c) salarios devengados durante el último periodo de pago. Si el trabajador lo solicitare, la constancia deberá expresar también: a) la eficacia y comportamiento del trabajador; b) la causa o causas de terminación del contrato de trabajo.

La ley prevé que sólo a petición del trabajador, la constancia se referirá a las cuestiones vinculadas con su eficacia, comportamiento y causa de terminación del contrato. Con ello se evita que el empleador espontáneamente consigne apreciaciones desfavorables al trabajador, cuando existieron problemas entre las partes. Ello es una garantía de que el trabajador podrá contar siempre con una constancia que exprese por lo menos determinadas cuestiones objetivas vinculadas con la relación laboral concluida.

LA TERMINACION DEL CONTRATO DE TRABAJO A INICIATIVA DEL EMPLEADOR Y LA PRESCRIPCION

La regulación del Código Laboral sobre la prescripción de las acciones se refiere: a la prescripción de la acción para dar por terminado el contrato de trabajo, a la prescripción de la acción para separar al trabajador sin responsabilidad legal y a la prescripción de las acciones del trabajador para reclamar la falta de pago del preaviso legal y la indemnización por despido injustificado. (Nos referimos a la prescripcion vinculada que este tema)

El Art. 390° del C.L. establece que prescribirá a los 60 días la acción para dar por terminado un contrato de trabajo por causas legales y el Art. 392° agrega: "si transcurridos 30 días desde aquél en que el empleador tuviere conocimiento de una causa justificada para separar al trabajador sin responsabilidad legal, no ejerciere sus derechos, estos quedarán prescriptos".

La disposición del Art. 390° se estaria refiriendo tanto a la prescripción de la acción del trabajador cuanto a la del empleador para dar por terminado el contrato por causas legales.

Pareciera existir una contradicción entre la disposición del Art. 390°, que establece un término de prescripción de 60 días y el Art. 392° que establece un término de 30 días para el caso de la prescripción de los derechos del empleador para separar al trabajador sin responsabilidad legal.

Distintas interpretaciones se han dado con el propósito de superar esta contradicción. Una de ellas es que el Art. 390° se refiere sólo a la prescripción de la acción del trabajador en tanto que el 392°, como lo dice su texto a la del empleador. Otra es que el Art. 390° se refiere también a la prescripción de la acción del empleador pero cuando se trata de la terminación de un contrato de trabajo por causas legales de un trabajador efectivo en tanto que el Art. 392° se referiría al ejercicio del derecho del empleador de dar por terminado el contrato de trabajo del trabajador estable.

En cuanto a la prescripción de la accion del trabajador para reclamar el pago de la falta de preaviso y de la indemnizacion por despido injustificado, ella se opera en el término de 30 dias.

PROCEDIMIENTOS ESPECIALES EN CASO DE REDUCCION DEL PERSONAL

La legislacion laboral no establece normas especiales vinculadas con la reducción del personal cuando esta implica la terminación de los contratos de trabajo.

Existe sí, una norma sobre readmisión, contenida en al art. 82° del Código Laboral, que se refiere a la obligación que tiene una empresa, en el caso de su cierre total, de readmitir a los mismos trabajadores, si en el término de un año el empleador estableciere otra empresa semejante, por si o por interpósita persona. En caso contrario estaría obligado a pagar la indemnizacion del art. 81° del C.L. (de uno a tres meses de salarios segun la antiguedad del trabajador).

Esta disposición constituye una débil y discutible protección para el trabajador, pues además de ser muy fácilmente burlada en la práctica por los empleadores, implica que el trabajador debe mantenerse durante un año a la espectativa de una hipotética reapertura de la empresa.

LA SEGURIDAD SOCIAL EN EL CASO DE CESANTIA DEL TRABAJADOR

Dentro del sistema paraguayo de seguridad social no existen beneficios que protejan al trabajador en caso de cesantía.

Disolución de la Relación de Trabajo por Iniciativa del Empleador y Seguridad de los Ingresos de los Trabajadores Afectados en la Legislación Peruana

por

PROF. DR. JOSÉ MONTENEGRO BACA

Universidad Nacional de Trujillo

I. INTRODUCCIÓN GENERAL (FUENTES, CAMPO DE APLICACIÓN Y TERMINOLOGIA)

1. *Fuentes en la legislación Peruana sobre el problema objeto del presente estudio.*

1. 1.— *Exhuberancia de la legislación peruana del trabajo.*

Las normas sobre la disolución del contrato de trabajo por iniciativa del empleador están contenidas en leyes propiamente dichas, decretos leyes -dictados por Gobiernos de facto-, decretos legislativos dictados por el Poder Ejecutivo, con el mismo rango de las leyes dictados por el Poder Legislativo, al amparo de la facultad otorgada por el art. 188 de la Constitución Política de 1979, Resoluciones Supremas, Decretos Supremos, Resoluciones Ministeriales, Resoluciones Directorales, etc. La Legislación del trabajo del Perú, dicho sea de paso, es la más frondosa de Iberoamérica, pero dista de ser la más completa; contiene más bien, no pocos vacíos; el aforismo latino "plurimas leges, pessima República", tiene cabal aplicación al "ordenamiento" jus-laboral peruano; su manejo es difícil. Empero, cuenta con algunas buenas disposiciones legales como veremos en su oportunidad, como por ej. las encaminadas a evitar el cierre de las empresas, para cuyo efecto se faculta entregar a los trabajadores la administración provisional de las empresas fallidas, y aún dárselas en propiedad (véase parágs. 15 a 15.2-c).

En seguida, consignamos la enumeración de las principales disposiciones de la legislación peruana sobre la disolución del contrato de trabajo.

1. 2.— *Disposiciones contenidas en la Constitución de 1979.*

a) *Igualdad ante la ley.*

El inc. 2) del art. 2 y el tercer párrafo del art. 42 de la Constitución se refieren a la igualdad ante la ley: por tanto todos los trabajadores, sean nacionales o extranjeros que laboren en el Perú gozan de Iguales derechos (V. parág. 8.1). Por tanto, ningún trabajador puede ser despedido por causa de nacionalidad.

Empero, existen leyes que otorgan ciertas preferencias a los trabajadores peruanos con objeto de evitar que sean postergados en las empresas extranjeras afincadas en el Perú (V. parág. 8.4).

b) *Estabilidad en el empleo.*

El art. 48 de la Carta Política reconoce el derecho del trabajador a la estabilidad propia (V. parág. 11.2).

1. 3.— *Disposiciones legales peruanas relacionadas con la disolución del contrato de trabajo.*

La ley 2851 de 23.11.1918: Indemnización de 90 salarios diarios a la mujer que es despedida dentro de los 90 días anteriores o posteriores al alumbramiento (art. 18) (V. parág 11.3-A).

Ley No 4239 de 26.03.1921: Indemnización de 60 salarios diarios por despedida injustificada a los menores de 18 años y a las mujeres (parág. 11. 3-A).

Ley No 6871 de 02.05.1930: La compensación por tiempo de servicios se computa con el último sueldo (art. 20), (V. parág. 16.2).

Ley No 11.725 de 16.01.1952 concordante con las leyes Nos. 13.023, 14.907, 15.144 y 16.095: Bonificación del 30% a los empleados que han prestado 30 años de servicios (V. parág. 16.3).

Leyes 14.460 de 25.04.1963 y 14.570 de 19.07.1963: Porcentaje de trabajadores extranjeros en los centros de trabajo (V. parág. 8. 4).

Ley No 19.525 de 12.09.1972: Faculta al Poder Ejecutivo a disponer la continuación forzosa de empresas comerciales e industriales si son de necesidad y de utilidad públicas (V. parág. 15. 1).

Ley No 19.990 de 24.04.1973 concordante con el D.L. No 20.604 de 07.05. 1974: Pensiones del Seguro Social del Perú (V. parág. 17. 2).

D.L. No 19.999 de 05.05.1973: Crea la Empresa Pública de producción de Harina y de Aceite de Pescado (PESCA-PERU).

D.L. No 20.000 de 05.07.1973: Expropian acciones de empresas dedicadas a la producción de harina y aceite de pescado.

D.L. No 20.001 de 07.05.1973: Ley Orgánica de la Empresa Pública de Producción de Harina y de Aceite de Pescado (PESCA-PERU).

D.L. No 21.034 de 30.12.1974: PESCA PERU abonará compensación extraordinaria de S/18.000.00 a c/u de sus trabajadores que se retiren voluntariamente.

D.L. No 21.116 de 11.03.1975: Los beneficios sociales del trabajador no se pierden por comisión de falta grave.

D.L. No 21.584 de 10.08.1976: Se faculta al Poder Ejecutivo a disponer la continuación de empresas de actividad privada por interés social o interés público.

D.L. No 22.126 de 21.03.78: Nueva ley de estabilidad en el empleo.

Ley No 23.226 de 11.11.1980: Restitución de las acciones y derechos a los propietarios de medios de comunicación despojados por el Gobierno de facto.

Ley No 23.235 de 07.01.1981: Reposición de los trabajadores de actividad privada despedidos por el Gobierno de facto.

Dec. Leg. No 3 de 21.11.1980: Restitución a sus propietarios de los medios de comunicación confiscados por el Gobierno de facto.

Dec. Leg. No 39 de 04.05.1981: Faculta despedir a los empleados de confianza en los medios de comunicación restituídos a sus propietarios.

Dec. Leg. No 68 de 31.03.1981: Amplía facultades del Tribunal Arbitral creado para resolver las litis derivadas de la restitución a sus propietarios de los medios de comunicación.

Dec. Leg. No 77 de 04.05.1981: Ordena restitución de radiodifusoras y radiotevé a sus legítimos propietarios.

1. 4.— *Disposiciones reglamentarias.*

Son muy numerosas; en aras a la brevedad nos remitimos al texto de este Informe.

1. 5.— *Convenios Internacionales de Trabajo ratificados por el Perú, relacionados con el presente Informe.*

El Perú ha ratificado el C.I.T. No 111: "Discriminación sobre empleo y ocupación", por R.L. No 17.687 de 25.06.1958.

Ha ratificado también el C.I.T. No 151 sobre "Protección del Derecho de Sindicalización y Procedimientos para determinar las condiciones de empleo en la Administración Pública", por la XVII Disposición Transitoria de la Const.

1. 6.— *Documentos del Grupo Regional Andino (GRAN) ratificados por el Perú, relacionados con el Informe.*

Suscribió en Bogotá, en 1973, el Convenio Simón Rodríguez sobre Integración Socio-Laboral Andina.

Ha ratificado las Decisiones No 113 y 116 sobre "Instrumento Andino de Seguridad Social" e "Instrumento Andino de Migración Laboral", por Resoluciones Legislativas Nos 22.533 y 22.534 de 15.05.1979.

Estos tres documentos guardan íntima relación con el problema del trato igualitario de los trabajadores extranjeros, y por tanto, con la improcedencia del despido por causa de la nacionalidad del trabajador.

1. 7.— *Laudos arbitrales y convenios colectivos de trabajo.*

En la fecha que se escribe este Informe el Arbitraje tiene escasa aplicación:se le aplica cuando las partes deciden someter la litis a un árbitro o a un Tribunal Arbitral, o cuando leyes específicas lo ordenan, como en el caso del Dec. Leg. No 39 para resolver los problemas derivados de la restitución de los medios de comunicación a los propietarios que fueron despojados por el Gobierno de facto que cesó de gobernar el Perú a mediados de 1980.

El Gobierno actual está interesado en vigorizar el sistema de los Tribunales Arbitrales, que existieron hace algunos años sin mayor trascendencia.

La negociación colectiva funciona con amplitud en el Perú. Sus convenios constituyen rica e importante fuente del Derecho del Trabajo.

2.— *Ambito de aplicación de la legislación del Trabajo en el Peru.*

2. 1.— *Aplicación de alcance general.*

El art. 79 de la Const. de 1079 dice: "El Gobierno es unitario, representativo y descentralizado". No existe el problema del federalismo; las leyes laborales así como las demás leyes rigen para todo el territorio de la República. Naturalmente existen restricciones en la aplicación de las leyes laborales originadas por ciertas diferenciaciones entre empleados y obreros, o por el carácter especial de ciertas actividades, etc; pero, aún así, salvados estos distingos las leyes se aplican a todo el territorio nacional. Además existen ciertas exclusiones del amparo de la legislación del trabajo.

2. 2.— *Restricciones en la aplicación de las normas de trabajo por la diferenciación entre empleados y obreros.*

Hasta hace algunos años existían marcadas diferencias entre empleados o trabajadores intelectuales y obreros o trabajadores manuales; la vieja ley 4916 de 1924 y su Reglamento contenido en la R.S. de 22.06.1928 hacían largas enumeraciones de empleados y de obreros; se reconocía diferentes derechos sociales a unos y a otros. Estas diferencias casi han desaparecido, ya sea porque numerosas leyes han reconocido el carácter de empleados a trabajadores que antes eran calificados como obreros, o ya sea porque las leyes de las dos últimas décadas han ido reconociendo iguales derechos a todos los trabajadores de la actividad privada. Empero, aún subsisten diferencias en tales derechos; las más saltantes son los dos siguientes:

Los empleados gozan de bonificación del 30% de su sueldo después de prestar 30 años de servicios al mismo empleador (Ley No 11.725 sus ampliatorias y concordantes). (V. parág. 16.3).

Los obreros al abonárseles su compensación por tiempo de servicios no sufren tope alguno en el cómputo; les es pagada computándola con la última remuneración mensual. En cambio, los empleados o trabajadores intelectuales les es computada con el tope del sueldo máximo asegurable, que en la fecha en que se escribe este Informe asciende a S/60.000 por mes o sea cerca de 100 dólares, suma exigua si se considera los montos de los sueldos que por término medio perciben los empleados. Parece que este injusto distingo pronto será derogado. (V. parág. 16. 2).

2. 3.— *En el Perú, gozan de los derechos sociales los trabajadores que prestan servicios en forma eventual o en período de pruebe o en trabajos de duración determinada.*

La ley 14.218 de 19.10.1960 -en Rev. NORMAS LEGALES, t.37 p. 149, dispone que "los empleados y obreros despedidos en el período de prueba de tres meses percibirán por concepto de compensación por tiempo de servicios un dozavo de la remuneración mensual por cada mes de labor".

Este dispositivo se refiere específicamente al período de prueba, pero por analogía se aplica a todo trabajador que presta de uno a tres meses de servicios; por tanto, el trabajador eventual goza, por lo menos, del pago de la referida compensación.

Los trabajadores de temporada, naturalmente gozan de dichos beneficios, como por ej. los temporarios agrícolas, aerofumigadores, pescadores, etc. En lo que toca a los agrícolas temporarios tenemos dos interesantes Resoluciones Supremas: de 24.04.1964 y de 03.07.1967; establecen que estos trabajadores por cada 21 días de labor continua o discontinua, gozarán de un dozavo de remuneración mensual por compensación por tiempo de servicios y otro dozavo por vacaciones. Adviértase que los dos dozavos se perciben por prestación de labor continua o discontinua de 21 días. (V. Rev. "NORMAS LEGALES", t.40 p.253 y t.48 p.328).

En lo que respecta a los trabajadores que prestan trabajo de duración determinada gozan de todos los derechos sociales, excepto de algunos que no podrían gozarlos dada la duración determinada, como por ej. la estabilidad en el empleo; por la contratación de trabajos de duración determinada no depende de la calificación que le dé el empleador sino de la naturaleza accidental o temporal de la prestación (V. D.L. No 18.138 de 06.02.1970 en NORMAS LEGALES, t.56 p.151).

2. 4.— *Personas excluídes por diversas razones de los beneficios sociales reconocidos a los trabajadores de la actividad privada (o en otras palabras: Personas que no son trabajadores de la actividad privada).*

Las principales exclusiones son las siguientes:

a) Los servidores públicos. Su status está contenido en la ley 11.377 de 29.05.1950.

b) Los que trabajan menos de 4 horas diarias, salvo los periodistas, contadores públicos, personal docente de centros de educación no estatal, personal de radio y televisión, si reciben sueldo fijo (art. 21 ley 6871; art. 5°, R.S. de 22.06.1928; art. 392, ley 9359; ley 10.437 ; ley 13.266 y ley 14.985).

c) Los profesionales liberales que prestan servicios a personas naturales o jurídicas en su carácter de miembros de un Estudio, Consultorio u otra entidad profesional de tipo asociado, inscrita en el Colegio Profesional respectivo, sin que sea necesario se haya constituído como persona jurídica (D.S. de 26.05.1967).

Los profesionales liberales, digámoslo de paso, por mandato de la ley 15.132 de 25.08.1964 gozan de los beneficios sociales cuando prestan servicios a personas naturales o jurídicas, cualesquiera que sea la naturaleza o los fines de éstas, en el propio centro de trabajo o fuera de él, con o sin horario establecido, siempre que la remuneración que perciban sea periódica.

d) Los aprendices (art. 40 , D.S. No 012-74-IT de 07.05.1974).

e) Los comisionistas que trabajan para un mismo empleador en el comercio minorista (inc. h) del art. 1° de la R.S. de 22.06.1928. Pero si el comisionista está al servicio del comercio mayorista, la ley 16.629 faculta expresamente la pluriprestación de servicios sin que pierda el derecho a los beneficios sociales.

f) Los que perciben 30% o más del importe de las tarifas cobradas por los servicios de establecimientos públicos (R.S. de 07.08.1962).

g) Los empleados copartícipes con 5% o más en las utilidades líquidas de la empresa, siempre que la participación conste en instrumento público y haya sido concedida en forma individual (art. 6°, ley 4916 de 1924, art. 1° ley 5119, art. 40 de la R.S. de 22.06.1928 y R.S. de 01.09.1959).

3.— *Terminologia y definiciones.*

En este rubro vamos a ocuparnos únicamente de contados términos jurídicos que juzgamos necesario esclarecer para entender mejor este Informe. Vamos a diferenciar los conceptos de disolución, rescisión y terminación del contrato de trabajo; ello nos permitirá justificar por que al presente Informe hemos denominado "Disolución de la relación de trabajo. . . . y no "Terminación de la relación de trabajo. . ., que es la denominación que se le da al título de aquel en la traducción al español que se nos ha hecho llegar. Veámoslo:

3. 1.— *Disolución del contrato de trabajo: la rescisión y la terminación o extinción.*

En la terminología jurídica del Perú, la disolución es la ruptura del contrato de trabajo por cualquier causa, ya sea imputable a las partes, o inimputables a éstas; cuando media lo primero se está frente a la rescisión; cuando acaece lo segundo se está frente a la terminación o extinción. En la terminología peruana, la disolución es el género; la rescisión y la terminación son las especies.

Si a este Informe lo hubiésemos denominado "Terminación de la relación de trabajo. . .", el lector peruano habría entendido que este estudio dilucida, únicamente la ruptura del contrato de trabajo por causas inimputables a las partes, como por ej. por crisis económica, siendo que la mayor parte de este estudio se ocupa de la rescisión, pues los temas contenidos en "Los lineamientos para los Informes Nacionales" que se nos ha hecho llegar se refieren casi por completo a la rescisión. Por las razones antes expuestas hemos preferido denominar a este Informe "Disolución de la relación de trabajo por iniciativa del empleador y seguridad de los ingresos de los trabajadores afectados".

La disolución es objeto de múltiples clasificaciones por parte de los juristas; generalmente tienen en cuenta el ordenamiento jurídico de sus respectivos países. Mario de la Cueva, basándose en la Ley Federal de Trabajo de México, clasifica las modalidades de la disolución en dos grupos: la rescisión y la terminación.

Hacemos nuestra esta clasificación por ser sencilla y por compaginar con el ordenamiento juslaboral peruano.

3. 2.— *La rescisión del contrato de trabajo.*

Es la facultad que la ley otorga a cada uno de los sujetos de la relación jurídica para darla por concluída cuando el otro miembro de la relación ha cometido alguna falta grave o ha incumplido alguna de sus obligaciones. Media incumplimiento culposo que apareja sanción.

La rescisión comprende tres variedades: rescisión por culpa del trabajador, rescisión por culpa del empleador y rescisión por culpa recíproca o concurrente. Estas tres variedades a su vez, abarcan múltiples sub-modos.

3. 3.— *La terminación o extinción del contrato de trabajo.*

Es la muerte natural del contrato de trabajo; es el fin por causa inimputable a las partes, es el fin por causa natural, o en su defecto por acción voluntaria del hombre, siempre que no medie culpa, pues si interviniese este factor se estará frente a un caso de rescisión; ej. la extinción del contrato por acuerdo de las partes.

La extinción o terminación abarca dos grupos: las individuales y las colectivas.

3. 4.— *Rescisión de los contratos individuales de trabajo por causas imputables al trabajador y al empleador.*

Es la ruptura del contrato de trabajo por la comisión de falta grave por parte del trabajador. Esas causas están contenidas en el art. 4° del D.L. No 22.126 (V. parág. 7.2).

O en su defecto, es la ruptura de dicho contrato por causas imputables al empleador; estas causas están contempladas en el art. 19, D.L. cit. (V. parág.7.3).

3. 5.— *Extinción o terminación de carácter individual del contrato de trabajo.*

Las principales variedades de esta extinción o terminación del contrato de trabajo, son las siguientes: Por cumplimiento de plazo pactado o por terminación de la obra o del servicio; por mutuo acuerdo de las partes; por infortunio de trabajo; por enfermedad común inhabilitante; por muerte del trabajador; por jubilación.

3. 6.— *Extinción o terminación de carácter colectivo del contrato de trabajo.*

El art. 10, D.L. 22.126 contempla las causas de extinción del contrato de trabajo por causas económicas, técnicas, caso fortuito o fuerza mayor. A éstas hay que agregar la quiebra o liquidación del negocio. La muerte del empleador puede también generar la terminación masiva de los contratos de trabajo, pero sólo en contados casos, como por ej. cuando el fallecimiento pone fin al centro de trabajo.

3. 7.— *Otras definiciones.*

En aras a la brevedad las pasamos por alto; las consignamos en el curso de este estudio.

II—PROCEDIMIENTOS PREVIOS A LA DISOLUCIÓN

4.— *El aviso de despedida y la disolución de la relación de trabajo.*

4. 1.— *Estrecha relación entre el aviso de despedida y la disolución de la relación de trabajo.*

Existe íntima vinculación entre la disolución de la relación de trabajo y el instituto del aviso de despedida; el empleador está obligado a cursar aviso de despedida al trabajador cuando éste incurre en falta grave; aún en el caso de que el empresario decida poner fin inmediato a la relación de trabajo por haber incurrido el trabajador en falta grave, siempre debe cursar dicho aviso; en este caso no otorgará plazo de despido, pero sí carta en que se hace saber el despido inmediato y la causa de éste.

También el empleador está obligado a cursar aviso de despido cuando por causa técnica o económica se ve obligado a reducir el personal, cerrar una sección o cerrar todo el centro de trabajo. Más adelante nos ocuparemos de estos asuntos con mayor amplitud.

Como existe estrecha vinculación entre el aviso de despedida y la disolución de la relación de trabajo por iniciativa del empleador, se debe hacer en este Informe breve exposición sobre dicho aviso.

4. 2.— *Grupos de definiciones del aviso de despedida.*

Las definiciones sobre aviso de despedida pueden ser reunidas en dos grupos:

a) Las definiciones que lo consideran como el plazo que antecede a la ruptura del contrato de trabajo; tales como las de Caldera, Nogueira, Pimpao, Subervie.[1]

b) Las que lo consideran como la notificación dada por el empleador al trabajador anunciando la rescisión de la relación empleaticia; tales las de Cabanellas, Gomes, Gottschalk, Ramírez Gronda, Ruprecht, Russomano, Unsain, etc.[2]

Las definiciones del segundo grupo, ponen énfasis en que el aviso de despedida es la notificación que se da al trabajador acerca de la futura cesación de la relación de trabajo; sólo implícitamente aluden al plazo.

4. 3.— *Nuestra definición.*

Puestos a escoger preferimos las denominaciones del segundo grupo, pues lo fundamental en el aviso de despedida es la notificación que se da acerca de la ruptura del contrato de trabajo; en algunos casos no existe plazo, como por ej. cuando el trabajador incurre en falta grave; por lo general las legislaciones, cuando media falta grave, facultan al empleador a despedir de inmediato al trabajador; siempre se le debe notificar el despido, pero no hay obligación de darle tal o cual plazo; en otros casos, el plazo queda mediatizado, como por ej. en los casos en que el empleador prefiere pagar al trabajador la indemnización sustitutoria del plazo; en estos casos el plazo queda mediatizado, pues el trabajador deja de concurrir a labores, pero el tiempo que cubre la indemnización sustitutoria se computa en la duración del contrato de trabajo para los efectos del cómputo de los beneficios sociales, como por ej. para el pago de la compensación por tiempo de servicios, record vacacional etc.

4.3.— Neustra definición.

Cualquiera de las definiciones del segundo grupo podríamos hacer nuestra, pero puestos en línea de elaborar una definición que reuna elementos tipificadores de los dos grupos de definiciones, podríamos definir el aviso de despedida como la notificación anticipada que el empleador hace al trabajador dándole a conocer la cesación del contrato de trabajo, en tal o cual plazo, en los casos que éste procede.

En esta definición nos referimos únicamente a la notificación del cese al trabajador, por que en este Informe se estudia únicamente, el aviso de despedida al trabajador y no el aviso de despedida en general.

En la definición, no se habla que dicho aviso es obligación impuesta por la ley como indican algunas definiciones, por que si bien en el ordenamiento jurídico peruano prima el origen legal del referido aviso, esto no quita que en el reglamento del centro de trabajo o en convención colectiva se estipulen normas más favorables al trabajador que las establecidas en las leyes de la materia; en estos casos el origen del aviso de despedida sería reglamentario o convencional.

En la definición propuesta se habla de aviso de despedida o de aviso de despido; no se usa la palabra "preaviso", neologismo que no ha sido aceptado por la Real Academia de la Lengua Española como es deverse en el Diccionario de la edición de 1970; y no lo ha aceptado porque es un neologismo redundante, ya que todo aviso por su propia función es previo, por lo que decir preaviso es incurrir en reiterancia innecesaria.

La legislación peruana hasta comienzos de 1978 usó el término aviso de despedida (art. 1° de la ley 4916 de 07.02.1924 y arts. 16 y ss de la R.S. de 22.06.1928), pero a partir de la promulgación del D.L. 22.126 de 21.03.1978, se ha adscrito a la corriente dominante de usar el neologismo redundante "preaviso" (arts. 12 y 28).

5.— Forma, notificación y contenido del aviso de despedida.

5. 1.— Forma del aviso.

El art. 5° del D.L. 22.126 dispone al respecto:

"Toda despedida por causa justificada, con excepción de lo dispuesto en el art. 8° del presente Decreto Ley, será notificada al trabajador por el empleador inmediatamente después de conocida o investigada la falta, mediante carta remitida notarialmente o por intermedio del Juez de Paz a falta de Notario y comunicada a la Autoridad Administrativa de Trabajo, indicándose en ambos documentos la causal de la despedida y la fecha en la que el trabajador debe cesar".

El art. 8° de dicho D.L. concordante con el inc. b) del art. 4° dispone que "la disminución deliberada y reiterada en el rendimiento del trabajador, el empleador no podrá despedirlo en tanto que la AAT no expida resolución autoritativa de despido. No será exigible la reiterancia cuando se trate de una decisión colectiva, en cuyo caso el ejercicio de licencia representativa no impedirá la aplicación del despido''.

Del texto del art. 5° antes transcrito, se advierte que la ley peruana exige la forma escrita para el aviso de despedida, pues debe cursarse por carta, la cual debe ser notarial y a falta de Notario por intermedio de Juez de Paz; la forma escrita y notarial se usa en las diversas clases de aviso de despedida por causa justificada, ya sea que derive de la perpetración de falta grave del trabajador o que derive de causa económica o técnica o que se trate de personal embarcado con contrato de duración indeterminada.

La forma escrita y notarial del aviso de despido es ad solemnitatem, o sea esencial; el abandono de la forma escrita o de la notificación notarial o en su caso por intermedio de Juez de Paz, acarrean la invalidez de la notificación preavisal, por aplicación del inc. 3° del art. 1123 del Código Civil, que a la letra dispone:

Art. 1123.— ''El acto jurídico es nulo:

Cuando no revistiese la forma prescrita por la ley, salvo que ésta establezca una sanción diversa''.

A pesar de los establecido por el art. 5° en referencia concordante con el inc. 3° del art. 1123 del C.C., la Corte Suprema de Justicia declaró válido el aviso de despedida cursado por carta simple: ''Si el empleado recibió carta simple de aviso de despedida de 90 días, carta que la recibió personalmente y que la firmó al pie, y si se le pagó los beneficios sociales al vencimiento del plazo, no existe despedida intempestiva, por no habérsele cursado el aviso por la carta notarial preceptuada por el art. 17 de la R.S. de 22.06.28; lo que persigue esta disposición es que la entrega de la carta sea efectiva y que se pueda probar en cualquier momento, como garantía de los derechos del empleado'' (Ejec. de 25.06.54, insertá en R. de J.P., año 1955, p. 2145).

5. 2.— *Notificación del aviso de despedida.*

El art. 17 de la R.S. de 22.06.1928 contiene algunos requisitos que debe llenar la notificación de dicho aviso, requisitos que han sido omitidos por el art. 5°, D.L. 22.126; pero como la R.S. en mención no ha sido derogada, esos requisitos están vigentes, a saber:

''Los Notarios o quienes hagan sus veces, extenderán por duplicado las cartas de aviso, y las entregarán personalmente a los destinatarios cuidando de recabar recibo de entrega en uno de los ejemplares, que será devuelto al remitente. El término empezaré a contarse desde el día en que el destinatario firme la constancia de haber recibido la respectiva carta notarial.

''Si el destinatario se niega a recibir la carta notarial y elude por cualquier medio su presentación, el Notario pondrá constancia de lo ocurrido en presencia de testigo y en las cartas de aviso. La fe de entrega notarial es indiscutible y surte sus efectos sin previa verificación''.

La entrega de la carta debe hacerse personalmente al trabajador; y es que, dicho aviso tiene carácter receptivo, o sea que queda perfeccionado con la sola entrega al destinatario; por tanto debe cuidarse la entrega personal, salvo que el destinatario eludiera esta entrega; existe jurisprudencia de los tribunales que ha declarado inválido el aviso de despedida cuando no fue entregado personalmente al destinatario.

5. 3.— *Notificación a las autoridades de trabajo.*

El art. 5° en referencia dispone que se comunicará a la AAT el aviso de despedida; por lo general se hace acompañando el escrito pertinente una copia de la citada carta.

La ley peruana no prevé la notificación a los representantes de los trabajadores, ya sea al Sindicato, Consejos de Empresa, etc; no existe tal obligación en la gran y pequeña empresa capitalista, ni en la empresa capitalista reformada, bajo el sistema de las Comunidades Laborales; ni en las empresas asociativas cooperativas, empresas de propiedad social, sociedades agrícolas de interés social, etc.

5. 4.— *El contenido de la carta de aviso de despedida.*

El art. 5° antes transcrito dispone que en la carta se debe indicar la causa del despido y la fecha en que el trabajador debe cesar. La indicación dicho sea de paso, debe ser precisa; no basta que el empleador indique el inciso o incisos del art. 4°, -que es el que reune las causas de despido-, por, que cada inciso abarca varias causales; debe consignarse en forma precisa, que falta o faltas graves ha cometido el trabajador, agregando los incisos en que están previstas.

El aviso de despido, conviene recordar debe hacerse inmediatamente después de conocida o investigada la falta. La inmediatez es requisito importante; se quiere evitar que el empleador esgrima la causa de despido como una espada de Damocles por todo el tiempo que él lo desee.

Si el empleador no cumple con indicar la causa del despido en la referida carta, no puede hacerlo posteriormente, ha establecido reiterada jurisprudencia.

6.— *El plazo del aviso de despedida.*

6. 1.— *Diversos plazos del aviso de despedida.*

En el Perú existen diversos plazos de aviso de despedida, a saber:

a) El empleador, en la carta de aviso de despido, puede despedir de inmediato al trabajador cuando media la comisión de falta grave, a tenor de lo dispuesto en los arts. 4° y 5° del D.L. 22.126 . En este caso en realidad no hay plazo.

b) Puede conceder un plazo de despido de 90 días cuando hace uso de la facultad de despedir ad nutum dentro de los tres años de servicios ininterrumpidos (art. 28 del D.L. 22.126); por lo general en estos casos, los empleadores prefieren pagar la indemnización sustitutoria -90 salarios diarios- y despiden de inmediato al trabajador.

c) Puede dar despido de un viaje redondo cuando se trata de personal embarcado, cuyo contrato es de duración indeterminada (art. 673 del Reglamento de Capitanías y Marina Mercante Nacional).

d) Debe dar aviso de 30 días cuando debe despedir a trabajadores por causas económicas o técnicas (art. 12, D.L. 22.126).

6. 2.— *Cómputo de los plazos.*

Los plazos se computan desde el día en que el trabajador recibe la carta de aviso de despedida, excepto cuando media el aviso de 30 días por causas técnicas o económicas, pues en este caso el plazo se computa desde el día en que fue expedida la resolución de la AAT autorizando el despido, pues por disposición de los arts. 11 y ss. del D.L. 22.126 cuando el empleador debe despedir por causas técnicas o económicas, debe, previamente, solicitar permiso a la AAT.

6. 3.— *Goce de licencia durante el plazo de despido para que el trabajador pueda buscar trabajo.*

La pre-noticia que recibe el trabajador de la cesación del contrato de trabajo, apareja la reducción del horario normal de trabajo, sin disminución del salario, a fin de que disponga de tiempo para buscar nueva ocupación.

En el Perú, el art. 19 de la R.S. de 22.06.1928, al respecto, dispone:

"En caso de despedida, durante el plazo de 90 días, el empleado tiene derecho a una hora diaria, dos medios días o un día a la semana a su elección, con objeto de tener tiempo adecuado para conseguir nuevo trabajo, no pudiendo exceder este período de licencia de 8 horas a la semana".

Necesitamos saber quién es el que debe elegir la oportunidad de gozar de la licencia diaria; algunos autores sostienen que es el empleador el que debe fijar la hora en que debe gozarse de la licencia diaria, porque él es quien dirige la producción por lo que sabe en que momento debe tener lugar para no entorpecer la producción. Otros autores estiman que es el trabajador el que debe hacer la elección ya que él es el beneficiario; además, existe el interés social de evitar el desempleo. De otro lado, el interés del trabajador no es puramente individual sino también social, pues detrás del trabajador está el interés de la familia, que todas las legislaciones protegen.[3]

La legislación peruana es silente al respecto. El art. 258 de la ley Argentina No 20.744 deja la elección al trabajador, pero poniéndole ciertos límites; puede optar entre las dos primeras horas o las dos últimas de la jornada.

Parece prudente esta limitación pues evita que el trabajador pretenda abusar de su derecho de opción y quiera gozar de la licencia dentro del transcurso de la jornada, pongamos después de la tercera hora de labor, con objeto de perjudicar al empleador.

La licencia diaria de una hora otorgada por la legislación peruana, resulta mezquina en los tiempos que corren; con el grande crecimiento de las ciudades modernas, el trabajador tendrá que insumir considerable tiempo para ir de un centro de trabajo a otro en busca de ocupación, por lo que de la licencia de una hora diaria le quedará muy poco tiempo para buscar empleo. La legislación argentina es más generosa; no sólo concede dos horas de licencia diaria, sino que permite acumular en una o más jornadas íntegras dicha licencia, por ej. en 8 días seguidos. La ley argentina faculta licencia de 2 horas diarias en un lapso de 30 días, por lo que si el trabajador prefiere acumular la licencia en jornadas íntegras, podrá gozar de 8 días seguidos de licencia. Como en el Perú se concede licencia de una hora diaria en plazos de despido de 30 y de 90 días, según los casos, si el trabajador pudiese acumular en jornadas íntegras esa licencia, podrá gozar de 5 y de 11 días seguidos de permiso con goce de remuneración para la búsqueda del nuevo plazo, lo cual por razones obvias es mucho más ventajaso para el trabajador.

6. 4.— *Indemnización sustitutoria por no haber dado el empleador el aviso de despedida.*

Los arts. 12 y 28 del D.L. 22.126 facultan al empleador a sustituir los avisos de 30 y de 90 días por el pago de los salarios correspondientes quedando liberado el trabajador de prestar servicios. La última parte del art. 12 faculta al juez a exonerar al empleador de cursar el aviso de 30 días o del pago sustitutorio si el empleador prueba que está imposibilitado de hacerlo por causas económicas.

El personal embarcado al cual se da aviso de despedida de duración de un viaje redondo no puede hacer uso de la licencia diaria para buscar trabajo, por razones obvias. El art. 673 del R. de C. y M.M.N. ni siquiera habla de tal licencia; esto no es justo; se debe empezar por reconocer este derecho y como no puede ser gozado, debe disponerse una indemnización sustitutoria que puede ser abonado lo que se paga por prestación de horas extras a ese personal, pues resultaría prestando trabajo en horas en que no debió hacerlo; así al terminar el aviso de despedida recibiría un pago extra que le ayudaría a solventar los gastos y su manutención mientras busque nuevo empleo. Hoy por hoy, el personal embarcado poco gana con saber con varios días de anticipación que va a ser disuelto su contrato de trabajo.

6. 5.— *Aviso de despedida en el cual el trabajador no goza de la licencia para buscar nuevo empleo.*

Se dan casos en que el empleador cursa la carta del aviso de despedida, pero no concede la licencia pertinente para que el trabajador busque nuevo empleo; como en este caso no se ha cumplido con el fin principal del aviso, esto es, facilitar la búsqueda de nuevo empleo, ese aviso de despedida se tiene por no dado y el empleador debe abonar la indemnización sustitutoria que abarcará los salarios correspondientes a la duración del aviso; así lo tiene declarado reiterada jurisprudencia de los tribunales.

También debe abonar indemnización sustitutoria si el despido tiene lugar ''ante tempus'', esto es, antes de que venza el plazo del aviso, pongamos 30 días antes; en este caso la indemnización salarial abarcará únicamente el lapso que falta.

El empleador debe abonar también indemnización sustitutoria si cursó el aviso de despedida mientras el trabajador estaba gozando de alguna suspensión en la prestación de servicios que a su vez le impidiera gozar de la licencia para buscar empleo, como por ej. suspensión por enfermedad o accidente de trabajo o por prestar Servicio Militar, etc.

La jurisprudencia de los tribunales en los casos antes recordados y en otros similares ha declarado inexistente el aviso de despedida; o bien el empleador tiene que abonar indemnización sustitutoria, o en su defecto, tiene que cursar nuevo aviso de despedida.

A mayor abundamiento, el aviso de despedida se torna nulo en los casos en que el trabajador no puede hacer uso de la licencia para buscar empleo, por aplicación del inc. 2) del art. 1123 del Código Civil, aplicable por analogía:

Art. 1123.— ''El acto jurídico es nulo: inc. 2) Cuando su objeto fuese ilícito o imposible''.

III—JUSTIFICACIÓN DE LA DISOLUCIÓN DE LA RELACIÓN EMPLEATICIA

7.— *Reconocimiento del principio de que la disolución debe ser justificada.*

7. 1.— *Causas que pueden dar lugar a la disolución del contrato de trabajo.*

El art. 1° del D.L. 22.126 sobre el particular dispone:

''El presente Decreto Ley ampara a los trabajadores en el derecho a mantener el vínculo laboral y establece las causales de rescisión de dicho vínculo, en los casos en que por acción u omisión, las partes incumplan sus obligaciones en perjuicio de la producción, la productividad, la disciplina y armonía en el centro de trabajo''.

Este art. contempla las causas de la terminación del contrato de trabajo por causas imputables al trabajador y al empleador. Las primeras, dicho D.L. las denomina faltas graves y están contenidas en el art. 4°. A las faltas del empleador, el art. 19 las denomina actos de hostilidad del empleador en contra del trabajador.

El D.L. en referencia contempla también las causas inimputables a las partes que pueden originar la terminación de la relación de trabajo; son las causas económicas, técnicas y de fuerza mayor o caso fortuito (art. 10).

7. 2.— *Causas imputables al trabajador o faltas graves de éste, que pueden ocasionar la rescisión del contrato laboral.*

Del texto del art. 1° del D.L. cit., transcrito en el parág. anterior, se colige el concepto de faltas graves para el legislador peruano: son los casos en que por acción u omisión, el trabajador incumple sus obligaciones en perjuicio de la producción, la productividad, la disciplina y armonía en el centro de trabajo.

El art. 4° en nueve largos incisos o párrafos indica las faltas graves del trabajador que pueden ocasionar el despido de éste. Cabe resaltar que no se trata de nueve causas de despido, sino de nueve grupos de causales o faltas graves; así por ej. el inc. a) considera como faltas graves:

"El incumplimiento injustificado de las obligaciones, la reiterada resistencia a las órdenes de sus superiores relacionadas con sus labores y la inobservancia del Reglamento Interno de Trabajo y de Seguridad Industrial, debidamente aprobado por la Autoridad Administrativa de Trabajo, que ocasionen deño o perjuicio, creen riesgo grave al empleador, a personas, o bienas o a la seguridad del centro de trabajo".

Si se le con detenimiento este inciso o párrafo se ve que no contiene una causal de despido sino un grupo de causales. Similar amplitud tienen los otros nueve incisos del citado art. 4°.

Imposible realizar estudio pormenorizado de las faltas graves.

La legislación peruana en materia de sistematización de las faltas graves del trabajador se adscribe al sistema mixto o enumerativo-ejemplificativo, pues, por un lado enumera en nueve largos incisos las faltas graves; el empleador puede despedir al trabajador por comisión de falta grave, aduciendo alguna de las faltas contempladas por el art. 4°; no puede alegar otra causa; en este sentido la sistematización peruana es enumerativa o "númerus clausum"; pero, por otro lado, cada inciso goza de elasticidad tal que puede abarcar numerosos hechos; en este sentido el sistema es "apertus" o abierto o ejemplificativo.[4]

7. 3.— *Causas imputables al empleador que pueden originar la rescisión del contrato de trabajo.*

El art. 19 en siete incisos reune las faltas del empleador que pueden originar la ruptura del contrato de trabajo; a esas faltas las denomina actos de hostilidad, como por ej. la rebaja de categoría, etc.

Dados los límites que debe tener este Informe, resulta imposible estudiar detenidamente los actos de hostilidad patronales.

Frente a uno de estos actos hóstiles, el trabajador puede seguir dos caminos:

Denunciar a su empleador ante la AAT solicitando el cese de la hostilidad. O en su defecto, darse por despedido y demandar ente el Fuero Privativo de Trabajo el pago de sus derechos sociales y la indemnización correspondiente al despido, asunto que veremos más adelante.

7. 4.— *Causas inimputables a las partes que pueden originar la extinción de la relación emplearia.*

Causas técnicas, económicas y la fuerza mayor o caso fortuito pueden dar lugar a la terminación del contrato de trabajo; constituyen causas inimputables a las partes, salvo que se probase que deriven de graves negligencias.

El procedimiento lo estudiaremos en los parágrafos 14. 2 a 14. 10.

8.— *Causas que no pueden justificar la terminación del contrato de trabajo.*

8. 1.— *Normas constitucionales referentes a la garantía de la igualdad ante la ley.*

"Toda persona tiene derecho a la igualdad ante la ley, sin discriminación alguna por razón de sexo, raza, religión, opinión o idioma. El varón y la mujer tienen iguales oportunidades y responsabilidades. La ley reconoce a la mujer derechos no menores que el varón", dispone el inc. 2) del art. 2° de la Const. de 1979.

El tercer párrafo del art. 42 de la Const. ordena:

"El trabajo, en sus diversas modalidades, es objeto de protección por el Estado, sin discriminación alguno y dentro de un régimen de igualdad de trato".

Los dispositivos constitucionales transcritos garantizan la no discriminación en el trabajo por causa alguna: en el Perú no puede justificarse la rescisión por contrato de trabajo por razón de sexo, raza, religión, nacionalidad, etc.

8. 2.— *Convenios Internacionales de Trabajo elaborados por la O.I.T. que garantizan la igualdad de trato de los trabajadores extranjeros.*

La Oficina Internacional de Trabajo ha elaborado documentos internacionales que garantizan la igualdad de trato de los trabajadores extranjeros, a saber: Los Convenios Internacionales de Trabajo Nos 66,97,110 y 143; los Anexos I, II y III del Convenio 97; las Recomendaciones Nos 61 y 86; las Recomendaciones de la Comisión Internacional de Emigraciones de 1921; las Recomendaciones de la Comisión Permanente de Migraciones de 1946; las Resoluciones y Conclusiones de la Conferencia de Nápoles de 1951. El Perú, aunque no ha ratificado estos documentos internacionales, contituyen fuente ilustrativa de derecho, por razones obvias. Además, sí ha ratificado el C.I.T. No 111 de 1958 sobre "Discriminación en materia de empleo y occupación", por Resolución Legislativa No 17.687 de 06.06.1969.

8. 3.— *Documentos Internacionales elaborados por el Acuerdo de Cartagena o Pacto Andino o Grupo Regional Andino (GRAN) sobre igualdad de trato a los trabajadores.*

Los principales documentos interregionales elaborados por el GRAN relacionados con la prohibición de rescindir los contratos de trabajo por desigualdad en el trato de los trabajadores, son los siguientes:

a) *El Convenio Simón Rodríguez sobre Integración Sociolaboral Andina.*

Fue suscrito el 26.10.1973; ha sido ratificado por los Gobiernos de Bolivia, Colombia, Chile, Ecuador, Perú y Venezuela. Pero Chile se apartó del GRAN en 1976.

El Convenio persigue, en síntesis, la armonización de las normas laborales y de seguridad social en los países mencionados, armonización que traerá entre otras consecuencias, evitar los despidos de los trabajadores por diferencias de nacionalidad.

b) *La Decisión No 113 del Acuerdo de Cartagena, aprobada en 1977, sobre Instrumento Andino de Seguridad Social.*

El Perú ratificó la Decisión No 113 por R.L. No 22.533 de 15.05.1979. Esta Decisión garantiza igualdad de trato en Seguridad Social a los trabajadores migrantes en los países signatarios del Acuerdo de Cartagena.

c) *Decisión No 116 del Acuerdo de Cartagena aprobade en 1977: Instrumento Andino de Migración Laboral.*

El Perú la ratificó por R.L. No 22.534 de 15.05.1979. La Decisión contiene diversas garantías en favor de los trabajadores migrantes en el GRAN, como por ej. igualdad de trato, vale decir tocante al problema de la prohibición de despedir a los trabajadores por ser extranjeros, etc.

8. 4.— *Normas que establecen ciertas preferencias en favor de los trabajadores peruanos.*

La igualdad de trato de los trabajadores extranjeros, no es un derecho absoluto; en todos los países de la tierra se admite ciertas preferencias en favor de los nacionales, cupiendo advertir que algunas de esas normas en realidad no sientan privilegios en favor de los nacionales, sino más bien garantizan que no sean desplazados por los extranjeros; estas normas permiten el despido de los trabajadores extranjeros en determinadas circunstancias. En el Perú, sobre el particular tenemos los siguientes cuerpos de leyes:

D.L. No 14.460 de 25.04.1963; refunde las normas contenidas en las leyes 7505 y 7735 de 1932 y de 1933; dispone, en síntesis, que los empleadores cualquiera que fuera su actividad, están obligados a ocupar personal peruano, en una proporción no menor del 80% que deberá aplicarse al número de empleados y obreros, separamente (art. 1°).

El monto de las remuneraciones de los trabajadores peruanos, no podrá ser inferior al 80% del total de las planillas de sueldos y salarios (art.2°).

El art. 3° señala los casos de extranjeros que no están comprendidos en el límite antes mencionado, a saber: los extranjeros casados con peruano o que tuvieran hijo peruano; los artistas siempre que su actuación en el Perú no sobrepase los 6 meses; el personal dedicado al servicio internacional de transportes que pertenezcan a entidades extranjeras.

El art. 4° indica los casos en que por excepción se puede sobrepasar el referido porcentaje, como por ej. cuando se trate de técnicos contratados para instalar nuevas industrias en cuyo caso el contrato de trabajo deberá constar en escritura pública y su duración no podrá exceder de dos años improrrogables.

Las empresas que ocupan extranjeros deben establecer planes sistemáticos de formación profesional (art. 5°).

D.L. No 14.570 de 19.07.1963 señala las normas aplicables a los porcentajes limitativos del personal extranjero en las empresas que tienen reducido personal; por ej. si tienen tres o menos empleados y obreros en sus respectivas planillas, podrán contratar a un extranjero (art. 1°).

El art. 2° establece las normas para conseguir permiso para contratar trabajadores extranjeros en los casos en que se permite exceder el tope del 80%.

El D.S. de 21.10.1950 prohibe trabajar por cuenta ajena a los turistas.

El D.S. No 017 de 07.09.1964 señala normas de procedimiento para recabar el permiso para contratar personal extranjero cuando se debe sobrepasar el límite del 80%.

La R.S. No 151 de 15.05.67 amplía la reglamentación antes referida.[5]

Se advierte claramente que los cuerpos de leyes a que acabamos de referirnos se relacionan con la garantía de la no rescisión de los contratos de trabajo por diferencia de nacionalidad; es verdad que los trabajadores extranjeros gozan en el Perú de iguales derechos que los peruanos, pero siempre que en los centros de trabajo se cumpla con los límites antes recordados; si en un centro de trabajo se ha empleado a más del 20% de personal extranjero, o si un artista extranjero trabaja en el Perú más de 6 meses, o si un técnico extranjero a quien se dio permiso para trabajar sobrepasando el límite del 80% en el centro de trabajo, presta servicios por más de dos años, o un turista presta servicios por cuenta ajena en el Perú, en todos estos casos, los contratos de trabajo serán rescindidos.

IV—RECURSOS RELACIONADOS CON LA RESCISIÓN QUE SE CONSIDERA INJUSTIFICADA

9.— *Instancias previas en la empresa*

9. 1.— *No se prevé instancias previas ante la empresa cuando se produce el despido injustificado, en les pequeña, mediana y capitalista o en empresa capitalista reformada.*

La legislación peruana no prevé seguir instancias previas ante la pequeña, mediana y gran empresa capitalista ni ante la empresa capitalista reformada bajo el sistema de Comunidades Laborales, cuando tiene lugar una rescisión injustificada del contrato de trabajo. Tampoco prevé tales instancias previas ante los Consejos de Empresa.

9. 2.— *Instancias previas ante las empresas asociativas cuando tiene lugar despido que se considera injustificado.*

En las empresas de propiedad asociativa, como son las cooperativas y empresas de propiedad social, si preve la legislación peruana instancias previas ante los organismos propios de la empresa cuando tiene lugar un despido que el afectado considera injustificado. En efecto:

El inc. j) del art. 66 del D.S. No 240-69-AP de 04.11.1969 señala entre las atribuciones y obligaciones del Consejo de Administración de las Cooperativas "resolver sobre la admisión y retiro de los socios y aplicar sanciones a los mismos".

Si el socio no está conforme con la resolución del Consejo de Administración puede apelar ante la Asamblea General de Delegados, con la facultad otorgada por el inc. 11 del art. 27 del Decreto Legislativo No 85 de 20.05.1981; sino se conforma con la resolución de la Asamblea, recién puede entablar reclamo ante las autoridades de trabajo. Los Estatutos de las diversas cooperativas establecen que sus socios no pueden entablar reclamos juslaborales a su Cooperativa, sino después de haber agotado la vía administrativa cooperativa.

Cabe advertir, que en el Perú existen multimillonarias cooperativas azucareras (CAP's) que tienen millares de socios-trabajadores, que gozan de derechos de cooperativistas por ser socios de sus CAP's y tienen todos los derechos del trabajador por cuenta ajena en tanto que son prestadores de servicios a sus entidades asociativas; por ej. tienen derecho a vacaciones, salarios mínimos-vitales, horas extraordinarias, compensación por tiempo de servicios, etc, etc.

En las empresas de propiedad social (EPS), la Asamblea General a propuesta del Comité Directivo, puede separar a los socios -despedir- (art. 28, D.L. No 20.598) por las causales previstas en los arts. 30 y 39 del cit. D.L. En última instancia, la separación es resuelta por la Unidad Regional, la cual está integrada por tres o más empresas de propiedad social de la región.

10.— *Recursos ante el sindicato.*

La legislación peruana no prevé el modus operandi que pueden seguir los trabajadores en la intervención de los Sindicatos en la solución de los reclamos individuales por despidos injustificados. Pero como no prohibe tal intervención, los Sindicatos realizan amplia labor en la cautela de los derechos de los trabajadores, a traves de sus Secretarías de Defensa; en los centros de trabajo de importancia los Secretarios de Defensa gozan de licencia durante todo el año o en determinados días u horas de la semana, con goce de remuneración; estas licencias son conseguidas por pactos colectivos.

11.— *Reclamaciones ante la autoridad de trabajo cuando media despido injustificado.*

11. 1.— *Clases de reclamaciones.*

Cuando el trabajador sufre despido que considera injustificado puede interponer dos clases de acciones, a su elección: Reposición en el empleo ante la AAT, entroncada en el Poder Ejecutivo; o en su defecto, aceptar la ruptura del contrato de trabajo condicionada al pago de una indemnización especial; en este caso demandará ante el Fuero Privativo del Trabajo, entroncado en el Poder Judicial.

11. 2.— *Demanda de reposición en el empleo.*

Esta acción se ejercita ante la Autoridad Administrativa de Trabajo, como queda dicho; ésta si declara que el despido es injustificado ordenará la reposición en el empleo, así como el pago de hasta seis meses de remuneraciones que se hubiesen devengado desde la formulación de la respectiva denuncia; ésta debe ser interpuesta dentro de los 30 días calendarios contados a partir de la fecha de recepción de la carta de despido. Después de los 30 días puede demandar, únicamente, el pago de indemnización especial por despido injustificado.

La resolución que pone fin a la demanda de reposición en el empleo tiene autoridad de cosa juzgada una vez que quede consentida o ejecutoriada, no obstante que es expedida por autoridad que no integra el Poder Judicial sino el Poder Ejecutivo; así lo dispone el art. 29 del D.L. 22.126; esta disposición no ha sido derogada, no obstante que es inconstitucional a tenor del mandato contenido en el art. 237 de la Const. de 1979, el cual no reconoce entre los órganos de la función jurisdiccional de administrar justicia a los órganos enclavados en el Poder Ejecutivo.

El D.L. No 22.126, cabe resaltar entró en vigencia en 1978, mucho antes de la Constitución en vigor. El art. 29 del D.L. en referencia es inconstitucional; el Poder Ejecutivo no tiene potestad de administrar justicia.

11. 3.— *Demanda por pago de indemnización especial por despido injustificado.*

Si el trabajador se conforma con el despido injustificado, pero condicionado al pago de la indemnización especial prevista por la ley, demandará ante el Fuero Privativo de Trabajo y Comunidades Laborales entroncado en el Poder Judicial; si se prueba el despido injustificado el Juez ordenará el pago de indemnización especial equivalente a doce remuneraciones mensuales y el pago de hasta seis remuneraciones mensuales, computadas desde la interposición de la demanda hasta la fecha de la expedición de la resolución que ponga fin a la litis. El monto mensual de la indemnización especial no podrá ser mayor al monto del sueldo máximo asegurable (inc. b) del art. 6°, D.L. 22.126). El sueldo máximo asegurable a la fecha de escribir este Informe asciende a unos 100 dólares mensuales (D.L. 22.658)

11. 3-A.— *Derecho al pago de otros beneficios sociales e indemnizaciones especiales a la mujer.*

El mencionado art. 6° dispone que el Juez ordenará además, el pago de los beneficios sociales que pudiera corresponder al trabajador, como por ej. compensación por tiempo de servicios, salarios insolutos, vacaciones no gozadas, horas extraordinarias no pagadas, o ciertas indemnizaciones que la ley otorga a determinados trabajadores, como por ej. indemnización de 60 salarios diarios a la mujer que es despedida injustificadamente; indemnización de 90 salarios diarios a la mujer que es despedida dentro de los 90 días anteriores o posteriores al parto (leyes 4239 y 2851, respectivamente).

11. 4.— *El procedimiento en las demandas sobre reposición en el empleo.*

Estas demandas se rigen por el D.S. No 006-72-TR de 30.05.1972. En aras a la brevedad nos referiremos únicamente a tres aspectos importantes de éste:

Obligación del intento de conciliación pre-procesal; el art. 32 dispone que el funcionario de trabajo "invitará" a las partes a una conciliación; éste tiene que derivar del acuerdo o composición de las partes, pues si el funcionario la impusiese no sería conciliación, sino fallo de aquél; al funcionario compete aprobarla o desaprobarla si el acuerdo implica renuncia a derechos del trabajador. La conciliación puede ser intentada en cualquier estado de la litis, ya sea a pedido de parte o a solicitud del funcionario; el intento de conciliación intraprocesal no es obligatoria para el Juez; es tan sólo una facultad que la ejercitará cuando estime que puede surtir efecto. El art. 46 faculta al funcionario ordenar las diligencias que considere necesarias.

El impulso de oficio es otra característica del procedimiento que estamos enfocando. El art. 46 consagra esta característica con toda amplitud.

La inversión de la carga de la prueba está consagrada en el art. 34 que a la letra dispone:

"Corresponde a las partes probar los hechos que afirman en la denuncia y contestación y, principalmente: a) los trabajadores, que existió el vínculo laboral; y b) los empleadores, que han cumplido con las disposiciones legales y convencionales de trabajo".

La probanza que la ley impone a los empleadores, constituye la inversión de la carga de la prueba, pues aunque sea el trabajador el que demande tal o cual incumplimiento de norma legal o convencional, no tiene obligación de probar su dicho; lo tiene que hacer el empleador; así por ej. si el trabajador demanda reposición en el empleo por considerar que el despido es injustificado, toca al empleador probar que es justificado; así lo dispone en forma expresa el inciso a) del art. 6°, D.L. 22.126, el cual in verbis, dispone:

"La Autoridad Administrativa de Trabajo ordenará la reposición en el empleo del trabajador, si el empleador no probare la causal invocada en la carta de despedida".

Esta disposición, es lógica, pues quien empezó afirmando fue el empleador ya que al despedir al trabajador afirmó que incurrió en tal o cual causa de despido; luego, él está obligado a probar su dicho.

11. 5.— *El procedimiento en las demandas por pago de indemnización especial por despedida injustificada.*

El trámite está contenido en el D.S. No 003-80-TR. de 26.03.1980; reune las mismas características del procedimiento que se sigue cuando se demanda la reposición en el empleo, como es de verse del texto de los arts. 29 y 48. En lo que toca a la demanda por pago de la indemnización especial por despedida injustificada toca al empleador probar que la despedida fue justificada; así lo dispone expresamente el inc. b) del art. 6°, D.L. 22.126.

12.— *Medidas de reparación en los despidos injustificados.*

12. 1.— *Dos clases de reparaciones.*

De que lo hemos expuesto en los parágs. 11. 1 al 11. 3, el trabajador que se considera despedido injustificadamente, puede demandar, como llevamos dicho dos reparaciones: o bien demanda reposición en el empleo, o en su defecto se conforma con el despido, pero demanda el pago de indemnización especial, que asciende a 12 mensualidades, siempre que el monto mensual no exceda del sueldo máximo asegurable; este monto asciende a la fecha a $60.000.00 al mes (unos 100 dólares por año); así lo dispone el D.L. 22.658. Está a punto de ser derogado este tope.

12. 2.— *La estabilidad en el empleo en el Perú.*

El D.L. No 18.471 de 1970 reconoció al trabajador peruano la estabilidad propia, o sea el derecho a permanecer en su empleo mientras no sobrevenga justa causa de despido judicialmente comprobada. Este D.L. ha sido derogado por el D.L. 22.126 de 21.03.78 que dista de garantizar la estabilidad en el empleo; debe ser derogado pues desde la promulgación de la Constitución de 1979 ha devenido en inconstitucional; la Carta Política de 1979 en su art. 48 reconoce el derecho a la estabilidad propia, con las siguientes palabras:

"El Estado reconoce el derecho a la estabilidad en el trabajo. El trabajador sólo puede ser despedido por causa justa señalada en la ley y debidamente probada".

Decimos que el D.L. 22.126 es inconstitucional porque el art. 28 dispone:

"La rescisión del vínculo laboral sin causa justificada de los trabajadores a que se refiere el inc. b) del art. 2° del presente Decreto Ley, que no superen los tres años al servicio del empleador, se hará con un preaviso de 90 días calendarios, cursado notarialmente o por intermedio de Juez de Paz a falta de Notario. La falta de este preaviso da derecho al trabajador a recibir una indemnización especial equivalente a 90 días de remuneración".

El inc. b) del art. 2° aclara que los tres años de servicios son ininterrumpidos.

Sostenemos que el art. 28 concordante con el inc. b) del art. 2° del D.L. 22.126 son inconstitucionales por que facultan al empleador a despedir sin expresión de causa, mientras que el art. 48 de la Const. exige causa justificada de despido. Por otra parte, como los tres años de servicios prestados a un mismo empleador deben ser ininterrumpidos, el goce del derecho a la estabilidad queda librado a la voluntad unilateral del empleador; éste puede despedir al trabajador a los 35 meses de prestación laboral, por ej.; si desea puede retomarlo; al hacerlo se tendrá que computar nuevamente los tres años de servicios ininterrumpidos; puede despedirlo antes que venzan estos nuevos tres años, volverlo a contratar, y así sucesivamente; o sea que el trabajador jamás podrá adquirir el derecho a la estabilidad salvo que buenamente lo desee el empleador. Un derecho que la Const. reconoce en favor del trabajador, el D.L. en mención lo convierte en derecho del empleador.

En el Perú ningún empleador se ha tomado el trabajo de retomar al servidor despedido; un necesita hacerlo pues se sufre una aguda desocupación; se sostiene que más del 50% de la población activa peruana sufre desempleo o sub-empleo; al empleador que despide un trabajador le es fácil substituirlo por otro.

No se puede argumentar que los referidos tres años de servicios ininterrumpidos constituyen el indispensable período de pre-estabilidad; convenimos en que es necesario ese período, pero éste no debe reunir tales características que mate el derecho a la estabilidad del trabajador, reconocido por el art. 48 de la Const. El art. 28 y el inc. b) del art. 2° en referencia son incuestionablemente inconstitucionales.

Pasemos a estudiar tres asuntos: La estabilidad en el periodismo, la resposición de los trabajadores de la actividad privada despedidos por diversas disposiciones legales dictadas por el Gobierno Militar y los despidos en la Administración Pública.

12. 2-A.— *La estabilidad de los trabajadores del periodismo escrito y hablado.*

El Gobierno de facto del Gral. E.P. don Juan Velasco Alvarado confiscó sin pagar un centavo numerosos diarios de circulación nacional, radiodifusoras y canales de televisión; la confiscación estaba prohibida por la Const. de 1933, vigente entonces; también la prohibe la Const. de 1979.

El Parlamento por ley No 23.226 de 11.11.1980, delegó en el Poder Ejecutivo, de acuerdo con la facultad concedida por el art. 188 de la Const., la facultad de dictar Decretos Legislativos para resolver la restitución a sus propietarios de dichos medios de comunicación.

El Ejecutivo por Decreto Legislativo No 3 de 21.11.1980 ordenó dicha restitución, así como ordenó restituir a los trabajadores sus derechos sobre las respectivas Comunidades Industriales.

Sobrevino arduo problema: Los trabajadores del periodismo escrito que fueron despedido por el Gobierno de Velasco al perpetrar el despojo, solicitaron la reposición en sus empleos. A su vez los que habían ingresado a raíz del despojo reclamaban estabilidad en sus empleos. Por su parte, los propietarios exigían se les permitiese trabajar con gente de su confianza, de su línea. Para salvar el problema fue dictado el Dec. Leg. No 39 de 04.05.1981, el cual faculta a despedir a los empleados de confianza; hace larga enumeración de éstos, menos mal que dispone, que podrá considerarse empleados de confianza sólo hasta el 15% del total de trabajadores de una empresa periodística; en este porcentaje no se considera los cargos de nivel superior cuyo nombramiento emane directamente del Directorio (art. 3°).

Faculta también a los propietarios a solicitar ante la Autoridad Administrativa de Trabajo la revisión de las cláusulas sobre condiciones de trabajo contenidas en convenios colectivos celebrados durante la administración distinta de sus legítimos propietarios (art. 4°).

Faculta también solicitar reducción de personal, etc. por razones técnicas, económicas o caso fortuito o fuerza mayor.

El Dec. Leg. No 68 de 31.03.1981 amplía las facultades del Tribunal Arbitral al conocimiento de los reclamos de los trabajadores periodistas para que se pronuncien sobre la calificación de empleados de confianza.

El D.S. No 011-81-TR de 10.04.81 señala las normas procesales.

El Dec. Leg. No 76 de 04.05.1981 establece las normas para resarcir los daños sufridos por los propietarios de empresas periodísticas a raíz del despojo de que fueron víctimas.

El Dec. Leg. No 77 de 04.05.1981 ordena la restitución a sus propietarios las estaciones de radiodifusión y de televisión confiscadas por el Gobierno de facto.

Resulta imposible por falta de espacio, realizar estudio un poco más amplio de las normas antes mencionadas. Puede consultarse al texto completo en la Rev. "NORMAS LEGALES", t. 105 p. 108; t. 107 ps. 11,106 y 311, y t. 108 ps. 11, 13 y 411.

En el Perú se carece de una norma general sobre empleados de confianza; la contenida en el Dec. Leg. No 39 se refiere únicamente al periodismo; por analogía podría aplicarse a otras actividades siempre que se trate de casos analógicos. El autor de este Informe ha estudiado el espiniso problema de dichos empleados en "Revista da Faculdade Federal do Para," 1er. Sem. de 1972, ps. 57 a 89, estudio que posteriormente ha sido ampliado.

En lo que atañe a los servidores públicos, existen normas de mayor alcance acerca de la tipificación de los cargos de confianza, pero no muy explícitas; consúltese el inc. c) del art. 6° de la ley 11.377 de 29.05.1950; art. 47 del Dec. Leg. No 217 de 12.07.1981, el cual declara cargos de confianza a todos aquellos servidores públicos comprendidos en el Título III del citado Dec. Leg.; el art. 41 de éste declara cargos de confianza los desempeñados por los miembros de los Consejos Consultivos que funcionan en cada Ministerio; también puede consultarse el D.S. No 003-82-PCM de 22.01.1982; Reglamento de Sindicalización de los Empleados Públicos; el art. 3° de este D.S. prohibe integrar sindicatos a los Magistrados del Poder Júdicial, a los funcionarios del Estado con poder de decisión o que desempeñen cargos de confianza, así como el personal civil que forman parte de las Fuerzas Armadas y Fuerzas Policiales; se considera funcionarios con poder de decisión a los que desempeñen cargos directivos y que legal o administrativamente estén facultados para resolver los asuntos de su competencia; cargos de confianza son los determinados por el Tít. III del Dec. Leg. No 217, así como aquellos otros que sean establecidos por Decreto Supremo (Véase estos cuerpos de leyes en Rev. "NORMAS LEGALES", t. 12 p. 234; t. 109, p. 297; t. 113 p.79).

12. 2-B.— *Reposición en sus empleos de los trabajadores de la actividad privada que fueron despedidos por el Gobierno de facto.*

El Gobierno de facto que imperó en el Perú desde octubre de 1968 hasta mediados de 1980, efectuó numerosos despidos de trabajadores de la actividad privada aduciendo múltiples motivos; la mayor parte fueron ilegales. Los afectados exigían reposición en el empleo. El Parlamento dictó la ley 23.235 de 07.01.1981, la cual dispone que los trabajadores en referencia quedan expeditos para reincorporarse a los centros de trabajo de los cuales fueron separados, siempre que no hubiesen cobrado beneficios sociales; señala el plazo en que se deben formular las respectivas solicitudes. El art. 3° -concordante con la ley 23.282 de 04.09.81- crea una Comisión Nacional Tripartita para resolver las reposiciones. Vencido el plazo antes citado o cuando la reinstalación resultare materialmente imposible a juicio de la Comisión, la empresa abonará a quien lo solicite una indemnización especial de 12 remuneraciones mensuales vigentes al momento de ser despedido más los aumentos salariales contractuales o legales que se hubiesen acordado hasta la fecha del pago.

La ley 23.235 ha sido reglamentada por la R.S. No 002-81-TR de 14.01.1981, R.S. No 003-81-TR de 10.02.1981 y de D.S. No 05-81-TR de 13.03.1981; ésta dispone que se considera causas de imposibilidad material de reinstalación: a) La inexistencia de vacantes con funciones iguales o equivalentes a las partes que desempeñaba el trabajador al momento de ser despedido; b) Que entre el lro de enero de 1980 y el lro de febrero de 1981, la empresa hubiese solicitado reducción de personal, de turnos, días u horas de trabajo en la Sección en que laboró el trabajador, y siempre que la solicitud tuviere resolución o dictamen favorable.

La R.S. No 011-82-TR de 05.02.1982 da por concluídas las funciones de la Comisión Nacional Tripartita.

(Consúltese los cuerpos de leyes citados en este parág. en Rev. "NORMAS LEGALES" t. 106, ps. 47, 58 y 180; t. 107 p. 92; t. 111 p. 21 y t. 113 p. 162).

12. 2-C.— *Reposición en sus empleos de los servidores públicos despedidos por el Gobierno de facto.*

Los servidores públicos también sufrieron múltiples despidos por parte del Gobierno de facto; la ley No 23.216 de 26.07.1980 y sus reglamentos se ocupan de la reposición o indemnización de dichos servidores. No nos ocupamos de este asunto porque el presente Informe se refiere al trabajo en la actividad privada.

(Puede consultarse Rev. "NORMAS LEGALES", t. 103 p. 318; t. 104 p. 243; t. 106 p.47).

V. TRAMITES POSTERIORES A LA DISOLUCIÓN DEL VINCULO CONTRACTUAL

13.— *Derechos del trabajador cuando expira el contrato de trabajo.*

Los principales derechos que la ley peruana reconoce al trabajador cuando es disuelto el contrato de trabajo son los referentes a recibir certificado de trabajo, pago de sus beneficios sociales en plazo perentorio, el pago preferencial de esos beneficios aún sobre los derechos del Estado, en casos de quiebra del empleador y prioridad en la readmisión en determinados casos.

13. 1.— *Derecho a certificado de trabajo.*

El trabajador al término de su contrato de trabajo tiene derecho a un certificado de trabajo, que debe extenderle su empleador, con expresión del tiempo de servisios, la naturaleza de éstos, el importe de la última remuneración, la conducta observada y el motivo de la despedida, si ésta se hubiera producido (art. 25 de la R.S. de 22.06.1928).

13. 2.— *Derecho al pago de los beneficios sociales en plazo perentorio.*

Al retirarse o al ser despedido al trabajador debe pagársele la compensación por tiempo de servicios y cualquier otro beneficio social que se le adeudase dentro de las 48 horas siguientes a la expiración del contrato de trabajo (D.S. de 12.05.1950 y D.S. de 08.11.1954).

Si el trabajador no puede apersonarse a cobrar, el empleador empozará el importe de los beneficios sociales en el Banco de la Nación (art. 2° del D.S. de 08.11.1954).

El pago de la compensación por tiempo de servicios se hará por entregas mensuales si el trabajador incurrió en falta grave; si ésta ha ocasionado daños y perjuicios al empleador, las entregas mensuales serán depositadas en el Banco de la Nación, a resultas del juicio (arts. 2° y 3° del D.L. 21.116).

Por excepción, si el empleado renuncia y la situación económica del empleador no le permite el pago total de la compensación por tiempo de servicios, a juicio de la autoridad de trabajo, puede cumplirse con el pago de sumas parciales quincenal o mensualmente, siempre que no sean inferiores a la remuneración que percibía el empleado (art. 43 de la R.S. de 22.06.28 y R.S. de 11.06.1940).[6]

13. 3.— *Derecho al pago preferencial de los beneficios sociales.*

La compensación por tiempo de servicios, remuneraciones y además beneficios sociales gozan de preferencia en el pago en caso de quiebra o falencia del empleador; aun sobre los créditos del Estado (Ley 15.485, Decretos Leyes 18.791, 18.816, 19.267 y 19.269).

13. 4.— *Prioridad en la readmisión en el centro de trabajo en algunos casos.*

Este derecho prioritario rige en los casos en que el despido hubiese tenido su origen en la reducción de trabajadores, cierre de la empresa, etc, por causa técnica, económica o de fuerza mayor o caso fortuito como veremos en el parág. 14.9.

13. 5.— *La legislación peruana no prevé la notificación a los organismos encargados de servir las provisiones de empleos.*

La legislación peruana no prevé la obligación de notificar los despidos a los organismos encargados de servir la provisión de empleos. En el Ministerio de Trabajo y Promoción Social funciona la Dirección General de Empleo (arts. 29 y 30 del Dec. Leg. No 140 de 12.06.1981 y arts. 52 a 54 del D.S. 03-82-TR. de 05.02.1982), pero ésta no recibe esas notificaciones; empero, nada impide que en el futuro pudiera hacerlo (V. el texto completo de los cuerpos de leyes en la Rev. "NORMAS LEGALES", t. 109 p. 91 y t. 110 p. 138).

El Perú, dicho sea de paso ha ratificado el C.I.T. No 122 sobre "Política de Empleo" por Resolución Legislativa No 16.586 de 17.06.1967.

VI.— TRÁMITES ESPECIALES EN CASO DE REDUCCIÓN DE PERSONAL

14.— *Terminación o extinción del contrato de trabajo por causas inimputables a las partes.*

14. 1.— *Múltiples casos de extinción o terminación del contrato de trabajo por causas inimputables a las partes.*

En el parág. 3 vimos que en la terminología jurídica peruana, las palabras terminación y extinción del contrato de trabajo se refieren, únicamente, a la disolución de éste por causas inimputables a las partes, como por ej. por muerte del trabajador, por retiro voluntario del trabajador o por causes económicas, técnicas y de fuerza mayor. Cuando media la comisión de falta grave se está frente a la rescisión, ya sea del trabajador o del empleador. Ahora, vamos a estudiar, la extinción o terminación del contrato de trabajo por causas técnicas , económicas y de fuerza mayor.

14. 2.— *Terminación o extinción del contrato de trabajo por causas*
económicas, técnicas y de fuerza mayor o caso fortuito.

El D.L. 22.126 denomina "situaciones excepcionales" a los casos de extinción, objeto de esta dilucidación; en su art. 10 dispone:

"La Autoridad Administrativa de Trabajo, conocerá de las solicitudes que
presente el empleador cuando sobrevengan causas económicas, técnicas, caso fortuito o fuerza mayor para: a) Suspender temporalmente las labores en forma total
o parcial; b) Reducir personal; c) Disminuir los turnos, días u horas de trabajo;
d) Rescindir los contratos de trabajo por liquidación de la empresa".

"La modificación de las condiciones de trabajo, ya sea que provengan de
pacto o costumbre, podrá plantearse como alternativa de las acciones señaladas en
los incisos precedentes como forma de coadyuvar a la continuidad de las actividades
del centro laboral, en resguardo de la estabilidad en el trabajo. Dicha alternativa
sólo podrá plantearse luego de recibir los dictámenes que señala el inc. a) del
artículo siguiente", termina diciendo el art. 10 en referencia.

Este art. abarca varias figuras, a saber: La simple suspensión temporal da los
trabajadores, ya sea parcial o total (inc. a); la reducción del personal y la disminición
de turnos, días u horas de trabajoo (inc. b y c); estas medidas pueden aparejar el
simple reacomodo del personal, o en su defecto, el despido de algunos; la expiración
de los contratos de trabajo por liquidación de la empresa, vale decir la extinción
de los contratos de trabajo.

14. 3.— *La solicitud de autorización.*

La legislación peruana no reconoce al empleador el derecho al lockout o cierre
de la empresa por decisión unilateral; el empleador puede hacer uso de alguna de
las medidas antes mencionadas, pero, previamente debe solicitar autorización a la
AAT.

La solicitud de suspensión de las relaciones de trabajo se rige por lo dispuesto
por los arts. 11 y 18, D.L. 22.126. Vamos a decir breves palabras sobre dicha
suspensión aun cuando en el Temario no se solicite informe sobre esta figura.

"Cuando la naturaleza del evento derivado del caso fortuito o fuerza mayor
haga imposible el normal desenvolvimiento del centro de trabajo o parte de él, la
Autoridad Administrativa de Trabajo procederá, previa verificación, a autorizar la
suspensión total o parcial de labores o la disminución de los turnos, días u horas
de trabajo. En todo caso la autorización no podrá ser mayor de tres meses".

"La AAT, recibida la solicitud debidamente fundamentada, expedirá la resolución autoritativa sujetándose a las instancias señaladas en los incisos c) y d)
del art. 11 del presente D.L.".

Estos incisos disponen que en primera instancia resuelve la Sub-Dirección
correspondiente, dentro del término de cinco días. Las partes podrán apelar dentro
del término de tres días, debiendo resolver en segunda y última instancia la Dirección
Regional de Trabajo en el término de cinco días.

"La finalización de actividades por la calidad de trabajo de temporada no está
sujeta al trámite a que se refiere el art. 11 del presente Decreto Ley" (art. 18).

14. 4.— *Trámites previos a la solicitud de autorización de rescisión de los contratos de trabajo.*

Las solicitudes en referencia son presentadas al Ministerio de Trabajo. El art. 11 ordena seguir los siguientes trámites previos a dicha solicitud:

Recibida la solicitud, el Ministerio de Trabajo solicitará dictamen sobre la misma al Ministerio del Sector correspondiente o a la Comisión Nacional Supervisora de Empresas y Valores, si fuere el caso. El dictamen será emitido dentro del término de 15 días, debiendo contener opinión fundamentada acerca de las situaciones invocadas en la solicitud y su implicancia con el factor trabajo.

Estos pagos previos se encaminan a poner atajo a la rescisión indiscriminada de los contratos de trabajo.

14. 5.— *La tramitación de la extinción de contratos de trabajo con intervención de las partes.*

Conocido el dictamen del Ministerio del Sector correspondiente se inicia la tramitación de la solicitud de autorización de la rescisión de los contratos de trabajo, con intervención de las partes; el trámite es similar al de la concertación de una convención colectiva de trabajo. Los incisos b), c) y d) del art. 11, disponen:

b) "Recibido el dictamen, la AAT convocará a los representantes de los trabajadores y del empleador a reuniones de Junta de Conciliación, la que tendrá una duración no mayor de 8 días".

c) "Si las partes no se pusieran de acuerdo en la etapa conciliatoria , la solicitud será resuelta en primera instancia por la Sub-Dirección correspondiente, dentro del término de 5 días".

d) "Las partes podrán apelar de esta resolución dentro del término de 3 días, debiendo resolver en segunda y última instancia la Dirección Regional de Trabajo dentro del término de 5 días".

"En dichas solicitudes deberá indicarse la nómina de los trabajadores afectados".

14. 6.— *Aviso de despedida y garantías para el pago de los beneficios sociales*

El art. 12, del cit. D.L. ordena:

"En la reducción o liquidación de personal por razones económicas o técnicas se concederá a los trabajadores afectados un preaviso de 30 días, que se computará a partir de la fecha de la resolución que ponga fin al procedimiento".

"Se podrá sustituir tal preaviso por el pago de una remuneración mensual, quedando liberado el trabajador de labores durante dicho término".

"El preaviso o pago no será concedido en caso que el empleador habiendo solicitado su exoneración, haya demostrado fehacientemente la imposibilidad económica para su cumplimiento, lo que será establecido en la resolución autoritativa".

Conviene resaltar que el aviso de despedida de 30 días se da, únicamente, cuando median causas económicas y técnicas, pero no cuando media caso fortuito o fuerza mayor.

14. 7.— *Garantías referentes al pago de los beneficios sociales.*

Los arts. 15 y 16, D.L. 22.126, disponen:

"Cuando se trate de reducción o liquidación de personal, el empleador consignará en el Banco de la Nación y a nombre de los trabajadores afectados, el monto de sus beneficios sociales, dentro del término de 48 horas, computados a partir de la fecha en que quede consentida o ejecutoriada la resolución que ponga fin al procedimiento'' (art. 15).

"La resolución de la AAT, no surtirá efecto si el empleador no acredita haber abonado el monto de los beneficios sociales correspondientes a los trabajadores afectados por la medida de reducción o liquidación a que se refiere el art. 10°, con el certificado de consignación expedido por el Banco de la Nación, a nombre de cada uno de tales trabajadores o con el recibo otorgado por éstos. El empleador que abonara beneficios sociales manifiestamente diminutos a los que por ley pudiere corresponderle al trabajador afectado, se le aplicará el máximo de la multa que corresponda en el procedimiento pertinente de reclamación ante el Fuero Privativo de Trabajo''.

14. 8.— Criterio de selección de los trabajadores afectados por la reducción de personal.

El art. 2° del D.S. de 22.08.1953, en síntesis, ordena que en los casos de reducción de personal, de horas y de días de trabajo, de suspensión, etc, se tendrá en cuenta la nacionalidad, la antigüedad en el servicio, las cargas de familia, a fin de que los trabajadores peruanos, más antiguos en el servicio y con mayores cargas de familia, de ser posible continúen en el trabajo, y en el caso de ser despedidos tengan preferencia al reanudarse las actividades del centro de trabajo.

14. 9.— La readmisión de los trabajadores despedidos.

El art. 17, D.L. 22.126, ordena, en síntesis:

Si el empleador decidiera contratar nuevo personal, está obligado a dar preferencia a los trabajadores despedidos, para cuyo efecto les comunicará por escrito en el domicilio que hubiesen señalado con 15 días de anticipación a la fecha en que se reanudará el trabajo. El trabajador debe avisar con 5 días de anticipación por lo menos, su aceptación a reingresar como trabajador. El empleador debe también dar aviso a la AAT.

Si no se diese esta preferencia y se contratara personal distinto, los trabajadores afectados tendrán derecho a solicitar su readmisión ante la AAT, gozando de las remuneraciones dejadas de percibir desde la formulación de la denuncia hasta su reingreso.

14. 10.— Medidas especiales encaminadas a atenuar los efectos de la reducción de personal.

Las principales medidas destinadas a disminuir los efectos de la reducción de personal, son las referentes a la mejora de la formación profesional, las que establecen prestaciones financieras a ciertas categorías de trabajadores, además del pago de sus respectivos beneficios sociales; las que se encaminan a conseguir la continuación forzosa de la actividades de empresa en quiebra por razones de utilidad y necesidad públicas; las que facilitan la administración provisional de los trabajadores de sus empresas declaradas en quiebra y posteriormente reconocen la propiedad de los trabajadores sobre aquéllas.

14. 10-A.— La formación profesional.

Las leyes que regulan al SENATI (Servicio Nacional de Aprendizaje Industrial) contemplan medidas encaminadas a mejorar la formación profesional del trabajador o impartirle nueva formación profesional para que pueda desempeñar otras ocupaciones originadas por los continuos cambios del mundo industrial. El SENATI actualmente está regulado por la ley de Organización y Funciones del Senati contenida en el Dec. Leg. No 175 de 12.06.1981 y por el D.S. No 027-81-ITI-IND de 19.11.1981 que contiene su Estatuto. El Dec. Leg. antes citado ha derogado en su Segunda Disposición Final a toda la legislación anterior referente al SENATI.[7]

Existen diversas cuerpos de leyes sobre formaciones profesionales en diferentes actividades como por ej. para la construcción civil contenida en el Dec. Leg. No 147 de 12.06.1981: Ley de Servicio Nacional de Capacitación de la Industria de la Construcción Civil (SENCICO) y en el D.S. No 033-81-VI de 03.11.1981: Estatuto del Servicio Nacional de Capacitación de la Empresa Nacional de Edificación (SENCICO); este Dec. Leg. ha derogado la anterior legislación sobre SENCICO.[8]

14. 10-B.— *Prestaciones financieras en favor de ciertas categorías de trabajadores.*

En el Perú no existen disposiciones legales de alcance general que reconozcan al trabajador despedido prestaciones financieras; ni siquiera existe el seguro social de desocupación y lo que es más grave no es aconsejable la implantación de ésta, por el momento, pues más del 50% de la población activa sufre desocupación o sub-empleo, por lo que sería economicamente imposible que el personal ocupado pudiese sufragar los gastos del seguro de desempleo del 60% de la población activa del país.

Pero en contratos individuales y en contadas convenciones colectivas se reconoce el referido derecho en tal o cual proporción, no muy generosamente por cierto.

Por excepción, la Empresa Pública "Pesca-Perú" en 1975 otórgó una compensación extraordinaria de S/18.000,00 (unos 440 dólares al cambio de entonces) a cada uno de sus trabajadores que decidiesen retirarse de la empresa; hizo uso de la autorización concedida por el D.L. 21.034 de 01.03.1975. "Pesca-Perú" es un caso especial: en 1975 era Empresa Pública dedicada a la producción de harina y de aceite de pescado, cuyos trabajadores estaban y están sujetos al régimen de la actividad privada (arts. 1° y 19° del D.L. No 20.001 de 07.05.1973); surgió a raíz de la expropiación de las empresas dedicadas a esa actividad ordenada por el D.L. No 20.000 de 07.05.1973. "Pesca-Perú", merced a ese pago extraordinario, logró despedir a unos 5.000 trabajadores, que resultaban excedentes a raíz de la baja de la producción pesquera.[9]

La Empresa Pública Pesca-Perú ha sido transformada en persona jurídica de derecho privado denominada Empresa Nacional Pesquera o Pesca-Perú, por mandato del Decreto Legislativo No 54 de 20.03.1981; es de propiedad del Estado, pero como es persona jurídica de derecho privado, no se le aplica las normas del Sector Público (arts. 1° y 2°).[10]

"Pesca-Perú" está en vías de ser reprivatizada.

Más bien en favor de los empleados públicos se ha dictado normas de alcance general reconociéndoles ciertos beneficios extraordinarios cuando sufren despido por efecto de reorganizaciones administrativas, reducción de personal etc. Aunque este Informa no se refiere al servidor público, diremos breves palabras al respecto:

Los arts. 18 y 26 del D.L. No 22.264 de 01.08.78 facultaron reducir el personal y actividades del Sector Público, como una de las medidas de la reorganización del gasto público. Los arts. 1° a 7° del D.L. No 22.265 de 01.08.1978 señalan los beneficios económicos extraordinarios que el Estado pagó a servidores públicos despedidos en aplicación de estas normas; se pagó 8 sueldos (art. 3°).

Dada su importancia, las medidas encaminadas a evitar el cierre de las empresas, las estudiamos en el parág. siguiente.

15.— *Medidas encaminadas a evitar el cierre de la empresa.*

15. 1.— *El Poder Ejecutivo puede disponer la continuación forzosa de las actividades de empresas comerciales e industriales declaradas en quiebra si sus actividades son de necesidad y utilidad públicas.*

Los Considerandos del D.L. 19.525 de 12.09.1972 establecen que existen empresas comerciales e industriales que por el volumen e importancia de sus operaciones alcanzan a grandes sectores de la población y por la naturaleza de sus actividades son de necesidad y utilidad públicas para la economía nacional o para el interés social, por lo que en salvaguarda del interés de la colectividad debe dictarse normas a efecto de que la quiebra de dichas empresas no conlleve la cesación de sus actividades; que si bien, de acuerdo a la legislación vigente los bienes de los fallidos pasan a la administración del Síndico de Quiebras, ésta es temporal y conduce necesariamente a la liquidación de las empresas, terminan expresando esos Considerandos.

El citado D.L. faculta al Poder Ejecutivo a disponer la continuación forzosa de la actividad comercial o industrial de las empresas fallidas a que se refieren los Considerandos, designándose a la entidad estatal o privada que se encargará de la prosecución de la actividad comercial o industrial y de la administración de aquellas.[11]

Demás está resaltar que el D.L. 19.525 procura evitar el cierre de empresas, evitando la rescisión de contratos de trabajo.

El D.L. en mención contiene disposiciones referentes a la tramitación de la Resolución Suprema que impone la continuación forzosa de las actividades de cierta empresas; ese trámite también se aplica para la entrega de la administración provisional de las empresas a ciertos organismos de los trabajadores.

15. 2.— *Disposiciones legales que facultan entregar provisionalmente la Administración de las empresas a la Comunidades Laborales o a Comités Provisionales de Trabajadores en las empresas que no cuenten con aquéllas.*

Al respecto debemos mencionar el D.S. No 007.-73-IC de 13.04.73, el D.L. 20.023 de 16.05.73, D.L. 20.158 de 02.10.73, D.L. 21.584 de 10.08 76, D.S. No 018-79-PM de 22.06.79 y D.S. No 009-81-PCM de 03.03.81.[12]

Los tres primeros cuerpos de leyes han sido derogados por la Disposición Final del D.L. 21.584, que los refunde en su texto, salva algunos vacíos y los perfecciona; los cuerpos de leyes derogados fueron las disposiciones legales primigenias sobre el asunto que estamos estudiando en este parág.; subsisten no pocas de sus disposiciones, pero refundidas y mejoradas por el citado D.L. 21.584 y sus Decretos Reglamentarios.

En síntesis, los cuerpos de leyes en estudio establecen en sus Considerandos que es necesario dictar normas para permitir a las empresas declaradas en quiebra continuar sus operaciones en forma provisional para garantizar la estabilidad en los centros de trabajo y asegurar los derechos patrimoniales de las Comunidades Laborales y de los acreedores; que la Ley Procesal de Quiebras 7566 de 02.08.1932 faculta al Síndico de Quiebras a delegar la administración de los bienes del fallido en persona de su confianza, cuando se trate de quiebras en Provincias donde no tiene su sede; que así mismo dicho Síndico está facultado para continuar, provisional o definitivamente, el giro de los negocios del fallido; que por razón de la oportunidad en que fue expedida la ley 7566 no pudo prever las situaciones surgidas como consecuencia de la existencia de las Comunidades Laborales, en las que gravitan derechos de los trabajadores.

El D.L. 21584, que como queda dicho, refunde y perfecciona los DD.LL. 20.023 y 20.158, en síntesis, dispone:

Los trabajadores podrán solicitar la administración provisional de la empresa en que laboren, en los siguientes casos:

— Quiebra de la empresa;

— Paralización de las actividades en forma injustificada o sin autorización expresa.

— Abandono por sus propietarios (art. 1°)

Más adelante veremos la diferencia entre paralización injustificada y abandono de la empresa.

15. 2-A.— *Qué organismos de los trabajadores pueden solicitar la entrega de la administración provisional de la empresa?*

Pueden solicitarlo : a) La Comunidad Laboral previo acuerdo de la Asamblea General de la Comunidad con el voto favorable de la mitad más uno; b) El Comité Provisional de los Trabajadores en las empresas que no cuenten con Comunidad; el Comité es elegido por Asamblea General de Trabajadores con el voto favorable de la mitad más uno (art. 3°). (En "Encyclopedia Jurídica Omeba," Appendices, tomos II y III he publicado amplio estudio de Comunidades Laborales).

El trámite se ciñe a lo dispuesto por el D.L. 19.525, que pasaremos por alto, brevitatis causa. (art. 2°).

No procede entregar la administración de la empresa fallida a los organismos de los trabajadores en los casos siguientes:

a) Cuando la C.L. no tiene derecho a percibir acciones laborales, sino simplemente bonos, como por ej. en las empresas que el Estado explota directamente industrias básicas, o en las empresas de telecomunicaciones (art. 2°).

b) Cuando la quiebra haya sido solicitada por la Comunidad Laboral en acción ajena a la que le concede la legislación vigente en su calidad de socio de la empresa o resultante de su participación en el Directorio de la misma (art. 12, D.L. No 21.584).

c) Cuando la C.L. o los trabajadores, en su caso, hayan intervenido como factor determinante de la quiebra, realizando huelgas ilegales, reducción del ritmo de trabajo, etc (art. 13). De aquí que el Juez que sustancia la quiebra debe solicitar informe al Ministerio de Trabajo sobre dicha intervención (art. 6° del D.S. 018-79-PM de 22.06.1979); el informe también se referirá a las denuncias sobre incumplimiento o violación de disposiciones legales y/o convencionales, así como las acciones instauradas por reposición en el empleo, durante los 12 meses anteriores a la fecha de la solicitud, indicando la causa o motivo que dió origen a la denuncia y el sentido de la resolución o auto que puso fin al conflicto; el informe versará también sobre las convenciones colectivas de los dos últimos años; sobre las solicitudes presentadas por el empleador en los dos últimos años sobre suspensión de actividades, reducción de personal o de jornada de trabajo así como de despedida parcial o total de trabajadores por circunstancias especiales o por liquidación de la empresa; indicando el motivo o causa de la solicitud, el número de trabajadores afectados, estado del procedimiento y la fecha de solución del mismo; y cualquier otra información que a juicio del Ministerio de Trabajo resultare necesario.

15. 2-B.— *Casos en que se puede solicitar la administración provisional de la empresa.*

Hemos visto que el art. 1° del D.L. 21584 faculta a los trabajadores solicitar la administración provisional de su empresa en caso de quiebra, paralización injustificada de actividades y abandono; el D.L. y su Reglamento diluciden estos casos:

a) *Caso de quiebra*

Declarada la quiebra, el Síndico de ésta comisionará provisionalmente la administración de la empresa a la C.L. o al Comité Provisional de sus trabajadores, siempre que lo hubiesen solicitado al Juez que conoce de la quiebra, el cual expedirá auto concesorio de la administración, suspendiendo la continuación del proceso por un término de 120 días (art. 5°).

Dentro de los primeros 90 días improrrogables, el Síndico de acuerdo con los organismos de los trabajadores presentarán al Ministerio del Sector un Programa de Operaciones, que comprenderá el desarrollo de actividades, cronograma de pagos, etc. (art. 7°)

El Programa de Operaciones será remitido al Ministerio del Sector para que emita dictamen sobre la conveniencia de suspender definitivamente la quiebra o la continuación de ésta (art. 8°).

Fenecido el término de 120 días de administración provisional, el Juez, apreciando el pronunciamiento del Ministerio del Sector, resolverá si aprueba la transferencia de la empresa a la C.L. o a los trabajadores, según el caso, o si continua el procedimiento de quiebra (art. 9°).

La transferencia da a los trabajadores la propiedad de activos de la empresa y la obligación de cubrir el pasivo hasta el monto del activo (art. 10°).

El incumplimiento del cronograma de pagos o cualquier irregularidad da lugar a reabrir el proceso de quiebra (arts. 10 y 15).

b) *Casos de paralización o abandono.*

Queda dicho en párrafos precedentes que la ley peruana no faculta el lock-out del empleador; éste no tiene facultad para cerrar o paralizar el centro de trabajo por sí y ante sí; debe previamente solicitar autorización; sin embargo, se dan paralizaciones de actividades y abandonos de hecho de las empresas. La ley peruana habla de paralización y abandono de la empresa:

"Configura paralización el detenimiento injustificado del proceso productivo o sin autorización previa de la autoridad competente o mediante hechos que no pueden ser calificados de fuerza mayor o caso fortuito. Además, tal paralización debe conllevar riesgos para la estabilidad y existencia de la empresa" (art. 18, D.S. No 018-79-PM de 20.06.1979).

"Configura abandono, la situación en la que los propietarios de la empresa o los representantes de la misma, dejan de asumir las obligaciones, atribuciones o funciones que les compete, absteniéndose de ejecer la dirección de la misma, poniendo en riesgo su actividad, estabilidad y existencia" (art. 19, D.S. cit.).

De los dos artículos que acabamos de transcribir se ve que la paralización es el detenimiento injustificado de las actividades empresariales, pero el empleador está aún al frente del centro de trabajo; en cambio en el abandono de éste, no está al frente del negocio, deja de asumir sus obligaciones, atribuciones o funciones. Pero los resultados a que conducen estas dos figuras son los mismos: el fin inmediato es conseguir que el Ministerio al cual pertenece la empresa paralizada o abandonada, la califique como paralizada o abandonada; el fin mediato es conseguir que la empresa sea adjudicada en propiedad a los trabajadores solicitantes, Veámoslo:

La C.L. o el Comité Provisional de los Trabajadores a falta de la primera presentarán solicitud al Ministerio del Sector a que pertenece la empresa, para que califique la paralización o el abandono; el Ministerio, dentro de los tres primeros días pedirá al Ministerio de Trabajo, Informe similar al que se le solicita cuando los organismos de los trabajadores pidan al Juez de Quiebras la administración provisional de la empresa fallida; o sea Informe sobre huelgas, violaciones de leyes, pactos, etc; el Informe debe ser emitido dentro de 15 días computados a partir de la fecha de la recepción del informe (art. 21, D.S. cit.)

Simultáneamente y dentro del mismo término, se correrá traslado de la solicitud de los trabajadores a los propietarios o a los representantes de la empresa para que lo absuelvan dentro del término de 10 días. De la respuesta se corre traslado a los trabajadores para que lo absuelvan dentro del sexto día (art. 22. D.S. cit.)

El Ministerio del Sector dentro de los 15 días siguientes expedirá resolución accediendo o denegando la petición de paralización o de abandono de la empresa. La resolución puede ser materia de recursos impugnativos de reconsideración y de apelación; ésta debe ser resuelta por Resolución Suprema refrendada por el Primer Ministro (art. 23).

Habiendo quedado consentida o ejecutoriada la Resolución Ministerial, los trabajadores, dentro de los 30 días, podrán solicitar la adjudicación de la propiedad de la empresa; la solicitud la cursarán al Juez de Primera Instancia en lo Civil de la Provincia donde se encuentra la empresa. El Juez dictará resolución entregando la administración provisional a los trabajadores, bajo inventario; ordenará la valorización de los bienes, la cual será presentada al Juez dentro de los 90 días de ordenada su elaboración. El Juez aprobará o desaprobará la valorización dentro de los 30 días siguientes a su recepción (arts 1°, 24° y 25°, D.S. cit.).

Aprobada la valorización por el Juez, los trabajadores tendrán 30 días para proponer un cronograma de pagos para la cancelación del valor de la empresa. El cronograma será remitido al Ministerio del Sector, el cual emitirá opinión sobre la factibilidad financiera de seguir operando la empresa.

Con la opinión del Ministerio, el Juez dentro de los 30 días dictará resolución disponiendo la entrega en propiedad de la empresa a los trabajadores si se hubieran cumplido los requisitos legales (art. 25, D.S. cit.).

La resolución del Juez es apelable en ambos efectos ante el Tribunal Superior de Justicia; contra lo resuelto en segundo instancia procede recurso de nulidad (art. 26).

El incumplimiento del cronograma de pagos puede acarrear la disolución y liquidación definitiva de la empresa (art. 27).

15. 2-C.— *La empresa adjudicada en propiedad a los trabajadores debe ser transformada en Cooperativa.*

Entregada la propiedad a los trabajadores, éstos la adquieren en conjunto, participando cada uno de ellos en la propiedad de la misma en proporción al monto de sus beneficios sociales.

Dentro de los 30 días de recibida la propiedad de la empresa, los trabajadores deberán transformarla en Cooperativa de Producción y Trabajo, disolviéndose la C.L. si la hubiera, computándose como aporte de cada trabajador el monto de sus derechos sobre el patrimonio de la empresa (art. 20, D.L. 21.584 y arts. 28 a 31, D.S. cit.).

Los trabajadores que no suscribieron el acuerdo de solicitar la administración provisional, podrán adherirse posteriormente mediante comunicación escrita dirigida al Presidente de la Comunidad o del Comité Provisional. La adhesión otorga los mismos derechos y obligaciones que corresponda a los otros trabajadores (Segunda Disposición Complementaria del D.S. cit.).

VII— SEGURIDAD DE LOS INGRESOS DEL TRABAJADOR AFECTADO POR LA DISOLUCIÓN DEL CONTRATO DE TRABAJO

16.— *Prestaciones del empleador distintas de la indemnizacion por despido injustificado*

16. 1.— *Clases de prestaciones que debe pagar el empleador al trabajador, distintas de la indemnización por despido injustificado.*

En los parágs. 11.1 a 11.5 hemos visto que el empleador debe pagar indemnización por despido injustificado. Tócamos, ahora, estudiar las prestaciones que debe abonar el empleador, distintas a esa indemnización; son las siguientes: compensación por tiempo de servicios; bonificación por antigüedad a los empleados o trabajadores intelectuales. No nos referimos a los beneficios derivados de la leyes jubilatorias, por que éstos no son pagados por el empleador sino por el Seguro Social del Perú, si bien la prestación aseguratoria se fue formando con los aportes pagados por el empleador y por el trabajador.

16. 2.— *La compensación per tiempo de servicios.*

El art. 46 de la Const. de 1933 hablaba del derecho del trabajador a la indemnización por tiempo de servicios; y es que durante muchos años la compensación por antigüedad en muchos aspectos tenía carácter resarcitorio del perjuicio que sufría el trabajador al ser despedido; por ej. se perdía si el trabajador perpetraba falta grave; desde la promulgación del D.L. 21.116 de 11.03.75 perdió el carácter resarcitorio, ya que no se pierde cuando media falta grave. La Constitución de 1979 en su art. 44 habla de compensación por tiempo de servicios, y efectivamente lo es actualmente; se compensa al trabajador su contribución a la vida económica de la empresa.

La compensación por tiempo de servicios debe computarse con el monto del último sueldo (art. 20, ley 6871 de 1930) siempre que se trate de trabajadores manuales y de los empleados que ingresaron a servir antes del 11.07.1962 (párrafo 1° de la VII Disposición Transitoria del D.S. de 11.07.62); los empleados o trabajadores intelectuales que ingresaron al trabajo después del 11 de julio de 1962, sufren tope en el cómputo de dicha compensación: el sueldo que debe servir de base al cómputo no puede sobrepasar al monto del sueldo máximo asegurable; éste a la fecha en que se escribe este Informe, asciende a $60.000,00 o sea unos cien dólares por cada año de servicios (D.L. 22.658). Los empleados sufren trato discriminatorio injusto dicho sea de paso; parece que en breve se suprimirá tal discriminación.

El sueldo máximo asegurable, dicho sea de paso, es aquel hasta cuyo monto el Instituto del Seguro Social del Perú (ISSP), acepta asegurar a un empleado con objeto de limitar el pago de prestaciones aseguratorias.

16. 3.— *Bonificación por antigüedad a los empleados o trabajadores intelectuales.*

La ley 11.725 de 16.01.1952 concordante con las leyes Nos 13.023, 15144, 14.907 y 16.095 establecen que los empleados gozarán de bonificación del 30% del sueldo en efectivo y en especies, siempre que hubiesen prestado 30 años de servicios a un mismo empleador.

Durante varios años, los empleadores privados pagaban directamente pensión de jubilación a sus empleados, por lo que tenían que pagar también dicha bonificación por antigüedad. Ahora, la jubilación es abonada por el ISSP, por lo que el pago de dicho beneficio, solo a medias es pagado por el empleador si se tiene en cuenta que las prestaciones aseguratorias son cubiertas con los aportes de los empresarios y de los trabajadores.

17.— *Prestaciones Jubilatorias pagadas por el Instituto del Seguro Social del Perú.*

17. 1.— *Se carece del Seguro Social de desempleo.*

Como vimos en el parág. 14.10-B, en el Perú no funciona el seguro de desempleo, y por las razones que allí expusimos, resulta que por el momento, económicamente es imposible hacerlo funcionar.

17. 2.— *Las prestaciones otorgadas por el ISSP.*

Tanto los trabajadores manuales u obreros como los empleados o trabajadores intelectuales al servicio de empleador privado están protegidos por el régimen de seguridad social; también lo están los trabajadores domésticos que prestan sus servicios en hogares; como también lo están los trabajadores autónomos si solicitan su afiliación al ISSP; finalmente también están protegidos por el ISSP los servidores públicos, servidores del Poder Judicial, servidores diplomáticos, etc. (Véase DD.LL. 19990 de 24.04.1973 concordante con el D.L. 20.604 de 07.05.1974 y D.L. 20.530 de 26.02.1974.).

Vamos a decir breves palabras referentes a los beneficios de los trabajadores manuales e intelectuales al servicio del empleador privado.

Los Decretos Leyes 19.990 y 20.604 y el D.S. No 011-74-TR de 31.07.1974 regulan las prestaciones aseguratorias en favor de los trabajadores al servicio de empleador privado.

En relación con la disolución del contrato de trabajo se reconoce pensiones de invalidez, de jubilación, de viudez, de orfandad, de ascendientes, capital de defunción, etc.

Hacer estudio amplio de estas prestaciones implicaría incursionar en temas muy vastos. Naturalmente, el ISSP también reconoce asignaciones por enfermedad, maternidad, etc.

BIBLIOGRAFIA

[1]Rafael CALDERA, "El Contrato de Trabajo", Buenos Aires, t. I p. 285.- J.A. NOGUEIRA, "Pratica de Legislacao Trabalhista", Sao Paulo, 1943, p. 37.- Hirosé PIMPAO, "Aviso Previo", Río

de Janeiro, 1958 p. 78.- SUVERBIE, p. 20, autor citado por Guillermo CABANELLAS, en "Contrato de Trabajo", Bibliográfica Omeba, Buenos Aires, 1964, Vol. III p. 507.

[2]Guillermo CABANELLAS, o.c. ps. 508 y 510.- Orlando GOMES y Elson GOTTSCHALK, "Curso de Direito do Trabalho", ed. Forense, Río de Janeiro, 1963, p. 343.- Juan D. RAMIREZ GRONDA, "El Contrato de Trabajo", ed. La Ley. Buenos Aires, 1945, p. 566.- Alfredo J. RUPRECHT, "El Contrato de Trabajo", ed. Lerner, Buenos Aires, 1975, p. 353.- V. RUSSOMANO, "Aviso Previo no Direito do Trabalho" Konfino Editor, Río de Janeiro, 1961, p. 14.- Alejandro UNSAIN, "Empleados de Comercio".

[3]Cfr. CABANELLAS, o.c. p. 540 y. V. RUSSOMANO, o.c. ps. 177 y 178.

[4]En trabajo publicado en la Memoria del "Primer Seminario Latinoamericano de Derecho Laboral", organizado por la Universidad Externado de Columbia, Bogotá, 1977, he publicado trabajo en el cual estudio con mayor amplitud dicha sistematización, ps. 138 y ss.

[5]Véase los textos completos de los Decretos Leyes Nos 14.460 y 14.570, del D.S. y de la R.S. citados, en Rev. "NORMAS LEGALES" t. 38 p. 157; t. 39 p. 54; t. 41 p. 168, y t. 48 p. 44.

[6]Cfr. Raúl FERRERO y Carlos SCUDELLARI, "Derecho del Trabajo", 15ª ed. p. 36.

[7]V. Rev. NORMAS LEGALES, t. 109 p. 144 y t. 112 p. 174.

[8]V. Rev. NORMAS LEGALES, t. 109 p. 111 y t. 112 p. 10.

[9]V. Rev. NORMAS LEGALES, t. 67 ps. 163 y 168.

[10]V. Rev. NORMAS LEGALES, t. 107 p. 174.

[11]V. Rev. NORMAS LEGALES, t. 64 p. 256.

[12]V. estos cuerpos de leyes en Rev. NORMAS LEGALES, t. 67 ps. 61 y 224; t. 69 p. 27; t. 80 p. 267; t. 96 p. 304; y t. 107 p. 9.

Dissolution of the Labour Relation by the Employing Subject (Employer) and Securing the Income of Released Employees Under the Polish Labour Law

by

PROF. WLODZIMIERZ PIOTROWSKI

University of Poznań

I. GENERAL INTRODUCTION

A. Dissolution of the labour relation by the employing subject (employer), which can be either a work establishment, namely an organizational unit, also one with no legal status if it actually employs workers, or a physical person, is in Poland the object of legal regulations. The fundamental legal act governing the labour relation, its establishment and dissolution, is the law of June 26, 1974—the Labour Code[1] in force as of January 1, 1975. Collective labour agreements govern as a rule only the remuneration for work and other benefits resulting from the labour relation, and working conditions, if they differ in the given work branch or profession. Of the problems handled by this paper collective labour agreements regulate merely the right to the jubilee prize.

It is to be emphasized however that, prior to the entry into force of the labour code, collective labour agreements placed a certain role as regards legal protection of the labour relation durability. Some of them awarded to trade unions the right of control over the dissolution of the labour relation by the work establishment in the form of asking for their opinion or expressing an objection causing suspension of efficacity of the dissolution notice.

A great role in establishing the interpretation of the law and of principles of its application in the area of protection of labour relation durability is played in Poland by court jurisdiction (appeal commissions for labour affairs, district labour and social insurance courts, and the Supreme Court).

B. The Labour Code has a general and universal character since it involves all employees. However, as regards those categories of employees for whom special regulations were issued, provisions of the Labour Code are applied within the range not regulated by special provisions. (Art. 5 of the LC)

C. Different regulations regarding principles of labour relation dissolution exist in the case of workers employed: aboard seagoing vessels in international shipping,[2] in railways,[3] in the post, telephone and telegraph enterprise,[4] in state forestry,[5] in state offices,[6] in the diplomatic and consular service[7] and in customs offices,[8] and in construction enterprises doing work abroad.[9] The legal acts indicated above govern dissolution of the labour relation in a very differentiated way, this is why also provisions of the labour code are applied to them in various ways.

Moreover, the labour code itself does not determine in a uniform way the principles for dissolution of the labour relation. The differences depend on the kind of agreement and kind of work performed. Compared with the fundamental type of agreement, namely a labour agreement concluded for an indefinite period of time, some differences were introduced in the dissolution of a labour agreement concluded for a trial period and for what is called initial period consisting in the prolongation of duration of the trial. Moreover, the positions of chief of a work establishment and of his deputies[10] are entrusted by way of an act of appointment issued by the head of a superior unit, and the dissolution of their labour relation occurs by way of recalling, which gives a greater freedom at the staffing of managerial positions. The appointment, although it is an administrative act, demands consent of the appointed person, and applicable to the labour relation established in that way are provisions regarding a labour contract concluded for an indefinite period of time with the exclusion of provisions on the effectlessness of an incorrect recalling from and restitution to work. (Art. 69 of the LC)

The provisions regarding the appointment inasmuch as the basis for employment of the executive staff will probably, in connection with the economic reform now under preparation, call for some amendment, for the new regulations provide for participation of the council of the staff in giving consent to the appointment of the enterprise director.

One of the foundations of establishment of the labour relation is, under the Polish law, the Choice made by a collegiate body to a position the holding of which involves the duty of performing work in the character of an employee, in other words the duty of performing work against a salary. (Art. 73 of the LC) The labour relation is established in that way in social and political organizations with members of authorities of such organizations. The labour relation established in that way is dissolved with the moment of termination of the mandate for fulfilment of the function entrusted by way of election. Activities of social organizations aiming at producing an ahead-of-term termination of the mandate shall be assessed by the bodies called to solve disputes resulting from the labour relation.

Different principles for dissolution of the labour relation are in force, besides, also in the case of graduates of certain higher schools. The differences of the legal situation of such employees consist in that, for a period of three years, the graduate is not permitted to dissolve the labour relation without consent of an administrative body. The sanction of this interduction is reimbursement of the collected scholarship and of part of the cost of studies. However, the abolition of those regulations is anticipated.

D. As regards terminology and definition—the Polish labour law distinguishes two kinds of unilateral activities dissolving the labour relation. One of them, called notice, consists in the dissolution of the concluded labour agreement after the lapse of the period of notice provided for by the law, in some instances the period of that notice must end at a determined date, e.g. by the end of the month, of the school year, at the moment of calling of the ship at the port where the staff member was hired. That date is called the date of notice.

The second kind of the unilateral activity dissolving the labour relation is the dismissal which consists in the declaration of one of the parties causing dissolution of the labour relation with the moment of submission of that declaration. That manner of dissolving the labour relation may be applied only in closely defined instances. The employing subject may do so by fault of the employees in the instance of: a) serious violation of the fundamental worker's duties, b) committing an offense making further employment impossible, c) loss of rights indispensable for performance of the work. When there was no fault of the employee, if he was unable to work for a period of time exceeding 3 months and, if the worker was employed for longer than 6 months, if his disability for work lasts longer than the period of collecting illness benefits which is of 6 or 9 months and which may be extended by further three months.

The employee can dissolve the labour relation without notice only if the physician has ascertained the harmful influence of the performed work on the health, and the work establishment will not transfer him to another work within the deadline indicated. (Art. 55 of the LC)

The Polish law also provides for the expiration of the labour relation, namely for its stopping by the force of the law in the event of occurrence of factual events determined by the law. Such facts are: death of the employee, and also expiration of the time for which the given contract was concluded. Expiration of the labour relation occurred so far also in the event of quitting work, which means wilful refusal to perform work with the intension to dissolve the labour relation. This regulation, heavily criticized, is to be annuled within a short time.

One of the manners of dissolving a labour relation is the agreement of the parties, namely an agreement dissolving or changing the labour relation, the dissolution or change of essence of the labour relation. This manner is not subject to any legal restrictions and is frequently applied in practice.

In connection with the thorough economic reform now being prepared in Poland, envisaging a full self-management and independence of enterprises, which is to become effective as of January 1, 1982, the draft of rather essential changes in the labour code is under preparation. The changes will consist, on the one hand, in the abolition of certain limitations in the choice of employees by enterprises and, on the other, also in strengthening the protection of the employee's interests, to include abrogation of regulations on the expiration of the labour relation in the event of quitting work.

The author tries to indicate as far as possible the changes prepared in the legal institutions discussed by him.

II. PROCEEDINGS PRECEDING THE RELEASE OF AN EMPLOYEE

A. The notification of the employee about the contents of the declaration of the employing object (employer) dissolving the labour relation shall be made in writing and contain instructions regarding the legal measures available to him. The declaration on the dissolution of the labour relation without notice should contain, moreover, the definition of the reason justifying the dissolution of the labour relation.

The definition of that reason has to enable the employee to defend himself in the contentious proceedings on the admissibility of dissolution of the labour relation. In accordance with the standpoint of the doctrine and judicature, examined in the contentious proceedings shall be only the reason indicated in the declaration of the work establishment.

B. Decisions on dissolution of the labour relation of a majority of employees are subject to control of trade unions; the forms and range of that control are, however, diversified, depending on the kind of labour agreement and on the manner of dissolution of the labour relation.

As regards notice of a labour agreement concluded for an indefinite period of time, the chief of the work establishment shall present to the local trade union body his decision of the notice and give the reason justifying it.[11] (Art. 38, Para. 1 of the LC)

The trade union body can report within 5 days justified objections against the decision of notice. Such an objection produced the need to approach the trade union body of a higher level. The standpoint of trade union bodies is not binding for the work establishment manager but, containing some social estimation of the expediency of the notice, it usually is one of the elements at the assessment made by the body solving the dispute about the justness of the labour relation notice.

An immediate dissolution of the labour relation may occur after previous contacting of the trade union body at the establishment for its opinion when the labour relation dissolution involves a member of that body, or a pregnant woman, or a female employee on maternity leave granted with previous consent of trade union body. Absence of opinion of the trade union affects in no way the dissolution of the labour relation, while the lack of consent causes its incorrectness and justifies the determined claim of the employee. (Cf. IV, C and E)

Notice of a labour agreement concluded for a trial period or for a determined period of time, which is admissible with consent to both parties, does not need consultation with the trade union.

C. Notification of public authorities about the intention to dissolve the labour relation is absolutely necessary when the person to be released is a member of the People's Council, or a war or military invalid. As regards a councilman, consent to the labour relation notice shall be obtained and the People's Council presidium shall be immediately notified about the dissolution without notice of the labour relation.

As regards disabled persons, consent of the local state administration body for medical care affairs to the dissolution of the labour relation with a war or military invalid shall be first secured.

D. The duration of the notice period varies; its length depends on the kind of the labour agreement and on the kind of employment of the person involved.

Under the Labour Code, the duration of notice of a labour relation concluded for an indefinite period of time is: two weeks if the employee worked for less than one year, one month—if he worked for at least one year, and 3 months—if he was employed for not less than 10 years,. The periods of notice must end on a Saturday if they are calculated by weeks, and by the end of the month—in all other instances.

The periods of employment forming the basis for the validity of longer notice periods embrace employment in more than one work establishment if the change of employment occurred in a law-abiding way.

Giving notice in the case of a labour agreement concluded for a trial period may occur with observance of the three-day period of notice if the trial period was not longer than 2 weeks, and of two weeks if the trial period lasted for 3 months. The two-week time of notice is also valid for giving notice of an agreement concluded for a determined period of time longer than 6 months if the parties agreed to the possibility of giving notice before the lapse of the agreement term.

In certain categories of employees, such as e.g. teachers, employees of railways, post and telegraph, the three-month period of notice is binding regardless of the duration of the given person's employment. Moreover, in the instance of teachers, the period of notice ends at school-year's end.

Different rules for notice periods are in force in the case of seamen. Thus, for the shipmaster and officers during the first two years of their work—the notice period is of 14 days, after two years of work—one month, after three years of work—two months, and after five years of work—three months. Binding in the case of other members of the crew are two-week' periods of notice. The labour agreement with a seaman can be dissolved only at the port of embarcation or unloading of the vessel; in the case of the shipmaster—only in a Polish port.

During the notice time the employee is excused from work for the purpose of looking for another job with maintenance of his right to the salary. If the notice period is not longer than one month, the employee is entitled to two days of absence from work, and when the notice period is of 3 months—to three days of absence.

E. The establishment of circumstances justifying dissolution of the labour relation for reasons pertaining to the employee prior to dissolution of the labour relation is not governed by the law. In-establishment proceedings in this matter are laid down in internal instructions. Noteworthy is merely the provision claiming that the dissolution of the labour relation without notice for reasons for which the employee is to blame shall not occur after the lapse of one month since the work establishment received information on the circumstance justifying the dissolution of the labour agreement. (Art. 52, Para. 2 of the LC) After the lapse of this period of time the blamable conduct of the employee does no longer constitute a circumstance justifying an immediate dissolution of the agreement. Thus, within the one-month period must occur both the establishment of those reasons and the delivery to the employee of the declaration of the dissolution of the labour relation.

III. LEGITIMACY OF THE DISMISSAL

A. In the light of the labour code in force, the dissolution of the labour relation by the work establishment shall not take place without a justified reason. While the employee may at any time and without any reason dissolve the labour relation simply with observance of the notice-giving term. The limitation of the freedom of dissolving the labour relation by the requirement of existence of some determined reason is the effect of the legal principle of the state structure: the right of every citizen to work. (Art. 68 of the Polish Constitution) This right engages the state to observe the policy of full employment, and at the same time to ensure also, with the aid of legal norms, the indispensable protection of the labour relation durability. (Art. 10, Para. 2 of the LC)

Some elements of that protection existed in the Polish law already in 1928 when the dissolution of the labour relation without notice could occur in the event of existence of a determined important reason.

Within the structural changes that took place after the liberation of Poland from Nazi occupation there also occurred the recognition of the principle that dissolution of the labour relation needs social or economic justification.[12] This principle steams from Art. 3, Sec. 5 of the decree of February 6, 1945 on the creation of councils in establishments (Journal of Laws No. 8, item 36, as subsequently amended) which authorizes the factory council to cooperate with the employer at the release of employees. The establishment of competence of the factory council to cooperate at the dismissal of employees meant that giving notice stopped being an arbitrary act of the employer and that it may be put into question. The new general regulation of the civil law[13] created also the material-legal base for examining the legitimacy of the notice; those regulations refused protection of the law to legal activities incompatible with principles of social coexistence by which moral norms are principally understood.

Since the labour relation notice was governed until January 1, 1975 by provisions of two ordinances of the President of the Republic of Poland of March 16,
1928 on labour agreements, which recognized the principle of full freedom at giving
notice and inadmissibility of examination of its legitimacy, there for many years
prevailed conflicting opinions both in the literature and in rulings on the subject of
the range and forms of protection of the labour relation durability.[14]

Although the principle that giving notice by the work establishment cannot
occur without some definite reason was in a certain sense recognized by the legislator
already in 1945, yet it was not observed in practice. The present legal status in
which this principle has been clearly defined by the law (Art. 55 of the LC) is the
effect of a development that did not take place without difficulties.

A noteworthy contribution to the consideration of that principle were the
collective labour agreements which governed over 1952–1974 not only the wages
but also the conditions of hiring employees and competences of trade unions to
perform control over the personnel policy of a work establishment.[15] Collective
labour agreements provided for very differentiated forms of control over giving
notice in labour relations, from issuing opinions through the requirement of consent,
up to the possibility of submitting an objection suspending the efficacity of the
notice.[16] Trade unions were vested with those prerogatives with the aim of coun-
teracting unfounded notices of labour relations. However, the absence of definition
of these reasons justifying the notice caused that, many a time, trade union bodies
took advantage of their prerogatives in a manner incompatible with their purpose
which prompted criticism of the allegedly excessive rights of trade unions.

Noteworthy is the fact that, in the past, two laws were in force under which
the admissibility of giving notice to an employee depended on limitatively determined reasons.[17] However, in the work on the labour code draft the opinion prevailed
that the employer should not be bound by any list of reasons justifying or excluding
the admissibility of giving notice. The labour code protects the durability of the
labour relation by means of the general clause stating that the notice must be justified.
(Art. 45 of the LC)

B. The principle contained in Art. 45 of the Labour Code that giving notice
of work should be justified, although it does not suppose such a clear limitation of
the freedom to give notice as making the admissibility of giving notice depend on
a reason determined by the law, which is found in the majority of labour codes of
socialist countries, yet it represents an essential step ahead on the path of development of protection of the labour relation durability. For, in the former legal status,
only certain employees took advantage of such protection thanks to the prerogatives
of their trade unions resulting from collective labour agreements; and availing
oneself of the protection by means of the objection of abuse of the right against
the notice given by the work establishment put on the employee, the burden of
presenting evidence of the circumstances justifying that objection.

The new regulation has a universal character as it involves all the labour
relations that came into being on the basis of a labour agreement concluded for an
unlimited period of time. Changed at the same time has been the necessity of
submitting evidence of the existence of a reason justifying the notice. For the
employee has the right to appeal the notice, and the work establishment has to
prove that it was justified.

The absence of any more definite hints of the legislator what the term "justified
notice" has to mean is not tantamount to the possibility of its arbitrary interpretation.
This term leaves to addresses of that norm some margin of freedom in the assessment
of events justifying the notice. That assessment, to make possible its recognition

as compatible with the law, has to correspond to the system of values approved by the legal order in force; that system is expressed in the fundamental principles of the structure also determined by basic social, economic and cultural rights and duties of citizens and in provisions of the labour code determining the duties of parties in a labour relation.

The labour law science and the judicature recognize in the light of those norms that the justification of the notice may be both the essential needs of the work establishment and reasons on the part of the employee.

The reasons appearing at the side of the work establishment include: liquidation or stopping work at the establishment, entirely or in part, reorganization and modernization, limitation of the range of operation due to determination of conditions of occupational safety and hygiene, or some other external factors, and also the obligation of employing another person who is legally entitled to re-employment (e.g. persons released from military service).

The reasons involving the employee are: his unfitness to perform the agreed work or a steady violation of worker's duties. The first notion may have as cause both inadequacy of the vocational training or psychological features; the second— any conduct improper from the aspect of a worker's duties and showing some intensity.

The existence of one of the above-indicated reasons does not preclude that, in the given instance, the notice shall be recognized as justified. The use by the legislator of the general clause and not the list of limitatively enumerated reasons permits, at the assessment of legitimacy of the notice, to take into consideration all the circumstances essential both for the work establishment and for the employee. Such circumstances will include, e.g., the age of the employee, the length of his work, his family status, etc. No small significance at the assessment of legitimacy of the notice is given in court practice to principles of social coexistence in the light of which the assessment of the work notice legitimacy is made.

C. The Constitution of the Polish People's Republic grants to citizens equal rights in all fields of public, economic, social and cultural life, regardless of nationality, race, religion and of social descent and situation. Violation of that rule by any direct or indirect privilege or restriction in rights because of race or religion is punishable. (Art. 67 a.81)

The labour code, by extending this legal principle to the area of labour relations, grants to every employee similar prerogatives at the performance of similar duties. This is why entirely impossible is the possibility of justifying a work notice by membership or activity in a trade union, by racial considerations, by the employee's sex, his religious or political opinions. To make impossible evasion of the defence to discriminate an employee, the Polish labour law included a number of positive guarantees. There are among them the unconditional prohibition of giving notice to individuals performing the function of: member of establishment boards of trade union bodies, a trade union delegate, a member of the local arbitration commission, and a social labour inspector (Art. 39, Sec. 1-3), and to councillors of all levels. The defence of giving notice is also applicable to females throughout their pregnancy and over the duration of the maternity leave, and also of the leave granted for care over a young child. A protection against discrimination due to advanced age is defence to give notice to employees in pre-retirement age over 2 years prior to reaching that age, if the duration of their employment permits them to acquire the old-age pension right. (Art. 39, Sec. 4 of the LC)

IV. APPEAL OF A NON-JUSTIFIED RELEASE

A. The Polish labour law ensures to all employees the possibility of securing legal protection of the dispute-solving bodies not dependent on the work establishment. This possibility does not exclude the right to submit a claim to the work establishment manager or to a state body over him. The administrative proceedings code actually engages general and economic administration bodies to examine claims against violation of the law and order or of the justified interests of citizens. (Art. 227 of the Adm. Proc. Code)

On the other hand, in the instance of certain categories of employees, the possibility to appeal to the body over the work establishment constitutes the only form of defence against an unlawful dissolution of the labour relation. This pertains to appointed employees. There are among them: school and higher school teachers, attorneys, judges, Citizens Militia and Penitentiary Service functionaries, railway workers and employees of the ''Polish Post, Telephone and Telegraph'' enterprise. Those appeals are examined in conformity with provisions of the administrative proceedings code. The final decisions of administrative bodies may be appealed to the Supreme Administrative Court within 30 days after delivery of the decision. (Art. 196, Para. 2, Sec. 19 and Art. 198 of the APC)

Contractual employees of government offices and state forests, if deeming that the work notice is unjustified, may address an appeal to the head of the superior unit; while appeal of a notice incompatible with the law shall be made by the appeal commission of labour affairs.

B. The right to contact a trade union is laid down in statutes of the various trade unions. Those organizations voice their opinions in the subject of legitimacy of a work notice before the work establishment manager has passed his decision.

With regard to persons employed by physical persons in their household or on their farm, there is no need of any previous consultation of the intention to give a work notice. In those instances pertinent may be the intervention of the trade union after delivery of the notice. However, the situation on the labour market of that category of workers is so favourable that instances of an unjustified dissolution of the labour relation are hardly ever recorded in practice.

C. The body pertinent for all employees in the case of disputes that occurred due to illegitimacy or incompatibility with the law of the labour relation dissolution are the appeal commissions for labour affairs operating at the local state administration bodies. Members of those commissions are elected by the respective People's Councils of towns and communities for the duration of their term in office. Such a commission is headed by a professional judge, delegated by the president of the respective voivodship court. The appeal commissions for labour affairs examine, moreover, disputes involving the establishment of a labour relation, issues of compensation in connection with the non-issuance in due time or issuance of an improper statement or opinion on the work, and also motions for the determination of right resulting from the labour relations.

The appeal commissions are not an administrative body, but neither are they courts, even though they are chaired by a judge. They are independent and are supposed to rule exclusively under the observance of the law. Both the employee and the work establishment may appeal their decisions to the district labour and social insurance courts.

Although activities of the appeal commissions are favourably assessed by working people yet, considering the improper division of labour cases between the appeal commissions for labour affairs and arbitration groups at work establishments authorized to solve the remaining labour disputes, they are scheduled to be liquidated soon, while all disputes resulting from labour relations will be entrusted to labour and social insurance courts, both of the first and second instance.

E. The legal measures available to the employee in the event of an unjustified or illegal dissolution of the labour relation are different for an incorrect notice, and for an incorrect dissolution of the labour relation without notice.

As regards the notice, the employee has the right to appeal to the appeal commission for labour affairs within 7 days from the day of delivery of the notice document. If that commission establishes that the notice is unjustified, or incompatible with the law in any other way, it rules that the notice is ineffective; and if it examines the case after the lapse of the notice term, it rules the reinstatement of the employee to work on previous conditions.

Together with the ruling on the reinstatement to work, the appeal commission decides about the claims of the employee to the salary for the duration of his unemployment. Such a salary is due to the employee for a period of time not longer than 2 months, and when the notice period is of 3 months—then only for one month.

If the dismissed employee belongs to persons in the case of which the labour relation cannot be renounced (members of trade union bodies, pregnant females, etc.), he/she are entitled to the salary for the entire period of employment.

Deducted from the salary adjudged to the employee is what he gained by undertaking some other work during the time of the dispute.

If the incorrectness of the notice consisted merely in the application by the work establishment of shorter notice periods than those in force, or of improper notice terms, the employee is entitled to the salary until the moment of dissolution of the labour relation which ends at the moment laid down in the law. (Art. 49 of the LC)

In the event of an incorrect notice of the labour agreement concluded for a trial period and for a determined time, the employee is entitled to the salary for the time up to which the agreement had to last, but to no more than 3 months. If the labour agreement drawn up for a determined period of time was dissolved and it involves a pregnant woman, she has the right to claim reinstatement to work. However, should such an agreement be dissolved after the end of the 3rd month of pregnancy, the date of its cessation is extended to the day of the delivery.

The period of unemployment for which the employee was adjudged his work salary shall be credited to the period of employment being the basis of determined benefits.

The ruling on the reinstatement engages the work establishment to re-employ the worker who shall report within 7 days his readiness to take up work. The non-compliance with this obligation exempts the work establishment from the obligation to admit the employee to work, unless he could not do so for reasons he had no influence on.

Not entitled to the claim for reinstatement to work are individuals employed by physical persons in their household or on the farm in view of the collision with the personal interest of the employer and his family. Persons working for such employers are authorized instead to a higher compensation.

Not entitled, either, to the reinstatement to work are the called-up employees with whom the labour relation is dissolved by way of recalling.

The notion of durability (stabilization) of employment began appearing in the legal language and in court rulings in 1957, when the discussion was taken up in the literature on the subject of limitation of the freedom to denounce the labour relation. That freedom had been restricted at first only by the prohibition to give notice pertaining to certain special categories of employees, or to all the employees in certain specific situations of life, such as inability for work, leave, military service, pregnancy and maternity leave.

As previously mentioned (III, A) there existed normative bases for the opinion that the work notice is a casual operation and shall not be treated as the object of discretional prerogatives of the employer. However, for a rather long time there prevailed the standpoint in practice that the work establishment has no obligation to indicate the reason justifying the notice.

V. PROCEEDINGS AFTER THE DISMISSAL

A. In connection with the dissolution of the labour relation the work establishment shall immediately issue to the employee a work certificate (Art. 97 of the LC). This document has to include data on the duration and kind of the performed work, occupied positions, amount and components of the salary, the professional qualifications gained at the establishment, and also the method of dissolution of the labour relation. If the salary of the employee is subject to execution, the mention on the seizure shall be entered in the certificate chiefly to protect the interests of creditors suing for alimony benefits.

The non-issuance of the work certificate in due time, or issuance of an improper one, justifies a claim for compensation for the duration of joblessness, but for not more than 6 weeks. (Art. 99 of the LC) Refusal to issue a work certificate constitutes an offence liable to punishment by a fine. (Art. 282, Para. 1 of the LC)

The employee has also the right to demand an opinion on his work which shall be issued at his demand in connection with the dissolution of the labour relation or with the work notice. The Labour Code determines the range of that opinion and the bases for its formulation. The employee has the right to demand a change of the opinion if he deems it to be improper.

B. Priority in obtaining an order to another work from the labour exchange agency embraces individuals included in what is called Category A of persons in search of a job. In relation to those persons employment agencies have the duty of an active work mediation meaning that they have to contact work establishments in order to find a proper employment.

The list of persons urgently needing a job includes:

— persons to whom regulations of the law award priority in employment such as soldiers released from military service, wives of persons called up for military service, war and military invalids;

— persons who, for social considerations, should be employed as soon as possible, such as e.g. family members of persons deprived of liberty, individuals released from penitentiary establishments;

— sole breadwinners in the family for whom work is the only source of subsistence;

— juveniles whose financial or family situation justifies prompt employment.

C. Poland does not have at present any insurance for the event of unemployment. Persons in search of a job who are unable to find a proper employment and are the sole breadwinners in the family or single, may be paid allowances in the amount of 70% of the work salary.

The condition for getting such an allowance is the reporting at the labour exchange agency the intention to take up work.

VI. SPECIAL PROCEEDINGS IN THE EVENT OF STAFF REDUCTION

Since there was no unemployment and a permanent shortage of workers prevailed, especially of men for physical labour, both skilled and unskilled, the phenomenon of reduction of physical employees did not occur. On the other hand, there several times existed the need to cut down the volume of employment in the administration. No laws determining principles of staff reduction were published in connection with those situations. However, in the event of a reduction ordered by the government either of the volume of employment in administration or in another field of life in the state, the Council of Ministers took up appropriate resolutions which determined the method of procedure and the help granted to the released employees either to aid them in becoming economically independent, or to retire or go on pension ahead of time, or else to change the kind of work.

In connection with the change of the model of management of the national economy the situation changed essentially. The independent and self-managing enterprises will decide themselves on the volume of their employment. The financial system of enterprises will undoubtedly incline them to observe a more rational than hitherto employment of the labour force. This is why economists expect that there may appear on local labour markets also surpluses of the labour force. In that situation it will become necessary to lay down principles for mass reductions of the state of employment.

VII. HOW TO SECURE THE INCOME OF RELEASED EMPLOYEE

A. The state of full employment that existed in Poland for the past 35 years did not favor the organization of legal institutions securing the income of an employee who lost his job. In the pre-war Polish legislation there existed lump-sum payments to family members in the event of death of the breadwinner who had been employed for not less than 10 years. Authorized at present to such payments are also families of employees who worked for less than 10 years.

In the event of dissolution of the labour relation and non-utilization of the regular leave, the released employee is entitled to the cash equivalent for that leave and also, if he meets the required conditions, to the jubilee prize to which an employee is entitled after 25, 35, 40, 45 and 50 years of work, in the amount of from 1 to 6 monthly pays. Such prizes are also granted during work. In the instance of persons dismissed before fulfilment of the conditions required for the prize, the period of waiting for it may be reduced by 12 months.

Special legal regulations involving certain professional groups provide for the institution of a lump-sum paid in cash to employees with whom the labour relation was dissolved. Such lump-sums are due, e.g., to teachers in the amount of a one-month salary for each year of work but not exceeding a six-month salary.

State employees transferred to another locality are entitled besides to reimbursement of the transfer cost of the employee and his family.

As was stated above, there is no unemployment insurance in Poland, the only form of aid being allowances for those looking for a job paid by employment agencies of the local administration.

In addition to those allowances persons who are not in employment and who have a right to disability or old-age pension may—whenever necessary—receive aid from a social care agency paid to individuals having no income of any kind. There is now discussed the plan for establishing a social pension paid to any one who is unable to work and who has no permanent source of income.

FOOTNOTES

[1] Journal of Laws (J.L.) No. 24, item 141.

[2] Cf. the Law of April 28, 1952 on work aboard Polish seagoing merchant vessels in international shipping (J.L. No. 25, item 171 as subsequently amended).

[3] Cf. Ordinance of the Council of Ministers of Dec. 27, 1974 regarding the rights and duties of railway workers (J.L. No. 51, item 327).

[4] Cf. Ordinance of the Council of Ministers of Dec. 27, 1974 regarding the rights and duties of employees of the "Polska Poozta, Telegraf i Telefon" (Polish Post, Telegraph and Telephone) Enterprise (J.L. No. 51, item 329, as subsequently amended).

[5] Cf. Ordinance of the Council of Ministers of Dec. 27, 1974 regarding the rights and duties of state forests employees (J.L. No. 51, item 328).

[6] Cf. Ordinance of the Council of Ministers of Dec. 20, 1974 regarding the rights and duties of government offices employees (J.L. No. 49, item 300).

[7] Cf. Ordinance of the Council of Ministers of Jan. 1, 1975 regarding the rights and duties of employees of the diplomatic and consular service (J.L. No. 3, item 10).

[8] Cf. Ordinance of the Council of Ministers of Sep. 22, 1978 regarding the rights and duties of employees of customs administration bodies (J.L. No. 24, item 111).

[9] Cf. Ordinance of the Council of Ministers of Dec. 27, 1974 regarding certain rights and duties of employees detailed for work abroad to work at export construction and in services connected with exports (J.L. No. 51, item 330).

[10] Those regulations are also applicable to employees performing certain managerial functions, such as e.g. ward heads at hospitals, section editors at editorial offices of dailies and publications, etc.

[11] M. Matey writes more extensively on this subject: "Związkowa Kontrola rozwiązywania umów o pracę w prawie pracy" (Trade Union Control at the dissolution of labour contracts in the Labour Law), Warsaw 1975.

[12] W. Szubert: "Prawo Pracy w Polsce Ludowej" (The Labour Law in People's Poland), Łódź 1952, p. 57; W. Piotrowski: "Z problematyki ochrony trwałości stosunku pracy" (Problems of Protection of Labour Relation Durability), Poznań 1965, p. 112; and A. Walas: "Prawo wypowiedzenia umowy o pracę" (The Right to Denounce a Labour Agreement), Kraków 1961, pp. 92–93.

[13] Such regulations were announced in 1946 and were amended in 1950 and 1964.

[14] Cf. C. Jackowiak: "Zagadnienie trwałości stosunku pracy" (Problem of Labour Relation Durability) Państwo i Prawo 1957, vol. 3; T. Zieliński: "Nieważne rozwiązanie stosunku pracy" (Invalid Dissolution of a Labour Relation) Kraków, 1968; W. Piotrowski: "Roszeczenia Pracownika z ty tulu bezprawnego pozbawienia go miejsoa pracy" (Claims of an Employee for an Illegal Dismissal from Work), Warsaw 1966.

[15] Cf. M. Matey: op. cit., and A. Swiątkowski: "Zakres uprawnień rad zakladowych przy wypowiadaniu umów o pracę" (The Range of Prerogatives of Factory Councils at Denouncing Labour Agreements) Kraków 1973.

[16] For more details on this subject v. W. Szubert: "Uklady zbiorowe pracy" (Collective Labour Agreements) Warsaw 1960, p. 264.

[17] The first was the Law of May 2, 1958 on learning a profession training for some determined work, and an initial term at work, and on conditions for the employment of juveniles (J.L. No. 45, item 226), and the second the Law of July 15, 1968 on People's Councils employees (J.L. No. 25, item 164).

[18] They are discussed by: W. Piotrowski: "Roszczenia pracownika z tytulu niezgodnego z prawem rozwiązania stosunku pracy w kodeksie pracy" (Claims of an Employee for an Illegal Dismissal from work in the Labour Code) Państwo i Prawo 1974, vol. 10; and "Charakter Sankcji wadliwego rozwiazania umowy o pracę" (Kind of Sanctions for an Incorrect dissolution of a Labour Agreement) Państwo i Prawo 1975, vol. 12; K". Kolasiński: "Bezskuteczność wypowiedzenia umowy o pracę i przywrócenie do pracy" (Effectless Denouncing of a Labour Agreement and Restitution to Work). Państwo i Prawo 1975, vol. 3.

[19] Cf. C. Jackowiak: op. cit.

[20] For more details Cf. J. Pacho: "Zagadnienia prawne zatrudnienia" (Legal Problems of Employment), Warsaw 1977.

Termination of Employment on the Initiative of the Employer and Income Security of the Worker Concerned

by

PROF. SANDA GHIMPU

University of Bucharest

I. GENERAL INTRODUCTION

1. *Preliminary Remarks*

Employment contract in Romania is conceived as the legal framework of a stable and lasting relation. In contradistinction to Civil Law contracts, the stipulation of a time limit is not of the essence of the employment contract. On the contrary employment contracts are characterized by continuity. As a general rule they are concluded for an indefinite period. Only in some cases, when the activity itself, by its nature is limited in time, such contracts are concluded for a fixed term (Article 70 of the Labour Code[1] and Article 7 of Law no. 1/1970 on Work Organization and Discipline in State Socialist Units).[2]

This does not mean, however, that the legal labour relationship would imply a bond limiting the right of a person to choose, any time he/she wants to do so, the trade or workplace corresponding to his/her skill and legitimate interests. Practice shows, however, that the predominant trend in the exercise of this right is to secure continuity in labour relations. Frequent interruptions of these relations are generally considered as a negative phenomenon in the first place from the point of view of collective as well as of individual economic interests. But this is only one aspect of the matter. Indeed, continuity of work offers to each member of the collective not only the certainty to dispose of material resources for the raising of the living standard, but also the best conditions for turning to account the creative capacity and the full development of his/her personality.

The question that has to be solved is to achieve a balance between two major interests: the interest which sometimes determines the termination of an employment contract and the one which requires to secure continuity of work. It is the role of legal rules to essentially contribute to balancing these two interests. It is for this purpose that, pursuant to Article 19 paragraph c) of the Labour Code, an employment contract can be terminated only in the cases and under the conditions provided by law. As it will be shown later, this principle is implemented through many legal means such as: a rigorous specification of the cases and the requirements for terminating a contract; the prohibition of its termination by the unit under certain circumstances; the obligation of the unit to provide another workplace for the person whose contract was terminated etc. The law also contains provisions with a view to stimulating the worker in obtaining continuity of work. When termination of an employment contract is justified by certain legitimate interests of the worker or is determined by reasons not imputable to him/her, the law guarantees to the person concerned the maintaining of continuity of employment with all pertaining rights.

2. *Principles Underlying the Legal Conditions of Terminating Employment Contracts*

The examination of the relevant legal provisions reveals from the beginning the existence of important differences between termination of an employment contract by agreement of the parties or on the worker's initiative on one hand and its termination on the initiative of the unit on the other. In the first case, the labour relationship may cease through a mere agreement of the parties, according to general rules of Civil Law. In the second case, the worker may decide to terminate the contract whenever he/she considers that this corresponds to his/her interests, with the only obligation to give notice to the unit, within the legal time period. On the contrary, termination of an employment contract on the initiative of the unit has to meet many conditions of substance and form; it can intervene only for reasons established by law and following a specific procedure.

Social necessities commanding the relevant rules, their significance and purpose can be better understood in the light of the principles underlying the legal requirements for the termination of employment contracts.

a) *The freedom of work*

According to Romanian legislation employment contracts are the only source of labour relations. Their conclusion is an application of the constitutional principle which is reaffirmed in Article 2 of the Labour Code, pursuant to which "the right to work shall be guaranteed to every citizen of the Socialist Republic of Romania without any limitation or distinction on grounds of sex, national origin, race or religion, having the opportunity to carry on an activity in the economic, technical-scientific, social or cultural field, in accordance with the aptitudes, vocational training and aspirations of each of them, depending on the needs of the entire society".

The right of a person to freely choose the activity he/she understands to perform in socialist society necessarily implies his/her right to decide the termination of the employment contract too. The only condition provided by law for the exercise of this right is that the person concerned give notice in advance of his/her intention. An employment contract can be terminated by the employee whenever he/she wants to do so. The termination of an employment contract by the agreement of the parties falls under the general principle of the freedom of will, which dominates the entire field of contractual obligations.

b) *Job security*

Enshrining the right to work, Romanian legislation provides for job security as one of the strongest guarantees for its realization, this principle being sanctioned by Article 19 of the Labour Code pursuant to which an employment contract can be terminated only within the strict limits of the law. The indefinite duration of employment contracts, as a general rule, is a means to ensure continuity of work, its permanent character. The contract must be maintained for a period as long as possible. Job security creates advantages both for the employee (through a series of rights provided by the law for those with continuity of employment) and for the unit and even for the national economy as a whole, because labour productivity and efficiency depend to a great extent on the existence in each unit of an able and permanent staff, with an appropriate vocational training and practice, devoted to the respective working collective.

c) *The blending of general interests of society with the personal interests of each employee*

Especially relevant in this respect are the legal norms relating to the termination of the employment contract on the initiative of the unit. In certain cases, an employment contract has to be terminated taking into account the higher interests of improving socialist relations, the organization, development and specializing of enterprises, the judicious distribution of active population depending on the requirements of social development, the strengthening of labour and production discipline. The Romanian law-maker evinces a permanent care for the defence of the legitimate interests of the employees—and these are aspects which will be further elaborated. From the outset, we are noticing that the law prohibits the termination of the contract when the situation of the employee requires a special protection, even if there is an objective motivation in the needs of the unit.

d) *The mandatory character of legal provisions relating to the termination of an employment contract*

As already shown, an employment contract can be terminated in the cases and under the conditions provided by law. No exception from this provision, contained in Article 19 of the Labour Code, is admitted. Unilateral acts or conventions between the parties not complying with legal provisions will be deprived of any legal effect. As provided by Article 18 of the Labour Code "the rights of employees cannot be the object of any transaction, waiver or restriction, as they are defended by the state against any infringement, display of subjectivism, abuse or arbitrariness".

3. *Modes of Terminating Employment Contracts*

In Civil Law, the ways of terminating legal relations deriving from contracts are designated by various expressions, corresponding to different legal situations provided by law: *revocation, cancellation ex tunc, cancellation ex nunc, lapsing*.

In contradistinction, the Labour Code provides, in its Article 129, that labour relations cease as follows:

— when the period of time they were concluded for had expired;
— by agreement between the employee and the unit;
— by termination of the contract on the initiative of one of the parties.

The law distinguishes thus between the *cessation* of the employment contract on one hand and its *termination* on the other. Cessation is the general term while "termination" defines only the cessation of the contract as a consequence of a unilateral expression of will.

The provisions of Article 129 of the Labour Code refer to the *modes* of the cessation of employment contracts, as these are one of the main elements of the rules on the cessation of such contracts. From the same text it appears that, in all three cases, the cessation of an employment contract is the result of a legal transaction, that is of a unilateral or bilateral expression of will. Indeed, cessation of the contract on the expiring of the period of time it was concluded for is nothing else than the effect of the meeting of parties' will which took place on the conclusion of the contract itself.

There are however also situations when an employment contract ceases independently of the expression of the parties' will. Thus employment contracts being concluded *intuitu personae*, the decease of the employee entails the cessation of the contract, without the necessity of a legal transaction. The same solution necessarily applies to the cessation of a contract determined by judicial declaration of death or of disappearance, and the declaration by court of a state of minority in respect to a prodigal or a lunatic, depriving him of the control over his property.

The establishing by law of the reasons for the cessation of the contract accomplishes an important function of guaranteeing job security. Therefore, *in all cases of cessation of labour relations on the initiative of the unit, it is mandatory to specify the reasons in the decision issued by the management with respect to the termination of the contract* (Article 130, paragraph 1 of the Labour Code). On the contrary, the cessation of the contract on the initiative of the employee or by agreement of the parties *must not be motivated,* unless the concerned person would be interested to specify the reasons with a view to ensuring certain rights.

4. *The Control of Application of Legal Provisions Regarding the Cessation of the Employment Contract. Responsibility for Illegal Termination of the Contract*

The legal guarantees of the right to work are completed through important provisions referring to the control exercised by the judiciary over the termination of employment contracts, the obligation of the enterprise or institution to reinstate in work the person whose employment contract was groundlessly terminated and to pay him/her the compensation in the amount provided by law and through instituting liability for unjustified termination of an employment contract and the non-enforcement of the judgment for reinstating in work (Article 136 of the Labour Code).

The bringing under regulation of legal liability for the termination of an employment contract represents one of the most eloquent application of the principle contained in Article 18 of the Labour Code, pursuant to which the socialist state defends the rights of workers "against any infringement, display of subjectivism, abuse or arbitrariness".

II. THE TERMINATION OF AN EMPLOYMENT CONTRACT ON THE INITIATIVE OF THE UNIT

1. *The Exhaustive Specification by Law of Cases and Reasons for Terminating an Employment Contract*

The rules concerning the termination of an employment contract on the initiative of the unit are based on objective necessities consisting in a better organization of work, the judicious use of cadres and the ensuring of labour discipline. The law contains a number of provisions in order to guarantee that the termination of an employment contract by the unit will be always founded on these general interests, ensuring thus a full and multilateral protection of the workers' rights.

In the light of this purpose, there is an exhaustive enumeration of the cases and reasons which entitle a unit to terminate an employment contract (Article 19 paragraph c) of the Labour Code).

Even before its being incorporated in an express legal provision, this principle was constantly applied by courts. As explained by the Supreme Court, the mandatory and restrictive provisions of the law "represents a guarantee of the right to work, recognized by the Constitution, eliminating arbitrariness in the termination of employment contracts. It constitutes, at the same time, a legal framework for enhancing comradely co-operation relations in enterprises and institutions". Developing this idea, the Supreme Court specified that "it is necessary to rigorously determine the factual circumstances conducive to the termination of an employment contract and, therefore, the organs called to settle labour disputes must exercise their active role for establishing the truth".[4]

Pursuant to Article 130 paragraph of the Labour Code, which contains the fundamental rules in this field, "an employment contract may be terminated on the initiative of the unit when:

a) as a consequence of its re-organization, the unit reduces its staff by eliminating jobs of the same kind as that occupied by the person concerned;

b) the unit is closed;

c) the unit moves in another locality and is in a position to recruit its personnel from among persons residing in that locality;

d) the unit moves in another locality, and the employee refuses to move with it;

e) the person does not have the suitable qualification for the post he/she occupies;

f) in the post held by the employee the person who previously occupied it has been reinstated by the decision of competent organs;

g) the employee has been pensioned on retirement or with a disability of the first or second degree;

h) the employee who was maintained or re-engaged in his or her job after retirement is no longer needed by the unit;

i) the employee has committed a serious breach of discipline or has repeatedly neglected his or her duty, including the rules of behaviour in the unit;

j) the person concerned was detained for a period exceeding 60 days;

k) the employee has been finally sentenced for an offence connected to his/her work, if, as a result of the sentence, he/she has become unfit for the respective job;

l) a criminal court has decided to prohibit the practising by the sentenced employee of his or her trade either for a certain period or indefinitely".

2. Reasons Imputable and Reasons not Imputable to the Employee

The only criterion for characterizing the reasons of terminating a contract as imputable or not imputable to the employee is the existence of a wrongful act. Imputable will be those reasons deriving from a *wrongful behaviour* of the employee in relation with the requirements of labour discipline, the rules of conduct in the unit and, sometimes with the general rules of conduct in society, in accordance with the distinctions and under the conditions provided by law.

3. Cases in Which the Termination of a Contract is Obligatory and Cases when It Is Optional

In some of the cases provided by law, the continuation of the contract is no more possible (for instance, the post was suppressed as a result of re-organization or the unit was closed). In such situations, the unit *must* proceed to the termination of the contract.

On the contrary, whenever the continuation of an employment contract is possible, without the risk to damage the interests of the unit, the termination of the contract is optional. Thus, it is at the discretion of the management of the unit to decide if the contract of a person maintained or re-engaged in his or her job after retirement should or not be terminated.

Hereafter all cases of termination of an employment contract by the unit will be briefly reviewed, may they originate or not in a wrongful conduct or enter into the category of obligatory or optional termination.

4. *As a consequence of its reorganization the unit reduces its staff by eliminating jobs of the same kind as that occupied by the person concerned* (Article 130 paragraph Ia) of the Labour Code)

The judicious use of labour force is an essential factor of economic progress.

As underlined by the Supreme Court,[5] if certain posts are no more justified by objective necessities, their elimination is a measure corresponding both to the interests of the unit and to the interests of the national economy. This is the socio-economic foundation of the provisions of Article 130 paragraph 1a) of the Labour Code. Specifying that the eliminating of the job must be the consequence of re-organization, these provision emphasize that the staff reduction can justify the termination of the contract only if it responds to an objective necessity.

Termination of an employment contract for staff reduction implies the *effective elimination* of one or more jobs and not only the change of their denomination.[6] The suppression of the job must constitute a *definitive measure,* so that a mere suspension of a job for a definite period does not justify the termination of the contract.[7]

An employment contract can be terminated only by elimination of *occupied jobs* and jobs of the same kind, as that of the job occcupied by the person whose labour relationship is going to be ended. Elimination of vacant jobs does not justify the termination of an employment contract.[8]

As underlined by the Supreme Court "by jobs of the same kind there must not be understood only identical jobs; jobs of the same kind are also those which, though they have a different denomination in the job classification are however similar by the content of their powers and responsibilities".[9]

As frequently underlined by courts, in the case under examination it is not admissible to appoint persons outside the unit. Controlling the lawfulness and soundness of the termination of an employment contract, labour tribunals have the duty to perform an active role, in order to establish, leaving aside all appearances, the real reasons and circumstances which had led to the respective measure.

5. *The Unit is Closed* (Article 130 paragraph 1, b) of the Labour Code)

In contradistinction to re-organization, the closing (dissolution) supposes not only that the respective unit ceases to exist but the liquidation of its assets and liabilities. State socialist units do not liquidate their assets and liabilities: these are transmitted, as a consequence of merger or division, to other units, together with the planned tasks. It is therefore that Decree no. 31/1954 on Natural and Juridical Persons provides in Article 45 only the dissolution of co-operative and other public organizations.

6. *The Unit Moves in Another Locality and is in a Position to Recruit its Personnel From Among Persons Residing in That Locality* (Article 130 paragraph 1, c) of the Labour Code).

As in the other cases, termination of employment contracts for this reason must be in strict concordance with the aim of the law. Labour tribunals must exactingly examine all the factual circumstances, in order to assess if the measure taken by the management of the unit is objectively motivated. It would be contrary to the law to terminate the contract of a person residing in or near-by the locality where the unit is going to be moved. Likewise, a termination of a contract would be incompatible with the aim of the law if a person not residing in that locality or in a neighbouring place would be appointed in such a case, when contracts are terminated because the unit can recruit its personnel among persons residing in the locality it has moved in.

7. The Enterprise or Institution Moves in Another Locality and the Employee Refuses to Move With It (Article 130 paragraph 1, d) of the Labour Code)

In such a situation the termination of the contract is obligatory and not optional for the management of the enterprise or institution, because as provided by law, it is not allowed to move a person to another locality without his/her consent. The workplace is an essential element of the employment contract and it can be changed only with the agreement of the parties, unless the law otherwise provides. The law does not require the specification of a reason for the refusal of the employee to follow the unit in the new place.

8. The Person Does Not Have the Suitable Qualification for the Post He/She Occupies

The graduation diploma, examination or competitive examination before the appointment or the verification during the probationary stage are of an unquestionable importance in employing a person, but the true test of his/her vocational knowledge and aptitudes is practical activities. A suitable skill cannot be assessed depending only on one moment, that of the appointment, but on the entire period of performance of the employment contract. Technological and scientific progress requires a continuous enriching and updating of knowledge in every field of activity. Article 130 paragraph 1, e) of the Labour Code is applicable only *to situations independent of a wrongful behavior,* since the lack of qualification is considered only under vocational angle.

9. In the Post Held by the Employee the Person Who Previously Occupied It Has Been Reinstated by a Decision of Competent Organs (Article 130 paragraph 1, f) of the Labour Code)

The reinstating in the post after the cancelling of the termination of an employment contract represents one of the strongest guarantees of the right to work. The provisions of Article 130 paragraph 1, f) offers the legal framework which makes possible the reinstatement in cases in which the post was occupied in the meantime.

Termination of a contract for this reason requires the fulfilling of several conditions:

a) the respective post should have been occupied by the reinstated person on the date of the illegal termination;

b) the measure of termination should have been cancelled through the final judgment of the competent labour tribunal;

c) reinstatement in the post should have been decided by that judgment;

d) the interested person should have asked the reinstatement on the basis of the final judgment passed by the tribunal. Reinstatement is provided by law in the exclusive interest of the employee.

10. *The Employee Has Been Pensioned on Retirement or With a Disability of the First or Second Degree* (Article 130 paragraph 1, g) of the Labour Code)

With respect to the termination of an employment contract because of pensioning on retirement, the provisions of the Labour Code have to be corroborated with the legal provisions on social security pensions. Therefore, termination of a contract of a person who is pensioned on retirement coincides with the moment when these legal conditions[10] for such a pensioning are met, and the unit must therefore put an end to the labour relationship.

Termination of an employment contract for a disablement of first or second degree also constitutes for an obligation for the unit because in such cases, the person becomes inapt for work. Indeed, disablement of the first degree is defined by law as the situation in which the person needs care and supervision from another person and in the case a disablement of second degree, the person has completely or *to the greatest extent lost* his/her ability to work.

11. *The Employee Who was Re-engaged in His or Her Job After Retirement Is No Longer Needed* (Article 130 paragraph 1, h) of the Labour Code)

This Article of the Labour Code has in view both those who were *maintained* in jobs and those *re-engaged* after pensioning. In both cases the conditions to be fulfilled are, cumulatively, the desire of the person concerned to continue work and the agreement of the unit to this effect, given in consideration of its needs. If such an agreement is withdrawn, the respective person returns to its previous status of pensioner and his/her employment contract has to be terminated.

12. *The Employee Has Committed a Serious Breach of Discipline or Has Repeatedly Neglected His or Her Duty, Including the Rules of Behaviour* (Article 130 paragraph 1, i) of the Labour Code)

This Article, according to which termination of the employment contract is applied as a disciplinary sanction, has in view two stipulations.

a) *Termination of an employment contract if an employee commits a single serious breach of discipline.* In order to constitute a reason for terminating an employment contract, the breach must have been committed with a wrongful intention and present a special seriousness, substantiating thus the conclusion that it is impossible to maintain the respective person in the unit.

b) *Termination of the contract for repeatedly neglect by the employee of his/ her duties including the rules of behaviour in the unit.* The repeated breaches must be of the same serious nature as a simple one, their consequence being that the respective person cannot continue to work in the unit. This aspect has been highlighted in judicial precedent. It has thus been decided that a disciplinary termination of the contract is justified of acts which taken each in part are not particularly serious were repeatedly committed and if the employee persists in an incorrect attitude towards work.[11] Unjustified and repeated absence from work may be sanctioned by the termination of the contract regardless of the fact that the person was missing several times during one working day or several working days in a row.[12] It was however considered that a repeated absence from work does not constitute in itself a reason for terminating a contract, if it is justified by an objective cause, even if the respective circumstance does not represent a case of force majeure. Such impediments may consist in the sickness of the employee which can be proven not only with a medical certificate but with any other evidence[13] or the need to take care of the sick child who because of his/her age cannot be left alone.[14]

There are of course circumstances which cannot be considered as unjustified absences, when an employee refuses to be present at the job because that would mean to execute an unlawful order (as for instance the order to exercise the powers pertaining to two different functions[15]) or when he/she was illegally transferred to a lower job, if these circumstances were ascertained as such by labour tribunals.[16]

On the contrary, absence from work is not justified if the employee changes without authorization the period of annual holidays[17] or is missing, though a leave without pay requested by him was not approved.[18] Likewise, the refusal of an employee to come to work in another post in which he/she was transferred is unjustified and can entail the disciplinary termination of the contract, if the respective post corresponds to the one previously held and the performing of the new function does not imperil his/her health.[19]

13. *The Employee was Detained for a Period Exceeding 60 Days* (Article 130 paragraph 1, j) of the Labour Code)

The reason underlying the termination of the contract in this case is the ensuring of the proper operation of the unit as a prolonged absence of the employee may sometimes create difficulties in the normal performance of work. The observance of the expiring of the period of 60 days is obligatory, because it represents a condition for the validity of the termination, since the law presumes that only the exceeding of this period implies the appointment of another person in the post of the detained person. If the detained person returns to work after 60 days and his/her employment contract is still in effect, the contract will be maintained as the objective situation which would have justified its termination has ceased to exist.

14. *The Employee has Been Finally Sentenced for an Offence Connected to His/Her Work if, as a result of the sentence, he/she has become unfit for the respective job.* (Article 130 paragraph 1, k) of the Labour Code).

The validity of the termination of an employment contract in this case supposes the cumulative meeting of two conditions: a) the existence of a sentence which had remained final; therefore it is unlawful to terminate a contract referring to this reason during the investigation and trial of the offence; b) the offence should be connected with the employee's work and make him/her unfit for the job he/she was occupying. In this case, the wrongful behaviour includes besides breaches of work discipline and rules of conduct, acts which, though not representing a neglect of duties, make nevertheless impossible the holding of the job by the guilty person.

15. *A Criminal Court Has Decided to Prohibit the Practising by the Sentenced Employee of His or Her Trade Either for a Certain Period or Indefinitely.*

According to Romanian criminal legislation, such a prohibition, conducive to the termination of an employment contract, may accompany the main penalty either as a complimentary penalty or as a safety measure.

III. PROCEDURAL REQUIREMENTS AND CONDITIONS OF FORM

1. *The Competent Bodies*

Pursuant to the express provision of Article 134 of the Labour Code, termination of an employment contract is decided by the management of the unit. This Article has to be corroborated with Article 132 of the same Code pursuant to which:

— in the case of persons elected in the collective management body of the enterprise or institution or in the adjudication commission (in the jurisdiction of which the examination of certain labour disputes is falling), the approval of the body that had elected them should also be taken;

— when the person whose contract is going to be terminated was appointed on the basis of a decision of the collective management body, the approval of this body is also necessary;

— in case of employees appointed by the hierarchically superior body, the termination of the contract falls within its jurisdiction.

If the person whose contract is going to be terminated was appointed on the basis of a decision of the collective management body, the approval of this body must not be understood as a preliminary or subsequent approval of a distinct act but as the very decision determining the cessation of the legal relationship.

2. *Preliminary Advices and Approvals*

Besides the above mentioned approvals, pursuant to Article 132 paragraph 1 of the Labour Code, in case of termination of employment contracts on the initiative of the unit the trade union committee must be consulted; if the employees are members of the trade union committee or of other trade union bodies, their superior body shall also be consulted.

The approvals provided by law represent validity conditions for the termination of an employment contracts so that in their absence the measure taken in contravention to the law is void.[20] The advices and approvals provided by Article 132 paragraph 1 are necessary only when the termination of the contract is left at the discretion of the management and not in other cases in which the cessation of the labour relationship is mandatory as necessarily resulting from an objective situation.[21] Among the latter case, the Supreme Court mentions the closing of the unit, the reinstating of the person who previously occupied the post, the pensioning on retirement or with the disability of the first or second degree and the prohibition by a criminal court of the practising of his/her trade by the person concerned.

3. *Time Limits*

Pursuant to the provisions of Article 130 paragraph 2 of the Labour Code, an employment contract can be terminated within at most a month after the head of the unit has established the following reasons for its termination: lack of suitable qualification for the job occupied, breach of labour discipline and the final sentencing for an offence making the employee unit for the respective job. With respect to the termination of the contract as a disciplinary sanction, it has to be mentioned that Article 13 last paragraph of Law no. 1/1970 provides that this measure can be taken only within 6 months after the breach of discipline was committed. In certain cases provided by Article 130 paragraph 1 termination of an employment contract must comply with Article 146 of the same Code. This latter Article prohibits termination of employment contract by a unit during temporary incapacity for work of the person concerned when social security benefits are paid, during the period when an employed woman is pregnant, on maternity leave, breast feeding a child or taking care of a child under the age of three, or during the period when the husband of employed women are on military duty. Such a prohibition, aiming at protecting as completely as possible the human person, is applicable in the cases provided for in Article 130 paragraph 1, a) (if within the unit there is a post of the same nature) and under e) and i), when the labour relationship ceases because the person lacks suitable qualifications for the job he/she occupies or because the termination of the contract was applied as a disciplinary sanction.

A simple incidental information received by the head of the unit or the bringing of facts to the notice of a subordinate organ do not have the effect of making the above mentioned prescription periods run. The following can however be considered as means for the bringing to the notice of the head of the unit the circumstances determining the termination of the contract: if he/she receives a report or an equivalent document on the respective facts drawn up by a control or another competent bodies, or such a report is entered in the registry office of the unit.[22] In the case provided by Article 130 paragraph 1, k) of the Labour Code, the date when the head of the unit has taken cognizance of the final sentence is considered as the moment when the circumstance determining the termination of the contract has become known.[23]

Inquiries or verifications in connection with facts representing a ground for the termination of a contract must not exceed the period of a month established for the termination itself. This period can neither be extended for completing the investigations[24] nor renewed, if after its expiration the head of the unit was replaced by another person.[25]

4. The Preliminary Investigation

Pursuant to Article 13 paragraph 3 of Law no. 1/1970, a disciplinary sanction, including of course termination of an employment contract if imposed as a sanction, is applicable only after a preliminary investigation of the breach, the hearing of the employee and the checking of his/her statement of defence. The investigation must be made and the measure of terminating the contract must be taken within the period of a month, running from the establishing by the head of the unit of the circumstances representing the ground for the termination.

By Decision no. 5 of 27 December 1973 of the Plenary Session of the Supreme Court the opinion was confirmed that preliminary investigation of the act constituting a disciplinary breach, the hearing of the person concerned and the checking of the statement of defence are required by mandatory legal provisions and therefore the non-compliance with them entails *the invalidity of the termination of the employment contract*.

5. The Advance Notice

In the cases of terminating the contract for the reasons provided for in Article 130 paragraph 1, a)–f) of the Labour Code, the unit must give to the employee an advance notice of 15 working days.

6. The Obligation of the Unit to Offer to the Person Whose Contract Is Going to Be Terminated the Transfer to Another Suitable Job or to Take Measures for His/Her Acquiring a New Qualification

Pursuant to Article 133 paragraph 1 of the Labour Code, in case that an employment contract is going to be terminated on the initiative of the unit for the reasons provided for in Article 130 paragraph 1, a)–c), e) and f), it is the duty of that unit to offer the concerned person the transfer to another suitable job, asking for this purpose the assistance of the hierarchically superior organ and of the organs for assignment to work, or, as the case may be, to take measures in order that the respective person acquire a new qualification. Either the measure of transfer to another work or the acquiring of a new qualification can only be applied with the consent of the person whose contract is going to be terminated.

As provided for in the above-mentioned provision of the Labour Code and as also underlined by Decision no. 9/1974 of the Plenary Session of the Supreme Court, the offer to be transferred to another job or to be included in a form of vocational training with a view to acquiring a new qualification is an obligation of the unit preceding the termination of the contract.

The unit must submit convincing evidence that it has displayed the necessary endeavours for transferring the person to another job or for the acquiring by that persons of a new qualification and the labour tribunal must check if the unit was in a position to put into effect such measures.[26] For this purpose, it can submit any evidence admitted by law.[27] The unit should make an effective proposal to the person concerned since it is not entitled to presume that he/she would not accept the transfer to another job.[28]

7. Ensuring the Transfer to Another Job of Pensioners With Third Degree Disablement

Article 133 paragraph 2 of the Labour Code provides the obligation of units "to ensure the transfer to suitable workplaces of pensioners with third degree disablement, if they cannot be maintained in the job held at their pensioning". This obligation of the unit is similar to that described above under no. 6.

8. The Order for the Termination of an Employment Contract

As provided by Article 134 of the Labour Code, for the termination of an employment contract, the management must issue an *order in writing, specifying the reasons, the legal provisions it is based on, the time limits for the use of remedies and the organs which can be addressed for this purpose.* The order is communicated by the unit to the person concerned within 5 days and becomes operative since that date.

The legal provisions referring to the content and the form of the order for terminating the contract and its communication are one of the guarantees of the right to work, and when the termination is of a disciplinary nature, they represent at the same time a guarantee of the right to defence of the person concerned. In this respect, the Supreme Court has stated: "The communication in writing of the termination of an employment contract, indicating the reasons justifying it and the legal provisions which were applied, does not constitute a mere formality which would not affect the validity of the measure, but an essential guarantee of the right to work". Only in this manner the concerned person can resort to the remedies at law "making his/her statement of defence in relation to the reasons underlying the measure taken by the management of this unit".[29]

The conclusion has thus been reached that the law "precludes the termination of the contract otherwise than in writing".[30] The indication of reasons is required so much the more in the cases of disciplinary termination of the contract, the law establishing for the employee "a guarantee . . . that the serious measure of the termination of an employment contract has been taken only after the facts he/she is charged with have been thoroughly analysed and clearly established".[31]

The order for the termination of a contract contains both the factual and legal reasons. It is not necessary to concretely specify all the facts,[32] but it is not admissible to reduce the presentation of the reasons to "unverifiable generalities"[33] or to state vaguely that the concerned person has committed "some breaches", without specifying them.[34]

As already mentioned, a *written communication* is necessary and this cannot be replaced by an oral communication[35] or by exhibiting the order for the termination of the contract.[36] It is not admissible to communicate the reasons separately, after the order was communicated.[37] According to judicial precedent neither the unit nor the labour tribunal are entitled to make subsequent changes in the factual reasons and legal grounds of the termination of an employment contract.[38] The labour tribunal is thus only entitled to confirm the measure which it considered well-grounded and lawful or to cancel a measure which it considered not justified by facts or contrary to law.[39] It has however been stated that legal qualification of facts can be rectified if, though correctly established, another legal ground for the termination of the contract was specified by mistake.[40]

IV. REINSTATEMENT

When termination of a contract was cancelled by judicial decision, the violated rights must be re-established and the respective employee must be reinstated in the situation in which he/she was before the termination of the contract, that is a *restitutio in integrum* has to operate. The decision of the labour tribunal has a retrospective effect and, as a consequence, the legal labour relationship is considered as uninterrupted. The person concerned enjoys, under the conditions provided by law, continuity of employment in the same unit,[41] being entitled to receive, besides the compensation for the period during which he/she could not work, all the pecuniary rights he or she was deprived of because of the illegal measure taken against him or her i.e. state children's allowance too.[42] Compensation must be complete, the law not permitting any derogation from its mandatory provisions. For instance, the fact that the person is pensionable does not constitute a reason for refusing reinstatement.[43]

Re-establishing the violated rights is synonymous with reinstatement if we impart to this last notion its juridical meaning and not only the meaning of reinstatement in the post previously held. A reinstatement may intervene even if the person will not occupy the post previously held either if the unit was closed in the meantime,[44] or the post was eliminated[45] or the person does not want to return to the post previously held. In any case, the person recovers his/her continuity of employment in the same unit, under legal conditions, and all the rights deriving from it.

To comply with the legal requirements, the person concerned must be reinstated in the same function (post).[46] Thus it is not admitted to reinstate the person concerned in a "suitable",[47] or a "similar"[48] post or to transfer him/her in the interests of the service before his/her effective reinstatement in the job held before the termination of the employment contract.[49]

Reinstatement in a post with a lower remuneration level compels the unit to pay compensation until the definite reinstatement.[50] The person concerned must come to occupy his/her job and a new termination of the contract will be considered as an abuse, as refusal to enforce the reinstatement decision.[51] The reinstated person may accept another post, provided that the acceptance is unequivocal. Even if the job the unit would reinstate in the person concerned is better remunerated, he/she cannot be compelled to accept it.[52]

V. THE RESPONSIBILITY OF THE UNIT FOR UNLAWFUL TERMINATION OF AN EMPLOYMENT CONTRACT AND NON-ENFORCEMENT OF THE REINSTATEMENT DECISION

Pursuant to Article 111 paragraph 1 of the Labour Code, the unit has the obligation to compensate the employee when he/she has suffered a damage caused by the wrongful act of the unit during the fulfilling of his/her duties or in connection with them.

One of the cases when the general rule is applied is that provided by Article 136 of the Code, referring to the obligation of the unit to pay to the person whose employment contract was unlawfully terminated a compensation calculated on the basis of the average remuneration received by that person during the last three months preceding the termination. This compensation must be paid during the entire period when the person was deprived of remuneration until his/her effective reinstatement.

Material responsibility in relation to the person whose contract was unlawfully terminated is borne by the unit; the person to whom the termination is imputable bears his/her own responsibility but only within his/her own labour relationship[58] as it will be shown below. Therefore compensation shall be claimed from the unit and not from its manager[59] or from another person of its collective. Likewise, since only the unit is in a legal relationship with the employee, indications given by the superior body do not exonerate it from responsibility.[60]

VI. CONSEQUENCES OF CESSATION OF AN EMPLOYMENT CONTRACT

1. Consequences Common to All Cases

a) *Cessation of the obligations of parties and of the corresponding rights*

The cessation of the labour relationship cannot be considered as exonerating the parties from the obligations arising during the performance of the contract since it is possible to claim the rights corresponding to such obligations during the periods of time provided by the labour legislation.[61] Thus, the unit must pay the employee the sums which have not yet been paid or to compensate the former for the damage suffered. The employee bears material responsibility for damage caused to the unit by his/her wrongful act and must return to the unit the value of the objects or services and the sums unduly received.

The provisions of labour legislation continue to apply to lawsuits these rights are claimed by, though the employment contract has ceased. The pecuniary rights and obligations of an employee whose contract was terminated by death are transmitted to his/her heirs.

b) *The cessation of a lease of accommodations or of the right to use accommodations, linked with an employment contract*

The lease and the right to use accommodations which are linked with an employment contract cannot last more than the period the latter is in force, according to the general rule *accesorium sequitur principale*. Applying this principle, the legislator has taken into account both the interests of state economic organizations administering the houses and the personal interests of workers, by establishing differentiated rules with regard to the conditions this houses must be vacated when an employment contract is terminated. For instance, as provided by Law no. 5/ 1978 on the Organization and Management of Economic State Units retired persons who have worked for ten years in the unit administering the house under state ownership do not lose their right to accommodation. In case of the death of the employee, his/her family are entitled to keep the accommodations until other suitable accommodations are assigned by the state.

2. Consequences Specific to Certain Cases of Termination

a) *The payment of compensation if the advance notice of termination has not been given*

The person whose contract was terminated by the unit in the cases provided by Article 130 paragraph 1 a)–f) without being given the 15 day's advance notice by the unit has the right to receive, on termination, a compensation amounting to half the monthly remuneration as provided for in job evaluation schemes (Article 131 of the Labour Code).

b) *Consequences relating to the continuity of employment in general and continuity of employment in the same unit*

There are cases of termination of an employment contract which do not affect continuity of employment in general and in the same unit or, on the contrary, leads to their interruption.

In all the situations in which the termination of an employment contract is not based on the employee's wrongful act, he/she is entitled to continuity of employment if the new appointment is made within three months of the date of termination.

c) *Social security benefits which can be paid after the termination of an employment contract*

In certain cases of termination of employment contracts, the concerned persons are entitled to benefits within the state social security system when their incapacity for work existed on the date of the termination of the contract or within 90 days of the date of its termination.

Likewise, they are entitled to a death benefit when the death (of the employee or of a member of his or her family) occurs within 90 days of the date of termination.

Lastly, persons whose employment contracts have been terminated are entitled to a maternity benefit, when a child is born within 9 months after the date of termination.

d) *The obligation of the unit to re-employ pensioners with third degree disablement who have become capable for work*

The pensioning of a person with first or second degree of disablement creates the obligation of the unit to terminate his/her contract, in accordance with the provisions of Article 130 paragraph 1 g) of the Labour Code. The status of a pensioner with first or second disablement is incompatible with that of an employee.

Because the state of incapacity for work has determined the cessation of the contract, when the person concerned recovers his/her ability for work it is necessary to secure his/her re-employment. With this end in view, the Labour Code in Article 133 paragraph 2 provides that the "units shall have the obligation to reinstate the persons who had interrupted their work because of pensioning for disablement and who have recovered their capacity for work, in the job previously held or in a job corresponding to their training." Taking into account the aim of the law, the obligation of the unit cannot be considered as a mere formality but as a duty to display the endeavours necessary for ensuring the re-employment of the concerned person.

e) *Consequences relating to children's state allowances*

Decree no. 246 of 28 July 1977 of the State Council, establishing the principle that this allowance is due only three months after the appointment with an employment contract of an indefinite duration and that the granting, variation and cessation of the respective right operate beginning with the month following the one wherein the requirements stipulated by law were fulfilled (Article 7 paragraphs 1 and 2), provides two exceptions from this rule, viz.:

— to a person whose employment contract was terminated as a result of his/her wrongful act, when the length of service was interrupted pursuant to law, the allowance is paid only three months after the date of re-employment with a contract of an indefinite duration, and for the consecutive 6 months, the amount of the allowance is reduced by 50 per cent (Article 7, paragraph 3);

— the right of persons who had received the state children's allowance is maintained until they are re-employed, but only for a period not exceeding three months after the date the employment contract was terminated if this was caused by reduction of personnel or by the limitation of activity and during the respective period they were entitled pursuant to law, to receive remuneration (Article 8).

f) *Consequences of the termination of an employment contract in certain special situations*

Pursuant to the provisions of Decree no. 237 of 26 July 1977 of the State Council, employees transferred to another unit or in the same unit in jobs with lower levels of remuneration, employees who acquire a new qualification in direct productive activities and employees who were not maintained in their jobs as a result of the rationalization of the number of workers of state socialist or public units, are entitled to the rights provided for in Decree no. 162/1973 (the maintaining during 3 months of the remuneration as provided for in jobs evaluation schemes and, respectively, the managerial allowance and others).

FOOTNOTES

[1] The first Romanian Labour Code was enacted on June 8, 1950, and the second, in force (Law no. 10) on November 23, 1972.

[2] By state socialist units, state enterprises or institutions are understood. The term "unit" will be used in this meaning given to it in Romanian legislation throughout this paper, designating the main "employer" in this country.

[3] Article 18 paragraph 1 of the Constitution of the Socialist Republic of Romania.

[4] The Supreme Court, decision no. 560/1953 of the Civil Division, Collection of decisions for the years 1952–1954, vol. I, p. 175.

[5] The Supreme Court, Decision no. 1417/1966 of the Civil Law Division, in "Revista română de drept", no. 4/1967, p. 162.

[6] The Supreme Court, Decision no. 342/1967 of the Civil Law Division, in *Repertory*, p. 518, case no. 138.

[7] The Supreme Court, Decision no. 485/1957 of the Civil Law Division, in Collection of decisions for the year 1957, p. 230.

[8] The Supreme Court, Decision no. 242/1967 of the Civil Law Division, in Collection of decisions for the year 1967, p. 195.

[9] The Supreme Court, decision no. 1702/1957, of the Civil Law Division, in Collection of decisions for the year 1957, p. 248.

[10] Such conditions refer mainly to the reaching of a certain age and achieving a certain length of service.

[11] The Supreme Court, Decision no. 447/1956 of the Civil Division, in *Collection of decisions for the year 1956*, vol. 2, p. 61; Decision no. 398/1952, in *Repertory*, p. 526, case no. 193.

[12] The Supreme Court, Decision no. 462/1956 in *Repertory*, p. 527, case no. 198.

[13] The fact that a medical certificate was not produced can have consequences only in the granting of the pecuniary benefit by the state social security system (The Supreme Court, Decision no. 1066/1964 in "Justiția Nouă" no. 4/1965, p. 163; Decision no. 1684/1968, in "Revista romănă de drept", no. 4/1969, p. 177).

[14] The Supreme Court, Decision no. 320/1965 of the Civil Division, Collection of decisions for the year 1965, p. 160.

[15] The Supreme Court, Decision no. 690/1965 of the Civil Division, in "Justiția Nouă" no. 1/1965, p. 165.

[16] The Supreme Court, Decision no. 1292/1964, in "Justiția Nouă", no. 5/1965, p. 169.

[17] The Supreme Court, Decision nr. 1374/1957 of the Civil Division, *Repertory*, p. 520, case no. 201.

[18]The Supreme Court, Decision no. 1630/1956, in *Repertory*, p. 528, case no. 202.
[19]The Supreme Court, Decision no. 177/1957 of the Civil Division, Collection of decisions for the year 1957, p. 214.
[20]Plenary session of the Supreme Court, Decision no. 9/1974.
[21]Plenary session of the Supreme Court, Decision no. 9/1974.
[22]See Plenary Session of the Supreme Court, Decision no. 1/1976, published in the Official Bulletin, third part, no. 31 of 25 February 1976.
[23]The Supreme Court, Decision no. 1318/1962 of the Civil Division, Collection of decisions for the year 1962, p. 224.
[24]The Supreme Court, Decisions no. 510/1963 and 346/1966 of the Civil Division, *Repertory*, p. 358, cases no. 258 and 259.
[25]The Supreme Court, Decision no. 429/1964 of the Civil Division, *Repertory*, p. 534, case no. 260.
[26]The Supreme Court, Decision no. 842/1963 of the Civil Division, Collection of decisions for the year 1963, p. 187.
[27]The Supreme Court, Decision no. 1051/1957, *Repertory*, 1957, p. 534, case no. 237.
[28]The Supreme Court, Decision no. 1188/1957 of the Civil Division, Collection of Decisions for the year 1957, p. 241.
[29]The Supreme Court, Decision no. 1045/1965 of the Civil Division "Justiţia Nouă", no. 1/1969, p. 157 and Decision no. 869/1966 of the same division, in Collection of decisions for the year 1966, p. 210.
[30]The Supreme Court, Decision no. 1045/1965.
[31]The Supreme Court, Decision no. 1648/1967 of the Civil Division, "Revista română de drept", no. 3/1968, p. 151.
[32]The Supreme Court, Decision no. 334/1969 of the Civil Division, Collection of decisions for the year, 1969, p. 193.
[33]The Supreme Court, Decision no. 1085/1966 of the Civil Division "Revista română de drept", no. 2/1967, p. 156.
[34]The Supreme Court, Decision no. 798/1968 of the Civil Division "Revista română de drept", no. 11/1968, p. 167.
[35]The Supreme Court, Decision no. 870/1967, *Repertory*, p. 537, case no. 255.
[36]The Supreme Court, Decision no. 11/1968 of the Civil Division "Justiţia Nouă" no. 4/1968, p. 169 and Decision no. 870/1967, Repertory, p. 537, case no. 255.
[37]The Supreme Court, Decision no. 44/1972, Collection of decisions for the year 1972, p. 233.
[38]The Supreme Court, Decision no. 1567/1962 of the Civil Division, "Justiţia Nouă", no. 12/1963, p. 165; Decision no. 903/1963, Collection of decisions for the year 1963, p. 203; Decision no. 180/1966, "Justiţia Nouă" no. 5/1966, p. 157; Decision no. 1648/1967 quoted above; the Supreme Court, Decision no. 2114/1975, "Revista română de drept", no. 7/1976, p. 58.
[39]The Supreme Court, Decision no. 832/1964 of the Civil Division, the Collection of decisions for the year 1964, p. 172.
[40]The Supreme Court, Decision no. 1235/1962 of the Civil Division, Collection of decisions for the year 1962, p. 195; Decision no. 320/1970, "Revista română de drept", no. 8/1970, p. 166 and Decision no. 2266/1972, ibid., no. 7/1973, p. 170.
[41]See Article 9 paragraph 1, h) of Law no. 1/1970.
[42]The Supreme Court, Decision no. 632/1967 of the Civil Division, Collection of decisions for the year 1967, p. 239.
[43]The Supreme Court, Decision no. 395/1962 of the Civil Division, Collection of decisions for the year 1964, p. 190.
[44]The Supreme Court, Decision no. 130/1954 of the Civil Division, Collection of decisions for the years 1952–1954, vol. I, p. 215.
[45]The Supreme Court, Decision no. 42/1962 of the Civil Division, "Justiţia Nouă", no. 5/1963, p. 161; Decision no. 100/1968, Collection of decisions for the year 1968, p. 160.
[46]The practice of the Supreme Court is uniform to this effect. See for instance the Decisions of the Civil Division: no. 803/1954, Collection of decisions for the year 1952–1954, vol. I, p. 190; no. 156/1962, "Justiţia Nouă", no. 5/1963, p. 163.
[47]The Supreme Court, Decision no. 904/1963 of the Civil Division, "Justiţia Nouă", no. 6/1964, p. 163; Decision no. 2036/1967, "Revista română de drept", no. 5/1968, p. 157.
[48]The Supreme Court, Decision no. 913/1957 of the Civil Division, *Repertory*, p. 538, case no. 262.
[49]The Supreme Court, Decision no. 1777/1976 of the Civil Division, "Revista română de drept", no. 4/1977, p. 59.
[50]The Supreme Court, Decision no. 1680/1967, "Revista română de drept", no. 3/1964, p. 151.
[51]The Supreme Court, Decision no. 1505/1963, Collection of decisions for the year 1963, p. 213.
[52]The Supreme Court, Decision no. 156/1962 of the Civil Division.
[53]The Supreme Court, Decision no. 913/1957 of the Civil Division, *Repertory*, p. 538, case no. 262.

[54]The Supreme Court, Decision no. 1777/1976 of the Civil Division, "Revista română de drept", no. 4/1977, p. 59.

[55]The Supreme Court, Decision no. 1680/1967, "Revista română de drept", no. 3/1964, p. 151.

[56]The Supreme Court, Decision no. 1505/1963, Collection of decisions for the year 1963, p. 213.

[57]The Supreme court, Decision no. 156/1962 of the Civil Division.

[58]The Supreme Court, Decision no. 21/1954 of the Civil Division, Collection of decisions for the years 1952/1954, vol. I, p. 255.

[59]The Supreme Court, Decision no. 1142/1955, of the Civil Division, Collection of decisions for the year 1955, volume 2, p. 47.

[60]The Supreme Court Decision no. 1490/1955 of the Civil Division, Collection of decisions for the year 1955, vol. II, p. 31 and no. 1817/1956, *Repertory*, case no. 300.

[61]See Articles 108 and 176 of the Labour Code.

Termination of Employment on the Initiative of the Employer and Income Security of the Worker Concerned

by

TAN BOON CHIANG

President, Industrial Arbitration Court

I. GENERAL INTRODUCTION

The system of industrial relations available in Singapore covers in the main all relationships of employers and employees. Freedom of association is upheld and a closed-shop policy in any form has no place in the system. Section 17 of the Employment Act (Chapter 122) provides—"Subject to the provisions of any other written law for the time being in force, nothing in any contract of service shall in any way restrict the right of any employee who is a party to such contract—

(a) to join a registered trade union; or

(b) to participate in the activities of a registered trade union, whether as an officer of such trade union or otherwise; or

(c) to associate with any other persons for the purpose of organising a trade union in accordance with the provisions of the Trade Unions Act."

At the same time the policy in labour matters encourages the organisation of unions of employers and employees. Collective bargaining is freely recommended by provision of law promulgated with sufficient flexibility in the Industrial Relations Act (Chapter 124) and generally by the Employment Act. Yet because of support for the right and freedom of the employee to organise or to join unions, the national system has to be evolved to provide also for non-unionised employees. On the whole the spate of regulations which have been promulgated over the years to regulate the operation of an orderly and workable system of industrial relations tend to provide with flexibility for substantive procedures which entrench the right of employers and employees in the main in regard to unionised employees. Consequently the Republic has had over the years a set of laws and regulations and the Industrial Arbitration Court has made more than a thousand awards since 1960 and certified several thousand agreements which in the main catered for employees who were members of unions. It is also, however, provided by law that non-unionised employees are to be catered for by the Ministry of Labour generally. Thus we have the following laws applicable and generally giving substance and order to the industrial relations system in Singapore:

Labour Legislation in Operation
(As amended from time to time)

	Chapter
Central Provident Fund Act	121
Children and Young Persons Act	110
(Only Sections 10 and 11)	
Criminal Law (Temporary Provisions) Act	111
(Only Part III and Part I of the	
First Schedule to the Act)	
Employment Act	122
Employment Agencies Act	244
Factories Act	123
Holidays Act	307
Industrial Relations Act	124
National Productivity Board Act	No. 11 of 1972
National Servicemen (Employment) Act	125
Redundancy Payments Fund Act	126
Regulations of Employment Act	127
Singapore Labour Foundation Act	No. 9 of 1977
Trade Disputes Act	128
Trade Unions Act	129
Workmen's Compensation Act	130
The Skills Development Levy Act, 1979	No. 30 of 1979

Note: Numerous Complementary Statutes have been passed in pursuance of the development policies of the Government. These have not been listed.

The Table attached as an appendix to this monograph will indicate the extent to which the Industrial Arbitration Court has, since its inception in 1960, contributed towards the national system of industrial relations through its certified collective agreements, awards and other matter coming within its jurisdiction.

Where the worker is not unionised, and the unions represent about 35% of the working population in Singapore, remedies for disputes which arise in the relationship between employers and employees are referred for settlement to the Ministry of Labour which makes available inquiries for the purpose of settling such disputes with power to order payments or dismiss claims as though such inquiries were decisions of civil district courts against which appeals to the High Court may be lodged either by the employer or the employee.

Wage increases were recommended in the last eight years by a National Wages Council which recommends annual general guidelines for wage increases and payments of wage supplements which were in effect bonuses paid in addition to salary and regulation contributions to a provident fund or the statutory Central Provident Fund operated as a scheme basically to provide security for old age.

Complete exclusion of employees of whatever category from the application and adaptations of the national system of industrial relations does not in fact arise in Singapore. The various aspects of employment depending upon their importance and essentiality are regulated to minimise industrial disputes or to contain them when they arise. By and large essential services are maintained and the provision of such services are regulated so as to ensure that there will not be any undue or sudden interruption through any extreme form of industrial action which may develop in the course of the relationship between employer and employee. Thus for employees in essential services, which include services connected with the provision of utilities, public transport, oil bulk supply, hospital services and banking services, certain restrictions placed upon them ensure that the essential services are provided continuously without interrupting community life. Such regulations existing also provide that when a dispute arises, cooling-off periods and the requirement to institute negotiations will provide a machinery for speedy settlement without recourse to industrial action. Even where worker relationships with employers are purely temporary, contractual or determined by a particular duration for the completion of any particular assignment or cover periods of probation where the levels of relationships are being determined dependent upon the will and choice of the employers and employees, there is no entire exclusion of the benefits of the national system of industrial relations from such employees. Their positions, though not quite as favourable as employees confirmed in service and who are members of a trade union, will nevertheless attract benefits from the general provisions of the law which grant such benefits with recourse to the Ministry of Labour when a dispute arises between them and the employer.

Terminology and definition used within the context of the national system would include dismissals with or without reason as provided by Part II of the Employment Act covering the legality of contracts of service and their termination with or without appropriate notices depending upon the misconduct of employees and when such contracts are deemed to be broken and within what contractual age employees and employers are competent to enter into valid contracts of service. Individual or collective agreements may also determine the right of an employer to retrench his employee for good reason or generally in Singapore. Termination of contractual relationship on the initiative of the employer does not present problems of classification though as in any other situation, termination of employment may give rise to bitterness, suspicion, disagreements or disputes over the reasons alleged to justify the need for such termination. Sufficient provisions of law exist to ensure that where termination of employment is on the initiative of the employer, the income security of the workers is assured by the need to give sufficient notice or wages in lieu of notice to tide the worker over the difficult period during which he seeks alternative employment. Where the employee is aggrieved by such termination he may have recourse to a civil court generally or more often to the Ministry of Labour or to the Industrial Arbitration Court where victimisation is alleged and in any case where he is dissatisfied with the terms laid out by the employer following the severance of such relationships. Such retrenchment benefits and severance pay to be granted are often provided for in collective agreements and even if they are not so provided may be claimed by the employee and determination in regard to the quantum of such benefit will be within the competence of the Industrial Arbitration Court. There are on the whole sufficient in-built laws and regulations complemented by precedence in the terms of collective agreeements certified by the Industrial Arbitration Court and awards previously made by the Court in relation generally to termination of employment to ensure that where termination of employment on the initiative of the employer is proper, justified or accepted in the circumstances, the employee on the other hand has sufficient income security. Fortunately on the basis of the current economic situation and the economic projections made for many more years to come, full employment in Singapore will ensure that no worker need to fear the loss of employment owing to the great demand for labour. The problem which needs to be overcome in this respect lies more in ensuring that the worker is reasonably and appropriately trained to upgrade his skills for better employment of his talents and to enhance the productivity of the manpower available in the country. Thus the full employment situation and the present policy of economic restructuring through wage increases and the upgrading of the skills of labour to higher technology with value-added, coupled with population control through family planning, will ensure the provision of skilled labour to meet the manpower needs of the 80's.

II. PROCEDURES PRIOR TO TERMINATION

A. A contract of service for a specific piece of work or for a specified period of time would normally terminate when the work specified in such contract is completed or the period of time has expired unless of course employment is otherwise terminated for reasons such as misconduct of the employee. A contract of service for an unspecified period of time would be deemed to run until terminated by either party.

The employer may, as may also the employee, at any time give to the employee, and vice versa as the case may be, notice of his intention to terminate the contract of service. The length of such notice should be the same for both employer and employee and may be determined by any provision made for such notice in the terms of the contract of service or in the absence of such provision in accordance with usual commercial practice. The Employment Act provides that a notice to terminate the service of an employee implied under a contract of service should not be less than:

   i) one day's notice if he has been so employed for less than 26 weeks;

   ii) one week's notice if he has been so employed for 26 weeks or more but less than two years;

   iii) two weeks' notice if he has been so employed for two years or more but less than five years; and

   iv) four weeks' notice if he has been so employed for five years or more.*

It is provided that the provisions laid down should not be taken to prevent either party from waiving his right of notice on any occasion. The notice should be given in writing and may be given at any time and the day on which the notice is given shall be included in the period of the notice.

Either party to a contract of service may terminate such contract of service without notice or if notice has already been given, without waiting for the expiry of the notice by paying to the other party a sum equal to the amount of salary which would have accrued to the employee during the term of such notice. Also either party to a contract of service may terminate such contract of service without notice in the event of any wilful breach by the other party of a condition of the contract of service.

B. Where the employee is unionised it is usual good management practice for an employer to inform his trade union of the intention to terminate the employment of the employee at the same time as such intention is conveyed to the employee. This provision has not been, however, made a requirement in law under any act or regulation but many enlightened employers and a number of collective agreements provide for notice of termination of employment to be given to the trade union concerned.

C. The only notification necessary to any public authority as a procedure prior to termination of employment in Singapore is the requirement that no payment of

---

*Section 10(3).

salary or any other sum due to an employee on dismissal or termination of service shall be made to that employee by the employer without the permission of the Comptroller of Income Tax under the provisions of subsection 68(7) of the Income Tax Act. Thus the employer because of this provision, although under an obligation to pay all salary due and earned by the employee on termination of his employment, must nevertheless forthwith give prior notice of the dismissal or termination of service to the Comptroller of Income Tax and the payment of the salary or other sum due to the employee shall not be delayed more than 30 days after such notice has been given to and received by the Comptroller of Income Tax.** An earlier ruling by the Industrial Arbitration Court in this respect in Industrial Arbitration Court Case No. 14 of 1964 between Grant Advertising Inc. and the Singapore Manual & Mercantile Workers' Union (IRS No.362/64 dated 20 Nov 64) had sorted out the difficulties which once prevailed of the need by the employer to give such prior notice on termination of service, particularly where the intention is to dismiss immediately the employee for misconduct or by payment of wages in lieu of notice which may necessitate the employer personally seeking the approval of the Comptroller of Income Tax so that immediate termination may be allowed. The reason for the reference to the Comptroller of Income Tax is to ensure that all tax due to the Comptroller ought to be deducted at source before the balance of monies due to the employee is paid over to him by the employer.

D. The period of notice and the compensation in lieu of such notice have been set out and dealt with in (A) above. During the period of notice employers normally do grant to the employee time off to seek other employment where this becomes necessary during the notice period. Normally the employee may also take time off with the permission of the employer to seek advice from his trade union.

E. In the case where the termination is being implemented and is to take the form of dismissal for reasons of misconduct of the employee, an employer may only dismiss without notice an employee employed by him after due inquiry where the reason for the dismissal is misconduct inconsistent with the fulfillment of the expressed or implied conditions of his service. Instead of dismissing an employee, an employer may consider:

  i) instantly downgrading the employee; or

  ii) instantly suspending him from work without pay not exceeding one week.

The inquiry may be conducted by the employer himself or through the Personnel Manager or the Department of his organisation with or without reference to branch union representatives or a works' council or the implementation of a grievance procedure if all these are available and provided for in collective agreements or by practice. The inquiry may depending on the gravity of the misconduct be a simple one or may necessarily be protracted by the use of the grievance procedure which may in some cases be elaborately provided for in a collective agreement.

For the purpose of inquiry, the employer may suspend an employee from work for a period not exceeding one week but shall pay him not less than half his salary for that period. If the inquiry does not disclose any misconduct on the part of the employee, the employer shall forthwith restore to the employee the full amount of salary so withheld.

An employee who considers that he has been dismissed without just cause or excuse by his employer may within one month of such dismissal make representation to the Minister for Labour to be reinstated in his former employment. The Minister

---

**Section 24, Employment Act.

on receipt of such representation may before making a decision by writing under his hand request the Commissioner for Labour to inquire into the dismissal and report whether in his opinion the dismissal is without just cause or excuse. If after considering the report of the Commissioner for Labour the Minister is satisfied that the employee is dismissed without just cause or excuse, he may notwithstanding any rule of law or agreement to the contrary:—

i) direct the employer to reinstate the employee and to pay the employee an amount equivalent to the wages he would have earned had he not been dismissed by the employer; or

ii) direct the employer to pay such amount of wages as compensation as he may determine.

The employer is to comply with such directions of the Minister. The decision of the Minister on any such representation by the dismissed employee is final and conclusive and cannot be challenged in any court. Any direction of the Minister shall operate as a bar to any action for damages by the employer in any court in respect of the wrongful dismissal. An employer who fails to comply with the direction of the Minister is guilty of an offence and may be liable on conviction by a district court to imprisonment for a term not exceeding 12 months or to a fine not exceeding $5,000 or both such imprisonment and fine.

These special provisions covering the dismissal of an employee for misconduct are provided for in section 14 of the Employment Act.

III. JUSTIFICATION OF TERMINATION

A. The principle that termination of employment must be justified is generally accepted in the Singapore context. Employers in a substantial majority of cases do in actual fact inform the employee the reasons for the termination of his employment and also particularly to the union concerned if the employee is unionised. In some collective agreements, unions have successfully negotiated for this requirement to be a contractual part of the terms of employment. However, in the provisions dealing with contracts of service in the Employment Act, the legal requirement is merely for either party to a contract of service with intention to terminate such contract of service to serve appropriate notice or to pay in lieu thereof a sum equal to the amount of the salary which would have acrued to the employee during the term of such notice. The commercial practice which has prevailed of giving reason for termination of employment is strictly adhered to notwithstanding the basic legal provision embodied in the Act and to that extent the recognition of the principle of justification of termination is generally accepted.

B. Reasons which may justify termination include general considerations of the economic viability of the employer, reorganisation or restructuring of his business or the creation of circumstances beyond the control of either the employee or the employer which bring about a general position of redundancy. Those may well be positive factors to justify termination. Change of business or emphasis on the business of the employer may also be a valid factor to justify action for termination of employment.

C. Clearly, termination of employment on the grounds that an employee is about to organise with other employees a union or become a member of a trade union would not be a reason to justify termination of employment and in fact will be an offence as has been set out in the provisions of section 17 of the Employment

Act. Termination for reasons of race, sex, religion and political opinion do not figure in any respect in the employment situation in the Republic. The laws governing the employment of labour do not make any distinction in the respect. There are of course employment situations where the work to be done can clearly be handled only by males or by females or religious considerations may make it prohibitive for persons of certain races to handle the products of the employer on religious grounds. In certain businesses derived from racial origin, it is clear that only persons of the same race would be employed in the operations of such businesses. Thus it is unlikely that in an Indian restaurant, persons other than Indians would be employed.

IV. RECOURSE OR APPEAL PROCEDURE AGAINST A TERMINATION WHICH IS NOT CONSIDERED JUSTIFIED

A. Although grievance procedures, works' councils and various other opportunities exist at various levels of management for industrial matters to be discussed to which disputes could be referred for settlement, these procedures are seldom in Singapore used for purpose of appeal against termination of employment. They may be utilised at the stage when termination of employment is considered particularly where the employer has felt a need to consult the union over the issue. At that stage both parties may seek to justify their opposing stands on the issue—the employer seeking to justify the proposed action of termination in view of the conduct, behavior or other circumstances which gave rise to such intention whilst the union may well take the opposing line and attempt to persuade the employer not to do so or to adopt some other lesser drastic step such as a transfer to another section, down-grading the employee to another position or imposing fines or penalties short of terminating the employment. There are sufficient procedures for appeal which make it unnecessary for the procedures mentioned in this paragraph to be utilised for appeals against termination.

B. Recourse to the trade union as stated elsewhere in this paper may be implemented but is not provided for by law. Good industrial relations and good human relations dictate that where there is a union representing the employee whose services are to be terminated, it is only desirable, right and proper that the employer should as a matter of courtesy inform the trade union concerned so that the actual termination when it takes effect would not have any possible disastrous reaction from the employee or the trade union and also for the avoidance of any unnecessary confrontation which may lead to industrial action being taken. If he is a member of the union, the employee would invariably in any case refer his termination of employment to the union with the request that his case be taken up and this the union will invariably oblige to secure the withdrawal of the termination or to appeal against the refusal of the employer to reconsider the reinstatement of the employee member.

C. In common law the employee whose services have been terminated has an invariable right of action against the employer for wrongful dismissal and for damages. Unless the employee is of some consequence or is in an executive or senior position, the exorbitant costs of litigation would dissuade many employees dismissed from taking action under the common law to redress what may be the wrong done to them. In most cases the employee whose services are terminated will seek recourse from his trade union or report his termination to the Ministry of Labour for conciliation or bring the case up through his trade union to the Industrial Arbitration Court for arbitration. Originally the Industrial Arbitration Court had unlimited and unfettered jurisdiction to hear dismissal cases whether on grounds of misconduct or otherwise. These cases had engendered great heat and emotion and it was soon discovered that the deliberations were often protracted and not commensurate with the interests of one or just a few employees! The Court also exercised freely its inherent jurisdiction in this respect and on many occasions appropriately reinstated employees with due compensation. This upset a number of employers who generally took the line that in such circumstances they would prefer to pay damages if ordered to do so rather than be made to accept employees back into employment. Taking all the circumstances into account, the Government in its wisdom legislated to re-define the jurisdiction of the Industrial Arbitration Court only to cases of termination of employment where victimisation was alleged, that is to say, where an employee's employment was terminated on account of his trade union activities whether by way of him forming a trade union to look after his interests or while he was attempting to join a trade union. In all other cases of dismissal the re-definition process passed the onus of looking into appeals against termination of employment to the Minister for Labour whose labour officers could be empowered by him to look into any alleged unjustified termination of employment brought to his attention. A full inquiry would be held and depending upon the circumstances disclosed and the intentions adduced, the Minister has jurisdiction to order reinstatement or the payment of damages to the employee concerned or both. In this way the appeal procedures or remedial recourse open to employees in Singapore whose services have been terminated are well catered for with the provision with this reference to the Ministry of Labour and Industrial Arbitration Court. It is unlikely that any unfair or unjustified termination of service would be passed by without reference to either one of the two bodies for inquiry and solution. The rights of employees concerned are thereby well protected. In the Industrial Arbitration Court where a termination of employment is alleged to have been made on grounds of victimisation, the formalities adopted are similar to those of any proceedings in the Industrial Arbitration Court where fully represented parties make their submissions and representations and witnesses are called to be examined, cross-examined and re-examined. The Court has powers to call for the production of documents, to summon witnesses and for full disclosure of circumstances and practices which are necessary for the fair determination of the dispute in proceedings always on the grounds of equity and good conscience without recourse to legal form. The proceedings before the Ministry of Labour officials are even more informal. Generally because of the informality and the possibility of delving substantially into the merits of each case without undue regard to technicalities and legal form, justice is, in equity, seen to be done in the Industrial Arbitration Court and it is rarely that a malpractice or wrong committed is not disclosed in the course of the proceedings and suitably remedied thereafter. Substantial justice is ensured.

D. Whether the termination of employment is brought to the attention of the Minister for Labour or the Industrial Arbitration Court, the remedies for unjustified dismissal are available in either circumstance and annulment of the termination and the reinstatement of the employee can be ordered with or without compensatory restoration of wages and other benefits due to the employee during the period from termination to actual reinstatement of employment. These may take the form of wages to be paid on quantum meruit, benefits earned and not taken which could be ordered to be paid in monetary terms, losses in earnings from the date of termination of employment and generally other damages due to the employee resulting from the action of termination. Wages during the period when the employee could not perform any work when he was ready, willing and able to do so but for the action of the employer may also be ordered. For the purpose of his continuity of service benefits negotiated between his trade union and the employer embodied in collective agreements may also be restored following reinstatement of employment for unjustified dismissal. In other words once the dismissal has been found to be unjustified, the benefits restored to the employee may be full and complete unless the circumstances clearly do not warrant it and payment in lieu as damages would more fully compensate the employee.

V. PROCEDURES FOLLOWING TERMINATION OF EMPLOYMENT

A. In most cases the employer would be prepared on terminating employment to give a certificate of length of service and the nature of his work performance during the period of employment to the employee. This would enable the employee to keep with him a record of his work over the years which would assist him considerably in obtaining any other employment. Indeed employers would be prepared to give to would-be employers confidential information of employees whose services they have terminated at some earlier stage.

B. Priority of re-hiring former employees is an accepted norm for most employers particularly where termination of services resulted from redundancy and reorganisation. Many collective agreements have provisions which provide for re-employment on a priority basis of employees whose services had to be terminated on account of justifiable circumstances. Many employers seek to redistribute the responsiblities of their employees to prevent termination of employment but where termination is unavoidable priority of re-hiring is an accepted norm for employers.

C. Notification of the termination of employment is not normally a legal requirement for employers but indirect means of requiring employers to make returns periodically to indicate the mobility of employees and the speed with which employees register themselves with the employment exchange operated efficiently by the Ministry of Labour ensure that termination becomes known publicly in any case. In a situation of full employment such as that existing in Singapore at this juncture, termination of employment has assumed a less ugly proportion. The situation right at the moment causes employers to do everything possible to retain the services of employees and to prevent them from job-hopping by higher wages and benefits as more skills are acquired. However, where employers find it necessary to wind up their establishments either because the product has become redundant or from the restructuring of the economy as has happened in a few labour-intensive establishments in Singapore, the question of notifying the Ministry of Labour becomes relevant and important and in fact it is very often done not only by the employer concerned but by the workers through their respective trade unions. For the purpose of either offering the services of the employees affected to other employers who may be in great need of workers with relevant skills or to provide for re-training of the employees various training and re-training schemes are available in Singapore conducted by the Vocational and Industrial Training Board and other technical institutions. These schemes maximise the use of talent and manpower in Singapore. Employers very often seek the help of the Ministry of Labour to determine the compensatory benefits of retrenchment and in most cases of termination of employment workers are properly and adequately compensated and are given opportunities to pursue their careers as uninterrupted as possible.

VI. SPECIAL PROCEDURES IN CASES OF WORKFORCE REDUCTION

A. The authorisation of public authorities for the adoption of special procedures of workforce reduction is not a legal necessity in Singapore. The general principle that continues to apply is that if the employer has a right to hire, he has also a right to fire provided that proper action and procedures are adopted by him to ensure that he minimises the effect of such action on the employee, that the employees' earning capacity and the need for sustenance is not immeasurably and permanently impaired. However, where a large retrenchment of a workforce is contemplated, there would naturally be consultations with the Ministry of Labour and other relevant organisations such as the trade unions so that a special procedure to release the employees into the labour market can be effected without any undue repercussions or adverse economic effect on the employee.

B. These consultations or negotiations with the trade unions concerned and other workers' representatives where no trade unions are involved can become an important consideration prior to actual termination. The purpose of consulting and negotiating with the trade unions would be two-fold: to determine the extent of the reduction of the workforce necessary in the circumstances facing the employer; and, in what way the deployment and compensatory aspects of the exercise can be worked out to the mutual benefit of the employer and the employees concerned having regard to their skills, positions they hold and the length of service with the employer. Where good relationship and understanding exist in good measure between employers and trade unions, even such difficult negotiations and consultations can proceed smoothly to a conclusion which would be satisfactory to both sides but such negotiations can well degenerate into difficult situations where lack of understanding and rapport exist between the trade unions and employers.

C. In every instance the employer would have taken as far as possible all measures to carry out workforce reduction. Where redundancy in a department may arise owing to mechanisation or automation for example, employers very often seek to transfer the employees affected to other responsibilities if such transfers or absorption is possible. In the move towards higher technology with foreign aid participation and where the country itself is wholly involved in a complete restructuring of its economy as has taken place in Singapore in the last three years, special procedures may be necessary at times to provide for the shift of workforce and emphasis on other higher values and more highly skilled jobs which will involve in the process more sophisticated re-training programmes. All these will be done without undue loss and indeed with progressive gain for the employees. For this purpose the Government of Singapore has instituted a Skills Development Fund to be paid by employers at a rate of $5 a month or 2% of the wage bill, whichever is the greater, per employee to be held in trust specially for the purpose of re-training employees to provide them with higher skills. After almost three years of the existence of such a fund, employers and employees have yet to make full use of this large amount now standing available for application although there are signs of intentions at the time this paper is being written to make substantial use of this Skills Development Fund in the not-too-distant future.

D. All things being equal, the criteria applied for the selection of workers affected by reduction of the workforce may well be the principle of "last in first out".

E. Special measures which could be taken to mitigate the effects of workforce reduction may take the form of: a deployment of part of the workforce to other jobs and responsibilities; the offer of employees available to other employers; a re-training programme for employees to equip them for special jobs requiring higher and other technical skills and expertise on their part; utilising the funds available from the Skills Development Fund for the cost of such training; and, the provision of adequate compensatory benefits arising out of termination of employment such as retrenchment and retirement benefits, payments of wages in lieu of notice, monetary payments for fringe benefits not as yet utilised or expended by the employees, such as leave and other benefits.

VII. INCOME SECURITY OF THE WORKER AFFECTED BY A TERMINATION OF HIS EMPLOYMENT

A. Benefits paid by the employer other than compensation for unjustified dismissals may take the form of accumulated form of benefits which are provided for in collective agreements such as the payment of wages in lieu of notice, payments in monetary form or unexpended fringe benefits such as leave, pro-rated payments of bonuses, annual wage supplements and incidental benefits linked to the employment and the period of employment in the particular year of termination and other special benefits which may be negotiated and provided for in collective agreements.

B. Benefits under any scheme of unemployment insurance is not normally provided for by employers or are taken up by employees in the Singapore context as there are sufficient benefits provided for in collective agreements and by statutory provisions which make up for any need for such unemployment insurance.

C. By law a statutory board operates and holds the benefits due to employees under a Central Provident Fund which is an old-age pension fund in many respects operated by virtue of statutory provisions laid down as early as 1955 by the Central Provident Fund Act. This Act now provides for contributions both by employers and employees to make up a total of $42^{1}/_{2}\%$ held in trust at compound interest by the Board to which the employee may have recourse for the purchase of Housing & Development Board apartments as their personal homes, for the purchase of public shares in certain statutory companies such as the Singapore Bus Services Private Limited. The Fund is available for withdrawal by the workers if they are retrenched provided that they no longer intend to seek employment. As long as they are employed during short periods of retrenchment they are not able to withdraw such funds but where there are any cases of hardship, exceptions may be made. The credits of the employees in the Central Provident Fund are very substantial and in finality when they are withdrawn can open up all sorts of new opportunities for the employees even following retirement or termination of service.

D. The income security of the employees affected by termination of employment in Singapore is substantial enough to ensure that no employee will be in jeopardy economically as a result of termination of employment, justifiable or otherwise. The situation of full employment where the figures for unemployment are less than 3% places the employee in Singapore in a very advantageous position. Termination of employment is therefore not a big issue in Singapore and will remain minor for a considerable length of time if the economy continues to progress steadily and progressively as it has done in past years. The tight labour situation will continue to apply and employees will continue to have more jobs available for them with offers of gradual increase in their skills and expertise. There does not appear to be any likelihood of termination of employment bringing economic hardship or insecurity of employment in Singapore. Indeed the problem at the present stage is a problem of maximum utilisation of manpower and the need to exert all steps to prevent employees hopping from job to job causing great difficulty to employers as such. The efforts now being made are directed towards deeper relationship between employers and employees and the closer adherence to each other's needs, to build up a family of industrial relationship which will bring lasting loyalties, connections and linkage between employers and employees. Managements are being persuaded to provide overall incentives to employees in such a manner that loyalties will grow with length of service and a greater rapport will be established in that sense between the employer and employee. The emphasis therefore is a gradual shift to long-term relationships which will work towards better productivity and more understanding and economic prosperity for both employers and employees.

MATTERS COMPLETED BY INDUSTRIAL ARBITRATION COURT AND REFEREES 1960–1981

Particulars	Awards Delivered		Collective Agreements Registered and Certified		Referee Decision		Cases Settled out of Court	
Year	No.	No. of Workmen Covered	No.	No. of Workmen Covered	No.	No. of Workmen Covered	No.	No. of Workmen Covered
1960 (from 15-9-1960)	1	16	5	1,199	—	—	—	—
1961	7	358	116	35,070	14	—	—	—
1962	15	1,874	264	41,369	4	—	—	—
1963	88	4,864	268	21,715	4	—	—	—
1964	119	12,292	165	14,825	6	475	—	—
1965	49	6,303	196	41,467	10	417	60	—
1966	72	9,148	216	13,204	8	114	62	—
1967	47	4,683	210	15,102	2	860	47	1,170
1968	31	13,159	169	50,578	—	—	24*	1,017
1969	31	9,439	146	20,595	1	1	24	4,356
1970	43	53,603	142	19,773	2	49	16	3,994
1971	30	10,370	143	14,108	1	3	19	2,954
1972	29	20,616	159	19,395	4	936	6	989
1973	132	39,241	211	51,870	1	372	10	1,483
1974	89	20,426	232	32,043	1	149	35	4,369
1975	73	16,003	246	54,736	2	1,476	33	6,499
1976	57	25,373	171	20,910	1	7	41	5,055
1977	33	6,785	363	76,221	—	—	32	3,174
1978	35	6,664	368	90,245	1	4,299	26	2,448
1979	73	28,831	417	57,138	1	1,600	38	4,116
1980	94	20,806	394	60,343	—	—	43	8,421
1981	100	24,135	470	52,526	1	3	21	2,822
Total for 1960–1981	1,248	334,989	5,071	804,432	64	10,761	537	52,867

*Including 7 cases withdrawn from the Court.

Terminación de la Relación de Trabajo por iniciativa del Empresario y Seguridad de los Ingresos de los Trabajadores Afectados

por

Prof. Dr. Manuel Alonso Olea

Universidad de Madrid

y

Prof. Dr. Alfredo Montoya Melgar

Universidad de Murcia

I. INTRODUCCIÓN GENERAL

A. Las diversas modalidades de extinción del contrato de trabajo por decisión del empresario que conoce el Derecho del Trabajo español se encuentran reguladas en el Estatuto de los Trabajadores aprobado por Ley 8/1980, de 10 de marzo, de acuerdo con la previsión contenida en el art. 35.2 de la Constitución de 1978. El Título I de dicho Estatuto se dedica a la regulación "de la relación individual de trabajo", dentro de la que se incluye la ordenación (Cap. III Sección 4°) de la "extinción del contrato", básicamente destinada a regular las extinciones contractuales decididas por el empresario.

En materia de extinciones por fuerza mayor y causas económicas o techológicas, los correspondientes preceptos del Estatuto de los Trabajadores (en lo sucesivo, ET) han sido desarrollados por el Real Decreto 696/1980, de 14 de abril.

Por su parte, la Ley de Procedimiento Laboral (texto refundido aprobado por Decreto Legislativo 1568/1980, de 13 de junio) -en lo sucesivo, LPL- regula en sus Libros II y IV los aspectos procesales de los diversos tipos de despidos, no sin entrar al tiempo en la ordenación de temas sustantivos.

B. El régimen legal de los despidos contenido en las disposiciones a las que se ha hecho anterior referencia se aplica con carácter general a todos los trabajadores incluídos en el ámbito de aplicación de la legislación laboral; para decirlo con los términos del art. 1°.1 del ET, a todos "los trabajadores que voluntariamente presten sus servicios retribuidos por cuenta ajena y dentro del ámbito de organización y dirección de otra persona física o jurídica, denominada . . . empresario".

C. a) Excluídos del régimen de despido lo están quienes se excluyen de la contratación -y, por consiguiente, de la legislación- laboral. Ocurre así (art. 1.3 del ET) con las siguientes categorías de personas: a) funcionarios públicos y personal al servicio de organismos públicos cuya relación de servicios se rija por normas administrativas o por estatutos de derecho público, b) personas que realicen prestaciones personales obligatorias (v.g.: prestaciones comunales, servicios esporádicos en caso de fuerzas mayores y emergencias), c) personas que desempeñen puros cargos de consejeros o administradores en las empresas regidas por sociedades, d) personas que realicen trabajos amistosos o benévolos, propios de los tratos de convivencia social, e) trabajos familiares no asalariados, f) actividades de representación mercantil, siempre que el representante responda del buen fin de la operación y asuma el riesgo de la misma.

Actualmente se siguen rigiendo por las normas civiles sobre el arrendamiento de servicios determinados grupos de personas -altos cargos de las empresas, servidores domesticos-; pero ha de advertirse que el art. 2.1 del ET considera a dichas personas titulares de relaciones de trabajo de carácter especial, que habrán de ser reguladas por el Gobierno contemplando sus peculiaridades.

C.b). En cuanto al tipo de vínculo contractual, no obsta al juego de la técnica del despido el hecho de que se esté ante un contrato de duración determinada o indefinida, que el trabajador sea fijo, eventual o interino. Claro está que el contrato temporal tiene prefijada una causa típica de extinción (la llegada del término final), pero ello no impide que con anterioridad pueda sobrevenir una circunstancia - incumplimiento del trabajador, causa objetiva, causa económica o tecnológica- que justifique la decisión del empresario de despedir.

Por lo que se refiere al contrato de trabajo a prueba, el régimen extintivo constituye tradicionalmente en nuestro Derecho una excepción a la regla de que el despido ha de estar fundado en una causa; durante el periodo de prueba, la relación jurídica puede darse por concluída sin alegación de causa, por puro y simple desistimiento de cualquiera de las partes (art. 14.2 ET).

D. Aunque el ET evidencia la intención de reservar el nombre de "despido" a las extinciones contractuales decididas por el empresario para reaccionar frente a incumplimientos graves de sus trabajadores, es lo cierto que dentro de la rúbrica general "despido" siguen incluyéndose cualesquiera extinciones decididas unilateralmente por el empresario. En tal sentido, cabe distinguir en nuestro Derecho los siguientes tipos de despidos:

— Despido disciplinario.

— Despido por causas objetivas.

— Despido por fuerza mayor y por causas tecnológicas o económicas.

a) Despido disciplinario es el que se funda en un previo "incumplimiento grave y culpable del trabajador" (art. 54.1 ET); su naturaleza jurídica se ha intentado explicar tanto desde el punto de vista de las obligaciones civiles- en tal sentido, el despido no sería otra cosa que la manifestación del poder resolutorio que corresponde a una parte del contrato cuando la otra incumple su prestación (art. 1.124 Código Civil)- como desde el punto de vista de las sanciones privadas- en tal sentido, el despido sería la máxima medida disciplinaria que puede adoptar el empresario para sancionar faltas de los trabajadores-. Sin que ésta sea la ocasión de debatir tan complejo dilema, debe retenerse que la legislación vigente no se pronuncia con claridad por una u otra solución; la denominación legal de "despido disciplinario" ilustra sin embargo acerca del significado sancionador de este tipo de despido, y de su inclusión entre las sanciones empresariales a que se refiere el art. 58 ET.

Cuáles sean los concretos incumplimientos (o faltas) de los trabajadores que justifican la adopción del despido disciplinario es cuestión que se analiza más adelante (vid. III.B).

b) Despido por causas objetivas es el que se funda, no en un incumplimiento culpable del trabajador, sino en circunstancias que inciden negativamente sobre la marcha normal de la empresa y que justifican la decisión extintiva del empresario; por ejemplo, y dejando para más adelante el examen de todos los supuestos legales (III.B), procede este tipo de despido cuando es necesario amortizar un concreto puesto de trabajo.

c) La "fuerza mayor que imposibilite definitivamente la prestación de trabajo" no es, en nuestro Derecho, motivo extintivo que opere automáticamente, de tal modo que sobrevenido el hecho fortuito se disuelva *ipso iure* la relación laboral; por el contrario, la presencia de la fuerza mayor actúa como simple motivo para que el empresario pueda decidir la extinción contractual, esto es, el despido.

Junto a las fuerzas mayores estrictas -cuyos ejemplos clásicos son el incendio, la inundación, el terremoto y cualesquiera otras circunstancias similares- el empresario puede despedir por existir "causas tecnológicas o económicas" que lo justifiquen, esto es, por existir necesidades de racionalización tecnológica o de crisis económica que exigen la reducción del personal de la empresa.

Característicamente, los despidos por fuerza mayor, y los por causas económicas o tecnológicas afectan a pluralidades de trabajadores; se trata de despidos colectivos, lo que explica la exigencia legal de previa autorización administrativa para la validez de tales despidos (vid. VI).

II. PROCEDIMIENTOS PREVIOS A LA TERMINACIÓN

Remitiendo para el supuesto de los despidos por fuerza mayor, causas económicas y tecnológicas al punto VI, ha de centrarse la atención en los dos grupos primeros de despidos: disciplinarios y por causas objetivas. A estos dos grupos se limita también el análsis efectuado en los puntos III, IV, y V.

A.a) El despido disciplinario es, desde luego, un acto formal, consistente en una declaración escrita (la llamada "carta de despido") que el empresario ha de dirigir al trabajador afectado, expresando precisamente la voluntad extintiva, los hechos que la motivan y la fecha en la que el despido surtirá sus efectos (art. 55.1 ET). Tales formalidades lo son "ad substantiam", de tal manera que la omisión de la forma escrita, o de alguna de las consignaciones que ha de cumplir la carta de despido, hace incurrir a éste en vicio de nulidad; vicio insubsanable según se encarga de puntualizar el art. 55.3 ET.

b) El despido por causas objetivas ha de ser notificado asímismo al trabajador, so pena de nulidad, mediante "comunicación escrita"; en ella debe especificarse la "causa" por la que se despide, e implícitamente debe fijarse la fecha del despido, ya que es preceptivo conceder un plazo de preaviso de duración variable, al que se refiere el punto II.D.

Junto con la comunicación de despido, el empresario está obligado a poner a disposición del trabajador una indemnización de veinte dias de salario por año de servicios, con un límite máximo de doce mensualidades; indemnización cuya suerte definitiva variará según sea el pronunciamiento del juez laboral sobre el despido.

B. De los despidos disciplinarios debe ser informado el Comité de empresa, de acuerdo con lo que dispone el art. 64.1.6; la omisión de este trámite informativo no es, sin embargo, motivo de nulidad del despido, sino, a lo sumo, causa de sanción administrativa.

También debe ser informado el Comité de los ceses de personal debidos a reestructuraciones de plantilla (art. 64.1.3.a, ET).

C. En el Derecho del Trabajo español hay una clara separación entre los despidos disciplinarios y por causas objetivas, de un lado, y los despidos por fuerza mayor y causas tecnológicas o económicas, de otro. Los primeros son decididos por el empresario y, sólo en vía de impugnación, interviene -naturalmente, con posterioridad a la decisión del despido- la autoridad jurisdiccional; en los segundos, sin embargo, el empresario sólo puede decidir los despidos cuando cuente con la preceptiva y previa autorización de la Administración laboral. Pero, se insiste, en este último caso más que de una mera notificación a la Administración, de lo que se trata es de solicitar y obtener la conformidad de ésta a los despidos (sobre este punto, vid. VI.A.).

D. Por su propia naturaleza sancionadora, el despido disciplinario no está sometido al cumplimiento de plazo de preaviso alguno en favor del trabajador. Por el contrario, el despido por causas objetivas, en cuanto independiente de incumplimientos culpables del trabajador, ha de ser preavisado por el empresario. En tal sentido, el art. 53.1.c ET dispone que entre el momento de notificación del despido hasta la efectividad de éste debe mediar un plazo de preaviso cuya extensión, como mínimo, habrá de ser la siguiente:

— Un mes, para los trabajadores cuya antigüedad en la empresa sea inferior a un año.

— Dos meses, cuando la antigüedad alcance el año y no llegue a dos.

— Tres meses, cuando la antigüedad sea de dos o más años.

La concesión del plazo de preaviso persigue la finalidad propia de esta consolidada institución jurídica; a saber, otorgar al trabajador un plazo razonable durante el cual pueda dedicarse a la búsqueda de un nuevo puesto de trabajo, evitándose las consecuencias dañosas de una ruptura brusca de la relación laboral. Por eso establece el art. 53.2 ET que durante el período de preaviso el trabajador (o, si éste es un disminuído, su representante legal, cuando éste fuera también trabajador de la empresa) tendrá derecho durante el tiempo del preaviso a una licencia retribuída de seis horas semanales destinadas a la búsqueda de nuevo empleo.

Debe advertirse finalmente que la concesión del plazo de preaviso no es requisito de validez del despido; mientras que el despido sin forma escrita o sin consignación de la "causa objetiva" en que se funde es radicalmente nulo, la omisión (o, por supuesto, el incumplimiento) del plazo de preaviso genera la sustitución del deber de preavisar por el de indemnizar; indemnización que alcanzará el importe de los dias de preaviso no concedidos (art. 53.4 ET).

E Como regla general, los despidos disciplinarios -basados, como ya se dijo, en previos incumplimientos culpables del trabajador- no tienen otra formalidad que la ya indicada (II.A): notificación escrita y consignación en ella de la causa del despido y la fecha de efectividad de este.

En un supuesto excepcional, sin embargo, el despido va precedido de un ritual más complejo; en efecto, cuando se trate de despedir a trabajadores con cargo representativo (miembros del comité de empresa, delegados de personal) será preciso -salvo que en convenio colectivo se pacte otra cosa- la instrucción de un previo expediente disciplinario de naturaleza contradictoria en el que necesariamente serán oidos el trabajador afectado y la representación del personal en la empresa (art. 68.a ET). Al haber ratificado España el Convenio n° 135 de la OIT, debe entenderse que también los representantes sindicales en la empresa son beneficiarios del trámite de expediente previo al que acaba de aludirse.

El ET (art. 68.c) se preocupa de recalcar que en ningún caso podrá reputarse causa válida de despido "la acción del trabajador en el ejercicio de su representación"; la garantia frente al despido dura tanto como el mandato representativo, prolongándose por un año más tras la expiración de aquel. Tanto en aplicación de este precepto como del 17.1 ET (que prohibe los actos de discriminación, a los que expresamente alude el art. 68.c), debe considerarse nulo el despido del representante del personal -y del representante sindical en la empresa- fundado exclusivamente en su actuación como tal.

III. JUSTIFICACIÓN DE LA TERMINACIÓN

A. Con absoluta claridad, el Derecho español condiciona la decisión extintiva del empresario a la existencia de una causa justificada; como ya se indicó (I.D.) el despido disciplinario debe basarse en incumplimientos graves y culpables del trabajador; el despido por causas objetivas, en alguna de estas causas (vid. III.B) precisamente; el despido por fuerza mayor o causas económicas o tecnolólogicas, justamente en una de dichas circunstancias.

B. Sin entrar aquí en las causas de despido derivadas de exigencias de reducción del personal (sobre ello, vid. punto VI), deben relacionarse sucesivamente dos grandes grupos de justas causas de despido: las que sirven de fundamento al despido disciplinario y las que motivan el despido por causas objetivas.

a) Los incumplimientos graves y culpables que legitiman la adopción por el empresario de un despido disciplinario son:

— las faltas de asistencia o puntualidad en el trabajo cuando sean "repetidas e injustificadas".

— la indisciplina o desobediencia en el trabajo.

— las ofensas verbales o físicas al empresario, a los compañeros de trabajo o a los familiares que convivan con unos u otros.

— la transgresión de la buena fe contractual y, específicamente, el abuso de confianza en el desempeño del trabajo.

— la disminución continuada y voluntaria en el rendimiento en el trabajo normal o pactado.

— la embriaguez habitual o toxicomanía, cuando repercutan desfavorablemente en el trabajo.

Aunque la relación de estas causas de despido contenida en el art. 54.2 ET parece de intención taxativa, la amplitud de la mayor parte de dichas causas es tal que resulta improbable que no quepan dentro de ellas cualesquiera incumplimientos graves y culpables del trabajador.

b) Las "causas objetivas" que facultan al empresario para despedir son:

— la ineptitud del trabajador, conocida o sobrevenida con posterioridad a su empleo (con la salvedad legal de que la ineptitud existente durante el periodo de prueba no podrá ser causa de despido).

— la falta de adaptación del trabajador a las modificaciones técnicas producidas en su puesto de trabajo, siempre que tales cambios sean razonables y el despido se produzca una vez transcurridos dos meses como mínimo desde la transformación técnica.

— la necesidad de amortizar un puesto de trabajo individualizado, siempre respecto de empresas con menos de 50 trabajadores, La necesidad ha de ser "objetivamente acreditada" por el empresario y ha de afectar a un puesto singular de trabajo, ya que la decisión de suprimir una pluralidad de puestos habría de tramitarse de acuerdo con el procedimiento de despido colectivo por reducción del personal (vid. punto VI). En todo caso, procede esta causa de despido cuando no sea posible el traslado del trabajador a puesto vacante de la empresa en la misma localidad o en centro de trabajo de otra localidad.

las faltas de asistencia, pese a ser justificadas, cuando sean intermitentes y alcancen el 20 por 100 de las jornadas hábiles en dos meses consecutivos o el 25 por 100 en cuatro discontinuos dentro de un periodo de doce meses. Para que tales faltas sean causa de despido es preciso además que el índice de absentismo del total de la plantilla del centro de trabajo supere el 5 por 100 en los referidos periodos de tiempo. No se consideran faltas incluibles en esta "causa objetiva" de despido las ausencias por huelga legal o por ejercicio de actividades representativas de los trabajadores, por accidente de trabajo, maternidad, vacaciones y licencias. La enfermedad y el accidente no laborales son causa de despido si no han sido declarados por los servicios sanitarios oficiales o si, declarados por éstos, tienen una duración que no excede de veinte dias consecutivos.

C. La decisión extintiva del empresario no puede, en ningún caso, fundarse en móviles discriminatorios o de privilegio; de acuerdo con el art. 4.2.c y el 17.1 ET, basados en principios constitucionales (art. 1.1; art. 14 Const.), una decisión unilateral del empresario -un despido, por tanto- que contenga discriminaciones por razón de edad, sexo, estado civil, origen, raza, condición social, ideas religiosas ó políticas, adhesión o no a sindicatos o a sus acuerdos, vínculos de parentesco con otros trabajadores en la empresa y "lengua dentro del Estado español". Los despidos producidos con fundamento en una de estas causas serían, en cuanto discriminatorios, "nulos y sin efecto", como dice redundantemente el art. 17.1 ET.

IV. RECURSOS CONTRA UNA TERMINACIÓN QUE NO SE CONSIDERA JUSTIFICADA

A. Con carácter previo al planteamiento de una demanda judicial, el trabajador puede instar del empresario la revisión del acto de despido; de modo expreso, la legislación española contempla posibles actuaciones a cargo de las representaciones del personal en la empresa, dentro de las que cabría la queja frente al despido de un trabajador: el art. 62.2 ET prevé que los delegados de personal formulen "reclamaciones ante el empresario", y el art. 64.1.6 y 1.8.a establece el derecho del comité de empresa a ser informado de los despidos disciplinarios ("sanciones impuestas por faltas muy graves"). Y, en su caso a plantear las acciones legales oportunas ante el empresario".

B. Pendiente de discusión y aprobación la ley orgánica que desarrolle el derecho a la libre sindicación reconocido en el art. 28.1 de la Const., la intervención sindical en materia de despidos se regula a través de la negociación colectiva. Como ejemplo señero, debe citarse el Acuerdo Marco Interconfederal para la Negociación colectiva (suscrito el 5 de enero de 1980 por la Unión General de Trabajadores y la Confederación Española de Organizaciones Empresariales), que atribuye a los Delegados sindicales en la empresa la facultad de ser "informados y oídos" por el empresario con carácter previo "acerca de los despidos y sanciones que afecten a los afiliados al Sindicato (XI.5.a).

La función sindical en materia de despidos, como se vé, no es la de revisar el acto de despido, sino la de informar y recibir información con carácter previo al despido. La competencia para revisar los despidos radica en nuestro Derecho, exclusivamente, en los tribunales laborales.

C. En efecto, la impugnación de los despidos (tanto disciplinarios como por causas objetivas) ha de plantearse ante los órganos del orden jurisdiccional laboral -las Magistraturas de Trabajo- a través de un proceso de trabajo de carácter especial, del que se trata en el punto siguiente.

Debe, además, hacerse constar que el Derecho español exige, como norma común a la generalidad de los procesos (norma que conoce, desde luego, excepciones: procesos de Seguridad Social, procesos sobre elecciones a cargos representativos en la empresa, etc.) el previo intento de conciliación de los litigantes ante un organismo administrativo (no jurisdiccional): el Instituto de Mediación, Arbitraje y Conciliación, adscrito al Ministerio de Trabajo, Sanidad y Seguridad Social. La asistencia de las partes al acto de conciliación es trámite previo obligado a la iniciación del proceso judicial; lo acordado en conciliación tiene por sí fuerza ejecutiva, sin que sea necesaria la ratificación por la Magistratura de Trabajo.

D. a) Sucintamente expuestos, los trámites del procedimiento de conciliación previa ante el Instituto de Mediación, Conciliación y Arbitraje son los siguientes (art. 50 y ss. LPL; D. 2756/1979, de 23 noviembre):

— Presentación de la "papeleta de conciliación" ante dicho organismo, con el efecto inmediato de interrumpir el plazo de caducidad de la acción por despido (el plazo de la acción es de 20 días); en dicha papeleta habrían de figurar, además de los datos del despedido y su actividad laboral, la fecha y motivos del despido.

— Comparecencia obligatoria de las partes ante el funcionario del Instituto designado al efecto. El Letrado conciliador dará la palabra a ambas partes (o a quienes legalmente las representen) así como, en su caso, a los "hombres buenos" que las acompañen, con el fin de que se aleguen las razones pertinentes y se exhiban los documentos que se estimen oportunos.

— Del resultado del acto de conciliación, tanto si hay avenencia como si no la hay, debe levantar acta el Letrado conciliador, que la firmará junto con las partes, a las que entregará una copia certificada de la misma.

— La conciliación con efecto positivo elimina la vía procesal, al zanjar por ella misma el litigio; si el efecto fuera negativo, quedaría obierta dicha vía procesal. El acuerdo de conciliación puede, no obstante, ser impugnado ante la Magistratura de Trabajo cuando en su adopción hubiera habido vicios determinantes de su nulidad.

b) La impugnación procesal del despido se inicia con la demanda del trabajador despedido, que, además de los requisitos genéricos de toda demanda, ha de incluir los datos relativos a la actividad del demandante, salario, categoría profesional, antigüedad, etc., así como los relativos a la fecha de efectividad del despido, causa alegada por el empresario, etc.; especificación de si la empresa tiene menos de 25 trabajadores (en cuyo caso se reduce el importe de la indemnización por despido improcedente) o de si el trabajador desempeñaba cargo representativo en la empresa.

Todvía con anterioridad al juicio de impugnación del despido se arbitra un segundo intento de conciliación, esta vez ante el propio Magistrado de Trabajo; fallido este intento -cuya validez podrá también impugnarse ante la propia Magistratura; su puesto muy anómalo se abre inmediatamente el juicio.

El trabajador demandante solicitará del Magistrado o la declaración de improcedencia o de nulidad del despido, a cuyo efecto se valdrá de los medios de prueba que autorizan el Código Civil y la Ley de Enjuiciamiento Civil; el empresario propondrá igualmente las pruebas que estime pertinentes.

Por su parte, el Magistrado podrá ampliar su conocimiento sobre las circunstancias del despido recabando el dictámen de expertos, o, terminado el juicio y dentro del plazo para dictar sentencia, acordando la práctica de las pruebas que estimare pertinentes (documental, testifical, de confesión).

En fin, el juicio concluirá con la sentencia del Magistrado en la que se declarará el despido procedente, improcedente o nulo; sentencia que podrá ser recurrida, según la cuantía litigiosa, ante el Tribunal Central de Trabajo o ante el Tribunal Supremo (Sala VI).

La procedencia del despido no se presume; de aquí que el art. 55.3 ET establezca que "el despido se considerará procedente *cuando quede acreditado el incumplimiento* alegado por el empresario", acreditación o prueba que pesa lógicamente sobre el empresario y que, de no existir, determina la improcedencia del despido.

E.a) La declaración judicial de que el despido es improcedente (sea por no quedar probado a lo largo del juicio el incumplimiento del trabajador o la causa objetiva alegados por el empresario como motivo del despido) trae como consecuencia el deber alternativo del empresario de readmitir al despedido injustificadamente o de, manteniendo el despido, satisfacerle una indemnización. De optar por la readmisión, ésta habrá de prodecirse "en las mismas condiciones que regían antes de producirse el despido" (art. 103 LPL). Además, el readmitido tendrá derecho al abono de los salarios dejados de percibir desde el momento del despido. Si el empresario opta por la indemnización (confirmándose por lo tanto el despido) deberá satisfacer al trabajador afectado una indemnización tasada -45 días de salario por año de servicios, con un máximo de 42 mensualidades-; sin embargo, cuando el empresario opte por la indemnización y la empresa tenga menos de 25 trabajadores, dicha indemnización se atenúara: se reducirá en un 20 por 100 (quedando cifrada en 36 días), de los que sólo el 60 por 100 (21,6 dias) corre a cargo del empresario, sufragando el 40 por 100 restante el Fondo de Garantía Salarial, organismo público dependiente del Ministerio de Trabajo, Sanidad y Seguridad Social. La norma pretende flexibilizar las posibilidades de despido en las pequeñas empresas.

En el supuesto de despido por causas objetivas declarado improcedente, existe una especialidad adicional: como quiera que en este tipo de despidos el empresario, al despedir, ha de poner a disposición del trabajador una indemnización de 20 dias de salario por año de servicios, si la opción es a favor de la readmisión el trabajador debe restituir la indemnización percibida; si la opción es a favor de la indemnización, del importe de ésta se deducirá la suma ya recibida (art. 53.5 ET).

b) La declaración judicial de que el despido es nulo tiene por consecuencia "la readmisión inmediata del trabajador con abono de los salarios dejados de percibir" (art. 55.4 ET). La declaración de nulidad procede en los casos de inobservancia de los requisitos formales del despido (vid. II.A), pero también por motivos no de forma sino de fondo: así, cuando la relación laboral se halle suspendida y el despido sea improcedente, sus efectos serán los propios de la nulidad (readmisión tan pronto como se reanude la relación suspendida); el despido basado en móviles discriminatorios es también nulo, por mandato del Art. 17.1 ET.

Desde luego, todas estas medidas se inscriben en una concepción defensora del principio de estabilidad en el empleo. Aun siendo cierto que la legislación actual ha rebajado las cuantías de las indemnizaciones por despido improcedente -medida en buena parte debida a la crisis económica de nuestros días-, no lo es menos que el Derecho español está lejos de admitir el despido libre sin más requisito que el de preavisar.

Si en nuestro Derecho no cabe habler de un derecho de propiedad al empleo, sí cabe consignar—por más que se aluda a la quiebra del principio de estabilidad en el empleo—la existencia de un derecho generalizado a obtener indemnizaciones por despidos no imputables a incumplimientos de los trabajadores.

V. TRÁMITES POSTERIORES A LA TERMINACIÓN

A. La figura del certificado de trabajo, cuyo origen normativo data de una antigua Orden de 20 de octubre de 1925, subsiste en nuestro Derecho a través del art. 75.5 de la Ley de Contrato de Trabajo (en vigor, con carácter de disposición reglamentaria: Disp. final 4ª ET). Dicho precepto establece que el empresario está obligado a entregar al trabajador, cuando éste lo solicite, un certificado extendido en papel común en el que *únicamente* se hará constar el tiempo servido a la empresa y la clase de trabajo prestado. Es importante la taxativa limitación del contenido del certificado, que no podrá ser utilizado para establecer valoraciones -o, sobre todo, desvaloraciones del trabajador atinentes a su profesionalidad o a sus condiciones personales.

B. La prioridad de readmisión del trabajador despedido en caso de que le empresa contrate de nuevo está prevista en el Derecho español. En efecto, tal supuesto se plantea respecto de los despidos por causas objetivas basados en la necesidad de amortización de un puesto singular de trabajo; el art. 52.c ET d dispone que "si en el plazo de un año se volviera a crear la plaza amortizada, el trabajador despedido tendrá preferencia obsoluta para ocuparla". La mecánica es similar a la que rige en materia de excedencias voluntarias, en las que, concluído el periodo do de la excedencia, el trabajador no tiene un derecho absoluto a la reincorporación, sino un simple derecho al reingreso condicionado a la existencia de vacante de igual o similar categoría a la suya que se produjera en la empresa (art. 46.5 ET).

C. El despido disciplinario declarado improcedente por el Magistrado de Trabajo constituye al trabajador cuando el empresario opte por la indemnización y no por la readmisión en una típica "situación legal de desempleo"; en efecto se está ante el supuesto enunciado por la Ley Básica de Empleo (L. 51/1980 de 8 de octubre) en su art. 17.a: se encuentran en situación legal de desempleo "quienes queriendo y pudiendo trabajar, pierdan su ocupación por causas a ellos no imputables". Como presupuesto del devengo de las prestaciones, el trabajador despedido deberá inscribirse, en cuanto parado, en la Oficina de Empleo correspondiente, acreditando su condición de desempleado mediante aportación de copia de la sentencia firme que declare improcedente al despido, o de copia del acta de conciliación celebrada ante la Magistratura o el Instituto de Mediación, Arbitraje y Conciliación, en la que las partes reconocieran la improcedencia del despido y acordaran una indemnización a favor del trabajador (supuesto previsto en el D. 2756/1979, de 23 de noviembre art. 11).

Igualmente se encuentra en situación legal de desempleo el trabajador despedido por "causas objetivas" (vid. III.B) cuando el Magistrado de Trabajo declare improcedente el despido y el empresario no opte por la readmisión; pero también la declaración de procedencia del despido objetivo -no se olvide que en tal caso tampoco hay imputabilidad de la causa de despido al trabajador- abre la vía de las prestaciones de desempleo (expresamente: art 53.5.a ET). Jurisprudencia reiterada viene declarando que no es necesario que el trabajador despedido impugne el despido por causas objetivas para tener derecho a las prestaciones por desempleo.

Finalmente, respecto de los despidos por causas económicas o tecnológicas o fuerza mayor (cfr. punto VI), la situación de desempleo ha de estar acreditada por la existencia de resolución administrativa que autorice los despidos.

VI. TRÁMITES ESPECIALES EN EL CASO DE REDUCCIÓN DE PERSONAL

Como introducción general puede decirse que los supuestos de extinción colectiva de contratos de trabajo, que afecten a la totalidad de la empresa o parte de ella, y que sean debidos a fuerzas mayores propiamente dichas (terremoto, inundación, catástrofe en general) o a fuerza mayor impropia (causas económicas o tecnológicas) necesitan de autorización administrativa, precedida de un intento de acuerdo con los representantes de los trabajadores afectados; aunque es claro que si este acuerdo se obtiene la autorización no es necesaria.

Sobre esta base se desarrollan a continuación los distintos apartados del esquema. La regulación que se va a exponer está hoy sustancialmente contenida en el Estatuto de los Trabajadores, ya citado, desarrollado precisamente en cuanto a esta materia por un Real Decreto 696/1980, de 14 de abril, "para la aplicación del Estatuto de los Trabajadores a los expedientes de modificación sustancial de las condiciones de trabajo y de suspensión y extinción de las relaciones de trabajo".

A. El expediente solicitando la autorización para la extinción (o en su caso para la suspensión) de los contratos de trabajo se inicia normalmente por el empresario (excepcionalmente puede iniciarse por los trabajadores, "si racionamente se presumiera que la no incoación del expediente por el empresario pudiera ocasionarles perjuicios de imposible o difícil reparación").

Iniciado el expediente por el empresario se abre un denominado "periodo de discusión y consultas" con los representantes de los trabajadores, que será analizado en el apartado B siguiente.

Si en el periodo recien mencionado no se obtiene acuerdo, la Autoridad laboral (el Delegado provincial de trabajo o el Director general de Trabajo, según los casos) decide. Su decisión puede denegar la autorización o concederla. Sea cual sea el sentido de la decisión, es recurrible por el empresario, y por los trabajadores o sus representantes, primero en alzada en vía administrativa (ante el Director General de Trabajo o ante el Ministro de Trabajo según quien haya decidido en primera instancia) cabiendo contra la decisión de la alzada recurso jurisdiccional en vía contencioso-administrativa ante los Tribunales de Justicia.

Para conceder la autorización debe probarse a satisfacción de la Autoridad laboral que efectivamente concurren las causas alegadas de fuerza mayor propia o impropia; que como consecuencia de ellas el empresario se ve en la necesidad de extinguir total o parcialmente las relaciones de trabajo con sus trabajadores, por el carácter permanente de la causa y la imposibilidad de solución razonable con continuidad de los contratos.

En general, aunque el expediente es de tramitación mas o menos compleja según la causa alegada, se procura la rapidez. Es preciso que en el expediente informe la Inspección de Trabajo y, además, que la petición del empresario vaya acompañada de informe de un censor jurado de cuentas sobre estas, si la empresa tiene mas de cincuenta trabajadores a su servicio. Por lo demás la Autoridad laboral puede pedir los informes complementarios que tenga a bien. La resolución debe, en los supuestos ordinarios, recaer dentro de los trienta días siguientes a la fecha de presentación de la solicitud; y se entiende denegada por silencio administrativo si este plazo transcurre estérilmente.

Por regla general la indemnización debida a los trabajadores despedidos por estas causas es de 20 días por año de servicios, con un maximo de 12 mensualidades.

Quizá convenga subrayar que la Autoridad laboral no despide sino que autoriza a despedir; la decisión de despedir es siempre del empresario autorizado a hacerlo. Si el empresario despide sin autorización el despido se reputa nulo, condenándose al empresario por el Magistrado de Trabajo, a instancias del trabajador afectado, a readmitir a este, con abono de todos los salarios dejados de percibir.

B. Como se anticipó en el apartado anterior, antes de presentar su solicitud ante la Autoridad laboral el empresario debe informar sobre aquella a los representates de los trabajadores, facilitando a estos la información y documentación correspondiente.

A partir de este momento se abre ''un periodo de 30 días naturales de discusión y consultas'' con los representantes legales de los trabajadores, del cual puede salir:

a) Un acuerdo entre las partes que estas comunican a la Autoridad laboral, quien lo aprueba en plazo de 15 días (o por silencio si los 15 días transcurren sin decisión expresa); salvo que aprecie que en el acuerdo ha habido ''dolo, coacción, o abuso de derecho'' en cuyo caso lo remite al Mgistrado de Trabajo para que estee decida al respecto; y es claro que el Magistrado declarará nulo el acuerdo si aquellos vicios concurren, confirmándolo en el caso opuesto.

b) Una falta de acuerdo, eu cuyo caso queda expedita la iniciación del expediente a que se refiere el apartado A.

C. El control por la Autoridad administrativa de la decisión de despidir, y por consiguiente la demostración y prueba de las causas, es quizá la medida restrictiva mas importante.

Entra dentro de las facultades de la Autoridad laboral el decretar una suspensión simple y no una extinción de los contratos de trabajo, por el tiempo que la Autoridad laboral decida.

Naturalmente no se entra aqui en procedimientos llamemoslos extralaborales para evitar la reducción de personal, tales como concesión de créditos, bonificaciones o exenciones a las empresas.

D. Frente a la legislación anterior al Estatuto de los Trabajadores, extraordinariamente la casuística en la fijación de criterios selectivos determinantes del orden de los despidos (preferencias de permanencia en favor de representantes de los trabajadores, minusválidos, trabajadores de edad madura, trabajadores con cargas familiares etc.), el Estatuto parece—aunque hay alguna discusión doctrinal al respecto—como si rompiera con todas las preferencias citadas, al partir en su regulación en general del principio de no discriminación. Pero:

a) Subsiste la preferencia en favor de los representantes de los trabajadores (delegados de personal y miembros de comité de empresa) que son los últimos en ser despedidos dentro de sus respectivas categorías profesionales.

Es claro que el empresario no puede establecer sus propios criterios discriminatorios, sino que tiene que partir de uno general y objetivo, que normalmente será, dentro de cada categoría o grupo profesional el del orden inverso a la antigüedad, salvo que demuestre fehacientemente la precisión de saltarse ese orden en favor de trabajador determinado.

E. Ya se habló en el apartado A de las indemnizaciones que son debidas a los trabajadores en el supuesto de extinción de los contratos de trabajo por esta causa.

Las medidas adicionales de protección están previstas especialmente para el supuesto de los expedientes denominados de "reconversión industrial", en los cuales la empresa se propone seguir funcionando con instalaciones modernizadas, mas rentables y de mayor productividad, aunque reduciendo su personal. Para este supuesto se prevén las ayudas siguientes:

a) Concesión al empresario de préstamos con bajo interés para hacer frente a las indemnizaciones que la ley le obliga a pagar.

b) Concesión de fondos para jubilaciónes anticipadas de trabajadores que estén proximos a la edad de retiro aunque sin haberla cumplido; de forma que se les garantice la percepción inmediata de sus pensiones de jubilación sin esperar a cumplir la edad reglamentaria para la misma.

c) Concesión de cantidades a tanto alzado para los trabajadores que deseen instalar pequeñas explotaciones como trabajadores autonomos.

d) Establecimiento de programas y cursos de reconversión o readaptación profesionales de los trabajadores despedidos, con concesión de becas de estudio compatibles con las prestaciones de desempleo de las que se habla en seguida en el apartado VII.

VII. SEGURIDAD DE LOS INGRESOS DEL TRABAJADOR AFECTADO POR UNA TERMINACIÓN DE TRABAJO

A. Ya nos hemos referido en los apartados anteriores, señaladamente en VI.A a las indemnizaciones debidas y en VI.E a las prestaciones adicionales.

B. Quien es despedido como consecuencia de un expediente de reducción de personal es técnicamente un desempleado o parado forzoso, y por consiguiente tiene derecho a las prestaciones por desempleo de la seguridad social (por cierto estas prestaciones han sido muy recientemente modificadas por la Ley 51/1980, *Básica de empleo*).

Consisten las prestaciones básicamente en la concesión de un subsidio por desempleo, que tiene la siguiente duración, dependiente de los periodos de cotización previa a la seguridad social del trabajador afectado; el cuadro es el siguiente:

— Mas de 6 meses de cotización, 3 meses de prestación.

— Mas de 12 meses de cotización 6 meses de prestación.

— Mas de 18 meses de cotización 9 meses de prestación.

— Mas de 24 meses de cotización 12 meses de prestación.

— Mas de 30 meses de cotización 15 meses de prestación.

— Mas de 36 meses de cotización, 18 meses de prestación.

La prestación no es uniforme a lo largo de todo el periodo de paro sino que se va reduciendo, resultando un nuevo cuadro que es el siguiente:

— Primeros 180 días de paro, subsidio del 80 por 100 del salario.

— Paro a partir del 6° mes hasta el mes 12, el 70 por 100.

— A partir del 12 mes, el 60 por 100.

Pero el subsidio ni puede ser superior al 200 por 100 del salario mínimo interprofesional general, ni puede ser inferior al propio salario mínimo si el trabajador tiene cargas familiares.

Si las prestaciones se agotan y el perceptor demuestra carecer de rentas "de cualquier naturaleza", y que tiene a su cargo "responsabilidades familiares", se le concede un subsidio de naturaleza asistencial del 75 por 100 del salario mínimo, mas la asistencia sanitaria y prestaciones familiarees durante 6 meses adicionales prorrogables por otros 3.

Con cargo a la entidad gestora del seguro de desempleo, se abonan las cuotas de las demas prestaciones sociales (esto es, las de prestaciones familiares, asistencia sanitaria general, pensiones de jubilación y en favor de los familiares, etc.), para que el parado siga acumulando derechos, el paro no obstante.

Las prestaciones de desempleo son incompatibles con toda renta de trabajo por cuenta ajena o propia; y lo son también con las pensiones de jubilación o incapacidad absoluta.

(Quedan asi explicados *brevemente* como el esquema pide, un régimen, como el de prestaciones de desempleo que es extremadamente complejo y con muy numerosas matizaciones).

C. En su lugar nos referimos, en VII.E a las prestaciones de jubilación anticipada. Traigase aqui lo dicho entonces.

D. Muy brevemente sobre este punto, cuyo desarrollo sería muy complejo, el título I de la Ley Básica del empleo citada, bajo la rúbrica *fomento del empleo* contiene un elenco completo de medidas de medidas de protección contra el paro, que es claro que en primer lugar se aplican a los trabajadores parados. Entre ellas facilitación del trabajo temporal; subvenciones directas a empresarios que creen nuevos puestos de trabajo; bonificaciones fiscales y en las cuotas de seguridad social a quienes ocupen a trabajadores en paro; formación profesional gratuita de parados; proteccion y ayuda a la movilidad ocupacional y geográfica (esta última, "cuando fuese imprescindible"); créditos de instalación de trabajadores autónomos. Se busca sobre todo potenciar inversiones que exijan "una utilización intensiva del factor trabajo" y fomentar la colocación de trabajadores con 'dificultades de inserción en el mercado de trabajo", como medios para la prevención del desempleo, positivamente, para "conseguir y mantener el nivel de empleo" que, nos dicen los artículos 1° y 2° de la Ley básica del empleo son su concepción y objetivo. La obtención del pleno empleo es, en efecto, "principio rector de la política social y económica" según el artículo 40 de la Constitución española de 1978.

Termination of Employment on the Initiative of the Employer and Income Security of the Worker Concerned

by

PROF. AXEL ADLERCREUTZ

University of Lund

and

PROF. BOEL FLODGREN

University of Lund

I. GENERAL INTRODUCTION

A. *The Employment Protection Act*

The main rules governing employment protection in Sweden are found in the Employment Protection Act of 1974. This Act was introduced to incorporate into the legal system and increase employment security, particularly in view of the structural change in industry and its ensuing effects on employment. Until then there had only been provisions in collective agreements that limited the employer's right to dismiss at will. The new legislation was enacted by a Social Democratic government as a response to demands put forward by, above all, the trade union movement.

The Act has a wide scope of application. It applies to both the private and the public sector with very few exceptions, e.g. top managers, members of the employer's family. In order to further the goal of the Act to provide extensive employment security for those already employed the Act recognizes the following principles:

(1) The employer may not terminate an employment unless there is "just cause" for such a termination.

(2) Employment contracts for a limited period of time are—except in a few specific situations—prohibited.

Abbreviations:
AD Arbetsdomstolens domar (Judgments of the Swedish Labour Court)
LO Landsorganisationen i Sverige (the Swedish Confederation of Trade Unions)
PTK Privattjänstemannakartellen (the Private Salaried Employees' Cartel)
SAF Svenska Arbetsgivareföreningen (the Swedish Employers' Confederation)

(3) Long terms of notice with pay should be recognized in cases of dismissal.

(4) The seniority principle "first in-last out" should be recognized in cases of redundancy.

(5) The use of lay-off without pay should be restricted.

(6) Priority rights for the earlier employed should be recognized in cases of reemployment.

(7) The union—and in some cases the individual employee—should have right to consultation with the employer in cases of dismissal, and if a dispute arises the employee should have the right to remain in employment until the dispute is finally settled.

(8) Obedience under the Act should be enforced through damages, and if an unlawful dismissal takes place the employee should have the right to reinstatement with back pay.

B. *Other Sources of Law Regarding Employment Security*

The Employment Protection Act is the main source of law regarding employment security in Sweden but it is not the only source. There also exist other pieces of legislation that provide employment protection for particular categories of employees. Such legislation is, for instance, the Shop Stewards Act which invests some extra employment protection with the shop steward in cases of redundancy. Furthermore, the Public Employment Act provides a very farreaching employment protection for state employees in prominent positions, for instance judges and university professors. Simultaneously with the Employment Protection Act was also enacted the Act concerning Employment Promoting Measures which aims at providing the public authorities with information about and influence on the recruitment of labour, redundancy etc. at the different worksites. This Act, although not applicable to individual employment relationships, has some importance with regard to employment protection and will be dealt with further below. Else, this paper will deal mainly with the Employment Protection Act.

In Sweden the *legislative history* (les travaux préparatoires) has a noteworthy importance in the adjudication process. The reasons given in the legislative process are very often quoted by the Courts as decisive. Particularly when a statute uses vague terms as "just cause" for dismissal, leaving it to the courts to implement the statute, the application is often guided by pronouncements in the legislative papers.

Although the courts are bound to follow the statutes and usually feel bound to follow pronouncements in the legislative history, many questions are often left open to be decided ultimately by the courts. Thus in labour law particularly the *judgements of the Labour Court* (quoted AD)—there is only one for the whole of Sweden—are an important source of law. To complete the picture some words should be added about the *collective agreements*. Several of the provisions of the Employment Protection Act are semi-compulsory in the sense that they can be set aside through collective agreements entered into or accepted by national unions (which represent the main bargaining level of Swedish unionism). Many important provisions are thus open for bargaining and, indeed, have been replaced by collective agreements. The collective agreements on the national union level therefore constitute an important source of regulation with regard to employment protection in Sweden. Having pointed this out it is now time to return to the main source, the Employment Protection Act and the body of law that has taken shape under this Act.

C. *Restrictions With Regard to Form of Employment*

The question of employment security arises normally only when the employment is for indefinite periods. If there were full freedom to hire for determined periods, rules regarding employment security could easily be circumvented. Therefore the main principle of the Act is that employment for fixed periods should be permitted only in exceptional cases, for training purposes, for employment as a substitute, or when it is requested by the special nature of the work, for instance harvesting.

The provision on temporary employment contracts, § 5, is semi-compulsory and has been extended in several collective agreements. Most national unions have, for instance, agreed to let the employer hire on probation for a limited period of time. Thus, in enterprises where a typical collective agreement is in force, the employer has the right to employ blue collar workers for a trial period of three months at the most and salaried employees for six months at the most. Employment for trial purposes is not permitted in enterprises where no collective agreement exists, which happens particularly in small firms. The Government has been put under increasing pressure to alter the statute in this regard and has recently presented a proposal to that effect. The pressure has come mainly from the owners of small firms and from the Swedish Employers' Confederation, SAF. The main argument that the legislator seem to recognize is that employment for trial purposes would help to solve the problem with the high unemployment rate among young people in Sweden.

D. *Terminology and Definitions*

With regard to terminology the Act makes a distinction between *dismissal with notice, discharge* and *lay-off*. Dismissal with notice implies that the employment relationship is terminated after a period of notice during which the employee receives his regular pay and maintains the same working conditions as before. The prerequisite for such a dismissal undertaken by the employer is that a just cause is at hand. Discharge implies the immediate termination of the employment relationship and can be used only in cases when the employee's conduct can be regarded as a severe breach of the employment relationship.

The employer may lay off workers temporarily if there is not enough work to be done. Lay-off may be used with regard to blue collar workers but not with regard to salaried employees. During lay-off no work is being performed and no wages are being paid. However, the employment continues and the workers have to return to work at the request of the employer. If lay-off is used for more than two weeks at a row or for more than 30 days altogether during a year the employer has to pay wages in spite of the fact that no work is being done, unless the work in question is in itself of a seasonal or temporary nature. This rule is intended to confine the use of lay-off to short periods of slackness of operations.

II. PROCEDURES PRIOR TO TERMINATION

A. *Non-renewal of Fixed-Term Employment*

An employment contract entered into for a fixed period of time or for a particular task or season expires at the end of that period or when the task/season comes to an end. The employee may not be dismissed during that time. When time is out no formal dismissal is required but the employer must inform the employee in writing that the employment will not be renewed. Such written information must be given at least one month before the employment ceases or the new season begins and only in cases where the employment has lasted for more than 12 months—with regard to seasonal work 6 months—during the last two years.

B. *Procedures in Case of Termination of Employment*

When the employer contemplates to dismiss or discharge an employee who is not employed on a temporary basis the formalities are far more extensive.

Discharge cannot be undertaken unless there are sufficient reasons related to the conduct of the employee (personal reasons). A dismissal may well be founded on reasons of the same kind but may also be dependent on reasons related to the employer, particularly shortage of work (redundancy).

The procedure is in all these cases to a great extent the same. There is a *preparatory stage* of information or prewarning and consultation (below under C) which, if the employer decides to continue, is followed by the *act of dismissal* (or discharge) itself (below under E). Afterwards a *disputes procedure* may take place, if the employee wishes the dismissal invalidated as not being justified. The disputes procedure will be dealt with below under IV. Some special features applying to dismissal owing to redundancy will be discussed under VI.

C. *The Preparatory Stage*

There is a general provision in the *Co-determination Act* of 1976 which places upon the employer an obligation to inform and bargain with the union as soon as he is about to decide or effectuate what could be considered a major change in his operation or in the working conditions for an individual employee. This provision on mandatory bargaining implies, for instance, that the employer must bargain with the union before he decides to reduce his workforce. In addition to the mandatory bargaining prescribed by the Co-determination Act the employer also has to consult with the union—upon request of the union—according to the Employment Protection Act. Accordingly, in cases of a planned curtailment of operations the employer first has to bargain with the union under the Co-determination Act and then—at the union's request—have consultations with the union regarding the implementation of the curtailment, i.e. with regard to seniority, periods of notice for different categories of workers etc. The provisions on mandatory bargaining under the Co-determination Act and regarding consultation under the Employment Protection Act are in the process of being altered in order to make the procedure easier to handle for employers and unions in cases of curtailment of operations.

The dismissal procedure that must be observed according to the *Employment Protection Act* is the following. First, the employer must notify the local trade union a certain time in advance. When a planned dismissal is due to redundancy the notification should be given to the union at least one month before notice is served. In cases of dismissal due to personal conduct the period is two weeks and in cases of discharge "as soon as possible". If, for some valid reason, the employer cannot observe the prescribed time-limits for notification he must notify the union as soon as possible. If the employer disregards his duty to notify damages may be inflicted on him.

When the employer notifies the union about his plans to dismiss or discharge he shall direct the notification to the local union to which he is bound (or is usually bound) by a collective agreement with regard to the category of employees concerned. If there are two or more such unions all of them have to be notified irrespective of which—if any—the employee or employees in question belong to.

If the employer intends to dismiss or discharge an employee on account of personal conduct the employer not only has to notify the union but also to inform the employee within the same time limits as prescribed for the notification to the union.

The purpose of the notification and the personal information to the employee concerned is to provide an opportunity to discuss the matter before the employer realizes his plans to dismiss/discharge. The union to which the notification is directed and the employee who has received the corresponding information have a right to call for consultation with the employer within a week. The employer may not dismiss/discharge before an opportunity for consultation has been provided.

Consultations under the Employment Protection Act are not regarded as negotiations although the difference is mainly formal. The purpose is to give the union and the employee a chance to influence the employer. However, the decision is up to the employer, although the employee side may afterwards submit the decision to judicial review (as to the disputes procedure see below under IV).

D. *Notification of Public Authorities*

Only in case of redundancy must a notification be made to public authorities, i.e. the regional labour market authority (see further under VI:B).

E. *Formalities Related to the Act of Dismissal or Discharge*

The Employment Protection Act prescribes further formalities for the employer to follow in cases of dismissal and discharge. Such acts must be served in writing. If the employee so demands the employer has to give a written statement of the reasons for the dismissal/discharge. Furthermore, the employer has to inform the employee of what the employee has to observe if he wishes to assert that the dismissal or discharge is invalid. If the dismissal is due to redundancy, the employer has to inform the employee of his priority right to be reemployed and what the employee has to observe to make use of this right. The notification of dismissal or discharge has to be communicated to the employee in person or in a registered letter.

F. *Periods of Notice and Benefits During Such Period*

When the employee is dismissed he has the right to a period of notice with full pay. The length of the period varies depending on the age of the employee at the time of dismissal. Every employee has the right to a period of notice of at least one month. If the employee has been employed by the employer during the last six months or for at least 12 months during the last two years, the period of notice is

two months if the employee is 25 years of age or older,

three months if the employee is 30 years of age or older,

four months if the employee is 35 years of age or older,

five months if the employee is 40 years of age or older,

six months if the employee is 45 years of age or older.

Several collective agreements prescribe other periods of notice than does the statute. For instance, the collective agreement for the salaried employees in the private sector prescribes a period of notice of one year if the employee has reached the age of 55 and has been employed by the employer for at least 10 years and the dismissal is due to redundancy.

The employee is entitled to all employment benefits during the period of notice even if the employer does not offer him any job or offers him a job which is normally paid less. He is further entitled to have time off with pay for the purpose of finding a new job. The employee is obliged to be at the employer's disposal during the period of notice. With the employer's consent he is free to accept a new job during that period. The old employer has to fill in the gap if the employee's income from the new job implies a wage reduction. On the other hand, the employer is free to make a reduction if the employee refuses to accept a sensible offer of a new employment during that period.

III. JUSTIFICATION OF TERMINATION

"Dismissal on the part of the employer shall have a just cause." This important principle, laid down in § 7 of the Employment Protection Act, opens up for judicial investigation into what was previously, failing agreement, a matter for the employer alone to decide.

What constitutes a just—valid or objective—cause has not in any way been defined in the Act, but the legislative history contains certain guidelines. It was recommended that more rigorous demands for a just cause than was common earlier should be upheld. What is considered to be a just cause must depend on evaluations prevalent in society at a given time and must therefore be subject to change.

The policy underlying the Act is that the employer has a social responsibility for his employees, that the social costs for the less productive part of the population should not be borne solely by the state but should be shared by industry. The employees are considered to have a certain right to remain employed if they have once been accepted for employment. The employers have to put up with employees, even if they are not first-rate workers either as to ability or as to conduct. But each case must be considered with regard to its special circumstances. A more far-reaching responsibility is expected from big enterprises than from small ones, which have fewer possibilities to provide an alternative job within the firm for an employee who does not manage to do his job well. The longer the employment has lasted, the more secure the employment shall be.

Valid causes are generally divided into two groups referred to already above under II:B:

(1) *redundancy*, which is a circumstance related to the enterprise, and

(2) *personal conduct*, which includes all personal circumstances, also those for which the employee cannot be blamed (e.g. illness).

First of all, however, the § 7 of the Act makes a general reservation that there is no just cause if it can reasonably be required that the employer transfers the employee to another job. As was just mentioned, this is usually far more feasible in large than in small firms.

(1) Redundancy

Shortage of work constitutes a valid ground for dismissal. It is ultimately up to the employer to decide whether he has to, or chooses to, reduce his work force, but the employees and their union may dispute that there is really a shortage of work and it may be investigated in a trial at the Labour Court, whether other reasons have in reality been decisive. Abuse of this ground for dismissal is at least to some extent prevented by the priority right to be reemployed which is acknowledged to those dismissed because of redundancy. The Labour Court does not generally examine the case from the viewpoint of business economics. It is sufficient that the employer prove that the change involving the dismissal is real and not fictitious.

(2) *Circumstances relating to the employee's personal conduct*

According to pronouncements in the legislative history, particularly the Government Bill in so far as it was approved by the Riksdag, *reduced working capacity* due to age or illness should be accepted as a valid cause only in exceptional cases. If sufficient requirements for early retirement or disability pension can be shown, such an expedient should be chosen instead of dismissal.

Lacking earning capacity and efficiency may be valid causes in certain circumstances. The Labour Court has probably paid regard to the fact that employment for a trial period is allowed only if agreed in a collective agreement, and that therefore disappointed expectations of an employee may constitute a valid cause. In the cases so far approved the length of service has been short. In a 1978 case (no. 13) the dismissal of a commercial traveller was deemed to be justified, because he cost more than the employer profited from having him employed, and the prospects for future improvements were bad. Insufficient capacity was approved as ground for the dismissal, after one or two months, of an accountant who had presented good formal qualifications for the job (AD 1975 no. 68).

Difficulties in cooperating with the employer or other employees can usually be approved as a valid cause only in small firms. Disputes as to what is a valid cause are frequent only in cases of alleged misconduct or neglect of the employee's duties. The following short notes are based mainly on case law.

Criminal offences directed against the employer do not necessarily constitute a valid cause. To be considered as such the offence must reveal the employee's general unfitness for the job. However, an act of violence in the workplace is usually looked upon as a severe breach of the employment contract and thus a valid cause for dismissal, and in grave cases for discharge.

Dismissal for *undisciplined behavior in general* is accepted as legal only in cases when the employee's behavior shows him to be unfit for the job. Cases such as refusal to obey orders, late arrival, absence from work without valid reason have to be of a serious nature to be considered sufficient ground.

The duty to *obey orders* has also been somewhat reduced through the rules in the Co-determination Act by which the trade union has received a priority right of interpretation in disputes turning on the employee's duty to perform work. No sanction can be imposed on an employee who has refused to perform work when the refusal is ordered or supported by the trade union concerned.

To have appeared *drunk at work* is accepted as a valid cause in exceptional cases only, such as when safety is at stake or the firm's goodwill is endangered. If, on the other hand, the employee appears drunk at work so often that he can be classified as an alcoholic, he may not be dismissed on that ground, since alcoholism as a disease is generally not accepted as a valid cause.

Dismissal that has taken place because of *trade union activity* was early classified as unfair and illegal. This was held by the Labour Court to be a consequence of the employer having recognized the trade union as a negotiating partner, but outside collective agreement relationships no protection existed. The Right of Association and Negotiation Act of 1936 introduced an express provision that employers' acts caused by the employee's union membership etc. would be illegal. According to the present Co-determination Act dismissal involving an infringement of the right of association is null and void. Special protection for safety representatives and for shop stewards is prescribed in the Working Environment Act of 1977 and the Shop Stewards Act of 1974.

Participation in *illegal strikes* may in certain cases be a valid reason for dismissal. In serious cases, particularly if employees have refused to comply with an order of the Labour Court to resume work, even *discharge* may be justified.

Of importance particularly in cases of misbehavior and neglect is the short period of limitation during which the employer can make use of an incident for dismissal purposes (Employment Protection Act § 7). A dismissal must not be based merely on a circumstance which the employer has known for more than one month before he takes action, but earlier incidents may be referred to in combination with a recent event.

According to the Act of 1979 on Equal Opportunities for Women and Men in Employment a dismissal because of sex is illegal and void.

The employee has a right to leave of absence for various purposes, for instance to take care of sick children, to study etc. Such rules imply that the employee cannot be dismissed for taking advantage of his right to take time off, and generally the employee is secured to enjoy, on his return to work, terms not less favourable than if he had been working throughout the period of leave.

In very grave cases an employer may choose to dismiss an employee summarily (without observing a period of notice), an act which is here referred to as a *discharge*. Such is legal only if the employee has seriously neglected his duties towards the employer. Case law gives some indications of how serious the offence must be. Conduct which before the Act was sufficient ground for discharge may now not even be a valid cause for dismissal.

Serious incidents of *violence at the workplace* are considered sufficient grounds for discharge. So are also *serious crimes against the employer's property,* e.g. a cashier's embezzlement as an intentional planned activity, not merely committed on impulse. A sales manager's *disloyal activity* was sufficient. Refusal to submit to transfer which might involve a certain wage reduction but had been approved by the trade union has been accepted as sufficient ground. The Labour Court considered the employee to have neglected his duties so consciously and stubbornly that the discharge was justified.

Protracted participation in an *illegal strike* continuing after the Labour Court had ordered the strikers to resume work was deemed sufficient reason for discharge, but activity as a strike leader in the early stage of an illegal strike was not so regarded.

The same limitation period of one month applies to cases of discharge.

IV. THE DISPUTES PROCEDURE

A. *The Different Stages of the Disputes Procedure*

If the employee wishes to assert that the dismissal or discharge is invalid, the employer must be informed within two weeks after the dismissal or discharge has taken place. If the employer has failed to inform the employee of what to do, the term is prolonged to four weeks after the employment ceased according to the notification of dismissal or discharge. Since notification must forego the act the time for consideration is in reality longer.

After the employee has raised his claim, which is normally done through the union, the disputes procedure begins. This implies negotiations first on the plant level between the local union and the employer and then—if the dispute is not settled—negotiations on the so called central level, which means negotiations between the national union and the employer's association.

If no settlement is reached, the dispute may be referred to the *Labour Court* or to *arbitration* within two weeks after the negotiation procedure has been pursued.

Both at the negotiation stage and in the court procedure the unions have a predominant role. According to the Labour Disputes Act the organization has a legal right to bring an action on behalf of its members (or former members), even if the individual concerned does not wish to bring a suit. Likewise, when a member of an organization is sued, the organization must be summoned too.

The purpose of the negotiations procedure is of course to reach a settlement without a court action. A secondary purpose is to prepare the case for the court procedure, if no settlement can be reached. It is prescribed in the Labour Disputes Act that parties must fufil their duty to negotiate before a case can be examined by the Labour Court. If the parties have not pursued the grievance procedure the Labour Court will refuse to deal with the dispute, unless the cause is an obstacle for which the plaintiff is not responsible.

An *unorganized employee,* or an employee whose claim is not supported by the union, has to bring his action in the local district court without any preceding grievance procedure. In these cases the Labour Court serves as a court of appeal, but only if a review permit is obtained from the Labour Court.

B. *The Court Procedure*

(1) *The Labour Court*

The Labour Court, which is one for the whole country, was established to resolve justificiable labour disputes in a peaceful way, at the same time as industrial actions in such disputes were banned. The composition of the Court is aimed at providing the Court with expert knowledge both in legal and industrial matters. In its ordinary sessions the Labour Court has seven members, three officials, and four other members, two of whom represent management and two labour respectively. The idea is to provide both a neutral element—the chairman is always an experienced judge—and wing members representing the labour market parties. All are appointed by Government, the wing members on the recommendation of the labour market organizations, and they act as sworn judges.

The procedure at the Labour Court is mainly the same as in the ordinary courts although somewhat less formal. After a case has been brought to the Court, there is first a preliminary oral hearing before one of the Court's three chairmen for the purpose of spelling out the issue at dispute. The parties have to disclose the evidence they intend to bring to support their case. The chairman may also try to conciliate the parties. A considerable number of cases have been resolved in this manner. The Court is more active in spelling out the law than is common in the ordinary courts, particularly if the parties have no legal assistance, but as a rule parties use lawyers with special experience in labour law. LO has established a special legal aid service at the disposal of member unions.

The trial is oral and concentrated in one *main hearing*. Then witnesses can be heard and other evidence be presented to the Court. Like the ordinary courts the Labour Court is free in its assessment of the evidence. There are no special rules as to admissibility or evaluation.

It is up to the employer to prove that there is a valid reason for the disputed dismissal. The employer must prove not only the facts that reveal misconduct or other circumstances referred to as a valid cause, but also the importance for the firm of having the employment terminated, including the impossibility of removing the employee to a more suitable job within the firm. Many dismissals have been invalidated by the Labour Court because the employer has been unable to prove the alleged circumstances on which the dismissal had been based.

(2) *The ordinary courts*

When labour disputes are dealt with in the ordinary district courts, general principles of procedure in civil cases apply. This means that a case is generally heard by three judges.

It is, however, possible to use a simplified procedure when the claim does not exceed a certain amount varying with the value of money, in 1981 7 700 Scr. The case is then heard by a single judge and the court provides legal assistance for the parties whereby the use of practising lawyers becomes unnecessary. This simplified procedure is not particularly designed for labour disputes; it was introduced to provide consumers with practical means to assert their rights.

C. *The Employee's Position Pending the Disputes Procedure*

Pending the dismissal procedure the employee is in principle still regarded as employed and is entitled to all his regular employment benefits. This applies automatically to cases of dismissal with notice. The employer is not allowed to shut out the employee from work unless there are particular reasons for such a step. He may, if he so chooses, institute summary proceedings to obtain a court order to the effect that the employment ceases by the end of the period of notice or at any later date that the court may decide, irrespective of the dispute going on. On the claim of the employee side, the court may also order a shut-out decision to cease as not being founded on sufficient reasons.

In cases of discharge the court may issue an order that the employment shall continue until the dispute has been finally settled. It appears that the principle is here the opposite compared with the ordinary dismissal procedure: the employment is deemed to cease unless otherwise has been decided by the court.

D. *Remedies in Case of Unjustified Dismissal*

Remedies available when just cause for dismissal has not been proved, with the dismissal thus invalidated, are *reinstatement, back pay* and *damages*. The employee is entitled to be reinstated, if he so wishes, except in very special situations such as difficulties in cooperating with the employer in very small firms. He is also entitled to full wages and other employment benefits for the time between the dismissal and the reinstatement, and to damages for the illegal act as such. In addition, the union is usually entitled to damages for infringement of its interest that the provisions of the Act should be observed.

The normal amount of damages to the individual employee for the unlawful act as such is in case of dismissal without just cause 10 000 Scr., in case of unjustified discharge 15 000 Scr., but these amounts may be adjusted in both directions in view of various circumstances. Damages to the union amount to roughly the same or a somewhat higher sum.

If the dismissal is objected to solely on the ground that it is contrary to a rule concerning priority, the dismissal is not invalidated. Only damages may be imposed on the employer.

If a discharge has been deemed unjustified but there are reasons enough for dismissal, the discharge will not be invalidated. Damages are the only remedy in such a case. Only if there is not even sufficient ground for dismissal is the discharge declared invalid.

If the employer refuses to reinstate the employee in accordance with a court decision to do so, the employment is considered to cease through this refusal. This is due to the principle that in labour law coercion is never used to enforce a labour relation to be established or restored or work to be performed. Instead, the employer has to pay substantial damages to the employee, ranging from the equivalent of 16 months' to 48 months' wages.

V. PROCEDURES FOLLOWING TERMINATION

A. *Certificate of Employment*

The employee is entitled to receive from the employer, on the termination of an employment which has been of some duration, a certificate stating the length of the employment, kinds of work performed, the reason why the employment has been terminated and an evaluation of the employee's performance, proficiency, etc. If the employee so requests or if the employment has lasted for a short time only, the certificate may state only the length of the employment and kinds of work performed.

No general statute contains anything about such certificates, but it is considered a legal duty for the employer to issue one, if the employee so requests.

B. *Priority of Re-hiring When the Enterprise Again Recruits Workers*

An employee dismissed because of redundancy has a priority right to be reemployed in the same operational unit and occupation where he had been employed before. Further details of this right will be dealt with below under VI:D. As has been mentioned (II:E) the employer has a duty to inform the employee of his priority right and how to make use of it.

C. *No Duty to Inform Unemployment Benefit Societies*

As the unemployment benefit societies are closely connected with the trade unions which are normally involved in the negotiations or consultations preceding dismissals (see II:C), no duty to inform the unemployment benefit societies has been prescribed, but the certificates mentioned under A have as one of their main functions to inform the society of the fact that an employment has been terminated due to redundancy.

VI. SPECIAL RULES AND PROCEDURES IN CASE OF WORKFORCE REDUCTION

A. *Authorization of Public Authorities Not Needed*

As has been mentioned before (under III), it is ultimately up to the employer to decide whether shortage of work may entail reduction of the workforce. No public authority can force an employer to retain redundant employees, but the employers' duty to notify, which will be dealt with in the next section (B), may be used by the authorities concerned to initiate negotiations regarding the necessity to reduce the workforce or measures aimed at avoiding such reduction.

B. *Duty to Notify the Labour Market Authorities*

As it is of vital importance to find new jobs for those dismissed because of redundancy, a duty has been imposed on employers to notify the regional labour market authority of planned reductions of workforce 2–6 months in advance, depending on the number of employees likely to be dismissed. Exemption is made when no more than 5 employees are involved. When lay-off is contemplated, the notification period is one month. If circumstances causing the reduction of workforce have been unforseeable, the warning period may be reduced accordingly. The sanction for non-compliance is a special charge depending on the number of redundant employees and of weeks during which the duty had been neglected (Act concerning Employment Promoting Measures §§ 1–5).

C. *Negotiations and Consultation With Trade Unions. Priority Rules*

Plans to reduce the workforce is one of the most important cases in which a primary duty to negotiate with the trade unions concerned is imposed on the employer (see above II:C). This is regarded as a major change in operations in the sense of the Co-determination Act. The employer has to initiate negotiations with the union(s) in relation to which he is bound by a collective agreement, the "established" trade union(s), before he decides on the matter. The employer is normally prohibited—at the risk of heavy damages—to put his decision into force before such negotiations have been pursued.

The procedure according to the Employment Protection Act, which is designed to precede the act of dismissal, has also been described above (II:C). The most important matter, when reduction of workforce must be undertaken, is to decide on the "list".

The Employment Protection Act prescribes that in case of dismissal or lay-off owing to shortage of work an employee's priority right is determined on the basis of his total period of service with the employer. In the second place the employee's age is decisive. If continued work with the employer requires transfer to another job, the employee must have sufficient qualifications for the job offered to keep his priority right.

In principle a priority list must be determined for every operational unit and further for each category of employees within the unit. Disabled and elderly employees enjoy certain advantages.

It is possible for the employer and the local trade union to agree on other principles or apply the rules more or less strictly. It is generally delegated to the local parties to decide on the priority list, and regard is then often paid to the fact that it is in the interest of both the employer and the employees that the enterprise can operate efficiently after the workforce has been reduced. But allowance may be made for some period of adaptation to a new job after transfer.

D. *Priority Right to Be Reemployed*

When there is need for recruitment of new employees, a priority right to new employment can be claimed by former employees, as has been mentioned above (V:B). An employee dismissed because of redundancy has a priority right to be reemployed in the same operational unit and occupation where he had been employed before, and the same principles of seniority apply, if two or more former employees claim priority. Such a priority right is valid for one year after the employment has ceased, and the employee has to give notice to the employer of his intention to make use of it. A similar priority right is also given to those who have been employed only for one or several fixed periods. A general condition is that the employee has been in the employer's service for more than 12 months or, as regards only seasonal work, 6 months during the last two years and has sufficient qualifications for the new employment.

E. *Measures to Avoid Workforce Reduction or to Mitigate the Effects Thereof*

The procedure of negotiation or consultation which is to precede decisions of workforce reductions is also intended to provide for opportunities to find alternatives to dismissal or lay-off. Some alternatives will now be mentioned. Others, as retirement before normal age, will be dealt with below under VII.

A solution that is used primarily to cope with problems connected with new methods of production and an ensuing reduction of the workforce is to transfer or remove employees to other types of job within the enterprise. Transfers may also be due to individual employees' declining capacity for work. There is a provision in the Employment Protection Act that there is no valid cause for dismissal so long as it is possible to transfer the employee to another job within the enterprise. If a removal entails a decrease in earnings, the employee may be entitled by the collective agreement to additional pay, at least for some time. If special training is needed for the new job, the employee is also generally protected against wage reductions for the duration of the training programme.

To bridge over temporary slack periods in operations an agreement for short-time working may be negotiated between the employer and the trade union concerned. If agreement is reached, no special restrictions apply. If no agreement is reached, the employer may nonetheless—after having fulfilled his duty to negotiate with the union—decide to introduce a short working week but only for a limited period, according to a ruling of the Labour Court (AD 1976 no. 2, cf. AD 1978 no. 76) only if redundancy is deemed to be temporary. This measure amounts to a partial lay-off and is applicable only when lay-off is at all permissible and thus not to salaried employees.

A natural consequence of shortage of work is reduction of overtime work. The trade unions supervise to some extent the amount of overtime, but there is no general resistance, still less bans on overtime to prevent unemployment.

The attitude of the trade unions to work sharing as a means of solving redundancy problems has in principle been negative. On the contrary the trade unions favour transition to full time for part-time workers. But this attitude may change. TCO, the Central Organization for Salaried Employees, has made pronouncements in favour of such a policy. Claims have begun to be raised for a general six-hour working day, not for the immediate future but as a not too distant goal.

Unemployment problems are primarily regarded as a matter for Government, and the labour market authorities have at their disposal various means, generally of a financial nature, to support employment or arrange for substitutional occupation and thus mitigate the effects of workforce reductions. The duty to notify and the warning periods mentioned above under VI:B may be used for initiating negotiations between the authorities and the enterprises in cooperation with the trade unions to solve problems arising from expected unemployment. As examples of measures that have been used may be mentioned subsidized training within the enterprise of employees who can no longer be employed in a normal way, Government orders for products from industries in difficulties, subsidies for stock-piling, tax relief for certain investments, and formal take-overs of threatened industries. Subsidized employment in the open labour market, relief work and jobs in "sheltered workshops" for disabled workers are ultimate measures of great importance to keep otherwise idle persons working. The costs for all these measures are enormous in the present economic situation. Unemployment figures are in Sweden comparitively low, but of course they do not account for a great amount of disguised unemployment owing to all the efforts made to meet unemployment problems.

VII. INCOME SECURITY OF THE WORKER AFFECTED BY A TERMINATION OF HIS EMPLOYMENT

When an employment contract is terminated Swedish law does not provide for redundancy pay in form of a lump sum. The economic benefits that an employee might be entitled to in such a situation is any of the following (or a combination of the following):

(1) an individually negotiated lump sum,

(2) insurance benefits in the form of a lump sum established by collective agreements and administered through special insurance foundations,

(3) unemployment benefits under the employment insurance system administered by recognized unemployment benefit societies.

(4) a cash labour market support,

(5) old age pensions under the public social insurance system as well as under special collective agreement schemes.

Employees who do not qualify for either of the above mentioned benefits might receive aid from the Government through the Social Welfare programme.

A. *Benefits Paid by the Employer*

As has been shown above the Swedish employment protection regulation is rather severe on the employer. One could say, however, that the employment protection has a price. It is not unusual that the employer and the employee agree to terminate the employment contract with a "golden handshake" which implies that the employer pays an employee to quit voluntarily, an employee whom the employer would not—under the Employment Protection Act—have the right to dismiss. Such arrangements are often made by the union and the employer—with the consent of the individual employee—while negotiating the priority list in cases of redundancy. One could say that in such cases the employee simply sells his place on the priority list to the employer. Also with regard to personal conduct the employment protection has a price. If the employer is not sure that the Labour Court would accept his reasons for wanting to get rid of a particular employee as a just cause for dismissal the employer often negotiates with the union (and the individual employee) about a "just price" for dismissal. Once an agreement has been reached, the employee leaves voluntarily. Top managers are not, as has been pointed out above, covered by the Employment Protection Act and can therefore in principle be dismissed without a just cause. It is not unusual, however, that such persons receive compensation amounting to one year's salary when the enterprise wants to terminate their employment.

B. *Insurance Benefits in the Form of a Lump Sum*

The central organizations for employees LO and PTK have since long established a comprehensive insurance scheme with the employers' association SAF on the basis of collective agreements.

According to the LO-SAF agreement the *blue collar worker* is entitled to separation benefits, so called AGB, when his employment is terminated due to curtailment of the employer's enterprise or if he otherwise loses his employment and there is no hope that he will receive a new employment within his trade. In order to qualify for AGB the employee must

— be between 40 and 65 years of age,

— have worked at least 16 hours a week,

— have 5 years of continuous employment of which 4 years are covered by the AGB-insurance.

An employee who has reached 50 years of age and has to quit his job due to weakness of health may also be entitled to receive AGB.

AGB is paid in the form of a lump sum and amounts to 2 000 Scr. for each of 4 years of employment and 200 Scr. for each additional year of employment. An employee may also be entitled to a higher AGB allowance if he remains permanently unemployed.

The collective agreement which provides *the salaried employees* with separation benefits is called the Security Agreement. It establishes an insurance benefit called AGE. In order to qualify for such allowance an employee must

— have become unemployed as a result of redundancy,

— have reached 40 (but not 65) years of age,

— have been employed in the employer's enterprise for at least 5 years.

The amount of the AGE allowance is determined on an individual basis and paid in a lump sum. The insurance scheme is administered by a special Security Fund for Salaried Employees.

C. *Benefits Paid Under a Scheme of Unemployment Insurance*

The social insurance system administered by the Government is rather extensive in Sweden. It does not, however, include any general unemployment benefit scheme. Instead, the unemployment benefit system is closely linked to the trade unions. However, to the largest part the system is financed by the Government.

Usually union members become automatically affiliated to the corresponding unemployment benefit society. Unorganized employees have a right to join the society—otherwise the society would lose its status of a "recognized" society and would consequently not be entitled to financial support from the Government. Although in practise closely connected with the trade unions these societies are formally independent bodies supervised by the Labour Market Board.

An employee who has been a member of an unemployment benefit society for 12 months and who has been employed for 5 of the last 12 months before unemployment is entitled to unemployment benefits from the society. Such benefits can be obtained after 5 days of unemployment. The unemployment allowances vary from about 100 Scr. (US $20) to about 200 Scr. (US $40) a day, depending on the person's income. In order to receive unemployment benefits a person must "be available" on the labour market. This implies that he may not turn down a sensible offer for employment. If he refuses to accept a job which is offered to him and which the authorities think he ought to take, he might be shut off from unemployment benefits for a period of time, usually for 4 weeks. When an unemployed person has received unemployment allowance for 300 days the benefit ceases (450 days if he has reached 55 years of age). Then he must be employed for at least 5 months again to qualify for a new period of unemployment benefits.

D. *The Cash Labour Market Support*

The cash labour market support—KAS—is a supplementary form of unemployment benefits. This form of benefit is provided by the Government and, subsequently, requires no membership or insurance. The following categories are entitled to KAS:

(1) unemployed persons who do not belong to an unemployment benefit society,

(2) members of unemployment benefit societies who have not been members long enough to qualify for unemployment benefits (12 months),

(3) elderly unemployed persons for whom the period under which they receive unemployment benefits has ended.

A person must be available on the labour market in order to be entitled to KAS. He must also have been employed during 5 of the last 12 months before unemployment or else have excuses for not having been on the labour market, for instance because he has been enrolled in education or in the military service.

The cash labour market support can be obtained after 5 days of unemployment. It amounts to 75 Scr. a day at the most. It cannot be received for more than 150 days at a time (300 days for persons 55 years of age or older). Then a period of 12 months must elapse during which the person must be employed for at least 5 months before he can receive cash labour market support anew.

E. *Pensions*

The general social insurance system provides old age pension to everybody, regardless of former employment, at the age of 65. Employees who want to retire at an earlier age can diminish their weekly working hours down to 17 and receive *partial pension* from the social insurance system. Partial pension can be received at the age between 60 and 65 and the employee must diminish his working hours with at least 5 hours a week.

Early retirement or disability pension can be provided for any person who due to sickness or other disability suffers from a permanent reduction of his working capacity to at least 50%. To an increasing degree such pensions have been used during the last years as a means to meet unemployment problems. Disability must be proved, but the prospects for the applicant to get a job may also be taken into consideration, and this has been done in an increasing number of cases. To a large extent even very young people receive such pensions. In a rather artificial way this system improves the unemployment figures.

La cessation de la Relation de Travail à l'Initiative de l'Employeur et la Sécurité des Revenus des Travailleurs Intéressés

par

ALEXANDRE BERENSTEIN

Genève

I. INTRODUCTION

1. La Suisse ne possède pas de législation instituant une protection particulière des travailleurs contre les licenciements. La cessation de la relation de travail est réglementée, d'une manière générale, par des dispositions s'adressant à la fois à l'employeur et au travailleur. Le législateur s'est en effet refusé à tenir compte en la matière de la spécificité du contrat de travail et à prendre en considération la différence entre les situations dans lesquelles se trouvent respectivement l'employeur d'une part et le travailleur de l'autre.

A. *Sources de la Réglementation*

2. Le contrat de travail est régi par le titre X du *code des obligations* (CO), du 30 mars 1911 (RS 220), modifié par la loi du 25 juin 1971. Ce sont les dispositions de ce code qui, sur le plan législatif, réglementent essentiellement la dissolution du contrat de travail.

Mais on trouve aussi des dispositions sur la dissolution du contrat de travail dans d'autres textes législatifs et réglementaires, soit:

a) la *loi sur la formation professionnelle* (LFPr), du 19 avril 1978 (RS 412.10);

b) l'*ordonnance sur la formation professionnelle agricole* (OFPA), du 25 juin 1975 (RS 915.1), fondée sur la loi sur l'agriculture, du 3 octobre 1951 (RS 910.1);

c) la *loi sur la navigation maritime sous pavillon suisse* (LNM), du 23 septembre 1953 (RS 747.30).

Ces différents textes modifient ou complètent sur certains points les règles du CO, qui s'appliquent subsidiairement aux rapports de travail qu'ils régissent, chaque fois que les lois spéciales ne contiennent pas de règles qui y dérogent. Le code des obligations n'emporte que des effets de droit privé; les trois autres textes susmentionnés ont un caractère mixte, emportant à la fois des effets de droit public et des effets de droit privé.

3. Une autre source de réglementation réside dans les *contrats-types de travail*. Le contrat-type est un acte réglementaire édicté par le Conseil fédéral (gouvernement fédéral) ou par l'autorité cantonale compétente et qui régit les rapports de travail (entre autres la fin du contrat) dans une profession déterminée. Il existe actuellement

sur le plan fédéral six contrats-types de travail, concernant des professions telles que le personnel soignant, les jardiniers privés, etc. Quant aux cantons, ils sont tenus d'édicter des contrats-types pour les travailleurs agricoles et pour le service de maison; dans ces deux cas, en effet, il n'y a pratiquement pas de conventions collectives, le degré d'organisation des travailleurs, voire des employeurs, y étant très faible. Les contrats-types, qui sont élaborés après consultation—et généralement à l'initiative—des organisations professionnelles ou de groupements d'utilité publique, exercent une fonction protectrice remplaçant partiellement celle des conventions collectives.

4. Les conditions de travail (y compris les règles sur l'extinction du contrat) sont régies dans une large mesure par les *conventions collectives de travail*, qui sont conclues entre un ou des employeurs, ou une ou des associations d' employeurs, d'une part, et une ou des associations de travailleurs, de l'autre. Le champ d'application de ces conventions peut être étendu à l'ensemble d'une branche économique ou d'une profession par décision de l'autorité publique (loi permettant d'étendre le champ d'application de la convention collective de travail, du 28 septembre 1956 LECCT—RS 221.215.311).

5. Quant à la portée juridique et à la hiérarchie de ces différentes sources de réglementation, il convient de relever, en bref, ce qui suit:

a) la loi de droit public a un effet coercitif; la loi de droit privé, notamment le CO, peut avoir un effet purement dispositif ou, au contraire, un effet impératif; dans ce dernier cas, mais dans ce cas seulement, elle a une force supérieure à celle des autres sources de réglementation: contrats-types de travail, conventions collectives de travail, de même qu'à celle des clauses des contrats individuels de travail; la loi détermine dans quels cas ses clauses impératives l'emportent sur les clauses des contrats-types, conventions collectives ou accords individuels plus favorables au travailleur (art. 358, 359, 361, 362 CO);

b) le contrat-type de travail a en principe une valeur dispositive, en ce sens que le contrat individuel peut y déroger (art. 360 CO);

c) la convention collective de travail, au contraire, a un effet ''direct et impératif'' (art. 357 CO); elle l'emporte sur les accords individuels, sauf dans le cas où ceux-ci sont plus favorables au travailleur.[1]

B. *Champ d'Application de la Réglementation*

6. Les règles prévues par le code des obligations sur la cessation du contrat de travail sont en principe applicables à l'ensemble des rapports de travail. Sont seuls exclus du champ de la réglementation du code les rapports de travail des fonctionnaires et employés publics, qui sont régis par le droit public (art. 342 CO), sauf dans la mesure où les rapports en question ont été conclus sur la base du droit privé; dans ce dernier cas, les règles du code sont naturellement applicables. La cessation des rapports de travail de droit public demeure en dehors du cadre de la présente étude.

7. Le code des obligations prévoit cependant l'application de règles spéciales à certains types de relations de travail. Ces règles touchent:

a) le contrat de travail agricole avec communauté domestique (art. 336 *c* CO);

b) le contrat d'apprentissage (art. 344 et suiv. CO);

c) le contrat d'engagement des voyageurs de commerce , soit le contrat liant les travailleurs qui exercent à titre principal une activité de voyageur de commerce, à l'exclusion de ceux qui ne travaillent qu'occasionnellement ou passagèrement pour un employeur (art. 347 et suiv. CO).

Les règles du code relatives à la cessation des rapports de travail des travailleurs agricoles, des apprentis et des voyageurs de commerce ne dérogent que partiellement à la réglementation générale du contrat de travail, qui demeure applicable à ces travailleurs à titre subsidiaire.

8. On a vu d'autre part qu'en dehors du CO, d'autres textes législatifs contiennent des dispositions sur la dissolution du contrat de travail de certaines catégories de travailleurs, tout en laissant aussi subsister, pour ces travailleurs, l'application à titre subsidiaire des règles générales du CO sur la matière.

La LFPr établit des règles spéciales pour les apprentis de l'industrie, de l'artisanat, du commerce, de la banque, des assurances, des transports, de l'hôtellerie et de la restauration, des autres professions assurant des services, ainsi que de l'économie familiale, à la condition qu'un règlement d'apprentissage ait été édicté pour la profession en question par l'autorité fédérale (art. 1 et 8 LFPr) ou, le cas échéant, par l'autorité cantonale (art. 12 LPFr). La grande majorité des apprentis sont assujettis à ces règles spéciales. L'OFPA, de son côté, établit des règles applicables aux apprentis dans l'agriculture et les domaines connexes.

La LNM, enfin, réglemente le contrat d'engagement des marins servant à bord des navires de mer enregistrés dans le registre des navires suisses, quelle que soit leur nationalité. Elle contient des règles particulières qui, sur certains points, sont très différentes des principes retenus par le code des obligations. Le régime spécial applicable aux marins ne sera pas analysé dans la présente étude.

II. PRINCIPES GENERAUX

A. *Les Contrats à Durée Déterminée et les Contrats à Durée Indéterminée*

9. Le droit suisse distingue, en ce qui concerne la durée du contrat de travail, entre les contrats à durée déterminée et les contrats à durée indéterminée.

Les contrats à durée déterminée sont ceux qui ont été conclus pour une durée précise ou dont la durée résulte du but pour lequel le travail a été promis (par exemple, la durée d'une maladie pour la personne chargée de donner des soins infirmiers, ou le remplacement d'un employé malade jusqu'à sa guérison). Dans les contrats de cette nature, l'engagement prend fin automatiquement à l'expiration du temps prévu ou à la survenance de l'événement qui devait, d'après les conventions des parties, mettre fin au contrat (art. 335 CO). En matière d'apprentissage, le contrat est en principe conclu pour une durée déterminée, celle de l'apprentissage, cette durée devant être fixée par écrit dans le contrat (art. 344 *a* CO).

Les contrats à durée indéterminée sont ceux dont la durée n'a pas été fixée au préalable par les parties et ne ressort pas non plus du but pour lequel le travail a été promis. L'engagement prend alors fin par un congé donné par l'une ou l'autre des parties (art. 336 CO).

Il existe aussi des contrats de caractère mixte, qui ont été conclus pour une certaine durée, mais dont la fin est subordonnée à un congé préalable, le contrat étant réputé continuer pour une durée indéterminée si le congé n'a pas été donné (art. 335, alinéa 3, CO) : par exemple, un contrat conclu pour la durée d'une année, devant se poursuivre si l'une ou l'autre des parties n'aura pas donné congé un mois avant l'expiration de cette durée. Le code fait néanmoins entrer ces contrats dans la catégorie des contrats à durée déterminée.

B. *Les Modes de Résiliation du Contrat*

10. Si, dans les contrats à durée déterminée, il n'y a en principe pas de résiliation, le contrat prenant fin automatiquement à l'échéance du terme prévu, une résiliation—le congé—est en revanche, sauf le cas du décès, nécessaire pour que prenne fin le contrat à durée indéterminée. Il en est de même des contrats de nature mixte, l'engagement qui en résulte ne prenant pas fin automatiquement, mais par résiliation.

11. La résiliation dont il vient d'être question est une résiliation normale, qu'on qualifie de *résiliation ordinaire.* Mais le contrat peut aussi prendre fin par une *résiliation extraordinaire;* il s'agit de la "résiliation immédiate" pour de justes motifs, qui met fin prématurément au contrat aussi bien dans le cas d'un contrat à durée déterminée que dans celui d'un contrat à durée indéterminée (art. 337 CO). Les motifs pour lesquels une telle résiliation peut être prononcée seront analysés plus bas.

III. LA PROCEDURE DE LICENCIEMENT

A. *Notification au Travailleur*

12. Le congé signifié par l'employeur au travailleur constitue une déclaration de volonté, par laquelle l'employeur déclare sa volonté de mettre fin au contrat. C'est un acte formateur unilatéral, qui produit des effets juridiques immédiats, sans que l'auteur de la déclaration ait besoin de s'adresser au juge pour obtenir le résultat désiré.

La déclaration doit indiquer clairement la volonté de mettre fin au contrat et la date à laquelle la cessation de celui-ci doit prendre effet. Elle ne nécessite cependant aucune forme spéciale. Le congé peut être donné par écrit, verbalement, voire même, exceptionnellement, par actes concluants. Mais il faut qu'il ait été reçu par le destinataire et que ce dernier puisse en comprendre la signification.

13. Nonobstant ce qui vient d'être dit, la résiliation doit revêtir une forme spéciale, notamment la forme écrite, lorsqu'une telle forme est spécialement prévue par la loi, le contrat-type, la convention collective ou le contrat individuel.

En ce qui concerne l'apprentissage, la loi prévoit que le contrat doit être conclu en la forme écrite (art. 344 a CO). La même forme doit dès lors, en vertu de l'art. 12 CO, s'appliquer à toutes les modifications du contrat, et notamment à sa résiliation unilatérale.

Plusieurs contrats-types de travail, fédéraux et cantonaux, et diverses conventions collectives prévoient que le congé doit être donné par écrit, voire par lettre recommandée.

14. Aucune disposition légale n'impose à l'employeur l'obligation d'indiquer dans l'acte de résiliation du contrat les motifs du licenciement. Cette obligation peut cependant lui être imposée conventionnellement, et elle est effectivement prévue par quelques conventions collectives, notamment dans l'industrie chimique. Le contrat-type fédéral pour le personnel des fromageries dispose que lorsque l'une des parties se départ immédiatement du contrat de travail pour de justes motifs, elle est tenue de communiquer ces motifs sans délai à l'autre partie.

15. La loi ne prévoit pas non plus l'obligation de faire précéder la déclaration de congé d'un avertissement préalable. Mais la jurisprudence et la doctrine ont admis que des infractions mineures du travailleur à ses obligations contractuelles ne suffisent pas pour autoriser l'employeur à procéder à une résiliation immédiate du contrat, à moins que le manquement ne se répète malgré des avertissements

réitérés (ATF 101/1975 I a 549). Par conséquent, en de telles circonstances, l'employeur qui entend faire usage de son droit de résilier immédiatement le contrat doit avoir averti préalablement le travailleur en cause.

D'autre part, quelques conventions collectives, dans l'industrie chimique, prévoient expressé ment que, si le travail ou le comportement du travailleur ne donnent pas satisfaction—sans qu'ils justifient une résiliation immédiate—l'employeur ne peut licencier le travailleur s'il ne lui a pas préalablement notifié un avertissement, contre lequel recours peut être formé auprès de la direction; si, après l'écoulement d'une certaine période, il est constaté que le comportement et le travail n'ont plus donné lieu à grief, l'avertissement devient caduc.

B. *Notification à d'Autres Personnes ou Instances*

16. En principe, le licenciement ne doit pas être notifié à qui que ce soit d'autre que le travailleur. Mais cette règle souffre certaines exceptions.

Dans les rapports d'apprentissage assujettis à la loi sur la formation professionnelle, le maître d'apprentissage qui résilie le contrat pour un motif grave est tenu d'en aviser immédiatement l'autorité cantonale et l'école professionnelle (art. 25 LFPr).

Cetaines conventions collectives prévoient l'obligation pour l'employeur qui licencie un travailleur avec effet immédiat d'en aviser la commission d'entreprise créée par la convention. Enfin, dans certains cas spéciaux, la convention va plus loin et exige l'accord de la commission d'entreprise pour le licenciement (dans l'industrie chimique, en ce qui concerne le licenciement de travailleurs qui, pour raison de santé, ne supportent pas le travail dans l'entreprise).

C. *Période de Préavis*

a) *Généralités*

17. La résiliation ordinaire d'un contrat de travail est normalement liée à l'observation d'une période de préavis. Cette période comporte deux éléments: le délai et le terme. Le délai constitue le laps de temps qui, calculé en heures, en jours, en semaines ou en mois, doit s'écouler entre le moment de la réception du congé et celui auquel le contrat doit effectivement prendre fin. Mais la résiliation ne pourra généralement prendre effet qu'à un jour déterminé, qu'on appelle le terme et qui correspond à la fin d'une semaine ou d'un mois. Cela signifie que le délai est prolongé jusqu'à la survenance du plus prochain terme.

Il fallait en effet prévoir l'écoulement d'un délai pour laisser au travailleur qui quitte l'entreprise la possibilité de trouver un autre emploi. Mais encore fallait-il que la fin du délai correspondît à un jour où le travailleur ait le plus de chances possible de trouver un tel emploi. Or si l'on prévoit dans la loi que la résiliation, de part et d'autre, aura effet pour un terme déterminé, tel que la fin d'un mois, il sera plus facile à l'intéressé de trouver du travail à l'expiration de son contrat, puisque la plupart des changements d'emploi prendront ainsi effet le même jour.

18. La loi institue des règles impératives prévoyant notamment dans certains cas, l'observation d'un délai minimum, ainsi que des règles dispositives sur les délais et termes de congé, qui peuvent être modifiées par le contrat individuel, comme par le contrat-type ou la convention collective de travail, le délai de préavis pouvant alors être augmenté, diminué ou même supprimé.

b) *Parité des délais*

19. L'art. 336 CO prescrit que les délais de congé ne peuvent être différents pour les deux parties; si un accord prévoit le contraire, le délai le plus long est

applicable aux deux parties. Si donc, selon le contrat, le délai applicable à la résiliation du contrat par le travailleur est plus long que celui qui doit être observé par l'employeur, ce dernier devra, pour résilier le contrat, tenir compte du délai le plus long.

c) *Suspension du délai*

20. Lorsque le congé a été donné par l'employeur et que, avant que le délai de résiliation ait expiré, le travailleur vient à se trouver dans une période au cours de laquelle le licenciement est interdit (voir plus bas, No 28), le délai de congé est alors suspendu et ne continue à courir qu'après la fin de la période de prohibition. Si, d'après la loi ou le contrat, les rapports de travail doivent cesser à un terme tel que la fin d'un mois ou d'une semaine, la période de préavis est, dans le cas où la fin du délai de résiliation qui a recommencé à courir ne coïncide pas avec ce terme, prolongée jusqu'au prochain terme (art. 336 *e* CO).

d) *Délai pendant le temps d'essai*

21. Dans les contrats à durée indéterminée, le début de l'exécution du contrat constitue normalement une période dite temps d'essai. Pendant cette période, chacune des parties peut examiner si le contrat lui convient, si l'expérience est concluante, en ce qui concerne notamment les prestations du travailleur pour l'employeur et les conditions de travail pour le travailleur. Chacune des parties est dès lors autorisée, pendant cette période, à mettre fin au contrat dans un délai extrêmement bref.

D'après l'art. 334 CO, le temps d'essai est en principe d'un mois; il peut être supprimé ou prolongé, mais sa durée totale ne peut dépasser 3 mois. Selon une règle dispositive de la loi, le contrat peut, pendant le temps d'essai, être résilié 7 jours d'avance pour la fin d'une semaine de travail.

22. Bien que le contrat d'apprentissage soit un contrat à durée déterminée, il doit comporter un temps d'essai, qui doit être fixé par le contrat à un mois au minimum et trois mois au maximum (art. 344 *a* CO). Pendant ce temps, le contrat peut être résilié moyennant un avertissement donné sept jours à l'avance, sans qu'il y ait obligation d'observer un terme (art. 346 CO). Lorsqu'il s'agit d'un contrat assujetti à la LFPr, le temps d'essai est fixé à trois mois si les parties n'ont pas prévu sa durée dans le contrat; par dérogation au CO, il peut exceptionnellement, avant qu'il soit venu à terme, être prolongé jusqu'à six mois (art. 21 LFPr). Dans les contrats d'apprentissage agricole, le temps d'essai est d'un mois, pendant lequel le contrat peut être résilié moyennant un délai de résiliation de sept jours; mais il peut exceptionnellement être prolongé jusqu'à trois mois (art. 15 OFPA).

22. A l'exception du cas du contrat d'apprentissage, où un temps d'essai a été introduit avec effet impératif dans un contrat à durée déterminée, les dispositions du CO sur le temps d'essai n'ont, on l'a vu, qu'un caractère dispositif, à l'exception de celle qui en fixe la durée maximum à trois mois et à laquelle il ne peut être dérogé au détriment du travailleur (art. 362 CO). On pourrait s'interroger sur la signification de cette dernière disposition (voir plus haut, No 5, note 1). Mais en l'espèce, le travailleur a évidemment intérêt à ce que le temps d'essai soit le plus court possible, car ce n'est qu'à l'expiration de cette période qu'il est protégé contre une résiliation en temps inopportun (voir plus bas, No 28). L'accession à cette protection est, en réalité, le seul avantage réel de la durée maximum fixée au temps d'essai, puisque, même en dehors de la période d'essai, le contrat peut, pendant le première année des rapports de service, prévoir un délai de congé de n'importe quelle durée, voire supprimer tout délai.

e) *Délai après l'expiration du temps d'essai*

23. Une fois le temps d'essai expiré, la résiliation peut, d'après une règle dispositive de la loi, intervenir, lorsque les rapports de travail ont duré moins d'un an, moyennant l'observation d'un délai d'un mois pour la fin d'un mois (art. 336 *a* CO). Lorsque ces rapports ont duré plus d'un an,[2] la loi prévoit, à titre impératif, un délai minimum, qui est d'un mois, et à titre dispositif un délai de deux mois pour la fin d'un mois entre la deuxième et la neuvième année de service, et ultérieurement de trois mois pour la fin d'un mois (art. 336 *b* CO).[3]

24. Le code des obligations prévoit à titre impératif la prolongation du délai de licenciement dans des circonstances spéciales pour deux catégories de travailleurs.

Il s'agit tout d'abord d'assurer la protection des travailleurs agricoles qui habitent en communauté domestique avec leur employeur et qui ont travaillé chez lui tout l'été, soit pendant une période où il y a pénurie présumée de main-d'oeuvre; l'employeur qui, pendant les mois de septembre à décembre—où l'offre d'emploi est faible—entend congédier le travailleur ne peut le faire qu'en observant un délai de six semaines au moins (art. 336 *c* CO).

Il s'agit d'autre part de protéger les voyageurs de commerce qui sont rémunérés à la provision (commission), lorsque celle-ci constitue au moins un cinquième du salaire et qu'elle est soumise à des fluctuations saisonnières importantes; lorsqu'ils ont travaillé chez le même employeur depuis la fin d'une saison,[4] ces voyageurs ne peuvent être congédiés pendant la saison suivante que moyennant l'observation d'un préavis donné "pour la fin du deuxième mois après la résiliation du contrat", c'est-à-dire d'un délai de deux mois pour la fin d'un mois (art. 350 CO).

D. *Conséquences de l'Inobservation du Préavis*

25. L'inobservation de la période de préavis légale ou contractuelle n'entraîne pas la nullité du licenciement. Ce dernier est valable; le travailleur ne peut exiger de poursuivre son travail ni demander sa réintégration, mais l'employeur doit lui payer le salaire dû jusqu'à l'expiration de ladite période, dans la même mesure que s'il s'agissait d'une "résiliation immédiate" du contrat, prononcée sans justes motifs et intervenue à la date pour laquelle le contrat a été résilié (voir plus bas, No 38).

E. *Temps Libre*

26. Une fois le contrat dénoncé, l'employeur doit accorder au travailleur le temps nécessaire pour chercher un autre emploi (art. 329 CO). Cette disposition a un caractère impératif, même si cela n'est pas indiqué à l'art. 362 CO, qui énumère les dispositions ne pouvant être modifiées au détriment du travailleur.[5] La durée exacte du temps libre qui doit ainsi être accordé au travailleur n'est pas précisée; il a simplement été prévu que les parties doivent, pour fixer les heures libres, tenir compte équitablement des intérêts de l'une et de l'autre.

IV. LES CONDITIONS DU LICENCIEMENT

A. *Justification du Licenciement*

27. L'employeur n'est pas tenu de justifier le licenciement. Le contrat de travail est soumis à cet égard aux mêmes règles que les autres contrats régis par le code des obligations. Le législateur a considéré que, tout comme le travailleur peut résilier le contrat de travail sans avoir à justifier sa décision, l'employeur peut agir de même à l'égard du travailleur. Ayant omis de prendre en considération la différence qui existe entre ces deux situations, il est ainsi demeuré fidèle à une

conception "libérale" des rapports entre employeur et travailleur, qui distingue la loi suisse de celles des autres pays de l'Europe occidentale. Cependant, comme on l'a vu, la convention collective (tout comme le contrat individuel) peut exiger que les causes du licenciement soient communiquées.

B. *Périodes d'Interdiction du Licenciement*

28. Si, à la condition d'observer les délais et termes prévus par la loi, le contrat-type ou la convention, l'employeur peut résilier un contrat de travail à durée indéterminée en tout temps et sans avoir à fournir de justification du licenciement, cette faculté est cependant restreinte dans certaines situations spéciales; le contrat ne peut en effet être résilié "en temps inopportun", c'est-à-dire pendant certaines périodes au cours desquelles le licenciement serait selon toutes probabilités particulièrement préjudiciable au travailleur (art. 336 *e* CO), soit:

a) pendant que le travailleur accomplit un service militaire ou de protection civile obligatoire, ainsi que, si ce service dure plus de 12 jours, durant les 4 semaines qui précèdent et les 4 semaines qui suivent;

b) pendant les 4 premières semaines—8 semaines dès la deuxième année de service—d'une incapacité de travail résultant d'une maladie ou d'un accident dont le travailleur est victime sans sa faute;

c) pendant les 8 semaines qui précèdent et les 8 semaines qui suivent l'accouchement d'une travailleuse;[6]

d) pendant les 4 premières semaines d'un service officiel d'aide à l'étranger.

Cette interdiction du licenciement ne vaut cependant qu'à la condition que le congé soit donné après la fin du temps d'essai. Elle ne s'applique qu'à la résiliation ordinaire, mais non à la résiliation immédiate pour de justes motifs. Tout congé donné en contravention à cette disposition légale est nul et de nul effet; l'employeur qui entend maintenir la résiliation doit alors la renouveler après l'expiration de la période protégée.

Si l'on en croit les termes de la loi (art. 361 CO), il ne pourrait être dérogé aux règles sur la résiliation en temps inopportun (art. 336 *e* CO) "ni au détriment de l'employeur ni au détriment du travailleur", mais le gouvernement fédéral a admis dans son message explicatif que, compte tenu de l'idée de protection qu'elle contient, cette disposition n'exclut pas "que des restrictions encore plus étendues soient apportées au droit de résilier le contrat, soit par accord, soit par convention collective de travail".[7]

C. *Le Licenciement Pour Cause de Service Militaire*

29. Dans un cas déterminé, le législateur a autorisé expressément le travailleur à contester le bien-fondé du licenciement en raison du motif de celui-ci. Le travailleur peut en effet faire opposition au licenciement lorsque celui-ci est intervenu parce qu'il accomplit un service obligatoire, militaire ou dans la protection civile (art. 336 *g* CO). L'opposition n'a cependant pas pour effet d'influer sur la validité du licenciement; le travailleur peut seulement, si l'employeur maintient la résiliation, réclamer le paiement d'une indemnité.

D. *Le Licenciement Abusif*

30. Le travailleur peut d'autre part opposer au licenciement la règle générale de l'article 2 du code civil (CC), aux termes de laquelle "l'abus manifeste d'un droit n'est pas protégé par la loi." Le Tribunal fédéral a admis que cette disposition "limite l'exercice de tous les droits civils, y compris le droit de résilier un contrat

de travail", mais il n'y a abus de droit que s'il y a "utilisation contraire à son but d'une institution juridique en vue de satisfaire des intérêts que cette institution n'a pas pour objet de protéger" (SJ 1981, 548). En pratique, sur la base de cette définition jurisprudentielle, l'existence d'un abus de droit est extrêmement difficile à prouver, et la jurisprudence ne connaît guère de cas où elle ait été admise dans ce domaine.

31. Les principales conventions collectives protègent expressément la liberté de coalition des travailleurs. L'employeur ne peut, en présence d'une telle clause, licencier un travailleur en raison de son activité syndicale, et il n'est dès lors pas besoin, en pareil cas, d'examiner si le licenciement viole aussi l'art. 2 CC. La convention de l'industrie chimique bâloise interdit aussi tout licenciement pour cause de grossesse.

E. *Le Licenciement Immédiat pour de Justes Motifs*

32. La faculté pour l'employeur de procéder à un licenciement "immédiat", c'est-à-dire de ne pas être tenu d'observer le délai de préavis légal ou conventionnel ou de pouvoir résilier un contrat à durée déterminée, présuppose l'existence de "justes motifs", soit notamment de "circonstances qui, selon les règles de la bonne foi, ne permettent pas d'exiger de celui qui a donné le congé la continuation des rapports de travail" (art. 337 CO).

Le législateur n'a pas entendu définir d'une façon précise les cas dans lesquels les justes motifs peuvent être invoqués, préférant laisser à la pratique le soin de déterminer si les conditions de la résiliation immédiate sont réalisées. D'une part, il n'a pas exclu que d'autres circonstances que celles qui sont expressément mentionnées à l'art. 337 CO puissent être invoquées comme justes motifs; c'est pourquoi cette disposition est formulée de la manière suivante: "sont *notamment* considérées comme de justes motifs les circonstances . . . "Il a d'autre part été prévu que le juge apprécie "librement" s'il existe de tels motifs, c'est-à-dire qu'il doit statuer en appréciant d'une manière objective tous éléments pertinents et rechercher la solution adéquate aux circonstances spéciales du cas particulier (ATF 101/1975 I a 548). La jurisprudence a néanmoins tenté de délimiter par une formule très générale les cas où l'on peut admettre l'existence de justes motifs; il s'agit de ceux dans lesquels les conditions essentielles, de nature objective ou personnelle, sous l'empire desquelles le contrat a été conclu, ne sont plus réalisées (ibid.); c'est, en d'autres termes, l'application de la *clausula rebus stantibus*.

Si même, dans la plupart des cas, le juste motif invoqué consiste dans une attitude fautive de la part du travailleur, la loi n'exige nullement que cette hypothèse soit réalisée. Le motif peut résider dans la personne même de l'employeur, comme une maladie qui l'empêche de poursuivre l'exploitation de l'entreprise, ou dans un fait extérieur à l'une et à l'autre des parties.

33. Mais le motif doit être suffisamment grave pour que l'exigence posée par la loi soit réellement remplie. On a déjà vu qu'une faute mineure commise par un travailleur ne peut suffire pour justifier une résiliation immédiate, mais la situation sera différente si un certain nombre de fautes en elles-mêmes mineures ont donné lieu à avertissement, dont le travailleur n'a pas tenu compte. D'autre part, l'employeur qui se plaint d'une attitude fautive du travailleur doit agir sans retard, à défaut de quoi il est censé pouvoir supporter la situation et, s'il s'agit d'un contrat à durée indéterminée, attendre l'échéance du plus prochain terme légal ou conventionnel.

34. Dans le contrat d'apprentissage, l'employeur peut rompre le contrat pour de justes motifs, alors même que les conditions générales de la résiliation immédiate

ne seraient pas réalisées, si l'apprenti n'a pas les qualités physiques ou intellectuelles indispensables à sa formation (art, 346 CO).

35. La validité du licenciement pour de justes motifs n'est pas affectée par le fait que l'employeur n'a pas indiqué, dans la déclaration de congé ou ultérieurement, la nature des griefs qui, selon lui, constituent de justes motifs de licenciement immédiat. Il suffit que le destinataire de la déclaration puisse comprendre, à la lecture de cette dernière, qu'il ne s'agit pas d'un congé ordinaire, mais bien d'un licenciement immédiat pour de justes motifs (ATF 92/1966 II 185). La même règle s'applique naturellement si le congé est donné verbalement. Sont réservées les dispositions spéciales des contrats-types et des conventions collectives qui exigent la communication des motifs du licenciement (voir plus haut, No 14).

F. *La Résiliation Pour un Motif Justifié en Cas d'Engagement de Non-concurrence*

36. Du congé immédiat pour de justes motifs, il faut distinguer la résiliation du contrat en raison d'un "motif justifié". Ce terme est utilisé par le code des obligations en rapport avec la clause de prohibition de faire concurrence: lorsque le travailleur s'est engagé envers l'employeur à s'abstenir de lui faire concurrence après la fin du contrat—engagement qui est soumis par la loi à toute une série de restrictions—la prohibition cesse de sortir ses effets si l'employeur a résilié le contrat sans que le travailleur "lui ait donné un motif justifié" (art. 340 *c* CO). Pour que puissent subsister les effets de la clause, il n'est pas besoin que le travailleur ait commis un acte ou ait eu un comportement tels que l'employeur aurait pu y trouver un juste motif de résiliation immédiate, mais il suffit que le licenciement même ordinaire puisse être objectivement justifié par le comportement du travailleur.

La jurisprudence exige, dans ce cas, que l'employeur qui entend se prévaloir de la clause de prohibition indique, lors du licenciement, les motifs qui l'ont conduit à mettre fin au contrat, puisque le maintien de la défense de concurrencer l'ancien employeur dépend des raisons du congé. Cette exigence tombe si, au moment de la résiliation, les motifs de l'employeur sont si aisément reconnaissables pour le travailleur qu'il ne peut plus de bonne foi exiger leur énonciation (ATF 70/1944 II 163). L'absence de motivation, d'autre part, n'affecte naturellement pas la validité du licenciement, mais seulement le droit de l'employeur de réclamer l'exécution de l'engagement de non-concurrence.

V. LES CONSEQUENCES DU LICENCIEMENT

A. *En Cas d'Invalidité de la Résiliation*

37. Dans le cas où le licenciement est radicalement nul, notamment parce qu'il est intervenu pendant une période où le licenciement était prohibé ou parce qu'il n'a pas été effectué dans les formes requises (notamment selon la forme écrite lorsqu'elle était exceptionnellement exigée), le contrat demeure valable et se poursuit. Le travailleur peut agir en justice pour demander que soit constatée la nullité de la résiliation ou, le cas échéant, réclamer le paiement du salaire.

B. *En Cas d'Inobservation du Délai de Préavis ou d'Absence de Justes Motifs*

38. Si le licenciement était valable à la forme et n'a pas été notifié "en temps inopportun", il sortit des effets juridiques et met fin au contrat, même si le délai légal ou conventionnel de préavis n'a pas été observé ou si, le congé a été donné immédiatement mais sans justes motifs.

Dans ces cas, le salaire demeure dû pour la durée de la période restant à courir jusqu'à l'expiration normale du contrat s'il s'agit d'un contrat à durée déterminée ou jusqu'à celle de la période de préavis s'il s'agit d'un contrat à durée indéterminée. La créance de salaire est échue dès la rupture effective du contrat. Le travailleur a droit en outre aux autres avantages résultant des rapports de travail, par exemple aux gratifications, au treizième mois de salaire, à l'indemnité de départ auxquels il aurait en droit en cas de cessation normale des rapports de service; il convient d'admettre que, parmi ces avantages figure l'intérêt que dans certaines professions, comme celle d'acteur, d'artiste, de journaliste, le travailleur a à continuer effectivement son travail afin de conserver sa notoriété et sa réputation; il pourra alors réclamer une indemnisation dépassant le montant du salaire perdu et résultant du dommage subi du fait qu'il est privé de la possibilité de poursuivre son activité jusqu'au terme normal du contrat.

Les obligations contractuelles du travailleur prennent fin et celui-ci peut rechercher un autre emploi. D'après la loi, le travailleur doit imputer sur le salaire qui lui est dû ce qu'il a épargné du fait qu'il a été empêché de poursuivre son travail, ainsi que ce qu'il a gagné en exécutant un autre travail, ou encore le gain auquel il aurait intentionnellement renoncé (art. 337 c CO). La jurisprudence, allant au delà des termes de la loi, considère que le travailleur doit admettre la déduction du salaire qu'il aurait pu gagner si en faisant preuve de bonne volonté, il eût trouvé très probablement un autre emploi à peu près équivalent (ATF 96/1970 II 57).

39. Dans certains cas, des dommages-intérêts sont dus au travailleur indépendamment du salaire, par exemple lorsque les conditions dans lesquelles le licenciement a été effectué sont telles que, par elles-mêmes, elles constituent une violation des intérêts personnels du travailleur (art. 28 CC); le dommage à réparer pourra consister notamment dans la difficulté de trouver un nouvel emploi; le travailleur pourra réclamer aussi le paiement d'une somme d'argent à titre de réparation du tort moral, lorsque celle-ci est justifiée par la gravité particulière du préjudice subi et de la faute (art. 49 CO).[8]

C. En Cas de Justes Motifs de Résiliation

40. Si l'employeur a résilié le contrat pour de justes motifs consistant dans l'inobservation fautive de celui-ci par le travailleur, il peut alors réclamer à ce dernier la réparation intégrale de son préjudice, résultant notamment de la difficulté de trouver un autre travailleur en remplacement de celui qui a été licencié.

Si en revanche les justes motifs ne résident pas dans un comportement fautif du travailleur, celui-ci peut réclamer des dommages-intérêts, le juge devant apprécier librement les conséquences pécuniaires de la résiliation immédiate en tenant compte de toutes les circonstances; selon le cas, il peut accorder une indemnisation intégrale au travailleur, comme il peut répartir le dommage entre les parties (art. 337 b CO).

D. En Cas de Résiliation Pour Cause de Service Militaire

41. Lorsque, nonobstant l'opposition du travailleur, l'employeur maintient un licenciement prononcé en raison du service militaire que doit accomplir le travailleur, celui-ci ne peut que réclamer le paiement d'une indemnité, qui est fixée par le juge en tenant compte de toutes les circonstances, notamment de la durée des rapports de travail, avec un maximum correspondant à six mois de salaire (art. 336 g CO). Lorsque, en outre, l'employeur a mis fin au contrat par un licenciement ne respectant pas les délais légaux ou contractuels ou en prétextant l'existence de justes motifs dont la réalité n'a pas été prouvée, l'indemnité s'ajoute au salaire dû pour la période du contrat restant à courir.

E. *En Cas de Licenciement Abusif*

42. Lorsque le licenciement a été prononcé par l'employeur en raison d'un motif qui le fait apparaître comme abusif, parce que destiné à satisfaire des intérêts que l'institution n'a pas pour objet de protéger, sans cependant que ce motif réside dans le fait que le travailleur est appelé à effectuer un service militaire, la situation juridique n'est pas claire. En principe, l'application de l'art. 2 CC devrait conduire à la nullité du licenciement et par conséquent à la possibilité pour le juge d'ordonner la réintégration du travailleur. Cependant, on a vu que cette hypothèse est exclue dans le cas du licenciement pour cause de service militaire, la réintégration étant remplacée par le droit à une indemnisation. C'est d'ailleurs la solution qui, avant la revision de 1971 du code, avait été préconisée par certains auteurs qui, se fondant sur le fait qu'il ne serait pas possible d'imposer à la partie qui a résilié le contrat le maintien de celui-ci, proposaient de résoudre le problème par l'application des règles sur l'indemnisation du dommage causé par des faits contraires aux moeurs (art. 41 CO).[9] Bien que l'application des conséquences de l'art. 2 CC, soit la nullité de la résiliation, puisse paraître logique,[10] elle ne serait pas en harmonie avec la disposition de l'art. 336 *g* CO, relative à la résiliation pour cause de service militaire; on ne peut concevoir que tandis que la résiliation pour cause de service militaire ne peut se traduire que par une indemnisation, toute autre résiliation abusive serait considérée comme nulle. Le législateur a rejeté sciemment l'application conséquente de l'art. 2 CC, de sorte que sur la base de la législation actuelle, seule l'indemnisation du travailleur lésé apparaît compatible avec le système légal.

F. *Certificat de Travail*

43. Le travailleur peut demander en tout temps, et non seulement après la résiliation du contrat, un certificat portant sur la nature et la durée des rapports de travail, ainsi que sur la qualité de son travail et sa conduite. A la demande expresse du travailleur, le certificat ne portera que sur la nature et la durée des rapports de travail (art. 330 *a* CO).

44. Lorsqu'il s'agit d'un contrat d'apprentissage, c'est seulement au terme de l'apprentissage que le maître d'apprentissage est tenu de délivrer un certificat indiquant la profession apprise et la durée de l'apprentissage. La règle de l'art. 330 *a* est ici inversée: c'est seulement à la demande expresse de l'apprenti ou de son représentant légal que le certificat doit porter aussi sur les aptitudes, le travail et la conduite de l'apprenti (art. 346 *a* CO). Il faut admettre, dans le silence de la loi, qu'en cas de licenciement intervenu avant la fin de l'apprentissage, l'art. 346 *a* s'applique par analogie.

G. *Juridiction Compétente*

45. En cas de contestation portant sur la validité ou le bien-fondé du licenciement ou sur les droits du travailleur licencié-comme, le cas échéant, sur ceux de l'employeur-l'intéressé doit en principe s'adresser aux tribunaux. Les litiges relevant du contrat de travail sont portés, à choix, devant le for du domicile du défendeur ou du lieu de l'exploitation ou du ménage pour lequel le travailleur accomplit son travail (art. 343 CO). La question de savoir quel est, à ce for, le tribunal compétent dépend de la législation cantonale: il peut s'agir d'un tribunal de prud'hommes ou du travail, ou du tribunal civil ordinaire. Après épuisement des instances cantonales, le recours est ouvert devant le Tribunal fédéral selon les règles de la loi fédérale d'organisation judiciaire.

46. Dans de rares cas, la convention collective de travail institue une procédure arbitrale se déroulant devant un tribunal professionnel; il en est ainsi dans l'imprimerie, où le tribunal arbitral créé par la convention a compétence pour statuer sur les

litiges entre employeurs et travailleurs liés par cette même convention. Mais dans plusieurs cantons, la compétence d'une telle juridiction arbitrale n'est pas reconnue; à Genève, par exemple, où la compétence des prud'hommes est considérée comme étant d'ordre public, les litiges entre employeurs et travailleurs ne peuvent faire l'objet d'une clause compromissoire (SJ 1981, 551). D'autre part, les clauses d'une convention collective soumettant le règlement des litiges à des tribunaux arbitraux ne peuvent faire l'objet d'une décision d'extension (art. 1 LECCT).

47. Dans le domaine de l'apprentissage, lorsqu'il s'agit de rapports soumis à la LFPr, l'autorité cantonale, à laquelle la résiliation doit être notifiée, doit s'efforcer autant que possible d'obtenir une entente entre les parties en vue d'une reprise de l'apprentissage. Si l'entente n'est pas réalisée, le litige peut, selon la loi cantonale, être soumis à une autorité administrative ou au tribunal. Si une autorité administrative est compétente en première instance, la procédure doit être réglée selon les principes de la procédure civile, et un recours devant une autorité judiciaire doit être prévu.

H. *Procédure Applicable*

48. En ce qui concerne les principes régissant la procédure devant les tribunaux, il convient de distinguer deux cas:

a) La valeur litigieuse ne dépasse pas 5.000 fr. Dans ce cas, la procédure doit, en vertu de la loi fédérale, être simple, rapide et gratuite (sous réserve des dépens en faveur de la partie adverse, qui peuvent être mis à la charge du plaideur qui a succombé). Le juge doit établir les faits d'office et apprécie librement les preuves (art. 343 CO). Cette dernière règle ne modifie pas en principe la répartition du fardeau de la preuve selon l'art.8 CC, la charge de la preuve incombant à la partie qui allègue un fait pour en déduire son droit, mais elle en atténue la partée: lorsque le juge, tout en ayant apprécié librement les preuves, constate qu'un fait déterminant n'a pas été prouvé, il doit statuer au détriment de la partie à laquelle incombait le fardeau de la preuve de ce fait.[11]

b) La valeur litigieuse est supérieure à 5.000 fr; dans ce cas, c'est la loi de procédure cantonale qui fixe les règles applicables.

49. L'action doit être intentée avant l'expiration du délai de prescription: cinq ans pour l'action contractuelle; un an pour l'action délictuelle (art. 128 et 60 CO). Des délais spéciaux de péremption sont prévus dans le cas de la résiliation du contrat de travail pour cause de service militaire: le travailleur licencié dispose d'un délai de 30 jours pour faire opposition par écrit auprès de l'employeur, sans que l'expiration de ce délai puisse être postérieure à la fin du délai de congé: s'il réclame une indemnité, il doit faire valoir son droit par voie d'action en justice ou de poursuites dans les 30 jours dès la fin du contrat (art. 336 *g* CO).

VI. LES LICENCIEMENTS COLLECTIFS EN CAS DE REDUCTION DU PERSONNEL

A. *Intervention des Pouvoirs Publics*

50. La législation fédérale ne contient aucune disposition applicable aux licenciements collectifs pour des raisons économiques. Aucune autorisation ne doit dès lors être demandée à cet effet aux pouvoirs publics.

Cependant certains cantons ont adopté une législation imposant aux employeurs l'obligation d'annoncer préalablement à l'administration les licenciements auxquels ils envisagent de procéder. L'administration intervient alors soit pour essayer de prévenir les licenciements, soit, si cela n'est pas possible, pour prendre les mesures adéquates, d'accord avec l'entreprise et les organisations syndicales, afin d'aider les travailleurs à retrouver un emploi.

51. Parmi les mesures prises par l'autorité fédérale en vue d'atténuer les conséquences des crises économiques et de prévenir des licenciements, il convient de mentionner celles qui concernent la constitution de réserves de crise par les entreprises privées: les entreprises qui affectent une partie de leur bénéfice net à la constitution d'une réserve de crise reçoivent, en cas de crise de chômage, le remboursement de l'impôt fédéral direct sur les sommes versées à la réserve. L'entreprise doit affecter ce remboursement à la création de possibilités de travail selon les modalités prevues par la loi du 3 octobre 1951. Le Conseil fédéral a décidé, par arrêté du 9 avril 1975, de mettre à exécution un programme de mesures visant à procurer du travail et par conséquent de mettre en oeuvre l'application du système prévu par ladite loi.

B. *Réglementation par Voie de Conventions Collectives*

52. Les organisations centrales d'employeurs et de travailleurs ont adopté le 29 avril 1975 à l'intention des groupements affiliés des recommandations tendant à la conclusion de conventions relatives aux mesures à prendre en cas de fermeture d'entreprise et de licenciements dus à des causes économiques.

Parmi les accords effectivement conclus, il convient de signaler ceux qui ont été missur pied dans l'industrie des machines et des métaux, dans l'industrie horlogère, dans l'imprimerie dans l'industrie chimique; l'accord conclu en 1981 dans l'industrie d'emballages et de la gainerie a été étendu à l'ensemble de la profession par arrêté du Conseil fédéral du 25 juin 1981 (FF 1981 II 925). Ces différentes conventions prévoient généralement l'information préalable des travailleurs, des commissions d'entreprise et des organisations professionnelles, la discussion préalable, les mesures à prendre pour éviter si possible les licenciements et en atténuer les conséquences par le reclassement dans l'entreprise, le recyclage, la recherche d'autres emplois, des mesures de mise à la retraite anticipée, l'octroi de prestations spéciales, la prolongation des délais de congé.[12]

VII. SECURITE DES REVENUS DU TRAVAILLEUR LICENCIE

A. *Prestations à la Charge de l'Employeur ou d'un Fonds auquel il est Affilié*

a) *Droit à la gratification*

53. Lorsque le licenciement a été effectué d'une façon régulière, l'employeur n'a en principe plus aucune obligation envers le travailleur. Un problème particulier est cependant posé en ce qui concerne le droit aux gratifications qui sont versées aux travailleurs en sus du salaire proprement dit. La gratification peut être bénévole, mais elle peut aussi être due contractuellement et devenir ainsi partie intégrante du salaire. Très souvent, la convention collective, le contrat ou l'usage assurent aux travailleurs le paiement à la fin de l'année d'un treizième mois de salaire. En cas d'extinction des rapports de travail avant la survenance de ce terme, le travailleur n'a, aux termes de la loi, droit à une part proportionnelle de cette rétribution que s'il en a été convenu ainsi. Mais diverses conventions collectives assurent aux travailleurs qui ont quitté l'entreprise le paiement du 13e mois de salaire *pro rata temporis,* sauf en cas de licenciement pour de justes motifs (voir par exemple la convention de la plâtrerie et de la peinture et celle de l'industrie du meuble en gros, dont le champ d'application a été étendu dans la plupart des cantons par décisions du gouvernement fédéral (FF 1981 II 1403 et III 915).

b) *Indemnité de départ*

54. Dans le cas où le travailleur licencié est àgé d'au moins 50 ans et a été occupé dans l'entreprise pendant 20 ans au moins, l'employeur doit par ailleurs lui payer une "indemnité de départ" ou "à raison de longs rapports de travail", qui doit s'élever à un montant correspondant au salaire de 2 mois au minimum, selon les dispositions du contrat écrit, d'un contrat-type ou d'une convention collective; à défaut de telles dispositions, l'indemnité est fixée par le juge selon sa libre appréciation et compte tenu de toutes les circonstances, le maximum ne pouvant alors dépasser le montant du salaire pour 8 mois. Cependant, l'indemnité peut être réduite ou supprimée si le contrat a été résilié par l'employ eur avec effet immédiat et pour de justes motifs ou si son paiement exposerait l'employeur à la gêne. L'échéance de l'indemnité peut être différée par accord écrit, par contrat-type, par convention collective ou par le juge (art. 339 *b* et 339 *c* CO).

Le travailleur n'a toutefois pas droit à l'indemnité de départ dans la mesure où il doit recevoir à l'avenir de l'employeur ou d'une institution de prévoyance à laquelle celui-ci est affilié des prestations d'une montant supérieur à la valeur des contributions qu'il a acquittées (art. 339 *d* CO). Il en résulte que l'indemnité de départ n'est en réalité pas destinée à assurer au travailleur un revenu de remplacement du salaire perdu, mais constitue seulement un substitut très modeste d'une pension de retraite.

c) *Fonds de retraite*

Les prestations de la caisse de retraite créée par l'employeur ou à laquelle celui-ci est affilié ne sont versées au travailleur (abstraction falte du cas de l'invalidité) que lorsqu'en raison de son âge, il remplit les conditions prévues par le règlement du fonds pour l'ouverture du droit à pension ou le cas échéant de celui à une retraite anticipée. S'il quitte l'entreprise avant de pouvoir être mis au bénéfice de ce droit, le capital correspondant à sa créance ne lui est pas remis, mais est versé à une institution de prévoyance, une compagnie d'assurance ou une banque en vue d'être utilisé le moment venu conformément au règlement du fonds. Le capital peut cependant en pareil cas être remis au travailleur à la fin du contrat de travail s'il quitte définitivement la Suisse, s'il s'établit à son propre compte, ou encore s'il s'agit d'une femme mariée ou sur le point de se marier qui cesse d'exercer une activité lucrative (art. 331 *a* à 331 *c* CO). Selon le projet de loi sur la prévoyance professionnelle, actuellement en discussion devant l'Assemblée fédérale, tous les employeurs seront tenus de s'affilier à une institution de prévoyance allouant des prestations de vieillesse, d'invalidité et pour survivants. D'autre part, le droit aux prestations d'une institution de prévoyance professionnelle est indépendant du droit aux prestations de l'assurance-vieillesse, survivants et invalidité fédérale, les prestations de vieillesse de cette assurance étant allouées à tous les hommes ayant atteint l'âge de 65 ans et à toutes les femmes ayant atteint l'âge de 62 ans.

d) *Fonds d'assistance*

56. Certaines entreprises ont créé des fonds d'assistance, dont l'une des finalités peut être de payer des prestations aux travailleurs qui ont perdu leur emploi. On a vu que diverses conventions collectives prévoient une participation financière de l'employeur ou la mise à la retraite anticipée en cas de fermeture de l'entreprise ou de réduction du personnel pour des raisons économiques.

B. *Prestations du Régime d'Assurance-Chômage*

57. Tous les travailleurs sont obligatoirement assurés contre le chômage, en vertu de l'arrêté fédéral instituant l'assurance-chômage obligatoire, du 8 octobre

1976. Les indemnités journalières de chômage sont fixées à 70 % du gain journalier assuré pour les bénéficiaires ayant des charges de famille et à 65 % de ce gain pour les autres bénéficiaires. Les bénéficiaires ayant des charges de famille ont en outre droit à un supplément de 6 fr. par jour pour la première personne entretenue et de 3 fr. à partir de la deuxième. L'indemnité journalière totale ne peut cependant dépasser 85 % du gain assuré, plafonné à 3.900 fr. par mois, soit 3.315 fr. par mois. Le paiement de l'indemnité est limité à la durée de 150 jours par an, cette durée étant portée à 180 jours pour les assurés âgés de 55 ans ou plus ou partiellement invalides. Les bénéficiaires d'une rente fédérale de vieillesse n'ont plus droit aux indemnités de chômage. Dans plusieurs cantons, une aide cantonale est allouée aux assurés qui ont épuisé leur droit aux prestations.

58. Le droit à l'indemnité peut être suspendu en cas de faute de l'assuré, notamment lorsque ce dernier, par son comportement, en particulier par la violation de ses obligations découlant du contrat de travail, a donné lieu à la résiliation de celui-ci. La décision de suspension est fondée notamment sur l'attestation de l'employeur, que celui-ci do it remettre à l'assuré sur sa demande et qui indique le motif de la résiliation du contrat. Si le travailleur peut faire valoir un droit au salaire, par exemple parce que le délai de résiliation n'a pas été observé, il n'a pas droit à l'indemnité de chômage. Mais lorsqu'il y a doute sur les droits que l'assuré peut faire valoir à l'égard de l'employeur, la caisse d'assurance peut servir l'indemnité de chômage; elle est alors subrogée, jusqu'à concurrence de l'indemnité versée, dans les droits de l'assuré envers l'employeur.

Les travailleurs en chômage peuvent être appelés à suivre un cours de reclassement ou de perfectionnement professionnel, pour lequel l'indemnité de chômage est payée.

VIII. REMARQUES FINALES

59. L'absence dans la législation de dispositions légales permettant d'assurer une protection efficace des travailleurs en cas de licenciement constitue actuellement l'un des problèmes cruciaux du droit du travail en Suisse. A vrai dire, les tentatives n'ont pas manqué en vue d'introduire dans le code des obligations des dispositions poursuivant cet objectif, notamment en ce qui concerne la réglementation des conséquences de l'abus du droit de résiliation. La commission d'experts qui a élaboré le projet de loi revisant le code des obligations, devenu la loi du 25 juin 1971, avait inséré de telles dispositions dans le texte issu de ses délibérations. Cependant, devant l'opposition des organisations d'employeurs, le gouvernement et les Chambres fédérales n'ont pas repris ces dispositions dans la loi.

60. Récemment, de nouvelles démarches ont été entreprises en vue de remédier à cette situation. Le 6 mars 1980, le Conseil national (Chambre du peuple) a adopté un postulat invitant le gouvernement à examiner la possibilité de reviser les dispositions légales, notamment afin de permettre au travailleur licencié d'attaquer une résiliation non justifiée du contrat de travail. L'Union syndicale suisse a adressé dans le même sens une requête au Conseil fédéral, qui lui a réservé un accueil plutôt favorable. Enfin, la Confédération des syndicats chrétiens a déposé une initiative populaire tendant à l'adoption de dispositions constitutionnelles en la matière, qui devra être soumise au vote populaire, à moins d'un retrait de l'initiative qui pourrait être consécutif à l'adoption de dispositions légales. Tout porte donc à croire que la situation actuelle, qui fait apparaître la législation suisse comme étant en retrait par rapport à celles des autres pays de l'Europe occidentale, subira dans ce domaine des modifications dans un avenir relativement proche.

BIBLIOGRAPHIE

Walther HUG, Das Kündigungsrecht, 2 vol., Aarau 1926–1927.

Edwin SCHWEINGRUBER, Commentaire du contrat de travail selon le code fédéral des obligations, Berne 1975.

Christiane BRUNNER-CLOSSET et autres, La protection des travailleurs contre les licenciements. Genève 1979.

ABREVIATIONS

ATF Arrêts du Tribunal fédéral suisse, Recueil officiel.

CC Code civil suisse, du 10 décembre 1907.

CO Code des obligations, du 30 mars 1911, revisé le 25 juin 1971.

FF Feuille fédérale

LECCT Loi fédérale permettant d'étendre le champ d'application de la convention collective de travail, du 28 septembre 1956.

LFPr Loi fédérale sur la formation professionnelle, du 19 avril 1978.

LNM Loi fédérale sur la navigation maritime sous pavillon suisse, du 23 septembre 1953.

OFPA Ordonnance sur la formation professionnelle agricole, du 25 juin 1975.

RS Recueil systématique du droit fédéral.

SJ Semaine judiciaire.

NOTES

[1]Lorsqu'une convention collective de travail contient une réglementation à laquelle déroge un contrat individuel, il est parfois extrêmement difficile de déterminer si la stipulation du contrat individuel est ou non plus favorable au travailleur. Il en est ainsi, par exemple, en ce qui concerne les délais de congé, qui doivent, d'après l'art. 336 CO, être d'une durée égale pour les deux parties. Le délai plus long stipulé par le contrat individuel est-il plus favorable ou moins favorable au travailleur que celui prévu par la convention collective ? Il se révèlera plus favorable en cas de licenciement, mais il sera moins favorable dans le cas où c'est le travailleur qui entend résilier le contrat. D'où la difficulté de déterminer le caractère plus ou moins favorable de la clause (cf. SCHWEINGRUBER/BIGLER, Commentaire de la convention collective de travail, 2e édit., Berne 1973, p. 50).

[2]Le législateur ne dit pas ce qu'il advient lorsque le contrat a duré exactement une année!

[3]Une dérogation au délai fixé à titre dispositif par cette disposition n'est valable que si elle a été convenue par écrit ou résulte d'un contrat-type ou d'une convention collective.

[4]Le texte français du code—celui-ci étant rédigé en allemand, en français et en italien—parle par erreur des voyageurs qui ont été ''engagés'' depuis la fin d'une saison.

[5]D'après le projet du Conseil fédéral, l'effet impératif de cette disposition était expressément prévu. L'omission de cette précision dans le texte définitif résulte d'une inadvertance de la commission de rédaction de l'Assemblée fédérale, qui a modifié la place de cette disposition dans le texte légal, sans réexaminer l'art. 362 CO.

[6]Selon un projet de loi actuellement en discussion devant les Chambres fédérales (FF 1981 II 1069), la période d'interdiction devrait être portée à toute la durée de la grossesse et à la période de 16 semaines suivant l'accouchement.

[7]FF 1967 II 392. En fait, le Conseil fédéral a prononcé l'extension du champ d'application de plusieurs conventions collectives de travail qui prévoient des restrictions allant au delà de celles qui sont instituées par le code, notamment en excluant toute résiliation aussi longtemps que le travailleur a droit à des indemnités journalières de l'assurance-accidents ou de l'assurance-maladie.

[8]Un club de football qui avait licencié un joueur et l'avait empêché de trouver un emploi dans un autre club a été condamné au paiement de 24.000 fr. à titre de dommages-intérêts et de 5.000 fr. à titre de réparation du tort moral (ATF 102/1976 II 215).

[9]MERZ, Berner Kommentar, 1962, I/1, ad art. 2, N. 317.

[10]Voir notamment VOEGELI, Le licenciement abusif, *in* La protection des travailleurs contre les licenciements, Genève 1979, p. 111 ss.

[11]KUMMER, Berner Kommentar, I/1, ad art. 8, N. 20.

[12]En vertu d'une sentence arbitrale du 29 novembre 1979, une entreprise qui avait cessé son exploitation en Suisse a été condamnée à une peine conventionnelle de 2.600.000 fr. en faveur des syndicats parties à la convention pour n'avoir pas informé suffisamment tôt de sa décision les organisations syndicales et la commission d'entreprise et avoir ainsi violé le devoir d'information qui lui incombait en vertu de la convention collective; un recours formé contre cette sentence a été rejeté par le Tribunal fédéral (arrêt du 14 octobre 1981 dans la cause Firestone).

La Cessation de la Relation de Travail à l'Initiative de l'Employeur et la Sécurité des Revenus des Travailleurs Concernés en Turquie

par

PROF. DR. KEMAL OĞUZMAN

Université d'Instanbul

I. INTRODUCTION

1—Le premier pas fondamental dans le domaine du droit du travail fut la promulgation du Code du Travail No. 3008 en 1936 qui est entré en vigueur l'année suivante.

Cependant, toutes les relations de travail n'étaient pas assujetties à ce Code. En effet, il ne couvrait que les relations de travail des travailleurs (ouvriers) dont les services comportent un élément manuel dominant. Les travailleurs (employés) dont les services comportent un élément intellectuel dominant étaient exclus du champ d'application de la Loi. D'autre part, le champ d'application du Code du Travail était restreint au point de vue des entreprises aussi. Seulement les lieux de travail exigeant dix ouvriers étaient assujettis à cette Loi.

En outre, les travaux agricoles ainsi que les transports maritimes et aériens n'étaient pas assujettis aux dispositions du Code du Travail, et il y avait d'autres restrictions comme les travaux exécutés à domicile.

Les relations de travail des travailleurs de la Presse sont réglementées par une Loi en 1952 (No. 5953) et les relations de travail des gens de mer sont réglementées par une Loi en 1954 (No. 6379). Ainsi les employés de la Presse (les journalistes) et les ouvriers maritimes ont gagné la protection de la législation sociale.

La Loi concernant les travailleurs de la Presse est en vigueur. A la place du Code No. 3008 un nouveau Code du Travail (No. 1475) est promulgué en 1971 et une nouvelle Loi du Travail pour les gens de mer (No. 854) est promulguée en 1967.

Actuellement la cessation des relations de travail est en grande partie réglée par le Code du Travail (No. 1475). Bien que ce Code ne fait plus distinction entre les ouvriers (travailleurs dont les services comportent un élément manuel dominant) et les employés (travailleurs dont les services comportent un élément intellectuel dominant), il ne couvre pas toutes les relations individuelles de travail.

En effet, les transports maritimes et aériens, les travaux agricoles, les travaux ménagers, les travaux faits chez des artisans ou des petits commerçants dont le cadre ne dépasse pas trois personnes ne sont pas assujettis aux dispositions du Code du Travail. Bien que les relations de travail des gens de mer et celles des travailleurs de la Presse sont réglementées par deux Lois spéciales, les autres relations de travail qui restent en dehors du champ d'application du Code du Travail sont régies par le Code des Obligations. Pour les travailleurs agricoles, un projet de Loi est en préparation.

2—Le terme de la cessation de la relation de travail engendre les différentes possibilités où la relation individuelle de travail prend fin. Elle peut provenir de l'accord des deux parties, de la mort de l'ouvrier, de la survenance d'une impossibilité absolue de travail, de l'arrivée du terme pour les contrats à durée déterminée et en particulier de la résiliation du contrat par une déclaration unilatérale de l'employeur ou de l'ouvrier.

En effet, le Code du Travail et les autres Lois spéciales qui réglementent les relations individuelles de travail reconnaissant aux ouvriers et aux employeurs le droit de résilier le contrat de travail à durée déterminée ou indéterminée en se basant à un juste motif. Ils reconnaissent aussi pour les contrats de travail à durée indéterminée la résiliation du contrat par préavis (délai-congé) qui n'est subordonné à aucun juste motif.

Nous ne prendrons en considération que la résiliation du contrat par l'employeur.

3—En matière de la cessation de la relation de travail à côté des Lois qui sont des sources officielles, il faut prendre en considération les dispositions des différentes conventions collectives de travail.

En effet, il est garanti aux travailleurs par la Loi Constitutionnelle, le droit d'améliorer leurs situations économiques et sociales par l'intermédiaire des conventions collectives de travail. La conclusion, l'effet et la durée des conventions collectives sont réglementés en 1963 par la Loi No. 275.

Il existe plusieurs conventions collectives qui limitent le droit de résiliation unilatérale de l'employeur en prévoyant une décision d'un Comité de Discipline bipartite ou en augmentant les délais de préavis.

II. LICENCIEMENT PAR PREAVIS

1—D'après l'Article 13 du Code du Travail, l'employeur peut résilier le contrat de travail à durée indéterminée par préavis.

Il doit le notifier au travailleur et doit respecter le délai du préavis. En principe les délais du préavis sont déterminés suivant l'ancienneté de l'ouvrier. Ils se varient entre 2 à 8 semaines. Le délai est de deux semaines pour un travailleur dont l'emploi a duré moins de six mois, et de huit semaines pour un ouvrier dont l'ancienneté est plus de trois ans.

Ces délais de préavis peuvent être augmentés par les conventions collectives ou par les contrats individuels de travail.

Pendant la période d'essai qui est d'un mois, l'employeur peut résilier le contrat sans préavis.

Pendant le délai du préavis l'employeur est tenu d'accorder au travailleur, au cours des heures de travail et sans réduction de salaire, le temps nécessaire pour chercher un nouvel emploi.

Par contre, l'employeur peut, en payant d'avance le salaire correspondant au délai du préavis, résilier le contrat sans attendre le délai.

Les employeurs ne peuvent pas résilier les contrats de travail pour les raisons suivantes pendant les durées prévues par les Lois: Services Militaires de réserve, accident du travail, maladie professionnelle, maladie, grossesse ou autres raisons d'impossibilité de travail. Pendant les durées légales de ces situations, la relation individuelle de travail reste en suspens et les délais de préavis ne peuvent pas courir. En outre, la Loi No. 275 reconnaît qu'en cas de grève et de lock-out légaux, les relations de travail restent en suspens pendant toute la durée de la grève ou du lock-out.

III. RESILIATION DU CONTRAT POUR DE JUSTES MOTIFS

Le Code du Travail et les autres Lois spéciales reconnaissent aux employeurs le droit de résilier le contrat de travail à durée déterminée ou indéterminée en se basant à un juste motif.

En général, sont notamment considérés comme de justes motifs toutes les circonstances qui, selon les règles de la bonne foi, ne permettent pas d'exiger de celui qui a donné congé, la continuation des rapports de travail. Les Lois donnent des exemples.

Le Code du Travail dans son Article 17 prévoit trois groupes de justes motifs:

1. *Motifs Hygiéniques*

L'employeur peut résilier le contrat sans préavis:

a—Si le travailleur a contracté une maladie ou subit une lésion due à sa propre faute, à une vie déréglée ou à l'alcoolisme et que son absence pour ces motifs dure trois jours ouvrables consécutifs ou cinq jours ouvrables au cours d'un mois,

b—S'il est constaté que le travailleur a contracté une maladie contagieuse ou répugnante incompatible avec son travail. Grossesse et accouchement, maladie ou accident qui ne peuvent être attribués à la faute du travailleur, ne constituent un juste motif qu'après les périodes de suspension de la relation de travail.

2. *Actes Fautifs*

L'employeur peut résilier le contrat en se basant aux actes du travailleur contraires aux bonnes moeurs et à la bonne foi. Il doit le faire pendant six jours ouvrables depuis le jour où il a pris connaissance du motif et dans tous les cas dans un an depuis le fait.

Le juste motif existe:

a—Si, au moment de la conclusion du contrat, le travailleur a induit l'employeur en erreur, en prétendant posséder les qualités ou remplir les conditions qui constituent un des points essentiels du contrat, alors qu'il ne les possède ou ne les remplit pas; en donnant de faux renseignements ou en faisant de fausses déclarations,

b—Si le travailleur tient de propos ou se livre à des actes attentatoires à l'honneur ou à la dignité de l'employeur ou d'un membre de sa famille ou de nature à corrompre leurs moeurs ou se livre à des diffamations ou des dénonciations sans fondement, portant atteinte à l'honneur ou à la dignité de l'employeur,

c—Si, au cas où le travailleur vit en communauté domestique avec l'employeur, sa conduite ne répond pas aux coutumes et principes de la maison ou est contraire aux bonnes moeurs,

d—Si le travailleur se livre à des voies de fait ou à des menaces envers l'employeur, les membres de sa famille ou un autre travailleur au service de l'employeur ou s'il vient à l'établissement en état d'ébriété ou y consomme des boissons alcooliques, e—Si le travailleur se livre à des agissements incompatibles avec la loyauté et l'honnêteté, tels qu'abus de confiance, vol ou divulgation de secret professionnel au préjudice de l'employeur,

f—Si le travailleur commet dans l'établissement un délit passible d'une peine d'emprisonnement de plus de sept jours sans bénéfice de sursis,

g—Si le travailleur s'absente de son travail, sans obtenir l'autorisation de l'employeur ou sans motif plausible, soit deux jours de suite, soit deux fois dans le mois un jour ouvrable suivant un jour de congé quelconque, soit encore pendant trois jours ouvrables au cours d'un mois,

h—Si malgré l'avertissement qui lui a été donné, le travailleur n'éxécute pas les tâches dont il est chargé,

i—Si, intentionnellement ou par négligence grave, le travailleur compromet la sécurité du travail, ou cause un dommage aux machines, installations et autres objets ou matières qui lui sont confiés, et si ce dommage ne peut être compensé par la retenue de dix jours de salaire.

3. *Force Majeure*

L'employeur peut résilier le contrat sans préavis lorsque des raisons de force majeure empêchent le travailleur de travailler pendant plus d'une semaine dans l'établissement.

IV. RECOURS CONTRE LE LICENCIEMENT

1.—L'employeur qui a licencié le travailleur en n'alléguant aucun juste motif et en ne respectant pas le délai de préavis, doit verser au travailleur une indemnité correspondant au montant du salaire du délai de préavis,

2.—Si un employeur abuse son droit de résiliation, le travailleur a droit à une indemnité égale au triple du montant du salaire correspondant du délai de préavis,

Licenciement du travailleur à cause d'être affilié à un syndicat ou pour avoir présenté des réclamations à l'Autorité compétente sont des exemples de l'abus de droit prévus par le Code du Travail.

D'après l'Article 19 de la Loi sur les syndicats, si le motif de licenciement est la participation du travailleur aux activités des organisations ouvrières, l'indemnité pour l'abus de droit ne peut pas être inférieure au salaire annuel de l'ouvrier,

3.—D'après l'Article 20 de la Loi sur les syndicats, si l'employeur résilie le contrat du représentant syndical, le Directeur régional du travail essaie, à la demande du représentant, de concilier l'employeur et le représentant. Si la conciliation n'aboutit pas, un procès-verbal est établi, constatant l'échec, et est soumis à la Cour Départementale d'Arbitrage. Si la Cour décide que le représentant sera réintegré dans son emploi, l'employeur paye le salaire du représentant depuis la date de son licenciement,

4.—Les conventions collectives peuvent prévoir différentes sortes de recours.

V. PROCEDURE SUIVANT LE LICENCIEMENT

1.—L'employeur doit délivrer au travailleur qui quitte son emploi un certificat indiquant le genre de travail accompli et la durée de l'emploi. La signature apposée sur le certificat par l'employeur sera, si le travailleur le désire, légalisée par le fonctionnaire public.

Si l'employeur refuse de délivrer le certificat demandé par le travailleur ou s'il inscrit sur le certificat des indications inexactes concernant le travailleur, il sera remis au travailleur ou à son nouvel employeur, à la demande de l'un ou de l'autre, un certificat indiquant le résultat de l'enquête faite par le fonctionnaire public.

Le travailleur lésé du fait que le certificat n'a pas été délivré à temps ou qu'il contient des indications inexactes ou bien son nouvel employeur peut réclamer des dommages—intérêts à l'ancien employeur,

2.—Après le licenciement d'un travailleur, si dans les six mois il se présente le besoin d'en engager un à nouveau, l'employeur doit reprendre de préférence l'ouvrier licencié.

VI. PROCEDURES SPECIALES EN CAS DE REDUCTION DU PERSONNEL

Actuellement le Code du Travail ne prévoit pas une procédure spéciale en cas de réduction du personnel.

Mais les conventions collectives peuvent prévoir des consultations ou négociations avec les syndicats ou avec d'autres représentants des travailleurs ou des critères de choix des travailleurs atteints par une réduction du personnel.

VII. SECURITE DE REVENUS DU TRAVAILLEUR LICENCIE

1.—En dehors des résiliations du contrat par l'employeur pour justes motifs provenant du comportement du travailleur contraire à la bonne foi ou à ses obligations, toutes les autres résiliations nécessitent le payement de l'indemnité d'ancienneté. Le montant de l'indemnité d'ancienneté est le salaire de trente jours pour chaque année d'ancienneté. Le dernier salaire plus tous les avantages pécuniaires servent de base au calcul de celui-ci.

Les conventions collectives de travail peuvent accorder une indemnité d'ancienneté plus avantageuse, mais le montant de l'indemnité ne peut pas dépasser le plafond prévu par la Loi. Le plafond est calculé par la multiplication du montant de salaire minimum de trente jours par 7,5.

2.—Si les conditions d'âge et de durée prévues par la Loi sur les assurances sociales sont remplies et si les cotisations ont été versées, le travailleur licencié a le droit à l'attribution d'une pension de vieillesse. Si seulement la condition d'âge est remplie, au lieu de la pension de vieillesse, le versement d'une indemnité en capital est accordée.

Termination of Employment on the Initiative of the Employer and Income Security of the Worker Concerned

by

DAVID LEWIS

Middlesex Polytechnic, London

I. GENERAL INTRODUCTION

A. *Individual Contractual Rights and the Impact of Collective Bargaining*

In Britain employers and employees are free to make whatever arrangements they like in relation to the termination of employment, subject only to the constraints imposed by legislation (i.e. statutes and regulations). Typically individual contracts of employment deal with entitlement to notice and, since the common law provides that an employee who is guilty of gross misconduct forfeits the right to notice, many list the types of behaviour that will be treated as constituting gross misconduct.[1] Subject to certain exceptions, such as gross misconduct, Section 49 of the Employment Protection (Consolidation) Act 1978 (henceforth "the 1978 Act") stipulates that minimum periods of notice must be given in accordance with the employee's seniority.[2]

Although employers are required to specify "a person to whom the employee can apply if he is dissatisfied with any disciplinary decision relating to him. . . . and the manner in which any such application should be made"[3] they are not legally obliged to have disciplinary rules or a more detailed appeals procedure. Nevertheless Paragraph 2 of the Code of Practice on "Disciplinary Practice and Procedures in Employment" (henceforth "the 1977 Code") suggests that "disciplinary rules and procedures are necessary for promoting fairness and order in the treatment of individuals and in the conduct of industrial relations". It is widely recognised that trade unions may not wish to participate in the formulation of disciplinary rules but will be anxious to reach agreement on procedural matters.[4] Of course it is possible for both the disciplinary rules and procedures at a workplace to be negotiated through collective bargaining but equally it is perfectly lawful for both to be unilaterally determined by the employer.

Responsibility for deciding the size of the workforce rests with employers. They are not obliged to fix in advance either the mechanisms they intend to utilise to avoid compulsory redundancies or the method they will follow in selecting employees for dismissal should that prove necessary. Despite the fact that Section 99 of the Employment Protection Act 1975 (henceforth "the 1975 Act") imposes a duty to consult representatives of recognised independent trade unions and to disclose certain information in writing (see below) there is no legal obligation to reach agreement on a procedure for handling redundancies. However, it is not uncommon for collective agreements to deal with all these matters.

Finally, it should be noted that no agreement (whether individual or collective) can prevent an employee who is qualified to bring a claim from complaining to an industrial tribunal.[5] Thus, except where Section 65 or 96 of the 1978 Act has been invoked (see below), disciplinary and redundancy procedures are ineffective insofar as they purport to provide a final adjudicating body to deal with failures to agree.

B. *Outline of the Main Legal Rights on Termination*

According to the common law contracts of employment can be lawfully determined irrespective of the reason for dismissal if due notice is given. Apart from situations where an employee has waived his right to notice or been guilty of gross misconduct, if there is a dismissal without proper notice the termination is deemed to be "wrongful". Aggrieved individuals can seek damages for breach of contract in the ordinary courts but they will normally only recover the wages they would have received if the correct amount of notice had been given.[6]

Apart from the excluded categories (see next section), Section 54 of the 1978 Act gives employees the right not to be "unfairly" dismissed by the employer. A dismissal[7] will be unfair if the employer cannot show that it was for a fair reason (see below), or where a fair reason is shown within the meaning of Section 57, if an industrial tribunal decides that in the circumstances (including the size and administrative resources of the employer's undertaking) the employer acted unreasonably in treating that reason as sufficient grounds for dismissing. Employees who are declared redundant[8] may be entitled to a payment and reasonable time off to look for work.

At common law no collective rights exist in relation to the termination of employment and the only statutory right afforded to workers takes the form of an employer's duty to consult the representatives of an independent trade union when he is proposing to dismiss as redundant an employee of a description in respect of which that union is recognised.[9] It should be noted that as a result of the Transfer of Undertakings (Protection of Employment) Regulations 1981 (henceforth "the 1981 Regulations"), a proposal to sell a business as a going concern no longer constitutes a proposal to dismiss employees as redundant.[10] However, Regulation 10 provides that both the transferor and transferee organisations are obliged to provide information to recognised union officials representing any employees "who may be affected by the transfer" or "by measures taken in connection with it". Where either employer "who may be affected by the transfer" or "by measures taken in connection with it". Where either employer "envisages that he will, in connection with the transfer, be taking measures" which affect his employees, he is required to consult with representatives of the trade unions recognised in respect of such employees.

C. *Exclusions From the Main Statutory Rights on Termination*

The right to be unfairly dismissed is subject to a number of general exclusions and qualifications. Section 54 of the 1978 Act does not apply to an employee who ordinarily worked outside Great Britain[11] or who had, on or before the effective date of termination,[12] attained the normal retiring age for an employee in his position or was 65 years old (or, if a woman, 60 years old). In addition an industrial tribunal has no jurisdiction if the employee was dismissed" for the purpose of safeguarding national security"[13] or if at the date of the dismissal the employer was conducting a lock-out or the employee was taking part in a strike or other industrial action. However, at the time of writing a tribunal is empowered to reach a decision on fairness where industrial action has occurred if it is shown that one or more relevant employees of the same employer had not been dismissed, or that one or more such employees have been offered re-engagement and that the employee concerned had not been dismissed.[14] A spouse of the employer, a registered dockworker, a share fisherman, a member of the armed forces and people in police service are also debarred from claiming.

In order to complain of unfairness, an applicant must have been continuously employed under a contract of service or apprenticeship for not less than 52 weeks, although two years service is required if during the period of employment the total number of persons employed by the employer (together with those of any associated employer)[15] did not exceed 20.[16] Since a week will only count for the purpose of calculating periods of continuous service if the worker was employed for 16 hours or more (or was governed by a contract which normally involved employment for 16 hours or more weekly), those who work fewer hours will be excluded. Nevertheless employees who have worked (or been governed by a contract for) between 8 and 16 hours a week for at least five years will be treated as if they worked for 16 hours a week. Unless the contrary is shown a person's employment is presumed to have been continuous.[17] Finally, a complaint of unfair dismissal must be presented within three months of the effective date of termination "or within such further period as the tribunal considers reasonable in a case where it is satisfied that it was not reasonably practicable for the complaint to be presented before the end of the period of three months".[18]

It is possible to contract-out of the unfair dismissal provisions in two ways. First, an employee will be excluded if a dismissal procedures agreement has been designated by the Secretary of State as exempting those covered by it. To obtain designation an application must be made jointly by all the parties to the agreement and the Secretary of State must be satisfied about the matters listed in Section 65(2) of the 1978 Act.[19] Second, Section 54 does not apply to a dismissal under a fixed term contract of a year or more where the dismissal consists only of the expiry of that term without it being renewed if before the term expires the employee has agreed to waive his right to claim.[20]

Employees who have two years continuous service over the age of 18 years may qualify for a redundancy payment, although certain categories are specifically excluded, e.g. an employer's spouse, registered dockworkers, share fishermen, public office-holders, civil servants and National Health Service employees. Also ineligible are those who have reached the age of 65 years (60 years in the case of women) or ordinarily work outside Great Britain. An employee will normally only be entitled to make a claim to an industrial tribunal for a redundancy payment if within six months of "the relevant date"[21] he has: (i) given notice to the employer that he wants a payment, or (ii) referred a question as to his right to a payment (or its amount) to a tribunal; or (iii) presented a complaint of unfair dismissal to a tribunal. Nevertheless, if any of the above steps are taken outside this period but within twelve months of the relevant date, a tribunal has the discretion to award a payment if it thinks that it would be just and equitable to do so.[22]

As with unfair dismissal it is possible to contract out of the redundancy provisions either at a collective or individual level. An employer (or an employer organisation) and one or more trade unions may apply to the Secretary of State for exemption from the operation of the redundancy provisions so long as the conditions laid down in Section 96 are fulfilled,[23] and a person employed under a fixed term contract for two years or more cannot claim a payment if before the term expires he has waived his right to do so.[24]

So far as both unfair dismissal and redundancy rights are concerned, if an applicant is otherwise qualified, the fact that he was a casual or temporary worker or serving a probationary period makes no difference to the right to claim. Of course such special status may have a profound effect on the outcome of an unfair dismissal case, since it will be one of the "circumstances" to be considered under Section 57(3).

Finally, the statutory procedure for handling redundancies applies irrespective of the number of employees that the employer proposes to dismiss (although this affects the consultation period), the number of hours they work or their union status. Nevertheless Section 107 of the 1975 Act facilitates the adaptation, modification or exclusion of the statutory provisions where a collective agreement makes arrangements for handling redundancies.

II. PROCEDURES PRIOR TO TERMINATION

A worker may be informed that his employment is being terminated either verbally or in writing, no particular form is required. Although an employee with 26 weeks service is entitled to request a written statement giving particulars of the reasons for his dismissal, it should be noted that these particulars do not have to be supplied before a dismissal is put into effect.[25] Apart from the duty to give proper notice[26] or provide compensation in lieu, the employer has only one further obligation towards employees he is about to dismiss. This is to allow those who have been continuously employed for two years or more and are under notice of dismissal by reason of redundancy to take reasonable time off during working hours to look for new employment or make arrangements for training for future employment.[27] A complaint that an employer has unreasonably refused time off or has failed to pay the whole or part of any amount to which the employee is entitled must be presented to an industrial tribunal within three months of the day on which it is alleged that the time off should have been allowed. If the complaint is well-founded the tribunal must make a declaration to that effect and order the employer to pay the amount which it finds due to the employee.[28] A number of collective agreements detail how the employing organisation will help employees to find jobs or retraining and the amount of time off they can take. As well as contacting the Government's employing and training services, some agreements provide that the employer will contact other local employers, e.g. agreements at London Brick, Metal Box.

Although the Code of Practice describes the essential features of a disciplinary procedure that should be followed prior to the termination of employment for misconduct, the failure to adhere to such a procedure is not unlawful and, indeed, may not even lead to a finding of unfairness. Thus on a number of occasions the courts have held that while it is desirable to follow the recommendations made in the Code, the Code is not of universal application and there may be occasions when procedural defects can be excused, e.g. if the outcome would still have been the same had the correct procedure been applied. Of course in some instances a breach of procedure may amount to a breach of contract, but again this will not necessarily lead to a finding of unfairness.[29]

The only special procedure which exists in relation to dismissal for misconduct operates when an employer gives notice to an employee who would otherwise have qualified for a redundancy payment. Section 82(2) of the 1978 Act provides that an employee who is under notice of redundancy can be deprived of a redundancy payment where his employer, being entitled to terminate the contract of employment without notice by reason of the employee's conduct, terminates it by giving notice "which includes, or is accompanied by, a statement in writing that the employer would, by reason of the employee's conduct, be entitled to terminate the contract without notice". However, where an employee within his contractual or statutory minimum notice period commits an act of misconduct which would justify his summary dismissal and is dismissed for that reason, a tribunal is empowered to determine whether it is just and equitable for him to receive the whole or part of the redundancy payment.[30]

There is no statutory duty on an employer to notify or consult a trade union about dismissals other than where there is a proposal to terminate on the grounds of redundancy. Nevertheless many collective agreements do make detailed provision for such notification and consultation and Para. 15(b) of the 1977 Code suggests that no disciplinary action beyond an oral warning should be taken against a trade union official until the circumstances of the case have been discussed with a senior trade union representative or full-time official. Except in the case of redundancies (see below) there is no requirement to notify a public authority that a dismissal or dismissals will take place.

III. JUSTIFICATION OF TERMINATION

Since an employer does not need prior approval before termination a person's employment, it follows that a dismissal only be justified if it is challenged by the worker concerned. Thus if an employee claims that his contract was breached because he was dismissed without prior notice, in order to avoid payment damages the employer will have to demonstrate that the individual's behaviour was such that it rendered the dismissal lawful, i.e. it amounted to gross misconduct. Similarly, if a qualified employee complains to an industrial tribunal that he is entitled to a redundancy payment but has not received one, the employer will be required to show that the reason for dismissal was not redundancy or that the individual was not entitled to a payment on some other ground, e.g. an offer of suitable alternative employment was unreasonably refused. Unless the contrary is proved a dismissal is presumed to have been by reason of redundancy, although the courts have left employers free to decide whether the requirements of the business for employees to carry out particular work have ceased or diminished.[31]

To resist an unfair dismissal claim lodged by a qualified applicant, an employer is obliged to show what was the reason (or, if more than one, the principal reason) for the dismissal and that it was fair within the meaning of the 1978 Act. Section 57 provides that a reason is to be regarded as fair if it: (a) related to the capability or qualifications[32] of the employee for performing work of the kind which he was employed to do; or (b) related to the conduct of the employee; or (c) was that the employee was redundant; or (d) was that the employee could not continue to work in the position which he held without contravention (either on his part or that of his employer) of a duty or restriction imposed by or under an enactment, or (e) was some other substantial reason of a kind such as to justify the dismissal of an employee holding the position which the employee held.[33] In addition Section 58(3) provides that a dismissal is to be regarded as fair if "it is the practice, in accordance with a union membership agreement,[34] for employees for the time being of the same class as the dismissed employee to belong to a specified independent trade union, or to one of a number of independent trade unions; and the reason for dismissal was that the employee was not a member of the specified union or one of the specified unions, or had refused or proposed to refuse to become or remain a member of that union or one of those unions". However, sub-sections 3A-3C render it unfair to dismiss[35] where: (1) the employee genuinely objects on the grounds of conscience or other deeply held personal conviction to being a member of any trade union whatsoever or to a particular trade union; or (2) where the employee belonged to the class to which the union membership agreement relates since before the agreement was in effect and has not at anytime been a member in accordance with the agreement; or (3) the union membership agreement was not approved in accordance with Section 58(A);[36] or (4) the employee has not been a member since the agreement was approved.

A dismissal is to be regarded as having been unfair if the reason for it, or the principal reason, was that the employee: (i) was, or proposed to become, a member of an independent trade union; (ii) had taken, or proposed to take, part at any appropriate time[37] in the activities of an independent trade union; or (iii) had refused, or proposed to refuse, to become or remain a member of a trade union which was not independent.[38] Following on from this, Section 59 provides that a dismissal on grounds of redundancy will be unfair if the reason the employee was selected for dismissal was inadmissible. Selection for redundancy will also be unfair if it is in contravention of a customary arrangement or an agreed procedure and there were no special reasons justifying a departure from that arrangement or procedure.[39] According to Section 60 a woman is to be treated as unfairly dismissed if the real or principal reason for her dismissal was that she was pregnant or was "any other reason connected with her pregnancy, except one of the following reasons: (a) that she was, because of her pregnancy, "incapable of adequately doing the work which she was employed to do;" (b) that, because of her pregnancy, she was unable to continue to do her work "without contravention (either by her or her employer) of a duty or restriction imposed by or under any enactment". Even where (a) or (b) do apply, a dismissal will be unfair if, where there is a suitable available vacancy, neither the employer nor any successor made her an offer before or on the effective date of termination to engage her under a new contract of employment complying with Section 60(3).[40]

Regulation 8 of the 1981 Regulations stipulates that where either before or after a "relevant transfer"[41] an employee of the transferor or transferee is dismissed that person shall be treated as unfairly dismissed if the transfer, or a reason connected with it, is the reason or principal reason for dismissal. Yet where an "economic, technical or organisation reason entailing changes in the workforce of either the transferor or the transferee before or after a relevant transfer" is the reason or principal reason for dismissal, the dismissal is not to be treated as automatically unfair but is to be regarded as having been for a "substantial reason of a kind such as to justify the dismissal" etc. Finally, dismissal on the grounds of sex or marital status is outlawed by Section 6(2)b of the Sex Discrimination Act 1975, dismissal on racial grounds is unlawful by virtue of Section 4(2)c of the Race Relations Act 1976 and Section 4(3) of the Rehabilitation of Offenders Act 1974 states that "a conviction which has become spent. . . . shall not be a proper ground for dismissing".

Four further points need to be made at this stage. First, the fact that the employer has used the wrong label is not necessarily fatal to his case, for it is the tribunal's task to discover what reason actually motivated the employer at the time of dismissal. Second, the reason for dismissal must have existed and been known to the employer at the time of dismissal.[42] Third, an employer cannot justify a dismissal by a reason that was not the reason for the original dismissal but was the reason for which it was confirmed by an internal appeal.[43] Fourth, Section 63 of the 1978 Act provides that in determining the reason for dismissal (or whether it was sufficient to dismiss) a tribunal cannot take account of any pressure (in the form of industrial action or the threat of it) which was exercised on the employer to secure the employee's dismissal.[44]

IV. APPEALS AGAINST A TERMINATION WHICH IS NOT CONSIDERED JUSTIFIED

We saw earlier that Section 1 of the 1978 Act requires a written statement of particulars to include a note which specifies the person to whom an employee can apply if he is dissatisfied with a disciplinary decision, the manner in which any such application should be made and any further steps which are available. Paragraph 16 of the 1977 Code recognises that grievance procedures are sometimes used for dealing with disciplinary appeals but suggests that "it is normally more appropriate to keep the two kinds of procedure separate since the disciplinary issues are in general best resolved within the organisation and generally need to be dealt with more speedily than others". Nevertheless it is conceded that the external stages of a grievance procedure may be the appropriate machinery for dealing with disciplinary appeals "where a final decision within the organisation is contested or the matter becomes a collective issue between management and a trade union". Paragraph 17 of the 1977 Code draws attention to the value of independent arbitration as the final stage of procedure.

In 1979 the Institute of Personnel Management published a report based on a postal survey of 267 organisations.[45] This revealed that only 3% of companies failed to provide for appeals against disciplinary action. Appeals from operatives were addressed to the factory/works manager and/or the personnel manager in over 45% of companies. Clerical staff lodged appeals with the personnel manager and/or head of department with recourse to the managing director. Managers usually directed their appeals to the managing director (in 55% of companies) and the personnel manager. Arbitration was provided for in 14% of companies for operatives and in 10% of companies for managers. Recourse to joint machinery, such as a union-management committee, works conference or natural joint council was not common. Over three-quarters of the companies allowed union representatives to attend meetings to hear appeals against disciplinary action involving operatives and over half did so for clerical staff.

A survey of manufacturing establishments conducted by Warwick University staff in the winter of 1977–78 revealed that 88% of respondents had procedures for disputes about discipline or dismissal. The researchers' view was that workforce size rather than the attributes of specific industries probably provided a more useful association between an establishment and the existence of a procedure. However, discriminant analysis showed the relationship of procedures with union density to be stronger than their relationship with workforce size. 77% of procedures were written down and 64% were reported to have been negotiated. 21% of procedures provided for third party intervention (the Advisory Conciliation and Arbitration Service (ACAS) being named in 78% of procedures) but only 8% said it had been used in the previous two years. Establishments with no provision for outside intervention were asked whether they had in fact used intervention from outside the industry during the previous two years and 7% indicated that they had done so.[46]

Recently researchers at the Industrial Relations Research Unit at Warwick University asked employers who had had unfair dismissal cases brought against them if they had a disciplinary procedure and whether the procedure included provision for an appeal against dismissal within the company. 72% of the respondents claimed to have a procedure, 67% with provision for appeal, and the likelihood of a procedure existing increased with size. A further question about the stages in the procedure revealed that appeal was generally to one or more higher levels of management and in only 7% of cases where a right to appeal existed was it described as being a formal hearing or committee.[47]

Where a trade dispute exists or is apprehended, and a dispute over discipline constitutes such a dispute,[48] the Advisory Conciliation and Arbitration Service is empowered by Section 2 of the 1975 Act to offer assistance by way of conciliation or "other means". In exercising this function A.C.A.S. is enjoined to have regard to the desirability of encouraging the parties to the dispute to use "any appropriate agreed procedures for negotiation on the settlement of disputes". If a dispute cannot be resolved in this way, A.C.A.S. may, at the request of one or more of the parties but subject to the consent of all of them, refer it for settlement to an independent arbitrator or arbitrators or to the Central Arbitration Committee (C.A.C.).[49] Although there is no legal compulsion on the parties to accept an arbitrator's award, in practice arbitrators' decisions are almost invariably accepted.

If no voluntary settlement of a disciplinary dispute is achieved, or the aggrieved person chooses not to use any internal machinery that is available,[50] a complaint of unfair dismissal may be lodged with an industrial tribunal.[51] A copy of the application will be sent to a conciliation officer who then has the duty to promote a settlement of the complaint without its being determined by a tribunal.[52] The conciliation officer must in particular seek to promote the re-employment of the complainant on terms which appear to him to be equitable, but where the applicant is not seeking re-employment, or it is thought not to be practicable, the conciliation officer must seek to achieve agreement by way of a financial settlement. Where appropriate the concilation officer is to have regard to the "desirability of encouraging the use of other procedures available for the settlement of grievances".[53] If as a result of a conciliation officer taking action an agreement is reached to refrain from presenting a complaint or proceeding with it, that agreement will be binding.[54]

As regards procedure, the Industrial Tribunal (Rules of Procedure) Regulations 1980 empowers a tribunal to require a party to furnish further particulars, to grant the discovery or inspection of documents and to order the attendance of witnesses. A party may appear before the tribunal in person or be represented by any other person whom he desires to represent him. Legal aid is not available for these purposes and costs will only be awarded if a tribunal is persuaded that a party has acted frivolously, vexatiously, or otherwise unreasonably. Tribunals are required to avoid formality in their proceedings and are not bound by the rules of evidence which apply in the ordinary courts. A tribunal decision may be reviewed, revoked or carried on a number of grounds[55] but an appeal can only be launched if a question of law arises.

In an unfair dismissal case the burden of proving that there was a dismissal rests on the employee's shoulders. It is clear that a mutually agreed termination does not constitute a dismissal at law. Similarly, if an employee resigns of his own volition, there is no dismissal, but if pressure has been applied there may be a "constructive dismissal". An employee is only entitled to treat himself as constructively dismissed if the employer is guilty of conduct which is a significant breach going to the root of the contract or which shows that the employer no longer intends to be bound by one or more of its essential terms.[56] Recently there has been a tendency for unreasonable employer behaviour to be regarded as a breach of the duty to show trust and confidence in the employee and for this to be treated as going to the root of the contract. By way of contrast, it has been decided by the Court of Appeal that where an employee acts in a manner which demonstrates that he no longer intends to be bound by the contract, while the employer can accept the repudiation and bring the contract to an end, he cannot rely on a notion of "constructive resignation" if the employee attempts to resume work.[57]

Once the fact of dismissal is established the employer must show that it was for a fair reason.[58] Unless the reason for dismissal is automatically unfair the last step is for the tribunal to decide "whether in the circumstances (including the size and administrative resources of the employer's undertaking) the employer acted reasonably or unreasonably in treating it as a sufficient reason for dismissing the employee; and that question shall be determined in accordance with equity and the substantial merits of the case". At this stage tribunals must take account of the wider circumstances. In addition to the employer's business needs attention must be paid to the personal attributes of the applicant, for example, seniority and previous work record. Employers will be expected to treat employees in similar circumstances in a similar way and to offer alternative employment in appropriate cases. The words "equity and the substantial merits" allow tribunals to apply their knowledge of good industrial relations practice and to ensure that there has been procedural fairness. However, it is not the function of tribunals to ask themselves whether they would have done what the employer did, it is merely to assess the employer's decision to see if it falls within a range of responses which a reasonable employer could have taken.[59]

Turning to the remedies available where the reason (or principal reason) for the dismissal was that the employee was or proposed to become a member of a particular independent trade union, or had taken or proposed to take part at any appropriate time in the activities of a particular trade union, the employee can seek interim relief.[60] The tribunal must hear such an application as soon as practicable, and, if it thinks it "likely" that the complaint will succeed and that the reason for dismissal was a reason mentioned in Section 77(1), it must ask the employer if he is willing to reinstate or, if not, to re-engage the employee pending the determination of the complaint. If the employer is willing to reinstate, or the employee is willing to accept re-engagement, the tribunal shall make an order to that effect. Where the employer fails to attend the hearing or is unwilling to re-employ, the tribunal must make an order for the continuation of the employee's contract. In essence such an order amounts to suspension on full pay.[61]

In all other cases where an applicant is found to have been unfairly dismissed[62] a tribunal must explain its power to order reinstatement or re-engagement and ask the employee if he wishes such an order to be made.[63] Only if such a wish is expressed can an order be made and if no order is made the tribunal must turn to the question of compensation. Where the aggrieved person seeks re-employment a tribunal must first consider whether reinstatement is appropriate and in so doing must take account of the following matters: "(a) whether the complainant wishes to be reinstated; (b) whether it is practicable for the employer to comply with an order for reinstatement;[64] (c) where the complainant caused or contributed to some extent to the dismissal, whether it would be just to order his reinstatement". If reinstatement is not ordered the tribunal must then decide whether to make an order for re-engagement and, if so, on what terms. In so doing the tribunal must take into account the following considerations: "(a) any wish expressed by the complainant as to the nature of the order to be made; (b) whether it is practicable for the employer or, as the case may be, a successor or associated employer to comply with an order for re-engagement; (c) where the complainant caused or contributed to some extent to the dismissal, whether it would be just to order his re-engagement and if so on what terms; and except in a case where the tribunal takes into account contributory fault under paragraph (c), it shall, if it orders re-engagement, do so on terms which are, so far as is reasonably practicable, as favourable as an order for reinstatement''. In 1979 the latest year for which statistics are available, re-employment was ordered in 3.1% of cases upheld.

Where a person is re-employed as the result of a tribunal order but the terms are not fully complied with, then a tribunal must make an award of such amount as it thinks fit "having regard to the loss sustained by the complainant in consequence of the failure to comply fully".[65] If a complainant is not re-employed in accordance with a tribunal order, compensation will be awarded together with an additional award[66] unless the employer can satisfy the tribunal that it was not practicable to comply with the order.[67] An employee who unreasonably prevents an order being complied with will be regarded as having failed to mitigate his loss when it comes to the assessment of compensation.

Compensation for unfair dismissal consists of a basic and compensatory award. The basic award is calculated in the same way as a redundancy payment, its size depending on the employee's length of continuous service (a maximum of twenty years being taken into account), his age and the amount of a week's pay.[68] This award will be reduced by the amount of any redundancy payment received and by such proportion as the tribunal considers just and equitable in three other situations: (1) where the dismissal was "to any extent caused or contributed by an action of the complainant" (except where the reason for dismissal was redundancy); (2) on account of any other conduct of the complainant before the dismissal or before notice was given; (3) where the complainant unreasonably refused an offer of reinstatement.

The amount of a compensatory award depends on what a tribunal considers "just and equitable in all the circumstances, having regard to the loss sustained by the complainant in consequence of the dismissal insofar as that loss is attributable to action taken by the employer".[69] Section 74(3) specifically mentions that an individual whose redundancy entitlement would have exceeded the basic award, can be compensated for the difference, while a redundancy payment received in excess of the basic award payable goes to reduce the compensatory award. The compensatory award can be reduced in two other circumstances: where the employee's action caused or contributed to the dismissal and where the employee failed to mitigate his loss. The maximum compensatory award is currently £6,250[70] but the Secretary of State may increase the limit by an order approved by both Houses of Parliament.

Although it is the duty of tribunals to enquire into the various heads of damage, it is the responsibility of the aggrieved person to prove the loss. The legislation aims to reimburse the employee rather than punish the employer, so an employee who appears to have lost nothing, for example, where it can be said that irrespective of the procedural unfairness that occurred the employee would have been dismissed anyway, may not receive a compensatory award. The possible heads of loss have been divided into the following categories:

(1) Loss incurred up to the date of hearing. Here attention focuses on the employee's actual loss of income but an individual can claim for the loss of other benefits and "expenses reasonably incurred".

(2) Loss flowing from the manner of dismissal. Since there is nothing for injury as such, compensation can only be awarded if the manner of dismissal made the individual less acceptable to potential employers.

(3) Loss of accrued rights. Under this heading it is intended that employees should be compensated for the loss of rights dependent on a period of continuous service. However, since the basic award now reflects lost redundancy entitlement, sums awarded on this ground have tended to be nominal.[71]

(4) Loss of pension rights. This presents the most complex problem of computation but basically there are two types of loss—the loss of the present pension position and the loss of the opportunity to improve the pension position with the dismissing employer.

(5) Future loss. Where no further employment has been secured tribunals have to speculate how long the employee will remain unemployed.[72] Here a tribunal will utilise its knowledge of local labour market conditions as well as considering individual personal circumstances. If another job has been obtained, tribunals will compare an employee's salary prospects for the future in each job and see as best they can how long it will take the employee to reach in his new job the equivalent salary to that which he would have obtained had he remained with the original employer. Of course the possibility that an employee might have resigned or lost his employment owing to redundancy will be taken into account.

Finally, it is worth recording the actual sums awarded by tribunals. In 1979 almost half the awards amounted to less than £400 each. Almost ¾ of the awards were less than £750 and only about 2% of awards were over £4,000.

V. SPECIAL PROCEDURES IN CASE OF WORKFORCE REDUCTION

Paragraph 45 of the Industrial Relations Code of Practice 1972 recommended that a policy for dealing with reductions in the workforce should be worked out in advance. More specifically it was suggested that management should, in consultation with employee representatives, seek to avoid redundancies by such means as: (i) restrictions on recruitment; (ii) retirement of employees who are beyond the normal retirement age; (iii) reductions in overtime; (iv) short-time working; (v) re-retraining or transfer to other work.[73] Where collective agreements specify measures to be considered when redundancies are mooted they normally include some or all of the marters listed in Paragraph 45, together with, inter alia, limiting the amount of work contracted-out and the replacement of casual or temporary employees.

Restrictions on recruitment and the retirement of employees beyond normal retiring age are unlikely to cause contractual difficulties but reducing overtime, introducing short-time working or insisting on re-training or transfer could have serious legal consequences. Not only might some of these steps amount to a breach of contract,[74] but an employee might be entitled to receive a guarantee payment if he is not provided with work throughout a day when he would normally be required to work.[75] In addition a person who is laid off or kept on short-time for four or more consecutive weeks or six or more weeks within a thirteen week period, will be able to claim a redundancy payment if the procedures laid down in Section 88-89 of the 1978 Act are followed. However, those who unreasonably refuse an offer from their employer of suitable alternative employment in a redundancy situation may be denied a redundancy payment[76] and, where there is a change of ownership of a business (or part of it) and the new employer offers to renew the employee's contract or to re-engage him under a new one, such an offer is to be regarded as having emanated from the previous owner.[77] Regulation 5 of the 1981 Regulations provides that the transfer of an undertaking will not terminate the contract of a person transferred but the contract of employment is to be treated as if it originally been made with the transferee. Nevertheless the person transferred retains the right to terminate the contract without notice if a "substantial change is made in his working conditions to his detriment".

Since 1979 the Temporary Short-Time Working Compensation Scheme has provided for compensation to be paid to employers who are prepared to adopt short-time working as an alternative to implementing redundancies affecting ten or more workers in an establishment. Reimbursement of the payments made to workers on short-time (currently 50% of normal earnings plus national insurance contributions) is for a maximum period of nine consecutive months.[78] The scheme is entirely within the discretion of the Secretary of State who has reserved the right to change the conditions for reimbursement during the life of the scheme and has no obligation to provide assistance in any particular case. For an application to be approved, the Secretary of State must be satisfied: (a) that the employer genuinely intends to make ten or more workers redundant in each establishment; (b) that the employer has notified the Department of Employment of these redundancies[79] and begun consultations about them with any appropriate trade union in accordance with the provisions of Part IV of the 1975 Act (see below). Indeed, the application form must be jointly signed by the employer and the appropriate trade union representatives or recognised employee representatives; (c) that the employer is not insolvent (or about to become insolvent) and that the jobs supported have a reasonable chance of being viable in the long term.

The scheme covers all employees except those who do not qualify for a guarantee payment under the 1978 Act.[80] For compensation to be paid there has to be at least one normal day's work after a period of seven consecutive days without work (whether these are days on which work is normally done or not, for example, a Saturday or Sunday). The amount of assistance that can be given will depend on the number of workers who would otherwise be redundant and the amount of time they normally work each week. There is no upper limit on the number of workers who can be supported under the scheme.[81] In any week in which employees covered by the scheme would be entitled to a guarantee payment, employers must pay: at least 50% of normal daily pay if that amounts to more than the maximum guarantee payment (currently £8.75); the maximum guarantee payment if that amounts to more than 50% of normal pay; full normal pay if that amounts to less than the maximum guarantee payment. On days not covered by statutory guarantee pay entitlement the employer must invariably pay at least 50% of normal daily pay for each workless day, without limit. No employer will normally receive support under the scheme if any employee is on short-time and in receipt of unemployment benefit. (see below).

In addition to the Temporary Short Time Working Compensation Scheme, it should be noted that the Government has introduced a number of special employment and training measures to deal generally with the problem of mass unemployment and, in particular, with unemployment amongst the young. Currently in force are the Job Release Scheme, Youth Employment Programme, Young Workers Scheme, the Community Enterprise Programme, Community Industry and the Training for Skills Programme.

As regards selection for redundancy we have already seen that in certain circumstances a dismissal will be automatically unfair. Agreed procedures sometimes stipulate that temporary staff will be selected for dismissal first (e.g. at the B.B.C. and British Telecom) and a number provide for early retirement. Before compulsory redundancies are imposed organisations will normally seek volunteers but frequently a right of veto exists so that management can maintain "an experienced and balanced workforce". If compulsory redundancies prove necessary selection is provided for on a variety of bases, for example, non-union membership, seniority, disciplinary or general work record. Despite the changes brought about by the Employment Act 1980, it would still appear that unless a closed shop operates, employees have no redress if they are selected in accordance with an agreement that non-union members should be dismissed first. In relation to seniority the principle of "last in, first out" is commonly adopted. Even if a dismissal is not automatically unfair, because there has been no breach of Section 59, the impact of Section 57(3) can still be considerable. Thus the Court of Appeal has accepted that selection of the longest-serving employee can be challenged on the grounds that it was not "in accordance with equity and the substantial merits of the case".[82]

Part IV of the 1975 Act stipulates the procedures which must be followed by employers in handling redundancies. An employer proposing to dismiss as redundant an employee of a description in respect of which an independent trade union is recognised by him must consult representatives of that union about the dismissal "at the earliest opportunity". Without prejudice to this basic obligation, Section 99(3) sets out the following minimum periods which must be allowed for consultation before a dismissal takes effect: (a) where the employer is proposing to dismiss a 100 or more at one establishment (which is not defined) within a period of 90 days or less, 90 days; and (b) where the employer is proposing to dismiss 10 or more at one establishment within a period of 30 days or less, 30 days. At the beginning of the consultation period the employer must disclose in writing to the trade union representatives the following matters: (i) the reason for his proposals; (ii) the number and description of employees whom it is proposed to dismiss; (iii) the total number of employees of any such description employed by the employer at that establishment; (iv) the proposed method of selecting the employees who may be dismissed; (v) the proposed method of carrying out the dismissals, with due regard to any agreed procedure, including the period over which the dismissals are to take effect. An employer is obliged to consider any representations made by the union, reply to them, and if he rejects any of them he must state his reasons. Having done this the employer is then free to put the dismissals into effect, for there is no legal duty to reach an agreement. If there are "special circumstances" which render it not reasonably practicable for the employer to comply with the above-mentioned provisions, the employer must take "all such steps towards compliance" as are reasonably practicable in the circumstances.[83]

Where the employer has failed to comply with any of the duties imposed by Section 99, the recognised union can complain to an industrial tribunal. If a complaint is well-founded the tribunal must make a declaration to that effect and may also make a protective award. A protective award refers to the wages payable for a protected period to employees who have been dismissed or whom it is proposed to dismiss. The protected period begins with the date on which the first of the dismissals to which the complaint relates takes effect or the date of the award (whichever is the later), and will be of such length as the tribunal determines "to be just and equitable in all the circumstances having regard to the seriousness of the employer's default".[84] The rate of remuneration payable under a protective award is a week's pay for each week of the protected period. An employee who is of a description to which the award relates may complain to a tribunal that his employer has failed, wholly or in part, to pay the remuneration under that award, and if the complaint is well-founded the employer will be ordered to pay the amount due.

In many collective agreements and company policy statements consultation is dealt with fairly peremptorily, it being assumed that it will take place in accordance with the 1975 Act. However some agreements, for example at International Harvester, explain in detail the form that the consultation will take and the type of information which will be supplied. A number of agreements provide for a longer consultation period than required by law, e.g. at Esso and Cadbury Schweppes, where consultation begins six months before any redundancy.

An employer proposing to dismiss as redundant 100 or more employees at one establishment within a period of 90 days, or more than 10 employees within 30 days, must notify the Secretary of State in writing of the proposal within 90 or 30 days respectively.[85] It is expressly provided that where consultation with union representatives is required by Section 99 the written notice must identify the union concerned and state when the consultation began. An employer who fails to give notice in accordance with Section 100[86] may have his rebate from the Redundancy Fund (currently 41%) reduced by the Secretary of State by such proportion (not exceeding 1/10) as the latter thinks appropriate.[87] Where the rebate is reduced for this reason the employer can appeal to an industrial tribunal.

Priorities on re-hiring have not been the subject of legislation in Britain and are rarely dealt with in collective agreements. Nevertheless one white-collar union, A.S.T.M.S., has frequently negotiated on this issue and on a number of occasions has obtained a commitment from employers that they will give priority consideration to applications for re-employment from those who have been made redundant. In some instances priority is only afforded during the twelve months following redundancy but in other organisations the priority extends for two years or no time limit is imposed. Finally, at the Independent Broadcasting Authority, the Association of Broadcasting Staffs has secured an undertaking that redundant employees will be informed, if they wish, of all suitable posts which are advertised internally during the 18 months following their date of termination. If they apply for a post they will be treated as an internal candidate.

VI. INCOME SECURITY

Statutory redundancy payments are calculated in accordance with Schedule 4 of the 1978 Act.[88] In practice the level of redundancy compensation paid has gradually increased over the years[89]—not only has the earnings limit used in computing the statutory payment been raised but organisations have tended to improve their redundancy terms. A recent survey conducted by the Institute of Manpower Studies found that two out of five organisations made some form of payment in addition to the individual's statutory entitlement.[90] The level and type of company enhancements to the statutory provisions vary widely. In some collective agreements the extra payments are totally at the company's discretion while in others there are full details of payments up to three or four times the statutory figure. Sometimes agreements make specific provision for employees who do not qualify for a statutory payment because they lack two years service, e.g. at Dunlop and Ford. Outside the shipbuilding, coal and steel industries[91] few organisations provide for payments to be made after an employee's service has been terminated. Assistance commonly takes the form of unemployment supplements to state benefits. Some firms guarantee a percentage of former pay for a stipulated period (which is frequently related to the individual length of service) while others offer a general hardship allowance for a fixed period if employment has not been found. Finally, a number of companies have "hardship committees" which can make discretionary payments.

Turning to the state support which may be available, we will first of all consider unemployment benefit. This is a social insurance benefit with entitlement depending on contributions paid or credited in the "relevant contribution year" in relation to "the relevant benefit year".[92] In order to claim this benefit a person must have been out of work for two out of six consecutive days (not counting Sundays) and must be "available to be employed in employed earner's employment".[93] Receipt of either of the following payments in compensation for the loss of a job can affect a person's right to unemployed benefit: (a) compensation for loss of wages in an industrial tribunal award for unfair dismissal; or (b) any statutory or non-statutory payment in lieu of notice or as compensation for loss of remuneration.[94] A person receiving either of these types of payment is treated as not being unemployed for the period they cover so their effect is to delay entitlement to benefit rather than to disqualify altogether. Thus if the claimant is still unemployed when the period covered by the payment expires, he will get benefit in the normal way.[95] Compensation for a capital rather than an income loss does not affect entitlement to benefit and compensation for the loss of a job is to be regarded as a capital payment.[96] Deciding whether an ex gratia lump sum constitutes compensation for loss of remuneration or loss of job can cause intense difficulties. Clearly from the point of view of the unemployed it is greatly advantageous that such payments are described as rewards for past services or as compensation for the loss of job rather than left as vague packages.

There are a number of ways in which a claimant can be disqualified for unemployment benefit. A person who is held to have been dismissed for misconduct or to have left his last job without good cause may be disqualified for up to six weeks.[97] It should be noted that here "misconduct" refers generally to behaviour which would lead an employer to sack[98] and in practice claimants have been temporarily denied benefit in circumstances that would amount to an unfair dismissal (see above). Again an employee who resigns in circumstances which entitled him to terminate his contract without notice by reason of the employer's conduct should not be regarded as leaving without just cause, yet the insurance authorities are not compelled to accept an industrial tribunal finding of constructive dismissal.[99] Claimants who have refused or failed to apply for a suitable job or training "without good cause" may also be disqualified. Although the newly unemployed are normally allowed to confine themselves to employment in their normal occupation, for people unemployed for a "reasonable interval" other jobs will be regarded as suitable.[100]Finally, unemployment benefit cannot be claimed by those participating in or directly interested in a trade dispute at their place of employment. Great difficulties can arise here in determining at what stage a person who has been dismissed is no longer disqualified, for example, where the employer's business has closed down.[101]

Those who are disqualified from receiving unemployment benefit can claim supplementary benefit, including those who are not entitled to unemployment benefit because of inadequate contributions. In addition supplementary benefit can be claimed by those in receipt of unemployment benefit to bring their income up to the statutory minimum level.[102] Supplementary benefits is a means-tested public assistance scheme thus the benefit available varies according to a number of factors, e.g. family size and housing costs. Technically the amount of benefit payable depends on the extent to which the claimant's "resources" fall short of his "requirements".[103] The treatment of resources depends on whether they are classified as income or capital and a person whose total capital exceeds £2,000 will not be entitled to any supplementary benefit.[104] The three main categories of income are earnings, benefits and "other income". Broadly speaking earnings consist of "all remuneration or profit, calculated on a weekly basis, derived from any employment". Thus a lump sum redundancy payment is treated as capital, but it is interesting to note that lump sums paid in installments will be regarded as income if otherwise they would bring a person's capital above the £2,000 limit.[105] Although it is clear that some elements of unfair dismissal awards[106] will be treated as capital (the basic award, compensation for lost pension rights) there is uncertainty at the time of writing whether the element to cover future loss of earnings is to be categorised as income or capital. A claimant who has just left work and has received earnings in hand or a payment in lieu of notice will not be entitled to benefit until the end of the period covered by the sum received.[107] Those who have been disqualified from unemployment benefit because of industrial misconduct or leaving without just cause can still claim supplementary benefit but this will normally be reduced by 40% of the single person's rate for the disqualification period.[108]

FOOTNOTES

[1]Section 1 of the Employment Protection (Consolidation) Act 1978 requires employers to give qualified employees a written statement containing certain particulars of the terms of employment. Section 1(3)e refers to "the length of notice which the employee is obliged to give and entitled to receive to determine his contract of employment". Paragraph 8 of the Code of Practice on "Disciplinary Practice and Procedures in Employment" recommends that employees "be given a clear indication of the type of conduct which may warrant summary dismissal". (A failure to observe any provision of a Code of Practice does not of itself render an employer liable to any proceedings but the Code is admissible in evidence. Section 6(10) of the Employment Protection Act 1975).

[2]After four weeks continuous service an employee is entitled to a week's notice and this applies until the employment has lasted two years. At his point two weeks notice is owed and from then on the employee must receive an extra week's notice for each year of service up to a maximum of twelve weeks. An employee with four weeks service or more need only give one week's notice to terminate.

[3]Section 1(4)b of the 1978 Act.

[4]A survey of 267 organisations showed that unions are involved to a greater extent in disciplinary procedures than in rules. Overall involvement in both procedures and rules was lower for white-collar employees than for blue-collar. See "Disciplinary Procedures and Practice". Institute of Personnel Management 1979.

[5]See Section 140 of the 1978 Act. However settlements "out of court" are binding in certain circumstances. (see below).

[6]Theoretically it is possible to recover for such loss as arises naturally from the breach and for any loss which was reasonably foreseeable by the parties as being likely to arise from the breach. Damages are not recoverable for hurt feelings but an employee who is prevented by the wrongful dismissal from qualifying for the right to claim unfair dismissal may be compensated for this loss: See *R.CORT & SON v. CHARMAN (1981) IRLR 437 (EAT)*.

[7]For the purposes of both unfair dismissal and redundancy a person is to be treated as dismissed only if:
  (a) the contract under which he is employed is terminated by the employer with or without notice; or
  (b) if a fixed term contract expires without being renewed under the same contract; or
  (c) the employee terminates the contract with or without notice in circumstances such that he is entitled to terminate it without notice by reason of the employer's conduct.
See Sections 55(2) and 83(2) of the 1978 Act and discussion below.

[8]For statutory purposes a person is deemed to be redundant if the dismissal is attributable wholly or mainly to:
  (a) the fact that his employer has ceased, or intends to cease, to carry on the business for the purposes for which the employee was employed; or
  (b) the employer has ceased, or intends to cease, to carry on that business in the place where the employee was so employed; or
  (c) the fact that the requirements of that business for employees to carry out work of a particular kind; or for employees to carry out work of a particular kind in the place where he was so employed, have ceased or diminished or are expected to cease or diminish.
See section 81(2) of the 1978 Act.

[9]"Recognition" is defined by Section 126 of the 1975 Act and "independent" is defined by Section 30 of the Trade Union and Labour Relations Act 1974. ("the 1974 Act").

[10]This is because Regulation 5 has the effect of preserving continuity of employment.

[11]An employee who worked on an oil rig or off-shore installation in British territorial waters or in an area designated under the Continental Shelf Act 1964 can claim.

[12]Defined by Section 55(4) of the 1978 Act.

[13]See Schedule 9, paragraph 2 of the 1978 Act.

[14]See Section 62 of the 1978 Act.

[15]"Associated employer" is defined in Section 153(4) of the 1978 Act.

[16]See Section 64(1) and Section 64(A). There is no service qualification if the reason for dismissal was inadmissible. (see below): Section 64(3).

[17]Section 151(2) of the 1978 Act.

[18]Section 67(2) of the 1978 Act. A complaint of sex or race discrimination can be heard out of time if it would be "just and equitable to do so".

[19]To date the only designated procedure agreement exists in the Electrical Contracting Industry.

[20]Section 142(1) of the 1978 Act (as amended). It should be noted that a fixed term contract may include a term relating to notice: *DIXON v. BBC (1979) IRLR 114.*

[21]Defined by Section 90 of the 1978 Act.

[22]Section 101 of the 1978 Act.

[23]There are only two exemption orders in existence to date.

[24]Section 142(2) of the 1978 Act.

[25]An unreasonable refusal to provide a written statement or the giving of inadequate or untrue particulars will lead to a tribunal award of two weeks pay: Section 53(4) of the 1978 Act. However a failure to comply with Section 53 does not invalidate a dismissal or necessarily lead to a finding of unfairness.

[26]See Schedule 3 of the 1978 Act on the rights of employees during the notice period.

[27]Section 31 of the 1978 Act. An employee must be paid at the appropriate hourly rate for the period of absence. This is one week's pay divided by the number of normal weekly hours, or, where the number of normal working hours varies, the average of such hours.

[28]Curiously, although the employee is entitled to be paid "an amount equal to the remuneration to which he would have been entitled if he had been allowed the time off" the maximum that a tribunal can award is 2/5 of a week's pay. Any contractual remuneration paid in respect of a period when time off is taken goes towards discharging the employer's liability to pay under this section.

[29]See *COUNCIL OF CITY OF CARDIFF v. CONDÉ (1978) IRLR 218.*

[30]Section 92(3) of the 1978 Act.

[31]See *ORR v. VAUGHAN (1981) IRLR 63.*

[32]Both are defined in Section 57(4).

[33]Section 61 provides that where an employer on engaging an employee informs him in writing that his employment will be terminated either:

(1) on the return to work of another employee who is, or will be, absent wholly or partly because of pregnancy or confinement; or

(2) at the end of a period of suspension of another employee on medical grounds such as is referred to in Section 19 and the replacement employee is dismissed in order to allow the other employee to resume work, then the dismissal is to be treated as having been for a substantial reason of a kind such as to justify dismissal.

[34]Defined in Section 30(1) of the 1974 Act (as amended).

[35]Such dismissals are deemed to be for an inadmissible reason: Section 58(5).

[36]An agreement is taken to be approved if not less than 80% of those entitled to vote in a ballot voted in favour of its application.

[37]Defined by Section 58(2) as being outside working hours or within working hours in accordance with arrangements agreed with, or consent given by the employer. Consent may be implied from the employer's conduct: *MARLEY TILE CO. v. SHAW (1980) IRLR 25.*

[38]All these are inadmissible reasons.

[39]This section can only be relied on if it is shown that the circumstances constituting the redundancy applied equally to one or more other employees in the same undertaking who hold positions similar to that held by the complainant and they were not dismissed. For these purposes an "undertaking" is not defined although a "position" is.

[40]The new contract must (a) take effect immediately on the ending of employment under the previous contract; (b) be such that the work to be done is of a kind which is both suitable in relation to the employee and appropriate for her to do in the circumstances; and (c) be such that the provisions of the new contract as to the capacity and place in which she is to be employed and as to the other terms and conditions are not substantially less favourable than the corresponding provisions of the previous contract.

[41]Defined in Regulation 3(1).

[42]See *DEVIS & SONS LTD. v. ATKINS (1977) IRLR 314.*

[43]See *MONIE v. CORAL RACING LTD. (1980) IRLR 464.*

[44]It is not necessary that those exerting the pressure explicitly sought the dismissal, the test is whether it could be foreseen that the pressure would be likely to result in dismissal. See *FORD MOTOR COMPANY v. HUDSON (1978) IRLR 66.*

[45]See Footnote 4 above.

[46]See "The Changing Contours of British Industrial Relations". Edited by W. Brown. Oxford, 1981.

[47]I would like to thank the Industrial Relations Research Unit for permitting me to use their survey findings. Their full results will be contained in a book, now in preparation, with the working title: "Third party intervention in individual disputes: a study of the industrial tribunal system and unfair dismissal".

[48]See Section 29(1) of the 1974 Act.

[49]Section 3(1). Where appropriate agreed procedures exist A.C.A.S. cannot refer a matter for settlement to arbitration unless those procedures have been used and have failed to result in a settlement

or there is a special reason which justifies arbitration as an alternative to those procedures: Section 3(2). In 1980 A.C.A.S. referred 322 cases to arbitration, mediation or investigation and 16% of these involved discipline and dismissal issues.

[50]Although an employee is not bound to exercise a right to appeal internally before applying to a tribunal, the refusal to do so may be treated as a failure to mitigate loss: See *HOOVER LTD. v. FORDE (1980) IRLR 239.*

[51]In 1979 35,000 of such complaints were registered.

[52]Section 134(1). The conciliation officer has a duty to promote a settlement before a complaint is actually presented if a request is made by either party.

[53]Section 134(4). Anything communicated to a conciliation officer in connection with the performance of his functions is inadmissible in evidence in any tribunal proceedings except with the consent of the person who communicated it to the officer. Section 134(5) of the 1978 Act.

[54]In 1979 almost 2/3 of cases were withdrawn or settled after conciliation.

[55]See Rule 10(1) of the 1980 Regulations.

[56]See *WESTERN ESCAVATING v. SHARP (1978) IRLR 27.* If an employee continues for any length of time without leaving he will be regarded as having elected to affirm the contract and will lose the right to treat himself as discharged.

[57]See *LONDON TRANSPORT EXECUTIVE v. CLARK (1981) IRLR 166.*

[58]An employee who lacks the normal service qualification must show that the reason for dismissal was inadmissible: See *SMITH v. COUNCILLORS OF HAYLE (1978) IRLR 413.*

[59]See *B.L. (UK) LTD. v. SWIFT (1981) IRLR 91.*

[60]See Section 77(1) of the 1978 Act. This is available only if the employee presents his claim within seven days of the effective date of termination and submits a written certificate signed by an authorised union official which states that there appears to be reasonable grounds for supposing that the reason for dismissal was the one alleged in the complaint.

[61]See Section 78. An employee can complain if the terms of such an order have not been complied with: Section 79.

[62]About a quarter of unfair dismissal cases which reach a hearing result in a finding of unfairness.

[63]For these purposes reinstatement is defined as treating the complainant "in all respects as if he had not been dismissed". An order for re-engagement may be on such terms as the tribunal decides and the complainant may be re-engaged by the employer, a successor or an associated employer in comparable or suitable employment. See Section 69 of the 1978 Act.

[64]Section 70(1) provides that where an employer has taken on a permanent replacement this shall not be taken into account unless the employer shows either: (a) "that it was not practicable for him to arrange for the dismissed employee's work to be done without engaging a permanent replacement; or (b) that he engaged the replacement after the lapse of a reasonable period, without having heard from the dismissed employee that he wished to be reinstated or re-engaged, and that when the employer engaged the replacement it was no longer reasonable for him to arrange for the dismissed employee's work to be done except by a permanent replacement".

[65]Section 71(1). This is subject to maximum figure in force under Section 75 (below). It is uncertain how long re-employment must last for it to be said that an order has been complied with.

[66]The additional award will be of between 13 and 26 weeks pay or of between 26 and 52 weeks pay if the dismissal was for an inadmissible reason or constituted unlawful sex or race discrimination. A week's pay is limited by Schedule 14, paragraph 8 of the 1978 Act and the maximum reckonable is £130 at the time of writing.

[67]Again a permanent replacement will not provide an excuse unless the proviso to Section 70(1) applies (see Footnote 64).

[68]According to Section 73 payments are calculated in accordance with the following formula: (i) 1½ week's pay for each year of employment in which the employee was between the ages of 41 and 64 (59 in the case of women); (ii) one week's pay for each year of employment in which the employee was between the ages of 22 and 40; and ½ a week's pay for each year of employment not falling within (i) or (ii).

[69]Section 74(1) of the 1978 Act. According to Section 74(5) no account shall be taken of any pressure etc. which was exercised on the employer to dismiss, but see now Section 76A-C.

[70]This limit applies only after credit has been given for any payments made by the employer and any reductions have been made: Section 75(3).

[71]But see now *DALEY v. A.E.DORSETT (1981) IRLR 385* where the employee was compensated for lost notice entitlement.

[72]The possibility of the individual claiming unemployment or supplementary benefit in the future does not have to be taken into account since an employee is disqualified from receiving such benefits during the period he is compensated for his loss: Social Security (Unemployment, Sickness and Invalidity) Regulations 1975, Regulations 7(1)(1). Similarly, the Employment Protection (Recoupment of Unemployment Benefits and Supplementary Benefit) Regulations 1977 provide that if a claimant receives a compensatory award the Department of Health and Social Security can recoup from that payment the amount of any unemployment or supplementary benefit covering the relevant period up to the date of

the tribunal award. It should be noted that settlements of unfair dismissal claims are not covered by the 1977 Regulations.

[73]Theoretically it would be possible for a tribunal to hold that a dismissal was unfair on the grounds that had the alternatives to compulsory termination been properly explored that employee's dismissal would not have been necessary.

[74]If an employer lacks contractual authority for introducing short-time working or a permanent transfer, an affected employee may claim that he has been constructively dismissed. On temporary transfers see *MILLBROOK FURNISHING LTD.* v. *McINTOSH (1981) IRLR 309.*

[75]See Sections 12–18 of the 1978 Act.

[76]The offer must be made before the ending of the previous employment and propose that a new contract takes effect within four weeks of the ending of the old one. (Section 82(3)). To allow an employee to make an informed decision Section 84(3) provides for a trial period. The burden is on the employer to prove both the suitability of the offer and the unreasonableness of an employee's refusal to accept it.

[77]Section 94 of the 1978 Act.

[78]Within this limit it is possible for an employer to make more than one application for the same establishment but the rules governing second applications are complex and designed to prevent any job being supported twice.

[79]Before payment is made the employer will be required to withdraw the notification.

[80]These are: the husband or wife of the employer; registered dockworkers; share fishermen; the police; the armed forces; employees who normally work for less than 16 hours a week; casual or seasonal workers who have been recruited under a contract for a fixed term of 12 weeks or less or for a job which is not expected to last for more than 12 weeks. However those who have completed less than 4 weeks service are covered by the scheme.

[81]In October 1981 the scheme was supporting 319,600 employees to save 178,700 potentially redundant jobs.

[82]See *BESSENDEN PROPERTIES* v. *CORNESS (1974) IRLR 338.*

[83]Section 99(8). Under Section 101 of the 1975 Act the employer must prove that the special circumstances existed and that he took all such steps towards compliance as was reasonably practicable.

[84]The protected period is limited by Section 101(5) and tried to the number of days which should have been allowed for consultation to take place.

[85]Section 100 of the 1978 Act. This obligation does not arise if less than 10 employees are to be dismissed.

[86]Again if there are special circumstances rendering it not reasonably practicable for the employer to comply with this section, the employer must take all such steps as are reasonably practicable in the circumstances.

[87]Section 104 of the 1978 Act. As an alternative the employer may be prosecuted (by or with the consent of the Secretary of State) and fined up to £100: Section 105.

[88]See calculation of the basic award for unfair dismissal. (Footnote 68 above).

[89]In 1980 491,168 employees received a statutory payment, the average amount being £998. However a recent report suggests that over ½ of redundant workers are ineligible for statutory payments. See Department of Employment Gazette, June 1981, pages 260-2.

[90]See Department of Employment Gazette. August 1981, pages 350-2. Not surprisingly the frequency with which such payments were made was directly related to size.

[91]Under the Redundant Mineworkers and Concessionary Coal (Pay Scheme) Orders redundant workers who are over 55 years old are entitled to have their current earnings made up to 95% of their previous earnings for three years or up to the age of 65. The Iron and Steel Employees Re-adaptation Benefits Scheme and the British Steel Corporation Employment and Income Security Agreements 1974 gives redundant employees payments for up to 130 weeks depending on age. Current earnings are made up to a level of 90% of the previous earnings.

[92]"The relevant contribution year" is the last complete tax year before the start of the "relevant benefit year". The "relevant benefit year" is the year in which the current "period of interruption of employment" began.

[93]Social Security Act 1975, Section 17. This benefit is not paid for the first three days of unemployment, which are known as "waiting days".

[94]Social Security (Unemployment, Sickness and Invalidity Benefit) Amendment Regulations 1979. Regulation 7.

[95]After the three waiting days unemployment benefit lasts for 12 months. Payment is at a flat rate of £22.50 for the claimant, with increases of £13.90 for each adult dependent and 80p for each dependent child.

[96]See *R* v. *NATIONAL INSURANCE COMMISSIONER ex parte STRATTON (1979)2 AER 278.* Thus redundancy payments do not affect the right to unemployment benefit.

[97]See Social Security Act 1975, Section 20(1).

[98]The burden of proof is on the insurance officer to show that the claimant was guilty of misconduct which justified dismissal: R(u)2/60.

[99]The two jurisdictions are entirely separate. Needless to say the fact that contradictory views may be taken of the same series of events can be very confusing for the individual concerned.

[100]Jobs can be refused if the pay and conditions are inferior to those agreed or generally accepted in the area.

[101]See CU 12/80.

[102]Approximately half of those unemployed are in receipt of supplementary benefit, only 2/5 get unemployment benefit.

[103]"Resources" and "requirements" are calculated in accordance with Schedule 1 of the Supplementary Benefits Act 1976. It is not only the claimant's requirements and resources which are taken into account but also those of other members of the "assessment unit" i.e. a partner and/or dependent children.

[104]Apart from help with living expenses under the Supplementary Benefit (Urgent Cases) Regulations 1980.

[105]Supplementary Benefit (Resources) Regulations 1980. Regulation 3(2)c.

[106]In R(u)5/74 it was recognised that a payment received in settlement of an unfair dismissal claim must be regarded as containing the same ingredients as a tribunal award.

[107]Supplementary Benefits (Conditions of Entitlement) Regulations 1980. Regulation 9.

[108]Supplementary Benefits (Requirements) Regulations 1980. Regulation 8. The power to make the 40% deduction for up to six weeks also extends to cases where unemployment benefit is not payable anyway, e.g. because of lack of contributions.

Termination of Employment on the Initiative of the Employer and Income Security of the Workers Concerned

by

JACK STIEBER

*Michigan State University**

In the United States the major factor influencing treatment of workers terminated on the initiative of the employer is whether or not they are represented by a union and covered by a collective bargaining agreement negotiated by the union and the employer.[1] This paper will therefore consider this subject under two major headings: workers covered by collective bargaining agreements and workers employed by nonunionized employers. Within these two classifications, there will be separate consideration of workers terminated for economic reasons and those terminated for cause i.e., because of the capacity or conduct of the worker. Income security for terminated workers will be discussed in a third section. A final section presents some concluding observations.

I. WORKERS COVERED BY COLLECTIVE BARGAINING AGREEMENTS

In 1979 there were about 90 million nonagricultural employees in the civilian labor force in the United States. Of these, about 25 percent were union members and an additional 5 percent or so were covered by collective agreements.[2] The remaining 70 percent were employed under nonunion conditions. The discussion which follows is generally limited to production and nonsupervisory workers in the private sector, numbering about 74 million. An additional 16 million workers were employed by the federal, state and local governments.[3] Employment security for government workers varies depending on whether or not they are appointed under civil service rules and regulations and, if they are unionized, by provisions of collective agreements.

A. *Termination for Economic Reasons*[4]

Workers employed under collective agreements, who are separated from their jobs temporarily or for an indefinite period of time because of a decline in demand for products or services, shortage of materials, slack seasons or other economic reasons, are considered to be on layoff rather than terminated. Only in cases of permanent plant closures are unionized workers, who have completed their pro-

*Prepared for the Tenth International Congress of Labour Law and Social Security (Washington D.C. 6–7 September 1982). I wish to express my appreciation to my Graduate Assistant, Leslie Corbitt, who collected most of the statistical data for this paper.

bationary period, regarded as terminated immediately upon separation. While on layoff, workers generally retain seniority rights for varying periods which are specified in collective agreements. The seniority retention period may depend on length of service or be limited to a specific time period as provided by the collective agreement. Only after a laid off worker has exhausted his seniority is he considered to be permanently separated or terminated.

Collective bargaining agreements generally provide for a probationary period, usually varying from 30 to 90 days, during which workers may be terminated at the option of the employer. However, probationary workers, like all other workers, may not be terminated for reasons prohibited by law such as union activity or discrimination because of race, color, sex, national origin, religion or age. Nine out of ten collective agreements contain anti-discrimination provisions which bind both parties not to discriminate on these grounds.

An important part of almost all agreements is provisions dealing with layoff and recall of workers. Such provisions appear in close to 90 percent of all agreements. Seniority, as measured by length of service in the establishment, plant department or job classification, is a factor that must be considered in laying off workers under almost all agreements. Seniority is the only basis for determining the order of layoff in half of these agreements; the determining factor, provided however that the employee is qualified for available jobs, in about one-fourth of the agreements; and a secondary factor to be considered only when other factors such as ability and physical fitness are equal in some 10 percent of the agreements.

Exceptions to seniority in layoffs are found in almost half of all agreements. The most common exception is one giving union representatives superseniority for layoff purposes. This means that union stewards and local union officials are the last to be laid off. Some contracts require that these individuals be qualified for available jobs to be exempt from layoff in order of seniority. Other, less common exceptions, are: for employees with special skills necessary for continuous and efficient operations, and the right for management to waive seniority for temporary layoffs (usually less than two weeks) or emergency layoffs. Such exceptions are much more common in manufacturing than in non-manufacturing industries.

A small number of manufacturing agreements permit quite senior employees to elect layoff out of order of seniority. This provision developed as a result of negotiation of supplementary unemployment benefits by some companies and unions, which in some cases enable laid off workers to receive as much as 95 percent of their normal take-home pay while on layoff, making this a relatively attractive option.

Advance notice, generally varying from one day to one week, must be given to employees and/or their union under somewhat less than half of all agreements. Where such notice is not specified in the agreement, workers may be laid off without advance notice.

Employees who are laid off for economic reasons are considered to have recall rights for a specified period of time as provided in agreements. Recall provisions generally parallel layoff provisions in terms of factors to be considered in determining the order of recall. Workers are generally recalled in reverse order of layoff, with the proviso in a substantial number of agreements that they must be qualified to perform available work.

Agreements sometimes require prior discussion of proposed layoffs with the union. Such provisions are designed to give the union an opportunity to suggest possible ways to avoid layoffs or lessen the impact of a reduction in the work force.

Work sharing is called for in a minority of contracts before layoffs occur. Less than ten percent of all agreements provide for retraining of employees about to be displaced because of technological change.

About one-third of all agreements contain provisions for severance pay in amounts based on a combination of length of service and earnings. Severance pay is most often provided in cases of permanent shutdown of a plant or company. Other situations in which severance pay may be provided are for employees on extended layoff with no prospect for recall, retirement, employees eligible for pensions, or for other reasons. One week's pay per year of service is the most common formula used to determine severance pay.

B. *Termination for Cause*[5]

Ninety-six percent of all collective bargaining agreements contain provisions dealing with discharge and discipline. These generally provide that the employer may discharge or discipline an employee for "cause" or for "just cause". Often specific grounds for discharge are specified in collective agreements. However, many arbitrators have held that, even in the absence of a "just cause" requirement, an employer may not discharge an employee without just cause.

An employee may appeal the discharge penalty through grievance and arbitration procedures which are found in practically all labor-management contracts. These procedures usually have two, three, or four steps at which union and management representatives, at ascending levels of both organizations, discuss and try to settle the grievance. If the grievance is not resolved during the Grievance Procedure, the union may appeal the discharge to impartial arbitration. The arbitrator is selected jointly by the parties either directly or through the auspices of an impartial agency. The two agencies most frequently utilized for the selection of arbitrators are the American Arbitration Association, a nonprofit impartial organization supported by employers, unions and individual members, and the Federal Mediation and Conciliation Service, a government agency. Both organizations as well as some State labor departments maintain panels of arbitrators who have been found to be acceptable to unions and employers. Some large companies and their unions designate a permanent arbitrator or a panel of arbitrators to hear and decide all their cases. These arbitrators serve at the pleasure of the parties and may be dismissed at the request of either the union or the employer. The parties generally share the arbitrator's fee and expenses.

Arbitration hearings are normally conducted in a much less formal manner than are court proceedings. They are designed to meet the needs of the union, the management and the grievant. Many arbitrators are lawyers, but this is not a requirement and a substantial proportion come from the ranks of professors in such fields as industrial relations, business and economics. Witnesses may or may not be sworn depending on the preference of the parties or the arbitrator. Formal court rules of evidence are not applicable in arbitration hearings.

The burden of proof in a discharge case which is appealed to arbitration is usually on the employer. Arbitrators vary in the degree of proof required to sustain a discharge. The standards most commonly employed are "a preponderance of evidence" or "clear and convincing evidence". Only in cases involving moral turpitude or criminal behavior do arbitrators require proof "beyond a reasonable doubt" and some arbitrators would not even then apply so stringent a standard.

Employers differ greatly in the type of employee conduct warranting the discharge penalty. During the forty years that grievance arbitration has been widely utilized in the United States, the offense most commonly alleged in discharge cases has been excessive absenteeism. Other cases which have come to arbitration with some degree of frequency have involved assault or fighting, insubordination, theft, falsification of records, refusal to accept job assignments, leaving work without permission, possession or use of intoxicants, negligence or carelessness, and incompetence. Participation in an unauthorized work stoppage, which once was a quite common reason for discharge, has become less frequent as wildcat strikes have declined in American industry.

Arbitrators have broad remedial authority in dealing with discharge cases. They can either sustain the discharge penalty or find that the discharge was without just cause. Several studies of published arbitration decisions have found that in about half of all discharge cases arbitrators have ruled that the discharge penalty was not warranted by the evidence. In such cases arbitrators will almost always reinstate the employee to his previous position with full seniority and full, partial or no back pay, depending on the circumstances of the case. Since discharge grievances often do not reach arbitration for several months or even longer, back pay can amount to a substantial amount of money. Discharged employees are expected to try to mitigate their loss by seeking employment while awaiting the arbitration hearing and decision, and arbitrators will usually direct that earnings from other employment be deducted from back pay due the employee.

Arbitration awards are final and binding and are enforceable in the courts. The judiciary, following principles established by the U.S. Supreme Court,[6] will not review the merits of a dispute decided by an arbitrator and will vacate an award only on the ground that the arbitrator exceeded the authority granted him under the contract, that the award violates public policy, (e.g., by requiring a party to commit an illegal act), that the arbitral process was tainted by fraud or misconduct on the part of the arbitrator, or that the award does not respond to the issue presented and therefore cannot be enforced. Reversals of arbitration awards are quite rare.

Over a period of some forty years that arbitration has been increasingly utilized to resolve grievances, arbitrators have developed a body of substantive and procedural law in discipline and discharge cases which is widely accepted by employers, unions and the courts. While one arbitrator's decision is not binding on another arbitrator or even on the same arbitrator in similar cases, there is a broad consensus on the following underlying principles in deciding discharge and discipline cases:[7]

1. Management has the right to manage the enterprise and direct the work force. This includes the right to prescribe reasonable rules governing employee conduct in the plant and penalties for violation of such rules. These rules are subject to the grievance and arbitration procedure, but they will generally be upheld as long as they are reasonably related to efficient and orderly operation of the enterprise and are not manifestly unfair.

2. Employees have a right to be informed of plant rules prescribed by management and of the penalties which may be assessed for their violation. Some punishable offenses are so obvious as not to require advance notification, e.g., stealing company property, fighting on the job, or engaging in unauthorized strikes. Other rules are not uniformly appropriate in all work situations and must be specified in advance if they are to be enforced, e.g., no smoking on plant property, leaving one's work station without permission, or borrowing company equipment for personal use. Even when reasonable and specified, company rules must be consistently applied and enforced if they are to be upheld in arbitration.

3. Employees are entitled to equal application of the rules. One employee cannot be singled out and disciplined for infractions which have not been enforced against other employees.

4. Principles of procedural fairness must be followed in administering discipline. The offense must be specified and disciplinary action must be taken reasonably promptly. Employees have a right to union representation at disciplinary meetings and in the arbitration hearing and to confront and question witnesses, submit evidence and present their side of disputes. Above all, the burden of proof is on the employer to show "just cause" in discipline and discharge cases.

5. Unless otherwise specified in the agreement, arbitrators may review the appropriateness of the penalty as well as determine whether or not there was "just cause" for discipline. Penalties may be reduced if found to be too severe for particular behavior and an employee may be reinstated with full or partial back pay if the discharge is found to be without just cause. Unlike most European statutes which do not permit or enforce reinstatement for unfair dismissal, returning an employee to his former job is the usual remedy when just cause for discharge does not exist. Compensation in lieu of reinstatement is almost nonexistent in U.S. labor arbitration.

6. The principle of corrective as opposed to punitive discipline is widely accepted in industry and by arbitrators. In this regard, the employee's previous record and other information which may be indicative of future performance, if the employee were reinstated, are considered by arbitrators. Except for the most serious offenses which, if proven, warrant discharge for the first offense, penalties are expected to be progressive with reprimands and disciplinary suspension without pay preceding discharge. The discharge penalty is regarded as a last resort when corrective measures hold little or no promise of reform.

II. WORKERS NOT COVERED BY COLLECTIVE BARGAINING AGREEMENTS

Only a minority of U.S. workers are organized by unions and work under collective bargaining agreements. In 1979, of some 74 million private sector employees, about 55 million workers were employed under nonunionized conditions.[8] Except for anti-discrimination statutes referred to earlier, and a small number who have negotiated individual employment contracts, termination of these employees is subject only to policies and practices determined unilaterally by employers.

B. *Termination for Economic Reasons*

There is much less information available on procedures followed in terminating employees for economic reasons among nonunionized employers than for employers covered by collective bargaining agreements. However, recent studies indicate that many of the policies and procedures mandated by contracts in unionized firms are also followed by employers who are not unionized. Thus, the distinction between termination and layoff discussed earlier in relation to unionized workers, though not mandatory for unorganized firms, is often recognized in such companies.

A 1981 study by the National Bureau of Economic Research found that seniority was the major criterion used by a vast majority (70%) of nonunion employers when layoffs became necessary for economic reasons.[9] This was true despite the widespread belief that, after a short probationary period, productivity bears either no relationship or a negative relationship to length of service. The adherence to seniority in layoffs was found to be much stronger in large firms than in small and medium-sized companies. While last-in first-out policies were not as prevalent as in unionized companies, the evidence is strong that most nonunion employees are covered by implicit employment contracts which give greater protection against layoff to those with more seniority.

Another study of 26 large nonunion companies provides additional evidence that seniority is an important, if not the sole, criterion in determining the order of layoffs.[10] This study found that many of these companies went to great lengths to provide full or nearly-full employment, or to delay layoffs as long as possible. They utilized such techniques as hiring freezes, attrition, inventory buildups, disuse of subcontractors, voluntary leaves of absence, early retirement, training and work sharing to avoid layoffs. However, if and when layoffs did occur, seniority was given much, if not exclusive, weight in determining the order of layoff. While one motivation for these policies is a belief that they result in better employment relations, less resistance to technological change, and higher productivity, most of these companies readily admit that their employment security and use of seniority in layoff policies are also designed to help them maintain their nonunion status.

There is little information regarding policies followed by nonunion employers in recalling laid-off workers, though it is reasonable to assume that companies that layoff workers on the basis of seniority are likely to recall senior workers before junior employees. Some companies with both unionized and nonunionized employees have higher severance pay benefits for their unorganized workers than for those covered by collective bargaining agreements. There is insufficient information available to generalize regarding policies pertaining to probationary employees, advance notice before layoff or termination and other employment practices of unorganized employers.

In considering policies and practices of nonunionized companies, it is important to keep in mind that they are established and administered by the employer, generally without any formal input by non-managerial employees. This means that they may be changed by the employer at any time and that exceptions may be made to accommodate operational or individual needs as perceived by management. This distinguishes such policies and practices from those mandated under collective bargaining agreements, non-adherence to which are subject to the Grievance Procedure and, absent agreement by union and management representatives, may be appealed to final and binding arbitration.

B. *Terminaton for Cause*

There is much more information available on policies and practices in nonunionized companies in terminating employees for personal conduct in the workplace than on termination for economic reasons. A 1980 Conference Board survey found that most nonunion companies have complaint systems and that about half of those companies that recognize unions for some but not all their workers have adopted a system for dealing with employee complaints, including discharge. Such systems are most prevalent (88%) among nonunion companies with 5000 or more employees and are found more often in manufacturing concerns than in other industries. There is an inverse relationship between the degree of company involvement with unions and the likelihood of the existence of a grievance or complaint system for nonunion employees. Thus 69 percent of all companies with no union representation for their employees reported having complaint systems as compared with only 35 percent of companies in which 80–100 percent of their employees were organized.[11]

The Conference Board noted that employee complaint systems are a significant element in the union prevention strategy of employers. The companies most concerned about unionization are also the most likely to have a complaint system to deprive unions of at least one organizational argument.

There are four types of complaint systems for nonunionized workers: (1) open door, (2) steps with appeal to management, (3) steps with appeal to a third party in the company (e.g., an ombudsman), and (4) steps with arbitration on a limited number of issues.

Another survey of 128 nonunionized companies found that the "open door" approach is the most common mechanism for handling nonunionized employee complaints. Such programs, which existed in more than half of these companies, ranged from an informal statement that employees "can speak with any member of management on any subject" to specific steps through the normal chain of command or through the personnel department. Formal grievance procedures limited to appeals to officials within the company were found among less than half of the responding employers. Recourse to an outside tribunal, such as an arbitrator, is rarely used in nonunion settings.[12] The American Arbitration Association has introduced a program to provide an arbitration procedure for nonunionized employees. So far, only a handful of companies have availed themselves of AAA assistance, though there are a few large and well-known companies that have employed arbitration for their nonunion employees for many years (e.g. Northurp Corporation, Trans World Airlines, American Optical Company, Polaroid and Pittsburgh Plate Glass).

Terminations for cause are rarely appealed through the complaint process in nonunion companies, and, if appealed, are rarely reversed. This is in contrast to unionized employers, where a discharged employee will almost always file a grievance, though it is up to the union to decide whether the grievance has sufficient merit to appeal it to arbitration. In about half of the nonunion companies discharge is a joint decision usually involving the top personnel executive and a line manager. In others final authority rests with the supervisor, department head or the personnel officer. In the small number of nonunionized firms which permit appeal of grievances to arbitration, discharge is more frequently challenged through the grievance procedure.

III. INCOME SECURITY FOR TERMINATED WORKERS[13]

Employees who are laid off or terminated for economic reasons are entitled to receive unemployment compensation under a federal-state unemployment insurance system in the United States. Except for three states, where employees also are taxed, unemployment compensation is entirely financed by compulsory employer contributions. To qualify for benefits a claimant must have substantial labor force attachment in the recent past as evidenced by at least a specified amount of covered employment or wages during a "base period". Benefits paid approximate 50 percent of weekly earnings with a specified minimum and maximum. The duration of benefits payable depends on a claimant's past employment record or earnings up to a prescribed maximum of 26 weeks in most states. Extended benefits up to a maximum of 39 weeks is provided by federal law under a prescribed formula during periods of high unemployment.

Claimants must be available for work and may be disqualified for refusing suitable work. Workers who are unemployed due to voluntarily leaving work without good cause or because of discharge for misconduct are disqualified from receiving benefits. Such disqualifications may be for a uniform number of weeks or for the duration of a claimant's unemployment. Unemployment caused by labor disputes is generally not compensable, although some states do not disqualify claimants in cases of lockout or disputes caused by the employer's failure to conform to a labor contract or labor law.

[17]Herndon v. Consumers Power Co., 72 Mich App 349; 249 NW2d 419 (1976).
[18]Toussaint v. Blue Cross and Blue Shield of Michigan, 408 Mich June 10, 1980.
[19]Cleary v. American Airlines, Inc. Cal Ct. App. No. 2-57920, October 29, 1980.
[20]Roberts v. Atlantic Richfield, 88 Wash 2d 887; 568P 2d 764, 768-769 (1977).
[21]New Jersey, Pennsylvania, and Wisconsin.

Terminación de la Relación de Trabajo por Iniciativa del Empleador y Seguridad de los Ingresos de los Trabajadores Afectados

por

DRA. MARTHA ABELLA DE ARTECONA

Instituto de Estudios Laborales de Montevideo

y

DR. RUBEN CAGGIANI

Instituto de Estudios Laborales de Montevideo

I. INTRODUCCIÓN GENERAL

A. *Fuentes del Régimen Nacional (legislación y reglamentos convenios colectivos, laudos arbitrales, etc.)*

El régimen uruguayo, tiene como orígen y reconoce como fuente única y exclusiva, la legislación.-

Las primeras normas en la materia, las hallamos en el Código Civil; así luego de disponer el art. 1836 el principio general de que: "nadie puede obligar sus servicios personales, sino temporalmente o para obra determinada", los art. 1837 y 1839, consagraron la facultad de ambas partes de poner fin a la relación laboral, al disponer el art. 1837 que: "los criados domésticos podrán ser despedidos y despedirse ellos mismos, en todo tiempo sin expresión de causa", y el art. 1839, para los contratos por tiempo determinado que: "los menestrales, artesanos y trabajadores asalariados por cierto término, no pueden despedirse, ni ser despedidos, antes del cumplimiento del contrato, sin justa causa". Agregando en su inc. 2o. que: "el contraventor responderá de los daños y perjuicios".-

Cabe citar además, el art. 158 del Código de Comercio, el cual estableció el instituto del preaviso al disponer que: "no estando determinado el plazo de empeño que contrajeren los factores y dependientes con sus principales, puede cualquiera de los contrayentes dado por acabado, avisando a la otra parte su resolución, con un mes de anticipación".-

"El factor o dependiente despedido, tendrá derecho, excepto en los casos de notoria mala conducta, al salario correspondiente a ese mes; pero el principal no estará obligado a conservarlo en su establecimiento, ni en el ejercicio de sus funciones".-

Pero la regulación legal de carácter específicamente laboral, con referencia a la terminación de la relación de trabajo, por iniciativa del empleador, que constituye despido, se halla contenida en lo que respecta el régimen general o común en las Leyes Nos. 10.489 del 6/VI/44, 10.542 de 20/X/44, 10.570 de 15/XII/44, 12.597 de 30/XII/58 y finalmente hasta la fecha, la Ley No. 14.188 de 5/IV/74. Estas leyes instituyeron la llamada indemnización por despido a cargo del empleador, cuando éste procedía a despedir al trabajador, salvo el caso de notoria mala conducta de este último.-

Por otra parte, existen regímenes especiales, en materia de indemnización por despido, que también tiene su fuente en la ley, especialidad esta, que está en función ya sea de la actividad que desarrolle una determinada categoría de trabajadores, ya sea en función de la situación particular, en que se halle el trabajador.[1]-

B. *Campo de Aplicación General del Régimen Nacional*

El campo de aplicación del régimen común sobre despido, comprende en general a las siguientes categorías de trabajadores:

1) Los empleados y obreros del comercio (art. 1° Ley 14449);

2) Los obreros y empleados de la industria, y a todos aquellos que presten servicios remunerados en actividades privadas o en servicios públicos a cargo de particulares (art. 1° Ley 10.542);

3) Los obreros a destajo o a salario por día o por hora, de carácter permanente de los establecimientos típicamente industriales, que habían sido exceptuados por la Ley No. 10.542 (art. 1° Ley 10.570);

4) El personal del servicio doméstico, con una antigüedad mínima, de un año de labor continuada al servicio del empleador (art. 7° Ley 12.597).[2]

De la anterior enumeración, surge que el campo de aplicación general del régimen nacional en el derecho positivo uruguayo, comprende prácticamente a todos los trabajadores (obreros y empleados), vinculados por un contrato de trabajo, de la actividad privada, y de los servicios públicos a cargo de los particulares, con excepción de los amparados por el régimen especial, y los expresamente exceptuados (conf. Barbagelata H.H. "Derecho del Trabajo". Montevideo, pág. 358).-

En consecuencia, como sostiene este mismo autor, "la determinación genérica de los beneficiarios del régimen común, deriva, por consiguiente, a la investigación de si media o no un contrato de trabajo" (op. cit. pág. 360).-

C. *Exclusiones*

a) por la naturaleza del trabajo (ramas de actividad que se excluyen)
b) por la naturaleza de la relación contractual (contratos de duración determinada, trabajadores ocasionales, trabajadores que efectúan un período de prueba, otros)

a) Conforme a lo dispuesto en el art. 1° de la Ley No. 10.570 han quedado excluídos del beneficio de indemnización por despido, los trabajadores siguientes:

1) Aquellos que realicen trabajo de zafra;
2) Los contratados para tareas de carácter transitorio;
3) Los obreros a domicilio;
4) Los obreros a jornal que no lleguen a computar 240 jornadas durante el año inmediato anterior al despido, o en cada uno de los años de actividad del período considerado para graduar la iniciación, o cuando el promedio anual de las jornadas laboradas en el período, resulte inferior a 240.-

Sin embargo, la ley prevé lo que se llama indemnización por despido parcial para los trabajadores despedidos que no hayan laborado en el establecimiento 240 jornadas, pero si más de 100, en cuyo caso tendrán derecho a una indemnización equivalente al salario de 2 jornadas, por cada 25 de labor (art. 1° Ley 10570).

Refiriéndose a estos últimos trabajadores, la Ley No. 12.597 aclaró que los trabajadores a jornal o a destajo, comprendidos en el régimen de indemnización por despido "que no hayan computado doscientas cuarenta (240) jornales anuales, pero si más de cien (100), en uno o más de los años tomados para graduar la indemnización, tendrán derecho a una indemnización parcial calculada a razón del salario de dos días por cada veinticinco trabajados en el año o años, en que no se computaron doscientos cuarenta jornales (240)" (art. 1°), agregando el art. 7° "las fracciones de año, se computarán a razón del salario de dos días cada veinticinco (25) trabajados, aunque la fracción no llegue a cien (100) jornales".-

Igualmente han quedado excluídos los jornaleros y destajistas, no permanentes, de las actividades típicamente industriales o sea, aquellos, cuyo contrato está sujeto a alguna modalidad jurídica.-

La jurisprudencia, ha entendido correctamente que no falta la calidad de permanente aunque el trabajo esté sujeto a cierta discontinuidad cuando la vinculación no es precaria o temporal.-

Sin perjuicio de mantenerse las exclusiones genéricas mencionadas, del campo de aplicación del régimen común de despido, corresponde señalar, que existen regimenes especiales de despido, que han ido incluyendo alguno de los grupos de trabajadores excluídos como ser los trabajadores de los frigoríficos, dentro de los trabajadores zafrales (Ley 10.713 de 15/III/46), y los trabajadores a domicilio (Ley 13.555 de 26/X/66).-

Por otra parte, cabe anotar que la Ley 11.701, estableció una exclusión especial al exonerar de las indemnizaciones por cesantía a quienes den trabajo a cardíacos, bajo las condiciones prescritas.-

b) El régimen de indemnización por despido, no abarca los casos de "arrendamientos de servicios" no laborales, ni las modalidades de contratos con plazo, o para obra determinada, a su finalización, aunque la jurisprudencia ha admitido el derecho a una indemnización cuando el despido se produce durante el término u obra. En tal sentido, existe opinión conforme en nuestra doctrina y jurisprudencia.-

D. *Terminología y Definiciones (diversos tipos de despido cesación individual o colectiva de la relación de trabajo, otros problemas de concepción y terminología)*

Si bien la ley no da una definición del despido, este siempre ha sido asimilado a la terminación de la relación de trabajo, por iniciativa del empleador, llegando por obra de la jurisprudencia a tipificarse tres grandes figuras: el despido expreso, el despido indirecto o disimulado y el despido tácito, "considerando—como señala Barbagelata—como determinantes no solo los actos y omisiones deliberadamente dirigidas a dar término a la relación laboral, sino además, todos aquellos en que efectivamente la relación de trabajo resulta rota, sin que medie culpa del trabajador" (op. cit. pág. 358).-

"Por esta vía—agrega dicho autor—ha sido posible identificar o equiparar con el despido los casos de renuncia fundada del trabajador, ciertas suspensiones, la quiebra o cese de la actividad de la empresa, la rebaja, mora u omisión en el pago de los salarios, los traslados abusivos, y en general, todos los casos de modificación unilateral de condiciónes básicas o esenciales" (íbidem pág. 359).-

Con motivo de la sanción de la Ley 14.188 sobre nuevo procedimiento laboral, surgió una nueva expresión, la de "despido injusto", la cual no ha sido considerada tanto por la doctrina como por la jurisprudencia como un nuevo o distinto tipo de despido, sino simplemente como aquel que conforme a la ley, debe generar derecho a la indemnización.-

En cuanto a la cesación individual o colectiva de la relación laboral, nuestro derecho positivo no ha establecido distinción alguna, ni desde el punto de vista formal como sustancial, dispensándoles el mismo tratamiento jurídico.-

II. PROCEDIMIENTOS PREVIOS A LA TERMINACIÓN

A. *Notificación al Trabajador (forma y contenido de esta notificación)*

En el régimen común de despido, no se establece ninguna notificación previa al trabajador, de la decisión de poner fin a la relación de trabajo por parte del empleador.-

Por excepción en el régimen especial de despido del trabajador rural, la Ley 13.705 de 22/XI/68, introdujo la notificación previa al trabajador, que en el caso del obrero con buena conducta y sin justa causa, debía efectuarse con una antelación de treinta días, debiendo documentarse la notificación ante la presencia de dos testigos (art. 34). Sin embargo este previso fue derogado por la Ley 14.785 de 19/III/78, cuyo art. 10° dispuso que: "el despido a los trabajadores rurales, se rejirá por las normas generales para los trabajadores de la actividad privada", desapareciendo así la especialidad de este régimen, el que fue equiparado al régimen común.-

B. *Notificación a los Representantes de los Trabajadores (sindicato, consejo de empresa, etc.)*

Nuestra legislación no establece ningún tipo de notificación de esta clase, aunque nada impide que se establezca por convenio colectivo.-

C. *Notificación a las Autoridades Públicas*

Ninguna norma de nuestro derecho positivo establece la obligación de notificar previamente el despido a las autoridades públicas.-

D. *Plazo de preaviso o compensación en lugar de este plazo (otorgamiento durante el plazo de un tiempo libre para buscar otro empleo)*

Este plazo de preaviso que como se señaló fue establecido en el Código de Comercio en su art. 158, se considera derogado por la Ley 10.489 de 6/VI/44, cuyo art. 4° dispone que: "se deroga en lo pertinente el art. 158 del Código de Comercio".-

En lo que respecta a los trabajadores rurales, ya vimos en el apartado *A.* de este numeral, el régimen de preaviso y su derogación posterior.-

E. *Formalidades Previas Especiales en Caso de Despido por Causas Relacionadas con la Conducta del Trabajador*

Si bien nuestro derecho positivo no establece nada al respecto, la práctica laboral, ha dispuesto la costumbre de notificar al trabajador toda sanción disciplinaria, relacionada con su conducta laboral, de modo de ir graduando dicha sanción, en consideración a la gravedad de la falta cometida, pasando desde la simple observación a la amonestación, la suspensión y finalmente el despido.-

III. JUSTIFICACIÓN DE LA TERMINACIÓN

A. *Reconocimiento del Principio de que la Terminación Debe ser Justificada*

Nuestro derecho positivo, no ha consagrado expresamente tal principio, admitiendo por el contrario, tanto la doctrina como la jurisprudencia, todo despido aún sin justificación con la única sanción de abonar la indemnización por despido correspondiente, de la cual solo queda exonerado el empleador en caso de "notoria mala conducta" del trabajador.-

B. *Causas que Pueden Justificar la Terminación (capacidad o conducta del trabajador, necesidades del funcionamiento de la empresa, otras causas)*

Conforme al texto legal, la notoria mala conducta del trabajador, es una causa que puede justificar la terminación de la relación de trabajo, precisamente porque en ese caso no corresponde al beneficio de la indemnización por despido, no requiriéndose en los demás casos una causa de justificación, en cuyo caso el empleador debe abonar la correspondiente indemnización por despido.-

En este aspecto, nuestra legislación no se ajusta a la Recomendación No. 119 de la O.I.T., sobre terminación de la relación de trabajo. 1963, en cuanto en esta se aconseja que: "no deberá procederse a la terminación de la relación de trabajo a menos que exista una causa justificada, relacionada con la capacidad o la conducta del trabajador, basada en las necesidades del funcionamiento de la empresa, del establecimiento o del servicio (2.1)".-

C. *Causas que no Pueden Justificar la Terminación (afiliación o actividad sindical, raza, sexo, religión, opinión política, otras causas)*

Si bien nuestra legislación no dispone nada al respecto, la doctrina y la jurisprudencia, están de acuerdo en sostener que las mencionadas causas no pueden justificar la terminación ya sea recurriendo con fundamento de dicha opinión al Convenio Internacional No. 98, relativo a la aplicación de los principios del derecho de sindicalización y de negociación colectiva ratificado por nuestro país por la Ley 12.030 de 27/XI/53, en cuanto dispone que: "los trabajadores deberán gozar de adecuada protección contra todo acto de discriminación, tendiente a menoscabar la libertad sindical, en relación con su empleo".-

En particular, dicha protección se ejerce:

"a) contra todo acto que tienda a condicionar la conservación del empleo de un trabajador, al hecho de que no se afilie a un sindicato, o que deje de ser miembro de un sindicato;

b) contra el despido de un trabajador, a perjudicarlo en cualquier otra forma, a causa de su afiliación sindical, o de su participación en actividades sindicales fuera de las horas de trabajo, o con el consentimiento del empleador en horas de trabajo", o a la Recomendación No. 119, en tanto aconseja: "3) entre las razones que no deberían constituír una causa justificada para la terminación de la relación de trabajo, figuran las siguientes:

a) la afiliación a un sindicato, o la participación en sus actividades, fuera de las horas de trabajo, o con el consentimiento del empleador, durante las horas de trabajo;

b) ser candidato a representante de trabajadores, o actuar o haber actuado en dicha calidad;

c) presentar de buena fe una queja, o participar en procedimientos entablados contra un empleador, por razón de violaciones alegadas de la legislación;

d) la raza, el color, el sexo, el estado matrimonial, la religión, la opinión política, la procedencia nacional, o el orígen social.''

IV. RECURSOS CONTRA UNA TERMINACIÓN QUE NO SE CONSIDERA JUSTIFICADA

A. *Instancias Previas en la Empresa (procedimiento de quejas, consejo de empresa, varios niveles de la dirección)*

Nuestra legislación nada dispone al respecto, aunque nada impide que los convenios colectivos o la costumbre hagan frecuente la práctica de tales gestiones a nivel de la empresa.-

B. *Recurso al sindicato*

Nuestro derecho positivo, tampoco establece nada en tal sentido, aunque cabe señalar que era frecuente mientras funcionaron las organizaciones gremiales en nuestro país, que el trabajador despedido recurriera al sindicato con el objeto de revisar la decisión del empleador.-

C. *Recurso Ante un Organismo Neutral (administración del trabajo, tribunal, organismo de conciliación y arbitraje, otros organismos)*

La terminación de la relación laboral por causa injustificada solo da lugar a una reclamación de carácter pecuniario ante un órgano jurisdiccional—la Magistratura del Trabajo—con competencia exclusiva en materia de conflictos individuales de trabajo. La sentencia que resuelve la reclamación solo puede ser condenatoria o absolutoria.-

Antes y durante el proceso, existen varias instancias conciliatorias, dos de ellas, de carácter preceptivo.-

La Ley 14.188 de 5 de abril de 1974, estableció que no podrá iniciarse juicio en materia laboral sin antes haberse tentado la conciliación ante el Centro de Asistencia y Asesoramiento del Trabajador del Ministerio de Trabajo y Seguridad Social. Esta conciliación en vía administrativa sustituye a la conciliación ante la Justicia de Paz establecida por la Constitución (art. 255).-

En este caso, el órgano administrador es quien intenta el acuerdo de las partes, actuando meramente como conciliador a efectos de evitar el juicio.-

El Juez del Trabajo debe preceptivamente intentar la conciliación, una vez presentada la demanda y la contestación o, en su caso, vencido el término de ésta.-

Tales son las instancias conciliatorias de carácter preceptivo, pero, además, la ley faculta a los jueces intervinientes para que, en cualquier estado de los procedimientos judiciales, en primera o segunda instancia y hasta la citación para sentencia, puedan tentar el avenimiento de las partes.-

Si bien en la mayoría de los casos el acuerdo se logra a través de una fórmula de pago, nada obsta a que el órgano conciliador—el Ministerio de Trabajo o la Magistratura, en su caso; logre la conciliación mediante otro tipo de soluciones. Por ejemplo, puede transformarse el despido en una suspensión o un simple traslado del lugar o sección de trabajo. Pero, debe tenerse presente que tales soluciones tienen base voluntaria, careciendo el conciliador de facultades impositivas.-

D. *Trámites y Procedimientos Ante Este Organismo (formalidades, carga de la prueba, investigación de las circunstancias de la terminación, etc.)*

a) *Formalidades*

Las ritualidades del proceso laboral han sido reguladas por la Ley No. 14.188 de 5 de abril de 1974. Se trata de un procedimiento más abreviado que el del juicio ordinario, de carácter escrito, que se dirime en dos Instancias; la Primera, ante uno de los cinco Juzgados Letrados de Trabajo, existentes en la Capital, o ante los Juzgados Letrados de Primera Instancia en los Departamentos y Ciudades del Interior, y la Segunda Instancia, ante el Tribunal de Apelaciones del Trabajo, con jurisdicción nacional.-

El recurso de casación regulado por la Ley 14.861 de 8 de enero de 1979, que permite una revisión por la Corte de Justicia del fallo dictado por el Tribunal del Trabajo, fundada en razones de legalidad, alarga considerablemente el proceso, pero, en la práctica, ha tenido un alcance muy limitado, por ser muy elevado el monto de los asuntos susceptibles de dicho recurso.-

La ley ha dado amplias facultades al Juez del Trabajo en materia de prueba y de medidas cautelares.-

Con relación al primer punto, la Ley 14.188, invistió el Juez del Trabajo, con todas las facultades inquisitivas previstas para el órden procesal penal, a efectos de averiguar o complementar la prueba producida por las partes. Dado el escaso margen de aplicación que en los hechos tuvo dicha facultad, una ley posterior (14.848 de 27 de noviembre de 1978), transformó la potestad judicial en obligaciónl disponiendo que, en caso de que el Juez no ejerciera sus facultades inquisitivas, deberá exponer en la sentencia definitiva, las razones por las cuales consideró innecesario hacer uso de ellas.-

En cambio, el régimen legal no prevé la presencia preceptiva del Juez en el diligenciamiento de la prueba, especialmente la testimonial, lo cual incide negativamente en las resultancias del proceso, en el que se falla por expediente, en la mayoría de los casos.-

b) *Carga de la prueba*

En materia de prueba, rigen los principios generales del derecho común, según los cuales cada parte debe probar el hecho o circunstancia que alega.-

En consecuencia, tratándose de la terminación de la relación laboral, el actor tiene la carga de su prueba, salvo que el demandado en la contestación, reconozca expresa o tácitamente la existencia del despido. Asimismo, por expresa disposición legal, la no concurrencia de una de las partes a la audiencia de conciliación convocada por el Juez, crea en su contra la presunción de que son ciertos los hechos afirmados por la contraparte, sin perjuicio de que aquél aprecie en la sentencia, a la luz de las pruebas reunidas, la veracidad de las afirmaciones.-

La ley obliga a reparar el despido "injusto", por lo que parecería que el trabajador también tendría la carga de la prueba de tal circunstancia. Sin embargo, la doctrina y la jurisprudencia, unánimemente han acogido el criterio de que todo despido, es en principio, injusto, salvo que el empleador alegue y pruebe la notoria mala conducta del trabajador. Tal interpretación tiene su base en los primeros textos legales que regularan el régimen de indemnización por despido. En ellos se estableció la pérdida del derecho en caso de despido por notoria mala conducta, sin hacerse otras precisiones. Posteriormente, la Ley 12.597 de 30 de diciembre de 1958, aclaró que el empleador deberá probar los hechos constitutivos de la notoria mala conducta, de donde la jurisprudencia y doctrina nacional han elaborado el concepto de que la notoria mala conducta es en esencia una excepción perentoria relativa al problema de fondo o sustancial de la litis, que promueve la pretensión del actor y, que como tal, solo puede oponerse en oportunidad de contestarse la demanda.[3]

Por lo mismo, y por expresa disposición legal, al patrono incumbe probar los hechos constitutivos de la notoria mala conducta, lo cual significa que no corresponde oponer en forma genérica la excepción, sino que deben articularse concretamente los elementos que configuran tal calificación.-

c) *Investigación de las circunstancias de la terminación*

Ya se ha señalado que, en función de sus facultades inquisitivas, el Juez del Trabajo debe complementar la prueba aportada por las partes a efectos de la averiguación de la verdad. Ello tiene particular importancia en los casos en que se controvierte por el patrono, el hecho del despido, siendo notorias las dificultades del trabajador para producir prueba al respecto. Del mismo modo, la actuación directa del Juez, puede conducirle a resolver con mayor certeza si existieron los hechos alegados por el demandado como configurativos de la notoria mala conducta y valorarlos adecuadamente, en función del contexto en que se produjeron.-

E. *Medidas de Reparación en Caso de un Despido Injustificado (anulación del despido o reintegración del trabajador, indemnización, pago del salario correspondiente, al período no trabajado, otras medidas); Podría Discutirse en Este Contexto el Concepto de "Estabilidad en el Empleo" en los Países en que Existe*

No existen en el derecho positivo uruguayo fórmulas de estabilidad en el empleo.-

Si bien en numerosas disposiciones se hace referencia a la prohibición de despedir sin justa causa, la violación de la norma se resuelve en una indemnización de carácter forfaitaire, graduada en función de la antigüedad del trabajador y acrecida por la presunción de un perjuicio mayor, dadas, las circunstancias en que se produce el despido. Tal es el caso del despido de la trabajadora grávida y del trabajador amparado por el Seguro de Enfermedad al que se le asegura un plazo de estabilidad de 30 días después de ser dado de alta. Si en las mencionadas hipótesis el empleador pone fin a la relación laboral debe abonar una indemnización superior a la normal: seis meses de sueldo, además de la que legalmente corresponda, en el caso de la trabajadora grávida; el doble de la común, en el caso del trabajador enfermo.-

Dichos sistemas han sido calificados por la doctrina nacional como de estabilidad impropia, por no existir un dispositivo de reinstalación o de condena al pago de los salarios generados a partir del despido comunicado en violación de la norma legal.[4]

En otros casos, la prohibición de despedir no tiene prevista sanción, por lo que, a partir del criterio originariamente expuesto por Caggiani[5] fundado en el art. 8 del Código Civil según el cual es nulo lo hecho contra leyes prohibitivas, se ha concluído que el despido violatorio de la norma legal está viciado de nulidad, careciendo de eficacia. Por ejemplo: los dictados en violación del art. 1° del Convenio Internacional No. 98, ratificado por el país.-

Salvo los casos indicados, la rescisión unilateral del contrato de trabajo se resuelve mediante el pago de una indemnización forfaitaire, calculada a razón de un mes de remuneración por cada año o fracción de actividad, con límite de seis meses. Tratándose de jornaleros o destajistas, el régimen tiene ciertas variantes respecto a la forma de calcular la antigüedad así como las fracciones de actividad.-

Un enfoque diferente de la cuestión ha ido perfilando la jurisprudencia reciente que, paulatinamente ha comenzado a admitir la obligación de reparar los daños y perjuicios emergentes del despido abusivo, considerándose tal, aquél que entrañe una decisión patronal particularmente arbitraria o que implique una desviación de los fines sociales o económicos de la empresa.-

Como señala Barbagelata[6] la jurisprudencia, fundándose en los principios de la responsabilidad por hecho ilícito del derecho común, ha considerado que el despido puede ser ilícito en sí mismo, ya sea por sus móviles, por contrariar una regla de derecho, la moralidad, las buenas costumbres, el orden público o por resultar discriminatorio.-

Sin embargo, en raras ocasiones han prosperado las demandas fundadas en un despido abusivo, ya sea por dificultades en la prueba del abuso de derecho o del perjuicio superior al reparado por la indemnización de carácter forfaitaire. Como ya se indicara, en las hipótesis de despido abusivo legalmente previstas, la de la trabajadora grávida o la del trabajador enfermo, se han obviado tales problemas, tarifándose el monto del daño mayor presumible en atención a las circunstancias en que se ha operado el cese de la relación laboral.-

V. TRÁMITES POSTERIORES A LA TERMINACIÓN

A. *Certificado de Trabajo*

B. *Prioridad de Readmisión Cuando la Empresa Vuelva a Contratar Trabajadores*

Con relación a los puntos A. y B. no existen previsiones legales

C. *Notificación a los Organismos Encargados de Servir las Prestaciones de Desempleo*

En lo referente al punto C., si bien no existe obligación legal de comunicar el cese de la relación al Seguro de Desempleo, el empleador, en caso de que el trabajador despedido gestione las respectivas prestaciones, debe certificar el período de servicios cotizados, así como la fecha del despido y la causa del mismo.-

VI. TRÁMITES ESPECIALES EN EL CASO DE REDUCCIÓN DEL PERSONAL

A. *Autorización de las Autoridades Públicas*

B. *Consulta o Negociación con los Sindicatos u Otros Representantes de los Trabajadores*

C. *Medidas Para Evitar la Reducción del Personal*

D. *Criterios de Selección de los Trabajadores Afectados por una Reducción del Personal*

E. *Medidas Especiales Para Atenuar los Efectos de una Reducción del Personal (formación especial, prestaciones financiarias, otras medidas)*

No existen previsiones legales al respecto. En el pasado, algunos convenios colectivos, habían previsto procedimientos y criterios de selección, en caso de reducción de personal, pero, a la fecha, tales convenios han caducado o han sido denunciados.-

Por otra parte, la inactividad sindical que se prolonga desde hace varios años, ha impedido, en términos generales, la negociación colectiva y la actuación de representantes de los trabajadores.-

VII. SEGURIDAD DE LOS INGRESOS DEL TRABAJADOR AFECTADO POR UNA TERMINACIÓN DE TRABAJO

A. *Prestaciones del Empleador Distintas de la Indemnización por Despido Injustificado (indemnización por fin de servicio, indemnización de antigüedad, fondos especiales, otras prestaciones análogas)*

B. *Prestaciones Proporcionadas Bajo un Régimen de Seguro de Desempleo (se ruega explicar brevemente los rasgos característicos de este régimen)*

A.) *Antecedentes*

El Acto Institucional No. 9 de 23 de octubre de 1979, que reestructuró el sistema de Seguridad Social, creó la Dirección General de la Seguridad Social como dependencia del Ministerio de Trabajo y Seguridad Social, a la que compete administratrar todas las prestaciones del régimen, entre ellas, las de los Seguros de Desempleo, a cargo de una Unidad subordinada a la Dirección General.-

De modo que, actualmente, del punto de vista orgánico, las prestaciones por desocupación dependen de un organismo centralizado, subordinado, jerarquicamente, al Poder Ejecutivo, como las demás unidades gestoras de los otros seguros sociales.-

Del punto de vista substancial, la Ley 15.180 de 20 de agosto de 1981, recientemente dictada, ha unificado el régimen de prestaciones que, hasta entonces, mostrara una fuerte tendencia a la diversificación, en función de sectores de actividad o modalidades particulares del riesgo.-

B.) *Campo de aplicación*

De acuerdo a lo preceptuado por el art. 1° de la ley citada, el regimen comprende obligatoriamente a todos los empleados de la actividad privada que prestan servicios remunerados a terceros.-

Aquellos trabajadores que no estaban amparados por ninguno de los sistemas existentes—servicio doméstico, trabajadores rurales—se incorporarán al nuevo regimen legal, en la oportunidad, forma y condiciones que establezca el Poder Ejecutivo.-

Quedan excluídos del derecho a prestaciones: a) los que perciban o se acojan a la jubilación; b) los que se encuentren en estado de huelga; c) los que perciban otros ingresos; d) los que fuesen despedidos o suspendidos por razones disciplinarias, de acuerdo a lo que determine la reglamentación. La latitud de la terminología empleada para definir esta causal de exclusión, sin precedentes en textos anteriores, hace imperiosa su precisión a través del reglamento, que aún no ha sido elaborado.-

C.) *Riesgo asegurable*

La desocupación forzosa es aquella no imputable a la voluntad o capacidad laboral del trabajador.-

Puede configurarse a consecuencia de: a) despido; b) suspensión del trabajo; c) reducción en el mes de las journadas trabajadas o, en el día, de las horas de trabajo, en un porcentaje de un 25% o más del legal o habitual en épocas normales, salvo que la eventualidad del trabajo reducido hubiese sido pactada expresamente o sea característica de la profesión o empleo o que se trate de empleados mensuales.[7]

D.) *Periodos de calificación y de referencia*

Para tener derecho a las prestaciones, en los doce meses inmediatos anteriores a la fecha de configuración de la causal, los trabajadores mensuales deberán haber computado seis meses de trabajo. Si se trata de trabajadores jornaleros, deberán haber cotizado ciento cincuenta jornales en el mismo lapso y, para los que tengan remuneración variable, deberán haber percibido un mínimo de seis salarios mínimos nacionales mensuales, en el período considerado, esto es, los doce meses anteriores al acaecimiento del riesgo.-

Se faculta al Poder Ejecutivo a extender el período de referencia hasta veinticuatro meses, para el caso de ocupados en actividades que así lo justifiquen.-

Una vez agotado el plazo máximo de las prestaciones, solo podrán ser percibidas nuevamente, cuando hayan transcurrido doce meses desde la última prestación, habiéndose vertido cotizaciones por un período no inferior a seis meses.-

E.) *Monto de las prestaciones*

En caso de despido o suspensión total de trabajo, el monto de las prestaciones para los empleados con remuneración mensual, consiste en el 50% del promedio mensual de las remuneraciones nominales computables, percibidas en los últimos seis meses, no pudiendo ser inferior a la mitad del salario mínimo nacional.-

Para los jornaleros, la prestación equivale a doce jornales mensuales calculados en función del promedio de los últimos seis meses, tomándose como base para la obtención del promedio, ciento cincuenta jornales y no pudiéndo ser inferior al 50% del salario mínimo nacional de los empleados a jornal.-

En caso de desocupación parcial, la prestación cubre la diferencia entre el monto del subsidio correspondiente a los desocupados totales (jornaleros) y lo efectivamente percibido.-

Tanto las prestaciones por desocupación total como parcial, pueden ser acrecidas en un 20% si el beneficiario tiene cargas de familia.-

F.) *Plazo de las prestaciones*

Para el empleado con remuneración mensual, el subsidio se concede por un plazo máximo de seis meses; para el remunerado por día o por hora, por un total de setenta y dos jornales, computados desde la fecha de iniciación de la prestación por cada período de cotización.-

G.) *Cese del derecho*

El derecho a percibir el subsidio, cesa: a) cuando el empleado se reintegra a cualquier actividad remunerada; b) cuando rechazare sin una causa legítima un empleo conveniente; c) cuando el beneficiario se acoja a la jubilación.-

C. *Prestaciones Proporcionadas Bajo Otro Régimen de Seguridad Social (e.g. Vejez), en la Medida en que se Aplican a Ciertas Categorías de Trabajadores Afectados por una Terminación, de Trabajo por Iniciativa del Empleador*

Al Sancionarse el Acto Institucional No. 9 de 23 de octubre de 1979, se derogaron las normas que preveían la jubilación anticipada por la causal de "despido".-

La Ley No. 6.962 de 6 de octubre de 1919, en su art. 17° (en la redacción dada por la Ley 9.196 de 11 de enero de 1934) preveía la llamada "jubilación por despido", a la que podían ampararse los afiliados mayores de 40 años y con más de 10 años de servicios.-

Del mismo modo, para los afiliados a la Caja de Jubilaciones y Pensiones Bancarias, el Dec.-Ley 10.331 de 29 de enero de 1943 preveía la exoneración como causal jubilatoria, siempre que el afiliado contara con más de 10 años de servicios y la destitución no hubiera sido causada por delito común que afecte la honorabilidad funcional del afiliado o hechos u omisiones que configuren dolo o culpa grave, en actos de servicios, dentro de la órbita de sus funciones.-

Al dictarse el Acto Institucional No. 9, tales causales de jubilación anticipada, fueron derogadas, lo cual implica que, al presente, los trabajadores destituídos solo pueden acogerse al régimen jubilatorio si a la fecha del despido han configurado causal de jubilación común o por edad avanzada.-

Corresponde señalar que la Ley No. 15.180, dispone que el trabajador desocupado, que configure causal de jubilación y se acoja a la pasividad cesará de percibir el seguro de desempleo, sirviéndosele por la Dirección de la Pasividades correspondiente, un adelanto prejubilatorio en las condiciones que establezca la reglamentación respectiva.-

D. *Combinación de Varias Prestaciones*

El art. 11° de la Ley 15.180 establece que son computables a los efectos jubilatorios el período y los montos del subsidio por desempleo, debiéndo deducirse de éste, los aportes personales que corresponda, para todo el sistema de seguridad social.-

Como consecuencia de lo anterior, los beneficiarios del seguro de paro, tienen derecho a la asistencia médica brindada a través del Seguro de Enfermedad, así como a percibir, por expresa disposición legal, las Asignaciones Familiares, por los menores a cargo.-

Las prestaciones servidas por el Seguro de Desempleo, son acumulables a la indemnización por despido a cargo del empleador. Pero, por expreso mandato legal, en el caso de desocupación parcial, y de suspensión total, el despido se configura al cabo de tres meses, en el primer caso, y al término del período máximo de la prestación y siempre que el trabajador no sea reintegrado, en el último.-

De lo anterior, resulta que solo en el caso de despido expreso, se generan simultáneamente el derecho a percibir prestaciones del seguro y la indemnización respectiva del empleador.-

NOTAS

[1]Gozan de un régimen especial los trabajadores bancarios (Dec-Ley 10.331 de 29/I/43), trabajadores de la industria del plástico (Ley No. 13.489 de 11/VIII/66), trabajadores de las empresas telegráficas (Ley 13.514 de 11/X/66), trabajadora grávida (Ley 11.577 de 14/X/50, art. 17), trabajador afectado por una enfermedad profesional (Ley 11.577 de 14/X/50, art. 10), trabajador afectado por una enfermedad común (Ley 14.407 de 22/VII/75, art. 23) viajante y vendedor de plaza (Ley 14.000 de 27/VII/71).-

[2]Anteriormente a esta Ley, la doctrina y la jurisprudencia estaban divididas, considerando los que se pronunciaban por la inclusión, que los trabajadores domésticos se hallaban comprendidos en la expresión genérica "actividad privada". El art. 30. del Dec. de fecha 29 de octubre de 1957, dispone: "Entiéndese por servicio doméstico, el que prestan unas personas a otras o a familias, con el objeto de consagrarles su cuidado y su trabajo, y sin que puedan ser dedicadas a fines de lucro, comercio o industria". Por su parte el art. 50. del Dec. de 16 de junio de 1921 estableció que: "No se considerarán trabajadores al servicio de los patrones las personas que se reputen a cargo de la familia, cuando no sean tratados como sirvientes." Finalmente el Dec. del 18 de agosto de 1944, dispuso:

"1o.) No se considera servicio doméstico, el realizado por las "nurses", que trabajan en los consultorios de los médicos, dentistas, etc., así como los empleados con idoneidad especial reconocida oficialmente que prestan servicios en un consultorio.

2o.) Tampoco se considera servicio doméstico el realizado por los porteros, limpiadores y ascensoristas que ocupan los propietarios de casas de apartamentos o escritorios, ni los choferes particulares".-

[3]Sarthou H. "Tres problemas procesales relativos a la oposición de la excepción de notoria mala conducta" en Revista de Derecho Laboral T.XX No. 106.-

[4]Barbagelata H.H. "Derecho del Trabajo" Montevideo, 1978, pág. 344 y ss.; Mantero O. "Las modificaciones al régimen de indemnización por despido en la Ley 14188" en Nuevo Proceso Laboral Uruguayo. Montevideo, 1974, pág. 211.-

[5]"La nulidad del despido decretado en violación de una norma legal prohibitiva" en Rev. Derecho Laboral T.XI pág. 239.-

[6]"El despido abusivo y la reciente jurisprudencia" en Rev. Derecho Laboral T. XX No. 108 pág. 609.-

[7]La referencia expresa a esta categoría de trabajadores para excluírlos de la hipótesis de desocupación parcial, parecería tener como fundamento la invariabilidad de la remuneración pactada, cualquiera sea el tiempo efectivamente trabajado.-

La Cessation de la Relation de Travail a l'Initiative d'Autres Travailleurs (l'Employeur) et la Sécurité des Revenus des Travailleurs Concernés[1]

par

PROF. DR. ALEKSANDER RADOVAN

Faculté de Droit, Ljubljana

I. INTRODUCTION GENERALE

A. *Sources du Système National*

Dans tous les systèmes socio-économiques, la cessation du rapport de travail dans l'organisation de base de travail associé ou dans une autre organisation représente une des institutions les plus importantes du droit ouvrier. En conséquence, la Yougoslavie n'a cessé de consacrer, elle-aussi, l'attention nécessaire à cette question en la règlementant conformément au niveau atteint dans le développement social, ainsi qu'au caractère et à la détermination du rapport de travail. Les degrés de développement du système de cessation du rapport de travail se complétaient et modifiaient surtout en fonction des principes fondamentaux de la constitution, tels que le principe de droit du travail et, à ce sujet, la liberté du travail et le droit à l'emploi, les principes de l'autogestion ouvrière, la répartition du revenu ou bien des revenus personnels en fonction du travail fourni, les principes garantissant la stabilité et la sécurité sociales de l'homme. Lors de la régelmentation de l'institution de cessation du rapport de travail, il fallait prendre en considération aussi le niveau d'emploi.

En matière de cessation du rapport de travail, la réglementation juridique yougoslave a été objet des modifications et amendements incessants et elle est extrêmement riche à cet égard. Dans les premiers jours de la nouvelle Yougoslavie, le pricipe dominant était celui de liberté complète de licenciement. On introduit plus tard de différents types de licenciements motivés, des périodes de préavis et des indemnisations de départ en cas de licenciements. Par les amendements constitutionnels de 1971, on établit l'assurance de la stabilité de l'emploi et par conséquence, la protection des revenus personnels et de la sûreté sociale des travailleurs et de leurs familles. C'est la constitution de la RSFY[2] de 1974 qui établit des points de départ pour la réglementation juridique de la cessation du rapport de travail en vigueur. Le 3ᵉ point de l'article 281 de la Constitution fédérale réglemente les droits fondamentaux des travailleurs en vue d'assurer leur sûreté sociale et leur solidarité. L'article 159 de la Constitution RSFY parlant spécialement du droit au travial, détermine que le rapport de travial ne peut cesser contre la volonté de l'ouvrier que dans les conditions et selon les modalités fixées par la loi. Dans une partie spéciale de la loi sur le travail associé,[3] la Fédération réglemente assez minutieusement le champ de la cessation du rapport de travail jugeant qu'il s'agit d'une matiére d'une importance essentielle pour assurer la sûreté sociale et la stabilité du travailleur dans le travail associé. D'après cette loi, il n'y a point d'autre causes pour la cessation du rapport de travail que celles déterminées par la loi excepté le cas où le travailleur remplit les conditions pour sa retraite personnelle où les républiques et les provinces autonomes sont libres de réglementer d'une manière différente ce type de cessation du rapport de travail. Les lois des républiques et des provinces autonomes sur les rapports de travail[4] reprennent cette matière, la complétant à cause de sa complexité là où la Loi sur le travail associé le permet et la complétant partiellement en cas qui ne sont pas d'une importance essenetielle tout en tenant aux principes fondamentaux donnés par la Loi sur le travail associé. Les lois sur les rapports de travail réglementent particulièrement la cessation du rapport de travail des travailleurs qui exercent un travail complémentaire chez les travailleurs effectuant indépendamment des activités avec le travail individuel avec des moyens de production en propriété privée ou bien chez les personnes juridiques civiles et physiques (les employeurs privés). En accord avec ces lois, la cessation du rapport de travail du travailleur employé chez un employeur privé est réglementé par des contrats collectifs.

La cessation du rapport de travail des travailleurs associant leur travail avec les communautés de travail des organes d'administration est règlementée, à part les règlements généraux comme la Loi sur le travail associé et la Loi sur les rapports de travail des république et des provinces autonomes, aussi par les règlements règlementant le système de l'administration d'état par la loi fédérale sur les fondements du système de l'Administration étatique ainsi que la Loi sur le Conseil exécutif fédéral et sur les organes administratifs fédéraux[5] et les lois correspondantes des républiques et des provinces autonomes réglementant dans le cadre des principes généraux les dispositions spéciales en vigueur pour les travailleurs. Le même vaut pour les travailleurs dans les organes juridiques et dans d'autres organes d'état.

Les sources formelles juridiques règlementant le champ de protection des droits de cessation du rapport de travail sont: la Loi fédérale sur les tribunaux du travail associé[6] et les lois sur ces tribunaux des républiques et des provinces autonomes. De cette manière les litiges concernant les rapports de travail ainsi que la cessation de travail passent des tribunaux réguliers aux tribunaux spéciaux autogestionnaires nommés des Tribunaux du travail associé. Malgré la réglementation minitieuse de la cessation du rapport de travail présenté par la loi, les travailleurs décident librement et à égalité de droit des droits, obligations et responsabilités au travail conformément aux actes autogestionnaires généraux qui règlent le rapport de travail en accord avec la convention autogestionnaire sur l'association du travail des travailleurs de l'organisation de base. Il s'en suit que d'après l'article 179 de la Loi sur le travail associé, les travailleurs sont obligés de fixer dans leur acte autogestionnaire général—ordinairement c'est le règlement des rapports de travail—aussi les fondements et critères pour la cessation du rapport de travail. Les fondements et les principes fondamentaux du règlement des rapports de travail sont déterminés par la convention autogestionnaire sur l'association du travail des travailleurs dans l'organisation de base.

B. Sur le Concept du Rapport de Travail[7]

Le concept du rapport de travail n'a cessé de changer conformément au caractère et au contenu du rapport de travail lui-même. Par l'introduction de l'autogestion des travailleurs en économie et d'après la loi sur la gestion des entreprises d'état par les collectivités des travailleurs à partir du 2 juillet 1950[8] et de la propriété sociale sur les moyens de production et de l'autogestion des travailleurs dans les communautés municipales et régionales, par la Loi constitutionnelle sur les fondements du système socio-politique et sur les organes administratifs fédéraux de 31. 1. 1953[9], ils se créent en Yougoslavie des rapports socio-économiques complètement nouveaux. Le concept et le contenu des rapports de travail s'adoptent à ces changements.

D'après l'article 161 de la Loi sur le travail associé, le rapport de travail des travailleurs dans le travail associé est entendu comme le rapport mutuel des travailleurs de l'organisation de base du travail associé ou de la collectivité de travail que dans la mise en valeur du droit au travail avec les moyens sociaux les travailleurs établissent dans le travail commun avec les moyens sociaux et règlent avec les actes autogestionnaires généraux, dans lesquels conformément à la loi ils fixent les droits, obligations et responsabilités individuels et communs. Vue que les travailleurs sont en rapports mutuels de travail, chaque travailleur se trouve en rapport avec les autres travailleurs, ne se servant de l'organisation de base que comme d'une formation organisatrice, juridique-technique qui le représente dans ses exigeneces dans le cas où le droit du travailleur change en exigence des moyens et juridiques (devant le tribunal ou ailleurs). Les employeurs qui décident de la cessation de travail des travailleurs ne sont donc que d'autres travailleurs ou bien ce sont des organisations de base du travail associé qui le font en leur nom.

C. *Application du Système National*

D'après le principe sur l'égalité de droit dans les rapports de travail, le règlement actuel de la cessation du rapport de travail est basé sur un règlement unifié de la cessation du rapport de travail de ces travailleurs sans égards où ils exercenet leurs activités. Le règlement juridique de la cessation du rapport de travail ne connaît point de décalage du système général ni en ce qui concerne les activités ni à l'égard du type du rapport de travail. Il y a certaines particularités mais toutes en cadre du système général comme par exemple celles pour les travailleurs qui travaillent chez les employeurs privés, pour les travailleurs dans l'administration étatique et dans d'autres activités (trafic, instruction et ailleurs). Il va de même pour les travailleurs qui concluent le rapport de travail pour une période déterminée, pour les stagiaires, pour les travailleurs aux responsabilités et aux obligations spéciales pour les organes individuels de gestion (directeurs) et autres. Le système général de la cessation du rapport de travail adapté à ces catégories des travailleurs est valable pour tous ces travailleurs.

II. LES FONDEMENTS CONSTITUTIONNELS DE L'ASSURANCE DU DROIT AU TRAVAIL, A L'EMPLOI ET A LA STABILITE D'EMPLOI ET DES REVENUS DES TRAVAILLEURS[10]

Le fondement constitutionnel pour la nouvelle organisation juridique du droit au travail, à l'emploi et à la stabilité de l'emploi et à la protection des revenus du travailleur fut donné déjà par les amendements constitutionnels fédéraux, des républiques et des provinces autonomes reçus en 1971.

La Constitution fédérale ainsi que les constitutions des républiques et des provinces autonomes de 1974 règlent complètement ce champ avec certains changements et compléments.

Le préambule déjà, c'est-à-dire les principes fondamentaux de notre nouvelle constitution déterminent déjà que la base inviolable du statut et du rôle de l'homme soient entre autres aussi sa sécurité économique, sociale et personnelle. Dans le préambule, où l'on parle des libertés, des droits et des responsabilités de l'homme et du citoyen, on accentue particulièrement que les travailleurs assurent leur sécurité économique et sociale dans organisations du travail associé et les autres organisations et communautés autogestionnaires dans un esprit de solidarité, de réprocité et d'humanisme socialiste créant des conditions toujours plus favorables à leur existence, à leur travail et à l'épanouissement total de leur personne.

D'après le 2e alinéa du 16e article de la Loi sur le travail associé, l'organisation de travail est une organisation autogestionnaire indépendente des travailleurs liés par des intérêts communs au travail qui sur les principes de la réprocité et de la solidarité assurent leur stabilité économique et leur sécurité sociale.

Parmi les définitions les plus importantes de la constitution fédérale se trouvent sans doute celles du 13e et 14e articles qui déterminent que le travailleur associé qui travaille avec les moyens appartenant à la société a le droit de travailler avec les moyens sociaux pour satisfaire ses besoins individuels et sociaux et—libre et égal aux autres travailleurs du travail associé—de gérer son travail les conditions, les résultats et les rapports mutuels au travail.

Ces déterminations sont évoluées dans le 1er, 2e et 13e articles de la Loi sur le travail associé. D'après le 3e alinéa du 2e article le droit au travail avec les moyens sociaux qu'obtient chaque travailleur dans le travail associé représente le fondement pour la réalisation de ses droit, devoirs et responsabilités dans le travail associé. L'organisation de base du travail associé et la forme fondamentale d'association de travail dans laquelle les travailleurs décident directement et à conditions égales des questions concernant leur position socio-économique et avec cela de la conclusion et de la cessation de travail.

Le droit au travail avec les moyens sociaux définit aussi le rapport de travailleur dans le travail associé envers les moyens de travail et les moyens de la reproduction sociale, et il est l'expression juridique du rapport autogestionnaire sociale de production. Le droit au travail classique et la liberté de travail sont le sujet du troisième titre de la constitution fédérale qui détermine les libertés, les droits et les devoirs de l'homme et du citoyen. Dans l'article 159 de ce titre de notre constitution, le droit au travail est garanti et dans l'article 160, la liberté du travail est garantie aussi.

D'après l'article 32 de la constitution fédérale, les travailleurs des organisations de travail associé assurent d'un commun accord et à droits égaux, en conformité avec les principes de réprocité et de solidarité l'amélioration premanente des conditions de vie des travailleurs. L'organisation de travail associé seule ou en accord avec d'autres organisations de travail associé fournit en conformité avec les principes de réprocité et de solidarité les resources nécessaires à l'embauchage, au reclassement et à la réalisation des droits acquis des travailleurs si leurs services ne lui sont plus nécessaires à cause des améliorations technologiques ou autres. Aussi longtemps qu'un autre emploi correspondant à ses capacités et qualifications ne lui aura pas été assuré, le travailleur ne pourra perdre la qualité de travailleur de cette organisation de travail associé.

Ce règlement est complété par le deuxième point du 57e article de la Loi sur le travail associé qui définit que les travailleurs dans les organisations de base de travail par la planification du revenu réalisent les conditions pour la stabilité au travail et à l'exercice d'affaires de l'organisation de base et pour leur propre sûreté et stabilité matérielle et sociale, pour l'égalité des droits dans la réalisation du droit au travail avec les moyens sociaux. Le 2e point de l'article 59 de la Loi sur le travail associé détermine en particulier que les travailleurs dans l'organisation de base assurent, en accord avec les principes de la réprocité et de la solidarité, de plus larges possibilités pour la qualification professionnelle, la réadaptation, l'amélioration des connaissances professionnelles et de leur capacité de travail, l'emploi ainsi que la protection en cas de chômage et les autres formes de sécurité sociale.

Si une organisation de travail associé exerçant l'activité économique ne peut pas assurer aux travailleurs la réalisation des droits qui leur sont garantis par la constitution, elle peut être abolie. Mais dans le 4e point du troisième alinéa de l'article 68, la Loi sur le travail associé détermine que les travailleurs dans les organisations de base règlent par une convention autogestionnaire les rapports mutuels dans la réalisation des recettes communes, et surtout les conditions et le mode de réalisation de la solidarité pour assurer aux travailleurs la sécurité de travail et la sécurité sociale ou bien écarter les perturbations dans l'exercice d'affaires ou prendre les mesures pour l'assainissement des organisations de base qui ont réalisé ces recettes.

D'après la constitution dans les conditions prescrites par la loi, le droit à l'assistance matérielle est garantie pendant la durée du chômage provisoire. Le 6e alinéa de l'article 159 de la constitution fédérale sur le droit au travail précise que le rapport de travail ne peut cesser contre la volonté du travailleur que dans les conditions et selon les modalités fixées par la loi. La constitution veut assurer de cette manière à chaqun le droit au travail, à l'emploi et la stabilité de l'emploi, de même que le droit au revenu pesonnel, en cas de chômage, le droit à remplacement du revenu afin d'assurer la sécurité sociale du travailleur et de sa famille.

D'après le 4e alinéa de l'article 166 de la Loi sur le travail associé les travailleurs, pour lesquels le rapport de travail s'interrompt provisoiremenet, ont droit, conformément à la loi, à la protection sanitaire en cas de maladie et d'invalidité, à une assurance matérielle et d'autres droits pendant le chômage provisoire.

D'après l'article 163 de la Constitution fédérale, le droit des travailleurs à la sécurité sociale en cas de chômage est garantie par l'assurance obligatoire selon les principes de réprocité, de solidarité et de travail passé, dans les communautés autogestionnaires d'intérêts. Par ce règlement, la constitution pose pour la première fois le principe de règler les droits des travailleurs, en cas de chômage provisoire, d'après le principe de la sécurité sociale obligatorie ce qui a été combiné par l'aide social.

III. PRINCIPES DE CESSATION DU RAPPORT DE TRAVAIL

Les principes concernant la cessation du rapport de travail d'après la loi sur le travail associé ainsi que d'après les lois sur les rapports de travail sont divisés en trois groupes: premièrement, la cessation de travail d'après la volonté du travailleur ou bien le travailleur peut influencer au moins la cessation de travail; deuxièmement, la cessation de travail indépendément à la volonté du travailleur et troisièmement, la cessation de travail d'après la loi elle-même.

Le premier groupe comprend trois cas: premièrement, si le travailleur déclare par écrit qu'il interrompt le rapport de travail, deuxièmement, si avec l'organe autorisé il se met d'accord par écrit que son rapport de travail cesse, troisièmement, s'il ne veut pas travailler à un poste de travail qui lui est offert et qui correspond à sa formation presonnelle et aux autres capacités de travail acquises par le travail ou si, dans les cas de l'article 213 de la Loi sur le travail associé, il ne veut pas se qualifier additionnellement ou se requalifier pour d'autres travaux correspondants.

Le deuxième groupe de cas de cessations du rapport de travail comprend les exemplaires où le rapport de travail du travailleur peut cesser d'après la volonté des autres travailleurs s'il y a une raison valable du côté du travailleur. Ce sont les cas suivants: premièrement si à son entrée dans le rapport de travail le travailleur a passé sous silence ou donné des renseignements faux en liaison avec les conditions de travail, ces renseignements étant par ailleurs essentiels pour l'exécution des travaux ou des tâches, pour lesquels il a conclu le rapport de travail; deuxièmement, si un décret disciplinaire final est prononcé concernant la cessation du rapport de travail; troisièmement, si l'on établit que le travailleur est complètement inapte à effectuer les travaux ou les tâches qui lui sont confiés ou pour lequel on constate que d'une façon plus durable il n'atteint pas les résultats de travail qu'on atteint ordinairement, qu'il ne veut pas effectuer des travaux ou des tâches qui correspondent à sa capacité de travail; quatrièmement, si les travailleurs de l'organisation de base établissent que le travail du travailleur n'est plus nécessaire à cause des difficultés économiques, dans lesquelles l'organisation de base est tombée par suite d'un rapport irresponsable des travailleurs particuliers envers le travail; cinquièmement, à cause de son passage à une autre organisation de base dans les cas et les conditions fixés par la convention autogestionnaire conformément à la loi sur la fusion dans une organisation composée travail associé; sixièmement, si le travailleur remplit les conditions pour sa retraite. On peut inclure dans ces cas de cessation du rapport de travail des stagiaires qui n'ont pas passé leur examen professionnel après l'écoulement du stage. En cas pareil, le rapport de travail du travailleur dans l'organisation de base peut cesser si l'on n'établit d'autres solutions.

Le groupe de cas où le rapport de travail du travailleur cesse par la loi elle-même: premièrement, si le travailleur ne veut pas donner de déclaration écrite qu'il accepte la convention autogestionnaire sur l'association du travail des travailleurs de l'organisation de base; deuxièmement, si, de la manière prescrite par la loi, on établit qu'il est complètement inapte au travail; troisièmement, si par la loi ou par une décision exécutoire du tribunal ou d'un autre organe il lui est interdit d'effectuer des travaux ou des tâches déterminés et s'il n'est pas possible de lui assurer d'autres travaux ou des tâches; quatrièmement, si, pour purger une peine d'emprisonnement, il doit être absent plus de six mois et, cinquièmement, si une mesure de sécurité, d'éducation ou de protection est prononcée, laquelle doit durer plus de six mois et si pour cette raison il doit être absent de son travail.

Le chapitre sur la cessation du rapport de travail contient des règlements spéciaux qui assurent la stabilité et la solidité du rapport de travail ou de l'emploi et de la sécurité des revenus des travailleurs ainsi que la sécurité personnelle et sociale des travailleurs ce qui signifie que le rapport de travail du travailleur ne peut cesser si, à cause de l'association des organisations de base ou des améliorations technologiques et autres, par lesquelles on contribue à une plus grande productivité de travail et à un plus grand succès de l'organisation de base, son travail dans cette organisation n'est plus nécessaire.

Le rapport de travail d'un travailleur peur cesser sans sa volonté et sans sa faute pendant la procédure pour la cessation de son organisation de base ou la cessation de l'organisation de travail, et s'il n'y a pas de possibilité pour qu'il continue son travail dans une autre organisation de base.

IV. LES CONDITIONS JUSTIFIEES POUR LA CESSATION DU RAPPORT DE TRAVAIL DU TRAVAILLEUR SANS SA VOLONTE

Vue la stabilité et la solidarité toujours plus grande du rapport de travail, de la stabilité de l'emploi et de la protection du revenu du travailleur, la loi ne connaît plus de suspension du rapport de travail et de décisions unilatérales des organes responsables de l'organisation de base mais elle permet la décision de cesser le rapport de travail du travailleur seulement dans les cas déterminés par la loi où il s'agit en majeure partie des causes du côté du travailleur.

1. D'après le premier point du 2e alinéa de l'article 211 de la Loi sur le travail associé, le rapport de travail du travailleur peut cesser mais il n'est pas obligatoire, que cela se réalise, si à son entrée dans le rapport de travail il a passé sous silence ou donné des renseignements faux en liaison avec les conditions de travail, ces renseignements étant par ailleurs essentiels pour l'exécution des travaux ou des tâches pour lesquels il a conclu le rapport de travail. Il s'agit ici de critère plus rigoureux puisque les renseignements doivent être essentiels. Ordinairement, le travailleur doit prouver qu'il remplit les conditions de travail en présentant les documents correspondants et d'autres preuves. Avant de prendre la décision sur la cessation du rapport de travail en accord avec ce règlement, l'organe correspondant doit prouver que les conditions pour l'entrée en vigueur de ce règlement soient réalisées. Ces renseignements doivent être tels que le travailleur n'aurait pas pu conclure le rapport de travail si l'organisation de base les aurait connus.

Le rapport de travail cesse le jour où l'on remet la décision définitive sur la cessation du rapport de travail.

2. D'après l'article 215 de la Loi sur la cessation de travail associé, le rapport de travail du travailleur cesse si l'on établit qu'il n'est pas apte à effectuer les travaux ou les tâches qui lui sont confiés, ou pour lesquels on constate que d'une façon plus durable il n'atteint pas les résultats de travail qu'on atteint ordinairement et s'il ne veut pas effectuer des travaux ou des tâches qui correspondent à sa capacité de travail. Deux conditions doivent être remplies pour que le rapport de travail du travailleur cesse, premièrement, il doit exister l'inaptitude totale ou partielle du travailleur à effectuer les travaux ou les tâches qui lui sont confiés et, deuxièmement, il doit refuser d'effectuer les travaux ou les tâches qui correspondent à sa formation professionnelle et aux autres capacités de travail.

L'inaptitude au travail est totale lorsquil s'agit d'une incapacité évidente du travailleur à effectuer les travaux ou les tâches qui lui ont été confiés et elle est partielle si le travailleur d'une façon plus durable n'atteint pas les résultats de travail qu'on atteint ordinairement.

L'inaptitude du travailleur est établie par une procédure spéciale. En ce cas, pour l'établissement de ces faits, une commission est nommée par le conseil ouvrier parmi les travailleurs qui doivent avoir au moins la même formation professionnelle que le travailleur dont on établit la capacité. En cas où dans l'organisation de base il n'y a pas de travailleurs à une formation professionnelle suffisante, le conseil ouvrier peut nommer dans la commission des experts correspondants hors de l'organisation de base.

Dans la conclusion sur la nomination on doit préciser la manière dont on établira la capacité du travailleur et dans quel délai de temps. La commission devra établir d'une manière objective si le travailleur remplit les conditions à base de ses capacité et elle devra prendre la décision sur l'aptitude professionnelle du travailleur.

A base des faits constatés et de l'appréciation des capacités de travail du travailleur, la commission décidera de disposer le travailleur à d'autres travaux ou tâches qui correspondent à ses capacités de travail. Dans le cas seulement où il refuse d'effectuer les autres travaux ou tâches, la commission prend la décision de faire cesser son rapport de travail. Le travailleur peut et a le droit de rester à son poste de travail pendant le délai de cessation qui est précisé par l'acte autogestionnaire général.

3. La cessation du rapport de travail à cause de la violation grave des obligations de travail. - D'après l'article 197 de la Loi sur le travail associé, la cessation du rapport de travail disciplinaire peut être prononcée pour les violations graves des obligations de travail mais seulement à base d'une procédure disciplinaire. Le deuxième point du 2e alinéa de l'article 211 de la Loi sur le travail associé détermine seulement comme l'une des manières de cessation du rapport de travail la cessation à base de procédure disciplinaire. Le rapport de travail du travailleur peut cesser d'après la Loi sur le travail associé à cause d'une grave violation des obligations de travail seulement en cas où il ne remplit pas ses obligations au travail et de cette manière lèse gravement les intérêts communs des autres travailleurs. Le rapport de travail du travailleur en ce cas cesse par la remise de la décision finale de l'organe disciplinaire concernant.

4. La cessation du rapport de travail du stagiaire. Les organisations de base concluent ordinairement le rapport de travail avec le stagiaire d'après les besoins planifiés des travailleurs. Les stagiaires concluent le rapport de travail pour une période indéterminée avec l'organisation de base en accord avec la politique des cadres pour effectuer une partie de travaux ou de tâches. Pour ce stagiaire après l'écoulement du stage le rapport de travail dans l'organisation de base cesse si après l'écoulement du stage il n'a pas passé l'examen professionnel. Si le stagiaire passe son examen professionnel, il doit être disposé aux travaux ou tâches correspondants. Pour un stagiaire qui conclue un rapport de travail pour une période déterminée, le rapport de travail cesse par la loi même avec l'écoulement du temps fixé pour le stage.

5. La cessation du rapport de travail du travailleur à cause de la cessation de l'organisation de base ou de l'organisation de travail. - D'après l'article 218 de la Loi sur le travail associé, le rapport de travail d'un travailleur peut cesser si l'on a commencé la procédure pour la cessation de son organisation de base ou la cessation de l'organisation de travail, dont fait partie son organisation de base, et s'il n'y a pas de possibilités pour qu'il continue son travail dans une autre organisation de base. Ce règlement prend la position que même en cas où l'on a commencé la procédure pour la cessation de l'organisation de base ou la cessation de l'organisation de travail on doit trouver la possibilité d'assurer aux travailleurs de telles organisations la stabilité de l'emploi ou bien que le rapport de travail ne peut cesser qu'en cas exceptionnels.

Le rapport de travail du travailleur peut cesser pendant la procédure pour la cessation de son organisation de base pu pour la cessation de son organisation de travail dont fait partie son organisation de base selon les conditions et de la manière déterminé par l'acte autogestionnaire général sur les rapports de travail s'il n'y a pas de possibilités pour qu'il continue son travail dans une autre organisation de base. C'est la seule forme de cessation du rapport de travail où le travailleur ne peut influencer seul, c'est la manière où le rapport de travail cesse sans sa volonté et sans sa responsabilité. La convention autogestionnaire sur l'association à l'organisation de travail ou à l'organisation composée de travail doit régler: premièrement, les conditions d'après lesquelles les travailleurs pourront passer d'une organisation de base à une autre organisation de base respectant les besoins de l'organisation de base et les conditions sociales du travailleur (l'état de famille, l'état de santé, invalidité etc.), deuxièment, quand le rapport de travail du travailleur pourra cesser pendant la procédure de la cessation de son organisation de travail.

6. La cessation du rapport de travail du travailleur s'il remplit les conditions pour sa retraite. - Par l'article 216, la Loi sur le travail associé règle la cessation du rapport de travail par la loi elle-même si le travailleur remplit les conditions

pour sa retraite à partir du jour où la décision sur la cessation du rapport de travail devient définitive, si la loi n'en décide autrement.

Quant à ce règlement de la loi sur le travail associé, toutes les républiques et les provinces autonomes se sont servies de ce pouvoir et dans leurs lois sur les rapports de travail elles règlent la cessation du rapport de travail du travailleur qui remplit les conditions de sa retraite en accord avec la politique de l'emploi dans leur région. La majorité des lois des républiques et des provinces autonomes ont entrepris le règlement de la retraite par la loi elle-même pour ouvrir la possibilité d'employer de nouveaux travailleurs surtout aux jeunes cadres instruits.

V. LES MESURES SPECIALES DANS LES CAS OU LE RAPPORT DE TRAVAIL DU TRAVAILLEUR CESSERAIT CAUSE DES DIFFICULTES ECONOMIQUES ET A CAUSE DE L'ASSOCIATION DES ORGANISATIONS DE BASE OU DES AMELIORATIONS TECHNIQUES ET AUTRES ET PAR QUOI IL Y AURAIT LA REDUCTION DE NOMBRE DE TRAVAILLEURS

L'assurance de la sécurité de l'emploi et des revenus des travailleurs.[11] Des règlements constitutionnels eux-mêmes on peut constater que le rapport de travail du travailleur ne peut cesser si, à cause des améliorations technologiques et autres son travail dans cette organisation n'est plus nécessaire. Les amandements consti-tutionnels de 1971 ont même réglé qu'il n'était pas possible de faire cesser le rapport de travail du travailleur dans l'organisation de base pour des raisons économiques. Dans tous ces cas, on devrait assurer au travailleur le recyclage à son nouveau travail, c'est-à-dire la mobilité professionnelle et dans l'espace, et un nouveau poste de travail pour le travailleur.

Quant à tels points de départ constitutionnels, la Loi sur le travail associé[12] apporte deux possibilités de résoudre cette question, c'est-à-dire, premièrement, la cessation du rapport de travail à cause des difficultés économiques ou bien elle assure la sûreté de l'emploi et des revenus personnels même dans ces cas là et, deuxièmement, le rapport de travail du travailleur ne peut cesser, si à cause de l'association des organisations de base, des améliorations technologiques et autres, par lesquelles on contribue à une plus grande productivité du travail et à un plus grand succès de l'organisation de base, son travail dans cette organisation n'est plus nécessaire.

Il est déterminé par la loi que, si l'organisation de base se trouve en difficultés économiques d'où s'en suit que le travail d'un certain nombre de travailleurs n'est plus nécessaire à l'organisation de base, les travailleurs peuvent décider que le rapport de travail ne cesse que pour les travailleurs qui ont poussé l'organisation de base dans les difficultés économiques à cause de leur rapport irresponsable. Tous les autres travailleurs restent en rapport de travail.

En deuxième cas où il s'agit de l'association des organisations de base, des améliorations technologiques et autres, par lesquelles on contribue à plus grande productivité du travail et à un plus grand succès de l'organisation de base, le rapport de travail du travailleur ne peut cesser. C'est parce que les travailleurs en associant le travail et les moyens qui s'associent ont la part de leur travail passé de manière que s'il y a des améliorations technologiques, ce qui a contribué à une plus grande productivité du travail et à un plus grand succès de l'organisation de base, il y a leur part de travail passé aussi dans les moyens qui ont amené à des améliorations technologiques, ce qui a contribué à une plus grande productivité du travail et à plus grand succès de l'organisation de base. En accord avec cette détermination, la loi prescrit qu'à la planification des améliorations technologiques et autres dans l'organisation de base, les travailleurs doivent prévoir aussi les besoins en travailleurs en accord avec ces améliorations; établir si la formation professionnelle du travailleur correspond aux nouvelles améliorations technologiques et autres et s'il est possible, en connexion avec ces améliorations de les qualifier professionnellement, assurer à partir du revenu net de l'organisation de base les ressources pour l'organisation de nouveaux travaux ou de nouvelles tâches pour ces travailleurs dans la même organisation ou dans d'autres organisations de travail associé ou pour leur qualification professionnelle, ainsi que fixer la répartition des travailleurs, dont le travail n'est plus nécessaire à l'organisation de base. A la réalisation de ces apportent leurs resources aussi les communautés d'intérêts autogestionnaires pour l'emploi. Ainsi les organisations de base en tels cas seront obligées d'organiser et rendre secours pour une mobilité professionnelle et d'espace, pour assainir les conséquences des changements structuraux en forme de méthode de prévention et de curative.

Les organisations de base sont tenues de former des sources de réserve spéciales pour atteindre le droit au travail et décider sur le dépensement de ces moyens. Elles doivent assurer les moyens pour l'emploi et la réadaptation ainsi que réaliser les droits obtenus par le travailleur. Les travailleurs sont tenus de former des ressources de réserve dans l'organisation de base pour atteindre et conserver la stabilité d'affaires et la sécurité matérielle et sociale des travailleurs.

Les ressources de réserve de l'organisation de base sont destinées à la converture des pertes dans l'exercice d'affaires, à la converture des dépenses pour la réadaptation et l'emploi des travailleurs si dans l'organisation de base cesse le besoin du travail d'un certain nombre de travailleurs, si l'organisation de base rencontre des difficultés économiques extraordinnaires ou si des mesures sont nécessaires pour son assainissement.

VI. LES PROCEDURES A LA CESSATION DU RAPPORT DE TRAVAIL

D'après le principe fondamental constitutionnel sur l'assurance de la stabilité de l'emploi et la protection des revenus du travailleur, le rapport de travail du travailleur ne peut cesser que sur sa propre volonté ou de sa propre faute excepté en cas où la procédure de la cessation de son organisation de base ait déjà commencé.

Les travailleurs réalisent leurs droits, obligations et responsabilités qu'ils ont dans l'organisation de base, si dans la convention autogestionnaire il n'est pas décidé autrement conformément à la loi.

Le conseil ouvrier décide de la réalisation des droits, obligations et responsabilités particuliers. Pour la prise de décision sur la réalisation des droits et obligations particuliers des travailleurs, le conseil ouvrier peut avoir des commissions. Ainsi la cessation du rapport de travail peut être décidée par le conseil ouvrier ou la commission élue par le conseil ouvrier (p.e. la commission pour les rapports de travail ou la commission pour la cessation du rapport de travail etc.)

Pour l'établissement de la responsabilité à cause d'une violation grave des obligations de travail à cause de laquelle on prononce la cessation du rapport de travail, on forme une commission spéciale (commission disciplinaire). Le président et les autres membres de la commission disciplinaire sont élus par les travailleurs, comme on élit le conseil ouvrier. Un certain nombre de membres de la commission disciplinaire—pourtant pas plus du quart de tous ses membres—doivent être des personnes en dehors de l'organisation de base et les travailleurs les élisent à partir de la liste fixée par la chambre du travail associé de l'assemblée de la commune.

Au cours de la procédure disciplinaire, le travailleur doit subir l'interrogatoire, il doit avoir un défenseur mais le syndicat peur représenter le travailleur devant la commission disciplinaire, si celui-ci l'exige ou y consent.

Contre la décision de la commission pour les rapports de travail ou contre la décision du conseil ouvrier ainsi que contre la décision de la commission disciplinaire, le travailleur a le droit d'exiger la protection de ses droits ou de protester auprès du conseil ouvrier de l'organisation de base dans laquelle le travailleur est en rapport de travail. La décision du conseil ouvrier qui décide de la cessation du rapport de travail au deuxième degré n'est déterminée que dans l'organisation de base.

Dans tous les cas, la décision que son rapport de travail a cessé doit être remise au travailleur sous formes écrite.

Conformément à la loi, un travailleur du travail associé qui a réalise l'exigence de la protection de ses droits auprès des organes autogestionnaires a le droit d'exiger la protection de ses droits auprès des tribunaux du travail associé (les articles 220 à 226 de la Loi sur le travail associé).

Le travailleur doit déposer la demande de protection des droits auprès de l'organe fixé par le statut de l'organisation de base dans les 30 jours à partir du jour où lui a été remise la décision qui léssait son droit. L'organe compétent de l'organisation de base (ordinairement, c'est le conseil ouvrier) doit prendre une décision au sujet de la demande du travailleur dans les 30 jours à partir du jour, où elle a été déposée.

Le travailleur a le droit d'être présent quand on traite sa demande et de se déclarer sur les faits importants pour la prise de décision. Avant de prendre une décision sur la demande du travailleur, le conseil ouvrier de l'organisation de base est tenu d'exiger l'avis du syndicat. Sur la demande du travailleur ou avec son consentement, le syndicat peut représenter le travailleur dans la mise en valeur de son droit. Si le travailleur ne commence pas la procédure pour la protection de son droit ou refuse de se faire représenter par le syndicat, et il s'agit d'une violation du droit autogestionnaire en général, le syndicat peut entamer la procédure pour sa protection. Le syndicat peut collaborer à la procédure devant l'organe compétent de l'organisation de base.

S'il n'est pas satisfait de la décision ou si le conseil ouvrier de l'organisation de base ne prend pas sa décision dans les 30 jours à partir de la remise de la demande, le travailleur a le droit d'exiger dans les 30 jours ultérieurs la protection des droits auprès du tribunal du travail associé.

Chaque participant dans la procédure peut se plaindre dans les 15 jours à partir de la remise de la décision au tribunal du travail associé du deuxième degré contre la décision du tribunal du travail associé délivrée au premier degré.

Les tribunaux du travail associé sont des organes sociaux indépendants et exercent leurs fonctions judiciaires en leur compétence comme des tribunaux indépendants en système unifié du pouvoir et de l'autogestion. Il s'agit dans ce cas de la socialisation des fonctions juridiques en même temps que de la spécification de ces tribunaux sur les champs déterminés.

La procédure complète pour la protection des droits du travailleur même dans le cas de cessation du rapport de travail (la prise de décision par les organes autogestionnaires à deux degrés dans l'organisation de base qui se présente à deux degrés devant les tribunaux du travail associé) assure la protection totale des droits des travailleurs.

VII. LA PROTECTION DES REVENUS ET LA SECURITE SOCIALE EN CAS DE CHOMAGE[13]

A la cessation du rapport de travail excepté à la retraite du côté de l'organisation de base, le travailleur ne reçoit ordinairement aucun revenu (indemnité de départ et autres). Un système de sécurité sociale en cas de chômage est élaboré en Yougoslavie à partir de 1952. Jusqu'à 1974, ce champ était réglé par la juridiction fédérale, mais avec la nouvelle constitution, il est entré en compétence des républiques et des provinces autonomes qui ont accepté dans cette période leurs propres lois réglant l'emploi et la sécurité sociale en cas de chômage.[14] Dans toutes les républiques et les provinces autonomes, le système de sécurité sociale en cas de chômage est élaboré de manière que les indemnités financières sont données pour la période déterminée par rapport à la longueur de la période d'assurance au titre d'assurance sociale obligatoire en forme d'indemnités financières du revenu personnel. Ces contributions sont complétées en certains systèmes par une assurance supplémentaire et dans d'autres systèmes par les contributions au titre d'aide social.

Les conditions pour l'acquisition des droits en cas de chômage sont: le chômage inolontlaire, la période de travail précédent (9 mois de travail interrompu) et l'enregistrement du travailleur à la communauté d'emploi).

Les travailleurs qui remplissent les conditions pour la retraite personnelle et effectuent ce droit, le rapport de travail cesse le jour même où le décret de la cessation du rapport de travail est définitif et à partir de ce jour, ils commencent à recevoir la pension personnelle.

FOOTNOTES

[1]Littérature: Aleksandar Batić, Milan Despotović, Les fondements du droit ouvrier de Yougoslavie, 6ᵉ éd. revue et augm., Belgrade, 1978, pp. 285–303; Aleksander Radovan, Suspension et interruption du contrat de travail, dans lle livre: Rapports nationaux yougoslaves au VIIIᵉ Congrès international du droit comparé, Pescara 29. 8.-5. 9. 1970, Institut de droit comparé, Belgrade, 1970; Aleksander Radovan, La cessation du rapport de travail, Les rapports de travail en théorie et en pratique, Delo -Gospodarska založba, Ljubljana 1980, pp. 439–461; Anton Ravnić, Établissement du rapport de travail, les rapports de travail mutuels des travailleurs et la cessation du rapport de travail, Naša zakonitost, n° 2/78, pp. 50–65; Teofil Popović, Rapports de travail dans le travail associé, Belgrade, 1977, pp. 204–219; Aleksander Radovan, Cessation du rapport de travail, Commentaire à la loi sur le travail associé, IIᵉ partie, livre premier, Delo-Gospodarska založba, Ljubljana, 1978, pp. 517–536; Aleksander Radovan, Cessation du rapport de travail suivi du commentaire, Delo-Gospodarska založba, Ljubljana, 1978, pp. 384–410.

[2]Journal Officiel de la RSFY, n° 9/74.

[3]Journal Officiel de la RSFY, n° 53/76, articles 221 à 219.

[4]Journal Officiel de la RS de Serbie, n° 40/77, de la RS de Monténégro n° 36/77, de la RS de Macédoine n° 45/77, de la RS Bosnie et Herzégovine n° 36/77, de la RS de Slovénie n° 24/77, de la RS de Croatie n° 11/78, de la PSA Kosovo n° 47/77 et de la PSA de Vojvodina n° 31/77.

[5]Journal Officiel de la RSFY n° 23/78.

[6]Journal Officiel de la RSFY n° 24/74.

[7]Aleksander Radovan, l'Évolution de la théorie des rapports de travail dans le travail associé, le Travail associé 4/81, pp. 580–589; Aleksander Radovan, le Rapport de travail des travailleurs dans le travail associé, Pravnik (Juriste) pp. 65–74).

[8]Journal Officiel de la RSFY, n° 43/50.

[9]Journal Officiel de la RSFY, n° 2/53.

[10]Aleksander Radovan, l'Emploi et l'assurance de la sûreté d'emploi et des revenus, Pravnik (Juriste), n°7-9/72, pp. 261–276; Aleksander Radovan, l'Emploi, l'assurance de la sûreté d'emploi et des revenus ainsi que la sûreté sociale en cas de chômage, le Travail associé, 3ᵉpartie, 1975, pp. 292–301; Borislav Blagoev, Les Rapports de travail dans la Loi sur le travail associé, les Archives, n°1/77, pp. 44 et 45.

[11]Aleksander Radovan, l'Emploi, l'assurance de la sécurité de l'emploi et des revenus et la sécurité sociale en cas de chômage en Yougoslavie, Rivista di diritto internazionale e comparata del lavoro, n°1-2, 1975, pp. 108–128).

[12]Voir les articles 212 et 213 de la Loi sur le travail associé et ces deux articles en liaison avec le 4e et 5e alinéas de l'article 177).

[13]Aleksander Radovan, l'Emploi, la stabilité de l'emploi, la protection des revenus et la sécurité en cas de chômage, Faculté de droit de Novi Sad, Novi Sad 1981).

[14]Les lois en vigueur sont publiées en Bosnie et Herzégovine (Journal Officiel n°14/78), à Monténégro (Journal Officel n° 14/75), en Croatie (Journal Officiel n° 53/74), n° 12/75, n° 14/78), en Macédoine (Journal Officiel n° 13/78), en Slovénie (Journal Officiel n° 8/78, en Serbie (Journal Officiel n° 31/77), à Kosovo (Journal Officiel n° 24/78) et à Voïvodine (Journal Officiel nos 26/75 et 14/78)

AUTHOR INDEX—INDEX DES AUTEURS—ÍNDICE DE AUTORES—VERFASSERVERZEICHNIS

In the listing below, roman numerals refer to volume numbers, arabic numerals to page numbers.